[최신간]

특허법 정해(상)

황의창 · 황광연 공저

법영사

머 리 말

세계는 지금 양대 조류에 직면하고 있다. 그 하나가 세계무역기구 무역관련 지적재산권협정(WTO/TRIPs)의 발효를 계기로 관세와 무역에 관한 일반협정(GATT)하의 국경절차에 의한 권역별 시장체제가 무너지고 지구촌이 하나로 통합된 글로벌 시장체제로 바뀌면서 통상장벽 없는 무한경쟁시대를 맞고 있고, 다른 하나는 산업경제의 중심이 유한한 유체재산에서 무한한 무체재산으로의 이동으로 지식·기술 소유의 경쟁이 치열하게 펼쳐지고 있다는 것이다. 이러한 현상은 무형의 지식·기술 등 지적 재산을 재료로 하고 창작력과 판단력을 도구로 하는 소프트웨어산업체제로의 개편을 요구하고 있다.

이 고 부가가치 기술산업구조에 의한 생산성 제고를 통하여 경쟁력을 향상시키려는 기업간, 국가간 연구개발경쟁의 파고가 거세게 일고 있는 것이 오늘의 현실이다.

이제 발명 등 지적재산권 분야에 산업계 뿐만 아니라 학계, 법조계, 문화계에서도 보다 큰 관심을 가지고 기술적 사상인 발명의 장려 및 보호에 관한 특허법의 이상을 깊이 인식하고 발명의욕을 고취시키는 연구개발분위기의 조성은 물론 특허권 보호에 관한 이론적 체계를 확립하고 법적 보호관리능력과 특허분쟁에 관한 해결역량을 배양하는데 온 힘을 기울여야 할 때이다.

이러한 점에 초점을 맞춘 본서는 특히 다음과 같은 특징을 담아 외람되게 독자 여러분에게 내 놓는다.

첫째, 산업계·실무계의 업무지침 및 교육용 교재로 활용할 수 있도록 기업의 업무와 연계하면서 이론에 실무를 대입하려고 노력하였다.

둘째, 특허 부문 입문서로 활용할 수 있도록 내용을 평이하고 간결하게 구성하면서도 새로이 도입된 제도에 대해서는 비교적 상세히 설명하려고 노력하였다.

셋째, 대학 등 교육기관의 특허법교재로 활용할 수 있도록 법리를 중심으로 한 이론적 체계는 물론 다양한 학설과 판례를 소개하여 이론적·실무적 부상과 연구의 계속성을 추구하려고 노력하였다.

넷째, 변리사 시험 등 국가 자격 시험 준비서로 활용할 수 있도록 기초 부분을 튼튼히 하면서 특허법 전반을 쉽게 파악, 이해할 수 있도록 내용을 평이하게 구성하고 중요 대목에서는 사례를 들어 설명하려고 노력하였다.

다섯째, 날로 치열해 가고 있는 특허분쟁의 증가에 따른 쟁송사건의 효율적 처리를 위하여 심판은 물론 특히 소송절차실무에 역점을 두어 변리사의 소송업무소양에 기여하려고 노력하였다.

여섯째, 기술 글로벌 시대를 맞아 국제특허출원의 필요성이 증대되고 있어 이를 위하여 제15장에서 특허협력조약에 의한 국제출원을 중심으로 국제특허출원에 도움을 주려고 노력하였고, 또 특허관련조약 등에 관하여 제3편을 설시하여 국제특허규범에 관한 이해에 도움을 주려고 노력하였다.

일곱째, 고도의 창작인 발명에까지는 이르지 못하지만 중소영세기업형 발명, 개인발명가의 발명이라고 할 수 있는 소발명, 개량발명에 해당하는 고안에 관하여 제2편을 설시하여 실용신안법 연구에 도움을 주려고 노력하였다.

위와 같은 노력에도 불구하고 특허분야의 방대함과 관련 정보자료 수집의 한계성으로 기대 이하의 작품이 되고 말았음을 솔직히 시인하며 죄송스럽게 생각한다. 이러한 미비점에 대하여는 앞으로 더욱 정진하여 보다 나은 내용으로 보완, 발전시켜 나아갈 것을 약속하며 이 책의 원고 정리와 교정에 수고를 아끼지 않은 송경숙, 남예정씨 그리고 출판을 맡아주신 도서출판 법영사 고준영 사장님과 편집부 여러분의 노고에 감사드린다.

2009년 6월

저 자 황의창, 황광연

[참고문헌]

◈ 국내문헌

황의창, "지적재산권법", 법지사, 2001.3.2
박대진 외 1인, "개정3판 특허법해설", (주)한빛지적소유권센터, 1997.11.20
황종환 외 2인, "지적소유권법", 육법사, 1992.9.5
이기수 외 4인, "지적소유권법(상)", 한빛지적소유권센터, 1994.2.22
이수웅 외 3인, "지적소유권법", 도서출판 삼선, 1995.1.10
한국지적소유권학회, "지적소유권법연구", 삼진인쇄공사, 1991.11.30
정진섭, "국제지적소유권법" 육법사, 1992.8.25
황광연 외 2인, "미국특허법", 세창출판사, 2004.7.20
특허청지적소유권연구회, "미국지적소유권법 해설" 한국발명특허협회, 1988.12.28
유영일, "특허소송에서의 균등론의 체계적 발전방향", 특허소송연구 제2집, 특허법원, 2001
특허청, "각국 산업재산권제도 편람", 특허청, 1997.7
특허청반도체심사담당관실, "미국특허청구범위 작성기법" 영인문화사, 1994.5
사법연수원, "변호사실무(민사)", 한양당, 1996.6
김용성, "기본 법전", 법률출판사, 2005
김성수, "법률학 사전", 법문사, 1964
특허법원, "특허재판실무편람", 과천인쇄, 2002.12.27
법원행청처, "특허소송실무", 삼화인쇄(주), 1998.2.20
황의창·황광연 공저, "4정판2쇄 부정경쟁방지 및 영업비밀보호법", 세창출판사, 2007.6.20
전봉수, "특허소송", 대한변리사회, 2001.12.8
특허법원, "특허소송연구 제1, 2, 3집", 금강인쇄정보, 2005.12.15
특허청, "심사지침서 – 특허·실용신안 –", 2002.3
특허심판원, "심판편람" 영인정보시스템, 2001.9
특허청, "판결문집(특허·실용신안), (주)동도상사, 1992.
특허청·특허심판원, "1998년도 특허법원 판결문집" 금강인쇄사, 1999.3
황의창·황광연 공저, "신정증보2판 상표법", 단국대학교출판부, 2005.11.30

◈ 외국문헌

吉藤辛朔 著, YOU ME 譯, '特許法 槪說, 大光書林, 1993.2.10
後藤晴男 "改正 特許法の解說" 通商産業調會, 昭 49
光石土郎, "特許法祥說(新版)" ぎとろせい, 昭 51

豊崎光衛, "工業所有權法(新版·增補)(法律學 全集), 有斐閣 昭 55.

三宅正雄, "特許", 發明協會, 昭 56.

紋谷暢男編, "注釋 特許法" 有斐閣, 昭 61

中山信弘, "工業所有權法上 特許法(第2版), 弘文堂, 平 10

工業所有權 判例研究會, "工業所有權 主要 判決 250選" 財團法人 通商産業調査會, 昭 62.12.26

布井要太郎외 1인, "シユム特許侵害訴訟", 井上浩安, 1989.8.30

大場正成, "特許侵害と均等論, " "知的所有權の保護", 發明協會, 1988

吉藤辛朔, 特許法槪說, 有斐閣, 1998

竹田和彦, 特許の知識, ダイヤモンド社, 1999.5

Zeunert, Offenbarung des beanspruchten Erfindungsgedankens und Schutzumfang des Patents, 2 Aufl., 1968.

Klauer-Möhring Patentrechtskommentar, 3. Aufl., 1971

Busse, Patentgesetz, 4. Aufl., 1972.

Lindenmaier, Das Patentgesetz, 6, Aufl., 1973.

White, Patent for Invention, 4th, ed., 1974

차 례

제1편 특허법

제1장 총 설

제 3 절 정당권리자 ······ 140

제6장 특허출원

제 8 절 출원의 취하 · 포기 ··········· 610

제7장 심 사

제 8 장 특허등록

제 9 장 특허권

제 1 편

특 허 법

제 1 장

총 설

제1절 서 설

Ⅰ. 의 의

특허법은 발명자에게 일정기간 그 발명을 독점적으로 실시할 수 있는 권리를 부여해주고 그 대신 발명의 내용을 공중에게 공개하게 하여 제3자의 자유로운 이용과 중복연구 및 중복투자를 막음은 물론 공개된 발명을 응용하여 보다 진보된 기술을 개발하게 함으로써 기술의 진흥과 산업의 발전을 도모하려는 법률이다.

따라서 특허법은 신기술 보호법적 성질과 기술개발 촉진법적 성질의 양면성을 가진 법률로써 사적 독점 보장법적 측면과 산업 육성법적 측면을 공유하고 있는 법률이라고 할 수 있다. 그러므로 특허법은 발명자의 발명의 보호라는 사익과 일반 공중의 발명의 이용이라고 하는 공익이 발전적으로 조화된 법률로써 궁극적으로는 특허권이라고 하는 사권을 통해 산업발전이라는 공공의 이익을 도모하려는 법률이라고 할 수 있다.

이와 같이 특허법이 신기술을 권리로 보장하려는 것은 발명의 강력한 보호를 통해 발명을 장려하고 그 이용을 촉진함으로써 기술진흥과 산업발전, 나아가서는 국민생활의 향상에 기여하려는 것이다.

따라서 우리나라에서도 다른 여러 나라에서와 같이 독점이 사회적 폐해 등을 이유로 사적 독점을 인정하지 아니하는 독점규제 및 공정거래에 관한 법률이 있으나 특허법은 발명의 독점을 적극적으로 용인함으로써 독점규제법의 예외를 설정하고 있다.

이처럼 특허법이 독점의 사회적 폐해 등에도 불구하고 발명의 독점을 인정하는 것은 독점으로 부터 오는 폐해 등 보다는 독점으로 부터 얻은 이익, 즉 특허권자에게 발명의 독점적 권리를 부여함과 동시에 발명의 실시 및 공개의무를 부과함으로써 제3자에게 기술개발의 원천과 기회를 제공하여 산업발전을 도모할 수 있다는 공공의 이익이 더 크기 때문이다.

이러한 특허법은 실용신안법·디자인보호법·상표법과 함께 산업재산법체계를 이루고 있는 산업재산권 4법 중 가장 중요한 법률이며 또 저작권법과 함께 지적재산권법의 양대 축을 이루고 있는 지적재산권법의 대표적인 법률이기도 하다.

Ⅱ. 특허법의 목적

특허법은 발명을 보호·장려하고 그 이용을 도모함으로써 기술의 발전을 촉진하여 산업발전에 이바지함을 목적으로 하고 있다(법 1). 특허법은 이러한 목적을 달성하기 위하여 발명의 보호와 발명의 이용, 두 축을 수단으로 하고 있다. 즉, 발명자에게는 발명을 독점적으로 실시할 수 있는 권리를 주고 일반 공중에게는 공개된 발명을 자유롭게 이용할 수 있는 이익을 줌으로써 발명의 장려를 통하여 기술 산업의 발전을 꾀하려는 것이다.

여기에서 "발명의 보호"라 함은 발명자(발명자로부터 특허를 받을 수 있는 권리를 승계한 자를 포함한다)에게 그 발명의 기술적 내용을 공개·실시하게 하고 그 대가로 일정기간 업으로서 그 특허발명을 실시할 권리를 독점하게 하고(전용권) 타인의 무단실시를 배척할 수 있게 하는 것(금지권)을 말하며 "발명의 이용"이라 함은 일반 공중에게 특허발명에 관한 권리를 침해하지 아니한다는 대가로 발명자로 하여금 공개·실시된 발명의 기술적 내용을 기술개발 등에 활용하게 하거나 산업기술 등에 응용하게 하는 것(이용권)을 말한다.

이러한 면에서 특허법은 발명의 보호와 이용을 양축으로 하여 발명의 보호라는 사익과 발명의 이용이라는 공익이 적절히 조화된 법으로서 결국 사권을 통한 공공의 이익을 추구하려는데 그 목적을 두고 있는 법이라고 할 수 있다.

이와 같이 특허법은 발명의 보호와 이용이라고 하는 수단을 통하여 기술의 발전을 촉진하여 산업발전에 기여하려는 것으로서 발명자에게는 일정기간 특허발명을 독점·배타적으로 실시할 수 있는 전용권과 금지권이라는 권리를 부여하되, 그 발명의 내용을 공개하고 실시하여야 할 의무를 부과하며, 일반 공중에게는 발명자의 의무이행으로 공개, 실시되고 있는 발명의 내용을 이용할 수 있는 권리를 부여하되, 특허에 관한 권리를 침해하지 않을 의무를 부과하고 있는 것이다.

특허법은 위와 같은 발명자와 일반 공중의 특허발명에 관한 권리의 행사와 의

무의 이행을 통하여 발명의 보호와 이용이라고 하는 특허법의 목적달성의 수단을 확보함으로써 특허법이 추구하고 있는 산업발전이라고 하는 이상을 실현하려는 것이다. 이를 보다 자세히 살펴보기로 한다.

1. 발명의 보호

발명의 보호는 발명이라고 하는 창작에 투입된 연구개발비·지난한 창작의 고뇌·오랜 기간의 소요 등에 대한 대가적 성격과 발명의 기술발전을 촉진하여 산업발전에 기여한데 대한 보상적(報償的) 성격의 특허권을 부여하여 권리로 보호한다. 따라서 출원발명에 특허권이 설정되면 발명의 실시는 특허권자의 독점 하에 들어가고 타인의 무단실시는 금지되어 특허발명에 대한 권원(權原)있는 자의 전용권(사용권)과 권원 없는 자에 대한 금지권(배타권)에 의하여 발명은 보호된다.

그러므로 타인이 정당한 권한 없이 특허발명을 실시할 경우에는 권리의 침해로서 특허권자는 ⅰ) 과실의 유무에 불구하고 그 실시의 금지 등을 법원에 청구할 수 있고, ⅱ) 침해가 고의 또는 과실에 의한 경우에는 손해배상이나 신용회복을 법원에 청구할 수 있으며, ⅲ) 침해가 고의에 의한 경우에는 형사상 처벌을 구할 수 있다. 그 밖에 발명상·세제감면·자금지원 등도 발명의 보호에 대한 보충적 보호수단으로서 널리 활용되고 있다.

2. 발명의 이용

발명의 보호는 발명자 보호, 발명의 장려, 발명의 산업화를 도모하려는 것이지만 이것만으로는 특허법의 목적을 달성할 수 없다.

특허법이 목적을 달성하는 데에는 발명의 보호는 물론 발명의 이용 또한 확보되어야 한다. 발명의 이용 없이는 기술개발촉진을 통한 산업발전을 기대할 수 없기 때문이다. 이러한 발명의 이용은 발명의 공개와 발명의 실시에 의해서 이루어지고 있다.

특허법은 발명의 이용을 도모하기 위하여 특허청장 또는 출원인의 신청에 의하여 출원사항을 공개하고 특허권의 설정등록 후에는 등록사항을 공고하며, 특허발명에 대하여는 특별한 사정이 있는 경우를 제외하고는 특허권자에게 발명의 실시를 강제하고 있다.

(1) 발명의 공개

발명자는 특허를 받기 위해서는 발명의 내용을 상세히 기재한 발명의 명세서를 정부에 공개하여야 한다. 정부에 공개한 발명은 특별한 사정이 있는 경우를 제외하고는 정부에 의해 공개용 특허공보나 등록공고용 특허공보에 게재되어 일반에게 공개된다(법 64, 221, 법시행령 19①내지③). 발명의 공개는 연구계, 학계 등에 발명의 기술적 내용에 관한 정보를 제공함으로써 중복연구나 중복연구투자를 막게 함은 물론 이를 활용하여 보다 진전된 기술이나 참신한 기술을 발명하게 함으로써 기술개발이 촉진되어 산업발전에 기여하게 된다.

이러한 발명의 공개는 산업계에도 기술개발이나 사업방향의 설정에 중요한 정보가 되어 발명의 자유로운 이용의 범위를 획정할 수 있을 뿐만 아니라 이중투자나 경쟁이 치열한 분야, 이미 선발기업에 의해 장악되고 있는 분야를 회피할 수 있고 또 분쟁도 예방 할 수 있어 기업의 건전한 발전을 꾀할 수 있다.

(2) 발명의 실시

발명의 문헌적·연구적 이용은 산업발전에 원동력이 되기는 하지만 그것은 특허법이 목적하고 있는 발명의 이용의 일부에 불과하다. 따라서 발명의 이용은 발명의 문헌적·연구적 이용도 필요하고 중요하지만 발명이 현실적으로 실시되어 산업에 이용되었을 때 비로소 발명의 완전한 이용이 이루어지게 되어 특허법의 목적인 산업발전에 기여할 수 있게 되는 것이다.

그러한 의미에서 발명의 실시는 발명의 이용의 한 유형이라고 할 수 있다.

발명의 실시는 특허권자 자신의 직접실시에 그치지 아니하고 실시를 희망하는 제3자에게도 일정한 조건하에 실시를 허락함으로써 실시의 확대를 도모하는 것도 발명의 이용을 촉진하여 산업의 발전을 꾀하려는 것이다. 이와 같이 발명의 실시는 산업발전에 직접적이고 현실적으로 기여 할 수 있는 발명이용의 한 유형이기 때문에 특허권자의 사정에만 맡길 수 없다. 그래서 대부분의 국가에서는 특허법에 특별한 규정을 두어 실업계, 학계, 연구계 등에서 공익상의 필요에 따라 발명의 실시가 적절히 이루어지도록 특허권자에게 일종의 의무를 부과하는 조치를 제도화 하고 있다.

그러나 여기에서 주의할 것은 발명의 문헌적·연구적 이용은 누구든지 언제나 자유롭게 할 수 있지만 제3자의 발명의 산업적 실시는 실시에 관한 정당한 권원을 갖지 않는 한 특허권의 존속기간 중에는 허용되지 않는다. 그러나 특허권이 소멸된 경우에는 누구든지 자유롭게 실시할 수 있음은 물론이다. 이와 같이 특허법은 발명의 실시를 일정기간에 한하여 발명자의 독점으로 하지만 그 후에는 일반 공중의 공유로 하여 발명자와 일반 공중에 의한 발명의 이용을 함께 꾀하고 있다.

3. 산업의 발전

산업의 발전은 공공의 이익에 부합된다는 전제에 기인하는 것이기 때문에 특허법의 목적으로 설정하고 이를 달성하기 위한 수단으로 발명의 보호와 이용을 채택하였다. 따라서 발명의 보호와 이용은 그 자체가 특허법의 목적이 아니고 산업발전이라고 하는 특허법의 목적을 달성하기 위한 수단인 것이다. 그러므로 발명의 보호와 이용이 산업발전을 저해하고 공익에 반하는 경우에는 이를 특허대상으로 하여 보호할 필요는 당연히 없는 것이다.

그러나 어떤 경우 특허대상으로 하지만 특허권에 일정한 제한을 가함으로써 공익과 조화를 꾀하는 것도 필요하다.

4. 결 어

특허법은 발명이 산업발전에 이바지하도록 함을 목적으로 하고 있고 그러한 목적을 이루기 위하여 발명의 보호와 이용을 수단으로 하고 있다. 즉, 발명자에게는 특허발명에 대하여 독점배타적으로 실시할 수 있는 권리를 부여하는 대신 발명의 공개·실시를 통해 일반 공중에게 발명이용의 기회를 제공하는 의무를 부과하는 한편 일반 공중에게는 발명이용의 기회를 활용할 수 있는 권리를 주지만 그 대신 일정기간 특허권에 대한 침해금지 의무를 부과하여 발명자와 일반 공중이 상호 권리의 정당한 행사와 의무의 성실한 이행을 통하여 발명이 보호되고 이용됨으로써 산업발전을 기하도록 하는 것이다.

따라서 상호 권리를 행사하지 아니하거나 남용하는 경우, 의무를 이행하지 아니하거나 불성실하게 하는 경우에는 발명의 보호와 이용이 제대로 작동되지 않아 기술의 발전을 촉진하여 산업발전에 이바지하려는 특허법의 목적을 달성할 수 없다. 그러므로 특허출원인·특허권리자나 일반 공중 모두는 부여된 권리의 성실한 행사와 부과된 의무의 충실한 이행을 통해 위와 같은 특허제도의 취지가 훼손되지 않도록 하여야 한다.

Ⅲ. 특허제도의 원리

특허법 제1조의 목적조항에 의해서 특허제도의 원리를 이해할 수 있으나 이러한 원리가 확립되기까지에는 특허제도의 근거에 대한 많은 학설이 주창되고 있었다. 따라서 이러한 학설을 파악해 보는 것이 특허제도를 정확히 이해하는데 도움이 될 것이므로 이를 살펴보고자 한다.

1. 기본권설

기본권설(Naturrechts theorie)은 일명 자연권설이라고도 하며 이는 18세기에서부터 19세기에 이르기까지 가장 유력한 설로서 개인적 정의에 기초를 두고 있다. 원래 발명을 한 자는 당연히 그 발명을 실시할 수 있는 권리를 독점한다는 설로서 여기에는 다시 기본적 재산권설과 기본적 수익권설로 나뉘어져 있다.

(1) 기본적 재산권설

기본적 재산권설(Eigentums theorie)은 일명 자연적 재산권설이라고도 하며 이는 1791년 프랑스 특허법령 전문 및 1878년의 파리 만국 공업소유권 보호 동맹조약에 관한 국제회의에서 채택되기도 한 설로서 모든 발명은 원래 그 발명을 한 자의 소유권에 속하며 국가와 사회는 이를 재산권으로 인정해야 한다는 것이다.

따라서 발명자의 발명품에 대한 권리는 자연적 재산권이며 법률에 의해 창설한 것이 아니라는 것이다.

(2) 기본적 수익권설

기본적 수익권설(Belohnungs theorie)은 일명 자연적 수익권설이라고도 하며 이는 원래 발명의 사회 기여도에 비례하여 그 발명자에게 국가와 사회가 그에 상응한 보상으로 발명에 대한 전용권을 인정해야 한다는 것이다. 즉 인간은 본래 사회에 유익한 공헌정도에 비례하여 사회로부터 보상(報償)을 받을 권리를 가진다는 소위 공평의 원리에 의해 사회는 발명으로 사회에 기여한 발명자에게 최적의 보상으로 그 발명에 대한 전용권을 부여하여야 한다는 것이다.

(3) 결 어

위의 기본권설은 i) 특허권이 선발명주의나 선출원주의에 의해 최선 발명자나 최선 출원인에게 부여되고 있는 점, ii) 발명의 특허가 출원에 의해서만 부여되고 있다는 점으로 볼 때 공고와 같은 공개제도나 등록과 같은 공시제도를 간과하고 있는 점, iii) 1국에서 부여된 특허는 그 나라에 한한다는 속지주의원칙을 설명할 수 없다는 점이 이 설의 단점으로 지적되고 있다.

2. 산업정책설

산업정책설은 산업정책에 기초를 둔 오늘날 가장 유력한 설로서 여기에는 다음과 같은 비밀공개설, 발명장려설, 과당경쟁방지설이 있다.

(1) 비밀공개설

비밀공개설은 일명 대가설이라고도 하며 이는 발명을 한 자에게 그 발명의 기술적 내용을 공개하게 하고 그 대가로 일정기간 그 특허발명을 독점적으로 실시할 권리를 부여하여 특허발명자에게는 창작의욕을 고취시키고 일반 공중에게는 특허발명과 동일 또는 극히 유사한 분야에의 중복연구나 중복투자를 막음은 물론 공개된 내용을 기초(응용)로 하여 보다 진보된 기술을 개발하여 산업의 발전을 도모한다는 것이다.

(2) 발명장려설

발명장려설은 일명 자극설이라고도 하며 이는 발명자에게 그 발명을 실시할 권리를 독점하게 함으로써 발명자에게는 발명의 의욕을 더욱 고취시키고 경쟁관계에 있는 자에게는 자극제가 되어 더욱 분발하게 함과 동시에 국가적으로는 제3자에게 확산되는 효과를 가져와 결국 양자 모두로부터 활발한 연구개발 노력의 유발을 유도하고 그 연구성과에 대한 기업화에 과감한 투자를 유인하게 하여 신기술산업구조 중심의 산업경제체제를 구축함으로써 경제선진화를 도모한다는 것이다. 즉 특허제도를 기술개발 동기부여의 계기로 삼아 이를 산업육성의 수단으로 하여 투자와 회수의 무기로 삼는다는 것이다.

(3) 과당경쟁방지설

과당경쟁방지설은 일명 경업질서설이라고도 하며 이는 최근 기업의 활발한 연구 활동에 의해 기술개발이나 기술혁신 속도가 빨라지면서 기술상품의 수명주기가 짧아지고 있어 두 가지의 부정적인 양상이 나타나고 있다. 그 하나가 편리한 도용이나 유리한 모방 쪽을 택하는 경우와 또 다른 하나는 출혈경쟁으로 나타나는 과당경쟁 현상이 바로 그것이다.

이러한 부작용이 바로 소모적인 분쟁으로 이어져 양자 모두 공멸의 길을 걷게 되는 우를 범하게 되므로 이를 효과적으로 방지하기 위하여 개발된 발명은 신속하게 특허제도를 이용하여 권리화 함으로써 침해나 부쟁경쟁으로부터 보호함은 물론 경쟁사에 비해 기술적 우위성의 입증으로 신용을 창출하고 로열티(Royalty)나 권리의 양도수입을 가져오며, 국경 없는 무한경쟁에서 야기될 수 있는 분쟁을 유리한 입장으로 이끌어 해결 할 수 있는 전략적 무기로 삼는다는 것이다.

(4) 결 어

위의 비밀공개설, 발명장려설, 과당경쟁방지설 모두 산업정책설의 근거이기는 하지만 이들 각자는 산업정책설 전체를 설명하지 못하고 있고 각기 어느 한 면만을 강조하고 있어 이중 어느 하나만을 옳다고 할 수 없고 3자를 하나로 하여 파악하는 것이 타당하다.

Ⅳ. 특허법의 특징

1. 발명 보호법

특허법은 개발한 발명을 경쟁자로부터 보호를 받을 수 있는 유일한 법으로서 실용신안법·디자인보호법·상표법 및 저작권법 등 다른 지적재산권법과 함께 창작성과 보호법의 일종을 이루는 중요한 법이다. 특허법이 산업상 이용할 수 있는 발명을 보호하는 법인데 반하여 실용신안법은 산업상 이용할 수 있는 물품의 형성·구조 또는 조합에 관한 고안을, 디자인보호법은 공업상 이용할 수 있는 물품[물품의 부분(한벌의 물품의 디자인을 제외한다) 및 글자체를 포함한다]의 형상·모양·색채 또는 이들을 결합한 것으로서 시각을 통하여 미감을 일으키게 하는 것을, 상표법은 자타상품을 식별할 수 있는 상품표지를, 저작권법은 문학·학술 또는 예술의 범위에 속하는 창작물인 저작물을 보호하는 법이다.

즉, 특허법이 새로운 물건이나 방법에 관한 발명을 보호하기 위한 법인데 대하여 실용신안법이 종래의 물품을 더욱 실용적으로 개량한 물건에 관한 고안을, 디자인보호법이 물품의 보다 맵시 있는 디자인을, 상표법이 자기의 상품을 타인의 상품과 구별하기 위하여 자기의 상품에 사용하는 표장을, 저작권법이 문학·예술 등에 관한 저작물을 각각 보호하기 위한 법이다. 이를 예시해 보면 “A”이 무심코 호수에 던진 통나무가 물위에 떴다. 이때 “A”는 통나무는 물위에서 뜬다는 자연법칙을 이용하여 수상운송수단이라고는 전혀 없었던 시절에 “통나무배”라는 기술적 사상의 창작물을 만들어 냈다면 이는 분명 자연법칙을 이용한 기술적 사상의 창작으로서 고도한 발명에 해당할 것이다.

또 “A”는 풍향풍속에 의해서만 가는 이 통나무배에 풍향풍속과는 관계없이 갈 수 있도록 모터(Moter)를 장착한 모터 통나무배로 개량하였나면 실용신안으로서, 단조로운 이 통나무배의 외관을 시각적으로 미감을 일으킬 수 있도록 하는 디자인을 창작하였다면 디자인으로서, 그 통나무배에 대하여 타인의 통나무배와 식별할 수 있도록 “갈매기”라는 표지를 사용하였다면 상표로서 각각 보호를 받는다.

2. 발명 장려법

특허법은 발명을 유인할 수 있는 제 규정을 둠으로써 발명 장려적 성격이 강한 법이다. 즉 특허발명에 대하여는 독점·배타적으로 실시할 수 있는 전용권 및 금지권(법 94)과 특허권(전용실시권을 포함한다. 본항에서 이하 같다)보호를 위한 권리침해에 대한 금지 청구권, 손해배상 청구권 및 신용회복 청구권 등의 구제수단을 두고 있고(법 126, 128, 131) 또 특허발명에 대해 질권·담보물권과 양도·공유 및 전용실시권·통상실시권 등을 설정하여 재산권으로 행사할 수 있는 등(법 99, 100, 102, 121)의 발명의 유인요소를 두고 있어 발명을 장려하는 법이라고 할 수 있다.

3. 발명 이용법

특허법은 특허출원발명을 공중에게 공개하거나 특허발명을 등록공고하고 있는바 이는 특허요건에 관한 공중심사나 제3자 보호적 성격도 있지만 그보다는 공개된 발명의 기술적 내용의 이용을 통하여 산업의 발전을 도모하려는 면이 강하다.

따라서 특허법은 연구개발활동을 위해 자기와는 아무런 관계가 없는 누구의 발명이라 할지라도 출원공개나 특허권의 설정등록공고 등에 의하여 공표된 경우에는 이용에 관한 승인이나 이용료 지불 등에 관한 제한 없이 그 발명의 기술적 내용을 자유로이 사용할 수 있다.

그러므로 부동산과 같은 물권법이 그 물건의 내용을 공시를 통해서 이용을 제한하고 있는데 반해 특허법은 발명의 내용에 대해 공개를 통해서 이용을 도모하려는 점에서 양자는 다르다.

이와 같이 타인의 발명의 임의이용을 법적으로 허용 내지는 장려하여 기술적 향상을 도모하게 함으로써 경쟁적 우위를 확보하도록 하고 있는 법은 특허법 등 지적재산권법을 제외하고는 거의 다른 법률에서 그 유례를 찾아볼 수 없고 반드시 사전 이용계약 등에 의한 규제를 가하고 있는 것이 통례이다.

4. 기술개발 촉진법

특허법은 발명을 보호·장려하고 그 이용을 도모함으로써 기술의 발전을 촉진하려는 법이다. 즉 특허출원발명의 기술적 내용을 일반 공중에게 공개함으로써 피공개자가 이를 이 분야연구·개발의 정보자료로 활용하여 보다 진보된 기술적 사상의 창작을 하게 함으로써 그 발명만큼의 기술수준을 뛰어 넘을 수 있을 뿐만 아니라 이와 관련된 많은 관련 연구 분야의 기술정보자료의 속출로 안정적인 기술개발의 진흥을 제도적으로 보장하고 있는 법이기도 하다.

따라서 특허법은 제3자에게는 공개한 발명의 기술내용을 응용하여 보다 향상된 기술을 확보할 수 있도록 기술발전의 원천을 제공하고 있는 법이라고 할 수 있다.

5. 산업 발전법

특허법은 발명을 보호·장려하고 그 이용을 도모함으로써 기술의 발전을 촉진하여 산업발전에 이바지함을 목적으로 하는 법이다(법 1). 따라서 이 법에 의한 특허요건 중 가장 중요한 것은 산업상 이용할 수 있는 발명(법 29①전단)이며 권리자는 그 특허발명을 업으로 실시하여야 한다.

특허청장은 특허권자·전용실시권자 또는 통상실시권자에게 특허발명의 실시여부 및 그 규모 등에 관하여 보고하게 할 수 있다(법 125). 만약 특허권자·전용실시권자 등 권리자가 특허발명에 대해 실시를 하지 않았을 때, 즉 i) 특허발명이 천재·지변 그 밖의 불가항력 또는 대통령령이 정하는 정당한 이유 없이 계속하여 3년 이상 국내에서 실시되고 있지 아니한 경우, ii) 특허발명이 정당한 이유 없이 계속하여 3년 이상 국내에서 상당한 영업적 규모로 실시되지 아니하거나 적당한 정도와 조건으로 국내수요를 충족시키지 못한 경우, iii) 특허발명의 실시가 공공의 이익을 위하여 특히 필요한 경우, iv) 사법적 절차 또는 행정적 절차에 의하여 불공정거래행위로 판정된 사항을 시정하기 위하여 특허발명을 실시할 필요가 있는 경우, v) 자국민 다수의 보건을 위협하는 질병을 치료하기 위하여 의약품(의약품생산에 필요한 유효성분, 의약품 사용에 필요한 진단키트를 포함한다)을 수입하고자 하는 국가(이하 본 항에서 "수입국"이라 한다)에 그 의약품을 수출할 수 있도록 특허발명을 실시할 필요가 있는 경우에는 특허청장은 특허발명을 실시하고자 하는 자의 통상실시권 설정에 관한 재정청구에 의하여 통상실권 설정을 재정한다(법 107①).

특허청장은 위의 i)의 사유로 인한 재정이 있은 날부터 계속하여 2년 이상 그 특허발명이 국내에서 실시되고 있지 아니하는 경우에는 이해관계인의 신청에 의하여 또는 직권으로 그 특허권을 취소할 수 있도록 하는 명문의 규정을 둠으로써(법 116) 특허발명의 실시가 특허권 존속의 전제가 되고 있다.

또 특허법은 특허발명을 양도·공유 및 전용실시권·통상실시권 허용(법 99, 100, 102) 등을 통하여 산업화의 실효를 꾀하고 있으며, 제3자에게는 공개·실시한 특허발명의 기술적 내용을 이용한 이용특허발명(법 98)의 실시를 통하여 산업의 발전을 도모하고 있는 법이기도 하다.

6. 무체 재산권법

특허법은 음향·향기·전기·빛·열 등과 같이 유형의 존재를 갖지 않는 형체 없는 발명과 같은 지능적 창작에 관한 이익을 독점적·배타적으로 지배할 수 있는 권리에 관한 무체 재산권법이기도 하다.

이에 반하여 특정의 유체물건을 물권으로 보호하려는 물권법과 다르고 특정인(채권자)이 다른 특정인(채무자)에 대하여 일정한 행위(급부)를 청구하는 것을 내용으로 하는 권리를 보호하려는 채권법과도 다르다.

따라서 특허법은 무체 재산권법의 하나로서 민법상의 물권법·채권법과 함께 재산권의 3대 종별을 이루고 있고 또 고안을 무체 재산권으로 보호하고 있는 실용신안법, 디자인을 무체 재산권으로 보호하고 있는 디자인보호법, 표장을 무체 재산권으로 보호하고 있는 상표법, 영업비밀을 무체재산권으로 보호하고 있는 부정경쟁방지 및 영업비밀보호에 관한 법률과 함께 무체재산권법의 5대 주류를 이루고 있는 중요한 법이다.

7. 사적 독점 보장법

특허법은 특허권자에게 업으로서 그 특허발명을 독점적·배타적으로 실시할 수 있는 지배권을 부여함으로써 특허발명 사업의 사적 독점을 보장 내지 조장하는 법이라고 할 수 있다. 따라서 사업자의 시장 지배적 지위의 남용과 경제력의 집중을 방지하여 공정하고 자유로운 경쟁을 촉진함으로써 창의적인 기업 활동을 조장하여 국민경제의 균형발전을 도모하기 위하여 사적 독점을 규제하려는 독점규제 및 공정거래에 관한 법률과 다르다.

이러한 특허법은 경쟁의 무풍지대에서 경쟁력 우위의 안정적 확보를 보장하는 제도적 장치로서 특허권을 최근 세계 각국이 세계무역기구 무역관련 지적재산권협정(WTO/TRIPs)의 발효(1995.1.5)를 계기로 국경절차가 철폐되면서 더욱 치열해진 무한경쟁시대에 전략적 무기로 삼으려는 경향이 늘어나고 있어 그 중요성이 더 해가고 있다.

그러나 최근 들어 특허법의 절대권적 독점성이 자본주의 시장경제 체제하에서의 경쟁 제한적 독소라는 지적도 있으나 오히려 특허제도는 경쟁을 자극하여 기술개발을 유인함으로써 산업육성에 기여한다는 긍정적인 측면도 있어 특허법은 자본주의 경제발전의 초석으로서 독점규제 및 공정거래에 관한 법률과는 상호 보완적인 관계로 병존이 가능하고 또 이상적이라고 할 수 있다.

8. 광의의 국제사법

특허법은 외국인의 지위 등에 관한 입법체제를 갖춤으로써 광의의 국제 사법적 요소가 가미된 법이다. 즉 외국인이 일정한 조건에 해당하는 경우 특허권 또는 특허에 관한 권리를 향유할 수 있도록 하는 외국인의 권리능력을 인정하고 있고(법 25), 특허에 관하여 조약에 특허법에서 규정한 것과 다른 규정이 있는 경우에는 그 조약의 규정에 따르도록 한 조약의 효력에 관하여 명문의 규정을 두고 있으며(법 26), 또 특허법은 일정한 경우 조약에 의한 우선권 주장을 인정하고 있다(법 54).

그 밖에도 특허협력조약에 의한 국제출원(법 10장)에 관한 규정을 두어 우리나라 국민, 국내에 주소 또는 영업소를 가진 외국인, 국내에 주소나 영업소가 없는 우리나라 국민 또는 외국인으로서 우리나라 국민이나 국내에 주소 또는 영업소를 둔 외국인을 대표자로 하여 국제출원을 하는 자(법 192), 국제출원(법 193), 국제출원일의 인정 등(법 194), 내외국인의 국제출원절차와 국제특허출원에 관한 특례를 인정하고 있다(법 10장 2절).

9. 사법적·준사법적 절차법

특허법은 특허소송에 관하여 민사소송법을 준용하도록 규정하고 있어 사법적 절차법의 일부를 이루고 있는 동시에 특허에 관한 심판절차에 관한 규정도 아울러 두고 있어 준사법적 절차법이기도 하다. 즉 특허에 관한 심판업무를 수행하기 위하여 준사법기관인 심판관을 두고 있다. 즉 대통령령으로 별도 정하고 있는 자격을 갖춘 자를 심판관으로 임명하고 이들을 직무상 독립하여 심판하도록 독립기관으로 하고 있다.

심판은 3인 또는 5인의 심판관으로 구성되는 합의체에 의하여 행하도록 규정하고 있다(법 146). 또 심판의 청구방식·심판청구서의 각하·심판관의 제척·기피 및 회피·심판절차의 중지·심판참가·증거조사 및 증거보존·심판의 진행·직권심리·심리심결의 병합 또는 분리·일사부재리·심판 또는 소송절차의 중지·심판비용 등의 심판절차에 관한 규정을 둠으로써 특허법은 특허에 관한 준사법적 절차법의 성격을 가진 법이기도 하다.

10. 법질서 유지법

특허법은 ⅰ) 특허된 것이 아니거나 특허출원 중이 아닌 물건, 특허된 것이 아닌 방법이나 특허출원 중이 아닌 방법에 의하여 생산한 물건 또는 그 물건의 용기나 포장에 특허표시 또는 특허출원표시를 하거나 이와 혼동하기 쉬운 표시를 하는 행위, ⅱ) 위의 ⅰ)의 표시를 한 것을 양도·대여 또는 전시하는 행위, ⅲ) 위의 ⅰ)의 물건을 생산·사용·양도 또는 대여하기 위하여 광고·간판 또는 표찰에 그 물건이 특허나 특허출원된 것 또는 특허된 방법이나 특허출원 중인 방법에 의하여 생산한 것으로 표시하거나 이와 혼동하기 쉬운 표시를 하는 행위, ⅳ) 특허된 것이 아닌 방법이나 특허출원 중이 아닌 방법을 사용·양도 또는 대여하기 위하여 광고·간판 또는 표찰에 그 방법이 특허 또는 특허출원된 것으로 표시하거나 이와 혼동하기 쉬운 표시를 하는 행위를 금지하고 있으며(법 224), 만약 이러한 허위표시의 금지를 위반한 자는 3년 이하의 징역 또는 2천만원 이하의 벌금에 처한다(법 227). 또 특허권 또는 전용실시권을 침해한 자는 7년 이하의 징역 또는 1억원 이하의 벌금에 처한다(법 225). 사위(詐僞) 그 밖에 부정한 행위로써 특허, 특허권의 존속기간의 연장등록 또는 심결을 받은 자는 3년 이하의 징역 또는 2천만원 이하의 벌금에 처함으로써(법 228) 특허법은 반 윤리규제법 성격의 법질서유지법이기도 하다.

11. 특허법과 조약과의 관계 – 조약의 효력 –

특허법은 특허에 관한 조약과의 관계에서 이 법의 규정과 충돌된 다른 조약의 규정이 있을 때에는 그 조약의 규정에 의하도록 규정하고 있다. 즉 "특허에 관하여 조약에 특허법에서 규정한 것과 다른 규정이 있는 경우에는 그 규정에 따른다"라고 조약의 효력에 관하여 규정하고 있다(법 26).

이러한 규정의 취지는 특허에 관하여 조약에 특허법의 규정과 다른 규정이 있는 경우에는 그 조약에 의하도록 한 것에 지나지 아니하므로 조약에 의하여 보호되는 권리일지라도 그 조약에 저촉되지 아니하는 범위 안에서는 특허법을 적용할 수 있다.[1]

V. 특허법의 기본이념

1. 서 문

특허법이란 특허라는 제도를 통하여 발명을 보호·장려하고 그 이용을 도모함으로써 기술의 발전을 촉진하여 산업발전에 이바지함을 목적으로 하는(법 1) 산업육성법적 성질의 법률이기 때문에 각국마다 특유한 환경적 요소를 바탕으로 하여 국익의 최대보장을 확보하려는 전략적 수단으로 활용하려 할 것이다. 따라서 각국은 그 동안의 특허제도의 활용성과 특허제도의 현실적 특수성, 미래의 산업정책방향 등 나라마다 서로 다른 배경과 이유 등으로 각기 다른 특허법의 이념을 채택할 수 있어 기본적으로는 공통된 부분도 있지만 대개의 경우 서로 다른 특유의 특허법을 제정하여 시행하고 있다.

여기에서는 우리나라 특허법의 기본적 이념을 중심으로 살펴보면서 이와 다른 나라의 이념에 대해서도 그때그때 곁들여 설명하기로 한다.

2. 기본적 이념

우리나라 특허법은 발명자(승계인을 포함한다, 이하 같다)의 특허발명에 대한 독점적·배타적 실시의 근거를 "권리주의"에 두고 있으며 이의 발생요건으로 선출원

---

1) 황의창 외 1인, 부정경쟁방지 및 영업비밀보호법, 세창출판사, 2009.3. 110면 참조.

주의·1발명 1출원주의·출원공개주의·심사청구주의·심사주의·등록주의 및 등록공고주의 등을 채택하고 있다. 이러한 특허에 관한 절차는 직권주의가 지배적이며 그 밖에 특허업무의 신속하고 정확한 처리를 위하여 여러 가지 이념을 채택하고 있고 또 제3자 보호 차원의 등록공시제도 가미하고 있다.

(1) 권리주의

특허권 존립의 근거로서는 권리주의와 은혜주의가 있다. 전자가 발명에 대한 권리는 국가로부터 부여받기 전에 그 발명에 사회적·법적 보호의 가치가 존재한다고 보고, 다만 국가는 이를 법적으로 보호해 주기 위해 제도적으로 확인하고 공인해 주는데 불과하다는 입장이다. 이에 반하여 후자는 발명에 대한 권리는 처음부터 그 발명의 사회적 기여에 대한 은혜와 발명자의 창작노력에 대한 보상(報償)으로서 국가가 임의적 수권행위(授權行爲)에 의해 부여한다는 입장이다.

우리나라 특허법은 특허법상 특허거절이유에 해당되지 아니한 발명에 대하여는 특허를 허용하는 특허결정을 하고, 이에 의해 특허권의 설정등록을 하면 특허권이라고 하는 특허발명에 대한 독점적·배타적 권리가 발생하는 권리주의를 채용하고 있다.

(2) 1발명 1출원주의

우리나라 특허법은 제정 시 부터 하나의 특허출원에는 하나의 발명밖에 기재할 수 없다고 하는 소위 "1발명 1출원주의"를 원칙으로 하면서 예외적으로 하나의 총괄적 발명의 개념을 형성하는 1군(群)의 발명, 즉 일정한 상호 밀접한 관계를 갖는 두 개 이상의 발명을 하나의 출원에 포함하는 것(이를 "출원의 단일성 또는 발명의 단일성"이라고도 하며 본서에서는 "1발명 1출원주의"와 혼용하기로 한다)을 인정하는 병합출원제도를 도입하여 운용하고 있다.

1발명 1출원주의 원칙은 심사·심판·소송 및 등록 업무는 물론 특허정보자료의 검색, 기술문헌의 조사나 권리이동 등에 편리하다는 이유로 채택하고 있다. 그러나 두 개 이상의 발명이 상호 밀접한 관계를 갖는 경우 이 원칙이 오히려 불편한 경우도 있어 이 경우 원칙의 적용을 배제하는 예외규정을 두고 있는바 그것이 바로 위에서 설명한 바 있는 "하나의 총괄적 발명의 개념을 형성하는 1군의 발명에 대하여 1특허출원으로 할 수 있다는 규정이다(법 45①단서).

(3) 선 출원주의

특허법은 동일한 발명에 대하여는 최선(最先)의 출원자에게 특허를 인정하는 선출원주의를 채택하고 있다(법 36). 이에 반하여 동일한 발명에 대하여 최선의 발명자에게 특허를 인정하는 미국의 특허법과 다르다. 그러나 양자 모두 1발명 1특허원칙 또는 중복특허금지원칙을 위한 제도라는 면에서는 동일하다.

그러나 선출원주의가 선원의 지위를 확보하기 위하여 신속한 출원을 함으로써 발명의 공개가 촉진되어 발명의 기술적 내용을 조기에 이용할 수 있다는 점에서 특허제도의 목적에 보다 충실하고 선출원자를 출원접수 순위로 하기 때문에 최선의 출원자를 가리기가 쉬울 뿐만 아니라 특허권 설정등록 후 적어도 선후출원문제에 의한 특허권의 불안정문제만은 해소될 수 있다는 등의 장점이 있다. 그러나 진정한 발명자 보호가 어려울 뿐만 아니라 선원의 지위를 확보하기 위하여 미완성의 발명이나 결함이 있는 발명까지를 출원함으로써 심사의 적체를 심화시켜 권화와 기업화를 지연시킬 수 있고 또 부실권리의 발생과 이로 인한 분쟁이 야기될 수 있다는 등의 단점이 있다.

이에 반하여 선발명주의는 최선의 발명자를 보호하는 것이므로 발명의 장려면에서 우수하나 신속한 출원을 유보케 하여 공개가 지연됨으로써 발명의 기술적 내용의 이용이 늦어져 산업발전을 더디게 할 뿐만 아니라 선발명자를 가리기가 쉽지 않아 특허권이 불안정하다는 단점을 가지고 있다.

현재 우리나라를 비롯한 대부분의 나라가 특허제도에 더 적합한 선출원주의를 채택하고 있는 반면 유독 미국만이 선발명주의를 채택하고 있는 정도이다. 그러나 미국마저도 세계무역기구 무력관련 지적재산권 협정(WTO/TRIPs) 발효(1995.1.5) 이후 선출원주의의 채택을 긍정적으로 검토하고 있는 실정이다.

(4) 출원 공개주의

특허법은 특허출원(비밀을 요하는 특허출원을 제외한다)에 대하여 출원일부터 일정기간(1년 6개월)이 지나거나 또는 그 일정기간 이내라 하더라도 출원인의 신청에 의하여 공개용 특허공보에 게재하여 반포하는 출원공개주의를 채용하고 있다.

특허법이 출원 공개주의 제도를 도입한 것은 발명의 조기공개를 통하여 i) 발명의 기술적 내용의 이용을 촉진하여 산업발전을 도모하고, ii) 중복연구와 중복투자를 방지하며, iii) 출원발명에 대한 제3자의 무단모방을 방지하는 효과, 즉 특허출원인이 출원공개가 있은 후 그 특허출원된 발명을 업으로서 실시한 자에게 특허출원된 발명임을 서면으로 경고하면 그 경고를 받거나 출원공개된 발명임을 알고(예 : 출하한 특허출원 발명품에 출원표시를 한 경우) 그 특허출원된 발명을 업으로 실시한 자에게 특허출원인은 그 경고를 받거나 출원공개된 발명임을 안 때부터 특허권의 설정등록 시까지의 기간 동안 그 특허발명의 실시에 대하여 통상 받을 수 있는 금액에 상당하는 보상금의 지급을 청구할 수 있도록 함으로써(법 65①②) 출원발명의 보호효과를 거둘 수 있다.

(5) 심사 청구주의

특허법은 특허출원에 관한 심사를 특허출원인은 물론 누구든지 특허출원이 있는 날부터 5년 이내의 심사청구분에 한해서만 하도록 하는 심사 청구주의를 채택하고 있다(법 59①②). 특허법이 이러한 심사청구주의 제도를 채택한 것은 심사의 필요성 여부에 불구하고 모든 출원에 대해서 심사하는 것보다는 출원인을 포함하여 누구든지 심사를 필요로 하는 출원에 대해서만 심사를 하는 소위 선별심사 제도를 운용함으로써 출원 심사기간을 단축시켜 발명의 조기권리화와 기업화에 기여하려는데 그 목적이 있다.

(6) 심사주의

특허출원에 대한 특허방법으로는 심사주의와 무심사주의가 있다. 전자가 심사관의 특허출원발명의 특허요건에 대한 실질적 심사에 의해 특허여부가 결정되는 입장인데 반하여 후자는 특허출원의 형식적 요건에 대한 방식심사만으로 특허여부가 결정되는 입장이다. 그리고 특허권의 유효성에 관한 실질심사는 분쟁이 발생한 경우에만 특허심판원 또는 법원의 심리로 한다는 입장이다.

심사주의는 특허권의 안정성이 높은 반면 특허요건에 관한 실질적 심사에 많은 인력과 다양한 참증자료 정보의 확보 등으로 과다한 경비가 소요될 뿐만 아니라 심사에 오랜 기간이 걸려 발명의 적기실시가 어렵다는 단점이 있다. 이에 반하여 무심사주의는 심사 소요경비의 절감과 특허권 확보의 신속성을 기할 수 있는 반면 동일 또는 유사발명의 중복특허와 권리의 불안정성 등의 단점이 있다.

우리나라의 특허법은 심사주의를 채택하고 있으면서(법 57, 62, 63, 66) 심사주의에서 오는 단점과 폐해를 최소화하기 위하여 심사청구 제도(법 59), 우선심사 제도(법 61), 출원공개 제도(법 64) 등을 인정하는 규정을 두어 제도적으로 보완하고 있다.

(7) 등록주의 및 공시주의

특허권은 특허권자가 업으로서 그 특허발명을 독점·배타적으로 실시할 수 있는 대세적 지배권이기 때문에 특허권을 보호하고 선의의 제3자의 피해를 막기 위하여 특허권의 설정·변경(이전·실시권 설정·질권 설정·처분의 제한 등)·소멸 등의 사항을 명확히 공시할 필요가 있어 등록을 특허권의 효력발생요건으로 하고 있고 각국 또한 일반적으로 이러한 등록주의를 채택하고 있다.

우리나라 특허법은 특허권은 설정등록에 의하여 발생하며(법 87①), 특허권의 설정·이전·소멸·처분의 제한 등의 특허권의 내용은 특허원부에 등록하고(법 85) 이를 특허공보에 게재하여 공고한다(법 87③)고 함으로써 등록주의와 공시주의를 함께 채택하고 있다.

특허권·전용실시권 등과 같은 특허에 관한 권리는 물권적 성질을 갖는 독점·배타적인 권리이므로 권리의 변동은 이를 공시해야 할 필요성이 있다. 따라서 당사자간의 계약이나 합의에 의하여 사실상 권리변동의 법률행위가 성립되었다 하더라도 이를 등록하지 아니하면 효력이 발생하지 않는 것으로 취급된다.

그러나 채권적 성질을 갖는 통상실시권의 효력은 그 원인의 성립과 동시에 발생한다. 즉 ⅰ) 당사자간의 설정행위에 의한 통상실시권은 설정계약이 성립되었을 때, ⅱ) 법정통상실시권은 법정요건이 성립되었을 때, ⅲ) 심판에 의하거나 특허청장의 행정처분에 의한 강제 통상실시권은 심판의 확정 또는 특허청장의 처분이 있은 때에 그 통상실시권이 발생한 것으로 본다.

법정실시권과 강제실시권은 허락실시권과는 달리 등록이 없이도 그 발생원인의 성질상 당연히 제3자에게도 효력이 있다. 그러나 당사자간의 허락에 의한 허락통상실시권은 채권적 성질을 가진 권리이기 때문에 등록은 효력발생요건이 아니라 대항요건이다. 즉 통상실시권은 채권으로서 권리주체의 변경은 없고, 다만 권리의 효력에만 영향을 미치게 되므로 등록은 대항요건인 것이다.

따라서 통상실시권의 설정이나 이전 등은 등록을 하지 않아도 당사자간에는 효력이 발생하나 이를 제3자에게 대항할 수 없으며, 제3자에게 대항하기 위해서는 등록을 하여야 한다. 예를 들면, 특허권자 A가 B에게 통상실시권을 허락하는 계약을 체결하고 이를 등록하지 아니한 상태에서 특허권을 C에게 양도하고 등록을 한 경우 C는 B에게 특허권 침해중지를 요구할 수 있고 B는 C에게 A로부터 통상실시권을 허락받았다는 사실만으로는 특허권 침해의 법률상 책임을 면할 수 없다.

그러므로 이러한 문제가 발생하지 않기 위해서는 실시권의 효력과는 관계없이 제3자 대항요건으로 B는 A로부터 통상실시권 허락을 받은 후 이를 등록하여야 한다. 그러나 등록주의 하에서 문제는 등록된 내용과 사실상의 법률관계가 일치하지 아니한 경우인데, 이 경우에는 그 등록사항의 효력은 인정되지 않는다는 점이다.

이와 같이 등록의 공신력이 인정되지 않는 것은 부동산 등기의 경우와 마찬가지이다. 그러나 등록된 사항을 믿고 특허권 등의 양도 등을 받은 제3자는 법률상 보호된다. 즉 제3자는 민법상의 부당이득 반환청구권(민법 741), 불법행위에 의한 손해배상청구권(민법 750)을 행사할 수 있다.

(8) 등록공고주의

등록공고는 설정등록된 특허권의 유효성에 관해 이해관계인 또는 심사관(특허권의 설정등록이 있는 날부터 등록공고일 후 3월 이내에는 누구든지)은 특허의 무효심판청구를 통해 확인하기 위한 심판절차의 한 유형이다.

따라서 종래의 등록공고 하에서의 특허 이의신청제도와 그 법리면에서 양자는 동일 또는 유사하다고 해석된다.

즉 i) 특허권의 설정등록이 있는 날부터 등록공고일 후 3월 이내에서의 특허의 무효심판청구나 이의신청을 불특정다수인 누구나가 할 수 있고, ii) 특허의 무효심판청구의 이유와 이의신청의 이유가 유사하며, iii) 특허의 무효심판청구에 대한 심판이 심판관 합의체에서 이루어지고 있으며 이의신청에 대한 심사·결정 또한 심사관 합의체에서 이루어지고, iv) 특허의 무효심판청구에 대한 심결 및 효력에 있어서도 특허의 무효심판청구가 이유 있다고 인정되는 경우, 특히 무효심결을 하고 이유 없다고 인정되는 경우 특허의 무효심판청구를 기각하는 심결을 하는데 반하여 특허이의신청에 대한 결정 및 효력에 있어서는 특허이의신청이 이유 있다고 인정되는 때에는 그 특허를 취소결정하고, 이유 없다고 인정하는 때에는 유지결정을 하는 등 그 심결이나 결정의 효과에 있어서는 양자가 동일하다.

따라서 개정법(2006.3.3)은 특허의 이의신청·심사 및 결정과 특허의 무효심판청구·심리 및 심결의 일부중복으로 인한 업무의 비효율성을 탈피하기 위하여 특허의 이의신청제도를 폐지하고 이를 특허의 무효심판제도로 통합운용하기로 하였다.

(9) 직권주의

특허절차에 관한 권한과 책임의 주체가 사인이냐 국가이냐에 따라서 당사자주의와 직권주의가 있다. 우리나라 특허법은 특허출원이나 특허출원 심사청구라는 절차의 개시(開始)나 특허권 등록이라는 절차의 종료는 특허출원인인 당사자주의가 채용되고 있으나 특허권이 독점적·배타적 지배권이라는 점을 감안하여 출원심사·특허심판에 있어서 심리를 위한 증거조사나 증거보전을 직권으로 할 수 있는 직권 탐지주의(법 157①후단)와 당사자 등의 의사와는 관계없이 절차를 진행할 수 있는 직권 진행주의(법 158) 및 당사자가 신청하지 않는 이유에 대하여도 심리를 할 수 있는 직권 심리주의(법 159) 등에 관한 명문의 규정을 둠으로써 직권주의를 명확하게 선언하고 있다.

(10) 그 밖의 기본이념

특허출원 등은 소정의 법정서식에 국어로 작성한 서면 또는 전자출원 등으로 하여야 하는 서면·전자·서식·국어주의를 채용하고 있다. 또 특허청에 제출되는 서류 등의 효력발생 시기를 특허청에 도달일자로 할 것이냐 특허청에 보낸 발송 일자로 할 것이냐에 따라 도달주의와 발송주의가 있는 바, 우리나라의 특허법은 도달주의를 원칙으로 하고 예외적으로 우편통신을 이용한 때에는 발송우체국의 일부인(日附印)이 찍힌 일자를 그 서류 등의 효력발생 시기로 보는 발송주의를 채택하고 있다

제 2 절 특허법의 약사 개관

Ⅰ. 특허법의 기원

특허제도가 인류사에서 처음 시행된 것은 지금으로부터 770여 년 전 13세기 중엽(1236년) 유럽대륙에서 발명자에게 일정기간 그 발명을 독점적으로 사용할 수 있는 전용권을 부여하고 있었다는 사실이 기록에 의해 확인되고 있다. 세계 최초의 발명이라고 할 수 있는 다색무늬 직물에 관한 특허가 바로 그 예이다. 그러나 이 무렵의 특허는 일정한 법제에 의해서 부여된 것이 아니고 그 당시 국가 행정수반(책임 행정관에 위임, 이하 같다)이 모든 분야에서 국가나 사회에 공헌한 자에게 보상이나 은혜의 수단으로 누리고 있었던 특권 중의 하나로 발명자의 사회 기여도를 평가하여 그 보상의 일환으로 특허권을 부여하였던 것이다. 이와 같이 국가 행정수반의 특권에 의해 자의적으로 부여하고 있었던 특허권도 점차 늘어나면서 매권(賣權) 등 그 부작용이 일어나는 한편 산업정책 수단으로 평가되기도 하였다. 이러한 가운데 타인의 발명을 도용 내지는 모방하려는 부정경쟁행위가 성행하고 관계 행정관의 정실(情實)·매권(賣權) 등과 같은 사회적 폐해가 널리 확산되기 시작하면서부터 법제화의 필요성이 대두되었다. 이러한 사회적 분위기에 따라 15세기 중엽(1474년) 세계 최초로 특허제도를 창설하여 16세기에 걸쳐 운용한 나라가 베니스(베네치아)였으며, 1594년 갈릴레오가 베니스의 특허를 청원한 "양수관개용 기계"는 그 한 예이다.

그 후 중단되었으나 16세기 중엽(1624년)부터 다시 영국에 의해 특허제도가 법제화(전매조례)되어 지금까지 계속 시행되고 있는 세계 최초의 성문화한 특허법 전매조례가 제정되었고, 이후 다른 나라에 보급되어 2004년 8월 현재 특허제도를 도입하여 운용하고 있는 나라는 산업재산권 보호를 위한 파리 조약 가입국 기준으로 168개국에 이르고 있다.

Ⅱ. 특허법의 약사

1. 개 요

우리나라의 특허에 관한 법령은 구한말 지석영 선생 등에 의해 그 필요성이 주창되기도 하였으나 일본에 의해 결실을 보지 못하였다. 청일전쟁과 노일전쟁에서 연승한 일본은 한국에서 미국인의 지적재산권이 보호받을 수 있도록 조처해 달라는 미국의 요구에 따라 1908년 8월 12일 체결된 "한국에서의 미국의 발명 의장 상표 및 저작권 보호에 관한 미일조약"에 의해 동년 8월 16일 제정, 공포된 한국특허령이 우리나라 최초 특허법령이라고 할 수 있다.

그러나 이는 일본의 특허법령을 그대로 옮겨 놓은 것에 지나지 않았다. 동 법령은 1910년 8월 29일 한·일 합방과 동시에 폐지되고 그 후 일본 특허법이 그대로 시행되어 왔으나 1945년 8월 15일 해방 후 미 군정청에 의한 미 군정령 제91호로 특허법이 제정되어 1961년 12월 31일까지 시행되어 오다가 1960년 5월 16일 군사혁명과 더불어 새로운 특허법·실용신안법·의장법이 제정되었는바 이때 비로소 산업재산권법 체계를 갖추게 되었다고 할 수 있다. 그 후 16차례에 걸친 크고 작은 개정을 거쳐 지금의 특허법에 이르게 되었으나, 아직 선진법 체제에는 미치지 못하고 있는 것이 사실이며 또 입법적으로 해결하여야 할 난제 또한 산적해 있으므로 지혜로운 대응이 요청된다 할 것이다.

2. 연 혁

(1) 특허법 제정

1) 1946년 제정 특허법

이 법은 1946년 1월 22일 설치된 특허원에서 미국 특허법 및 일본 특허법을 기초로 마련한 특허법 제정안을 1946년 10월 15일 미군정법령 제91호로 공고, 시행한 우리나라 최초의 제정법으로서 그 주요내용을 보면 다음과 같다.

i. 특허법 속에 발명·실용신안·의장·저작물 및 특허국의 설치와 직제에 관한 사항을 일괄 규정하는 단일법 체계로 제정

ii. 1945년 8월 15일 해방 전 일본 정부에 의하여 설정된 특허권에 관하여 1946년 특허법의 시행 후 12개월 이내에 권리자가 출원하는 경우 신규성 판단이나 이의신청 절차를 생략하고 특허권 부여(법 제256)

iii. 특허법 시행일 전 우리나라에서 시행하던 일본 특허법의 폐지(법 제2조)

iv. 식물 특허제도의 도입

v. 특허권의 존속기간을 17년으로 규정

vi. 강제실시권 허여제도의 채택

vii. 의약물질 또는 그 제조방법 등을 불특허사유로 규정하였다.

2) 1961년 제정 특허법

1946년에 제정된 미 군정시절의 특허법은 그동안 정치·경제·사회·산업 등 모든 분야에서 엄청난 변화를 가져옴으로써 이에 적절한 입법의 필요성과 당시의 특허법이 발명·실용신안·의장 등을 통합 규정하고 있는 단일법 체계이었기 때문에 권리별로 분리, 독립의 필요성이 대두되어 이를 분리하여 독립법으로 제정한 것이 1961년 12월 31일 법률 제950호의 특허법이며 이 법이 사실상 우리나라의 최초의 특허법이라고 할 수 있다. 그 주요내용을 보면 다음과 같다.

i. 특허대상의 한정(산업에 이용성·신규성·진보성이 있는 발명)(법 2, 5)

ii. 특허를 받을 수 없는 발명과 특허권의 한계설정(법 4, 40)

iii. 신규성 의제(시험·발명 전시회 출품 등 발명품)(법 6)

iv. 선출원주의 채택(법 10)

v. 국방상, 공익상 필요한 특허출원발명에 대한 공용징수(公用 徵收)(법 17)

vi. 재외자(在外者)의 특허에 관한 절차는 국내 대리인을 선임하여 위임(법 20)

vii. 대리인이 부적절한 경우 특허국장 직권으로 개입(법 24)

viii. 특허출원 당시에 선의의 발명자가 선사용하는 경우 그 범위 안에서 실시권 향유(법 41)

ix. 특허권자가 계속하여 3년 이상 그 특허발명을 실시하지 아니한 경우 특허국장은 직권으로 제3자에게 실시권을 허여하거나 그 실시권을 취소할 수 있도록 하였다(법 45).

x. 특허권의 존속기간을 12년으로 하였다(법 46).

(2) 특허법 개정

1961년 특허법 제정 이후 새로운 기술분야의 속출[정보기술(IT)·나노기술(NT)·생명공학(BT)·환경기술(ET)·문화기술(CT)·지학기술(GT)·우주기술(UT)], 교역국의 확대, 세계 지적재산권 기구 설립협약(WIPO, 1979.3.1 가입)·산업재산권보호를 위한 파리조약(1980.5.4 가입)·특허협력조약(PCT, 1984.8.10 체결)·부다페스트조약(1988.3.28 가입)·Strasbourg협정(IPC 특허분류, 1998.10.8 가입) 등 국제조약 등에의 가입, 민사소송법 등 관련 법률의 개정 등 국내외 기술·산업·경제 등 분야 환경의 변화에 따라 특허법 부문에서도 16차례의 크고 작은 개정을 거듭하여 오늘의 특허법에 이르고 있다. 이를 주요 개정조문 중심으로 요약정리해 보기로 한다.

1) 제1차 개정(1963.3.5)

1961년 제정 특허법의 시행과정에서 나타닌 문제점과 미비점을 개선·보완하기 위하여 특허법 중 일부 개정안을 1963년 3월 5일 법률 제1293호로 공포·시행하였다. 주요 개정내용을 보면

i. 특허권의 대상에서 "산업에 이용할 수 있는 것"을 삭제(법 2)
ii. 발명의 정의규정을 신설하고 여기에 "산업에 이용할 수 있는 것"을 포함(법 5)
iii. 선원의 규정 중 같은 날에 2 이상의 출원이 경합한 경우 특허국장이 협의성립 여부를 출원인에게 신고할 것을 명하도록 보완(법 10⑤)
iv. 실용신안등록출원을 특허출원으로 변경할 수 있도록 하고 변경출원 할 수 있는 기간을 설정(법 12의2)
v. 심사·심판서류 및 등록원부의 반출금지 조항 신설(법 34)
vi. 우선권 주장 조항 신설(법 36의 2)
vii. 특허권의 남용금지 조항 신설(법 45의 2)
viii 심사관·심판관의 직무상 독립기관화 조항 신설(법 93②)
ix. 선의·무과실로 특허권을 침해한 자에 대하여는 부당이득반환 또는 손해배상을 청구할 수 없도록 하는 조항의 신설(법 148②) 등이다.

2) 제2차 개정(1973.2.8)

70년대를 거치면서 3차례의 경제개발 5개년계획의 성공적인 달성으로 기술기반의 확충과 저변의 확대, 기술수준의 향상 등 산업경제의 급속한 발전을 가져옴에

따라 이에 걸맞고 앞으로의 규모의 성장에도 이를 수용할 수 있으며 또 특허제도의 국제화에 능동적으로 대처할 수 있는 법체제를 갖출 필요성이 대두되어 전문개정형식의 개정안을 1973년 2월 8일 법률 제2505호로 공포하여 한·일 특허권 상호보호협정의 발효일에 맞추어 1974년 1월 1일부터 시행하였다. 주요 개정내용을 보면

i. 원자핵 변환방법에 의해 제조될 수 있는 물질발명과 용도발명을 특허대상으로 추가(법 4)

ii. 출원 전 외국에서 반포된 간행물에 게재된 발명에 대하여도 신규성이 없는 것으로 규정하여 간행물의 국제주의를 채택(법 6①2)

iii. 재외자의 특허관리인제를 도입함과 동시에 종전법의 재외자의 대리인의 권한 중 민사소송과 고소에 관한 권한을 삭제하고 이 법률이나 이 법률에 의한 처분에 관한 소송에 한하여 권한을 갖도록 규정(법 22)

iv. 수출품에 대하여는 특허권 침해분쟁 중에 있을지라도 우선 수출을 이행하도록 하고 손해배상은 별도로 해결하기 위하여 통관절차를 마친 수출화물은 압류를 할 수 없도록 규정(법 46②)

v. 특허권자가 수출수요를 충당할 수 없을 때에는 제3자에게 강제실시권을 허여할 수 있도록 규정(법 52)

vi. 특허발명의 사업실시 관련보고를 의무화하고 3년 이상 실시하지 아니한 특허권은 취소 또는 강제실시권을 허여할 수 있도록 규정(법 52)

vii. 공무원의 직무발명에 대한 보상과 관리에 관한 규정 신설(법 17, 18)

viii. 심사관·심판관의 자격요건과 일정기간의 연수의무 신설(법 80)

ix. 남용한 특허권의 취소(법 52)

x. 무효심판청구의 제척기간 폐지. 다만, 해외에서 반포된 간행물을 이유로 하는 경우에는 계속 인정(법 98)

xi. 특허발명의 기술적 범위는 특허출원서에 첨부한 명세서, 특허청구범위의 기재내용에 의하도록 하는 것(법 57) 등이다.

3) 제3차 개정(1973.12.31)

1973년 2월 8일 개정 특허법의 시행을 앞두고 한·일간 상표권에 관한 보호협정의 체결에 이어 1973년 1월 25일에 체결한 특허권 및 실용신안권에 관한 상호협정의 발효로 인하여 일어날 수 있는 문제에 대비하기 위한 특허법 중 개정안을 1973년 12월 31일 법률 제2658호로 공포하여 1974년 1월 1일부터 시행하였다. 주요 개정내용을 보면

ⅰ. 특허출원에 대한 우선권 주장 중 조약·협정 또는 법률에서 "법률을 삭제하고 조약 또는 협정에 의하여 우리 국민에게 우선권을 인정하는 국가의 국민만이 우선권 주장을 할 수 있도록 규정(법 42)

ⅱ. 무효사유 중 다음의 사항을 추가 신설

ⅰ) 특허발명의 명세서 또는 도면에 그 특허발명의 실시에 필요한 사항을 기재하지 아니하거나 불필요한 사항을 기재하여 그 발명이 속하는 기술분야에서 통상의 지식을 가진 자가 용이하게 그 실시를 할 수 있을 정도로 그 발명의 목적·구성 및 효과를 기재하지 아니한 때.

ⅱ) 특허청구의 범위에 발명의 상세한 설명에 기재된 발명의 구성에 없어서는 아니되는 사항만을 기재하지 아니한 때 등이다.

4) 제4차 개정(1980.12.30)

1970년대에 특허제도에 관한 국내외 여건이 크게 바뀌었다. 밖으로는 세계 지적재산권기구(WIPO)의 설립(1970), 특허협력조약(PCT)의 체결(1970) 등 특허제도의 통일화, 국제화의 기반이 구축되고 안으로는 WIPO 및 공업소유권 보호를 위한 파리협약에 각각 1979년과 1980년에 가입함으로써 국제사회에서의 책임국으로 부상하였다. 뿐만 아니라 기술 중심의 산업구조와 수출중심의 통상구조의 구축으로 80년대 고도성장을 꾀하기 위해서는 개발기술의 적절한 보호수준의 법적 장치 없이는 왕성하고 품질 높은 기술개발을 기대하기가 어렵다.

따라서 대외적으로는 세계적 경향에 부응하고 대내적으로는 국제 경쟁력을 확보할 수 있는 특허법 체제로의 전환의 필요성이 대두되고 또 현행법의 시행에서 나타난 일부 문제점을 개선하고 미비점을 보완할 필요성에 따라 특허법 중 일부 개정안을 1980년 12월 31일 법률 제3325호로 공포하여 1981년 9월 1일부터 시행하였다. 주요 개정내용을 보면

ⅰ. 특허청구범위의 다항제(多項制) 채택(법 8)

ⅱ. 출원공개제도의 노입(법 83의 2)

ⅲ. 심사청구제도의 신설(법 80의 3)

ⅳ. 우선심사제도의 설정(법 80의 4)

ⅴ. 파리협약 동맹 국가간의 공통규정인 동맹국 국민에 대한 내국민 대우와 동맹국 국민간이 우선권 주장의 근거 보강(법 40, 42)

ⅵ. 출원의 보정에 관하여 시기 및 내용을 구체화하고 보정할 수 있는 한계의 설정(법 47① 내지 ③) 등 이다.

5) 제5차 개정(1982.11.29)

특허협력조약(PCT) 가입에 대비하고 특허법의 악용의 소지가 있는 일부 조항의 개정 필요성이 대두되어 특허법 중 일부 개정안을 1982년 11월 29일 법률 제3566호로 공포하여 시행하였다. 주요 개정내용을 보면

i. PCT 국제출원 관련 규정의 신설(법 8장의 2)

(i) 우리나라 특허청을 통한 국제출원의 경우

i) 국제출원을 할 수 있는 자를 우리나라 국민과 우리나라에 주소 또는 영업소가 있는 외국인으로 한정(법 157의 2)

ii) 출원시 제출하여야 할 서류와 그 제출서류에 사용할 언어는 영어, 일어 중 선택(법 157의 3)

iii) 국제출원일은 출원서 제출일을 원칙으로 하되 제출서류가 형식요건(방식)을 불비한 때에는 그 불비한 사항을 보정한 날을 국제출원일로 인정(법 157④)

iv) 출원서류를 보정기간 내에 보정하지 아니하거나 소정의 수수료를 납부하지 아니한 때에는 그 출원은 취하된 것으로 간주(법 157의 6)

(ii) 외국인이 우리나라의 특허를 받기 위해 자국의 특허청에 국제출원한 경우

i) 자국의 특허청에 출원한 날을 우리나라에 출원한 날로 인정(법 157의 9)

ii) 우선권을 주장하는 경우 그 입증서류 제출기간을 1년 9월로 규정(법 157의 10)

iii) 번역문 제출기간을 출원 후 1년 8월 이내로 하고 동 기간 내에 제출하지 아니한 때에는 그 출원은 취하된 것으로 간주(법 157의 11)

iv) 국제출원의 국내 공개시기는 출원 번역문의 제출시기에 맞추어 1년 8월로 규정(법 157의 14)

ii. 심사관의 무효심판청구 제한규정 삭제(법 97조②) 등이다.

6) 제6차 개정(1986.12.31)

80년대 중반 초엽 선진국의 첨단기술 개발성과의 보호열풍 속에서 거듭되는 한·미간 지적재산권 관련협상에서 저작권, 컴퓨터 프로그램의 보호와 함께 물질특허제도도 도입하기로 합의하고 이를 이행하기 위한 특허법 중 개정안을 1986년 12월 31일 법률 제3891호로 공포하여 그 다음해인 1987년 1월 1일부터 시행하였다. 주요 개정내용을 보면

i. 의약·농약·미생물 자체에 대한 물질특허 인정(법 4)

ⅱ. 의약 및 의약조제방법의 발명에 관한 특허권의 효력은 약사법에 의한 조제행위와 그 조제에 의한 의약에는 미치지 아니한 것으로 규정(법 46)

ⅲ. 특허를 받은 후 그 특허발명을 정당한 이유 없이 계속하여 3년 이상 국내에서 실시하지 아니한 경우 타인에게 통상실시권을 허여하는 절차를 "재정제도"로 개정(법 51의 1 내지 51의 9)

ⅳ. 특허권의 존속기간을 12년에서 15년으로 연장하되 의약품 등과 같이 안전성 검사와 제조허가 등에 장기간이 소요되는 특허권에 대하여는 5년의 범위 안에서 특허권의 존속기간의 연장을 허용(법 53)

ⅴ. 심사전치제도[2]의 신설(법 126의 4) 등이다.

7) 제7차 전문 개정(1990.1.13)

우리나라 특허법이 1921년 일본의 특허법을 기초로 1961년에 제정된 것으로서 그동안 여러 차례의 개정이 있었지만 그때그때 응급적인 부분개정만 한 채 오랜 기간이 경과하였기 때문에 각 조문간의 조화, 용어의 통일, 체제의 균형에 있어서 불합리하고 부적절할 뿐만 아니라 그동안 기술수준의 급진적인 향상, 산업경제의 급속한 성장·발전, 국제통상 환경의 변화, 특허제도의 세계화·통일화에 적절히 대응할 수 없는 시대에 뒤떨어진 법이었기 때문에 특허제도에 관한 조약 등 국제규범과 주요국의 입법예를 참작한 전문 개정안을 1990년 1월 13일 법률 제4207호로 공포하여 같은 해 9월 1일부터 시행하였다. 주요 개정내용을 보면

ⅰ. 특허권 존속기간을 출원일로부터 20년을 초과하지 않도록 단서규정 신설(법 88)

ⅱ. 음식물·기호물 자체를 특허로 인정

ⅲ. 국제예비심사 제도의 도입

ⅳ. 국내우선권 제도의 신설[3](법 55)

---

2) 거절결정 불복항고심판의 청구가 있는 날로부터 30일내에 그 청구에 관련된 특허출원서에 첨부된 명세서 또는 도면에 대한 보정이 있는 경우 항고심판을 하기 전에 심사관에게 그 출원을 다시 심사하게 하는 제도이다. 심사의 연장선상에서 이루어지는 심사절차의 일종으로서 이는 당초 심사를 담당했던 심사관으로 하여금 거절결정후의 보정을 검토하게 함으로써 보정내용 파악의 용이성과 판단의 신속성을 기하여 심사의 효율성과 결정의 적정성 및 합리성을 도모하려는데 그 의의가 있다.

3) 국내출원이 선출원 후 개량발명, 이용발명 등을 한 경우 일정기간 내에 선출원의 내용을 포함한 후출원에 대하여 우선권의 효력을 인정하는 제도로서 이는 심사관의 보정각하 결정권의 남용을 방지하여 개량발명 등의 권리화를 보장하고 또 발명의욕을 고취시키고자 하는데 그 의의가 있다. 자세한 것은 후술하는 특허출원 등에 의한 우선권 주장편을 참고하기 바란다.

v. 심사관의 보정각하 제도와 동 보정각하결정에 대한 불복항고심판 제도의 신설(법 47 내지 52) 등이다.

8) 제8차 개정(1993.12.10)

현행 특허법의 시행결과 나타난 문제점과 미비점을 개선, 보완하기 위하여 특허법 중 일부 개정안을 1993년 12월 10일 법률 제4594호로 공포하여 다음해인 1994년 1월 1일부터 시행하였다. 주요 개정내용을 보면

i. 무효심결확정 연도 이후의 특허료 반환 규정 신설(법 84① 2)

ii. 분할출원 및 변경출원시의 우선권 주장서류 제출기간을 그 분할 또는 변경출원일로부터 3개월 이내로 명문화(법 52, 53)

iii. 출원공고결정 이전의 보정에 관한 규정(법 47② 3)을 항고심판에서 준용하도록 추가(법 170, 174)

iv. 국제출원에 있어서 중요사항(법 194①)의 흠결에 대한 특허청장의 명령에 의한 보정을 "보완"으로 개정(법 194②④)

v. 제6조·제16조 제1항·제30조 제1항 제2호·제47조 제1항 제2호에서의 용어정리 등이다.

9) 제9차 개정(1995.1.5)

현행 특허심판제도는 특허청내의 심판소와 항고심판소에서 1심과 2심을 다루고 상고심만 대법원에서 다루도록 되어 있다. 이는 쟁송절차로서 부적절하고 위헌의 소지가 있다는 논란이 있어 이를 시정하기 위하여 법원조직법을 개정(1994년 7월 27일 개정, 1998년 3월 1일 시행)하여 특허법원을 설치함과 동시에 특허청 내의 항고심판소와 심판소를 통합하여 특허심판원을 설치함으로써 행정부 내에서의 2단계 심판을 1단계로 줄이고 특허심판의 독립성과 전문성을 확보하는 한편 특허심판원의 심결에 대한 불복의 소는 특허법원의 전속관할로 하고 이에 대한 불복은 대법원에 상고할 수 있도록 함으로써 사실관계 및 법률관계를 법원에서 충분히 심리할 수 있도록 하기 위하여 1995년 1월 5일 특허법 중 개정 법률안을 1995년 1월 5일 법률 제4892호로 공포하여 1998년 3월 1일부터 시행하였다. 주요 개정내용을 보면

i. 항고심판소와 심판소를 통합하여 특허심판원을 신설하고 특허심판제도의 운영에 관한 특허청장의 권한을 특허심판원장의 권한으로 조정(법 132의 2·140·143·144·151·154·157·165)

ii. 항고심판으로 청구하던 심사관의 거절결정 및 보정각하 결정에 대한 불복을 심판으로 청구하도록 함(법 132의 3·132의 4·140의 2·170 내지 172·176)
iii. 심판에서의 심결, 보정각하결정 또는 심판청구서나 재심청구서의 각하결정에 대한 소는 특허법원의 전속관할로 함(법 186)
iv. 특허법원에의 소는 당사자·참가인 또는 당해 심판이나 재심에 참가를 신청하였으나 그 신청이 거부된 자가 제기할 수 있도록 소 제기권자 명시(법 186) 등이다.

10) 제10차 개정(1995.12.29)

세계무역기구 무역관련 지적재산권 협정(WTO/TRIPs)의 내용과 부합되지 않는 조항을 동 협정의 내용과 부합되도록 개정하여 특허제도의 세계화를 추진하는 동시에 세계무역기구체제에 능동적으로 대비하고 기술개발의 성과를 신속히 보호하기 위한 선진관리체제의 확립을 위하여 특허법 중 일부 개정안을 1995년 12월 29 법률 제5080호로 공포하여 그 다음해인 1996년 7월 1일부터 시행하였다. 주요 개정내용을 보면

i. 특허권의 실시의 범위를 특허발명된 물건 등의 생산·사용·양도·대여·수입·전시 외에 그 물건의 양도 또는 대여의 청약에까지 확대하여 특허권의 보호를 강화(법 2①)
ii. 종전에는 원자핵 변환방법에 의하여 제조될 수 있는 물질의 발명은 특허의 대상에서 제외하였으나 앞으로는 이들에 대하여도 특허를 받을 수 있도록 특허 대상범위를 확대(법 32)
iii. 실용신안등록출원 또는 의장등록출원을 특허출원으로 변경함에 있어서 종전에는 출원 후 5년이 경과한 후에는 할 수 없었으나 앞으로는 5년이 경과하더라도 최초의 거절결정등본을 송달받은 날부터 30일이 경과하기 전에는 언제나 변경할 수 있도록 변경 가능기간을 확대(법 53).
iv. 종전에는 특허출원 후 1년 6월이 경과하여야만 출원을 공개할 수 있었으나 앞으로는 출원인이 원하는 경우 특허출원 후 1년 6월 이전이라도 출원을 공개할 수 있도록 하여 특허출원을 조기에 보호할 수 있도록 규정(법 64①).
v. 특허권의 존속기간을 공고일부터 15년에서 출원일부터 20년으로 개정(법 88)
vi. 특허청장의 재정에 의한 강제실시권의 발동요건을 확대하여 불공정거래행위를 시정하기 위하여 필요한 경우에도 재정을 청구할 수 있도록 규정(법 107① 4)

11) 제11차 개정(1997.4.10)

특허심사제도를 개선하여 심사처리기간을 단축하고 특허절차를 간소화하는 특허권 보호를 강화함으로써 기술개발을 촉진하여 산업의 경쟁력을 향상시키고자 특허법 중 개정 법률안을 1997년 4월 10일 법률 제5329호로 공포하여 1997년 7월 1일부터 시행하였다. 주요 개정내용을 보면

i. 특허출원에 대한 심사처리기간을 단축하기 위하여 특허등록 전 출원공고기간 내에 하던 특허이의신청제도를 폐지하고 특허등록 후 등록공고기간 내에 특허이의신청을 하는 것으로 전환(법 69, 87③)

ii. 특허이의신청에 대한 심사를 공정하게 처리하기 위하여 종전에는 2인의 심사관이 이의결정을 하였으나 앞으로는 3인의 심사관 합의체에서 결정(법 71①)

iii. 동일한 특허권에 대하여 제기된 특허이의신청과 특허무효심판청구가 경합되었을 경우, 상호 모순되는 결과를 방지하기 위하여 특허이의결정이 확정될 때까지 특허무효심판의 절차를 중지할 수 있도록 규정(법 164)

iv. 특허행정의 전산화를 효율적으로 추진하기 위하여 특허문서 전산화 업무수행을 위한 전담기관을 지정하여 그 업무를 처리하게 하고, 동기관의 임원 및 직원에 대하여 특허청 직원과 동등하게 비밀유지의무를 부과(법 217의 2·229)

v. 특허권 보호를 강화하기 위하여 특허권 침해시 벌금형을 "2천만원이하"에서 "5천만원이하"로 상향조정(법 225) 등이다.

12) 제12차 개정(1998.9.23)

전산망을 이용하여 특허출원·특허등록 등의 절차를 밟을 수 있도록 함으로써 출원인의 편의와 행정의 신속화를 도모하고 또 실용신안법 개정에 의해 실용신안등록 출원된 고안으로서의 기초적 요건을 갖추고 있으면 실용신안권이 설정 등록되도록 함에 따라 이 법 중 관련사항을 조정하고 특허협력조약에 의한 국제사무국과의 협의를 거쳐 특허청이 동 조약상의 국제조사기관 및 국제예비심사기관으로 지정되어 동 기관으로서 업무를 수행하고 국어에 의한 국제특허출원을 할 수 있도록 관계규정을 정비하기 위하여 특허법 중 개정 법률안을 1998년 9월 23일 법률 제5576호로 공포하여 1999년 1월 1일부터 시행하였다. 다만, 국어로 출원된 국제특허출원의 명세서·청구의 범위·도면 및 요약서의 효력에 관한 개정규정, 국어로 된 국제특허출원에 대한 번역문 제출면제에 관한 개정규정(법 208①·210)은 대한민국 정부가 국제조사기관 선정과 관련하여 국제사무국과 체결하는 협정이

발효되는 날부터 시행하고 특허법 제6조·제11조·제29조·제36조·제49조·제53조·제55조·제56조·제59조·제69조·제87조·제88조·제102조·제104조·제133조·제202조·제209조 및 제215조의 개정규정과 부칙 제5조제1항 중 의장법 제21조 및 제22조의 개정규정은 1999년 7월 1일부터 시행하였다. 주요 개정내용을 보면

i. 특허에 관한 절차를 밟고자 하는 자는 특허출원서를 전자 문서화하여 이를 전산망 등을 이용하여 제출할 수 있도록 함(법 28의 3)

ii. 특허출원을 하고자 하는 경우 동일한 기술에 대하여 특허 외에 실용신안등록출원을 함께 할 수 있도록 함으로써 우선 실용신안권을 설정 등록하여 활용하도록 하되 추후 특허출원에 대한 심사가 완료되어 특허권의 설정등록이 가능하게 되면 실용신안권과 특허권 중 하나를 선택하도록 함(법 53·87의 2 단서)

iii. 의약 및 농약 등에 관한 발명과 같이 그 특허발명을 실시하기 위하여 미리 안전성 등에 대한 시험을 받아야 하는 경우 종전에는 당해 시험으로 인하여 2년 이상 특허발명을 실시할 수 없었던 경우에 한하여 그 특허권의 존속기간이 연장될 수 있도록 하고 있었으나, 시험으로 인하여 특허발명을 실시할 수 없었던 기간이 2년 이하의 경우에도 특허권의 존속기간이 연장될 수 있도록 함(법 89).

iv. 특허청은 특허협력조약에 의한 국제사무국과 협약을 체결하여 동 조약상의 국제조사기관 및 국제예비심사기관으로서 국제특허출원된 발명에 관련된 기존의 기술자료를 조사하고 당해 발명이 신규성 및 이용가능성을 가지고 있는지의 여부를 심사하여 출원인 및 국제사무국에 의견을 제시하도록 하며 앞으로는 국어로도 국제특허출원을 할 수 있도록 근거규정을 정비하는 규정(법 193①·193의 2·201·208·209·210) 등을 두고 있다.

13) 제13차 개정(2001.2.3)

컴퓨터의 일상화와 정보통신망(인터넷) 이용의 보편화에 따라 인터넷에 다량의 기술정보가 올라오고 있고 이를 이용하려는 공중이 있을 수 있음을 감안할 때 전기통신회선을 통하여 공중이 이용가능하게 된 발명에 대하는 특허를 불허하여 부실발명의 특허를 방지하고(법 29①2 후단) 신규성 의제를 받기 위한 발명품의 출품박람회를 종선의 법정박람회에서 비법정박람회로 확대하여 출원 전 다양한 박람회에 발명품이 출품을 하게 하여 공중으로부터 발명품의 기술성·상품성·시장성 등을 평가받도록 하여 발명의 산업화를 제고하는(법 30①3) 한편 심판의 공정성과 적정성을 확보하기 위하여 심판관의 회피제도를 도입하였다(법 153의 2). 그 밖에

도 새로운 상황의 전개에 따른 관계조항의 신설(법 54⑤ 각호·54⑦·125의 2·133의 2 등), 미비한 규정을 보완하거나(법 161③·163·175① 등) 해석상 모호한 조항을 명백히 하기 위한 개정(법 30① 1 라·159① 등), 현실성이 희박하거나 발전적 대체조문의 신설(법 109 등)로 인하여 규율성을 상실한 조문(법 117 등) 및 사실상 사문화되어 있는 조항의 삭제(법 27·132의 4 등), 특허협력조약에 의한 국제특허출원 특례규정의 일부개정(법 207①·208③) 등 다양한 새로운 입법요소의 반영, 비현실성 조항의 정비, 미비한 규정의 보완 등을 위하여 특허법 개정 법률안을 2001년 2월 3일 법률 제6411호로 공포하여 2001년 7월 1일부터 시행하였다. 주요 개정내용을 보면

i. 특허출원 전에 국내 또는 국외에서 i) 정부·지방자치단체, 외국의 정부·지방자치단체 또는 국제기구, ii) 고등교육법 제3조의 규정에 의한 국·공립의 학교 또는 외국의 국·공립대학, iii) 우리나라 또는 외국의 국·공립연구기관, iv) 특허정보와 관련된 업무를 수행할 목적으로 설립된 법인으로서 특허청장이 지정하여 고시하는 법인이 운영하는 전기통신회선(인터넷)을 통하여 공중이 이용가능하게 된 발명에 대하여는 특허를 받을 수 없도록 함(신설개정, 법 29① 2 후단).

ii. 조약에 의한 우선권을 주장하는 서류 또는 서면은 i) 조약당사국에 최초로 출원한 출원일, ii) 그 특허출원이 특허법 제55조 제1항에 의한 우선권주장을 수반하는 경우에는 그 우선권 주장의 기초가 되는 출원의 출원일, iii) 그 특허출원이 특허법 제54조 제3항에 의한 다른 우선권주장을 수반하는 경우에는 그 우선권 주장의 기초가 되는 출원의 출원일 중 최선일부터 1년 4월 이내에 제출하여야 함(신설, 법 54⑤).

iii. 특허청장은 i) 방위산업분야의 특허출원, ii) 공해방지에 유용한 특허출원, iii) 수출촉진에 직접 관련된 특허출원, iv) 국가 또는 지방자치단체의 직무에 관한 특허출원, v) 벤처기업 육성에 관한 특별조치법 제25조에 의한 벤처기업의 확인을 받은 기업의 특허출원, vi) 국가의 신기술 개발지원사업 또는 품질인증사업의 결과물에 관한 특허출원, vii) 조약에 의한 우선권 주장의 기초가 되는 특허출원, viii) 특허출원인이 특허출원된 발명을 실시하고 있거나 실시준비 중인 특허출원, ix) 전자거래와 직접 관련된 특허출원에 대하여는 심사관으로 하여금 다른 특허출원에 우선하여 심사하게 할 수 있도록 함(전문개정, 법 61.2).

iv. 특허법에 의하여 특허청장이 정한 대가와 보상금액에 관하여 확정된 결정은 집행력 있는 집행명의와 동일한 효력을 가지며, 집행력 있는 정본은 특허청 공무원이 부여함(신설, 법 125의 2).

v. 법원은 특허권 또는 전용실시권의 침해에 관한 소송에 있어서 손해가 발생되는 것은 인정되나 그 손해액을 입증하기 위하여 필요한 사실을 입증하는 것이 해당 사실의 성질상 극히 곤란한 경우에는 특허법 제128조 제1항 내지 제4항의 규정에 불구하고 변론전체의 취지와 증거조사의 결과에 기초하여 상당한 손해액을 인정할 수 있도록 함(신설, 법 128⑤).

vi. 특허무효심판절차에서의 특허의 정정청구에 관한 규정을 둠(신설, 법 133의 2)

vii. 심판관이 심판관의 제척 또는 심판관의 기피에 해당하는 경우에는 특허심판원장의 허가를 받아 당해 사건에 대한 심판을 회피할 수 있도록 함(신설, 법 153의 2).

viii. 심판은 구술심리 또는 서면심리를 원칙으로 하되 구술심리는 이를 공개함을 원칙으로 함(개정, 법 154①③).

ix. 특허법에 의한 심판의 심결이 확정된 때에는 그 사건에 대하여는 누구든지 동일사실 및 동일증거에 대하여 다시 심판을 청구할 수 없다. 다만, 확정된 심결이 각하심결인 경우에는 예외로 함(개정, 법 163).

x. 법원은 특허권 또는 전용실시권의 침해에 관한 소가 제기된 경우에는 그 취지를 특허심판원장에게 통보하여야 한다. 그 소송절차가 종료된 때에도 또한 같음(신설, 법 164③).

xi. 특허심판원장은 특허권 또는 전용실시권의 침해에 관한 소에 대응하여 그 특허권에 관한 무효심판 등이 청구된 경우에는 그 취지를 당해 법원에 통보하여야 한다. 그 심판청구서의 각하결정·심결 또는 청구의 취하가 있는 때에도 또한 같음(신설, 법 164④).

xii. 특허심판원장은 특허거절결정을 받은 자가 거절결정 불복심판청구를 하고 그 청구일부터 30일 이내에 그 청구에 관한 특허출원서에 첨부된 명세서 또는 도면을 보정한 때에는 심판을 하기 전에 이를 특허청장에게 통지하고, 통지를 받은 특허청장은 그 청구에 관한 특허출원을 심사관에게 다시 심사하게 하는 심사전치에 관한 규정을 전문 개정하였음(법 173)

xiii. 심사관은 심사전치결과 그 출원에 대한 거절이유가 해소된 때에는 특허거절결정을 취하하고 특허결정을 하여야 한다. 이 경우 그 특허거절결정의 심판청구는 소멸된 것으로 봄(개정, 법 175).

xiv. 특허청장은 1) 소정의 국제특허출원에 관한 서면을 국내서면 제출기간 내에 제출하지 아니한 경우, 제출된 서면이 특허법 또는 특허법에 의한 명령이 정하는 방식에 위반되는 경우에는 보정기간을 정하여 보정을 명하여야 하고(신설, 법 203②), 보정을 받은 자가 지정된 기간 내에 보정을 하지 아니한 경우에 특허청장은 당해 국제특허출원을 무효로 할 수 있도록 함(신설, 법 203③).

14) 제14차 개정(2001.12.31)

직무발명 중 공무원의 직무발명은 국가 또는 지방자치단체가 승계하고 그 특허권은 국유 또는 공유로 하는데 대하여 교직원의 직무발명은 그 발명의 전담조직이 승계하며 그 특허권 또한 전담조직의 소유로 함으로써 직무의 특성에 따른 영역별 그룹 연구활동을 유인, 활성화하여 기술발전을 촉진하여 산업발전에 기여하기 위하여 특허법 중 일부 개정안을 2001년 12월 31일 법률 제6582호로 공포하고, 공포 후 6월이 경과한 날부터 시행하였다. 주요 개정내용을 보면,

i. 특허법 제39조(직무발명) 제1항의 규정에 불구하고 공무원의 직무발명은 국가 또는 지방자치단체가 승계하며, 국가 또는 지방자치단체가 승계한 공무원의 직무발명에 대한 특허권은 국유 또는 공유로 한다. 다만, 고등교육법에 의한 국·공립학교 교직원의 직무발명은 기술이전촉진법 제9조 제1항 후단의 규정에 의한 전담조직이 승계하며, 전담조직이 승계한 국·공립학교 교직원의 직무발명에 대한 특허권은 전담조직 소유로 하도록 함(개정, 법 39②).

ii. 공무원의 직무발명에 대하여 국가, 지방자치단체 또는 국·공립학교 전담조직이 그 직무발명을 승계한 경우에는 정당한 보상금을 지급하여야 한다. 이 경우 보상금의 지급에 대하여 필요한 사항은 대통령령 또는 조례로 정하도록 함(개정, 법 40③).

15) 제15차 개정(2002.1.26)

민사소송법 개정에 따라 특허법에서 준용하고 있는 민사소송법 관련조항의 개정을 위하여 특허법 중 일부 개정안을 2002년 1월 26일 법률 제6626호로 공포하여 2002년 7월 1일부터 시행하였다.

16) 제16차 개정(2002.12.11)

특허권의 설정등록 특허료의 납부기간(추가납부기간을 포함한다)내에 특허료의 일부를 납부하지 아니한 경우 특허료의 보전(補塡)을 명하고(신설, 법 81의 2) 또 국제특허출원에 관한 서면을 국내서면 제출기간 내에 제출하지 아니한 경우, 제출된 서면이 소정의 방식에 위반된 경우에는 보정기간을 정하여 보정을 명하여 발명을 구제하기 위한 법적근거를 마련하기 위해 특허법 중 일부 개정안을 2002년

12월 11일 법률 제6768호로 공포하여, 공포 후 5월이 경과한 날부터 시행하였다. 다만, 제201조 제1항의 개정규정은 공포 후 3월이 경과한 날부터 시행하였다. 주요 개정내용을 보면,

ⅰ. 특허청장은 특허권의 설정등록을 받고자 하는 자 또는 특허권자가 특허료의 납부기간 또는 특허료의 추가납부기간 이내에 특허료의 일부를 납부하지 아니한 경우에는 특허료의 보전(補塡)을 명하도록 함(신설, 법 81의 2①).
위의 보전명령을 받은 자는 그 보전명령을 받은 날부터 1월 이내에 특허료를 보전할 수 있음(신설, 법 81의 2②).
위의 특허료를 납부하는 자는 ⅰ) 특허료를 납부기간을 경과하여 보전하는 경우, ⅱ) 특허료를 추가납부기간을 경과하여 보전하는 경우에는 납부하지 아니한 금액의 2배를 납부하여야 함(신설, 법 81의 ③ 1, 2)

ⅱ. 특허권의 설정등록을 받고자 하는 자 또는 특허권자가 책임질 수 없는 사유로 추가납부기간 이내에 특허료를 납부하지 아니하였거나 보전기간 이내에 보전하지 아니한 경우에는 그 사유가 종료한 날부터 14일 이내에 특허료를 납부하거나 보전할 수 있다. 다만, 추가납부기간의 만료일 또는 보전기간의 만료일 중 늦은 날부터 6월이 경과한 때에는 그러하지 아니함(개정, 법 81의 3①).
위에 의해 특허료를 납부하거나 보전한 자는 특허법 제81조 제3항의 규정에 불구하고 그 특허출원을 포기하지 아니한 것으로 보며, 그 특허권은 특허료 납부기간이 경과한 때에 소급하여 존속하고 있던 것으로 봄(개정, 법 81의 3②).
위에 의한 특허출원 또는 특허권의 효력은 특허료 추가납부기간이 경과한 날부터 납부하거나 보전한 날까지의 기간(이하 이 조에서 "효력제한기간"이라 한다) 중에 다른 사람이 특허발명을 실시한 행위에 대하여는 그 효력이 미치지 아니함(개정, 법 81의 ③).

ⅲ. 특허청장은 국제특허출원에 관한 서면을 국내서면 제출기간 내에 제출하지 아니한 경우, 위 제출된 서면이 소정의 방식에 위반되는 경우에는 보정기간을 정하여 보정을 명하여야 함(신설, 법 203②).
위 보정명령을 받은 자가 지정된 기간 내에 보정을 하지 아니한 경우에 특허청장은 당해 국제특허출원을 무효로 할 수 있도록 함(신설, 법 203③).

ⅳ. 국제특허출원의 특허에 대하여는 특허법 제133조 제1항 각호의 규정에 의한 특허의 무효심판의 경우 외에 발명이 ⅰ) 국제출원일에 제출된 국제출원의 명세서·청구의 범위 또는 도면(도면 중 설명부분에 한한다)과 그 출원번역문에 다 같이 기재되어 있는 발명, ⅱ) 국제출원일에 제출된 국제출원의 도

면(도면 중 설명부분을 제외한다)에 기재되어 있는 발명에 해당하지 아니한 다는 이유로 특허의 무효심판을 청구할 수 있도록 함(전문개정, 법 213 각호).

17) 제17차 개정(2004.12.31)

의장법이 디자인보호법으로 법명이 바뀜에 따라 특허법 조항 중의 의장·의장등록이나 이와 유사한 의장·의장권·원 의장권·의장권자·원 의장권자·의장법 등을 디자인·등록디자인이나 이와 유사한 디자인·디자인권·원 디자인권·디자인권자·원 디자인권자·디자인보호법 등으로 개정하기 위하여 특허법 중 일부 개정안을 2004.12.31 법률 제7289호로 개정하였다.

18) 제18차 개정(2005.5.31)

연차특허료 납부의 실기 등으로 소멸된 권리에 대하여 회복의 기회를 줌과 동시에 소멸에서 회복 시까지의 특허권의 효력제한 기간 중의 타인의 실시행위에 회복권리의 효력이 미치지 아니하도록 하고 특허료의 납부나 보전을 특허권 설정등록의 요건으로, 공익 및 질병치료 의약품분야 특허발명의 실시를 재정청구요건으로 각각 추가함으로써 발명의 권리화, 특허권의 계속성 및 선의의 실시자 보호와 거래질서의 안정과 국민보건에 기여하여야 할 필요성이 대두되었고 또 현행법의 시행에서 나타난 일부 문제점을 개선하고 미비점을 보완하여야 할 필요성에 따라 특허법 중 일부 개정안을 2005.5.31 법률 제7554호로 공포하여 6월이 경과한 날부터 시행하였다. 다만, 제81조의 3의 개정규정은 2005.9.1부터 시행하였다. 주요 개정내용은 다음과 같다.

i. 추가납부기간 이내에 특허료를 납부하지 아니하였거나 보전기간 이내에 특허료를 보전하지 아니하여 실시 중인 특허발명의 특허권이 소멸한 경우 그 특허권자는 추가납부기간 또는 보전기간만료일부터 3월 이내에 특허법 제79조의 규정에 따른 특허료의 3배를 납부하고 그 소멸한 권리의 회복을 신청할 수 있다. 이 경우 그 특허권은 특허료 납부기간이 경과한 때에 소급하여 존속하고 있었던 것으로 봄(신설, 법 81의 3③).

ii. 특허출원 또는 특허권의 효력은 특허료 추가납부기간이 경과한 날부터 납부하거나 보전한 날까지의 기간(이하 "효력제한기간"이라 한다) 중에 다른 사람이 특허발명을 실시한 행위에 대하여는 그 효력이 미치지 아니함(개정, 법 81의 3④).

iii. 효력제한기간 중 국내에서 선의로 특허출원된 발명 또는 특허권에 대하여 그 발명의 실시사업을 하거나 그 사업의 준비를 하고 있는 자는 그 실시 또는 준비를 하고 있는 발명 또는 사업의 목적의 범위 안에서 그 특허출원된 발명에 대한 특허권에 대하여 통상 실시권을 가짐(개정, 법 81의 3⑤).

iv. 공공의 이익을 위하여 비상업적으로 실시하고자 하는 경우와 사법적 절차 또는 행정적 절차에 의하여 불공정거래행위로 판정된 사항을 시정하기 위하여 특허발명을 실시할 필요가 있는 경우에는 협의를 하지 아니하여도 재정을 청구할 수 있도록 함(신설, 법 107① 단서).

v. 자국민 다수의 보건을 위협하는 질병을 치료하기 위하여 의약품(의약품 생산에 필요한 유효성분, 의약품사용에 필요한 진단카드를 포함한다)을 수입하고자 하는 국가(이하 여기에서 "수입국"이라 한다)에 그 의약품을 수출할 수 있도록 특허발명을 실시할 필요가 있는 경우 그 특허발명의 특허권자 또는 전용실시권자와 통상실시권 허락에 관한 협의가 이루어지지 아니하였거나 협의를 할 수 없는 경우 특허청장에게 통상실시권 설정에 관한 재정(이하 "재정"이라 한다)을 청구할 수 있도록 함(신설, 법 107①5).

vi. 특허청장은 재정을 함에 있어 필요하다고 인정하는 경우에는 발명진흥법 제29조의 규정에 따른 산업재산권 분쟁조정위원회 및 관계부처의 장의 의견을 들을 수 있고 관계행정기관이나 관계인에게 협조를 요청할 수 있도록 함(개정, 법 109).

19) 제19차 개정(2006.3.3)

특허출원에 대한 심사처리기간이 단축됨에 따라 출원공개 전에 특허심사가 이루어지는 등 특허심사 환경의 변화에 대비하고 특허출원인의 편익도모와 심사·심판업무의 효율성을 제고하기 위하여 이중출원제도를 폐지하는 대신 변경출원제도를 도입하고 특허이의신청제도를 특허무효심판제도로 통합하는 등 특허제도를 개선하는 한편 그 밖에 현행 특허제도의 운용상 나타난 일부 미비점을 개선, 보완하기 위하여 특허법 중 일부 개정안을 2006.3.3 법률 제7871호로 공포하여 공포한 날부터 시행하였다. 다만, 일부 조항의 개정부분 및 개정규정은 2006.10.1부터 또는 2007.7.1부터 시행하였다. 주요 개정내용을 보면 다음과 같다.

i. 행위능력 또는 법정대리권이 없거나 특허에 관한 절차를 밟음에 필요한 수권(授權)이 흠결된 자가 밟은 절차는 보정된 당사자나 법정대리인의 추인이 있는 때에는 행위 시에 소급하여 그 효력이 발생토록 함(신설, 법 7의 2).

ii. "공휴일(근로자의 날 제정에 관한 법률에 의한 근로자의 날을 포함한다)"을 "공휴일("근로자의 날 제정에 관한 법률"에 의한 근로자의 날 및 토요일을 포함한다)"로 함(개정, 법 14,4)

iii. 특허에 관한 절차가 파산관재인 등 일정한 자격에 의하여 자기 이름으로 남을 위하여 당사자가 된 자가 그 자격을 잃거나 사망한 경우에는 특허청 또는 특허심판원에 계속 중인 절차는 중단된다. 다만, 절차를 밟을 것을 위임받은 대리인이 있는 경우에는 예외로 함(신설, 법 20,7)

iv. 특허요건 중 "특허출원 전에 국내"를 "특허출원 전에 국내 또는 국외"로 함(개정, 법 29①1).

v. 특허를 받을 수 있는 권리를 가진 자의 발명이 특허를 받을 수 있는 권리를 가진 자에 의하여 그 발명이 제29조 제1항 각호의 어느 하나에 해당하게 된 경우(다만, 조약 또는 법률에 따라 국내 또는 국외에서 출원공개되거나 등록공고된 경우를 제외)에는 그 날부터 6월 이내에 특허출원을 하면 그 특허출원된 발명에 대하여 제29조 제1항 또는 제2항의 규정을 적용함에 있어서는 그 발명은 제29조 제1항 각호의 어느 하나에 해당하지 아니한 것으로 간주함(개정, 법 30①1).

vi. 식물발명 특허제도를 폐지함으로써 동 조항을 삭제함(개정, 법 31).

vii. 직무발명 및 직무발명에 대한 보상규정을 삭제함(개정, 법 39·40).

viii. 이중출원제도를 폐지하고 이를 변경출원으로 함(개정, 법 53).

ix. 특허의 무효심판제도와 중복되고 있는 특허 이의신청제도를 폐지함(삭제, 법 69 내지 77).

20) 제20차 개정(2007.1.3)

특허청장 등은 특허에 관한 절차의 적정성을 기하기 위하여 해당 절차를 밟는 기간을 정할 때에는 이해관계인의 이익이 부당하게 침해되지 아니하도록 단축 또는 연장여부를 결정하며 또 발명보호의 신속성을 기하기 위하여 특허출원시 특허청구범위를 기재하지 아니한 명세서를 제출할 수 있도록 하고 그 후 일정기간내에 특허청구범위를 기재한 명세서의 보정을 하도록 한다. 특히 특허제도의 국제화 추세에 따라 특허협력조약 등 국제규범과의 통일화 및 선진국의 특허법과의 조화를 도모하는 한편 그동안 법시행에서 일부 조항에서 나타난 미비점을 보완하기 위하여 특허법 중 일부 개정안을 2007.1.3 법률 제8197호로 공포하여 2007.7.1부터 시행하였다. 주요 개정내용을 보면 다음과 같다.

i. 특허에 관한 절차를 밟을 기간을 정한 때에는 특허청장, 특허심판원장, 심판장 또는 심사관은 해당 절차의 이해관계인의 이익이 부당하게 침해되지 아니하도록 단축 또는 연장여부를 결정하도록 함(개정, 법 15②).

ii. 특허출원시 특허청구범위를 기재하지 아니한 명세서를 특허출원서에 첨부하여 제출할 수 있고, 이 경우 소정의 기한까지 특허청구범위가 기재된 명세서를 보정하도록 함(신설, 법 42⑤).

iii. 특허청구범위의 기재는 보호를 받고자 하는 사항을 명확히 할 수 있도록 발명을 특정하는데 필요하다고 인정되는 구조·방법·기능·물질 또는 이들의 결합관계 등을 기재하도록 함(신설, 법 42⑥).

iv. 특허출원의 보정을 종전의 특허결정등본이 송달되기 전 뿐만 이니라 i) 조약에 의한 우선권 주장을 수반하는 특허출원에 있어서는 그 우선권주장의 기초가 된 출원일, ii) 국내 우선권 주장을 수반하는 특허출원에 있어서는 선출원의 출원일, iii) i) 또는 ii)에 의한 2이상의 우선권 주장을 수반하는 특허출원에 있어서는 해당 우선권 주장의 기초가 된 출원일 중 최선일, iv) i) 내지 iii)의 1에 해당하지 아니하는 특허출원에 있어서는 그 특허출원일까지 또는 i) 내지 iv)의 기한 이내에 출원심사청구의 취지를 통지받은 날부터 3개월이 되는 날까지(i) 내지 iv)의 어느 하나에 해당되는 날부터 1년 3개월 되는 날 후에 통지받은 경우에는 i) 내지 iv)의 어느 하나에 해당하는 날부터 1년 6개월이 되는 날까지)에도 특허출원서에 첨부된 명세서 또는 도면을 보정할 수 있도록 함(개정, 법 47① 본문).

v. 특허출원(분할출원, 변경출원 및 우선심사의 신청이 있는 특허출원을 제외한다)후 1개월 이내에 해당 특허출원을 취하하거나 포기한 경우에는 이미 납부한 수수료 중 특허출원료 및 심사청구료에 대하여는 납부자의 청구에 의하여 반환하도록 함(개정, 법 84① 4 신설).

vi. 심판장이 특허 무효심판절차에서의 특허의 정정기간 후에도 청구인의 증거서류의 제출로 인하여 정정의 청구를 허용할 필요가 있다고 인정하는 경우에는 기간을 정하여 정정청구를 하게 할 수 있도록 함(개정, 133의 2① 후단 신설).

vii. 특허 무효심판절차에서의 특허의 정정청구를 하는 때에는 해당 무효심판절차에서 그 정정청구 전에 수행한 정정청구는 취하된 것으로 보도록 함(신설, 133의 2 ②).

viii. 제출된 심판청구서의 보정은 요지변경을 할 수 없으나, 다만 종래 청구의 이유 외에 "특허권자 또는 전용실시권자가 청구인으로서 청구항 권리범위 확인심판에서 심판청구서의 확인대상 발명(청구인이 주장하는 피청구인이 발명을 말한다)의 설명서 및 도면에 대하여 피청구인이 자신이 실제로 실시하고 있는 발명과 비교하여 다르다고 주장하는 경우에 청구인이 피청구인의 실시발명과 동일하게 하기 위하여 심판청구서의 확인대상 발명의 설명서 또는 도면을 보정하는 경우"에 대하여는 예외토록 함(개정, 140② 2 신설)

21) 제21차 개정(2007.4.11)

특허법에서 종업원 등의 직무발명 등에 관한 조항(법 39, 40)을 삭제하고(삭제, 법 39, 40. 2007.3.3) 이를 발명진흥법에 둠에 따라 특허법에서 인용하게 되었고 이후 발명진흥법의 개정에 의해 특허법에서 인용하고 있는 관계조문의 개정을 위하여 특허법 중 일부 개정안을 2007.4.11 법률 제8197호로 공포하여 공포한 날부터 시행하였다. 개정내용을 보면 다음과 같다.

i. 산업재산권 분쟁조정위원회 및 관계부처의 장의 의견청취에 관한 특허법 제109조 중 "발명진흥법 제29조를 제41조"로 개정함(개정, 법 109).

ii. 통상실시권의 등록의 효력조항에 "발명진흥법 제10조 제1항"에 따른 통상실시권"을 추가함(개정, 법 118②).

iii. 특허권 등의 포기의 제한조항에 "발명진흥법 제10조 제1항에 따른 통상실시권자의 동의"를 추가함(개정, 법 119①).

iv. 정정심판조항에 "발명진흥법 제10조 제1항에 따른 통상실시권자의 동의"를 추가함(개정, 법 136⑦).

22) 제22차 개정(2007.5.17)

특허법에서는 납부한 특허료 및 수수료에 대하여는 반환하지 아니함이 원칙이나 예외적으로 납부자의 청구가 있을 때에는 반환이 허용되는 바, 이때의 과오납 등에 대한 특허료 등의 반환청구기간 1년을 3년으로 연장하고 반환청구의 대상도 종전의 과오납 특허료나 연차특허료의 납부 후 특허의 무효심결의 확정에 의해 무효된 경우 이후의 특허료 해당분 등 외에 특허출원의 취하·포기의 경우 이미 납부한 수수료에 이르기까지 확대하여 납부자의 손실을 최소화하기 위하여 특허법 중 일부 개정안을 2007.5.17 법률 제8462호로 공포하여 공포 후 6개월이 경과한 날부터 시행하였다. 개정내용을 보면 다음과 같다.

i. 특허료 등의 반환청구기간에 관한 특허법 제84조 제3항 중 특허청장으로부터 반환에 관한 통지를 받은 날부터 "1년"을 경과한 때에는 이를 청구할 수 없는 반환청구기간 1년을 "3년"을 경과한 때에는 이를 청구할 수 없도록 함(개정, 법 84③).

ii. 청구에 의하여 반환할 수 있는 대상을 종래의 i) 잘못 납부된 특허료 및 수수료, ii) 특허를 무효로 한다는 심결이 확정된 연도의 다음 연도부터의 특허료 해당분, iii) 특허권의 존속기간 연장등록을 무효로 한다는 심결이 확정된 연도의 다음 연도부터의 특허료 해당분에 "특허출원(분할출원, 변경출원 및 우선심사의 신청이 있는 특허출원을 제외한다) 후 1개월 이내에 해당 특허출원을 취하하거나 포기한 경우에 이미 납부된 수수료 중 특허출원료 및 심사청구료”를 추가함(개정, 법 84① 4 신설).

23) 제23차 개정(2008.2.29)

정부조직법 개정에 따라 특허법 중 “산업자원부령을 지식경제부령”으로 하는 특허법 일부 개정안을 2008.2.29 법률 제8852호로 공포하고 공포한 날부터 시행하였다.

24) 제24차 개정(2008.12.26)

양벌규정 개정을 위하여 특허법 일부개정안을 2008.12.26 법률 제9249호로 공포하고 공포한 날부터 시행하였다. 이는 최근 경제산업활동의 진전에 따라 특허권에 대한 침해, 허위표시 및 사위행위 또한 증가추세에 있어 이를 효과적으로 억제하고 나른 죄형의 형량과의 형평성을 기하기 위한 것으로 그 개정내용을 보면 나음과 같다.

특허법 제230조(양벌규정) 법인의 대표자나 법인 또는 개인의 대리인, 사용인 그 밖의 종업원이 그 법인 또는 개인의 업무에 관하여 제225조 제1항, 제227조 또는 제228조의 어느 하나에 해당하는 위반행위를 하면 그 행위자를 벌하는 외에 그 법인에게는 다음 각 호의 어느 하나에 해당하는 벌금형을, 그 개인에게는 해당 조문의 벌금형을 과(科)한다. 다만, 법인 또는 개인이 그 위반행위를 방지하기 위하여 해당 업무에 관하여 상당한 주의와 감독을 게을리 하지 아니한 경우에는 그러하지 아니하다.

ⅰ. 제225조 제1항의 경우 : 3억원 이하의 벌금

ⅱ. 제227조 또는 제228조의 경우 : 6천만원 이하의 벌금

25) 제25차 개정(2009.1.30)

국어가 세계 9번째로 「특허협력조약」에서 규정하는 국제공개어로 채택됨에 따라 국제공개에 관한 특례 규정을 정비하고, 특허출원인에게 특허를 받을 기회를 최대한 보장해 줄 수 있게 재심사 청구제도를 도입하며, 그 밖에 현행 제도의 운영상 나타난 일부 미비점을 개선·보완하기 위하여 특허법 일부개정안을 2009.1.30 법률 제9381호로 공포하여 2009.7.1부터 시행한다. 다만, 제15조 제1항, 제29조 제4항, 제55조, 제56조, 제58조 제1항, 제63조 제2항, 제81조의3, 제90조 제6항, 제140조, 제140조의2 제2항, 제202조, 제204조, 제205조, 제207조, 제208조, 제214조,

제216조, 제226조, 제226조의2 및 제227조부터 제230조까지의 개정규정은 공포한 날부터 시행한다. 주요 개정내용은 다음과 같다.

ⅰ. 특허출원 명세서 또는 도면의 보정에 대한 제한 요건 완화(법 제47조)

ⅰ) 최후거절이유통지 후에 특허출원인이 특허출원서에 첨부된 명세서 또는 도면을 보정함에 있어 명세서에 기재하는 특허청구범위를 감축하여 거절이유를 해소한 경우라도 특허청구범위가 실질적으로 변경되어 특허받지 못하는 경우가 발생함.

ⅱ) 최후거절이유통지 후의 보정에 대한 제한요건에서 특허청구범위를 감축하는 경우는 실질적 변경으로 보지 아니하도록 정비함으로써 특허출원인이 특허청구범위를 자유롭게 감축할 수 있는 기회를 확보할 수 있게 함.

ⅱ. 재심사 청구제도 도입(법 제67조의2 신설)

ⅰ) 특허거절결정을 받은 경우 심사관에게 다시 심사를 받기 위하여는 반드시 특허거절결정 불복심판을 청구하도록 하고 있어 특허출원인으로서는 불가피하게 특허거절결정 불복심판을 청구하여야 하는 불편이 있음

ⅱ) 특허거절결정 불복심판을 청구하지 아니하더라도 특허출원서에 첨부된 명세서 또는 도면의 보정과 동시에 재심사를 청구하면 심사관에게 다시 심사를 받을 수 있도록 함.

ⅲ. 추가납부료의 차등제도 도입(법 제81조 제2항 및 제81조의2 제3항)

ⅰ) 특허료의 납부기간이 경과되어 특허료를 추가납부할 때에는 납부기간의 경과일수에 관계없이 부담하여야 할 특허료의 2배의 금액을 일률적으로 추가납부하도록 하고 있어, 특허권의 설정등록을 받으려는 자나 특허권자에게 과도한 비용을 부담하게 하는 문제점이 있음.

ⅱ) 특허료를 추가납부할 때의 납부 금액을 특허료의 2배 이내의 범위에서 지식경제부령으로 정하는 금액에 따라 차등하여 납부할 수 있도록 함.

ⅳ. 보상금지급청구권 등에 관한 국제공개효력과 국내공개효력의 통일(법 제207조)

ⅰ) 국어가 「특허협력조약」의 국제공개어로 채택되어 국어로 출원한 국제특허출원은 영어가 아닌 국어로 국제공개됨에 따라 「특허협력조약」의 자국어 국제공개규정과 부합되도록 국제공개에 관한 특례규정을 정비할 필요가 있음.

ⅱ) 국어로 출원한 국제특허출원인은 국제공개가 있은 후 그 국제공개된 발명을 업으로 실시한 자에게 보상금의 지급을 청구할 수 있도록 하고 국제공개 시에 국어로 국제특허출원된 발명이 국내공개된 것으로 간주함.

제3절 주요국의 특허법

주요국의 특허법을 살펴보는 것은 이들 국가가 비교적 다른 국가에 비해서 특허법을 먼저 제정, 시행하였고 또 다른 나라 특허법의 모법이 되었을 뿐만 아니라 현재에도 특허제도를 모범적으로 운용하고 있는 나라로 평가되고 있어 이들 나라의 특허법을 살펴보는 것이 특허법 원리를 정확히 이해하고 향후 특허제도의 방향을 예측해 보는 데에도 도움이 되어 중요하기 때문에 이 제도의 효시국이라 할 수 있는 영국, 프랑스를 비롯하여 미국, 독일, 러시아, 일본 등 국가의 특허법을 살펴보기로 한다.

Ⅰ. 영 국

1. 배 경

영국의 특허제도는 1307년부터 1327년까지 에드워드 2세를 거쳐 1327년부터 1377년 에드워드 3세에 이르기까지 50여 년간 당시 유럽대륙에 비해 공업이 낙후되어 있었고 특히 길드조직에 의해 외국인은 영국 내에서 영업활동을 할 수 없었던 당시에 산업진흥책의 일환으로 대륙의 기술자를 유치, 활용하는 수단으로 채택되었다.

즉 국왕은 대권을 행사하여 필요한 부문의 대륙 기술자가 영국 내에서 안정하고 자유롭게 영업활동을 할 수 있도록 특허장으로 특권을 준 것이 특허제도의 효시라고 할 수 있다. 물론 오늘날과 같은 형식의 특허제도의 본질과는 다르다고 할 것이나 차츰 접근하였다.

그러나 1558년에서부터 1603년까지의 엘리자베스 여왕시대부터 이 제도를 악용하는 자가 늘어나고 왕실도 허위 청원에 넘어가고 충신에 대한 상(賞)으로 또는 왕실의 수입원으로 이미 공지되어 있거나 공연히 실시되고 있는 기술에 이르기까지 특허를 부여해주는 시경에까지 이르고 있었다. 이러한 사회적 폐해는 결국 엘리자베스 여왕으로 하여금 하원에서 특허의 취소를 선언하고 또 국민은 언제든지 부당한 권리행사에 대한 구제를 재판에 의해 구제받을 수 있다는 취지의 선언을 하기에 이르게 된다. 그 후 1603년에서부터 1625년까지의 제임스 1세의 재임기간 중인

1610년에 들어와서 엘리자베스 여왕의 선언을 확인한 "은혜의 서(Book of Bounty)"를 공포하게 된다. 이 은혜의 서는 1624년에 "전매조례(Statute of Monopolies)"로서 성문화되었다.

2. 전매조례

1624년 영국에서 제정된 전매조례는 성문 특허법의 효시이다. 그 주요내용을 보면 특허의 선발명주의·속지주의·특허의 공익성 및 특허권의 존속기간 등을 규정하고 있다.

그 후 1852년 특허절차를 간소화하고 특허 전에 발명의 내용을 일반 공중에게 공고하여 이의가 있는 자로부터 일정기간 내에 특허이의신청을 할 수 있는 제도를 창설하는 등 대폭적인 개정을 하였다. 또 이 조례는 다음 개정에서 공고에 앞서 심사하는 심사제도로 바뀐다.

영국법은 오스트레일리아·아일랜드·인도·스리랑카·뉴질랜드 등 영국 연방제국의 특허법의 모법이 되어 있었다.

3. 구법의 특색

1949년에 제정하여 1950년 1월 1일부터 1977년 12월 31일까지 17년 동안 시행해온 영국의 구법이 가지고 있는 특색을 살펴보면 가 명세서 제도(假 明細書 制度 : Provisional Specification) 실시허락의 이서제도(實施許諾의 裏書制度 : Endorsement) 및 의약 등의 발명에 대한 강제실시권 제도를 두고 있다는 점이다.

(1) 가 명세서 제도

"가 명세서"라 함은 특허출원시 본 명세서(Complete Specification)[4]를 제출하기 전에 가 명세서[5]를 제출하여 출원일을 확보하는 제도를 말한다. 특허출원인은 출원시 특허출원서와 함께 본 명세서, 가 명세서 둘 중 어느 하나를 출원서에 첨부하여야 한다. 만약 가 명세서를 첨부할 때에는 출원일로부터 12개월 이내에 본 명세서를 제출하여야 한다.

---

4) 본 명세서 : 발명의 내용과 그 발명의 실시에 관한 설명을 상세히 적어 특허청구의 범위를 기재한 정식의 특허출원서류를 말한다.

5) 가 명세서 : 간단히 발명의 내용만을 기재한 임시의 특허출원서류를 말한다.

(2) 실시허락의 이서제도

"실시허락의 이서"라 함은 특허권자의 신청에 의해 특허증에 "그 발명의 실시를 희망하는 자에게는 누구에게나 허락한다"는 요지의 이서를 하는 제도를 말한다. 이러한 이시제도를 이용할 경우는 특허권자는 통상 특허료의 50%를 납부하면 된다. 만약 실시희망자간에 실시료·실시조건 그 밖의 실시와 관련된 사항 등에 대해 협의가 이루어지지 아니한 때에는 특허국장이 정한 조건에 따르도록 하고 있다.

(3) 의약 등의 발명에 대한 강제실시권 제도

"의약 등의 발명에 대한 강제실시권"이라 함은 음식물, 의약 등의 생산방법, 수술 및 치료용구 등의 발명에 대한 특허에 대해서는 이해관계인의 신청이 있으면 특허국장은 거절할 충분한 이유가 없는 한 언제든지 실시권을 신청인에게 허락해야 한다는 취지의 명령을 할 수 있게 하여 특허권의 효력에 강한 제한을 가하고 있다.

4. 현행 특허법(1977년법)

28년 동안 시행해 오던 1949년 법이 1977년 8월 개정되어 1978년 6월 1일부터 시행하였는바, 그 개정목적은 영국이 가맹하고 있는 유럽특허조약과의 조화를 이루기 위해서이다. 따라서 개정법은 동 조약의 특징인 출원공개, 조사보고, 심사청구 등의 제도를 도입하였다. 다만, 가 명세서제도에서는 본·가 명세서의 명칭사용을 중지, 의약·음식물의 발명에 대한 강제실시권제도에서는 의약만으로 한정하는 등의 개정을 하였다. 그리고 기존의 특허 이의신청 제도 및 추가 특허권 제도를 폐지하였다. 한편 당시 특허협력조약 가맹을 준비하고 있었기 때문에 특허협력조약 실시를 위하여 필요한 여러 규정들을 개정에 포함시켰다.

Ⅱ. 프랑스

1. 최초 특허법

프랑스의 특허제도는 1762년 루이 15세에 들어와서 특허에 관한 국왕의 선언이 있게 된다. 물론 이전에도 있기는 하였으나 국왕의 전제시대의 특권의 전횡 때문에 많은 부작용이 생겼고 이를 제도적으로 막기 위한 노력의 일환으로 위와 같은 국왕의 선언이 나오게 된다. 이어 1791년 프랑스 최초의 특허법[6]을 제정하였다. 이 법은 1844년 전면 개정 후 약 120년간 개정 없이 존속되고 있었다. 또 이 법은 스페인, 포르투갈, 벨기에, 룩셈부르크 등 여러 나라의 특허법의 모법이 되었을 뿐만 아니라 그리스, 터키, 라틴아메리카 제국 및 이전의 식민지였던 개발도상국의 특허법에도 큰 영향을 미치고 있다. 프랑스 특허법의 특색은 특허출원에 대하여 형식심사만 하고 특허요건의 충족여부에 관한 실질심사는 하지 않는 무심사주의를 채택하고 있었다는 점이다.

2. 현행 특허법(1968년법)

최근 들어 기술경쟁이 치열해지면서 무심사주의의 폐해가 예상 외로 나타나 이를 방지하기 위하여 제출된 특허출원서에 대하여 형식심사 뿐만 아니라 특허요건 등에 관한 실질심사도 하여 거절할 만한 이유를 발견할 수 없을 때 공고절차를 거쳐 특허를 허여하는 내용의 심사주의를 도입하는 전면 개정법을 공포하여 1969년 1월 1일부터 시행하였다.

그러나 현행법에서도 종전법에서와 같이 심사주의적 절차 없이 권리를 인정하고 있었던 실용증(實用證 : Certificats d'utilite)제도(통상의 실용신안제도와는 달리 제조방법 등도 대상으로 한다)를 채택하고 있고 또 출원공개제도를 도입하고 있을 뿐만 아니라 1978년 7월 13일 개정법에서는 유럽특허조약과의 조정과 함께 실질적인 심사주의적 절차의 확대 및 효율화를 기하고 있다. 또 현행법은 최근 네덜란드, 독일, 북구 4개국 등이 채택하고 있는 출원공개제도도 도입하고 있다.

Ⅲ. 미 국

1. 배 경

미국의 특허제도는 1776년 영국으로부터 독립하여 1787년 헌법을 제정할 때 헌

6) 1791년 특허법은 1789의 인권선언에 의한 것인 바, 기계적·기술적 발명과 같이 경제적·사회적 발명, 예를 들면 과세방식, 크레디트계획, 저당형식, 은행방식도 대상으로 하였다. 따라서 이런 유의 출원이 쇄도하여 다음해 국민회의는 경제적 발명 등에 대해 특허를 중지하고 이미 특허된 것은 그 특허효력을 무효로 하도록 집행기관에 명하였다(decreed) (Encyclopaedia. Inventions and Discoveries).

법 제1장 제8조에 "의회는 … 과학 및 유용한 기술의 진보를 도모하기 위하여 … 발명자에 대하여 … 일정기간 독점을 부여하는 권한을 가진다"라고 하는 명문의 규정을 두었다. 이를 근거로 1790년 미국 최초의 특허법이 제정된다. 이 특허법에 의해 특허출원은 국무장관을 포함한 3명의 고관으로 구성한 위원회에서 심사하여 특허여부를 결정하였다. 그 후 시행과정에서 나타난 문제점 등을 중심으로 여러 차례의 크고 작은 개정을 하였으나 그 중 괄목할 만한 개정은 1793년 심사주의에서 무심사주의로 개정한 후 다시 무심사주의에서 심사주의로의 회귀라고 할 수 있다.

2. 현행 특허법

미국의 현행 특허법은 1952년에 제정된 후 1975년, 1980년, 1984년, 1988년, 1994년에 걸쳐 여러 차례의 부분개정을 거쳐 오늘에 이르고 있다. 현행 특허법의 가장 특징적인 것은 맨 처음 발명자에게 특허를 부여하는 선발명주의를 채택히고 있으며, 또 일반적으로 특허 전에 발명의 기술내용을 공표하고 있는 많은 나라와는 달리 출원공고제도나 출원공개제도를 채택하고 있지 않다는 점이다. 미국 특허법에서의 공개는 특허 후의 특허 명세서의 발행에 의해서만 이루어지고 있다.

그러나 선발명주의와 특허 전 출원불공개제도에 대하여는 수년간 업계 등에서 선출원주의와 특허전 출원공개제도로 개정하자는 논의가 계속되어 왔으나 찬반양론의 대립으로 타결을 보지 못하여 오다가 가까스로 개정쪽으로 법안을 마련하여 국회에 상정하여도 심의과정에서 반대 의견에 부딪쳐 부결되는 과정을 겪어 오다가 1999년 11월 29일 개정 특허법에서 출원공개제도를 도입하였고 2007년 다시 출원 후 18개월이 되는 날에 모든 특허출원의 내용을 공개하는 소위 "예외 없는 18개월 공개제도" 및 선출원주의를 채택하는 특허법 개정안을 같은 해 4월 8일 상·하 양원에 동시에 제출하여 같은 해 7월 19일 하원법사위를 거처 같은 해 9월 8일 하원본회의를 통과하고 같은 해 7월 20일 상원법사위를 통과하여 같은 해 9월 8일 현재 상원본회의에 계류 중에 있다.

3. 1997년 특허법 개정

미국 발명자 보호법(American Inventors Protection Act; AIPA)으로 명명된 1999년 미국 특허법의 개정은 경제의 지속적인 발전과 특허중시(Pro-Patent) 정책을 반영한 강력한 특허제도의 기반을 구축하기 위해 1952년 이후 미국 특허법에 가장 많은

변화를 가져온 개정이라 할 수 있다.[7)]

개정법의 주요내용으로는 i) 출원일로부터 18개월 경과 후 출원을 공개하는 출원공개제도를 도입하였고, ii) 특허권자가 아닌 제3자 재심사 청구인에게도 재심사과정에 참여할 수 있는 기회를 부여하는 Inter Partes 재심사제도를 현행의 Ex Parte 재심사제도에 추가하였으며, iii) 특허청 귀책사유로 인해 특허심사가 지체된 경우 지체된 기간만큼 특허권 존속기간을 연장시켜주는 제도를 새로이 마련하였다. 또한, iv) CPA 출원 절차 대신에 계속심사를 위한 REC제도를 신설하였으며, v) 35 USC 102(g) 및 103(c) 규정이 개정되었으며, vi) 특허권자와 선사용자간의 권리 조정을 위한 선사용자의 항변(First Inventor Defense)이 도입되었다. 한편, USPTO의 행정과 경영기능에 대한 독자적인 감독기능을 부여함과 동시에 특허와 상표 행정을 각각 독자적인 별개의 운영 단위로 구분하였다.

(1) 출원공개제도

미국은 선발명주의를 채택하면서 출원 중에 있는 모든 출원의 내용을 비밀로 유지하도록 규정하고 있었으며, 이는 출원공개제도를 채택하고 있는 대부분의 나라와 형평성과 통상마찰의 문제로 출원공개제도의 도입이 계속 제기되어 왔다. 1999년 11월 29일에 개정된 "미국 발명자 보호법"에서 출원공개(Publication of Foreign Filed Applications)가 채택되었다. 출원공개제도[8)]가 도입됨에 따라 미국의 출원동향을 면밀하게 분석함으로써 중복 연구투자를 미연에 방지할 수 있게 되었다.

---

7) i) 1999년 8월 4일 미국 하원 통과, ii) 1999년 11월 19일 미국 상원 통과, iii) 1999년 11월 29일 미국 클린턴 대통령이 서명; 미국특허상표청을 교육부내의 학생재정지원국에 이어 사상 두 번째로 성과지향기관(Performance Based Organization)으로 지정하고 예산, 인원, 구매 등에 자율성을 최대한 부여하여 보다 개선된 서비스를 출원인에게 제공할 수 있는 인프라를 구축하였다.

8) 출원공개제도(Pre-Grant Publication; PGPub)는 특허출원된 기술내용의 개시가 지연되는 것을 최소화하기 위하여, 외국특허청에 출원되었거나 출원인이 공개를 요청하면 특허허여이전이라도 출원내용을 유효출원일로부터 18개월 후 일반에게 특허출원을 공개하는 제도이다. 출원공개는 실용특허 및 식물특허에 대해 적용되고 디자인특허나 임시출원에 대해서는 적용되지 않는다. 실용/식물 특허출원 중에서도 다음과 같은 경우에는 공개대상에서 제외된다. : ① 비밀명령(Secret Order)을 받은 출원, ② 출원공개번호를 지정받기 전에 포기된 출원, ③ 출원공개번호를 지정받기 전에 특허로 허여(granted patent)된 출원 및 ④ 출원인이 공개하지 않기로 하고 출원공개제도가 있는 나라에 출원을 하지 않은 출원. 따라서 미국에 특허출원한 발명을 출원공개제도가 적용되는 외국(PCT 국제출원 포함)에 출원하지 않았고 출원하지도 않을 것이라면 출원인은 당해 출원을 공개하지 말 것을 요청할 수 있다.

(2) 재심사 청구

재심사 청구(Request for Reexamination)는 새로이 발견된 선행기술에 의거하여 특허성의 재심사를 청구하거나, 오랜 기간, 과다비용이 소요되는 소송에 대신하여 간편하게 특허의 유효성 여부를 판정하기 위한 제도이다. 특허의 재심사(Reexamination of Patents)는 등록된 특허에 있는 클레임들에 대해서 USPTO에서 그 특허성을 재고하려는 절차를 말하며, Ex Parte와 Inter Partes의 두 유형이 있다.

1981년에 도입된 Ex Parte 재심사는 누구든지 청구할 수 있지만, 재심사 절차에서 제3자의 참여가 제한되는 반면 재심사에서 특허의 유효성이 인정되면 그 결과가 제3자에게 매우 불리하게 작용하기 때문에, 제3자의 입장에서는 이 제도가 별로 도움이 되지 않으며 거의 사용되지도 않았다. 그래서 1999년 미국 발명자 보호법(AIPA)에서 선택적 양 당사자계 재심사절차(Optional Inter Partes Reexamination Procedure)[9]를 도입하게 되었다.

4. 2007년 특허법개정안

(1) 배 경

2007년 특허법 개정안 입안의 배경은 자기 스스로가 제조를 하지 않으면서 공격적 특허권의 취득과 행사를 통하여 여러 제조업체들을 공격함으로써 로열티 수입을 얻는 것을 주목적으로 활동하는 개인 또는 회사[이하 "특허괴물(Patent Troll)"이라 한다]의 횡행이 새로운 현상으로 나타나 최근 크게 논란이 되고 있다.[10]

이들 특허괴물들은 스스로 제품을 생산·판매하지 않기 때문에 특허분쟁에서 잃을 것이 없고, 따라서 특허분쟁을 극한까지 끌고 갈 수 있기 때문에 정상적인 생산·판매활동을 하면서 고객의 평판에 신경을 써야 하는 일반 제조업체의 입장에서는 상대하기가 무척 어려운 것이 아니다. 이에 따라 거대한 조직과 자금력을

---

9) 35 USC 311-318.

10) 최근 크게 논란이 된 케이스는 Blackberry 생산업체인 RIM사를 공격하여 거액의 로열티를 받아낸 NTP사(NTP Inc.는 버지니아주 소재 회사로 주된 자산은 무선통신 및 RF안테나 분야의 50여개 특허로 이를 바탕으로 Visto, Nokia, Good Technology 및 RIM 등으로부터 받는 로열티가 주 수입원인 대표적인 patent troll임. 미국의 전 연방공무원이 사용하는 무선인터넷 장비인 Blackberry를 생산하는 RIM사로부터 관련 특허를 사용하는 댓가로 612.5백만불의 로열티를 받아냄으로써 업계의 관심을 집중시킨 바 있음)를 비롯, Acacia Technology사, Fenner Investments사, MercExchange사 등을 들 수 있다.

가진 대기업이 사무실조차 제대로 갖추지 못한 조그마한 특허괴물의 요구에 굴복하는 사례가 적지 않다.

이러한 특허괴물의 창궐로 인하여 연구·개발활동에 투입되어야 할 기업의 인력과 예산이 과도하게 특허분쟁에 소진되어 특허법이 오히려 기술개발을 저해하는 단계에 이르렀으므로 특허법의 개정을 통하여 조속히 시정하여야 한다는 주장이 강하게 대두되었다.

이러한 문제점에 대해서는 최근 대법원에서도 문제의식을 갖고 지나친 특허권 보호에 제동을 거는 판례를 연이어 내놓고 있다. 특허권 침해가 있다고 하여 자동적으로 금지판결(injunction)이 뒤따르는 것이 아니라는 점을 명백히 한 eBay사건[11], 특허의 진보성(non-obviousness) 판단의 기준을 강화한 것으로 해석되는 KSR 사건[12] 등을 대표적인 예로 들 수 있다. 그러나 판례를 통한 법의 개정에는 한계가 있으므로 입법을 통해 조속하고 명백하게 문제를 해결해야 한다는 요구가 IT 업계 등을 중심으로 계속 제기되어 의회 입법을 통한 특허법 개정 노력이 수년째 계속되어 오다가 드디어 수년간 논의되어 오던 내용들이 대부분 2007년 4월 8일 상·하 양원에 제출된 "Patent Reform Act of 2007"에 반영되었고, 동 법안은 양원 심의과정에서 다소 수정이 되었는바 하원에서 하원안을 수정한 H.R.1908 수정안[13]과 상원에서 상원안을 수정한 S 1145 수정안[14]이 바로 그것이며, 위 양원 수정안은 모두 2007년 7월 양원 법사위의 심의를 거쳐 각기 양원 본회의에 상정하였다. 그 중 하원 수정안은 하원 본회의에서 의결, 통과되고 상원 수정안이 2008년 5월 현재 상원 본회의에서 심의 중에 있는바, 상원 수정안도 예년의 법안에 비하여 훨씬 통과 가능성이 큰 것으로 평가된다. 이와 같은 낙관적 전망이 가능한 것은 특히 미국이 특허 등 산업재산권 제도의 급속한 글로벌 추세에 따른 이 분야의 국제적 통일화의 필요성과 시대적, 상황적 요구가 그 어느 때보다도 높고 크기 때문이다.

---

11) eBay Inc v. MercExchange, L.L.C., 126 S. Ct. 1837 (2006).

12) KSR v. Teleflex, 127 S. Ct. 1727 (2007).

13) 미 하원 법사위, Amendment In The Nature Of A Substitute To H.R. 2908 Offered By Mr. Berman Of California, Mr. Smith Of Texas, Mr. Conyers Of Michigan, And Mr. Coble Of North Carolina, available online at http://judiciary.house.gov/Media/PDFS/HR1908Amdt.pdf

14) 미 상원 법사위, Amendments to S. 1145, avaliable on line at http://www.ipo.org//AM/Template.cfm?Section=IPO_Daily_New&Template=/CM/ContentDisplay.cfm&ContentID=15547

(2) 주요 개정안 및 의회법안 수정

1) 주요 개정안

① 선출원주의의 도입

2007년 개정법안의 가장 큰 개정사항 중의 하나가 현행 선발명주의를 폐지하고 선출원주의(First-to-file system)를 채택한 점이다.[15)]

이를 위하여 선발명 여부를 따지는 절차인 "Interference" 절차를 폐지하고, 특허심판원의 명칭을 "BPAI(Board of Patent Appeal and Interference)"에서 "PTAB(Patent Trial and Appeal Board)"로 개칭하였다.

② 출원 내용 공개

현행 미국 특허법은 출원인의 출원시 본인의 출원이 다른 나라 국내출원이나 국제조약에 의한 국제출원으로 출원되지 않았고 앞으로도 출원할 의사가 없다는 것을 밝히면서, 동 출원내용을 공개하지 말 것을 청구하면 18개월 공개에서 제외

---

15) 선발명주의냐 선출원주의냐의 문제는 같은 내용의 발명이 둘 이상 서로 충돌할 경우에 누구에게 특허권을 부여할 것인가에 관한 문제로, 먼저 특허청에 출원한 자에게 특허권을 부여하는 제도를 선출원주의라 한다. 그런데 실무상 어느 출원이 선출원인지를 가리는 것은 간단하고 명확하나 어느 발명이 선발명인지를 밝히는 것은 매우 복잡하고 비용이 많이 드는 과정이다.
미국의 특허법에서 발명(Invention)은 일반적으로 먼저 발명에 대한 착상(Conception of the Invention)이 이루어지고 일련의 연구·개발과정을 거쳐 구체화(Reduction to Practice of the Invention)됨으로써 완성되는 것으로 이해된다. 선발명주의하에서는 발명자가 어떤 발명에 대한 착상을 하고 이를 구체화하기 위한 노력을 계속 부지런히 한 경우에는, 그 착상한 날을 발명한 날로 인정하여 이렇게 인정된 발명일을 서로 비교하여 먼저 발명한 자에게 특허권을 부여하는 것이다.
이런 선발명주의는 비록 특허법 특유의 소위 "Interference"라는 제도를 통해서 실현된다. 즉, 동일내용이 발명이 타인에 의하여 먼저 출원되어 있거나 이미 특허가 허여되어 있는 경우 자신이 그 특허(출원)보다 먼저 발명했다고 믿는 사람이 소위 "Interference"를 신청하면, 특허심판원(Board of Patent Appeal and Interference)에서 상기의 원칙에 따라 어느 발명이 선발명인지를 판단하여 줌으로써 실제 선발명자가 특허권을 선출원자에 우선하여 특허권을 받을 수 있도록 제도적으로 보장하고 있는 것이다.
이러한 선발명주의는 세계에서 유일하게 미국이 채택하고 있는 제도로서, 신성한 발명자에게 특허권을 부여한다는 특허법의 취지에 가장 부합하는 제도이나, 누가 선발명자인지를 가리는 절차가 매우 복잡하고 비용이 많이 들 뿐만 아니라, 외국 발명자의 경우 발명일자를 증명하기가 곤란하여 오래전부터 개정요구가 국내·외적으로 있어 왔던 사안이다. 이번 특허법 개정안은 국내적으로 선발명 여부를 가리는 절차를 간소화하는 동시에 국제적으로 특허법을 통일화(harmonization)하려는 것이다[2007 미국 특허법 개정동향 및 전망, 특허관 김태만 주미대사관, 통권 제101호(2007년 10월호) p.7~8].

할 수 있도록 되어 있다.[16)]

이번 개정법안은 동 규정을 삭제하여 외국에 출원하지 않는 경우에도 18개월 공개에서 제외되지 않도록 하였는데, 이는 출원 후 18개월이 되는 날에 모든 특허출원의 내용을 공개하는 세계 각국의 제도에 맞추어 통일화하기 위한 것이다.

③ 손해배상 기준(Damage apportionment) 변경

특허침해에 따른 손해배상에 관한 현행 규정은 침해를 보상하기에 적정한 액수를 배상하되, 합리적 로열티 수준을 하회해서는 안 된다고 규정하고 있다.[17)] 이에 대하여 개정법안은 선행기술과 비교하여 당해 특허가 구체적으로 기여한 경제적 가치만을 고려하여야 하며,[18)] 특허권자가 침해물품 또는 프로세스의 시장수요가 주로 자신의 특허에 의한 것이라는 것을 증명하지 않는 이상 전체 시장가격을 기준으로 손해배상액을 산정하여서는 안된다고 규정하고 있다.

이번 개정안의 의미는 다음과 같다. 기술발달, 상품의 복잡성 증가 등으로 하나의 상품을 생산하기 위해 수백 또는 수천가지 기술이 사용되는 것이 일반적이나, 현실의 특허분쟁에서는 그 중 한두 가지의 특허기술 침해여부가 문제가 된다. 이러한 경우에도 법원이 특허침해에 따른 손해배상액을 판정함에 있어 제품의 전체가격을 기준으로 판단하는 경우가 종종 있어 특허침해소송을 제기한 특허권자의 경우 거의 횡재에 가까운 거액의 손해배상금을 받는 경우가 보도되기도 하였다. 한편 침해자로 지목된 회사는 재판을 끝까지 끌고 가서 패소하는 경우 손해배상액이 지나치게 커지는 것을 우려하여 불리한 조건으로 합의를 하게 되는 경우가 많아 실제로 적정한 손해배상액을 넘어서는 특허권자 보호에 치우친 결과를 낳는 경우가 많다는 비판이 있어 왔다.

이번 개정안은 적정손해배상액 또는 합리적인 로열티를 판단하는 기준을 명확히 하여 이러한 불합리를 없애려는 것으로, 법원이 특허침해 손해배상액을 산정함에 있어 제품 전체의 가격이 아니라, 당해 특허와 선행기술을 비교하여 당해 제품의 전체 가치 중 당해 특허로 인하여 부가된 가치만을 손해배상액으로 산정

---

16) 35 U.S.C. §122(b)(2) If an applicant makes a request upon filing, certifying that the invention disclosed in the application has not and will not be the subject of an application filed in another country, or under a multilateral international agreement, that requires publication of applications 18 months after filing, the application shall not be published as provided in paragraph (1).

17) 35 U.S.C. 284(··· adequate to compensate for the infringement, but in no event less than a reasonable royalty).

18) The court shall conduct an analysis to ensure that a reasonable royalty under paragraph (1) is applied only to that economic value properly attributable to the patent's specific contribution over the prior art ···.

하여야 한다는 점을 명백히 한 것이다.

④ 고의적 침해(Willful Infringement)와 3배 손해배상(Treble Damage)

현행 특허법은 법원이 특허침해에 따른 손해배상액을 산정함에 있어 법원의 판단에 따라 증명된 손해액의 3배까지 손해배상액을 올릴 수 있도록 규정하고 있다.[19] 어떠한 경우에 3배 손해배상을 하도록 하느냐에 대해서는 특허법에 명시하고 있지는 않으나, 법원에서 판례를 통하여 특허 침해자가 고의적으로 침해했다고 판단하는 경우에 이를 부과하는 원칙을 만들어 왔다.

개정법안은 법원이 고의적 침해로 판단할 수 있는 요건을 다음 3가지로 엄격히 제한하고 있다. i) 침해자가 특허권자로부터 서면으로 통지를 받고도 침해행위를 한 경우, ii) 침해자가 특허가 있다는 사실을 알고도 의도적으로 그 기술을 베낀(copy) 경우 및 iii) 법원에 의하여 특허침해 판정을 받고도 다시 동일 특허를 침해한 경우가 그것이다.

이번 개정 법안이 담고 있는 의미는 다음과 같다. 특허를 고의로 침해한 경우 손해배상액을 증명된 손해액의 3배까지 배상토록 하는 것은 특허권 보호를 두텁게 하려는 의도에서 도입된 제도이나, 시행과정에서 의도하지 않은 부작용이 생겨나게 되어 이를 시정하려는 것이다. 즉, 타인의 특허가 존재함을 알고도 특허를 침해하면 고의적 침해로 판정되어 증명된 손해액의 3배까지 손해배상을 해야 하기 때문에 이를 피하기 위하여 아예 타인의 특허를 조사해 보지 않는 실무관행이 생겨나게 되고, 이에 따라 오히려 더 많은 특허침해와 분쟁이 야기되는 결과를 초래하게 된 것이다.

이번 개정법안은 고의적 침해로 판정할 수 있는 경우를 엄격하게 제한하여 명확하게 규정함으로써, 명백히 고의적으로 특허를 침해한 경우가 아니면 3배 손해배상을 받는 경우가 없도록 하는 동시에, 이해관계자들로 하여금 3배 손해배상에 대한 두려움 없이 자유롭게 특허조사를 해 볼 수 있도록 하여 분쟁을 사전에 방지하고 대처할 수 있도록 하기 위한 것이다.

⑤ 등록 후 이의신청 제도(Post-grant Opposition) 신설

개정법안에서 가장 논란이 되었던 것 중 하나는 등록 후 이의신청제도의 도입이다. 이번 개정법안은 특허권자가 아닌 자는 누구나 특허심판원에 대하여 "특허권의 취소청구(Petition for cancellation)"을 할 수 있도록 허용하면서, 특허권의 취소

19) 35 U.S.C. §284 [T]he court may increase the damages up to three times the amount found or assessed.

청구를 할 수 있는 경우를 다음 두 가지로 규정하고 있다. 첫 번째는 소위 "first window"라는 것으로 특허등록 또는 재등록 후 12개월 이내에는 이의신청을 청구할 수 있도록 한 것이며, 두 번째는 "second window"라는 것으로 특허등록 또는 재등록 후 12개월이 지났더라도 당해 특허가 계속 존재하는 것이 청구인에게 중대한 경제적 손실을 끼칠 우려가 있다고 믿을 만한 충분한 이유가 있거나, 청구인이 특허권자로부터 특허침해를 주장하는 통지를 받았거나 특허권자가 취소청구 심판을 진행할 것을 서면으로 동의한 경우에는 이의신청을 청구할 수 있게 한 것이다.

이 개정 법안이 담고 있는 의미는 다음과 같다. 특허출원 건수의 급증과 기술의 복잡성 증가 등으로 특허청에서 심사처리를 해야 할 물량은 급증하고 있는 반면, 특허청의 심사역량은 같은 속도로 증가하지 못하고 있다. 특히 세계 각국에서 들어오는 특허출원이 몰리는 미국 특허청에서는 매년 천명이상의 심사관을 신규로 채용하는 등 심사역량 강화를 위해 노력하고 있으나 대규모 신규 심사관의 교육문제, 경험 있는 심사관의 이직 문제 등으로 여전히 어려움을 겪고 있으며, 이런 와중에 특허성이 의심되는 부실 특허가 등록되는 경우가 종종 발생하고 있다. 그러나 일단 특허로 등록되면 특허 유효성 추정원칙에 따라 각종 특허법상 제도가 특허권자에게 유리하게 되어 있어 상대방이 대응하기가 무척 곤란하다.

이번 개정안은 특허성이 의심되는 부실 특허의 취소를 상대방이 좀 더 용이하게 낮은 비용으로 청구할 수 있도록 하기 위하여 부실 특허의 취소를 법원으로 가져가 다투기 전에 특허청에서 다시 한번 다툴 수 있는 기회를 주려는 것이다. 그러나 이 규정은 특허침해자가 등록된 특허를 유효성을 다투는 쟁송을 계속 제기함으로써 특허권 집행을 방해할 가능성을 우려한 제약업계 등의 강력한 반발을 초래하여 현재 핵심쟁점중의 하나로 되어 있다.

⑥ 제3자 정보제공(Submission by Third Parties)제도 신설

개정안은 누구나 심사관이 심사과정에서 참고할 수 있도록 심사관련 정보를 제공할 수 있도록 하는 절차를 신설하였는바, 이는 특허등록 전에 당해 특허가 특허 받지 못할 사유 또는 자료를 가지고 있는 사람은 누구나 심사관에게 동자료를 제출할 수 있도록 함으로써 특허성이 의심되는 부실 특허의 등록을 미연에 방지하고자 하는 것이다.

⑦ 재판관할(Venue)

개정안은 특허관련 소송을 제기할 수 있는 법원을 ⅰ) 양 당사자 중 적어도 일방이 거주하고 있는 곳을 관할하는 법원 또는 ii) 피고가 침해행위를 하고 정규적인 영업행위를 하는 곳을 관할하는 법원으로 제한하고 있는 바, 이는 소위 "Forum Shopping"[20] 문제를 해결하기 위하여 특허관련 소송관할법원을 제한하기 위한 것이다.

⑧ 발명자 선서(Inventor's Oath)

개정안은 특별한 사유가 있는 경우에는 출원인이 발명자 선서를 대신하여 대체진출(substitute statement)을 제출할 수 있게 허용하고 있는 바, 대체진술이 허용되는 경우는 i) 발명자가 사망한 경우, ii) 법률행위능력을 상실한 경우 또는 iii) 발명에 관한 권리를 (출원인에게) 양도할 의무가 있으면서 발명자 선서를 거부하는 경우의 세 가지로 규정하고 있다.

현행 미국특허법은 특허출원시 반드시 발명자 선서의 제출을 요구하고 있어 발명자가 직접 출원하거나 협조하여야만 출원할 수 있있던 것을 연구·개발 활동이 주로 기업단위로 이루어지고 그 성과물에 대한 특허출원도 개별연구원 명의가 아니라 소속 기업명의로 이루어지고 있는 현실에 맞추어 간편화하려는 의미를 담고 있다.

2) 의회법안 수정

특허법 개정안이 2007년 4월 18일 상·하 양원에 상정할 당시에는 상·하 양원의 법안이 실질적으로 동일하였으나, 양원 법사위원회의 심의과정에서 각각 여러 가지 수정안이 채택되어 같은 해 7월 양원 법사위원회를 각각 통과한 하원 수정법안(the "Substitute H.R. 1908") 및 상원 수정법안(the "Substitute S. 1145")은 서로 달라지게 되었으며, 주요변경내용은 다음과 같다.

① 손해배상액 산정(Damage Apportionment)

상원에서의 수정법안을 보면, 특허침해에 따른 손해배상 관련규정(35 U.S.C. §282)

---

20) 특정 소송에 대하여 2 이상의 법원이 저법한 관할권을 가질 경우, 이 법원들 중 자신에게 가장 유리한 법원을 선택하는 원고의 행위를 의미한다.
가장 유리한 법원을 선택하는데 있어서 흔히 고려되는 사항으로는, i) 법원의 인접성, ii) 해당 법률 분야에 대한 법원의 판결 경향, iii) 잠재적 배심원인 해당 지역 주민들의 성향 등이 있다.
예를 들어, 미국 텍사스주 마샬에 위치한 텍사스 동부연방지방법원은 특허침해소송에 있어서 특허권자의 승소율이 미국 전체 평균을 훨씬 상회하고 있는 것으로 나타나고 있어, 특허침해소송을 제기하는 특허권자에게 특히 선호되고 있다.

에 대한 개정안 문구를 완전히 재작성(rewrite)하였고, 당초 개정안보다 훨씬 손해배상 산정기준을 자세히 규정한 것을 알 수 있다. 특히, 손해배상액을 산정하는 세 가지 기준을 제시하였는데, i) 제품의 시장가격(Entire Market Value), ii) 시장에서 형성된 확립된 로열티 액수(Established Royalty Based on Marketplace Licensing) 및 가치평가(Valuation Calculation), 및 iii) 결합발명(Combination Inventions)에 대한 손해배상액 산정기준이 그것이다. 관련 하원 수정법안도 대체로 이와 유사하다.

② 등록 후 이의신청제도 및 선택적 당사자 재심절차

이는 상·하 양원의 수정법안이 가장 상이하게 된 규정 중의 하나이다. 상원 수정법안은 등록 후 이의신청제도(post-grant opposition)의 신청요건을 크게 강화하는 대신에,[21] 선택적 당사자 재심제도(optional inter partes reexamination)를 전면 폐지하는 것으로 수정한 반면, 하원 수정법안은 소위 "second window"를 전면 삭제하는 대신에 현행 선택적 당사자 재심제도를 한층 강화하는 내용을 추가함으로써 양원의 관련 법안이 크게 달라지게 되었다.

③ 특허 취득과정에서의 부정행위(Inequitable Conduct)

상·하 양원 수정법안은 공히 당초 법안에는 없던 특허 취득과정에서의 부정행위 관련 규정을 삽입하였으며, 특허 취득과정에서의 부정행위를 이유로 특허를 취소 또는 집행정지를 할 수 있는 요건을 현행보다 더욱 강화하였다.

④ 최선의 실시례(Best Mode)

하원 수정법안은 당초 법안에는 없는 최선의 실시례 관련규정을 삽입하였으며, 특허명세서에 최선의 실시례를 밝히지 않았다는 것을 특허무효사유에서 제외하였으나, 상원 수정법안에는 이에 상응하는 내용이 없으며, 현행의 최선의 실시례 규정을 그대로 존치하였다.

⑤ 재판관할(Venue)

상·하 양원 수정법안이 공히 당초안에 있던 재판관할 관련규정의 문구를 수정하여 좀더 상세히 규정, 이에 따라 상·하 양원의 수정법안의 관련규정 문구가 달

21) "신청자(cancellation petitioner)"만 밝히면 되었던 것을 반드시 "진정한 이해관계인(real parties in interest)"를 반드시 소명토록 하였고, 특허 유효성을 다투는 민사소송을 신청자가 이미 제기한 경우 등록 후 이의신청을 할 수 없도록 하였으며, 등록 후 이의신청시 특허청장이 이를 공시해야 하는 의무규정을 추가하였다.

라졌으나 내용면에서는 여전히 유사하다.

3) 결 어

최근 몇 년간 특허법 개정의 필요성이 IT업계의 강력한 요구로 꾸준히 제기되어 왔지만, 특허권 보호 약화를 우려하는 제약업계 등의 강력한 반대로 번번이 이루지 못해 왔다. 그러나 2007년 개정안은 여·야 합동, 상·하 양원 합동(by partisan, by cameral) 법안으로 제출, 과거보다 통과 가능성이 높은 것으로 평가되고 있다. 특히, 양원 법사위 통과과정에서 "특허 취득과정에서의 부정한 행위(Inequitable Conduct)"의 적용기준을 높이고, "최선의 실시례(Best Mode)" 적시의무를 삭제하는 등 반대그룹의 주장을 최대 수용한 점은 특허법 개정에 대한 업계의 컨센서스를 형성하는데 크게 도움이 될 것으로 기대된다.

따라서 개정 법안이 통과가 된다면 우리나라 기업에게는 여러 면에서 유리하게 작용할 것으로 전망된다. 미국 특허법이 세계에서 유일하게 채택했던 선발명주의(First-to-invent System)를 폐지하고 우리와 같은 선출원주의(First-to-file System)를 채택하고 예외 없는 18개월 공개제도를 도입함으로써, 제도의 상이에서 발생하는 불편이 제거될 것이기 때문이다. 또한 이번 개정안 추진의 주요 배경이 되는 특허괴물 문제와 관련하여 볼 때, 특허괴물의 주 타킷이 우리의 주력 수출업종인 IT 산업 그 밖의 대규모 제조업이라는 점에서 이번 개정안이 통과되면 우리 기업이 특허괴물 문제로부터도 좀 더 자유로워 질 수 있을 것으로 기대되며, 특히 국내에서도 우리 기업들이 인터디지털 등 특허괴물로부터의 공격대상이 되고 있는 만큼 미국의 특허법 동향을 지속적으로 모니터하고 대처하는 노력이 필요하다.[22)]

Ⅳ. 독 일

1. 독일제국 건설 전후의 특허법

독일의 특허제도는 독일제국 건설 전 특허법과 독일제국 건설 후 특허법으로 나누어진다. 독일제국 건설 전(1871년 1월)에는 여러 소국으로 분립하여 각기 특허법을 가지고 있었기 때문에 통일된 특허법이 없이, 업계의 경제활동에 많은 어려움

22) 2007 미국 특허법 개정 동향 및 전망, 특허관 김태만 주미대사관, 통권 제101호(2007년 10월호) p.7~19 일부 게재.

이 있어 1833년에 결성된 관세동맹에서 각국 특허법에 대한 일종의 협정[23]을 체결하여 통일 특허법 제정에 관한 노력을 하였으나 끝내 실효를 걷지 못 하였다.

그 후 독일제국이 건설되면서 1871년에 제정된 헌법에서 발명특허에 관한 입법권을 제국에 유보하는 취지의 규정을 두게 되고 이를 근거로 1877년 독일 특허법이 제정되었다. 이 법의 특색은 세계 최초로 심사공고제도[24]를 채택한 점이다. 이후 독일 특허법은 노르웨이, 스웨덴, 핀란드, 덴마크, 네덜란드, 오스트리아 등 국가의 특허법의 모법이 되었으며 우리나라 및 일본의 특허법도 많은 면에서 일치하고 있다. 특히 독일은 1891년 소발명을 보호하기 위해 특허제도의 일환으로 실용신안법을 제정하였고 이 제도는 그 후 이탈리아, 스페인, 포루투갈, 일본 등 국가에서 도입하기도 하였다.

2. 서독 특허법

위의 독일 특허법은 세계 제2차 대전 후 동·서독 분할로 4년(1945년에서부터 1949년까지) 동안 시행이 중단되고 이를 극복하기 위한 비상조치로서 1949년 제1차 임시조치법을 공포, 시행하였으나 2년 후인 1951년 이마저 폐지되었다.

서독은 1961년 독일 특허법 중 특허심판제도를 폐지하고 그 대신 연방특허재판소(Bundespatentgericht)제도를 창설하였다. 여기에는 특허가 기술이라는 업무 특성상 기술계 재판관제를 두어 특허재판소의 심리를 사실상 최종심으로 하여 특허소송의 신속화와 합리화를 동시에 충족시킨 주목할 만한 제도 개선을 도모하였다. 그 후 1967년 출원공개제도와 심사청구제도, 화학물질 특허제도를 채택하고 1976년 유럽특허조약과의 조정과 1978년 1월 2일 특허협력조약 이행을 위해 일부 개정을 하였다.

서독은 다시 위의 조정을 원활히 도모하기 위하여 1979년 7월 다음과 같은 내용을 주요 골자로 하는 특허법 개정을 하여 1981년 1월 1일부터 시행에 들어갔다.

(1) 출원공고제도를 폐지하고 심사결과 특허요건을 구비한 것으로 인정된 발명에 대해서는 즉시 특허를 부여한다(심사공고제도 폐지).

(2) 특허공고 후 3개월 내에 누구든지 특허이의신청을 할 수 있다. 연방 특허재

---

23) 이 협정에는 특허권자가 자국 내에서의 제조에 관한 독점권은 갖지만 판매에 대한 독점권은 없음을 규정하고 있다. 따라서 특허권자는 관세동맹 외의 타국 수출업자의 수출상품으로부터 보호를 받을 수 없는 결과가 되기 때문에 이 협정에 불만을 갖게 되었다.

24) 심사관의 심사결과 거절할 만한 이유를 발견하지 못했을 때에는 특허 전에 일단 출원공고를 하여 일반 공중에게 이의신청의 기회를 주고, 이의신청이 있는 경우 이를 특허결정에 반영하는 제도이다.

판소에 대한 특허 무효선언 청구는 위 특허 이의신청기간 경과 후(특허 이의신청이 있는 때는 그 결정 후)가 아니면 할 수 없다.

3. 독일 특허법

1990년 10월 3일 동독·서독 통일 후에도 서독의 특허법을 그대로 통일 독일의 특허법으로 시행되고 있다.

Ⅴ. 러시아

1. 구소련 특허법

(1) 제정 경위

1919년 제정된 러시아(구소련) 최초의 특허법을 보면 일체의 발명은 국가에 귀속한다고 규정하고 있다. 그러나 이러한 내용의 특허법은 그 후 러시아(구소련)가 채택한 신경제정책에 따라 개인의 산업 활동을 인정하면서 특허법에 있어서도 이 정책에 부합하는 개정(독일 특허법을 모델로 하였다)을 1924년 단행하여 이를 공포, 시행하였다. 그 후 경제정책의 변경으로 신경제정책에서 다시 공산주의 경제정책으로 회구하면서 1931년 4월 9일 특허법의 기조를 완전히 바꾸어 "발명 및 기술의 완성에 관한 규칙"으로 개정을 하였다.

이 개정법을 보면 세계 특허제도사상 그 유례를 찾아 볼 수 없는 특이한 "발명자증 제도(Inventor's certificates)"[25]를 두는 한편 "보통의 특허제도"[26]와 병존시키고 있

---

25) 발명자증 제도 : 통상의 특허제도와 같이 발명자에게 독점권을 부여하는 것이 아니고 국가가 발명자 원래 권리를 양도 받아 그 발명을 독점적으로 실시하는 권리를 가지고 발명자에게는 그 대신 보상(報償)을 받을 권리를 부여하는 제도이다. 이 제도는 우리나라 발명진흥법 제10조의 "직무발명"제도와 흡사한 제도라고 할 수 있다. 이때의 "발명자증"은 발명특허출원에 대한 심사절차를 거쳐 최종 특허여부가 결정된 후 특허결정된 특허 발명에 교부하는 증명서(구 특허법 제23조)로서 우리나라 특허법상의 특허증의 일종이다.

26) 보통의 특허제도 : 구소련 특허법에서 발명자증 제도와 함께 인정하고 있는 보통의 특허제도를 의미한다. 따라서 여기에서 특허제도란 발명자는 "특허"와 "발명자증" 둘 중 어느 하나를 자유롭게 선택할 수 있고(구 특허법 제23조) 또 실제로 유효한 특허는 특허권자인 발명자의 신청 또는 발명자와 특허권자의 공동신청에 의하여 발명자증으로 변경할 수도 있다(구 특허법 제32조).

다는 점이다. 그 후 4차례(1941년·1959년·1973년·1978년)의 크고 작은 개정을 거쳤으며, 이 때 법률명칭이 "발견·발명 및 합리화 제안에 관한 규정"으로 변경하였다.

그 이후 1991년 개정시 발명자증 제도를 폐지하고 자유주의 국가의 특허제도를 채택하였는바, 이는 종래 법으로는 i) 발명자 개인의 이익보호가 미흡하며, ii) 자유주의 국가로부터의 기술도입이 활발하지 못하다는 이유에서이다.

(2) 특허법의 특징

1) 발명자증 제도와 보통의 특허제도를 병존시키고 있다는 점이다. 주석 25), 26)를 참고하기 바란다.
2) 발견자증·합리화 제안자증 제도를 두고 있다는 점이다. 이는 모두 과학기술에 관한 발견 및 제안을 보호·장려하기 위하여 창설된 제도이다.

① 발견자증

"발견자증"은 인식의 수준에 근본적인 변혁을 가져오는 물질계에 존재하는 미지(未知)의 객관적으로 중요한 법칙·특성 또는 현상의 확인이며, 지리학적·고고학적 또는 고생물(古生物)학적 발견, 유용매장물층(有用埋藏物層)의 발견 또는 사회과학 분야에서의 발견은 제외된다(구 특허법 제10조). 발견자에게는 발견자증 교부시 5,000루블 이하의 보상금(報償金)이 지급된다(구 특허법 제109조).

② 합리화 제안자증

"합리화 제안자증"은 각 직장에서의 제안이 기업의 경영·조직·시설에 새롭고 유용한 것으로서 제품구조, 생산·응용기술의 변경, 자료구성의 변경 등을 내용으로 하는 기술적 해결에 관한 제안(구 특허법 제63조)을 한 자에게는 제안을 증명하는 증명서의 교부와 함께 소정의 보상금이 지급된다.

2. 현행 특허법 – 러시아 특허법 –

(1) 현행 특허법 기초의 주요배경 및 내용

구소련 발명 발견 국가위원회는 1990년 4월 발명을 장려하기 위하여 구 특허법을 대폭 개정하고 이어 1991년 5월 31일 발명법을 제정, 시행하였는바 주요내용을 보면 다음과 같다.

1) 종래 발명자증 제도와 보통의 특허제도 중 전자를 폐지하고 후자만을 존속·유지 함
2) 의약, 화학물질 자체를 특허의 대상으로 함
3) 특허권의 존속기간을 특허출원일부터 20년으로 함
4) 특허출원 18개월 후에 특허출원 내용을 공개함
5) 심사청구제도를 도입, 채택함
6) 특허결정 전 이의신청제도를 도입, 채택함

위의 주요내용은 미국 특허법보다는 유럽제국 또는 우리나라의 특허법에 가깝다고 할 수 있고, 이는 특허제도의 국제화에 크게 부합하는 획기적 진전임에 틀림이 없다.

또한 1991년 12월 소련 붕괴 후 구소련 연방의 새로운 국가인 독립국가 연합(독립국가 공동체 : CIS)으로 되었지만 다음과 같은 제도개선이 이루어진다.[27)]

1) 1992년 2월 러시아 연방 최고회의에 의해 당초인과는 다른 나음과 같은 내용의 특허법안이 승인됨.
   ① 심사주의를 채택함
   ② 컴퓨터 알고리즘을 비특허사유로 하지 않음
   ③ 제조 특허법에 의한 생산물의 유통을 침해의 정의에 포함함
2) 러시아 연방 특허재판소를 설립함. 이는 항고부의 결정에 불복하는 경우의 상고심이며 최종심이다.
3) 러시아 특허청(러시아 연방 과학기술정책성 특허상표위원회, 약칭 "Rospatent")을 설립함. 구 소련 특허청(Gospatent)은 1992년 2월 1일 폐청한다.

(2) 유라시아 특허조약의 발효 등

1) 러시아 연방은 구소련이 가입하였던 국제조약, 즉 파리협약, 특허협력조약(PCT), 국제특허분류에 관한 스트라스블조약, 부다페스트조약 등에서 향유한 모든 권리·의무를 종래와 동일하게 유지한다.
2) 구소련 국가들을 중심으로 한 유라시아 특허조약[28)]을 1995년 8월 12일 발효

27) EIPR지, 1992년 4월호.

28) 소련 붕괴 후 구소련 연방의 새로운 국가인 독립국가 연합(CIS)의 몇 개국에 의하여 경제·과학기술을 통합하는 수단으로 유라시아 특허조약이 성인되있다. 이 조약은 당초 CIS의 여러 나라를 위한 조약을 목표로 하였으나, 최종적으로는 파리조약 및 특허협력조약의 체결국에 대해 열려진 조약으로 채택되었으므로 우리나라, 일본도 가입이 가능한 조약이다. 유라시아 조약이란 이름이 나타내는 대로 이 조약은 유럽과 아시아 국가들을 대상으로 한 조약이지만, 1995년 8월 12일에 투르크메네스탄, 벨라루시에 이어 타지키스탄이 비준으로

시켜 1996년 1월 1일부터 유라시아 특허출원의 접수를 시작하였다.

Ⅵ. 중 국

중국은 1980년 1월 전리국(專利局)을 설립한 후 1984년 3월 12일 전리법(專利法)(특허법)을 제정, 공포하여 1985년 4월 1일부터 시행에 들어갔고 1993년 1월 1일 개정되었다.

1. 전리법의 주요내용

(1) 전리법에서의 특허에는 발명특허, 실용신안특허, 의장특허를 포함한다(제2조).
(2) 권리주체는 원시적으로는 발명자이며, 직무발명인 경우에는 소속단위이다(제6조).
(3) 외국인은 2국간 쌍무협정, 국제 다자간 조약 또는 호혜의 원칙 중 어느 한쪽의 원칙에 기초하여 권리능력을 가지나(제18조) 외국인이 특허출원을 하기 위해서는 국무원이 지정하는 특허대리기관에 절차를 위임하여야 한다(제19조).
(4) 특허출원에 대해서는 특허의 실질적 요건인 선원성·신규성·진보성 산업상 이용성에 대한 심사도 하나(제39조), 실용신안등록출원에 대해서는 특허의 초보적 요건인 방식요건과 공서양속에 대한 심사만 한다(제40조).
(5) 불특허사유는 과학적 발견, 지적활동의 법칙 및 방법, 질병의 진단 및 치료방법, 동물 및 식품의 품종, 원자력 변환에 의해 얻어지는 물질이다(제12조).
(6) 출원·심사절차로서 선원주의, 출원공개제도, 심사청구제도(출원일부터 3년 이내) 등을 채택하고 있다.
(7) 특허권의 존속기간은 출원일부터 20년, 실용신안권의 존속기간은 출원일부

발효되어 1996년 1월 1일부터 유라시아 특허청의 출원접수가 시작되었다.①
이 조약은 파리협약 제19조의 특별결정이며 특허협력조약 제45조(1)의 광역 특허조약이다. 이 때문에 파리협약 가맹국의 국민 및 거주자는 유라시아 특허출원을 할 수 있고, 특허협력조약의 국제출원에서 유라시아 특허를 지정할 수도 있다.②

① 1996년 10월 현재의 가맹국은 아르메니아, 이제르바이젠, 벨라루시, 카자흐스탄, 킬기스탄, 몰드비아, 러시아, 타지키스탄, 투르크메네스탄 등 9개국이며 남은 CIS국가 중 그루지아와 우크라이나는 조약에 서명했으나 우즈베키스탄은 아직 서명을 하고 있지 않다.
② 조약의 개요 등에 대해서는 下道晶久 「유라시아 특허조약에 관한 국제회의」(AIPPI(1997년) Vol. 42 No. 1 p.42이하), 同 「유라시아 특허조약」(同 Vol. 42 No. 3 p.32이하)을 참고하기 바란다.

터 10년이다(제45조).

(8) 특허권의 취소청구는 특허부여 후 6개월 이내에 전리국에 하며(제48조), 특허권에 대한 무효선고는 특허권 부여 후 6개월 이후에 특허복심위원회에 청구한다(제49조). 특허복심위원회의 결정에 불복이 있을 경우에는 인민법원에 소를 제기할 수 있다(법 제43조, 제49조).

(9) 특허권자는 국내에서 사용의무가 있으며, 만약 특허를 받은 후 정당한 사유 없이 3년 이상 사용의무를 이행하지 않을 때에는 강제실시권 허락의 대상이 된다.

2. 주요 개정사항(1993년)

(1) 제조방법에 관한 특허권의 효력의 확대(제11조)

(2) 특허침해품의 수입금지(제11조)

(3) 국내 우선권 제도(제29조 제2항)

(4) 종래 불특허 사유이었던 식품, 음료 및 조미료와 약품 및 과학적 방법으로 얻어진 물질을 특허사유로 함.

(5) 종래 15년(실용신안권 5년)에서 3년 연장할 수 있었던 특허권(실용신안권)의 존속기간을 20년(10년)으로 연장함.

(6) 출원공고제도 및 특허부여 전의 이의신청제도를 폐지함.

Ⅶ. 일 본

1. 초기 특허관련 제 규칙 검토

(1) 전매특허조례

일본의 최초 특허법은 1871년 공포된 전매약규칙(專賣略規則)으로 선원주의, 심사주의를 채택하고 있었으며 존속기간의 연장, 요금납부의 유예를 인정하고 또 이용발명이나 특허표시에 대해서도 규정하고 있었다. 그러나 신발명 여부의 판단 곤란, 외국인 심사관 초빙에 따른 경비 등의 과다, 발명의 내용·질·건수 등의 불확실성으로 시행이 중지되었다[당시 발명정도는 고작 인력차(人力車) 정도였다는 것이다]. 따라서 사실상 일본 최초의 특허법은 1885년 원노원의 의결을 거쳐 공포한 전매특허조례라고 할 수 있다. 이 조례의 주요내용을 보면 다음과 같다.

1) 특허요건을 새롭고 유익한 사물의 발명이라고 한 점(제1조 제1항)
2) 선발명주의의 채택(제4조 제1호)
3) 특허권 존속기간을 5년, 10년, 15년 중 권리자가 선택하도록 하고 있는 점(제17조)
4) 의약을 불특허 대상으로 하고 있는 점(제4조 제4호)
5) 추가 특허제도의 채택(제8조)
6) 특허표시를 의무화하고 만약 이 의무를 이행하지 않을 때에는 손해배상청구권을 인정하지 않은 점(제10조, 제19조)
7) 특허증 발급일로부터 2년 동안 그 특허발명을 실시하지 않을 때, 실시할 수 없었던 사유를 신고하지 아니하고 2년간 실시를 중지한 때, 특허발명품을 외국으로부터 수입하여 판매하였을 때는 특허권의 효력이 상실된다는 점(제15조) 등이다.

위 전매특허조례의 주요내용 중 3) 내지 5) 및 7)은 프랑스 특허법의 규정을, 2) 6)은 미국 특허법의 규정을 그대로 받은 것이다.

(2) 특허조례

위 전매특허조례는 3년 정도의 시행을 거쳐 1888년에 특허조례로 개정이 되고 일본 근대 특허제도의 기초가 되었다. 주요 개정사항을 보면

(1) 발명자에게 특허를 받을 권리 인정(제1조)
(2) 심사주의의 채택(제4조)
(3) 음식물, 기호물, 의약의 조합법 등에 관한 발명을 특허대상에서 제외(제2조)하는 것 등이다. 그러나 심판을 최종심으로 하여 재판소에 제소할 수 있는 길을 막은 점, 외국인에게 특허권을 인정하지 않은 점 등은 문제가 있는 것으로 지적되었다.

2. 1899년의 특허법

이 법은 주로 특허조례의 문제점 해결과 상황변화에 따라 요구되는 사항을 반영하기 위하여 1899년 특허조례에 대한 개정법 형식으로 나온 법이다. 주요 개정사항을 보면

(1) 파리협약 가입을 위하여 외국인에게 권리능력을 인정한 점(제6조, 제14조)
(2) 특허국의 심결이 법률에 의하지 아니하였거나 법률을 부당하게 적용한 때에는 이를 이유로 대심원에 제소할 수 있도록 한 점(제35조)
(3) 발명의 승계인에게 특허를 받을 수 있도록 한 점(제1조)
(4) 특허권의 존속기간을 15년으로 연장한 점(제1조)
(5) 추가 특허제도를 부활한 점(제19조) 등이다.

3. 1909년의 특허법

이 법은 1899년의 특허법이 파리협약 가입을 위해 급조된 법으로서 운용상 여러 가지 불편한 점이 있어 이를 개선할 필요가 있고 또 산업 환경 등 여건변화에 따라 새로운 변수의 흡수 필요성이 대두되어 1909년 개정을 하였다. 주요 개정내용을 보면
(1) 종업인 발명에 관한 규정 신설(법3조)
(2) 발명의 신규성에 관한 국내공지주의를 채택할 것을 명백히 한 점(제4조)
(3) 외국인의 권리 향유에 관한 규정 신설(제27조)
(4) 특허권의 효력이 미치지 않는 범위에 대한 규정 신설(제29조)
(5) 이용발명인 경우 실시권 취득의 심판을 청구할 수 있게 한 점(제38조)
(6) 특허권의 존속기간을 3년 이상 10년 이하로 연장할 수 있도록 한 점(제30조 제2항) 등이다.

4. 1921년의 특허법

이 법은 주로 세계 제1차 대전 후의 사회경제적 상황과 특허제도의 국세적 동향에 부합한 법개정의 필요성이 대두되어 1921년 개정된 법률로서 대부분 그대로 현행법으로 이어지고 있다. 주요개정내용을 보면
(1) 선발명주의를 선원주의로 바꾼 점(제8조)
(2) 출원공고제도 및 이의신청제도를 채택한 점(제73조 내지 제76조)
(3) 특허출원에 대해 거절하기 전에 출원인에게 거절이유를 통지하여 의견서 제출의 기회를 준 점(제72조)
(4) 심사의 사정에 불복하는 경우에 대한 재심사제도를 폐지하여 직접 항고심판을 청구할 수 있도록 하고 심판의 심결에 불복이 있을 때는 법률심으로 대심원에 제소할 수 있도록 한 점(제115조)

(5) 무효심판청구에 대해 5년의 제척기간을 둔 점(제85조)
(6) 재심판제도를 둔 점(제121조 내지 제128조) 등이다.

5. 현행 특허법

이 법은 1921년 특허법을 전면 개정한 것으로서 1959년 4월 13일 공포하여 다음해인 1960년 4월 1일부터 시행하였다. 이 법의 개정의 주요내용을 보면

(1) 발명의 신규성 판단기준으로 외국에서 반포된 간행물 포함(제29조 제1항 제3호)
(2) 발명의 진보성 규정 신설(제29조 제2항)
(3) 병합출원제의 채택(제38조)
(4) 특허권의 효력을 업으로서의 행위에만 미치게 한 점(제68조)
(5) 특허권 범위의 확인심판제도를 판정제도로 전환(제71조)
(6) 특허권의 존속기간을 출원일로부터 20년을 넘지 않게 한 점, 존속기간 연장제도의 폐지(제67조)
(7) 권리침해 규정 신설(제100조 내지 제106조)
(8) 무효심판청구에 대한 제척기간제도를 원칙적으로 폐지(제124조)
(9) 심판의 심급을 1심제로 한 점 등이다.

이 법은 이후 1970년, 1975년, 1978년, 1985년, 1987년, 1990년(平年 2년), 1993년(平年 5년), 1994년(平年 6년), 1995년(平年 7년), 1996년(平年 8년), 1998년(平年 10년), 1999년(平年 11년)에 거쳐 부분개정을 하여 오늘에 이르렀다.

제4절 특허제도의 국제화 추이

Ⅰ. 서 설

특허제도 성립 3백 수십년이 지난 오늘, 이 제도를 채용하고 있는 국가는 무려 140여 개국에 달하고 있어 이미 특허제도는 개별국 제도로서의 틀을 넘어 만국공통의 제도로서 세계화 되었다고 할 수 있다.

이제 하나의 발명을 1개 국가에서만 실시하는 것으로 부족하고 세계적으로 실

시되어야만 발명으로서의 가치가 제고되는 국제적 이용성을 갖게 되었다. 그럼에도 불구하고 국가에 따라서는 이를 외면 또는 부정하고 외국인에 대해 특허권을 부여하지 아니하거나 부여한다고 하더라도 내국민과 차별하는 국가가 있다. 또 발명의 국제성을 인정한 경우에도 각국의 특허법이 상이하여 출원인은 특허를 받고자 하는 국가의 특허법은 물론 관련법 제도의 검토, 이해가 선행되어야 하는데 이는 결코 쉬운 문제가 아닐 뿐더러 기술교류, 상품교역 등 국제산업경제의 운영에도 막대한 지장을 초래하고 있는 실정이다. 이러한 폐단을 해소하기 위하여 하나의 발명이 복수의 국가에서 보호받을 수 있도록 하는 국제특허법이라고 할 수 있는 통일 특허법 제정의 필요성이 대두되었고 그 결과 2차에 걸친 통일 특허법 국제회의[29]가 개최되었다.

그러나 대다수 국가가 자국의 이익보호를 위해, 즉 심사주의와 무심사주의 중 어느 쪽을 택하자고 할 것인가, 의약·음식물·기호물 등을 특허대상으로 할 것인가의 여부 등에 대해 쉽게 결정, 합의할 수가 없다는 점 때문에 통일 특허법 조기실시에 난색을 표해 차선책으로 각국의 특허법을 인정하면서 특허제도의 국제적 이용을 위한 기본원칙을 정하고 이에 따라 각국 특허법의 조정을 기할 수 있는 국제조약을 체결하기로 하였다. 이것이 바로 오늘날 특허제도의 국제화에 가장 중요한 규범으로 운용된 산업재산권 보호를 위한 파리협약이다.

Ⅱ. 공업소유권 보호를 위한 파리협약

공업소유권 보호를 위한 파리협약(이하 "파리협약"이라 한다)은 1883년 3월 20일 프랑스 파리에서 체결된 산업재산권에 관한 국제적 보호규범이다. 체결 당시 서명국이 11개국에 불과하였으나 그 후 가입국이 계속 늘어나 2004년 8월 1일 현재에는 168개국에 달하고 있다. 우리나라는 1980년 5월에 이 협약에 가입하였다. 파리협약에는 특허제도의 국제화 3대 원칙이 채택되었는바 i) 내외국인 평등의 원칙 ii) 우선권 제도 iii) 각국 특허의 독립의 원칙이 그것이다.

---

29) 통일 특허법 국제회의
- 1차 통일 특허법 국제회의(1873년)
  이 회의는 1873년 빈에서 개최되었으며, 여기에서는 특허보호의 원칙이 확인되는 일반적인 결의였다. 즉 특허보호가 그 발명의 완전공개를 조건으로 하여 모든 문명국의 법률에 의해 보호되지 않으면 안되는가에 대해 그 이유를 찾아보는 회의였다.
- 2차 통일 특허법 국제회의(1878년)
  이 회의는 1878년 파리에서 개최되었으며, 여기에서는 각국 특허법의 장점을 비교검토하고 이것들의 통일에 관한 협정을 준비하는 회의였다.

1. 내외국인 평등의 원칙

외국인에 대한 내국민 대우의 원칙을 선언한 것으로서 이는 동 협약 체결국민은 권리능력에 관해 내국민과 동등한 보호를 받을 수 있다는 원칙으로서 파리조약 중 가장 기본적인 원칙이라고 할 수 있다.

2. 우선권 제도

원칙적으로 제2국 출원은 제1국 출원일에 출원한 것으로 간주하여 출원일의 소급효를 인정하려는 제도이다. 이는 국제적 차원에서의 선출원주의의 채택이라고 할 수 있다.

3. 각국 특허 독립의 원칙

이 조약은 국제통일 특허법이 아니고 각국 특허법의 조정법임을 명백히 함으로써, 각국에서 받은 특허는 각기 독립이다. 따라서 다른 국가에서의 특허운명과는 관계없이 특허권이 발생·변경·소멸함을 원칙으로 하고 있다.

파리조약에 관한 자세한 설명은 후술하는 제2편 제2장 공업소유권 보호를 위한 파리협약 편을 참조하기 바란다.

Ⅲ. 특허제도의 국제 경향화

오늘날 특허제도는 파리협약 가입여부에 불구하고 자국의 발명에 대해 세계적 수준에서 보호를 받고자 하는 열망이 고조되면서 특허제도의 환경이 국제화의 경향으로 급속하게 변화하고 있다. 이는 교통·통신수단의 발달과 인적·물적 교류의 증대, 산업·경제권의 확대 등에 영향 받은바 크다 할 것이다. 특히 1995년 체결된 세계무역기구협정(WTO)에 따라 국가 단위의 권역별 시장경제체제가 붕괴되고 세계가 하나의 시장으로 통합되는 단일 시장경제체제가 되면서 외국에의 특허출원도 점차 늘어나고 있는 실정이다. 국가에 따라서는 자국에의 출원보다 외국에의 출원이 더 많은 경우도 생겨나고 있다. 일반적으로 국내출원이 외국출원보다 많은 국가는 비교적 발명의 기술 내용면에서 경쟁력이 없는 개도국 이하의 국가의 경우이고, 외국출원이 국내출원보다 많은 국가는 발명의 기술 내용면에서 비교적 경쟁력이 있는 선진국의 경우이다. 원래 외국에의 출원은 그 출원발명에 대해 특허를 받음으로써 기술교류·상품교역 등 경제협력에 있어서 유리한 입지를 선점할 수 있다고 판단되는 것에 한하는 것이 상례이다. 따라서 21세기 지식산업시대를 맞아 기술개발에 더욱 박차를 가하여 국제경쟁력이 있는 발명의 해외출원을 증대해 나아가는 것이 선진국으로 가는 초미의 과제이다.

Ⅳ. 특허법 통일화의 일부진전

1. 조약 등 국제규범을 통한 특허법의 통일화

(1) 특허법 통일화조약 초안의 작성

특허법 통일화는 파리협약[30], 특허협력조약(PCT)[31], 부다페스트조약[32], Strasbourg 협정(IPC특허분류)[33], 세계무역기구 무역관련 지적재산권협정(WTO/TRIPs) 등 특허관련 국제조약 등에 의해 일정부분 이루어졌고 또 일부 권역에서 특허법 통일화가 일부 현실로 나타나고 있다. 그러나 국제통일 특허법이 지향하려는 이상과는 아직은 먼 것도 사실이다. 이와 같이 파리조약 발효 후 국제통일 특허법에 대한 열망이 높아지면서 이에 관한 연구검토가 활발하게 진행되었고 근년에 들어와서는 일부 권역에서 실현이 되었거나 머지않아 실현이 예상되기도 한다. 국제통일 특허법에 관하여는 후술하는 제2편 제7장 특허법 통일화조약(안)편에서 상술하니 이를 참고하기 바랍니다.

(2) 유럽조약

이 조약은 유럽의 통일을 위해 1949년 설립된 유럽심의회(일명 유럽이사회)에서

30) 공업소유권 보호를 위한 파리협약 : 2004.8 현재 총가입국 : 168개국, 채택일 : 1883.3.20, 발효일 : 1884.7.7, 우리나라 가입일 : 1980.5.4.

31) 특허협력조약(PCT) : 2004.8 현재 총가입국 : 123개국, 채택일 : 1970.6.19, 발효일 : 1978.1.24, 우리나라 가입일 : 1984.8.10.

32) 부다페스트조약 : 2004.8 현재 총가입국 : 58개국, 채택일 : 1977.4.28, 발효일 : 1980.8.19, 우리나라 가입일 : 1988.3.28.

33) strasbourg협정(IPC특허분류) : 2004.8 현재 총가입국 : 54개국, 채택일 : 1971.3.24, 발효일 : 1975.10.7, 우리나라 가입일 : 1998.10.8.

는 복수국에 적용될 수 있는 통일 특허법의 조속한 제정이 어렵다는데 의견을 모으고 차선책으로 비교적 통일이 쉬운 부분부터 통일화를 기하는 특허법의 일부 통일에 관한 유럽조약을 성안하여 전반적 통일화에 대비하였다. 그 주요내용을 보면 다음과 같다.

1) 특허출원 방식의 통일에 관한 유럽조약

이 조약은 1953년 서명하여 1995년에 발효되었으며 여기에는 출원서 및 첨부서류에 대한 요건, 즉 특허출원 방식에 관한 요건을 최대한 정하고 있고 그 밖에 우선권제도에 관해서도 규정하고 있다.

2) 특허 실체법의 일부 통일에 관한 유럽조약

이 조약은 1963년에 서명하여 1980년에 발효되었으며 여기에는 i) 특허의 대상으로 하는 발명과, 특허의 대상으로 하지 않는 발명의 종류 ii) 발명의 신규성 iii) 명세서에 기재할 사항 iv) 특허출원 거절의 해석기준 등 특허에 관한 실체적 사항에 관하여 규정하고 있다.

(3) 유럽특허조약

1) 조약의 성립

유럽특허조약은 1959년 이래 EEC국의 전문가에 의해 작성되어 1962년 11월에 발표된 초안이 기초가 되었다. 이 초안의 주요내용을 보면

i) EEC국은 공통의 유럽특허법 보유 ii) 1개의 출원으로 EEC 역내국가 모두에 유효하는 광역특허 부여 iii) 유럽특허청과 유럽특허법원의 설치 iv) 유럽특허법과 각국 특허법의 병립인정 v) 특허절차로서 출원의 조기공개제도와 심사청구제도의 도입 vi) 공개출원에 대해서는 가 특허를 부여하고 심사 완료된 출원발명에 대해서는 본 특허를 부여하는 것 등이다. 이와 같은 초안은 결국 가맹국 이외의 국민이 유럽 특허출원을 할 수 있는가의 문제에서 EEC 각국간에 의견이 일치되지 않아 사실상 조약안으로 성립되지 못한 채 수년간 유보되었다. 그러나 이 초안은 1966년 발표된 특허협력조약(PCT)의 영향을 받아 1968년에 들어와서 다시 검토하여 기본적인 문제에서 가맹국간에 원칙적인 의견의 일치를 보았을 뿐만 아니라 더 나아가서 EEC국 이외의 유럽제국도 가맹국으로 하는 새로운 제안에 대해서까지 의견의 합치를 보았다. 그 후 EEC 이외의 유럽 17개국의 동의를 얻어

1970년에 1차 초안이 발표되었다. 그 후 계속된 검토를 거쳐 2차 초안과 최종안이 성안되었고 이에 의해 유럽 특허부여에 관한 조약[유럽특허조약(EPC)], 공동시장을 위한 유럽특허에 관한 조약[공동체 특허조약(CPC)]이 성립되었으며 이중 유럽 특허 부여에 관한 조약은 1977년 10월에 발효되었다.

2) 조약의 주요내용

유럽특허조약에는 위에서 본 바와 같이 2가지의 조약이 있다. 그 주요내용을 살펴보기로 한다.

① 유럽 특허부여에 관한 조약(유럽특허조약)

이 조약은 1973년 10월 서명하여 1977년 10월 7일에 발효되었으며, 유럽제국을 가맹국으로 하고 있고, 특허는 유럽특허청(EPO)의 심사에 의해 부여된다. 유럽특허청이 부여한 하나의 특허(유럽특허)는 출원인이 지정한 국가의 국내법에 의해 부여하는 국내특허가 아니고 각국이 국내법에 의해 부여한 국내특허와 동일한 효력을 갖는 국제특허라고 할 수 있다. 따라서 그 유무효, 특허권의 효력, 특허침해 유무 등은 모두 각국의 내국법에 맡기고 있어 특허의 유효성 등이 국가에 따라 다른 경우가 있다.

② 공동시장을 위한 유럽특허에 관한 조약(공동체 특허조약)

이 조약은 1975년 12월 서명한 유럽 특허부여에 관한 조약(제142조)에 의한 특별조약이다. 따라서 양 조약 중 어느 조약에 의한 특허도 유럽특허청의 심사결과에 의해 부여된다. 유럽특허청이 부여하는 하나의 특허(공동체 특허)는 EEC국 전체에 효력을 갖는 초 국가적인 특허이다. 그러므로 유럽특허출원에서 공동체의 한 국가를 지정했을 경우, 공동체인 모든 국가를 지정한 것으로 간주한다(3조). 그러나 이는 국내법을 인정하고 있는 EEC 각국의 국내특허와 구별되어 그 유무효는 유럽특허청의 무효부에 의해서만 심리된다. 다만, 특허침해소송의 심리는 원칙적으로 각국의 법원이나 공동체 공통항소법원이 이를 담당한다.

(4) 아프리카·마다가스카르 공업소유권청 창설에 관한 협정

이 협정은 특허제도 사상 세계 최초로 통일(광역)특허제도를 채택하였다는 점에서 주목할 만하다. 1964년 1월 1일 중앙아프리카공업국·마다카스·콩고 그 밖의 구 프랑스령 아프리카 지역의 13개국은 광역특허제도에 관한 협정을 체결하여 동일내용의 특허법을 가지고 공동의 공업소유권청에 의해 출원을 처리하였고 그로 인해 가맹국 각국은 별개의 다른 특허법과 특허청을 가질 필요가 없이 1개의 출원으로 13개국의 특허를 취득할 수 있는 이점을 갖게 되었다. 그러나 마다가스카르가 1976년 12월 31일 이 협정에서 탈퇴함으로써 협정 호칭에서 동 국명은 삭제되었고 기관명도 아프리카 공업소유권기구(OAPI)로 개칭되었다.

1987년 현재 동 협정가맹국은 중앙아프리카·토고·나제르·말리·모리타니아·가봉·상볼타·카메룬·콩고·세네갈·베닌·상아해안공화국·챠드의 13개국이다.

(5) 북구 제국 특허법의 동일화

덴마크·노르웨이·핀란드·스웨덴 등 북구 4개국은 각국의 특허법의 조정을 통하여 상당부분에 걸친 동일내용의 특허법 개정안을 국회에 상정하여 1967년 말 의결되어 1968년 1월 1일부터 시행에 들어갔다. 이로 인해 4개국 중 어느 1국에 출원하여 그 국가의 심사결과 특허가 인정되면 4개국 전부 또는 일부국가에 등록하여 보호받을 수 있다고 하는 북구 특허출원협정이 체결되었다 그러나 동 협정 발효를 앞두고 시행하기 위해 준비한 특허법의 제 규정은 유럽 특허조약의 성립에 따라 그 필요성이 소멸됨으로써 이 협정은 발효되지 못하였다.

(6) 특허협력조약에 의한 제도의 통일화

특허협력조약(Paten Cooperation Treaty(PCT))은 1970년 6월 19일 미국 워싱턴에서 20개국에 의해 조인되고 1978년 1월 24일에 발효된 조약으로서 동 조약체결의 배경은 그동안 외국에의 출원이 파리협약에 의한 우선권 주장을 수반하는 출원이었을 뿐만 아니라 동일발명을 여러 국가에 출원할 경우 각국마다 일일이 출원을 하여야 하므로 출원인은 각국별로 서로 다른 출원요건 등에 맞추어 출원서류를 작성, 제출하여야 함은 물론 특허의 신규성·진보성 등의 실체심사제도를 채택, 운용하고 있는 심사주의 국가에 출원할 경우 당해국의 특허청마다 선행기술을 조사해야만 한다. 이러한 중복출원, 중복심사의 비효율성, 비합리성을 극복하기 위하여 채택된 것이 동 조약이다. 따라서 동 조약은 출원형식과 절차를 통일화하는 동시에 출원인의 시간·노력·비용 및 각국 특허청의 심사부담을 덜어주려는 것이 주목적이다. 이 조약에 관한 보다 자세한 설명은 후술하는 제2편 제3장 특허협력조약편을 참고하기 바란다.

2. 국내 특허법 조정을 통한 특허법의 통일화

각국은 파리협약 등 특허제도 관련 국제규범 등의 이념을 자국 특허법에 반영하는 개정을 통해 특허제도의 국제적 통일화를 시현해가고 있다. 우리나라의 경우 특허무효심판청구에 대한 제척기간의 폐지, 출원공개제도, 심사청구제도, 물질특허제도, 특허청구범위의 다항제, 국내 우선권제도 등의 채택을 위한 국내법 개정이 모두 특허법의 국제적 통일화를 기하려는 목적에서 이루어진 것이라고 할 수 있다.

이와 같이 각국이 자국의 특허법 개정을 통해 특허제도의 통일화를 구현해 나아가는 것보다는 오히려 특허법 통일화조약을 만들어 특허제도의 국제적 통일화를 효과적으로 추진, 운용한 것이 바람직하다는 기운이 일기 시작하였고, 이로 인해 세계지적재산권기구(WIPO)가 중심이 되어 각국 특허법의 기본규정 중 상당한 차이기 있는 것을 통일하기 위한 조약안을 만들기에 이르렀다. 아직 해결해야 할 문제가 많이 남아 있기는 하지만 국제 특허법이라고 할 수 있는 인류대망의 통일특허법의 시행이 가까워 왔음은 늦은 감은 있으나 다행한 일이 아닐 수 없다. 동 특허법 통일화조약안에 대하여는 후술하는 제2편 제7장 특허법 통일화조약(안)편을 참고하기 바란다.

3. 특허정보에 관한 국제협력

국제협력의 주체를 중심으로 검토하고자 한다.

(1) 세계지적재산권기구를 중심으로 하는 국제협력

심사에 필요한 자료의 효율적 이용을 위해 일정한 시스템에 따라 가공·교환하여 상호 이용을 도모하려는 것을 목적으로 세계지적재산권기구(WIPO)를 중심으로 하여 이루어진 국제협력이다.

1) 심사자료 검색의 기계화

심사에 필요한 방대한 특허문헌을 효율적으로 처리하고 이용하기 위하여는 전기통신회선(인터넷) 등을 이용한 기계적 검색, 예를 들면 각 기술부문마다 기술내용을 특징짓는 색인어를 적당 수 선정하고 그 색인어에 의해 각 문헌을 해석하여 카드나 테이프에 축적하고 몇 개의 색인어 결합으로 형성한 질문에 따라 꺼내는 심사의 기계화가 바람직하다. 그러나 이러한 기계검색을 하기 위해서는 특허정보 문헌의 해석, 축적 등 그 작업에 막대한 비용·시간·노력을 필요로 하므로 각국은 각각 담당부문을 정하여 개발작업을 추진하고 그 개발결과는 그대로 각국간에 널리 이용할 수 있게 하는 것이 바람직하다는 판단 하에 심사주의를 채택하고 있는 국가의 특허청은 이를 위한 조직, 즉 특허청간의 정보검색에 관한 파리조약 국제협력위원회(Paris Union Committee for International Cooperation in Information Retrieval among Patent Offices : ICIREPAT)를 설치·운영하였다.

그러나 예상 외로 많은 비용, 오랜 기간이 소요되는 등 난제들이 나타나 이의 일반화를 기대할 수 없다는 판단 하에 신규부문의 개발을 중단하고 지금까지의 기계검색시스템의 재검토를 하게 되었다.

2) 정보에 관한 국제협력

WIPO는 심사자료 검색의 기계화, 즉 기계검색시스템에 대한 재검토 결과 당초의 예상보다 어렵고 성과에 대한 확신도 확보할 수 없어 ICIREPAT를 발전적으로 해체하고 기술조정위원회(TCC)를 설치하여 보다 강력하고도 광범위한 특허정보에 관한 국제협력을 추진하기로 하였다. 그러나 그 후 동 기술조정위원회는 종래 IPC동맹, 파리동맹, PCT동맹 하에서 각각 실시되어 온 산업재산권에 관한 문제를 일괄하여 검토하기 위해 WIPO에 설치된 산업재산권 정보에 관한 상설위원회(Permanent Committee on Inderstrial Property Information : PCIPI)로 바뀌었다.

3) 국제특허 다큐멘테이션 센터의 설립운영 등

특허정보활동의 국제화를 위하여 WIPO는 1972년 오스트리아와 국제특허 다큐멘테이션 센터 설립(International Patent Documentation Center : INPADOC)에 관한 협정을 체결하고 동 센터를 설립했다. INPADOC는 다시 각국과 정보활동의 국제화 협력에 관한 협정을 체결하고 각 체약국으로부터 특허 또는 출원번호·출원년월일·발명의 명칭·출원인·발명자·공고 또는 공개번호 등과 같은 특허문헌의 서지적 사항(書誌的 事項)이 수록된 자기테이프를 송부 받아 재편집하고 페이턴트 패밀리[34]의 리스트를 작성하여 각국 특허청과 민간의 활용에 제공하고 있다. 페이턴트 패밀리 이용의 장점은 ⅰ) 최초 발행된 특허문헌인지의 여부를 알 수 있고

---

34) 페이턴트 패밀리에 관한 예시.

ii) 페이턴트 패밀리의 특허문헌 중 이용자에게 익숙한 언어로 된 특허문헌을 선택할 수 있으며 iii) 어떤 발명에 대해 각국에서의 특허취득상황을 알 수 있음은 물론 iv) 각국 특허권의 보호범위, 심사과정 등 일련의 심사상황을 알 수 있어 각국의 심사 실태를 상호 대비해 볼 수 있을 뿐만 아니라, v) 복수의 국가에 출원중인 발명은 일응 중요한 발명으로 판단할 수 있는 자료가 된다는 것 등을 들 수 있다. 또 INPADOC은 각국과 협정을 체결하여 과거 발행된 특허문헌을 IPC에 따라 새로 분류한 리스트를 국제교환하고 그 리스트를 모아 데이터 베이스화하는 카프리(Computerized Administration of Patent Documents Reclassified According to the IPC : CAPRI)계획을 추진 중에 있다. 위와 같은 특허정보에 관한 국제협력에 힘입어 금후 특허제도의 국제화가 가속화될 것으로 전망된다.

(2) 미·일·유럽특허청을 중심으로 하는 특허3극 협력

위와 같은 WIPO중심의 국제협력 외에 전 세계 특허출원의 80%정도를 차지하고 있는 미국 특허상표청·일본 특허청·유럽 특허청(이하 "특허3극"이라 한다)간에 광범위한 특허정보에 관한 특허3극 협력이 이루어지고 있었는바, 이는 가히 국제협력이라고 할 수 있을 만큼 그 영향력은 대단하였다. 이 협력은 1983년 10월 19일 조인된 각서에 의해 성립한 것으로서 여기에는 i) 연차회의 계속개최 ii) 전문가 및 심사관의 접수, 교환 iii) 자동화의 개발·도입에서의 협력 iv) 그 밖의 사항을 내용으로 담고 있다. 이러한 협력을 기조로 한 특허3극은 증가일로에 있는 특허출원으로 인한 심사기간의 장기화, 특허정보자료의 양산에 따른 정보의 적정제공 등의 어려움을 우려하고 이를 해소하기 위한 소위 페이퍼레스 계획[35]을 수립하여 시행하기에 이르렀다.

이러한 사업 외에 국내법의 국제적 조정화 문제에도 관심을 가지고 협력의 범위를 넓혀감으로써 전술한 바 있는 국내특허법 조정을 통한 특허법의 동일화에도 구체적인 성과를 올린바 있다. 특허3극은 특허법 하모나이제이션조약 체결을 위한

- 발명의 명칭 : 오염방지용 탄성부재가 설치된 면 파스너 - 출 원 인 : 홍길동 - 발 명 자 : 김갑돌 - 미국출원일 : 2000.3.3 - 출 원 번 호 : 200033	①	영국특허 제1.484.290호(2003.10.10)
	②	미국특허 제4.939.629호(2003.8.8)
	③	독일특허 제3.275.294호(2001.9.4)
	④	프랑스특허 제3.278.358호(2002.10.29)

35) 페이퍼레스계획이란 특허출원 및 특허정보를 데이터 베이스화하여 출원에서 심사·심판·등록·공보발행에 이르기까지 특허업무와 대민정보서비스를 컴퓨터를 이용해서 효율적으로 처리하는 자동화 계획을 말한다.

협력과 함께 국제협력에 관한 실무면에서도 협력을 강화하고 있는 바 그 대표적인 예가 i) 심사관의 면접의 실무 ii) 출원의 단일성의 실무 등이고 또 협력을 추진하고 있는 사업으로서 대표적인 것이 미일, 구일, 미구간의 심사관 교류와 프로젝트의 실시 등에 관한 것들이며, 향후 협력이 필요한 분야에서의 국제적 공조를 더욱 강화하려는 것이다.

Ⅴ. 특허제도의 국제화에 따른 대립과 조정

특허제도의 국제화에 따라 야기되는 가장 우려되는 문제는 i) 발전도상에 있는 개도국 문제와 ii) 보호대상의 확대를 들 수 있다.

1. 개도국 문제

개도국은 현행 특허제도가 선진국에 유리하고 개도국에 불리하다고 생각하고 있다. 이러한 입장은 1961년 브라질이 국제연합총회에서 공식 표명한 바 있다. 이것이 계기가 되어 국제특허문제가 중요한 이슈가 되었고 선진국은 이를 중대한 과제로 다루게 되는 계기가 되었다. 1974년 국제연합경제사회국, 국제연합무역개발회의(UNCTAD)사무국 및 WIPO사무국의 공동 보고서 "개발도상국으로의 기술이전에 대한 특허제도의 역할"이 작성되었다. 동 보고서에는 전 세계적으로 약 350만 건의 특허 중 개도국이 부여한 특허는 약 6%에 해당하는 20만 건에 불과할 뿐만 아니라 그것도 대부분(6분의 5정도) 외국인 특허권자이다. 이와 같이 외국인에게 부여한 특허는 거의(95%정도) 개도국에서 실시되지 아니하고 특허발명품이 수입되고 있는 실정이어서 기술이용을 통한 산업발전이라는 특허제도의 본래의 목적과는 상당한 거리가 있다. 더욱 개도국의 특허 프랙티스(Practice)는 국제기준이 적용되기 때문에 개도국의 시장은 외국 특허권자에 역특혜를 주어 내국인의 시장 경쟁력을 약화시키는 결과를 초래하고 있는 실정이다. 이러한 점 들은 개도국의 다른 정책수단에 의해 보완될 수 있도록 특허법의 개정은 물론 각종 지원행정에 의해 보충할 필요가 있다는 요지를 그 내용으로 하고 있다.

이러한 보고서가 발표되자 UNCTAD, WIPO 등 국제기구가 이 문제를 국제회의 의제로 채택하여 검토를 해 왔으나 선진국과 개도국간의 의견의 차이가 워낙 커서 쉽게 합의점을 도출하지 못하였다. 그 후 1980년 2월 파리협약 개정을 위한 외교회의와 1981년 9월에 개최된 제2차 외교회의에서 특허발명의 불실시에 대한 제재조치 등에 관해 심의하였으나 미국 등 국가의 반대로 의결을 보지 못하고 1982년 10월에 개최하기로 한 제3차 외교회의로 넘기기로 하였다. 그러나 제3차 외교회의에서도 합의점을 찾지 못해 1984년 2월에 개최하기로 한 제4차 외교회의에서 논의하기로 하였다.

여기에서도 타결을 보지 못하고 실패로 끝났다. 그러다가 1989년에 들어오면서 양측 모두 합의의 필요성을 공감하면서 다시 외교회의 개최의 분위기가 성숙되었다. 이들 외교회의에서는 선진국(자유주의 국가)그룹(B그룹), 개도국그룹(77그룹) 및 사회주의(동구권 국가)그룹(D그룹)으로 나누어지고 각 그룹은 그 그룹 내의 의견을 가능한 한 조정하여 이를 기초로 타 그룹의 의견에 대해 토의를 하였다.

(1) 파리협약 제 원칙 개정에 관한 찬반논의

파리협약 제 원칙에 대한 개정을 요구하는 그룹은 개도국 그룹과 사회주의 그룹인 반면 개정을 반대하는 그룹은 선진국 그룹이었다.

1) 개정 찬성론

개도국 그룹은 현행 특허제도가 지나치게 개인권리에 치중한 나머지 공익이 경시되어 있으므로 이의 시정이 필요할 뿐만 아니라 개인의 권리에는 반드시 의무가 수반되어야 하고 그리고 개도국에 대해서 특혜를 인정하는 일련의 조치가 반영되어야 한다는 것 등의 주장을 하고 파리협약의 개정을 요구하였는가 하면, 사회주의 그룹도 발명자증에 특허와 동일한 지위를 부여할 것을 내용으로 하는 개정을 요구하였다.

2) 개정 반대론

선진국 그룹은 개도국 그룹이 주장하는 공익우선에 따른 특허의 인센티브 감소와 같은 기조의 개정에는 반대하고 현행 협약의 기본적 성격을 그대로 유지할 것을 주장하였다. 다만, 개별사안에 대해 문제가 있을 경우 이를 해결하기 위한 개정은 충분히 고려될 수 있다는 의견을 제시하고 있다. 또 사회주의 그룹이 요구한 발명자증에 특허와 동일한 지위를 부여하기 위해서는 현행 발명자증의 대상 등을 특허와 동일하게 하는 것이 선결문제라는 의견도 제시하고 있다.

(2) 세부개정문제 검토

스톡홀름협약 중 개정의 필요성이 있는지의 여부를 세부적으로 검토해 보아야 할 사항은 적지 않다. 이것들은 모두 파리협약 기본정신에 저촉되는 것이므로 신중한 연구검토가 있어야 하지만 일반적으로 i) 개도국의 산업경제발전에 기여할 수 있는 방향으로 산업재산권제도가 운용될 수 있도록 그 개정이 추진되어야 하고 ii) 개별국 및 국제수준의 제도개선이 필요하다는 데에는 모든 국가가 인식을 같이 하였다. 그러나 각 그룹간의 의견은 많은 부분에서 첨예하게 대립되어 쉽게 합의점을 이끌어 낼 가능성은 희박하기 때문에 파리협약개정을 위한 외교회의(이하 "외교회의"라 한다)에서 일괄 해결하는 패키지딜이 되거나 합의에 이른 것만을 개정을 하게 될 것이다.

1) 개도국에 대한 특혜조치

개도국과 선진국은 경제적·기술적 면에서 큰 차이가 있으므로 양 진영의 법적 제도적 평등은 불합리하다. 따라서 개도국 국민에게는 일정한 특혜조치가 강구되는 것이 지극히 당연하고 또 합리적이라고 하는 논리를 내세워 다음과 같은 조치를 제한하였다. i) 개도국의 국민이 다른 국가에 출원할 때 납부해야 하는 요금을 해당 다른 국가 국민에게 부과하는 요금의 반액으로 하며, ii) 우선기간을 보통의 2분의 1을 연장하는 우선기간 연장에 관한 특별조치를 강구해야 한다는 것 등이다.

그러나 이 제안에 대해서 선진국 그룹은 파리협약평등의 원칙을 저해하는 조치라고 하여 반대하였다. 그 후 선진국 그룹은 i)에 대해서 개도국 국민이 다른 개도국에 출원할 경우 감액조치에는 신축적인 태도를 보였으나 개도국의 국민이 개도국 이외의 다른 국가에 출원할 경우의 감액조치에는 여전히 반대의사[36]를 견지하였다. ii) 우선기간의 연장에 대해서는 선진국 그룹·사회주의 그룹이 반대표명[37]함으로써 전체합의에 이르지 못하여 제4회 정부간 준비위원회는 이 문제를 외교회의에 상정하고 심의를 마쳤다.

---

36) 반대의사 이유 : ① 내국민 대우 및 2국간 협약의 최혜국 대우의 원칙에 위배, ② 출원료 등 요금은 개인중심의 운용보다는 오히려 일련의 자금지원의 형식으로 책정, 운용하는 대처방법이 더 합리적이라는 것이다.

37) 반대표명 이유 : ① 내국민 대우 및 2국간 협약의 최혜국 대우의 원칙에 저촉, ② 출원공개제도를 채택하고 있는 국가의 공개제도와 모순, ③ 절차의 번거로움 등을 들고 있다.

2) 각국 특허독립의 원칙

이 원칙은 선진국에서 출원이 거절되거나 특허무효가 되더라도 이에 대한 대응정보나 대응능력의 절대적 부족으로 이를 수용할 수밖에 없고 또 선진국의 출원에 대해서도 이를 거절할 만한 선행기술정보의 확보 부족이나 심사능력의 저하 등으로 그대로 특허를 해 주거나 유효한 권리로서 존속시킬 수밖에 없는 한계성으로 인해 개도국만이 부당하게 기술지배를 받을 수밖에 없으므로 이의 개정이 긴요하다는 것이 개도국의 주장이다. 이러한 주장에 대해 제3회 정부간 준비위원회에서는 제4조의 2는 그대로 유지하되 위와 같은 폐해가 발생하지 않도록 하기 위해 특허정보제공에 관한 규정을 마련할 필요가 있다는데 의견의 일치를 보았다.

3) 지적재산권에 관한 개발협력규정의 신설

개도국의 기술지원에 관한 규정을 두어야 한다는 개도국 그룹의 제안에 따라 파리협약 제12조의 3 안이 마련되고 외교회의에서 수정 없이 채택되었다. 이 안은 i) 동맹은 그의 권한의 범위 내에서 지적재산권에 의해 개도국의 개발에 기여하도록 노력하되 ii) 그 노력은 특히 지적재산권법 및 특허행정의 근대화, 지적재산권의 활용에 책임 있는 국내 및 광역조직의 설립, 특허자료의 최대활용, 지적재산권제도에 의한 국내발명과 기술개발활동의 장려, 외국기술의 도입과 국내기술의 해외 이전, 상품교역의 증대를 위한 지적재산권의 최대활용 등에 관한 내용을 규정하고 있다.

4) 불실시에 대한 제재조치 강화

이는 개도국 그룹이 강력하게 요구한 사항이다. 즉 개도국이 외국인에게 부여한 95%정도의 특허가 국내에서 실시되지 아니하고 어느 동맹국에서 제조되는 제품으로 수입되고 있음에도 불구하고 이를 국내실시로 보아 특허가 실효되지 않는다고 규정한 파리협약 제5조(특허는 특허권자가 그 특허를 취득한 국가에 어느 동맹국에서 제조된 그 특허에 관계되는 물건을 수입하는 경우에도 효력을 상실하지 않는다)는 개도국에 대한 선진국의 기술예속의 위험소지가 있다고 판단한 것이다. 따라서 제5조 A를 개정하여 불실시에 대한 제재조치를 강화할 필요가 있다는 것이다. 그러나 선진국은 이 요구를 반대하였으나 결국 여러 가지 협상 끝에 다음과 같은 취지의 개정안이 채택되어 외교회의에 보고하기에 이르렀다.

① 각 동맹국은 특허권자에 대해 발명의 국내실시를 요구할 권리가 있다.

② 수입은 실시로 의제되지 않는다. 다만, 각 동맹국은 수입을 실시로 간주할 수가 있다.

③ 불실시에 대한 비자발적 실시권, 즉 강제조치권은 보통의 비배타적인 것이나 지역적인 실시를 확보하기 위해 필요한 특별한 경우 예를 들면 특허발명의 실시에 많은 투자를 필요로 하는 경우에는 일정기간 배타적인 실시권을 설정할 수 있는 것으로 한다.

④ 개도국에 한해서 불실시 제재에 대한 특별규정의 설정을 인정한다. 즉 불실시에 대해 비자발적 실시권의 설정, 특허의 취소에 대한 기간 및 제재내용을 엄격하게 하는 것 등을 내용으로 하는 규정을 둘 수 있도록 한 것이다.

그러나 그 후 미국이 이 개정안 중 ③의 배타적 실시권 제도에 대해서 중지를 요구하였다. 즉 이 제도를 채택한 국가에 대한 특허출원의 감소를 초래하여 모든 국가사이에 기술이전을 저해하게 되고 그 결과 개도국의 기술개발과 산업경제발전에 악영향을 미칠 우려가 크므로 재검토를 요구하였고 선진국 그룹은 이를 지지하였다. 그러나 다른 그룹의 반대에 부딪쳐 이 문제는 외교회의에 위임하여 그 결론에 따르기로 하였다.

5) 제5조의 4 개정

이 규정은 특허품의 국내생산은 기피하고 수입만을 하려는 것으로 이는 특허권자의 입장만을 고려한 것이므로 삭제 개정하여야 한다는 개도국 그룹의 주장과 이를 반대하는 선진국 그룹의 주장이 첨예하게 대립되어 합의에 이르지 못하고 결국 이 문제도 외교회의에서의 결론에 위임하기로 하였다.

① 개도국 그룹의 주장

파리협약 제5조 A의 개정안에 수입이 실시로 보지 않는다고 명시하였기 때문에 제5조의 4는 그 존치의 의미가 상실되었다는 것이다.

② 선진국 그룹의 주장

본래 파리협약 제5조 A는 방법의 생산물에 대해 규정한 것으로서 수입이 실시에 해당하는지의 여부와는 아무런 관계가 없는 것을 규정한 것이므로 제5조 A의 개정으로 동조의 유효성이 감소되는 것이 아니기 때문에 제5조의 4의 삭제개정을 반대한다는 것이다.

6) 발명자증과 특허의 동일화

이는 발명자증에 특허와 같은 지위를 부여하여야 한다는 주장으로서 독립국 연합이 제안하고 사회주의 그룹이 지지를 보냈다. 현행 협약 제4조 1은 특허 또는 발명자증의 어느 하나를 선택할 수 있을 경우에는 발명자증은 특허와 동일한 조건으로 우선권의 이익을 받을 수 있다는 특허 위주의 규정이므로 이를 개정하여야 한다는 취지의 발로이다.

제안의 주요내용을 보면 (ⅰ) 발명자증에 특허와 동등한 지위를 부여한다는 명문의 규정을 두며 (ⅱ) 특허에 관한 협약상의 규정은 제외규정이 없는 한 발명자증에도 적용하되 i) 특허의 무효나 소멸이유 및 존속기간에 관한 각국 특허독립에 관한 제4조의 2(2)의 규정 ii) 특허발명의 불실시인 경우의 강제실시권 설정 및 특허의 취소에 관한 제5조 A의 규정 등은 원칙적으로 발명자증에는 적용하지 아니하고 (iii) 우선권 주장이 경우 특허와 발명자증의 임의선택에 관한 규정을 삭제한다는 것 등이다. 이에 대해 선진국 그룹은 (ⅰ) 특허와 발명자증 중 어느 하나에 대한 자유로운 선택이 보장되어야 하며 (ⅱ) 발명자증의 존속기간이 특허와 같은 제한이 인정되지 않는 한 협약상 발명자증을 특허와 동등하게 취급할 수 없다는 반대제안을 냈고 이 제안은 사회주의 그룹의 완강한 반대에 부딪쳐 접점을 찾지 못하여 결국 각안 병기의 형태로 외교회의에 넘겨 그 결론에 따르기로 하였다. 그러나 양 제안사항이 모두 부결된 것은 아니고 그중 일부에 대해서는 합의를 본 사항도 있고 그렇지 못한 사항도 있다.

① 합의사항

ⅰ. 보호대상에 발명자증을 넣어 특허 및 발명자증을 정의[38)]한다.

ⅱ. 특허의 부여(1원 보호)에 의해 또는 동일한 기술분야에 대해 특허 및 발명자증이 부여(2원 보호)에 의해 발명을 보호한다.

ⅲ. 특허 및 발명자증에 대해 이의신청 또는 무효청구의 이유, 기간을 동일히게 한다.

ⅳ. 특허에 관한 이 협약의 규정은 발명자증에도 그대로 적용한다.

38) 발명자증 정의
개징안의 발명자증은 구 소련형과 멕시코형이라는 의미로 규정한 것이다. 멕시코형 개정안의 정의는 발명자증의 소유자는 국내소관청이 인정하는 바에 따라 발명을 이용하는 자 및 제3자에 의한 이용에 대해 해당 제3자로부터 보수를 받을 권리를 갖지만 제3자에 의한 그 발명의 이용을 배제하는 권리, 즉 억제청구권은 갖지 않는다.

② 합의하지 못한 사항

i. 특허와 발명자증과의 임의선택의 예외를 인정하느냐의 여부, 즉 개정협약발효전의 발명자증에 의해서도 보호를 받을 수 있는지의 여부, 발명자증만을 부여하는 특정분야의 창설을 인정하느냐의 여부 및 개발국에 대해 발명자증만을 부여할 것인가의 여부 등

ii. 특허와 발명자증의 존속기간을 동일하게 할 것인가의 여부, 이는 1978년 12월 28일 개정을 본 구 소련법상의 발명자증의 존속기간을 특허와 동일한 15년을 기준으로 제안된 것이다.

위와 같이 발명자증과 특허의 동일화에 관한 독립국 연합의 제안이 선진국 그룹의 반대제안과 함께 검토되는 과정에서 1990년 4월 독립국 연합은 발명자증 제도를 폐지하고 특허제도만으로 하는 특허제도 개정초안을 발표하였다. 따라서 이 개정초안이 입법화 된다면 발명자증과 특허의 동일화 문제도 사회주의국가의 대표인 독립국연합의 발명자증제도를 폐지하는 이상 무의미하게 될 공상이 크다.

7) 외교회의의 심의결과

파리협약 개정은 주로 1967년의 스톡홀름 협약을 중심으로 외교회의에서 논의되는 바, 스톡홀름협약을 개정하기 위하여 수차례의 외교회의가 개최되었으나 선진국과 개발도상국 사이에서 논의가 대립되어 교섭이 진전되지 못하고 1995년 WIPO(세계 지적재산권 기구) 일반총회에서 교섭이 동결되었다. 참고로 그동안의 외교회의의 심의결과를 살펴보기로 한다.

① 쥬네이브 회의

1980년 2월 4일부터 3월 4일까지 쥬네이브에서 개최된 외교회의에서는 협약개정안 채택을 위한 최종 의결방법에 대한 규칙이 미국의 반대 하에 채택되었으나 다른 개정문제로 다음 회의에 넘겨졌다.

② 나이로비 회의(제2기 외교회의)

1981년 9월 28일부터 10월 29일까지 케냐 나이로비에서 개최된 외교회의에서는 주로 특허발명의 불실시에 대한 제재조치의 개정문제를 심의하였다. 그러나 개도국에만 일방적으로 적용되는 특별조치에 대해 각국 간의 의견이 첨예하게 대립되어 쉽게 합의점을 찾지 못하다가 회의종료 가까이 와서 선진국 그룹의 대다수 국

가와 개도국 그룹, 사회주의 그룹 간에 대략적인 합의를 보았다. 이것이 바로 나이로비 합의안이다. 주요 합의사항은 다음과 같다.

i. 개도국에만 적용되는 특별조치로서 다음의 것을 인정한다.

(i) 비자발적 실시권 설정시기의 특례

특허발명의 불실시 또는 불충분실시의 경우에는 특허부여로부터 30개월 경과 후는 비자발적 실시권의 설정을 할 수 있다.

(ii) 배타적 비자발적 실시권

폐해의 상황적 요인이 있고 또 불실시, 불충분실시가 그 폐해의 구성요소의 하나가 된 때에는 4년 반의 기간을 한도로 특허권자 자신도 실시나 수입할 수 없는 배타적인 비자발적 실시권을 설정할 수 있다.

(iii) 특허의 취소·소멸

비자발적 실시권의 설정이 충분한 실시를 확보할 수 없을 때에는 특허부여로부터 5년 경과 후는 특허의 취소, 소멸을 할 수 있다.

위의 경우로서 신청자가 없어 비자발적 실시권의 설정을 할 수 없는 때와 비자발적 실시권을 설정하였으나 충분한 실시를 확보할 수 없었을 때의 두 가지 경우만을 인정할 수 있다는 것을 외교회의 기록으로 남긴다는데 합의하였다.

ii. 적용 제외 등

불실시, 불충분실시에 대한 제재조치는 특허권자가 불실시, 불충분실시를 정당화하는 입증을 한 경우에는 거절된다. 또 제재조치에 대해서는 상급심에 재심을 청구하여 구제를 받을 수 있다.

③ 쥬네이브 회의(제3기 외교회의)

1982년 10월 4일부터 29일까지 쥬네이브에서 개최된 제3기의 외교회의의 주요 결과는 다음과 같다.

이 회의의 주제는 미국 주도하에 메인위원회의 의장이 제기한 일괄타결안(신 5조A에 관한 합의안의 개정과 5조의 4·개정의 병합안)의 수용여부에 대한 심의였다.

이 일괄타결안의 요점을 보면 i) 나이로비 합의안에 개도국에 대한 특별조치로서 강하된 배타적 비자발적 실시권에 관계되는 규정[신 제5조A(8) b biε]을 전문 삭제하고 또 ii) 동일하게 나이로비 합의안에 있어서 규정된 개도국은 특허발명이 해당국에 있어서의 특허부여로부터 5년 만료 전에 불실시 또는 불충분실시가 있을 경우는 이것을 소멸 또는 취소할 수 있다는 규정(신 제5조A(8)(b))에 관해서 이의 소멸 또는 취소를 정당화할 수 있는 경우를 나이로비 외교회의에 있어서의 합의 스테이트먼트에 열거된 두 가지의 경우에 한정하는 것을 명문화 한다. iii) 현행 스톡홀름협약 제5조의 4(물품의 제조방법의 특허효력)의 적용은 개도국에 대해서는 임의로 한다.

이 일괄타결안에 대해서는 선진국 그룹의 지지를 끌어내는데 성공하였으나 개도국 그룹 일부국가 및 사회주의 그룹이 위의 i)을 삭제할 경우 이것과의 균형상 배타적 비자발적 실시권의 금지에 관계되는 신 제5조A의 규정도 함께 삭제하여야 한다는 주장을 함으로써 결국 합의에 이르지 못하고 본 일괄타결안은 의장보고서에 첨부되는 부속서류에 그치고 차기 외교회의에 넘겨 계속 논의하기로 하였다.

④ 쥬네이브 회의(제4기 외교회의)

1984년 2월 27일까지 쥬네이브에서 개최된 이 회의에서는 이 스톡홀름 협약 제5조A 외에 제1조 "발명자증" 및 제10조의 4 "원산지명칭과 상표의 저촉"에 관한 개정문제를 중심으로 논의하였으나 합의를 보지 못하였다.

⑤ 쥬네이브 회의(제5기 외교회의)

1990년 말의 가트·우루과이라운드의 결과보고서에 대한 개정안이 작성되고 이후 외교회의의 논의를 거친 후 1993년 12월 14일 우루과이라운드 협정안으로 최종타결을 보았다. 이에 관한 자세한 설명은 후술하는 우루과이라운드 협정을 참고하기 바란다.

2. 보호대상의 확대

(1) 서 문

최근 과학기술의 급속한 발전에 따라 특허제도나 지적재산권 제도의 보호대상이 점차 확대되어가고 있다. 그 예로서 식물의 신품종이나 컴퓨터프로그램, 반도체 집적회로 배치설계, 바이오 테크놀러지, 우주환경 이용기술 등 새로운 분야의 첨단기술이 바로 그것이다. 그러나 여기에서 특이한 것은 노하우(know how)와 같은 영업비밀이나 과학적 발견을 보호대상으로 할 수 있는가의 문제이다.

위의 모든 것에 관한 자세한 설명은 후술하는 해당편을 참고하기 바란다. 다만, 여기에서는 과학적 발견에 대해서만 설명하기로 한다.

(2) 과학적 발견

과학적 발견은 기본적으로 발명의 기초가 되어 산업의 발전과 문화의 향상에 크게 기여함은 물론 이 또한 발명과 같이 많은 지적노력과 투자 및 시간을 필요로 하여 얻어지는 지적재산임은 물론이다. 그럼에도 불구하고 발견자에게 주어지는 것은 고작 명예권 정도이므로 발견자에게도 특허권에 유사한 법률상의 보호가 있어야 한다는 견해가 과학적 재산권의 문제로서 오래전부터 논의되어 왔다. 그러나 과학적 발견이 아무리 위대하더라도 창작이 아닌 이상 특허권과 같이 특정인의 전권에 속하게 할 수 없음은 명백하다. 그럼에도 이 의견을 최초로 채택한 것이 1959년 구소련의 발명·발견 및 합리화 제안에 관한 규칙이다. 이 규칙에서는 과학적 발견자에게 발견자증 교부와 동시에 보상금을 받을 권리를 인정하고 있다. 이 법제는 그 후 불가리아, 체코슬로바키아가 도입·운용함으로써 현재 세계적으로 이 3개국에 그치고 있다.

그러나 과학적 발견에 관한 권리는 지적재산권의 일종으로 WIPO설립에 관한 협약에 규정(2조(111))함으로써 이를 국제적 차원에서 검토할 필요가 있다는데 합의가 된 것으로 볼 수 있다.

과학적 발견을 국제적으로 보호함으로써 과학기술의 발전과 산업경제의 발달이 촉진될 것이라는 등의 이유로 1972년 이후 WIPO활동계획의 하나로 과학적 발견의 국제적 등록에 대한 가능성의 검토를 하여야 한다는 파리동맹집행위원회 구 소련 대표의 제안에 의해 이 문제를 검토하여 WIPO의 국제사무국에 대해 "과학적 발견에 대해 그 발견자라는 확인 또는 기록을 국제적 수준으로 할 수 있는가의 가능성의 검토"와 함께 이 분야에 대한 각국 국내법제의 조사요청과 동시에 "과학적 발견의 국제기탁제도"가 검토되었다. 그 후 1978년 3월 3일의 외교회의에서 "과학적 발견의 국제등록에 관한 제네바조약안"이 채택되었다. 그러나 이 조약은 파리협약(제19조)상의 특별규정이 아님은 물론이다. 이 협약안에 서명한 국가는 불가리아, 체코슬로바키아, 헝가리, 모로코, 구소련이며 1985년 말 현재까지 10개국의 비준 또는 가입의 발효요건을 충족하지 못하여 미발효상태에 있다. 그러나 선진국이 이 제도의 필요성과 효과에 대해 계속 부정적 입장[39]을 견지해옴으로써 그 성공적 시

---

39) 선진국 입장의 요지
① 과학적 견해에 대한 신규성 심사의 곤란
② 이 제도 운용에 필요한 선별기관 선정의 국제적 통일기준 적용의 곤란
③ 과학적 발견의 공표는 기존제도로서 충분하고, 따라서 새로운 제도창설의 필요성 희박
④ 새로운 과학적 발견은 일반적으로 기술진보보다 선행하므로 이 제도는 개도국이 필요로 하는 기술정보의 취득에는 도움이 되지 않는다는 것 등이다.

행을 낙관할 수는 없지만 그래도 지적재산권의 보호범위를 국제적 수준으로 확대하려는 움직임이었다는 점에서 평가할 만한 협약안이라고 할 수 있다.

3. 신 국제규범 등의 탄생

지적재산권에 대한 보호강화가 국제통상 문제로 GATT에서 다루게 된 것은 1978년의 동경 라운드인데 이때 주로 논의된 사항은 부정상품의 단속강화에 대해서 국제적 룰에 관한 문제이었다. 그 후 많은 검토단계를 거쳐 1986년 9월 우루과이의 GATT 각료회의에서 우루과이라운드(다각적인 무역교섭)를 공식의제로 하여 ⅰ) 지적재산 보호의 미흡으로 발생되는 문제(예 : 개도국의 모조품제조), ⅱ) 지적재산의 과잉보호로 발생하는 문제(예 : 미국의 관세법 제337조[40])를 채택하여 이를 해결하기 위한 교섭을 할 것 및 그 교섭기간을 1990년까지로 하는 내용의 안건이 채택되었다. 이는 개도국과 선진국간에 상반된 의견조정으로 상당한 기간협상을 진행하여 오다가 드디어 1993년 12월 15일 타결을 보았다. 이것이 "우루과이라운드 지적재산권협정"이다. 이에 대한 자세한 설명은 후술하는 제2편 조약 제6장을 참고하기 바란다.

---

40) 미국의 관세법 제337조(1988년법).
미국 특허 등을 침해하는 물품이 외국으로부터 수입되는 경우 미국 특허권자 등은 국제무역위원회(U.S. International Trade Commission : ITC)에 제소하여 이 물품에 대해 수입금지조치를 요청할 수 있다. ITC는 이 제소가 있으면 심판을 하여 당해 물품의 수입이 미국산업에 손해여부(산업피해요건)에 관계없이 미국의 특허권을 침해하는가의 여부에 대해 검토하고 검토결과 침해가 있다고 판단되는 경우에는 당해 물품에 대해 수입금지조치를 한다. 여기에서 문제는 ① 가배제 명령발동까지의 기간이 원칙적으로 조사개시공고일부터 90일이라는 단기간이기 때문에 제소된 외국기업이 이 기간 내에 방어해야 하는 어려움 ② 위반이 있다는 가결정(가배제 명령)후에 위반 없다는 본 결정이 내려져도 가결정에 의한 수입금지에 따른 피제소인측의 손해에 대한 구제가 인정되지 않는다는 것 등이다. 따라서 이러한 문제로 인해 피제소인측이 침해가 아니라는 확신이 있는 경우에도 화해할 수밖에 없는 경우나 만약 미국기업이 이를 수입방지나 화해종용에 악용할 경우 종래보다 더 많은 분쟁이 야기될 것으로 예상된다.

제 2 장

특허를 받을 수 있는 자

제1절 서 설

발명을 한 자는 그 발명에 대하여 특허를 받을 수 있는 권리를 갖는다. 이러한 발명자의 특허취득권은 발명을 함으로써 원시적으로 발생하나 그 발명에 대하여 특허권을 획득하고자 할 때에는 소정의 특허를 받을 수 있는 등록절차를 밟아야 하므로 발명의 완성시로부터 특허권의 설정등록시까지 발명자를 보호하여야 할 법정수단이 강구된 필요가 있다. 이에 대하여 특허법은 발명자의 특허를 받을 수 있는 권리를 특허권획득 전의 잠정적 권리로 보고 특허권의 이전과 같이 양도성을 지닌 재산권으로 인정하여 특허를 받을 수 있는 권리의 이전(법 37) 및 승계(법 38, 39), 수용(법 41)과 정당권리자의 보호(법 34, 35) 규정을 두고 있다.

발명은 본원적으로 자연인만 할 수 있으나 그 발명에 대해 특허를 받을 수 있는 권리는 당해 발명을 한 자연인뿐만 아니라 그 발명에 대해 특허를 받을 수 있는 권리를 승계한 자도 될 수 있고 또 자연인·법인을 묻지 않는다. 여기에서 설명의 편의상 특허를 받을 수 있는 자와 특허를 받을 수 있는 권리로 나누어 기술한다.

제2절 특허를 받을 수 있는 자

Ⅰ. 서 문

특허를 받을 수 있는 자는 발명을 한 자나 그 발명자로부터 특허를 받을 수 있는 권리를 승계한 자로서 동일발명에 대한 최선(最先)의 출원자만이 특허를 받을 수 있다. 그러나 특허청 직원 및 특허심판원 직원은 상속 또는 유증의 경우를 제외하고는 재직 중 특허를 받을 수 있는 권리를 가질 수 없다(법 33①). 특히 여기에서 종업원의 직무발명을 출원한 사용자와 외국인의 경우 반드시 특허를 받을 수 있는 자에 포함되는지의 여부도 함께 살펴보기로 한다.

Ⅱ. 발명자

1. 발명자 적격

(1) 자연인으로서의 발명자

발명은 사람의 두뇌활동에 의한 지식산물로 나타나기 때문에 발명자는 자연인만이 될 수 있고 법인은 발명자가 될 수 없다. 또 법인이 아닌 사단이나 재단도 발명자가 될 수 없음은 물론이다. 2인 이상의 공동발명의 경우 자연인의 기술적 사상의 집합에 불과하기 때문에 자연인으로서의 발명자가 될 수 있음은 당연하다.

(2) 창작자로서의 발명자

발명은 법률행위가 아니고 창작이라고 하는 사실행위이므로 법률행위 능력이 없는 미성년자나 특허법상 권리능력이 없는 자, 즉 국내에 주소나 영업소가 없는 외국인도 발명자가 될 수 있음을 물론이다. 그러나 한정치산자나 금치산자가 발명자가 될 수 있는가의 문제이다. 여기에는 가부 양론이 있으나 법률상 이들에 대한 발명을 금지하거나 제한하는 규정이 없기 때문에 발명자가 될 수 있다고 해석할 수 있다. 그러나 적어도 이론상 또는 사회통념상 금치산자와 같이 백치 등의 정신상실자로 법원으로부터 금치산선고를 받은 법률상의 무능력자는 발명자가 될 수 없다고 보며, 한정치산자에 대하여는 미성년자와 같이 발명자가 될 수 있다고 보아야 할 것이다.

그러나 실무상으로는 실제 이들의 발명여부를 가리기가 쉽지 않을 뿐만 아니라 또 가릴 실익도 없다. 즉 발명의 특허성 등의 충족여부에 따라 특허여부를 결정하는 것으로 충분하기 때문이다.

(3) 진정으로 발명한 발명자

특허를 받을 수 있는 자는 진정으로 발명을 한 본래 발명자이다(법 33①). 따라서 진정으로 발명한 자의 발명을 모인한 자가 한 특허출원발명은 본래 발명자의 발명이 아니기 때문에 특허를 받을 수 없으며(법 34) 설령 착오로 특허를 받았다고 하더라도 발명자의 모인으로 무효사유에 해당한다(법 35·133①2). 그러나 아무리 자연인의 진실한 발명이라 하더라도 신분에 따라서는 특허를 받을 수 있는 자가 될 수 없다. 즉 특허법 제33조 제1항 단서규정은 특허청 또는 특허심판원 직원은 상속 또는 유증의 경우를 제외하고는 재직 중 특허를 받을 수 있는 권리를 가질 수 없으며 특허법상 권리능력이 인정되지 않는 외국인 또한 특허를 받을 수 있는 권리를 가질 수 없다. 그러나 여기에서 논란의 소지가 있는 것은 특허청 또는 특허심판원 재직 중의 공무원에 대해 특허를 받을 수 있는 권리를 부정하고 있는 위 같은 조 제1항 단서의 규정이다. 신분에 관계없이 누구나가 자유로운 발명과 그 발명에 대해 특허를 받을 수 있는 권리가 헌법상 보장되어 있기 때문에 이를 법률로 제한하는 것은 위헌의 소지가 있다는 것이다.

그러나 위 같은 규정의 법원리는 발명의 능력을 제한하려는 것이 아니고 직무와 관련하여 알게 된 타인의 출원발명을 모인하여 출원하거나 제3자에세 공개, 누설하는 것을 방지하려는데 있으므로 입법취지로 볼 때는 위헌의 소지가 없으나 문리적 해석으로는 헌법에 보장하고 있는 발명에 관한 행위능력 및 권리능력을 부인하려는 것으로 해석될 수 있으므로 특허법 제33조 제1항 단서조항 중 후단 "재직 중 '특허를 받을 수 있는 권리를 가질 수 없다'를 특허에 관한 출원·청구 기타의 절차를 밟을 수 없다"라고 개정하는 것이 입법취지에도 부합될 뿐만 아니라, 해석상에 있어서도 위헌의 논란이 해소될 수 있을 것이다.

(4) 공서양속에 반하지 않은 발명을 한 발명자

아무리 그 발명이 특허법상 특허를 받을 수 있는 발명(법 2조 1호·29① 내지 ③)이라 하더라도 공공의 질서 또는 선량한 풍속을 문란하게 하거나 공중의 위생을 해칠 염려가 있는 발명을 한 자의 발명에 대해서는 특허를 받을 수 없다(법 32). 공서양속에 반하는 발명에 대한 사세한 설명은 후술하는 제4장 제3절 Ⅰ. 공서양속 등에 반하는 발명편을 참고하기 바란다.

2. 공동발명자

(1) 서 문

공동발명자라 함은 2인 이상이 발명의 주체가 되어 공동으로 발명을 하는 자를 말한다. 여기에서 “발명의 주체”라 함은 동일주제에 대해 창작자의 위치에 서있는 발명하는 자를 말하며, 또 “공동으로 발명을 하는 자”라 함은 단순히 발명에 참여하거나 협조하는 정도의 위치에 있는 자가 아니고 실질적으로 창작활동에 참가하여 함께 발명을 한 자들을 말한다.

특허법상 특허를 받을 수 있는 자는 진정한 발명자이고 발명자가 아닌 자는 특허를 받을 수 없다. 이와 관련하여 발명자에 관한 개념 중 동일발명에 대해 단독발명자의 경우에는 문제가 없으나 2인 이상의 공동발명자의 경우가 문제가 되고 있다. 특허법은 2인 이상이 공동으로 발명한 때에는 특허를 받을 수 있는 권리는 공유로 한다라고만 규정하고 있을 뿐(법 33②) 공동요건에 대해서는 구체적인 규정을 두고 있지 않다. 따라서 하나의 발명에 대해 2사람 이상이 참여한 발명의 경우 누가 단순 가담자, 즉 참여자 또는 협력자인지, 실질적인 발명자인지를 판단하기란 그리 쉬운 일이 아니다. 특히 기업이나 연구소 등에서 관계자 참여하에 이루어지고 있는 발명의 경우 누구까지를 공동발명자로 할 것인가가 문제이다. 이에 대해 몇 가지 상정해 볼 수 있는 판단기준을 정리해본다.

(2) 공동발명자 여부의 판단기준

1) 발명을 “기술적 사상의 창작”이라는 관점에서 판단

기술적 사상의 창작팀 팀원의 일원으로 창작활동에 적극 참여하여 협력하지 않고 단순히 팀을 관리하거나 창작활동을 지원 또는 보조하는 정도의 위치에 있는 자는 공동발명자가 아니다. 예를 들면 i) 구체적인 내용 없이 테마만 주거나 발명과정에서 단순히 일반적인 조언이나 지도를 해주는 정도의 단순 행정관리자, ii) 연구자의 지시에 의해 단순히 실험하거나 자료를 정리해주는 정도의 위치에 있는 단순 사무보조자, iii) 발명사업을 지원해주는 재정후원자, iv) 발명위탁자, v) 연구기관이나 단체의 대표 등 최고경영자 등은 공동발명자가 아니다.

2) 발명은 “착상과 발명의 단계별 성립과정의 창작”이라는 관점에서 판단

착상 자체가 법정발명의 성립요건을 충족한 경우 당해 발명의 착상자는 발명자가 될 수 있으나 착상자가 착상만 하고 실제 착상을 발명으로 구체화하는 단계에서는 참여하여 협력하지 않는 경우에는 공동발명자가 아니다. 왜냐하면 착상자와 그 착상을 발명으로 구체화한 자 간에는 일체적·연속적인 협력관계가 없었기 때문이다.[1)] 그러나 연구과제의 제공이나 과제해결의 방향을 제시해주는 정도의 착상자도 그 발명의 성립에 원시적 협력자라고 볼 때 공동발명자의 지위를 부정하는 것이 과연 타당한지 의문을 갖게 한다.

3) 공동발명자의 법적 지위

특허법은 2인 이상이 공동으로 발명한 때에는 특허를 받을 수 있는 권리를 공유로 한다고 규정하고 있다(법 33②). 이와 같이 특허를 받을 수 있는 권리가 공유인 경우에는 공유자 전원이 공동으로 특허출원을 하여야만 특허를 받을 수 있고(법 44) 이에 위반한 특허출원은 거절이유가 되어 특허를 받을 수 없다(법 33②·44·62조 1호).

3. 발명자의 권리

발명을 한 자는 그 발명에 대하여 특허를 받을 수 있는 권리를 취득한다. 이러한 발명자의 특허를 받을 수 있는 권리는 발명의 완성과 동시에 발명자에게 원시적으로 귀속되는 권리로서 이는 발명에 관한 발명자의 국가에 대한 1차적 권리로서 특허권의 양도와 같이 이전이 인정된다(법 37①). 그러나 질권의 목적으로는 할 수 없다(법 37②). 발명자의 특허를 받을 수 있는 권리에 관한 자세한 설명은 후술하는 "제4절 특허를 받을 수 있는 권리"편을 참고하기 바란다.

Ⅲ. 승계인

1. 개 요

특허를 받을 수 있는 권리는 매매 또는 상속 그 밖의 일반승계에 의하여 이전할 수 있으며 이는 특허출원의 전후를 불문하고 가능하고(법 37①, 38①·④) 또 권리의 전부는 물론 일부도 이전할 수 있다. 다만, 특허를 받을 수 있는 권리가 공유인 경우에는 각 공유자는 다른 공유자의 동의를 얻지 아니하면 그 지분을 양도할 수 없다(법 37③). 특허출원 전 특허를 받을 수 있는 권리의 승계는 그 승계인이 특허출원을 하지 아니하면 제3자에게 대항할 수 없고(법 38①) 특허출원 후 특허를 받을 수 있는 권리의 승계는 상속 기타 일반승계를 제외하고는 특허출원인

1) 특허법개설(제9판), 吉藤幸朔 저, YOU ME 특허법률사무소 역, 142면.

명의변경신고를 하지 아니하면 그 효력이 발생하지 아니한다(법 38④). 또한 특허를 받을 수 있는 권리의 상속 및 기타 일반승계가 있는 경우에는 승계인은 지체 없이 그 취지를 특허청장에게 신고하여야 한다(법 38⑤).

2. 승계와 경합

(1) 경합신고의 처리와 그 효력

동일권리의 승계에 관한 신고가 같은 날에 2이상 경합한 때에는 선원인 결정방식(법 36②)에 따라 신고를 한 자의 협의에 의하여 정하여진 1인의 신고만이 그 효력을 발생하고 나머지 신고자의 신고는 효력을 발생하지 않는다(법 38⑥). 만약 협의가 성립하지 않거나 협의를 할 수 없을 때에는 어느 신고인의 신고도 그 효력이 발생하지 않는다(법 38⑦).

(2) 경합출원의 처리와 그 효력

동일권리의 승계에 의한 특허출원이 같은 날에 2이상 경합한 때에는 특허출원인의 협의에 의하여 정한 자 외의 자의 승계는 그 효력이 발생하지 않으며(법 38②) 동일한 자로부터 승계한 동일한 발명 및 고안에 대한 특허를 받을 수 있는 권리 및 실용신안등록을 받을 수 있는 권리에 대하여 같은 날에 특허출원 및 실용신안등록출원이 있는 때에도 출원인의 협의에 의하여 정한 자 외의 자의 승계는 그 효력이 발생하지 않는다(법 38③). 만약 협의가 이루어지지 않거나 협의를 할 수 없을 때에는 어느 출원인도 그 발명이나 고안에 대하여 특허 또는 실용신안등록을 받을 수 없다(법 38⑦).

(3) 경합승계의 처리절차

경합승계의 처리절차, 즉 협의절차는 특허청장이 출원인에게 기간을 정하여 협의의 결과를 신고할 것을 명하고 그 기간 내에 신고가 없는 때에는 협의는 성립되지 아니한 것으로 본다(법 38⑦).

3. 승계의 공표

권리승계가 출원공개 후에 이루어졌을 때에는 특허청장은 그 취지를 특허공보에 게재, 공표하여 특허를 받을 수 있는 권리가 누구에게 승계되었는지 이해관계인이 알 수 있도록 하여 그들의 산업활동에 도움을 주는 것이 중요하다. 발명자는 출원 전후를 막론하고 특허를 받을 수 있는 권리를 이전하였다 하더라도 특허출원서·특허공보·특허원부 및 특허증에 기재된다.

4. 승계와 외국출원

특허를 받을 수 있는 권리의 승계에는 외국특허를 받을 수 있는 권리도 승계되는가의 여부가 해석상 양설로 대립되고 있다. 그 하나가 권리의 승계에는 당연히 외국특허를 받을 수 있는 권리가 포함되어 있다는 적극설이고, 다른 하나가 포함되고 있지 않다는 소극설이다.

그러나 발명자는 국내만이라고 생각할 수 있고 승계인은 외국도 포함하는 것으로 생각할 수 있을 것이다. 양설 모두 일면 수긍이 가므로 이를 전면 부정하는 것은 문제가 있으므로 외국특허를 받을 수 있는 권리의 승계여부를 이전(양도)계약에 명시해두는 것이 문제의 소지를 근본적으로 없애는 것이 된다.

Ⅳ. 선원자

1. 서 설

(1) 의의 및 취지

선원자라 함은 동일발명에 대하여 2이상의 특허출원이 있을 때에는 그 중 가장 먼저 특허출원한 사람이 그 특허출원발명에 대하여 특허를 받을 수 있다는 주의를 말한다.

이와 같이 복수의 동일발명에 대하여 최선의 특허출원인만이 특허를 받을 수 있도록 한 것은 1발명 1특허주의에 따라 하나의 출원발명에 대해서만 특허가 되어야 한다는 중복특허 금지의 원칙에 의한 것으로서 이는 특허출원과 실용신안등록출원 상호간에도 적용된다.

이러한 선원의 발명에 대하여는 다른 거절이유가 없는 한 특허권의 설정등록에 의해 독점적 사용권(전용권)과 배타적 금지권이 부여되기 때문에 동일발명에 대하여 이중특허를 불허하는 중복특허금지의 원칙에 따라 확립된 1발명 1특허주의가 적용된다.

이는 복수의 동일한 발명에 대하여는 가장 먼저 출원한 하나의 발명에 대해서만 특허를 부여하여 오직 하나의 특허권만이 존재할 수 있도록 하는 선원주의 제도를 통하여 기술개발경쟁을 유도함으로써 기술의 발전을 촉진하여 산업발달에 기여하려는 것이다.

그런데 동일발명에 대해 2이상의 특허출원이 있는 때에는 그 중 어떤 출원에 특허를 허여할 것인가에 대해서는 종래부터 두 가지의 주의가 있어 왔다.

그 하나가 위와 같이 특허출원의 선후를 기준으로 하여 제일먼저 특허출원한 자만이 그 발명에 대하여 특허를 받을 수 있다는 선원주의(최선출원자 특허주의)이고 그 다른 하나가 발명의 선후를 기준으로 하여 제일먼저 발명한 자만이 그 발명에 대하여 특허를 받을 수 있다는 선발명주의(최선발명자 특허주의)가 그것이다.

(2) 선원주의와 선발명주의

1) 선원주의

선원주의는 발명의 선후를 불문하고 먼저 특허출원한 자에게 특허를 허여하는 특허보호제도의 주의로서 현재 미국을 제외한 모든 나라가 이를 채택하고 있다. 이러한 선원주의는 발명의 완성시기 확정에 따르는 절차상의 어려움을 제거하면서 발명자로 하여금 새로운 발명에 대하여 출원을 빨리 하도록 유인함으로써 발명이 사회에 신속히 공개되어 기술발명의 이용을 촉진함은 물론 선·후의 판단 또한 명확하다는 장점이다. 이에 반해 진정한 최선의 발명자 보호에 미흡하며 또 출원의 선·후에 집착한 나머지 출원을 서두르는 관계로 발명의 기술적 결함이나 미완성의 발명이 출원될 수 있고 그 밖의 특허목적 외의 발명의 출원, 즉 선원의 지위를 확보하기 위하여 선행기술 검색 없이 마구 출원하여 심사적체를 초래함으로써 정작 특허를 받아야 할 출원발명의 심사가 지연되어 특허발명사업의 실시시기를 실기하는 단점 등이 있다.

2) 선발명주의

선발명주의는 최초 발명한 자에게 특허를 허여하는 특허보호제도의 주의로서 이는 진정한 최선의 발명자 보호에 적정을 기할 수 있다는 장점이 있다. 이에 반하여 발명자가 발명을 신속히 출원하기 보다는 비밀리에 실시함으로써 발명의 공개를 통한 기술의 진흥과 산업의 발전이라는 본래의 특허제도의 취지에 미흡한 면이 있는가 하면 발명이 사장될 우려도 있다. 또한 누가 제일먼저 발명을 했다는 사실을 입증하는 번잡성이 있을 뿐만 아니라 최선의 발명자인지의 판단도 그리 쉽지가 않고 또 권리의 불안정화가 초래된다는 단점도 아울러 가지고 있다.

선발명주의는 미국·캐나다·필리핀 등 3개국에서 채택한 제도이었으나 현재는 미국만이 선발명주의를 채용하고 있고[2] 우리나라를 비롯한 일본·유럽 등 모든 국가에서는 선원주의를 채택하고 있다.

미국의 에디슨이나 벨과 같은 발명왕이 특허를 받음으로써 경제적 이익을 얻게 된 것은 발명자 개인에게 중점을 둔 선발명주의의 결과이다.

그러나 최근 미국과 같은 선발명주의를 채택하고 있는 나라와 우리나라와 같은 선원주의를 채택하고 있는 나라 간에 이로 인해 특허분쟁이 끊이지 않고 일어나고 있다. 그 예로서 우리나라 기업이 먼저 특허출원을 한 뒤에 미국에 발명자가 출원한 경우, 선원주의에 의하면 당연히 우리나라 기업이 특허를 받아야 함에도 불구하고 선발명주의에 의해서 미국의 발명자가 특허를 받게 되는 경우가 생김으로써 한·미간에 특허분쟁의 요인이 되기도 한다.

이러한 특허를 둘러싼 "선원주의"와 "선발명주의"가 통일되지 않아 일어나는 특허분쟁을 막기 위해서 위에서 살펴본 바와 같이 선발명주의에서 선원주의 쪽으로 바꾸려는 법개정안이 이미 하원 본회의에서 의결, 통과되고 상원에 상정한 법개정안은 2008년 현재 상원 본회의에서 심의 중에 있다. 이와 같이 미국이 "선원주의"로 바꾸려는 배경은 ⅰ) 세계무역기구(WTO)의 출범에 따른 국경절차 없는 무한경쟁시대의 도래, 즉 세계가 그동안의 권역별 시장에서 단일시장으로 바뀌었고 또 세계지적재산권기구(WIPO)를 중심으로 특허법 통일화작업이 추진되고 있어 세계시장을 겨냥한 통일된 법체제를 갖출 필요성이 대두되었다. ⅱ) 다른 나라에 대해서 특허제도의 개선을 절실히 느낀 미국이 이를 위해 "선원주의"로의 전환을 전제조건으로 할 필요가 있다고 판단하고 있기 때문이다. 예를 들면 한국이 36개월 소요되는 심사기간을 24개월로 단축시켜 조기 권리화를 유도하려는 의도가 담겨져 있는 것 같다.

(3) 우리나라의 특허법

우리나라 특허법은 그 기본이념의 하나로써 먼저 특허출원한 자에게 특허를 인

---

2) 미국도 특허제도의 국제 통일화라는 글로벌시대의 명제에 부응하기 위하여 선발명주의를 선원주의로 바꾸기 위한 법 개정안을 마련하여 2007년 7월 상·하원 법사위에서 통과되어 각기 본회의에 상정하였다. 그 후 하원법안은 하원 본회의에서 의결·통과되고 상원법안은 2008년 현재 상원 본회의에서 심의 중에 있다.

정하는 선원주의 제도를 채택하고 있다. 따라서 동일발명에 관하여 2이상의 특허출원이 있을 때에는 선원주의 원칙에 따라 특허를 받을 수 있는 권리는 당연히 선원자에게 있다(법 36①). 그러므로 최초의 진정한 발명자인가의 여부는 선원주의 하에서는 그다지 중요한 문제가 되지 않는다. 이와 같이 권리의 안정성에 비중을 두어 선원주의를 채택하고 있으면서 그 단점을 보완하기 위하여 특허출원의 보정제도(법 47이하), 선사용권의 인정(법 103), 확대된 선원의 지위(법 29③)를 인정하고 있을 뿐만 아니라 일정한 경우 후술하는 선원주의의 예외를 인정하고 있다(법 35·52·53·54).

이와 같은 선원주의제도는 위의 이외에 다음과 같은 특징을 지니고 있다.

동일한 발명에 대하여 같은 날에 2이상의 특허출원이 있는 때에는 특허출원인의 협의에 의하여 정하여진 하나의 특허출원인만이 그 발명에 대하여 특허를 받을 수 있고 만약 협의가 성립되지 아니하거나 협의를 할 수 없을 때에는 어느 특허출원인도 그 발명에 대하여 특허를 받을 수 없다(법 36②). 이점에서 상표등록출원의 경우 협의가 성립되지 않을 때 특허청장이 실시하는 추첨에 의하여 등록을 받을 수 있는 1인의 출원인을 결정하는 것과는 다르다. 그 이유는 상표등록출원에 관한 선원의 지위가 출원의 포기·취하 및 무효가 되었을 때와 출원에 대한 거절결정 및 심경이 확정된 경우에는 처음부터 없었던 것으로 보아 선원의 지위가 없어지기 때문에 협의가 성립되지 않을 때에는 경합되는 상표등록출원인 전원이 등록을 받지 못하게 된다. 이는 그 후 이와 서로 저촉되는 상표등록출원을 한 당사자 및 제3자에 대해서는 등록을 허용해주지 않으면 안되게 되는 불합리성이 있기 때문이다. 그러나 특허출원은 포기되거나 거절결정이 확정되더라도 그 선원의 지위는 남아있기 때문에 상표에서와 같은 그러한 불합리성이 없으므로 굳이 1일 경합 특허출원에 대하여 상표에서와 같은 추첨방식에 의하여 1인이 특허출원인을 결정할 필요가 없는 것이다. 이와 같이 상표등록출원은 그 출원이 취하·무효·포기 및 거절결정이 확정되면 선원의 지위가 없어지는데 반해 발명특허출원의 경우는 포기되거나 거절결정이 확정되더라도 그 선원의 지위는 그대로 있기 때문에 특허에서는 선원의 발명과 동일한 후원의 발명이 특허되는 경우가 없으나 상표에서는 선원의 상표와 동일 또는 유사한 후원의 상표가 등록되는 경우가 있다. 또 같은 날 출원에 대한 처리도 위에서 설명한 바와 같이 상표의 선원주의와는 다르다. 그 밖의 선원에 관한 판단기준 등 선원자와 관련한 선원에 대하여 자세한 것은 전술한 제1장 제1절 Ⅴ. 2. (3)의 "선출원주의"를 참고하기 바란다.

2. 선원의 요건

(1) 동일발명

어떤 발명이 선원의 지위에 있다고 하기 위해서는 같은 날 또는 다른 날 2이상의 출원발명(고안을 포함한다. 이하 같다)이 동일한 발명이어야 한다. 발명의 동일여부 판단의 대상은 출원발명 중 특허청구범위의 청구항에 기재된 발명이고 청구항에 기재된 발명의 동일성은 양 발명의 기술적 사상의 동일여부에 의하여 판단(발명과 고안의 동일여부 판단을 포함한다. 이하 같다)한다.

청구항이 2이상인 경우에는 각 청구항에 기대된 발명이 동일여부 판단의 대상이 되고 동일발명에 대한 특허법 제36조(선출원)의 적용은 발명자 또는 출원인의 동일여부에 관계없이 적용한다. 그러나 동일발명에 대한 같은 법 제29조 제3항(확대된 선원)의 적용은 당해 특허출원의 발명자와 타 특허출원의 발명자나 실용신안등록출원의 고안자가 동일한 경우 또는 당해 특허출원의 출원시의 특허출원인과 타 특허출원이나 실용신안등록출원의 출원인이 동일한 경우에는 이를 적용하지 아니한다.

(2) 최선의 출원

어떤 발명이 선원의 지위에 있다고 하기 위해서는 복수의 동일발명 중 일을 기준으로 하여 가장 먼저 출원한 발명이어야 한다. 선원은 동일발명에 대하여 같은 날에 2이상의 특허출원이 있는 때에는 특허출원인의 협의에 의하여 정하여진 하나의 특허출원인만이 선원의 지위를 확보한다. 만약 협의가 성립하지 아니하거나 협의를 할 수 없는 때(쌍방 또는 어느 일방이 협의를 거부하거나 소재불명 등)에는 어느 특허출원인도 선원의 지위를 갖지 못한다(법 36①②).

(3) 유효한 출원의 계속

어떤 발명이 선원의 지위에 있다고 하기 위해서는 그 특허출원(실용신안등록출원을 포함한다. 이하 같다)이 유효하게 존속하고 있어야 한다. 따라서 i) 특허출원이 무효·취하 또는 포기되거나 거절결정이나 거절한다는 취지의 심결이 확정된 경우[다만 같은 날 2이상의 특허출원에 대한 출원인의 협의가 성립하지 아니하거나 협의를 할 수 없어 어느 특허출원인도 그 발명에 대하여 특허를 받을 수 없다는 특허법 제36조

제2항 후단(특허법 제36조 제3항의 규정에 의하여 준용되는 경우를 포함한다)의 규정에 해당하여 그 특허출원에 대하여 거절결정이나 거절한다는 취지의 심결이 확정된 경우에는 예외이다](법 36④), ii) 발명자(고안자를 포함한다, 이하 같다)가 아닌 자로서 특허를 받을 수 있는 권리의 승계인("실용신안등록을 받을 수 있는 권리의 승계인을 포함한다." 이하 같다)이 아닌 자가 한 출원(이하 "모인출원"이라 한다)은 처음부터 없었던 것으로 보기 때문에 이들 출원은 유효한 출원의 계속 중에 있지 않으므로 선원의 지위를 가질 수 없다(법 36⑤).

대법원판례에서도 선원의 지위는 특허출원 또는 실용신안등록출원이 유효하게 존속하고 있는 경우에 한하므로 예를 들면 선출원의 발명이나 고안이 등록되었다가 무효로 된 경우, 선출원발명, 고안이 그 특허권 또는 실용신안권의 포기로 말소등록이 되어 거절결정시에는 이미 존재하지 않는 경우에는 결국 선원의 지위가 상실되어 선원에 의한 등록거절 이유가 해소되었다고 보아야 한다[3]라고 판시하였다. 그러나 거절결정이 확정된 출원 또는 포기된 출원은 선원의 지위를 계속 유지하면서 후원의 거절참증이 된다.

3. 선원의 결정기준 및 방법

(1) 선원의 결정기준

1) 선원의 결정기준시

선원의 결정기준시는 시·분·초를 기준시점(시각주의)으로 하는 발명의 신규성 판단의 기준시와는 달리 일을 기준시점(역일주의)으로 하는 출원일이다.

2) 출원일의 인정

2이상의 동일한 발명의 출원일이 같은 날인가, 다른 날인가 또는 최선출원인가의 판단을 하기 위한 출원일의 인정은 다음과 같이 한다.

① 우선권주장을 수반하지 않는 출원

우선권주장을 수반하지 않는 출원에 대해서는 현실의 출원일을 출원일로 한다.

---

3) 대법원 1997.9.12. 선고 97재후 58 판결, 2005.5.16. 선고 98후 2023 판결참조.

② 우선권주장을 수반하는 출원

ⅰ. 파리협약에 의한 우선권주장을 수반하는 출원으로 우선권주장의 기초가 되는 출원의 명세서 또는 도면에 기재된 발명에 대해서는 제1국 출원일을 출원일로 인정한다.

ⅱ. 국내우선권주장을 수반하는 출원으로 그 우선권주장의 기초가 되는 선출원의 출원서에 최초로 첨부한 명세서 또는 도면에 기재된 발명에 대해서는 선출원의 출원일을 그 출원일로 인정한다. 이 경우에 복수의 우선권을 주장하는 출원에 대해서는 우선권주장의 기초가 되는 출원 중 판단의 대상이 되는 청구항에 기재된 발명이 기재되어 있는 출원의 출원일을 출원일로 인정한다.

③ 분할출원 및 변경출원

분할출원 및 변경출원이 적법한 것으로 인정되면 그 출원은 원출원일로 소급하여 출원일을 인정한다.

④ 국제출원

ⅰ. 대한민국을 지정국으로 하는 국제출원은 국제출원일의 국제출원의 명세서, 청구의 범위 또는 도면(도면 중 설명부분에 한한다) 및 이들의 번역문에 다같이 기재된 발명 또는 국제출원일의 도면(도면 중 설명부분을 제외한다)에 기재된 발명에 대해서는 국제출원일을 출원일로 인정한다.

ⅱ. 결정에 의하여 특허출원 또는 실용신안등록출원으로 보는 국제출원에 대해서는 위의 ⅰ과 동일하게 인정한다.

(2) 선원의 결정방법

다른 날에 2이상의 특허출원에 대한 선원의 결정에는 별 어려움이 없으나 같은 날에 2이상의 특허출원에 대한 선원의 결정에는 일정한 방법에 의하여야 하는 바 특허법 제36조 제2항이 바로 그러한 방법을 규정하고 있다.

1) 다른 날에 2이상의 출원이 있는 경우

동일한 발명에 대하여 다른 날에 2이상의 특허출원이 있는 때에는 먼저 출원한 자만이 그 발명에 대하여 특허를 받을 수 있다(법 36①). 특허출원된 발명과 실용신안등록출원 된 고안이 동일한 경우 그 특허출원과 실용신안등록출원이 다른 날에 출원된 것일 때에도 위와 마찬가지로 먼저 출원한 자만이 그 발명 또는 고안에 대하여 특허 또는 실용신안등록을 받을 수 있다(법 36③).

2) 같은 날에 2이상의 출원이 있는 경우

① 특허출원인의 협의에 의한 결정

앞의 "2.(2) 최선의 출원"에서 살펴본 바와 같이 동일한 발명에 대하여 같은 날 2이상의 특허출원이 있는 때에는 특허출원인의 협의에 의하여 정하여진 하나의 특허출원인만이 그 발명에 대하여 특허를 받을 수 있다. 만약 협의가 성립하지 아니하거나 협의를 할 수 없을 때에는 어느 특허출원인도 그 발명에 대하여 특허를 받을 수 없다(법 36②).

특허출원에 관한 발명과 실용신안등록에 관한 고안이 같은 날에 경합된 경우에도 또한 같다(법 36③).

여기에서 "협의를 할 수 없을 때"라 함은 상대방이 협의에 응하지 않는 등의 이유로 협의를 할 수 없는 경우 또는 동일한 발명에 대한 2이상의 출원 중 어느 한 출원이 포기되었거나 거절결정이 확정되었거나 특허가 된 경우를 말한다.

이 경우에는 특허청장은 협의에 관한 명령을 하지 않고 나머지 출원에 대하여서만 특허법 제36조의 규정에 의한 거절이유를 통지한다.

② 특허청장의 협의명령에 의한 결정

협의는 출원인 상호간 또는 특허청장의 명령에 의하여 이루어지며 특허청장이 협의를 명령하는 경우에는 기간을 정하여 신고하도록 한다. 이 경우 기간 내에 신고가 없을 때에는 협의가 성립하지 아니한 것으로 본다(법 36⑥).

이때의 "협의가 성립된 경우"란 대개의 경우 출원인의 일방이 타방의 출원인에게 자기의 출원을 취하 또는 포기하는 등의 조건으로 타방 출원인과 공동 출원인이 되거나 특허권 설정등록 후 특허권의 공유, 특허발명에 대한 실시권설정, 특허발명사업의 공동운영, 발명에 대한 상당한 대가 또는 보상 등의 형태로 이루어지고 있다.

③ 경합출원의 협의절차 및 방법

같은 날 2이상의 경합출원에 대한 협의는 다음과 같은 절차와 방법에 의한다.

ⅰ. 각 출원이 특허청에 계속 중인 경우

(ⅰ) 출원인이 다른 경우

ⅰ) 각 출원이 심사청구되어 있는 경우

각 출원이 심사청구되어 있는 경우에는 기간을 정하여 특허청장 명의로 협의명령을 한다. 이 경우에 특허법 제36조 제2항 또는 제3항 이외의 거절이유가 있을 때에는 그 거절이유 통지서에 협의명령을 부기할 수 있다.

위의 지정기간 내에 협의결과에 대한 신고가 있는 경우에는 협의에 의하여 정해진 하나의 출원에 대하여 다른 거절이유가 없는 한 특허결정한다. 이 경우에 나머지 출원이 취하 또는 포기되어 있지 않으면 그 출원에 대하여 특허법 제36조 제2항 또는 제3항의 규정에 의하여 거절이유를 통지한다.

그러나 위의 지정기간 내에 협의결과에 대한 신고가 없을 경우에는 협의가 성립되지 않은 것으로 간주하여 각 출원에 대하여 특허법 제36조 제2항 또는 제3항의 규정에 의하여 거절이유를 통지한다.

ⅱ) 일부의 출원이 심사청구되어 있지 않을 경우

일부의 출원이 심사청구되어 있지 않을 경우에는 협의명령을 할 수 없으므로 심사청구되어 있는 출원에 대하여 타 출원이 심사청구되어 있지 않으므로 심사를 진행할 수 없다는 이유로 심사보류통지를 하고 타 출원이 심사청구되거나 또는 취하 혹은 포기될 때까지 심사를 보류한다.

(ⅱ) 출원인이 동일한 경우

출원인이 동일한 경우에도 위의 출원인이 다른 경우에 준하여 취급한다. 다만, 위의 (ⅰ)ⅰ)의 협의명령과 거절이유통지를 동시에 하는 것으로 한다. 이는 특허법 제36조 제2항 및 제3항은 동일한 기술적 사상에 대한 이중특허의 배제를 위한 규정이므로 출원인이 동일한 경우에도 적용된다. 또한 이 경우에는 출원인이 동일인이기 때문에 협의를 위한 별도의 시간이 필요하지 않으므로 협의명령과 거절이유통지를 동시에 하는 것이 효율적이기 때문이다.

ⅱ. 하나의 출원이 특허 또는 실용신안등록되어 있는 경우

하나의 출원이 특허 또는 실용신안등록되어 있는 경우로서 타 출원인과 특허권자 또는 실용신안권자가 다른 경우에는 특허법 제36조 제2항 또는 제3항의 규정에 의한 거절이유통지시에 특허권자 또는 실용신안권자에게도 통지한다. 이는 하나의 출원이 특허 또는 실용신안등록되어 있는 경우에는 협의를 할 수 없으므로 협의명령을 할 수 없으나 특허 또는 실용신안등록은 무효사유를 포함하고 있으므로 실질적인 협의의 기회를 부여하기 위하여 특허권자 또는 실용신안권자에게도 그 사실을 통지할 필요가 있다. 그러나 출원인과 특허권자 또는 실용신안권자가 동일한 경우에는 거절이유통지서에 의하여 대응이 가능하므로 별도의 통지를 필요로 하지 않기 때문이다.

4. 선원의 판단기준

(1) 선원의 형식적 판단기준

1) 선원의 판단기준시점

선원의 판단기준시점은 시각을 기준으로 하느냐 일을 기준으로 하느냐에 따라서 시각주의와 역일주의로 나누어지고 있으며, 우리나라의 특허법은 일을 기준으로 하는 역일주의를 채택하여 선원의 판단기준시점으로 하고 있다.

2) 출원서류 등의 효력발생시기

선원의 판단기준시점은 출원일인바, 그 출원일은 출원서류가 특허청에 도달한 날이다. 즉 특허청에 제출하는 출원서류(물건을 포함한다. 이하 같다)는 특허청에 도달된 날부터 그 효력이 발생한다(법 28①). 출원서류를 우편으로 특허청에 제출하는 경우에는 우편물의 통신일부인에서 표시된 날이 분명한 경우 그 표시된 날, 그 표시된 날이 불분명한 경우에는 우체국에 제출한 날을 우편물의 수령증에 의하여 증명한 날에 특허청에 도달한 것으로 본다. 다만, 특허권 및 특허에 관한 권리의 등록신청서류와 특허협력조약 제2조(vii)의 규정에 의한 국제출원(이하 "국제출원"이라 한다)에 관한 서류를 우편으로 제출하는 경우에는 예외로서 이 경우에는 특허청에 도달된 날부터 그 효력이 발생한다(법 28②).

위의 서면출원 외에 정보통신망을 이용하여 제출된 전자출원서는 당해 출원서의 제출인이 정보통신망을 통하여 접수번호를 확인한 때에 특허청에서 사용하는 접수용 전산정보처리조직의 파일에 기록된 내용으로 접수된 것으로 보아 그 접수된 날부터 그 효력이 발생한다(법 28의 3③).

3) 발명의 카테고리별 판단

심사실무상 발명의 카테고리를 다음과 같이 분류하여 비교되는 2 발명이 동일

분류에 해당하는 경우 양자는 카테고리가 동일한 것으로 취급하고 비교되는 2 발명이 각각 상이한 분야에 해당하는 경우 양자는 카테고리가 상이한 것으로 취급한다.

① 물건의 발명

② 이용방법의 발명

③ 생산방법의 발명

④ ①의 "물건의 발명"에는 예를 들면 기계, 기구, 제품, 부품, 재료, 화합물, 조성물 등이 포함된다.

⑤ ②의 "이용발명"에는 예를 들면 살충방법, 통신방법, 측정방법, 이송방법 등 생산방법 외의 방법이 포함된다.

⑥ ③의 "생산방법의 발명"에는 예를 들면 화학물질의 제조방법, 해산물의 양식법, 건축물의 구축방법 등이 포함된다.

이러한 기준에 적용되는 발명의 카테고리는 특허출원발명에 대하여 출원인이 그 특허청구범위에 기재한대로의 카테고리를 형식적으로 채용한다. 그리고 비교되는 2 발명의 카테고리가 동일한 경우에는 이 기준의 표현된 카테고리가 동일한 2 발명의 항을 적용하고 상이한 경우에는 표현된 카테고리가 상이한 2 발명의 항을 적용한다. 그러나 실제에 있어 카테고리의 상이가 곧 기술적인 차이를 의미하는 것이 아니므로 실질적인 동일성 여부를 판단하여야 한다.[4)]

(2) 선원의 실질적 판단기준

1) 서 론

선원주의는 동일발명에 대하여 최선(最先)의 출원자에게 특허를 허여하는 제도의 주의이므로 먼저 동일발명을 전제로 하여 선후원관계의 판단에 의해 어느 하나의 출원에만 특허를 부여하게 되는 바 이때 어느 출원에 특허를 부여할 것이냐의 구체적 판단방법으로 먼저 경합발명의 동일성 여부에 관한 판단(발명의 동일성 판단)을 한 다음에 발명의 동일성이 있다고 판단된 때 선후원판단을 한다.

2) 발명의 동일성의 판단기준

① 총 설

선후원의 발명 또는 선후원의 발명·고안간의 동일성은 특허청구의 범위를 주

4) 심사일반기준, 발명의 동일성편, 특허청, 1992.8.24.

대상으로 하고 명세서의 상세한 설명 및 도면을 특허청구범위 해석의 보충적 기준으로 하여 특허청구범위에 내재하는 기술적 사상의 실체에 착안하여 판단한다.

발명의 목적·구성 및 효과의 3요소를 비교하고 그 결과를 종합적으로 검토하여 판단하되 그 중 발명의 구성의 동일여부를 중심으로 하여 판단하는 것이 원칙이다.

즉 발명의 구성이 형식적으로 동일하고 발명의 목적·효과의 기재가 상이한 발명은 객관적으로 동일한 목적·효과가 나타나게 되어 있으므로 동일한 것으로 본다.[5)]

발명 또는 발명과 고안간의 동일여부의 판단은 기술적 구성이 동일한가 여부에 의하여 판단하되 그 효과도 참작하여야 할 것인 바, 기술적 구성에 차이가 있더라도 그 차이가 과제해결을 위한 구체적 수단에서 주지·관용기술의 부가·삭제·변경 등으로 새로운 효과의 발생이 없는 정도의 미세한 차이에 불과하다면 양자는 서로 동일하다고 보아야 한다.[6)]

선원에 보정이 행하여진 경우에는 보정이 그 요건을 충족하는 경우에 한하여 보정의 효력이 출원시에 소급하기 때문에 보정을 전제로 선원발명의 기술적 내용을 인정하여야 한다.

발명의 동일성 판단의 대상이 되는 발명, 고안은 반드시 그 기술적 구성 전체가 명확하게 표현된 것뿐만 아니라 미완성발명(고안) 또는 자료의 부족으로 표현이 불충분한 것이라 하더라도 그 기술분야에서 통상의 지식을 가진 자가 경험칙에 의하여 극히 용이하게 기술내용의 파악이 가능하다면 그 대상이 될 수 있다.[7)]

한편 발명을 표현하고 있는 범주(category), 즉 발명의 대상이 상이한 경우에는 형식상 별개의 발명처럼 보일수가 있으나 발명의 동일성 판단은 발명의 카테고리라든가 그 밖의 외적 표현방법에 의하는 것이 아니라 실질적인 기술내용에 의해서 파악되는 것이므로 동일한 기술적 사상을 방법의 발명 또는 물건의 발명으로 표현하는 것처럼 카테고리를 달리하여 표현한 것에 불과한 경우에는 비교되는 양 발명은 동일한 발명으로 보아야 한다.[8)]

따라서 발명의 동일성 판단은 청구항에 기재된 발명을 인정한다.[9)] 만약 청구항

---

5) 대법원 2001.6.1. 선고 98후 1013 판결.

6) 대법원 1995.6.9. 선고 93후 1940 판결, 1985.8.20. 선고 84후 30 판결 : 그 기술적 사상이 전면적으로 일치하는 경우는 물론이고 그 범위에 차이가 있을 뿐 부분적으로 일치하는 경우라도 그 일치하는 부분을 제외한 나머지 부분만으로 별개의 발명을 이루지 못하는 한 양자는 동일한 발명이라는 취지의 판결 참조.

7) 대법원 2000.12.8. 선고 98후 270 판결 참조.

8) 대법원 1990.2.27. 선고 89후 148 판결.

에 기재된 용어의 의미, 내용이 불명확한 경우에는 i) 발명의 상세한 설명 또는 도면을 참작하여 해석한 결과 청구항에 기재된 용어의 의미, 내용이 명확하게 해석될 수 있는 경우에는 발명의 상세한 설명 또는 도면을 참작하여 발명을 인정한다.[10] ii) 발명의 상세한 설명 또는 도면을 참작하여 해석하여도 청구항에 기재된 용어의 의미, 내용이 명확하지 아니한 경우에는 발명의 인정을 하지 아니한다.[11]

그러므로 발명의 동일성 판단은 먼저 청구항에 기재된 발명을 상호대비하여 양자의 구성의 일치점과 차이점을 명확히 한다. 청구항에 기재된 발명의 동일여부는 양자의 구성에 차이점이 없으면 동일하다. 그러나 양자의 구성에 차이점이 있는 경우에도 i) 양자의 차이가 주지·관용기술의 부가, 삭제, 전환 등의 차이에 불과한 것으로 새로운 효과를 발생하지 않는 경우, ii) 하위개념으로 표현된 선원의 기술적 사상에 대하여 후원은 이를 상위개념으로 표현한 것에 지나지 않는 차이,[12] iii) 단순한 카테고리의 차이의 경우(실질적 동일)에는 동일한 것으로 한다.

② 발명의 동일성 판단의 기본적 전제

2이상의 발명에 선후원의 관계가 있는지의 여부는 결국 그들 출원의 특허청구범위에 기재된 발명이 동일한가의 여부의 문제로 귀착된다.

여기에서 발명의 동일성 판단의 대상은 특허청구범위에 기재된 사항에 한하되 기재속에 존재하는 기술적 사상의 실체에 착안하여 판단할 것이고 기재의 형식이나 표현의 차이만으로 판단하여서는 안된다.

이러한 동일성 판단의 전제는 1발명 1출원주의 원칙이나 중복특허금지의 원칙에 따라 발명이 전면적으로 동일한 경우(전면동일)는 물론 부분적으로 동일한 경우(부분동일)에도 적용한다. 왜냐하면 중복부분에서 중복특허를 허여하는 꼴이 되어 위의 1발명 1출원주의 및 중복특허금지의 원칙에 반하기 때문이다

---

9) 대법원 1988.10.11. 선고 87후 107 판결 참조.

10) 대법원 1991.11.26. 선고 90후 1499 판결 참조.

11) 이 경우에는 신규성에 대한 심사를 하지 않고 특허법 제42조 제4항 위반으로 거절이유를 통지한다(특허청, 특허·실용신안 심사지침서, 특허청 심사소성과, 1998년, 106면).

12) 같은 날에 출원된 발명 A와 발명 B에 대한 동일여부는 다음과 같이 판단한다.
① A를 선원으로 하고 B를 후원으로 한 경우에 후원이 선원과 동일하고 반대로 B를 선원으로 하고 A를 후원으로 한 경우에도 후원이 선원과 동일하면 양자는 동일하다.
② 발명 A를 선원으로 하고 발명 B를 후원으로 한 경우에 후원이 선원과 동일하지만 발명 B를 선원으로 하고 발명 A를 후원으로 한 경우에는 후원이 선원과 동일하지 않으면 양자는 동일하지 않다.

③ 발명의 실질적 동일의 원칙

발명의 동일성 판단의 원칙은 특허청구범위에 기재된 발명의 기술적 사상이 실질적으로 동일한 경우 그 발명은 동일성이 있다고 본다. 따라서 특허청구범위의 기재상 i) 단순한 구성의 변경에 의하여 발명의 목적 및 효과에 각별한 차이가 생기지 않는 경우, 예를 들면 단순한 관용수단의 전환·한정·부과 또는 삭제, 단순한 재료의 한정·변환 또는 균등물의 치환, 단순한 균등수단의 전환, 단순한 형상·수 또는 배열의 한정이나 변경, 단순한 수치의 한정 또는 변경, 택일적으로 기재된 균등한 복수수단과 그 중의 하나의 수단, ii) 단순한 용도의 상위, iii) 단순한 용도한정의 유무, iv) 단순한 표현의 상위, v) 단순한 효과의 인식, vi) 단순한 목적의 상위 등 발명의 기술적 사상으로서 실질적으로 영향을 미치지 않는 비본질적인 사항에만 차이가 있는 경우는 2 발명은 실질적으로 동일성이 있는 발명에 해당한다.

i. 단순한 구성의 변경

(i) 단순한 관용수단의 전환

어떤 발명에 대하여 그 구성을 변경하여 구성이 다른 발명으로 되었을 경우에도 그 변경이 관용수단의 전환에 해당하는 것이고 그 변경에 의하여 발명의 목적 및 효과에 각별한 차이가 생기지 않는 경우를 말한다. 예를 들면 천연과즙을 벤트나이트를 사용하여 징청(澄淸)한 후 이것을 "진공동결건조(眞空凍結乾燥)하는 분말천연과즙의 제법"과 "천연과즙을 규조토(珪藻土)를 사용하여 징청한 후 이것을 진공동결건조하는 분말천연과즙의 제조"와 같은 것이다.

(ii) 단순한 관용수단의 한정·부가·삭제

어떤 발명에 대하여 그 구성을 변경하여 구성이 다른 발명으로 되었을 경우에도 그 변경이 관용수단의 한정·부가 또는 삭제에 해당하는 것이고 그 변경에 의하여 발명의 목적 및 효과에 각별한 차이가 생기지 않는 경우를 말한다. 예를 들면 "톨루엔을 니트로화 하는 것을 특징으로 하는 P-니트로톨루이딘의 제법"과 "톨루엔을 니트로화 하여 P-니트로톨루엔으로 하고 이어서 이것을 환원하는 것을 특징으로 하는 P-톨루엔의 제법", 단 "P-니트로톨루엔을 환원하는 것을 특징으로 하는 P-톨루이딘의 제법"은 관용수단으로 한다.[13)]

---

13) 동경고판 1969.12.25. 취소집, 1969년, 155면, 동경고판 1973.10.9. 무체집 5권 2호, 1973년, 410면.

<판결요지> 본원발명의 구성요건 및 선원발명의 특허청구범위에 의하면 본원발명에서는 설

(iii) 단순한 재료의 한정·변환 또는 균등물의 치환

어떤 발명에 대하여 그 구성을 변경하여 구성이 다른 발명으로 되었을 경우에 그 변경이 호환성을 가지고 또한 동일기능을 가진 것이 공지인 재료 또는 물건의 치환에 해당하는 것이고 그 변경에 의하여 발명의 목적 및 효과에 각별한 차이가 생기지 않는 경우를 말한다. 예를 들면 "콘크리트제 말뚝외주에 악(鍔)을 만든 기초말뚝"과 같은 것이다.

(iv) 단순한 형상·수 또는 배열의 한정·변경

어떤 발명에 대하여 그 구성을 변경하여 구성이 다른 발명으로 되었을 경우에 그 변경이 목적 및 타 구성으로 보아 그 기술분야에서 통상의 지식을 가진 자에 의하여 보통으로 채용된다고 인정되는 정도의 형상·수 또는 배열의 한정이나 변경에 해당하는 것이고 그 변경에 의하여 발명의 목적 및 효과에 각별한 차이가 생기지 않는 경우를 말한다.

(v) 택일적으로 기재된 균등한 복수수단과 그 중의 하나의 수단

예를 들면 "톨루엔을 과망간산칼륨이나 혹은 중크롬산칼륨으로 산화하는 것을 특징으로 하는 안식향산(安息香酸)의 제법"과 "톨루엔을 과망간산칼륨으로 산화하는 것을 특징으로 하는 안식향산의 제법"과는 같은 것이다.

ii. 단순한 용도의 상위

구성에 차이가 있는 2 발명에 있어서 그 차이가 용도의 상위로서만 표시되어 있고 그 용도의 상위가 타 구성으로부터 당연히 도출되는 용도 상호간의 상위에 불과한 경우 또는 용도로서의 적용범위가 실질적으로 구별되지 않는 경우를 말한다. 예를 들면 전자의 경우가 "화합물 B로 되는 염화비닐수지의 가소제(可塑劑)"와 "화합물 B로부터 된 염화비닐수지의 변색방지제(變色防止劑)"와 같은 것이고 후자의 경우는 "화합물 A를 산야에 산포(散布)하는 들토끼의 기피방법"(들토끼 기피제 A)과 "화합물 A를 산야에 산포하는 사슴의 기피방법"(사슴기피제 A)과 같은 것이다.

탕 및 식염을 첨가하는 것이 필수요건인데 대해 선원발명에서는 이것이 필수요건이 아님이 분명하다. 그러나 특허청구범위에 의하면 선원발명은 조미료·부형제(賦形劑) 등을 1종 또는 2종 이상 배합하는 것을 구성요건으로 하므로 분말아세트산에 설탕 및 식염을 첨가하는 경우도 선원발명의 실시방법이 된다고 하여야 하며, 이 경우에 본원발명을 실시하는 방법인지 선원발명을 실시하는 방법인지를 구별하기는 객관적으로 불가능하다. 그리고 선원발명의 방법에 의해 제조하는 분말조미료를 점초(鮎酢)로 사용하는 경우에도 첨가물의 수치는 스스로 한정되므로 첨가물의 수치에 한정이 있는지의 여부에 따라 양발명의 어느 것을 실시하는 방법인지를 구별할 수도 없다. 이 점에서도 양자는 실질적으로 동일하다고 생각된다.

iii. 단순한 용도한정의 유무

구성에 차이가 있는 2 발명에 있어서 그 차이가 용도한정의 유무로서만 표시되어 있고 그 용도가 타 구성으로부터 당연히 도출되는 용도에 불과한 경우를 말한다. 예를 들면 “단면이 평평한 실로 구성된 망”과 “단면이 평평한 실로 구성한 어망”과 같은 것이다.

iv. 단순한 표현의 상위

2 발명의 특허청구범위의 표현이 다르지만 양 특허청구범위가 실질적으로 동일한 것을 말한다. 단순한 카테고리의 상위도 여기에 포함한다. 예를 들면 “인쇄배선판의 발명에 대하여 물의 발명과 그 물의 제조방법의 발명과는 동일하다.[14]

v. 단순한 효과의 인식

2 발명이 구성이 동일하여 실제 발명의 효과도 동일한데 단지 효과의 인식에서 차이가 있음에 불과한 것을 말한다. 특허법 제36조 제1항의 입법취지가 중복특허금지나 1발명 1특허주의에 있음을 감안할 때 2 발명이 다른 발명이라고 하기 위해서는 양 발명이 다르다는 것이 객관적으로 식별될 수 있는 것이어야 하므로 발명의 동일성 유무를 판단하는 기준은 이 관점에서 선택해야 한다. 그렇다고 하면 발명의 구성은 발명을 객관적으로 표현한 것이므로 이것을 기준으로 하여 발명의 동일성 유무를 판단할 수 있다. 따라서 구성이 동일한 발명에 대해 단순히 주관적인 목적내지 명세서기재의 작용·효과가 다르다 하여 별개의 발명이라고는 할 수 없다.[15]

vi. 단순한 목적의 상위

2 발명이 구성은 동일하면서 목적이라는 주관적인 의도에서 상위함에 불과한 경우를 말한다. 따라서 단순히 주관적인 목적이 다르다 하여 객관적으로 발명의 구성이 동일한 발명을 다르다고는 할 수 없다. 즉 양 발명의 목적이 비록 다르다 하더라도 발명의 구성이 일치하거나 부분적으로 저촉하는 경우에는 양 발명은 동

---

14) 동경고판 1972.3.31. 취소집, 1972년, 515면.
<판결요지> 물의 발명과 그 제작방법의 발명이 기술사상으로 같은 경우 양자는 단순히 기술사상의 표현방법을 달리하는데 그치고 이것을 동일한 발명이라고 하는 것은 당연하므로 원고가 인쇄배선판의 발명은 물의 발명이고 인용발명은 방법의 발명이므로 양자는 기술내용을 물을 것도 없이 형식상 특별히 다른 발명이라는 취지의 주장은 그 자체가 부당하다.

15) 동경고판 1973.1.23. 무체집 5권 1호, 1973년, 1면.

일한 작용·효과가 발생하며 나아가서는 양 발명은 객관적으로는 동일목적을 달성할 수 있다고 볼 수 있다.

④ 발명의 내재적 동일(변형 또는 특칙)

이는 발명의 실질적 동일의 변형 또는 특칙이라 할 수 있다. 즉 일반적인 발명의 실질적 동일은 특허청구범위의 기재자체로부터 직접적으로 그 존재가 명백히 인정되는 사상끼리의 동일을 말하는데 반하여 발명의 내재적 동일은 발명의 상세한 설명 및 도면 중에 기재된 발명의 실시예를 통해서 특허청구범위에 존재하는 것이 간접적으로 인정되는 사상끼리의 동일을 의미한다는 점에서 다르다. 그러나 양자의 차이는 직접이냐 또는 간접이냐의 차이에 불과할 뿐 그 본질에 있어서는 차이가 없으므로 발명의 내재적 동일은 발명의 실질적 동일의 변형 또는 특칙이라고 할 수 있다.[16)]

그 밖에도 ⅰ) 특허출원한 발명이 당해 특허출원을 한 날 전에 특허출원 또는 실용신안등록출원을 하여 당해 특허출원을 한 후에 출원공개되거나 등록공고된 타 특허출원 또는 실용신안등록출원의 경우에는 그 출원서에 최초로 첨부된 명세서 또는 도면에 기재된 발명 또는 고안에까지 발명의 동일성 판단의 범위로 확대하고 있다(법 29③ 본문).

또 위의 ⅰ)의 타 특허출원 또는 실용신안등록출원이 특허출원으로 보는 국제출원 또는 실용신안등록출원으로 보는 국제출원(특허법 제214조 제4항 또는 실용신안법 제40조 제4항의 규정에 의하여 특허출원 또는 실용신안등록출원으로 되는 국제출원을 포함한다)인 경우에 특허법 제29조 제3항의 규정을 적용함에 있어서는 제3항 중 "출원공개"는 "출원공개 또는 특허협력조약 제21조에서 규정하는 국제공개"로, "출원서에 최초로 첨부된 명세서 또는 도면에 기재된 발명 또는 고안"에까지 발명의 동일성 판단의 범위로 확대하고 있으므로(법 29④) 이 또한 발명의 실질적 동일의 변형 또는 특칙이 되는 것이다.

발명의 내재적 동일에 해당하는 발명을 예시하면 다음과 같다.

ⅰ. 자명하지 않고 또한 무의미하지 않은 조건, 제한 등을 부가한 발명(1) 또는 발명(3)과 이와 같은 조건, 제한 등을 부가하지 아니한 발명(3) 또는 발명(1)

ⅱ. 어떤 자명하지 않고 또한 무의미하지 않은 조건, 제한 등을 부가한 발명(1)

---

16) 심사일반기준, 특허청, 1992.8.2, "발명의 동일성"편 참고, 특허법개설(제9판), 길등신삭 저, 유미특허법률사무소 역, 대광서림, 1993년 155면 참고.
발명의 내재적 동일의 전형은 ⅰ) 자명하지 않고 또한 무의미하지 않은 조건을 붙인 부분이 서로 다른 2 발명이며 또 ⅱ) 각각의 발명의 명세서 중에 비교되는 상대의 발명이 실시예로 기재되어 있는 경우이다(심사기준 발명의 동일성편 참조).

또는 발명(3)과 다른 자명하지 않고 또한 무의미하지 않은 조건, 제한 등을 부가한 발명(3) 또는 발명(1)

iii. 하위개념으로 기재된 발명(1) 또는 발명(3)(객관적으로 판단하면 하위개념으로 기재된 점에 기술적인 의미가 있다)과 상위개념으로 기재된 발명(3) 또는 발명(1)

위의 i, ii, iii의 각각의 명세서 중에는 비교되는 상대의 발명이 실시예 또는 그것에 상당하는 것으로서 기재되어 있다.

⑤ 발명의 부분적 동일

2 발명의 특허청구범위의 기재내용이 부분적으로 중복되는 경우, 부분적 중복특허의 금지에 따라 전부동일의 경우와 마찬가지로 특허법 제36조에 해당되어 같은 법 제62조에 의하여 거절결정되어야 한다. 다만, 후원의 특허청구범위에서 중복부분을 삭제함으로써 나머지 부분이 독립해서 다른 발명이 될 때에는 2 발명간에는 동일성이 해소됨은 물론이다. 그러나 중복부분을 삭제하지 않는 한 2 발명은 동일발명이다.[17] 이와 같은 부분적 중복특허금지에 대해서는 반대론이 있다. 즉 위 같은 법 제36조의 동일발명이라 함은 전부동일한 발명만을 의미하는 것이므로 중복부분을 삭제하지 않는 한 동일발명이라 하여 후원을 거절할 수밖에 없다는 것이다. 그러나 이러한 반대론은 위 같은 조의 동일발명을 부당하리만큼 지나치게 좁게 해석하고 있을 뿐만 아니라 중복특허로 인한 폐해 등을 간과함으로써 위 같은 조의 입법취지를 왜곡한 것이라고 할 수 있다. 만약 반대론이 위 같은 조의 입법취지에 부합된다면 선원의 특허권이 소멸된 후 선원자가 자신의 발명을 실시할 때에는 후원자의 특허발명과 저촉되지 않는 비동일부분의 특허권을 침해하는 결과가 될 것이고 또 제3자도 선원의 특허권 소멸 후는 원래 자유롭게 그 발명을 실시할 수 있는 데에도 불구하고 후원과 중복된 부분은 계속 실시할 수 없는 등 위 같은 조의 중복특허금지의 취지가 훼손될 것이다.

⑥ 발명의 실시예 동일

i. 개 요

위에서 설명한 발명의 동일성에 관한 발명의 실질적 동일(원칙), 발명의 내재적 동일(변형 또는 특칙), 발명의 부분적 동일은 모두 특허청구범위상 2 발명이 중복된다고 인정되는 경우이지만 여기 어느 것에도 해당하지 않은 경우에도 2 발명에 공통되는 실시예가 각각의 명세서 및 도면에 존재할 때에는 실시예가 동일하므로

17) 동경고판 1981.10.20. 취소집, 1981년 169면.

동일발명으로 해석하려는 것이다. 그러나 2 발명이 특허청구범위에 중복부분이 없다면 발명의 구성을 이룬 기술적 사상의 기반이 다르므로 별개의 발명으로 보고 특허를 부여하여야 할 것으로 판단되나 이 경우 실제 발명의 실시예에서 중복부분이 있다면 이 또한 중복특허 배제원칙에 반하므로 거절하여야 한다.

이 점에서 실시예 동일은 위에서 살펴본 부분적 동일과 공통의 기반위에 있는 것으로서 부분적 동일의 변형, 즉 특칙이라고 할 수 있다. 그러나 양자는 기술적 사상을 달리하고 있기 때문에 중복되는 실시예 부분에 대해 권리 불요구의사를 분명히 한 때에는 특허를 받을 수 있다고 보아야 한다. 발명의 실시예 동일의 전형적인 경우의 하나는 2 발명을 대비하였을 때 비로소 기술적으로 의미가 있는 조건, 한정 등이라는 것을 알 수 있는 어떤 조건, 한정 등을 부가한 것이라고 인정되는 발명과 다른 조건, 한정 등을 부가한 것이라고 인정되는 발명으로 어느 명세서나 도면에도 공통되는 실시예가 각각 기재되어 있는 경우이다. 여기에서 "공통되는 실시예가 기재되어 있는 경우"라 함은 실제 기재되어 있는 경우만이 아니고 각각의 출원시의 기술수준으로 보아 기재되어 있는 것과 동등한 경우도 포함한 의미이다. 발명의 실시예 동일에 관한 일반적 모형을 살펴보기로 한다.

ii. 발명의 실시예 동일의 일반적 모형

(ⅰ) 2 발명의 실질적 동일(원칙) 및 내재적 동일(변형 또는 특칙)에는 해당되지 않으나 발명(1)과 발명(3)에 공통되는 실시예가 각각 발명의 명세서에 기재되어 있는 경우.

발명(1)과 발명(3)이 실질적 동일이 아니고 또 발명(1)을 그 명세서 및 도면을 참작하여 객관적으로 판단하였을 때 발명(1) 중에 발명(3)이 그리고 발명(3) 중에 발명(1)이 다같이 내재하는 것이 명백하지도 않는 경우에는 발명(1)과 발명(3)은 기술적 사상이 상이하고 따라서 별개의 발명으로도 볼 수 있다. 그러나 각각의 명세서 중에 공통되는 실시예가 기재되어 있는 경우에 각각의 발명에 대하여 특허가 부여되면 그 실시예는 양 특허에 속하게 되어 결과적으로는 그 실시예에 대하여 특허가 이중으로 존재하는 것으로 되고 중복특허금지원칙에도 반하게 되므로 양자를 동일발명이라 한다. 여기에서 "공통되는 실시예가 기재되어 있다"라 함은 실제 기재되어 있을 경우만이 아니고 각각의 출원시의 기술수준으로 보아 기재되어 있는 것과 동등한 경우도 포함한 의미이다. 이 발명의 실시예 동일(변형 또는 특칙)에 해당하는 발명을 예시하면 다음과 같다.

ⅰ) 2 발명을 대비하였을 때 비로소 기술적으로 의미가 없음을 알 수 있는 조건, 한정 등을 부가한 발명(1) 또는 발명(3)과 이와 같은 조건, 한정 등을 부

가하지 않은 발명(3) 또는 발명(1)

ii) 2 발명을 대비하였을 때 비로소 기술적으로 의미가 있음을 알 수 있는 조건, 한정 등을 부가한 발명(1) 또는 발명(3)과 이와 같은 조건, 한정 등을 부가하지 않은 발명(3) 또는 발명(1)

iii) 2 발명을 대비하였을 때 비로소 기술적으로 의미가 있는 조건, 한정 등이라는 것을 각각 알 수 있는 어떤 조건, 한정 등을 부가한 것이라고 볼 수 있는 발명(1) 또는 발명(3)과 다른 조건, 한정 등을 부가한 것이라고 볼 수 있는 발명(3) 또는 발명(1)

iv) 2 발명을 대비하였을 때 비로소 하위개념과 상위개념의 관계에 있음을 알 수 있는 하위개념으로 기재된 발명(1) 또는 발명(3)(하위개념으로 기재된 점에 기술적인 의미가 없다)과 상위개념으로 기재된 발명(3) 또는 발명(1)

v) 2 발명을 대비하였을 때 비로소 하위개념과 상위개념의 관계에 있음을 알 수 있는 하위개념으로 기재된 발명(1) 또는 발명(3)(하위개념으로 기재된 점에 기술적인 의미가 있다)

(ii) 2 발명의 실질적 동일(원칙)에 해당하지 않으나 발명(1)[18]과 발명(2)[19]에 있어서 발명(2) 중에 발명(1)이 존재하고 있는 것이 객관적으로 명백한 경우. 이 경우 다음과 같은 두 가지의 경우를 상정할 수 있다.

i) 발명(1)의 명세서에 발명(2)가 발명(1)의 실시예 또는 그것에 상당하는 것으로서 기재되어 있는 경우

ii) 발명(1)의 명세서에 발명(2)가 발명(1)의 실시예 또는 그것에 상당하는 것으로 기재되어 있지 않은 경우

위 i)의 경우에 대하여는 발명(1)의 명세서에 발명(2)가 실시예 또는 그것에 상당하는 것으로서 기재되어 있으므로 발명(2)에 발명(1)이 존재하고 있는 것으로 된다. 또한 ii)의 경우에 대하여는 객관적으로 보면 발명(2)는 발명(1)을 구체화한 관계의 발명으로 되어 있으므로 발명(2)는 발명(1)로서도 받아들일 수 있다. 결국 발명(2)에 발명(1)이 존재하고 있다고 볼 수 있다. 따라서 i) 및 ii)의 어느 경우에 있어서도 발명(1)은 발명(2)와 동일하다. 이 발명의 실시예 동일(변형 또는 특칙)에 해당하는 발명을 예시하면 다음과 같다.

ⓘ 하위개념으로 기재된 발명(2)(객관적으로 판단하면 하위개념으로 기재된 점에 기술적인 의미가 있다)에 대하여 상위개념으로 기재된 발명(1)

---

18) 발명(1) : 상위개념으로 기재된 발명 또는 조건, 한정을 부가하지 않은 발명.

19) 발명(2) : 하위개념으로 기재된 발명 또는 조건, 한정을 부가한 발명으로서 하위개념 또는 조건, 한정을 부가한 점에 기술적인 의미가 있는 발명.

ⓘⓘ 자명하지 않고 또한 무의미하지 않은 조건, 한정 등을 부가한 발명(2)에 대하여 이와 같은 조건, 한정 등을 부가하지 않은 발명(1)

ⓘⓘⓘ 하위개념으로 기재된 발명(2)(객관적으로 판단하면 하위개념으로 기재된 점에 기술적인 의미가 있다)에 대하여 상위개념으로 기재된 발명(1)

ⓘⓥ 자명하지 않고 또한 무의미하지 않은 조건, 한정 등을 부가한 발명(2)에 대하여 이와 같은 조건, 한정 등을 부가하지 않은 발명(1)

위의 ⓘ, ⓘⓘ, ⓘⓘⓘ, ⓘⓥ의 각각의 명세서 중에 위의 발명(2)가 실시예 또는 그것에 상당하는 것으로 기재되어 있다.

⑦ 특허법 제36조 적용의 한계

특허법 제36조에 의한 선후원발명의 동일성 판단에는 앞에서 설명한 바와 같이 일정한 한계가 있어 중복특허의 폐해를 완전히 방지할 수 없다는 결점이 있었다. 이를 입법적으로 보완하기 위하여 1993.12.10. 제정한 것이 "확대된 선원"의 규정(법 29③)이다. 이에 관한 설명은 다음의 "제3장 제2절 Ⅱ. 4. 확대된 선원의 지위" 편을 참고하기 바란다.

5. 발명의 동일성의 구체적 판단방법

(1) 발명의 카테고리별 판단

발명의 분야를 다음과 같이 분류하여 유별범주[이하 "카테고리(Kategorie)"라 한다]를 정하여 대비되는 2 발명이 동일범주에 해당하는 경우 양 발명은 카테고리가 동일한 것으로 보고, 대비되는 2 발명이 상이한 범주에 해당하는 경우 양 발명은 카테고리가 상이한 것으로 본다.

1) 물건의 발명
2) 이용발명의 발명
3) 생산방법의 발명
4) 1)의 "물건의 발명"에는 예를 들면 기계·기구제품, 부품, 재료, 화합물, 조성물 등이 포함된다.
5) 2)의 "이용발명"에는 예를 들면 살충방법, 통신방법, 측정방법, 이송방법 등 생산방법 외의 방법이 포함된다.
6) 3)의 "생산방법의 발명"에는 예를 들면 화학물질의 제조방법, 해산물의 양식법, 건축물의 구축방법 등이 포함된다.

이러한 기준에 적용되는 발명의 카테고리는 특허출원발명에 대하여 출원인이 그 특허청구범위에 기재한 대로의 카테고리를 형식적으로 채용한다. 그리고 대비되는 2 발명의 카테고리가 동일한 경우에는 이 기준이 표현된 카테고리가 동일한 2 발명의 항을 적용하고 상위한 경우에는 표현된 카테고리가 상이한 2 발명의 항을 적용한다. 그러나 실제에 있어 카테고리의 상이가 곧 기술적인 차이를 의미하는 것이 아니므로 실질적인 동일성 여부를 판단하여야 한다.[20]

(2) 발명의 동일성 판단의 원칙

1) 표현된 카테고리가 동일한 2 발명

① 발명의 구성 및 그것에 의거한 목적, 효과의 표현이 동일하거나 그들의 표현에 차이가 있어도 그 차이가 동일내용을 표시하는 단순한 표현상의 차이에 불과한 경우는 2 발명은 동일한 것으로 본다.

② 발명의 구성이 형식적으로 동일[21]하고 목적, 효과의 기재가 상이한 2 발명은 객관적으로 보면 동일한 목적이 달성되고 동일한 효과를 나타나게 되어 있으므로 2 발명은 동일한 것으로 본다.

③ 2 발명을 대비하였을 경우 그 구성의 차이가 “단순한 관용수단의 전환”, “단순한 관용수단의 부가 또는 삭제”, “단순한 재료의 한정·변환 또는 균등물의 치환”, “단순한 균등수단의 전환”, “단순한 형상·수 또는 배열의 한정이나 변경”, “단순한 수치의 한정 또는 변경” 등에 해당하는 경우는 2 발명은 동일한 것으로 본다. 이를 보다 구체적으로 살펴보면, ⅰ) 단순한 구성의 변경에 해당하는 경우에 그들의 변경은 그 기술분야에서 통상의 지식을 가진 자가 일반적으로 채용한다고 인정되는 정도의 변경이고 발명의 목적 및 효과에는 각별한 차이가 생기지 아니하므로 2 발명은 동일한 것으로 본다. ⅱ) 2 발명을 대비하였을 경우, 그 구성의 차이가 단순한 용도의 상위에 상당하는 경우에 그 용도의 상위는 타 구성에서 당연히 도출되는 용도상호간의 상위에 불과한 것이고 또 그 구성의 차이가 단순한 용도한정의 유무에 상당하는 경우에 그 용도는 타 구성에서 당연히 도출되는 용도에 불과한 것이므로 2 발명은 동일한 것으로 본다. ⅲ) 2 발명을 대비하였을 경우, 그 구성의 차이가 자명 또는 무의미한 조건, 한정 등의 유무에 해당하고 또한

---

20) 심사일반기준, 발명의 동일성 편, 특허청, 1992.8.24.

21) 여기에서 “형식적으로 동일”이라 함은 표현이 동일하거나 차이가 있어도 그 차이가 동일내용을 표시하는 단순한 표현상의 차이에 불과한 것을 말한다.

위의 조건, 한정 등을 부가한 발명이 출원시의 기술수준으로 판단하여 그 조건, 한정 등을 부가하고 있지 않은 발명으로 파악할 수 있는 경우에는 2 발명은 동일한 것으로 본다. ⅳ) 2 발명을 대비하였을 경우, 그 구성의 차이가 상위개념으로 기재된 구성과 그 상위개념으로 기재된 구성의 차이에 해당하고 또한 하위개념으로 기재된 발명이 출원시의 기술수준으로 판단하여 상위개념 발명으로도 파악될 수 있고 하위개념으로 기재된 점에 기술적인 의미가 없는 경우에 2 발명은 동일한 것으로 본다.

④ "택일적으로 기재된 발명"은 객관적으로 "개별적으로 기재된 발명"으로도 볼 수 있으므로 2 발명은 동일한 것으로 본다.

⑤ 어떤 발명에 공지의 타 발명을 부가한 것으로서 그 부가한 점에 기술적 의미가 없는 발명은 객관적으로 어떤 발명으로 인정되므로 2 발명은 동일한 것으로 본다. 여기에서의 "공지"라 함은 잘 알려져 있다는 의미이다. 따라서 한 간행물에 기재되어 있다고 하여 곧 이 경우에 해당되는 것은 아니다.

2) 표현된 카테고리가 상이한 2 발명

대비되는 2 발명의 표현된 카테고리가 상이하면 2 발명은 형식상 별개의 발명처럼 보이나 동일한 기술적 사상을 카테고리를 달리하여 표현한 것에 지나지 않는 경우에는 2 발명은 동일한 것으로 본다. 표현된 카테고리가 상이한 2 발명의 동일성 판단은 카테고리의 상위에 의한 구성부분의 차이 및 카테고리의 상위에 의하지 아니한 구성부분이 차이에 대한 기술적 의미의 유무에 의하여 판단하여야 한다. 카테고리가 상이한 2 발명을 대비할 경우에 양자의 구성의 차이를 ⅰ) 카테고리의 상이에 의한 구성부분의 차이 ⅱ) 카테고리의 상이에 의하지 아니한 구성부분의 차이로 구분하여 개별적으로 고찰한다. ⅰ)의 카테고리의 상이에 의한 구성부분의 차이에 기술적인 의미가 없는 경우에는 하나의 기술적 사상을 카테고리를 달리하여 표현한 것에 불과하다.

카테고리의 상이에 의한 구성부분의 차이에 기술적인 의미가 없는 경우는 다음과 같은 두 가지의 유형이 있다.

① 양자의 카테고리의 차이에 의한 구성부분의 차이가 카테고리의 상이 때문에 표현상의 차이 뿐인 경우

② 양자의 카테고리의 상이에 의한 구성부분의 차이가 카테고리의 상이로 인한 표현상의 차이와 자명 또는 무의미한 구성의 부가 또는 삭제에 상당하는 차이인 경우이다.

여기에서 ①의 경우는 양자의 카테고리의 상이에 의한 구성부분의 차이에 의하

여 목적, 효과에 각별한 차이를 가져오지 아니하므로 양자의 카테고리의 상이에 기술적인 의미가 없다. 또 ②의 경우 양자의 카테고리의 차이에 의한 구성부분의 차이 중 자명 또는 무의미한 구성의 부가 또는 삭제에 상당하는 차이는 출원시의 기술수준으로 보아 의미가 없는 것이므로 기술적 사상을 객관적으로 파악할 때에는 이와 같은 차이는 배제하여 파악할 수 있다. 결국 이러한 경우에도 카테고리의 상이자체에는 기술적인 의미가 없다.

이와 같은 카테고리의 상이가 기술적으로 의미가 없는 경우로서는 그 기술적 사상의 표현형식으로서 어느 카테고리에 의해서도 표현할 수 있는 경우와 그 어느 한쪽의 카테고리에 의하는 면이 오히려 타당할 경우의 두 가지가 있다. 또는 위의 ii)의 카테고리의 상이에 의하지 아니한 구성부분의 차이는 카테고리의 상이에는 관계가 없으므로 전술한 (2). 1) "표현된 카테고리가 동일한 2 발명"편에 준하여 판단한다.

(3) 발명의 동일성 판단에 있어서의 변형 -특칙-

1) 특허법 제36조(선출원)의 적용에 있어서의 변형

① 2 발명이 전술한 발명의 동일성 판단에 있어서의 원칙(이하 "원칙"이라 한다)에는 해당하지 않으나 2 발명 상호간에 다같이 내재하는 것이 객관적으로 명백한 경우 그 2 발명은 동일한 것으로 본다. 즉 2 발명이 원칙에서 말하는 실질적 동일에는 해당하지 않으나 2 발명의 명세서 및 도면을 참작하여 객관적으로 파악하면 발명(1) 중에 발명(3)이 완성한 발명으로서 내재하고 있는 것이 명백하고 발명(3) 중에 발명(1)이 완성한 발명으로서 내재하고 있는 것이 명백한 경우를 말한다. 여기에서 "내재하고 있는 것이 명백하다"라 함은 명세서 및 도면에 실제적으로 기재되어 있을 경우만이 아니고 각각의 출원시의 기술수준으로 보아서 기재되어 있는 것과 동등한 경우도 포함한 의미이다. 따라서 발명(3) 중에 발명(1)이 내재하는 이상 발명(1)을 특허할 수 없으므로 2 발명은 동일한 것으로 본다.

② 2 발명이 원칙 및 위의 ① 발명의 동일성 판단에 있어서의 변형(이하 "변형"이라 한다)에는 해당하지 않으나 2 발명에 공통되는 실시예가 각각 발명의 명세서 중에 기재되어 있는 경우 그 2 발명은 동일한 것으로 본다. 즉 2 발명(1)과 발명(3)이 원칙에서 말하는 실질적 동일이 아니고 또 발명(1)을 그 발명의 명세서 및 도면을 참작하여 객관적으로 판단하였을 때, 발명(1) 중에 발명(3)이 그리고 발명(3) 중에 발명(1)이 다같이 내재하는 것이 명백하지도 않는 경우에는 발명(1)과 발명(3)은 기술적 사상이 상이하고 따라서 별개발명으로도 보여진다. 그러나 각각의

명세서 중에 공통되는 실시예가 기재되어 있는 경우에 각각의 발명에 대하여 특허가 부여되면 그 실시예는 양 특허에 속하게 되어 결과적으로는 그 실시예에 대하여 특허가 2중으로 존재하는 것으로 되고 중복(이중)특허를 금지(배제)원칙이라는 특허법 본래의 취지에도 반하게 되므로 2 발명은 동일한 것으로 본다. 여기에서 "공통되는 실시예가 기재되어 있다"라 함은 실제적으로 기재되어 있을 경우만이 아니고 각각의 출원시의 기술수준으로 보아 기재되어 있는 것과 동등한 경우도 포함한 의미이다.

2) 특허법 제29조 제2항내지 제4항의 적용에 있어서의 변형

2 발명이 원칙에 해당하지 않으나 발명(1)과 발명(2)에 있어서, 발명(2) 중에 발명(1)이 존재하고 있는 것이 객관적으로 명백한 경우 2 발명은 동일한 것으로 본다. 즉 2 발명이 다음이 관계에 있는 경우

① 발명(1)이 상위개념으로 기재된 발명 또는 조건, 한정을 부가하지 않은 발명

② 발명(2)가 하위개념으로 기재된 발명 또는 조건, 한정을 부가한 발명으로서 하위개념 또는 조건, 한정을 부가한 점에 기술적인 의미가 있는 발명의 양자에 대하여 이 경우는 아래와 같은 두 가지의 경우가 상정된다.

i. 발명(1)의 명세서에 발명(2)가 발명(1)의 실시예 또는 그것에 상당하는 것으로서 기재되어 있는 경우

ii. 발명(1)의 명세서에 발명(2)가 발명(1)의 실시예 또는 그것에 상당하는 것으로 기재되어 있지 않은 경우 i의 경우에 대하여는 발명(1)의 명세서에 발명(2)가 실시예 또는 그것에 상당하는 것으로서 기재되어 있으므로 발명(2)에 발명(1)이 존재하고 있는 것으로 본다. 또한 ii의 경우에 대하여는 객관적으로 보면 발명(2)는 발명(1)을 구체화한 관계의 발명으로 되어 있으므로 발명(2)는 발명(1)로서도 받아들일 수 있다. 이는 결과적으로 발명(2)에 발명(1)이 존재하고 있다고 볼 수 있다 따라서 i 및 ii의 어느 경우에 있어서도 발명(1)은 발명(2)와 동일하다고 본다.

6. 선원의 효과

(1) 선원의 지위가 인정된 경우

선원의 지위가 확보되면 그 이후 이와 동일한 발명의 특허출원은 모두 후출원을 이유로 거절되는 소위 거절의 준거가 된다. 즉 선출원이 특허청, 특허심판원

또는 법원에 계속 중에 있거나 특허가 된 경우에는 물론 동일한 발명에 대하여 같은 날에 2이상의 특허출원이 있는 때 하나의 특허출원인을 정하기 위한 협의가 성립되지 아니하거나 협의를 할 수 없는 그 특허출원 또는 실용신안등록출원에 대한 거절결정이나 거절한다는 취지의 심결이 확정된 경우에도 선원의 효과는 그대로 남아있어(법 36④ 단서) 그 이후의 동일발명의 출원은 특허를 받을 수 없게 된다.

(2) 선원의 지위가 인정되지 않는 경우

다음과 같은 경우 특허출원 또는 실용신안등록출원은 처음부터 없었던 것으로 간주되어 선원의 지위가 상실되므로 선원의 효과가 발생하지 않는다.

1) 특허출원 또는 실용신안등록출원이 무효·취하·포기되거나 거절결정이나 거절한다는 취지의 심결이 확정된 때(법 36④ 본문)
2) 행위능력이 없는 미성년자·한정치산자·금치산자에 의하여 특허출원 또는 실용시안등록출원이 된 경우, 특허법령이 정한 방식에 위반된 경우 소정의 수수료를 납부하지 아니한 경우 특허청장이 기간을 정하여 보정을 명하고 보정명령을 받은 자가 그 지정된 기간이내에 보정을 하지 않아 그 출원이 무효된 때(법 16)
3) 무권리자의 출원, 즉 발명자 또는 고안자가 아닌 자로서 특허를 받을 수 있는 권리 또는 실용신안등록을 받을 수 있는 권리의 승계인이 아닌 자가 한 특허출원 또는 실용신안등록출원(법 36⑤)

(3) 선원의 지위를 갖지 못하는 경우

특허출원이 계류 중일 때는 선원은 그 계류 중에 있는 특허출원에 대하여 거절이유가 되고(법 62, 1) 착오로 특허가 되면 무효사유가 된다(법 133①1). 즉 확대된 선원의 지위에 있는 발명이나 고안(법 29③ 본문) 또는 선출원(법 36① 내지 ③)의 발명이나 고안과 동일한 특허출원발명은 그 확대된 선원이나 또는 선출원이 거절이유가 되어 특허거절결정에 의해 특허를 받을 수 없게 되고, 만약 심사·심리의 잘못으로 특허가 된 경우에는 무효사유가 되어 심결 또는 판결에 의해 무효가 되어 그 특허출원 또는 특허는 선원의 지위를 갖지 못한다.

7. 선원의 예외

(1) 서 문

특허제도는 원칙적으로 선원주의를 채택하고 있으나 다음과 같은 경우에는 출원일로 보는 날짜가 실제 출원한 날짜보다 소급되던가 아니면 늦어지는 것으로 본다. 이와 같은 예외에 해당하는 사항들에 대해서는 장을 달리하여 해당 항에서 자세히 설명하기로 하고 여기에서는 대강만을 살펴보기로 한다.

(2) 예외의 유형

1) 우선권주장의 출원

① 조약에 의한 우선권주장 출원

ⅰ. 우리나라 국민에게 특허출원에 대한 우선권을 인정하는 당사국 국민이 그 당사국 또는 다른 당사국에 특허출원을 한 후 동일발명을 우리나라에 특허출원하여 우선권을 주장하는 때에는 특허법 제29조 및 제36조의 규정을 적용함에 있어서 그 당사국에 출원한 날을 우리나라에 출원한 날로 봄으로써 선원의 예외를 인정하고 있다(법 54① 전단).

ⅱ. 우리나라 국민이 조약에 의하여 우리나라 국민에게 특허출원에 대한 우선권을 인정하는 당사국에 특허출원한 후 동일발명을 우리나라에 특허출원하여 우선권을 주장하는 때에도 본법 제29조 및 제36조의 규정을 적용함에 있어서 그 당사국에 출원한 날을 우리나라에 출원한 날로 보아 선원의 예외를 인정하고 있다(법 54① 후단).

② 특허출원 등에 의한 우선권주장 출원 - 국내우선권 주장 출원 -

먼저 제출한 특허출원서 또는 실용신안등록출원서(이하 "선출원"이라 한다)에 최초로 첨부된 명세서 또는 도면에 기재된 발명이나 고안을 기초로 그 선출원의 출원일부터 1년 내의 우선권주장 기한 내에 특허출원을 하면서 우선권주장(이하 "국내우선권주장"이라 한다)을 할 수 있다. 이와 같이 우선권주장을 수반하는 특허출원된 발명 중 그 우선권주장의 기초가 된 선출원의 출원서에 최초로 첨부된 명세서 또는 도면에 기재된 발명에 관하여 특허법 제29조 제3항 본문 및 제36조 제1항부터 제3항까지의 규정을 적용함에 있어서는 그 특허출원은 그 선출원의 출원시에 특허출원한 것으로 봄으로써 선원의 예외를 인정하고 있다(법 55①③).

2) 정당한 권리자의 출원

① 무권리자의 출원 후에 한 정당권리자의 출원

발명자가 아닌 자로서 특허를 받을 수 있는 권리의 승계인이 아닌 자(이하 "무권리자"라 한다)가 한 특허출원이 특허를 받을 수 있는 권리를 가지지 아니한 사유로 특허를 받지 못하게 된 경우에는 그 무권리자의 특허출원 후에 한 발명자 또는 그 승계인(이하 "정당한 권리자"라 한다)의 특허출원은 무권리자가 특허출원을 한 때에 특허출원한 것으로 봄으로써 선원의 예외를 인정하고 있다(법 34 본문). 따라서 그 사이 제3자의 출원이 있더라도 이에 의해 거절결정이 되지 아니한다. 다만, 무권리자가 특허를 받지 못하게 된 날부터 30일을 경과한 후에 출원을 한 경우에는 무권리자가 특허출원한 때에 특허출원한 것으로 보는 선원의 예외를 인정하지 않는다(법 34 단서). 그러므로 그 사이 제3자의 출원이 있을 경우 그 제3자의 출원은 선원의 지위를 갖게 되고 정당권리자의 출원은 후출원이 되어 제3자의 선원에 의해 거절결정이 된다.

② 무권리자의 특허에 대한 정당권리자의 출원

특허를 받을 수 있는 권리를 가지지 아니한 자에 대하여 특허를 무효로 한다는 심결이 확정된 경우에는 그 특허출원 후에 한 정당한 권리자의 특허출원은 무효로 된 그 특허의 출원시에 특허출원한 것으로 봄으로써 선원의 예외를 인정하고 있다(법 35 본문). 따라서 그 사이 제3자의 출원이 있더라도 이에 의해 거절결정이 되지 아니한다. 다만, 그 특허의 등록공고가 있는 날부터 2년을 경과한 후 또는 심결이 확정된 날부터 30일을 경과한 후에 특허출원을 한 경우에는 무권리자의 특허출원시 특허출원한 것으로 보는 선원의 예외를 인정하지 않는다(법 35 단서). 그러므로 그 사이 제3자의 출원이 있을 경우 그 제3자의 출원은 선원의 지위를 갖게 되고 정당권리자의 출원은 후출원이 되어 제3자의 선원에 의해 거절결정이 된다.

3) 특허출원의 보정

특허출원인은 심사관이 특허결정의 등본을 송달하기 전까지 특허출원서에 최초로 첨부된 명세서 또는 도면에 기재된 사항의 범위 안에서 그 명세서 또는 도면을 보정할 수 있다. 다만, 거절이유통지를 최초로 받거나 거절이유통지를 최후 받은 경우에는 각각 당해 거절이유통지에 의한 의견서 제출기간, 특허거절결정에 대한 심판을 청구하는 경우에는 그 심판의 청구일부터 30일의 기간이내에 한하여 보정할 수 있다(법 47① 각호). 이 경우 그 보정도 처음 출원한 날에 출원한 것과 일체가 되도록 소급효를 인정하고 있는 점에서 선원의 예외라고 할 수 있다.

4) 분할출원

1특허출원의 범위는 1발명을 1특허출원으로 함을 원칙으로 하고(법 45① 본문), 다만 하나의 총괄적 발명의 개념을 형성하는 1군의 발명에 대하여 1특허출원으로 하는 경우에는 예외로 한다(법 45① 단서). 그럼에도 2이상의 발명을 1특허출원으로 하여 1발명 1특허출원의 범위를 벗어나 발명의 단일성의 원칙에 반하였거나 하나의 총괄적 발명의 개념을 형성하는 1군의 발명에 대하여 1특허출원으로 한 경우에는 그 특허출원서에 최초로 첨부된 명세서 또는 도면에 기재된 사항의 범위 안에서 소정의 보정기간이내(법 47①)에 그 일부를 1이상의 특허출원으로 분할할 수 있는 바, 그 분할된 출원은 특허출원한 때에 출원한 것으로 봄으로써 선원의 예외를 인정하고 있다(법 52①②). 다만, 그 분할출원에 대하여 분할출원이 제29조 제3항(확대된 선원)에서 규정하는 타 특허출원 또는 실용신안법 제4조 제3항에서 규정하는 특허출원에 해당하여 제29조 제3항 또는 실용신안법 제4조 제3항의 규정을 적용하는 경우에 있어서는 당해 분할출원시에 출원한 것으로 본다(법 52② 단서).

5) 변경출원

실용신안등록출원인은 그 실용신안등록출원의 출원서에 최초로 첨부된 명세서 또는 도면에 기재된 사항의 범위 안에서 그 실용신안등록출원을 특허출원으로 변경할 수 있는 바(법 53① 본문) 그 변경출원한 특허출원은 실용신안등록출원을 한 때에 출원한 것으로 봄으로써 선원의 예외를 인정하고 있다(법 53② 본문). 다만, 그 변경출원한 특허출원이 특허법 제29조 제3항의 규정(확대된 선원)에 따른 타 특허출원 또는 실용신안법 제4조 제3항의 규정에 따른 특허출원에 해당하여 특허법 제29조 제3항 또는 실용신안법 제4조 제3항의 규정을 적용하는 경우에는 당해 변경출원시에 출원한 것으로 본다(법 53② 단서).

8. 후원의 처리

동일발명의 선원이 있을 경우의 후원은 다음과 같이 처리한다.

(1) 출원인이 상이한 경우

출원인과 발명자가 모두 상이한 경우에는 특허법 제29조 제3항 및 제4항의 규정을 적용하고, 출원인은 상이하지만 발명자가 동일한 경우에는 특허법 제36조의 규정을 적용한다. 이 경우에 동일발명에 대한 후원이라는 거절이유로 거절결정을 할 경우에는 선원의 특허청구범위가 확정된 이후에 하여야 한다.

(2) 출원인이 동일한 경우

출원인이 동일한 경우에는 선원이 확정되어 있지 않거나 심사청구되어 있지 않아도 후원에 대하여 거절이유를 통지한다. 이 경우에는 특허법 제36조의 규정에 의한 거절이유가 해소되지 않을 경우에는 선원이 확정되지 않아도 거절결정을 한다는 취지를 거절이유통지서에 부기하여 통지하며, 지정기간경과 후 거절이유가 해소되지 않으면 거절결정을 한다.

(3) 후출원의 심사보류

동일한 발명에 대하여 2이상의 특허출원이 있을 때에는 선출원이 처리되거나 출원공개 또는 등록공고될 때까지 후출원의 심사를 보류하여야 한다. 다만, 선출원을 거절할 이유와 동일한 이유에 의하여 후출원을 거절하는 경우에는 그러하지 아니하다(법시행규칙 40).

V. 직무발명자

1. 서 설

(1) 서 문

직무발명자도 특허를 받을 수 있는 적격자로 이 또한 하나의 발명자이다. 다만 그 발명이 발명자의 직무와 관련된 것일 뿐이다. 그런데 개정특허법(2006.3.3 제7871호)에서는 직무발명에 관한 규정(법 39, 40)을 삭제하고 이를 발명진흥법에 규정하였다(발명진흥법 10). 그러므로 특허법에서는 비록 삭제되었지만 특허법과 관련된 발명진흥법에서 규정하고 있고 또 오늘날 발명이 질·양적으로 개인발명보다는 산업체 종사자(기업체부설 기술연구소 연구원을 포함한다, 이하 같다) 등에 의한 직무발명이 주류를 이루고 있어 이를 살펴보는 것도 발명자를 이해하는데 의미가 있는 것으로 판단되어 여기에서 검토해 보기로 한다.

(2) 개 요

오늘날의 발명은 주로 기업체 종업원들이 직무와 관련하여 창안한 직무발명과 직무와는 직접 관련이 없는 분야의 자유발명, 전문연구기관의 직업연구원에 의한 직책발명, 개인발명가에 의한 발명이라고 할 수 있으나 그 중 대부분의 발명이 종업원에 의한 직무발명(이하 "직무발명"이라 한다)이 차지하고 있다. 그러나 이와 같은 직무발명은 기업 또는 종업원과의 관계에서 또는 양자간의 관계에서 어떻게 보호하고 또 누구의 귀속으로 하며 그 보상은 어떻게 할 것인가 하는 등의 이해문제는 물론 산업정책에 관한 문제이기도 하여 대단히 중요한 사안이다. 사용자의 입장에서는 민법상의 고용의 의의[22]에 따라 직무발명은 모두 노동의 성과이므로 발명에 관한 권리는 일체 사용자에게 속해야 한다고 주장할 수 있을 것이다. 이에 반해 종업원의 입장에서는 발명은 발명자의 각별한 능력과 노력에 의해 안출된 것이므로 발명에 관한 권리는 일체 발명자에게 속해야 한다고 주장할 수 있을 것이다. 따라서 이러한 문제들을 해결하기 위해서는 어느 한편만의 주장이 고려될 수 없는 것이고 양자의 이해균형과 산업정책적 면을 고려하여 적당하다고 판단되는 기본적인 방침을 일정한 제도로서 법제화하는 것이 타당하다 할 것이다.

(3) 의 의

직무발명이라 함은 종업원 등이 그 직무에 관하여 발명한 것이 성질상 사용자 등의 업무범위에 속하고 그 발명을 하게 된 행위가 종업원 등의 현재 또는 과거의 직무에 속하는 발명을 말한다(개정전법 39①). 이를 분설한다.

1) 사용자 등의 업무범위에 속하는 발명

① 사용자 등

여기에서 사용자 등이라 함은 타인을 고용하는 자연인뿐만 아니라 법인·국가

22) 민법상의 고용의 의의 : 민법 제655조는 고용은 당사자 일방이 상대방에 대하여 업무를 제공할 것을 약정하고 상대방이 이에 대하여 보수를 지급할 것은 약정함으로써 그 효력이 발생한다.

또는 지방자치단체도 포함한다.

② 업무범위

i. 법인의 경우

법인의 정관목적 달성을 위한 정관상의 사업 및 기타 그 부대사업이라고 보고 있으나 (정관설) 문제는 그 중 기타 그 부대사업의 범위를 어디까지로 볼 것인가의 한계이다. 이와 관련해서는 본래의 업무수행상 필요한 것이라면 그것이 직접적이든, 간접적이든 상관이 없으며 주로 주목적사업 추진에 필요한 기술적 문제의 해결을 위한 연구사업 등이 여기에 해당한다고 볼 수 있다. 일반적으로 업무범위를 넓게 보는 정관설이 오늘날의 통설이다.

그러나 이와 같은 정관설을 반대하는 학설도 있다. 즉 정관목적사업에 구속됨이 없이 객관적 업무수행과 기술적인 관련성이 있는 범위라고 보는 설[23]과 기술적으로 전혀 다른 업무도 포함한다고 보는 설[24]이 있다. 그러나 후자의 설은 직책상의 직무범위에 속하는 발명이 아니기 때문에 여기에서 말하는 업무범위에는 포함되지 않는다 할 것이다. 예를 들면 기업의 목적사업으로 정관에 전자제품의 제조업을 등기한 경우에도 전자제품용의 화학재료에 대한 연구개발이나 이의 제조는 “기타 그 부대사업”의 범위 내이며 따라서 이 사업과 관련된 발명은 본 업무인 전자제품 제조업의 업무범위에 속한다고 보아야 할 것이다. 또 이와 마찬가지로 식품제조회사의 종업원이 개발한 식품포장에 관한 발명도 업무범위에 속한다고 보아야 할 것이다. 그러나 식품의 제조와는 아무런 관계가 없는 가구의 발명은 설령 근무시간 중에 회사의 생산시설을 이용하였다 할지라도 이는 업무범위에 속하지 않는다.

그러나 가구(家具)의 발명이 회사의 지시와 경비로 이루어졌을 경우, 이를 업무범위로 볼 것인가가 문제가 될 수 있는 바, 이 경우에도 가구의 발명은 업무범위 내의 발명으로 보아야 한다는 설과 볼 수 없다는 설로 나누어지고 있다. 그러나 다수설은 후자를 지지하고 있는 바, 가구의 제조업이 비록 회사의 정관사업은 아니다 하더라도 회사의 사업방침에 따라 종업원에게 직무명령과 예산영달을 통해서 가구에 관한 발명을 하려는 목적하에 이루어진 사업이며 또 발명의 성과에 따라 미구에 정관사업변경도 할 수 있는 개연성이 있기 때문에 업무범위에 포함된다고 보아야 한다는 것이다(동지).

---

23) 豊崎光衛, 工業所有權法(新版·增補)(法律學全集), 昭55, 有斐閣, 145면.

24) 紋谷暢男編, 特許法 50講(4版), 平9, 有斐閣, 8면.

ii. 국가·지방자치단체의 경우

정부 및 지방자치단체의 조직 및 직제에 관한 법령에서 규정하고 있는 업무가 그 범위가 된다. 그러나 국가·지방자치단체의 업무는 기업의 업무에 비해 그 범위가 워낙 광범위하여 업무범위에 속하는 발명의 범위도 넓어져 개별 공무원의 업무범위가 막연해지고 직무한계가 불분명해짐으로써 진정한 직무발명제도의 합리적 운용이 어려우므로 업무범위를 좁게 해석하여 소속기관의 업무분장규정의 범위로 한정하는 것이 타당할 것이다.

이론적으로는 공무원에 한해서, 특히 업무범위를 한정적으로 해야 할 필요성이 없다고 할 수 있으나 업무범위가 너무 넓은 경우 공무원에게 부당한 의무의 부과와 정당한 의무의 해제의 우려가 있으므로 업무범위를 일정범위로 한정하는 것이 그래도 한정하지 않는 것보다는 낫다고 보아야 할 것이다.

2) 종업원 등이 그 직무에 관하여 발명한 것

① 종업원 등

여기에서 종업원 등이라 함은 업무에 종사하는 직원뿐만이 아니고 법인의 임원 또는 국가공무원 및 지방공무원을 말한다. 즉 근로기준법에 의한 취업규칙·단체협약·근로계약 등에 의하여 체결되는 고용계약이나 사원계약에 의해 사용자와 근로자의 관계가 형성되어 근로자의 지위를 취득한 자와 국가공무원법 및 지방공무원법에 의하여 공무원으로 임명되거나 위촉됨으로써 공무원 신분을 취득한 자로서 근로자는 사용자에게 근로를 제공하고 사용자는 근로자에게 근로에 대한 보수를 지급함으로써 민법상 또는 공무원법상의 고용관계에 있는 자 모두를 종업원이라고 할 수 있다. 따라서 그 명칭이 임시직이든 촉탁직이든 또는 그 근로형태가 상근이든 비상근이든 불문한다. 다만, 명예직으로 있는 자를 종업원으로 볼 것인가이 문제이다. 이에 대해서는 종업원으로 보아야 한다는 긍정설과 볼 수 없다는 부정설이 대립되고 있으나 통설은 부정설을 따르고 있다. 그 이유는 일반적으로 명예직은 실질적으로 사용자의 업무에 근로를 제공하고 있지 아니할 뿐만 아니라 보수규정에 의한 보수도 지급되고 있지 아니하고 또 직무규칙이나 복무규칙에 의한 감독을 받지 않으며 또 계약직이 아니기 때문에 종업원에 비해 신분보장이 되지 않는다는 점 등에서 여기에서 말하는 종업원이라고는 볼 수 없다는 것이다(동지).

② 직 무

여기에서 직무라 함은 사용자의 업무를 성질별 최소단위로 분류(십진분류법)하고 종업원의 직위를 분류(직위분류제)하여 그 직에 적합한 업무를 부여하여 종업원으로 하여금 사용자의 업무의 수행을 담당하게 하는 책무를 말한다.

3) 발명을 하게 된 행위

① 사용자의 구체적인 과제를 부여받고 행한 발명행위는 물론 이를 완성하기 위하여 널리 행한 일체의 발명행위까지를 모두 포함한다.

② 종업원의 직무범위내의 발명행위는 물론 이를 완성하기 위하여 널리 행한 모든 발명행위까지를 포함한다. 따라서 발명의 의도와는 관계가 없고 직무수행의 결과로 발생한 발명은 직무발명이 된다. 그런데 이러한 발명을 하게 된 행위가 반드시 근무시간 중에 이루어져야 하는가의 문제이다. 이는 원칙적으로 근무시간 중에 발명의 행위가 이루어져야 한다고 본다.

4) 현재 또는 과거의 직무

종업원의 직무발명은 현재의 직무에 속하는 발명뿐만 아니라 과거의 직무에 속하는 발명까지를 포함한다. 예를 들면 현재는 화장품분야 연구원으로 종사하고 있지만 과거에 의약품분야 연구원으로 근무할 당시의 업무범위에 속하는 의약품에 관한 발명을 한 경우 그 발명은 직무발명에 속한다.

2. 직무발명의 요건

(1) 종업원 등의 직무에 관한 발명일 것

근로기준법에 의한 취업규칙·단체협약 또는 근로계약 등에 의하여 체결된 고용계약이나 사원계약에 의해 사용자의 업무에 종사한 종업원·법인의 임원이나 공무원법에 의하여 공무담임권을 위임받은 공무원이 그 직책에서 받은 업무, 즉 직무에 관하여 한 발명이어야 한다. 그러나 단순업무보조자(원고정리·자료정리·문서 수발업무 등 담당), 자문역, 대학교수 등은 일응 종업원의 범위에 들어가기는 하나 이들이 한 발명을 일반적으로 자유발명으로 보는 것이 타당하다.

(2) 사용자 등의 업무범위에 속한 발명일 것

종업원 등이 그 직무에 관하여 발명한 것이 성질상 사용자·법인 또는 국가나 지방자치단체의 업무범위, 즉 법인의 경우 정관사업(정관에는 구체적인 사업내용과 기타 그에 부대사업으로 기재되어 있다)을 말하나 이를 넓게 해석하여 사업진행상 직접 관계있는 발명은 모두 업무범위에 속하는 것으로 보는 것이 일반적인 경향이다. 그러나 국가나 지방자치단체의 업무범위는 법인에 비할 수 없을 정도로 넓다. 그렇다고 직무발명의 범위도 넓어지는 것은 아니다. 공무원의 직책과 직위에 부여된 직무상의 업무, 즉 기관별 직제규정에 의한 부서별 업무분장규칙에 의해 작성된 개인별 사무분장표에 따라 담당한 업무범위에 속한 발명이어야 한다.

(3) 발명을 하게 된 행위가 종업원 등의 현재 또는 과거의 직무에 속하는 발명일 것

1) 발명을 하게 된 행위가 종업원 등의 직무에 속할 것

여기에서 "발명을 하게 된 행위"라 함은 발명계획·실행, 즉 구상·자료조사·실험 등 정신적·육체적 활동 모두를 말하며 이러한 발명의 활동은 발명자의 담당 업무범위 내에서만 하어야 하며, 또 그 발명행위는 원칙적으로 근무시간 내에서 행해져야 한다. 그러나 발명의 진행상 계속 할 필요 등이 있을 때에는 근무시간 이외까지 연구활동을 연장하여 진행할 수 있을 것이다.

발명을 하게 된 행위가 종업원 등의 직무에 속하는지의 여부에 관한 구체적인 판단은 종업원 등이 맡은 업무내용과 범위 및 책임의 정도를 참작하여 결정하여야 한다.

따라서 종업원 등이 담당한 업무와 책임으로 보아 그 직책에서 발명하는 것이 당연한 경우(예 : 연구소의 연구직에 종사하고 있는 연구원) 또는 예상되는 경우(예 : 기술직 사원)에는 발명을 하게 된 행위가 직무에 속한다고 할 수 있다.

그러나 대학교수 등의 발명행위가 직무발명에 해당되는지가 문제이다. 대학교수의 연구활동은 교수 및 학술연구의 발전을 목적으로 한 본연의 임무이기 때문에 이를 수행하는 과정에서 이루어진 발명, 특히 전공학과별 연구계획 추진과정에서 이루어진 발명은 당연히 직무발명으로 보아야 한다는 견해가 있다.

그러나 대학교수의 발명은 일반 기업체 종사자나 연구기관의 연구원 또는 공무원의 직책상 또는 직무수행상 이루어진 직무발명과는 달리 대학교수는 일반적으로 연구활동이 직무와 관련이 없다고는 볼 수 없지만 비교적 연구분야나 과제의 선정이 자유롭고 활동 또한 제한이 없는 등 발명이 자율적으로 이루어지므로 원칙적으로 자유발명으로 보는 것이 타당하다. 그러나 연구과제를 부여받고 연구에 소요되는 경비를 제공받아 연구한 발명 또는 대학 부설연구소의 자료·시설·예산·인력지원 등 조직적인 협력 하에 얻은 발명 등의 경우는 예외적으로 직무발명으로 볼 수 있을 것이다.

2) 발명을 하게 된 행위가 현재 또는 과거의 직무에 속할 것

발명을 하게 된 행위가 종업원 등의 현재의 직무에 속해야 하는 것은 물론 과거의 직무에 속하는 경우를 포함한다. 여기에서 문제가 될 수 있는 것은 퇴직 후의 발명이 재직시의 직무범위에 속한 업무인 경우이다.

이에 관해서는 명문의 규정은 없으나 개정전 특허법 제39조의 입법취지나 문리해석상 현재에도 종업원 등으로서 고용관계가 유지되고 있는 경우에 있어서의 과거의 직무에 속하는 발명만을 의미하고, 고용관계가 종료된 다음에는 과거의 직무에 속하는 발명이 아니라고 해석하는 것이 타당할 것이다. 다만 재직시 한 직무발명을 퇴직 후에 특허출원한 경우에는 퇴직 후의 발명으로 볼 수 없음은 물론이다.

그러나 이 경우 입증이 어려우므로 상당한 사전관리가 따라야 한다. 즉 퇴직 후 일정기간내의 발명은 전 사용자에게 승계하거나 통상실시권을 준다는 내용의 고용계약조항[예 : 추적조항(追跡條項) : trailing clause]을 두는 것이 바람직하며, 이는 특별히 공공의 이익에 반하는 규정이라고는 볼 수 없으므로 일응 유효하다고 보아야 할 것이다. 미국의 판례에서는 "영구적인 추적조항 또는 기간을 정하지 아니한 양도계약은 공익에 반하므로 무효라고 판시하고 있다.[25]

3. 종업원 등의 발명의 유형

사용자와의 업무관계, 종업원 등의 직무와의 관계의 유무, 직무관계의 정도에 따라서 종업원 등의 발명은 다음과 같은 유형의 발명으로 나누어진다.

(1) 직무발명

종업원 등이 한 발명이 자기의 직무에 속하고, 사용자 등의 업무범위에 속하는 경우 이를 직무발명이라고 한다. 보다 상세한 설명은 전술한 "(2) 직무발명의 의의"를 참고하기 바란다.

(2) 업무발명

종업원 등의 직무와는 관계없이 사용자 등의 업무에 관하여 한 발명을 말한다.

---

25) Berle and de camp, 15장 9, 324면.

그러나 이러한 업무발명에는 직무발명이 포함된다는 견해도 있다.

(3) 자유발명

종업원 등의 직무범위는 물론 사용자 등의 업무범위에도 속하지 아니한 발명을 말한다.

4. 직무발명에 대한 권리의 귀속

(1) 사용자·종업원 등의 역할과 이해조정

사용자 등은 종업원 등의 직무수행에 필요한 설비·자료·비용 등을 제공하는 등 직무와 관련하여 발명을 하는데 크게 기여한다. 뿐만 아니라 사용자 등은 종업원 등에 직무를 부여하고 직무수행에 필요한 정보지료를 제공하며 또 직무수행 능력을 함양시키기 위한 직무교육, 근무분위기 조성을 위한 직무감독의 실시하에 종업원 등은 사용자 등으로부터 많은 지식·정보, 새로운 기술을 얻고 숙련된 기능을 체득하여 발명을 성공시키는데 중요한 도움을 주고 있는 것이 통례이므로 직무발명에 있어서 사용자 등의 역할은 대단히 크다 할 것이다.

그러나 직무발명이 이와 같은 사용자 등의 공헌만으로 이루어지는 것이 아니고 종업원 등의 발명적 능력·노력에 의해서 비로소 가능한 것이다. 따라서 직무발명은 사용자 등과 종업원 등의 합작품이라고도 할 수 있다.

이러한 제반사정을 고려하면 직무발명은 어느 한쪽에만 특허를 받을 수 있는 권리를 부여할 수 없다. 만약 어느 한쪽에만 특허를 받을 수 있는 권리를 부여할 때에는 다른 한쪽에는 그에 상응한 보상적(補償的) 권리를 부여하지 않으면 안된다.

특허법에서는 발명자로서의 종업원 등에게 특허를 받을 수 있는 권리를 부여하고, 사용자 등에게는 이로 인한 불이익을 고려하여 다음과 같은 보상적 권리를 부여하고 있다.

(2) 사용자 등의 권리

1) 법정 통상실시권

① 의 의

직무발명을 한 종업원 등이 특허를 받았거나 그 직무발명에 대해 특허를 받을 수 있는 권리를 승계한 자가 특허를 받았을 때에는 사용자 등은 그 특허에 대하여 통상실시권을 가진다(개정전법 39①). 이 실시권은 법률에 의하여 특허권의 설정등록시로부터 당연히 발생하는 법정 통상실시권이며 등록을 하지 않아도 특허권 설정등록 후 특허권 또는 전용실시권을 취득한 자에 대하여도 그 효력이 발생한다(법 118②). 법정 통상실시권의 이전은 실시사업과 같이 하거나 또는 특허권자의 동의를 얻어야만 할 수 있으며(법 102⑤) 이 경우 등록을 하지 아니하면 제3자에게 대항할 수 없다(법 118③).

② 법정 통상실시권의 범위

법정 통상실시권의 범위는 특허권의 설정등록시 발생하는 통상실시권 발생당시의 사용자 등의 업무범위내로 한정되는지 아니면 그 후 신규로 추가된 업무까지 그 범위가 확장되는지가 명문의 규정을 두고 있지 않아 불분명하다. 그러나 통상실시권 설정당시의 업무범위에 국한되지 아니하고 확장된 업무범위까지 통상실시권을 갖는다고 해석하는 것이 타당할 것이다. 즉, 예약승계로 사용자 등이 취득한 특허권의 범위에는 하등의 제한이 없다는 것과 차이가 없다고 해석되기 때문이다. 이러한 점에서 선사용권과 다르다.

③ 법정 통상실시권에 대한 보상

종업원 등은 사용자 등의 직무발명에 대한 법정 통상실시권에 대하여는 상당한 보상을 받을 권리를 가지지 않는다. 다만, 종업원 등은 직무발명에 대하여 특허를 받을 수 있는 권리, 직무발명에 대한 특허권 계약 또는 근무규정에 의하여 사용자 등으로 하여금 승계하게 하거나 전용실시권을 설정한 경우에는 정당한 보상을 받을 권리를 가진다(개정전법 40①).

④ 승계인과 사용자 등의 법정 통상실시권

사용자 등이 예약승계계약에 의하여 종업원 등으로부터 특허를 받을 권리를 승계하고 그 후 제3자에게 양도하여 그 제3자가 특허를 받은 경우 사용자 등은 법정 통상실시권을 가질 수 있는지의 여부에 대해 견해가 나뉘어져 있다. 즉 사용자 등은 법정 통상실시권을 가질 수 없다는 견해와 가질 수 있다는 견해가 대립되어 있으나 가질 수 있다고 보는 견해가 타당하다고 본다. 만약 사용자 등이 법정 통상실시권을 가질 수 없다면 개정 전 특허법 제39조 제1항의 규정이 특허를 받을 수 있는 권리의 주체를 모든 제3자로 하고 있을 뿐만 아니라 사용자 등과 종업원 등과의 이익을 조정하려는 양자 조화의 입법취지에도 반하기 때문이다.

2) 예약승계

① 의 의

사용자 등은 미리 종업원 등이 한 직무발명에 대하여 특허를 받을 수 있는 권리 또는 특허권의 승계 및 전용실시권설정 등에 관한 계약이나 근무규정 등의 조항을 두어 이들 권리를 유효하게 승계할 수 있는 바, 이를 예약승계라고 한다.

그러나 종업원 등의 직무발명 이외의 발명에 대해서는 이와 같은 승계를 계약 등에 의해 예약하는 것은 무효이다.

② 성 질

승계의 예약이 i) 발명완성과 동시에 권리가 당연히 사용자 등에 승계하기로 할 것인가(정지조건부 양도계약), 아니면 ii) 사용자등이 승계의 예약을 완결하는 권리를 갖도록 할 것인가(일방예약) 또는 iii) 사용자 등의 요정에 의해 종업원 등이 본 계약을 체결할 의무를 진다고 할 것인가[편무예약(片務豫約)]에 따라 법적 효력이 전혀 달라진다.

따라서 i) 계약 또는 근무규정 등으로 승계예약의 내용과 의미를 명확히 하고 ii) 권리승계의 대항요건을 갖추기 위해 특허출원 전에 있어서는 특허를 받을 수 있는 권리의 승계는 그 승계인인 사용자 등이 특허출원을 하여야 하고(법 38①) 특허출원 후에 있어서는 상속 기타 일반승계의 경우를 제외하고는 특허출원인이 명의변경신고를 하여야 하며(법 38④) iii) 장래의 특허권 분쟁에 대비하여 발명의 완성과 동시에 양도증서를 작성하여 보존하는 것이 중요하다.

③ 종업원 등의 승계예약 위반

종업원 등이 승계예약을 위반하여 사용자 이외의 자에게 권리를 양도하는 경우 사용자 등의 법정 통상실시권에 미치는 영향에 관하여 실시권을 가질 수 없게 된다는 부정설과 당연히 갖는다는 긍정설로 대립되어 있다. 그러나 통설은 이 경우에도 사용자 등은 법정실시권을 당연히 갖는다고 보는 긍정설을 지지하고 있다.[26] 따라서 그 직무발명의 실시에는 전혀 문제가 없지만 통상실시권과 특허권

---

26) 일본, 대판지판 1979.5.18. p.172 주 4.
종업원은 사업상의 발명 또는 연구에 대해서는 그 조서를 작성하여 회사에 제출하고 회사는 그 권리를 취득한다는 취지의 취업규칙은 문언상으로는 간략하고 부정확하지만 그 취지는 권리승계에 대하여 "종업원이 사업상 발명을 완성했을 때에는 해당발명에 관해 특허를 받을 권리는 별도의 계약체결 없이 당연히 해당 발명자인 종업원으로부터 회사로 이전

또는 전용실시권과는 그 법적 효력이나 재산권가치 측면에서 상당한 차이가 있으므로 이러한 관계 등에 관하여 계약 또는 근무규정, 사용자의 업무범위를 나타내는 서류, 해당 발명이 직무에 속하는 발명임을 입증하는 취지의 서면 등 예약승계를 입증하기 위한 서류, 즉 양도증서의 작성과 보존이 필요하다.

(3) 종업원 등의 권리

1) 정당한 보상을 받을 권리

① 의 의

종업원 등은 직무발명에 대하여 특허를 받을 수 있는 권리 또는 직무발명에 대한 특허권을 계약 또는 근무규정에 의하여 사용자 등으로 하여금 승계하게 하거나 전용실시권을 설정한 경우에는 정당한 보상을 받을 권리를 가진다(법 개정 전 제40조 제1항). 이는 직무발명을 한 종업원 등은 그 직무발명에 대해 특허를 받을 권리를 가지며 또 특허권자가 될 수 있음을 명백히 한 것이다. 그러나 예약 등에 의하여 사용자 등에게 특허를 받을 권리 또는 특허권을 승계시키거나 사용자 등을 위해 전용실시권을 설정했을 때에는 종업원 등은 상당한 보상의 지급은 받을 권리를 가지게 된다. 이 규정의 입법취지는 사용자 등이 종업원 등의 직무발명을 불합리하리만큼 저렴한 대가나 무상으로의 취득을 금하려는 취지의 강행규정이라고 할 수 있다.

② 보상의 성질

여기에서의 보상은 특허를 받을 수 있는 권리의 취득 및 특허권 승계에 대한 대가, 전용실시권에 대한 실시료 등을 말하며 이러한 보상, 즉 대가 내지 실시료의 산정방식에는 i) 발명의 가치 여부에 불구하고 일정액을 결정하는 방식의 정액법(定額法)과 ii) 발명의 착상·효과·노력 등을 평가하여 지급액을 결정하는 방식의 채점법(採點法) 및 iii) 이익에 따라 일정비율의 액을 지급하는 방식의 슬라이드법이 있다.

2) 보상의 종류

발명완성에 대한 보수로 지급되어지는 보상(補償)에는 특허를 받을 권리의 승계시(정지조건부 양도계약인 경우 발명시) 평가하여 지급되는 승계시 또는 발명시 보상

할 것"을 미리 정한 것이라고 해석할 수 있는 취지로 판시하였다.

과 출원시 보상, 심사청구시 보상, 등록시 보상과 발명의 실시에 따른 이익을 실적에 따라 지급하는 실적시 보상이 있으나 통상 등록시 보상과 실적시 보상이 많이 채용되고 있다. 다음은 특허를 받을 수 있는 권리의 승계를 중심으로 사용자 등이 종업원 등에게 지급하는 보상의 평가·지급시기·평가액 등에 대하여 살펴본다.

① 승계시 또는 발명시 보상

일응 특허를 받을 수 있다고 판단되는 발명에 대하여 승계시 또는 정지조건부 양도계약인 경우 발명시에 평가하여 지급되는 것이다. 이는 발명완성 후 출원여부에 불문하며 또 출원발명에 대한 특허여부에 관계없이 지급되는 보상이므로 일반적으로 그 금액은 일정하고 소액이다.

② 출원시 보상

이는 발명의 특허출원시 지급되는 보상으로서 보상의 성질 등에서는 승계시의 보상과 거의 같다. 다만, 특허를 받을 수 없는 때에도 후원의 배제, 출원공개된 때에는 확대된 범위의 선원적 지위(법 29③) 취득 등의 효과가 있다.

③ 심사청구시 보상

특허출원에 대한 심사청구시에 평가하여 지급하는 것으로서 그 실예가 드물다.

④ 설정등록시 보상

특허권 설정등록시에 평가하여 지급하는 보상으로서 특별한 사유가 없는 한 등록시 보상은 특허를 받을 수 있는 권리에 대한 개정 전 특허법 제40조의 직무발명에 대한 보상을 의미한다. 등록시 보상은 특허를 받을 수 있는 권리가 단순한 주관적인 것에서 객관적인 것으로 나타난 후의 평가이므로 그 보상은 위의 보상에 비하여 일반적으로 고액이다. 즉 특허권의 설정등록에 의해서 특허권자는 업으로서 그 특허발명을 실시할 권리를 독점하거나 타인에게 그 특허발명의 실시를 허락하고 또 특허권을 양도할 수 있는 적극적 이익 내지는 현재적 이익이 있을 뿐만 아니라 기본발명의 방호적 효과를 가져오는 등의 소극적 이익 내지는 잠재적 이익을 얻을 수 있는 것이 현실적으로 가능해졌으므로 그 보상은 위의 여러 보상에 비하여 통상 높다.

⑤ 실적시 보상

i) 의의

위의 여러 가지 보상의 금액이 통상, 일정한 것과는 달리 실적시 보상은 위의 적극적 이익이 발생하였을 때 그 이익에 따라 결정되는 지급액으로서 특허를 받을 수 있는 권리의 승계에 가장 적합하고도 실질적인 보상이라고 할 수 있을 것이다.

ii) 보상산정의 방법

실적시 보상산정에는 여러 가지 방법이 있으나 크게 나누면 평가점수법과 슬라이드법으로 나누어 볼 수 있다.

(i) 평가점수법

발명에 대하여 평가대상요소(예 : 재산적 가치 또는 사업상의 유용성·창작성·독점성·발명난이성 등)를 선정하여 점수를 부여하고 그 대상요소마다 평가한 점수를 합계하여 그 점수로 등급(예 : A·B·C·D·E·F 등)을 나누고 그 등급에 따라 보상액을 결정한다.[27)]

(ii) 슬라이드법

이익에 따라 일정비율의 액을 지급하는 방식, 즉 이익, 매출액 또는 실시료 수입 등을 기준으로 일정한 산출방법에 따라 보상액을 결정하는 방법을 슬라이드법이라고 한다.

5. 예약승계의 금지

퇴직 후 퇴직자의 신분으로 한 발명이 퇴직 전의 직무범위에 속하는 경우 직무발명과 관련하여 문제가 된다. 현행법상 명문의 규정은 없으나 직무발명에 관한

27) 예 : 평가기준법의 ① 평가대상요소에서 i) 재산적 가치(25점)가 “대단히 크다” 21점 내지 24점, “상당히 크다” 16점 내지 20점, “보통이다” 6점 내지 15점 “작다” 0점 내지 5점, ii) 창작성(5점)이 “순전히 독창적이다” 4점 내지 5점, “보통이다” 2점 내지 3점, “개량수준이다” 0점 내지 1점, iii) 독점성(10점)이 “전적으로 독점적이다” 8점 내지 10점, “어느 정도 독점적이다” 4점 내지 7점, “독점성이 약하다” 0점 내지 3점, iv) 발명난이성(10점)이 “어려웠다” 8점 내지 10점, “보통이다” 4점 내지 7점, “쉬웠다” 0점 내지 3점을 부여하고 ② 점수표에서 i) “50점”에 등급 A, 보상액 100만원, ii) “40점 내지 49점”에 등급 B, 보상액 80만원, iii) “30점 내지 39점”에 등급 C, 보상금 60만원, iv) “20점 내지 29점”에 등급 D, 보상액 40만원, v) “10점 내지 19점”에 등급 E, 보상액 20만원을 책정한 평가기준점수표를 작성해놓고 이에 따라 보상금을 결정, 지급한다.

개정 전 특허법 제39조의 문리해석상 현재 사용자와 종업원이 고용관계에 있는 경우를 의미하며 일단 고용관계가 끝난 후 과거의 직무까지를 의미하는 것은 아니라는 것이 통설이다. 다만, 발명완성 직전에 퇴직하는 경우 등 특별한 사정이 있는 경우에는 위 같은 조의 규정에 저촉되지 않는 범위 내에서 합리적인 계약을 체결할 필요가 있을 것이다. 즉 퇴직자가 퇴직 후에 완성한 발명에 대하여 승계의 계약이나 통상실시권 설정계약과 같은 것이다. 따라서 이 경우 유상 또는 무상과 같은 계약은 합리적 계약이라고는 할 수 없을 것이다.[28] 그러나 위 같은 조 제3항에서 종업원 등이 한 발명 중 직무발명을 제외하고는 미리 사용자 등으로 하여금 특허를 받을 수 있는 권리 또는 특허권을 승계시키거나 사용자 등을 위하여 전용실시권을 결정한 계약이나 근무규정의 조항 등 소위 예약승계를 금하고 있는 위 같은 조항의 입법취지로 보아 이러한 승계계약은 유효하다고는 볼 수 없을 것이다. 개정 전 특허법은 종업원 등의 직무발명 이외의 발명, 즉 업무발명과 자유발명에 있어서는 미리 사용자 등으로 하여금 특허를 받을 권리나 특허를 승계시키거나 전용실시권을 설정할 것을 내용으로 하는 계약 또는 근무규정은 금지하고 있으며 이러한 약정은 무효로 한다고 규정하고 있다(개정전법 39③). 이와 관련한 판례에서도 발명 전의 계약은 사회적·경제적 약자인 종업원에게 불리하게 체결될 가능성이 많고 따라서 위 조항은 종업원 등이 그의 발명을 사용자 등으로부터 수탈당함을 금지하려는 취지이므로 특허권설정등록 후에 당해 특허권을 사용자에게 양도하는 계약이 유효함은 물론이다라고 판시하고 있다.[29]

6. 업무발명

업무발명도 직무발명에 대한 개정 전 특허법에 의해 사용자 등의 업무범위에 속하지만 직무발명이 아닌 업무발명에 대해서 어떻게 취급하여야 할 것인가가 문제이다. 업무발명은 일응 종업원 등의 직무발명도 자유발명도 아닌 이들 중간에 위치하고 있는 발명이라고 할 수 있으나 이 중 직무발명쪽에 가깝다고 볼 수 있으므로 자칫 직무발명으로 취급하기가 십상이다. 그러나 이는 직무발명과의 관계에서 부당하므로 업무발명은 직무발명과는 달리 취급되어야 함은 당연하다.

28) 미국의 예 : 종업원과의 계약 중에 퇴직 후 일정기간(예 : 2년)내에 한 발명은 전 사용자가 승계한다는 조항(추적조항 : trailing cause)은 공공질서에 위반하지 않는 한 유효하다고 보고 있는 것 같다(중산 "미국·영국에서의 종업원 발명제도에 대해" 특허관리 24권 10호).

29) 대법원 1977.2.8 선고, 76다 2822

(1) 예약승계의 무효

개정 전 특허법은 종업원 등이 한 발명이 직무발명이 아닌 경우는 미리 사용자 등에게 특허를 받을 권리 또는 특허권을 승계시키거나, 사용자 등을 위하여 전용실시권을 설정할 것을 정한 계약이나 근무규정의 설정조항은 무효라고 규정하고 있다(법 개정 전 39③). 따라서 직무발명이 아닌 업무발명에 대해서는 직무발명과 같은 취급이 금지되고 있다. 다만, 업무발명과 직무발명이 혼합되어 있는 경우가 문제이다. 이 경우 직무발명까지를 포함한 모두를 무효라고 해석해서는 안될 것이다. 즉 업무발명 중 직무발명을 제외한 나머지 부분은 무효이지만 직무발명에 관한 부분은 유효하다고 해석해야 할 것이다. 그러나 그 발명의 대부분이 업무발명으로 이루어졌고 극히 일부가 직무발명에 지나지 않을 뿐만 아니라 양자의 구분이 불가능할 때에는 모두 업무발명으로 보고 무효라고 해석할 수밖에 없을 것이다.

(2) 관 행

직무발명은 어떤 형태로든 사용자 등의 업무범위에 속하고 또 직무발명에 준하는 성질을 가지므로 사용자 등은 자연히 직무발명으로 관심을 갖게 될 것이다. 이는 양자의 구별이 어려울 뿐만 아니라 설령 업무발명으로 판단되었다 하더라도 이를 자유발명과 동일취급을 하는 것은 조리상 타당하다고는 할 수 없기 때문이다. 이러한 점을 고려할 때 승계계약의 무효에 관한 규정만으로 업무발명의 전부를 규정하는 것은 불합리하다. 따라서 이러한 불합리한 점을 개선하기 위한 방안이 강구될 필요가 있다. 즉 종업원 등에게 사용자 등의 업무범위에 속한 발명을 한 경우 신고하도록 하는 신고의무 및 우선협의의무 등을 부과하는 등의 업무발명신고제를 두어 운용한다. 종업원 등이 한 발명에서 업무범위에 속하는 것은 모두 사용자 등에게 신고하도록 신고의무를 부과하고 신고된 발명은 심사기관에 회부하여 직무발명여부를 심의하고 그 결과 그 발명이 직무발명이며 사용자 등에게 승계할 필요가 있다고 인정되는 경우는 종업원 등은 그 발명을 타에 우선하여 사용자 등과 협의해야 하는 "우선협의 의무"를 부과한다. 협의결과 사용자 등이 승계하기로 하였을 때에는 종업원 등에게 정당한 보상을 지급해야 함은 물론이다. 이때의 보상은 직무발명 계승시의 기준에 준하여 발명의 가치, 직무와의 관련정도 등을 감안하여 결정되지만 그 액수는 직무발명의 경우보다 많은 것이 통계이다.

Ⅵ. 외국인

1. 서 론

대한민국 국적을 갖지 않은 모든 외국인에게 무조건 대한민국 국민과 똑같은 대우, 즉 특허권 기타 특허에 관한 권리의 향유를 인정할 수는 없지만 그렇다고 인정하지 않은 것은 더더욱 타당하지 않다.

따라서 외국인에게도 일정한 조건하에서 대한민국 국민이 누릴 수 있는 권리를 인정해주는 것이 타당하다. 특허법은 인간의 국제평등의 이념과 산업의 세계화 견지에서 외국인의 권리능력에 관한 규정을 두어 외국인에게도 내국민과 동일한 대우를 하고 있다(법 25).

2. 외국인의 권리능력

재외자 중 외국인은 다음과 같은 경우 우리나라 국민과 똑같이 특허권 또는 특허에 관한 권리를 향유할 수 있다(법 25 각호).

(1) 그 외국인이 속하는 국가에서 우리나라 국민에 대하여 그 나라 국민과 동일한 조건으로 특허권 또는 특허에 관한 권리의 향유를 인정하는 경우, 즉 특허법상 상호주의를 채택하고 있는 국가의 국민일 때(법 25, 1)

(2) 우리나라가 그 외국인에 대하여 특허권 또는 특허에 관한 권리의 향유를 인정하는 경우, 그 외국인이 속하는 국가에서도 우리나라 국민에 대하여 그 나라 국민과 동일한 조건으로 특허권 또는 특허에 관한 권리의 향유를 인정하는 경우, 즉 특허법상 호혜평등주의를 채택하는 국가의 국민일 때(법 25, 2)

위의 (1), (2)에서 "국가"라 함은 우리나라에 의해 외교상 인정한 국가에 한정하여야 한다는 제한설과 미승인국이라 하더라도 특허권 또는 특허에 관한 권리를 유효하게 보호할 수 있는 존재(entity)이며, 국가로서의 실질적 요건을 갖추고 있으면 충분하므로 굳이 한정한 필요가 없다는 무제한설이 있는 바, 이 무제한설이 오늘날의 통설이며 우리나라의 경우 이 설을 지지하고 있다.

(3) 조약 및 이에 준하는 것에 의하여 특허권 또는 특허에 관한 권리의 향유를 인정하고 있는 경우(법 25, 3), 조약 등에 의해 외국인에게 권리의 향유를 인정하는 것으로 가장 중요한 것은 산업재산권보호를 위한 파리협약으로서 동맹국 국민

(동협약 제2조) 및 준동맹국 국민(동협약 제3조)이다. 이러한 조약 중 특히 특허협력조약은 우리나라에서 특허 등의 권리를 향유할 수 없는 외국인이라 하더라도 공동출원인 중 한 사람이 특허 등의 권리를 향유할 수 있는 자이면 국제출원을 인정한다. 그러나 그것은 국제단계상의 문제이며 권리의 향유를 인정하는가의 여부는 각국의 재량에 맡겨지고 있다. 우리나라에서는 이러한 출원인에 대해 특허 등을 부여하고 있지 않음은 물론이다.

제 3 절 정당권리자

Ⅰ. 서 설

1. 의 의

정당권리자라 함은 발명을 한 자나 그 발명을 한 자로부터 특허를 받을 수 있는 권리를 승계한 자를 말하는 바, 이러한 정당권리자를 보호하기 위하여 특허법에 정당권리자의 보호규정을 두고 있다(법 34, 35). 즉 발명자가 아닌 자로서 특허를 받을 수 있는 권리의 승계인이 아닌 자(이하 "무권리자"라 한다)[30]가 한 특허출원이 특허를 받을 수 있는 권리를 가지지 아니한 사유로 특허를 받지 못하게 된 경우에는 그 무권리자의 특허출원 후에 한 정당한 권리자의 특허출원은 무권리자가 특허출원한 때에 특허출원한 것으로 본다. 다만, 무권리자가 특허를 받지 못하게 된 날부터 30일을 경과한 후에 출원을 한 경우에는 그러하지 아니하다(법 34).

또 특허를 받을 수 있는 권리를 가지지 아니한 자에 대하여 특허를 무효로 한다는 심결이 확정된 경우에는 그 특허출원 후에 한 정당한 권리자의 특허출원은 무효로 된 그 특허의 출원시에 특허출원한 것으로 본다. 다만, 그 특허의 등록공고가 있는 날부터 2년을 경과한 후 또는 심결이 확정된 날부터 30일을 경과한 후에 특허출원을 한 경우에는 그러하지 아니하다(법 35)고 명정함으로써 무권리자의 선출원일을 후출원한 정정권리자의 출원일로 의제하여 정당권리자를 보호하고 있다.

---

30) 무권리자라 함은 발명자 또는 그 승계인으로부터 특허받을 수 있는 권리를 적법하게 승계받지 아니한 자 뿐만 아니라 특허를 받을 수 있는 권리를 정당하게 승계받지 못한 자가 마치 정당한 승계인처럼 주장하는 모인자(冒認者)와 모인자로부터 특허를 받을 수 있는 권리를 양도받은 선의의 승계인도 무권리자이다.

2. 취 지

무권리자로부터 정당한 권리자를 보호하기 위하여 무권리자의 선출원이나 선출원특허가 특허를 받을 수 있는 권리를 가지지 아니한 사유로 거절되거나 특허가 무효로 된 경우에는 비록 정당한 권리자의 출원이 후출원이라 하더라도 이를 이유로 거절할 수 없도록 함은 물론 더욱 무권리자가 한 선출원일로 소급하면서까지 진정한 발명자나 그 승계인의 정당한 권리를 보호하려는 것이다.

Ⅱ. 정당권리자의 보호

1. 정당권리자의 출원

(1) 출원의 요건

특허를 받을 수 있는 권리를 정당하게 승계받지 못한 자가 마치 정당한 승계인처럼 주장하는 자(이하 "모인자"라 한다)로부터 정당한 권리자를 보호하기 위하여 특허법은 모인자와 모인자로부터 특허받을 수 있는 권리를 양도받은 선의의 승계인인 무권리자에 의한 출원은 선출원의 지위가 없는 것으로 규정하고 있으며 다음의 요건하에 정당권리자의 출원은 무권리자가 출원한 때에 출원한 것으로 본다.

1) 무권리자가 한 특허출원이 특허를 받을 수 있는 권리를 가지지 아니한 이유로 거절결정된 경우로서 무권리자의 특허출원 후에 정당한 권리자가 특허출원을 할 것. 다만, 거절결정이 확정된 날부터 30일을 경과한 후에 출원을 한 경우에는 그러하지 아니하다(법 34).
2) 특허를 받을 수 있는 권리를 가지지 아니한 사유로 특허를 무효로 한다는 심결이 확정된 경우로서 무권리자의 특허출원 후에 정당한 권리자가 특허출원을 할 것. 다만, 그 특허의 등록공고가 있는 날부터 2년을 경과한 후 또는 심결이 확정된 날부터 30일을 경과한 후에 출원을 한 경우에는 그러하지 아니하다(법 35).

(2) 정당권리자의 출원의 처리

무권리자의 특허출원이 정당한 권리자의 출원으로 인정된 때에는 그 정당권리자의 특허출원은 무권리자가 출원한 때에 출원한 것으로 본다. 따라서 이 경우 정당한 권리자의 출원은 특허요건의 판단, 기간의 계산, 관련규정의 적용 등에 있어 무권리자가 출원한 날을 기준으로 한다. 예를 들면 무권리자의 출원과 정당한 권리자의 출원 사이에 동일한 발명에 대한 제3자의 출원이 있는 경우 정당한 권리자의 출원의 출원일은 소급되어 제3자의 출원의 출원일보다 앞서므로 정당한 권리자의 출원은 제3자의 출원으로 인하여 거절결정이 되지 않으나 제3자의 출원은 정당한 권리자의 출원에 의하여 거절결정될 수 있다.

또한 위의 특허요건 이외에 기간의 계산이나 관련규정의 적용도 무권리자 출원의 출원일을 기준으로 적용한다.

한편 정당한 권리자의 출원의 출원일이 무권리자가 출원한 날부터 5년이 경과한 경우에도 정당한 권리자의 출원에 대하여 출원과 동시 또는 같은 날에 심사청구한 경우에는 그 심사청구는 유효한 것으로 인정한다.

(3) 정당권리자의 출원에 신규의 발명이 기재된 경우의 처리

정당한 권리자의 출원에 무권리자의 출원이라는 이유로 거절된 발명과 다른 발명이 기재되어 있는 경우, 즉 정당한 권리자의 출원에 다수의 발명이 포함되어 있고 그 발명 중 일부의 발명만이 무권리자에 의하여 출원된 발명에 해당하는 경우 정당한 권리자의 출원의 출원일은 소급되지 아니한다.

이 경우 심사관은 출원일 소급을 인정할 수 없는 경우에 다른 거절이유가 있는 경우에는 거절이유통지서에 출원일을 소급할 수 없다는 취지를 기재하여 함께 통지하여 출원을 분할하거나 보정할 수 있도록 기회를 부여하고 다른 거절이유가 없는 경우에는 당연히 거절이유통지서는 보내지 아니하고 출원일을 소급할 수 없다는 취지만을 통지한 후 특허결정한다.

2. 정당권리자에 대한 통지

특허청장 또는 특허심판장은 특허출원이 무권리자가 한 특허출원이라는 이유로 그 특허출원에 대하여 특허거절결정이나 특허거절결정의 불복심판에 대한 기각심결 또는 특허무효심결의 확정이 있는 때에는 이를 그 정당한 권리자에게 서면으로 통지하여야 한다(법시행규칙 33).

따라서 심사관은 무권리자가 한 특허출원이라는 이유로 특허거절을 한 경우에는 그 결정이 확정되었음을 확인하여 정당한 권리자에게 서면통지를 하여야 한다. 또한 거절결정불복심판청구 등으로 거절결정의 확정에 오랜 기간이 소요된 경우에는 거절결정이 확정되기 이전이라도 거절결정사실과 불복심판청구사실을 추가로 통지한다.

3. 정당권리자에 의한 출원절차

(1) 출원서류의 제출

정당한 권리자가 특허출원을 하고자 할 때에는 소정의 특허출원서(별지 제14호 서식)에 i) 명세서(별지 제15호 서식)·요약서(별지 제17호 서식) 및 도면(별지 제16호 서식) 각 1통, ii) 정당한 권리자임을 증명하는 서류 1통, iii) 대리인에 의하여 절차를 밟는 경우 그 대리권을 증명하는 서류 1통을 첨부하여 특허청장에게 제출한다(법시행규칙 31① 각호, ②).

(2) 특허권의 존속기간

정당한 권리자의 특허출원에 대하여 특허된 경우 정당한 권리자의 특허권의 존속기간은 정당한 권리자의 특허권이 설정된 날부터 무권리자의 특허출원일이 다음날부터 기산하여 20년이 되는 날까지로 한다. 즉 정당한 권리자의 특허권의 존속기간은 정당한 권리자의 특허권이 설정등록된 날부터 무권리자의 특허출원 후 20년이 되는 날까지로 한다.

Ⅲ. 모인특허출원 및 처리

1. 모인특허출원

(1) 개 실

1) 서 설

앞에서 살펴본 바와 같이 특허법상 특허를 받을 수 있는 자는 발명을 한 자 또는 발명을 한 자로부터 특허를 받을 수 있는 권리를 승계한 자(이하 "정당권리자"라 한다)이다. 따라서 발명자가 아니거나 발명자로부터 특허를 받을 수 있는 권리를 승계하지 아니한 자(이하 "무권리자"라 한다)가 출원한 경우에는 특허를 받을 수 없고 설령 이들 무권리자가 모인특허출원에 의해 특허를 받았다 하더라도 특허를 무효로 한다는 심결의 확정에 의해 그 모인특허는 무효가 된다. 현행특허법은 이러한 무권리자의 특허출원(이하 "모인특허출원"이라 한다) 및 특허(이하 "모인특허"라 한다)에 대하여 정당한 권리자("무권리자의 특허출원발명 또는 특허발명의 진정한 발명자 또는 그 승계인" 이하 같다)의 보호규정을 두고 있다. 즉 무권리자가 한 특허출원이 특허를 받을 수 있는 권리를 가지지 아니한 사유로 특허를 받지 못하게 된 경우에는 그 무권리자의 특허출원 후에 한 정당한 권리자의 특허출원은 무권리자가 특허출원한 때에 특허출원한 것으로 본다. 다만, 무권리자가 특허를 받지 못하게 된 날부터 30일을, 경과한 후에 출원을 한 경우에는 예외이다.

또 특허를 받을 수 있는 권리를 가지지 아니한 자에 대하여 특허를 무효로 한다는 심결이 확정된 경우에는 그 특허출원 후에 한 정당한 권리자의 특허출원은 무효로 된 그 특허의 출원시에 특허출원한 것으로 본다. 다만, 그 특허의 등록공고가 있는 날부터 2년을 경과한 후 또는 심결이 확정된 날부터 30일을 경과한 후에 특허출원을 한 경우에는 예외이다(법 35).

2) 의 의

"모인특허출원"이라 함은 발명자가 아닌 자로서 특허를 받을 수 있는 권리를 정당하게 승계하지 않았음에도 특허를 받을 수 있는 권리를 승계한 것처럼 하여 특허출원을 한 것을 말하며(법 34), "모인특허"라 함은 무권리자의 모인특허출원에 대한 특허결정에 의해 특허권이 설정 등록된 특허를 말한다(법 35).

이와 같은 선출원에 의한 모인특허출원이나 모인특허로 인하여 특허를 받을 수 있는 권리를 가진 정당권리자가 특허를 받지 못하게 된 경우 진정한 발명자나 그 승계인만이 그 발명에 대하여 특허권을 향유할 수 있다는 특허제도의 취지에 반하기 때문에 이 경우 정당권리자의 후출원은 무권리자의 모인특허출원일로 소급하여 정당권리자의 발명을 보호하려는 것이다.

3) 정당권리자 보호의 법형식

정당권리자의 보호는 발명자가 아닌 자, 특허를 받을 수 있는 권리의 정당한 승계인이 아닌 자가 출원하였으나 무권리자의 모인특허출원이라는 이유로 특허를 받지 못하게 된 경우(법 34)이거나 무권리자의 모인특허출원임이 발견되지 않아 특허를 받은 경우(법 35)를 전제로 하여 정당권리자의 후출원발명을 보호하는 법형식을 취하고 있다.

(2) 무권리자의 특허출원의 지위

무권리자가 한 특허출원 또는 실용신안등록출원은 처음부터 출원이 없었던 것으로 보고 선원의 지위를 인정하지 아니한다(법 36⑤). 또 무권리자의 특허출원은 거절이유가 되어 심사관은 거절결정을 하어야 한다(법 62, 2). 만일 착오로 특허가 되었을 때에는 정당권리자 등 이해관계인 또는 해당 심사관은 특허의 무효심판을 청구할 수 있다(법 133①2 전단).

(3) 정당권리자의 보호요건

1) 정당권리자의 특허출원·입증

정당권리자의 보호는 먼저 특허출원을 하고 무권리자의 모인특허출원사실을 입증하여야 한다. 즉 특허받을 권원(權原)없는 무권리자가 자기의 의사에 반하여 발명을 절취·모방하거나 기망·협박 등을 하여 출원한 것임을 주장하고 그 사실을 입증하여야 한다.

2) 무권리자의 출원과의 동일성

정당권리자의 출원과 무권리자의 출원은 서로 동일하여야 한다. 여기에서의 동일성은 세세한 부분까지의 완전일치를 필요로 하는 것이 아니고 균등의 범위에서 일치하는 것으로 충분하다.

3) 출원의 기간성

① 무권리자의 출원의 경우

정당권리자는 무권리자가 특허를 받지 못하게 된 날부터 30일 이내에 특허출원을 하여야 한다(법 34 단서). 여기에서 "특허를 받지 못하게 된"이라 함은 무권리자가 한 특허출원이 특허를 받을 수 있는 권리를 가지지 아니한 이유로 특허가 거절결정되는 경우를 말하고, "특허를 받지 못하게 된 날"이라 함은 특허거절결정 확정일을 말한다. 또 여기에서 "30일"의 기간은 제척기간이다.

② 무권리자의 특허의 경우

정당권리자는 무권리자의 특허권의 설정등록에 관한 등록공고가 있는 날부터 2

년 이내에 특허출원을 하거나 또는 특허를 받을 수 있는 권리를 가지지 아니한 사유로 청구된 특허의 무효심판에 의해 특허를 무효로 한다는 심결이 확정된 날부터 30일 이내에 특허출원을 하여야 한다(법 35 단서). 여기에서 "2년"이나 "30일"의 기간 또한 제척기간이다.

따라서 정당권리자가 무권리자의 특허의 등록공고가 있는 날부터 2년을 경과한 후에 특허출원을 하거나 특허의 무효심결이 확정된 날부터 30일을 경과한 후에 특허출원을 한 경우에는 정당권리자의 출원은 무권리자의 무효로 된 그 특허의 출원시에 특허출원한 것으로 보지 아니한다(법 35 단서).

(4) 정당권리자의 출원의 효과

1) 출원일의 소급효

① 무권리자의 모인특허출원이 특허를 받지 못하게 된 경우에는 그 무권리자의 모인특허출원 후에 한 정당권리자의 특허출원은 무권리자가 모인특허출원한 때에 특허출원한 것으로 본다. 다만, 무권리자가 특허를 받지 못하게 된 날부터 30일을 경과한 후에 출원을 한 경우에는 그러하지 아니하다(법 34).

② 무권리자의 모인특허출원이 특허된 경우 특허의 무효심판청구에 의해서 특허를 무효로 한다는 심결이 확정된 경우에는 그 특허출원 후에 한 정당권리자의 특허출원은 무효로 된 그 특허의 출원시에 특허출원한 것으로 본다. 다만 그 특허의 등록공고가 있는 날부터 2년을 경과한 후 또는 특허를 무효로 한다는 심결이 확정된 날부터 30일을 경과한 후에 특허출원을 한 경우에는 그러하지 아니하다(법 35).

따라서 아무리 정당권리자라 할지라도 이러한 법정기간 내에 특허출원을 하지 아니하면 출원일의 소급을 받을 수 없다.

2) 정당권리자의 보호

① 민사구제의 성립여부

i. 권리침해에 대한 금지청구권 등

권리침해에 대한 금지청구권 등은 무권리자에 대한 정당권리자의 민사상의 보호(구제)방법의 하나로서 모인특허출원이나 모인특허의 경우에 침해(불법)행위가 성립하는가에 관한 문제로서 여기에는 긍정설과 부정성로 학설이 대립되어 있다.

그러나 특허를 받을 수 있는 권리는 다음의 제4절에서 설명하는 바와 같이 그 자체로서 이미 성립된 권리이므로 정당권리자의 발명임을 알면서도 이를 모인하여 특허출원을 하거나 특허를 받은 경우에는 침해행위가 성립하여 무권리자에 대하여 그 침해의 금지·예방청구권, 침해행위를 조성한 물건(물건을 생산하는 방법의 발명인 경우에는 침해행위로 생긴 물건을 포함한다)의 폐기, 침해행위에 제공된 설비의 제거 기타 예방에 필요한 행위를 청구할 수 있는 청구권을 인정하여야 할 것이다. 특히 모인특허의 경우 강하게 요구된다 할 것이다.

ii. 손해배상청구권

정당권리자가 손해배상청구권을 갖는가에 대해서는 무권리자의 모인특허출원이나 모인특허가 불법행위의 구성요건이 되는가의 문제로서 긍정설과 부정설로 학설이 양립되어 있다.

그러나 특허를 받을 수 있는 권리는 다음의 제4절에서 설명하는 바와 같이 그 자체로서 이미 성립된 권리이므로 정당권리자의 발명임을 알면서도 이를 모인하여 특허출원을 하거나 특허를 받아 업으로 실시한 경우에는 불법행위가 구성되어 정당권리자의 손해배상청구의 대상이 된다고 보아야 할 것이다. 모인특허실시의 경우 더욱 강하게 요구된다 할 것이다.

② 형사상 절도죄의 성립여부

타인의 발명을 모인하여 특허출원하거나 특허를 받은 행위가 형사상의 절도죄에 해당할 수 있는가의 문제이다. 형사상 절도죄의 대상은 원칙적으로 유체물이나 최소한 관리가능한 것이어야 한다. 그러나 발명은 기술적 사상의 창작인 관념적 존재이므로 절도죄의 대상이라고는 할 수 없다. 그러나 미공개된 발명관련 기록서류나 특허출원에 관한 서류 등을 절취·기망·협박 등 부정한 수단에 의하여 취득한 경우에는 응당 절도죄에 해당한다.

(5) 모인특허출원·모인특허제도의 문제점

현행 특허법상의 모인특허출원 및 모인특허에 관한 제도는 입증사실의 분배에 따른 그 판단기관의 문제, 타 규정과의 조화문제 등 법적용상 많은 문제점을 안고 있다

1) 모인사실의 입증

현행 특허법상 무권리자의 특허출원(법 제34조)이나 무권리자의 특허(법 제35조)

에 관한 모인사실의 입증책임이 처음부터 특허청에 있는지 아니면 먼저 법원에서의 일정한 판결을 근거로 특허청에 출원하고 보호를 주장하여야 하는지가 불분명하다. 독일처럼 연방특허법원과 같은 특별법원이 있는 나라에서는 정당권리자 또는 무권리자의 출원발명으로 인하여 침해를 입은 자는 당해 등록공고일부터 2년 이내에 소송을 통해 당해 선원자의 특허를 받을 수 있는 권리 또는 특허권의 양도를 청구하도록 함으로써(독일특허법 8) 모인여부를 연방특허법원에서 입증하도록 하고 있다. 특허법원을 두고 있는 우리나라의 경우 특허청 또는 특허법원 중 어느 한 기관에 맡기기에는 부적당하다. 왜냐하면 입증하여야 할 대상이 양분되어 있고 또 양 기관도 서로 다른 업무영역을 관장하고 있기 때문이다. 즉 입증의 대상이 선원자의 출원 또는 특허가 무권리자의 출원 또는 특허라는 점과 정당권리자의 출원내용과 무권리자의 출원내용이 동일하다는 점이기 때문에 특허법원으로서는 선원자가 발명자 또는 그 승계인으로부터 계약 등 적법한 절차를 위반하여 취득하거나 또는 다른 사람의 특허를 받을 수 있는 권리를 정당한 권원 없이 사용함으로써 그 발명을 출원한 무권리자라는 점은 비교적 쉽게 판단할 수 있지만, 정당권리자의 출원내용과 무권리자의 출원내용의 동일성 판단은 고도의 기술적 지식을 요하기 때문에 특허법원으로서는 그리 쉽지 않다. 그러므로 이 부분에 대해서는 특허청에서 입증하는 것이 타당하다 할 것이다. 따라서 정당권리자는 모인에 대한 판단에 있어 먼저 특허법원에 그 판단을 구한 다음 그 판결에 의해 특허청에 모인출원 또는 특허에 대해 모인출원이 출원공개시에는 정보제공의 수단으로 특허의 등록공고시에는 특허의 무효심판청구의 사유로서 원용하는 절차를 밟아야 할 것이다. 그러나 정당권리자의 입장에서는 무권리자의 모인여부의 입증이 매우 어렵다고 판단되는 경우에는 자신이 선원자 출원 전에 먼저 발명하였다는 선발명에 관한 사실증명과 함께 확대된 선원의 지위(법 29③)에 의해 제한적으로나마 보호받을 수 있을 것이다.

2) 특허법 제29조 제3항 단서와의 관계

동일한 무권리자의 모인출원에 대한 동일법체계 내에서의 같은 법 제29조 제3항 단서규정에 의하면 출원공개 또는 등록공고 전의 정당한 권리자의 출원에 대해 소극적으로 같은 조 같은 항 본문의 규정이 적용되지 않는데 그치는 반면 같은 법 제34조 단서규정에 의하면 무권리자가 특허를 받지 못하게 된 날부터 30일을 경과한 후에 정당한 권리자가 출원을 한 경우 및 같은 법 제35조 단서규정의 경우 무권리자에 대하여 특허를 무효로 한다는 심결이 확정된 경우 이들 특허의 등록공고가 있는 날부터 2년을 경과한 후 또는 특허의 무효심결이 확정된 날부터 30일을 경과한 후에 정당한 권리자가 출원을 한 경우에는 그 정당한 권리자의 출원은 무권리자의 출원일로 소급효가 인정되지 않는다는 점에서 입법론상의 모순을 내포하고 있다.

3) 특허법 제30조 제1항 제2호와의 관계

동일한 무권리자의 출원에 대한 동일법체계 내에서의 같은 법 제30조 제1항 제2호의 규정에 의하면 특허를 받을 수 있는 권리를 가진 자(이하 "정당권리자"라 한다)의 발명이 그 정당권리자의 의사에 반하여 특허출원 전 국내 또는 국외에서 공지공용되었거나 또는 반포된 간행물에 게재되거나 정부·지방자치단체, 외국의 정부·지방자치단체 또는 국제기구, 고등교육법 제3조에 따른 국·공립학교 또는 외국의 국·공립대학, 우리나라 또는 외국이 국·공립연구기관, 특허정보와 관련된 업무를 수행할 목적으로 설립된 법인으로서 특허청장이 지정하여 고시하는 법인이 운영하는 전기통신회선을 통하여 공중이 이용가능하게 되어 신규성이 상실된 경우 그날부터 6월 이내에 특허출원을 하면 그 특허출원된 발명만 신규성 의제를 받을 수 있는데 그치는 반면 같은 법 제34조 및 제35조의 규정에 의한 무권리자의 특허출원임을 주장하는 경우 그 무권리자의 출원일로 소급효가 인정된다는 점에서 양자는 상위하다.

4) 특허법 제36조 제5항과의 관계

무권리자의 특허출원 또는 실용신안등록출원은 특허법 제36조 제1항 내지 제3항의 규정을 적용함에 있어서는 처음부터 없었던 것으로 본다(법 36⑤).

이러한 무권리자의 출원에 대한 선원의 불인정효과는 무권리자의 출원에 대한 정당권리자의 출원에 있어서만 인정되는 것이 아니라 선의의 제3자에게도 인정되는 것으로 해석하여야 할 것이다. 그 이유는 같은 법 제36조 제5항의 규정은 무권리자가 한 출원자체가 선후원관계의 적용에 있어 출원이 아닌 것으로 간주하기 때문이다. 따라서 무권리자의 출원과 정당권리자의 출원 사이에 동일한 발명에 대한 선의의 제3자가 출원을 한 경우 같은 법 제36조 제5항과 같은 법 제34조 또는 제35조의 적용사이에 충돌될 수 있다. 이 경우 선의의 제3자의 출원이 선원이므로 후원인 정당권리자의 출원은 거절되어야 할 것이다. 그러나 같은 법 제34조 및 제35조의 규정에 의하여 정당권리자의 출원은 무권리자의 출원일로 소급효가 인정되므로 선의의 제3자의 출원은 후원으로 되어 거절된다. 이러한 양자간의 상위점에 대해 입법적으로 해결되어야 할 것이다.

5) 특허법 제54조와의 관계

공업소유권 보호를 위한 파리협약상 인정되는 우선권제도는 외국에서의 특허출원과 특허권 취득을 용이하게 함으로써 공업소유권의 국제적인 보호를 도모하려는 것으로서 파리협약동맹 각국의 속지주의의 원칙에 대한 중대한 절차적 예외를 국제협력주의에 의하여 설치한 제도이다. 그러나 여기에 문제가 없는 것은 아니다. 즉 어떤 동맹국에서의 출원이 무권리자의 출원인 경우, 정당한 권리자가 우선권을 주장하여 출원을 한 경우 동맹2국에서 그 우선권의 주장을 받아들여야 하는지의 문제이다. 파리협약 제4조A 제1항의 규정은 우선권의 이익을 향유할 수 있는 자를 동맹 제1국에서의 출원인과 동맹 제2국에 있어서의 특허 또는 실용신안등록을 받을 권리의 승계인으로 한정하고 있기 때문에 동맹 제1국에서의 출원인과의 사이에 동일성을 가지지 않는 자에게는 우선권의 이익을 인정하고 있지 않다고 해석하여야 할 것이다. 따라서 문제는 정당한 권리자라 하더라도 정당한 권리자가 동맹 제1국에서의 무권리자의 출원으로부터 특허 또는 실용신안등록을 받을 수 있는 권리를 승계하여 이를 동맹 제2국에 우선권주장을 하지 않는 한 우선권주장의 요건인 출원인의 동일성이 유지되지 않는 한 우선권의 이익을 향유할 수 없다고 해석하여야 할 것이다.

6) 특허법 제104조와의 관계

무권리 특허권자로부터 특허 또는 실용신안등록에 대한 무효심판청구의 등록전에 당해 특허발명 또는 등록실용신안이 무효사유에 해당되는 것을 알지 못하고 선의로 국내에서 그 발명 또는 고안의 실시사업을 하거나 그 사업의 준비를 하고 있는 경우에는 그 실시 또는 준비를 하고 있는 발명 또는 고안 및 사업의 목적의 범위 안에서 그 특허권에 대하여 통상실시권을 가지거나 특허나 실용신안등록이 무효로 된 당시에 존재하는 특허권에 대한 전용실시권에 대하여 통상실시권을 가지는 소위 중용권(中用權)이 인정된다(법 104①). 그러나 문제는 무권리자의 특허인줄 모르고, 즉 정당권리자의 특허인줄 알고 선의로 특허권을 양도받은 자의 문제이다. 이 경우 민법의 일반원칙에 의해 해결되어야 할 것이나 특허법 측면에서 선의의 취득인 경우 취득당시의 권원의 범위 내에서 중용권을 인정하는 것이 타당하다고 본다.

7) 특허법 제133조 제1항과의 관계

특허법상 무효심판을 청구할 수 있는 자는 이해관계인 또는 심사관에 한한다

(법 133①). 이와 같이 심사관에게 무효심판청구적격을 인정하는 것은 특허제도의 공익성 때문이다. 그렇다면 심사관은 정당권리자가 무권리자의 특허의 무효를 주장하지 않는 경우에도 무권리자의 특허에 대해 무효심판을 청구할 수 있는가의 문제이다. 이 경우 선출원인 무권리자의 출원이 특허를 받지 못하거나 특허를 받은 후 무효로 된 경우라도 후출원인 정당권리자의 출원이 특허를 받을 수 있으므로 공익에 반한다고만 할 수 없을 것이다. 아무리 무권리자의 특허라 할지라도 무권리자의 특허권행사에 따른 제3자와의 새로운 법률관계의 형성으로 인한 선의의 제3자의 보호라는 측면에서 정당권리자가 명백히 무권리자의 특허무효를 바라지 않는다는 의사표시를 할 경우 심사관의 무효심판청구대상이 되지 않는다고 보는 것이 타당하다고 판단되는 바, 이는 형사처벌에 있어서의 친고죄의 취지와도 어느 정도 부합되는 이론이기도 한다.

8) 결 론

위에서 살펴본 바와 같이 모인특허출원 등은 단순히 특허법상의 무권리자의 모인특허출원이나 모인특허 등과 정당한 권리자의 보호(법 34·35)라고 하는 개별문제에 국한되는 것이 아니고 특허법이라고 하는 동일법체계 내에서 관련조항과의 형평과 조화를 이루는 전체개념으로서 이 법의 법리인 상위개념에 충실할 수 있도록 해석, 운용되어야 할 것이다. 그러나 이와 같은 전제를 둔다 하더라도 현행 무권리자의 특허출원 등과 정당한 권리자의 보호관련 조항이 산재되어 있어 상호 충돌과 모순이 있는 경우가 있을 뿐만 아니라 우리나라 특허법이 발명의 조기공개를 유도하기 위하여 채택한 선원주의에 대한 예외규정을 많이 둠으로써 본래의 입법취지가 희석될 수 있기 때문에 이러한 점들을 입법적으로 해결하는 것이 바람직하다 할 것이다.

2. 모인특허출원의 처리

(1) 특허거절결정

특허출원인이 타인의 발명을 자기의 발명으로 특허출원한 것으로 판명되었을 때에는 특허출원인은 발명자로부터 특허를 받을 수 있는 권리를 승계하지 아니하였으므로 그 특허출원은 당연히 이를 이유로 특허거절결정이 되어야 한다.

(2) 특허의 무효심결

무권리자의 출원이 특허가 된 경우에는 특허의 무효심판에 의하여 그 특허를 무효로 할 수 있음은 물론이다.

(3) 정당권리자에 서면통지

무권리자의 특허출원이라는 이유로 그 특허출원에 대하여 특허거절결정이 확정된 때에는 이를 정당한 권리자에게 서면으로 통지한다.

제4절 특허를 받을 수 있는 권리

특허를 받을 수 있는 권리는 발명과 동시에 취득되는 원시적 권리이다. 따라서 발명자는 발명을 함으로써 특허를 받을 수 있는 권리를 취득하게 되는 바, 이러한 특허를 받을 수 있는 권리에 대하여는 그 권리의 성질, 발명자의 명예권과의 관계 등에서 여러 학설의 대립과 많은 문제가 제기되고 있다.

Ⅰ. 특허를 받을 수 있는 권리의 성질

특허를 받을 수 있는 권리의 성질에 관하여는 i) 국가에 특허권의 부여를 청구하는 권리라는 설(공권설 또는 특허청구권설), ii) 발명의 지배를 목적으로 하는 권리, 즉 발명의 완성에 의하여 발생하는 사법상의 실질적 권리인 발명권이라는 설(사권설 또는 발명지배권설), iii) 양자의 절충이라고 하는 설(절충설), iv) 발명의 지배를 목적으로 하는 사적 권리설인 사권설(발명지배권설)과 특허절차상의 특허확인 청구권설인 공권설(특허청구권설)의 병합이라고 하는 설(병합설) 등이 있고 그 밖에도 v) 창작자 스스로가 새로운 창작이라고 인식하면 충분하다고 보는 설(주관설)과 vi) 창작의 신규성은 발명의 성립요건이고 발명의 신규성은 발명의 특허요건이지만 양자는 판단의 시점을 달리하는데 불과하다고 보는 설(객관설)이 있다.

1. 학 설

(1) 공권설 등

1) 공권설 – 특허청구권설 –

특허를 받을 수 있는 권리는 국가에 대하여 특허권의 부여를 요구하는 공권이고 그 성질은 청구권이며 이는 민법상의 물권·채권과 함께 재산권의 3대종별을 이루고 있다. 따라서 특허를 받을 수 있는 권리는 이전할 수 있는 양도성을 갖는다. 그러나 질권의 목적으로는 할 수 없다(법 37①, ②).

2) 발명권설 – 사권설 또는 발명지배권설 –

특허를 받을 수 있는 권리는 발명의 지배를 목적으로 하는 사적 권리로써 여러 형태로 나누어 볼 수 있지만 일반적으로 발명자에게는 발명의 완성과 동시에 그 발명에 대한 지배권이 원시적으로 귀속되어 있음으로서 발명자는 출원 전에 이미 발명에 대한 불완전한 발명지배권이라고 하는 사권을 확보한 것이다. 이러한 사권은 법정발명성 및 특허성인 발명의 성립성(법 2, 1)·산업상 이용성(법 29①)·발명의 신규성(법 29①1, 2)·발명의 진보성(법 29②) 등을 갖춘 발명의 완성에 의하여 형성된 일정의 이익상태를 직접적으로 독립의 재산으로 보호하는 것이고 그 기본적 지배내용은 이 이익상태에 관하여 특허를 받는데 있으므로 특허출원은 권리의 지배내용의 실현을 위한 행위이다. 따라서 이러한 사권설에 의하면 특허를 받을 수 있는 권리의 이전·지배내용의 실현 및 포기 등은 모두 발명지배자의 임의에 맡겨져 있고 제3자의 불법행위에 의한 침해에 대하여 손해배상청구권이 인정되고 불가침성을 갖는다.[31)]

3) 절충설 – 공권설(특허청구권설)과 발명권설(사권설 또는 발명지배권)의 병합설 –

특허를 받을 수 있는 권리는 국가에 대하여 특허권의 부여를 요구할 수 있다는 점에서는 공권이며, 발명의 완성에 의하여 형성된 일정의 이익상태를 직접적으로 독립의 재산으로 보호할 수 있다는 점에서는 사권이므로 결국 특허를 받을 수 있는 권리는 양자의 성질이 병존하게 되므로 공권설과 사권설을 결합하는 절충설로

31) 지적재산권법(상), 이기수 외 4인 공저, (주) 한빛지적소유권센터, 1994.2.22 발행, 243면.

보아야 한다는 견해이다. 즉 절충설에는 발명의 완성에 의하여 형성된 실체적 발명의 지배권으로서의 사권과 절차상의 권리인 확인청구권으로서의 공권이 병존한다는 병합설 등이 있다.

4) 비 판

i) 공권설은 특허를 받을 수 있는 권리를 국가에 대한 청구권으로 본 나머지 발명성(기술성 또는 창작성)을 소홀히 했다는 비판이 있는 반면 ii) 사권설은 특허를 받을 수 있는 권리를 발명자의 창작에 의한 천부적 권리로 봄으로써 공권적 측면을 도외시했다는 비판이 있다. iii) 절충설과 iv) 병합설 또한 다같이 공권설과 사권설의 병존이라는 데에는 이견이 없으나 다만 공권설에서 전자가 국가에 대해 특허권을 청구하는 권리라는데 반해 후자는 국가에 대해 발명성 및 특허성(발명의 성립요건 및 특허요건)의 확인을 청구하는 권리라고 하는 정도의 차이에 불과하다. 그러나 이는 모두 국가에 특허를 청구하는 공권으로 귀결되므로 양자의 구별의 실익이 없다. 위에서 살펴본 바와 같이 i) 공권설 ii) 사권설 모두 일면만을 강조한 나머지 다른 면이 간과된 감이 있어 특허를 받을 수 있는 권리의 성질을 충분히 설명하고 있다고는 볼 수 없다. 따라서 서로 상반된 면을 가지고 있는 양설을 결합한 절충설 내지는 병합설이 타당하다고 본다.

(2) 주관설 등

1) 주관설

특허를 받을 수 있는 권리를 창작자 스스로가 새로운 창작이라고 인식하면 충분하다고 보는 설이다.[32)]

2) 객관설

특허를 받을 수 있는 권리의 창작의 신규성은 발명의 성립요건이고, 발명의 신규성은 발명의 특허요건이지만 양자는 판단의 시점을 달리하는데 불과하다고 보는 설, 즉 창작즉시 출원하면 신규성이 있다고 하는 경우의 기술적 사상은 창작으로서의 신규성이 있다고 보는 설이다.

---

32) - 형성설 : 豊崎光衛 工業所有權法(新版·增版)(法律學全集)[昭 55 有斐閣], 135~138면.
- 확인설 : 김도창, 행정법(하), 302 · 305면.

3) 절충설

특허를 받을 수 있는 권리는 위의 주관설과 객관설의 결합이라고 보는 절충설이다.

4) 비 판

주관설이 창작시 발생하는 특허를 받을 수 있는 권리를 창작자의 단순한 기대권적인 것으로만 파악하려는데 대하여 객관설은 권리로서의 실체를 객관적으로 구비하는 것으로만 파악하려는데 양자 모두 일면만을 강조하고 있다는 비판을 받고 있다. 따라서 이러한 양설의 단점을 상호 보완하는 양자의 절충설이 타당하며 또 통설이기도 한다.

2. 결 론

특허를 받을 수 있는 권리에 대하여는 위에서 살펴본 바와 같이 공권설·사권설·절충설(병존설) 등이 있고 그 밖에도 주관설 및 객관설 등 여러 설이 대립되고 있으나 특허법상 특허를 받을 수 있는 권리는 발명의 성립요건(발명성)과 발명의 특허요건(특허성)을 충족한 발명의 완성에 의하여 형성된 일정한 이익상태를 독립의 재산으로 보호하는 것이고 그 기본적 지배내용은 이 이익상태에 관해 특허를 받는데 있다 할 것이다. 따라서 특허를 받을 수 있는 권리는 완성된 발명에 의하여 형성된 이익상태 그 자체를 지배할 수 있는 권리, 즉 제3자에게 이전할 수 있는 권리로서의 사권적 측면이 있는가 하면 국가에 대하여 특허부여를 요구할 수 있는 청구권으로서의 공권적 측면이 있으므로 공권설과 사권설 양설이 병합을 인정하고 있는 절충설이 타당하다고 본다.

Ⅱ. 특허를 받을 수 있는 권리의 귀속

특허를 받을 수 있는 권리는 발명을 한 자 또는 그 승계인에게 귀속한다. 다만, 특허청 및 특허심판원 직원은 상속 또는 유증(遺贈)의 경우를 제외하고는 재직 중 특허를 받을 수 없다(법 33①). 또 특허를 받을 수 있는 권리를 가진 발명자와 그 승계인이라 하더라도 최선(最先)의 출원자(선원자)가 아니면 그 발명에 대하여 특허를 받을 수 없다(법 36).

Ⅲ. 특허를 받을 수 있는 권리의 내용

특허를 받을 수 있는 권리는 발명자 또는 그 승계인이 국가에 대하여 특허권의 부여를 요구하는 권리로서 발명의 완성시에 발생하여 특허권의 설정등록 전까지의 일련의 단계에서 존재하는 권리이다. 따라서 특허를 받을 수 있는 권리의 내용에 있어서도 발명의 완성시부터 특허출원 전까지의 경우와 특허출원 후 심사청구·출원공개신청 등의 절차를 거쳐 특허권의 설절등록 전까지의 경우로 나누어 볼 수 있다.

1. 발명의 완성시부터 출원 전까지의 내용

발명을 완성한 자는 국가에 대하여 특허권의 부여를 요구할 수 있는 공권인 특허청구권을 가지며 또 특허출원 전이라 하더라도 그 발명에 대하여 특허를 받을 수 있는 권리를 제3자에게 이전할 수 있는 사권인 발명지배권을 가진다. 또한 발명지배권에 부수되어 있는 발명자의 명예권 등이 인정되고 있다.

(1) 특허청구권 – 공권 –

발명을 완성한 발명자 또는 그 승계인은 국가에 대하여 특허권 부여를 요구하는 특허출원권, 즉 특허를 받을 권리를 취득함으로써 특허청구권을 가진다(법 42).

(2) 양도권 – 사권 –

발명자 또는 그 승계인은 특허를 받을 수 있는 권리를 제3자에게 양도하여 이전할 수 있다(법 37①). 만약 특허를 받을 수 있는 권리가 공유인 경우에는 각 공유자는 다른 공유자의 동의를 얻지 아니하면 그 지분을 양도할 수 없다(법 37③). 다만, 이러한 권리는 질권의 목적으로 할 수 없다(법 37②). 특허출원 전의 특허를 받을 수 있는 권리의 승계는 그 승계인이 특허출원을 하지 아니하면 제3자에게 대항할 수 없다(법 38①).

(3) 발명자의 명예권

특허를 받을 수 있는 권리는 발명자의 창작에 의하여 발생하는 것이므로 발명자의 인격권, 특히 명예권이 수반되고 있는 권리임은 의심의 여지가 없다. 그러나 이 명예권이 특허를 받을 수 있는 권리의 일부를 형성하는 것도 아님은 분명하다.33)

발명자의 명예권에 관하여는 특허법에서 규정하고 있지는 않으나 특허법 제26조의 규정에 의해 산업재산권보호를 위한 파리조약 제4조의 3의 "발명자는 특허증에 발명자로 기재될 권리를 갖는다"는 발명자 게재권과 특허법 제42조 제1항 제5호에 의한 발명자 성명게재권이 인정되고 있다.

그런데 발명자 성명게재권 행사와 관련하여 "특허를 받을 권리를 승계한 자가 발명자라고 표시하여 특허를 받았을 경우 그것이 발명자의 의사에 반할 때에는 발명자는 발명자 성명게재권을 주장할 수 있으나 실제 어떻게 행사할 수 있는가가 문제이다. 이 경우 발명자는 특허권자를 상내로 발명자 확인의 소를 제기하고 그 판결에 따라 특허청장에게 특허원부 및 특허증의 정정을 청구하여 발명자를 바로잡는 방안이 있을 것이다. 또 발명자가 오기되었을 때 어떻게 정정하는가도 문제이다. 발명자 오기자체는 출원의 거절이유나 특허무효의 사유가 되지 않는다. 그러나 타인의 발명을 절취하여 자기 또는 제3자를 발명자라고 한 모인출원이나 발명자 모인출원에 의하여 특허를 받은 경우에는 특허출원의 거절이유나 특허무효의 사유가 된다. 따라서 특허받을 권리를 발명자로부터 적법하게 승계한 자가 발명자라고 기재하여 출원하였을 때에는 출원거절 이유나 특허무효 사유가 되지 않는다고 해석해야 할 것이다. 그러나 출원 전의 특허를 받을 수 있는 권리는 제3자와의 관계에서 어느 정도의 효력이 있는지의 문제인 바 이를 살펴보고자 한다.

1) 독점·배타권이 없기 때문에 타인의 동일내용의 발명에 대해 이용을 금지시키거나 특허를 방해할 수는 없다. 따라서 제3자가 부난사용힐 경우 손해배상청구권은 인정되나 당해 발명의 침해에 대한 금시 또는 예방청구권(법 126)은 인정되지 않는다.

2) 무권리자가 한 특허출원, 즉 특허를 받을 수 있는 권리를 가진 발명자나 그 승계인이 아닌 자 또는 다른 사람의 특허를 받을 수 있는 권리를 정당한 권원(權原)없이 사용한 자가 한 특허출원[모인출원(冒認出願)]은 선원의 지위가 부여되시 않는다.

---

33) 특허법 제37조 제1항은 특허를 받을 수 있는 권리는 이전할 수 있다고 규정하고 있는 바, 이는 "인격적인 요소"를 포함하지 않는 순수한 재산권만을 의미하고 있기 때문이다.-특허법 개설(제9판), 길등행삭 저, 140면.

그러나 특허법은 무권리자가 한 특허출원으로 인하여 특허를 받지 못하게 된 때에는 그 무권리자의 특허출원 후에 한 정당한 권리자의 특허출원은 무권리자가 특허출원한 때에 출원한 것으로 본다고 규정하고 있다(법 34 본문). 다만, 무권리자가 특허를 받지 못하게 된 날부터 30일을 경과한 후에 정당한 권리자가 특허출원을 한 경우에는 출원일은 소급하지 아니한다(법 34 단서). 또 무권리자에 대하여 특허된 경우 무효사유(법 133①2)가 되며, 무효심결이 확정된 때에는 그 특허권은 처음부터 없었던 것으로 보고(법 133③) 그 특허출원 후에 한 정당한 권리자의 특허출원은 무효로 된 그 특허출원의 출원시에 특허출원한 것으로 간주한다. 그러나 그 특허의 등록공고가 있는 날부터 2년을 경과한 후에 특허출원을 하거나 무효심결이 확정된 날부터 30일을 경과한 후에 특허출원을 한 경우에는 출원일은 소급되지 아니한다(법 35).

3) 특허를 받을 수 있는 권리를 가진 자의 발명이 출원 전 다음과 같은 일정한 사유에 해당하는 경우에는 그날부터 6월 이내에 특허출원을 하면 그 발명을 예외적으로 신규성을 상실하지 않는 소위 특허법상의 신규성 의제를 주장할 수 있는 권리를 가진다(법 30①).

① 특허를 받을 수 있는 권리를 가진 자에 의하여 그 발명이 특허출원 전에 국내 또는 국외에서 ⅰ) 공지되었거나 ⅱ) 공연히 실시된 발명이거나, 특허출원 전에 국내 또는 국외에서 ⅲ) 반포된 간행물에 게재되거나 ⅳ) 소정의 전기통신회선(인터넷)을 통하여 공중이 이용가능하게 된 발명인 경우, 다만 조약 또는 법률에 따라 국내 또는 국외에서 출원공개되거나 등록공고된 경우를 제외한다.

② 특허를 받을 수 있는 권리를 가진 자의 의사에 반하여 그 발명이 위의 ⅰ) 내지 ⅳ)의 어느 하나에 해당하게 된 경우

위의 경우에도 특허법 제29조 제1항 각호의 규정에 의한 발명의 신규성만을 상실하지 않을 뿐이다. 따라서 그 사이 선의의 제3자가 동일발명에 대하여 먼저 출원한 경우에는 후출원이 되어 거절된다.

2. 특허출원 후부터 특허권의 설정등록 전까지의 내용

특허를 받을 수 있는 권리를 가진 자가 완성된 발명을 특허청에 출원하여 수리되면 다음과 같은 권리가 발생한다.

(1) 우선권 주장권

1) 조약에 의한 우선권 주장권

조약에 의하여 우리나라 국민에게 특허출원에 대한 우선권을 인정하는 당사국 국민이 그 당사국 또는 다른 당사국에 특허출원을 한 후 동일발명을 우리나라에 특허출원을 하면서 그 당사국에 출원한 날을 우리나라에 특허출원한 것으로 우선권을 주장하거나 우리나라 국민이 조약에 의하여 우리나라 국민에게 특허출원에 대한 우선권을 인정하는 당사국에 특허출원한 후 동일발명을 우리나라에 특허출원하여 우선권을 주장할 수 있는 권리를 가진다(법 54①).

2) 국내 우선권 주장권

특허를 받고자 하는 자는 다음의 어느 하나에 해당하는 경우를 제외하고는 그 특허출원한 발명에 관하여 그 자가 특허나 실용신안등록을 받을 수 있는 권리를 가진 특허출원 또는 실용신안등록출원으로 먼저 한 출원(이하 "선출원"이라 한다)의 출원서에 최초로 첨부된 명세서 또는 도면에 기재된 발명을 기초로 하여 특허출원 등에 의한 우선권을 주장할 수 있는 권리를 가진다(법 55① 1 내지 4).

① 그 특허출원이 선출원의 출원일부터 1년을 경과하여 출원된 경우
② 선출원이 제52조 제2항("실용신안법" 제11조의 규정에 의하여 준용되는 경우를 포함한다)의 규정에 따른 분할출원이나 제53조 또는 "실용신안법" 제10조의 규정에 따른 변경출원인 경우
③ 선출원이 그 특허출원시에 포기·무효·취하 또는 각하된 경우
④ 선출원이 그 특허출원시에 특허여부의 결정, 실용신안등록여부의 결정 또는 심결이 확정된 경우

(2) 조기공개신청권

특허청장은 i) 조약에 의한 우선권주장을 수반하는 특허출원에 있어서는 그 우선권주장의 기초가 된 출원일(법 54①), ii) 국내우선권주장을 수반하는 특허출원에 있어서는 선출원의 출원일(법 55①), iii) 특허법 제54조(조약에 의한 우선권주장) 제1항 또는 제55조(국내우선권주장) 제1항의 규정에 의한 2이상의 우선권주장을 수반하는 특허출원에 있어서는 해당 우선권주장의 기초가 된 출원일 중 최선일(법 54① 또는 55①), iv) 위 i) 내지 iii)의 1에 해당하지 아니하는 특허출원에

있어서는 그 특허출원일부터 1년 6월이 경과한 때에는 그 특허출원에 관하여 특허공보에 게재하여 출원공개를 하여야 한다. 그러나 특허출원인은 특허출원일부터 1년 6월이 경과하기 전이라도 특허청장에게 그 특허출원에 대하여 조기공개를 신청할 수 있는 권리를 가진다. 다만, 등록공고를 한 특허에 대하여는 출원공개신청을 할 수 없다(법 64①). 이는 이미 등록공고에 의해 공개가 되었으므로 다시 공개할 필요가 없기 때문이다.

(3) 심사청구권

특허출원인은 특허출원을 한 날로부터 5년 이내에 특허청장에게 그 특허출원에 관하여 출원심사의 청구를 할 수 있는 심사청구권을 가진다. 이러한 심사청구권은 비단 특허출원인에게만 주어지는 것이 아니고 특허출원이 있는 때에는 누구든지 그 특허출원에 관하여 특허청장에게 출원심사의 청구를 할 수 있다(법 59②).

그러나 분할출원 또는 변경출원에 관하여는 특허출원한 날부터 5년이 경과된 후에도 분할출원을 한 날 또는 변경출원을 한 날부터 30일 이내에 출원심사의 청구를 할 수 있다(법 59③).

(4) 우선심사 신청권

특허출원을 한 자는 그 특허출원에 대하여 특허청장에게 우선심사를 신청할 수 있는 우선심사 신청권을 가진다(법시행령 10①). 즉 i) 특허출원공개 후 특허출원인이 아닌 자가 업으로서 특허출원된 발명을 실시하고 있는 경우, ii) 방위산업분야의 특허출원인 경우, iii) 공해방지에 유용한 특허출원인 경우, iv) 수출촉진에 직접 관련된 특허출원인 경우, v) 국가 또는 지방지차단체의 직무에 관한 특허출원(고등교육법에 따른 국·공립학교의 직무에 관한 특허출원으로서 기술이전촉진법 제9조 제1항에 따라 국·공립학교 안에 설치된 기술이전 전담조직에 의한 특허출원을 포함한다)인 경우, vi) 벤처기업육성에 관한 특별조치법 제25조의 규정에 의한 벤처기업의 확인을 받은 기업의 특허출원인 경우, vii) 중소기업 기술혁신촉진법 제15조의 규정에 의하여 기술혁신형 중소기업으로 선정된 기업의 특허출원인 경우, viii) 조약에 의한 우선권주장의 기초가 되는 특허출원의 경우(당해 특허출원을 기초로 하는 우선권주장에 의하여 외국 특허청에서 특허에 관한 절차가 진행 중인 것에 한한다), ix) 국가의 신기술개발 지원사업 또는 품질인증사업의 결과물에 관한 특허출원인 경우, x) 특허출원인이 특허출원된 발명을 실시하고 있거나 실시준비 중인 특허출원인 경우, xi) 전자거래와 직접 관련된 특허출원인 경우 및 xii) 특허청장이 외국

특허청장과 우선심사하기로 합의한 특허출원인 경우에는 우선심사신청권이 발생한다(법 61 1·2, 법시행령 9, 1 내지 10).

(5) 출원보정권

특허출원인은 심사관이 특허결정의 등본을 송달하기 전까지 특허출원서에 최초로 첨부된 명세서 또는 도면에 기재된 사항의 범위 안에서 그 명세서 또는 도면을 보정할 수 있는 권리를 가진다(법 47① 본문, ②).

(6) 분할출원권

특허출원인은 2이상의 발명을 하나의 특허출원으로 한 경우에는 그 특허출원의 출원서에 최초로 첨부된 명세서 또는 도면에 기재된 사항의 범위 안에서 보정을 할 수 있는 기간이내에 그 일부를 하나이상의 특허출원으로 분할하여 출원할 수 있는 권리를 가진다(법 52①).

(7) 변경출원권

실용신안등록출원인은 그 실용신안등록출원의 출원서에 최초로 첨부된 명세서 또는 도면에 기재된 사항의 범위 안에서 그 실용신안등록출원을 특허출원으로 변경출원을 할 수 있는 권리를 가진다(법 53①).

(8) 보상금 지급청구권

특허출원인은 출원공개가 있은 후 그 특허출원된 발명을 업으로서 실시한 자에게 특허출원된 발명임을 서면으로 경고할 수 있다(법 65①). 특허출원인의 경고를 받거나 출원공개된 발명임을 알고 그 특허출원된 발명을 업으로 실시한 자에게 특허출원인은 그 경고를 받거나 출원공개된 발명임을 안 때부터 특허권의 설정등록시까지의 기간 동안 그 특허발명의 실시에 대하여 통상 받을 수 있는 금액에 상당하는 보상금의 지급을 청구할 수 있는 권리를 가진다(법 65②). 보상금 지급청구권은 당해 특허출원에 대한 특허권의 설정등록이 있은 후가 아니면 이를 행사할 수 없다(법 65③) 보상금 지급청구권의 행사는 특허권의 행사에 영향을 미치지 아니한다(법 65④).

3. 강제집행

특허를 받을 수 있는 권리가 강제집행의 대상이 되는가에 대해서는 의문이 있다. 이 권리는 파산재단에 속하므로(파산법 제63조 제1항) 강제집행이 가능하며 압류의 대상이 된다[민사집행법 제251조(그 밖의 재산권에 대한 집행)·제227조(금전채권의 압류)·제240조(추심권의 포기)]고 보는 견해가 있으나[34] 공표되지 아니한 발명에 관한 물건의 압류를 금지하는 민사집행법 제195조 제12호의 입법취지로 보아 적어도 출원 전의 강제집행은 금지된다고 보는 것이 타당하다고 본다.[35] 압류방법에 있어서의 압류명령은 민사집행법 제227조의 규정에 의하면 제3채무자인 특허청에 대하여 출원인인 채무자에게 특허권 설정등록을 하여서는 아니된다고 하는 내용으로 될 것이지만 이는 행정권의 작용을 사법권이 제한하고 특허를 지연케하므로 부당하고 채권자로서도 채무자가 특허를 받는 것을 방해한다고 해서 이익이 될 것이 없으므로 압유의 가능성은 의문이라고 한 부정설도 유력하다.[36] 특허를 받을 수 있는 권리의 강제집행, 즉 가압류·가처분에 관하여는 본안소송의 확정시까지 특허절차가 중단되므로 그만큼 특허가 지연되기 때문에 강제집행의 대상에서 제외하는 것이 타당하다고 본다.

4. 제한·수용 등

정부의 허가를 얻어 외국에 특허출원을 하는 경우를 제외하고는 정부는 국방상 필요한 경우에는 외국에의 특허출원을 금지하거나 발명자·출원인 및 대리인에게 그 발명을 비밀로 취급하도록 명할 수 있다(법 41①). 또 정부는 특허출원한 발명이 국방상 필요한 경우에는 특허를 하지 아니할 수 있으며, 전시·사변 또는 이에 준하는 비상시에 있어서 국방상 필요한 경우에는 특허를 받을 수 있는 권리를 수용할 수 있다(법 41②). 위의 외국에의 특허출원금지 또는 비밀취급에 따른 손실 및 국방상 필요에 의해 특허를 하지 아니하거나 수용한 경우에는 정부는 정당한 보상금을 지급하여야 한다(법 41③④). 보상금 및 대가에 대하여 심결 또는 결정을

34) 일본의 통설추정 참조.

35) 지적재산권법(상), 이기수 외 4인 공저, 247면.

36) - 豊崎光衛, 工業所有權法(新版·增版)(法律學全集), [昭 55 有斐閣], 140면.
- 氷田大二郎編, 實施契約 [昭 41 有斐閣], 380면.
- 安達祥三, 特許法 [昭 7 日本評論社], 52면.

받은 자가 그 보상금 또는 대가에 불복이 있을 때에는 법원에 소송을 제기할 수 있다. 소송은 심결 또는 결정등본을 송달받은 날부터 30일 이내에 이를 제기하여야 하며 이 기간은 불변기간이다(법 190① 내지 ③). 특허청장의 보상금 또는 대가에 관한 불복의 소 외에 특허청장의 특허를 받을 권리의 제한·수용 등의 행정처분 자체에 대한 불복에 관한 절차는 별도의 규정을 두고 있지 않으므로 행정법절차인 행정소송에 의하여 구제를 받아야 한다.

(1) 국방관련 특허출원의 비밀취급 등

1) 비밀분류기준

특허청장은 국방상 필요한 경우 외국에의 특허출원발명을 비밀로 분류하여 취급하여야 하는 발명의 선별에 필요한 분류기준(이하 "분류기준"이라 한다)을 방위사업청장과 협의하여 정한다(법시행령 11).

2) 비밀취급절차

① 방위사업청장에게 비밀분류 취급필요성 조회

i. 특허청장은 국내에 주소 또는 영업소를 가진 자의 특허출원이 위의 1)에 의한 분류기준에 해당되는 경우에는 방위사업청장에게 비밀로 분류하여 취급할 필요가 있는지 여부를 조회하여야 하고(법시행령 12①)

ii. 조회를 받은 방위사업청장은 조회를 받은 날부터 2월 이내에 회신하여야 하며, 그 특허출원에 대하여 비밀취급이 필요하다고 인정되는 경우에는 특허청장에게 비밀로 분류하여 취급하도록 요청하여야 하며(법시행령 12③)

iii. 비밀로 분류하여 취급할 것을 요청받은 특허청장은 보안업무규정에 따라 필요한 조치를 취하고 그 특허출원의 발명자·출원인·대리인 및 그 발명을 알고 있다고 인정하는 자(이하 "발명자 등"이라 한다)에게 비밀로 분류하여 취급하도록 명하여야 하며, 비밀로 분류하여 취급할 것을 요청받지 아니한 경우에는 그 특허출원의 발명자 등에게는 나음의 ②의 보안유지요청의 해제통지를 하여야 한다(법시행령 12④).

iv. 특허청장은 위의 ii에 의한 방위사업청장의 회신을 받은 때에는 지체 없이 위 iii에 의하여 비밀로 분류하여 취급하도록 명하거나 보안유지 요청의 해제통지를 하여야 한다(법시행령 12⑤).

② 발명자 등에게 통지 및 보안유지 요청

특허청장은 위의 ①에 의하여 방위사업청장에게 조회할 경우에는 그 특허출원의 발명자·출원인·대리인 및 그 발명을 알고 있다고 인정하는 자(이하 "발명자 등"이라 한다)에게 그 사실을 통지하고 보안을 유지하도록 요청하여야 한다(법시행령 12②).

3) 비밀해제 등

특허청장은 비밀로 분류하여 취급할 것을 명한 특허출원에 대하여는 비밀에서의 해제, 비밀보호기간의 연장 또는 비밀등급의 변경여부를 연 2회 이상 방위사업청장과 협의하여 필요한 조치를 하여야 하고(법시행령 13①), 비밀로 분류하여 취급할 것을 명령받은 발명자 등은 특허청장에게 비밀에서의 해제 또는 비밀등급의 변경이나 특허출원 된 발명의 일정범위의 공개 또는 실시의 허가를 청구할 수 있다(법시행령 13②).

4) 외국에의 특허출원 금지 및 허가

국내에 주소 또는 영업소를 가진 자가 특허출원한 발명이 특허청장으로부터 보안유지 요청을 받거나, 비밀로 분류하여 취급하도록 명령을 받은 경우에는 특허청장의 허가를 받은 경우에 한하여 외국에 특허출원을 할 수 있다(법시행령 15①).

외국에의 특허출원허가를 신청하고자 하는 자는 소정의 신청서를 특허청장에게 제출한다(법시행령 15②).

5) 방위사업청장과의 협의

특허청장은 i) 비밀로 취급되고 있는 발명의 일정범위의 공개 또는 실시허가, ii) 외국에의 특허출원허가를 하고자 하는 경우에는 미리 방위사업청장과 협의하여야 한다(법시행령 16, 1·2).

(2) 보상금 청구권 등

특허출원인은 외국에의 특허출원이 금지됨에 따른 손실 또는 비밀로 취급됨에 따른 손실에 대한 보상금(이하 "보상금"이라 한다)을 방위사업청장에게 청구할 수 있다(법시행령 14①).

특허출원인이 보상금을 청구하는 경우에는 보상금청구서와 손실을 입증할 수 있는 증거자료를 제출하여야 하고 보상금청구를 받은 방위사업청장은 보상액을 결정하여 지급하여야 하며, 필요한 경우에는 특허청장과 협의할 수 있다(법시행령 14② 내지 ③).

Ⅳ. 특허를 받을 수 있는 권리의 이전 등

1. 서 론

특허를 받을 수 있는 권리는 물권이나 채권과 함께 사적재산권이 일종으로서 이전이 가능하다(법 37①). 이러한 사권으로서의 재산권의 이전은 권리내용의 변동 없이 권리주체만의 변동을 의미하며 이러한 이전에는 매매·증여·교환 등과 같은 법률행위에 의한 이전과 상속·법인의 합병 등과 같은 법률행위에 의하지 아니한 일반승계에 의한 이전이 있다. 특허를 받을 수 있는 권리가 공유인 경우에는 각 공유자는 다른 공유자의 동의를 얻지 아니하면 그 지분을 양도할 수 없다(법 37③). 이와 같이 특허를 받을 수 있는 권리는 이전이 가능하지만 담보물권의 하나인 질권의 목적으로는 할 수 없다(법 37②). 특허를 받을 수 있는 권리의 이전에 관하여는 특허법에서 정한 규정을 제외하고는 민법의 규정을 준용한다.

2. 권리의 이전

(1) 이 전

특허를 받을 수 있는 권리는 이전할 수 있다(법 37①). 이러한 권리가 공유인 경우에는 각 공유자는 다른 공유자의 동의를 얻지 아니하면 그 지분을 양도할 수 없다(법 37③). 이는 "공유자는 그 지분을 처분할 수 있고 공유물 전부를 지분의 비율로 사용·수익할 수 있다"고 규정한 민법 제263조의 중대한 예외규정을 두고 있는 바, 그 이유는 특허를 받을 수 있는 권리의 공유는 일반 공유보다는 신임을 중시하고 있다. 따라서 신임관계가 형성되어 있지 않은 제3자에게 일방의 지분을 양도할 경우 타방의 지분소유자가 불의의 손해를 입을 염려가 있으므로 이를 법적·제도적으로 방지하기 위하여 공유자 일방은 공유자 타방의 동의 없이 그 지분의 양도를 금지하고 있는 것이다.

(2) 권리의 승계

1) 특허출원 전

① 특허출원 전 특허를 받을 수 있는 권리의 이전에 관하여는 별도의 공시방법이 없다. 따라서 특허출원 전에 있어서의 특허를 받을 수 있는 권리의 승계는 그 승계인이 특허출원을 하지 아니하면 제3자에게 대항할 수 없다(법 38①).

② 동일한 자로부터 승계한 동일한 특허를 받을 수 있는 권리에 대하여 같은 날에 2이상의 특허출원이 있는 때에는 특허출원인의 협의에 의하여 정한 자 외의 자의 승계는 그 효력이 발생하지 아니한다(법 38②).

③ 동일한 자로부터 승계한 동일한 발명 및 고안에 대한 특허를 받을 수 있는 권리 및 실용신안등록을 받을 수 있는 권리에 대하여 같은 날에 특허출원 및 실용신안등록출원이 있는 때에도 위의 ②와 같다(법 38③). 특허청장은 위의 ②, ③의 경우 협의가 성립하지 아니하거나 협의를 할 수 없는 때에는 승계인에게 기간을 정하여 협의의 결과를 신고할 것을 명하고 그 기간 내에 신고가 없을 때는 협의는 성립되지 아니한 것으로 본다(법 38⑦).

2) 특허출원 후

① 특허출원 후에 있어서 특허를 받을 수 있는 권리의 승계는 상속 기타 일반승계와 같은 사실에 의하여 생기는 권리의 승계를 제외하고 매매·증여와 같은 법률행위에 의하여 생기는 권리의 승계는 특허출원인이 명의변경신고를 하지 아니하면 그 효력이 발생하지 아니한다(법 38④). 권리자가 신고에 협력하지 아니하면 승계인 등은 민사소송으로 명의변경절차의 이행청구를 할 수 있다.

② 특허를 받을 수 있는 권리의 상속 기타 일반승계가 있는 경우에는 승계인은 지체 없이 그 취지를 특허청장에게 신고하여야 한다(법 38⑤). 이때 특허를 받을 수 있는 권리는 그 권리자 사망 후 그 상속인이 권리자 명의로 된 양도증이나 그 밖의 증빙서류를 작성하여 권리이전신고를 하였을 경우에는 그 승계는 유효하다.[37)]

③ 동일인으로부터 승계한 동일한 특허를 받을 수 있는 권리의 승계에 관하여 같은 날에 2이상의 특허출원인 변경신고가 있는 때에는 신고를 한 자 간의 협의에 의하여 정한 자 외의 자의 신고는 그 효력이 발생하지 아니한다(법 36⑥). 특허

---

37) 지적재산권법(상), 이기수 외 4인 공저, 249면.

청장은 협의가 성립되지 아니하거나 협의를 할 수 없는 때에는 승계인에게 기간을 정하여 협의의 결과를 신고할 것을 명하고 그 기간 내에 신고가 없는 때에는 협의는 성립하지 아니한 것으로 본다(법 38⑦). 특허를 받을 수 있는 권리의 매매 등과 같은 법률행위에 의하여 발생하는 권리의 유상계약에 있어 그 권리자체 또는 객체에 하자가 있는 경우에는 민법의 매도인의 하자담보책임에 관한 규정을 준용해야 할 것이다(민법 제569조 내지 제584조).[38] 특허출원 후 특허를 받을 수 있는 권리가 이전된 경우 이전 전 권리를 가졌던 자가 밟은 절차 또는 특허청장 및 제3자가 그에 대하여 밟은 절차의 효력은 그 권리의 승계인에게 미치며(법 18), 특허청장은 그 권리의 승계인에 대하여 그 절차를 속행하게 할 수 있다(법 19). 또 특허를 받을 수 있는 권리는 그 권리자 사망 후 그 상속인이 이를 증명하는 서류를 갖추어 권리이전신고를 하면 그 승계는 유효하다.

3. 권리의 비담보성

(1) 서 론

민법이 인정하는 담보물권에는 유치권·질권·저당권의 3종이 있고 그 밖에 상법상 특별한 것도 있고 특별법에서 특수한 것, 즉 재단저당(財團抵當)·담보부 사채(擔保附社債)·자동차 저당·항공기 저당 등이 인정되어 가고 있다. 담보물권의 통유성(通有性)으로서 불가분성·부종성(附從性)·수반성(隨伴性) 및 물상대위성(物上代位性)[유치성(留置性) 제외]이 있다.

또 담보물권에는 담보제공의 방법에 따라 법정담보물권과 약정담보물권이 있다. 전자로서는 유치권 등이 있고 후자로서는 질권·저당권 등이 있다. 저당권은 주로 부동산 또는 그에 유사한 동산 권리를 객체로 하고 법정담보물권은 법률에 의하여 당연히 발생하는 것이므로 특허를 받을 수 있는 권리에 대하여 담보물권의 설정이 가능한지의 여부는 질권에 집중되게 되는 것이다. 이러한 질권은 채권의 담보로서 채무자 또는 제3자(물상보증인)로부터 받은 목적물을 채무의 변제시까지 유치하고, 변제가 없을 때에는 그 목적물에 의하여 우선변제를 받는 담보물권(민법 제329조 내지 제355조)·저당권과 더불어 약정담보물권의 하나이고 물적 신용의 수단인데 저당권과 기본적인 차이는 담보권자에게 목적물의 점유를 이전하는 점에 있다(민법 제330조, 제332조). 질권의 목적물은 양도할 수 있는 것이어야 하고 동산과 부동산의 사용·수익을 목적으로 하는 권리 이외의 재산권 등이다(민

---

38) 지적재산권법(상), 이기수 외 4인 공저, 249면.

법 제345조 참조). 질권은 어느 것이나 우선변제를 받는 방법이 원칙적으로 경매이고 유질계약(流質契約)은 금지되어 있고(민법 제339조) 또 물상대위성이 있다(민법 제342조)는 것도 다른 담보물권과 같으며 또 질권자는 그 질권을 가지고 자기의 채무의 담보로 전질(轉質)할 수 있다(민법 제336조).

(2) 질권설정의 금지

특허를 받을 수 있는 권리의 이전성은 인정하면서 담보를 금지하는 것은 선의의 제3자와 발명자를 보호하는 동시에 신규성 및 선원성의 상실을 미연에 방지하여 권리자체를 보호하려는 것이다.

1) 금지의 배경 및 그 이유에 대한 제설

특허법은 특허를 받을 수 있는 권리는 질권의 목적으로 할 수 없다고 규정하고 있다(법 37②). 그 이유는 특허를 받을 수 있는 권리는 특허를 받은 권리, 즉 특허권과 같은 완벽한 권리가 아닐 뿐만 아니라 또 불확정상태에 있는 미완성의 권리이기 때문에 당해 발명분야 기업인에게 정당한 대가 이하로 넘겨주는 경우가 생길 수도 있는 바 이는 특허제도의 목적이나 특허법의 취지에도 위배될 뿐만 아니라 발명자에게도 너무 가혹한 희생이 따르기 때문이다. 특허법이 특허를 받을 수 있는 권리의 이전성을 인정하면서도(법 37①) 담보성을 금지하고 있는 배경과 이유에 대해서는 다음과 같은 여러 가지 설로 나뉘어져 있다.[39]

① 제3자 보호설

특허를 받을 수 있는 권리는 특허법에 의하여 특허권자가 독점적·배타적으로 발명에 관하여 가지는 지배권인 특허권과는 달리 자기가 한 발명에 대하여 국가에 특허해 줄 것을 요구할 수 있는 청구권적 성질이 권리이다.

따라서 특허를 받을 수 있는 권리는 대외구속력을 가진 대세권(對世權)이 아닌 불확실한 권리이므로 이를 채권의 담보물권인 질권의 목적으로 설정하는 것은 선의의 제3자에게 불측의 손해를 입힐 우려가 있으므로 불확실한 권리의 담보로부터 선의의 제3자를 보호하기 위해서 특허를 받을 수 있는 권리는 질권으로 설정할 수 없다는 설이다.

---

39) - 지적재산권법(상), 이기수 외 4인 공저, (주) 한빛지적소유권센터, 1994.2.22. 발행, 250면.
- 지적소유권법, 송영식 외 2인 공저, 육법사, 1992.9.5. 발행, 157면 이하.

② 발명자 보호설

특허를 받을 수 있는 권리는 불확정한 권리, 즉 완전한 권리가 아닌 불확실한 권리이기 때문에 똑같은 발명이라 하더라도 특허권에 비해 상대적으로 그 평가액이 낮은 것이 일반적이다. 따라서 이러한 불확실한 권리를 채권의 담보로서 질권의 목적물로 설정할 경우 발명자는 기업인으로부터 정당한 대가 보장을 받을 수 없기 때문에 주로 자본력이 풍부한 기업인에 의해 손해를 볼 우려가 있기 때문에 발명자 보호를 위하여 특허를 받을 수 있는 권리는 질권으로 설정할 수 없다는 설이다.

③ 권리 성질설

특허를 받을 수 있는 권리를 질권의 목적으로 설정하면 채무자, 즉 특허를 받을 수 있는 권리를 가진 자의 채무불이행의 경우 채권자에 의해 권리의 강제이전이 이루어질 것이고 그렇게 될 경우 권리를 훼손하기 때문에 권리의 성질상 특허를 받을 수 있는 권리는 질권의 목적으로 할 수 없다는 설이다.

④ 공시방법 결여설

담보권의 행사는 경매 등의 방법에 의하게 된다. 따라서 발명의 기술적 내용이 일반 공중에 널리 공개되어 특허를 받을 수 있는 권리의 가치가 감소될 우려가 있으므로 이를 방지하기 위해서도 특허를 받을 수 있는 권리는 질권의 목적물로 할 수 없다는 설이다.

2) 제설의 비판

위에서 특허를 받을 수 있는 권리의 질권설정 금지배경에 대한 여러 가지 설을 검토해보았다. 그러나 어느 설 하나만으로는 만족할 수 없고 각 설마다 나름대로의 장·단점을 지니고 있으므로 특허를 받을 수 있는 권리를 질권의 목적으로 금지하는 배경은 위의 각 설을 종합적으로 고려함이 타당할 것이다. 즉 i) 제3자 보호설은 민법이 조건부 권리의 처분 및 담보를 인정하고 있는 것과 모순되며(민법 제149조) ii) 발명자 보호설은 민법이 규정하는 제도는 아니지만 경제적 필요성에 의하여 많이 이용되고 있는 "양도담보", 즉 목적물 자체를 채권자에게 양도하는 방법에 의한 물적 담보인 양도담보의 경우를 설명할 수 없고 iii) 권리 성질설은 출원 후 공개가 되더라도 선원성 및 신규성이 상실되지 아니하고 유지되고 있음(법 29③)을 설명하지 못하고 있다. 그러나 이 설은 발명의 완성 후 출원 전의 경우에는 적합한 설로 평가되고 있다. iv) 공시방법 결여설은 출원 전의 경우에는 타당하다고 보나 출원 후에는 출원인 명의변경에 의한 공시송달이 허용된다고 보아야 할 것이다.

Ⅴ. 특허를 받을 수 있는 권리의 하자

특허를 받을 수 있는 권리의 매매등과 같은 법률행위에 의하여 발생하는 권리의 유상계약에 있어 그 권리자체 또는 객체에 하자가 있는 경우에는 민법의 매도인의 하자담보책임에 관한 규정을 준용하여야 할 것이다(민법 제569조 내지 제584조).[40)]

Ⅵ. 특허를 받을 수 있는 권리의 소멸

특허를 받을 수 있는 권리는 여러 가지 원인에 의해 소멸되는 바 이를 유형별로 살펴보기로 한다.

1. 권리능력의 상실

특허를 받을 수 있는 권리의 소멸은 당해 발명에 관한 특허출원인이 권리능력을 상실한 때이다. 외국인의 권리능력의 상실은 국내에 주소 또는 영업소가 없거나 상호호혜주의 원칙을 파기하거나 조약에서 탈퇴 또는 조약을 위반한 때 권리능력이 상실되어 특허를 받을 수 있는 권리가 소멸된다.

2. 신규성의 상실

발명자 또는 그 승계인은 완성된 발명이 발명의 성립요건(법 2, 1) 및 발명의 산업상 이용가능성(법 29①)·발명의 신규성(법 29① 1, 2)·발명의 진보성(법 29②) 등 발명의 특허요건을 충족하였을 때에는 그 발명에 대하여 특허를 받을 수 있는 권리를 가진다.

---

40) 지적재산권법(상), 이기수 외 4인 공저, (주) 한빛지적소유권센터, 1994.2.22. 발행, 249면.

그러나 당해 발명이 특허출원 전에 국내 또는 국외에서 공지되었거나 공연히 실시된 발명이거나 특허출원 전에 국내 또는 국외에서 반포된 간행물에 게재되거나 소정의 전기통신회선을 통하여 공중이 이용가능하게 된 발명은 신규성이 상실되어 특허대상에서 제외되므로 특허를 받을 수 있는 권리는 소멸된다.

3. 상속인의 부존재

상속인의 부존재에 관하여는 특허법상 명문의 규정은 두고 있지 않으나 특허출원인이 사망 후 그 특허를 받을 수 있는 권리를 승계할 상속인이 없는 경우 그 권리는 소멸한다고 보아야 할 것이다. 이는 특허법 제124조 "상속인이 없는 경우의 특허권의 소멸" 규정의 유추가 가능하기 때문이다.

4. 포 기

특허를 받을 수 있는 권리는 포기에 의해 소멸된다. 특허출원 전에는 특허를 받을 수 있는 권리의 불행사로 소멸되며, 특허출원 후에는 특허를 받을 수 있는 권리에 대한 포기의사를 표시한 포기서를 특허청장에게 제출함으로써 그 권리는 장래에 향하여 소멸된 것으로 된다. 이때의 포기는 출원인의 포기의사에 의한 경우 외에도 특허를 받을 수 있는 권리가 포기의제되는 경우가 있다. 즉 국방상 필요한 경우 외국에의 특허출원의 금지나 또는 비밀취급명령을 위반한 경우에는 그 발명에 대하여 특허를 받을 수 있는 권리를 포기한 것으로 본다(법 41⑤).

제 3 장

특허를 받을 수 있는 발명

제 1 절 발명의 개념

Ⅰ. 서 론

특허법은 발명을 보호·장려하고 그 이용을 도모함으로써 기술의 발전을 촉진하여 산업발전에 이바지함을 목적으로 하고 있는 법이다. 이처럼 발명은 특허법 목적달성의 핵심적 요소로서 특허법의 중추를 이루고 있으므로 특허법을 이해하기 위해서는 무엇보다도 먼저 발명의 개념을 정확히 이해하고 특허법의 목적에 기여할 수 있는 발명의 요소·요건을 명확히 파악하는 것이 중요하다. 그러나 일반적으로 발명의 개념을 한마디로 정의하기란 그리 쉽지가 않다. 나라마다 처한 산업경제의 환경이 다르고 과학기술정책이나 산업정책이 다르며 국민의 발명에 대한 인식정도나 의식수준, 교육 및 기술수준 등 사회적 분위기 또한 다르기 때문이다. 따라서 발명의 정의는 세계 공통의 만고불변의 것이 아니라 국가마다의 산업발전이나 시대의 흐름에 따라 변할 수밖에 없는 극히 가변적인 것이다. 따라서 발명은 위와 같은 제요인에 의해 결정되는 탄력적 개념의 속성을 가진 발명의 정의를 경직성이 강한 성문법에 규정하는 것 보다는 오히려 불문율로 하는 것이 적절하다는 판단하에 우리나라를 비롯한 일본(특허법 제2조 제1항 제1호), 미국(특허법 제100조ⓐ) 등 극히 일부 국가를 제외하고는 영국·프랑스·독일 등 대부분의 국가가 학설이나 판례에 맡기고 있는 실정이다. 따라서 발명의 정의에 관한 학설이 그만큼 다양하다는 것을 의미하기도 한다. 그러나 그 중에서 가장 일반화되어 있는 것은 발명을 "기술적으로 표시된 인간의 정신적 창작이며 자연을 제어하고 자연력을 이용해서 일정한 효과를 낳게 하는 것"을 말한다고 한 "코울러"의 학설이다.[1)] 우리나라 특허법 제2조 제1호의 발명의 정의규정도 이 학설과 맥을 같이 하고 있다고 볼 수 있다. 따라서 우리나라의 특허법은 모든 발명에 대해서 특허를 인정하는 것이 아니고 일정한 요소를 구비한 발명에 대해서만 특허를 받을 수 있도록 하는 발명법정주의를 선언하고 있다.

Ⅱ. 발명의 정의

특허법은 발명에 대한 정의로서 "자연법칙을 이용한 기술적 사상의 창작으로서 고도한 것"을 말한다고 규정하고 있다(법 2.1). 이 조항은 발명에 대한 개념을 정의하기 위하여 발명의 성립요건을 내용으로 규정하고 있다. 발명을 특허권으로 보호할 경우 무엇이 특허의 대상이 되는 발명에 해당하느냐의 보호객체로서의 요건을 명확히 규정하는 것이 필요하다. 특허법에서는 발명의 성립요건으로서 자연법칙의 이용·기술적 사상의 창작·창작의 고도성을 규정하고 있는 바 이는 발명의 특허요건인 발명의 산업상 이용성·신규성·진보성 등과는 구별되는 개념이다. 이를 구체적으로 살펴본다.

1. 자연법칙의 이용

(1) 자연법칙

자연법칙이라 함은 자연계에서 일어나는 일정불변의 필연적인 법칙으로서 과학적 방법이나 경험에 의해 발견되거나 터득되는 자연계의 현상이나 이치, 즉 물질계에 존재하는 미지의 객관적으로 중요한 법칙·특성 또는 현상의 확인을 말한다. 따라서 자연법칙이라는 것은 자연과학상의 법칙에 한하지 않고, 자연계에서의 경험상 일정한 원인에 의하여 일정한 결과가 생긴다고 하는 경험칙도 포함한다. 즉 사과가 나무에서 떨어진다는 뉴턴의 만유인력의 법칙이나 가속도의 법칙과 같이 자연과학상 명명된 것에 한하지 않고 "흑연은 하얀 종이에 까맣게 그어진다"거나 "눈 위는 미끄럽다", "둥근 것은 구른다", "물은 높은 곳에서 낮은 곳으로 흐른다", "통나무는 물 위에 뜬다"는 것과 같은 인과관계의 확인이나 경험칙이 이에 속한다. 이러한 자연법칙은 정확하게 그리고 완전하게 인식할 필요는 없고 경험상 얻는 것이면 충분하다. 그러나 인간의 지능활동에 의해서 발견되는 이론학상

---

1) 1849~1919 베르린 대학교수로서 법학계의 碩學, 특히 特許法學上으로는 無體財産權說의 提唱者로서 유명하다. 特許法概說(제9편) 吉藤辛朔 著 YOU ME 特許法律事務所譯 54면.

의 법칙이나 수리법칙, 인위적으로 결정한 경제법칙, 심리현상에 입각한 경험칙, 즉 심리법칙 등 사회과학분야에서 발견되는 법칙이나 지리학적, 고고학적 발견 등은 자연법칙이 아님은 물론이다.

(2) 자연법칙의 이용

자연법칙은 그 자체만으로는 발명이 되지 아니하고 발명이 되기 위해서는 반드시 이용하여야 하는데 그 이용은 전체적으로 이용되어야 하며 일정한 확실성을 가지고 동일결과의 반복가능성을 구비하여야 한다. 이때의 자연법칙은 정확하게 그리고 완전하게 인식할 필요는 없고 경험상 얻는 것으로 충분하다. 예를 들면, 앞에서의 예인 흑연은 하얀 종이에 까맣게 그어진다는 자연법칙을 이용하여 연필심을 만들거나 눈은 미끄럽다는 자연법칙을 이용하여 스키이(Ski)를 만들면 자연법칙을 이용한 것으로 발명이 될 수 있다. 여기에서 "전체적 이용"이라 함은 자연법칙 전체로서의 이용이며 일부만의 이용에 의한 발명은 특허법상의 발명이 될 수 없다는 것이다. 이는 자연법칙의 일부만을 이용할 경우 이용하지 않은 부분으로 인해 일정한 목적달성에 대한 불확실성, 동일결과의 반복가능성의 희박, 발명실시의 불능의 위험이 있는 발명이 될 수 있기 때문이다. 또 일정한 확실성이라 함은 발명은 일정한 목적달성을 위한 것이기 때문에 그 목적구현에 대한 확실성을 가지고 동일내용, 동일결과의 계속·반복이 가능한 것이어야 한다는 것이다. 따라서 자연법칙을 이용한다는 것은 자연과학의 법칙에 의해 일정한 효과를 계속·반복하여 얻는다는 것을 의미한다. 그러므로 자연법칙에 대한 인식에 있어서도 발명은 자연법칙을 이용하는 것으로 충분하기 때문에 자연법칙에 대한 확실한 이해를 요하지 않으며 이용에 필요한 정도의 이해나 경험에 의한 결과의 인식만으로도 충분하다는 것이다.

2. 기술적 사상의 창작

(1) 기 술

일반적으로 기술이라 함은 일정한 목적을 달성하기 위한 구체적인 수단이라고 말할 수 있다. 따라서 목적달성을 위한 구체적인 수단인 한 그것이 물건의 제조기술과 같은 산업상의 기술이든 법률의 입법기술이나 예능의 곡예기술과 같은 문예상의 기술이든 불문한다. 그러나 특허법에서 말하는 기술이라 함은 위의 예시의 기술 중 사회과학적 이론을 실지 응용하는 입법기술이나 곡예기술과 같은 문예기술은 자연법칙을 이용한 기술이 아니기 때문에 이는 발명의 구성요소나 발명의 구체적 수단 및 발명의 대상이 될 수 없다. 설령 그 기술이 산업상 실제 이용할 수 있는 기술이라 할지라도 자연법칙을 이용하지 않은 것은 역시 발명의 대상이 되지 않는다는 것이다. 즉

자연과학상의 법칙도, 자연계에서의 경험상 일정한 원인에 의하여 일정한 결과가 생긴다고 하는 경험칙도 이용하지 아니하는 한 과학기술분야에 속하지 않는 발명, 예를 들면 광고방법·골프스윙(Golf Swing)·게임규칙·수학법칙·경제학상의 법칙 등이 여기에 속한다. 따라서 특허법상의 발명의 대상은 물건의 제조기술이나 방법 등과 같은 자연과학적 지식을 실지로 응용하여 자연력이나 천연물을 인간생활에 유용하도록 개변(改變)하며 가공하는 산업상의 기술만을 지칭하는 것이라고 해석된다.

(2) 기술적 사상

사상이라 함은 판단이나 추리를 거쳐 생긴 의식의 내용을 체계화한 추상적인 관념으로서 구체적인 형태와는 대립되는 개념이다. 즉 발명에 있어서 물의 발명인 경우에는 제품이 되고 방법의 발명인 경우에는 제조기술로서의 구체적인 방법이 될 것이다. 이때의 발명은 모두 발명의 형태이고 발명의 본질은 그 형태 속에 존재하는 무형의 관념이다. 예를 들면 A가 새로 개발한 6각의 연필은 발명이 아니고 연필의 형상을 6각으로 한다는 사상이 발명이 되는 것이다. 따라서 특허법상의 발명의 사상이란 추상적인 관념으로서 일정한 목적을 달성하기 위한 실현가능한 구체적이고 합리적인 판단의 체계를 의미하며 기술 그 자체를 지칭하는 것은 아니라는 것이다. 여기에서 어느 정도 실현가능성이 있으면 발명으로서의 구체성을 갖는 사상으로 보는가는 각 나라마다의 산업정책이나 기술수준에 따라 다르다 할 것이다. 미국의 경우는 다른 나라에 비해 요구하는 구체성의 정도가 엄격하여 명세서에 기재해야 할 실시예에서 상세히 기술할 것을 요구하고 있다.

따라서 발명은 산업상 이용할 수 있는 기술 그 자체보다는 산업상 이용할 수 있는 합리적인 사상의 체계로서 구체성을 띠면 충분하다. 그러므로 결과 없는 단순한 착상이나 구현수단 없는 단순한 희망 따위는 발명이라고 할 수 없다.

3. 창작의 고도성

창작의 고도성은 발명당시의 기술적 수준에 비추어 어떤 주지(周知)·관용기술

(慣用技術)의 전용(轉用)이 그 분야의 통상의 지식을 가진 자에게 자명한 것이 아니고 그로인한 작용효과가 종래의 것에 비해 현저하게 향상된 것이라면 창작의 고도성을 인정할 수 있다고 할 것이다.

(1) 창 작

창작이라 함은 사람이 새로운 것을 만들어 내거나 생각해낸 것으로서 창작의 3요소인 i) 새로운 것 ii) 만들어 낸 것 iii) 자명하지 않은 것의 요소를 갖춘 것을 말한다.

1) 새로운 것

창작이 발명이 되기 위해서는 지금까지 없었던 새로운 것이어야 한다. 따라서 발명이 창작이기 위해서도 종전의 것과는 다른 새로운 것이어야 한다. 이때의 창작의 신규성과 발명의 신규성과의 차이에 대해서는 보는 관점에 따라 학자들 간에 객관적 설과 주관적 설로 견해가 나뉘어져 있다. 창작의 신규성은 발명의 성립요건이고 발명의 신규성은 발명의 특허요건으로서 양자의 차이는 판단하는 시점의 차이에 불과하다고 보는 것이 객관적 설로서 이는 창작 즉시 출원하면 기술적 사상의 창작으로서 신규성이 있다고 보는 설이다. 이에 반해 주관적 설은 창작자 자신이 스스로 창작했다고 인식하는 것으로서 충분하다고 보는 설이다. 전자의 객관적 설은 권리로서의 실체를 객관적으로 파악하려는데 대하여 후자의 주관적 설은 창작시 특허를 받을 권리를 창작자의 단순한 기대권으로 파악하려는 것이다.[2)]

그러나 실제 실무면에 있어서의 신규성 판단에 있어서는 창작의 신규성을 일일이 심사할 필요가 없고 발명의 신규성만 심사하면 된다 할 것이다. 왜냐하면 창작과 동시에 출원하면 구태여 창작의 신규성을 판단할 필요 없이 발명의 신규성만 판단하면 될 것이고, 시차를 두고 출원한다 하더라도 그 사이에 창작의 신규성이 상실될 경우 발명의 신규성이 없는 것으로 거절하면 되기 때문이다.

2) 만들어 낸 것

창작이란 무엇인가 새로운 것을 만들어 낸 것이어야 한다. 그러한 의미에서 구체성 없는 착상이나 실현성 없는 공상, 체계성 없는 결과, 이미 자연계에 존재하고 있는 현상을 탐지하여 인식하는데 불과한 발견 등은 아무리 새로운 것이라 할지라도 그 자체만으로는 아예 처음부터 만들어 낼 수도 없을 뿐만 아니라 설령

2) 特許法概說(第9版) 吉藤幸朔 著, YOU ME 特許法律事務所譯 63면.

만들어 낸다 하더라도 연속·반복하여 같은 창작물을 만들어 낼 수 없기 때문에 특허법상의 창작이라고는 할 수 없다. 따라서 창작은 새로운 것만으로 성립되는 것이 아니고 반드시 만들어 낼 수 있는 새로운 것이어야 한다.

3) 자명하지 않은 것

창작이란 새로운 것이어야만 하지만 그 새로운 것은 단순히 종래 없었다는 것만으로는 불충분하다. 그 발명분야 종사자의 보통수준의 지식이나 능력을 기준으로 하여 용이하게 창작해 낼 수 없는 정도의 발명 즉, 용이추고성의 발명이 아니어야 한다는 것이다. 그러므로 그 발명이 속하는 기술분야에서 통상의 지식을 가진 자가 특허출원 전에 국내외에서 공지되었거나 공연히 실시된 발명이나 또는 국내외에서 반포된 간행물에 게재되거나 전기통신회선(인터넷)을 통하여 공중이 이용가능하게 된 발명 등에 의하여 쉽게 창작할 수 있는 정도의 발명은 아무리 신규성이 있다 하더라도 이는 자명한 것으로 보아 발명이라고까지는 보지 않는다는 것이다. 따라서 여기에서의 창작은 자명하지 않은 발명이어야 한다는 것이고 이를 보장하기 위한 법적장치로서 특허법 제2조 제1호 후단 및 제29조 제2항의 규정을 두고 있다.

(2) 창작의 고도성

창작의 고도성이라 함은 그 발명이 속하는 기술분야에서 통상의 지식이나 능력을 가진 자가 용이하게 발명할 수 없을 정도의 높은 수준의 발명, 즉 이 분야 전문가의 평균수준에서 자명하지 아니한 정도의 창작으로서 수준이 높은 것을 말한다. 그러나 특허법상 창작의 고도성은 상당히 추상적인 개념으로서 발명자에게 중요한 의미를 단정하기는 어렵다고 할 것이며 실용신안법상의 고안과를 구별하는데 그 의의가 있다 할 것이다.

따라서 발명은 수준 높은 것이 아니면 실용신안법에서의 고안이 된다. 그리고 발명은 자기 혼자의 힘으로 새롭고 독특한 것을 생각해 내거나 만들어 내는 독창적인 것이어야 하나 순수한 학문상 또는 이론상, 추리(추론)상의 발명은 특허대상이 되지 아니하고 반드시 자연법칙을 이용한 기술적 사상의 창작으로서 고도한 것이어야 한다. 이러한 발명은 적게는 연필에서부터 크게는 원자력에 이르기까지 특허를 받아 놓은 시대이지만 최근 괄목할 만한 것은 "바이오"나 "컴퓨터의 소프트", "초전동(超電動)" 등 하이테크 분야에서 특허출원이 급증하고 있고 또 식물·동물의 신품종 특허 등으로 확대되어 가고 있는 추세에 있다.

Ⅲ. 발명의 종류

특허법상 발명의 종류는 보는 관점에 따라 여러 가지 유형으로 분류할 수 있으나 여기에서는 주로 발명의 주체·대상·내용 및 성질 등을 중심으로 살펴보기로 한다.

1. 물건의 발명과 물질의 발명

물건의 발명이란 물품이나 기계·기구·장치 및 시설 등과 같은 제품에 관한 발명을 말하고 물질의 발명이란 원소·화합물·화학물질·조성물·의약품 및 미생물 등과 같은 물 자체의 발명에 관한 것을 말한다.

2. 방법발명과 용도발명

방법발명이란 특정의 물리적 결과를 도출하거나 또는 물건을 창출하기 위하여 사용되는 방법에 관한 발명, 예를 들면 측정방법, 분석방법, 제조방법, 가공방법, 생산방법, 조립방법 등을 말한다.

이러한 방법발명은 그 성질에 따라 i) 전혀 새로운 결과를 도출하거나 또는 물건을 창출하는 방법발명과 ii) 공지의 결과의 도출 또는 물건의 창출보다 효율적으로 결과가 도출되거나 또는 물건이 창출되는 방법발명이 있다.

용도발명이란 어떤 물의 특성에 착안하여 그 물의 이용방법을 발견함에 따른 발명, 예를 들면 사용용도, 사용방법, 통신방법, 취급방법 등을 말하는바 이러한 용도발명은 물의 발명의 경우는 물론 방법의 발명의 경우에도 있다. 용도발명의 표현형식은 용도한정[3]의 표현형식 외에 제형식(劑形式)[4]이나 사용방법의 형식을 취하는 것 등이 있다. 위의 표현형식은 용도한정의 표현형식이 아닌 표현형식의 용도발명에도 적용될 수 있으나 구체적인 방법에 나타난 취지로부터 그 적용범위는 특허청구범위의 청구항 중에 용도를 의미하는 용어가 있는 경우에 한한다. 예

3) 어떤 물을 그 용도에 따라 특정 지으려고 하는 명시의 기재.

4) 조제한 약품임을 표시하는 말, 예를 들면 소화제, 살충제, 즉 여러 가지의 약을 적절히 조합하여 한 가지 약제를 만듦.

를 들면 …으로 된 약, …으로 된 촉매, …합금으로 된 장식재료, …를 이용한 멸균방법 등이 그것이다.

3. 기본발명과 개량발명

이는 발명의 기술적 성질에 따라 분류한 것으로서 기본발명이란 발명이 속하는 기술분야에서 문제해결을 위한 기초적인 업무를 달성한 발명(일명: 개척발명)을 말하는데 이러한 기본발명은 발명적 기여가 크고 포괄하는 기술적 범위도 넓으므로 균등물, 균등수단이 인정되는 폭도 넓어야 한다. 이에 반해 개량발명이란 기본발명 등 선행발명의 기술적 결함을 해결하기 위한 발명을 말하며 선행발명에 대해 새로 부가한 개량적 작용효과가 나타나는 구성에 대해서만 발명이 성립된다. 여기에서 주의할 점은 타인의 특허발명·등록실용신안·등록디자인이나 이와 유사한 것들을 이용하여 완성한 경우로서 비록 그 개량부분의 발명에 대하여 특허를 받았다 할지라도 선원의 특허권자 등의 동의를 얻지 아니하면 당해 발명을 업으로서 실시할 수 없다. 이러한 관계의 발명을 이용발명이라고 한다(법 98).

4. 결합발명과 비결합발명

결합발명이란 수개의 장치 또는 수단·방법 등을 결합한 발명으로서 합체된 새로운 효과를 나타내는 발명을 말한다. 따라서 결합되는 장치·수단·방법 등의 공지여부를 불문하고 그 요소의 결합에 의해 상승효과(相乘效果)가 나타난 것으로서 충분하다. 이에 반해 비결합발명이란 결합방법이 아닌 발명을 말한다.

5. 단독발명과 공동발명

이는 발명의 주체에 따라 분류한 것으로서 단독발명이란 발명이 1사람에 의하여 이루어진 발명을 말하고 공동발명이란 발명이 2사람 이상에 의하여 이루어진 발명을 말한다(법 44).

6. 독립발명과 종속발명

이는 발명상호간의 이용관계에 따라 분류한 것으로서 독립발명이란 발명의 실시에 있어서 다른 발명을 이용할 필요가 없는 발명을 말하고 종속발명이란 발명을 실시함에 있어서 다른 발명을 실시하지 않고서는 실시가 불가능한 발명을 말한다. 이러한 종속발명은 선행발명의 이용에 따라 두 가지의 유형으로 나타난다. 그 하나가 선행기술에 다른 새로운 기술을 결합하여 선행발명의 이용범위를 확대하는 발명이고 다른 하나는 선행발명을 상위개념으로 하여 그 하위개념적인 범위 내에서 선행발명의 인식 이외의 새로운 작용효과를 알아내거나 독립의 기술문제를 해결한 발명(일명 : 선택발명)을 말한다.[5)]

7. 직무발명과 자유발명

이는 사용자의 업무와의 관계, 종업원의 직무와의 관계, 업무 및 직무와의 무관계에 따라 분류한 것으로서 직무발명이란 종업원·법인의 임원 또는 공무원이 그 직무에 관하여 발명한 것이 성실상 사용자·법인·국가나 지방자치단체의 업무범위에 속하고 그 발명을 하게 된 행위가 종업원 등의 현재 또는 과거의 직무에 속하는 발명을 말한다.

이에 반해 자유발명이란 종업원 등이 한 발명 중 직무발명을 제외한 발명을 말한다. 개정전 특허법에서는 직무발명(구법 39) 및 직무발명에 대한 보상(구법 40)에 관한 규정을 두고 있었으나 개정법(2006.3.3 법률 제7871호)에서 이를 삭제하였다. 그리고 직무발명에 관한 사항을 "발명진흥법"이 받아 이를 규정하고 있다(발명진흥법 8조부터 14조의 4까지).

8. 생물발명

(1) 생 물

생물이라 함은 스스로 영양을 섭취하여 생장·번식·운동을 기본으로 하는 생활현상을 가진 유기체, 즉 생물계의 식물과 동물을 통틀어 이르는 말이다.

여기에서 식물이란 대부분 땅속에 몸의 일부를 붙박아서 이동하지 않으며, 뿌리·줄기·잎을 갖추어 수분을 흡수하고 산소를 배출하면서 광합성(光合成) 등으로 영양을 섭취하는 생물체를 말한다.

이에 반하여 동물이란 길짐승·날짐승·물고기·벌레·사람 등과 같은 생물로서 오각(五覺)을 일으키는 다섯 가지 감각기관(五官), 눈(시각)·귀(청각)·코(후각)·혀(미

---

5) 이기수 외 공저 지적재산권법(상), 195면.

각)·피부(촉각)를 가지고 음식물, 사료 그 밖의 먹이 등에 의해 생존하고 일반적으로 유성적으로 번식하는 특성을 가진 생물체를 말한다.

(2) 생물발명

위와 같은 생물체에 대해서도 자연법칙을 이용하여 기술적 사상인 변종생물을 창작한 경우 이를 생물발명이라고 하여 특허의 대상이 됨은 물론이다. 여기에는 유성적이든 무성적이든 묻지 않고 동일한 품종을 반복생식 할 수 있는 변종생물로 충분하다. 개정 전 특허법에서는 식물발명특허에 대해서만 규정하고 있었는바, "무성적으로 반복생식할 수 있는 변종식물(變種植物)의 발명, 즉 i) 토란·양파·감자·고구마의 증수방법, 표고버섯의 재배방법 등과 같은 기존식물의 품종을 생산하는 방법 ii) 파인애플의 개화시기 촉진방법, 미생물을 배양하여 유효성분을 채취하는 항생물질의 제조방법 등과 같은 식물의 성질을 이용하는 방법의 발명 iii) 씨 없는 수박이나 포도의 재배방법, 사과·배 등 과일의 당도촉진법 등과 같은 식물에 인공적 수단을 이용하여 형질을 개량하는 방법에 대하여 특허를 받을 수 있도록 규정하고 있었다(구법 31). 따라서 구법하에서는 유성적(有性的)으로 반복생식(反復生殖)할 수 있는 변종식물의 발명은 특허대상이 아니고 종자산업법에 의한 보호대상으로 취급되었다.

제 2 절 발명의 특허요건

I. 서 론

발명이라고 해서 모두 특허를 받을 수 있는 것이 아니고 그 발명이 일정한 특허적 요건을 충족하였을 때에만 특허를 받을 수 있는 바, 이러한 특허요건에는 특허5요건설과 특허3요건설이 있는 외에 특허법에서는 특허4요건을 규정하고 있다(법 29① 내지 ③).

특허5요건설은 특허를 받을 수 있는 발명은 발명성(법 2,1), 산업상 이용성·신규성·진보성·확대된 선원의 지위(법 29① 내지 ③) 등 다섯 가지의 요건을 모두 충족하여야 한다는 견해이고, 특허3요건설은 특허를 받을 수 있는 발명은 발명의 발명성을 전제로 산업상 이용성·신규성·진보성(법 29①②) 등 세 가지의 요건을 충족하여야 한다는 견해이며, 특허4요건설은 특허를 받을 수 있는 발명은 특허법에서 특허요건으로 규정하고 있는 산업상 이용성·신규성·진보성·확대된 선원의 지위 등 네 가지의 요건을 충족하여야 한다는 견해이다(법 29① 내지 ③).

그러나 특허5요건설 중 「발명성」에서의 발명의 성립요소인 "자연법칙을 이용" 하지 아니한 발명은 동일발명품의 계속, 반복생산이 불가능하고, "기술적 사상"이 아닌 발명은 추상적인 관념의 체계에 불과하기 때문에 산업상 이용성이 없으며, "창작성"이 없는 발명은 신규성이 없고, "창작의 고도성"이 없는 발명은 획기적 진보성이 없어 기술발전의 촉진력이 희박하므로 특허법이 추구하고 있는 비약적인 기술발전을 통한 산업발달을 도모할 수 없어 실용신안법상의 고안에 해당하고 또 「확대된 선원의 지위」는 특허출원한 발명이 출원 전 출원하여 출원 후 출원공개되거나 등록공고된 타인의 출원발명 또는 고안과 동일한 경우 특허법 제29조 제1항 제1호 및 제2호의 특허출원 전 공지 등의 발명의 예외로 신규성에 포괄되는 것으로 해석할 수 있을 것이다.[6]

따라서 특허법 제2조 제1호에 의한 발명성, 즉 발명의 성립요건인 "자연법칙의 이용"은 특허요건의 하나인 발명의 산업상 이용성(법 29① 전단)에, "기술적 사상의 창작"은 발명의 신규성(법 29① 1,2)에, "창작의 고도성"은 발명의 진보성(법 29②)에 내포되어 있고 같은 법 제29조 제3항의 규정에 의한 "확대된 선원의 지위"는 발명의 신규성(법 29① 1,2)에 포함되어 있으므로 발명이 특허를 받기 위해서 갖추어야 할 실체적 요건은 산업상 이용성·신규성·진보성이라는 견해인 특허3요건설이 타당하고 또 다수설이기도 하다.

그런데 특허법에서는 발명의 산업상 이용성·신규성·진보성 외에 확대된 선원까지를 특허요건의 조항에 두어 특허4요건을 규정하고 있어(법 29① 내지 ③). 이를 근거로 특허4요건설이 있기도 하나 위에서 살펴본 바와 같이 "확대된 선원의 지위"는 특허출원 전 공지 등 발명의 예외로써의 신규성[7]으로써 특허요건으로는

---

6) 특허법 제29조 제1항 제1호 및 제2호의 신규성에 관한 규정은 "출원 전" 공지 등의 발명에 의하여 출원발명의 신규성이 상실되는 규정인데 대하여, 같은 조 제3항의 확대된 선원에 관한 규정은 "출원 후" 공개·공고된 발명·고안에 의해서도 출원발명의 신규성이 상실되는 규정인 바 이는 신규성 판단의 시점을 출원 전 시점으로 보는 특허법 제29조 제1항 제1호 및 제2호의 신규성의 예외로 봄이 타당할 것이다. 또 같은 법 제36조의 선출원이 선원의 판단범위를 "특허청구범위"를 기준으로 하는 데 대하여 같은 법 제29조 제3항의 확대된 선원은 출원서에 최초로 첨부된 "명세서 또는 도면"으로까지 확대하는 범위를 기준으로 하고 있다는 점에서 이는 선원의 판단범위를 "특허청구범위"로 하는 위 제36조의 선출원의 예외로 볼 수 있을 것이다. 그러한 면에서는 위 제29조 제3항의 확대된 선원이 비록 특허요건 조항에 규정되어 있기는 하지만 선후출원발명의 동일성 판단의 범위를 정하고 있다는 점에서 그 성질상 특허요건으로는 부적합한 것으로 해석된다.

7) 신규성의 판단시점은 "특허출원 전"인데(법 29① 1,2) 반해 확대된 선원의 신규성 판단시점

타당하지 않으므로 비록 법체제상 특허요건조항에 규정되어 있다 하더라도 이를 특허요건으로 해석할 수 없음은 당연하다. 그렇다면 특허법상의 특허요건도 결국 같은 법 제29조 제1항 및 제2항의 규정에 의한 산업상 이용성·신규성 및 진보성으로 귀결되어 다수설인 특허3요건설로 귀착된다.

필자도 발명의 발명성을 전제로 한 특허3요건설에 동의한다. 이러한 특허3요건은 발명의 발명성을 전제로 발명이 특허적 요소로 갖추어야 할 요건인 것이다. 따라서 이러한 기조위에서 발명의 특허요건을 살펴보기로 한다.

Ⅱ. 특허요건

1. 서 문

자연법칙을 이용한 기술적 사상의 창작으로서 고도한 발명(이하 "발명성"이라 한다)이라고 해서 모두 특허를 받을 수 있는 발명은 아니다. 발명이 특허를 받기 위해서는 발명성을 전제로 일정한 특허적 요건의 충족을 필요로 한다. 특허법 제29조 제1항 및 제2항은 그중 가장 중요한 3가지의 특허요건을 규정하고 있다. 소위 발명의 산업상 이용성, 신규성, 진보성이 그것이다. 본서에서는 위의 특허3요건 외에 이의 전제가 되는 발명의 발명성에 대하여도 여기에서 함께 살펴보기로 한다.

2. 특허요건의 전제로서의 발명성

(1) 의 의

특허법상 특허를 받을 수 있는 발명은 특허법 제29조에서 규정하고 있는 산업상 이용성·신규성 및 진보성 등 특허요건을 충족하여야 하나 이러한 요건들도 먼저 그 발명이 같은 법 제2조 제1호의 규정에 의한 발명의 성립요건인 자연법칙의 이용·기술적 사상의 창작 및 창작의 고도성을 만족한 발명(이하 "발명성"이라 한다)임을 전제로 하여야 함은 앞에서 설명한 바 있다.

발명이 아무리 산업에 이용할 수 있고(산업상 이용성), 새로운 것이고(신규성), 기술적으로 향상된 것(진보성)이라 할지라도 자연법칙을 이용한 기술적 사상의 창작

은 "특허출원 전에 타인의 특허출원 또는 실용신안등록출원이 되어 특허출원 후 출원공개되거나 등록공고된 날을 기준으로 한다(법 29③).

으로서 고도한 것이 아닐 때에는 특허를 받을 수 없다. 즉 자연법칙을 이용하지 아니한 발명은 반복가능성이 없고, 기술적 사상이 아닌 발명은 추상적인 관념의 체계에 불과하기 때문에 이러한 사회과학적 법칙을 이용한 사고적 논리의 창작은 설령 산업상 이용할 수 있는 발명이라 하더라도 이는 특허법상의 발명이라고는 할 수 없으며 또 창작의 고도성이 없는 발명 또한 기술의 진보를 통한 산업의 발전을 가져올 수 없으므로 특허대상이 될 수 없음은 물론이다(앞의 "Ⅰ. 서론"을 참고할 것).

현행법상 발명의 성립성 즉 발명성을 결여한 특허출원에 대하여 거절이유로 하는 근거규정은 두고 있지 않지만 특허법 제29조에 의하여 거절결정의 대상이 된다고 해석함이 타당할 것이다.

(2) 발명성의 판단

발명성의 판단은 발명의 성립요건인 자연법칙의 이용·기술적 사상의 창작·창작의 고도성을 대상으로 판단하되 그 발명이 속하는 분야에서 통상의 지식을 가진 자가 반복 실시하여 목적하는 기술적 효과를 얻을 수 있을 정도까지 구체적·객관적으로 구성되어 있는 발명으로 그 판단은 특허출원서에 첨부된 명세서의 발명의 상세한 설명에 포함되어 있는 ⅰ) 기술분야, ⅱ) 해결하고자 하는 과제(발명의 목적), ⅲ) 과제의 해결 수단(발명의 구성), ⅳ) 그 밖에 그 발명이 속하는 기술분야에서 통상의 지식을 가진 자가 그 발명의 내용을 쉽게 이해하기 위하여 필요한 사항(발명의 효과, 산업상 이용성, 실시예 등)[이하 "ⅰ) 내지 ⅳ)의 기재사항은 각기 그 해당기재사항 ( )안의 기재사항과 혼용" 한다] 등을 전체적으로 고려하여 출원당시의 기술수준에 입각하여 판단하여야 한다.

1) 판단의 시점

발명성의 판단시점에 대하여는 ⅰ) 발명의 완성시점설, ⅱ) 발명의 출원시점설, ⅲ) 발명의 특허결정시점설로 나뉘어져 있다. 그러나 ⅰ)의 경우 이론상 타당하고 선발명주의를 채택하고 있는 국가에서 적당하나 그 입증이 쉽지 않고, ⅱ)의 경우 그 입증이 용이하고 선출원주의 채용국가에 적합하며, ⅲ)의 경우는 심사기간에 따라 좌우될 것이므로 출원인에 대한 공평을 해칠 우려가 있으므로 부적당하다.

현재 선출원주의를 채택하고 있는 대부분의 국가에서는 발명성의 판단시점을 특허출원시를 기준으로 하고 있다.

2) 판단의 대상

발명성 판단의 대상은 특허출원서에 첨부된 명세서의 발명의 상세한 설명과 도면을 참작하여 특허청구범위에 기재된 내용을 그 판단의 대상으로 한다.

3) 판단의 내용

발명성 판단의 내용은 발명의 성립요건인 발명의 자연법칙의 이용·기술적 사상의 창작 및 창작의 고도성을 그 판단의 내용으로 한다. 이에 대한 자세한 설명은 앞에서 설명한 "Ⅱ. 발명의 정의"편을 참고하기 바란다.

4) 판단의 수준

발명성 판단의 수준은 발명의 특허출원당시의 기술수준을 기준으로 한다. 이때의 기술수준은 그 발명이 속하는 기술분야에서 통상의 지식을 가진 자, 즉 이 분야 평균기술수준을 판단의 기준으로 한다.

3. 발명의 특허요건

발명이 특허를 받기 위해서는 출원의 발명성, 발명의 선원성 및 출원의 단일성("발명의 단일성 또는 1특허1출원"이라고도 하며, 이하 혼용한다)의 원칙 등을 전제로 하여 산업상 이용할 수 있는 발명으로서 공지의 기술이나 당업자의 통상의 지식수준에서 자명한 기술이 아닌 발명, 즉 발명의 산업상 이용성, 신규성 및 진보성의 특허요건(특허3요건설)을 갖추어야 한다.

(1) 산업상 이용성

1) 의 의

산업상 이용성이라 함은 일반적으로 개인적·학술적·실험적으로만 이용할 수 있는 발명을 배제하는 소극적 요건으로서의 의미를 가지고 있다.[8)]

특허법은 발명을 보호·장려하고 그 이용을 도모함으로써 기술의 발전을 촉진하여 궁극적으로 산업발전에 기여하려 함을 목적으로 하고 있으므로(법 1) 발명이

---

8) 특허법원, 특허재판실무편람(2002년), 76면.

특허를 받기 위해서는 산업상 이용할 수 있는 것이어야 함은 당연하다(법 29① 본문). 물론 발명의 신규성·진보성 등 다른 특허요건도 충족할 수 있는 경우에 그렇다는 것이다.

따라서 특허를 받기 위한 발명은 산업과 관련이 있어야 하며 또 그 발명은 실시할 수 있는 것이어야 한다. 따라서 비산업관련 발명이라든가 산업관련 발명이라 하더라도 실시불가능한 발명은 특허를 받을 수 없다. 그러므로 서비스업 관련 발명[9]이나 산업관련 발명이라 할지라도 그 발명이 미완성 상태에 있거나 기술성 등에 문제가 있어 실시할 수 없는 발명일 경우에는 산업상 이용할 수 없는 발명으로 특허를 받을 수 없다.

따라서 산업상 이용성은 특허를 받을 수 있는 발명의 전제요건이라고 할 수 있다. 즉 특허법 제29조 제1항에 의한 특허요건조항에서 "산업상 이용할 수 있는 발명으로서" 다음 각호의 1에 해당하는 것을 제외하고는 그 발명에 대하여 특허를 받을 수 있다고 규정하고 있는 것으로 보아 특허요건 중 "산업상 이용가능성"이 가장 중요하고 그 다음이 발명의 신규성, 진보성이라고 할 수 있다.

그러나 이는 법문 또는 이론상 가능할 수 있는 해석이고 실제 이들 요건은 일체 불가분적인 것으로서 이중 하나라도 결여된 때에는 특허를 받을 수 없는 발명이 될 뿐만 아니라 또 이들 요건 하나하나가 특허의 전제요건이 될 수도 있다는 역설도 성립될 수 있다. 따라서 각 요건은 대등한 위치에서 상호보완적인 관계에 있다고 보아야 할 것이다. 어찌되었든 발명의 산업상 이용성은 특허요건의 하나로서 발명이 특허를 받기 위해서는 그 발명이 산업상 이용할 수 있어야 한다(법 29①). 이때의 이용은 그 발명이 실제로 또는 즉시 산업상 이용하고 있는 것을 필요로 하지 아니하고 장래이용가능성만으로도 충분하다. 이는 산업에 이용할 수 있는 발명은 반드시 현재의 경제성이나 유용성 및 기술성에 의해서만 결정되는 것은 아니고 앞으로의 시장여건 및 경제환경·산업정책 등 여러 가지 요인에 의해서도 결정될 수 있기 때문이다. 그러나 기술성, 즉 기술적 가치만은 특허출원당시의 기술수준으로 판단하여 특허출원 전에 그 발명이 속하는 기술분야에서 통상의 지식을 가진 자가 출원 전 국내외에서 공지공용되고 있는 발명이나 국내외에서 반포된 간행물에 게재되거나 인터넷 등과 같은 전기통신회선을 통하여 공중이 이용가능하게 된 발명에 의하여 용이하게 발명할 수 없는 정도의 기술이어야 한다.

---

9) 산업에는 서비스업은 포함되지 않는 경우가 많으나 서비스업이 당연히 산업에서 제외된다고는 할 수 없고 실제로 최근에는 서비스업을 그 주된 대상으로 하고 있는 "비즈니스 모델"과 같은 것도 특허를 받을 수 있는 발명으로 포함되는 경향이다.

2) 산 업

특허법은 산업에 관한 정의규정을 특별히 두고 있지 않다. 그러나 일반적으로 산업이라 함은 생산업을 의미하므로 공업·광업·농업·목축업·임업·수산업 등을 포함하고 있다는 데에는 이론이 없다. 다만 특허관행은 물건의 생산이 뒤따르지 않는 운송업·교통업 등과 같은 보조산업과 일부 서비스업(예: 비즈니스 모델)을 산업에 포함하는 것으로 해석, 운용하고 있다. 파리협약 제1조 제3항 및 특허협력조약 제33조의 규정은 산업을 최광의로 해석하여 본래 제조·가공·조립 등 제조업인 공업뿐만 아니라 농림수산물·광물 등 천연산물의 생산업 및 채취업, 상업 등 서비스업 등까지를 포함하는 것으로 정의하고 있다.

그러나 사람의 질병을 진단·치료·경감하고 예방하며 건강을 증진시키는 의료행위[10]나 의약의 조제법 및 의약을 사용한 의료업은 산업이라고까지는 할 수 없다. 다만 동물용 의약이나 치료방법은 여기에서 말하는 산업이라고 할 수 있을 것이다. 이때에 출원발명이 동물의 질병만이 아니라 사람의 질병에도 사용할 수 있는 의약이나 의료행위에 관한 발명에 해당하는 경우에도 그 특허청구범위의 기재에서 동물에 한정하여 특허청구범위로 명시한다면 이는 산업상 이용할 수 있는 발명으로서 특허의 대상이 된다고 할 것이다. 이와 같이 인체에 대한 진단·처방·치료방법 등의 발명과 같이 의료업상의 이용에 그치는 것은 산업이라고 할 수는 없으나 의약이나 의료기기의 발명과 같이 물(物)의 발명에 있어서는 이를 사용하는 것이 설령 의료업상 이용일지라도 이것을 생산하는 것 그 자체가 제약공업·의료기계공업에 해당하므로 특허의 대상이 되는 산업이라고 할 것이다.[11]

3) 이 용

여기에서 이용이라 함은 발명을 이용한 결과물이 어디에 이용되는가를 말하는 것이 아니라 기술적 사상으로서의 발명 그 자체가 이용되는 것을 뜻하는 것이고 그 발명이 실제산업에 실시가능하고(실시가능성) 기술적으로 활용할 만한 가치가 있는 것(기술적 가치)을 함께 의미하는 것으로 해석된다. 따라서 아무리 그 발명이 발명의 신규성, 진보성 등 다른 발명의 특허요건을 충족하였다 하더라도 그 발명을 실제산업에 실시할 수 없거나 이용할 만한 기술적 가치가 없다면 그 발명은

10) 미국은 1996년에 내과적 내지 외과적 의료행위에 대하여도 특허를 받을 수 있는 발명으로 특허법이 개정되었다. 다만, 의료관계자 이외의 자에게만 특허권을 행사할 수 있도록 그 권리범위를 제한하였다[35 U.S.C. §287(c)].

11) 대법원 1991.12.27. 선고 90후724판결.

특허를 받을 수 없는 것이다.

이러한 발명의 이용은 실제 또는 즉시 산업에 이용할 수 있는 발명일 필요는 없고 장래에 이용가능성이 있으면 충분하다고 해석된다.[12] 이는 특히 기본적 발명이나 발명의 신규성으로 인해 대부분의 발명이 실질적으로 기업화되기까지는 상당한 기일이 소요된다는 점에서 타당하다고 본다. 또 발명의 산업상 이용은 경제적 가치 측면에서의 이권을 의미하는 것이 아니고 단지 산업에 이용할 수 있으면 충분하다. 발명의 경제적 가치란 발명의 질과 내용에 의해서만 형성되는 것이 아니라 경제·사회적 환경요소에 의해서 또는 양자의 상호작용에 의해서 결정되기고 하기 때문이다. 그러나 발명을 산업화하기 위해서는 그 발명을 실시할 만한 기술적 가치가 있어야 한다. 만약 기술적 가치가 없는 발명, 즉 퇴조된 발명의 경우에는 기술의 발전을 촉진하여 산업의 발전을 도모할 수 없기 때문에 특허법상의 산업상 이용할 수 있는 발명이라고 할 수 없다. 또 산업상 이용할 수 있는 발명은 실시가능한 정도로 완성된 것이어야 한다. 여기에서 완성된 발명이라 함은 그 발명이 속하는 기술분야에서 통상의 지식을 가진 자가 반복 실시하여 목적하는 기술적 효과를 얻을 수 있을 정도까지 구체적·객관적으로 구성되어 있는 발명으로 그 판단은 특허출원서에 첨부된 명세서의 발명의 상세한 설명에 포함되어 있는 기술분야, 해결하고자 하는 과제, 과제의 해결수단 그 밖에 그 발명이 속하는 기술분야에서 통상의 지식을 가진 자("당업자"라고도 하며, 이하 혼용한다)가 그 발명의 내용을 쉽게 이해하기 위하여 필요한 사항 등(법시행규칙 21③)과 특허청구범위에 기재된 발명의 구조·방법·기능·물질 또는 이들의 결합관계 등(법 42⑥)을 종합적으로 고려하여 출원당시의 기술수준을 기준으로 판단하여야 한다.[13]

(2) 신규성

1) 서 론

특허법 제29조 제1항 각호는 특허요건의 하나로 "발명은 산업상 이용할 수 있

12) 特許協力條約 제33조 (4)는 請求의 範圍에 기재되어 있는 발명은 어느 産業分野에서 그 발명의 대상이 그 발명의 성질에 대응해서 기술적인 의미에서 생산하고 또는 사용할 수 있는 것일 경우에는 산업상 이용성을 갖는 것으로 한다고 규정하고 있다.
- 러시아(구소련) 舊 特許法 제35조는 발명의(산업상) 이용성에 대해 即時利用 可能性 뿐만이 아니라 장래의 利用可能性에 대해서도 審査해야 한다는 뜻을 규정하고 있었다. 그러나 현행법은 審査는 원칙적으로 발명발견 국가위원회가 하고 예외적으로 필요가 있는 경우에 한해 發明利用의 가능성에 대해 권한 있는 기업·조직·시설에 의견을 구할 수 있게 하고 있는 바 이는 동법 제35조에의 실제심사가 省·廳·企業 등에 맡김으로서 장래 이용가능성에 대한 심사가 이루어지고 있지 않아 이를 시정하기 위해서이다.

13) 대법원 1994.12.27. 선고 19후 1810 판결 참조.

는 것(산업상 이용성)으로서 새로운 것(신규성)[14]이어야 특허를 받을 수 있다는 내용을 설시하고 있는 바 이는 특허법의 가장 기본적이고 본질적이기도 한 규정이다. 여기에서의 제1항 본문은 기술적 사상으로서의 창작인 발명에 대하여 특허를 받을 수 있음을 보장한 법의(法意)를 밝힌 것이라고 할 수 있고 그리고 법이 무엇을 창작된 발명 즉, 신규성이 있는 발명으로 하고 있는가를 제1항 각 호에 열거한 것을 제외함으로써 분명히 한 것이다.

또 명백한 것은 특허법에서 권리청구의 기초는 발명의 창작에 있고, 따라서 또 권리성립의 기초도 당연히 그 발명의 창작에 두어진다. 그리고 특허법은 그 발명의 창작(특허를 받을 수 있는 권리성립의 기초가 된다)의 구체적 내용으로서 이미 존재한 발명이 아닐 것을 요구하고 있다. 즉 권리를 성립시키는 근거로서의 발명의 창작은 주관적인 창작으로는 불충분하며, 객관적으로도 그 발명의 창작성이 담보되어야 하는 것이다.

2) 의 의

특허법은 산업상 이용할 수 있는 발명으로서 i) 특허출원 전에 국내 또는 국외에서 공지되었거나 공연히 실시된 발명이나, ii) 특허출원 전에 국내 또는 국외에서 반포된 간행물에 게재되거나 대통령령이 정하는 전기통신회선을 통하여 공중이 이용가능하게 된 발명을 제외하고는 그 발명에 대하여 특허를 받을 수 있다(법 29 ① 1,2)고 규정함으로써 발명의 신규성을 특허요건의 하나로 명백히 하고 있다.

이와 같이 특허법이 발명의 신규성을 특허요건의 하나로 한 것은 발명의 요체는 곧 기술적 사상의 창작이기 때문이며, 이러한 창작의 발명만이 기술의 발전을 촉진하여 산업의 발달에 기여할 수 있어 특허법의 목적을 달성할 수 있기 때문이다.

그러므로 이미 발명의 구성의 전부 또는 일부가 세인간에 공지되어 있거나 공연히 실시되고 있는 것은 아무리 독창적인 발명이라 하더라도 신규성이 없으므로 발명으로서 보호, 장려할 가치가 없다. 왜냐하면 신규성이 없는 발명으로는 기술적 발전을 촉진할 수 없고, 따라서 산업발달에 기여할 수 없기 때문이다.

"발명의 신규성"이라 함은 산업상 이용할 수 있는 발명으로서 특허출원 전에 국내 또는 국외에서 공지공용되지 아니하였거나 특허출원 전에 국내 또는 국외에서 반포된 간행물에 게재되거나 소정의 전기통신회선(법시행령 1의 2, 1 내지 4)을 통하여 공중이 이용가능하게 된 것이 아닌 비공지공용의 발명의 총칭적 개념으로서의 약칭이다. 따라서 발명의 신규성은 발명의 기술적 사상의 창작성이 특허출

---

14) 새로운 것, 즉 신규성이란 공개되지 아니하였다(비공지성)는 의미와 최초출원(최선성)이라는 의미의 함축을 일컫는다.

원 전까지 비밀로 유지되어 공중이 알거나 알 수 없는 상태에 있는 발명이어야 할 뿐만 아니라 특허출원 전 타인의 선출원발명이나 선출원특허발명 그밖에 반포된 선행기술문헌 등에 의해 공지 등이 된 발명이 아닌 경우 그 발명은 신규성이 있는 발명으로서 발명의 산업상 이용성, 진보성 등 다른 특허요건을 충족하는 한 특허를 받을 수 있는 발명의 신규성의 특허요건은 충족된 셈이다. 여기에서 주의할 것은 특허요건을 충족하였다 하여 모두 특허를 받을 수 있는 것은 아니다. 특허요건을 갖추었다 하더라도 공서양속에 반하는 발명과 같이 특허를 받을 수 없는 발명이 아니어야 하고, 발명자나 그 발명자로부터 특허를 받을 수 있는 권리를 이어받은 승계인과 같은 특허를 받을 수 있는 자에 의해 출원된 발명이어야 하며 그리고 최선(最先)의 출원발명일 때에 비로소 그 발명은 특허를 받을 수 있는 것이다.

여기에서 공지된 발명이란 특허출원 전에 국내 또는 국외에서 그 내용이 비밀상태로 유지되지 않고 불특정인에게 알려지거나 알려질 수 있는 상태에 있는 발명을 말한다. 이 경우 발명의 공지당시의 기술상식을 참작하여 당업자가 용이(자명)하게 파악, 안출할 수 있는 사항도 공지된 발명으로 간주한다.

또 공연히 실시된 발명이란 그 발명이 실시됨으로써 불특정인에게 알려진 경우이므로 그 발명의 공지여부에 대하여는 관계없이 그 발명의 공연실시여부에 대해서만 판단하는 것으로 충분하다.

공연히 실시된 발명은 보통 기계장치, 시스템 등을 매체로 하여 불특정인에게 공연히 알려졌거나 또는 공연히 알려질 수 있는 상태에서 실시된 발명을 말한다. 이 경우 역시 실시당시의 기술상식을 참작하여 당업자가 용이(자명)하게 파악, 안출할 수 있는 사항도 공연히 실시된 발명으로 간주한다.

반포된 간행물에 기재된 발명이란 특허출원 전에 국내 또는 국외에서 모든 사람이 알도록 세상에 널리 펴낸 간행물에 게재되어 있는 발명을 말한다. 이 경우 그 간행물의 반포시의 기술상식을 참작하여 당업자가 용이(자명)하게 파악, 안출할 수 있는 사항도 반포된 간행물에 기재된 발명으로 간주한다.

전기통신회선을 통하여 공중이 이용가능하게 된 발명이란 불특정다수인이 이용가능하도록 ⅰ) 정부·지방자치단체, 외국의 정부·지방자치단체 또는 국제기구, ⅱ) 고등교육법 제3조에 따른 국·공립학교 또는 외국의 국·공립대학, ⅲ) 우리나라 또는 외국의 국·공립연구기관, ⅳ) 특허정보와 관련된 업무를 수행할 목적으로 설립된 법인으로서 특허청장이 지정하여 고시하는 법인(예: 한국특허정보원)이 운영하는 전기통신회선(예: 인터넷)에 올려진 발명을 말한다(법시행령 1의 2). 이 경우 이용가능시의 기술상식을 참작하여 당업자가 용이(자명)하게 파악, 안출할 수 있는 사항도 전기통신회선을 통하여 공중이 이용가능하게 된 발명으로 간주한다. 위의 사항에 관한 자세한 설명은 다음의 4) 내지 6)의 공지공용의 발명, 반포된 간행물에 게재된 발명, 전기통신회선을 통하여 공중이 이용가능하게 된 발명"을 참고하기 바란다.

특허출원발명은 새로운 것이어야 하고 또 새로운 것은 하나이어야 한다는 논리적 타당성과 실제적 사실성에 입각한 귀결이라 할 수 있다. 따라서 신규성을 특허요건으로 함으로써 1발명 1출원주의나 선출원주의에 의한 중복특허금지의 정신이 구현되고 원칙이 성립된 것이다.

그런데 발명내용의 일부가 공지되었거나 공연히 실시되고 있는 경우 신규성을 인정할 수 있는가의 문제이다. 이 경우 발명의 내용 일부는 이미 공지되었거나 공연히 실시되어 온 것이라 하더라도 나머지 내용과 결합하여서 구성에서 뿐만 아니라 작용효과면에서도 상승효과를 가져온다면 신규성을 인정할 수 있을 것이다.[15]

그러나 특허권은 신규성 있는 발명에 대해서만 부여되는 것이어서 특허의 일부에 그 발명의 기술적 효과발생과 유기적으로 결합된 것으로 볼 수 없는 공지의 일부가 포함되어 있는 경우에는 그 공지부분까지 권리범위가 확장되는 것은 아니므로 공지된 부분까지 특허의 배타적 권리인 금지권이 설정되는 것은 아니다.[16]

3) 신규성 판단의 기준

발명의 신규성은 특허요건 중 가장 기본적인 것으로서 발명의 신규성의 기준은 이것을 어떻게 정하는가에 따라서 한 나라의 산업경제에 지대한 영향을 미치므로 발명의 신규성에 대한 기준이 국가에 따라 또는 시대상황에 따라 다른 것은 바로 이 때문이다. 다음은 특허법 제29조 제1항 제1호, 제2호 및 제3항의 규정에 의한 발명의 신규성을 중심으로 살펴보고자 한다.

① 시기적 기준

발명의 신규성 판단의 시점은 특허출원시이다. 여기에서 "출원시"라 함은 시·분·초까지를 의미하는 개념이다. 따라서 발명시와는 다르다. 발명시를 기준으로 할 경우 진정한 발명자의 보호와 발명의 장려면에서는 우수하나 신속한 출원을 유보케 하여 발명내용의 공개가 지연됨으로써 기술적 이용이 늦어져 산업발전을 더디게 할 뿐만 아니라 선발명자를 가리기가 쉽지 않고 이로 인해 특허권이 불안정하다는 단점이 있다. 이에 반해 출원시 기준은 발명자가 선원의 지위를 확보하

15) 대법원 1976.3.23. 선고 75후 24카 11191 판결.

16) 대법원 1990.10.26. 선고 89후 2045 판결.

기 위하여 신속한 출원을 함으로써 발명의 공개가 촉진된다는 점에서 특허제도의 취지와 목적에도 보다 충실하고 선출원자를 출원순위로 결정함으로써 최선의 출원자를 가리기가 쉽고 따라서 특허권 설정등록후에도 적어도 선출원문제에 관한 한 특허권의 안정적 존속을 기대할 수 있다는 면에서는 우수하나 진정한 최선의 발명자의 보호가 어렵다는 단점을 가지고 있다. 현재 선원주의를 채택하고 있는 우리나라를 비롯한 대부분의 나라라 발명의 신규성의 판단시점을 출원시로 하고 있는데 반해 선발명주의를 채택하고 있는 미국만이 발명시를 기준으로 하고 있다.

여기에서 주의할 것은 출원시와 출원일을 혼동해서는 안된다. 출원시라는 개념은 위에서 살펴본 바와 같이 "출원의 시점"을 말하며 시·분·초까지를 포함한데 반해 동일발명이 같은 날에 2개 이상 특허출원이 있는 때의 선출원은 신규성과는 달리 시가 아니고 "일"이 기준이 되며(법 36) 또 이용·저촉관계에 있어서도 출원시가 아니고 "출원일"을 기준으로 한다(법 98). 예를 들면 동일발명에 대해 같은 날 A가 오전 10시에 학술강연회에서 발표하고 B가 오후에 출원한 경우 B의 발명은 특허출원 전 국내에서 공지된 것이므로 신규성이 상실된다. 그러나 실제에 있어서는 공지의 여부가 시·분·초까지 문제가 되는 경우는 거의 없다고 보아야 할 것이다.

② 지역적 기준

특허출원한 발명이 이미 i) 특허출원 전에 국내 또는 국외에서 공지되었거나 공연히 실시된 발명이거나, ii) 특허출원 전에 국내 또는 국외에서 반포된 간행물에 게재되거나 특허법시행령 제1조의 2 제1호 내지 제4호의 규정에 의한 전기통신회선을 통하여 공중이 이용가능하게 된 발명일 때에는 특허를 받을 수 없다.

따라서 위의 i)ii) 공히 그 지역적 범위를 국내 또는 국외로 함으로써 국내주의(속지주의)와 국제주의를 나란히 채택하고 있다. 그러므로 특허출원한 발명이 위의 i) 또는 ii)에 해당된 발명인 경우에는 신규성이 상실되어 특허를 받을 수 없다.

종래법은 특허출원한 발명이 특허출원 전 "국내"에서 공지되었거나 공연히 실시된 발명일 때에 특허를 받을 수 없도록 하는 공지공용의 발명에 대한 지역적 범위를 국내로 하는 국내주의(속지주의)를 채택함으로써 외국에서 공지공용된 발명에 대해서는 신규성 상실의 사유가 되지 않았다.

그러나 최근 통신·교통수단의 급속한 발달에 따른 신속한 정보의 전파, 활발한 인적·물적 교류에 의한 정보교환의 증대 등으로 정보의 국제화가 보편화된 상황에서 특허출원 전 발명의 공지공용의 지역적 범위를 "국내"로 한정하는 것은 신규성을 담보로 한 특허요건의 의미를 상실하는 것이 되기 때문에 공지 등의 지역적 범위를 “국내”에서 “국외”까지로 확대하는 법개정을 하였다(2006.3.3 개정법 29①1).

이와 같이 신규성 판단의 지역적 기준과 범위에 관하여 출원 전 공지공용된 발명 또는 출원 전 반포된 간행물에 게재되거나 특정 전기통신회선(인터넷)을 통하여 이용가능하게 된 발명 모두에 대해서 국제주의를 채택하고 있는 나라는 영국·독일·프랑스·네덜란드·러시아·체코슬로바키아·폴란드·헝가리 등과 유럽특허조약이 있다(조약 54조).

이에 반하여 출원 전 공지공용된 발명 및 반포된 간행물에 게재되거나 특정매체 즉 인터넷 등 전기통신회선을 통하여 이용가능하게 된 발명 모두에 대해 국내주의를 채택하고 있는 나라는 적어도 선진국에는 없다.

그러나 종래 우리나라를 비롯하여 미국·캐나다·스위스·벨기에·유고슬라비아·루마니아·일본 등이 출원 전 공지공용된 발명의 국내주의와 출원 전 반포된 간행물 등을 통하여 공중이 이용가능하게 된 발명에 대한 국제주의를 채택하고 있었으나 현재는 우리나라를 위시하여 대부분의 나라가 출원 전 공지공용된 발명에 대하여도 국제주의를 채용함으로써 비로소 국제화 경향에 부응하는 글로우벌 스탠다드(global standard)적 국내법을 확보하게 되었다.

③ 발명의 선후관계 유무의 판단 - 발명의 동일성 -

i. 서 설

(i) 서 론

발명의 신규성 유무를 판단하는데 있어 가장 기본적인 문제는 출원발명과 선행기술(이하 “공지발명”이라 한다)이 동일한가의 여부, 즉 발명의 동일성에 관한 문제이다.

발명의 동일성의 문제는 특허출원 중에 발명의 신규성 판단의 경우에만 국한되는 것이 아니고 후술하는 확대된 선원관계(법 29③), 공지 등이 되지 아니한 발명인지 여부의 판단(법 30), 무권리자와 정당권리자의 특허출원의 동일성 판단(법 34), 선후원관계(법 36), 특허출원의 보정(법 47), 분할출원(법 52) 및 변경출원(법 53)의 적법성, 우선권주장 인정여부의 판단(법 54, 55)할 때에, 특허의 설정등록 후에는 특허발명의 보호범위(법 97), 특허무효여부의 판단(법 133), 권리범위확인(법 135) 및 정정심판(법 136) 등을 할 때에도 발생되는 문제이다.

이러한 동일성의 문제도 특허법 제36조의 특허출원의 선후원 및 동일출원(同日出願)관계에서의 발명의 동일성은 특허청구범위에 기재된 발명끼리의 동일성이고 같은 법 제29조 제1항 제1호 및 제2호의 발명의 신규성에서의 발명의 동일성은 특허청구범위에 기재된 발명과 특허출원 전 특허공보, 과학기술서적 등 선행기술문헌 등에 게재되거나 소정의 전기통신회선(법시행령 1의 2 각호) 즉 인터넷 등을 통하여 공중이 이용가능한 기술콘텐츠나 그 밖의 공지공용의 발명과의 동일성이며, 같은 법 제29조 제3항의 확대된 선원에서의 발명의 동일성은 특허출원한 발명과 그 특허출원한 발명의 출원일 전에 특허출원 또는 실용신안등록출원을 하여 출원일 후에 출원공개되거나 등록공고된 타 특허출원 또는 실용신안등록출원의 출원서에 최초로 첨부된 명세서 또는 도면에 기재된 발명 또는 고안과의 동일성이다.

따라서 발명의 동일성 문제는 단순히 선후원관계에서의 경우만이 아니고 동일출원 관계 그 밖의 경우에서도 발생되는 미묘한 경우도 많아 그리 쉽지만은 않다.

발명의 동일성 판단은 위와 같은 각 사안의 종류에 따라 약간씩의 차이점이 생긴다. 그러므로 본 항에서는 그중에서 특허를 받을 수 있는 발명의 창작성 판단의 대상이 되고 있는 i) 발명의 신규성, 선후원관계, ii) 확대된 선원과 관련한 동일성에 관하여서만 살펴보기로 한다.

위 세 가지 경우 모두 출원발명과 그와 대비되는 대상(이하 "인용례"라 한다) 사이의 동일성 문제로 된다는 점에서는 차이가 없다. 다만, 그 대상이 i) 신규성의 경우에는 공지공용 또는 간행물에의 기재나 소정의 전기통신회선(인터넷 등)을 통하여 공중이 이용가능하게 된 발명이고, ii) 선후원의 판단의 경우에 있어서는 선출원된 출원서의 특허청구범위에 기재된 발명이며, iii) 확대된 선원의 판단의 경우에 있어서는 선출원된 출원서에 최초로 첨부된 명세서 및 도면에 기재된 발명이라는 점에서 차이가 있다. 그리고는 출원발명과 인용례의 대비판단에 의한 발명의 동일성 판단기준 및 방법 등에 있어서는 거의 같기 때문에 위 세 가지를 여기에서 포괄하여 다루려는 것이다.

(ii) 의 의

발명의 동일성이라 함은 둘 이상의 발명에 있어서 그 기술적 사상이 실질적으로 상호 동일한 범위에 속하는 경우를 말한다. 그러므로 발명의 동일성은 실질적 동일성을 의미한다. 따라서 특허청구범위에 기재된 기술적 사상이 문언적·형식적으로 동일한 것에 한정되지 아니하고, 단순한 구성 및 용도의 차이 등 기술적 사상에 실질적인 영향을 미치지 않는 비본질적인 사항에만 차이가 있는 경우에는 동일성이 있는 발명이라고 할 수 있다.

일반적으로 발명의 동일은 두 발명이 전부 동일한 경우를 의미한다. 그러나 특허청구범위에 기재된 발명의 폭에 광협의 차이가 있어서 두 발명이 그중 일부에서만 중복되는 부분 동일의 경우라도 그 대부분이 중복되거나 중복되는 부분이 발명의 주요부분이라면 실질적 동일의 개념에 포함한다 할 것이다. 예를 들면 인용발명이 A, B, C를 구성요소로 한 감기약 발명인데 대하여 출원발명은 A, B, C, C^1, C^2, C^3을 구성요소로 한 감기약 발명인 경우 2발명 모두 주요 구성요소에 해당하는 A, B, C가 동일하여 동일성이 있는 발명에 해당하여 출원발명은 거절된다. 그런데 인용발명의 구성이 A, B, C이고 출원발명이 A, B, C, D일 때에는 그 출원발명은 특허는 받을 수 있으나 이 경우에는 이용발명에 속하므로 실시에는 인용발명권자의 동의를 받아야 한다. 만약 동의를 받지 아니하고 실시할 경우에는 인용발명에 대한 권리침해가 된다. 또 인용례가 A, B, C의 세 가지 기술적 사항을 포함하고 있는데 대하여 출원발명은 A, D로 구성되어 있다 하더라도 A가 두 발명에 있어서 주요부분 또는 발명의 대부분을 차지하는 사항이라면 출원발명은 인용례와의 관계에 있어서 동일성이 있는 발명에 해당한다. 그러나 인용발명 A가 특허등록 되어 있고 A, B, C로 구성되어 있는 출원발명의 B, C가 발명적으로 무가치한 것이라면 그 출원발명은 인용발명의 우회발명에 해당하여 특허거절결정되고 또 B, C가 발명적으로 무가치한 것이 아니라면 이는 동일성의 문제가 아니라 이용발명에 해당되어 출원발명은 특허결정이 되어 특허는 받을 수 있게 되지만 인용례의 선출원자(또는 선출원 특허권자)의 동의를 얻어야 업으로서 실시할 수 있게 된다(법 98).

부분동일은 화학분야 발명이나 물질발명의 경우가 대부분이다. 예를 들면 인용발명이 "저급 알칼기를 갖는 A화합물의 제조방법"인데 반하여 출원발명이 "알칼기를 갖는 A화학물의 제조방법"인 경우, 출원발명에서 "저급 알칼기"를 제외시키지 아니한 경우가 그 예이다. 따라서 이 예의 경우 중복부분인 "저급 알칼기"를 제외함으로써 서로 별개의 발명이 될 때 출원발명에 대하여 특허를 받을 수 있다.

(iii) 일반론

특허출원발명의 신규성 유무는 특허출원 전에 공개된 선행기술(이하 "공지발명"이라 한다)에 그 출원발명과 동일성이 있는 기술내용이 모두 개시되어 있는가를 기준으로 하여 판단하여야 한다.

공지발명에 그 출원발명과 동일성이 있는 기술내용이 모두 개시되어 있는 경우 그 출원발명은 신규성이 없다는 이유로 특허를 받을 수 없게 된다.

따라서 발명의 신규성 유무의 판단은 공지발명과 출원발명의 동일성의 기술내용인지를 판단하여야 하는바 발명의 동일성은 특허청구의 범위를 주 대상으로 하고 명세서의 발명의 상세한 설명 및 도면을 특허청구범위 해석의 보충적 기준으로 하여 특허청구범위에 내재하는 기술적 사상의 실체에 착한하여 판단한다.

발명의 상세한 설명에서는 발명의 목적·구성·효과의 3요소를 대비하고 그 결과를 종합적으로 검토하여 판단하되 그 중 발명의 구성의 동일여부를 중심으로 하여 판단하는 것이 원칙이다. 즉 구성이 형식적으로 동일하고 발명의 목적·효과의 기재가 상이한 발명은 객관적으로 동일한 목적·효과가 나타나게 되어 있으므로 동일한 것으로 본다.[17]

판례는 발명의 동일성판단과 관련하여 "특허발명에 있어서 선행기술과 동일성을 판단하는 데에는 특허발명과 선행기술의 기술적 구성이 동일한가 여부에 의하여 판단하되 그 효과도 참작하여야 할 것인 바, 기술적 구성에 차이가 있더라도 그 차이가 과제해결을 위한 구체적 수단에서 주지·관용기술의 부가, 삭제, 변경 등으로 새로운 효과의 발생이 없는 정도의 미세한 차이에 불과하다면 양 고안은 서로 동일하다고 하여야 할 것이다"라는 내용의 기준을 제시하고 있다.[18]

또 발명의 동일성판단과 관련하여 판례는 "양 발명이 동일하다 함은 그 기술적 사상이 전면적으로 일치하는 경우는 물론이고 그 범위에 차이가 있을 뿐 부분적으로 일치하는 경우라도 그 일치하는 부분을 제외한 나머지 부분만으로 별개의 발명을 이루지 않는 한 양 발명은 동일한 발명"이라는 요지의 판시를 하였다.[19] 그러나 본 판례에 대해서는 일부 비판적이고 부정적인 견해가 있기도 하다. 즉 양 발명의 구성이 부분적으로만 일치하는 경우에는 원칙적으로 동일성이 없는 발명으로 보는 것이 타당하므로 이 판례를 그대로 따르는 것은 곤란하다는 것이다. 그러나 본 판례는 부분적으로 일치하는 경우라도 그 일치하는 부분을 제외한 "나머지 부분만으로 별개의 발명을 이루지 않는 경우에 한함"을 전제로 하여 부분적으로 일치하는 경우 양 발명을 동일한 발명으로 본 취지의 판례이므로, 양 발명의 구성이 부분적으로만 일치하는 경우에는 원칙적으로 동일성이 없는 발명으로 보는 견해와 근본적으로 차이가 없다 할 것이다.

ii. 발명의 동일성판단의 기준

앞에서 설명한 바와 같이 발명의 동일성문제는 단순히 선후관계의 경우만이 아니고 동일관계 그 밖의 경우에시도 발생되는 매우 까다로운 경우도 많으므로 반드시 용이한 것만은 아니다. 따라서 여기에서는 발명의 동일성을 판단하는데 선제가 되어야 할 기본적인 사항과 원칙에 대해서 살펴보기로 한다.

(i) 동일성판단의 기본적 전제

i) 발명의 동일성유무는 특허청구범위에 기재된 사항만을 대상으로 하여 판단하여야 한다. 따라서 발명의 상세한 설명 및 도면에만 기재되어 있고 특허

17) 특허법원, 특허재판실무편람(2002년), 83면.

18) 대법원 2001.6.1 선고 98후 1013 판결.

19) 대법원 1995.6.9. 선고 93후 1940 판결, 1985.8.20. 선고 84후 30 판결.

청구범위에 기재되어 있지 아니한 사항은 동일성판단의 대상이 되지 아니한다.

ii) 발명의 동일성유무는 특허청구범위에 기재되어 있는 기술적 사상의 실체를 대상으로 하여 판단하여야 한다. 따라서 특허청구범위의 기재상의 표현이나 기술(記述)의 형식만으로 발명의 동일성 여부를 판단하여서는 아니된다.

iii) 발명의 동일성판단은 발명의 일부 동일에도 적용된다. 이는 동일발명에 대하여 2이상의 특허를 허여하여서는 아니된다는 특허법상의 1발명 1출원주의에 따른 이중특허금지의 원칙이 적용되기 때문이다. 이러한 특허법상의 중복특허배제의 원칙은 발명이 실질상 전면적으로 일치하는 경우는 물론이지만 발명에는 광협이 있기 때문에 특허청구범위에도 광협이 있기 마련이어서 발명의 부분일치의 경우에 있어서도 적용된다 할 것이다.

(ii) 동일성판단의 원칙

발명의 동일성판단의 원칙은 위의 발명의 동일성판단의 기본적 전제에 의하여 다음과 같은 원칙이 도출된다.

i) 발명의 실질적 동일

특허청구범위의 기재사항에서 본 발명의 기술적 사상이 실질적으로 동일함이 명백한 경우 그 2 발명은 동일하다고 판단하여야 한다.

따라서 특허청구범위의 기재상 단순한 기재표현 및 기술(記述)형식의 차이, 단순한 목적의 차이, 단순한 구성의 차이, 단순한 효과인식의 차이, 단순한 용도의 차이 및 단순한 용도한정의 유무 등과 같은 정도의 차이는 2 발명에 본질적 차이가 아니고 단지 지엽적이고 부수적인 차이에 불과한 것으로서 2 발명의 실질적 동일성에는 어떠한 영향도 미치지 아니하므로 그러한 차이에 불과한 경우에는 2 발명은 동일하다.

ⓘ 단순한 외적 표현 및 기술형식의 차이

2 발명사이에 특허청구범위의 외적 표현이나 기술적 형식의 차이가 있다 하더라도 발명의 기술적 사상에서 실질적으로 동일하면 2 발명은 동일하다. 예를 들면 발명을 표현하고 있는 범주(category), 즉 발명의 대상이 상이한 경우에는 형식상 별개의 발명처럼 보일 수가 있으나 발명의 동일성판단은 발명의 카테고리라든가 그 밖의 외적 표현방법에 의하는 것이 아니라 실질적인 기술내용에 의해서 파악되는 것이므로 동일한 기술적 사상을 방법의 발명 또는 물건의 발명으로 표현하는 것처럼 카테고리를 달리하여 표현한 것에 불과한 경우에는 비교되는 양 발명은 동일한 발명으로 보아야 한다.[20] 일본의 판례 또한 "물의 발명과 그 제작방

법의 발명이 기술사상으로 같은 경우 양자는 단순히 기술사상의 표현방법을 달리하는데 그치고 이것을 동일한 발명이라고 하는 것은 당연하므로 원고가 인쇄배선판의 발명은 물의 발명이고 인용발명은 방법의 발명이므로 양자는 기술내용을 물을 것도 없이 형식상 특별히 다른 발명이라는 취지의 주장은 그 자체가 부당하다"고 하여 인쇄배선판의 발명에 대하여 물의 발명과 그 물의 제조방법의 발명과는 동일하다는 요지의 판시를 하였다.[21)]

ⓘⓘ 단순한 목적인식의 차이

2 발명사이에 목적이라고 하는 주관적인 의도에 차이가 있다 하더라도 객관적으로 표현하고 있는 발명의 구성이 실질적으로 동일하면 2 발명은 동일한 발명이다. 즉 2 발명의 목적이 다르다 하더라도 2 발명의 구성이 전면적으로 일치하거나 부분적으로 저촉하는 경우에는 동일한 발명의 효과가 발생되어 2 발명은 객관적으로는 동일한 목적을 달성할 수 있다고 볼 수 있다. 예를 들면 소음을 방지하기 위한 목적으로 발명한 방음벽과 온도를 일정하게 유지하게 하기 위한 목적으로 발명한 보온벽의 기술적 구성이 동일한 경우에는 양 발명은 실질적으로 동일한 발명으로 보아야 한다.

ⓘⓘⓘ 단순한 구성의 차이(변경)

2 발명사이에 단순한 관용수단의 전환, 단순한 관용수단의 한정·부가·삭제, 단순한 재료의 한정(변환) 또는 균등물의 치환, 단순한 형상·수 또는 배열의 한정이나 상위(변경), 단순한 수치의 한정 또는 상위(변경), 택일적으로 기재된 균등한 복수수단과 그중의 하나의 수단 등에서 구성의 차이가 있다 하더라도 발명의 구성이 실질적으로 동일하면 2 발명은 동일한 발명이다.

A. 단순한 관용수단의 전환

어떤 발명에 대하여 그 구성을 변경하였을 경우 그 변경이 관용수단의 전환에 해당하고 그 변경에 의하여 발명의 목적, 효과에 각별한 차이가 생기지 아니한 경우를 말한다. 예를 들면 "인삼즙에 함유되어 있는 수분을 태양열로 증발시킨 다음 이것에 설탕을 첨가하여 진공입자 건조하는 분말인삼차의 제조방법"과 "인삼즙에 함유되어 있는 수분을 전열로 증발시킨 다음 이것에 사카린을 첨가하여 진공입자 건조하는 분말인삼의 제조방법"은 실질적으로 동일한 발명이다.

B. 단순한 관용수단의 한정·부가·삭제

어떤 발명에 대하여 그 구성을 변경하였을 경우 그 변경이 관용수단의 한정·

20) - 대법원 1990.2.27. 선고 89후 148 판결.
- 특허법원, 특허재판실무편람(2002년), 84면.

21) 동경고판 1972.3.31. 취소집 1972, 515면.

부가 또는 삭제에 해당하고 그 변경에 의하여 발명의 목적·효과에 각별한 차이가 생기지 아니한 것을 말한다. 예를 들면 "본원발명의 구성요건 및 선원발명의 특허청구범위에 따르면 본원발명에서는 설탕 및 식염을 첨가하는 것이 필수요건인데 대해 선원발명에서는 필수요건이 아님이 분명하다. 그러나 위 특허청구범위에 따르면 선원발명은 조미료·부형제(賦形劑) 등을 1종 또는 2종 이상 배합하는 것을 구성요건으로 하므로 분말아세트산(酸)에 설탕 및 식염을 첨가하는 경우도 선원발명의 실시방법이 된다고 해야 하며, 이 경우에 본원발명을 실시하는 방법인지 선원발명을 실시하는 방법인지를 구별하기는 객관적으로 불가능하다. 그리고 선원발명의 방법에 의해 제조하는 분말조미료를 점초(粘酢)로 사용하는 경우에도 첨가물의 수치는 스스로 한정되므로 첨가물의 수치에 한정이 있는지의 여부에 따라 양 발명의 어느 것을 실시하는 방법인지를 구별할 수도 없다. 이점에서도 양자는 실질적으로 동일하다고 생각된다"는 요지의 판시를 하였다.[22]

C. 단순한 재료의 한정(변환) 또는 균등물의 치환

어떤 발명에 대하여 그 구성을 변경하였을 경우 그 변경이 호환성(互換性)을 가지고, 또는 동일기능을 가진 것이 공지의 재료 또는 물건의 치환(置換)에 해당하고 그 변경에 의하여 발명의 목적·효과에 각별한 차이가 생기지 아니한 것을 말한다. 예를 들면 콘크리트제 원주(圓柱 : 두리기둥)에 철근발판을 만든 전주와 목제원주에 플라스틱 발판을 만든 전주는 실질적으로 동일하고, 진공관을 사용한 라디오 수신기와 트랜지스터를 사용한 라디오 수신기는 실질적으로 동일하며, IC반도체를 사용한 전유기와 다이오우드 반도체를 사용한 전유기는 실질적으로 동일하다.

D. 단순한 형상·수 또는 배열의 한정이나 상위(변경)

어떤 발명에 대하여 그 구성을 변경하였을 경우 그 변경이 목적 및 타 구성으로 보아 그 기술분야에서 통상의 지식을 가진 자에 의하여 보통으로 채용(採用)된다고 인정되는 정도의 형상·수 또는 배열의 한정이나 변경에 해당하고 그 변경에 의하여 발명의 목적·효과에 각별한 차이가 생기지 아니한 것을 말한다. 예를 들면 타원형의 다이오우드 5·6·7개를 사용한 전류기나 검파기는 다이어몬드형의 다이오우드 5·6개 또는 7·6·5개, 5·7개를 사용한 전류기나 검파기와 실질적으로 동일하다.

E. 단순한 수치의 한정 또는 상위(변경)

어떤 발명에 대하여 그 구성을 변경하여 구성이 다른 발명으로 하였을 경우 그

---

22) 동경고판 소 48. 10.9. 무체집 5권 2호 410면.

변경이 발명의 목적 및 효과로 보아 그 기술분야의 당업자에 의하여 통상 채용된다고 인정되는 정도의 수치의 한정 또는 변경에 해당하는 것이고 그 변경에 의하여 발명의 목적 및 효과에 각별한 차이가 생기지 아니한 경우 이러한 구성의 변경을 단순한 수치의 한정 또는 변경이라고 하는 바, 이 정도 발명의 구성의 차이에는 양발명은 실질적으로 동일하다.

F. 택일적으로 기재된 균등한 복수수단(複數手段)과 그중 하나의 수단

예를 들면 "톨루엔을 과(過)망간산(酸)칼륨 또는 중크롬산칼륨으로 산화하는 것을 특징으로 한 안식향산(安息香酸)의 제법"과 "톨루엔을 과망간산칼륨으로 산화하는 것을 특징으로 하는 안식향상의 제법"은 실질적으로 동일하다.[23)]

ⓘⓥ 단순한 효과인식의 차이

2 발명사이에 구성이 동일하여 실제 발명의 효과도 동일한데 단지 효과의 인식에서 차이가 있음을 말한다. 선출원을 규정하고 있는 특허법 제36조 제1항의 입법취지가 이중특허금지(중복특허배제)에 있음을 감안할 때 2 발명이 다른 발명이라고 하기 위해서는 양 발명이 다르다는 것이 객관적으로 식별될 수 있는 것이어야 하므로 발명의 동일성 유무를 판단하는 기준은 이 관점에서 선택하여야 한다.

그렇다고 하면 발명의 구성은 발명을 객관적으로 표현한 것이므로 이것을 기준으로 하여 발명의 동일성 유무를 판단할 수 있다. 따라서 구성이 동일한 발명에 대해 단순히 주관적인 목적 내지 명세서 기재의 작용효과가 다르다 하여 별개의 발명이라고는 할 수 없다.[24)]

ⓥ 단순한 용도의 상위

2 발명사이에 구성의 차이가 용도의 차이뿐이고 그 용도의 차이가 다른 구성으로부터 당연히 도출되는 용도상호간의 차이에 불과한 경우 또는 용도로서의 적용수단·적용시기 적용장소 등 적용범위가 실질적으로 구별되지 아니한 경우를 말한다.

예를 들면 전자의 경우가 "화합물 D로 되는 염화비닐수지의 가소제(可塑劑)"와 "화합물 B로부터 된 염화비닐수지의 변색방지제(變色防止劑)"와 실질적으로 동일한 것이고,[25)] 후자의 경우는 "화합물 P를 벼논에 살포하는 벼멸구의 살충방법(벼멸구 살충제 P)과 화합물 P를 벼논에 살포하는 도열병균(稻熱病菌)의 살균방법(도열병균 살균제 P), 식부과 채싱, 수지등과 필통은 실질적으로 동일한 것이다.

---

23) 특허법개설(제9판), 吉藤幸朔 著, YOU ME 특허법률사무소 역, 대림서림(1993.2.10) 154~155면.

24) 동경고판 1973.1.23. 무체집 5권 1호, 1면.

25) 특허법개설(제9판) 吉藤幸朔 著, YOU ME 특허법률사무소 역, 대림서림(1993.2.10), 155면.

ⓥⓘ **단순한 용도한정의 유무**

2 발명사이에 구성의 차이가 용도한정의 유무뿐이고 그 용도가 다른 구성으로부터 당연히 도출되는 용도에 불과한 경우를 말한다. 예를 들면 "명주(明紬=綿紬)실(누에고추에서 뽑은 실)로 짠(직조) 피륙(견직=실크)과 명주실로 짠 실크넥타이는 그 구성이 실질적으로 동일하다.

ii) 발명의 부분적 동일

2 발명의 특허청구범위의 기재내용이 부분적으로 중복되는 경우 부분적 중복특허금지원칙(부분적 이중특허배제원칙)에 따라 전부동일의 경우와 마찬가지로 특허법 제36조에 의하여 거절되어야 한다. 다만 후원의 특허청구범위에서 중복부분은 삭제함으로써 나머지 부분이 독립해서 다른 발명이 될 때에는 2 발명간에는 동일성이 해소됨은 물론이다. 그러나 중복부분을 삭제하지 않는 한 2 발명은 동일발명이다.[26)]

위와 같은 부분적 중복특허금지에 대해서는 반대의 견해가 있다. 특허법 제36조의 동일발명이라 함은 전부 동일한 발명만을 의미하므로 일부중복의 부분적 동일발명은 동일발명이 아니라고 하여 후원을 거절할 수 없다는 것이다. 즉 제36조는 중복부분을 삭제하지 않는 한 동일발명이라고 하여 후원을 거절해야 하는 취지의 규정이라고 해석할 수 없다는 것이다.[27)]

그러나 이러한 반대론은 특허법 제36조의 동일발명을 지나치게 좁게 해석하고 있을 뿐만 아니라 중복특허로 인한 폐해 등을 간과함으로써 위 같은 조의 입법취지를 왜곡한 것이라고 할 수 있다. 만약 반대론이 같은 조의 입법취지에 부합된다면 선원의 특허권이 소멸된 후 선원자가 자신의 발명을 실시할 때에는 후원자의 특허발명과 저촉되지 않은 비동일부분의 특허권을 침해하는 결과가 될 것이고 또 제3자도 선원의 특허권 소멸 후는 원래 자유롭게 그 발명을 실시할 수 있는데에도 불구하고 후원과 중복된 부분은 계속 실시할 수가 없는 등 같은 조의 중복특허금지의 취지가 훼손될 것이다.

iii) 발명의 내재적 동일

ⓘ **의 의**

이는 위에서 설명한 바 있는 발명의 실질적 동일의 변형(變形)이다. 즉 일반적인 발명의 실질적 동일은 특허청구범위의 기재 자체로부터 직접적으로 그 존재가 명백히 인정되는 사상끼리의 동일을 말하는데 반하여 발명의 내재적 동일은 발명

---

26) 동경고판, 1981.10.20, 취소집(1981년), 169면.

27) 學說 水口春二, "先後願問題", 原記念上 265면.

의 상세한 설명 및 도면 중에 기재된 발명의 실시례를 통하여 특허청구범위에 존재하는 것이 간접적으로 인정되는 사상끼리의 동일을 의미한다는 점에서 다르다.

그러나 양자의 차이는 직접이냐 또는 간접이냐의 차이에 불과할 뿐 그 본질에 있어서는 차이가 없으므로 발명의 내재적 동일은 발명의 실질적 동일의 변형이라고 할 수 있다.28) <참고>

ⓘⓘ 발명의 내재적 동일의 예시

발명의 내재적 동일에 해당하는 발명을 예시하면 다음과 같다.

A. 자명하지 않고 또한 무의미하지 않은 조건, 한정(限定) 등을 부가(附加)한 발명(1) 또는 발명(3)과 이와 같은 조건, 한정 등을 부가하지 아니한 발명(3) 또는 발명(1)

B. 어떤 자명하지 않고 또한 무의미하지 않은 조건, 한정 등을 부가한 발명(1) 또는 발명(3)과 다른 자명하지 않고 또한 무의미하지 않은 조건, 한정 등을 부가한 발명(3) 또는 발명(1)

C. 하위개념으로 기재된 발명(1) 또는 발명(3)(객관적으로 판단하면 하위개념으로 기재된 점에 기술적인 의미가 있다)과 상위개념으로 기재된 발명(3) 또는 발명(1)

위의 A·B·C의 각각의 명세서 중에는 비교되는 상대의 발명이 실시례 또는 그것에 상당하는 것으로서 기재되어 있다.

iv) 발명의 실시례의 동일

ⓘ 개 요

위에서 설명한 발명의 동일성에 관한 발명의 실질적 동일, 발명의 부분적 동일, 발명의 내재적 동일은 모두 특허청구범위상 2 발명이 중복된다고 인정되는 경우이었지만, 여기 어느 경우에도 해당하지 않은 경우에도 2 발명에 공통되는 실시례가 각각의 명세서 및 도면에 존재할 때에는 실시례가 동일하므로 동일발명으로 해석하려는 것이다.

그러나 2 발명이 특허청구범위에 중복부분이 없다면 발명의 구성을 이룬 기술적 사상의 기반이 다르므로 별개의 발명으로 보고 특허를 부여하여야 할 것으로 생각되나 이 경우 실제 발명의 실시례에서 중복부분이 있다면 이 또한 이중특허

28) – 심사일반기준, 특허청(1992.8.24), 발명의 동일성 편 참조.
– 특허법개설, 吉藤幸朔 著, YOU ME 특허법률사무소 역, 155면.
<참고> 발명의 내재적 동일의 전형(典型)은 ⅰ) 자명하지 않고 또한 무의미하지 않은 조건을 붙인 부분이 서로 다른 2 발명이며, ⅱ) 각각의 발명의 명세서 중에 비교되는 상대의 발명이 실시례로 기재되어 있는 경우이다(심사기준, 발명의 동일성편 참고).

배제원칙에 반하므로 거절하여야 할 것이다.

이 점에서 실시례의 동일은 위에서 살펴본 부분적 동일과 공통의 기반위에 있는 것으로서 부분적 동일의 변형(變形)이라고 할 수 있다. 그렇지만 양자는 기술적 사상을 달리하고 있기 때문에 중복되는 실시례 부분에 대해 권리불요구의사를 분명히 할 때에는 특허를 받을 수 있다고 보아야 할 것이다.

발명의 실시례 동일의 전형적인 예는 2 발명을 대비하였을 때 비로소 기술적으로 의미가 있는 조건, 한정(限定) 등이라는 것을 알 수 있는 어떤 조건, 한정 등을 부가한 것이라고 인정되는 발명과 다른 조건, 한정 등을 부가한 것이라고 인정되는 발명으로 어느 명세서나 도면에도 공통되는 실시례가 각각 기재되어 있는 경우이다.

여기에서 "공통되는 실시례가 기재되어 있는 경우"라 함은 실제 기재되어 있는 경우만이 아니고 각각의 출원시의 기술수준으로 보아 기재되어 있는 것과 동등한 경우도 포함한 의미이다. 발명의 실시례의 동일에 관한 일반적 모형을 살펴보기로 한다.

ⓘⓘ 실시례 동일의 일반적 모형

A. 2 발명이 실질적 동일 및 내재적 동일에는 해당되지 않으나 발명(1)과 발명(3)에 공통되는 실시례가 각각 발명의 명세서에 기재되어 있는 경우, 발명(1)과 발명(3)이 실질적 동일이 아니고 또 발명(1)을 그 명세서 및 도면을 참작하여 객관적으로 판단하였을 때 발명(1) 중에 발명(3)이, 그리고 발명(3) 중에 발명(1)이 다 같이 내재하는 것이 명백하지도 않는 경우에는 발명(1)과 발명(3)은 기술적 사상이 서로 다르고, 따라서 별개의 발명으로도 볼 수 있다. 그러나 각각의 명세서 중에 공통되는 실시례가 기재되어 있는 경우에 각각의 발명에 대하여 특허가 부여되면 그 실시례는 양 특허에 속하게 되어 결과적으로는 그 실시례에 대하여 특허가 이중으로 존재하는 것으로 되고 중복특허금지원칙에도 반하게 되므로 양자를 동일발명이라 한다.

여기에서 "공통되는 실시례가 기재되어 있다"라 함은 실제 기재되어 있을 경우만이 아니고 각각의 출원시의 기술수준으로 보아 기재되어 있는 것과 동등한 경우도 포함한 의미이다. 이 발명의 실시례의 동일에 해당하는 발명을 예시해 보면 다음과 같다.

(A) 2 발명을 대비하였을 때 비로소 기술적으로 의미가 없음을 알 수 있는 조건, 한정 등을 부가한 발명(1) 또는 발명(3)과 이와 같은 조건, 한정 등을 부가하지 않은 발명(3) 또는 발명(1)

(B) 2 발명을 대비하였을 때 비로소 기술적으로 의미가 있음을 알 수 있는 조

건, 한정 등을 부가한 발명(1) 또는 발명(3)과 이와 같은 조건, 한정 등을 부가하지 않은 발명(3) 또는 발명(1)

(C) 2 발명을 대비하였을 때 비로소 기술적으로 의미가 있는 조건, 한정 등이라는 것을 각각 알 수 있는 어떤 조건, 한정 등을 부가한 것이라고 볼 수 있는 발명(1) 또는 발명(3)과 다른 조건, 한정 등을 부가한 것이라고 볼 수 있는 발명(3) 또는 발명(1)

(D) 2 발명을 대비하였을 때 비로소 하위개념과 상위개념의 관계에 있음을 알 수 있는 하위개념으로 기재된 발명(1) 또는 발명(3)(하위개념으로 기재된 점에 기술적인 의미가 없다)과 상위개념으로 기재된 발명(3) 또는 발명(1)

(E) 2 발명을 대비하였을 때 비로소 하위개념과 상위개념의 관계에 있음을 알 수 있는 하위개념으로 기재된 발명(1) 또는 발명(3)(하위개념으로 기재된 점에 기술적인 의미가 있다)

B. 2 발명이 실질적 동일에 해당하지 않으나 발명(1)[29]과 발명(2)[30]에 있어서 발명(2) 중에 발명(1)이 존재하고 있는 것이 객관적으로 명백한 경우, 이 경우 다음과 같은 두 가지의 경우를 상정할 수 있다.

(A) 발명(1)의 명세서에 발명(2)가 발명(1)의 실시례 또는 그것에 상당하는 것으로서 기재되어 있는 경우

(B) 발명(1)의 명세서에 발명(2)가 발명(1)의 실시례 또는 그것에 상당하는 것으로 기재되어 있지 않은 경우, (A)의 경우에 대하여는 발명(1)의 명세서에 발명(2)가 실시례 또는 그것에 상당하는 것으로서 기재되어 있으므로 발명(2)에 발명(1)이 존재하고 있는 것으로 된다. 또는 (B)의 경우에 대하여는 객관적으로 보면 발명(2)는 발명(1)을 구체화한 관계의 발명으로 되어 있으므로 발명(2)는 발명(1)로서도 받아들일 수 있다. 결국 발명(2)에 발명(1)이 존재하고 있다고 볼 수 있다. 따라서 (A) 및 (B)의 어느 경우에 있어서도 발명(1)은 발명(2)와 동일하다. 이 발명의 실시례의 동일에 해당하는 발명을 예시해 보면 다음과 같다.

A) 하위개념으로 기재된 발명(2)(객관적으로 판단하면 하위개념으로 기재된 점에 기술적인 의미가 있다)에 대하여 상위개념으로 기재된 발명(1)

B) 자명하지 않고 또한 무의미하지 않은 조건, 한정 등을 부가한 발명(2)에 대하여 이와 같은 조건, 한정 등을 부가하지 않은 발명(1)

---

29) 발명(1) : 상위개념으로 기재된 발명 또는 조건, 한정을 부가하지 않은 발명

30) 발명(2) : 하위개념으로 기재된 발명 또는 조건, 한정을 부가한 발명으로서 하위개념 또는 조건, 한정을 부가한 점에 기술적인 의미가 있는 발명

C) 하위개념으로 기재된 발명(2)(객관적으로 판단하면 하위개념으로 기재된 점에 기술적인 의미가 있다)에 대하여 상위개념으로 기재된 발명(1)

D) 자명하지 않고 또한 무의미하지 않은 조건, 한정 등을 부가한 발명(2)에 대하여 이와 같은 조건, 한정 등을 부가하지 않은 발명(1)

위의 A)·B)·C)·D)의 각각의 명세서 중에 위의 발명(2)가 실시례 또는 그것에 상당하는 것으로서 기재되어 있다.

v) 특허법 제36조 적용의 한계

특허법 제36조에 의한 선후원발명의 동일성판단에는 앞에서 살펴본 바와 같이 일정한 한계가 있어 이중특허(중복특허)의 폐해를 완전히 방지할 수 없다는 결점이 있었다. 따라서 이를 입법적으로 해결하기 위하여 1993년 12월 10일 제정한 것이 소위 "확대된 선원의 지위"의 규정(법 29③)이다. 이에 대하여는 다음 항에서 설명하기로 한다.

iii. 발명의 동일성의 구체적 판단기준

(i) 원 칙

i) 발명의 카테고리가 동일한 경우

발명의 카테고리[31]가 동일한 경우에 있어서 동일성판단은 원칙적으로 발명의 목적·구성 및 효과의 3요소를 비교하고 그 결과를 종합적으로 검토하여 판단한다. 그러나 발명의 동일성을 판단함에 있어서는 발명의 구성의 동일여부가 중심이 되고, 구성이 형식적으로 동일하면 발명의 목적·효과의 기재가 상이하더라도 두 발명은 객관적으로 동일한 효과가 나타나게 되어 있으므로 결국 동일한 것으로 판단하여야 할 경우 많을 것이다.

그리고 어떤 발명(출원발명)에 공지의 다른 발명(인용발명)을 부가한 것으로서 그 부가한 점에 기술적인 의미가 없는 발명은 동일한 발명으로 간주한다.

ii) 발명의 카테고리가 상이한 경우

두 발명의 카테고리가 상이하고, 그 카테고리의 상이에 기술적 의미가 없으며, 카테고리의 상이에 의하지 아니한 구성부분의 차이가 실질적으로 없는 경우 두 발명은 동일한 발명으로 간주한다.

---

31) 발명의 카테고리는 "물건의 발명", "이용방법의 발명" 및 "생산방법의 발명"으로 나누는 것이 일반적이다. 그러나 특허청 심사일반기준에서는 발명의 카테고리는 특허출원발명에 대하여 출원인이 그 특허청구범위에 기재한 대로의 카테고리를 형식적으로 채용하도록 하고 있다.

(ii) 특 칙

다음의 경우 두 발명은 동일한 발명으로 판단한다.

i) 특허법 제36조 선후관계 판단에 있어서의 특칙

ⓘ 위 (i)의 원칙에는 해당되지 않으나 A발명 중에 B발명이, B발명 중에 A발명이 들어있는 것처럼 서로같이 들어있는 것이 객관적으로 명백한 경우

ⓘⓘ 위 (i)의 원칙 및 i)의 특칙 ⓘ에는 해당되지 않으나 A발명과 B발명에 공통된 실시례가 각기 명세서에 기재되어 있는 경우

ii) 특허법 제29조 제1항 신규성 및 제3항 확대된 선원의 판단에 있어서의 특칙

위 (i)의 원칙에는 해당되지 않으나 출원발명인 A발명과 그에 대한 특허법 제29조 제1항 소정의 공지의 선행기술에 해당하거나 같은 조 제3항의 타특허출원에 해당하는 B발명에 있어서 B발명 중에 A발명이 들어있는 것이 객관적으로 명백한 경우

iv. 발명의 동일성판단의 방법[32)]

(i) 동일성판단의 절차 및 방법

i) 출원발명의 특허청구범위에 기재된 발명을 특정한다. 이 경우 그 특허청구범위에 기재된 발명의 특정방법은 다음에서 설명하는 "신규성의 판단방법"과 동일하다.

ii) 타출원의 명에서 등 선행기술 인용문헌에 기재된 발명을 특정한다. 인용발명은 인용발명에 기재되어 있는 사항에 의하여 특정한다. 기재된 사항에 의한 특정시에는 타출원의 출원시의 기술상식을 참작하여 도출될 수 있는 사항도 인용발명으로 특정한다.

iii) 출원발명의 특허청구범위에 기재된 발명과 인용발명을 대비하여 구성의 일치점과 차이점을 명확히 한다. 이 경우에 2이상의 인용발명을 조합하여 그 특허청구범위에 기재된 발명과 대비하여서는 아니된다.

iv) 두 발명의 대비결과 특허청구범위에 기재된 발명과 인용발명간에 구성의 차이가 없으면 그 특허청구범위에 기재된 발명과 인용발명은 동일하다. 이 경우의 동일은 실질적 동일을 포함한다. "실질적 동일"은 위의 "ii. (ii) 동일성판단의 원칙"을 참고하기 바란다.

(ii) 동일성판단의 실질적 방법

i) 서 론

발명의 신규성은 출원발명과 인용발명이 동일한가 여부를 판단하는 것으로 발

32) 특허청, 심사지침서(2002.3), 2512~2513면 참조.

명의 동일성문제이다. 이러한 발명의 동일성문제는 이미 앞에서 설명한 바와 같이 비단 발명의 신규성에만 국한되는 문제가 아니고 발명의 진보성, 선후원관계, 확대된 선원, 신규성 의제, 정당권리자의 보호, 특허를 받을 수 있는 권리의 승계, 분할출원, 변경출원, 우선권주장출원 등의 적합성판단 및 권리범위확인, 특허의 무효, 특허발명의 정정, 특허발명의 보호범위 등을 판단하는 때에도 발생하는 문제로 본항에서의 신규성의 동일성 판단기준은 위의 각 부분에서 준용한다.

ii) 실질적 동일성의 판단방법

i) 발명의 동일성의 판단은 출원발명의 특허청구범위에 기재된 발명과 인용발명을 발명의 구성을 대비하여 두 발명의 구성의 같은 점과 다른 점을 찾아내어 판단한다.

ii) 출원발명의 특허청구범위에 기재된 발명과 인용발명의 구성에 다른 점이 있는 경우에는 동일발명이 아니며, 다른 점이 없으면 두 발명은 동일한 발명이다.

iii) 출원발명의 특허청구범위에 기재된 발명과 인용발명이 전면적으로 같은 경우는 물론 실질적으로 같은 경우에도 두 발명은 동일한 발명이다.

iii) 발명의 실질적 동일

발명이 실질적으로 동일한 경우라 함은 출원발명의 특허청구범위에 기재된 발명과 인용발명의 단순한 표현의 차이, 단수한 효과인식의 차이, 단순한 목적의 차이, 단순한 구성의 차이(변경), 단순한 용도의 차이 및 단순한 용도한정의 유무 등은 발명의 사상에 실질적으로 아무런 영향을 미치지 않는 비본질적인 부수적 사항의 차이에 지나지 않는 경우를 말하는 바, 이에 관한 자세한 설명은 위의 "ii. (ii) 동일성판단의 원칙" 후술하는 "제14장 제3절 X 2 (2) 5) 발명의 동일성 ① 내지 ⑥"을 참고하기 바란다.

4) 신규성의 판단방법 및 판단시 유의점[33)]

① 신규성판단의 방법

i. 신규성판단의 대상 인정

(i) 특허청구범위의 청구항에 기재된 발명의 인정

(ii) 공지 등이 된 인용발명의 인정

---

33) 특허청, 심사지침서(2002.3), 2320~2322면 참조.

i) 공지된 발명의 인정

사람을 매체로 불특정한 자에 의해 현실적으로 알려진 발명, 일반적으로 포룸(forum), 세미나(seminar), 강연회, 설명회 등을 통해서 알려지는 때가 많다. 이 경우에는 포룸 등의 내용에서 설명된 사실로부터 발명을 인정한다.

ii) 공연히 실시된 발명의 인정

시스템, 기계장치 등을 매체로 불특정한 자에게 있는 그대로 숨김없이 떳떳하게 알려진 상황 또는 그렇게 알려질 염려가 있는 상황에서 실시된 발명의 경우이다. 이 경우에는 매체가 된 시스템, 기계장치 등에 화체(化体)된 사실로서 발명을 인정한다.

iii) 간행물에 게재된 발명의 인정

이는 "간행물에 게재되어 있는 것과 같은 사항"으로 인정한다. 여기에서 "간행물에 게재되어 있는 것과 같은 사항"이라 함은 간행물에 기재되어 있는 사항 및 기재되어 있는 것과 같은 사항에서 당업자가 파악할 수 있는 발명을 말한다.

따라서 "간행물에 기재되어 있는 사항 및 기재되어 있는 것과 같은 사항"에서 당업자가 파악할 수 없는 발명은 "간행물에 기재된 발명"이라고 할 수 없어 인용발명으로 할 수 없다.

iv) 전기통신회선을 통하여 공중이 이용가능하게 된 발명의 인정

다음에서 설명하는 6) 전자통신회선의 범위(i) 내지 (iv)의 자가 운영하는 전기통신회선을 통하여 이용가능하게 된 발명을 인정한다.

ii. 특허청구범위에 기재된 발명과 인용발명의 대비

(i) 총 설

특허출원 전 공지공용 등의 인용발명이 특허청구범위에 기재된 발명의 하위개념에 상당한지를 판단한다. 특허청구범위에 기재된 발명의 하위개념에는 발명의 상세한 설명 또는 도면 중에 특허청구범위에 관한 발명의 실시형태로서 기재된 사항 등이 있지만 이것과는 다른 것도 특허청구범위에 기재된 발명의 하위개념인 한 대비의 대상으로 할 수 있다.

그 결과 인용발명이 특허청구범위에 기재된 발명의 하위개념에 상당하면 특허청구범위에 기재된 발명은 신규성이 없는 것으로 한다.

따라서 인용발명이 특허청구범위에 기재된 발명의 상위개념에 상당하면 특허청구범위에 기재된 발명은 신규성이 있는 것으로 한다. 이를 구체적으로 살펴본다.

(ii) 신규성판단의 구체적 방법

특허출원발명에 대한 신규성 유무의 판단은 일반적으로 다음과 같은 출원발명과 인용발명의 대비방법 등에 의하여 판단한다.

i) 출원발명의 특허청구범위에 기재된 발명과 인용발명의 구성을 대비하여 두 발명의 구성의 같은 점과 다른 점을 찾아내어 판단한다.

ii) 출원발명의 특허청구범위에 기재된 발명과 인용발명의 구성에 다른 점이 있는 경우에는 특허청구범위에 기재된 발명은 신규성이 있는 발명이며, 다른 점이 없으면 특허청구범위에 기재된 발명은 신규성이 없는 발명이다.

iii) 출원발명의 특허청구범위에 기재된 발명과 인용발명이 전면적으로 같은 경우는 물론 실질적으로 동일한 경우에도 신규성이 없는 발명이다.

iv) 마퀴시타입의 청구항 등 하나의 청구항에 2이상의 발명이 기재된 경우, 즉 복수의 청구항이나 구성요소를 택일적으로 인용하거나 기재하는 경우 등에 대하여는 하나의 선행기술로 각각의 발명에 대하여 신규성이나 또는 진보성이 없다는 거절이유를 통지할 수 있다.

v) 출원발명의 특허청구범위에 기재된 발명에 대하여 인용발명을 달리하여 신규성이 없다는 거절이유와 진보성이 없다는 거절이유를 중복하여 동시에 통지할 수 있다.

② 신규성판단의 유의점

특허출원발명에 대한 신규성 유무의 판단을 함에 있어서는 일반적으로 다음과 같은 사항을 유의하여 판단함이 신규성판단의 적정을 기하고 판단의 잘못을 일으키지 않는 길이라고 판단된다.

i. 출원발명의 특허청구범위에 기재된 발명과 인용발명이 각각 상·하위개념으로 표현된 경우에는 다음과 같이 판단한다.

(i) 전자의 발명이 상위개념[34]으로 표현되어 있고 후자의 발명이 하위개념으로 표현되어 있는 경우에는 전자의 발명은 신규성이 없는 발명이다.

(ii) 전자의 발명이 하위개념으로 표현되어 있고 후자의 발명이 상위개념으로 표현되어 있는 경우에는 일반적으로 전자의 발명은 신규성이 있다. 그러나 출원당시의 기술상식을 참작하여 판단한 결과 상위개념으로 표현된 후자의

---

34) 동류적(同類的) 사항의 집합의 총괄적(총체적) 개념 또는 어떤 공통적인 성질에 의하여 복수의 사항을 총괄한 개념을 의미한다. 예를 들면 출원발명의 특허청구범위에 기재되어 있는 발명이 금속으로 기재되어 있고 인용발명이 구리(cu)로 기재되어 있는 경우 출원발명의 특허청구범위에 기재된 발명은 신규성이 없는 발명이다(특허청, 심사지침서, 2002.3, 2322면).

발명으로부터 하위개념으로 표현된 발명을 자명하게(용이하게) 도출할 수 있는 경우[35]에는 전자의 발명은 신규성이 없는 것으로 인정할 수 있다.

ii. 발명의 신규성 판단은 출원발명의 특허청구범위에 기재된 발명을 하나의 인용발명과 대비하여야 하고 복수의 인용발명을 조합하여 대비판단하여서는 아니된다. 왜냐하면 복수의 인용발명의 조합에 의하여 특허성을 판단하는 것은 후술하는 발명의 진보성의 문제이기 때문이다. 다만, 인용발명이 다시 별개의 간행물 등을 인용하고 있는 경우, 예를 들면 어떤 특징에 관하여 보다 상세한 정보를 제공하는 문헌의 경우에는 그 별개의 간행물은 인용발명에 포함되는 것으로 간주하여 신규성 판단에 인용할 수 있다.

또한 인용발명에 사용된 특별한 용어의 해석목적으로 사전이나 참고문헌을 인용하는 경우에도 그 사전 또는 참고문헌은 인용발명에 포함되는 것으로 간주하여 신규성판단에 인용할 수 있다.

5) 공지공용된 발명

아무리 산업상 이용할 수 있는 발명을 하였다 하더라도 특허출원 전에 국내 또는 국외에서 공지되었거나 공연히 실시된 발명에 대해서는 신규성이 상실되어 특허를 받을 수 없다(법 29①1). 여기서 "특허출원 전"이라 함은 특허출원시, 즉 특허출원의 시점을 의미하며 "일"의 개념이 아니라 엄격한 의미에서 시, 분, 초까지를 의미하는 것으로 보아야 한다.

① 공지된 발명

공지된 발명이라 함은 국내 또는 국외에서 불특정다수인에게 비밀유지가 되어 있지 않은 공개된 상태 여기에는 특허출원 전 국내 또는 국외에서 이미 알려진 발명이라는 견해와 아직 알려져 있지는 않지만 현재 알 수 있는 상태에 있는 발명이라는 견해로 나누어져 있으나 다수의 견해와 판례는 양 견해를 모두 수용하여 이미 알려져 있을 뿐만 아니라 현재 알 수 있는 상태에 있는 발명도 포함된다는 것이다.[36] 따라서 공지의 발명이란 출원 전 국내 또는 국외에서 비밀유지의무가 없는 일반 공중, 즉 불특정다수인에게 알려져 있거나 또는 알 수 있는 상태, 예를 들면 세미나에서의 발표, 신문·텔레비전·라디오 등 각종 매체를 통한 보도,

35) 단순히 개념상으로 하위개념이 상위개념에 포함되거나 또는 상위개념의 용어로부터 하위개념의 요소를 열거할 수 있다는 사실만으로는 하위개념으로 표현된 발명이 도출될 수 있다고 할 수 없다(특허청, 심사지침서, 2002.3, 2322면).

36) 대법원 1963.2.28. 선고, 62후14 판결.

간행물의 판매대 진열, 도서관에 비치, 박람회나 전시회에 출품한 발명품 등을 말한다. 여기에서 국내 또는 국외라 함은 발명의 신규성 판단의 지역적 기준을 국내외에서의 공지를 불문하고 모두 신규성 판단자료로 삼을 수 있다는 의미이다. 또 비밀유지라 함은 변리사·변호사 등 직업인이 직무상 취득한 비밀을 준수하여야 할 법령상의 의무뿐만 아니라 회사와 종업원간의 계상상의 비밀유지의무는 물론 신의성실관계에 의한 묵시적인 의무도 포함한다. 또 공지는 비밀유지의무가 없는 일반공중, 즉 불특정다수인 전부에게 알려질 필요는 없고 그 중 일부, 즉 아는 자가 비록 1인이든 다수인이든 그 수와는 상관이 없다. 따라서 발명의 내용을 단 1인이 알고 있다 허더라도 그가 비밀유지의무가 없을 때에는 공지의 발명이 되고 아무리 다수인이 알고 있다 하더라도 그들에게 비밀유지 의무가 있을 때에는 그 발명은 공지의 발명이 아니다.

② 공연히 실시된 발명

공연히 실시된 발명이라 함은 특허출원 전 국내 또는 국외에서 실제로 실시된 발명을 말하는 바, 이는 비밀유지의무가 없는 또는 해제된 상태, 즉 비밀이 아닌 상태에서의 실시를 의미한다.

이와 같은 공연히 실시된 발명은 불특정다수인이 당해 발명의 실시를 알 수 있는 상태에서의 실시를 말하며, 그 실시를 현실적으로 알았는지의 여부는 문제되지 않는다.

여기에서 "실시"라 함은 i) 물건의 발명인 경우에는 그 물건을 생산·사용·양도·대여 또는 수입하거나 그 물건의 양도 또는 대여의 청약(양도 또는 대여를 위한 전시를 포함한다. 이하 같다)을 하는 행위, ii) 방법의 발명인 경우에는 그 방법을 사용하는 행위, iii) 물건을 생산하는 방법의 발명인 경우에는 ii)의 행위 외에 그 방법에 의하여 생산한 물건을 사용·양도·대여 또는 수입하거나 그 물건의 양도 또는 대여의 청약을 하는 행위 등을 말한다. 위 "① 및 ②의 공지공용된 발명"에 관한 자세한 설명은 후술하는 "특허법(하) 제14장 제3절 X 2 (2) 5) ④ 발명의 신규성 i. 공지공용된 발명, ii. 전기통신회선에 의한 공중의 이용가능 발명"을 참고하기 바란다.

6) 반포된 간행물에 게재된 발명

① 서 론

특허법은 특허를 받을 수 있는 발명이 아무리 산업상 이용성 할 수 있는 고도의 창작이라 하더라도 그 발명이 특허출원 전에 국내 또는 국외에서 반포된 간행물에 게재된 발명에 대하여는 신규성 상실로 특허를 받을 수 없다고 규정하고 있다(법 29①2 전단).

여기에서 특허출원 전이라 함은 발명의 신규성 판단의 시기적 기준으로서 특허출원의 시이며 특허출원일이나 발명의 시가 아니다.

국내 또는 국외라 함은 발명의 신규성 판단의 지역적 기준을 국내외에서 간행된 것을 불문하고 모두 신규성 판단자료로 삼을 수 있다는 의미이다. 또 반포라 함은 간행물의 배포를 의미하며, 반포목적이 아닌 간행물이나 앞으로 반포할 간행물, 즉 아직 배포하지 않은 간행물은 특허법상의 반포된 간행물이 아니다. 반포된 간행물, 간행물에 게재된 발명에 대하여 자세히 살펴보고자 한다.

② 간행물

i. 의 의

간행물이라 함은 특정사항을 일반 공중에게 공개할 목적으로 복제한 정보매체로서 인쇄·사진·복사 등 기계적·화학적 또는 전기적·전자적 방법에 의하여 복제된 문서 및 도면은 물론 사람이 손으로 작성하거나 타자한 것, 컴퓨터 디스켓에 수록하거나 인터넷과 같은 전기통신회선에 올려놓은 것, 마이크로필름에 촬영한 것 등도 일종의 복제물로서 여기에서 말하는 간행물에 속한다.

ii. 간행물의 성립요건

간행물은 불특정다수인인 일반 공중에게 공개할 목적으로 제작한 정보매체로서 공개성·정보성·반포성의 3대 요건을 동시에 충족하였을 때 비로소 간행물이 된다.

(i) 간행물의 공개성

간행물은 그 기재내용을 불특정다수인에게 알릴 목적으로 제작되어야 하는 공개성을 가져야 한다. 그러한 의미에서 비밀유지의무를 가진 특정인에게만 알릴 목적으로 제작한 비밀간행물은 공개성이 없기 때문에 여기에서 말하는 간행물이 아니다. 그러나 여기에서 주의할 것은 특정인에게만 공개할 목적으로 한정 발간한 간행물이 공개성이 있느냐의 문제이다. 그러나 이는 간행물의 내용을 비밀로 하고 있지 않을 뿐만 아니라 그 특정인도 이를 비밀로 준수하여야 할 의무가 없기 때문에 공개성이 있는 간행물이라고 할 수 있다.

(ii) 간행물의 정보성

간행물은 공개성을 가진 이상 간행물에 기재된 그 내용 자체가 널리 제3자에게 정보로서 유통되어야 할 성질, 즉 정보성을 가져야 한다. 따라서 정보로서의 유통을 목적으로 하지 않은 소송기록이나 심판서류의 복사물은 간행물이 아니다.

(iii) 간행물의 반포성

간행물은 공개성 및 정보성을 가진 이상 불특정다수인이 그 기재내용을 인식할 수 있는(볼 수 있는) 상태에 놓여져 있어야 한다.[37]

그러므로 그 간행물이 공개의 목적으로 제작된 정보의 매체라 할지라도 그 내용을 공중이 알 수 있도록 널리 배포(보급)되어야 할 성질, 즉 반포성을 가져야 한다. 그러나 반포성은 반포의 목적으로 복제되었다는 것만으로는 부족하고 최소한 이 분야 관심있는 자(당업자·거래자 등)들이 볼 수 있는 상태에 있을 때 비로소 반포성은 성립된다. 따라서 아직 배포 전에 있거나 배포 중에 있는 간행물은 반포된 간행물이 아니다.

간행물은 반포성을 지닌 한 그 배포부수는 문제가 되지 않는다. 단 1부가 배포되었다 할지라도 이는 배포된 간행물에 속한다. 그러나 배포성을 지녔다고 해서 모두 여기에서 말하고 있는 간행물이 되는 것은 아니다. 예를 들면 회사의 시방서(示方書)·작가의 시집이나 소설과 같은 문학서적·국방관련서적·역사서적 등은 비록 반포성을 지닌 간행물이기는 하나 특허법상의 간행물은 아니다. 왜냐하면 이들 간행물은 발명과 관련된 기술적 사상의 간행물이 아니기 때문이다.

반포된 간행물에 의해 널리 알려진 기술적 사상에 대해서는 특허권을 부여할 수 없는 것이라고 하더라도 특허법은 선행의 기술적 사상이 존재하고 이것이 특허법 제29조 제1항 제2호에서 규정하고 있는 요건을 갖추어 객관화하였을 때, 즉 간행물의 형식을 갖추었을 때 비로소 그것이 특허요건의 판단기준이 될 수 있는 것이라고 상정한 것이다. 여기에서 반포되었다고 인정하기 위해서는 언제·어디서·어떤 형태로 누구에게 반포되었는가를 구체적으로 입증할 필요는 없지만 적어도 반포된 사실을 추인할 수 있는 것이 있어야 한다.[38] 이때의 반포는 제3자가 반포된 간행물의 내용을 알 수 있는 상태에 있으면 충분하고 실제 알거나 알지 못했던 것과는 관계가 없다. 또 그 간행물이 배포를 받은 자가 한 사람이든 두 사람 이상이든 그 수에는 전혀 문제가 되지 않는다. 그런데 여기에서 출원명세서의 정본 및 부본(이하 "원본"이라 한다)과 출원명세서 원본의 복사물이 간행물에 해당하는가의 문제이다. 이에 대하여 살펴보기로 한다.

---

37) - 대법원 1970.3.10. 선고 68후 10 판결.
- 대법원 1970.12.29. 선고 70후 64 판결.
- 대법원 1971.11.23. 선고 71후 18 판결.
- 대법원 1996.6.14. 선고 95후 19 판결.
- 대법원 1986.12.23. 선고 83후 40 판결 등 다수.

38) 동경고판, 1983.7.21, 무체집 15권 2호, 598면.

i) 출원명세서의 원본

출원명세서 원본의 반포성에 대하여는 부정설과 긍정설로 나뉘어 첨예하게 대립되고 있다. 간행물이기 위해서는 간행물의 성립요건인 공개성·정보성 및 반포성을 동시에 충족하여야 하는데 출원명세서 원본은 출원·심사·심판·재판 및 등록용으로 작성, 제출된 것으로서 반포성은 갖고 있지 않기 때문에 특허법상의 간행물이라고 할 수 없다는 것이다(부정설).

그러나 출원명세서 원본을 복사하거나 인쇄·제본한 복제물을 제3자에게 열람·복사용으로 제공하거나 일반 공중에게 출원공개할 때에는 그 복제물과 함께 출원명세서의 원본도 반포성을 가진 간행물이라는 것이다(긍정설).

ⓘ 부정설

출원명세서의 원본은 반포성이 없기 때문에 간행물이라고 할 수 없다. 비록 출원명세서 원본의 복제물이 제3자에게 열람·복사용으로 제공되었다 하더라도 이는 공개의 목적이나 반포의 용도로 복사된 것이 아닐 뿐만 아니라 또 그 복제물은 출원명세서 원본의 원형과 같지 않으므로 양자를 동일시 할 수 없고 열람·복사용 출원명세서 그 자체도 제3자에게 교부하는 반포성을 가지고 있지 않으므로 특별한 규정이 없는 한 반포된 간행물이라고 할 수 없다는 것이다. 설사 출원명세서 원본의 복제물이 제3자의 신청에 의해 열람·복사용으로 제공되고 불특정다수인인 일반 공중에게 공개된다 할지라도 그 출원명세서의 원본은 간행물로 성립될 수 없다는 것이다. 즉 특허법은 이미 널리 알려진 기술적 사상이 존재하고 그 선행이 기술적 사상이 특허법 제29조 제1항 제2호의 규정에 의한 간행물의 형식을 구비하여 객관화되었을 때 비로소 특허의 신규성 판단의 기준과 자료가 될 수 있다는 것이다. 따라서 어떤 형태이건 일정한 기술적 사상이 있었던 것만으로는 부족하고 또 단순히 복제물의 원본이라고 해서 또는 원본의 복제물이라고 해서 간행물로 인정할 수는 없다는 것이다. 따라서 출원명세서의 원본은 반포된 간행물이 아니라는 것이다

ⓘⓘ 긍정설

반포란 일반 공중이 배포된 간행물을 자유롭게 볼 수 있는 상태에 놓여져 있는 것을 말하고 반포된 간행물이란 불특정다수의 일반 공중이 그 기재내용을 인식할 수 있는 상태에 있는 인쇄 그 밖의 기계적·화학적 또는 전자적·전기적 방법에 의하여 공개의 목적으로 복제된 문서·도화·사진 그 밖의 이와 유사한 정보매체를 말한다. 따라서 여기에서의 간행물은 반포에 의하여 일반 공중에게 공개할 목적이 있는 복제물이면 충분하고 발행부수는 문제가 되지 않는다. 또 그 복제물은

일시에 원본을 상당 부수를 복제해놓고 열람·복사용으로 제공해도 좋고 제3자의 신청에 따라 제공하는 시스템을 갖추어 그때마다 원본을 복사하여 교부한다 하더라도 상관이 없다. 따라서 그러한 면에서 출원명세서의 원본은 그 복제물을 통하여 배포되고 있으므로 반포성을 가진 간행물이라는 것이다.

ⅲ 결 론

위와 같이 출원명세서 원본의 반포성 유무의 해석차이로 부정설·긍정설로 나뉘어져 있는바 다수설 및 일본의 판례는 부정설을 따르고 있다.[39)]

그러나 출원명세서의 원본이 복제물을 통하여 그 내용 그대로 출원공개되거나 (특허공개공보), 열람·복사용으로 제공되어 기술정보로 활용되고 있는 점으로 보아 출원명세서의 원본은 반포성을 가졌다고 할 수 있으므로 반포된 간행물로 보는 것이 타당하다(긍정설 지지).

ii) 출원명세서의 복제물

불특정다수인에게 반포할 목적으로 한 출원명세서의 복제물은 공개성·정보성·반포성 등 간행물의 성립요건을 동시에 갖추고 있으므로 간행물이라고 할 수 있다. 여기에서 그 복제물의 부수의 적고 많음은 문제가 되지 않는다. 따라서 단 1부의 복제물을 제3자에게 교부하거나 상당 부수의 복제물을 공중을 상대로 배포하거나 배포의 부수는 간행물의 성립과는 아무런 관계가 없다.

반포란 그 간행물의 내용을 일반 공중이 아무런 장애 없이 볼 수 있는 상태에 있을 때 비로소 반포된 간행물이라고 할 수 있다. 이때의 반포된 간행물이라 함은 일반 공중인 불특정다수인에게 공개를 목적으로 복제한 문서·도면 그 밖의 정보전달매체로서 이는 반드시 일반 공중의 구독이나 열람·복사를 충족시킬 수 있을 만큼의 상당정도(수)의 부수가 원본에서 복제되어 널리 보급(배포)되어야 하는 것은 아니다. 극단적으로 공개된 원본만을 가지고도 일반 공중의 열람·복사신청시마다 이를 열람에 제공하거나 복제하여 교부하는 것으로도 충분하기 때문이다.

그러나 열람·복사용 출원명세서의 원본이 간행물이냐 하는 것이다. 여기에는 위에서 이미 설명한 바 있는 부정설과 긍정설로 견해가 나뉘어져 있다. 즉 부정설은 출원명세서의 원본은 타 복제물의 원형과 동일하지 않으므로 양자를 동일시할 수 없고 또 열람·복사용 출원명세서의 원본 그 자체는 제3자에게 교부되는 반포성을 지니고 있지 않으므로 특별한 규정이 없는 한 반포된 간행물이라고 할 수 없다는 견해이고 긍정설은 열람·복사용 출원명세서와 그 출원명세서의 원본

---

39) - 동경고판 1978.3.9 무체집 10권 1호, 48면.
- 동경고판 1978.10.30 무체집 10권 2호, 499면.

은 그 기재내용의 동일성이 중요한 것이지 형식이 중요한 것이 아니며, 또 출원명세서 원본과 같은 내용의 열람·복사용 출원명세서의 교부, 즉 반포는 원본 자체의 반포와 사실상 다를 바 없으므로 특별한 규정이 없다 하더라도 반포된 간행물로 보아야 한다는 견해이다(동지).

③ 간행물에 게재

ⅰ. 의 의

간행물게재라 함은 불특정다수의 일반 공중이 그 기재내용을 인식할 수 있도록 인쇄, 그 밖의 기계적, 화학적, 전자적, 전기적 방법에 의하여 공개의 목적으로 복제된 문서·도화 등을 말하며,[40] 이러한 간행물이 배포에 의하여 일반 공중이 그 기재내용을 인식할 수 있는 상태에 놓일 때 비로소 반포된 간행물이 되어 그 간행물의 기재내용은 공시에 이른 것이다. 판례는 "간행물이란 공중에 대한 반포에 의하여 공개될 것을 목적으로 하여 복제된 문서·도면 기타 이와 비슷한 정보전달매체로서 반포된 것을 가리키는 바, 여기에서 공중에 대한 반포에 의하여 공개되는 것을 목적으로 하여 복제된 것은 반드시 공중의 열람을 기대하여 미리 공중의 요구를 만족시킬 수 있을 정도의 부수가 복제되어 널리 공중에 제공되고 있는 것으로 한정된다고 할 필요는 없고 원본 자체가 공개되어 공중의 자유로운 열람에 제공되거나 그 복사물이 공중으로부터의 요구에 즉시 응하여 지체 없이 교부될 태세가 갖추어져 있는 것도 포함하는 것으로 해석하는 것이 적합하다"[41]고 하여 간행물의 개념을 부수의 많고 적음에 관계없이 즉시 열람 및 복사가 가능한 원본에까지 확대하고 있다.

ⅱ. 간행물에 게재된 발명

간행물에 기재된 발명이라 함은 간행물에 발명의 기술적 사상의 내용이 기재되어 있는 것, 즉 간행물에 기재된 발명의 내용에 따라 당업자[42]가 용이하게 실시할 수 있을 정도로 적어도 발명의 구성이 어떻게 되어 있는가를 적시하되 그 내용은 평이하고 구체적으로 기재되어야 한다. 이는 최소한 발명의 구성요건이 동일하면 동일한 목적 및 작용효과를 나타낼 수 있기 때문이다. 따라서 발명의 목적만을 기재하고 있거나 작용효과만을 기술하고 있는 경우 또는 발명의 내용을

40) - 대법원 1996.6.14. 선고 95후 9 판결
  - 대법원 1992.10.27. 선고 92후 377 판결 등 참고

41) 最高裁 昭 55.7.4(民集 34券 4号 570面).

42) 당업자 : 그 발명이 속하는 기술분야의 전문가 중에서 평균적 수준에 있는 자, 즉 통상의 지식을 가진 자(통상의 전문가) 말한다.

상세히 설명하고 있다 하더라도 그 발명이 어떻게 구성되어 있는지의 기술적 사상의 창작내용이 불분명하게 기재되어 있다면 이는 정보성이 없는 간행물이기 때문에 여기에서 말하고 있는 간행물에는 속하지 않는다. 예를 들면 발명의 내용을 기재하지 아니하고 외형만을 기재하고 있거나 또는 내용을 기재하고 있다 하더라도 이 분야 전문가조차도 쉽게 실시할 수 없을 정도로 발명의 구성에 구체성이 없거나 핵심을 흐리는 경우 또는 지나치게 어렵게 기재한 간행물의 경우에는 특허법상 반포된 간행물에 기재된 발명이라고는 볼 수 없다.

따라서 발명의 내용을 공개할 목적으로 간행물에 게재한 이상 적어도 그 발명이 속하는 기술분야에서 통상의 지식을 가진 자가 반포된 간행물에 기재된 발명에 의하여 용이하게 한층 업그레이드(up grade)된 발명을 할 수 있거나 실시할 수 있을 정도로 그 발명의 구성 등 주요내용이 기재되어 있어야 한다. 그렇지 아니하고 주요핵심부분을 기재하지 않거나 기재하였다 하더라도 그 내용이 실시할 수 없을 정도로 추상적이거나 불명료하거나 부실하게 기재된 발명의 경우에는 특허법 제29조 제1항 제2호의 규정에 의한 신규성 판단의 기준으로 삼을 수 없다.

④ 반 포

ⅰ. 반포라 함은 특정사항을 공개할 목적으로 간행물이라고 하는 정보매체를 통하여 세상에 널리 배포하여 불특정다수인인 공중으로 하여금 언제라도 자유롭게 볼 수 있는 상태로 놓여져 있는 것으로서 배포 또는 보급과 같은 의미를 가지고 있다. 따라서 아직 배포되지 않은 간행물, 즉 인쇄·제본은 되었지만 출고전에 있거나 배포를 위해 운송도중에 있는 간행물[43)]은 반포, 즉 배포나 보급과 같은 의미를 가진 특허법상의 간행물이라고 할 수 없다. 그러나 특정정보를 특정분야에만 제공하기 위하여 한정제작하여 배포하고 있는 간행물은 특허법상의 간행물에 속한다. 예를 들면 한국전자산업진흥회가 전자업계 회원사에만 전자관련 정보를 공급하기 위하여 한정발행하고 있는 월간 전자진흥지는 아무리 특정업체에만 배포하고 있다 하더라도 이는 간행물에 기재된 내용을 비밀로 하고 있지 않을 뿐만 아니라 회원사도 이를 비밀로 준수하여야 할 의무(도의적 의무 포함)가 없기 때문에 여기에서 말하는 반포성을 가진 간행물에 해당된다. 또 일단 반포된 간행물은 배포된 곳이나 배포를 받은 자가 있는 한 설령 한 곳이나 한 사람일지라도 그 수에는 문제가 되지 아니하고 그 간행물은 반포된 것이다. 이러한 반포는 공중이 볼 수 있는 상태에 놓여져 있는 것으로 충분하기 때문에 배포를 받은 도서관이나 서점 등에 진열되어 있는 것으로 충분하고 도서관에서 대출을 받은 자나 서점 등

43) 특허청심사편람 42.04 및 42.05.

에서 구입한 자가 실제 이것의 구독여부는 문제가 되지 않는다. 즉 반포는 제3자가 반포된 간행물의 내용을 알 수 있는 상태에 있으면 충분하고 실제 알거나 알지 못했던 것과는 전혀 관계가 없다는 것이다.

ii. 반포의 성립시점

반포의 성립시점에 관하여는 발간된 간행물이 도서관·서점 등 일반 공중이 이용할 수 있는 곳에 도착하고 그곳에서 인수한 시점이라고 하는 설과 일반 공중의 열람·복사·구매 등이 가능한 시점, 즉 간행물을 이용할 수 있는 상태에 놓인 시점 예를 들면 도서관의 서가나 서점의 판매대에 진열된 시점이라고 하는 설로 나누어져 있다. 통설은 후자를 반포의 성립시점으로 보고 있다. 그 이유는 아무리 간행물이 도서관이나 서점 등 대중이 이용할 수 있는 곳에 도착되고 그곳에서 인수하였다 하더라도 이를 진열할 서가를 제작, 구매 중에 있거나 도서관 등을 수리, 확장 중에 있을 때 또는 연휴 등으로 휴관, 휴점 중에 있을 때에는 서가가 들어올 때가지나 도서관 등이 수리, 확장공사가 완공될 때까지 또는 연휴가 끝날 때까지는 이용할 수 없는 상태에 놓여 있기 때문이다. 그러나 일본판례에서는 상·하급심 서로 다른 판결을 내놓고 있다. 즉 출원 전에 특허청 자료관에 도착하고 거기에서 인수된 이상 일반 공중의 열람이 가능하였는지의 여부를 불문하고 출원 전 반포된 간행물이라는 취지의 판시를 하였다.[44] 그런데 이 사건 원판결에서는 열람이 가능하였으므로 출원 전 반포된 간행물이라는 취지로 판시하고 있다.[45] 그러나 일부 특정간행물의 경우, 예를 들면 특허청에서 발행하고 있는 특허공개공보와 같은 간행물은 특허공개공보의 발행일자를 반포일자로 보고 있고 도서 등 그 밖의 간행물의 반포일은 도착일자를 기준으로 하고 있다.

iii. 반포의 지역적 기준

간행물의 반포지역은 국내에서의 반포는 물론 국외에서의 반포도 포함하여 간행물에 의한 발명의 신규성 판단의 지역적 기준으로 하고 있다. 그러므로 간행물의 국제주의에서의 간행물에 의한 발명의 신규성 판단은 그 나라 간행물의 반포일, 즉 발행일을 기준으로 하면 된다.

이와 관련한 판결례에서는 특허출원한 발명과 동일한 내용의 외국출원이 스페인 관보에 게재되어 공고되었다면 그 발명은 특허법 제29조 제1항 제2호에 의하여 특허를 받을 수 없다고 판시하고 있다.[46] 이와 같이 간행물에 있어서 그동안

44) 일본 최고판 1963년 1월 29일 취소집 1963년~1964년 19면.

45) 일본, 동경고판 1961년 4월 27일 취소집 1959년~1961년 453면.

46) 대법원 1985년 11월 26일 선고 84후 105 판결.

의 국내주의에서 국제주의까지를 채택하고 있는 것은 국제통신수단의 발달과 외국기업이 자국의 문헌을 인용할 때 장해가 된다는 지적 등에 따라 특허제도의 국제적 조화를 도모한 것이다.

iv. 사 례

(i) 학위논문에 관한 사례

"박사학위논문은 논문심사위원회에서 심사를 받기 위하여 일정한 부수를 인쇄 내지 복제하여 대학원 당국에 제출하는 것이 관례로 되어 있다 하더라도 이는 논문심사를 위한 필요에서 심사에 관련된 한정된 범위의 사람들에게 배포하기 위한 것에 불과하므로 그 내용이 논문심사 전후에 공개된 장소에서 발표되었다는 등의 특별한 사정이 없는 한 인쇄시나 대학당국에의 제출시 또는 논문심사위원회에서의 인준시에 곧바로 반포된 상태에 놓이거나 논문내용이 공지된다고 보기는 어렵고, 일반적으로는 논문이 일단 논문심사에 통과된 이후에 인쇄 등의 방법으로 복제된 다음 공공도서관 또는 대학도서관 등에 입고되거나 주위의 불특정다수인에게 배포됨으로써 비로소 일반 공중이 그 기재내용을 인식할 수 있는 반포된 상태에 놓이게 되거나 그 내용이 공지되는 것이라고 보아야 한다"[47]라고 판시하였다.

또 "도서관에 입고(서가에 진열) 이전인 등록시에 학위논문이 곧바로 반포된 상태에 놓이거나 그 기재내용이 공지로 되는 것은 아니다."[48]라고 설시하였다.

(ii) 카탈로그 등에 관한 사례

i) 카탈로그 제작만으로 반포된 것으로 인정한 사례

"카탈로그는 제작되었으면 배부, 반포되는 것이 사회통념이라 하겠으며, 제작된 카탈로그를 배부, 반포하지 아니하고 사장하고 있다는 것은 경험칙상 수긍할 수 없는 것이어서 카탈로그의 배부범위, 비치장소 등에 관하여 구체적인 증거가 없다 하더라도 그 카탈로그의 반포, 배부되었음을 부인할 수 없다"[49]라는 요지의 판시를 하였다.

ii) 자가제품소개책자는 일반 공중이 그 기재내용을 인식할 수 있는 상태에 놓인 때 반포로 인정한 사례

"특정기업의 자가제품소개 내지 선전책자는 그 배부범위나 비치장소 등을 심리하여 불특정다수의 일반 공중이 그 기재내용을 인식할 수 있는 상태에 있다고 인

47) 대법원 1996.6.14. 선고 95후 19 판결.

48) 대법원 2002.9.6. 선고 2000후 1689 판결.

49) 대법원 2000.12.8. 선고 98후 270 판결, 1998.9.4. 선고 98후 508 판결, 1992.2.14. 선고 91후 1410 판결.

정되지 않는 한 거기에 등재되어 있다는 사실만으로 공지된 고안이라거나 반포된 간행물에 기재된 고안이라고 단정할 수 없다[50]고 하여 위 ⅰ)의 판례와 상반된 듯한 입장을 취하고 있다.

ⅲ) 국외에서 반포된 간행물

특허법 소정의 국외에서 반포된 간행물은 반드시 국내에 입수되어 반포되어야 하는 것은 아니다.[51] 구실용신안법(1990.1.13. 법률 제4209호로 개정되기 전의 것) 제26조는 외국에서 반포된 간행물에 의한 무효심판청구에 대하여 5년간의 제척기간을 두고 있었다.[52]

위 “6) 반포된 간행물에 게재된 발명 ② 간행물, ③ 간행물에 게재”에 관한 자세한 설명은 후술하는 “제14장 제3절 Ⅹ 2 (2) 5) ④ 발명의 신규성 iii. 반포된 간행물의 게재 (ⅰ)(ⅱ)(ⅲ)을 참고하기 바란다.

7) 전기통신회선을 통하여 공중이 이용가능하게 된 발명

① 서 론

발명의 신규성은 특허출원 전에 국내 또는 국외에서 공지되었거나 공연히 실시된 발명이나 특허출원 전 국내 또는 국외에서 반포된 간행물에 게재된 발명에 의해서만 상실되는 것이 아니고 소정의 인터넷 등 전기통신회선을 통하여 공개되어 있는 기술정보에 의해서도 상실된다.

이는 개정특허법(2001.2.3 법률 제6411호)이 규정한 것으로서 대통령령이 정하는 전기통신회선을 통하여 공중이 이용가능하게 된 발명도 반포된 간행물에 게재된 발명과 동일한 취급을 하고 있다(법 29①2 후단).

② 전기통신회선의 범위

특허법상의 신규성 상실사유는 같은 법 제29조 제1항 제1호 및 제2호 전단의 발명 외에도 대통령령이 정하는 소정의 전기통신회선을 통하여 공중이 이용가능하게 된 발명인 경우에도 출원발명에 대한 신규성 상실의 사유가 되는 바 그 전기통신회선의 범위는 다음과 같다(법 29①2 후단 및 동법시행령 1의 2①).

ⅰ) 정부·지방자치단체, 외국의 정부·지방자치단체 또는 국제기구, ⅱ) 고등교

50) 대법원 1983.4.26. 선고 82후 84 판결.

51) 대법원 1999.10.22. 선고 97후 3203, 3210 판결.

52) - 대법원 2002.4.12. 선고 99후 2846 판결, 1992.6.26. 선고 92후 63 판결.
- 전문개정 1990.1.13. 법률 제4207호로 개정되기 전의 특허법 제98조도 동일하다.

육법 제3조에 따른 국·공립학교 또는 외국의 국·공립대학, iii) 우리나라 또는 외국의 국·공립연구기관, iv) 특허정보와 관련된 업무를 수행할 목적으로 설립된 법인으로서 특허청장이 지정하여 고시하는 법인[53)]

③ 전기통신회선 종류의 제한이유

개정특허법 및 실용신안법에서는 대통령령이 정하는 전기통신회선을 통하여 공중이 이용가능하게 된 발명도 반포된 간행물에 게재된 발명(고안)과 동일하게 취급을 하고 있는 바, 이는 인터넷 등 전기통신회선을 통하여 공개된 기술정보는 그 내용변조가 쉽고 공개일자의 특정이 곤란하여 신뢰성 확보가 어려운 점을 고려하여 위 ② i) 내지 iv)의 자가 운영하는 전기통신회선의 종류로 그 범위를 제한한 것이다.[54)]

8) 신규성 의제 – 공지 등이 되지 아니한 발명으로 간주 –

① 서 설

i. 서 론

발명의 신규성 유무는 앞에서 살펴본 바와 같이 출원의 시·분·초를 기준으로 하여 그 출원 전에 국내 또는 국외에서 공지공용된 발명이나 국내 또는 국외에서 반포된 간행물에 게재되거나 특정 전기통신회선을 통하여 공중이 이용가능하게 된 발명인지를 기준으로 하여 판단한다. 따라서 위의 사항에 해당되는 발명은 신규성을 상실하여 특허를 받을 수 없다.

그러나 특허출원 전 일정기간 그 발명의 기술성 및 산업성 등에 관한 검증과정에서 공지 등이 되어 신규성이 상실된 발명에 대해서는 공지 등이 되지 아니한 것으로 본다(법 30①1,2).

이는 특허제도의 목적에 비추어 무리한 것은 아니라고 판단되나 특허제도의 본질이 훼손되지 않는 범위 내에서 극히 제한적으로만 허용되어야 할 것이다. 즉 특허제도의 취지에 비추어 가능한 짧으면서도 적정한 기간 내로 한정하여 발명자에게는 부당한 보호를, 일반 공중에게는 예측하지 못한 불이익을 주지 않도록 하는 합리적인 결정이 필요하다.

특허법은 위와 같은 취지에서 발명이 특허출원 전에 특허를 받을 수 있는 권리

---

53) 특허청고시 제2001-1호에 의하여 "한국발명진흥회, 한국특허기술정보원"이 특허법시행령 제1조의2 제1항 제4호의 법인으로 지정되었다.

54) 특허법원, 특허재판실무편람(2002년), 90면.

를 가진 자에 의하여 그 발명이 ⅰ) 국내 또는 국외에서 공지공용되었거나, ⅱ) 국내 또는 국외에서 반포된 간행물에 게재되거나 특정 전기통신회선을 통하여 공중이 이용가능하게 된 경우의 어느 하나에 해당하게 된 경우(조약 또는 법률에 따라 국내 또는 국외에서 출원공개되거나 등록공고된 경우를 제외한다)나(법 30①1) 특허를 받을 수 있는 권리를 가진 자의 의사에 반하여 그 발명이 위의 ⅰ)ⅱ)의 어느 하나에 해당하게 된 경우(법 30①2)에는 그날부터 6월 이내에 특허출원을 하면 그 특허출원된 발명에 대하여 특허법 제29조 제1항(특허출원발명의 신규성) 또는 제2항(특허출원발명의 진보성)의 규정을 적용함에 있어서는 그 발명은 위의 ⅰ)ⅱ)의 어느 하나에 해당하지 아니한 것으로 간주하여 신규성이 상실되지 아니한다(법 30①).

ⅱ. 의 의

특허법은 특허를 받을 수 있는 권리를 가진 자의 발명이 특허출원 전에 공지·공용되었거나 또는 반포된 간행물에 게재되거나 특정 전기통신회선을 통하여 공중이 이용가능하게 된 경우라도 공지 등이 되지 아니한 발명으로 보는 신규성 의제에 관한 규정을 두고 있다(법 30).

이는 신규성 유무의 판단의 기준시가 출원시라는 원칙을 어느 경우에나 일률적으로 엄격하게 적용하는 것은 기술의 발전을 촉진하여 산업발전에 이바지함을 목적으로 하고 있는 특허법의 취지에도 부합되지 않는 경우가 있기 때문에 이러한 경우를 상정하여 공지 등에 의한 발명에 대하여 예외적으로 공지 등이 되지 아니한 발명으로 보는 신규성 의제에 관한 규정을 두고 있는 바 이는 출원발명의 신규성에 대한 특허법 제29조 제1항 제1호 및 제2호의 예외규정으로서의 성격이 강하다.

이러한 예외규정은 어디까지나 당해 예외사유의 발생으로 신규성을 상실하지 않는다는 것에 불과할 뿐이고 그 출원일 자체가 소급되는 것이 아니므로 실제출원일 이전에 다른 신규성 상실사유가 있는 경우에는 특허를 받을 수 없다. 예를 들면 "발명자의 실험 후 출원 전에 발명자의 다른 행위로 공지공용된 경우에는 특허법 제30조 제1항의 적용을 받을 수 없다.[55]

② 신규성 의제의 기간

공지 등이 되지 아니한 발명으로 보는 소위 신규성 의제를 받고자 하는 특허를 받을 수 있는 권리를 가진 자의 발명이 특허를 받을 수 있는 권리를 가진 자에 의하여 또는 특허를 받을 수 있는 권리를 가진 자의 의사에 반하여 특허출원 전

55) 대법원 1992.5.8. 선고 91후 1656 판결.

에 국내 또는 국외에서 공지공용되었거나 특허출원 전에 국내 또는 국외에서 반포된 간행물에 게재되거나 대통령령이 정하는 전기통신회선을 통하여 공중이 이용가능하게 된 경우(조약 또는 법률에 따라 국내 또는 국외에서 출원공개되거나 등록공고된 경우를 제외한다) 그날부터 6월 이내에 특허출원을 하면 그 특허출원된 발명에 대하여는 신규성이 의제된다(법 30①1,2).

여기에서 유의할 점은 특허법 제30조 제1항 각호의 어느 하나에 "해당하는 경우에는 그날부터 6월 이내에 그 특허를 받을 수 있는 권리를 가진 자가 특허출원을 하면"에서 6월 이내의 기산일인 "그날"은 최선공개일이다.

③ 신규성 의제의 유형 등

ⅰ. 신규성 의제의 유형

특허법상 발명의 신규성은 공지 등에 의하여 상실된다(법 29①1,2). 그러나 일정한 경우 공지 등이 되었다 하더라도 공지 등이 되지 아니한 발명으로 보는 경우가 있음은 이미 앞에서 살펴보았다(법 30①1,2). 이러한 발명의 신규성 의제의 유형을 구체적으로 살펴보기로 한다.

(ⅰ) 특허를 받을 수 있는 권리를 가진 자의 발명이 특허를 받을 수 있는 권리를 가진 자에 의하여 그 발명이 다음의 어느 하나에 해당하는 경우에는 공지 등이 되지 아니한 것으로 간주한다. 다만, 조약 또는 법률에 따라 국내 또는 국외에서 출원공개되거나 등록공고된 경우를 제외한다(법 30①1).

ⅰ) 특허출원 전에 국내 또는 국외에서 공지된 발명
ⅱ) 특허출원 전에 국내 또는 국외에서 공연히 실시된 발명
ⅲ) 특허출원 전에 국내 또는 국외에서 반포된 간행물에 게재된 발명
ⅳ) 특허출원 전에 국내 또는 국외에서 특정 전기통신회선을 통하여 공중이 이용가능하게 된 발명

여기에서의 전기통신회선의 범위는 앞에서 설명한 "제2절 Ⅱ. 3 (2) 6) ② 전기통신회선의 범위 ⅰ) 내지 ⅳ)" 중 그 어느 하나에 해당하는 자가 운영하는 전기통신회선을 말한다. 따라서 이 편을 참고하기 바란다.

(ⅱ) 특허를 받을 수 있는 권리를 가진 자의 발명이 특허를 받을 수 있는 권리를 가진 자의 의사에 반하여 그 발명이 위의 ⅰ) 내지 ⅳ)의 어느 하나에 해당하게 된 경우에는 공지 등이 되지 아니한 것으로 간주한다(법 30①2).

ⅱ. 신규성 의제의 유형별 원인행위

신규성 의제를 받을 수 있는 유형별 발생원인, 즉 유형별 원인행위에 대하여

예시해보기로 한다.

(ⅰ) 출원 전 공지된 발명

ⅰ) 시 험

발명의 특허출원 전 공지는 시험에 의해서 발생되는 경우가 상당히 많다. 이는 발명의 기술적 효과를 검증해보기 위하여 시험을 해볼 필요가 있기 때문이다. 즉 출원 전에 발명기능의 작용여부 및 발명의 효능 등에 관해 시험을 해보는 것이 특허를 받은 후에도 바람직하기 때문에 특허법에서는 시험에 의하여 공지가 된 경우[56]에도 신규성의 의제를 받을 수 있도록 하는 예외규정을 두고 있다(법 30①1).

여기에서 시험이라 함은 기술적 효과에 관한 시험만을 의미하며 수요자 반응을 보기 위한 선호도 측정시험이나 판촉을 위한 홍보성 시험 등과 같은 것은 여기에서 말하는 시험이 아니다. 또 여기에서의 시험은 특허를 받을 수 있는 권리를 가진 자가 완성된 발명에 대하여 실시한 시험에 대해서만 해당된다. 따라서 미완성의 발명에 대한 시험이나 발명의 완성을 위한 시험은 여기에서 말하는 시험이 아니다.

ⅱ) 수요조사

발명의 시장반응을 알아보기 위한 수요조사 목적으로 제작한 시작품(試作品)·견본 등의 유통, 발명품에 관한 설명서의 배포 및 수요자의 선호도 측정을 위한 설문조사 등으로 인하여 공지된 경우가 있다. 그런데 문제는 판촉을 위한 홍보성 광고·선전에 의한 공지도 신규성 의제를 받을 수 있는가이다. 이에 대하여는 신규성 의제를 받을 수 있다는 견해(긍정설)와 신규성 의제를 받을 수 없다는 견해(부정설)로 나뉘어져 있다.

그러나 긍정설은 특허법에서 특별히 홍보성 광고 등에 의하여 공지된 발명에 대하여는 신규성의 의제를 받을 수 없다는 명문의 규정을 두고 있는 것도 아니고 더욱 특허법 제30조 제1항의 규정은 신규성 의제를 받을 수 있는 발명의 공지 등에 대한 포괄적 규정이므로 여기에는 당연히 홍보성 선전·광고에 의한 공지도 포함되어 있다는 견해이다.

이에 반하여 부정설은 홍보성 광고 등에 의한 공지는 출원 전 기술성 및 시장성을 탐지하여 이를 특허출원여부결정의 기준으로 삼기 위하여 실시한 발명의 제품성을 확인하기 위한 기술적 시험이나 수요예측을 위한 시장조사로 인하여 공지된 경우와는 달리 발명의 보호의지와는 전혀 상관없이 순전히 사업성에 뜻이 공

56) 출원 전 발명의 공지는 비단 시험에 의해서 뿐만 아니라 그 밖의 여러 형태의 공지원인에 의해 공지된 경우에도 신규성 의제를 받을 수 있음은 물론이다. 이는 현행특허법이 출원 전 발명의 공지에 대한 포괄적 규정을 두고 있기 때문이다(법 29①1). 따라서 여기에서의 시험은 공지원인의 한 유형으로 예시한 것에 불과하다.

지된 것이므로 이 경우에는 신규성 의제를 받을 수 없다는 견해이다.

그러나 개정법(2006.3.3 법률 제7871호) 제29조 제1항 제1호 및 제30조 제1항 제1호의 취지로 보아 긍정설이 타당하다고 해석된다.

iii) 학술단체에서의 서면발표

ⓘ 의 의

연구개발성과인 발명의 조기발표는 발명자 자신의 성취감 및 성가(聲價)는 물론 발명에 대한 우선권확보를 주장하려는 것이므로 존중되어야 하는 한편 신기술을 사회에 신속하게 제공하여 이를 기초로 보다 향상된 이론, 과학기술 등의 발전을 촉진하도록 하는 데에도 유익하기 때문에 학술단체에서의 서면발표로 인하여 공지 등이 된 경우, 이러한 발명에 대해서는 신규성 의제를 받을 수 있도록 특허법은 신규성 의제에 관한 예외규정을 두고 있다(법 30①1).

ⓘⓘ 학술단체의 범위

개정전법에서는 신규성 의제를 받을 수 있는 학술단체는 과학의 연구·장려와 기술의 발전·촉진을 도모하려는 목적으로 조직하고 연구발표를 주요사업의 하나로 행하고 있는 단체로서

A. 행정기관으로부터 설립에 관한 허가 또는 인가를 받은 학술단체

B. 행정기관으로부터 설립에 관한 허가 또는 인가를 받은 단체에 가입된 학술단체

C. 특허청에 신고한 학술단체로 국한하고 있었다(개정전법 시행규칙 20).

이러한 구법체제하에서 이의 A내지 C와 같은 특정학술단체가 아닌 학술단체에서의 서면발표에 의해 공지 등이 된 발명의 경우 특허법 제30조 제1항의 예외규정에 의한 신규성 의제를 받을 수 있는가의 문제가 제기되고 있었다. 그러나 이 경우의 발명에 대하여 특허법 제29조 제1항 제1호의 규정에 해당하는 것으로 본다면 특허법 제30조 제1항의 신규성 의제에 관한 예외규정의 적용을 받을 수 있다는 견해가 유력하였다.

그러나 이러한 문제는 특허법개정(2006.9.29 개정)에 따라 말끔히 해소되었다. 즉 학술단체에서의 서면발표에 의한 공지는 위의 A내지 C의 특정학술단체에서의 서면발표에 의한 공지뿐만 아니라 그 외의 학술단체라 하더라도 기구·인원 등 조직, 예산 등의 규모성 및 사업·운영 등의 적정성 등에서 위 A내지 C 학술단체와 비교하여 손색이 없는 경우, 즉 적정수준이상의 공개효과와 이용제고를 기할 수 있는 경우 동 학술단체에서의 서면발표에 의한 공지에 대하여도 신규성 의제를 받을 수 있다고 해석할 수 있다.

ⅲ 서면발표

학술단체에서의 서면발표에는 원고를 복제하여 제작한 인쇄물(복제물·간행물)에 의한 발표는 물론 원고 한부 만으로의 발표도 포함되고 슬라이드·괘도도 포함된다. 다만, 여기에서 문제가 되는 것은 “메모지”에 의한 발표이다.

메모지에 간단히 기재되어 있다 하더라도 그것이 발명의 기술적 사상의 핵심을 요약정리하고 있으면 서면발표에 해당할 것이다. 그러나 그 내용이 발명이 동기나 목적 또는 효과 등에 관한 사항만을 기록하고 있거나 발명의 기술적 사상을 기록하고는 있으나 그 내용이 애매모호하여 발명의 구성이 불분명할 때에는 여기에서 말하는 서면으로 발표한 것으로 보지 않는다.

또 서면발표가 아닌 구두발표에 의해서도 공지가 될 수 있는가이다. 이에 대하여는 긍정설과 부정설 양론으로 갈려 있다.

A. 구두발표의 공지원인 유무에 관한 학설

(A) 긍정설

연구발표를 주요사업의 하나로 행하고 있는 학술단체의 주관으로 개최된 과학·기술연구발표회에서 서면이 아닌 구두로 발표를 하였다 하더라도 그 발표에 연구개발기술의 내용, 즉 기술적 사상의 창작성이 충분히 토로되고 참석자들이 그 발표내용을 이해하고 실시할 수 있을 정도로 전달되었다면 이는 서면발표에 의한 공지와 같이 보아야 한다는 견해이다.

특히 현행법에서는 개정전법(법 30①1)에서와 같이 서면발표를 공지의 원인행위로 규정하고 있는 것도 아니어서 구두발표를 공지의 원인행위로 볼 수 없다고 단정할 수 없기 때문이다.

그러나 여기에서 분명한 것은 구두발표에서 참석자들의 발표내용의 노트(note)는 참석자의 개인적 메모랜덤(memorandum)에 불과하므로, 발표할 사항을 통일된 내용으로 체계적이고 구체적으로 그리고 정확하고도 명료하게 정리, 기록하여 학술단체 회원, 당해분야 종사자 그 밖의 관심있는 자 등을 대상으로 한 배부목적으로 작성, 제작된 복수의 유인물과 같은 것이 아니어서 대중적 공지성이 희박하여 서면발표의 공지성과는 다르다.

(B) 부정설

구두발표는 기록물에 의한 발표가 아니기 때문에 서면발표에서와 같은 발표내용의 연속성, 고지성 및 반포성이 낮다는 것이다. 즉 구두발표는 음성을 통한 발표이므로 단발성에 그쳐 계속성과 고지성이 희박하고, 배부의 대상물이 없어 반포성이 없으며, 공지의 범위 또한 참석자로 한정될 수밖에 없기 때문에 구두발표를 공지의 원인행위로 볼 수 없다는 견해이다.

(C) 결 어

구두발표는 그 구두발표라는 특성상 일정한 형식의 발표서류가 없다 하더라도 참석자들이 발표내용을 그대로 속기, 녹음 등 수기적, 기계적, 전자·전기적 방법 등에 의하여 녹취한 경우도 상정할 수 있고 또 그 녹취록을 복수의 복제물을 제작하여 관련자 및 그 밖의 관심있는 자 등에게 배포할 수도 있는 바, 이 경우에는 구두발표도 서면발표에서의 발표서류와 다를 바가 없으므로 공지의 원인행위가 될 수 있다고 봄이 타당하다. 따라서 구두발표는 공지의 원인행위가 될 수 없다고 단정하는 부정적 견해보다는 개별구두발표의 진행과정과 발표결과의 처리상황 등을 종합적으로 고려하여 구두발표에 대한 공지의 원인행위의 유무를 판단하는 것이 보다 사안의 본질에 접근한 합리적인 판단이라고 해석된다.

그런데 구 특허법에서의 "학술단체가 개최하는 연구집회에서 서면으로 발표"를 전전 개정특허법에서 "학술단체에서의 서면발표"로 개정한 것은 구 특허법이 서면발표를 학술단체가 개최하는 연구집회로 한정함으로써 학술단체에서의 서면발표가 제외되는 것으로 해석될 수 있었기 때문에 이를 명확히 한 것이다.

따라서 전전 개정특허법에서의 "학술단체에서의 서면발표"에는 학술단체가 개최하는 연구집회에서 서면으로 발표하는 것은 물론 학술단체가 개최하는 연구집회 외에 직접 학술단체에서의 서면발표, 예를 들면 학술단체의 기관지인 학술지나 논문집 등 간행물에 게재하여 반포하는 것도 당연히 포함된다 할 것이다.

이는 발표란 널리 드러내어 세상에 알리는 것이기 때문에 학술단체에서의 서면발표를 학술단체가 개최하는 연구집회에서 할 수도 있고 학술단체에 발명에 관한 연구보고서를 제출하여 학술지 등에 발표할 수도 있는 것이기 때문이다. 그러나 위와 같은 견해 및 설명들은 2006. 9. 29 개정된 현행법 하에서는 아무런 의미가 없어졌다. 즉 위 개정법이 특정 학술단체에 관한 조항을 삭제한 이상 학술단체의 서면발표는 공지 등의 원인이 되고 구두발표는 안된다는 두 견해의 충돌이나 학술단체개최 연구집회에서의 서면발표이든, 학술단체의 서면발표이든 논쟁은 무의미하다. 이처럼 현행법은 공지 등의 원인행위를 특정하고 있었던 구 특허법 제20조의 규정을 삭제 개정하여 공지 등의 원인행위를 포괄적으로 규정하였다. 그렇지만 위에서 설명한 바와 같이 본 항은 신규성 의제를 받을 수 있는 유형별 원인행위에 관한 예시이므로 학술단체에서의 서면발표에 관하여 계속 살펴본다.

B. 개 최

개최의 형식은 단독주최에 의한 개최이건 공동주체에 의한 개최이건 상관없다. 또 학술단체로 허가 또는 인가를 받지 않은 학술단체, 허가 또는 인가를 받은 학술단체에 가입되지 않은 학술단체, 특허청에 신고하지 않은 학술단체와의 공공개최는 물론 산하지부의 개최도 다소 문제가 있기는 하나 여기에서 말하는 개최로 보아야 할 것이다.

그러나 후원은 개최가 아니다. 문제는 주관인데 주관은 주체의 주창(主唱)으로 개최한 연구집회의 운영만을 도맡아 관리하는 것을 주목적으로 하기 때문에 개최가 아니라는 다수의 견해가 있기는 하나 주관측의 의사나 주장에 의해 운영될 경우 이 또한 주최로 보아야 한다는 소수의 견해도 있다(동지).

C. 연구집회

연구집회라 함은 주로 연구발표를 주목적으로 하는 회합을 말하는 바 그 회합의 명칭에는 구애되지 않는다. 예를 들면 포럼·워크숍·세미나·설명회·강연회·연설회·토론회·강습회·심포지움이든 그 모임의 성격이 연구발표를 목적으로 하는 한 상관없다. 연구집회는 발명의 신규성 상실의 예외를 인정하려는 것으로부터 기인되었던 것이기 때문에 비밀집회는 여기에서 말하는 연구집회가 아니며 또 집회는 정기, 부정기를 불문한다.

D. 학술지 등

학술지 등이라 함은 학술단체가 연구개발한 과학·기술 등에 관한 전문적인 글을 싣는 잡지, 즉 학술단체가 회원의 과학·기술 등에 대한 연구발표를 게재한 기관지인 학술지는 물론 일반적으로 간행물의 형식을 취하고 있는 공개성·정보성을 지닌 논문집·강연집·원고집·뉴스레타 등도 학술지와 같이 학술단체의 발표서면에 포함된다고 보아야 할 것이다.

ⓘⓥ 서면발표와 출원발명

서면으로 발표한 발명의 핵심부분이 애매모호한 경우는 이후 이와 동일한 내용으로 특허출원을 한다 하더라도 신규성 의제를 받지 못한다. 서면으로 발표한 발명의 애매모호한 부분을 특허출원서의 발명의 명세서에서 명확히 하거나 또는 서면으로 발표한 발명을 고친 후 특허출원을 하는 경우는 신규성 의제에 관한 규정을 적용받을 필요 없이 신규성을 갖는다. 그러나 서면으로 발표한 발명의 핵심의 애매모호한 부분을 명백히 하거나 고치는 정도에 따라서는 출원발명이 서면발표에 비해 발명의 진보성이 없다고 하여 특허출원이 거절 결정되는 경우가 있다(통설). 그러나 이 또한 신규성 의제에 관한 예외규정의 적용을 받을 수 있다는 의견도 있다. 그 이유는 서면으로 발표한 발명의 내용이 그 발명이 속하는 기술분야에서 통상의 지식을 가진 자가 용이하게 발명할 수 있거나 실시할 수 있을 정도로 기재되어 있지 않고 모호하게 기재되어 있기 때문에 그 애매모호한 서면발표의 발명을 기준으로 하여 발명의 진보성의 유무를 결정하는 것은 이론상 불합리하고 또 심사실무상도 불가능하다는 것이다.

iv) 박람회출품

ⓘ 서 론

구 특허법(2001.2.3. 법 제6411호 이전 법률)에서는 특허를 받을 수 있는 권리를 가진 자가 그 발명을 정부 또는 지방자치단체가 개최하는 박람회, 정부 또는 지방자치단체의 승인을 얻은 자가 개최하는 박람회, 정부의 승인을 얻어 국외에서 개최하는 박람회, 조약의 당사국 영역 안에서 그 정부나 그 정부로부터 승인을 얻은 자가 개최하는 박람회에 출품함으로써 공지 등이 된 경우, 공지 등이 되지 아니한 발명으로 보았으나 개정특허법(2001.2.3. 법률 제6411호 개정법률)은 특허를 받을 수 있는 자가 그 발명을 박람회에 출품함으로써 공지 등이 된 경우, 공지 등이 되지 아니한 발명으로 보고 있다.

이와 같이 개정특허법에서 신규성 의제를 받을 수 있는 박람회를 공공성 박람회뿐만 아니라 사설 박람회를 포함한 모든 박람회로 확대한 것은 출품에 의해 공지 등이 된 것은 공공성의 박람회나 사설 박람회가 다를 바가 없기 때문이다.

ⓘⓘ 출 품

특허출원 전 발명의 박람회출품은 공지의 원인행위의 한 유형이다. 따라서 특허를 받을 수 있는 권리를 가진 자가 그 발명을 박람회에 출품함으로써 공지 등이 된 경우에는 그 공지 등의 발명에 대하여는 신규성 의제를 받는다. 이와 같이 박람회출품으로 인한 공지의 발명에 대하여 신규성을 의제해주는 것은 발명품에 대한 일반수요자의 반응, 거래자의 평가 등 시장성과 기술성을 탐지하기 위하여 특허출원 전 출품한 것이기 때문에 이로 인한 공지 등을 이유로 특허를 받을 수 없다면 발명자 등에게는 너무 가혹하므로 이를 구제하고 또 발명자 등으로부터 조기출품을 유도하여 기술발전을 촉진하기 위해서이다.

이와 같이 박람회출품으로 인한 공지 등의 발명에 대한 신규성에 관하여는 개정 전 특허법(2006.3.3. 법률 제7871호 전법)에서는 명문의 규정을 두고 있었으나 개정특허법(2006.3.3. 법률 제7871호)에서 이를 삭제하고 포괄적 규정으로 개정하였다.

그러나 파리조약에서는 특정의 국제박람회에서의 잠정적 보호를 규정하고 있다. 즉 동맹국은 어느 동맹국의 영역 내에서 개최되는 공식적 또는 공식적으로 인정된 국제박람회에 출품된 상품에 관하여 각국의 국내법에 따라 특허될 수 있는 발명에 대하여 임시보호를 부여한다고 규정하고 있다(파리조약 11조 1호).

이러한 임시보호는 본 조약 제4조에서 정한 우선기간 12개월, 즉 출품물의 반입일로부터 12개월을 연장하는 것은 아니고 후에 우선권이 주장되는 경우 각 동맹국의 당국은 상품을 박람회에 반입한 날로부터 우선기간이 개시되는 것으로 할 수 있다고 규정하고 있다(본 조약 11조 2호).

여기에서 신규성 의제를 받을 수 있는 박람회는 전람회·전시회·품평회·발명품 경진대회 등 그 명칭에 관계없이 특허출원 전 발명품을 일정기간 여러 사람에게 보이는 모임을 말한다.

이러한 박람회는 공설이든 사설이든 상관없이 공사박람회 모두가 이에 해당한다.

이와 같이 사설 박람회까지 포함한 것은 박람회출품에 의해서 일반 공중에게 공개되는 것은 공공성의 박람회나 사설박람회가 다를 바가 없을 뿐만 아니라, 사설박람회를 제외하고 공공성 박람회로 특정하여 제한할 경우 사설박람회에의 출품기회만큼 출품의 기회가 적어 공개의 기회가 줄어들거나 또는 지연되거나 아예 공개를 하지 않을 수도 있기 때문에 발명공개, 이용 특히 조기공개, 이용을 통한 기술촉진을 도모하여 산업발전에 기여하려는 특허제도의 취지에도 부합되지 않기 때문이나.

참고로 구 특허법에서는 공공성이 있는 박람회에 한정하였던 것을 사설박람회까지 포함하였고, 개정특허법에서는 박람회출품조항을 아예 삭제하는 개정을 하였다(개정법 2006.3.3. 법 제7871호).

(ii) 출원 전 공연히 실시된 발명

이는 특허를 받을 수 있는 자의 특허출원 전 발명의 실시, 시험, 시장조사, 반포된 간행물에의 게재 및 특정 전기통신회선의 이용 등으로 인하여 당해 발명이 공지 등이 된 경우 당해 발명과의 이해관계인은 물론 당업자를 포함한 제3자에 이르기까지 그 공지된 발명을 아무 거침없이 떳떳하게 실시되고 있는 경우(업으로의 실시유무를 불문한다)에 발생하는 유형으로서 이 또한 신규성 의제를 받을 수 있는 공지원인의 한 유형이 된다. 따라서 출원 전 공연히 실시된 발명은 공지 등이 된 발명에 의하여 발생되는 유형의 신규성 의제이다.

(iii) 출원 전 반포된 간행물에 게재된 발명

i) 의 의

발명은 간행물에 게재를 통하여 발명의 기술적 내용이 공개됨으로써 발명의 이용이 촉진되어 기술의 발전을 기할 수 있는 것이다. 그만큼 발명의 간행물에의 게재는 한 나라의 기술산업을 좌우하는 무기가 되기 때문에 특허를 받을 수 있는 권리를 가진 자의 신속한 공개로 인해 그에게 불이익이 돌아가서는 안된다는 것이 입법의 취지이다. 따라서 특허법은 특허를 받을 수 있는 권리를 가진 자가 출원 전 간행물에 게재함으로서 공지 등이 된 경우에는 신규성의 의제를 받을 수 있는 예외규정을 두고 있다(법 30①1). 그러나 여기에 문제가 없는 것은 아니다. 특허법 제30조 제1항 제1호에 의한 제29조 제1항 제2호의 “간행물에 게재”에 있어서의 “게재”를 특허를 받을 수 있는 권리를 가진 자가 직접 게재하는 것 외에 타인(특허청장)의 게재를 포함하는 것까지를 게재라고 보는 적극설과 타인의 게재를 포함하는 것까지는 게재라고 볼 수 없다는 소극설로 나뉘어져 있다. 그러나 최근 자기의 게재가 아닌 타인의 게재를 포함하는 것만으로는 여기에서 말하는 게재라고 볼 수 없다는 소극설이 새로운 지지를 받고 있다(동지).

최근 우리나라 종래 특허법(2006.3.3. 법률 제7871호 개정법 이전법) 제30조 제1항 제1호 나목과 같은 규정을 가지고 있는 일본도 종전과는 달리 소극설의 취지로 판시함으로써 소극설을 판례상 확립하였다. 본 판결이 소극설을 채택한 이유로 “구특허법 제30조 제1항 제1호에서 말하는 발표란 특허를 받을 수 있는 권리를 가진 자가 스스로 발표하려고 하는 적극적인 의사를 가지고 발표하는 것이며, 타인(특허청장)이 발표하는 것을 용인하는 소극적인 의사가 존재하는 것만으로는 구특허법 제30조 제1항 제1호에서 말하는 발표라고는 하지 않는다”라는 취지로 판시하였다.[57] 그 후 계속 구특허법 제30조 제1항 제1호의 간행물에의 발표에는 특허청장의 특허공개공보게재를 포함하지 않는다는 판결이 이어졌고,[58] 급기야는 상고심에서 소극설을 지지하는 판시를 하였다. 그 요지를 보면 “특허를 받을 수 있는 권리를 가진 자가 특정한 발명에 대해 특허출원한 결과 그 발명이 특허공개공보에 게재되는 것은 특허법 제30조 제1항 제1호에서 말하는 간행물에 발표하는 것에 해당하지 않는 것으로 해석하는 것이 상당하다고 판시함으로써 소극설을 판례상 확립하였다.[59]

그러나 특허권의 취득은 발명의 공개를 전제한 것이다. 따라서 특허권을 획득하려는 자가 발명의 공개에 소극적이라는 것은 모순이다. 특히 출원인의 신청에 의해 법정공개일인 출원일부터 1년 6월이 경과하기 전이라도 출원공개를 할 수 있는 조기공개제도를 인정하고 있는 현행특허법(제64조 제1항)하에서는 더욱 모순이다. 그래서 대부분의 학설은 판결이유에 반대하면서도 결국 소극설을 지지하고 있는 실정이다.

위의 학설, 판례는 종전법 제30조 제1항 제1호 나목에 의한 발명의 간행물에의 “발표”에 관한 것으로서 이는 개정법(2006.3.3. 법률 제7871호) 제30조 제1항 제1호

57) - 동경고판, 1982.6.22. 무체집 14권 467면.
- 동경고판 1987.6.30. 속보 146권 4009.

58) 동경고판 1986.5.29. 속보 133호 3612.

59) 최고판 평년 11월 10일 속보 176호 4903.

에 의한 발명의 간행물에 "게재"에도 그대로 적용된다 할 것이다. 이는 간행물에의 "발표"나 간행물에 "게재" 다같이 간행물을 통한 발명의 "공개"라고 하는 목적을 달성하기 위한 수단이기 때문이다. 다만, 간행물에 "게재"가 공개를 하기 위한 것이 아닌 경우 공개를 하기 위한 간행물에의 "발표"에 관한 위의 학설, 판례가 그대로 적용될 수 있는가에 대해서 의문이 생길 수 있으나 이러한 경우는 발명의 공개를 통한 이용을 촉진함으로써 산업발전을 도모하려는 특허제도의 취지에 부합되지 않으므로 논외이다.

ii) 적용요건

특허를 받을 수 있는 권리를 가진 자가 특허출원 이전에 출원발명을 간행물에 발표한 경우에 특허법 제30조 제1항 제1호에 의한 신규성 의제를 받을 수 있다.

ⓘ 간행물

여기에서 "간행물"이라 함은 발명의 기술내용을 문자나 그림 등으로 종이나 그 밖의 물체의 겉면에 옮겨 찍어 만든 출판물의 복제물로서 공개성과 정보성을 갖는 것을 말한다. 간행물에 관한 자세한 설명은 위에서 설명한 바 있는 "(2) 신규성 5) ② 간행물"을 참고하기 바랍니다.

ⓘⓘ 발 표

여기에서 "발표"라 함은 발명의 기술내용을 일반 공중에게 널리 드러내어 알리는 것을 말하는데 그 알리는 방법은 간행물에의 게재를 통해서 공지 등이 된 것을 의미한다.

iii) 간행물에의 게재

위의 ⓘ, ⓘⓘ 의 간행물에의 발표는 발명자 등이 발명의 기술내용을 원고로, 간행물에 게재하여 이를 반포함으로써 성립된다.

여기에서 "간행물에 게재하여 반포한다. 즉 반포된 간행물"이라 함은 일반 공중이 열람할 수 있고, 대출을 받을 수 있는 상태에 놓인 것으로 충분하고,[60] 이를 입증함으로써 성립된다.[61] 따라서 반포된 간행물이란 읽거나 대출을 받아 간행물에 기재된 발명의 기술내용을 알아야 하는 것까지를 의미하는 것은 아니다.

---

60) 대법원 2000.9.6. 선고 2000 후 1689 판결 참고 : "… 특허출원 전에 발명내용을 박사학위논문으로 발표한 출원인이 박사학위논문의 일반적인 반포형태의 하나인 해당 도서관에의 입고(서가에 진열)…"를 반포로 보는 요지의 판시를 하였다.

61) 대법원 1996.6.14. 선고 95후 19 판결 참고 : "… 도서관에의 입고(서가에 진열)사실에 관하여 증명을 한 이상 출원인으로서는 신규성 의제의 적용을 받기 위한 특허법 제30조 제2항 소정의 입증을 하였다고 봄이 상당하다"는 요지를 판시를 하였다.

(ⅳ) 특정 전기통신회선을 통한 발표에 의해 공중이 이용가능하게 된 발명

ⅰ) 의 의

개정특허법은 제30조 제1항 제1호에 있어서 제29조 제1항 제2호 후단의 경우와 마찬가지로 대통령령이 정하는 전기통신회선을 통한 발표의 경우에도 공지 등이 되지 아니한 발명으로 보는 신규성 의제에 관한 예외규정의 적용을 받을 수 있도록 명문으로 규정하였다.

이는 급속히 확산되고 있는 인터넷 등 전기통신회선을 이용하여 연구개발성과인 발명의 기술성·시장성 등을 점검하기 위하여 특허출원 전에 발표하는 사례가 늘어남에 따라 이의 보호를 위하여 취한 입법정책의 산물이다.

ⅱ) 전기통신회선의 범위

신규성 의제를 받을 수 있는 전기통신회선은 앞에서 설명한 "제2절 Ⅱ. 3 (2) 6) ② (ⅰ) 내지 (ⅳ)의 자가 운영하는 전기통신회선을 말한다(법시행령 1의 2).

그렇다면 특허출원 전에 위의 범위내의 전기통신회선이 아닌 전기통신회선을 통하여 공중이 이용가능하게 된 발명의 경우 특허법 제30조 제1항 제1호에 의한 예외규정의 적용을 받을 수 있는가의 문제가 제기될 수 있다. 그러나 이 경우의 발명에 대해서는 특허법 제29조 제1항 제1호에 해당하는 것으로 본다면 특허법 제30조 제1항 제1호에 의한 예외규정의 적용을 받을 수 있다. 그러나 이 경우에는 공중이 이용가능하게 된 시점의 입증이 문제가 될 수 있을 것이다.

(ⅴ) 의사에 반하여 공지 등이 된 발명

ⅰ) 서 론

특허를 받을 수 있는 권리를 가진 발명자나 특허를 받을 수 있는 권리를 승계한 승계인(이하 "발명자 등"이라 한다)이 특허출원 전까지는 당해 발명을 비밀로 유지하려고 하였음에도 불구하고 그러한 의사와는 관계없이 공지 등이 되는 경우가 있다. 특허법은 이러한 경우 신규성 의제를 받을 수 있도록 하는 예외규정을 두고 있다(법 30①2). 따라서 신규성 의제에 관한 예외규정의 적용을 받기 위해서는 발명자 등이 당해 발명을 특허출원 전까지는 공개하지 아니한다는 내면적 의사가 존재하고 그 의사에 반하여 공개되어야 한다.

ⅱ) 의 의

발명은 발명자의 지난한 창작의 고뇌·투자·시간의 투입에 의해 산출된 지적재산이므로 그 발명에 대한 특허는 발명자 등에게 부여되어야 함은 당연한 것이다. 따라서 발명자 등은 발명에 대하여 특허출원 전에 공개하지 않으려고 하는

의사를 가지고 상당한 노력을 하였음에도 그러한 의사와 노력과는 관계없이 순전히 타의에 의해서 공개가 되는 경우가 있다. 이러한 경우 발명이 보호를 받을 수 없다면 발명자 등에게는 너무 억울하기 때문에 이를 해소, 구제하기 위하여 특허법은 발명자 등의 의사에 반하여 공지가 된 발명에 대하여는 공지 등이 되지 아니한 발명으로 보는 신규성 의제에 관한 규정을 두고 있다(법 30①2).

iii) 의사에 반한 공지 등의 유형

ⓘ 발명자 등에 의한 공지 등

발명자 등의 부주의에 의한 공지 등이 있는 바, 이 경우의 부주의는 그 경중에 관계없이 발명자 등의 의사가 아님이 명백한 한 의사에 반하는 공지 등이라고 해석하여야 할 것이다. 그러나 발명을 공개하면 신규성이 상실되어 특허를 받을 수 없다는 특허법 제29조 제1항 제1호 및 제2호의 무지로 특허출원 전에 공표하여 공지 등이 된 경우에는 의사에 반하여 공지 등이 된 것이라고 해석할 수 없다. 또 특허출원을 내리인에게 위임한 후 출원된 것으로 믿고 공개한 경우인데 이것이 부주의로 의사에 반하는 공개에 해당하는가이다. 이 경우 실제로 대리인이 아직 출원절차를 밟지 않았을 경우 등은 의사에 반한 공개라고는 할 수 없다.

ⓘⓘ 제3자에 의한 공지 등

특허출원 전 제3자의 절취·기망·협박·스파이 그 밖의 부정한 수단에 의하여 발명을 취득하여 사용하거나 공개함으로써 공지 등이 되는 경우

ⓘⓘⓘ 이해관계자에 의한 공지 등

특허출원전 법령 또는 계약관계 등에 의하여 발명을 비밀로 준수하여야 할 의무가 있는 자가 부정한 이익을 얻거나 발명보유자에게 손해를 가할 목적으로 그 발명을 사용하거나 공개함으로써 공지 등이 되는 경우이다. 여기에서 계약이라 함은 서면에 의한 명시적인 계약뿐만 아니라 신의성실에 의하여 발생하는 묵시적인 계약도 포함한다고 해석된다.

④ 신규성 의제에 관한 절차

i. 신규성 의제를 받고자 하는 취지의 기재

위 ⓘ, ⓘⓘ의 공지 등의 발명에 대하여 공지 등이 되지 아니한 발명으로 적용받고자 하는 자는 그 취지를 특허출원서에 기재하여 출원하여야 한다(법 30②전단).

ii. 증명서류의 제출

(i) 국내특허출원발명의 경우

위 ⓘ, ⓘⓘ 의 공지 등의 발명에 대하여 공지 등이 되지 아니한 발명으로 신규성 의제를 받고자 하는 자는 특허출원서에 그 취지를 기재하여 출원하고 이를 증명할 수 있는 서류를 특허출원일부터 30일 이내에 특허청장에게 제출하여야 한다(법 30②후단).

(ii) 국제특허출원발명의 경우

국제특허출원한 발명에 관하여 위 ⓘ 의 공지공용의 발명에 대하여 신규성 의제를 받고자 하는 자는 그 취지를 기재한 서면 및 이를 증명할 수 있는 서류를 위 ⓘⓘ 의 공지 등의 발명에 불구하고 특허법 제201조 제4항의 규정에 의한 기준일[62] 경과 후 30일 이내에 특허청장에게 제출할 수 있다(법 200, 법시행규칙 111).

(iii) 증거서류

i) 공개에 의해 공지 등이 된 경우

신규성 상실의 예외규정의 적용을 받기 위해서는 공개자가 특허를 받을 수 있는 권리를 가진 자라는 증명을 하여야 한다. 그러므로 원칙적으로 발명자, 공개자, 출원인 모두가 동일인이어야 한다. 다만 발명자, 공개자, 출원인 중 공개자만이 상이하거나 또는 3인이 모두 상이한 경우에는 발명의 공개시에 공개자가 "특허를 받을 수 있는 권리"의 정당한 승계인이라는 사실을 증명할 수 있는 서류에 의하여 증명하여야 한다. 즉 신규성 상실의 예외규정의 적용을 받기 위해서는 특허를 받을 수 있는 권리를 가진 자가 공개행위를 하고 또 그 자가 특허출원을 하여야 한다. 따라서 원칙적으로 발명자, 공개자, 출원인이 모두 일치하여야 한다. 그러나 일반적인 특허출원에서는 출원인이 특허를 받을 수 있는 정당한 권리자임을 반드시 증명하도록 하고 있지 않다. 그러므로 발명자와 공개자, 출원인이 모두 상이한 경우에만 공개자 또는 출원인이 정당한 권리의 승계인이라는 사실을 입증할 필요가 있다.

ii) 시험에 의해 공지 등이 된 경우

시험에 의해 공지 등이 된 발명에 대한 증명서류(예 : 시험증명서, 시험성적증명서 등)에는 시험일·시험장소·시험자·시험내용 등이 명시되고 증명되어야 한다.

iii) 간행물에의 게재에 의해 공지 등이 된 경우

기술문헌, 학술지, 논문집, 강연집 등 간행물에의 게재에 의해 공지 등이 된 발명에 대한 증명서류에는 간행물명·발행년월일·발행처·저자명(발표자명)·발표된

62) 국제출원일에 제출된 국제특허출원의 명세서나 청구의 범위에 기재된 사항 및 도면중의 설명부분으로서 국내서면제출기간(그 기간 내에 출원인이 출원심사의 청구를 한 때에는 그 청구일)을 기준일이라고 한다.

발명의 내용 등이 명시되고 증명되어야 한다.

iv) 전기통신회선에 의해 공지 등이 된 경우

인터넷과 같은 전기통신회선의 이용에 의해 공지 등이 된 발명에 대한 증명서류에는 인터넷출력물(게시물)에 인터넷게시판에 올린 일자, 인터넷에 올린 발명의 명칭 및 내용, 인터넷에 올린 자의 성명, 인터넷주소 등이 게시되고 증명되어야 한다.

v) 학술단체에서의 서면발표에 의해 공지 등이 된 경우

ⓘ 증명서

학술단체에서의 서면발표에 의해 공지 등이 된 발명에 대하여 이를 증명할 수 있는 서류에 의하여 명시되고 증명되어야 할 사항은 학술단체명, 서면발표일, 발표장소, 서면의 종류, 발표자명, 서면에 의하여 발표된 발명의 내용 등이다.

ⓘⓘ 증명서의 발부

학술단체가 개최하는 학술강연회 등 연구집회에서 발표된 발명과 관련이 있는 논문 등에 대하여 당해 발표자 또는 그 승계인으로부터 신규성 의제에 관한 규정의 적용을 받기 위한 증명의 요구가 있을 때에는 당해 학술단체의 장은 즉시 그 사실에 근거하여 증명서를 발부하여야 한다(학술단체신고처리 절차에 관한 규정 5①).

ⓘⓘⓘ 예시참고

학술단체가 회원의 연구발표를 게재한 기관지나 학술지 등 간행물이나 발표자의 강연원고유인물 그러나 녹음테이프, 녹화테이프가 서면발표에 해당되느냐에 대해서는 양론이 있다. 즉 녹음테이프, 녹화테이프는 서면발표에 해당되지 않으나 제3자는 녹음테이프나 녹화테이프에 의해 공지임을 입증할 수 있다는 견해와 녹음테이프, 녹화테이프는 삭제·추록·편집이 자유로우므로 증거력이 없다는 견해이다. 그러나 녹음테이프, 녹화테이프 전부를 그와 같이 판단하는 것은 옳지 않다.

vi) 박람회출품에 의해 공지 등이 된 경우

박람회에 출품함으로써 공지 등이 된 발명에 대하여 증명할 수 있는 서류(예 : 박람회 주최측의 출품확인증명서, 박람회출품 카탈로그 등)에 명시되고 증명되어야 할 사항은 박람회명, 개최자명, 개최기간, 개최장소, 출품자(공개자)명, 출품된 발명의 내용 등이다.

vii) 의사에 반하여 공지 등이 된 경우

ⓘ 특허를 받을 수 있는 권리를 가진 자의 의사에 반하여 공지 등이 된 경우에는 당해 발명의 공지사실의 주장·입증요건은 개별사안에 따라 판단하여야 한다.

즉 특허법 제30조 제1항 제2호의 특허를 받을 수 있는 권리를 가진 자의 의사에 반하여 그 발명이 공지 등이 된 경우에는 특허를 받을 수 있는 권리를 가진 자가 적극적으로 자신의 발명을 공개한 것이 아니므로 특허법 제30조 제1항 제1호의 경우와 같이 공지 등이 된 내용의 증명이 곤란한 경우가 많다. 따라서 발명이 공지 등이 된 과정이 자신의 의사에 반한 것이었다는 사실의 증명이 일반적으로 이루어질 것이며, 그 주장·입증은 다양한 방법으로 이루어질 수밖에 없기 때문이다.

ⓘ 예시참고

A. 특허출원 전 그 발명에 대하여 비밀유지의무가 있는 자가 특허를 받을 수 있는 자의 허락없이 인터넷에 올려 공표된 경우, 비밀유지계약서나 인터넷에 올린 일자가 나오는 출력물

B. 특허출원 전 연구팀의 부주의로 비밀리에 연구개발하여 얻은 발명에 대하여 시장의 반응을 알아보기 위해 홍보팀에 홍보를 의뢰하여 신상품소개 전문잡지에 공표된 경우, 그 연구일지 및 홍보의뢰경위서, 당해 잡지

C. 특허법률사무소에 특허출원을 의뢰하면서 출원팀에 발명에 관한 자료에 대해 비밀로 취급해달라는 요청을 한 경우 또는 특별히 비밀로 취급해달라는 요청을 하지 아니한 경우에서 출원의뢰한 발명이 출원팀에 의해 특허출원 전에 기술문헌에 게재되어 공표된 경우, 그 특허법률사무소와의 특허출원약정서 및 당해 기술문헌

D. 특허출원 전 상품성·시장성 등을 알아보기 위하여 발명품에 본 제조기술은 영업비밀임을 환기시키기 위한 비밀표지를 붙여 시장에 출하하였으나 신상품홍보회사가 역진공법에 의해 본 발명품의 기술내용을 추출하여 홍보물에 게재하여 공표된 경우, 비밀표지를 붙인 발명품의 출하를 입증할 수 있는 서류 및 그 홍보물 등을 예시해 볼 수 있다.

따라서 특허법 제30조 제2항의 "증명할 수 있는 서류"는 당해 사실을 증명하는 증명서뿐만 아니라 그 밖의 서류에 의한 증거도 증명서류가 된다. 즉 특허법 제30조 제2항이 증명할 수 있는 서류에 대하여는 그 내용, 형식 등에 대한 규정이 없으므로 제출할 수 있는 증명서류의 내용, 형식은 다양할 수밖에 없다. 그러므로 증거란 증명서는 물론 그 밖의 간행물 등에 의한 증거도 포함된다.

⑤ 신규성 의제규정의 적용시 유의사항

ⅰ. 특허법 제30조 제1항 제1호에 해당하는 날과 특허출원일 사이에 이루어진 공개행위

(i) 특허를 받을 수 있는 권리를 가진 자가 특허출원 전에 당해 발명을 복수회에 걸쳐 공개한 경우에는 그 공개행위가 특허법 제30조 제1항 제1호를 적용받기 위한 절차가 적법하고 특정한 하나의 공개행위와 밀접불가분의 관계에 있는 복수회에 걸친 공개[63]일 경우에는 모든 공개행위에 대하여 신규성 상실의 예외규정의 적용을 인정한다. 이 경우에 제2회 이후의 공개에 대하여는 "증명할 수 있는 서류"의 제출을 생략할 수 있다. 다만 특허법 제30조 제1항 각호의 어느 하나에 "해당하는 경우에는 그날로부터 6월 이내에 그 특허를 받을 수 있는 권리를 가진 자가 특허출원을 하면"에서 6월 이내의 기산일인 "그날"은 최선(最先)공개일이다.

(ii) 특허법 제30조 제1항 제1호에 해당하게 된 날과 특허출원일 사이에 제3자에 의하여 해당하게 된 발명과 동일한 발명의 공개가 있는 경우에는 제3자의 공개가 해당하게 된 발명의 공개에 의하여 지득한 발명의 공개[64]라는 사실이 명백한 경우를 제외하고 그 특허출원은 제3자의 공개에 의하여 특허법 제29조 제1항 각호에 해당되어 신규성이 없는 것으로 취급한다.

ii. 특허법 제30조 제1항 제1호의 "반포된 간행물"이 특허공보 등일 경우, 특허를 받을 수 있는 권리를 가진 자가 특허출원 등을 함으로써 그 발명이 특허공보 등에 게재되어 공지된 경우에 특허공보 등에 의한 게재는 특허법 제30조 제1항 제1호의 간행물에의 게재로 인정되지 아니하며, 신규성 상실의 예외규정이 적용되지 아니한다.

특허공보 등에 의한 공개는 특허출원에 대한 절차의 일환으로 특허법 제64조 제1항에 의하여 특허청장이 공개하는 것이며, 특허를 받을 수 있는 권리를 가진

---

63) "특정한 하나의 공개행위와 밀접불가분의 관계에 있는 복수회에 걸친 공개"란 특허법 제30조 제1항 제1호에 해당하는 특정한 하나의 공개행위와 밀접한 관련이 있는 공개로 서로 불가분의 관계에 있는 것으로써 공개자의 의지에 의해서 좌우될 수 없는 공개를 의미하며 그 예로 다음과 같은 것들이 있을 수 있다.
 i) 2일 이상 소요되는 시험
 ii) 시험과 시험당일 배포된 설명서
 iii) 간행물의 초판과 중판
 iv) 원고집과 그 원고의 학회발표
 v) 학회발표와 그 강연집
 vi) 학회의 순회강연
 vii) 박람회출품과 그 출품물에 대한 카탈로그 등

64) 제3자의 공개가 "해당하게 된 발명"의 공개에 의하여 지득한 발명공개란 예를 들면 특허를 받을 수 있는 권리를 가진 자가 한 시험 또는 간행물에의 발표, 인터넷 등 전기통신회신을 통한 발표, 학술단체에서의 서면발표, 박람회에 출품 등에 의하여 공지된 발명을 제3자가 간행물에 전재(轉載)하는 경우 등이다.

자의 적극적인 의사에 의하여 당해 발명을 간행물에 게재하는 것은 아니므로 이와 같은 경우에는 신규성 상실의 예외규정은 적용되지 아니한다.

iii. 파리조약에 의한 우선권주장을 수반하는 출원에 대한 특허법 제30조 제1항의 "그날부터 6월 이내"의 기산일은 특허법 제30조 제1항 각호의 신규성 상실의 예외사유에 해당하게 된 날이다.

⑥ 효 과

신규성이 의제되는 경우 그 발명은 신규성이 상실되지는 않으나 선원주의에 대한 예외는 될 수 없다. 즉 신규성을 의제받은 특허출원은 그 출원일이 소급되는 것은 아니므로 신규성을 의제받은 특허출원의 출원일보다 먼저 타인이 동일발명에 대하여 출원한 경우에는 비록 신규성을 의제받은 특허출원의 신규성의 소급일자가 그 타인의 출원일보다 앞서있다 하더라도 의제받은 측허출원은 선출원주의에 의한 최선의 특허출원이 아니기 때문에 특허를 받을 수 없다(통설). 따라서 신규성 의제를 받았다 하더라도 이와 동일한 발명에 대해 선원이 있을 경우에는 이에 의해서 거절결정이 된다. 예를 들면 "A"가 1997년 1월 10일 코렉스 공법에 관한 발명의 내용을 제철관련 학술단체에서 서면으로 발표한 후 동년 3월 10일 특허출원을 하면서 신규성 주장서류를 특허청장에게 제출하여 동년 1월 10일로 소급하여 신규성이 있는 발명으로 의제되지만 "B"가 동년 2월 10일 "A"의 코렉스 공법과 동일한 내용의 특허출원을 했을 경우 선원의 지위는 "B"에게 있으므로 "A"는 아무리 동년 1월 10일자로 코렉스 공법에 관한 신규성 의제를 받았다 하더라도 특허를 받을 수 없다. 이때 "B"의 코렉스 공법에 관한 특허출원도 동년 1월 10일 "A"의 학술단체에서의 서면발표에 의해 공지되었으므로 이 또한 신규성이 상실되어 특허를 받을 수 없다 할 것이다.

만약 "A"의 코렉스 공법에 간한 발명이 신규성이 의제되지 않을 경우는 신규성이 없는 것으로 되어 거절이유가 되며 설령 특허권의 설정등록이 된다 하더라도 무효사유가 되고 "B"의 코렉스 공법에 관한 발명 또한 A가 코렉스 공법에 관한 신규성 의제와는 관계없이 동년 1월 10일 제철관련학술단체에서의 서면발표 사실만으로 신규성 상실의 이유로 거절결정이 될 수 있다. 그러나 소수설은 타인의 출원 후에 출원한 신규성 의제에 관한 예외규정의 적용대상이 되는 행위를 한 자의 발명은 그 타인의 선원에 불구하고 특허를 받을 수 있다고 보는 설이다. 이는 특허될 수 없는 발명은 출원을 해도 출원한 것으로 보지 않는다는 것을 전제로 한 것으로 그 이유는 타인의 선출원은 신규성 의제의 예외규정의 적용대상이 되는 행위에 의하여 신규성이 상실되고 또 특허출원이 거절될 것이기 때문이라는 것이다. 그러나 그 전제가 타당성이 없고 또 이 소수설에 의하면 특허법 제30조의 신규성이 있는 발명으로 보는 경우는 특허출원이 있는 발명으로 보는 경우를 의미하며 문리해석상으로도 문제점이 있다.

⑦ 신규성 의제에 관한 문제점

발명의 신규성 의제에 관한 예외규정은 그 해석, 적용에 있어서 다음과 같은 문제점이 나타나고 있다.

i. 권리자의 발표 후의 발표행위

특허를 받을 수 있는 권리를 가진 발명자 또는 그 승계인(이하 "권리자"라 한다)이 그 발명을 간행물에 게재하여 발표한 경우(법 30①1) 그날부터 6월 이내에 특허출원을 하면 신규성이 있는 것으로 의제된 발명에 대하여 권리자가 그 후 출원 전까지의 사이에 또 다른 간행물에의 게재발표나 그 밖의 공개를 수반한 행위(예: 제조·판매 등)를 하였을 경우, 이에 대해서도 신규성에 관한 예외규정의 적용을 받을 수 있는지의 여부가 문제이다.

이 경우 예외규정의 적용을 받을 수 있다는 설과 받을 수 없다는 설로 나누어져 있다. 전자는 한번 공지로 된 것이 후에 다시 공지로 되는 경우는 없다는 견해이다. 그러나 특허법상의 최초의 공지는 공지가 아니라고 의제하는 것이며, 그 후의 사실에 의한 공지는 소위 두 번째의 공지가 아니고 첫 번째의 공지가 되므로 예외규정의 적용을 받을 수 있다는 설은 성립되지 않는다. 그러나 여기에서 유의할 것은 타인에 의한 공지 등이다. 권리자의 의사와는 관계없이 간행물에의 게재발표내용을 타 간행물에 게재하거나 텔레비전·라디오 등에 방영, 방송하거나 신문 등에 보도, 광고하거나 발명품을 만들어 유통시키는 경우는 그것이 권리자의 의사에 반하든 반하지 않든 신규성은 상실되지 않는다. 왜냐하면 권리자에 의해 이미 간행물에 게재발표되어 공지되었기 때문이다. 이에 반해 후자는 타인에 의한 공지 등이 권리자의 행위에 의한 것이 아닌 경우, 예를 들면 권리자의 간행물에의 게재에 의한 발표와 그 출원사이에 타인이 제3자의 발명과 관계되는 발명품을 생산·판매하는 경우는 예외규정의 적용없이 발명자의 발명은 신규성을 상실한다. 이 점에서 권리자의 간행물에의 게재발표일부터 출원일까지의 사이에 제3자의 출원(선원)이 있는 경우와 같다.

ii. 승계인의 출원행위

발명자가 그 발명을 간행물에 게재하여 발표한 후 특허를 받을 수 있는 권리를 타인에게 양도하고 그 타인이 특허출원을 한 경우 신규성 의제에 관한 예외규정의 적용을 받을 수 있는지의 여부가 문제이다. 이는 특허법상 특허를 받을 수 있는 권리를 가진 자라 함은 간행물에 게재하여 발표한 자와 출원인이 동일인이어야 함을 의미하는 것이 아니므로 당연히 예외규정의 적용을 받을 수 있다고 해석하여야 할 것이다.

iii. 발표발명과 출원발명의 동일성

발명의 신규성 의제에 관한 예외규정의 적용을 받기 위해서는 간행물에 게재하여 발표한 발명(이하 "발표발명"이라 한다)과 출원발명은 동일해야 하고 또 출원발명은 발표발명에 비해 진보성이 있어야 한다는 것이 종래의 통설이었으나 이 통설에는 다음과 같은 문제가 있다.

(i) 발명의 진보성은 특허법 제29조 제2항의 규정에 근거하고 있지만 동 조항은 동조 제1항의 규정에 의한 공지 등의 발명에 의해서만 적용되는 것이다. 그러나 발표발명은 신규성 상실의 예외규정(특허법 30)에 의해 신규성이 의제되므로 당연히 동법 제29조 제2항의 진보성 규정은 적용되지 않는다.

(ii) 권리자의 의사에 반하여 공지 등이 된 경우(법 30①2) 권리자는 그 발명이 어느 단계에서 공지 등이 되었는지 알 수 없으므로 출원발명이 발표발명과 동일성이 없는 경우가 발생할 수 있다. 이 경우 동일성이 없다는 이유로 신규성 의제에 관한 예외규정(법 30①)을 적용하지 않는다면 동조의 법원리를 오해하는 결과를 초래할 것이다. 따라서 이러한 이유 등으로 인해 발표발명에 비해 진보성이 없는 출원발명에 대해서도 특허를 받을 수 있다고 해석되나 절차상에는 문제가 있다. 즉 현행 특허법 제30조의 신규성 의제규정은 그 대상을 발표발명이라는 것을 명백히 하고 있으므로 적어도 동조 제1항 제1호의 경우에는 발표발명을 출원하지 않고 직접 출원발명을 출원하는 것은 문리적으로 허용되지 않는다. 따라서 출원발명에 대해 특허를 받고자 할 때에는 먼저 발표발명에 대해 출원을 함과 동시에 동조 제2항의 규정에 의한 절차를 밟는 것이 필요하다.

(3) 진보성

1) 서 설

① 개 념

발명의 진보성이라 함은 기술적 사상의 고도성, 기술적 향상의 현저성 등 발명의 구성의 곤란성, 발명의 비자명성(발명의 비용이성), 발명 내용의 추고 등의 의미를 함축하고 있는 개념이다.

이러한 발명의 진보성은 발명의 산업상 이용성, 발명의 신규성과 함께 특허를 받을 수 있는 3대요건 중 그 하나를 이루고 있다.

발명의 진보성에 관하여는 특허법 제29조 제2항에서 규정하고 있는 바, 이에 의하면 그 발명이 속하는 기술분야에서 통상의 지식을 가진 자가 특허출원당시의 기술수준에서 특허출원 전 공개된 선행기술의 발명에 의하여 쉽게 창작할 수 있는 정도의 발명으로 출원전 공지 등이 된 발명보다 더 나은 수준의 발명이 아닐 때에는 그 발명에 대하여는 발명의 산업상 이용성, 발명의 신규성에 불구하고 특허를 받을 수 없다고 규정하고 있다. 따라서 그 분야 통상의 지식을 가진 자가 그 정도수준의 발명은 출원 전 공지공용의 발명에 의해 쉽게 안출할 수 있는 자명한 발명인 경우에는 그 발명은 진보성이 있는 발명이라고 할 수 없으므로 특허를 받을 수 없다. 이와는 반대의 경우, 즉 그 발명이 속하는 당업자의 특허출원당시의 기술수준에서 특허출원 전 공지공용의 발명에 의하여 쉽게 발명할 수 없는 것일 때에는 그 발명에 대하여는 진보성이 있는 것으로 인정되어 특허를 받을 수 있다.

이러한 발명의 진보성 유무를 가름하는 창작의 난이의 정도는 그 기술구성, 즉 발명이 해결하고자 하는 과제의 해결수단의 차이와 작용효과를 고려하여 판단하여야 하는 것이므로 출원된 기술의 구성이 선행기술과 차이가 있을 뿐만 아니라 그 작용효과에 있어서도 선행기술에 비하여 현저하게 향상된 것인 때에는 기술의 발전을 촉진하며 산업발전에 기여하려는 특허제도의 목적에 비추어 출원발명의 진보성을 인정하여야 한다.[65)]

② 의 의

발명이 특허를 받기 위해서는 발명의 성립성을 전제로 한 산업상 이용성, 신규성만으로는 부족하고 더 나아가 발명의 진보성이 있어야 함을 필요로 한다. 여기에서 진보성이란 특허법상의 용어가 아니다. 특허법 제29조 제2항에서 특허출원 전에 그 발명이 속하는 기술분야에서 통상의 지식을 가진 자가 같은 조 제1항 각호의 1에 규정된 발명에 의하여 용이하게 발명할 수 있는 발명은 특허를 받을 수 없다는 특허요건을 규정하고 있을 뿐인데 이것을 실무상 또는 강학상 "진보성이 없는 발명"이라고 부르고 있다.

특허법은 특허출원 전에 그 발명이 속하는 기술분야에서 통상의 지식을 가진 자

65) 대법원 1997.11.28. 선고 96후 1972 판결 참조.

가 i) 특허출원 전에 국내 또는 국외에서 공지되었거나 공연히 실시된 발명, ii) 특허출원 전에 국내 또는 국외에서 반포된 간행물에 게재되거나 소정의 전기통신회선을 통하여 공중이 이용가능하게 된 발명에 의하여 용이하게 발명할 수 있는 것일 때에는 그 발명에 대하여는 산업상 이용성과 신규성이 있다고 하더라도 진보성이 없다고 보고 특허를 받을 수 없는 발명으로 규정하고 있다(법 29②).

따라서 출원발명이 진보성이 있다고 하기 위해서는 그 발명이 속하는 기술분야에서 통상의 지식을 가진 자가 용이하게 발명할 수 없을 정도 이상의 발명이어야 하고 또 기술의 발전을 촉진하여 산업발전에 기여할 수 있을 정도 이상으로 현저하게 향상된 발명, 즉 고도의 기술적 창작이어야 한다.

그러므로 적어도 출원된 기술이 공지된 선행기술로부터 예측되는 효과 이상의 새로운 상승적인 효과가 있는 것으로 인정되어 선행기술보다 현저하게 향상된 기술이라고 판단되는 때에는 그 발명이 속하는 기술분야에서 통상의 지식을 가진 자가 용이하게 발명할 수 없는 것으로서 진보성이 있는 것이라고 보아야 할 것이므로 이러한 발명에 대해서는 특허를 받을 수 있다.[66)]

또한 출원된 발명이 공지·공용의 기존기술을 종합한 것인 경우에도 선행기술을 종합하는데 각별한 곤란성이 있다거나 이로 인한 작용효과가 공지된 선행기술로부터 예측되는 효과이상의 새로운 상승효과가 있다고 인정되고 그 분야에서 통상의 지식을 가진 자가 선행기술에 의하여 용이하게 발명할 수 없다고 보여지는 경우 또는 새로운 기술적 방법을 추가하는 경우에는 발명의 진보성이 인정되어야 할 것이다.

그러나 그렇지 아니하고 공지·공용의 기존기술을 종합하는데 각별한 곤란성이 없다거나 이로 인한 작용효과도 이미 공지된 선행기술로부터 예측되는 효과이상의 새로운 상승효과가 있다고 볼 수 없는 경우에는 발명의 진보성은 인정될 수 없다 할 것이다.[67)]

③ 취 지

발명의 진보성을 특허의 요건으로 한 것은 특허제도가 추구하고 있는 이상인

66) 대법원 1991.10.22. 선고 90후 2003 판결.

67) - 유럽특허조약은 "발명은 전문가의 기술수준으로 보아 자명한 것이 아닌 경우는 진보성을 갖는다"라고 규정하고 있다(동 조약 56조 1문).
- 특허협력조약은 "청구범위에 기재되어 있는 발명은 …당해 기술분야의 전문가에 있어… 선행기술로 보아 자명한 것이 아닌 경우에는 진보성을 갖는 것으로 한다"라고 규정하고 있다(동 조약 33조(3)).
- 대법원 1991.1.15. 선고 90후 564 판결, 1989.11.24. 선고 88후 769 판결, 1991.10.25. 선고 90후 2478 판결, 1991.10.11. 선고 91후 172 판결, 1988.2.23. 선고 83후 38 판결 등.

공개된 발명의 이용을 도모함으로써 기술의 발전을 촉진하여 산업발전에 기여하려는 데 있기 때문에 특허출원시의 선행기술에 비하여 보다 나은 발명에 대하여 특허를 허여하려는 것이다. 만약 진보성이 없는 발명에 대하여 특허를 허여할 경우, 창의적인 발명을 통한 기술발전보다는 남의 발명을 모방하여 특허를 출원하려는 경향이 높아질 것이고 그렇게 될 경우 발명의 질을 저하시키고 또 특허권 상호간의 권리관계가 명확하지 아니할 뿐만 아니라 특허권의 난립으로 특허분쟁을 유발시킬 우려가 있으며, 또 공지기술로부터 용이하게 발명할 수 있는 기술에까지 특허권을 부여할 경우 제3자의 공지기술에 대한 실시의 자유를 부당하게 제한할 수 있기 때문에 진보성이 없는 발명에 대해서는 특허를 인정하지 않으려는 것이다.

이와 같이 진보성 없는 발명은 오히려 특허제도를 문란하게 하는 부정적인 면 때문에 그러한 발명에 대하여는 권리부여의 대상에서 제외하고 당업자의 기술수준에서 공지 등의 발명에 의하여 용이하게 발명할 수 없는 고도의 기술적 창작의 발명, 즉 현저하게 향상된 진보의 발명에 대해서만 독점·배타적인 전용권과 금지권을 부여하려는 것이다.

2) 진보성판단의 전제

① 발명분야에서 통상의 지식을 가진 자의 존재

발명의 진보성 유무는 그 발명이 속하는 기술분야에서 통상의 지식을 가진 자의 기술수준에서 판단한다.

i. 그 발명이 속하는 기술분야

여기에서 "그 발명이 속하는 기술분야"라 함은 특허출원당시 그 특허출원한 발명이 해결하고자 하는 과제(발명의 목적, 이하 혼용한다)·과제의 해결수단(발명의 구성, 이하 혼용한다) 그 밖에 당업자가 그 발명의 내용을 쉽게 이해하기 위하여 필요한 사항(발명의 작용효과, 산업상 이용가능성, 실시예 등 이하 혼용한다)면에서의 이 분야의 기술을 말한다. 따라서 그 발명이 속하는 기술분야의 범위가 단순히 발명의 명칭에 의해서만 판단되어서는 안 될 것이다. 왜냐하면 발명의 명칭만으로 볼 때에는 출원 전 공지공용된 발명이나 국내외에서 반포된 간행물에 게재되거나 소성의 선기통신회선을 통하여 공중이 이용가능하게 된 발명의 명칭과 출원한 발명의 명칭이 동일하더라도 기술분야가 동일하지 않을 수 있고 반대로 양자의 발명의 명칭이 다르다 하더라도 기술분야는 동일할 수가 있기 때문이다. 예를 들면 전자의 경우 방전가공법(放電加工法)과 전해가공법(電解加工法)의 발명에서는 기술분야가 다르고,[68] 후자의 경우 분말압축성형기(粉末壓縮成形機)와 연와성형프러스기(煉瓦成形프레스機)는 압축성형의 기술분야에서 동일하다.[69]

그러므로 특허법 제29조 제2항에서 '그 발명이 속하는 기술분야'란 원칙적으로 당해 특허발명이 이용되는 산업분야를 말하므로, 당해 특허발명이 이용되는 산업분야가 비교대상발명의 그것과 다른 경우에는 비교대상발명을 당해 특허발명의 진보성을 부정하는 선행기술로 사용하기 어렵다 하더라도, 문제로 된 비교대상발명의 기술적 구성이 특정 산업분야에만 적용될 수 있는 구성이 아니고 당해 특허발명의 산업분야에서 통상의 기술을 가진 자가 특허발명의 당면한 기술적 문제를 해결하기 위하여 별다른 어려움 없이 이용할 수 있는 구성이라면, 이를 당해 특허발명의 진보성을 부정하는 선행기술로 삼을 수 있다.[70]

ii. 통상의 지식을 가진 자

(i) 의 의

여기에서 "통상의 지식을 가진 자"라 함은 특허출원 전에 그 출원발명이 속하는 기술분야에서 평균수준의 지식을 가진 평균적 전문가로 통상 당업자라고 한다. 구체적으로 누가 통상의 지식을 가진 자라고 말할 수 있는 성질의 것이 아니고 특허법상의 상상의 인물이다. 예를 들면 담당심사관 같은 직함에 있는 사람이다. 담당심사관은 스스로의 지식으로 진보성을 판단하는 것이 아니고 통상의 전문가가 지녀야 할 지식을 상정하고 이것에 입각하여 통상의 전문가 입장에 서서 판단하는데 불과하다.[71] 특허법 제29조 제2항이 용이하게 창작할 수 있는 발명인가의 여부를 판단해야 하는 자를 통상의 지식을 가진 자라고 한 것은 이 통상의 전문가에 의해 특허대상으로 판단하는 발명이 특허법이 추구하고 있는 기술의 진보를 도모하는 데 가장 적합하기 때문이다. 즉 통상수준 이상의 전문가에 의해 진보성 있는 발명이어야 한다면 특허대상의 발명이 적어 발명의 두터운 층을 이루고 있는 통상(보통)수준의 발명자·기술자 등의 발명의욕이 저하될 것이고, 통상 이하의 전문가로 할 경우에는 특허대상의 발명은 많아질 것이나 발명의 질이 떨어져 발명의 고도성에 의해서 기술발전을 촉진하여 산업발전을 도모하려는 특허법의 목적을 달성할 수 없다.

---

68) 日本, 東京高判 1967년 4월 25일 取消集 1967년 429면.

69) 日本, 東京高判 1984년 3월 14일 速報 107호 2730.

70) 대법원 2008.7.10 선고 2006 후 2059 판결

71) 特許法槪說 吉藤辛朔 著, YOU ME 特許法律事務所 譯 95면.

(ii) 통상의 지식

여기에서 "통상의 지식"이라 함은 일반적으로 기술에 대한 지식이 평균수준, 즉 보통수준 정도이면 충분하고 반드시 고도의 지식을 필요로 하지 않는 것으로 해석되고 있다.

그러나 진보성에는 진보성 판단의 전제가 되는 종래기술, 즉 특허출원 전에 국내 또는 국외에서 공지공용된 발명이나 국내 또는 국외에서 반포된 간행물에 게재되거나 소정의 전기통신회선을 통하여 공중이 이용가능하게 된 발명의 기술수준 정도의 지식은 물론 출원발명이 최고·최선의 기술을 포함하고 있는 이상 이를 판단할만한 상응한 기술수준정도의 지식, 즉 고도의 지식까지를 포함하는 의미로 해석하는 것이 타당하다 할 것이다.

iii. 통상의 지식을 가진 자의 "자"

여기에서 "자(者)"라 함은 통상의 지식을 가진 자의 "자"이며 진보성 판단의 주체로서의 당업자를 말한다. 이러한 자는 자연인이며 1인을 의미한다.

따라서 법인이나 2인 이상의 복수인은 자가 될 수 없다. 왜냐하면 법인은 그 규모의 대소에 따라 통상의 지식을 가진 자의 평균수준의 지식이 달라져 진보성 판단의 기준을 통일적으로 운용(運用)할 수 없으며 복수인 또한 아무리 동일한 지식수준을 가진 공동자연인이라 하더라도 1인인 경우와 2인 이상이 된 경우는 그 수준이 동일할 수 없으므로 통일된 판단기준으로 운용할 수 없기 때문이다.

② 공개된 선행기술의 존재

특허출원발명의 진보성 유무의 판단은 특허출원 전 공개된 선행기술과의 대비에 의해 판단되는 것이다.

그러기 때문에 특허출원 전 공개된 선행기술이 없는 경우에는 진보성 판단은 할 수 없고 그 특허출원발명은 산업상 이용성과 신규성 판단만으로 특허여부를 결정한다. 따라서 특허출원발명에 대한 진보성 판단은 특허출원 전 공개된 선행기술, 즉 특허출원 전에 국내 또는 국외에서 공지되었거나 공연히 실시된 발명, 특허출원 전에 국내 또는 국외에서 반포된 간행물에 게재되거나 정부·지방자치단체, 외국의 정부·지방자치단체 또는 국제기구, 고등교육법 제3조의 규정에 의한 국·공립의 학교 또는 외국의 국·공립대학, 우리나라 또는 외국의 국·공립연구기관, 특허정보와 관련된 업무를 수행할 목적으로 설립된 법인으로서 특허청장이 지정하여 고시하는 법인(특허청고시 제2001-2호에 의하여 "한국발명진흥회, 한국특허기술정보센터"가 지정되었다) 운영하는 전기통신회선(이하 "소정의 전기통신회선"이라 한다)

을 통하여 이용가능하게 된 발명이 존재하므로 인하여 특허출원발명의 진보성 유무를 판단할 수 있는 것이다.

③ 출원발명의 존재

특허요건의 하나인 발명의 진보성 유무의 판단은 기존의 기술에 비하여 기술의 진보성이 있느냐를 판단하는 것이므로 반드시 진보성 판단의 대상이 되는 신기술, 즉 출원발명이 있어야 한다.

3) 진보성 판단의 기준

① 시기적 기준

특허출원발명의 진보성 판단의 시점은 특허출원시이다. 여기에서 "출원시"라 함은 시, 분, 초까지를 의미하는 개념이다. 우선권 주장을 수반하는 출원인 경우에는 그 우선권 주장이 인정되는 최초의 제1국에서의 출원시가 기준이 된다. 따라서 "일(日)"을 선출원 판단의 시기적 기준으로 하고 있는 선원주의와는 다르다.

② 지역적 기준

특허출원발명의 진보성 유무 판단의 지역적 기준은 국내 또는 국외로서 속지주의와 국제주의를 병용하고 있다. 즉 산업상 이용할 수 있는 발명으로서

i. 국내 또는 국외에서 특허출원 전에 공지되었거나 공연히 실시된 발명(법 29①1)이거나

ii. 국내 또는 국외에서 특허출원 전에 반포된 간행물에 게재되거나 소정의 전기통신회선을 통하여 공중이 이용가능하게 된 발명(법 29①2)에 의하여 그 특허출원발명이 속하는 기술분야에서 통상의 지식을 가진 자가 용이하게 발명할 수 있는가의 여부에 따라 발명이 진보성 유무가 결정된다.

이와 같이 발명의 진보성 판단의 지역적 기준을 국내(속지주의, 국내주의)는 물론 국외(국제주의)까지로 그 지역범위를 확대하여 출원발명의 진보성을 판단하는 것은 최근 교통·통신산업의 고속발전에 따른 각종 정보전달수단 및 정보전파매체의 출현으로 각국의 정보가 국경도 권역도 없이 빠른 속도로 마구 전달·전파되고 있어 언제나 국내외 정보를 쉽게 접하여 이용할 수 있는 상황에 있기 때문이다.

즉, 자유로운 인적(여행·업무·유학·취업 등 유동인구), 물적(기술분야 콘텐츠·간행물 등 전파매체) 이동의 증대, 초항속 항공기·선박 등 첨단교통수단의 전천후 항공항해, 디지털 위성방송 등 우주통신기술의 발달, 글로벌 데이터 네트워크 서비스의

제공, 통신·방송의 융합(컨버전스) 상품의 인터넷 TV(IPTV)서비스 및 케이블TV의 전화서비스의 제공, IT제조기술의 발달에 따른 글로벌 이동통신(휴대전화) 등 IT서비스사업의 발달, 인터넷 그 밖의 전송수단 등 정보매체의 발달에 기인한 것으로 해석된다.

③ 주관적 기준

특허출원발명의 진보성 여부의 판단은 그 발명이 속하는 기술분야에서 통상의 지식을 가진 자가 용이하게 발명할 수 있느냐에 의하여 판단한다. 여기에서 "통상의 지식을 가진 자"라 함은 위에서 설명한 바와 같이 당해 특허출원발명이 속하는 기술분야에서 평균수준, 즉 보통수준정도의 기술적 지식을 가진 자를 말하며, 특허출원발명에 대한 진보성 판단은 통상의 지식을 가진 자의 최고·최선의 기술수준으로 하여야 한다. 이에 관한 자세한 것은 위의 2).①.ⅱ "통상의 지식을 가진 자"편을 참고하기 바란다.

따라서 진보성 판단의 주관적 기준은 결국 개별발명을 심사·심리하는 심사관·심판관·판사 등의 지식·경험에 의한 가치판단에 의하여 이루어질 수밖에 없다.

그러나 이러한 주관적인 판단이라 하더라도 자의적인 판단이 아니고 그 주관적인 판단에 객관적 타당성 있어야 한다. 이를 위해서는 판단자는 ⅰ) 그 발명분야에서의 통상의 전문가로서 갖추어야 할 전문적 지식에 의해 정확하고 엄정하게 판단하여야 한다. 더욱 ⅱ) 기술혁신속도가 빠른 오늘날에 있어서는 어제 진보성이 있는 발명이 오늘 진보성이 없는 경우가 있으므로 판단자는 이러한 점을 유념하여 진보성 판단기준에 관한 고정관념의 틀에 얽매이지 않도록 유연성의 견지가 필요하다. 그러므로 이를 위해 부단히 실력배양에 배전의 노력을 하여야 함은 물론 주관적 판단에 대한 객관적 타당성의 유무를 고려하는 것 또한 중요하므로 이의 실천을 일상화하려는 의시를 굳건히 하려는 자세의 확립이 필요하다.

④ 객관적 기준

진보성 판단은 당해 출원발명과 특허출원 전에 국내 또는 국외에서 공지·공용되었거나 국내 또는 국외에서 반포된 간행물에 게재되거나 소정의 전기통신회선을 통하여 공중이 이용가능하게 된 발명과 대비판단으로서 출원서에 첨부된 명세서, 도면이 기준이 되며 구체적인 판단은 발명의 명세서에 기재한 발명의 명칭에 구애됨이 없이 그 발명의 목적·구성 및 작용 효과면에서 객관적으로 판단하여야 한다. 이와 같은 객관적 기준은 일명 실체적 기준 또는 실질적 기준이라고도 한다. 그러나 발명의 진보성 유무를 가늠하는 창작의 난이의 정도에 대한 확립된 객관적인 판단기준은 없다. 그렇지만 적어도 그 발명기술의 작용효과가 선행기술의 작용효과에 비하여 현저하게 향상된 것이어야 하고 또한 그 발명이 공지공용의 기존기술을 종합한 것인 경우에도 그 선행기술을 종합하는데 각별한 곤란성이 있다거나 이로 인한 작용효과가 공지된 선행기술로부터 예측되는 효과 이상의 새로운 상승효과가 있다고 인정되고 그 분야에서 통상의 지식을 가진 자가 선행기술에 의하여 용이하게 발명할 수 없다고 인정되어지는 경우 또는 새로운 기술적 방법을 추가하는 경우가 아니면 발명의 진보성은 인정될 수 없다고 할 것이다.[72] 이를 보다 구체적으로 살펴본다.

진보성 판단의 대상이 되기 위해서는 먼저 당해 특허출원발명이 발명의 성립성·산업상 이용성·신규성이 있어야만 그 다음단계로서 발명의 진보성을 판단하게 된다.

판례는 "발명의 진보성은 신규성이 있음을 전제로 하는 것이어서 어느 발명이 공지기술에 비추어 새로운 것인가의 신규성 문제와 그것이 공지기술로부터 용이하게 생각해낼 수 있는 것인가의 진보성 문제는 구별되어야 하고, 따라서 발명의 진보성을 판단하기 위해서는 먼저 그 발명의 신규성의 판단이 선행되는 것이 순서라는 취지의 판시를 하였다.[73]

따라서 진보성 판단의 대상인 출원발명은 우선 i) 발명으로서 완성되어 있어야 하고(발명의 성립성, 즉 발명성), ii) 산업상 이용할 수 있는 발명이어야 하며(발명의 산업상 이용성), iii) 특출원 전에 국내 또는 국외에서 공지되었거나 공연히 실시된 발명이거나 국내 또는 국외에서 반포된 간행물에 게재되거나 특허법시행령 제1조의 2에 의한 전기통신회선을 통하여 공중이 이용가능하게 된 발명이 아닌 것이어야 한다(발명의 신규성).

그렇다고 하여 신규성과 진보성의 판단기준시점이 다른 것이 아니라 진보성 역시 출원당시를 시간적 기준으로 하여 판단한다. 다만, 판단순서를 신규성 판단을 먼저 한 다음에 진보성 판단을 하여야 한다는 판단단계가 그렇다는 것이다.

발명의 진보성을 판단함에 있어서는 그 발명의 출원시점 및 그 발명이 속하는 기술분야에서 통상의 지식을 가진 자를 기준으로 하여 그 발명의 목적(발명이 해결하고자 하는 기술적 과제, 즉 해결하고자 하는 과제, 이하 혼용한다), 구성(그 과제를 달성하기 위하여 채택한 기술적 수단, 즉 과제해결수단, 이하 혼용한다), 작용효과(그 밖에 당업자가 그 발명의 내용을 쉽게 이해하기 위하여 필요한 사항, 즉 그 구성의 작용에

72) 대법원 1989.7.11. 선고 88후 516 판결, 1989.11.24. 선고 88후 769 판결, 1991.10.22 선고 90후 1086 판결.

73) 대법원 1992.6.2. 선고 91마 540 결정.

의하여 나타나는 특유의 효과, 이하 혼용한다)의 3가지 요소의 예측곤란성을 고찰하여 그 가운데 어느 하나라도 예측곤란성이 인정되면 그 발명은 진보성이 있다고 보는 것이 일반적이다.

일반적으로 발명의 목적에 대해서는 해결하고자 하는 기술적 과제의 특이성, 구성에 대해서는 구성요소의 채택결합의 곤란성, 효과에 대해서는 성과의 현저성이 각기 예측곤란성에 대한 평가척도가 된다.

따라서 위 3가지 요소의 예측곤란성을 일반적으로는 목적의 특이성, 구성의 곤란성, 효과의 현저성이라고 한다.

그러므로 진보성 판단에 있어서는 발명의 목적·구성·효과의 3가지 요소를 종합적으로 고려하여야 하고 통상 출원발명과 공지발명사이에 존재하는 같은 점 및 다른 점을 각각 확정한 후에 그 다른 점의 구성의 곤란성 유무를 구성자체에 대비하면서 아울러 발명의 목적, 효과의 같은 점 및 다른 점도 참작하여 검토한다. 즉,

i) 발명의 구성에 곤란성이 있는 것이 명백한 때에는 목적과 작용효과에 각별한 것이 없어도 진보성이 있는 것으로 보고, ii) 목적이 특이하거나 작용효과가 현저한 경우에는 당업자라고 하더라도 그 구성의 채택결합을 용이하게 할 수 없는 것이라고 보아 진보성이 있는 것으로 보며, iii) 목적이 특이하지 아니하고 작용효과 또한 현저하지 아니한 경우에는 설령 구성에 차이가 있다 하더라도 이는 구성을 달리함에 따라 당연히 나타나는 정도의 것에 지나지 아니하므로 당업자가 필요에 따라 그 구성의 채택결합을 용이하게 할 수 있는 것이라고 보아 진보성이 없는 것으로 본다.

위의 발명의 진보성 판단기준으로서의 3가지 요소 중 특히 어떤 요소에 중점을 둘 것인가에 관하여 특허청의 실무는 "발명의 구성"에 중점을 두고 있는 반면, 대법원 판례의 입장은 "발명의 작용효과"에 중점을 두고 있는 것으로 일응 보여지나 반드시 명백한 것은 아니다.

그러나 발명의 실체는 어디까지나 발명의 구성 그 자체이기 때문에 발명의 구성요소에 중점을 두어 진보성 판단을 하되 발명의 목적·효과는 진보성 판단의 참작요소로 함이 타당할 것으로 해석되고, 학계 또한 이를 일반적인 진보성 판단의 기준으로 인식하고 있는 것 같다.

그런데 진보성 판단에서 유념할 것은 특허의 경우에는 "용이하게 발명할 수 있는 것"이라고 규정하고 있음에 반하여(법 29②) 실용신안의 경우에는 "극히 용이하게 고안할 수 있는 것"이라고 규정하고 있는 바(실용신안법 4②) 이는 자연법칙을 이용한 기술적 사상의 창작 중에 고도의 것을 발명으로, 그렇지 아니한 것은 고안으로 하고 있는 법체계상의 차이점에 있는 것으로 해석된다.

그러나 "극히"라는 추상적인 용어로 인하여 진보성을 판단함에 있어서 발명에 있어서와 어떠한 차이점이 생기는가를 구체적으로 정의한다는 것은 어려운 문제이다. 다만, 공지기술을 많이 인용한다고 하여 반드시 "극히 용이하게 고안할 수 있는 것"이 아니라고는 할 수 없을 것이다. 실무적으로는 출원고안과 인용례로 기재된 고안과의 다른 점이 주지·관용기술이나 기술상식 등에 나타나 있지 않은 경우에는 고안의 진보성을 긍정하는 예가 비교적 많다고 보여진다.[74] 위 3)의 "진보성판단의 기준"에 관한 보다 자세한 설명은 후술하는 "제14장 제3절 X 2 (2) 6) ② 진보성의 판단기준"을 참고하기 바란다.

4) 진보성 판단의 방법

① 서 론

발명의 진보성 판단은 특허청소속공무원인 심사관·심판관, 특허법원·대법원의 판사의 지식과 경험에 의하여 판단되어진다. 따라서 심사관, 심판관 및 판사는 진보성을 판단함에 있어서 i) 자의적 재량이 아닌 객관적 타당성에 입각하여야 하고, ii) 진보성 판단기준의 고정화를 지양하여야 하며, iii) 출원인의 입장과 그 기술분야의 특수성을 고려하여 판단하여야 한다. 발명의 진보성 판단방법은 일반적 판단방법으로 그 발명의 목적, 구성, 효과 등 3요소를 기초로 하여 발명의 목적의 특이성, 구성의 곤란성, 효과의 현저성 유무에 따라 진보성 여부를 판단한다.

그 밖에 참고적 판단방법으로 상업적 성공, 발명의 불실시 여부 등에 따라서도 진보성 여부를 판단한다.

발명의 진보성 판단은 출원발명이 속하는 기술분야에서 출원 전 국내외에서 공지공용된 발명과 국내외에서 반포된 간행물에 게재된 발명 또는 대통령령이 정하는 전기통신회선(특허법시행령 제1조의2 각호)을 통하여 공중이 이용가능하게 된 발명 중 하나 또는 복수의 인용례를 선택하여 각 기술을 대비하는 방법으로 하게 된다. 이와 같이 진보성 판단은 출원기술이 속하는 기술분야의 기술을 인용례로 하여야 하고, 다른 분야기술을 인용례로 하여 진보성이 없다고 판단하는 것은 허용되지 않는다. 다만, 당업자가 용이하게 할 수 있는 공지기술의 용도변경이라는 이유로 진보성을 인정하지 아니하는 경우에는 다른 기술분야의 기술을 인용례로 하는 것도 가능하다 할 것이다.

이에 반해 발명의 신규성 판단은 일반적으로 출원발명이 속하는 기술분야에 제한없이 모든 기술분야에 걸쳐 출원 전 국내외에서 공지공용된 발명과 국내외에서

74) 법원행정처, 특허소송실무, 삼화인쇄주식회사(1998.2), 308~309면.

반포된 간행물에 게재된 발명 또는 대통령령(특허법시행령 제1조의2 각호)이 정하는 전기통신회선을 통하여 공중이 이용가능하게 된 발명 중 적어도 하나의 인용례를 선택하여 당해 출원발명과 그 동일성을 대비하여 출원발명의 신규성 유무를 판단, 결정하는 작업이라는 점에서 발명의 진보성과 다르다.

결국 진보성 판단은 출원발명이 속하는 기술분야에서 관련기술을 검색하여 가장 관련성이 큰 출원 전 선행기술자료를 선택하여, 그 선택된 하나 또는 복수의 선행기술자료를 중심으로 당업자가 용이하게 발명할 수 있는지를 판단하여 결정한다.

② 일반적 판단방법

일반적으로 발명의 진보성 판단은 먼저 기술분야의 동일성 여부를 판단하여야 한다. 즉 출원발명의 기술분야와 공지기술분야의 근사성의 정도도 목적·구성·효과의 예측성 유무의 판단에 영향을 미치는바, 양 기술분야의 관련성이 적다면 예측성이 낮고 많다면 예측성이 높게 된다. 또 기술분야의 이동(異同)에 관한 판단은 지나치게 좁게 해석하거나 넓게 해석함이 없도록 함이 중요하다. 그 다음으로 특허법 제42조 제3항에 의한 특허출원서에 첨부된 명세서의 발명의 상세한 설명에 기재되어 있는 그 발명의 ⅰ) 기술분야, ⅱ) 해결하고자 하는 과제(발명의 목적), ⅲ) 과제의 해결수단(발명의 구성), ⅳ) 그 밖에 당업자가 그 발명의 내용을 쉽게 이해하기 위하여 필요한 사항(발명의 작용효과, 산업상 이용가능성, 실시예 등) 즉 그 발명의 목적·구성 및 효과의 요소를 기준으로 하여 이루어지나 어디까지나 발명의 실체는 발명의 구성 그 자체이기 때문에 발명의 구성을 대상으로 그 난이에 따라 진보성의 유무가 판단되고 발명의 목적이나 효과는 판단에 참작하는 것이 발명의 진보성 판단의 일반적 방법임은 앞에서 설명한 바와 같다. 따라서 출원된 발명의 진보성 판단은 출원 전에 국내 또는 국외에서 공지·공용된 발명이나 국내 또는 국외에서 반포된 간행물에 기재되거나 소정의 전기통신회선을 통하여 공중이 이용가능하게 된 발명과 대비·검토하여 당해 출원발명의 목적의 특이성·구성의 곤란성·효과의 현저성 등의 유무를 종합적으로 판단하되 발명의 구성의 난이를 판단의 주된 요소로 하여야 한다.

ⅰ. 발명목적의 특이성

(ⅰ) 목적의 특이성 판단

목적의 특이성이라 함은 발명의 목적이 특허출원시 당해발명이 속하는 기술분야에서 통상의 지식을 가진 당업자의 평균정도의 기술수준에서 용이하게 예측가능한지의 여부에 대한 판단기준을 말한다. 따라서 공지 등의 발명에 의하여 당해 발명의 목적을 출원시의 당업자가 용이하게 예측할 수 있는 때에는 목적의 예측성이 있다고 할 수 있다. 이에 반해 공지 등의 발명에 의하여 출원 전 당업자의 기술수준으로 용이하게 알지 못했던 것을 발명했을 때에는 목적의 특이성이 있다고 할 수 있다.

(ii) 목적의 특이성이 있는 발명

목적의 특이성이 있는 발명이라 함은 특허출원 전 당업자가 공지 등의 발명에 의하여 보편적으로 또 용이하게 예측할 수 없을 정도의 획기적이고도 참신한 목적의 발명임을 당해 특허출원서에서 새롭게 발견했을 때 그 발명에는 목적의 특이성이 있는 발명이라고 할 수 있다.

즉 당해발명이 자연현상 또는 자연법칙에 대하여 새롭게 인식되는 발견이나 당해발명이 속하는 기술분야에서 선행기술이 가지는 문제점(발명이 해결하고자 하는 과제)에 대한 미지의 원인해명에 따르는 기술적 문제를 지니는 것 또는 새로운 기술분야를 개척한 것 등의 경우를 말한다.

출원발명의 목적(기술적 과제)의 특이성만으로는 진보성 판단은 할 수 없는 것이다. 설령 미지의 기술적 원인을 해명하는 목적을 가지고 있는 발명이라고 하더라도 그 해명하는 기술적 구성이 뒷받침되지 아니한다면 그것은 실현불가능한 발명이다. 설사 그러한 기술적 구성이 존재한다 하더라도 구성에 있어서 발명의 진보성을 인정할 수 없다면 그 역시 그 발명의 목적만을 가지고 발명의 진보성을 인정할 수는 없으므로 발명의 목적 하나만으로는 진보성 판단의 기준요소로 작용하지 않는다는 것이 일반적인 견해이다.

그러나 이와는 반대로 발명의 목적에 특이성(예측곤란성)이 있다는 사실 하나만으로도 진보성을 인정할 수 있다고 보는 견해도 있다. 즉 출원발명과 대비되는 인용발명에 출원발명의 기술적 과제가 없는 경우 출원발명의 진보성을 부정하기 위하여는 출원발명의 기술적 과제가 그 출원당시에 당업자에게는 주지의 것이거나 적어도 공지의 기술임을 요하고 주지도 공지도 아닌 기술인 경우에는 기술적 과제인 발명의 목적의 예측가능성이 없다고 보아야 한다는 견해이다. 예를 들면 인용발명, 출원발명 다같이 A+B+C+D+E를 구성요소로 하는 합금이지만 출원발명에서 D+E를 구성요소로 부가한 것은 그 합금의 강도를 향상시키기 위한 목적 때문이라고 할 때 인용발명은 출원발명과 같은 기술적 과제를 해결하기 위한 것이 아니므로 출원발명이 D+E를 구성요소로 채택하고 있는 것은 그 발명의 목적에 있어서 용이하게 추고할 수 있는 것이 아니라고 보아 진보성을 인정하여야 한다는 것이다.

이 견해에 의하면 발명의 목적이 예측할 수 없을 정도로 특이성이 있는 경우에는 목적달성의 수단인 구성에도 예측성이 없는 것으로 보아 구성의 곤란성이 있다고 보아야 할 것이다.

ii. 발명구성의 곤란성

(i) 구성의 곤란성 판단

발명의 기술적 진보성은 구성의 예측성 내지는 곤란성이 판단의 대상이 된다. 구성의 예측성 내지는 곤란성은 당해발명의 목적을 달성하고, 발명의 효과를 획득하기 위한 기술적 수단으로서 당해발명의 각 구성요소를 채택, 결합하는 것이 출원당시 그 발명이 속하는 기술분야에서 통상의 지식을 가진 자(이하 "당업자"라 한다)가 용이하게 기술적 사상의 창작을 할 수 있는가의 여부를 판단하는 것이다.

그러므로 발명의 3요소인 목적·구성·효과 중에서 진보성 판단의 가장 핵심요소는 발명의 구성, 즉 발명이 해결하고자 하는 과제의 해결수단(이하 양자 혼용한다)이다.

구성의 판단은 먼저 출원발명과 인용발명을 대비하여 양 발명간에 구성상의 이동(異同)점을 파악하고 그중에서 다른 점으로 된 구성의 예측성(용이추고성)을 판단하는 순서로 통상 행하여지고 있다.

여러 개의 구성요소로 되어 있는 출원발명의 진보성을 판단함에 있어 각 요소마다 나누어 예측곤란성을 판단하여야 하는지 아니면 그 구성요소가 모두 결합된 전체로서의 예측곤란성을 판단하여야 하는지가 문제가 된다.

진보성 판단에 있어서는 구성의 곤란성이나 용이추고성(예측성)의 유무를 중심으로 판단하여야 하므로 그 구성요소가 모두 결합된 전체로서의 예측곤란성을 판단하는 것이 통례이다. 그렇지만 발명의 구성요건 중에 그 발명의 구성 자체에 관한 요건과 그 요건을 작용면에서 한정하는 요건이 함께 포함되어 있는 경우에는 우선 후자의 요건을 떼어내고, 전자의 요건에 의하여 나타나는 고유의 구성의 용이추고성을 검토한 후에 후자의 요건을 전자의 요건에 결합한 전체구성의 용이추고성을 검토하는 판단단계(판단과정)를 거치는 것이 보다 논리적이라고 한다.

(ii) 구성의 곤란성이 있는 발명

구성의 곤란성이 있는 발명이라 함은 출원당시의 당업자의 기술수준에서 당해발명의 기술적 구성을 용이하게 시현(示顯)할 수 없을 정도로 그 발명의 구성이 난해하면서도 그 해법을 제시하고 있는 것을 말한다. 이에 반해 발명의 구성이 출원당시의 당업자의 기술수준으로 보아 당연히 도출될 수 있는 범위내의 기술적 구성은 구성의 곤란성이 없다 할 것이다.

따라서 출원당시의 당업자의 기술수준에 비추어 볼 때 당해발명의 구성요소의 채택, 결합에 곤란성을 극복할 요소를 갖고 있는 것은 구성에 곤란성이 있는 발명이라고 할 수 있고 그렇지 않은 경우 즉, 당해발명의 구성이 출원당시의 당업자의 기술수준으로부터 당연히 도출할 수 있는 범위의 기술수단인 경우에는 구성의 곤란성이 없는 발명이라고 할 수 있다.

또한 당해발명의 구성이 공지기술의 결합으로 당연히 발명의 목적달성의 수단이 될 수 있음이 명백한 경우에도 발명의 구성에 곤란성이 없다 할 것이다. 그러나 공지기술의 결합이라 하더라도 그 공지기술을 구성요소로 채택·결합하는데 특별한 창작의 고뇌를 필요로 하는 경우에는 그 발명의 구성은 곤란성이 있다 할 것이다.

즉 공지기술의 결합으로 구성된 발명에 의해 발명의 목적달성이 예측가능한 때에는 구성에 곤란성이 없고, 공지기술의 결합으로 구성된 발명에 의해 발명의 목적달성을 예측할 수 없을 정도로 공지기술의 채택·결합에 창의력을 필요로 한 경우에는 구성에 곤란성이 있다.

또 공지기술을 출원발명의 구성요소로 채택·결합하는데 특별한 기술상의 곤란성이 없다면 그 출원발명은 신규성은 있어도 진보성은 없다 할 것이다.

(iii) 기술분야와 구성의 예측곤란성

진보성 판단의 주관적 기준은 그 발명이 속하는 기술분야의 당업자인데 그 당업자의 범위는 그 발명이 속하는 기술분야를 어떻게 파악하느냐에 따라서 넓어질 수도 좁아질 수도 있다. 예를 들면 TV의 주사선 제조기술분야와 TV의 전원회로 제조기술분야를 서로 다른 분야로 볼 것이냐 아니면 모두 다 같은 TV제조기술분야의 하나라고 볼 것이냐에 따라서 당업자의 기준이 달라지고 그 결과 진보성 판단에도 영향을 미친다.

기술분야를 정하는 가장 유력한 지표 중 하나는 "특허분류"이고 실무상으로는 "국제특허분류(IPC : International Patent Classification)"의 해당분류의 기술범위내를 "그 발명이 속하는 기술분야"로 보고 있다.

그러나 이러한 기술분야의 획일적 정의보다는 각 출원발명의 기술내용에 따라 기술분야의 광협에 차이가 있을 것이므로 강제분류는 적절하지 않다. 특히 기술의 고도화, 다양화에 따라 전문화가 심화되면서 기술분야가 점점 세분화되어 감은 물론 새로운 분야에서의 새로운 기술이 속출하고 있는 등 기술분야의 개념이 점차 전문화, 세분화되면서 발명이 속하는 기술분야의 범위는 날로 좁아져가는 추세에 있는 것이 사실이다.

iii. 발명효과의 현저성

(ⅰ) 효과의 현저성 판단

효과의 현저성이라 함은 당해발명의 구성의 작용에서 오는 효과로서 출원당시의 당업자의 기술수준으로 보아 예측할 수 있는지의 여부에 대한 판단기준을 말한다. 발명의 효과가 출원당시의 당업자의 기술수준에서 보아 용이하게 예측될 수 있는 경우에는 효과의 예측성이 있으며 이에 반해 출원 전 당업자의 기술수준에서 쉽게 달성하지 못했던 발명의 효과를 올릴 경우에는 효과의 현저성이 있다고 할 수 있다. 효과는 발명의 구성의 작용으로부터 나온 것이므로 발명효과의 현저성은 원칙적으로 구성의 곤란성이 있다고 볼 수 있다.

당해발명의 효과가 당해발명의 구성으로서 채택한 기술수단으로부터 당연히 예측가능한 범위내의 경우에는 효과의 예측성(비현저성)이 있다고 할 것이고 효과의 비예측성(현저성)은 당해발명의 구성으로 채택한 기술수단으로부터 종래와는 다른 새로운 효과, 즉 질적으로 다른 효과를 얻거나 또는 질적으로 같다 하더라도 당업자의 예측을 뛰어넘을 정도로 높은 효과를 얻는 경우에는 그 발명의 효과는 현저성이 있다고 할 수 있다.

출원인이 발명의 효과로서 주장하는 것이 발명의 일부의 실시태양에 근거한 것이고, 특허청구된 발명이 그러나 효과를 얻지 못하는 경우를 포함하고 있을 때에는 그 효과를 진보성 판단에서 참작해서는 아니된다.

또한 출원인이 주장, 입증하는 발명의 효과가 명세서에 기재되어 있지 않고 명세서로부터 추론하는 것도 가능하지 않은 경우 그 효과는 진보성의 검토에서 제외한다.[75)]

출원발명이 여러 개의 공지기술을 결합한 것인 때에는 그 결합에 의하여 통상 예측할 수 있을 정도의 효과를 나타내는지의 여부에 따라 진보성 판단이 달라진다. 또한 출원발명과 인용발명을 대비판단한 결과 출원발명의 효과가 모든 점에서 반드시 진보적이어야만 하는 것은 아니다. 출원발명이 어느 점에 있어서는 인용발명의 효과와 동일하거나 오히려 더 퇴보적인 경우도 있을 수 있다. 예를 들면 출원발명이 인용발명에 비하여 나기능적인 장점을 가지고 있기는 하지만 반면에 고장이 잦다는 단점을 가지고 있는 경우가 그것이다. 이러한 경우에는 출원발명이 가지고 있는 그 장점이 극히 경미한 것이고 단점이 중대한 것이라는 특별한 사정이 없는 한 출원발명에 인용발명에 없는 단점이 일부 있다 하더라도 효과의 예측곤란성에 따른 진보성을 부인하여서는 아니된다 할 것이다.

---

75) 특허법원, 특허재판실무편람(2002년), 96면.

(ii) 효과의 현저성이 있는 발명

효과의 현저성이 있는 발명이라 함은 당해출원발명의 구성의 작용에 의해 얻어지는 효과가 그 출원당시의 당업자의 기술수준에서는 예측할 수 없었던 것을 말한다. 즉 당해출원발명의 효과가 공지발명과 대비하여 출원당시의 기술수준으로 비추어보아 이질적이거나 또는 양적으로 현저하게 증대된 경우에는 그 출원발명에는 효과의 예측곤란성이 있다고 보는 것이다. 그런데 여기에서 효과의 현저한 증대를 어느 정도 이상을 기준으로 할 것이냐는 일률적으로 정할 수 없고(특히 화학분야 발명의 경우 그 수율은 구체적, 개별적 분야에 따라 각기 다르다) 이는 어디까지나 사안에 따라 개별적으로 검토하여 정할 수밖에 없는 문제로서 그 사실인정에 있어서는 당업자의 기술수준에서 결정될 사안으로 판단된다. 특히 수치적 한계에 있어서의 임계점(臨界點)의 여부가 문제되는 경우에는 양적 변화에만 초점을 맞추어서는 아니 됨을 유념하여야 한다.[76]

효과가 현저한 발명의 경우에는 당업자라 하더라도 그 발명의 구성의 채택·결합을 용이하게 할 수 없는 것이라고 할 수 있고, 따라서 이 경우에는 진보성이 있는 발명으로 본다. 예를 들면 i) 새로운 효과가 현저한 경우, ii) 목적의 특이성에 따라 효과가 현저한 경우, iii) 새로운 발견에 따라 효과가 현저한 경우, iv) 질적으로 새로운 효과를 예측할 수 없었다고 인정되는 경우, v) 유효한 양적 효과의 증대를 예측할 수 없었다고 인정되는 경우, vi) 대단히 거리가 먼 용도에 사용되어서 당업자가 예측할 수 없었다고 인정되는 경우 등이다.[77]

(iii) 명세서상의 효과의 예측성

발명의 효과는 명세서상의 발명의 상세한 설명에 구체적으로 기재되어 있어야 한다. 따라서 명세서에 기재되어 있지 않는 효과는 원칙적으로 부정되어야 한다. 발명의 효과의 판단은 발명자의 효과인식의 한도를 파악하여야 가능하기 때문이다. 발명자의 인식을 파악할 수 있는 가장 기본적인 자료는 명세서이고 그 중에서도 발명의 상세한 설명이 효과의 예측성을 판단할 수 있는 부분이 된다.

위의 설명은 어디까지나 원칙을 말한 것뿐이고, 예외적으로 발명의 효과가 명세서에 기재되어 있지 아니하더라도 당업자의 기술수준에서 그 발명의 구성으로 비추어보아 당연히 예측할 수 있는 정도의 자명한 효과라면 그 발명의 효과라고 인정하여 될 것이다.

그러나 명세서의 발명의 상세한 설명에 기재되어 있는 효과라 하더라도 그것이

---

76) 법원행정처, 특허소송실무, 삼회인쇄주식회사, 314면 참조.
77) 특허청, 심사일반기준 예, 법원행정처, 특허소송실무, 삼회인쇄주식회사, 314면.

단순히 일부의 실시례에만 나타나는 효과에 불과한 것이라면 이는 출원발명의 효과라고는 할 수 없다. 따라서 발명의 효과의 판단은 하나의 실시례의 최상치 뿐만 아니라 다른 실시례의 최저치까지도 포함하여 전체적으로 판단하여야 한다.

또한 발명의 분야에 따라서는 특정실시례가 다른 기술의 이용을 불가피한 절대요건으로 하는 경우가 있는데 이러한 경우 출원발명과 보조적 관계에 있는 다른 기술로 인한 효과는 출원발명의 효과로부터 제외하고 판단하여야 할 것이다.

ⅳ. 진보성 판단과 신규성

특허발명의 진보성은 신규성이 있음을 전제로 하는 것이어서 어느 발명이 공지기술에 비추어 새로운 것인가의 신규성문제와 그것이 공지기술로부터 쉽게 생각해낼 수 있는 것인가의 진보성문제는 구별되어야 한다. 따라서 발명의 진보성을 판단하기 위해서는 먼저 그 발명의 신규성의 판단이 선행되는 것이 순서이다.[78)]

ⅴ. 진보성 판단과 주지기술

주지기술이라 함은 그 기술에 관해 상당히 다수의 문헌이 존재하거나 또는 업계에 알려져 있거나 혹은 예시할 필요가 없을 정도로 잘 알려져 있는 기술과 같이 그 기술분야에서 일반적으로 알려진 기술을 말한다.

출원발명의 진보성 판단은 선행기술과의 대비에 의하여 판단되므로 실질적으로 그 출원발명의 기술적 배경에는 상당한 주지의 기술이 존재하고 있고 그 주지기술의 총체가 당해 기술분야의 평균적 기술수준, 즉 당업자의 기술수준을 형성하는 것이라고도 할 수 있다.

그렇지만 주지기술이라고 하여 그 적용이 무제한적으로 허용되게 되면 출원인에게 예기치 못하는 불이익을 주어 절차적 정의에 반하는 경우가 발생하게 되므로 심사·심판절차에서 거절이유가 발견되면 출원인·심판당사자에게 통지하여 의견진술이나 보정 또는 답변의 기회를 주어야 하므로 거절이유에 없는 주지기술이 거절의 주된 이유가 된다면 당사자는 납득하려 하지 않을 것이다. 따라서 주지기술이 모두 거절이유로 열거할 필요는 없다고 할지라도 그 가운데 핵심적 거절이유가 되는 주지기술은 거절이유로 적시되어야 할 것이다.

주지기술이 되기 위해서는 위에서 살펴본 바와 같이 원칙적으로 당해기술에 대한 특허출원 전 공지의 선행기술문헌이 상당수 존재하여 구입, 구독이 용이하다든가, 그 기술내용이 당업계에 두루 알려져 있을 것을 요건으로 한다.

---

78) 대법원, 1992.6.2. 91마 540 결정.

③ 구체적 판단방법

ⅰ. 진보성 판단의 대상

진보성 판단의 대상이 되는 발명은 특허청구범위에 보호를 받고자 하는 사항을 기재한 항(이하 "청구항"이라 한다)에 기재된 발명 중 신규성이 있는 발명이다. 특허청구범위의 청구항이 2 이상인 경우에는 청구항마다 진보성 유무를 판단하여야 한다.

ⅱ. 진보성 판단의 절차

(ⅰ) 청구항에 기재된 발명의 인정

ⅰ) 청구항의 기재가 명확한 경우

청구항의 기재가 명확한 경우에는 청구항에 기재된 대로 발명을 인정한다.[79)] 이는 특허법 제97조는 "특허발명의 보호범위는 특허청구범위에 기재된 사항에 의하여 정하여진다"고 규정하고 있고, 같은 법 제42조 제4항은 "특허청구범위에는 보호를 받고자 하는 사항을 기재한다"는 취지를 규정하고 있다. 따라서 특허권에 의한 보호대상은 특허청구범위에 청구항으로 기재된 발명이며 신규성 및 진보성에 대한 심사·심리의 대상이 되는 발명도 청구항에 기재된 발명이기 때문이다.

ⅱ) 청구항의 기재가 불명확한 경우

청구항에 기재된 용어의 의미·내용이 불명확한 경우에는 ⅰ) 발명의 상세한 설명 또는 도면을 참작하여 해석한 결과 청구항에 기재된 용어의 의미·내용이 명확하게 해석될 수 있는 경우에는 발명의 상세한 설명 또는 도면을 참작하여 발명을 인정한다.[80)] ⅱ) 만약 발명의 상세한 설명 또는 도면을 참작하여 해석하여도 청구항에 기재된 용어의 의미·내용이 불명확한 경우에는 발명의 인정을 하지 아니한다. 이 경우에는 아예 처음부터 진보성에 대한 판단을 하지 아니한다.

(ⅱ) 인용발명의 인정

특허법 제29조 제1항 각호의 발명으로서 진보성 판단시 대비되는 발명(이하 "인용발명"이라 한다)의 인정은 다음과 같이 한다.

ⅰ) 공지된 발명

공지된 발명은 특허출원 전에 국내 또는 국외에서 그 내용이 비밀상태로 유지되

---

79) 대법원, 1988.10.11. 선고 87후 107 판결 참조.

80) 대법원 1991.11.26. 선고 90후 1499 판결.

지 않고 불특정인에게 알려진 발명을 의미하므로 현실적으로 불특정인에게 알려진 발명이 공지된 발명이 된다. 이 경우에 공지된 발명으로부터 공지당시의 당업자의 기술수준에서 당연히 도출될 수 있는 자명한 사항도 공지의 발명으로 인정한다.

ii) 공연히 실시된 발명

공연히 실시된 발명은 특허출원 전 국내 또는 국외에서 그 발명이 실시됨으로써 불특정다수인에게 알려진 경우이므로 그 발명의 공지여부에 대하여 판단할 필요는 없다. 따라서 그 발명이 공연히 실시된 발명인지이 여부에 대해서만 판단하면 충분하다.

또 공연히 실시된 발명은 통상 기계장치, 시스템 등을 매체로 하여 불특정인에게 공연히 알려졌거나 또는 공연히 알려질 수 있는 상황에서 실시된 발명이므로 매체가 되는 기계장치, 시스템 등에 일체화되어 있는 사실에 의하여 발명을 인정한다. 이 경우에도 실시당시이 당업자의 기술수준에서 당연히 도출될 수 있는 자명한 사항도 공연히 실시된 발명으로 인정한다.

iii) 반포된 간행물에 게재된 발명

반포된 간행물에 게재된 발명은 특허출원 전에 국내 또는 국외에서 반포된 간행물에 게재되어 있는 사실에 의하여 인정한다. 반포된 간행물에 게재된 사실에 의한 인정시에는 당해 간행물의 반포시의 당업자의 기술수준에서 당연히 도출될 수 있는 자명한 사항도 반포된 간행물에 기재된 발명으로 인정한다.

iv) 전기통신회선상의 데이터베이스에 저장된 발명

정부·지방자치단체, 외국의 정부·지방자치단체 또는 국제기구, 고등교육법 제3조의 규정에 따른 국·공립학교 또는 외국의 국·공립대학, 우리나라 또는 외국의 국·공립연구기관, 특허정보와 관련된 업무를 수행할 목적으로 설립된 법인으로서 특허청장이 지정하여 고시하는 법인(특허청 고시 제2001-2호에 의하여 "한국발명진흥회, 한국특허기술정보센터"가 지정되어 있다)이 운영하는 전기통신회선(이하 "소정의 전기통신회선"이라 한다)(법시행령 1의2 각호)을 통하여 공중이 이용가능하게 된 발명은 전기통신회선상의 데이터베이스에 저장되어 있는 사실에 의하여 인정한다. 전기통신회선상에 저장된 사실에 의한 인정시에는 당해 전기통신회선의 이용가능시의 당업자의 기술수준에서 당연히 도출될 수 있는 자명한 사항도 이용된 전기통신회선상의 데이터베이스에 저장된 발명으로 인정한다.

v) 인용발명 인정시의 유의사항

ⓘ 학회지 등의 원고의 접수와 그 원고의 공지여부

A. 학회지 등의 원고의 접수와 그 원고의 공지여부

학회지 등의 원고의 경우 일반적으로 원고가 접수되어도 그 원고의 공표시까지는 불특정다수인이 볼 수 있는 상태에 놓여진 것이 아니므로 공지된 발명으로 인정할 수 없다.

B. 카탈로그의 반포성

카탈로그란 기업이 자사의 선전 또는 자사제품의 소개·광고 등 홍보를 위하여 제작하는 것이므로 당해 카탈로그가 반포되지 않았다는 특별한 사정이 있는 경우를 제외하고는 제작되었으면 반포된 것으로 추정할 수 있다.[81)]

C. 출원일과 간행물의 발행일이 같은 날인 경우

출원일과 간행물의 발행일이 같은 날인 경우에는 특허출원시점이 간행물의 발행시점 이후라는 사실이 명백한 경우를 제외하고는 그 출원발명은 신규성이 상실되지 아니하며 따라서 특허법 제29조 제1항 제2호 전단의 규정에 의한 특허출원 전 반포된 간행물에 게재된 발명으로 보지 아니한다.

D. 학위논문의 반포시점

학위논문의 반포시점은 그 내용이 논문심사 전후에 공개된 장소에서 발표되었다는 등의 특별한 사정이 없는 한 최종심사를 거쳐서 공공도서관 또는 대학도서관 등에 입고되거나 불특정인에게 배포된 시점을 반포시기로 인정한다.[82)]

ⓘ 전기통신회선상의 데이터베이스에 저장된 발명의 공개여부

인터넷 등 전기통신회선상의 데이터베이스에 발명의 내용이 저장된 시점을 공개시기로 인정한다. 그러나 인터넷 등 전기통신회선을 통하여 공개된 발명의 내용은 변조가 쉽고 공개일자의 특정이 곤란하여 신뢰성 확보가 어려운 점을 고려하여 특허법은 전기통신회선의 종류를 제한하였다(법 29①2 후단, 법시행령 1의2 각호).[83)]

---

81) 대법원 1985.12.24. 선고 85후 47 판결 참조.

82) 대법원 1996.6.14. 선고 95후 19 판결 참고.

83) 특허법시행령 제1조의 2(전기통신회선의 범위) 특허법(이하 "법"이라 한다) 제29조 제1항 제2호 및 법 제129조 제2호에서 "대통령령이 정하는 전기통신회선"이라 함은 다음 각호의 어느 하나에 해당하는 자가 운영하는 전기통신회선을 말한다.

1. 정부·지방자치단체, 외국의 정부·지방자치단체 또는 국제기구
2. 고등교육법 제3조에 따른 국·공립학교 또는 외국의 국·공립대학
3. 우리나라 또는 외국의 국·공립 연구기관
4. 특허정보와 관련된 업무를 수행할 목적으로 설립된 법인으로서 특허청장이 지정하여 고시하는 법인(특허청 고시 제2001-2호에 의하여 "한국발명진흥회, 한국특허기술정보센터"가 제4호의 법인으로 지정되어 있다.)

(iii) 청구항에 기재된 발명과 인용발명을 대비하여 양자의 차이점을 파악하여 그 구성의 차이를 명확히 한다.[84]

(iv) 청구항에 기재된 발명이 인용발명과의 차이가 있음에도 불구하고 그 차이점을 극복하여 인용발명으로부터 청구항에 기재된 발명에 이르게 된 것이 그 발명이 속하는 기술분야에서 통상의 지식을 가진 당업자에게 자명한가 자명하지 않은가에 대하여 판단한다. 여기에서 "자명"이라 함은 그 발명이 속하는 기술분야에서 통상의 지식을 가진 자가 당연히 기대할 수 있는 범위이내의 통상의 창작능력의 발휘[85]를 의미한다.

만일 인용발명으로부터 청구항에 기재된 발명에 이르게 된 것이 당업자의 통상의 창작능력의 발휘에 해당하면 진보성은 부정된다.

(v) 인용발명으로부터 청구항에 기재된 발명을 쉽게 발명할 수 있는지 여부는 당업자의 입장에서 인용발명의 내용에 청구항에 기재된 발명에 이를 수 있는 동기가 될 수 있는지 또는 인용발명과 청구항에 기재된 발명의 차이가 당업자가 가지는 통상의 창작능력에 해당하는지 여부를 주요관점으로 하여 인용발명과 비교하여 더 나은 효과가 있는지를 참작하여 판단한다.[86]

iii. 청구항 발명의 자명여부 판단

인용발명으로부터 청구항에 기재된 발명에 이르게 된 것이 자명한가에 대한 판단은 인용발명의 내용에 청구항에 기재된 발명에 이를 수 있는 동기가 될 수 있는 사항이 있는가를 주요관점으로 하여 판단한다.

(i) 발명에 이를 수 있는 동기가 될 수 있는 사항

인용발명의 내용 중에 청구항에 기재된 발명에 대한 시사(示唆)가 있는 경우, 인용발명과 청구항에 기재된 발명의 과제가 공통되는 경우, 기능·작용이 공통되는 경우, 기술분야의 관련성이 있는 경우 등에는 인용발명으로부터 청구항에 기재된 발명에 이를 수 있는 동기가 될 수 있다.

---

84) 특허청, 심사지침서－특허·실용신안－, 2002.3. 2406면 2.2·1(3).

85) 특허청, 심사지침서－특허·실용신안－, 2002.3. 2407면(5).

86) 「통상의 창작능력의 발휘」에 해당하는 유형으로, 일정한 목적달성을 위하여 공지의 재료 중에서 가장 적합한 재료의 선택, 수치범위의 최적화(最適化) 또는 호적화(好適化), 균등물(均等物)에 의한 치환, 기술의 구체적 적용에 따른 설계변경 등이 있으며, 청구항에 기재된 발명과 인용발명의 차이점이 이와 같은 점에만 있는 경우에는 달리 진보성을 인정할 근거가 없는 한 통상 그 발명은 진보성이 부정된다[특허청, 심사지침서－특허·실용신안－(1998. 9.1), 123면].

i) 인용발명의 내용 중의 시사

인용발명의 내용 중에 청구항에 기재된 발명에 대한 시사(示唆)가 있으면 그 발명이 속하는 기술분야에서 통상의 지식을 가진 자가 인용발명으로부터 청구항에 기재된 발명에 이르게 된 것이 자명하다는 사실의 강력한 근거가 된다. 예를 들면 본원고안에서 밀폐된 냉각용기 내에 응축기, 모우터, 콤프레샤 등을 장착하는 기술수단은 인용참증에서 냉동용 압축기의 연관구성을 밀폐된 용기 내에 수장하는 기술수단과 동일하고 다만 본원고안에서는 밀폐된 용기 내에 장착되는 연관구성에 열교환기를 포함하고 있음에 대하여 인용참증에는 열교환기를 특별히 지적하고 있지는 아니하나 밀폐된 용기 내에 냉각장치의 연관구성을 수장한다는 점에서 본원고안의 기술수단은 그 출원 전에 공지된 것임이 인정되는 위 인용참증의 기술내용에 의하여 이 분야의 기술분야에서 통상의 지식을 가진 자라면 극히 용이하게 고안할 수 있는 정도의 것이다.[87)]

ii) 과제의 공통성

인용발명과 청구항에 기재된 발명의 과제가 공통인 경우에는 그 발명이 속하는 기술분야에서 통상의 지식을 가진 자가 인용발명으로부터 청구항에 기재된 발명에 이르게 된 것이 자명하다는 사실의 유력한 근거가 된다. 예를 들면 본원발명의 과제는 다이아프램의 스냅동작특성의 조정에 관한 것이며, 인용발명의 과제도 다이아프램의 스냅동작특성의 조정에 관한 것으로 양자는 발명의 과제가 동일하다. 다만, 본원발명의 다이아프램은 압력의 변화에 따라 동작하는데 반해 인용발명은 온도의 변화에 따라 동작한다는 차이는 있으나, 이 차이는 본건발명의 본질에 영향을 미치는 것은 아니며, 인용발명의 열응동(熱應動)에 의한 스냅동작조정방법을 압력응동(壓力應動)방식의 다이아프램에 적용하여 본건발명과 같이 구성하는 것은 이 분야에서 통상의 지식을 가진 자가 용이하게 할 수 있는 정도의 것이다.[88)]

또한, 인용발명이 청구항에 기재된 발명과는 과제가 서로 상이한 경우에도 당해 인용발명으로부터 별도의 사고과정에 의하여 그 발명이 속하는 기술분야에서 통상의 지식을 가진 자가 청구항에 기재된 발명과 동일한 구성에 이를 수 있었다는 사실이 자명한 경우에는 발명의 과제가 서로 다른 경우에도 진보성을 부정할 수 있다. 예를 들면 본원발명의 과제는 디스크의 표면에 물방울이 부착하는 것을 방지하기 위하여 카본제 디스크브레이크에 홈을 형성한 것이며, 인용발명의 과제는 표면에 먼지가 부착되면 제동에 방해가 되므로 디스크의 표면에 부착하는 먼지를 제거

87) 대법원 1990.9.25. 선고 89후 1615 판결.

88) 특허청, 심사지침서－특허·실용신안－1998.9.1, 125면.

하기 위하여 카본제 디스크브레이크에 홈을 형성한 것으로서 양자는 발명의 과제가 상이하다. 이와 같이 상이한 과제를 해결하기 위하여 인용발명의 기술을 본원발명의 카본제 디스크브레이크에 적용하여 홈을 형성하는 것은 이 분야에서 통상의 지식을 가진 당업자라면 용이하게 구성할 수 있는 정도의 개량에 불과하다.[89]

iii) 기능 · 작용의 공통성

인용발명과 청구항에 기재된 발명의 기능 또는 작용이 공통되는 경우에는 그 발명이 속하는 기술분야에서 통상의 지식을 가진 자가 인용발명으로부터 청구항에 기재된 발명에 이르게 된 것이 자명하다는 사실의 유력한 근거가 된다. 예를 들면 본원발명은 특정한 구조의 여과부가 형성된 가정용 여과장치에 관한 것이며, 인용발명1은 여과부의 구조가 상이할 뿐 다른 구성은 본원발명과 동일한 가정용 여과장치이고, 인용발명2는 본원발명과 여과부의 구조가 동일한 자동차용 여과장치로서 인용발명1 및 2에 기재된 여과장치는 여과라는 기능 내지는 작용면에서 서로 동일한 것이며, 여과장치에서 일반적으로 요구되고 있는 목적 내지 과제면에서 서로 다른 기술분야의 발명이라고도 할 수 없으므로 인용발명1에 기재된 여과부 대신에 인용발명2에 기재된 여과장치를 사용하는 것은 이 분야에서 통상의 지식을 가진 자라면 용이하게 채택하여 결합할 수 있는 정도의 것이다.[90]

iv) 기술분야의 관련성

발명의 과제해결을 위하여 청구항에 기재된 발명의 기술분야와 관련성이 있는 기술분야의 선행기술의 기술적인 수단을 적용하는 것은 그 발명이 속하는 기술분야에서 통상의 지식을 가진 자가 인용발명으로부터 청구항에 기재된 발명에 이르게 된 것이 자명하다는 사실의 유력한 근거가 된다. 예를 들면 양말의 구성에 관한 발명에 대해 그 구성이 동일한 장갑을 인용발명으로 하여 진보성을 부정하는 경우, 장갑과 양말은 극히 근접한 기술분야에 속하며 서로 관련성이 많으므로 이 분야에서 통상의 지식을 가진 자라면 용이하게 장갑의 구성을 양말의 구성에 전용(轉用)할 수 있다.[91]

(ii) 당업자의 통상의 창작능력의 발휘에 해당될 수 있는 사항

통상의 창작능력의 발휘에 해당하는 것으로는 일정한 목적달성을 위하여 공지의 재료 중 최적재료의 선택, 수치범위의 최적화 또는 호적화(好適化), 균등물에 의한 치환, 기술의 구체적 적용에 따른 설계변경 등을 들 수 있다.

89) 특허청, 심사지침서－특허·실용신안－, 1998.9.1, 1998.9.1, 125면.

90) 특허청, 심사지침서－특허·실용신안－, 1998.9.1, 1998.9.1, 126면.

91) 특허청, 심사지침서－특허·실용신안－, 1998.9.1, 127면.

청구항에 기재된 발명과 인용발명의 차이점이 이러한 점에만 있는 경우에는 달리 진보성을 인정할만한 근거가 없는 한 통상 그 발명은 진보성이 없는 것으로 본다.

i) 선택발명의 진보성

선택발명이란 인용발명에는 상위개념으로 표현되어 있는데 반하여 청구항의 발명에는 하위개념으로 표현된 발명으로, 인용발명에는 직접적으로 개시되어 있지 아니한 사항을 발명이 해결하고자 하는 과제해결의 수단인 발명의 구성에 없어서는 아니되는 사항으로 하여 선택한 발명을 말한다.

공지기술로부터 실험적으로 최적 또는 호적한 것을 선택한 것은 일반적으로 당업자의 통상의 창작능력의 발휘에 해당하여 진보성이 인정되지 아니한다. 그러나 선택발명이 인용발명에 비하여 유리한 효과를 가질 때에는 그 선택발명은 진보성이 있는 것으로 본다.

여기에서 유리한 효과라 함은 청구항에 기재된 발명의 기술적 구성에 의하여 발생되는 효과가 인용발명이 효과에 비하여 더 나은 효과를 갖는 경우를 유리한 효과라고 하고, 유리한 효과를 갖는 경우에는 진보성 인정에 참작할 수 있다. 발명의 유리한 효과의 참작은 화학분야의 발명 등 발명의 구성으로부터 효과의 예측성이 낮은 분야의 발명에 대한 진보성 판단에 특히 적합하다. 유리한 효과에는 인용발명의 효과와는 그 성질을 달리하는 이질적인 효과와 그 성질은 동질이나 인용발명이 갖는 효과에 비하여 현저하게 우수한 효과로서 이들 효과가 당해발명의 출원시 기술수준에서 그 발명이 속하는 기술분야에서 통상의 지식을 가진 자가 예측할 수 없었던 효과가 있다.[92] 예를 들면 i) 출원발명의 제조원료나 제조공정이 공지된 인용발명의 그것과 일부 유사하거나 동일한 점이 있다고 하더라도 출원발명이 그 제조원료의 구성비나 공정상의 첨가물에 있어 인용발명과 다르고 또 그로 인하여 경제성과 완제품의 품질이 인용발명보다 현저하게 향상, 진보된 경우에는 진보성이 있다고 할 것이다.[93] ii) 출원된 기술에 공지된 선행기술로부터 예측되는 효과 이상의 더욱 나은 새로운 작용효과가 있는 것으로 인정되어 출원된 기술이 선행기술보다 현저하게 향상, 진보된 것으로 판단되는 때에는 기술의 진보발전을 도모하는 특허제도의 목적에 비추어 당업자가 용이하게 발명할 수 없는 것으로서 진보성이 있는 것으로 보아야 할 것이다.[94] iii) 두 개 이상의 화학물을 소정의 비율로 배합하여 제조한 염료조성물의 진보성은 그 조성물 자체의

92) 특허청, 심사지침서－특허·실용신안－, 1998.9.1, 127면.

93) 대법원 1992.5.12. 선고 91후 1298 판결.

94) 대법원 1997.9.26. 선고 96후 825 판결.

작용효과 유무에 따라 판단되어야 하는 것이며 비록 조성물을 구성하는 개개의 성분이 공지의 범주에 속하는 화학물이라 하더라도 이를 소정비율로 배합한 결과 종전에 예측할 수 없었던 작용효과가 창출되었다면 이는 진보성이 있는 것이다.[95] ⅳ) 특허발명이 공지공용의 기존기술을 수집종합하고 이를 개량하여 이루어진 경우에 있어서, 이를 종합하는데 각별한 곤란성이 있다거나 이로 인한 작용효과가 공지된 선행기수로부터 예측되는 효과이상의 새로운 상승효과가 있다고 인정되고 당업자가 선행기술에 의하여 용이하게 발명할 수 없다고 보여지는 경우 또는 새로운 기술적 방법을 추가하는 경우가 아니면 그 발명의 진보성은 인정될 수 없다.[96] 선택발명의 진보성에 관한 보다 자세한 설명은 다음의 "5) ⑥ 선택발명"을 참고하기 바란다.

ⅱ) 수치한정발명의 진보성

수치한정발명이라 함은 청구항에 기재된 발명의 구성, 즉 발명이 해결하고자 하는 과제의 해결수단에 없어서는 아니되는 사항의 일부가 수량적으로 표현된 발명을 말한다.

공지기술로부터 실험적으로 최적 또는 호적의 수치범위를 선택하는 것은 일반적으로는 당업자의 통상의 창작능력의 발휘에 해당하여 진보성이 인정되지 않는다. 그러나 청구항에 기재된 발명이 한정된 수치범위 내에서 인용발명의 효과에 비하여 더 나은 효과를 가질 때에는 진보성이 인정될 수 있다. 이 경우의 효과는 수치한정범위 전체에서 유리한 효과를 가져야 하며, 수치한정의 임계적 의의(臨界的 意義)에 대해서는 다음과 같이 판단한다.[97]

ⓘ 청구항에 기재된 발명의 과제(발명의 목적) 및 효과가 인용발명의 연장선상에 있는 경우에는 그 수치한정 범위 내에서의 효과가 수치한정 범위외의 효과에 비하여 현저히 향상된 것이어야 한다.

ⓘⓘ 청구항에 기재된 발명의 과제(발명의 목적)가 인용발명과 상이하고 그 효과도 이질적인 경우에는 수치한정을 제외한 양 발명의 구성(발명의 과제해결수단)이 동일하여도 수치한정의 임계적 의의를 요하지 아니한다.

수치한정발명의 진보성에 관한 예를 들어보면, 이 사건등록고안은 그 등록청구범위에서 나선의 1회전도를 내경지름의 약 12배되는 관체길이 이내에서 한다는 수치한정과 나선을 철부와 요홈이 요철식으로 되었음을 필수구성요건으로 하고 있으나, 그 중 수치한정에 대하여는 그 명세서의 발명의 상세한 설명에 특히 "12

95) 대법원 1994.4.15. 선고 90후 1567 판결.

96) 대법원 1997.5.30. 선고 96후 221 판결.

97) 특허청, 심사지침서-특허·실용신안-, 2002.3, 2411면.

배이하"로 한정함에 대한 아무런 기술적 설명이 없는 점으로 보아 단지 나선의 회전도를 너무 완만하게 하지 않는다는 의미 이상의 별다른 기술적 효과가 없다. 그러므로 이 사건 등록고안에서의 수치한정은 아무런 기술적 의미가 없다.[98)]

수치한정발명에 관한 보다 자세한 설명은 다음의 "5) ④ 수치한정발명"을 참고하기 바란다.

iv. 진보성 판단의 보조자료

일반적으로 발명의 진보성 유무는 기술적 요인에 의해서 판단하지만 그 기술적 요인만으로 어려울 경우에는 비기술적 요인을 참작하여 판단할 수 있다.

그러나 기술적 요인에 의하여 명백하게 진보성이 부정된 발명에 대하여는 비기술적 요인만으로 진보성을 인정할 수 없다.

진보성 판단의 보조자료로 사용할 수 있는 것은 발명품의 상업적 성공, 모조품의 조기속출, 발명의 불실시, 비슷한 시기에 동일 또는 유사발명의 속출 등을 들 수 있다.

(ⅰ) 상업적 성공

상업적 성공이라 함은 발명품의 시장성으로 거래사회에서 경쟁상의 우위를 확보하는 경우를 말한다. 예를 들면 발명품이 품질이 우수하고 사용이 편리하며 효과도 만족할 뿐만 아니라 가격 또한 저렴하여 소비자로 하여금 상품성을 인정받음으로써 기존시장의 판도를 바꾸어놓는다든가 발명품의 출하로 종래상품의 퇴조현상이 나타나고 있다든가, 모조품이 속출하고 있다든가 하는 등의 경우는 그 발명에는 진보성이 있다고 할 수 있다.[99)] 그러나 그 발명의 상업적 성공이 그 발명의 기술적 특징에 기인하지 아니하고 다른 요인, 즉 발명품의 디자인이나 그 발명품에 사용하는 상표 또는 유행, 판매방법·경제상황의 변동 등에 기인하거나 그 밖에 진보성을 부정할만한 명백한 이유가 있을 경우에는 예외로 함은 물론이다.

상업적 성공을 참작한 진보성 판단의 예를 들어보면 삼성전자가 지이티사의 신제품인 휴대폰에 대하여 기술성을 칭찬하는 경우, 그 휴대폰은 진보성이 있다고 볼 수 있다. 또 그 휴대폰이 성능이 뛰어나다는 소비자의 평판이 자자함으로써 수요가 급증한 경우 그 휴대폰은 진보성이 있다고 할 수 있다.

(ⅱ) 발명의 불실시

발명의 불실시라 함은 발명의 효과가 큼에도 불구하고 이를 실시할 자금조달이

---

98) 대법원 1994.5.13. 선고 93후 657 판결

99) 대법원 1996.10.11. 선고 96후 559 판결, 1995.11.28. 선고 94후 1817 판결 참고

어려워 실시한 자가 없었다든가, 다른 동업자들이 실패를 거듭하여 온 사정, 오랫동안 해결되지 않았던 과제였다는 등의 사실이 있는 경우에는 그 발명에는 진보성이 있다고 할 수 있다.[100)]

그러나 이러한 요소들을 자금조달능력이 있었음에도 불구하고 시장성이 없어 실시할 자가 없었다든가 또는 해결할 과제를 쉽게 풀 수 있었음에도 불구하고 투자와 과제해결에 관심이 없었던 경우 등이나 그 밖에 진보성을 부정할만한 이유가 있는 때에는 예외임은 물론이다. 예를 들면 본원발명의 출원 전에 본원발명의 기술적 사상보다 퇴보된 기술적 사상을 실시하고 있었다면 특별한 사정이 없는 한 본원발명은 용이한 창작이라고는 할 수 없다.

또 단순히 종래 실시된 사실이 없다고 하여 진보성이 있는 것이라고는 할 수 없다. 즉 특정한 발명이 어느 정도의 작용효과는 있어서도 실시상에 결함이 있어 실시하지 않은 경우도 있기 때문에 이러한 경우에는 실시된 사실이 없다고 하여 진보성이 있다고는 할 수 없는 것이다.

(ⅲ) 특허권자의 주요한 경쟁업체가 특허의 무효를 주장할 수 있음에도 특허권자로부터 실시허락을 받은 경우에는 이를 진보성 판단의 보조적 자료로 사용할 수 있다.

ⅴ. 비슷한 시기에 동일한 발명이 수개 출원된 경우는 그 발명이 당업자가 용이하게 발명할 수 있는 것임을 간접적으로 시사한 것이기 때문에 이를 진보성 판단의 보조자료로 사용할 수 있다.

5) 진보성 판단의 참고적 유형

① 수집발명

수집발명이라 함은 2이상의 공지발명을 모아 하나의 발명으로 구성한 발명을 말한다 이러한 수집발명에는 진보성이 있는 결합발명(또는 조합발명)과 진보성이 없는 집합발명(단순수집발명)이 있다.

전자의 결합발명은 공지발명 ⓐⓑ를 수집하여 하나의 결합발명을 구성함에 있어서 당업자의 수준에서 그 공지발명 ⓐⓑ의 수집에 특별히 곤란함이 있고 공지발명 ⓐⓑ가 갖는 각 효과의 총계이상의 예기치 않은 새로운 효과를 얻을 수 있는 것을 말한다.

예를 들면 공지발명 ⓐ에 외(표)주면에 절삭날을 낸 절삭용 회전둥근톱이 있고

100) 대법원 1996.10.11. 선고 96후 559 판결, 1995.11.28. 선고 94후 1817 판결참조.

또 다른 공지발명 ⓑ에는 원주면에 절삭칩(chip)을 꽂은 절삭용 재단기가 있는 경우, 그 공지발명의 ⓐⓑ를 수집하여 "ⓐ의 회전둥근톱 본체의 중심내부에 ⓑ의 재단기를 접속하여 고착시킨 철제가공용 둥근톱"에 관한 출원발명은 둥근톱의 회전축이 방해받지 않고 깊게 톱질을 할 수 있다는 특징을 가짐으로써 예기치 않은 새로운 효과를 얻을 수 있다는 점에서 단한한 수집이 아니므로 이는 진보성이 있는 결합발명이라고 할 수 있다.

후자의 집합발명은 공지발명 ⓐⓑ를 수집하여 하나의 집합발명을 구성하기는 하였지만 당업자의 수준에서 그 공지발명 ⓐⓑ의 수집에 특별히 곤란함이 없고 공지발명 ⓐⓑ가 갖는 각 효과의 총계 이상의 예기치 못한 새로운 효과도 얻을 수 없는 것을 말한다. 예를 들면 공지발명 ⓐ에 선체상에 공중프로펠러를 설치한 선박이 있고, 또 다른 공지발명 ⓑ에 선미(船尾)에 자유롭게 올리고 내릴 수 있는 선외기(船外機)를 장착한 선박이 있는 경우, 그 공지발명의 ⓐⓑ를 수집하여 "선체상에 공중프로펠러를 설치하고 선미에 선외기를 장착하여 이것을 자유롭게 올리고 내릴 수 있게 하며 물이 깊은 곳에서는 선외기를 구동(驅動)하여 추진하고 얕은 곳에서는 선외기를 올리고 공중프로펠러를 구동하여 추진할 수 있게 만든 선박"에 관한 출원발명은 단순한 공지발명 ⓐⓑ의 집합에 불과한 것으로 진보성이 없다.[101)]

② 치환발명

치환(置換)발명이라 함은 공지발명의 특정한 구성요소를 다른 공지발명의 구성요소로 바꾸어 구성한 발명을 말한다. 치환발명의 경우 그 분야 당업자의 수준에서 치환이 특별히 곤란하다고 인정될 뿐만 아니라 치환에 의하여 예기치 못한 새로운 효과를 얻을 수 있다면 그 치환의 발명은 진보성이 있고, 그렇지 아니한 경우에는 그 치환의 발명은 진보성이 없다. 치환발명은 다음에서 설명하는 전용발명의 유사개념이라고 할 수 있으므로 이에 대한 자세한 설명은 전용발명을 참고하기 바란다.

③ 전용발명

전용발명이라 함은 다른 기술분야에서의 공지발명 등을 당해 기술분야의 발명으로 돌려서 사용하는 발명을 말한다. 전용발명의 경우 그 분야 당업자의 수준에서 전용이 특별히 곤란하다고 인정될 뿐만 아니라 전용에 의하여 예기치 못한 새로운 효과를 얻을 수 있다면 그 전용의 발명은 진보성 있고, 그렇지 아니한 경우

---

101) 일본특허청 심사기준, 선박, 42면.

에는 그 전용의 발명은 진보성이 없다. 예를 들면 공지발명 ⓐ에 전동장치내의 주요축에 회전계를 설치한 자동차·토목기계·선박 및 공작기를 운전할 때, ⓑ피절삭물의 성질에 따라 회전계를 보면서 회전수를 바꾸는 절삭방법이 있는 경우, 그 공지발명의 ⓐⓑ를 농기구분야 절초기(切草機)에 돌려서 사용하여 "차체(車體)프레임 전단에 종축(縱軸)을 설치하고 종축 아래쪽에는 절초도인(切草刀刃 : 풀 깎는 칼날)을, 위쪽에는 회전계를 장착하여 깎는 물건의 성질에 따라 가장 적합한 칼날의 회전수를 선택할 수 있게 한 절초기"에 관한 출원발명은 다른 기술분야에서의 ⓐⓑ의 공지발명을 농기구분야의 발명에 단순히 전용한 것에 지나지 않는다.[102] 따라서 이러한 전용발명은 진보성이 없다 할 것이다.

그러나 항공기에 주날개가 있다고 해서 이것을 잠수함의 주날개로 설치한 것이 특별히 곤란하지 않다고는 할 수 없다.

항공기는 비행 중 주날개에 생긴 부양력에 의해 공중에 떠 있는 것이므로 항공기에는 부양적 작용을 하는 날개의 조작으로 그 주 날개에 이미 생기고 있던 부양력에 증가분 또는 감소분이 생기는 것인데 반하여, 잠수함은 일반적으로 물속에서 그 무게를 물의 비중과 같게 함으로써 임의의 점에서 정지하는데, 이러한 상태의 잠수함에 주날개를 달더라도 그 주날개에서 부양력이 생기는 것이 아니고 다시 그 주날개에 수평타(水平舵)를 만들어 그 수평타(가동판)의 조작으로 비로소 부양력이 생기는 것이므로 본원발명의 잠수함에서는 부양적 작용을 하는 가동판의 조작으로 비로소 부양력 또는 침강력을 일으키는 것이어서 양자의 주날개에 실시한 기술수단은 그 작용을 달리하는 것이라고 할 수 있다.[103] 따라서 이러한 전용발명은 진보성이 있다 할 것이다.

④ 수치한정의 발명

i. 의 의

수치한정발명이라 함은 앞에서 설명한 바와 같이 수치한정의 채용으로 일고자 하는 현저한 작용효과를 수치한정의 근거로 명세서에 기재하고, 발명의 구성에 없어서는 아니되는 사항의 일부를 특허청구범위의 청구항에 수량적으로 표현한 발명을 말한다. 즉 발명의 구성요건 중 온도, 배합비율 등과 같은 것에 대한 수치를 특정한 발명을 통상 수치한정발명이라고 한다.

이러한 수치한정발명이 공지된 발명의 구성요건을 이루는 요소들의 수치를 특정함으로써 이를 수량적으로 표현한 것인 경우 그것이 그 기술분야에서 통상의

102) 일본특허청, 심사기준, 농기구, 34면.

103) 동경고판 昭 40.12.16, 取消集, 昭 39~40년, 601면 참조.

지식을 가진 자가 쉽게 선택하여 실시할 수 있는 정도의 단순한 수치한정이 아니고 그러한 한정된 수치범위내외에서 이질적이거나 현저한 작용효과의 차이가 생기거나 특별히 기술적 의의를 지니는 것이라면 이는 진보성의 요건을 충족하였다고 보아야 한다.

따라서 특허된 발명이 공지된 발명의 구성요건을 이루는 요소들의 수치를 특정함으로써 이를 수량적으로 표현한 것인 경우 그것이 그 기술분야에서 통상의 지식을 가진 자가 적의 선택하여 실시할 수 있는 정도의 단순한 수치한정에 불과하고 그러한 한정된 수치범위내외에서 이질적이거나 현저한 작용효과의 차이가 생기지 않거나 특별히 기술적 의의를 지니지 않는 것이라면 공지의 기술을 내용으로 한 것으로서 진보성의 요건을 결하여 무효라고 보아야 한다.[104)]

그런데 만일 특허된 발명이 여러 개의 인용발명에 나타난 기술내용을 수치한정하여 구성한 것이 아니라 하나의 인용발명에 나타난 구성만을 수치한정한 경우에 그 수치한정에 현저한 작용효과의 차이나 특별한 기술적 의의가 없다면 신규성이 없는 발명이 된다.[105)] 예를 들면 하수처리용 접촉물에 관한 특허발명이 그 출원 전에 국외간행물에 기재된 인용발명의 일부 구성요소의 수치를 한정한 것에 불과한 것으로 그 수치한정에 구성의 곤란성이 인정되지 아니하고 수치한정으로 인한 특별한 효과나 임계적(臨界的) 의의가 인정되지 않으므로 특허발명은 인용발명과 기술적 구성이 실질적으로 동일하여 공지된 기술에 해당한다[106)]고 판시하였다.

수치한정발명에서 한정한 수치는 다른 수치에서는 얻을 수 없는 특별한 효과가 있는 수치임을 명세서에 명확히 기재하여야 하고, 만약 그 수치의 한정에 특별한 의의가 없는 경우에는 그 수치한정발명은 진보성이 없는 것이다.

예를 들면 고단백질 팽창소맥제품의 제조방법에 관한 본원발명에서 그 원료로서 단백질 함량이 최소한 11퍼센트인 소맥을 사용한다고 기재되어 있으나 이는 단순히 단백질 함량이 11퍼센트인 소맥을 선택하여 사용한 것에 불과하고, 또 이와 같은 소맥분에 0.01-0.05 중량 퍼센트 당량 젖산 수준으로 존재하는 식용산을 첨가하여 반죽을 형성하는 것은 그 수치의 한정에 대한 특별한 의미를 명세서의 기재에서 찾아볼 수 없으니 결국 본원발명은 주지된 관용기술수단으로부터 그 기술분야에 통상의 지식을 가진 자이면 용이하게 발명할 수 있는 정도의 것이다.[107)]

---

104) 대법원 2001.7.13. 선고 99호 1522 판결, 1993.2.12. 선고 92다 40563 판결.

105) 대법원 2000.11.10. 선고 2000후 1283 판결.

106) 대법원 2000.11.10. 선고 2000후 1283 판결(신규성이 없어 권리범위가 없다는 내용의 판결이다).

107) 대법원 1985.7.9. 선고 83후 88 판결.

ii. 수치한정의 범위

수치한정발명에서 수치를 공지발명의 수치의 범위 내에서 선택하여 한정할 경우 그 수치한정발명은 공지발명의 수치의 범위 내에 포함된 것으로 보아 진보성이 없다. 예를 들면 특허청구범위에 중탄산나트륨, 염료 및 식초가 '1wt%이하'로 사용된다고 기재되어 있고, '1wt%이하'가 '0-1wt%'를 의미한다는 것은 명백하므로 이 사건 특허발명의 조성물은 위 성분들이 선택적으로 1wt% 범위 내에서 포함될 수 있다고 보아야 할 것이다[108]라고 판시하였다. 따라서 공지발명 수치범위내의 수치한정발명은 진보성이 없다.

iii. 수치한정과 임계적 의의

수치한정발명에 특별한 기술적 의의가 있어 진보성이 인정되는 것과 관련하여 임계치(臨界値)를 경계로 하여 급격한 변화가 있을 것을 요구하는 것이 일반적이지만, 효과가 이질적으로 현저한 경우에는 임계적 의의를 요구하지 않고 특허성을 인정하는 경우도 있다.[109]

수치한정의 임계적 의의에 대해서는 다음과 같이 판단한다.

(i) 수치한정발명의 과제 및 효과가 인용발명의 연장선상에 있는 경우에는 그 수치한정범위 내에서의 효과가 수치한정범위외의 효과에 비하여 현저히 향상된 효과가 있어야 한다.

(ii) 수치한정발명의 과제가 인용발명과 상이하고 그 효과도 이질적인 효과를 가질 경우에는 수치한정을 제외한 양 발명의 구성이 동일하여도 수치한정의 임계적 의의를 요하지 아니한다.[110]

iv. 수치범위의 실험적 선택

공지기술로부터 실험적으로 최적(最適) 또는 호적(好適)한 수치범위를 선택하는 것은 일반적으로는 그 발명이 속하는 기술분야에서 통상의 지식을 가진 자의 통상의 창작능력의 발휘에 해당하여 진보성이 인정되지 않는다. 예를 들어본다.

<예 1> 베갯속의 원료로 원적외선 발산체를 사용한다는 것이 회일적인 것으로 창작에 각별한 곤란성이 있다고 보이지 아니하고, 또한 원적외선 발산체 입자의 크기와 함량을 한정한 것은 당업자가 반복시험으로 그 최적비를 적절히 선택하여

108) 대법원 2001.9.7. 선고 99후 734 판결(본 판결은 수치한정발명의 해석관련 사례이다).

109) 특허법원, 특허재판실무편람(2002년), 98면.

110) 특허청, 심사지침서(1998년), 129면.

실시할 수 있는 정도의 수치한정에 불과하여 구성의 곤란성이나 효과의 각별한 현저성이 있다고는 보이지 아니하므로 진보성이 없다.[111]

<예 2> 흡연자로 하여금 특별한 맛을 느끼게 하는 담배필터를 생산하는 방법에 관한 출원발명이 기술구성 및 작용효과에 있어서 인용참증과 동일하거나 유사하고, 당업자가 반복시험으로 그 최적비를 적의 선택 실시할 수 있는 정도의 수치한정에 불과하여 그 발명의 구성의 곤란성이나 효과의 각별한 현저성이 인정되지 않으므로 출원발명은 이 기술분야의 통상의 기술을 가진 자가 인용참증으로부터 용이하게 발명할 수 있는 정도의 것이어서 특허를 받을 수 없다.[112]

<예 3> 이 사건 특허의 대상인 미용비누에 의하여 달성된다는 혈액순환의 촉진, 체온의 유지, 피부를 윤기 있고 탄력 있도록 하는 작용효과는 그 출원 전에 반포된 간행물에 기재되어 공지된 맥반석 자체가 지니는 고유의 성질을 공지의 미용비누에 단순히 혼합함으로써 달성할 수 있는 정도에 불과하고 맥반석분말의 혼합비율 역시 당업자이면 반복시험으로 그 최적비를 적의 선택 실시할 수 있는 정도의 단순한 수치한정에 불과하다면 이 점에 특별한 창의성이 있다고 인정되지 않으므로 위 특허는 공지의 기술을 내용으로 한 것으로서 무효이다.[113]

⑤ 매개변수한정의 발명

i. 의 의

매개변수[파라미터(Parameter)]발명이라 함은 수치한정발명의 일종으로서 발명이 속하는 기술분야에서 사용빈도가 낮은 물성·특성 등의 수치를 한정하는 것을 포함하는 발명을 말한다.

이러한 매개변수발명은 구조나 재료 등에 의한 특정이 곤란한 기술내용을 적절히 표현할 수 있는 장점이 있는 반면에 공지의 물건과 발명구성의 대비가 곤란하여 시험성적 증명서 등 다른 자료의 보충 없이는 공지의 발명과 발명의 명세서만으로는 곧바로 출원발명의 진보성을 판단하기가 어렵다는 단점이 있다.

매개변수발명의 경우 공지의 선행기술문헌에도 명시되지 아니한 경우가 통상적이므로 특허출원 후 추가시험을 실시하여 나타난 결과를 가지고 공지의 선행기술문헌에 기재된 기술내용과 매개변수발명의 동일성이 입증되면 매개변수발명은 신규성은 물론 진보성도 없는 발명으로 특허거절결정의 대상이 된다.

---

111) 대법원 2001.7.13. 선고 99후 1522 판결.
112) 대법원 1991.10.22. 선고 90후 1086 판결.
113) 대법원 1989.10.24. 선고 87후 105 판결.

ii. 매개변수발명의 진보성 부정

(i) 매개변수발명은 일반적으로 매개변수의 선택동기를 문언적으로 구성하기란 그리 쉽지가 않기 때문에 매개변수자체의 기술적 의의를 부정할 수 있는 특별한 경우에 한하여 진보성을 부정한다. 즉 매개변수와 관계된 구성요건과 유리한 효과사이에 인과관계가 없는 경우에는 기술적 의의가 부정된다.

(ii) 매개변수에 의한 한정이 공지물의 용도 등이 근사한 다수의 공지물이 매개변수발명의 수치범위에 포함하는 것이 추가시험에 의하여 입증된 경우 또는 공지의 기술과제에 대응하는 매개변수범위를 단순히 물의 특성으로 한정한 발명의 경우 또한 매개변수자체의 기술적 의의가 부정될 수 있다.[114)]

⑥ 선택발명

i. 의 의

선택발명이라 함은 앞에서 설명한 바와 같이 선행발명 또는 공지발명의 구성요건이 총괄적 개념(상위개념)으로 표현되어 있는 경우에 그 선행발명 또는 공지발명의 상위개념에 포함되어 있으면서도 구체적으로는 표현되어 있지 않는 개별개념(하위개념)을 출원발명의 구성요건으로 선택하는 발명을 말한다.

이와 같은 하위개념의 선택발명은 선행발명 또는 공지발명에 표현되어 있지 않은 특유의 현저한 효과를 가지고 있는 경우에서 그 선택발명은 진보성이 있고 그렇지 아니한 경우에는 진보성이 없거나 선행발명 또는 공지발명과 동일성을 갖는 어느 하나에 속하는 것으로 본다.

여기에서 "특유의 현저한 효과"라 함은 i) 선택발명의 기술적 효과가 선행발명 또는 공지발명의 기술적 효과와 동질적이거나 이질적인 경우 또는 양자병존의 경우, ii) 선택발명의 기술적 효과와 선행발명 또는 공지발명의 기술적 효과가 동질적이면서 최선최상의 효과를 가지는 경우를 말한다.

선택발명의 특유의 현저한 효과는 출원당시의 명세서에 출원발명이 선행발명에 비하여 현저한 효과가 있음이 명확하게 기재되어 있으면 충분하고 이를 확인할 수 있는 구체적인 비교실험데이터까지 기재할 필요는 없으며, 그 효과에 의심이 있는 경우에는 비로소 구체적인 비교실험데이터 등 그 효과를 뒷받침하는 사료를 출원 후에 제출하는 것이 허용된다.[115)]

114) 특허법원, 특허재판실무편람(2002년), 99면.

115) 특허법원 2001.7.13. 선고 2001허 5551 판결.

ii. 선택발명특유의 현저한 효과

선택발명이 선행발명 또는 공지발명보다 특유의 현저한 효과를 가져야 하는지에 대하여는 학계는 물론 실무진에서까지 견해가 일치하지 아니한 가운데 일본판례는 "… 그 발명이 선행발명을 기재한 간행물에 개시되어 있지 아니한 현저한 효과, 즉 선행발명에 의하여 얻을 수 있는 효과와는 질적으로 다른 효과 또는 동질의 효과라고 하더라도 우월한 효과를 얻는 경우에는 선행발명과 독립한 별개의 발명으로서 특허성을 인정하는 것이 상당하다. 그 선택발명의 특허성은 종래 주로 유기화합물의 기술분야에서 문제가 되었던 것이지만, 본원발명과 같은 합금의 기술분야에 있어서도 성립할 수 있다고 해석된다"고 하였고,[116] 우리판례는 「이 사건 출원발명에서 탁솔을 추출하는 대상을, "제주도 주목 또는 울릉도 주목을 한국 전역에서 재배하여 얻은 재배주목의 재생가능한 조직(잎 또는 가지치기의 부산물)"으로 한정하는 것은, 단순히 탁솔 추출원료만을 이 사건 출원발명 전에 공지된 인용발명에서 제시된 범위 내에서 특정한 것에 불과하고, 이로 인한 현저한 작용효과도 인정되지 아니하므로」 진보성이 없다고 하여[117] 양 판례 모두 선택발명은 선행발명 또 공지발명에 비하여 특유의 현저한 효과를 얻을 수 있어야만 진보성이 있는 것으로 특허성을 인정할 수 있다는 요지의 판시를 한 것이다.

이와 같은 선택발명의 특유의 현저한 효과는 그 선택발명의 출원발명과 선행발명 또는 공지발명과의 사이에 단순히 작용효과에 특유의 현저한 차이가 있다는 것만으로는 부족하고, 적어도 출원발명의 명세서에 선행발명 또는 공지발명에 표현되어 있지 않은 특유의 현저한 효과가 직접적이고도 명료하게 표현되어 있어야 하고, 출원 후 제출하는 실험성적증명서 등에 의해 작용효과상 특유의 현저한 효과가 있다고 주장하는 것으로는 발명의 특허성을 인정하지 아니한다.

일본의 판례는 "본원발명이 선택발명으로 별도 특허되어, 선원발명과 양립하기 위해서는 본원발명과 선원발명과의 사이에 단순한 작용효과상의 현저한 차이가 있다는 것만으로는 부족하며, 적어도 본원발명의 명세서 중에 선원발명의 명세서에서 전혀 교시하는 바가 없는 현저한 작용효과가 직접적이고도 명료하게 개시되어 있어야 한다"고 판시하였다.[118] 따라서 위이 판례는 출원 후 발명의 명세서 이외의 자료에 의하여 작용효과상 현저한 차이를 인정할 수 있다 하더라도 특허성을 부정하여야 함은 물론 후출원의 발명의 명세서에 선출원의 발명의 명세서에

116) 일본동경고재 소 62.9.8.

117) 대법원 2002.2.22. 선고 2000후 365 판결.

118) 일본 동경고판 소 56.7.30 취소집 소 56년 633면(가스정제방법사건).

서 표현되어 있지 않은 현저한 발명의 효과가 직접적이고도 명료하게 기재되어 있지 아니한 경우 또한 특허성을 부정하여야 함을 명백히 하고 있다.

⑦ 용도발명

i. 서 론

용도발명이라 함은 어떤 용도에 사용하는 물건의 발명을 말하기는 하나, 용도라고 하는 발명의 카테고리가 확립되어 있지 않으므로 인하여 물건의 발명, 물건을 생산하는 방법의 발명과의 구별이 명확하지 않아 새로운 용도의 물건의 발명을 하여도 그것이 용도발명인가의 판별이 그리 쉽지 않으므로 발명의 명세서에 용도발명임을 확인해 줄 수 있는 실시예를 기재해주는 것이 필요하다.

ii. 사 례

(i) 용도발명 인정의 사례

"본원발명은 일반식 X로 표시되는 아민화합물 또는 그 염의 1종 이상을 해수의 냉각수 계통에 0.03ppm이상 첨가하여 해식부착생물에 의한 장애를 방지하는 방법을 청구범위로 하고 있는데 적용농도와 적용방법 및 물질의 제재방법에 특징이 없으므로 용도발명에 해당된다"고 판시하였다.[119]

(ii) 용도발명 부정의 사례

본 사례는 용도발명으로 출원을 하였으나 제법발명이라고 판시한 사례이다. 특허청구범위에 "X화합물과 한 가지 또는 그 이상의 식물학적으로 적용가능한 희석제를 함유하는 화분형성억제조성물"아라고 기재되어 있는 바, 본원발명의 내용을 요약하면 화분형성을 억제하는 효과가 있는 피리졸류 화학물 및 그 조성물의 제조방법에 관한 것이라 할 수 있고 이와 같이 단일화합물을 보조성분과 혼합하는 용도를 명시한 조성물의 제조방법에 관한 발명은 단순한 화학물질의 용도에 관한 발명으로 볼 것이 아니라 제조방법에 관한 발명으로 보아 특허성을 인정할 것인지의 여부를 판단하는 것이 화학물질특허를 허용하기로 개정한 특허법과 조약의 취지에 비추어 정당하다고 설시하였다.[120]

(iii) 진보성인정의 사례

우리나라 판례는 "출원발명이 인용발명과 그 목적이 상이하고 특히 작용효과에

119) 대법원 1984.5.29. 선고 83후 96 판결(특허청 심사당시에는 용도발명이 허용되지 않았기 때문에 거절결정이 되었다.).

120) 대법원 1990.8.14. 선고 89후 575 판결, 1990.1.25. 선고 88후 1236 판결.

있어 인용발명이 '혈당량 강하를 위한 인슐린제제 등 약물의 비강투여시의 투과흡수성 개선'에 주안점이 있음에 비하여 출원발명이 '아무런 투과흡수 개선방법을 거치지 않은 인슐린제제의 혈당량 강하와는 상관없이 췌장 베타세포의 자기면역 반응에 의한 파괴의 억제를 통한 당뇨병 예방제제로서의 용도'에 주안점이 있는 전혀 별개의 것이라고 보아" 진보성을 인정하였고,[121] 일본의 선례에는 "출원발명은 '펜타클로로페놀로 되는 수전용(水田用) 제초제'를 요지로 하는 것인데 대해 공지발명이 '펜타클로로페놀로 되는 목제살균제'인 경우, 양자의 용도가 전혀 다르므로 출원발명은 진보성이 있다"[122]고 하였다.

(iv) 진보성부정의 사례

우리나라 판례는 "이 사건 특허발명은 '알리신 성분 및 캡사이신 성분을 포함하는 향신료 성분이 들어있는 통기성 용기를 쌀과 함께 쌀용기 내에 수용하여 위 수용된 쌀을 장기간에 걸쳐서 양호한 품질로 보존하는 쌀의 품질보존제'에 관한 것으로서, 알리신 성분 및 캡사이신 성분의 쌀의 품질보존제로서의 용도에 관한 발명과 그 사용방법에 간한 발명이라 할 것인데, 사용방법에는 특징이 없고, 용도에 관하여는 이미 인용발명들에 의하여 공지되었으므로 진보성이 인정되지 않는다"고 판시하였고[123] 일본의 판례는 "절삭유(切削油)의 발명에 대해 어떤 용도에 사용하는 조성물(윤활제)이 공지인 경우에, 이것을 기본적으로는 이것과 같은 기술분야에 속하는 용도(절삭제)에 사용하는 것 및 양자의 사용목적의 상위(相違)에 입각해서 조성적 성분의 배합비율을 바꾸는 것은 특별한 발명사상을 사용하지 않고 쉽게 할 수 있는 것이다"는 취지의 판시를 함으로써 진보성을 부정하였다.[124]

(v) 신규성·진보성부정의 사례

고혈압치료제로 사용하는 지렁이 건조분말의 용도발명의 특허청구범위가 "산지렁이를…하고 동결건조, 진공건조를 행하여 수득한 지렁이 건조분말을 유효성분으로 함유하는 혈압조절제"로 기재하고 있으므로 이는 지렁이 건조분말을 제조하는 방법과 그 용도인 혈압조절제(항고혈압제와 항저혈압제)에 관한 발명이라 하겠다. 먼저 용도에 관한 부분을 보면 본원발명의 출원 전에 반포된 간행물인 … 등에 지렁이의 건조분말이나 현탁액 등이 고혈압치료제로서 효용이 있다고 기재되어 있으므로 본원발명중의 고혈압치료제부분은 공지된 내용이라 할 것인데, 고혈압치료제와 저혈압치료제는 치료대상이 서로 다른 것이어서 서로 유기적으로 결

121) 대법원 1999.4.9. 선고 97후 2033 판결.

122) 특허법개설[제9판] 吉藤辛朔 著, YOU ME 特許法律事務所 譯, 대광서림(1993년), 105면.

123) 특허법원 1999.12.24. 선고 99허 1881 판결(확정).

124) 일본동경고판 昭 45.9.30 取消集 昭 45년, 255면.

합되었다고 볼 수 없으므로 결국 본원발명은 신규성 있는 부분과 유기적으로 결합되지 아니한 공지기술부분을 포함하고 있는 것이어서 그 전체항에 대하여 등록이 거절되어야 한다고 판시하였다.[125)]

위와 같은 특수발명 중 다음과 같은 발명은 진보성이 부정된다. i) 단순한 수집(집합)발명, ii) 단순한 균등물 또는 호환성 있는 재료의 변환, iii) 단순한 관용수단의 전환·부가·삭제, iv) 단순한 설계변경, v) 단순한 용도의 변경 또는 한정, vi) 단순한 수치·형태·배열 등의 변경 또는 한정에 불과한 것 등이다.

⑧ 배열변경의 발명

용이하게 할 수 있는 공지기술의 배열변경의 발명, 즉 공지기술의 구성을 그 배열에 관하여 변경한 발명으로서 당업자로서 그 변경에 곤란성이 없고 또한 그 변경에 수반되는 효과도 보통으로 예측할 수 있는 범위의 것인 경우는 진보성이 없는 것으로 본다.

⑨ 형상변경의 발명

용이하게 할 수 있는 공지기술의 형상변경의 발명으로서 당업자로서 그 변경에 각별한 곤란성이 없고 공지기술과 비교해서 그 변경에 의해 수반되는 효과도 보통으로 예측할 수 있는 범위의 것인 경우에는 진보성이 없는 것으로 본다.

⑩ 비즈니스 모델

비즈니스 모델(BUSINESS MODEL : BM)이라 함은 정보통신기술을 이용한 영업방식에 관한 발명으로서 영업방법, 컴퓨터 소프트웨어 및 하드웨어를 구성요소로 하며 일반적으로 컴퓨터 소프트웨어 관련발명으로 정의된다. 즉 "정보기술을 이용하여 실현한 새로운 비즈니스 시스템이나 방법에 관한 발명을 말하고, 이러한 일반적인 비즈니스 모델발명에 속하기 위해서는 컴퓨터상에서 소프트웨어에 의한 정보처리가 하드웨어를 이용하여 구체적으로 실현되고 있어야 하는 것으로 정의될 수 있다.[126)]

현재 비즈니스 모델발명의 추세는 그 발명자체로서의 성립성보다는 신규성과 진보성에 초점을 맞추고 있는 경향이다.

우리나라 특허청도 비즈니스 모델발명의 성립성을 인정하는 전제에서 2000년 8월 1일부터 시행하고 있는 '전자상거래 관련발명의 심사지침'에서 전자상거래 관

125) 대법원 1997.4.25. 선고 96후 603 판결.

126) 특허법원 2001.9.21. 선고 2000허 5438 판결 참고.

련발명의 청구항을 "ⅰ) 영업방법이 컴퓨터상에서 수행되어지게 하는 시(時)계열적으로 연결된 일련의 처리나 조작의 절차를 특정하는 방법발명, ⅱ) 영업방법이 컴퓨터상에서 수행되어지게 하는 처리나 조작에 해당하는 작용을 행하는 수단을 구성요소로 하여 구성요소간의 관계를 특정하는 물건발명(예: 장치, 시스템 등), ⅲ) 전자상거래 관련발명이 소프트웨어제품으로 제작될 수 있는 경우에는 프로그램 또는 데이터구조를 기록한 기록매체(물건발명의 한 형태로 취급)"의 3가지 종류로 기재할 수 있도록 하면서, 컴퓨터상에서 구현되는 구성의 한정이 없는 유형에 해당하는 순수한 영업방법과 추상적 아이디어 및 컴퓨터상에서 구현되는 구성의 한정이 있는 유형 중 수학적 알고리즘과 산업상 이용성의 한정이 아닌 기재만으로 된 것에 관하여는 발명의 성립성 자체를 부인하는 것으로 하고 있다.

이와 같이 비즈니스 모델에서 소프트웨어자체는 추상적인 아이디어로 보아 특허를 허여하고 있지 않지만 새롭고 유용한 프로그램을 기록한 저장매체(예: CD-ROM 등)나 콘텐츠(contents)에 대해서는 제조물에 관한 발명으로 특허를 허여하고 있다.

이러한 관점에서 비즈니스 모델(예: 피라미드 영업방식)자체에 대해서는 추상적 아이디어에 해당되어 특허대상이 되지 않지만 컴퓨터를 이용한 영업방식에 관한 발명은 하드웨어와 결합되어 구체화된 방법발명으로 보아 특허를 인정한다. 이는 마치 컴퓨터를 이용한 프로그램에 특허를 부여한 것과 같은 이치이다. 위 "4), 5)의 진보성 판단의 방법 등"에 관한 자세한 설명은 후술하는 "제14장 제3절 X 2 (2) 6) ③ 내지 ⑦ 진보성의 판단방법 등"을 참고하기 바란다.

6) 진보성에 관한 문제점

특허출원발명의 진보성을 판단함에 있어서 그 판단의 기초, 대상 및 공지 등의 발명과의 관계 등에서 대두되고 있는 몇 가지의 문제를 중심으로 살펴보고자 한다.

① 발명만을 진보성 판단의 근거로 하여야 하는지의 여부

특허법 제29조 제2항은 제1항 각호의 1에 규정된 발명에 의하여 용이하게 발명할 수 있는 것일 때라고 규정함으로써 진보성부정의 준거로서 발명임을 명백히 하고 있다. 따라서 공지공용된 발명이나 반포된 간행물에 기재되거나 대통령령이 정하는 전기통신회선을 통하여 공중이 이용가능하게 된 발명이 아닌 자연법칙이나 미완성의 발명 등과 같은 공지사실을 기초로 해서는 진보성을 부정할 수 없는 것으로 해석될 수도 있다. 그러나 같은 조 제2항의 법리는 아무리 신규성이 있는 발명이라 할지라도 위의 공지 등의 발명에 의해 용이하게 안출할 수 있는 정도의 발명은 특허를 받을 수 없다는 취지를 명시하기 위해서 공지사실 중 가장 일반적인 공지발명을 대표적으로 예시한 것에 불과하다고 해석하여야 한다. 만약 그렇게 해석하지 않을 경우 공지사실에서 용이하게 안출해낼 수 있는 발명이 특허를 받게 되어 진보성 규정의 취지에 반하게 된다.[127]

② 진보성과 공지성이 50대 50일 경우의 진보성 인정여부

진보성 유무에 대해 확신이 서지 않을 경우 진보성을 긍정해야 할 것인가 부정해야 할 것인가의 문제이다. 이에 대해서는 우리나라 특허법에서 채택하고 있는 특허권 무효심판청구에 맡겨 확정하자는 소극적 부정설[128]과 특허법 제29조 제2항은 진보성 없는 발명은 특허를 받을 수 없다는 취지의 규정으로서 이는 소극적 규정이므로 진보성의 유무에 대한 확신을 가질 수 없는 경우는 진보성을 인정해야 한다는 긍정설 및 이와 같은 양설을 받아들일 경우 특허발명의 질적 저하를 초래하여 진보성 규정의 취지에 반하므로 진보성을 인정해서는 안된다는 부정설로 나뉘어져 있는 바, 이 부정설이 특허법의 목적에도 부합되는 등 타당한 설이라고 해석된다.

③ 실패한 발명을 진보성 판단의 근거로 할 수 있는지의 여부

발명이 실패한 것은 그 발명의 목적을 달성하기 위한 기초, 즉 자연법칙에 대한 인식을 결했기 때문이고 실패한 발명을 완성시켜 발명으로 성립시킨 것은 자연법칙에 대해 처음부터 인식을 하고 실패한 발명을 이용한 것이기 때문에 발명으로 성립될 수 있는 것이다. 따라서 실패발명을 이용한 성공발명은 신규성이 있는 발명이라고 할 수 있다.

그러나 성공발명이 신규성이 있다 해서 진보성도 있느냐 하는 문제이다. 즉 실패발명을 근거로 성공발명의 진보성을 부정할 수 있는가의 문제로서 이는 일반적으로 실패한 발명을 근거로 성공한 발명의 진보성을 부정할 수 없다. 왜냐하면 발명이라고 볼 수 없는 것이라 할지라도 자연법칙이나 미완성의 발명과 같이 그 자체가 직접발명의 기초가 될 수 있는 것 또는 기초가 될 개연성이 극히 높은 것일 때에는 당연히 진보성을 부정할 수 있는 근거가 될 수는 있지만 실패한 발명과 같이 그 자체가 직접발명의 기초가 될 수 없는 것을 또는 기초가 될 수 있는 개연성이 극히 낮은 것을 근거로 하는 것은 타당하지 않기 때문이다. 그러나 성공발명으로 성립되기 전 실패한 발명에 관한 관련기술의 보완 등 일련의 사항이

127) 特許法概說, 吉藤辛朔 著, YOU ME 特許法律事務所 譯 110면.

128) - 미국, 판례(Ellis, p.124~128) 참조.
- 일본, 특허제도 80년사 p.514 참조.

당사자에게 알 수 있었을 때에는 실패한 발명도 성공발명의 진보성부정의 근거가 되는 것은 당연하다.

④ 사실 아닌 사항을 진보성 판단의 근거로 할 수 있는지의 여부

공지된 사항이 연구미진·사고미숙·판단착오·기록오기 등으로 사실과 다름을 알면서도 또 쉽게 알 수 있었음에도 불구하고 이를 판단의 참증으로 하여 진보성을 부정할 수 있는가의 문제이다. 이는 부정할 수 없다고 해석된다. 왜냐하면 진보성 판단의 주체가 이미 판단에 적용할 자료가 착오·오기 등으로 그 내용이 불충실하다는 사실을 알았거나 용이하게 알 수 있었기 때문에 이를 근거로 하여 진보성을 부정하는 것은 타당성이 없다고 인정되기 때문이다.

⑤ 출원 후 반포된 간행물 등을 진보성 판단의 근거로 할 수 있는지의 여부

출원당시의 기술수준이 출원 후 발행된 간행물에 게재되어 반포된 경우, 대통령령이 정하는 전기통신회선을 통하여 이용가능하게 된 경우 이를 근거로 진보성을 부정할 수 있는가의 문제이다. 이는 출원 후 반포된 간행물이나 컴퓨터 서버안의 하드디스크에 저장된 것에 의해 부정하는 것은 진보성이 가지고 있는 의미나 진보성을 발명의 특허요건으로 하고 있는 입법취지에도 부합되지 않으므로 진보성 판단의 자료로 인용해서는 안된다는 설과 인용할 수 있다는 설로 나누어져 있다. 그러나 여기에서 제기되고 있는 문제는 출원당시 일반적으로 널리 알려져 있거나 공연히 실시되고 있는 기술수준이 출원 후 반포된 간행물에 기재된 것이나 소정의 전기통신회선과 같은 인터넷 등을 통하여 이용가능하게 된 하드디스크(Disk)에 저장된 것이고, 출원 후의 기술수준이 출원 후 반포된 간행물에 기재된 것이나 하드디스크에 올린 것이 아니기 때문에 이 경우 출원 후 반포된 간행물이나 인터넷 등 소정의 전기통신회선을 통하여 이용가능하도록 하드디스크에 올려놓은 저장물을 인용하여 발명의 진보성을 부정할 수 있다고 해석하는 것이 타당하다.

4. 확대된 선원의 지위

(1) 서 설

1) 서 론

특허는 오직 하나의 발명(또는 예외적으로 하나의 총괄적 발명의 개념을 형성하는 1

군의 발명)에 대해서만 부여하는 선원주의 및 1발명 1출원특허주의(발명의 단일성)에 따른 중복특허금지의 원칙에 따라 동일발명의 출원이 경합될 경우 먼저 출원한 자 또는 선출원의 지위를 갖게 된 자만이 그 발명에 대하여 특허를 받을 수 있다.

따라서 복수의 출원발명이 경합될 경우 그 중 선출원을 정하기 위해서는 그 복수의 출원발명에 대한 동일성 유무를 판단하여야 하는데 그 동일성의 판단범위를 특허청구범위로 할 것인가, 명세서 또는 도면으로 할 것인가에 따라 특허법 제36조의 선출원과 같은 법 제29조 제3항의 확대된 선원의 지위로 나누어지는데 통상 양자의 총칭적 약칭으로 "선원"이라고 한다.

이러한 선원에는 동일한 발명에 대하여는 제일먼저 출원한 자 또는 선출원의 지위를 갖게 된 자만이 그 발명에 대하여 특허를 받을 수 있는 선출원(또는 본래의 선원, 협의의 선원이라고도 하며, 이하 혼용한다)(법 36① 내지 ③)과 출원발명이 그 출원일 전에 출원하여 그 출원일 후에 출원공개 또는 등록공고된 타인의 출원서에 최초로 첨부된 명세서 또는 도면에 기재된 발명이나 고안과 동일한 경우에는 그 발명에 대하여는 발명의 산업상 이용성, 신규성에 불구하고 특허를 받을 수 없는 확대된 선원의 지위(또는 확대된 선원, 확대된 선원의 범위, 광의의 선원이라고도 하며, 이하 혼용한다)(법 29③)가 있다.

따라서 양자는 다 같이 최선의 출원발명에 대해서만 특허를 인정하여야 한다는 선원주의에 의한 것이라는 점에서는 동일하나 선출원을 정하기 위한 2 발명의 동일성 판단의 범위에서 차이가 있다.

전자인 선출원 즉, 본래의 선원에서의 선후원의 동일성 판단의 범위는 "특허(실용신안등록)청구범위"에 기재된 발명(고안)인데 대하여, 후자인 학대된 선원의 지위에서의 선출원 즉, 확대된 선원에 대한 동일성 판단의 범위는 "명세서 또는 도면"에 기재된 발명(고안)이다.

그런데 특허법 제29조 제3항의 규정을 확대된 선원의 지위(광의의 선원 또는 확대된 선원의 범위)를 의미하고 있는 조항이라고 하여 그러한 표현들을 사용하고 있으나, 어느 것이든 본조항의 취지나 내용을 이해하는데 있어서는 불편이 없고 또 차이도 없으므로 본서에서는 확대된 선원의 지위라는 용어를 사용하기로 한다. 이러한 확대된 선원의 지위는 특허를 받을 수 있는 발명은 선원의 발명의 명세서 및 도면에 기재되어 있지 않은 발명이어야 하는 발명의 소극적 특허요건으로서 사안의 성격상 특허법 제29조의 특허요건에서 다루는 편이 적절하다고 생각되나 같은 법 제36조에 의한 선출원과의 관계가 밀접하므로 선원주의를 체계적으로 이해하는데 도움이 될 것으로 판단되어 이 장에서 선원성으로 설명하기로 한다.

1993년 12월 10일 개정 전 특허법에서는 선후원발명의 비교범위를 특허청구범위에 국한하였으나 개정 현행특허법은 명세서 및 도면에까지 확대함으로써 선원의 범위를 확장하였다. 즉 종래의 법에서는 선원의 출원공개 또는 등록 공고되기까지에 출원된 후원의 특허청구범위기재의 발명은 선원의 특허청구범위기재의 발명과 비교하여 발명의 동일성이 없는 한 선원의 발명의 명세서 및 도면에만 기재되어 있는 발명과 동일한 발명을 후원의 특허청구범위에 기재된 발명인지의 여부와는 관계없이 후원은 다른 거절이유가 없는 한 특허를 받을 수가 있었다. 그러나 개정법에서는 출원공개 또는 등록공고된 선원의 발명의 명세서 및 도면에 기재되어 있는 한 특허청구범위에 기재된 발명인지의 여부와는 관계없이 후원은 원칙적으로 거절하게 함으로써 선원의 범위를 확대하였다(법 29③).

이처럼 확대된 선원의 범위는 특허를 받을 수 있는 발명은 선원이 발명의 명세서 및 도면에 기재되어 있지 아니한 발명이어야 하는 발명의 소극적 특허요건으로서 사안의 성격상 특허법 제29조 제3항에서 다루는 편이 적절하다고 판단된다. 따라서 같은 법 제36조에 의한 선출원(본래의 선원)과의 관계가 밀접하므로 선원주의를 체계적으로 이해하는데 도움이 될 것으로 판단되기도 하나 다른 한편 다음에서 설명하는 바와 같이 선후원의 주체, 대상 및 범위 등에서 미묘한 차이가 있으므로 편의상 위의 선원 중 특허법 제36조에 의한 본래의 선원인 선출원은 전술한 제2장 제2절 Ⅳ. 선원자"편에서 설명하였으므로 여기에서는 같은 법 제29조 제3항에 의한 확대된 선원의 지위에 대해서만 살펴보기로 한다.

2) 의 의

확대된 선원의 지위라 함은 특허출원발명이 그 특허출원일 전에 출원하여 그 특허출원일 후에 출원공개 또는 등록공고된 타 특허출원 또는 실용신안등록출원의 출원서에 최초로 첨부된 명세서 또는 도면에 기재된 발명이나 고안과 동일한 경우에는 그 발명에 대하여는 산업상 이용성, 신규성에 불구하고 특허를 받을 수 없도록 선원의 범위를 같은 법 제36조의 선출원 즉, 본래의 선원의 동일성 판단의 범위 "특허청구의 범위"보다 넓게 명세서 또는 도면으로 확장한 것을 말한다(법 29③ 본문). 다만, ⅰ) 그 특허출원의 발명자와 타 특허출원의 발명자나 실용신안등록출원의 고안자가 동일한 경우 또는 ⅱ) 그 특허출원의 출원시의 특허출원인과 타 특허출원인이나 실용신안등록출원의 출원인이 동일한 경우에는 그러하지 아니하다(법 29③ 단서).

이와 같이 특허법 제29조 제3항 단서는 같은 항 본문원칙에 대한 2가지의 예외를 규정하고 있다. 그 중 특히 위 ⅱ)의 경우는 의문이 있기는 하나 원칙만으로는 부당한 결과가 나타나기 때문에 설치한 규정이라고 해석된다.

여기에서 타 특허출원서에 첨부된 명세서 또는 도면에 기재된 발명이란 그 특허출원한 발명의 기술내용이 타 특허출원서에 첨부한 명세서 또는 도면에 기재되어 있는 것으로서 그 기재된 정도는 당해 기술분야에서 통상의 지식을 가진 자가 반복실시하여 목적하는 기술적 효과를 얻을 수 있을 정도까지 구체적, 객관적으로 게시되어 있는 완성된 발명을 말한다.[129] 이를 구체적으로 살펴본다.

① 발명자의 동일

발명자의 동일이라 함은 발명자의 완전동일을 의미하며 또 출원서에 표시된 발명자의 동일만을 말하는 것은 아니다. 선원의 명세서 또는 도면 중에 후원의 발명자가 한 발명이 기재되어 있는 경우를 포함하지만 오히려 이 경우에 발명자의 동일을 예외의 대상으로 하는 실익이 있다. 예를 들면 ⅰ) 선원의 발명자가 간행물 발표에 관계되는 타인의 발명과 관련이 있는 발명을 하고 이것을 특허청구범위로 하여 타인의 발명을 자기발명의 설명상 명세서나 도면에 기재한 경우인데 그 타인이 신규성 상실의 예외규정의 적용을 받아 출원할 때 또는 ⅱ) 모인자의 출원(이 경우도 통상 ⅰ)과 같이 진정한 발명자는 출원서에 표시되지 않는다)보다 늦게 정당권리자가 출원하였을 때는 이 출원은 발명자가 동일하기 때문에 거절되지 않는다.

출원서 표시의 발명자 동일에 대해 선후원의 출원서에 기재된 발명자가 동일한 경우에는 예외대상으로 할 필요성은 거의 없다. 즉 후원출원시에 선원과 후원의 출원인이 다른 경우는 출원인 동일에 따른 예외규정의 적용을 받지 않으므로 같은 법 제29조 제3항 단서의 "발명자 동일"의 예외규정에 대한 적용을 받음으로써 후원의 거절을 피할 필요가 있는 것 같지만 그렇지가 않다. 선원의 출원인 A의 동의(즉 발명자가 甲발명에 대해 출원인 A에게, 그 발명에 대해 출원인 B에게 특허를 받을 권리를 양도하는 경우이므로 양도에 즈음하여 "동의"하도록 조건을 붙이는 것은 쉬울 것이다)를 얻어 분할되는 시기에 선원을 분할하고, 분할출원에 대해 출원인의 명의를 예정출원인 B로 변경하면 "발명자 동일"의 예외규정의 적용을 받는 것보다도 출원일이 소급되어 오히려 유리하기 때문이다.

② 출원인의 동일

출원인의 동일이라 함은 완전동일을 말한다. 다만, 출원인의 개명·상속·합병 등에 따른 출원인표시의 불일치는 출원인의 동일성을 방해하지 않는다. 출원인의 동일은 후원의 출원시만을 기준으로 하므로 그 후 동일성을 상실하여도 상관이 없다. 이와 같이 출원인 동일을 후원의 출원시로 하고, 후원의 심사시 또는 결정

129) 대법원 1992.5.8. 선고 91후 1656 판결.

시로 하지 않은 것은 후자에서는 그 시가 일정하지 않고 또 그 시에 일일이 출원인의 동일여부를 확인해야 하는 등 출원업무상 또는 심사상 불편하기 때문이다. 여기에서 출원인의 동일을 예외대상으로 한 이유는 선원자가 발명의 상세한 설명에 또는 도면에 기재하면서 특허청구범위에 기재하지 않은 발명은 일반적으로는 공공의 이익을 위해 제공한 것으로 해석할 수 있다. 즉 선원자가 특허청구범위에 기재하지 않는 발명은 특별한 경우(장래 특허청구범위에 기재하거나 분할출원을 하는 경우 등)를 제외하고 이것을 널리 공공의 이익을 위해 제공(일종의 권리포기)한 공유재산으로 보아야 하므로 후원자에게 특허를 부여하는 것은 선원자의 의사에 반하고 공유재산의 사권화를 의미하여 공공의 이익을 해친다. 그러나 모두가 그런 것만은 아니고 후일 발명의 상세한 설명 등에 기재한 발명에 대해 별도로 출원하여 특허를 받고 싶은 경우도 생기기 때문이라는 것이다. 그러나 이러한 이유에는 의문이 있다. 위와 같은 경우는 출원의 분할을 하면 되고 또 그 편이 출원일이 소급되어 유리하기 때문이다. 다만, 출원을 분할하려고 해도 할 수 없는 경우가 있다. 즉 분할할 수 있는 시기는 명세서 등에 대해 보정할 수 있는 기간내이어야 하기 때문이다. 따라서 특허결정등본의 송달 전 보정은 특허출원서에 최초로 첨부된 명세서 또는 도면에 기재된 사항의 범위 안에서 자유롭게 할 수 있지만 보정을 할 수 있는 시기에 대해서는 출원공개제도 및 심사청구제도를 도입함에 따라 제3자의 편의 및 특허청의 업무처리상 다음과 같은 제한이 가해지고 있다.

ⅰ. 특허법 제42조 제5항 각호의 규정에 따른 기한까지

(ⅰ) 특허법 제64조 제1항 각호의 어느 하나에 해당한 날부터 1년 6개월이 되는 날까지 특허출원인은 다음의 어느 하나에 해당하는 날부터 1년 6개월이 되는 날까지 특허출원 당시에 특허청구범위를 기재하지 아니한 명세서를 특허출원서에 첨부한 경우 특허청구범위가 기재되도록 명세서를 보정할 수 있다(법 47①, 42⑤, 64①).

ⅰ) 조약에 의한 우선권주장을 수반하는 특허출원에 있어서는 그 우선권주장의 기초가 된 출원일

ⅱ) 특허출원 등에 의한 우선권주장(이하 "국내 우선권주장"이라 한다)을 수반하는 특허출원에 있어서는 선출원의 출원일

ⅲ) 위 ⅰ) 또는 ⅱ)에 의한 2이상의 우선권주장을 수반하는 특허출원에 있어서는 해당 우선권주장의 기초가 된 출원일 중 최선일

ⅳ) 위 ⅰ) 내지 ⅲ)의 1에 해당하지 아니하는 특허출원에 있어서는 그 특허출원일

(ⅱ) 위 (ⅰ)의 기한이내에 출원심사청구의 취지를 통지받은 날부터 3개월이 되는 날까지

위 (ⅰ)의 기한이내에 출원심사청구의 취지를 통지받은 날부터 3개월이 되는 날까지. 다만 위 (ⅰ)의 ⅰ) 내지 ⅳ)의 어느 하나에 해당하는 날부터 1년 3개월이 되는 날 후에 통지를 받은 경우에는 (ⅰ)의 ⅰ) 내지 ⅳ)의 어느 하나에 해당하는 날부터 1년 6개월이 되는 날까지 특허출원 당시에 특허청구범위를 기재하지 아니한 명세서를 특허출원서에 첨부한 경우 특허청구범위가 기재되도록 명세서를 보정할 수 있다(법 47①, 42⑤2, 64①).

ⅱ. 특허결정의 등본을 송달하기 전까지

특허출원서에 첨부된 명세서 또는 도면의 보정은 심사관이 특허결정의 등본을 송달하기 전까지 보정할 수 있다(법 47①). 이와 같이 명세서 등의 보정을 특허결정등본의 송달 전까지로 제한한 것은 특허출원에 대한 출원공개, 출원심사 등의 절차를 종료하고 최종 특허결정까지 한 출원에 대하여 다시 출원심사절차 등을 밟아 특허여부를 결정하여야 하기 때문에 이에 따른 업무의 번거로움, 행정력 낭비, 심사기간의 연쇄지연(당해 출원심사기간은 물론 타인의 출원심사기간에까지), 출원공개 수혜자에게 불편을 주는 등의 폐단이 따르기 때문이다.

ⅲ. 특허법 제47조 제1항 단서 각호의 경우에는 그 호에서 정하고 있는 기간 이내까지 특허출원서에 첨부된 명세서 또는 도면의 보정은 위의 ⅰ, ⅱ의 기한까지 할 수 있는 것이 원칙이나 예외적으로 다음의 어느 하나에 해당하는 경우에는 그 해당하는 경우에서 정하는 기간 이내에 한하여 보정할 수 있다(법 47① 단서 각호).

(ⅰ) 2월 이내

ⅰ) 거절이유통지를 최초로 받거나 거절이유통지에 대한 보정에 의하여 발생한 거절이유통지가 아닌 거절이유통지를 받은 경우 당해 거절이유통지에 대한 의견서제출기간(법 47①1)

ⅱ) 거절이유통지에 대한 보정에 의하여 발생한 거절이유통지를 받은 경우 당해 거절이유통지에 의한 의견서제출기간(법 47①2, 법시행규칙 16①)

(ⅱ) 특수예외기간

특허에 관한 절차에 관련된 시험 및 결과측정에 시일을 요하는 때에는 그 지정기간은 당해시험 및 결과측정에 소요되는 기간(법 47①1·2, 법시행규칙 16① 단서)

(iii) 심판청구일부터 30일

특허거절결정에 대한 심판을 청구하는 경우에는 그 심판의 청구일부터 30일(법 47①3)

그러나 위와 같은 출원을 분할하려고 해도 할 수 없는 경우만을 위해 출원인 동일을 예외대상으로 할 만큼의 필요성이 없고 더욱 이를 악용하는 경우도 예상할 수 있다. 예를 들면 화학물질의 발명을 한 출원인이 그 용도나 제조방법을 명세서에 기재하면서 출원의 단일성("1발명1출원주의, 1특허출원의 범위, 발명의 단일성"이라고도 한다, 이하 혼용한다)의 대상으로 하지 않고 그 출원(선원)에 대해 출원공개되기 직전에 별도 출원(후원)을 하여 심사청구를 아주 늦게 함으로써 선원의 특허보다도 늦게 용도특허나 제조방법특허를 받아 그 특허권이 선원의 출원일로부터 20년을 넘어 21년 6개월 가까이에서 종료하도록 시도하는 경우를 상정할 수 있다. 만약 이러한 일이 현실로 행해진다고 하면 특허권의 존속기간에 관한 규정에도 불구하고 실질적으로 존속기간이 연장되는 결과가 되어 중복특허배제의 원칙에 위반되는 것은 말할 나위도 없다. 이와 같은 악용의 우려를 고려할 때 앞에서 설명한 바와 같이 특허법 제29조 제3항 단서의 출원인 동일을 예외대상으로 한 것에 대해 의문이 생기기도 한다. 그러나 이러한 폐단을 방지할 수 있는 수단 또한 없는 것은 아니다. 즉 용도나 제조방법의 발명을 물질발명의 출원의 특허청구범위에 기재하지 않은 경우에는 심사관은 이러한 방법에 대한 별도 출원의 유무를 출원인으로부터의 석명(釋明) 또는 직권으로 확인하여 별도 출원이 있는 경우에는 이를 취하시켜 선출원의 특허청구범위에 기재시키는 등 악용방지에 조언내지 지도노력을 한다.

이처럼 선원에는 위와 같은 특허법 제29조 제3항의 규정에 의한 확대된 선원의 범위와 같은 법 제36조의 규정에 의한 본래의 선원이 있음은 이미 설명한 바와 같다.

따라서 선원이라 함은 본래의 선원이든 확대된 선원의 범위이든 궁극적으로는 동일한 발명에 대하여는 최선(最先)의 특허출원인만이 그 발명에 대하여 특허를 받을 수 있다는 원칙을 말한다. 다만, 양자간의 차이는 선후원의 동일성 판단의 범위를 선원의 특허청구범위만을 기준으로 할 것인가, 선원의 발명의 명세서나 도면에까지 그 범위를 확대하여 판단의 기준으로 삼을 것인가의 차이이다. 즉 확대된 선원의 범위는 i) 선후원의 특허청구범위 외에도 그 발명의 명세서 또는 도면에 기재된 발명에 이르기까지 모두를 선후원의 동일성판단의 대상으로 하며(법 29③ 본문), ii) 선후원의 발명자 또는 출원인이 동일한 경우에는 이를 적용하지 아니하고 이를 인용하여 후출원의 거절이 가능하다.

이에 반하여 본래의 선원은 i) 선후원의 특허청구범위에 기재된 발명이 동일한 경우에, ii) 선후원의 발명자나 출원인의 동일인 여부에 관계없이 적용된다는 점 등에서 양자의 차이가 있다. 일반적으로 선원주의라 함은 협의의 선원주의, 즉 특허법 제36조의 규정에 의한 본래의 선원을 지칭한다.

3) 성 질

특허법 제29조 제3항의 확대된 선원의 범위는 같은 조 제1항의 출원발명의 신규성, 같은 법 제36조의 본래의 선원 및 같은 법 제47조의 특허출원의 보정에 비하여 다음과 같은 점에서 이들과 다른 성질을 가지고 있다.

① 신규성 판단 기준시점의 확대

특허법 제29조 제1항의 규정에 의한 출원발명의 신규성 판단의 기준시점은 특허출원당시를 기준으로 하여 판단한다. 따라서 특허출원 전에 그 출원발명이 공지 등이 된 경우에는 신규성이 없는 것으로 되어 특허를 받을 수 없고(법 29①1, 2) 특허출원 후에 공지 등이 된 경우에는 그 특허출원발명은 신규성이 있는 것으로 보아 다른 거절이유가 없는 한 특허를 받을 수 있다. 이에 반하여 특허법 제29조 제3항의 규정에 의한 확대된 선원의 범위에서의 출원발명에 대한 신규성 판단은 특허출원 후를 기준하여 판단한다. 따라서 특허출원 전에는 공지 등이 되지 않았던 발명이라 하더라도 특허출원 후에 공지 등이 된 경우에는 그 특허출원발명은 신규성이 없는 것으로 보아 특허를 받을 수 없다. 이와 같이 특허출원발명의 신규성 판단의 기준시점을 출원 후까지 확장한 확대된 선원의 범위는 출원발명의 신규성 판단의 기준시점을 특허출원 전으로 하고 있는 특허법 제29조 제1항 제1호 및 제2호(이하 "본래의 신규성 판단의 기준시점"이라 한다)의 예외적 성질을 가지고 있다고 할 수 있다.

② 선원의 판단범위의 확대

특허법 제36조의 규정에 의한 본래의 선원에서의 선출원을 정하기 위한 복수의 경합출원발명에 대한 동일성 판단의 범위는 특허청구범위에 기재된 청구항을 대상으로 하는데(법 36) 반하여 특허법 제29조 제3항의 규정에 의한 확대된 선원의 범위에서의 선후원의 동일성 판단의 대상범위는 출원 전 출원하여 출원 후 공개된 출원서에 최초로 첨부된 명세서 또는 도면에 기재된 발명(고안을 포함한다. 이하 같다)에까지 확장된다.

그러한 의미에서 확대된 선원의 범위(광의의 선원)는 특허청구범위를 2이상의 출원발명의 동일성 판단의 기준으로 하고 있는 본래의 선원(협의의 선원)의 예외적 성질을 가지고 있다고 할 수 있다.

이와 같이 확대된 선원의 범위에서의 선후출원발명의 동일성 판단의 범위가 본래의 선원에서의 2이상의 출원발명의 동일성 판단의 대상범위인 특허청구범위에 비하여 넓기는 하나 최선출원자에게만 특허를 부여한다는 선원주의를 기조로 하고 있다는 점에서 양자는 동일하다.

③ 특허출원의 보정 등 범위의 확대

i. 특허출원의 보정은 특허법 제42조 제5항 각호의 기한 또는 심사관이 특허결정의 등본을 송달하기 전까지 특허출원서에 첨부된 명세서 또는 도면을 보정할 수 있고 그 명세서 또는 도면의 보정은 특허출원서에 최초로 첨부된 명세서 또는 도면에 기재된 사항의 범위 안에서 할 수 있고(법 47②),

ii. 분할출원은 2이상의 발명을 하나의 특허출원으로 한 경우 그 특허출원의 출원서에 최초로 첨부된 명세서 또는 도면에 기재된 사항의 범위 안에서 특허법 제47조 제1항에 의하여 보정을 할 수 있는 기간이내에 그 일부를 하나 이상의 특허출원으로 분할할 수 있으며(법 52①),

iii. 변경출원은 실용신안등록출원인이 그 실용신안등록출원의 출원서에 최초로 첨부된 명세서 또는 도면에 기재된 사항의 범위 안에서 그 실용신안등록출원을 특허출원으로 변경할 수 있다(단, 그 실용신안등록출원에 관하여 최초의 거절결정등본을 송달받은 날부터 30일이 경과한 때에는 특허출원으로 변경할 수 없다(법 53①)).

만약 위의 i 내지 iii 다같이 특허출원서에 최초로 첨부된 명세서 또는 도면에 기재된 사항의 범위를 벗어난 보정이거나 분할출원이거나 변경출원인 경우에는 그 특허출원은 특허거절결정된다. 그러나 이와 같은 거절이유가 있었음에도 잘못하여 특허결정이 되어 특허권설정등록이 된 경우 그 거절이유는 특허무효사유가 되어 특허무효심판 또는 소송에 의해 무효가 된다.

그러므로 거절이유 및 무효사유가 되는 출원서에 최초로 첨부된 명세서 또는 도면에 기재된 사항의 범위를 벗어난 보정이나 분할출원, 변경출원의 절차를 밟지 말고 특허법 제29조 제3항 단서의 규정에 의한 확대된 선원의 지위에 관한 절차에 따라 각기 독립출원을 하여 특허를 받을 수도 있다. 그러한 의미에서 확대된 선원의 범위는 특허출원의 최초명세서 또는 도면에 기재된 사항의 범위 밖에서 이루어진 보정, 분할출원, 변경출원에 대한 단독신규출원의 길을 제공하여 특허를 받을 수 있도록 함으로써 특허거절이나 특허무효에 대한 구제적 성질을 가지고 있어 특허법 제47조 제2항, 제52조 제1항, 제53조 제1항의 예외라고 할 수 있다.

뿐만 아니라 특허출원의 보정, 분할출원 및 변경출원에 대한 심사관·심판관의 특허거절결정의 남용, 심판관의 특허무효심결 및 법관의 특허무효판결의 남용방지의 성질도 아울러 가지고 있다.

이러한 성질의 확대된 선원의 범위는 특허법체계상 특허요건의 소항에 규정(법 29③)되어 있기는 하나 엄격하게 또 좁은 의미에서 볼 때에는 특허요건이라고까지는 할 수 없으나 다음과 같은 점에서 볼 때에는 특허요건의 성질(색채)도 있음을 간과할 수 없다.

(i) 특허출원은 일반적으로 특허출원 전 공지된 발명과 동일한 경우 거절되나 (법 29① 각호) 확대된 선원의 범위(법 29③)에 있어서는 특허출원 후 공개된 발명이나 고안과 동일한 경우에도 거절된다.
이 경우 그 출원 후 공개된 발명·고안이 당해 특허출원을 한 날 전에 출원한 것에 한한다(법 29③ 본문).

(ii) 확대된 선원의 범위의 판단은 특허출원 전에 출원되어 특허출원 후에 공개된 그 선출원의 출원서에 최초로 첨부된 명세서·도면을 그 대상으로 하는데(법 29③ 본문) 반하여 본래의 선원에 의한 선출원의 판단대상은 출원서에 첨부된 특허청구범위이다(법 36).

(iii) 확대된 선원의 범위의 판단범위는 출원서에 첨부된 명세서 또는 도면상의 발명의 동일성을 그 범위로 하는데 반하여 디자인등록출원 및 상표등록출원은 물품의 디자인 및 표장·상품(서비스업을 포함한다)의 동일성은 물론 유사성까지를 판단의 대상범위로 한다.

4) 배 경

종전 특허법에서는 출원 후 공개된 선원에 관한 규정을 두고 있지 않아 이 경우 선원주의 및 1발명 1출원등록주의에 의한 중복특허금지의 원칙에 반하게 되므로 이러한 경우를 방지하기 위하여 특허출원 전 출원하여 출원 후 공개된 타인의 선출원의 범위를 특허청구범위로 하여 이와 동일한 후출원발명에 대하여는 특허를 받을 수 없도록 하는 출원 후 공개된 선원의 범위에 관한 규정을 하나의 특허요건으로 추가 신설하였다(종전법 29③).

그러나 다음에서 설명하는 바와 같이 선원의 범위를 특허청구범위로 제한함으로써 야기되는 문제점을 해결하기 위하여 그 후 개정법에서 선원의 범위를 특허청구범위에서 발명의 명세서 또는 도면으로까지 확대하였다.

즉, 종래 특허법은 특허요건으로서 산업상 이용할 수 있는 발명으로서 i) 특허출원 전에 국내에서 공지되었거나 공연히 실시된 발명, 특허출원 전에 국내 또는 국외에서 반포된 간행물에 게재되거나 대통령령이 정하는 전기통신회선을 통하여 이용가능하게 된 발명, ⅱ) 특허출원 전에 그 발명이 속하는 기술분야에서 통상의 지식을 가진 자가 위의 ⅰ)의 발명에 의하여 용이하게 발명할 수 있는 것일 때에는 그 발명에 대하여는 위의 ⅰ)에 해당되지 아니한 발명이라 하더라도 특허를 받을 수 없도록 하는 규정만을 두고 있었을 뿐(법 29①②) 특허출원 당시에는 위의 ⅰ), ⅱ)에 해당하지 아니한 발명이 특허출원 후 공개된 선출원발명 또는 고안과 동일한 경우의 발명에 대해서는 특허가부에 관한 명문의 규정을 두고 있지 않았다.

그러나 위와 같은 경우 비록 특허법 제29조 제1항 각호의 규정에 의한 출원 전 공지 등이 아니고 출원 후 공지 등이 된 것이지만 당해 출원발명에 대하여는 특허를 거절하여야 한다.

만약 당해 특허출원이 특허법 제29조 제1항 각호의 규정에 의한 출원 전 공지 등이 된 발명이 아니라고 하여 당해 특허출원 전 출원하여 당해 특허출원 후 출원공개나 등록공고에 의하여 공지된 타 출원발명 또는 고안과 동일한 발명에 대하여 신규성을 인정하여 특허를 허여할 경우 타인의 선출원발명 또는 고안과 동일한 후출원발명에까지 특허권을 부여하게 되는 것이므로 이는 같은 법 제36조의 규정에 의한 선출원주의에 부합되지 아니할 뿐만 아니라 같은 법 제45조의 규정에 의한 1발명 1특허출원주의에 의한 중복(이중)특허금지의 원칙에도 반하여 특허제도의 기본원리에 위배되고 또 같은 법 제29조 제1항 각호의 규정에 의한 발명의 신규성의 특허요건에도 배치되기 때문이다.

따라서 개정특허법에서는 이러한 점을 감안하여 출원 전 출원하여 출원 후 공지 등이 된 타 출원발명 또는 고안과 동일한 후출원발명에 대하여는 출원 전 공지 등이 된 것이 아니고 출원 후 공지 등이 된 것이라 하더라도 특허를 받을 수 없도록 하는 명문의 규정을 신설하였다(법 29③).

5) 취 지

위에서 설명한 바와 같이 선원의 범위를 특허청구범위로 한정하므로 인하여 발생되는 문제점을 타개하기 위하여 선원의 범위를 종전의 특허청구범위에 기재된 발명에서 명세서 또는 도면에 기재된 발명으로 확대하였는바 그 취지는 발명은 특허청구범위 이외의 명세서 또는 도면에 기재되어 있어도 등록공고나 출원공개에 의하여 그 내용이 공개된다. 따라서 선출원이 등록공고 또는 출원공개되기 전에 출원된 후출원일지라도 그 발명이 선출원의 명세서 또는 도면에 기재된 발명과 동일한 경우에는 이를 등록공고 또는 출원공개하여도 새로운 기술을 공개하는 것은 아니며, 이와 같은 발명에 대해 특허권을 부여하는 것은 새로운 발명에 대한 공개의 대가로 일정기간 동안 독점권을 부여하는 특허제도의 취지에도 부합되지 않고 중복특허금지의 원칙에 따른 1발명 1출원특허주의의 이념에도 반하므로 후출원은 거절하고자 하는 것이다.

① 비록 선원의 특허청구범위에 기재된 발명이 아니다 하더라도 당해 발명의 명세서 혹은 도면에 이미 기재된 발명으로서 이의 공개를 대가로 일정기간 독점, 배타권을 인정하였기 때문에 이와 동일한 내용의 발명을 특허청구범위에 기재한 후원의 발명은 창작이라고 볼 수 없으므로 이러한 발명에 특허를 허여하는 것은 발명의 신규성을 특허요건으로 하고 있는 특허법 제29조 제1항 제1호의 법원리와 정면으로 모순되며,

② 종래 특허법하에서는 발명의 명세서 혹은 도면에 기재한 실시예나 인용예 등에 대해서도 별개출원 또는 병합출원에 의해 특허를 받아두지 않을 때에는 후원인에게 특허가 부여되어 선원인 자신도 사용할 수가 없게 되므로 선원인은 이를 방지하기 위하여 방어선원을 하지 않으면 안되는 등의 폐해가 발생하여 출원인의 추가부담은 물론 심사의 적체현상을 불러 심사가 지연됨으로써 심사기간이 장기화되어 기술혁신속도가 빨라지고 있는 최근의 상황에 특허제도가 부응하지 못하는 부작용이 우려되고

③ 특허청구범위에 기재하지 않은 발명, 즉 발명의 명세서나 도면에 기재한 발명은 공개에 의해서 누구나가 자유롭게 사용할 수 있는 공공의 재산이므로 이를 특정인에게 독점권으로 허여하는 것은 공익에 반한다.

④ 선원이 있는 후원에 대해 후원을 이유로 거절하기 위해서는 선원의 처분이 확정될 때까지 보류하여야 하지만 심사청구제도가 채택됨에 따라 후원의 처리가 현저히 지연될 우려가 있다(법 59②⑤: 출원일부터 5년 이내 심사청구를 하지 아니한 때에는 취하한 것으로 본다). 뿐만 아니라 현재는 선후원의 특허청구범위가 일치하지 않는다 하더라도 장래(특허결정등본의 송달 전까지)에 특허출원서에 최초로 첨부된 명세서 또는 도면의 요지를 변경하지 아니하는 범위 내에서 보정(법 47)으로 선후원의 특허청구범위가 일치하여 선원의 지위를 가질 수도 있으므로 선원의 특허청구범위가 확정될 때까지 후원의 심사를 보류하여야 하는 결점이 있다.

위와 같은 문제점은 선후원발명의 동일성 판단의 범위를 선원의 특허청구범위에 한정하는데서 기인된 것이다. 따라서 동일성의 판단의 대상범위를 선원의 발명의 명세서 혹은 도면으로까지 확대하여 선원의 지위를 인정함으로써 해결하려

는 취지에서 확대된 선원의 규정을 둔 것이다.

(2) 적용요건

1) 적용의 원칙

특허법 제29조 제3항의 규정에 의한 확대된 선원의 범위의 요건은 다음과 같다.

① 타 특허출원 등이 당해 특허출원 전일 것

특허법 제29조 제3항 전단의 규정이 적용되기 위해서는 타 특허출원 또는 실용신안등록출원이 당해 특허출원 전 출원, 즉 당해 특허출원이 타 특허출원일 또는 실용신안등록출원일 후 출원이어야 하며 선후원의 판단은 시, 분, 초가 아니라 "일"이 기준이 된다. 국제특허출원 및 우선권주장이 있는 출원에 있어서의 출원일은 "국제출원일" 또는 "우선권주장일"이 기준이 된다. 따라서 특허법 제29조 제3항의 규정은 같은 날 출원된 것에 대해서는 그 적용이 배제된다. 즉 당해 특허출원(이하 "당해 출원"이라 한다)의 출원일(우선권주장을 수반하는 출원은 우선권주장일)이 타 특허출원 또는 실용신안등록출원(이하 "타 출원"이라 한다)의 출원일(우선권주장을 수반하는 출원은 우선권주장일)이후일 것

i. 타 출원이 분할출원 또는 변경출원인 경우에는 타 출원의 출원일은 소급되지 않으며, 분할 또는 변경출원일이다(법 52② 단서, 53② 단서).

ii. 타 출원이 파리협약에 의한 우선권주장을 수반하는 출원으로서 우선기간 내에 우리나라에 출원되고 우선권증명서가 제출된 경우에는 제1국출원의 명세서 등과 우선권주장 수반출원의 당초 명세서 등에 공통으로 기재된 발명에 대하여는 제1국출원일을 타 출원의 출원일로 인정한다(법 54③).

iii. 국내 우선권주장의 기초가 된 선출원의 출원서에 최초로 첨부된 명세서 또는 도면(이하 "당초 명세서 등"이라 한다)에 기재된 발명 또는 당해 우선권의 주장을 수반하는 출원(이하 "후출원"이라 한다)의 당초 명세서 등에 기재된 발명에 관하여, 선출원 또는 후출원을 특허법 제29조 제3항, 4항의 타 출원으로 할 경우의 취급은 다음과 같다.

(i) 후출원과 선출원 쌍방의 당초 명세서 등에 기재된 발명에 관해서는 선출원의 출원일에 의해 선출원을 타 출원으로 하여 특허법 제29조 제3항, 제4항의 규정을 적용할 수 있다(법 55③④). 다만, 선출원이 우선권주장을 수반하는 출원(파리조약에 의한 것을 포함한다)일 경우에서 위 쌍방의 당초 명세서 등에 기재된 발명 중 당해 선출원의 우선권주장의 기초가 되는

출원의 당초 명세서 등에 기재된 발명에 관해서는 선출원을 타 출원으로 하여 특허법 제29조 제3항, 제4항의 규정을 적용할 수 없다(법 55③④).

(ii) 후출원이 당초 명세서 등에만 기재되고 선출원의 당초 명세서 등에는 기재되지 않는 발명에 대해서는 후출원의 출원일에 의해 후출원을 타출원으로 하여 특허법 제29조 제3항 및 제4항의 규정을 적용한다(법 55④).

(iii) 선출원의 당초 명세서 등에만 기재되고 후출원의 당초 명세서 등에는 기재되지 않은 발명에 대하여는 특허법 제29조 제3항, 제4항의 규정은 적용되지 않는다(법 55④).

즉 국내우선권주장(특허출원 등에 의한 우선권주장)의 기초가 된 선출원은 그 출원일로부터 1년 3월을 경과한 때에 취하된 것으로 간주되어(법 56① 본문) 출원공개되지 않으므로 후출원이 출원공개 또는 등록공고되었을 때는 후출원의 당초 명세서 등에 기재된 발명 중 선출원의 당초 명세서 등에 기재된 발명에 관하여는 후출원이 출원공개되거나 특허가 등록공고된 때에 그 선출원이 출원공개된 것으로 보고 특허법 제29조 제3항 본문 또는 실용신안법 제4조 제3항 본문의 규정을 적용한다(법 55④).

또한 후출원과 선출원의 당초 명세서 등에는 기재되어 있지 않으나 보정에 의하여 새로이 기재된 발명에 대하여는 특허법 제29조 제3항, 제4항의 규정은 적용되지 않는다. 다만, 선출원의 당초 명세서 등에는 기재되어 있으나 후출원의 당초 명세서 등에는 기재되어 있지 않은 발명에 대하여는 출원공개된 것으로 보지 않는다. 따라서 이러한 발명에 대해서는 선출원을 타 출원으로 하여 특허법 제29조 제3항, 제4항의 규정을 적용할 수 없다(법 55④).

② 당해 특허출원의 출원일 이후에 타 특허출원이 출원공개 또는 등록공고되어 있을 것, 즉 타 특허출원 등의 출원공개 또는 등록공고가 당해 특허출원 후일 것

특허법 제29조 제3항의 규정이 적용되기 위해서는 타 특허출원 또는 실용신안등록출원의 출원공개 또는 등록공고가 당해 특허출원 후이어야 한다. 만약 그렇지 않고 전일 때에는 특허법 제29조 제3항의 규정이 적용되지 아니하고 같은 조 제1항 제2호의 규정이나 또는 제36조의 규정의 적용을 받을 것이다. 또 당해 특허출원이 타 특허출원 또는 실용신안등록출원의 출원공개 또는 등록공고 전에 출원되어 심사가 진행되고 있을 때에는 제29조 제3항의 규정을 적용할 수 없고 타 특허출원 또는 실용신안등록출원의 출원공개 또는 등록공고시까지 심사를 보류하여야 한다. 이와 같은 조치는 같은 조 제3항과의 관계에서 취할 수 있는 조치이고 당해 특허출원에 다른 거절이유를 발견하였을 때에는 그를 이유로 거절할 수

있음은 물론이다.

③ 당해 특허출원의 발명이 타 출원의 당초 명세서 등에 기재[130]되어 있을 것,[131] 즉 당해 특허출원의 특허청구범위의 청구항에 기재된 발명이 타 특허출원, 타실용신안등록출원 등의 출원서에 최초로 첨부된 명세서 또는 도면에 기재된 발명, 고안과 동일할 것

특허법 제29조 제3항의 규정에 의한 선후원 발명의 동일성 판단의 범위는 특허법 제36조의 규정에 의한 특허청구범위에 기재된 발명에서 발명의 명세서, 도면에 기재된 발명으로까지 확대되어 선원의 범위가 확장된다. 이때 선원의 범위로 확장된 명세서 또는 도면은 특허출원시 출원서에 최초로 첨부된 것에 한한다. 따라서 특허출원 후 보정에 의하여 변경된 내용의 명세서 또는 도면에 기재된 발명에 대하여는 특허법 제29조 제3항의 규정에 의한 확대된 선원의 지위가 아니다.

④ 당해 출원의 특허청구범위의 청구항에 기재된 발명이 타 출원의 당초 명세서 등에 기재된 발명 또는 고안과 동일할 것. 여기에서 당해 출원의 특허청구범위의 청구항에 기재된 발명이 타 출원의 "당초 명세서 등에 기재된 발명 또는 고안과 동일"이라 함은 당해 출원의 청구항에 기재된 발명과 타 출원의 당초 명세서 등에 기재된 발명 또는 고안이 구성상 완전히 동일한 경우는 물론 양자에 구성상의 차이는 있으나 그 차이가 과제해결을 위한 구체화 수단에 있어서의 미미한 차이에 불과한 경우(실질적 동일)도 포함하는 의미이다.

2) 적용의 예외

위와 같은 원칙에 의한 확대된 선원의 지위만으로는 발명자 또는 출원인의 보호에 적정을 기할 수 없기 때문에 특허법 제29조 제3항 단서에서는 다음과 같은 예외규정을 두어 같은 항 본문 및 같은 조 제4항의 규정의 적용을 배제하고 있다.

① 발명자가 동일한 경우

당해 출원의 출원시의 발명자와 타 출원의 발명자나 고안자가 동일한 경우에는 특허법 제29조 제3항 본문의 규정은 적용되지 않는다. 즉 타 특허출원의 발명자나 실용신안등록출원의 고안자가 당해 특허출원의 발명자와 동일한 경우 위 같은

130) 타 출원의 당초 명세서 등에는 기재되어 있으나 출원 이후의 보정에 의하여 삭제된 사항에 대하여도 특허법 제29조 제3항이 적용된다.

131) 당초 명세서 등에 기재되어 있다는 것은 당해 명세서 등에 직접적으로 명확하게 기재되어 있는 사항 및 명시적으로는 기재되어 있지 않으나 그 발명이 속하는 기술분야에서 통상의 지식을 가진 자가 명세서 등에 기재된 사항에 의하여 도출해낼 수 있는 사항을 말한다. 이 경우에는 당해 출원의 출원시의 기술상식을 참작한다.

항 단서의 규정에 의하여 같은 항 본문의 적용이 배제되는 바, 그 배제요건은 다음과 같으며 이는 신규성 의제를 받는 최선발명자(법 30)나 모인출원에 대한 정당권리자(법 34) 등 진정한 권리자를 보호하기 위한 취지이다. 그러나 같은 조 제1항 각호의 규정에 의한 신규성 상실에 의해서 거절될 수 있음은 물론이며 이와는 별개의 문제이다.

i. 당해 출원의 청구항에 기재된 발명의 발명자 및 타 출원의 명세서 등에 기재된 발명의 발명자나 고안자는 원칙적으로 출원서에 기재된 발명자로 인정한다.

ii. 발명자가 동일한 경우는 당해 출원 및 타 출원의 발명자 전원이 표시상 완전히 일치할 것을 요한다. 그러나 표시상 완전히 일치하지 않는 경우에도 실질적으로 동일하다고 판단되면 발명자가 동일한 것으로 인정한다.

iii. 발명자가 표시상 완전히 동일하지 않을 경우에 출원인이 발명자가 동일하다는 사실을 입증하기 위하여는 그 사실을 뒷받침할 수 있는 증거에 의하여 입증하여야 한다.

iv. 공동발명자가 되기 위하여는 발명이 완성되기까지의 과정 중 적어도 일부에 공동발명자 각각이 기술적인 상호보완을 통하여 발명의 완성에 유익한 공헌을 하여야 한다.

② 출원인이 동일한 경우

당해 특허출원시의 출원인과 타 출원의 출원인이 동일한 경우에는 특허법 제29조 제3항 본문은 적용되지 않는다. 즉 타 특허출원의 출원인이나 실용신안등록출원의 출원인과 당해 특허출원의 특허출원시의 특허출원인이 동일한 경우 특허법 제29조 제3항 단서의 규정에 의하여 같은 조항 본문의 적용이 배제되는 바 그 배제요건은 다음과 같으며, 이는 선원자가 특허출원시 명세서의 발명의 상세한 설명이나 도면에만 기재한 발명을 훗날 별개의 독립된 출원으로 특허를 받고자 하는 경우가 있을 것인 바 이때의 출원인 보호를 위한 취지이다. 그러나 같은 조 제1항 각호의 규정에 의한 신규성 상실에 의하여 거절되는 것은 별개의 문제이다. 여기에서의 출원인의 동일은 특허출원시의 출원인이 동일한 경우를 말하며 출원 후 특허를 받을 수 있는 권리의 양도에 의한 출원인 명의변경에 의하여 출원인이 동일하게 된 경우에는 위 같은 조항 단서는 적용되지 아니한다.

i. 출원인 동일에 대한 판단은 당해 출원의 현실적인 출원시점에서 타 출원과 당해 출원의 출원서에 기재된 출원인의 동일여부에 의하여 한다.

ii. 출원인이 2인 이상인 경우에는 전원이 완전히 동일인이어야 한다.

iii. 타출원일과 당해 출원일 사이에 출원인의 개칭·상속·합병 등에 의하여 출원인이 기재상 일치하지 않을 경우에는 동일한 것으로 인정한다.
iv. 당해 출원이 분할출원 또는 변경출원인 때에는 당해 출원의 소급일의 원출원인을 당해 출원의 출원인으로 한다.

③ 분할출원의 경우

특허출원인은 2이상의 발명을 하나의 특허출원으로 한 경우에는 그 특허출원의 출원서에 최초로 첨부된 명세서 또는 도면에 기재된 사항의 범위 안에서 특허법 제47조 제1항의 규정에 의하여 보정할 수 있는 기간이내에 그 일부를 하나이상의 특허출원으로 분할할 수 있다(법 52①).

분할출원이 있는 경우 그 분할출원은 특허출원한 때에 출원한 것으로 본다. 다만, 그 분할출원이 특허법 제29조 제3항에서 규정하는 타 특허출원 또는 실용신안법 제4조 제3항에서 규정하는 특허출원에 해당하여 특허법 제29조 제3항 또는 실용신안법 제4조 제3항의 규정을 적용함에 있어서는 당해 분할출원시 출원한 것으로 본다(법 52②1).

④ 변경출원의 경우

실용신안등록출원인은 그 실용신안등록출원의 출원서에 최초로 첨부된 명세서 또는 도면에 기재된 사항의 범위 안에서 그 실용신안등록출원을 특허출원으로 변경할 수 있다. 다만, 그 실용신안등록출원에 관하여 최초의 거절결정등본을 송달받은 날부터 30일이 경과한 때에는 특허출원으로 변경할 수 없다(법 53①).

이러한 변경출원이 있는 경우에 그 변경출원은 실용신안등록출원을 한 때에 특허출원한 것으로 본다. 다만, 그 변경출원이 특허법 제29조 제3항의 규정에 따른 타 특허출원 또는 타실용신안법 제4조 제3항의 규정에 따른 특허출원에 해당하여 특허법 제29조 제3항 또는 실용신안법 제4조 제3항의 규정을 적용하는 경우에는 그러하지 아니하다(법 53②1).

⑤ 보정의 경우

선원의 지위가 확대된 발명은 특허법 제29조 제3항의 규정에 의하여 당해 특허출원일 전에 출원하여 당해 특허출원일 후에 출원공개 또는 등록공고된 타 특허출원, 타 실용신안등록출원의 출원서에 최초로 첨부된 명세서 또는 도면에 기재된 발명, 고안이어야 한다. 따라서 출원 후 보정에 의하여 새로이 추가된 발명에는 확대된 선원의 지위가 주어지지 아니한다.

⑥ 국제특허출원에 대한 특칙

특허협력조약(PCT : Patent Cooperation Treaty)에 의하여 국제출원일이 인정된 국제출원으로서 특허 또는 실용신안등록을 받기 위하여 우리나라를 지정국으로 지정한 국제출원의 경우 특허법 제29조 제3항의 적용시기와 범위에 관하여는 다음과 같은 특칙이 적용되고 있다(법 29④).

ⅰ. 국제특허출원, 국제실용신안등록출원에 있어서 확대된 선원의 지위가 인정되는 시기는 국내에서의 출원공개 또는 세계지적소유권기구(WIPO) 국제사무국의 국제공개가 기준이 된다.

ⅱ. 국제특허출원, 국제실용신안등록출원에 있어서 확장된 선원의 지위가 인정되는 범위는 국어로 출원한 경우 국제출원일에 제출한 국제출원의 명세서, 청구의 범위 또는 도면에 기재된 발명 또는 고안으로, 외국어로 출원한 경우 국제출원일에 제출한 국제출원의 명세서, 청구의 범위 또는 도면과 그 출원번역문에 다같이 기재된 발명 또는 고안으로 국한한다.

즉 특허법 제29조 제3항의 확대된 선원의 지위에 있는 타 특허출원 또는 실용신안등록출원(이하 "타 출원"이라 한다)이 특허법 제199조 제1항에 따라 특허협력조약에 의하여 국제출원일이 인정된 국제출원으로서 특허를 받기 위하여 대한민국을 지정국으로 지정한 국제출원은 그 국제출원일에 출원된 특허출원으로 보는 국제출원인 경우 또는 실용신안법 제34조 제1항에 따라 실용신안등록출원으로 보는 국제출원(특허법 제214조 제4항 또는 실용신안법 제40조 제4항에 따라 특허출원 또는 실용신안등록출원으로 되는 국제출원을 포함한다)인 경우에 확대된 선원의 지위에 관한 특허법 제29조 제3항을 적용함에 있어서는 같은 항 중 "출원공개 또는 특허협력조약 제21조에 따른 국제공개"로, "출원서에 최초로 첨부된 명세서 또는 도면에 기재된 발명 또는 고안"은 국어로 출원한 경우 "국제출원일에 제출한 국제출원의 명세서·청구의 범위 또는 도면에 기재된 발명 또는 고안"으로, 외국어로 출원한 경우 "국제출원일에 제출한 국제출원의 명세서, 청구의 범위 또는 도면과 그 출원번역문에 다같이 기재된 발명 또는 고안"으로 본다(법 29④). 따라서 타출원이 특허출원으로 보는 국제출원[132] 또는 결정에 의하여 특허출원으로 되는 국제출원[133]인 경우에 대한 특허법 제29조 제3항의 적용에 있어서는 타 출원이 통상의

132) 특허협력조약에 의하여 국제출원일이 인정된 국제출원으로서 특허를 받기 위하여 대한민국을 지정국으로 지정한 국제출원은 그 국제출원일에 출원된 특허출원으로 보는 국제출원(또는 실용신안등록출원으로 보는 국제출원)이라고 한다. 이러한 특허출원으로 보는 국제출원은 그 국제출원일에 출원된 특허출원으로 보나(법 199①) 조약에 의한 우선권주장에 관한 특허법 제54조의 규정은 적용하지 아니한다(법 199②).

출원인 경우에 비하여 다음과 같은 점에서 다르다.

(i) 타 출원이 대한민국을 지정국으로 하는 국제출원(이하 "타 국제출원"이라 한다)인 경우

i) 타 국제출원이 출원공개 또는 국제공개되어 있을 것

ii) 타출원이 국어로 출원한 경우 당해 출원의 청구항에 기재된 발명 또는 고안이 국제출원일에 제출한 국제출원의 명세서·청구의 범위 또는 도면(도면 중 설명부분에 한한다)에 기재된 발명 또는 고안과 동일하고, 외국어로 출원한 경우 국제출원일에 제출한 국제출원의 명세서, 청구의 범위 또는 도면(도면 중 설명부분을 제외한다)과 그 출원번역문에 다같이 기재된 발명 또는 고안과 동일할 것

(ii) 타 출원이 특허법 제214조 제4항 또는 실용신안법 제40조 제4항에 규정하는 국제출원일로 보는 날의 도면(도면 중 설명부분을 제외한다)에 다같이 기재된 발명 또는 고안과 동일할 것

(3) 확대된 선원의 지위의 판단기준

1) 시 기

① 타 특허출원 또는 실용신안등록출원이 당해 특허출원을 한날 전에 출원되었는지, 즉 당해 특허출원이 타 특허출원 또는 실용신안등록출원 후에 출원되었는지의 여부

② 타 특허출원 또는 실용신안등록출원이 당해 특허출원 후에 출원공개 또는 등록공고 되었는지의 여부

---

133) 국제출원의 출원인은 특허협력조약 제4조(1)(ii)의 지정국에 대한민국을 포함하는 국제출원(특허출원에 한한다)이 같은 조약 제2조(xv)의 수리관청에 의하여 같은 조약 제25조(1)(a)에 규정하는 거부나 같은 조 (1)(a) 또는 (b)에 규정하는 선언이 되거나 국제사무국에 의하여 같은 조약 제25조(1)(a)에 규정하는 인정이 된 때에는 거부·선언 또는 인정이 출원인에게 통지된 날부터 2월내에 소정의 신청서(법시행규칙 별지 제69호 서식) 2통에 i) 명세서·청구의 범위·요약서 및 도면(도면 중 설명부분에 한한다)의 번역문 각 2통, ii) 대리인에 의하여 절차를 밟는 경우 그 대리권을 증명하는 서류 2통, iii) 그 밖의 법령의 규정에 의한 증명서류 2통을 첨부하여 특허청장에게 같은 조 (2)(a)에 규정한 결정을 하여 줄 것을 신청할 수 있다(법 214①, 법시행규칙 117①② 각호). 특허청장은 그 신청에 관한 거부·선언 또는 인정이 특허협력조약 및 동 규칙의 규정에 따라 정당하게 된 것이 아니라고 결정을 한 때에는 그 결정에 관한 국제출원은 그 국제출원에 대하여 거부·선언 또는 인정이 없었다면 국제출원일로 인정할 수 있었던 날에 출원된 특허출원으로 본다(법 214④).

2) 대 상

① 당해 특허출원의 특허청구범위에 기재된 청구항
② 출원공개 또는 등록공고된 타 특허출원 또는 실용신안등록출원의 출원서에 최초로 첨부된 명세서 또는 도면에 기재된 발명 또는 고안

3) 판단사항

① 양 출원발명 등의 동일성 판단

당해 특허출원의 특허청구범위에 기재된 청구항과 타 특허출원 또는 실용신안등록출원의 출원서에 최초로 첨부된 명세서 또는 도면에 기재된 발명 또는 고안과의 동일성에 관한 판단을 한다. 이에 반해 특허법 제36조의 규정에 의한 선출원의 판단은 특허청구범위에 기재된 청구항만을 그 대상으로 하여 선후원의 동일성 여부를 판단한다는 점에서 양자는 다르다.

② 양 출원발명자 등의 동일인 판단

ⅰ. 발명자 등의 동일인 판단

당해 특허출원인의 발명자와 타 특허출원의 발명자나 실용신안등록출원의 고안자가 동일인인지의 여부

ⅱ. 출원인의 동일인 판단

당해 특허출원의 특허출원시의 특허출원인과 타 특허출원이나 실용신안등록출원의 출원인이 동일인인지의 여부

위 ⅰ, ⅱ 각각 동일인인 경우에는 후원의 발명이 확내된 선원의 발명과 동일하다 하더라도 특허법 제29조 제3항의 적용이 배재되어 특허를 받을 수 있다.

그 이유는 최초출원시 발명의 명세서 또는 도면에는 발명의 내용을 상세히 설명하고 그 일부발명만을 특허청구범위의 청구항으로 기재하여 출원한 경우, 당해 발명자나 출원인이 후출원에 의해 나머지 발명부분을 특허청구범위의 청구항으로 한 경우 단지 1회에 출원을 할 수 있었던 것을 2회에 걸쳐 출원하였다는 차이뿐이기 때문에 이를 인정하여 다른 거절이유가 없는 한 특허를 허여하려는 것이다.

(4) 발명의 동일성 판단방법

1) 기본원칙

특허법 제29조 제3항, 제4항의 적용에 대한 판단은 당해 출원의 "청구항에 기재된 발명"과 타출원의 출원서에 최초로 첨부된 명세서 또는 도면에 기재된 발명 또는 고안(이하 "인용발명"이라 한다)이 동일한가에 대한 판단이다.

2) 판단방법

① 청구항에 기재된 발명의 인정

당해 발명의 청구항에 기재된 발명을 인정한다. 이 경우에 청구항에 기재된 발명의 인정방법은 다음과 같다.

i. 청구항의 기재가 명확한 경우에는 청구항에 기재된 대로 발명을 인정한다. 이러한 해석은 특허법 제97조는 "특허발명의 보호범위는 특허청구범위에 기재된 내용에 의하여 정하여진다"고 규정하고 있고 같은 법 제42조 제4항 또한 "특허청구범위에는 보호를 받고자 하는 사항을 기재한다"라고 규정하고 있으며 판례도 이와 같은 취지의 판시[134)]를 하고 있어 이에 근거한 것이다.

ii. 청구항에 기재된 용어의 의미·내용이 불명확한 경우에는 다음과 같이 발명을 인정한다.

(i) 발명의 상세한 설명 또는 도면을 참작하여 해석한 결과 청구항에 기재된 용어의 의미·내용이 명확하게 해석될 수 있는 경우에는 발명의 상세한 설명 또는 도면을 참작하여 발명을 인정한다.[135)]

---

134) - 대법원 1988.10.11. 선고 87후 107 판결 참조
- 특허법원 1999.3.12. 선고 98허 6926 판결
실용신안등록청구의 범위에는 보호받고자 하는 사항을 기재한 항을 기재하되 그 항에는 고안의 구성에 없어서는 아니되는 사항만으로 기재하도록 규정되어 있고(실용신안법 제8조 제4항), 실용신안의 보호범위는 실용신안등록 청구범위에 기재된 사항에 의하여 정하여진다(특허법 제97조를 준용하는 실용신안법 제29조)라고 규정되어 있어서, 실용신안등록을 받고자 하는 자는 등록청구범위에 보호받고자 하는 사항을 기재해야 할 것이고 그 기재된 사항은 고안의 구성에는 없어서는 아니되는 사항만일 것이므로 출원된 실용신안이 그 출원 전에 공지·공용된 고안으로부터 신규성이나 진보성을 갖추고 있는지에 대한 고안성의 심사는 등록청구의 범위에 기재된 사항에 대하여 이루어져야 할 것이다. 다만 등록청구의 범위에 기재된 사항의 기술적인 의미가 일의적으로 해석될 수 없다거나 그 기재가 오기임이 명세서로부터 명백한 경우에만 명세서의 고안의 상세한 설명을 참작할 수 있다 하겠다라고 판시하였다.

(ii) 청구항에 기재된 용어의 의미·내용이 불명확한 경우에는 발명의 상세한 설명 또는 도면을 참작하여 발명을 특정한다. 이 경우에는 특허법 제42조 제3항 또는 제4항의 규정이 위반으로 거절이유에 해당함은 물론이다.

(iii) 발명의 상세한 설명 또는 도면을 참작하여 해석하여도 청구항에 기재된 용어의 의미·내용이 불명확한 경우에는 발명의 인정을 하지 않는다. 따라서 이 경우에는 동일성에 관한 심사를 하지 아니하고 특허법 제42조 제4항의 위반으로 거절이유를 통지한다.

② 명세서 등에 기재된 발명의 인정

타 출원의 명세서 등에 기재된 발명을 인정한다.

i. 인용발명은 인용발명에 기재되어 있는 사항에 의하여 인정한다. 기재된 사항에 의한 인정시에는 타출원의 출원시의 기술상식을 참작하여 도출될 수 있는 사항도 인용발명 인정의 기초로 할 수 있다.

ii. 청구항에 기재된 발명과 인용발명이 각각 상·하위개념으로 표현된 경우에는 다음과 같이 인용발명을 인정한다.

(i) 청구항에 기재된 발명이 상위개념으로 표현되어 있고 인용발명이 하위개념으로 표현되어 있는 경우에는 인용발명으로 인정할 수 있다.

(ii) 청구항에 기재된 발명이 하위개념으로 표현되어 있고 인용발명이 상위개념으로 표현되어 있는 경우에는 인용발명으로 인정할 수 없다. 다만, 출원당시의 기술상식을 참작하여 판단한 결과 상위개념으로 표현된 인용발명으로부터 하위개념으로 표현된 발명이 도출될 수 있는 경우[136]에는 인용발명으로 인정할 수 있다.

(iii) 청구항에 기재된 발명과 인용발명을 대비하여 구성의 일치점과 차이점을 명확히 한다. 이 경우에 2이상의 인용발명을 조합하여 청구항에 기재된 발명과 대비해서는 안된다.

(iv) 대비결과 청구항에 기재된 발명과 인용발명간에 구성의 차이가 없으면 청구항에 기재된 발명과 인용발명은 동일하다. 이 경우의 동일은 실질적 동일[137]을 포함한다. 확대된 선원의 발명과 후출원발명의 동일성 판단에

---

135) 대법원 1991.11.26. 선고 90후 1499 판결 참조.

136) 단순히 개념상으로 하위개념이 상위개념에 포함되거나 또는 상위개념의 용어로부터 하위개념의 요소를 열거할 수 있다는 사실만으로는 하위개념으로 표현된 발명이 도출될 수 있다고 할 수 없다.

137) "실질적 동일"이라 함은 양자의 구성에 차이가 있는 경우라도 그 차이가 발명의 과제해결을 위한 구체화수단에 있어서 미소한 차이, 즉 주지·관용기술의 부가·삭제·전환 등으로

관한 보다 자세한 설명은 전술한 "Ⅱ. 4. (4) 발명의 동일성 판단방법"을 참고하기 바란다.

(5) 확대된 선원의 지위의 효과

1) 확대된 선원의 지위가 인정된 경우

확대된 선원의 지위가 확보되면 그 이후 이와 동일한 발명의 특허출원은 모두 후출원을 이유로 거절되는 소위 거절의 준거가 된다.

2) 확대된 선원의 지위가 인정되지 않는 경우

확대된 선원이 무효된 때(법 16)와 발명자가 아닌 자로서 특허를 받을 수 있는 권리의 승계인이 아닌 소위 무권리자에 의한 특허출원(법 34)은 확대된 선원의 효과가 발생하지 않는다.

3) 확대된 선원의 지위에 있지 않는 경우

특허출원이 출원계류중일 때에는 확대된 선원은 그 특허출원의 거절이유(법 62, 1)가 되고 착오로 특허가 되면 무효사유(법 133①1)가 되어 확대된 선원의 지위에 있지 않게 된다.

확대된 선원의 효과에 관한 보다 자세한 설명은 후술하는 제4장 제2절 Ⅲ. "6. 선원이 효과"를 참고하기 바란다.

(6) 후출원의 처리

후출원발명이 확대된 선원의 발명 또는 고안에 의해 거절이유가 되어 거절결정이나 거절한다는 취지의 심결이 확정되거나 또는 무효·취하·포기된 때에는 그 후 출원은 특허법 제29조 제3항의 규정을 적용함에 있어서는 처음부터 없었던 것으로 간주한다.

새로운 효과의 발생이 없는 정도의 차이에 불과한 것을 말한다. 여기에서 "주지기술"이란 그 기술에 관해 상당히 다수의 문헌이 존재하거나 또는 업계에 알려져 있거나 혹은 예시할 필요가 없을 정도로 잘 알려진 기술과 같이 그 기술분야에서 일반적으로 알려진 기술을 말하며, "관용기술"이란 주지기술 중 자주 사용되고 있는 기술을 말한다.

제 4 장

특허를 받을 수 없는 발명

제 1 절 서 론

특허법상 특허를 받을 수 있는 발명은 자연법칙을 이용한 기술적 사상의 창작으로서 산업의 이용성과 신규성, 진보성 등이 있는 것이어야 한다. 그러나 이와 같은 특허요건을 갖춘 발명이라고 해서 모두 특허를 받을 수 있는 것은 아니다. 그 발명이 사회질서에 위배되는 경우에는 불특허발명(강학상 특허요건 불비로 특허를 받을 수 없는 발명과 구별하는 경우가 있다)으로 특허를 받을 수 없다. 즉 공공의 질서 또는 선량한 풍속을 문란하게 하거나 공중의 위생을 해할 염려가 있는 발명, 공익성이 강한 발명, 자연의 섭리상 극히 당연한 발명 등에 대해서까지 특허를 부여하는 것은 특허제도의 사회성에 비추어 온당하지 못하기 때문이다.

따라서 특허법은 공공의 이익이나 산업정책에 부적합한 발명을 불특허발명으로 규정하고 이러한 발명에 대해서는 특허권을 부여하지 않는다는 것을 명백히 하고 있는 바(법 32·41② 전단 참조) 이는 특허법이 공익조장제도에 기초한 법이기 때문이다. 어떠한 발명을 특허를 받을 수 없는 발명으로 할 것인가는 그 나라의 도덕관념, 기술수준, 산업발달정도 및 산업정책 등에 따라 또 시대에 따라 다르다.

미국·일본 등 기술선진국들은 공공의 질서에 반하거나 가혹한 살상무기 등이 아닌 한 모든 기술분야에 거쳐 특허를 허여함으로써 비교적 발명의 불특허대상범위가 좁은데 비하여 후진국은 비교적 그 범위가 넓다.

우리나라의 경우에는 1987년 특허법개정시 의약 또는 2이상의 의약을 혼합하여 하나의 의약을 조제하는 방법발명, 화학물질발명 및 그 용도발명을 불특허발명에서 삭제하였고, 1990년 개정시는 음식물 또는 기호물의 발명을 삭제하였으며, 1995년 개정시는 원자핵 변환방법에 의하여 제조될 수 있는 물질의 발명을 삭제하였다. 그리고 2006.3.3. 개정시 제31조(식물발명특허)를 삭제함으로써 유성적으로 반복생식할 수 있는 변종식물의 발명에 대하여도 특허를 받을 수 있도록 하여 특허대상의 범위를 확대하고 현행법에서는 공공의 질서 또는 선량한 풍속을 문란하게 하거나 공중의 위생을 해할 염려가 있는 발명에 대해서만 특허를 받을 수 없는 발명으로 규정하고 있고(법 32), 또 국방상 필요한 발명에 대해서는 특허를 하지 아니할 수 있도록 하는 규정을 두고 있다(법 41② 전단). 이를 자세히 살펴보면 개정 전 특허법에서는

① 음식물 또는 기호물

② 의약 또는 그 혼합물

③ 화학방법에 의하여 제조할 수 있는 물질

④ 원자핵 변환방법에 의하여 제조될 수 있는 물질의 발명

⑤ 공공의 질서 또는 선량한 풍속을 문란하게 하거나 공중의 위생을 해할 염려가 있는 발명

⑥ 무성적(無性的)으로 반복생식할 수 있는 변종식물(變種植物)의 발명 중 괴경(塊莖)·괴근(塊根)·구근(球根)[1)]

⑦ 국방상 필요한 발명은 특허를 받을 수 없는 발명으로 하고 있었다.

그러나 개정특허법은 이들 중 대부분을 삭제하거나 일부개정을 하였다. 즉 위의 ① 내지 ④는 1986년 12월 31일 물질특허제도 도입을 계기로 삭제개정 근거가 마련됨으로써 ②, ③은 1986년 12월 31일 개정시, ①은 1990년 1월 13일 개정시, ④는 1995년 12월 29일 개정시 각각 삭제하고 ⑥에 대해서는 2006년 3월 3일 개정시 식물발명 특허조항을 삭제하여 이를 특허대상으로 포함하였다.

그리고 ⑤, ⑦에 대해서는 개정법에서도 그대로 특허를 받을 수 없는 발명으로 유지하고 있다. 따라서 현행특허법상 특허를 받을 수 없는 발명은 ⑤⑦에 해당하는 발명뿐이지만 특허를 받을 수 없는 발명에 대한 고찰을 함에 있어 ① 내지 ③에 대해서도 물질특허제도 채택시 많은 논란이 있었던 사항들로서 특허법의 기본에 관한 중요한 사항의 하나이므로 이들에 대해서도 구체적으로 살펴보고 또 그 동안 문제가 되어 왔던 동물·식물에 관한 발명과 최근 문제가 되고 있었던 컴퓨터프로그램, 반도체 집적회로 배치설계, 비즈니스 모델 등에 관한 발명에 대해서도 함께 검토해보기로 한다.

---

1) - 괴경(塊莖) : 괴상(塊狀 : 덩어리로 된 모양)으로 된 지하경(地下莖 : 땅속에 있는 식물의 줄기)
- 괴근(塊根) : 토란처럼 괴형(塊形 : 덩어리로 된 모양)으로 된 저장근[貯藏根 : 저장물질을 많이 저장해두어 비대해진 뿌리(무·고구마 등)]
- 구근(球根) : 구형(球形 : 공처럼 둥근 모양)으로 된 지하경(地下莖)이나 뿌리

제2절 종래 특허를 받을 수 없었던 발명

Ⅰ. 물질발명

1. 서 문

이는 새로운 물질자체의 발명에 대하여 특허성을 인정하는 것으로서 기술집약적이고 고부가가치산업인 의약·농약·화장품·식품 등 정밀화학분야가 주요대상이 되고 있다.

우리나라 특허법은 그동안 물질에 관한 발명을 불특허대상으로 하고 있었던 의약 또 2이상의 의약을 혼합하여 하나의 의약으로 조제하는 방법발명·화학물질발명 및 그 용도발명을 1986년 12월 31일 특허법개정시 삭제하였다. 이어 1990년 1월 13일 및 1995년 12월 29일 개정에서 각각 음식물 또는 기호물의 발명과 원자핵변환방법에 의하여 제조될 수 있는 물질의 발명을 삭제하여 명실공이 특허대상범위를 전 분야로 확대하여 본래 모든 발명은 충분히 보호되어야 한다는 특허제도정신의 존중과 함께 선진특허제도의 기틀을 마련하였다. 그러나 물질특허제도는 특허제도의 기본원칙 및 운용방향과 관련하여 중요한 분야이므로 그만큼 검토하여야 할 문제점도 많다.

이러한 물질특허제도는 종래의 화학물질제도의 약칭으로 사용되었으나 오늘날은 이와 공통점이 있고 또 밀접한 관계에 있는 음식물 특허제도와 의약 특허제도까지를 포괄하는 총칭으로 사용되고 있기도 한다. 본서에서도 각 개별제도마다 사용할 필요가 있는 경우는 총칭으로 사용하기로 한다.

2. 물질특허제도의 도입배경

우리나라 특허법은 1986년까지 의약 또는 그 조합물 및 화학방법에 의하여 제조할 수 있는 물질에 대한 특허제도와 1990년까지 음식물 또는 기호물 및 1995년까지 원자핵변환방법에 의하여 제조될 수 있는 물질방명에 대한 특허제도를 도입하지 않았다.

그 이유는 i) 의약 및 음식물 등은 인간의 생명과 직결된 것임을 감안하고 화학물질은 국제경쟁력이 없는 분야로서 선진국의 독점화를 방지하기 위해 내린 정책적 결정이었다. 그러나 이러한 정책적 판단이 1980년대 후반 이후의 산업육성 시책이나 시장개방화에 적합한 정책이냐 하는 점에 대해서는 회의적인 면도 없지 않았다. 오히려 이러한 입법정책이 관련산업의 발전을 저해하고 또 국제화에 역행하는 면도 없지 않다는 상황인식과 판단에 따른 지각변동에 의해 이 분야의 발명에 대한 특허를 허용하기에 이른 것이다.

또 한편으로는 ii) 전체산업기술수준으로 보아 어느 정도의 저항력과 잠재력이 생겼을 뿐만 아니라 미국 등 주요교역국과 이로 인한 불필요한 통상마찰 등을 해소하고 또 iii) 당시의 국제적 상황으로 보아 계속 물질특허제도를 도입하지 않을 경우 신물질발명의 국제적 보호를 부당하게 거부한다는 선진국의 비판적 여론에 직면할 위기에 있어 이를 돌파하면서 주요 대외정책을 실리적으로 수행해 나아가는 것이 경제산업정책에도 도움이 되고 또 장기적인 안목으로도 조기개방을 통해 치열한 경쟁을 하면서 체질을 강화해 나아가는 것이 오히려 1990년대 중반 이후의 국경절차없는 무한경쟁시대를 대비하는데 유리하다는 판단이 작용한 것이다. iv) 물질특허제도에 관한 국제규범이 1958년 10월에 개최된 산업재산권보호를 위한 파리조약개정을 위한 리스본회의에서 "동맹국은 제조방법과는 관계없이 새로운 화학물질을 특허로 보호할 것을 규정할 가능성을 검토한다"는 취지의 권고가 채택되었고, 이후 미국·독일·스웨덴·일본 등도 화학물질 특허제도를 채택하는 등 국제적으로도 물질특허제도를 빠른 속도로 채택하고 있어 동 조약 동맹의 일원으로서 동 조약상의 의무를 성실히 이행하여야 할 국제조약상의 의무가 있기 때문이다.

Ⅱ. 특허를 받을 수 없었던 물질

1. 의약 또는 그 혼합방법

(1) 의 의

"의약"이라 함은 2이상의 의약(사람의 질병의 진단·경감·치료·처치 또는 예방을 위하여 사용되는 물건을 말한다. 이하 같다)을 혼합함으로써 제조되는 의약의 발명을 말하고, "그 혼합방법"이라 함은 2이상의 의약을 혼합하여 하나의 의약을 제조하는 방법, 즉 의약의 혼합방법의 발명을 말한다. 그러나 의약발명 중에서 중요한 것은 어떤 물질을 어느 특정용도의 의약으로 사용하는 것을 내용으로 하는 용도발명이다. 따라서 의약은 일반적으로 화학물질의 용도가 의약의 효능을 갖기 때문에 의약이라 하면 물의 용도적 측면을 가리킨다. 이러한 용도발명에 대해서는 약효 등에서 의약발명 특유의 문제도 있으나 기본적으로는 용도발명에 대한 일반원칙이 적용된다. 그러나 보통의 경우 용도발명이라 하면 단일화합물의 용도발명만을 가리키는데 반해 의약발명은 그 용도가 의약인 경우 조성물발명까지도 포함하고 있다.

(2) 불특허이유

의약 또는 그 혼합방법에 대하여 특허를 부여하지 않은 것은 국민보건의 측면과 의약품 공업의 낙후성을 고려한 보호정책적 측면이 크게 작용한 것으로 판단된다. 그러나 이보다도 더 중요하고, 또 직접적인 원인은 의약 또는 그 혼합방법이 물(物) 자체의 발명이며, 그 제조방법의 발명은 별개이기 때문이다. 다만, 제조방법일지라도 2이상의 의약을 혼합해서 1개의 의약을 제조하는 방법(이하 "의약의 혼합방법"이라 한다)의 발명에 대해서는 의약의 발명과 같이 특허를 부여하지 않는다. 그 이유에 대해서는 여러 가지 설이 있으나 의사가 처방전에 의한 조제행위를 침해하지 않기 위해서라는 설(조제자유설)이 타당하며 또 오늘날의 통설이기도 하다.

2. 화학물질

(1) 의 의

화학물질이라 함은 화학방법에 의하여 제조될 수 있는 물질 그 자체, 즉 원료물실(출발물질)에 화학변화를 수반하는 처리수단에 의해서 얻어지는 다른 물질(목적물질)을 말한다. 따라서 화학물질은 제품의 원료나 성분이 되는 순수 단일화학물이라는 점에서 도료·인쇄용 잉크 등과 같은 조성물이나 합성물 또는 회합물과 다르며 또 화학반응에 의하여 생성될 수 있는 물질이라는 점에서 자연에 존재하고 있는 다이어몬드나 소금 등과 같은 천연화학물질과도 다르다. 또 화학물질은 화학적 방법으로 제조되어야 할 물질이므로 추출·증유 등 물리적 방법으로 제조되는 물질이라 하더라도 화학적 방법으로도 제조할 수 있는 것은 여기에 해당함은 물론이다.

(2) 불특허이유

화학방법에 의하여 제조될 수 있는 물질, 즉 화학물질에 대하여 특허를 부여하지 않은 것은 종래 화학물질은 자연에 존재하는 물(物)이므로 발견에 불과하므로 특허의 대상이 되지 않는다는 소위 천연물설이 있었으나 오늘날에는 국내산업보호측면에서 특허를 부여해서는 안된다는 산업정책설이 정설이 되고 있다. 화학물질의 발명은 많은 연구개발비의 투자와 고도의 연구진에 의해서 이루어지므로 이러한 능력이 없는 국가에서 화학물질발명에 대하여 특허를 인정할 경우에는 화학물질발명의 대부분이 선진국에서 특허를 받아 자국의 이 분야 진출이 어려워져 산업정책상 바람직하지 않다는 것이 이 산업정책설의 배경이며 근거이다.

3. 음식물 또는 기호물

(1) 의 의

음식물이라 함은 먹어서 인체의 영양에 직접 필요하거나 인체의 영양을 간접적으로 돕는 것을 말하며, 기호물이라 함은 음식물에 섞거나 또는 단독으로 먹어서 미각·후각 등에 좋은 영양을 주는 것을 말한다. 여기에서 유의할 것은 먹어서 인체의 영양에 직접역할을 하지 아니하거나 인체의 영양을 간접적으로 돕는 것이 아니다 하더라도 미용식과 같은 것은 음식물로 본다.[2] 따라서 음식물·기호물이라 함은 음식물·기호물 그 자체를 말하며, 이들의 제조방법이나 그 처리방법 등에 관한 발명은 여기에 포함되지 않는다. 그러므로 2종이상의 음식물 또는 기호물의 혼합의 경우 특허청구범위에 혼합물로 된 음식물 또는 기호물로 기재한 경우에는 음식물 또는 기호물 자체의 발명으로 보지만, 혼합에 의한 음식물 또는 기호물의 제조방법과 같은 방법의 형식으로 기재되어 있는 경우에는 음식물 또는 기호물 자체의 발명으로는 보지 않는다.[3] 이러한 음식물 또는 기호물 자체에 대한 발명은 음식물 또는 기호물을 어느 특정용도에 사용하는 물건으로 기재한 경우의 용도발명과 구별되어야 한다.

---

2) 자료 : 산업부문별 심사기준[Ⅱ] 1~6면, 특허청.
3) 산업부문별 심사기준 [Ⅱ] 특허청 심사3국, 1-5~1-6면.

(2) 불특허이유

음식물 또는 기호물은 국민의 식생활에 없어서는 아니되는 물질이다. 따라서 이를 발명자에게 독점권을 인정할 경우 부당한 가격인상으로 국민의 일상생활을 위협할 우려가 있기 때문에 이들에 대해서는 특허를 받을 수 없는 발명으로 하였다. 그러나 여기에서 유의할 것은 특허를 받을 수 없는 것은 음식물이나 기호물 그 자체의 발명이고, 이들의 제조방법에 대한 발명은 특허를 받을 수 있다. 왜냐하면, 제조방법의 발명에 대하여 부여되는 특허권의 효력은 물의 발명에 부여되는 특허권의 효력에 비해 현저하게 좁기 때문에 이에 의해 일상의 식생활이 지장을 받을 염려가 없기 때문이다. 즉 음식물이나 기호물 자체에 특허권이 부여될 경우, 모든 제조방법(여기에는 공개된 특허명세서에 기재된 제조방법과 다른 제조방법은 물론 후원(後願)의 제조방법도 포함한다)에도 효력이 미치는데 반해, 방법의 발명에 대하여 부여되는 특허권의 효력은 그 방법으로 제조한 물건에만 미치기 때문이다.

4. 원자핵변환물질

(1) 의 의

원자핵변환방법에 의하여 제조될 수 있는 물질이라 함은 핵분열이나 핵변환 또는 핵융합으로 제조되는 원소 및 화합물을 말한다. 여기에서 원자핵변환이란 원자나 분자속의 원자가 중성자·양자 등 다른 입자의 충격으로 생기는 핵분열·핵변환이나 핵융합으로 질량수가 다른 원자로 변하는 현상을 말하는데 이는 원자로(原子爐)·방사원(放射源) 등을 사용하여 이루어지게 된다. 즉 i) 기지원소(既知元素)의 방사성(放射性)이나 비방사성 동위원소(非放射性 同位元素), ii) 초(超)우라늄원소, iii) 화학물질, iv) 천연물질 등의 전부 또는 일부를 원자핵변환방법으로 타원소로 바꾸는 것 등을 생각해 볼 수 있다.[4)]

(2) 불특허이유

원자핵변환방법에 의하여 제조될 수 있는 물질발명에 대하여 특허를 부여하지 아니한 중요한 이유는 이 분야산업의 보호라고 하는 정책적 측면이 크게 작용한

---

4) 특허법개설, 吉藤辛朔 著, YOU ME 특허법률사무소 역, 117면.

것이다. 즉, 당시 우리나라의 원자력산업의 기술은 유치한 수준에 와 있거나 사실상 전무한 상태이어서, 미국·러시아·일본 등 선진외국에 이러한 신물질에 대하여 특허권을 인정할 경우 우리나라는 이들 나라의 독점시장화로 추락된다는 우려 때문이었다. 또 이외에도 당시 많은 나라들이 특허법과는 달리 원자력에 관한 신물질발명에 대하여 특허를 제한하는 별도의 법제를 가지고 있었던 점도 특허발명의 대상에서 제외한 하나의 요인이 되었음은 물론이다.

5. 그 밖의 물질관련 발명

(1) 개 설

새로운 물질과 관련된 발명에는 i) 물질(물건)을 생산하는 방법 그 자체를 발명의 대상으로 하는 방법발명, ii) 특정의 물질 또는 화합물에 대하여 물질자체가 지니는 특성, 즉 용도를 발명의 대상으로 하는 용도발명, 이 경우의 용도발명이란 엄격히 말해서 발견을 의미하며, 그 발견은 발명으로의 창작으로 자명하지 않아야 한다. iii) 화합물의 혼합물 그 자체를 발명의 대상으로 하는 조성물발명, 여기에서 혼합물(조성물)이라 함은 2종이상의 성분이 전체로서 균질하게 존재하고 1물질로서 파악되는 것을 말한다.[5] iv) 박테리아·원생동물·균류 등 육안으로는 보이지 않은 작은 생물(생명체) 그 자체를 발명의 대상으로 하는 미생물발명이 있다. 그러나 이러한 미생물에 관한 발명은 오랫동안 특허대상에서 제외되어 왔다.

(2) 불특허이유

위와 같은 미생물이 특허대상발명에서 제외되어 왔던 이유는 i) 생명체는 천연물, 즉 신의 창조물이지 인간의 지적창작물이 아니라는 것이다. 다만, 사람에 의해 발견되었을 뿐이라는 것이다. ii) 생명체는 기후·토양·수질 등 자연조건에 따라 동일한 생명체도 다르게 성장될 수 있어 계속·반복가능성이 없다는 것이다. 설령 인공적으로 동일조건하에서 배양한다 하더라도 그 개체마다 서로 달라 계속·반복가능성을 기대할 수 없어 발명의 완성이 확인되지 않은 특성을 가지고 있다는 것이다. 이러한 불특허 이유가 있었음에도 불구하고 1950년대 생명체의 기본물질인 DNA의 구조가 밝혀진 이래 최근 생명현상을 이용한 유전공학기술이 급속도로 발전하고 있어 그동안의 계속·반복가능성의 문제도 해결이 가능하게 되었다. 따

---

5) 산업부문별 심사기준 Ⅲ, 특허청, (1977년).

라서 미국·일본·유럽특허협약가입국은 인공적으로 창제한 미생물에 대한 제조방법의 재현성(再現性)에 특허를 부여하고, 또 기존의 물질에서 아직 알려져 있지 않은 부분을 분리추출하여 미생물발명으로 인정하는 소위 토양시료(土壤試料) 등 천연물로부터 선택 배양한 미생물의 경우도 특허대상으로 하고 있다.[6)]

(3) 우리나라의 특허법

우리나라 특허법에서는 미생물발명에 관한 명문의 규정을 두고 있지 않으며, 또 특허를 받을 수 없는 발명의 규정(법 32)에도 포함되어 있지 않다. 그러나 특허법 시행령 제2조 내지 제4조에서 미생물에 관계되는 발명의 특허출원 등에 관한 규정을 두고 있고, 사법적(司法的) 판단에서도 미생물발명을 특허대상으로 인정하고 있다.[7)] 또 1986년 7월 21일 체결한 한·미 지적재산권협정과 1988년 3월 28일에 가입한 특허절차상 미생물기탁의 국제적 승인에 관한 부다페스트조약에 의해 미생물발명에 대한 특허를 인정하고 있다.[8)]

---

6) 지적재산권법(상), 이기수 외 5인 공저, 한빛지적소유권센터, 220면.

7) 대법원 1963.11.28 선고, 63후34 판결.
우리나라 특허법의 해석으로서도 신균종이 발견된 경우에 반드시 새로운 특허권을 부여할 수 없는 것은 아니라고 판시하고 있다.

8) 특허절차상 미생물기탁의 국제적 승인에 관한 부다페스트조약(Budapest Treaty(1977년) on the International Recognition of the Deposit of Microorganism for the Purposes of Patent Procedure).
본 조약은 1977년 4월 28일 부다페스트에서 체결되고 1980년 수정된 국제조약으로서 발명이 공개는 특허의 요건으로 통상 발명은 문서로 공개되나 발명이 미생물(microorganism)이나 미생물의 이용(the use of microorganism)을 포함하고 있는 경우, 그러한 문서에 의한 공개는 불가능하기 때문에 일반 공중이 이용하기 쉬운 특별기관에 미생물의 표본을 기탁하는 방법에 의해서만 공개가 이루어질 수 있다. 또 본 조약은 각 체약국의 모든 특허청, 그리고 어떤 지역특허청(만일 그러한 지역특허청이 본 조약의 효력을 인정한나면)에 앞서 특허절차상 "국제기탁기관"(International depositary authority)에 미생물을 기탁하면 충분한 것으로 규정함으로써 보호를 요청하는 모든 국가에 미생물을 기탁해야 하는 필요 또는 번거로움을 제거하고 있다. 1996년 1월 1일 현재 28개의 국제기관이 있다
영국에 7곳, 러시아연방 및 한국에 각각 3곳, 중국 및 미국에 각각 2곳, 호주·벨기에·불가리아·체코·프랑스·독일·헝가리·일본·네덜란드·슬로바키아공화국·스페인에 각각 1곳이 있다. 또한 본 조약에는 1996년 4월 1일 현재 36개국이 가입해 있다. 본 조약의 가입은 파리협약 가맹국들에게 되어 있으며, 비준 또는 가입서는 세계지적재산권기구(WIPO) 사무총장에게 기탁하여야 한다. 한국은 1988년 3월 28일 동 조약에 가입하였다.

6. 물질발명의 이용관계

특허법은 방법특허발명, 용도특허발명이 그 특허발명의 특허출원일 전에 출원된 타인의 물질특허발명을 이용하여야 하는 경우 그 물질특허권자의 동의를 얻지 아니하거나 통상실시권 허여의 심판에 의하지 아니하고는 자기의 특허발명을 업으로서 실시할 수 없다(법 98, 개정 1993.12.10). 그러나 이러한 통상실시권 허여심판이 자칫 남용될 경우를 우려하여 특허법에서는 이용발명에 해당하는 자기의 특허발명(방법발명·용도발명)이 선출원된 타인의 물질발명에 비하여 상당한 기술상의 진보를 가져오는 것이 아니면 통상실시권의 허여를 하여서는 아니된다는 규정을 둠으로써 물질발명에 비해 현저한 기술상의 진보를 가져오는 경우에 한하여 심판청구를 할 수 있도록 제한하고 있다(법 138②).

만약 물질특허권자의 동의를 얻지 아니하거나 통상실시권 허여의 심판에 의하지 아니하고 당해 방법발명 또는 용도발명을 업으로 실시한 경우에는 5년 이하의 징역 또는 5천만원이하의 벌금에 해당하는 특허권 또는 전용실시권 침해죄가 구성된다(법 225①).

제3절 특허제도 도입이래 특허를 받을 수 없는 발명

Ⅰ. 공서양속 등에 반하는 발명

1. 서 문

특허법은 공공의 질서 또는 선량한 풍속을 문란하게 하거나 공중의 위생을 해할 염려가 있는 발명에 대하여는 아무리 그 발명이 산업상 이용성이 있고 신규성과 진보성 등의 특허요건을 갖추었다 하더라도 특허를 받을 수 없다고 규정하고 있다(법 32).

이러한 불특허사유의 설정기준은 어느 나라 어느 시대에서나 공통적으로 적용되는 절대불변의 것이 아니고 나라에 따라 또 시대에 따라 달라질 수 있는 가변적인 것이다.

이처럼 공서양속 등에 반하는 발명에 대하여 특허를 불허하는 것은 당연한 사회규범으로 특허제도 도입 이래 오늘에 이르기까지 특허를 받을 수 없는 불특허이유가 되어 온 것은 사회질서의 유지·보호의 덕목이며 어쩌면 불변의 규율일지도 모른다. 그러한 면에서 대중사회에 미치는 영향이 심대하므로 본란에서는 보다 심도 있는 검토를 하고자 한다.

2. 불특허이유의 기준

공서양속을 문란하게 하거나 공중의 위생을 해할 염려가 있는 발명에 대하여 산업상 이용성, 신규성, 진보성 등의 특허요건의 충족에도 불구하고 특허를 해주지 않는 것은 당연한 사회적 규범이다. 그러나 특허여부를 결정하는 기준을 어떻게 설정할 것인가는 나라마다의 사정에 따라 다를 것이다.

일반적으로 그 나라의 i) 풍속, ii) 전통, iii) 국민의 의식수준, iv) 사회적 분위기, v) 국가정책 등의 요인에 의해 정립된 사회적 통념을 기준으로 하여야 할 것이다.

3. 불특허이유의 판단시점

불특허이유의 판단시점에 대해서는 출원시설·출원공개시설·심사시설·결정시설·등록시설 및 이들 일부의 절충설 등으로 나뉘어져 있으나 출원시설이 가장 유력시되고 있는 가운데 심사시설이나 결정시설도 상당한 지지를 받고 있고 또 절충설도 특히 심사실무상 많은 호응을 얻고 있다.

이와 같이 출원시설이 가장 설득력을 얻고 있는 것은 특허요건(적극적 특허요건)인 발명의 산업상 이용성·신규성·진보성 등의 성립시점을 출원당시, 즉 출원시를 기준으로 하여 판단하고 있기 때문에 출원발명의 불특허이유(소극적 특허요건)에 관한 판단시점에 있어서도 출원시를 기준으로 하는 것이 적용기준이 통일성을 기할 수 있는 등 그 타당성이 높기 때문이다.

그러나 심사시설이나 결정시설도 심사시나 결정시 현재 불특허사유의 유무를 판단하여 특허결정 또는 특허거절결정을 하여야 하는 기속을 받게 된다.

그러므로 아무리 출원당시는 불특허사유가 있었다 하더라도 또는 없었다 하더라도 심사시점이나 결정시점에서 그와 같은 사유가 해소되었다면 구태여 출원시의 사유에 구애받을 것이 없으며 심사 또는 결정시점에서의 불특허사유의 존재여부를 판단하면 될 것이라는 일응 긍정적인 일면도 없지는 않다.

따라서 불특허사유의 판단시점을 출원시설이나 심사시설, 결정시설 어느 하나의 설만을 가지고 판단하는 것보다는 출원시설을 위시하여 심사시설과 결정시설을 감안한 절충설을 기준으로 판단하는 것이 사안의 미묘함에 비추어 타당하다고 본다.

4. 불특허발명의 유형

(1) 공서양속에 반하는 발명

공공의 질서 또는 선량한 풍속(이하 "공서양속"이라 한다)을 문란하게 하거나 문란하게 할 염려가 있는 다음의 발명에 대해서는 아무리 산업상 이용할 수 있고 신규성과 진보성 등의 특허요건을 갖추었다 하더라도 특허를 받을 수 없다(법 32).

1) 발명의 목적이 공서양속을 문란하게 하는데 있고 사용이나 효과도 공서양속을 문란하게 하는 것은 여기에 속한다. 예를 들면 사생활정보를 탐지하기 위한 목적으로 발명한 도청장치·아편흡입기 등과 같은 것이다.

2) 원래는 공서양속을 문란하게 할 목적이 없는 발명이라 하더라도 발명의 기술적 구성이나 작용·효과로 보아 누구나 쉽게 공서양속을 문란하게 할 목적으로 사용할 가능성이 있음을 짐작하게 할 수 있고 또 실제 그렇게 사용될 우려가 있다고 보여지는 경우에는 여기에 해당한다. 예를 들면 칼라복사기가 위폐제조기로, 유희구가 남성생식기로 사용될 수 있는 경우 등이다.

이러한 공서양속에 반하는 발명들은 주로 대중성이 희박한 발명에서 많이 나타나는 것이 특징이다. 그러나 여기에서 주의할 것은 원래 발명은 공서양속을 문란하게 할 목적이 아니었으나 발명의 기술적 사상, 즉 발명의 구성의 범용성으로 본래의 사용목적이나 사회통념을 일탈하여 전혀 의외의 용도로 사용될 우려가 있는 것은 여기에 속하지 않는다. 예를 들면 부엌용 식칼을 살인용 무기로, 게임(game)용 또는 오락용 기구가 도박용 기구로 사용되는 경우 등이다.

(2) 공중위생을 해할 염려가 있는 발명

공중의 위생을 해칠 염려가 있는 다음의 발명에 대해서는 설령 발명의 산업상 이용성·신규성·진보성 등 특허요건을 충족하였다 하더라도 특허를 받을 수 없다.

1) 공중의 위생을 해칠 염려가 없는 의약품 제조방법에 관한 발명이라 하더라도 그 제조방법에 의하여 생산된 의약품이 공중의 위생을 해칠 염려가 있을 때에는 그 제조방법에 관한 발명은 여기에 속한다. 예를 들면 의약품 제조방법에 의하여 마약을 생산하는 경우 그 의약품 제조방법은 공중의 위생을 해칠 염려가 있

는 발명이 될 수 있다.

2) 원래 공중의 위생을 해칠 염려가 없는 발명이라 하더라도 사용에 의해서 공중의 위생을 해칠 우려가 있는 발명에 대해서는 원칙적으로 공중위생을 해하는 발명에 속한다. 다만, 해칠 우려를 예상하고 있었을 뿐만 아니라 해소할 수 있는 요소를 그 자체에 내재하고 있거나 발명의 원래 목적을 시현하기 위한 과정에서 일시적으로 나타났다가 없어진 경우에는 공중을 해할 염려가 없는 발명으로 볼 수 있을 것이다. 예를 들면 위경련의약품을 복용한 후 상당한 진통을 겪는다 하더라도 결과적으로 위경련이 진정되는 약효를 가져온 경우나 결핵치료약 스트렙토마이신의 대량투여로 생기는 난청(難聽)이 활성(活性)비타민 B1제에 의해 방지되는 경우 등이다.

그러나 부작용으로 폐해, 즉 질병이 수반될 염려가 있는 발명에 대해서는 공중의 위생을 해할 우려가 있는 발명으로 보아야 할 것이다. 예를 들면 항암치료제 투여의 부작용으로 다른 질병을 유발할 염려가 있는 경우이다.

3) 당해 발명이 공중의 위생에 해할 염려가 있는 것인지가 불분명한 때에 특허할 것인가에 대하여는 특허를 할 수 있다는 긍정설과 할 수 없다는 부정설로 나뉘어져 있으나 전자의 긍정설이 타당하다고 본다. 왜냐하면 특허제도의 취지나 이상이 기술진보를 통한 산업발전에 있기 때문에 이외의 부차적인 문제로 특허를 불허한다는 것은 특허법의 목적에도 부합되지 않으며, 또 공중위생에 영향을 미치는 대부분의 제품이 식품 또는 의약품에 관한 발명이기 때문에 이들 제품의 품질·효능·독성 등 안정성 등에 관하여는 각 개별법인 식품위생법·약사법 등에서 규정하고 있기 때문에 이들 법률에 의해 해결될 사항이라고 해석된다. 즉 발명의 특허여부에 불구하고 발명품을 생산하기 위하여는 약사법이나 식품위생법에 의해서 신약제조허가나 식품제조허가를 받아야만 생산·판매를 할 수 있기 때문이다.

따라서 특허법 제32조의 규정은 공중의 위생을 해할 염려가 명백한 발명에 대하여는 산업상 이용성·신규성·진보성 등의 특허요건의 구비여부에 불구하고 특허를 받을 수 없으나 불분명한 발명에 대하여는 신규성 등 특허요건을 충족한 경우 특허를 받을 수 있다고 해석하여야 할 것이다. 그러나 여기에서 주의할 것은 특허법 제32조의 규정에 의한 “공중의 위생을 해할 염려가 있는 발명”에 대한 판단을 생산·판매·반포·사용 등을 금지하고 있는 다른 법률을 기준으로 하여서는 안된다는 것이다. 그 이유는 각 법률은 서로 다른 목적을 지향하고 있을 뿐만 아니라 공업소유권보호를 위한 파리협약 제4조의 4에도 위배되기 때문이다.[9)]

9) 공업소유권보호를 위한 파리협약 제4조의 4는 “특허의 대상인 물(物)의 판매나 특허의 대상인 방법발명으로 생산되는 물(物)의 판매가 국내법령상의 제한을 받는 것을 이유로 해서는

Ⅱ. 국방상 필요한 발명 등

1. 외국에의 특허출원금지 등

국방상 필요한 발명인 경우에는 정부는 외국에의 특허출원을 금지시키거나 발명자·출원인 및 대리인에게 그 발명을 비밀로 취급하도록 명할 수 있다. 그러나 국방상 필요한 발명이라 하더라도 정부의 허가를 얻을 때에는 외국에 특허출원을 할 수 있다(법 41①).

2. 특허출원발명의 특허거절 등

국방상 필요한 특허출원발명인 경우에는 정부는 특허를 하지 아니할 수 있으며, 전시·사변 또는 이에 준하는 비상시에 있어서 국방상 필요한 경우에는 특허를 받을 수 있는 권리를 수용할 수 있다(법 41②).

3. 정당한 보상금의 지급

(1) 위 1에 의한 외국에의 특허출원금지 또는 비밀취급에 따른 손실에 대하여는 정부는 정당한 보상금을 지급하여야 한다(법 41③).

(2) 위 2에 의하여 특허하지 아니하거나 수용한 경우에는 정부는 정당한 보상금을 지급하여야 한다(법 41④).

4. 권리의 포기

위 1에 의한 외국에의 특허출원의 금지명령을 위반한 경우에는 그 발명에 대하여 특허를 받을 수 있는 권리를 포기한 것으로 간주한다(법 41⑤).

특허를 거절하거나 무효로 할 수 없다"라고 규정하고 있다. 여기에서 "물(物)의 판매제한"이란 파리협약상의 물(物)의 판매 및 제한만을 대상으로 한 것이 아니라 조리법상 제조 및 금지도 포함되는 것으로 해석하여야 할 것이다(特許法概說, 吉藤辛朔 著, YOU ME 특허법률사무소 譯, 120면 6).

비밀취급명령을 위반한 경우 또한 그 발명에 대하여 특허를 받을 수 있는 권리를 포기한 것으로 간주함(법 41⑤)은 물론 비밀취급에 따른 손실보상금의 청구권도 포기한 것으로 간주한다(법 41⑥).

5. 외국에의 특허출원금지 등의 절차

외국에의 특허출원의 금지·비밀취급의 절차·수용 및 보상금 지급의 절차 그 밖에 필요한 사항은 대통령령으로 정한다(법 41⑦).

제4절 문제가 되고 있는 발명

Ⅰ. 동식물에 관한 발명

1. 개 설

동식물(動植物)에 관한 발명은 동식물의 생산방법으로 i) 기존의 품종을 재배·사육·양식 등에 의한 생산방법(예: 광어양식방법·옥수수 증산방법 등), ii) 동식물의 성질을 이용하는 방법의 발명(예: 미생물을 배양하여 유효성분을 채취하는 항생물질의 제조방법·미생물처리방법에 의한 가축분뇨처리방법·복숭아의 개화시기촉진방법 등), iii) 동식물을 인공적인 방법으로 형질을 개량하는 방법(예: 씨없는 수박의 재배법·과일류의 당도촉진방법 등)은 일반발명과 다를 바 없기 때문에 특허를 받을 수 있을 것이다.

그러나 동식물의 신품종 그 자체의 발명에 대해서는 오랫동안 인간의 지적창작물이 아니고 천연의 산물이라는 이유 등으로 특허성을 부정해오고 있었다.

이러한 전통적인 발명부정설도 1930년대를 기점으로 논리적 모순 또는 잘못이라고 하는 반대론에 의하여 극히 제한적이나마 특정한 신품종의 발명에 대하여 정책적 또는 입법적으로 특허성을 인정함으로써 신품종에 대한 발명긍정설을 일부 수용하였고 앞으로도 더욱 생명공학기술의 급속한 발달에 따라 계속 빠른 속도로 확대될 전망이다.

2. 동식물의 발명성에 관한 학설

동식물 그 자체, 즉 신품종 자체의 발명에 대하여는 오랫동안 전통적으로 발명부정설을 지지하여 왔으나 근래 발명부정설의 모순 등을 지적하면서 제한적으로나마 특정한 신품종발명에 대해 특허성을 인정하자는 발명긍정설이 상당히 설득력을 얻고 있다.

(1) 발명부정설

1) 동식물 그 자체는 조물주의 창조물이고 결코 인간이 창작한 것이라고는 할 수 없다는 것이다. 즉, 동식물의 신품종은 사람의 두뇌활동에 의해서 발명될 수 있는 성질의 것이 아니고 자연의 천연산물로서 발견된 것이므로 기술적 사상의 창작인 발명이라고는 할 수 없다는 것이다.

2) 동식물은 무생물이 아닌 생명체이고 사료·비료·기후·토양·경위도·광선 등의 작용을 받는 경우가 많아 동일물을 계속, 반복하여 산출할 가능성이 없으므로 특허를 받을 수 있는 발명이라고 할 수 없다는 것이다. 그러나 1)의 견해에 대해서는 신화합물(新化合物)이나 신합금(新合金)발명의 특허성을 부정해야 하고, 2)의 견해에 대해서는 발명의 성립성과 발명이 특허성을 혼동하고 있다는 반론이 있다. 그럼에도 불구하고 유럽특허조약(제53조 (b)), 독일법(제2조 2), 영국법(제1조 (3))은 식물신품종의 발명을 특허의 대상에서 제외시키는 등 발명부정설로 나가는 것이 국제적 추세이다.

(2) 발명긍정설

식물신품종에 대한 발명을 일반산업분야에서의 발명과 구별하여야 할 하등의 이유가 없다는 것이다. 즉 신품종 자체의 발명에 대해서도 반복가능성이 있는 창작인 한 특허를 받을 수 있는 발명이 될 수 있다는 것이다. 이와 같은 발명긍정설은 이후 신품종보호를 입법화하는 이론적 근거가 되어 미국에서는 식물의 신품종에 관한 특허제도가 1930년에 창설되고,[10] 또 이 시기에 독일·프랑스·이탈리

---

10) 미국의 식물특허제도
원예가의 요청에 따라 실현한 것이다. 무성번식(접목·아지(芽枝)·분열·휘묻이(Layering)에 의한 식물의 신품종(단, 괴경식물(塊莖植物) 또는 야생식물은 제외)을 특허의 대상으로 하는 것이다(제161조). 예를 들면 카네이션·국화·다알리아·장미 등의 꽃, 사과·딸기 등의 과실 등)

아에서 종래의 특허법체계하에서 식물신품종의 발명에 대해 특허성을 인정하였다. 그 후 독일(당시 서독)은 특허법과 병행하여 식물신품종보호를 위한 특별법을 제정하였고(1953년), 이어서 유럽각국은 동맹을 형성하여 식물의 신품종보호에 관한 국제조약(UPOV조약)[11]을 체결하였다(1961년). 미국 또한 이와 같은 취지의 보호법을 제정하여 시행하기에 이르렀다(1970년). 특히 헝가리는 헝가리법(제71조)에서 동물신품종 자체의 발명을 특허의 대상으로 하고 있다.

(3) 절충설

동식물중에는 발명성을 인정해야 할 대상과 부정해야 할 대상이 있으므로 이를 구체적·개별적으로 판단하여 특허대상여부를 결정해야 한다는 설로서 타당하다고 본다. 이와 같은 절충설은 이후 독일(당시 서독)이 발명성이 인정된 동식물신품종을 보호하기 위한 특허법과 병행하여 발명성 유무에 불문하고 동식물신품종을 보호하기 위한 특별법을 제정하였고(1953년), 일본에서도 식물신품종에 관한 심사기준을 작성, 공표하여(1975년) 신품종자체의 발명에 대해서도 반복가능성이 있는 창작인 한 특허를 받을 수 있음을 분명히 하는 한편 특허대상여부에 불구하고 신품종보호를 위한 특별법을 제정하였다. 우리나라에서도 자연법칙을 이용하여 창작한 반복생산가능한 무성변종식물의 발명은 특허법으로 보호하고 유성변종식물에 대해서는 종자산업법으로 보호하고 있다.

---

11) 식물의 신품종보호에 관한 국제조약(International Convention for the protection of new varieties of plants.(「UPOV조약으로 약칭」) 동 조약은 1961년 유럽각국이 결성한 동맹에서 체결한 조약으로서 1968년 8월에 발효하여 1990년 1월 1일 현재 영국·네덜란드·독일(당시 서독)·덴마크·프랑스·스웨덴 등 19개국이 가맹되어 있다. 이 조약에서의 보호대상은 모두 식물의 속(屬) 및 종(種)에 미치지만 보호대상은 단계적으로 확장토록 하고 있다. 또 보호되기 위해서는 신품종은 ⅰ) 이미 알려진 것과는 본질적인 특징[형태학적(형(形)·크기 등)이건 생리학적 내병성(耐病性)·내한성(耐寒性) 등)인 것을 불문]에 따라 명확하게 구별되는 것이고(區別性 : distinctness), ⅱ) 신품종의 본질적인 특징이 충분히 균질적이며(均等性 : Unifomity), ⅲ) 신품종의 본질적인 특징은 안정된 것(安定性 : stability)이어야 한다(제6조).
보호는 재배(實地)심사에 의해 주어지고(제7조), 보호기간은 적어도 15년(제8조)이다. 신품종의 육성자에게는 제3자가 권리자의 승낙을 얻지 않으면 신품종을 유성·무성번식적 증식(有性·無性繁殖的 增殖)재료로서 상거래를 위해 생산하거나 당해 재료에 대해 판매 기타의 거래를 할 수 없는 효력을 갖는 권리가 부여된다(제5조 제1항). 육성자는 신품종에 식별력을 갖는 명칭으로 명명하고 이것을 각 동맹국에 등록출원할 필요가 있으나 동일명칭에 대해 상표출원을 하거나 상표권 또는 상호권의 주장을 할 수 없다(제13조).

3. 동식물의 발명

(1) 서 설

동식물에 관한 발명 중 기존품종을 생산하는 방법 등에 대해서는 실무상 일반산업분야의 발명과 동일시하여 특허성을 인정하여 오고 있었으나 동식물 그 자체의 발명, 즉 신품종에 관한 발명에 대해서는 우리나라를 비롯한 세계 각국이 오랫동안 전통적으로 특허성을 부정하는 입장을 견지해왔다. 그 이유로서는 i) 동식물 그 자체는 발명, 즉 인간의 기술적 사상의 창작이 아니고 천연적인 산물이라는 것이며, ii) 실무적·정책적 측면이 고려된 소위 전술한 발명부정설이 존재하기 때문이라는 것이다. 그러나 그 후 발명부정설은 논리상의 모순을 이유로 반대론이 제기되었고, 그로 인하여 매우 좁은 범위이긴 하지만 특정한 신품종의 발명에 대해 특허성을 인정하는 입법례가 나오기 시작하였다. 1930년대 독일·프랑스·이탈리아에서는 종래의 특허법하에서 식물신품종의 발명에 대하여 특허성을 인정하게 되었고 미국은 아예 식물특허제도를 창설하고(1930년) 관련보호법을 제정하여 공포 시행하기에 이르렀다(1970년). 그 후 독일(당시 서독)은 특허법과 병행하여 식물신품종보호를 위한 특별법을 제정하였고(1953년) 이어서 유럽각국은 식물의 신품종보호에 관한 국제조약(UPOV조약)을 체결하여(1961년) 식물에 대해서는 특허법 또는 특별법에 의해 독점권을 인정하는 방향으로 나아가고 있었음은 위에서 설명한 바와 같다.

그러나 최근 식물신품종발명을 특허권으로 보호하려는 것보다는 특별법에 의해서 보호하려는 경향이 두드러지고 있다. 예를 들면 유럽특허조약(제53조 (1))·독일특허법(제2조 2)·영국 특허법(제1조 3)이 식물신품종의 발명을 특허의 대상에서 제외하고 있다. 그러나 동물에 대해서는 헝가리를 제외한 모든 나라가 여전히 특허성을 부정하고 있다.

우리나라의 특허법에서는 식물에 관한 발명 중 무성변종식물의 발명에 대해서만 특허성을 인정하여 특허권으로 보호하고 있고 유성변종식물에 관한 발명에 대해서는 특별법인 종자산업법에 의한 독점권으로 보호를 하고 있다.

그러나 동물에 관한 발명에 대하여는 특허법, 특별법 어느 법에서도 명문의 규정을 두고 있지 않다. 그러므로 동물의 신품종에 대하여도 산업상 이용성·신규성·진보성 등의 특허요건을 충족하고 있는 발명인 경우 무성적 변종식물의 발명과 마찬가지로 현행특허법에 의한 보호가 가능하다고 해석되지만, 아직 미완성의 연구 분야이기 때문에 검토되어야 할 사항들이 적지 않다.

(2) 동물에 관한 발명

1) 개 설

특허법상 동물의 발명특허에 관해서는 명문의 규정을 두고 있지 않아 발명의 산업상 이용성·신규성·진보성 등의 특허요건을 충족한 발명인 경우에는 공서양속에 반하지 않는 한 특허를 받을 수 있다고 해석함이 타당하다 할 것이다.

최근 급속하게 발전하고 있는 유전공학에 힘입어 동물의 창조가 현실적으로 나타나고 있다. 그 실례로서 1997년 영국에서의 복제양 “돌리”의 탄생이라든가 체세포복제기술을 이용한 미국에서의 복제원숭이, 우리나라·일본에서의 복제송아지에 이어 복제돼지·고양이·염소 “진순이”[12]의 생산을 들어볼 수 있다. 특히 체세포복제를 통한 인간배아줄기세포 배양에 성공은 난치병환자의 배아줄기세포를 배양하여 난치병치료에 획기적 전기를 마련할지가 기대된다.[13]

이와 같이 체세포복제기술을 이용한 동물생산은 유전적으로 능력이 우수한 개체를 단기간 내에 대량생산할 수 있어 가축의 개량 및 번식에 가장 유용한 수단일 뿐만 아니라 난치병환자의 치료제로도 사용할 수 있음에도 불구하고 윤리적 문제에 부딪쳐 많은 논란을 겪고 있는 실정이다.

따라서 이러한 상황 속에서 동물에 관한 발명의 특허를 윤리적 문제로 일률적으로 부정할 것이 아니라 선량한 풍속 그 밖의 사회질서의 규범이라고 할 수 있는 특허법 제32조의 도덕적 기준을 중심으로 상황적 논리와 시대적 정서를 감안하여 개별적이고 구체적으로 판단하여야 할 것이다.[14]

---

12) 2005.6.6. 체세포복제기술을 이용하여 세계최초로 복제염소 “진순이”를 생산하는데 성공하였다(진주산업대학교 박희성교수팀).

13) 2003년 말 세계최초로 체세포복제를 통한 인간배아줄기세포 배양에 성공하였다(서울대학교 황우석교수)는 보도가 있었다. 그러나 그 결과에 대한 진실성 문제로 한동안 논란이 되었고, 어찌되었든 이 분야의 기술은 물원간 성공할 것으로 확신한다.

14) 미국에서는 “허버드 쥐”라고 불리는 시험용 쥐에 특허권을 부여한 바 있다(대법원 판결, Chakrabarty, 206 USPQ 193(1980년).
<참고> 1998년 7월 5일 일본 이시카와(石川)현 축산연구센다에서 세계최초의 쌍둥이 복제소가 태어났다. 즉 성우(成牛)의 난관체세포를 이용하여 쌍둥이 복제송아지를 탄생시킨 것이다. 일나 선 미국에서 태아의 체세포에 의해 복제소의 출산을 성공시킨바 있으나 성우의 체세포로는 세계에서 처음이며, 성장한 포유류의 체세포에 의한 복제탄생은 영국에서 태어난 복제양 “돌리”에 이어 두 번째의 개가이다. 이러한 체세포를 이용한 복제는 어미의 형질을 그대로 이어받기 때문에 우량종 소를 대량 번식시킬 수 있는 장점을 가지고 있다. 한편 1998년 7월 미국 하와이대의 야나기마치 류즈오 생물학교수연구팀은 쥐의 세포를 이용하여 쥐를 복제하는데 성공하였다. 이와 같이 유전자 조작기술의 발달에 따라 인간의 유전자를 가진 동물이 태어날 수 있는가 하면 아예 1백% 똑같은

2) 동물신품종 보호의 세계적 경향

최근 유전자기술의 고속발전으로 인해 식물신품종 창성(昌盛)이 실현되고 있을 뿐만 아니라 동물신품종의 창성이 현실화(위에서 살펴본 바와 같이 영국에서 있었던 복제양이라든가, 미국에서 있었던 복제원숭이와 같은 경우의 속출)되고 있는 시점에서 신품종보호가 문제될 수 있다.

① 헝가리를 제외한 모든 나라가 아직까지 동물신품종의 발명을 특허대상에 포함시키지 않고 있으며

② WIPO는 현재 동물신품종을 바이오테크놀로지 발명의 하나로 그 법적 보호에 관한 문제를 (UPOV조약과 특허법과의 관계) 위의 정부 전문가회의에서 본격적으로 연구·검토하기 시작하여 진행 중에 있다.

③ 미국은 1988년 비포유동물(非哺乳動物)에 대해 세계최초로 "쥐"(하버드 마우스)를 실시예로 한 특허에서 "창작된 미생물은 특허대상이 된다고 판시하였다[대법원 판결(Chakrabarty, 206 USPQ 193, 1980)]. 동 판결에 의해 작성한 심사편람(§2105)에서는" "자연계에 존재하지 않는 인간 이외의 모든 다세포생물은 동물을 포함하여 특허대상이 된다는 취지의 내용을 싣고 있다. 그러나 이와는 반대로 1989년 4월에 미국의회가 채택하여 보고서로 공표한 동물특허에 관한 정책을 보면 i) 특허상표청의 특허방침이 적합한 때에는 어떠한 조치도 강구하지 않는다, ii) 계류 중인 출원에 대하여는 특허권 부여를 중지한다, iii) 식물신품종보호법에 따라 동물신품종보호법을 제정한다, iv) 특허법을 개정하여 동물특허효력의 제한이나 특허요건의 한정을 명확히 규정한다, v) 동물에 대하여는 특허를 부여하지 않는다(동물특허금지)는 것 등이다. 위와 같은 내용의 정책이 채택된 이후 미국은 iv)의 특허이후 1990년 8월 현재까지 동물에 대해서는 특허를 부여하고 있지 않다.

(3) 식물에 관한 발명

1) 개 설

개정 전 특허법에서는 식물발명특허에 관한 명문의 규정을 두고 있었으나 2006.

복제양까지 탄생시키는 지경에 이르렀다. 이제 사람들이 유전자를 만지작거리기만 하면 얼마든지 자유자제로 동·식물의 형태와 기능까지를 주무를 수가 있게 되었다. 유전자공학은 여기까지 발전하였지만 인간의 복제문제를 놓고는 윤리적·도덕적 입장과 과학적·기술적 입장에 따라 찬반양론이 첨예하게 대립되고 있는 실정이다.

3.3 개정시 이를 삭제하였다. 개정전법에서의 식물발명특허는 암수결합에 의해 유성적으로 반복생식할 수 있는 유성변종식물의 발명에 대해서는 특허대상에서 제외하고(종자산업법에서 보호), 암수결합에 의하지 않는 무성적으로 반복생식할 수 있는 무성변종식물의 발명에 대해서만 특허대상으로 하고 있었다.

이와 같이 식물에 관한 발명 중 특별히 무성적으로 반복생식할 수 있는 변종식물의 발명, 즉 토란·양파·무·감자·고구마와 같은 괴경(塊莖)·괴근(塊根)·구근(球根)의 증수(식)방법, 표고버섯의 재배방법에 관한 발명과 같이 기존품종을 반복 생산할 수 있는 발명에 대해서는 특허대상으로 명문화함으로써(개정전법 31) 유성적으로 반복생식할 수 있는 식물에 대해서는 특허대상에서 제외되었다.

그런데 무성적으로 반복생식할 수 있는 변종식물이라 해서 모두 특허를 인정하여 왔던 것은 아니다.

구 특허법에서는 무성변종식물 중 괴경·괴근·구근에 관한 발명에 대해서는 순수한 천연적 생식관계에 의한 변종식물이라는 이유로 특허를 받을 수 없는 발명으로 하여 특허대상에서 제외하고 있었으나 전전 개정 특허법에서 이를 삭제 개정하여 특허대상발명에 포함하였다.

2) 식물발명특허제도의 폐지 및 이유

위와 같이 무성변종식물발명마저도 다음과 같은 이유로 삭제하는 개정을 함으로써(2006.3.3. 제7871호) 식물발명에 관하여는 유성변종식물의 발명, 무성변종식물의 발명할 것 없이 양성의 식물발명 모두가 특허의 대상이 되었다.

① 양성구분 실익의 회의 등

생명(유전자)공학의 발달에 따른 바이오(Bio)산업분야에서의 식물에 관한 발명이 속출하고 있는 상황에서 양성 구분이 모호해지고 있고 그 실이 또한 회의적이어서 양성 구분의 의미가 퇴색되었다.

② 식물발명보호법체계의 이원화

식물발명은 이원적 법 형태로 보호되고 있다. 즉 무성적으로 반복생식할 수 있는 변종식물의 발명에 대해서는 특허법에 의한 특허권으로 보호되고 종자산업법[15]에 의해서도 특허권과 같은 독점·배타권으로 보호를 받을 수 있어 이중보호

---

15) 종자산업법(1995.12.6. 공포, 1997.12.31. 시행, 단 제91조 내지 제107조의 규정은 1998.3.1부터 시행)
<제정이유> 주요농작물종자법과 종묘관리법을 통합하여 종자관리체계를 일원화하고 국제

가 가능한데 반해 유성적으로 반복생식할 수 있는 변종식물의 발명은 종자산업법에 의해서만 보호가 가능하다.

문제는 같은 식물발명이라 하더라도 i) 무성변종식물에 관한 발명에 대해서는 특허법과 특별법(종자산업법)의 이원적 법률체계에 의해 중복보호가 가능하고, ii) 유성변종식물에 관한 발명에 관하여는 종자산업법에 의해서만 보호가 가능하다. 특히 위 i)의 관점에서 종자산업법이 특허법과 병존할 수 있는지, 산업정책적 판단이 타당하였는지 등에 관한 사항이 문제로 대두될 수 있다.

i. 종자산업법이 산업재산권법 유형의 법인지의 여부

종자산업법은 i) 식물의 신품종을 개발한 육성자(법 2조 5호)의 권리보호와 종자산업의 발전을 도모하려는데 그 목적이 있다(법 1). ii) 이 법에서 보호를 받고자 하는 품종은 신규성·구별성·균일성·안정성 및 1개의 고유품종의 명칭만을 사용(품종보호를 받기 위하여 출원한 명칭·품종목록에 등재하기 위하여 신청한 품종·종자

무역기구지적재산권협정(WTO/TRIPs)의 이행과 관련된 식물신품종 육성자의 권리를 보호하는 제도를 도입하는 한편 각종 규제의 완화를 통하여 민간종자산업의 발전을 도모하고 농업·임업 및 수산업생산의 안정에 이바지하려는 것이다.

<제정목적> 식물의 신품종에 대한 육성자의 권리보호, 주요작물의 품종성능의 관리, 종자의 생산·보증 및 유통 등에 관한 사항을 규정함으로써 종자산업의 발전을 도모하고 농업·임업 및 수산업생산의 안정에 이바지함을 목적으로 한다(종자산업법 1).

<주요골자> ① 품종의 보호는 품종의 보호를 받고자 하는 자의 출원에 대한 심사관의 심사에 의한다(종자산업법 26·33).

② 품종의 보호요건
품종이 i) 신규성, ii) 구별성, iii) 균일성, iv) 안정성을 갖춘 때에 종자산업법에 의한 품종보호를 받을 수 있다(종자산업법 11).

③ 품종보호권
품종보호를 받을 수 있는 권리를 가진 자에게 부여하는 권리로서, 이는 품종보호원부에 설정등록을 함으로써 발생한다(종자산업법 2조 6호·55)

④ 품종보호권의 효력
i) 품종보호권자는 원칙적으로 업으로서 보호품종을 실시할 권리를 독점한다.
ii) 품종보호자는 업으로서 그 보호품종을 실시할 독점권외에 원칙적으로 업으로서 그 보호품종의 종자의 수확물로부터 직접 제조된 산물에 대하여도 실시할 권리를 독점한다.

⑤ 품종보호권의 존속기간
품종보호권의 설정등록이 있는 날부터 20년. 다만, 과수·임목의 경우 25년으로 한다.

⑥ 심판·재심제도의 도입(제7절)
품종보호에 관한 심판 및 재심은 농림수산식품부에 두는 품종보호 심판위원회에서 관장하며, 그 심결에 대한 소는 특허법원의 전속관할로 한다(제91조·제105조).

⑦ 종사보증제도의 도입, 운용
농림수산식품부장관, 특별시장, 광역시장, 도지사 등이 생산하는 쌀·보리 등 주요농작물의 종자는 국가가 보증하도록 하고, 민간종자업자가 생산하는 종자는 자체적으로 보증하도록 하여 우량종자의 원활한 유통을 위한 종자보증제도를 확립한다(제124조).

를 생산·판매하기 위하여 신고하는 품종 중 1개의 명칭)하여야 하는 등의 보호요건을 충족하여야 하며(법 11), iii) 품종보호권은 설정등록에 의해서 발생하며(법 55①), 품종보호권의 존속기간은 품종보호권의 설정등록이 있는 날부터 20년으로 한다(법 56). 또 ⅳ) 품종보호권은 품종보호권자가 업으로서 그 보호품종을 실시할 권리의 독점은 물론 그러한 권리 외에 업으로서 그 보호품종의 종자인 수확물로부터 직접 제조된 산물에 대하여도 실시할 권리를 독점할 뿐만 아니라(법 57①②), 타인의 무단실시를 배척할 배타권(금지청구권·손해배상청구권·신용회복청구권, 침해자에 대한 벌칙)도 아울러 가지고 있다(법 85·86·88·169·171·등).

이와 같은 품종보호권은 식물에 대하여 개발한 신품종이 신규성 등의 보호요건을 충족하고 소정의 심사 및 등록절차에 의해서 발생하는 권리로서 소위 신산업(지적)재산권으로 분류되고 있다. 그러나 이에 대한 반대의견해도 있다.[16)]

ⅱ. 보호법체계의 이원화에 따른 조정의 문제

특허법과 종자산업법의 병존에 따른 조정의 문제가 발생할 수 있다. 즉, 우리나라의 특허법은 무성적으로 반복생식할 수 있는 변종식물의 발명을 특허의 대상으로 하고 있으므로 이러한 식물신품종을 발명할 경우 동일품종이 특허법과 종자산업법에 의해 모두 보호대상이 되므로 양자간에 있어서 조정을 어떻게 할 것인가가 문제이다. 이에 대해서는 종자산업법은 특허법과의 관계에서 특별히 명문의 규정을 두고 있지 않다. 그러나 실제문제에 있어서는 ⅰ) 신품종자체를 대상으로 하는 발명은 기술적 사상이어야 하고 또, ⅱ) 특허되기 위해서는 무성적으로 반복생식할 수 있으며, iii) 품종자체에 특허법상의 엄격한 산업상 이용성과 신규성·

---

16) 반대견해 : 종자산업법상 설정등록을 함으로써 발생하는 품종보호권은 권리가 아니고, 등록에 의해 얻어지는 반사적 이익에 지나지 않는다. 다만, 그 반사적 이익은 제3자의 품종보호권의 침해에 의해서 비로소 발생하는 소권, 즉 금지청구권·손해배상청구권·신용회복청구권·침해자에 대한 고소 등으로 나타난다. 그러나 실질적으로는 산업재산권과 다를 바 없으나 설정등록에 의해 발생한 품종보호권이 효력이 모든 제3자에 대해 권리로서 주장할 수 있는 것은 아니다. 즉 ⅰ) 영리외의 목적으로 자가소비를 하기 위한 보호품종의 실시, ⅱ) 실험 또는 연구를 하기 위한 보호품종의 실시, iii) 다른 품종을 육성하기 위한 보호품종의 실시 등에는 품종보호권의 효력이 미치지 아니한다(법 58). 또 품질보호권·전용실시권 또는 통상실시권을 가진 자에 의하여 국내에서 판매 또는 유통된 보호품종의 종자, 그 수확물 및 그 수확물로부터 직접 제조된 산물에 대하여는 다음의 경우를 제외하고는 품종보호권의 효력이 미치지 아니한다(법 59).
① 판매 또는 유통된 보호품종의 종자, 그 수확물 및 그 수확물로부터 직접 제조된 산물을 이용하여 보호품종의 종자를 증식하는 행위
② 증식만을 목적으로 보호품종의 종자, 그 수확물 및 그 수확물로부터 직접 제조된 산물을 수출하는 행위
위의 종자산업법은 산업재산권법 유형의 법이 아니고 산업정책상의 측면에서 고려된 일반산업분야의 육성법과 같은 성격의 법으로서 입법된 것이라고 할 수 있다.

진보성 등이 요구되는 등의 관계로 특허출원을 하였다 하더라도 특허되는 일은 거의 없을 것이다.

따라서 조정의 규정을 둘 실익이 없다 할 것이다. 그러나 식물의 신품종보호에 관한 국제조약(UPOV조약으로 약칭)과 특허법과의 관계에서 현행 UPOV조약에서는 "국내법에 따라 특별법(우리나라의 경우 종자산업법)과 특허법, 양법에 의한 보호를 인정하는 동맹국에서는 동일종류의 식물보호는 하나의 방식에 따라 실시되어야 한다"고 규정하고 있다(제2조(1) 후단). 소위 이중보호금지에 관한 규정이다. 바로 이점이 국제적 문제로 되어 세계지적재산권기구(WIPO)에서는 UPOV조약의 개정 논의와 함께 특허법과 특별법의 병존, 산업정책면에서의 문제점 등이 종합적으로 검토되고 있다.

③ 식물발명의 세계적 경향

최근 급속도로 발전하고 있는 유전자공학의 발달로 유전자 조작·세포융합 등에 의한 식물의 신품종창성(昌盛)의 실현과 품종개량기술의 보호·장려에 새로운 전기를 맞이하게 되었다. 따라서 1품종 내에서만 인정되고 있는 현행 식물의 신품종보호에 관한 국제조약(UPOV조약)상의 보호형태로는 오늘날의 품종개량기술을 보호하기에는 대단히 미흡하다. 그리하여

i. OECD는 식물신품종발명에 대한 보호의 확대강화(특허대상발명으로의 보호포함)를 권고하기에 이르렀고(1960년 5월),

ii. WIPO도 바이오테크놀로지발명과 산업재산권의 문제를 긴급의제로 채택하고 그 주제로서 식물발명의 법적 보호에 관한 문제(UPOV조약과 특허법과의 관계포함)에 대해 정부 전문가회의에서 본격적인 연구·검토를 시작하여(1984년 11월) 오늘에 이르고 있다.

iii. UPOV조약의 체결 및 개정

1961년 유럽각국은 동맹을 결성하여 식물의 신품종보호에 관한 국제조약(UPOV조약)을 체결하여 구미제국은 식물에 대해서는 특허법 또는 특별법에 의해 독점권을 인정하는 방향으로 나아가고 있었다. 또한 UPOV측은 식물신품종보호를 확대 강화하기 위하여 특허법에 의한 보호와의 관계를 어떻게 조정할 것인가를 중심으로 식물의 신품종보호에 관한 국제조약개정을 추진하게 되었고, 1991년 3월에 개최된 동 조약개정을 위한 외교회의에서 특허법과의 2중보호금지[17)]규정을 삭제하기로 의결함으로써 2중보호를 할 것인가의 여부를 가맹국의 결정에 맡기게

17) 이중보호금지 : 동일품종에 대해 특허법에 의한 발명과 특별법에 의한 보호객체로 중복하여 보호하는 것을 제한하는 것을 의미한다.

되었다. 뿐만 아니라 식물발명이 특허법에 의해 보호됨으로써 국제적 보호가 가능하게 되어 품종개량기술의 보호와 장려에도 크게 기여하게 되었다. 그러나 최근 식물신품종을 특허법에 의한 특허발명으로 보호하려는 것보다는 특별법에 의해서 보호하려는 경향이 크게 늘어나고 있다. 예를 들면 유럽특허조약(제53조 (1))·독일 특허법(제2조 2)·영국 특허법(제1조 (3))이 식물신품종의 발명을 특허대상에서 제외하고 있다.

Ⅱ. 컴퓨터프로그램에 관한 발명

1. 의 의

컴퓨터는 하드웨어(Hardware)와 하드웨어의 기능을 발휘하도록 하는 프로그램시스템인 소프트웨어(Software)로 구성된다.

따라서 프로그램이란 컴퓨터에 소망하는 작업수행을 지시하기 위한 명령들의 집합(集合)·수순(手順)을 말한다. 즉 특정결과를 얻기 위하여 컴퓨터 등 정보처리능력을 가진 장치 내에서 직접 또는 간접으로 사용되는 일련의 지시·명령으로 표현된 것을 컴퓨터프로그램이라 한다.

그러나 컴퓨터프로그램의 보호나 이용 및 개발이 순수한 소프트웨어만으로 되는 것이 아니다. 즉 이와 관련한 컴퓨터산업과 기술의 진흥 없이는 프로그램의 보호와 이용 등이 어려울 뿐만 아니라 설령 개발하여 보유하고 있다 하더라도 이를 이용할 관련정보나 컴퓨터장치 및 시스템개발이 없이는 무위로 돌아간다는 사실이다. 따라서 컴퓨터프로그램은 컴퓨터와 더불어 이용되고 보호되며 또 발전될 수밖에 없는 특수성을 가지고 있다. 아무리 훌륭한 결과를 얻기 위하여 우수한 프로그램을 개발하였나 하더라도 이를 처리할 수 있는 컴퓨터 등 정보처리능력을 가진 장치, 즉 하드웨어 없이는 지시·명령으로 표현될 수 없을 것이기 때문이다.

이러한 특성 때문에 컴퓨터프로그램에 특허권 부여 여부 및 그 기준 등에 관하여 많은 논란이 있어 왔다.

현재의 컴퓨터프로그램보호법 체계 하에서의 컴퓨터프로그램의 보호는 컴퓨터프로그램보호법 외에 특허법에 의해서도 보호되고 있다.[18]

18) 지적소유권법개론, 제8절 컴퓨터프로그램보호제도, 황의창 저, 485~505면.

2. 특허대상여부에 관한 학설

컴퓨터프로그램이 특허대상이 될 수 있느냐의 여부를 놓고 상반된 견해가 첨예하게 대립되고 있다.

(1) 특허긍정설

프로그램은 컴퓨터에 입력할 때부터 컴퓨터 구성의 일부분을 이루고 이것이 컴퓨터와 기계적으로 결합되어 기술적으로 일체가 되었을 때에는 특정목적에 적합한 구체적인 장치를 설치한 배선이나 접속수단과 동일시할 수 있으므로 자연법칙을 이용한 기술적 사상의 창작으로 특허대상이 될 수 있다는 소위 웨어하우스(ware House)설에 근거한 견해이다.[19)]

(2) 특허부정설

컴퓨터프로그램은 사람의 머릿속에서 컴퓨터에 의한 작업수행을 지시하기 위한 정신적·지능적 수단 또는 과정과 동일하기 때문에 자연법칙을 이용한 기술적 사상의 창작이라고는 할 수 없고 본질적으로 하나의 계산방법에 불과하므로 특허대상이 될 수 없다는 것이다.

(3) 절충설

다기다양한 프로그램 중에는 특허대상이 될 수 있는 것과 없는 것이 있을 수 있으므로 이를 일률적으로 긍정하거나 부정하는 것은 어느 한 면만은 설명될 수 있으나 양면 모두를 충족할 수 없으므로 양설 모두 타당성이 없다고 본다. 따라서 컴퓨터프로그램에 대한 특허대상여부는 이러한 양면성을 충분히 고려하여 구체적·개별적으로 판단·결정하여야 한다는 설로서 타당하다고 본다.

---

19) 웨어하우스설 : 긍정설의 대표적인 것이 웨어하우스설이다. 즉, 프로그램 입력전의 컴퓨터는 부품의 웨어하우스(창고)에 불과하지만 프로그램은 컴퓨터에 입력되었을 때 그 물리적인 구조의 일부가 되어 이것들의 부품을 유기적, 일체적으로 결합시킴으로써 특정한 목적에 적합한 구체적인 장치를 만들어내는 배선 또는 접선수단과 동일시할 수 있으므로 자연법칙을 이용한 것이라고 하는 설이다.

3. 컴퓨터프로그램 일부 특허성 불인정

특허법에서는 컴퓨터프로그램과 관련한 어떠한 규정도 두고 있지 않은 가운데, 1986년 12월 31일 저작권법상의 컴퓨터프로그램 저작물과는 별도로 "컴퓨터프로그램보호법"을 제정하여 컴퓨터프로그램을 보호하고 있으며 특허법상으로는 1984년 12월부터 "컴퓨터프로그램에 관한 심사기준"을 마련하여 타 발명과 같이 컴퓨터프로그램관련발명을 특허대상으로 하고 있다. 그러나 그 발명이 자연법칙을 이용한 기술적 사상으로 성립되고 발명의 실시에 컴퓨터에 의한 작업수행을 지시하기 위한 일련의 코드화된 명령(프로그램)이나 소정의 목적을 달성하기 위한 일련의 처리 또는 조작[수순(手順)]을 필요로 하는 발명에 대해서만 특허대상으로 하고 순수한 컴퓨터프로그램 그 자체에 대하여는 특허대상에서 제외된다. 그러나 이러한 분야도 컴퓨터프로그램보호법에 의해서 보호됨은 물론이다.

4. 특허법에 의한 보호의 한계

대량으로 개발된 프로그램, 앞으로 급속도로 개발될 프로그램이 문헌화되기는 쉽지 않다. 그렇다면 심사자료가 극도로 부족하고 내용의 고도성·복잡성과 더불어 신속성과 정확성의 심사가 거의 불가능에 가깝다. 또 개개의 프로그램의 수명은 극히 짧으므로(1~2년) 심사결과 특허를 받을 수 있다 하더라도 이미 쓸모없게 되어 특허권이 유명무실하게 될 우려가 있을 것이다. 따라서 모든 프로그램을 특허법으로 보호하는 것은 특허법상의 발명으로 인정되지 않는 것은 논외로 하고, 인정되는 것도 일정한 한계가 있어 별도로 컴퓨터프로그램보호법을 제정하여 1987년 7월 1일부터 시행하였다.

Ⅲ. 반도체집적회로 배치설계에 관한 발명

1. 개 념

(1) 반도체

반도체라 함은 전기가 통하는 도체와 통하지 않는 부도체의 중간에 해당하는 성질의 고체물질을 말하며, 순수한 상태에서는 부도체에 가까운 성질을 나타내나 적당한 양의 불순물을 첨가하면 전기·열·자기 등의 자극에 의하여 전기가 통하게 되어 전류의 정도와 방향을 조절할 수 있게 되는 성질을 가지게 되는 물질로서 실리콘(Si), 게르마늄(Ge) 등과 같은 단원소로 된 반도체와 갈륨비소(GaAs) 등과 같은 화합물로 된 반도체로 구별된다.

(2) 반도체집적회로

반도체집적회로라 함은 위의 반도체기판(보통 엄지손톱정도의 크기) 위에 수천 개 내지 수백만 개의 트랜지스터·콘덴서·저항 등의 회로소자를 형성하고 이들을 도선으로 신호의 정류·증폭·검파·스위칭·기억·신호처리 및 논리연산 등 다양한 전자회로의 기능을 수행토록 한 것이 반도체집적회로, 즉 반도체칩(Semiconductor chip)이며 이는 회로소자가 집적된 정도에 따라 소규모 집적회로(SSI)·중규모 집적회로(MSI)·대규모 집적회로(LSI)·초대규모 집적회로(VLSI), 하나의 칩에 천만 개 이상의 소자를 가지고 있으며 도선의 폭이 0.5μ m정도 되는 극초대규모집적회로(ULSI)로 구분된다.

(3) 반도체집적회로 배치설계

반도체집적회로 배치설계라 함은 위와 같은 반도체집적회로를 제조하기 위한 일종의 설계도로서 각종 회로소자 및 이들을 연결하는 도선을 평면적·입체적으로 배치한 설계를 말한다. 예를 들면 4MD램 메모리반도체칩을 제조할 경우 엄지손톱정도 크기의 반도체기판위에 4백만 개의 트랜지스터와 4백만 개의 콘덴서를 내장하고 이들을 연결하는 약 1μ m(머리카락 굵기의 1/300)의 미세한 도선을 공간적으로 배치한 설계도면이 필요한데 이를 육안으로 식별할 수 있도록 확대한다면 축구장 면적에 해당하는 크기의 특수한 설계도이다. 이러한 배치설계는 기술집약도가 높고 개발에 막대한 비용과 고도의 기술을 필요로 하는 반도체산업의 핵심 기술분야이다.

2. 배치설계권의 성격

배치설계권은 특허권과 저작권의 중간적 성격을 가지고 있다고 할 수 있으며, 외국에서는 산업저작권(Industrial Copyright)이라고도 불리고 있다. 즉 배치설계권의 성격으로 보면 배치설계권의 불법복제 등 침해는 반도체산업에 큰 영향을 미치므로 산업이 발전을 위하여는 배치설계를 산업재산권의 일종으로 보호하되, 반도체 제품의 특성상 상품수명주기(life cycle)가 짧기 때문에 보호기간은 비교적 단기인 10년으로 제한하고 그 권리의 발생도 설정등록에 의하여야 한다는 점에서 특허권적 성격을 지니고 있으며, 반면에 배치설계권의 일차적 보호대상은 일종의 설계도면이라는 점에서 저작권적 성격을 지니고 있다.

배치설계권의 보호대상으로 보면 배치설계권은 특허권 및 저작권과 구별되는데 배치설계권의 일차적인 보호대상은 배치설계이나 실질적인 보호대상이 배치설계를 이용하여 제조된 반도체칩, 반도체칩이 내장된 최종제품(컴퓨터·통신기기 등)까지 확대되기 때문에 특허권적 성격이 강하다. 그러나 법령에 의한 권리발생요건인 배치설계의 창작에 대하여 신규성·진보성 등의 특허요건을 판단하기란 거의 불가능에 가까우므로 배치설계 그 자체에는 특허권이 성립한다고 보기 어렵다. 또한 배치설계권은 위의 보호대상으로 보아 배치설계도면만을 보호하는 저작권적 개념과도 구별된다.

3. 배치설계권보호의 한계

배치설계의 특성상 특허법이나 저작권법으로는 그 권리보호에 한계가 있다. 즉 반도체 직접회로 배치설계는 최소의 공간에 최대한의 회로소자를 집적시켜 전자회로의 기능을 수행하도록 하는 집적회로의 공간적 배치를 나타낸 설계이기 때문에 이를 특허로서 보호하고자 할 경우 선행기술 또는 타 배치설계와의 신규성·진보성 등의 특허성 판단이 쉽지 않아 소요기술에 대한 특허여부가 어려울 뿐만 아니라 반도체분야 기술의 고속개발로 제품의 수명주기(life cycle)가 급격히 짧아지고 있기 때문에 심사기간(2008년 기준 평균 1년 6개월 정도)이 긴 특허제도로서는 배치설계의 신속한 권리보호가 불가능하다. 또한 저작권으로 보호하고자 할 경우에도 저작권법상 보호대상이 배치설계도면이기 때문에 도면자체만 보호가 가능할 뿐 실질적 보호대상인 반도체칩제품에 대한 보호는 사실상 불가능하다. 예를 들면 요리책은 저작권으로 보호되지만 그 요리책에 의해 만든 요리는 저작권으로는 보호를 할 수 없는 것과 마찬가지이다.

그러므로 배치설계를 이론적으로는 특허법상의 특허대상발명으로 보호가 가능할 수도 있지만 위에서 살펴본 바와 같이 배치설계의 특성상 기술적으로 보호가 불가능하다. 따라서 배치설계는 배치설계의 기술적 사상성과 배치설계도의 사상적 표현성의 양면성을 가진 독립된 보호영역을 법적체계로 확립한 반도체집적회로의 배치설계에 관한 법률을 별도로 제정하여 1999년 9월 1일부터 시행하였다.

Ⅳ. 비즈니스 모델

1. 정 의

일반적으로 비즈니스 모델(BUSINESS MODEL : BM)이라 함은 “정보기술을 이용하여 실현한 새로운 비즈니스 시스템이나 방법에 관한 발명을 발하고, 이러한 일반적인 비즈니스 모델발명에 속하기 위해서는 컴퓨터상에서 소프트웨어에 의한 정보처리가 하드웨어를 이용하여 구체적으로 실현되고 있어야 하는 것”으로 정의한 바 있다.[20]

또 비즈니스 모델을 “ⅰ) BM에 있어서 사업아이디어 또는 영업방법은 필수적 구성요소이고, ⅱ) BM은 기술발전의 역사에 비추어 보면 컴퓨터 및 정보통신기술의 발전단계에 따라 전자화폐 등의 비즈니스 시스템 인프라기술을 실체의 비즈니스에 응용시킨 응용시스템이며, ⅲ) BM은 그 비즈니스 방법, 컴퓨터 소프트웨어 및 하드웨어를 구성요소로 하는 발명으로 일반적으로 컴퓨터 소프트웨어 관련 발명”이라고 정의하기도 한다.[21]

2. 배 경

산업사회의 패러다임은 정보와 지식이 경쟁력의 원천이 되는 지식주도사회로의 대전환이 이루어지고 있는 가운데 인터넷 사용이 보편화되고 사업수단으로 등장하면서 컴퓨터·인터넷·통신기술 등 정보시스템을 경제법칙, 즉 비즈니스 모델과 결합한 형태의 전자상거래 관련 특허출원이 크게 증가하고 있다.

미국에서도 1998년 금융비즈니스에 관한 특허가 연방법원에서 유효한 것으로 판결된 이후 정보통신시스템을 이용한 영업방식특허의 출원이 급증하는 추세이고 일본에서도 금융기관이 출원한 고객서비스기법이 최초로 특허를 획득한(2000.1.31 일본경제) 이후 일본기업들은 비즈니스 모델 특허팀까지 구성하여 특허출원을 준비하는

---

20) 특허법원 2001.9.21. 선고 2000허 5438 판결.

21) 특허소송연구 2집, 이두형, “비즈니스 모델(BUSINESS MODEL)의 발명으로서의 성립성”, 388면.

등 전자상거래 초기 주도권확보를 위한 각국의 경쟁이 날로 치열해지고 있다.

우리나라도 인터넷을 이용한 영업방식에 관한 출원이 1994년 38건 정도에서 1999년 약 500건 정도로 급증하고 있으며, 1998년 7월 텔레뱅킹에 관한 영업방식 발명(특허권자 : 서울은행)에 특허권을 부여하는 등 선진국 수준으로 보호제도를 정비한 바 있다. 그런데 모든 인터넷 관련 기술에 특허가 인정되는 것은 아니고 일정한 기준에 부합되어야만 특허를 받을 수 있는데 그 기준이 매우 전문적이고 또한 기준자체에 대해서도 국제적으로도 많은 논란 속에 변화되는 추세이어서 인터넷 관련 기업들이 자신의 기술이 특허에 해당하는 것인지 여부를 판단하는데 어려움이 있어 왔다.

영업방식발명에 대한 보호를 더 강화하여야 하는지 아니면 국내업계의 실정을 감안하여 점진적으로 보호를 하여야 하는지에 관해서 그 기준을 명확히 할 시점이라고 판단된다. 따라서 우리나라 특허청에서는 비즈니스 모델의 발명으로서의 성립성을 인정하는 전제에서 2000년 8월 1일부터 시행에 들어간 "전자상거래관련 발명의 심사지침"을 마련하였다.

3. 문제점

사업 아이디어나 영업방식 등 비즈니스 모델은 자연법칙을 이용한 기술적 사상이 아니기 때문에 특허의 대상이 될 수 없다는 견해가 지배적이다.

그러나 이를 컴퓨터프로그램을 특허대상으로 하는 것과 마찬가지로 비즈니스 시스템 인프라 기술을 비즈니스에 응용시켜 응용시스템으로 하여 비즈니스방식을 소프트웨어로 하고 컴퓨터를 하드웨어로 하는 발명은 특허를 받을 수 있다 할 것이다.

4. 주요국의 동향

1990년대 초에 들어서부터 컴퓨터·인터넷·통신기술 등과 같은 정보시스템을 경제법칙(비즈니스 모델)과 결합하여 특허로 출원하고 있으며 인터넷을 사업수단으로 이용하면서 새로운 영업발명 형태로 출원하고 있다.

(1) 미 국

은행 및 주식거래, 전자우편, 상거래 등에 인터넷을 이용하는 자는 1998년 말 1

억 4천만 명 정도에서 2005년 8억 명 이상이 사용할 것으로 전망되고 있는 가운데 비즈니스와 관련해서는 현재 전 세계적으로 약 2만 5천여 개의 기업 등이 인터넷사업을 하고 있으며, 2005년경에는 55만개로 늘어날 것으로 예상된다.

이러한 추세에 발맞춰 1996년 소프트웨어 관련발명에 대한 심사기준을 개정하여 영업발명을 포함한 소프트웨어 관련발명의 심사에 적용하고 있다. 특히 미국의 영업발명 관련 특허출원은 1988년 CAFC(연방법원)의 SSBC(State Street Bank)사건 판결이후 이에 많은 영향을 받아 급증하고 있는 추세이다.

(2) 일 본

영업발명 관련 특허는 1996년부터 출원되기 시작하여 미쓰비시·히다찌 등 대기업을 중심으로 비즈니스 모델 특허연구팀을 운영하고 있다. 특히 일본은 인터넷 관련 특허 중에서도 전자화폐, 보안·인증방법, 통신 및 인터페이스장치 등의 요소기술을 중심으로 출원되고 있다. 1995년 이후 소프트웨어의 관련발명의 출원이 급증함에 따라 1997년도에 "컴퓨터 관련 발명의 심사기준"을 개정하여 영업발명을 포함한 소프트웨어 관련발명의 심사에 적용하고 있었다. 영업방법발명이 특허대상이 되기 위해서는 일반적인 방법발명의 기재요건과 신규성 및 진보성을 충족하어야 한다.

(3) 유럽특허청 등

지적창작의 산물이거나 추상적 아이디어에 해당하는 수학적 방법, 인간의 정신활동, 영업방법, 프로그램 등은 특허대상에서 제외되었으나 최근에는 해결하고자 하는 기술적 과제 및 해결수단을 기재하고 발명자가 보호하고자 하는 기술적 특징요소를 명확히 기재하면 특허성을 인정하고 있는 경향이다.

이는 미국·일본 등에서 방법발명의 기재요건과 신규성, 진보성을 충족해야만 특허성을 인정한 것과 크게 다를 바가 없다.

5. 비즈니스 모델의 특허성 인정

앞에서 살펴본 바와 같이 전자상거래관련발명, 즉 영업방식인 비즈니스 모델발명은 최근 인터넷을 통한 전자상거래시장의 확대로 단순히 소프트웨어 관련 상품과는 달리 그 허여여부가 사회적 이슈로 되고 있다. 따라서 전자상거래 기술의 특성상 특허허여의 파장이 일상생활 전반에까지 미칠 것으로 예상되는 가운데 컴퓨터 소프트웨어관련 발명의 특허허여여부에 대하여 논란이 있었으나 현재는 국제적으로 특허대상에 포함시키고 있는 실정이다.

전자상거래 관련기술의 대부분은 컴퓨터를 갖춘 시스템적 기술이므로 "자연법칙을 이용"한 것으로 간주하여 특허대상이 된 것으로 해석, 운용하고 있다. 즉 영업방법인 비즈니스 모델자체에 대해서는 추상적 아이디어에 해당되어 특허대상이 아니지만 인터넷을 이용한 영업방법에 대한 발명은 하드웨어와 결합하여 구체화된 방법발명으로 보아 특허를 허여한다.

따라서 비즈니스 모델의 발명으로서의 성립성을 인정하는 전제에서 2000년 8월 1일부터 시행하고 있는 "전자상거래관련 발명의 심사지침"에서 전자상거래관련 발명의 특허청구범위의 청구항을 "ⅰ) 영업방법이 컴퓨터상에서 수행되어지게 하는 시(時)계열적으로 연결된 일련의 처리나 조작의 절차를 특정하는 방법발명, ⅱ) 영업방법이 컴퓨터상에서 수행되어지게 하는 처리나 조작에 해당하는 작용을 행하는 수단을 구성요소로 하여 구성요소간의 관계를 특정하는 물건발명(예 : 장치, 시스템), ⅲ) 전자상거래관련 발명이 소프트웨어 제품으로 제작될 수 있는 경우에는 프로그램 또는 데이터구조를 기록한 기록매체(물건발명의 한 형태로 취급)"의 3가지 종류로 기재할 수 있도록 하면서, 컴퓨터상에서 구현되는 구성의 한정이 없는 유형에 해당하는 순수한 영어방법과 추상적 아이디어 및 컴퓨터상에서 구현되는 구성의 한정이 있는 유형 중 수학적 알고리즘과 산업상 이용성의 한정이 아닌 기재만으로 된 것에 관하여는 발명의 성립성 자체를 부인하는 것으로 하고 있다.[22] 오늘날 세계적인 추세도 비즈니스 모델의 발명 자체로서의 성립보다는 그 신규성과 진보성의 충족여부의 판단에 주안점을 두고 있는 실정이다.

6. 심사기준의 마련

1990년대 초에 들어서 컴퓨터 소프트웨어 산업이 지식정보사회의 핵심이 되면서 국가간 및 기업간의 경쟁력을 결정하는 주요 요소로 부상하고, 특히 최근 일상화되고 있는 인터넷을 통한 영업방식 발명의 폭발적 증가에 따라 이를 적절히 보호할 수 있는 심사기준을 마련할 필요성이 제기되었다.

이에 따라 1996년 미국 특허청, 1997년 일본 특허청이 소프트웨어관련 발명에 대한 심사기준을 개정하였고 우리나라도 1998년 8월 컴퓨터관련 발명의 심사기준

---

22) 특허법원, 특허재판실무편람, 2002.12.27 발행, 104~105면 참조.

을 개정하여 영업발명을 포함한 인터넷관련 발명의 심사시 적용하고 있다. 즉 미국, 일본, 유럽특허청 등과 동일한 수준의 심사기준을 적용하여 심사하고 있으며, 특히 전자상거래관련 특허가 국내산업·사회전반에 미치는 영향을 고려하여 개정된 전자상거래관련 발명의 심사지침에 따라 엄격하게 심사하고 있다.

제 5 장

특허절차에 관한 통칙

제 1 절 서 설

Ⅰ. 서 문

특허법상 특허절차라 하면 특허에 관한 출원·청구 그 밖의 절차, 통상 출원절차, 심사절차, 등록절차 등(협의의 특허절차)을 의미하고 있으나 특허에 관한 심판절차, 소송절차까지를 포함(광의의 특허절차)하는 의미로 쓰이기도 한다.

일반적으로 절차라 함은 권리의 실질적 내용을 실현하기 위하여 당사자가 참여하고 국가기관이 관여하는 일련의 형식 및 방법을 말하며 이를 규율하는 법을 절차법이라고 하고 이는 실체법에 대립된 말이다.

이러한 절차법은 수단적·기술적 성질을 가지고 있는 것이 보통이다. 통상적으로는 행정 또는 소송절차를 규율하는 법, 즉 행정절차법, 소송법(행정·민사·형사소송법)을, 사건의 실체를 규율하는 실체법, 즉 특허법, 민법, 상법, 형법에 대하여 절차법 또는 형시법이라고 부른다.

그러나 광의에 있어서는 행정적인 절차규정, 즉 특허법 중 절차규정, 국세징수법 중 절차규정과 민사상의 절차규정, 즉 호적법·부동산등기법도 이에 포함되는데 이에 관하여는 특허법 등과 같이 동일법전 중에 실체적 규정과 절차적 규정을 함께 두고 있는 것이 적지 않다. 그러나 특허법이 특허에 관한 절차 일체를 모두 규율하고 있는 것이 아니고 사안에 따라서는 민사소송법과 같은 동종의 절차법을 준용하고 있고(법 12, 165②④⑥, 185) 또 경우에 따라서는 특허법에 준용규정 없이 민사소송법이 특허절차에 준용되는 때가 있을 수 있다.

이와 같이 특허절차에 민사소송법의 규정이 적용된다 하더라도 이는 어디까지나 행정절차이지 사법절차가 아님을 유념하여야 한다.

이러한 특허법상의 특허절차에는 위에서 언급한 바와 같이 통상 협의의 특허절차로서 출원절차, 심사절차, 등록절차 등이 있으나 광의의 특허절차에 있어서는 특허에 관한 심판절차 및 소송절차까지를 포함하고 있음은 이미 설명한 바와 같다.

그러나 여기에서는 협의의 특허절차에 다 같이 적용되고 있는 i) 절차상의 권리·행위능력, ii) 대리, iii) 기간, iv) 절차 등에 관한 규정을 중심으로 살펴보고 심판 및 소송 등의 절차에 관하여는 각기 해당 편에서 살펴보기로 한다.

Ⅱ. 행위능력 등

1. 서 문

특허를 받기 위해서는 특허에 관한 절차를 밟을 수 있는 능력, 즉 행위능력(절차능력)을 가진 자 뿐만 아니라 특허권 또는 특허에 관한 권리를 향유할 수 있는 권리능력을 동시에 가진 자이어야 한다.

특허법은 앞에서 설명한 바와 같이 민법 등과 같은 실체법인 동시에 민사소송법과 같은 절차법이므로 행위능력과 권리능력을 절차법적인 측면에서 볼 때 각각 절차능력과 당사자 능력이라고 볼 수 있다. 따라서 특허에 관한 절차를 밟을 자가 그 절차를 원활히 수행할 수 없거나 구두심리에서 진술한 능력이 없을 때에는 대리인에 의하여 그 절차를 밟을 수 있도록 하는 진술능력의 제한에 관한 규정을 두고 있고(법 10①) 또 특허에 관한 출원·청구 그 밖의 절차(이하 "특허에 관한 절차"라 한다)에 관하여 독립하여 법률행위를 할 수 없는 미성년자·한정치산자·금치산자와 같은 행위능력이 없는 자는 법정대리인에 의하여 그 절차를 밟을 수 있도록 하는 행위능력의 제한에 관한 규정을 두고 있다(법 3①). 따라서 이를 중심으로 그리고 민법 및 민사소송법을 보충적으로 하여 행위능력 등을 살펴보기로 한다.

2. 행위능력·행위무능력

(1) 행위능력(절차능력)

행위능력이라 함은 특허법상 유효한 법률행위를 단독으로 할 수 있는 능력을 말하며 이를 단순히 "능력"이라고도 한다. 자연인과 법인은 모두 권리능력을 가지지만 반드시 행위능력을 가지는 것은 아니다. 자연인 중에 의사능력이 없는 자는 전혀 행위능력이 없고 그 행위는 무효이지만 민법은 미성년자, 한정치산자, 금치산자를 정형적으로 행위능력이 없는 무능력자로 하고 그 보호를 하기 위하여 무능력자가 단독으로 한 법률행위를 취소할 수 있도록 하였다(민법 제5조, 제10조, 제13조). 특허법 또한 민법에서와 같이 미성년자, 한정치산자, 금치산자를 행위능력이 없는 무능력자의 정형으로 규정하고 있으면서도 무능력자가 단독으로 한 법률행위의 효력에 대해서는 특별히 명문의 규정을 두고 있지 않다. 이는 특허에 관한 절차의 수행이 특허권이라고 하는 권리만을 얻는 절차행위로서 어떠한 의무만이 부과되거나 이로 인하여 어떠한 손실이 수반되는 것이 아니기 때문으로 해석된다.

(2) 행위무능력자

1) 의 의

행위무능력자라 함은 행위능력이 없는 자, 즉 단독으로 완전한 법률행위를 할 수 없는 자로서 무능력자라고도 한다. 민법이 정한 행위무능력자는 미성년자, 한정치산자, 금치산자의 3자이다. 행위무능력자의 제도는 판단능력이 불충분한 자가 불이익한 행위로 인하여 손해를 입지 않도록 보호하는 것을 목적으로 하는데, 이를 위하여 판단능력이 불충분한 자를 위의 3자에 정형화하여 행위무능력자 측에서는 능력의 불완전을 개개적으로 증명하지 않고 그 행위를 취소할 수 있는 것으로 하는 한편 상대방에게 주의를 시켜 거래의 안정을 해하지 않도록 한 것이다. 행위무능력자에게는 보호기관으로서 그 행위를 대리하고 또는 보충하기 위하여 각각 친권자 혹은 후견인과 같은 법정대리인을 붙인다. 법정대리인이 될 자 및 그들의 권한 등에 관하여는 민법, 민사소송법의 규정에 의한다(민법 912, 민사소송법 55 내지 63). 계모나 후견인 등이 법정대리인이 특허절차를 수행함에 있어서는 친족회의 동의를 필요로 하나(민법 912, 950) 상대방의 심판·재심청구 또는 소제기절차에서 수동적인 당사자인 피청구인으로 될 때에는 친족회로부터 특별한 권한을 받을 필요가 없는 것(친족회의 동의 없이)도 민사소송절차와 같다(법 3②, 민사소송법 56).

행위무능력자가 단독으로 한 법률행위는 원칙적으로 취소할 수 있지만 유아와 같이 의사능력이 없는 경우에는 무효로 된다. 그러나 특허법은 민사소송법상의 소송능력에 관한 규정(민사소송법 55)에 따라 미성년자와 한정치산자가 독립하여 법률행위를 할 수 있는 경우를 제외하고는 미성년자, 한정치산자, 금치산자는 법정대리인에 의하지 아니하면 특허에 관한 절차를 밟을 수 없다(법 3①).

즉 민법상의 무능력자는 소송무능력자인데 이에 준하여 특허법상의 행위무능력자는 절차무능력자인 것이다. 다만 양자의 원칙적인 차이점은 민법에 의하면 미성년자는 법정대리인의 동의를 얻으면 법률행위를 할 수 있지만 특허법 및 민사소송법상의 특허행위를 할 수 없고 법정대리인에 의하여야만 한다는 점이다(법 3①, 민사소송법 55).

2) 행위무능력자

특허법상 행위무능력자는 민법상 무능력자(민법 5, 10, 13), 민사소송법상의 소송무능력자, 즉 절차무능력자(민사소송법 55)와 같이 미성년자, 한정치산자, 금치산자이다. 다만 독립하여 법률행위를 할 수 있는 미성년자, 한정치산자는 행위무능력자가 아니다(법 3① 단서).

3) 행위무능력자의 법정대리인

법정대리인은 미성년자, 한정치산자 또는 금치산자 등과 같은 행위무능력자를 대리하여 이들의 특허에 관한 출원, 청구 그 밖의 절차를 밟을 수 있다. 이 경우 법정대리인은 친족회의 동의 없이 상대방이 청구한 심판 또는 재심 및 소송에 관한 절차를 밟을 수 있다(법 3②, 민사소송법 56).

4) 행위무능력자 행위의 효력

미성년자 등의 행위무능력자가 법정대리인에 의하지 아니하고 특허에 관한 절차를 밟았을 때에는 특허청장 또는 특허심판원장은 기간을 정하여 보정을 명할 수 있다(법 46, 1). 보정명령을 받은 자가 지정된 그 기간 내에 그 보정을 하지 않은 경우에는 그 특허에 관한 절차를 무효로 할 수 있다(법 16①).

또 심판청구절차 등의 경우 그 흠결을 보정할 수 없을 때에는 피청구인에게 답변서 제출의 기회를 주지 아니하고 심결로서 이를 각하할 수 있다(법 142).

그러나 이러한 행위능력 또는 법정대리권이 없거나 특허에 관한 절차를 밟음에 필요한 수권에 흠결이 있는 자가 밟은 절차행위라 하더라도 보정된 당사자(즉 절차를 밟을 능력을 취득하거나 회복한 본인)나 법정대리인의 추인이 있을 때에는 행위시에 소급하여 그 효력이 발생한다(법 7의 2).

한편 행위능력을 가진 자가 특허에 관한 절차를 밟은 후 행위능력을 상실한 경우에는 그 절차는 중단된다. 즉 특허에 관한 절차가 i) 당사자가 사망한 경우, ii) 당사자인 법인이 합병에 의하여 소멸한 경우, iii) 당사자가 절차를 밟을 능력을 상실한 경우, iv) 당사자의 법정대리인이 사망하거나 그 대리권을 상실한 경우, ⅴ) 당사자의 신탁에 의한 수탁자의 임무가 종료한 경우, ⅵ) 2인 이상이 특허에 관한 절차를 밟으면서 대표자를 선정하여 특허청 또는 특허심판원에 신고한 대표자가 사망하거나 그 자격을 상실한 경우, ⅶ) 파산관재인 등 일정한 자격에 의하여 자기이름으로 남을 위하여 당사자가 된 자가 그 자격을 잃거나 사망한 경우 등에는 그 계속 중인 절차는 중단된다. 다만, 절차를 밟을 것을 위임받은 대리인이 있는 경우에는 그러하지 아니하다(법 20).

3. 권리능력

(1) 의 의

권리능력이라 함은 권리, 의무의 주체가 될 수 있는 법률상의 자격으로서 법인격이라고도 한다. 민사소송법상으로는 당사자가 될 수 있는 소송법상의 능력, 즉 소송의 주체가 되어 재판권 행사의 효력을 받는데 필요한 소송법상의 권리능력(당사자능력) 또는 인격이다.

특허법은 권리능력을 원칙적으로 민법상의 권리능력에 준거시키고 있으므로 자연인과 법인은 모두 권리능력자이다. 그러나 특허법은 그 밖의 법인 아닌 사단 또는 재단이라도 대표자 또는 관리인이 정하여져 있는 경우에는 민사소송법 제52조와 같이 그 사단 또는 재단의 이름으로 출원심사의 청구인, 심판의 청구인 및 피청구인 또는 재심의 청구인 및 피청구인이 될 수 있다(법 4).

이것은 법인이 아닌 여러 단체가 사회에 현존하여 사회적 활동을 하고 있는 이상 타인과의 사이에 분쟁, 이익의 충돌이 생겼을 때 이 단체로 하여금 당사자로서 절차를 진행시키고 이에 대하여 판단, 결정하는 것이 특허법상의 기능수행상 간편하기 때문이다. 문제는 조합의 권리능력의 유무이다. 판례는 사단이라고 보아 권리능력이 있다고 보았으나 학설은 조합이란 공동사업을 위한 계약적 기속관계라고 보아 권리능력이 없다고 한다. 당사자가 권리능력을 가지는 것은 절차요건이고 이것이 흠결이 될 때에는 그 절차는 부적법한 것으로 각하된다. 특허법상 권리능력은 특허에 관한 출원, 청구 그 밖의 절차 등에서 출원인, 특허이의신청인, 심판청구인, 피청구인 또는 재심청구인 및 피청구인, 참가인 등이 될 수 있는 능력 또는 인격 혹은 법률상의 자격으로서의 법인격을 말하며 이는 잠재적인 지위 내지 자격이며, 권리는 아니다. 특허절차에 관한 권리능력에 관하여는 특허법 제4조의 규정(법인이 아닌 사단 등) 외에도 민사소송법상의 당사자능력에 준하여 권리능력이 인정된다고 본다(민사소송법 51).

(2) 권리능력자

권리능력을 가지는 자는 자연인과 법인이다. 자연인은 일반 권리능력을 평등하게 가지며 원칙적으로 출생으로 인하여 권리능력을 취득하고 사망으로 인하여서만 상실한다. 민법 제3조에서 "사람은 출생한 동안 권리와 의무의 주체가 된다"라고 함은 바로 이를 의미하는 말이다. 따라서 권리능력은 현실로 특정의 권리, 의무를 취득하기 위한 활동을 함에 있어서 필요한 행위능력과도 다르다. 그러나 특허법에서는 국제출원을 할 수 있는 자에 대하여서는 별도의 규정을 두고 있다. 즉 대한민국 특허청에 국제출원을 할 수 있는 자는 i) 우리나라 국민, ii) 우리나라(국내)에 주소 또는 영업소를 가진 외국인, iii) i) 또는 ii)에 해당하지 않는 자로서 i) 또는 ii)에 해당하는 자를 대표자로 하여 국제출원을 하는 자, iv) i) 내지 iii)에 해당하는 자가 아닌 자로서 1인 이상의 우리나라 국민이나 국내에 주소 또는 영업소를 가진 외국인과 공동으로 국제출원을 하는 자(법 192, 1 내지 4, 동법시행규칙 90) 또 재외자 중 외국인은 다음의 경우를 제외하고는 특허권 또는 특허에 관한 권리를 향유할 수 없다(법 25).

1) 재외자 중 그 외국인이 속하는 국가에서 우리나라 국민에 대하여 그 국민과 동일한 조건으로 특허권 또는 특허에 관한 권리의 향유를 인정한 경우
2) 우리나라가 그 외국인에 대하여 특허권 또는 특허에 관한 권리의 향유를 인정한 경우에는 그 자가 속하는 국가에서 우리나라 국민에 대하여 그 국민과 동일한 조건으로 특허권 또는 특허에 관한 권리의 향유를 인정하는 경우
3) 조약 및 이에 준하는 것(이하 "조약"이라 한다)에 의하여 특허권 또는 특허에 관한 권리의 향유를 인정하고 있는 경우 등이다.

(3) 권리능력이 없는 자의 절차행위의 효력

권리능력이 없는 자에 의한 특허절차는 부적법하므로 그 특허에 관한 절차를 무효로 하거나(법 16①) 심판청구를 심결로서 각하할 수 있다(법 142). 권리능력을 가진 자가 절차행위 중에 사망하였거나 법인의 합병 등으로 당사자 능력이 소멸된 때에는 그 절차는 중단되고 수계에 의하여 속행된다(법 20 내지 22).

4. 절차수행능력의 미흡

특허에 관한 절차를 밟는 자 또는 그 대리인이 그 절차를 원활히 수행할 수 없

거나 구두심리에서 진술할 능력이 없다고 인정되는 등 그 절차를 수행하는데 부적당하다고 판단되는 때에는 특허청장 또는 특허심판원장은 대리인에 의하여 그 절차를 수행하도록 명하거나 그 대리인의 개임을 명할 수 있다(법 10①②). 이 경우에 특허청장 또는 특허심판원장은 변리사로 하여금 대리하게 할 것을 명할 수 있다(법 10③). 이와 같이 대리인의 선임 및 개임명령의 대상으로 변리사를 특정하고 있는 것은 특허절차에 있어서 간접적으로나마 변리사 강제주의를 채택하고 있다고 해석되기 때문이다. 여기에서 주의할 것은 개임명령의 대상에는 변리사가 포함되어 있지 않다는 사실이다. 이때 대리인의 선임 또는 개임전 특허에 관한 절차를 밟은 자 또는 대리인이 특허청에 대하여 한 특허에 관한 절차는 무효로 할 수 있다(법 10④). 이러한 제도는 특허절차를 신속하고도 정확하게 진행시키려는 공익상의 요청에 따라 인정되는 것이지 절차수행 당사자를 위한 것은 아니다.

제2절 대 리

I. 서 설

대리는 어떤 사람(대리인)이 타인(본인)에 갈음하여 제3자(상대방)에게 의사표시를 하거나(능동대리) 또는 제3자로부터 의사표시를 수령하여(수동대리) 그 법률효과가 모두 직접 본인에게 귀속되는 제도를 말한다.

대리는 근대법에서 완성된 제도로서 본인의 행위의 범위를 넓게 확장하고 또한 의사능력이 없는 자 등에게 대리인에 의한 행위의 길을 열어주어 사적자치를 확장, 보충한다. 대리의 법률적인 특색으로서는 i) 대리인이 본인과 대립하는 지위에 서서 대리권을 가진다는 점에서 대표와 다르다. ii) 대리인의 행위는 어디까지나 대리인의 의사에 의한 독자적인 행위라는 점에서 사자(使者)와 다르다. iii) 그 행위의 효과가 모두 직접 본인에게 귀속된다는 점에서 간접대리와 다르다는 섬 등을 들 수 있다.

대리가 인정되는 범위는 의사표시를 하는 능동대리와 의사표시를 받는 수동대리에 한하며 불법행위 및 사실행위에는 대리는 있을 수 없다.

Ⅱ. 특허법상의 대리인

1. 의 의

대리인이라 함은 대리를 할 수 있는 지위에 있는 자로서 법정대리인과 임의대리인의 2종이 있다.

대리인은 스스로 의사를 결정하여 표시하는 자이므로 단순히 본인의 의사표시를 전달 또는 완성시키는 사자(使者)와 다르다. 또한 법인의 기관이 법인을 대표하는 행위는 법인의 행위와 다름이 없으므로 대리인의 행위의 효과가 본인에게 귀속하는 것과 다른 관계라고 할 수 있다.

대리인은 의사표시를 하므로 의사능력은 있어야 하지만 그 행위의 효과는 본인에게 귀속하여 대리인이 불이익을 받는 일이 없으므로 무능력자라도 무방하다(민법 117).

2. 대리인의 유형

(1) 서 설

특허법상의 대리인도 본인의 신임여하에 따라 법정대리인과 임의대리인으로 나누어지고 후자는 다시 재외자의 특허관리인(법 5)과 협의의 임의대리인, 즉 통상대리인(법 6)으로 구별된다. 또 특허에 관한 절차를 밟는 자의 대리인이 여러 사람이 있을 때에는 특허청에 대하여 각자가 본인을 대리하는 개별대리인의 원칙을 채용하고 있고(법 9) 또 2인 이상의 자가 공동하여 특허에 관한 절차를 밟을 때에는 원칙적으로 각자가 전원을 대표하는 복수대리인의 대표제를 채택하고 있다(법 11). 특허법은 특히 특허협력조약에 의한 국제출원절차의 대리인은 법정대리인을 제외하고는 변리사로 제한하고 있다(법 197③, 특허협력조약 3).

(2) 법정대리인

1) 의 의

민법상 법정대리권을 갖는 자로서 이는 본인의 의사에 의하지 아니하고 직접 법률의 규정에 의하여 대리권이 부여되는 자이다. 따라서 본인의 신임에 의해서 대리권이 부여되는 임의대리인과는 다르다.

민법이 양자를 구별하는 실익은 복임권에 관하여 생기므로(민법 120 내지 122) 통설은 구별의 표준을 본인의 신임의 유무에 두고 있다. 이에는 이설(異說)이 있다. 법정대리인에서 주요한 것은 친권자(민법 909, 911, 920)와 후견인(민법 931 내지 936, 938)이지만 특허청장 또는 특허심판원장이 선임 또는 개임한 대리인(법 10)도 이에 속한다.

2) 법정대리인의 선임방법

법정대리인이 선정되는 방법으로서는

① 일정한 지위에 있는 자가 법률상 당연히 법정대리인이 되는 경우

② 본인 이외의 사인의 지정에 의하는 경우

③ 특허청장, 특허심판원장, 법원이 선임하는 경우의 세 가지가 있다.

3) 법정대리인의 대리권

법정대리인은 미성년자, 한정치산자, 금치산자를 대리하여 특허에 관한 출원, 청구 그 밖의 절차를 밟을 수 있는 대리권을 갖는다(법 3①, 민사소송법 55, 60). 법정대리인이 없거나 대리권을 행사할 수 없는 경우에는 지연으로 인하여 손해를 받을 염려가 있음을 소명하여 특별대리인의 선임을 구한다(법 10, 민사소송법 58).

4) 법정대리권의 소멸

법정대리권은 i) 본인의 사망, ii) 대리인의 사망, iii) 금치산 또는 파산의 사유로 소멸한다(민법 127).

법정대리권의 소멸은 본인 또는 대리인으로부터 상대방에게 통지하지 않으면 효력이 발생하지 않는다.

(3) 임의대리인

1) 의 의

본인의 의사, 즉 신임에 의한 대리를 임의대리라 하고 그 대리인을 임의대리인이라고 한다.

이는 법정대리인에 대한 대칭개념이다. 임의 대리는 본인과 대리인간의 수권행

위에 의하여 발생한다. 수권행위는 위임계약과 합체하여 있는 일이 많으므로 구 민법은 임의대리를 "위임으로 인한 대리"(위임대리)라고 불렀지만(구민법 104 등) 그것은 조합계약, 고용계약 등과도 합체할 수 있고 대리권의 수여만이 별도로 행하여질 수 있으므로 이 용어는 정당하지 않다.

그러므로 민법은 "위임으로 인한 대리"란 말을 쓰지 않고 "법률행위에 의하여 수여된 대리권"(민법 128)이라는 말을 쓰고 있다. 특허법에서는 이러한 임의대리인 중에서 특허관리인 및 통상 대리인제를 채용하여 특허에 관한 절차를 밟을 자의 절차행위를 대리하게 하고 있다.

2) 특허관리인

국내에 주소 또는 영업소를 가지지 아니한 자(이하 "재외자"라 한다)는 재외자(법인이 경우에는 그 대표자)가 국내에 체재하는 경우를 제외하고는 그 재외자의 특허에 관한 대리인으로서 국내에 주소 또는 영업소를 가지는 자(이하 "특허관리인"이라 한다)에 의하지 아니하면 특허에 관한 절차를 밟거나 특허법 또는 특허법에 의한 명령에 의하여 행정청이 한 처분에 대하여 소를 제기할 수 없다(법 5①). 따라서 특허관리인은 재외자가 밟아야 할 특허에 관한 출원·청구 그 밖의 절차를 밟거나 특허법이나 특허법에 의한 명령에 의하여 행정청이 한 처분에 대하여 소를 제기하는 재외자의 대리인이다. 그러므로 특허관리인은 재외자로부터 수여된 범위 안에서 특허에 관한 모든 절차 및 특허법 또는 특허법에 의한 명령에 의하여 행정청이 한 처분에 관한 소송에 대하여 본인을 대리한다.

3) 통상대리인

국내에 주소 또는 영업소를 가진 자의 신임에 의하여 특허에 관한 절차를 밟을 것을 위임받은 협의의 임의대리인은 특별한 수권을 얻지 아니하면 특허출원의 변경·취하·포기, 특허권의 존속기간 연장등록출원의 취하, 특허권의 포기, 신청의 취하, 청구의 취하, 국내우선권주장이나 그 취하, 심판청구, 복대리인의 선임을 할 수 없다(법 6).

(4) 개별대리인

특허에 관한 절차를 밟는 자의 대리인이 여러 사람이 있는 때에는 특허청 또는 특허심판원에 대하여 각자가 본인을 대리한다(법 9). 즉 특허에 관한 절차를 밟는 자의 대리인이 수인이 있는 때에는 적극대리(의사표시를 하는 능동대리) 뿐만 아니라 소극대리(의사표시를 수령하는 수동대리)와 같이 특허청 또는 특허심판원에 대하여 각자가 본인을 대리하는 개별대리의 원칙이 적용되며 이는 소송법상의 소송대리인과 같은 취지이다(민사소송법 93).

(5) 복대리인

대리인이 자기의 명의로 자기가 가진 권한 내의 행위의 전부 또는 일부를 행하게 할 자를 선임하여 그 자를 직접 본인의 대리인으로 하는 제도를 복대리라 하고 그 선임된 자를 복대리인이라고 하며, 복대리인을 선임할 수 있는 권한을 복대리권이라고 한다.

본인의 신임을 받은 임의대리인은 원칙적으로 복임권이 없고, 다만 본인의 승낙이 있거나 부득이한 사유가 있는 경우에만 복임권이 있는데 반하여 법정대리인은 언제든지 복임권이 있다. 그 대신 복임권의 광협에 따라 복대리인의 과오에 대한 대리인의 책임도 다르다. 즉 임의대리인은 복대리인의 선임, 감독에 과실이 있는 경우 본인이 지명하는 자가 복대리인으로서 부적임 또는 불성실한 인물임을 알고 있으면서도 이를 본인에게 알려주지 않는 경우에만 책임을 짐에 반하여(민법 121) 법정대리인은 복대리인의 행동에 대하여 항상 책임을 지는 것이 원칙이다(민법 122). 또 복대리인은 본인을 직접 대리하며, 대리인의 대리인이 되는 것이 아니고 본인이나 제3자에 대하여 대리인과 동일한 권리, 의무가 있다(민법 123).

(6) 복수당사자의 대표

2인 이상이 특허에 관한 절차를 밟을 때에는 다음의 어느 하나에 해당하는 사항을 제외하고는 각자가 전원을 대표한다. 다만 대표자를 선정하여 특허청 또는 특허심판원에 대표자로 선임된 사실을 증명하는 서면을 첨부하여 신고한 때에는 예외이다(법 11①②).

1) 특허출원의 변경, 포기, 취하 또는 특허권의 존속기간의 연장등록출원의 취하
2) 신청의 취하, 특허출원 등에 의한 국내우선권주장 또는 그 취하
3) 청구의 취하
4) 특허거절결정, 특허권의 존속기간의 연장등록거절결정에 대한 심판청구

(7) PCT국제출원의 대리인

특허협력조약(patent cooperation treaty : PCT)에 의한 국제출원절차의 대리인은 법

정대리인을 제외하고는 변리사로 제한하고 있으나(법 197③, PCT 제3조) 그렇다고 대리인 강제주의를 채택한 것은 아니고 본인이 대리인 선임 없이 직접 출원절차를 밟을 수도 있다.

Ⅲ. 특허법상의 대리권

1. 서 론

대리인이 가지는 대리를 할 수 있는 지위 또는 자격을 대리권이라고 하지만 이는 순수한 권리는 아니다. 대리권은 법정대리에 있어서는 법률의 규정(민법 911)이나 본인 이외의 사인 또는 특허청장, 심판장의 선임 또는 개임, 법원의 지정 또는 선임(법 10, 민법 931, 936)에 의하여 발생하고 임의대리에 있어서는 수권행위에 의하여 발생한다.

대리권은 위임 그 밖에 본인, 대리인가에 있어서의 내부관계로부터 독립한 지위이고, 수권행위도 내부관계를 발생시키는 행위로부터 독립한 행위이며, 대리권의 수여를 목적으로 하는 독립의 단독행위라고 해석하고 있다. 이 경우 위임장을 주는 것이 관례이지만 그것은 수권행위의 요건은 아니다.

2. 대리권의 발생

(1) 법정대리인

법정대리인의 대리권은 법률의 규정(법 3①, 민법 911)이나 본인 이외의 사인(민법 931, 유언에 의한 후견인 지정) 또는 특허청장, 심판장의 선임 또는 개임, 법원의 지정·선임(법 10①②, 민법 936, 법원에 의한 후견인 선임)에 의하여 발생하는데, 본인이 미성년자, 한정치산자, 금치산자 등 행위무능력(절차무능력) 상태에 있어 법률행위를 할 수 없는 경우 무능력자인 본인을 보호하기 위하여 발생한다.

(2) 특허관리인

특허관리인은 국내에 주소 또는 영업소를 가지지 아니한 재외자의 특허에 관한 절차를 밟기 위하여 수권행위에 의하여 선임된 임의대리인이다. 국내에 주소나 영업소를 가진 자는 대리인 없이 특허에 관한 절차를 밟을 수 있으나 재외자는 반드시 대리인에 의하여 절차를 밟아야 하는 재외자의 특허관리인 선임 강제주의를 채택하고 있다. 즉 특허법은 국내에 주소 또는 영업소를 가지지 아니한 자는 국내에 체제하는 경우를 제외하고는 그 재외자의 특허에 관한 대리인으로서 국내에 주소나 영업소를 가진 특허관리인에 의하지 아니하면 특허에 관한 절차를 밟거나 이 법 또는 이 법에 의한 명령에 의하여 행정청이 한 처분에 대하여 소를 제기할 수 없다고 규정하고 있다(법 5①). 또 특허관리인은 수여된 범위 안에서 특허에 관한 모든 절차 및 이 법 또는 이 법에 의한 명령에 의하여 행정청이 한 처분에 관한 소송에 대하여 본인을 대리한다고 규정하고 있는 바(법 5②) 이는 국내에 주소나 영업소가 없는 재외자의 특허에 관한 절차상의 불편함을 피하고 절차의 원활한 수행을 도모하기 위한 것이다.

(3) 통상대리인

통상대리인은 본인의 의사(신임)에 의해 선임되는 대리인으로서 협의의 임의대리인이라고도 한다. 즉 국내에 주소 또는 영업소를 가진 자로부터 특허에 관한 절차를 밟을 것을 위임받음으로써 대리를 할 수 있는 지위를 갖게 된다. 특허절차상에 있어서의 대리는 변리사가 아닌 자라도 대리인이 될 수 있으나 대리행위를 업으로 하는 것은 변리사만이 할 수 있다. 또 특허법 제10조에 의한 대리인 개임 등의 규정은 변리사 대리주의를 간접강제하고 있다고 볼 수 있으며 특허협력조약에 의한 국제출원절차의 대리인은 변리사로 제한하고 있다(법 197③, PCT 제3조). 그러나 변리사 대리강제주의를 채용한 것은 아니기 때문에 본인이 직접 특허에 관한 절차를 밟을 수 있다.

(4) 개별대리인

개별대리인은 특허에 관한 절차를 수행하는 대리인이 여러 사람이 있는 때에는 특허청 또는 특허심판원에 대하여 각자가 본인을 대리하는 대리인으로서 이는 당사자의 수권행위에 의하여 발생하는 임의대리인에 속한다. 이러한 개별대리의 원칙은 의사표시를 하는 능동대리(적극대리) 뿐만 아니라 의사표시를 수령하는 수동대리(소극대리)에도 적용되며 이는 민사소송법상의 소송대리와 같은 취지의 대리제도이다.

3. 대리권의 범위

국내에 주소 또는 영업소를 가진 자로부터 특허에 관한 절차를 밟을 것을 위임받은 대리인은 특별한 수권을 얻지 아니하면 특허출원의 변경·포기·취하·특허권의 존속기간의 연장등록출원의 취하·특허권포기·신청의 취하·청구의 취하·특허출원 등에 의한 우선권주장(국내우선권주장)이나 그 취하·특허거절결정·특허권의 존속기간의 연장등록거절결정에 대한 불복심판청구 또는 복대리인의 선임을 할 수 없다(법 6).

(1) 법정대리인

법정대리인의 대리권의 범위는 법률의 규정에 의하여 정하여진다. 즉 대리인은 특허에 관한 출원, 청구 그 밖의 절차에 관한 행위에 대하여 미성년자, 한정치산자, 금치산자를 대리한다. 그러나 미성년자 등의 행위를 목적으로 하는 채무를 부담하는 경우에는 본인의 동의를 얻어야 한다. 이와 같이 법정대리인의 대리권은 특허에 관한 절차 전반에 걸쳐 광범위하게 미치며 복대리인을 선임할 수 있으나 법정대리인이 친권자가 아닌 후견인인 경우에는 심판, 재심, 소송에 관한 절차를 밟음에는 친족회의 동의를 얻어야 한다. 그러나 상대방이 청구한 심판, 재심 및 소송에 대한 절차를 밟음에 있어서는 친족회의의 동의 없이 할 수 있다(법 3②). 왜냐하면 이는 미성년자 등 본인에게 이익이 되기 때문이다.

(2) 특허관리인

1) 특허관리인의 대리권의 범위

특허관리인의 대리권의 범위는 원칙적으로 수권행위에 의하지만 법정화되어 있는 경우도 있다. 즉 국내에서 주소 또는 영업소를 가지지 아니한 재외자의 특허에 관한 절차를 밟거나 특허법 또는 특허법에 의한 명령에 의하여 행정청이 한 처분에 대하여 소를 제기할 수 있다(법 5①). 특허관리인은 수여된 범위 안에서 특허에 관한 모든 절차 및 특허법 또는 특허법에 의한 명령에 의하여 행정청이 한 처분에 관한 소송에 대하여 본인을 대리한다(법 5②).

2) 재외자의 재판적

재외자의 특허권 또는 특허에 관한 권리에 관하여 특허관리인이 있는 때에는 그 특허관리인의 주소 또는 영업소를, 특허관리인이 없는 때에는 특허청 소재지를 민사소송법 제11조의 규정에 의한 재산 소재지로 본다(법 13).

(3) 통상대리인

통상대리인의 대리권의 범위는 위임행위에 의해 정해진 수여범위 내이다. 그러나 국내에 주소 또는 영업소를 가진 자로서 특허에 관한 절차를 밟을 것을 위임받은 대리인은 특별한 수권을 얻지 아니하면 특허출원의 변경·포기·취하, 특허권의 존속기간의 연장등록출원의 취하, 특허권의 포기, 신청의 취하, 청구의 취하, 특허출원 등에 의한 우선권주장(국내우선권주장)이나 그 취하, 특허거절결정·특허권의 존속기간의 연장등록거절결정에 대한 불복심판청구 또는 복대리인의 선임을 할 수 없다(법 6).

4. 대리권의 증명

특허에 관한 절차를 밟는 자의 대리인(특허관리인을 포함한다. 이하 같다)의 대리권은 이를 서면으로써 증명하여야 한다(법 7). 왜냐하면 이해관계자 등 제3자가 대리인의 대리권 존부를 쉽게 알 수 있게 하기 위해서이다.

5. 행위능력 등의 흠에 대한 추인

행위능력 또는 법정대리권이 없거나 특허에 관한 절차를 밟음에 필요한 수권이 흠결된 자가 밟은 절차는 보정된 당사자나 법정대리인의 추인이 있는 때에는 행위시에 소급하여 그 효력이 발생한다(법 7의 2).

6. 대리권의 불소멸

특허법상 특허에 관한 절차를 밟는 자의 위임에 의한 대리인의 대리권, 즉 임의대리인의 대리권은 본인의 사망이나 능력의 상실·본인인 법인의 합병에 의한 소멸, 본인인 수탁자의 신탁임무의 종료, 법정대리인의 사망이나 능력의 상실 또는 대리권의 소멸이나 변경으로 인하여 소멸하지 않도록 하여(법 8) 특허절차수행자의 보호와 절차의 안정을 도모하고 있다. 그러나 특허법상의 법정대리인의 대리권은 민법에서와 같이 본인의 사망, 대리인의 사망, 금치산 또는 파산 등의 사유로 소멸한다(민법 127).

7. 대리인의 개입 등

(1) 대리인의 선임

특허청장 또는 심판장은 특허에 관한 절차를 밟는 자가 그 절차를 원활히 수행할 수 없거나 구두심리에서 진술할 능력이 없다고 인정되는 등 그 절차를 밟는데 적당하지 아니하다고 인정되는 때에는 대리인에 의하여 그 절차를 밟도록 명할 수 있다(법 10①).

(2) 대리인의 개임

특허청장 또는 심판장은 특허에 관한 절차를 밟는 자의 대리인이 그 절차를 원활히 수행할 수 없거나 구술심리에서 진술할 능력이 없다고 인정되는 등 그 절차를 밟는데 부적당하다고 인정되는 때에는 그 개임을 명할 수 있다(법 10②).

(3) 변리사에 의한 대리

특허청장 또는 심판장은 위의 (1) 및 (2)의 경우에 변리사로 하여금 대리하게 할 것을 명할 수 있다(법 10③).

이와 같이 변리사로 하여금 대리케 한 것은 변리사는 특허에 관한 출원·청구 그 밖의 절차 등에 관한 업무수행능력을 두루 갖춘 이 분야 전문가로서의 지식·능력 및 자질과 직업윤리관이 확립된 직업인이기 때문에 당해 업무를 충분히 그리고 안정하게 대행하여 위임자의 보호는 물론 특허청 또는 특허심판원에서의 특허절차업무를 원활히 수행할 수 있도록 하기 위함이다.

(4) 대리인 선임, 개임전 절차의 무효

특허청장 또는 심판장은 위의 (1) 또는 (2)에 의하여 명령을 한 후 (1) 또는 (2)

에 의한 대리인의 선임 또는 개임전에 (1)의 특허에 관한 절차를 밟는 자 또는 (2)의 대리인이 특허청 또는 특허심판원에 대하여 한 특허에 관한 절차는 무효로 할 수 있다(법 10④). 이는 변리사의 선임, 개임전 특허절차 등을 원활히 수행하는데 부적당한 자가 밟은 특허에 관한 절차 등은 절차진행에 도움이 되지 않거나 오히려 방해요소가 될 수 있기 때문에 이를 제거하려는 것으로 해석된다.

8. 민사소송법의 준용

특허법에서 대리인에 관하여 특별한 규정이 있는 것을 제외하고는 대리에 관한 일반규범인 민사소송법 제1편 제2장 제4절 "소송대리인"에 관한 규정을 준용한다 (법 12).

제 3 절 기간 · 기일

I. 기 간

1. 의 의

기간이라 함은 일반적으로 어느 시점으로부터 다른 시점까지 계속되는 시간의 구분을 말한다. 따라서 연속성이 없는 일정한 시점 또는 시기를 의미하는 기일과는 다르다. 특허법상 기간에는 특별한 의미가 부여된다. 기간은 경과에 따라 권리의 발생, 변경, 소멸 기타 효과가 부여되는 일이 많으므로 특허법에서는 민법상의 기간계산방법과는 달리 특별한 의미를 부여하여 별도로 규정하고 있다(법 14). 또 기간의 종류에 있어서도 반드시 일치한 것만은 아니다.

2. 기간의 종류

특허법상 기간에는 당사자 또는 특허청장, 특허심판원장, 심판장, 심사관이 특허에 관한 절차행위를 하기 위하여 법률에 의하여 또는 특허청장 등에 의하여 정하여진 기간으로서 법정기간과 지정기간의 두 가지가 있다. 특허청장·특허심판원장은 청구 또는 직권으로 법정기간 또는 지정기간의 단축 또는 연장(이하 "신축(伸縮)"이라 한다)을 할 수 있으며, 심판장·심사관도 각기 지정한 기간의 신축을 직권 또는 청구에 의해 할 수 있다(법 15①②). 그러나 불변기간과 절차행위의 추완에 관한 기간(법 17)은 명문의 규정에 의하여 신축할 수 없다. 다만 그에 관하여는 특허법에서 특별히 후술하는 기간연장 및 부가기간제도를 두고 있다(법 15①, 186⑤).

(1) 법정기간

법정기간은 법률에 의하여 구체적으로 특정되어 있는 기간을 말하며 여기에는 다시 불변기간과 통상의 법정기간(통상기간)의 두 가지로 나누어진다.

통상의 법정기간은 특허청장·특허심판원장이 재량(직권)으로 기간을 연장할 수 있음이 원칙인데 반하여 불변기간은 특허청장·특허심판원장이 임의로 기간의 연장을 할 수 없다는 점과 당사자가 책임을 질 수 없는 사유로 준수하지 못한 경우에는 해태한 절차행위를 추완할 수 있다는 점이 통상의 법정기간과 다르며 특허거절결정, 특허권의 존속기간의 연장등록거절결정에 대한 심판의 청구기간(법 132의 3), 재심의 청구기간(법 180①) 등이 그 예이다(법 15①, 17). 그러나 특허법에서는 통상기간에 관한 기간개념을 특별히 채용하고 있지 않다.

(2) 지정기간

1) 총 설

특허법 제46조의 규정에 의한 특허에 관한 절차의 보정기간, 같은 법 제63조의 규정에 의한 거절이유에 대한 의견서제출기간 등 법령에 의하여 특허청장·특허심판원장·심판장 또는 심사관이 정할 수 있는 기간은 보정기간의 경우 1월 이내이고 의견서제출기간의 경우는 2월 이내로 한다. 다만, 특허에 관한 절차에 관련된 시험 및 결과측정에 시일을 요하는 때에는 그 지정기간은 당해 시험 및 결과측정에 소요되는 기간으로 한다(법시행규칙 16① 단서). 같은 법 제186조 제5항의 규정에 의해 심판장이 직권으로 정할 수 있는 불변기간에 대한 부가기간(附加期間)은 1월 이내, 즉 원격 또는 교통이 불편한 지역에 있는 자를 위하여 직권으로 심결에 대한 소 및 심판청구서나 재심청구서의 각하결정에 대한 소는 심결 또는 결정의 등본을 송달받은 날부터 30일 이내에 제기하여야 하는데 이 기간(불변기간)에 대하여는 부가기간을 정할 수 있다(법시행규칙 16④). 이러한 지정기간은 특허청장·특허심판원장·심판장 또는 심사관이 구체적인 사정에 따라 정하는 기간으로서 민사소송법상의 재정기간과 마찬가지의 기간이다. 법정대리인 없는 행위무능력자의 절차보정기간, 특별수권 없는 통상대리인의 절차 등의 변경·포기·취하 등에 대한 보정기간, 특허법 또는 특허법에 이한 명령이 정하는 방식에 대한 보정기간, 수수료납부에 관한 보정기간(법 46, 1 내지 3), 심판청구서의 보정기간(법 141조), 거절이유에 대한 의견서 또는 답변서의 제출기간(법 63, 147), 보정명령을 받은 자가 그 지정된 기간 내에 보정(국제특허출원인의 국내서면제출기간 내의 서면제출)(법 203③) 등이 이에 속한다(법 6, 법시행규칙 16①).

2) 보정 등 기간의 지정 등

① 보정기간의 지정

법 제46조(절차의 보정), 법 제141조(심판청구서의 보정), 법 제203조 제2항[보정명령을 받은 자가 그 지정된 기간 내에 보정(국제특허출원인의 국내서면제출기간 내의 서면제출)]의 규정에 의하여 특허청장·특허심판원장·심판장이 정할 수 있는 보정기간은 "1월 이내"로 한다(법시행규칙 16① 본문전단).

② 의견서제출기간 등의 지정

심사관의 거절이유통지에 대한 특허출원인의 의견서제출기간 등 법령에 의하여 특허청장·특허심판원장·심판장·심사관이 정할 수 있는 기간은 "2월 이내"로 한다(법시행규칙 16① 본문후단).

③ 출원발명의 시험 등에 소요된 기간의 지정기간 간주

특허에 관한 절차에 관련된 시험 및 결과측정에 시일을 요하는 때에는 그 지정기간은 당해 시험 및 결과측정에 소요되는 기간으로 한다(법시행규칙 16① 단서).

(3) 불변기간

1) 의 의

법정기간의 일종이며, 특별히 법률이 불변기간이라고 명시한 기간을 불변기간이라고 한다. 이 불변기간은 소송절차의 질서있는 진행을 위하여 소송관계인으로 하여금 법정된 기간 내에 소송행위를 행하게 하는 것이며, 만약 이 불변기간을 도과하였을 때에는 이후 당해 소송행위를 하지 못하게 하는 실권(失權)의 효과를 낳게 한다.

이와 같은 불변기간의 특색은 i) 심판장 또는 특허법원이 재량에 의하여 신축(伸縮)할 수 없다는 점(민사소송법 172① 단서), ii) 심판장은 원격 또는 교통이 불편한 지역에 있는 자를 위하여 직권으로 위 불변기간에 대하여 부가기간을 정할 수 있다는 점(법 186⑤, 민사소송법 172②), iii) 일정한 조건하에 소송행위의 추완이 허용되고 있다는 점(법 17, 민사소송법 173①)이다.

2) 특허법상의 불변기간

현행특허법에서 규정하고 있는 불변기간은 심결 등에 대한 특허법원에 소제기 기간, 즉 심결에 대한 소 및 심판청구서나 재심청구서의 각하결정에 대한 소는 심결 또는 결정의 등본을 송달받은 날부터 30일 이내 제기하여야 하는바(법 186③), 이 30일의 제소기간을 불변기간이라고 한다(법 186④).

(4) 절차의 추완에 관한 기간

절차의 추완에 관한 기간이라 함은 특허에 관한 절차를 밟은 자가 책임질 수 없는 사유로 인하여 특허거절결정 또는 특허권의 존속기간 연장등록거절결정에 대한 불복심판청구기간, 재심의 청구기간을 준수할 수 없을 때 그 사유가 소멸한 날부터 14일 이내에 지키지 못한 절차를 추후 보완할 수 있는 바(그러나 그 기간의 만료일부터 1년이 경과한 때에는 절차의 추후보완을 할 수 없다) 바로 이 기간, 즉 위 심판 또는 재심의 청구기간을 준수할 수 없었던 사유가 소멸한 날부터 14일 이내의 기간을 절차의 추완에 관한 기간이라고 하며(법 17, 민사소송법 173①) 이러한 절차의 추완은 불변기간을 해태하였을 때에만 할 수 있는 것이 원칙이지만 지정기간을 해태한 때에도 기간의 연장으로 구제될 때가 있다.

(5) 부가기간

1) 의 의

부가기간이라 함은 기간의 신축이 적용되지 않는 불변기간에 관하여 공평을 기하기 위하여 주소 또는 거소가 원격지 또는 교통이 불편한 지역에 있는 자를 위하여 직권으로 불변기간에 대하여 특히 부가하는 기간을 말한다(법 186⑤, 민사소송법 172②). 부가기간은 직권으로 불변기간이 붙은 심판 또는 재판과 더불어 또는 그 뒤에 결정으로 정한다. 그러나 당사자에게 신청권이 없으므로 불복신청은 할 수 없다.

부가기간은 본래의 불변기간과 일체되어, 이에 관하여는 특허법 제17조(절차의 추후보완) 또는 민사소송법 제173조(소송행위의 추완)가 적용된다. 절차의 추후보완에 관하여는 후술하는 "5.(2).1)불변기간 해태의 구제"를 참고하기 바란다.

2) 특허법상의 부가기간

심결에 대한 소 및 심판청구서나 재심청구서의 각하결정에 대한 소는 심결 또는 결정의 등본을 송달받은 날부터 30일 이내에 제기하여야 하는바, 이때의 30일 이내가 불변기간이다. 그런데 위 소를 제기할 수 있는 당사자·참가인 또는 당해 심판이나 재심에 참가신청을 하였으나 그 신청이 거부된 자가 원격 또는 교통이 불편한 지역에 있는 경우, 심판장은 이들을 위하여 직권으로 위 불변기간에 대하여 부가기간을 정할 수 있으며(법 186⑤) 이때 심판장이 정할 수 있는 부가기간은 1월 이내이다(법시행규칙 16④).

3. 기간의 계산

(1) 계 산

특허법 또는 특허법에 의한 명령에 의한 기간의 계산은 다음에 의한다(법 14, 1 내지 4).

1) 기간의 초일은 이를 산입하지 아니한다. 다만 그 기간이 오전 영시부터 시작하는 때에는 예외로 한다.
2) 기간을 월 또는 연으로 정한 때에는 역(曆)에 의하여 계산한다.
3) 월 또는 연의 처음부터 기간을 기산하지 아니한 때에는 최후의 월 또는 연에서 그 기산일에 해당하는 날의 전일로 기간이 만료한다. 다만 월 또는 연으로 정한 경우에 최종의 월에 해당일이 없는 때에는 그 월의 말일로 기간이 만료한다.
4) 특허에 관한 절차에 있어서 기간의 말일이 공휴일(근로자의 날 제정에 관한 법률에 의한 근로자의 날 및 토요일을 포함한다)에 해당하는 때에는 기간은 그 다음날로 만료한다.

(2) 계산방법

일반적으로 시(時) 이하를 단위로 하는 경우에는 자연적 계산법에 의하고, 일

(日) 이상을 단위로 하는 경우에는 원칙적으로 초일을 산입하지 않은 역법적 계산법(曆法的 計算法)에 의한다. 자연적 계산법은 시 이하, 순간순간까지를 계산할 수 있어 정확하지만 불편한 것이 단점이고 역법적 계산법은 역에 따라 계산하므로 편리하지만 부정확한 것이 단점이다. 민법은 양자를 모두 채택하고 있으나(단기간 : 전자, 장기간 : 후자) 특허법은 후자만을 채용하여 규정하고 있다(법 14).

(3) 기간의 기산점

기간의 초일은 이를 산입하지 아니한다. 그러나 그 기간이 오전 영시부터 시작하는 때에는 이를 산입한다(법 14, 1). 기간을 월 또는 연으로 정한 때에는 역에 의하여 계산한다(법 14, 2).

(4) 기간의 만료점

기간을 일·주·월 또는 연으로 정한 때에는 기간말일의 종료로 기간이 만료한다(민법 159). 월 또는 연의 처음부터 기간을 기산하지 아니한 때(예를 들면 월의 1일이나 연의 1월 1일이 아닌 때)에는 최후의 월 또는 연에서 그 기산일에 해당하는 날의 전일로 기간이 만료한다. 그러나 월 또는 연으로 정한 경우에 최종의 월에 해당하는 일이 없을 때에는 그 월의 말일(예를 들면 월의 30일 또는 31일이 없는 윤달의 경우 2월 28일)로 기간이 만료한다(법 14, 3).

만약 특허에 관한 절차에 있어서 기간의 말일이 공휴일(근로자의 날 제정에 관한 법률에 의한 근로자의 날 및 토요일을 포함한다)에 해당하는 때에는 기간은 그 다음 날로 만료한다(법 14, 4).

4. 기간의 연장 등

(1) 법정기간의 연장

특허청장 또는 특허심판원장은 법정기간을 연장할 수 없다. 다만, 법정기간이라 하더라도 청구에 따라 또는 직권으로 특허거절결정·특허권의 존속기간의 연장등록거절결정에 대한 불복심판의 청구기간을 1회에 한하여 30일 이내에서 연장할 수 있다. 다만, 교통이 불편한 지역에 있는 자의 경우에는 그 횟수 및 기간을 추가로 연장할 수 있다(법 15①).

(2) 지정기간의 연장

특허청장·특허심판원장·심판장 또는 심사관은 특허법의 규정에 의하여 특허에 관한 절차를 밟을 기간을 정한 때에는 청구에 의하여 그 기간을 단축 또는 연장하거나 직권으로 그 기간을 연장할 수 있다. 이 경우 특허청장 등은 해당절차의 이해관계인의 이익이 부당하게 침해되지 아니하도록 단축 또는 연장여부를 결정하여야 한다(법 15②).

위와 같은 특허법상의 기간의 연장 등은 민사소송법에서의 기간의 신축, 부가기간(민사소송법 172②)과 같은 취지의 제도이다.

5. 기간의 해태·구제

(1) 기간의 해태

1) 서 문

기간의 해태라 함은 특허절차관계인, 즉 특허에 관한 절차를 밟은 당사자 그 밖의 이해관계인이 일정한 절차행위를 하여야 할 기간을 경과하여 기간 내에 하여야 할 절차행위를 하지 아니한 것을 말한다.

기간에는 법정기간과 지정기간으로 나누어볼 수 있으므로 기간의 해태에 있어서도 이를 중심으로 법정기간의 해태와 지정기간의 해태로 나누어 살펴보기로 한다.

2) 법정기간의 해태

특허에 관한 절차를 밟은 자가 책임질 수 없는 사유로 인하여 특허거절결정 또는 특허권의 존속기간연장등록거절결정에 대한 불복심판의 청구기간(그 결정등본을 송달받은 날부터 30일 이내), 재심의 청구기간(당사자가 심결확정 후 재심의 사유를 안 날부터 30일 이내)을 도과하였을 때 당해 심판청구의 법정기간은 해태된다(법 17).

3) 시성기간의 해태

특허청장 또는 특허심판원장의 특허에 관한 절차에 관한 보정명령, 즉 ⅰ) 미성년자·한정치산자·금치산자와 같은 행위무능력자 또는 특별수권 없는 통상대리인의 절차행위, ⅱ) 특허법 또는 특허법에 의한 명령이 정한 방식의 위반, ⅲ) 납부하여야 할 소정의 심사청구료의 불납 등에 대하여 보정명령을 받은 자가 그 지정기간 이내에 보정을 하지 아니한 경우(법 16① 본문, 46), 특허청장·특허심판원장·심판장·심사관이 특허법의 규정에 의하여 특허에 관한 절차를 밟을 수 있도록 정해준 그 지정기간 이내에 그 절차를 밟지 아니한 경우(법 15②) 등에 의해 기간이 해태된다.

(2) 기간해태의 구제

1) 불변기간해태의 구제

법정기간의 일종인 불변기간이 일정한 사유로 인하여 해태된 경우에는 절차의 추후보완에 의해 구제된다. 즉 특허에 관한 절차를 밟은 자가 책임질 수 없는 사유로 인하여 특허거절결정·특허권의 존속기간 연장등록 거절결정 불복심판의 청구기간(그 결정등본을 송달받은 날부터 30일 이내), 재심의 청구기간(당사자가 심결확정 후 재심의 사유를 안 날부터 30일 이내)을 준수할 수 없을 때에는 그 사유가 소멸한 날부터 14일 이내에 지키지 못한 절차를 추후 보완할 수 있다(법 17 본문). 다만 그 기간의 만료일부터 1년이 경과한 때에는 예외로 한다(법 17 단서).

앞에서 설명한 바와 같이 절차의 추후보완은 불변기간을 해태하였을 때에만 할 수 있는 것이 원칙이지만 지정기간을 해태한 때에도 기간의 연장으로 구제될 때가 있다.

위의 기간, 불변기간을 준수할 수 없었던 사유가 소멸한 날부터 14일 이내의 기간을 절차의 추완에 관한 기간이라고 함은 이미 위에서 언급한 바 있다.

2) 지정기간해태의 구제

① 기간해태로 인한 절차무효처분의 취소

위 5.(1).3). ⅰ) 내지 ⅲ)의 경우에 특허청장 또는 특허심판원장은 그 보정명령을 받은 자가 그 지정기간 이내에 보정을 하지 아니하여 당해 절차가 무효로 된 경우에도 그 지정된 기간을 지키지 못한 것이 보정명령을 받은 자가 책임질 수 없는 사유에 의한 것으로 인정되는 때에는 그 사유가 소멸한 날부터 14일 이내에 보정명령을 받은 자의 청구에 의하여 그 무효처분을 취소할 수 있다. 다만, 지정된 기간의 만료일부터 1년이 경과한 때에는 예외로 한다(법 16①②).

(3) 기간해태의 구제신청

특허에 관한 절차에 대한 보정명령을 받은 자의 지정기간해태로 인한 절차무효의 경우 그 무효처분의 취소신청 및 특허에 관한 절차를 밟은 자가 책임질 수 없는 사유로 인하여 특허거절결정, 특허권의 존속기간 연장등록 거절결정 불복심판청구기간·재심청구기간을 해태한 경우 그 절차의 추후보완신청을 하고자 하는 자는 소정의 신청서(법시행규칙 17 별지 8호 서식)에 기간경과 이유를 증명하는 서류 1통, 대리인에 의하여 절차를 밟는 경우 그 대리권을 증명하는 서류 1통을 첨부하여 특허청장 또는 특허심판원장에게 제출한다(법시행규칙 17 각호).

6. 기간의 진행

(1) 의 의

기간의 진행이라 함은 시간의 경과에 따라서 기간이 시기로부터 종기로 가까워지는 것을 말한다. 기간의 진행은 특허절차의 중단 또는 중지로 인하여 정지되고 그 해소와 동시에 새로 전 기간이 진행된다. 즉 특허절차의 수계의 통지(법 22⑦), 또는 특허절차의 속행(법 19)시로부터 다시 전 기간의 진행은 개시된다.

기간의 정지는 특허절차의 중단으로 인하여 발생하고 중단된 특허절차의 수계에 의해 정지된 기간은 다시 전 기간 진행되게 된다(법 20, 21 참조).

이와 같이 전기간의 진행으로 하는 것은 특허절차의 계속성·선원성·안정성 등을 도모하여 발명의 보호에 만전을 기함으로써 특허제도의 이상을 구현하려는 것이다.

(2) 절차의 효력·승계 등

1) 절차의 효력

절차의 효력은 당사자가 특허청장, 특허심판원장에게 특허에 관한 출원, 청구 그 밖의 절차를 밟은 때로부터 발생하며 특허를 받고자 하는 자의 특허출원서류의 제출(법 42), 출원심사청구서의 제출(법 60), 특허권의 설정등록신청서의 제출(법 79), 특허권의 이전등록신청서의 제출(법 85①1), 실시권 설정등록신청서의 제출(법 85①2), 심판청구서의 제출(법 132의 3, 133, 134 내지 138) 등이 그 예이다.

2) 절차효력의 승계

특허출원인, 특허권자 그 밖에 특허에 관한 권리를 가진 자(예 : 특허를 받을 권리, 특허권, 실시권, 질권, 적극적 권리범위확인심판청구권 등을 가진다)가 밟은 절차의 효력 또는 그 반대로 특허출원인 등에 대해 특허청 또는 특허심판원이나 특허의 무효심판청구인 및 소극적 권리범위확인심판청구인 등 상대방이 한 절차의 효력은 그 권리의 승계인에게도 미친다(법 18). 예를 들면 특허출원인 "A"에게 의견제출통지서를 발송한 후에 특허를 받을 권리를 "B"가 승계한 경우 다시 승계인 "B"에게 의견제출통지서를 보낼 필요가 없다. 따라서 "A"에 대한 지정기간 내에 의견서제출이 없을 때에는 거절결정을 할 수 있다. 이러한 절차효력의 승계를 인정한 것은 동일한 절차의 반복에서 오는 번거로움과 불필요함을 피하고 절차의 신속화와 행정의 편의화를 도모하려는 것이다. 특허출원 후에 있어서 특허를 받을 수 있는 권리의 승계는 상속, 회사합병과 같은 일반승계의 경우를 제외하고는 특허출원인 명의변경신고를 하지 아니하면 그 효력이 발생하지 아니한다(법 38④). 특허를 받을 수 있는 권리의 상속 기타 일반승계가 있는 경우에는 승계인은 지체없이 그 취지를 특허청장에게 신고하여야 한다(법 38⑤).

3) 절차의 속행

특허청장 또는 심판장은 특허에 관한 절차가 특허청 또는 특허심판원에 계속중에 특허권 또는 특허에 관한 권리의 이전이 있는 때에는 그 특허권 또는 특허에 관한 권리의 승계인에 대하여 그 절차를 속행하게 할 수 있다(법 19). 이와 같은 절차의 속행은 절차효력의 승계와 같이 절차상의 신속화와 행정상의 편의를 도모하기 위해서이다. 여기에서 승계인에 대하여 절차를 속행하게 할 수 있다는 것은 원권리자에게 절차를 속행하는 것을 인정하지 않는다는 취지가 아니고 누구에 의해 속행해도 무방하다는 취지로 해석된다.

(3) 절차의 정지·해소 등

1) 서 문

기간의 진행은 특허절차의 중단 또는 중지로 인하여 정지된다. 여기에서의 정지의 의미는 특허절차가 계속된 뒤 아직 절차가 종료되기 전에 법률상 진행할 수 없는 사유가 발생하여 기간의 진행이 멈춘 상태를 말한다. 즉, 특허절차의 진행 중에 그 절차의 당사자가 절차를 중단시키기 곤란한 사유가 발생한 경우 일정한 기간 동안 절차의 진행을 일시적으로 유예하는 것으로서 이는 그 절차의 유보사유가 당사자의 태만으로 인하지 아니한 경우에 이것을 보호하려는 데 의의를 둔 제도이다. 이는 절차집행기간의 멈춤에 따라 특허에 관한 절차의 정지상태가 발생되어 절차의 진행을 할 수 없으므로 정지조건 없이 방치한 것은 기간의 도과로 절차의 무효 등에 의해서 절차수행자(당사자)에게 불이익을 주므로 이를 막고 보호하려는 취지에서 창설된 것이다. 다음은 특허에 관한 절차의 정지상태에 이르게 한 절차의 중단, 중지에 관하여 자세히 살펴보기로 한다.

2) 절차의 중단

① 서 론

절차의 중단이라 함은 당사자 등 특허절차수행자에게 사망, 법인의 합병 등 절차를 수행할 수 없는 사유가 발생하였을 경우 특허절차를 속행할 수 있는 자의 수계에 의하여 절차를 수행할 수 있을 때까지 절차의 진행이 정지되는 것을 말한다(법 20). 따라서 특허에 관한 절차가 당사자 사망 등 다음의 ⅱ와 같은 절차중단의 사유가 발생한 경우에는 특허청 또는 특허심판원에 계속 중인 절차는 중단된다.

다만, 절차를 밟을 것을 위임받은 대리인이 있는 경우에는 중단되지 아니한다(법 20). 이와 같이 계속 중인 절차가 중단된 때에는 일정한 자에 의해 수계되어야 한다(법 21).

② 절차중단의 사유와 중단된 절차의 수계

ⅰ. 당사자의 사망

당사자가 사망한 때에는 특허에 관한 절차는 중단된다(법 20, 1).

이 경우에는 그 상속인, 상속재산 관리인 또는 법률에 의하여 절차를 속행할 자는 그 특허에 관한 절차를 수계하여야 한다. 그러나 상속인은 상속을 포기할 수 있을 때까지(상속포기를 할 수 있는 동안) 그 특허절차를 수계하지 못한다(법 21·1, 민사소송법 233①②).

ⅱ. 당사자인 법인의 합병에 의한 소멸

당사자인 법인이 합병에 의하여 소멸한 때에는 특허에 관한 절차는 중단한다(법 20, 2). 따라서 합병이외의 사유로 해산된 때에는 청산법인으로 존속하기 때문에 중단하지 않는다. 법인의 합병으로 절차가 중단된 경우에는 합병에 의하여 설립되거나 합병 후 존속하는 법인은 그 특허절차를 수계하여야 한다(법 21·2, 민사소송법 234).

iii. 당사자의 절차수행능력의 상실

당사자가 절차를 밟을 능력을 상실한 때에는 특허에 관한 절차는 중단된다(법 20, 3). 이 경우에는 절차를 밟을 능력을 회복한 당사자 또는 법정대리인이 된 자가 그 특허절차를 수계하여야 한다(법 21·3, 민사소송법 235).

iv. 당사자의 법정대리인의 사망 또는 대리권의 상실

당사자의 법정대리인이 사망하거나 그 대리권을 상실한 때에는 특허에 관한 절차는 중단된다(법 20, 4). 이 경우에는 절차를 밟을 능력을 회복한 당사자 또는 법정대리인이 된 자가 그 특허절차를 수계하여야 한다(법 21·3, 민사소송법 235).

v. 당사자의 신탁에 의한 수탁자의 임무종료

당사자의 신탁에 의한 수탁자의 임무가 종료한 때에는 특허에 관한 절차는 중단한다(법 20, 5). 이 경우에는 새로운 수탁자가 그 특허절차를 수계하여야 한다(법 21, 4)

vi. 대표자의 사망 또는 그 자격의 상실

2인 이상이 특허에 관한 절차를 밟을 때 대표자를 선정하여 특허청에 신고한 대표자(법 11① 단서)가 사망하거나 그 자격을 상실한 때에는 특허에 관한 절차는 중단된다(법 20, 6). 이 경우에는 새로운 대표자 또는 각 당사자가 그 특허절차를 수계하여야 한다(법 21·5, 민사소송법 237).

vii. 일정한 자격에 의해 타인을 위하여 당사자가 된 자의 그 자격의 상실 등

일정한 자격(예: 파산관재인 등)에 의하여 자기이름으로 남을 위하여 당사자가 된 자가 그 자격을 잃거나 사망한 때에는 특허에 관한 절차는 중단된다(법 20, 7). 이 경우에는 같은 자격을 가진 자가 그 특허절차를 수계하여야 한다(법 21, 6).

③ 절차중단의 예외

위와 같은 특허절차의 중단사유가 있다 하더라도 그 절차를 밟을 것을 위임받은 대리인이 있는 때에는 그 특허절차는 중단되지 아니한다(법 20 단서).

④ 절차중단의 해소

중단된 특허절차는 당사자의 수계신청이나 특허청장·심판관의 직권에 의한 수

계명령에 의하여 해소되고 특허절차는 다시 진행된다.

ⅰ. 수계신청

중단된 절차에 관한 수계신청은 사망자의 상속인 등 법정수계신청권자(법 21 각호)외에 상대방도 할 수 있다(법 22①). 수계신청이 있을 때에는 특허청장 또는 심판장은 이를 상대방에게 서면으로 통지하고(법 22②) 특허청장, 심판관은 중단된 절차에 관한 수계신청에 대하여 직권으로 조사하여 이유 없다고 인정한 때에는 결정으로 기각하여야 한다(법 22③). 또 특허청장 또는 심판관은 특허에 관한 절차에 대한 결정 또는 심결의 등본을 송달한 후에 중단된 절차에 관한 수계신청에 대하여는 수계하게 할 것인가의 여부를 결정하여야 한다(법 22④).

ⅱ. 수계명령

특허청장 또는 심판관은 법정수계신청권자(법 21 각호)가 중단된 절차를 수계하지 아니한 때에는 직권으로 기간을 정하여 수계를 명하여야 한다(법 22⑤). 수계명령을 받은 자로부터 그 지정기간 내에 수계가 없는 경우에는 그 기간이 만료되는 날의 다음날에 수계가 있는 것으로 보며(법 22⑥), 이 경우 특허청장 또는 심판장은 이를 당사자에게 통지하여야 한다(법 22⑦).

3) 절차의 중지

① 의 의

절차중지라 함은 특허청 또는 특허심판원에 계속 중인 특허에 관한 절차에 대하여 특허청장 또는 심판관이 천재·지변 그 밖의 불가피한 사유로 인하여 그 직무를 행할 수 없을 때 당사자가 부정기간(不定期間)의 장애로 그 절차를 속행할 수 없을 때 기타 그 절차 진행이 곤란하거나 부당한 사유가 발생하여 더 이상 그 절차를 진행할 수 없을 경우 법률상 당연히(법 23①) 또는 특허청장·심판관의 결정(법 23②)으로 절차를 정지하는 것을 말하며 그 절차의 중지는 그 사유가 소멸될 때까지 중지된다(법 23①). 이는 특허에 관한 절차의 진행을 하자의 존재로 인하여 일단 유보하는 것으로서 특허에 관한 절차의 적법성의 보장을 도모함과 아울러 특허절차의 통일성을 확보하기 위하여 특허청장·심판관의 결정으로 행하여짐이 보통이다. 즉, 다음 ②와 같은 절차의 중단사유의 발생으로 사실상 정지된 상태에 있는 절차를 계속 중인 업무에서 그 사유가 소멸된 때까지 일단 유보하고 계속 이어지고 있는 다른 절차를 신속하고도 원활하게 추진하여 전반적으로 특허절차의 수행을 촉진함으로써 신속한 발명의 공개와 이용을 통한 발명의 산업발전에의 기여를 제고하려는 것이다.

② 절차중지의 사유

ⅰ. 불가항력적 사유의 발생

특허청장 또는 심판관이 천재·지변 그 밖의 불가피한 사유로 인하여 그 직무를 수행할 수 없는 때에는 특허청 또는 특허심판원에 계속 중인 절차는 그 사유가 소멸될 때까지 중지된다(법 23①).

ⅱ. 부정기간의 장애발생

당사자가 부정기간(不定期間)의 장애로 특허청 또는 특허심판원에 계속 중인 절차를 속행할 수 없는 때에는 특허처장 또는 심판관은 결정으로 그 중지를 명할 수 있고(법 23②) 또 그 중지결정을 취소할 수도 있다(법 23③).

③ 절차중지 등의 통지

특허청장 또는 심판장은 위의 ⅰ 및 ⅱ와 같은 절차의 중지 또는 그 중지결정을 취소한 때에는 이를 각각 당사자에게 통지하여야 한다(법 23④).

④ 절차중지의 유형

ⅰ. 심사절차의 중지

심사관은 특허출원의 심사에 있어서 필요한 때에는 심결이 확정될 때까지 또는 소송절차가 완결될 때까지 당해심사의 절차를 중지할 수 있다(법 78①).

예를 들면 특허출원의 심사에 있어서 동일발명에 속하는 선원이 거절결정을 받아 심판에 계속 중인 경우에는 그 심결이 확정될 때까지 그 심사절차를 중지하는 경우가 이에 속한다. 이러한 절차중지의 결정에 대하여는 불복을 할 수 없다(법 78③).

ⅱ. 심판절차의 중지

심판관은 심판에 있어서 필요한 때에는 그 심판사건과 관련되는 다른 심판의 심결이 확정되거나 소송절차가 완결될 때까지 그 절차를 중지할 수 있다(법 164①). 예를 들면 특허무효심판과 정정심판이 계속 중인 경우와 특허침해소송과 당해 특허의 무효심판이 각기 계속 중인 경우 등이 이에 속한다.

ⅲ. 소송절차의 중지

법원은 소송에 있어 필요한 경우에는 특허출원에 대한 결정이 확정될 때까지 그 소송절차를 중지할 수 있고(법 78②) 그 중지결정에 대하여는 어떠한 경우에도 불복을 할 수 없다(법 78③).

법원은 소송절차에 있어서 필요하다고 인정된 때에는 특허에 관한 심결이 확정될 때까지 그 소송절차를 중지할 수 있다(법 164②). 예를 들면 심판절차와 소송절차와의 관계에 있어서 특허침해소송과 당해 특허무효심판이 각각 계속 중인 경우에는 심결이 확정될 때까지 그 소송절차를 중지할 수 있다.

ⅳ. 절차중지의 해소

특허절차에 관한 중지의 결정은 특허청장 또는 심판관의 재량행위에 속하므로 중지결정사유의 해소 등 사정변경이 있을 때에는(예 : 당사자에게 부정기간의 장애요인이 해소된 경우) 취소할 수 있다(법 23②③). 그러나 천재·지변 그 밖의 불가피한 사유 등과 같은 당연 중지사유에 있어서는 별도의 취하처분 없이도 그 중지사유의 소멸과 함께 중지도 해소된다.

4) 절차의 중단·중지의 효과

특허에 관한 절차가 중단·중지된 경우에는 그 기간의 진행은 정지되고 그 절차의 수계통지를 하거나 그 절차를 속행한 때부터 다시 모든 기간이 진행된다(법 24).

① 정지 중의 당사자의 절차행위

정지 중 당사자가 한 절차행위는 원칙적으로 무효이나, 예외적으로 절차 외에 행하는 위임대리인의 선임·해임 등은 유효하다. 이와 같이 정지 중에 한 당사자의 절차행위가 무효라 하더라도 상대방이 이에 이의를 제기하지 아니하면 그 절차행위는 유효하다고 본다.

② 정지 중의 특허청장 등의 절차행위

정지 중에 한 특허청장·심판관이 한 심결·등본송달 그 밖의 절차행위는 원칙적으로 무효이나 상대방이 이에 이의를 제기하지 아니하면 그 절차행위는 유효한 것으로 보아야 한다.[1)]

---

1) 지적재산권법(상), 이기수 외 4인 공저, 1994년 269면

Ⅱ. 기 일

1. 의 의

기일이라 함은 일반적으로 일정한 시점 또는 시기를 의미하며 기간과 대립되는 관념이지만 특허법상 특별한 의미가 부여된다. 특허법상 절차에 관하여 심판장·심판관 또는 심사관·당사자 그 밖의 관계자가 일정한 장소에 회합하여 절차행위를 하는 시간을 말하며, 구술심리기일(법 154④)·증거조사기일(법 157②) 등이 그 예이다.

2. 기일의 지정·통지

기일은 심판장이 지정하되 직권 또는 당사자의 신청에 의한다. 당사자의 기일지정신청을 각하할 때에는 결정에 의해야 한다. 일요일 그 밖의 일반의 휴일에 기일을 지정할 수 있는 것을 부득이한 경우에 한한다. 또 기일을 지정할 때에는 그 기일 및 장소를 정하고 그 취지를 기재한 서면을 당사자 및 참가인에게 송달하여야 한다. 그러나 당해 사건에 출석한 당사자 및 참가인에게 알린 때에는 송달하지 아니한다(법 154④).

3. 기일의 개시·종료

기일은 지정일에 지정한 장소에서 당사자·사건명·번호를 호명함으로써 개시되며(민사소송법 169) 심판장이 명시 또는 묵시적으로 그 종결을 선언하였을 때에 종료된다. 형사소송법상으로는 기일은 지정시각의 도래에 의하여 개시되며 기일의 종료는 그 기일에 하여야 할 소송행위를 종료한 때이다. 언제까지 소송행위를 종료해야 한다는 제한은 없으므로 그 익일에 걸치더라도 위법이라고 할 수 없다. 즉 기일은 기간과는 달리 일정한 시점(시기)만을 의미하고 있는 것이기 때문이다.

4. 기일의 변경

기일의 변경이라 함은 기일의 개시 전에 그 지정을 취소하고 그 대신에 신 기일을 지정하는 것을 말한다.

특허법상 심판장 또는 심사관은 특허법의 규정에 의하여 특허에 관한 절차를 밟을 기일을 정할 수 있다(법 15③ 전단).

이 지정기일에 대하여는 특허에 관한 절차를 밟을 자(당사자)의 청구에 의하여 또는 심판관·심사관의 직권으로 그 기일을 변경할 수 있다(법 15③ 후단).

그러나 민사소송법상의 기일의 지정은 소송지휘상의 재판이기 때문에 그 기일에서의 소송절차를 주재하는 재판장·수명법관·수탁판사는 이를 취소·변경할 수 있지만(민사소송법 222) 소송촉진을 꾀하는 의미에서 당사자의 기일변경신청의 허용에는 그 요건이 엄격하다. 즉 준비절차를 거치지 않은 변론의 최초의 기일 또는 준비절차의 최초의 기일만은 당사자의 합의에 의하여 변경할 수 있다. 그러나 준비절차를 거친 변론기일은 부득이한 이유가 없는 한 당사자의 합의가 있어도 변경하는 것을 허용하지 않는다(민사소송법 165②). 여기에서 현저한 사유라 함은 그 기일에 출석이 불가능한 경우에 한하지 아니하고 변론이나 증거제출의 준비를 할 여유가 없다고 할 경우도 포함된다. 여기에서 주목할 것은 민사소송에 관한 임시조치법 제2조는 소송촉진을 위하여 법원이 직권으로 하는 기일연장은 2회에 한하고 당사자의 신청에 의한 기일변경·연기 또는 속행은 각 3회에 한한다.

이에 반하여 심판절차에서의 구술심리기일이나 증거조사기일 등의 변경사유에 관하여는 특허법에 명문의 규정을 두고 있지 않다. 따라서 심판절차에서 소송절차에서와 같은 기일변경사유에 대응하기 위해서는 소송절차에서의 기일변경에 관한 규정을 준용할 수밖에 없을 것으로 판단된다.

5. 기일의 해태·구제

(1) 기일의 해태

당사자가 절차행위를 해야 할 시기에 이를 하지 않는 것, 즉 심판장 또는 심사관이 특허법의 규정에 따라 특허에 관한 절차를 밟을 기일을 정한 때 그 정해준 기일 내에 그 절차를 밟지 아니한 경우에 의해 기일이 해태된다(법 15③). 특히 구두심리기일에 출석하지 않고 또는 출석하였다 하더라도 의견을 진술하지 않는 것은 기일의 해태라고 한다. 여기에서 주의할 것은 기일 내에 하여야 할 절차행위를 하지 않는 것은 기간의 해태이고 기일의 해태가 아니라는 것이다.

(2) 기일해태의 구제

기일을 해태하면 특허법상 각종의 불이익을 받는다. 특허에 관한 절차를 밟은 자가 책임질 수 없는 사유로 인하여 특허거절결정·특허권의 존속기간의 연장등록거절결정에 대한 심판의 청구기간(그 결정등본을 받은 날부터 30일 이내), 재심의 청구기간(심결확정 후 재심의 사유를 안 날부터 30일 이내)의 불변기간을 준수할 수 없을 때에는 그 사유가 소멸한 날부터 14일 이내에 지키지 못한 절차를 추후보완하여 구제할 수 있다. 그러나 그 기간의 만료일부터 1년이 경과한 때에는 그러하지 아니하다(법 17, 민사소송법 173①②).

제4절 서류 등의 효력발생시기

Ⅰ. 출원인 등의 제출서류

1. 서 문

특허법령에 의하여 특허청 또는 특허심판원에 제출하는 출원서·청구서 그 밖의 서류(물건을 포함한다) 등의 효력발생시기는 그 제출방법에 따라 다르다. 당사자 직접 제출이냐 우편통신 또는 정보통신망, 즉 전산정보처리조직(특허청이 사용하는 컴퓨터와 특허에 관한 절차를 밟는 자가 사용하는 컴퓨터를 정보통신망으로 접속한 조직)을 이용한 간접제출이냐에 따라서 그 효력발생시기가 다르다. 접수처인 특허청이나 특허심판원에 도달(제출·접수)한 날로부터 그 효력이 발생하는 도달주의와 발신처인 우체국에 제출한 날부터 그 효력이 발생하는 발신주의로 나누어지고 있는 바 우리나라 특허법은 도달주의와 발신주의를 모두 인정하고 있다(법 28①②).

2. 도달주의

(1) 의 의

의사표시가 상대방에게 도달한 때에 효력이 발생한다는 주의로서 일명 수신주의 또는 수령주의라고도 한다. 여기에서 "도달"이라 함은 의사표시가 상대방의 세력범위 안에 들어가는 것, 즉 사회통념상 일반적으로 그것을 요지(了知)할 수 있는 객관적 상태가 생겼다고 인정되는 것을 말한다. 일반적으로 의사표시의 효력발생시기에 관하여서는 표백주의[表白主義(예 : 문서의 작성)]·발송(신)주의[예 : 투함(投函)]·도달주의(예 : 배달)·요지주의[了知主義(예 : 독료)]의 네 유형이 있다. 그러나 그중 도달주의가 보통의 경우에 가장 적당하다.

특허법 및 민법은 원칙적으로 도달주의를 취하며(법 28①, 민법 111) 예외적으로 거래의 신속을 필요로 하거나 또는 상대방·제3자·채무자를 보호하여야 할 필요가 있을 때에는 발신주의를 취하고 있다(법 28②, 민법 15·131·455·531). 도달주의를 취하는 결과 의사표시의 불도착 또는 연착에 의한 불이익은 표의자에게 돌아가고 발송 후 도달 전에는 발송자가 임의로 의사표시를 철회할 수 있고 표의자가 발송 후 사망하거나 행위능력을 상실하여도 의사표시의 효력에는 아무런 영향을 미치지 않게 된다(민법 111②).

상대방의 행방불명 등으로 그 소재를 알 수 없을 때에는 공시송달에 의하여 그 의사표시의 효력을 발생시킬 수 있다.

(2) 특허법상의 도달주의

특허법 또는 특허법에 의한 명령에 의하여 특허청 또는 특허심판원에 제출하는 출원서·청구서 그 밖의 서류(물건 포함한다. 이하 이 항에서 같다)는 특허청 또는 특허심판원에 도달된 날부터 그 효력이 발생한다고 규정함으로써(법 28①) 제출서류의 효력발생시기를 도달주의 원칙을 취하고 있다. 그러나 도달주의만을 인정할 경우 특허청 또는 특허심판원의 소재지에 거주하는 당사자와 그 밖의 지역에 거주하는 당사자간의 지리적 원근에 따라 불공평한 결과가 발생하게 된다. 따라서 특허법은 이를 시정하기 위하여 우편으로 출원서·청구서 그 밖의 서류를 제출할 수 있도록 하였는바, 우편으로 제출한 경우에는 우편물의 통신일부인에서 표시된 날이 분명한 경우에는 그 표시된 날, 그 표시된 날이 불분명한 경우에는 우체국에 제출한 날을 우편물의 수령증에 의하여 증명한 날에 특허청 또는 특허심판원에 도달한 것으로 본다. 다만 특허권 및 특허에 관한 권리의 등록신청서류와 특허협력조약 제2조(vii)의 규정에 의한 국제출원(이하 "국제출원"이라 한다)에 관한 서류를 우편으로 제출하는 경우에는 그러하지 아니하다(법 28②).

이와 같이 특허청 또는 특허심판원에 제출하는 서류 등의 효력발생시기를 우편물의 경우 예외적으로 우체국 도달주의를 채택하고 있으나 특허권 및 특허에 관한 권리의 등록신청서류와 국제출원에 관한 서류를 우편으로 제출하는 경우에는 특허청 또는 특허심판원에 도달한 날로부터 그 효력이 발생하는 도달주의를 채용하고 있다(법 28② 단서). 이는 예외에 예외를 인정함으로써 도달주의의 원칙에 서 있다.

3. 발신주의

(1) 의 의

발신주의는 위에서 살펴본 바와 같이 도달주의의 문제점을 보완하기 위하여 채택한 예외적인 제도이다. 즉 특허출원인, 심판청구인 등이 특허청, 특허심판원에 제출하는 출원서, 청구서 그 밖의 서류의 효력발생시기를 특허청 등에 도달한 날부터로만 할 경우 특허청 등 소재지거주당사자와 그 밖의 지역거주당사자간의 지리적 원근에 따라 제출서류의 효력발생시기가 공평하지 못하게 되므로 이러한 결점을 해소하기 위하여 도달주의에 대한 예외로 발신주의를 채용하고 있다.

(2) 특허법상의 발신주의

특허청 또는 특허심판원에 제출하는 서류를 제출당사자나 그 대리인이 특허청 등에 가서 직접 제출하거나 정보통신망을 이용하여 전송하지 아니하고 우체국에 직접 가서 우편으로 발송할 경우 우편물의 통신일부인에서 표시된 날이 분명한 경우에는 그 표시된 날, 그 표시된 날이 분명하지 아니한 경우에는 우체국에 제출(접수)한 날을 우편물의 수령증에 의하여 증명한 날에 특허청 등에 도달한 것으로 간주하는 발신주의를 채용하고 있다. 다만, 특허권 및 특허에 관한 권리의 등록신청서류와 국제출원에 관한 서류를 우편으로 제출하는 경우에는 그러하지 아니한다(법 28②).

Ⅱ. 특허청장 등의 송달서류

1. 도달주의

특허청장 또는 특허심판원장의 특허법에 따라 송달할 서류의 효력발생시기는 그 서류의 당사자 또는 그 대리인에게 도달한 날로부터 발생하는 도달주의를 채택하고 있다. 즉 특허청장 등이 특허법에 따라 송달할 서류는 특허청 또는 특허심판원에서 당사자 또는 그 대리인이 이를 직접 수령하거나 정보통신망을 이용하여 수령하는 경우, 등기우편으로 발송한 경우, 그 우편물이 우체국집배원에 의해

당사자 또는 그 대리인에 교부된 경우 그 수령일 및 교부일을 송달서류의 도달일로 보는 도달주의를 채용하고 있다(법 218, 법시행령 18).

2. 서류의 송달 등

(1) 당사자 등의 수령 및 정보통신망 이용을 통한 수령에 의해 송달

특허법에 따라 송달할 서류는 특허청 또는 특허심판원에서 당사자 또는 그 대리인이 이를 직접 수령하거나 정보통신망 이용을 통한 수령에 의해 송달한다(법시행령 18).

(2) 등기우편에 의한 송달

특허법에 따라 송달하는 서류는 등기우편발송으로 송달한다(법시행령 18① 후단). 특허청장 또는 특허심판원장은 위 (1), (2)에 의하여 서류를 송달하는 경우에는 다음의 1에 따라 수령증 또는 그 내용을 보관하여야 한다(법시행령 18②).

1) 당사자 또는 대리인이 특허청 또는 특허심판원에서 직접 수령하는 경우에는 수령일자 및 수령자의 성명이 기재된 수령증
2) 당사자 또는 대리인이 정보통신망을 이용하여 수령하는 경우에는 특허청 또는 특허심판원이 운영하는 발송용 전산정보처리조직의 파일에 기록된 내용
3) 등기우편으로 발송하는 경우에는 등기우편물 수령증

(3) 특별송달방법에 의한 송달

심판·재심·통상실시권 설정의 재정 및 특허권의 취소에 관한 심결문 또는 결정문을 송달할 경우에는 우편법령에 의한 특별송달방법에 의하여야 한다(법시행령 18③).

(4) 서류의 송달시 서류의 등본 등 교부

서류의 송달에 있어서는 특허법 또는 특허법시행령에 특별한 규정이 있는 경우를 제외하고는 송달을 받는 자에게 그 서류의 등본을 교부하여야 하며, 송달할 서류의 제출에 갈음하여 조서를 작성한 때에는 그 조서의 등본이나 초본을 교부하여야 한다(법시행령 18④).

이 경우 미성년자·한정치산자 또는 금치산자 등과 같은 독립하여 법률행위를 할 수 없는 자에 대한 송달은 부·모 등 그 법정대리인에게 하여야 한다(법시행령 18⑤). 수인이 공동하여 대리권을 행사하는 경우에는 그중 1인에게 송달하면 되고(법시행령 18⑥) 교도소 또는 구치소에 구속된 자에 대한 송달은 그 소장에게 한다(법시행령 18⑦).

(5) 서류의 송달장소

서류의 송달장소는 이를 받을 자의 주소 또는 영업소로 한다. 다만, 송달을 받고자 하는 자가 송달을 받고자 하는 장소(국내에 한한다)를 특허청장 또는 특허심판원장에게 미리 신고한 경우에는 그 장소로 한다(법시행령 18⑧).

송달을 받은 자가 그 장소를 변경한 때에는 지체 없이 그 취지를 특허청장 또는 특허심판원장에게 신고하여야 한다(법시행령 18⑨).

(6) 서류송달의 거부시 발송일 송달로 간주

특허청장 또는 특허심판원장의 송달서류를 송달을 받는 자가 정당한 사유 없이 송달받기를 거부함으로서 송달할 수 없게 되는 때에는 발송한 날에 송달된 것으로 간주한다(법시행령 18⑩).

(7) 법에 따른 송달서류 외의 서류의 발송

특허법에 따라 송달할 서류 외의 서류의 발송 등은 특허청장이 정하는 방법에 의하여 송달한다(법시행령 18⑪).

3. 공시송달

(1) 의 의

"공시송달"이라 함은 민사소송법상의 송달의 일종으로 송달할 서류를 어느 때나 교부할 뜻을 송달기관(예 : 법원)의 게시장에 게시하는 방법으로 당사자의 주소·거소 그 밖의 송달장소를 알 수 없는 경우나 외국으로 촉탁송달을 할 수 없거나, 촉탁을 하여 보아도 목적을 달성할 수 없는 것이 예지(豫知)되는 경우에 한다.

공시송달은 직권 또는 당사자의 신청에 의하여야 한다. 공시송달의 신청에는 사유를 소명하여야 한다. 공시송달은 게시한 날부터 2주간(외국에서 할 송달에 있어서는 2월)을 경과함으로써 그 효력이 생긴다. 이 기간은 신장(伸長)할 수도 단축(短縮)할 수도 없다. 동일한 당사자에 대한 이후의 공시송달은 게시한 익일부터 그 효력이 생긴다.

(2) 특허법상의 공시송달

특허법상 공시송달은 민사소송법상의 공시송달과 마찬가지로 서류의 송달을 받을 자의 주소나 영업소가 불분명하여 송달을 할 수 없는 때에 한다(법 219①). 공시송달은 송달할 서류를 받을 자에게 어느 때라도 교부한다는 뜻을 특허공보에 게재함으로써 행한다(법 219②). 최초의 공시송달은 특허공보에 게재한 날부터 2주일을 경과하면 그 효력이 발생한다. 다만, 동일당사자에 대한 이후 공시송달은 특허공보에 게재한 날의 다음날부터 그 효력이 생긴다(법 219③).

4. 재외자에 대한 송달

국내에 주소 또는 영업소를 가지지 아니한 자(이하 "재외자"라 한다)로서 특허관리인이 있는 때에는 그 재외자에게 송달할 서류는 특허관리인에게 송달하여야 한다(법 220①). 재외자로서 특허관리인이 없는 때에는 그 재외자에게 송달할 서류는 항공등기우편으로 발송할 수 있다(법 220②). 서류를 항공등기우편으로 발송한 때에는 그 발송을 한 날에 송달된 것으로 본다(법 220③).

제 5 절 서류에 의한 절차

Ⅰ. 서류의 작성제출

1. 서류의 작성

특허법령에 의한 특허에 관한 출원·청구 그 밖의 절차(이하 "특허에 관한 절차"라 한다)는 서면에 의하여 밟아야 하는 서면주의를 채택하고 있다. 따라서 특허에 관한 절차를 밟기 위하여 특허청 또는 특허심판원에 제출하는 서류는 법령에 특별한 규정이 있는 경우를 제외하고는 1건마다 작성하여야 하며, 제출인의 성명(법인의 경우에는 명칭) 및 고유번호(이하 "출원인코드"라 한다)를 기재하고 서명 또는 날인(전자문서의 경우에는 전자서명을 한다. 이하 같다)하여야 한다. 다만 출원인코드가 없는 경우에는 제출인의 성명 및 주소(법인인 경우에는 그 명칭 및 영업소의 소재지)를 기재하고 서명 또는 날인하여야 한다(법시행규칙 2).

2. 서류의 제출

(1) 서면으로 작성된 서류의 제출

특허법령에 특별한 규정이 있는 경우를 제외하고는 특허청 또는 특허심판원에 제출하는 모든 서류는 특허청장 또는 특허심판원장을 수신인으로 하여야 한다(법시행규칙 3).

(2) 전자적 이미지로 작성된 첨부서류의 제출

특허에 관한 절차를 밟는 자로서 전자문서[2]로 서류를 제출하는 자는 첨부서류를 전자적 이미지로 작성하여 제출할 수 있다. 이 경우 특허청장·특허심판원장 또는 심판장은 제출된 전자적 이미지의 첨부서류가 판독이 곤란하여 내용의 확인이 필요하다고 인정되는 경우에는 출원인 등 또는 대리인에게 기간을 정하여 해당서류를 서면으로 제출하도록 명할 수 있다(법시행규칙 3의 2①②).

(3) 전자문서로 제출할 수 있는 서류 등

1) 전자문서로 제출할 수 있는 서류

특허청장 또는 특허심판원장에게 전자문서로 제출할 수 있는 서류는 다음의 1을 제외한 서류로 한다(법시행규칙 9의 2①).

---

2) 전자문서라 함은 i) 특허에 관한 절차를 밟는 자가 특허청 또는 「특허협력조약」 제2조(xix)의 규정에 따른 국제사무국에서 제공하는 소프트웨어 또는 특허청 홈페이지를 이용하여 작성한 서류를 특허청 또는 특허심판원에 정보통신망을 이용하여 제출(이하 "온라인제출"이라 한다)하거나 플로피디스크 또는 광디스크 등 전자적 기록매체(이하 "전자적 기록매체"라 한다)에 수록하여 제출하는 서류 및 ii) 특허청장 또는 특허심판원장이 정보통신망을 이용하여 특허출원인·심판청구인 그밖에 특허에 관한 절차를 밟는 자에게 통지 또는 송달하는 서류

① 전자문서 첨부서류 등 물건제출서
② 정정교부신청서
③ 국제출원의 사용어가 일어인 국제출원관련서류(서류원본을 포함하여 제출하는 별지 제35호 서식 및 별지 제51호 서식을 포함한다)
④ 법 제214조 제1항의 규정에 의한 결정신청서
⑤ 전자화내용 정정신청서

2) 전자문서로 제출할 수 없는 서류

위의 ① 내지 ⑤에 불구하고 특허법시행령 제11조의 규정에 의한 분류기준에 해당하는 국방관련특허출원의 경우에는 전자문서로 제출할 수 없다. 다만, 특허법시행령 제12조 제4항의 규정에 의하여 보안유지요청의 해제통지를 받거나 동시행령 제13조의 규정에 의하여 비밀에서의 해제통지를 받은 경우에는 예외이다(법시행규칙 9의 2③).

3) 전자문서의 제출 등

① 전자문서는 특허청에서 제공하는 소프트웨어 또는 특허청 홈페이지를 이용하여 전자서명하여 제출하여야 한다(단 국제출원의 경우에는 국제사무국에서 제공하는 소프트웨어를 이용할 수 있다).

② 위의 ①에 의하여 전자문서를 제출하고자 하는 자가 그 전자문자를 기한 전에 정보통신망을 이용하여 발송하였으나 정보통신망의 장애, 특허청이 사용하는 컴퓨터 또는 관련장치의 장애(종보통신망, 특허청이 사용하는 컴퓨터 또는 관련장치의 유지·보수를 위하여 그 사용을 일시 중단한 경우로서 특허청장이 사전에 공지한 경우에는 이를 장애로 보지 아니한다)로 인하여 기한 내에 제출할 수 없었던 경우에는 그 장애가 제거된 날의 다음날에 그 기한이 도래한 것으로 본다(법시행규칙 9의 4①③).

③ 전자문서를 전사적 기록매체에 수록하여 제출하는 경우에는 소정의 서식(별지 제7호 서식)의 문서첨부서류 등 물건제출서를 특허청장 또는 특허심판원장에게 제출하여야 한다. 이 경우 전자적 기록매체에 수록하여 제출할 수 없는 서류는 전자문서 첨부서류 등 물건제출서에 첨부하여 제출하여야 한다(법시행규칙 9의 4②).

④ 특허청장·특허심판원장·심판장·심판관·심사장·심사관은 위의 ①에 의하여 전자문서이용신고를 한 자 중 전자문서로 통지 또는 송달을 받고자 하는 자에 대하여는 법령에 특별한 규정이 있는 경우를 제외하고는 모든 서류를 정보통신망을 이용하여 통지 또는 송달할 수 있다(법시행규칙 9의 8).

4) 온라인제출

① 온라인 제출방법

온라인제출[3])을 하고자 하는 자는 출원인코드와 비밀번호를 전산정보처리조직에 입력하여야 한다(법시행규칙 9의 6).

② 동시제출의 특례

법령의 규정에 의하여 동시에 하도록 되어 있는 2이상의 절차를 온라인제출로 하는 경우에는 연속하여 입력하여야 한다. 만약 동시에 하도록 되어 있는 2이상의 절차 중에 하나의 절차를 온라인제출로 하고 나머지절차를 전자적 기록매체 또는 서면으로 제출하는 경우에는 당해 2이상의 절차를 같은 날에 행하여야 한다(법시행규칙 9의 7①②).

③ 전자문서에 의한 첨부서류제출의 특례

특허에 관한 절차(국제출원에 관한 절차를 제외한다)를 밟는 자가 온라인제출을 하는 경우 이에 첨부하여야 하는 서류 중 온라인제출시 이를 첨부하지 아니한 서류는 온라인제출접수번호를 확인한 날부터 3일 이내에 소정의 전자문서첨부서류 등 물건제출서(별지 제7호 서식)에 첨부하여 서면으로 제출하여야 한다(법시행규칙 9의 5).

(4) 증명서류의 제출

1) 승계인의 자격 및 제3자의 허가 등에 관한 증명

① 특허청장 또는 특허심판원장은 특허를 받을 수 있는 권리를 승계한 자가 특허에 관한 절차를 밟고자 하는 경우에 필요하다고 인정되는 때에는 그 승계인임을 증명하는 서류를 제출하게 할 수 있다(법시행규칙 7①).

② 특허에 관한 절차를 밟고자 하는 자가 그 절차를 밟음에 있어서 제3자의 허가·인가·동의 또는 승낙을 필요로 하는 경우에는 이를 증명하는 서류를 특허청장 또는 특허심판원장에게 제출하여야 한다(법시행규칙 7②).

---

3) 특허에 관한 절차를 밟는 자가 특허청 또는 특허협력조약 제2조 x ix)의 규정에 따른 국제사무국에서 제공하는 소프트웨어 또는 특허청 홈페이지를 이용하여 작성한 서류를 특허청 또는 특허심판원에 정보통신망을 이용하여 제출하는 것을 여기에서 "온라인제출"이라고 칭한다(법시행규칙 1의 2, 1, 가, 전단).

2) 증명서류의 제출

① 당사자를 확인할 수 있는 서류

특허청장·특허심판원장·심판장은 특허에 관한 절차를 밟는 자에 대한 구체적인 확인이 필요하다고 인정되면 i) 국적증명서(외국인인 경우에 한정한다) 그밖에 당사자를 확인할 수 있는 서류, ii) 인감증명서(작성 후 6개월 이내의 것이어야 하며, 인감증명제도가 없는 외국인인 경우에는 이에 준하는 증명서) iii) 서명에 대한 공증서(외국인인 경우에는 본인이 서명을 하였다는 본국 관공서의 증명서면을 포함한다)를 제출하게 할 수 있으며, "전자정부법" 제21조 제1항에 따른 행정정보의 공동이용을 통하여 특허에 관한 절차를 밟는 자의 가족관계등록부증명서 또는 주민등록표 등·초본, 법인등기부등본(법인인 경우에 한정한다) 등 특허청장이 고시하는 서류에 대한 정보를 확인할 수 있으면 그 확인으로 그 서류를 갈음할 수 있으며, 특허에 관한 절차를 밟는 자가 확인에 동의하지 아니하면 이를 제출하도록 하여야 한다(법시행규칙 8①1 내지 3)

② 외국인인 경우의 서류

특허청장·특허심판원장은 외국인이 특허에 관한 절차를 밟을 경우 그 자가 속하는 국가가 파리조약의 당사국 또는 특허에 관하여 대한민국과 상호 보호할 것을 약속한 국가가 아닌 경우에는 i) 동맹국 중 1국의 영역 안에 주소 또는 영업소를 가지고 있는 경우에는 이를 증명하는 서류, ii) 그 외국인이 속하는 국가에서 대한민국 국민에 대하여 그 국민과 동일한 조건으로 특허권 또는 특허에 관한 권리의 향유를 인정하는 경우에는 이를 증명하는 서류, iii) 대한민국이 그 외국인에 대하여 특허권 또는 특허에 관한 권리의 향유를 인정하는 경우에는 그 외국인이 속하는 국가에서 대한민국 국민에 대하여 그 국민과 동일한 조건으로 특허권 또는 특허에 관한 권리의 향유를 인정하는 경우에 이를 증명하는 서류를 제출하게 할 수 있다(법시행규칙 8② 각호).

③ 서류제출명령 및 소명기회부여

특허청장·특허심판원장·심판장은 위의 ① 또는 ②에 의하여 서류의 제출을 명하는 때에는 서류제출명령서에 의하여 제출서류명 및 그 이유를 통지하고 기간을 정하여 소명할 수 있는 기회를 주어야 한다(법시행규칙 8③).

3. 서류의 사용어 등

특허청 또는 특허심판원에 제출하는 서류는 국어로 기재하여야 한다. 그러나 외국어로 기재된 위임장·국적증명서 등 서류(우선권주장에 관한 서류를 제외한다)에는 그 서류의 제출시에 국어로 번역한 번역문을 첨부하여야 한다(법시행규칙 4①②).

Ⅱ. 출원인코드의 부여 등

1. 출원인코드의 신청 및 부여

특허에 관한 절차를 밟는 자 중 출원인, 특허를 받을 수 있는 권리의 승계인, 심사청구인, 정정청구인, 우선심사신청인, 특허출원에 대한 정보제공인, 심판청구인·심판피청구인 및 심판참가인(특허법 제28조의 2 제2항 또는 제3항에 의하여 이미 고유번호를 부여받은 자를 제외한다)은 특허청 또는 특허심판원에 자신의 고유번호, 즉 출원인코드(이하 "출원인코드"라 한다)의 부여를 신청하여야 한다. 출원인코드의 부여를 신청하고자 하는 자는 소정의 출원인코드부여신청서(법시행규칙 제9조 제2항 별지 제4호 서식)를 제출하여야 한다(법 28의 2①, 법시행규칙 9①②).[4)]

특허청장 또는 특허심판원장은 출원인코드부여신청이 있는 경우에는 신청인의 출원인코드를 부여하여 이를 통지하고, 특허에 관한 절차를 밟는 자가 출원인코드를 신청하지 아니한 경우에는 직권으로 출원인코드를 부여하고 이를 통지한다(법 28의 2②③).

2. 출원인코드의 기재

출원인코드를 부여받은 자가 특허에 관한 절차를 받는 경우에는 소정의 서류에 자신의 출원인코드를 기재하여야 한다. 이 경우 특허법 또는 이 법에 의한 명령의 규정에 불구하고 당해 서류에 주소(법인인 경우에는 영업소의 소재지)를 기재하지 아니할 수 있다.

---

4) 특허법에서는 "고유번호"로(법 28의2① 내지 ④⑥), 특허법시행규칙에서는 "출원인코드"로(법시행규칙 9② 내지 ④) 각기 다르게 쓰이고 있는바, 본서에서는 "출원인코드"로 통일하여 사용한다.

Ⅲ. 서류의 원용 등

1. 동시제출서류의 원용

(1) 특허에 관한 절차를 밟는 자가 2이상의 절차를 동시에 밟는 경우 대리권 증명(법 7),

(2) 특허를 받을 수 있는 권리를 가진 자의 발명이 특허를 받을 수 있는 권리를 가진 자에 의하여 그 발명이 ⅰ) 특허출원 전 국내 또는 국외에서 공지공용된 것이거나 ⅱ) 특허출원 전 국내 또는 국외에서 반포된 간행물에 게재되거나 소정의 전기통신회선(법시행령 1의 2)을 통하여 공중이 이용가능하게 된 경우 중 어느 하나에 해당된 경우(다만, 조약 또는 법률에 따라 국내 또는 국외에서 출원공개되거나 등록공고된 경우를 제외한다)(법 30①1). 또는,

(3) 특허를 받을 수 있는 권리를 가진 자의 의사에 반하여 그 발명이 위 (2)의 ⅰ)·ⅱ)의 어느 하나에 해당하게 된 경우 그 공지 등이 된 발명에 대하여 신규성의 의제를 받고자 하는 자는 이를 증명하는 서류(법 30①2, ②),

(4) 조약에 의한 우선권 주장시 제출하는 서류, 즉 최초로 출원한 국가의 정부가 인정하는 서류로서 특허출원의 연월일을 기재한 서면·발명의 명세서·도면의 등본 및 최초로 출원한 국가의 특허출원의 출원번호를 기재한 서면(법 54④),

(5) 복수당사자의 대표자 선정신고시 제출하는 서류

선임 또는 해임에 관한 사항을 증명하는 서류, 대리인에 의하여 절차를 밟는 경우 그 대리권을 증명하는 서류, 선임된 대표자의 해임을 신고하려는 자의 신고내용을 증명하는 서류, 대리인에 의하여 절차를 밟는 경우 그 대리권을 증명하는 서류(법시행규칙 6①②)

(6) 승계인자격 및 제3자의 허가 등에 관한 증명

특허를 받을 수 있는 권리를 승계한 자가 특허에 관한 절차를 밟고자 하는 경우

그 승계인임을 증명하는 서류, 특허에 관한 절차를 밟고자 하는 자가 제3자의 허가·인가·동의 또는 승낙을 필요로 하는 경우 이를 증명하는 서류(법시행규칙 7①②)

(7) 증명서류

1) 확인용 서류

특허청장·특허심판원장·심판장은 특허에 관한 절차를 밟는 자에 대한 구체적인 확인이 필요하다고 인정되면 i) 국적증명서(외국인인 경우에 한정한다) 그밖에 당사자를 확인할 수 있는 서류, ii) 인감증명서(작성 후 6월 이내의 것이어야 하며, 인감증명제도가 없는 외국인인 경우에는 이에 준하는 증명서), iii) 서명에 대한 공증서(외국인인 경우에는 본인이 서명을 하였다는 본국 관공서의 증명서면을 포함한다)를 제출하게 할 수 있다.

이 경우 담당공무원은 전자정부구현을 위한 행정업무 등의 전산화촉진에 관한 법률 제21조 제1항에 따른 행정정보의 공동이용을 통하여 특허에 관한 절차를 밟는 자의 호적등·초본 또는 주민등록표등·초본, 법인등기부등본(법인인 경우에 한정한다) 등 특허청장이 고시하는 서류에 대한 정보를 확인할 수 있으면 그 확인으로 그 서류를 갈음할 수 있으며, 특허에 관한 절차를 밟는 자가 확인에 동의하지 아니한 경우에는 이를 제출하도록 한다(법시행규칙 8①).

2) 파리협약 당사국 등이 아닌 경우 제출하게 한 서류

특허청장 또는 특허심판원장이 특허에 관한 절차를 밟을 경우 그 자가 속하는 국가가 파리협약의 당사국 또는 특허에 관하여 우리나라와 상호보호 할 것을 약속한 국가가 아닌 경우에는 다음의 1에 해당하는 서류를 제출하게 할 수 있다(법시행규칙 8②).

① 동맹국 중 1국의 영역 안에 주소 또는 영업소를 가지고 있는 경우에는 이를 증명하는 서류

② 그 외국인이 속하는 국가에서 우리나라 국민에 대하여 그 국민과 동일한 조건으로 특허권 또는 특허에 관한 권리의 향유를 인정하는 경우에는 이를 증명하는 서류

③ 우리나라가 그 외국인에 대하여 특허권 또는 특허에 관한 권리의 향유를 인정하는 경우에는 그 외국인이 속하는 국가에서 우리나라 국민에 대하여 그 국민과 동일한 조건으로 특허권 또는 특허에 관한 권리의 향유를 인정하는 경우에 이를 증명하는 서류

3) 서류제출 이유 등의 통지

특허청장·특허심판원장·심판장은 위 1) 2)에 의하여 서류의 제출을 명하는 때에는 서류제출명령서에 의하여 제출서류명 및 그 이유를 통지하고 기간을 정하여 소명할 수 있는 기회를 주어야 한다(법시행규칙 8③).

(8) 출원인코드

특허에 관한 절차를 밟는 자 중 출원인, 특허를 받을 수 있는 권리의 승계인, 심사청구인, 정정청구인, 우선심사신청인, 특허출원에 대한 정보제공인, 심판청구인·심판피청구인 및 심판참가인이 신청에 의하여 부여받은 출원인 코드, 즉 출원인 고유번호(법 28의 2, 법시행규칙 9) 등의 내용이 동일한 경우에는 그 중 1건에 대하여서만 증명서 원본을 제출하고 다른 청구 등의 절차에 있어서는 그 사본을 특허청장 또는 특허심판원장에게 제출할 수 있다(법시행규칙 10①).

2. 이미 제출한 서류의 원용

특허에 관한 절차를 밟은 때에 이미 특허청 또는 특허심판원에 증명서를 제출한 자가 위 "1의 (1) 내지 (8)"과 같은 증명서를 제출하여야 할 때에는 그 증명서의 내용이 이미 제출된 증명서의 내용과 동일하여 이를 원용하고자 하는 경우에는 해당 서식의 첨부서류란에 그 취지를 명기함으로서 그 증명서에 갈음할 수 있다(법 10②).

3. 대리권 증명서류의 생략

선임된 대리인이 그 위임사항의 범위 안에서 특허에 관한 절차를 밟은 경우, 포괄위임등록을 한 대리인이 그 포괄위임의 범위 안에서 특허에 관한 절차를 밟는 경우에는 대리권을 증명하는 서류의 제출을 생략할 수 있다(법시행규칙 10③).

Ⅳ. 대리인의 선임 등

1. 위임장 제출

특허에 관한 절차를 밟는 자가 대리인에 의하여 그 절차를 밟고자 하는 경우에는 소정의 위임장(법시행규칙 5① 별지 제1호 서식)을 특허청장 또는 특허심판원장에게 제출하여야 한다(법시행규칙 5①).

2. 대리인 선임신고

특허에 관한 절차를 밟는 자가 대리인을 선임하여 그 절차를 밟고자 하는 경우에는 대리인의 선임신고를 하여야 한다. 다만, 특허출원·특허법 제199조 제2항의 규정에 따른 국제특허출원의 국내서면제출·특허출원인 변경신고·심판청구·재심청구를 하거나 심판청구·재심청구에 대한 답변을 하는 때에 특허출원서·같은 법 제203조의 규정에 의한 서면·권리관계 변경신고서·심판청구서 또는 답변서에 위임장을 첨부하여 대리인이 제출하는 경우에는 예외로 한다(법시행규칙 5②).

3. 증명서류 등의 제출

여기에서 대리인의 선임신고를 하거나 대리인이 복대리인을 선임하고자 하는 경우에는 소정의 신고서(법시행규칙 5③ 별지 제2호 서식)에 그 신고내용을 증명하는 서류를 첨부하여 특허청장 또는 특허심판원장에게 제출하되, 먼저 선임된 대리인 또는 복대리인이 있는 때에는 그 해임여부를 기재하여야 한다.

이 경우 대리인이 변리사법인 제6조의 3에 의한 법인(이하 "변리법인"이라 한다)의 구성원이 되거나 변리법인의 소속변리사가 되어 당해 대리인이 대리하는 2이상의 사건에 대하여 당해 대리인이 구성원으로 있거나 소속변리사로 있는 변리법인을 복대리인으로 선임하고자 하는 경우에는 소정의 신고서(법시행규칙 5③ 별지 제2호 서식)를 특허청장 또는 특허심판원장에게 제출하여야 한다(법시행규칙 5③).

4. 대리인 변경·해임·사임

(1) 대리인 해임

특허에 관한 절차를 밟는 자가 대리인을 해임하거나 대리인이 복대리인을 해임하는 경우에는 소정의 신고서(법시행규칙 제2호 서식)를 특허청장 또는 특허심판원장에게 제출하여야 한다(법시행규칙 5⑤).

(2) 대리인 사임

대리인 또는 복대리인이 대리인 또는 복대리인을 사임하고자 하는 경우에는 소정의 신고서(법시행규칙 별지 제2호 서식)를 특허청장 또는 특허심판원장에게 제출하여야 한다(법시행규칙 5⑦).

5. 대리인 등의 선임·해임·사임신고서의 기재

특허에 관한 절차를 밟는 자가 대리인을 선임 또는 해임하려는 경우, 대리인이 복대리인을 선임 또는 해임하려는 경우, 대리인 또는 복대리인이 대리인 또는 복대리인을 사임하려는 경우에 있어서 2이상의 사건에 대하여 특허에 관한 절차를 밟는 자가 동일하고 대리인 또는 복대리인이 동일한 때에는 하나의 신고서에 기재하여 제출할 수 있다(법시행규칙 5⑧).

6. 대리권의 내용변경

특허에 관한 절차를 밟는 자가 대리권의 내용을 변경하거나 대리인이 복대리권의 내용을 변경하는 경우에는 소정의 신고서(법시행규칙 5⑥ 별지 제2호 서식)에 그 변경내용을 증명하는 서류를 첨부하여 특허청장 또는 특허심판원장에게 제출하여야 한다(법시행규칙 5⑥).

7. 포괄위임 등

(1) 의 의

특허에 관한 절차를 대리인에 의하여 밟는 경우에 있어서 현재 및 장래의 사건에 대하여 미리 사건을 특정하지 아니하고 출원·청구 그 밖의 특허에 관한 모든 절차일체를 포괄하여 위임해 두는 제도를 말한다. 이는 특허에 관한 절차의 발생시마다 일일이 대리인을 선임하거나 대리권의 내용을 추가변경하는 등의 번거로움을 극복하고 단 한번의 위임으로 특허에 관한 절차를 밟은 자와 그 대리인간의 대리인선임 등에 관한 업무의 간소화와 편리화를 도모하려는 것으로서 매우 효율적이고 합리적인 제도로 평가되고 있다.

(2) 포괄위임의 방식 등

포괄위임은 소정의 포괄위임등록신청서(법시행규칙 별지 제3호 서식)에 대리권을 증명하는 서류(이하 "포괄위임장"이라 한다)를 첨부하여 특허청장에게 제출한다.

특허청장은 포괄위임등록신청이 있는 때에는 포괄위임 등록번호를 부여하고 그 번호를 포괄위임등록신청인에게 통지한다(법시행규칙 5의 2①②).

(3) 포괄위임 등록번호의 사용

포괄위임을 받아 특허에 관한 절차를 밟고자 하는 자는 포괄위임 등록번호를 특허청 또는 특허심판원에 제출하는 서류에 기재하여야 한다(법시행규칙 5의 2③).

(4) 포괄위임의 원용 제한·철회

포괄위임등록을 한 자가 특정한 사건에 대하여 포괄위임의 원용을 제한하고자 하는 경우에는 소정의 신고서(법시행규칙 5의 3 별지 제2호 서식)를, 포괄위임등록을 한 자가 포괄위임을 철회하고자 하는 경우에는 소정의 포괄위임 등록철회서(법시행규칙 5의 4 별지 제3호 서식)를 각각 특허청장에게 제출한다(법시행규칙 5의 3, 5의 4).

V. 복수당사자의 대표자 선정신고 등

2인 이상이 특허에 관한 절차를 밟는 자가 대표자를 선정하여 특허청 또는 특허심판원에 신고한 때의 대표자의 선정신고는 선임된 대표자가 소정의 신고서(법시행규칙 6① 별지 2호 서식)에 선임 또는 해임에 관한 사항을 증명하는 서류 1통, 대리인에 의하여 절차를 밟는 경우 그 대리권을 증명하는 서류 1통을 첨부하여 특허청장 또는 특허심판원장에게 제출한다(법시행규칙 6①).

선임된 대표자의 해임을 신고하고자 하는 자는 소정의 신고서(법시행규칙 6② 별지 제2호 서식)에 신고내용을 증명하는 서류 1통, 대리인에 의하여 절차를 밟은 경우 그 대리권을 증명하는 서류 1통을 첨부하여 특허청장 또는 특허심판원장에게 제출한다(법시행규칙 6②).

Ⅵ. 특허번호 등의 표시

1. 특허권 또는 특허출원을 한 후 그 특허출원에 관하여 서류·견본 그 밖의 물건을 특허청 또는 특허심판원에 제출할 때에는 그 특허번호 또는 특허출원번호, 특허권자 또는 특허출원인의 성명(법인의 경우에는 명칭)·출원인코드[출원인코드가 없는 경우에는 성명·주소(법인의 경우에는 그 명칭 및 영업소의 소재지)] 및 발명의 명칭을 표시하여야 한다(법시행규칙 12①).

2. 특허권의 존속기간의 연장등록출원을 한 후 그 연장등록출원에 관한 서류·견본 그 밖의 물건을 특허청 또는 특허심판원에 제출할 때에는 그 연장등록출원의 번호를 표시하여야 한다(법시행규칙 12②).

3. 특허에 관한 심판 또는 재심의 청구를 한 후 그 신청 또는 청구에 관한 서류·견본 그 밖의 물건을 특허청 또는 특허심판원에 제출할 때에는 그 심판번호 또는 재심번호와 그 당사자의 성명(법인의 경우에는 명칭)·출원인코드[출원인코드가 없는 경우에는 성명·주소(법인의 경우에는 그 명칭 및 영업소의 소재지)]를 표시하여야 한다(법시행규칙 12③).

제 6 절 서류 등의 보정

Ⅰ. 출원서류 등의 보정

법 제46조(절차의 보정)·법 47조(특허출원의 보정)·법 제90조(특허권의 존속기간연장등록출원) 제6항[특허권의 존속기간연장등록여부 결정 등본 송달 전까지 그 연장등록출원서에 기재된 사항 중 ⅰ) 연장대상 특허청구범위의 표시, ⅱ) 연장신청의 기간, ⅲ) 특허법 제89조의 허가 등의 내용(특허발명을 실시하기 위하여 다른 법령에 의한 허가 및 등록(이하 "허가 등"이라 한다)을 위하여 필요한 활성·안전성 등의 시험으로 장기간 소요된 경우 그 실시할 수 없었던 기간에 대하여 5년의 기간 내에서 당해 특허권의 존속기간의 연장)] 또는 특허법시행규칙 제29조(분할출원) 제3항(분할출원으로 인하여 원 특허출원의 내용을 보정할 필요가 있는 경우 분할출원과 동시에 원 특허출원에 첨부된 명세서·요약서

·도면에 대한 보정)의 규정에 의하여 보정을 하고자 하는 자나 법 제54조(조약에 의한 우선권주장) 제7항(조약에 의한 우선권주장을 한 자 중 우선권주장의 기초가 되는 최초의 출원일부터 1년 이내에 특허출원한 자는 i) 최초로 출원한 국가의 정부가 인정하는 서류로서 특허출원의 연월일을 기재한 서면, 발명의 명세서 및 도면의 등본 또는 ii) 최초로 출원한 국가의 특허출원의 출원번호를 기재한 서면은 ㉠ 조약 당사국에 최초로 출원한 출원일, ㉡ 그 특허출원이 특허출원 등에 의한 국내우선권주장을 수반하는 경우 그 우선권주장의 기초가 되는 출원의 출원일, ㉢ 그 특허출원이 조약에 의한 우선권주장을 하고자 하는 자가 특허출원시 특허출원서에 그 취지, 최초로 출원한 국명 및 출원의 연월일을 기재하여 다른 우선권주장을 수반하는 경우에는 그 우선권주장의 기초가 되는 출원의 출원일 중 최선일부터 1년 4월 이내에 당해 우선권주장을 보정하거나 추가하고자 하는 자 또는 법 제55조(특허출원 등에 의한 우선권주장) 제5항[특허출원 등에 의한 국내우선권주장을 한 자 중 특허를 받고자 하는 자는 i) 그 특허출원이 선출원의 출원일부터 1년을 경과하여 출원된 경우, ii) 선출원이 분할출원(실용신안법 제11조의 규정에 의하여 준용되는 경우를 포함한다)이나 변경출원(실용신안법 제10조 제2항의 규정에 따른 변경출원을 포함한다)인 경우, iii) 선출원이 그 특허출원시에 포기·무효·취하·각하된 경우, iv) 선출원이 그 특허출원시에 특허여부의 결정·실용신안등록여부의 결정 또는 심결이 확정된 경우 중 그 어느 하나에 해당된 경우를 제외하고는 그 특허출원한 발명에 관하여 그 자가 특허나 실용신안등록을 받을 수 있는 권리를 가진 특허출원 또는 실용신안등록출원으로 먼저 한 출원(이하 "선출원"이라 한다)의 출원서에 최초로 첨부된 명세서 또는 도면에 기재된 발명을 기초로 하여 우선권을 주장한 자는 선출원일(선출원이 2이상인 경우에는 최선출원일)부터 1년 4월 이내에 당해 우선권주장을 보정하거나 추가할 수 있다]의 규정에 의하여 우선권주장을 보정하거나 추가하고자 하는 자는 소정의 보정서(법시행규칙 13 별지 제9호 서식)에 ㉠ 보정 또는 추가내용을 증명하는 서류 1통, ㉡ 대리인에 의하여 절차를 밟는 경우 그 대리권을 증명하는 서류 1통을 첨부하여 특허청장 또는 특허심판원장에게 제출한다. 다만, 납부하여야 할 수수료를 납부하지 아니하고 특허출원에 관한 절차를 밟은 자가 그 수수료를 보정하고자 하는 때에는 보정서를 제출하지 아니한다(법시행규칙 13).

Ⅱ. 심판청구서 등의 보정

절차의 보정 또는 심판청구서의 보정을 하고자 하는 자는 소정의 보정서(법시행규칙 13의 3 별지 제9호 서식)에 i) 보정내용을 증명하는 서류 1통, ii) 대리인에 의하여 절차를 밟는 경우 그 대리권을 증명하는 서류 1통을 첨부하여 특허심판원장 또는 심판장에게 제출한다(법시행규칙 13의 3).

Ⅲ. 정정명세서 등의 보정

특허의 무효심판절차, 정정심판절차, 정정의 무효심판절차에서 정정한 특허발명의 명세서 또는 도면을 보정하고자 하는 자는 소정의 보정신청서(법시행규칙 13의 4①② 별지 제9호 서식)에 명세서 및 도면 각 1통, 대리인에 의하여 절차를 밟는 경우 그 대리권을 증명하는 서류 1통, 전용실시권자·질권자 또는 통상실시권자의 동의가 필요한 경우 그 동의를 증명하는 서류 1통을 첨부하여 특허심판원장 또는 심판장에게 제출한다(법시행규칙 13의 4①②).

제 7 절 부적법한 출원서류 등의 반려

Ⅰ. 의 의

출원발명에 대한 특허는 그 특허발명에 대하여 독점적 전용권과 배타적 금지권과 같은 대세적 권리가 부여되기 때문에 특허출원·심판청구방식·특허거절결정 또는 특허취소결정 등에 대한 심판청구방식에 따른 특허출원·심판에 관한 서류·견본 그 밖의 물건(이하 "출원서류 등"이라 한다)이 적법한 절차에 의하여 이루어져야 하기 때문에 특허에 관한 절차규정이 매우 엄격하게 적용되어야 한다. 따라서 출원발명의 특허에 관한 실질적 요건뿐만 아니라 형식적 요건에 이르기까지도 충족된 발명에 한하여 특허에 관한 권리가 부여되어야 한다. 만약 이러한 요건을 구비하지 못한 발명에 대하여 잘못 특허가 될 경우 특허무효심판 등의 분쟁이 끊이지 아니할 뿐만 아니라 실질심사·심리의 적체를 가져와 온전한 발명의 권리화가 지연되는 폐단이 초래된다.

그러므로 출원서류 등에 대한 실질심사 등에 앞서 실시한 방식심사 등에서 법적, 특허적 형식을 갖추지 못한 출원서류 등에 대해서는 근본적으로 보정이 불가능(신규성, 선원성의 지위를 갖게 되거나 잃게 될 경우)하거나 특허청장·특허심판원장

·심판장·심사관의 보정명령을 이행하지 않을 때에는 출원서류 등을 반려한다.

그럼으로써 부실특허로 인한 분쟁을 예방하고 심사·심판업무의 증가를 막아 심사·심판기간의 단축으로 특허권의 조기설정에 기여하려는데 그 의의가 있다.

Ⅱ. 반려대상의 부적법한 출원서류 등

1. 부적법한 출원서류 등의 유형

특허청장 또는 특허심판원장은 법 제42조(출원서류)·법 제140조(심판청구방식)·법 제140조의 2(특허거절결정 등에 대한 심판청구방식)의 규정에 의한 특허출원 또는 심판에 관한 서류·견본 그 밖의 물건 등(이하 "출원서류 등"이라 한다)이 다음의 어느 하나에 해당되는 경우에는 법령에 특별한 규정이 있는 경우를 제외하고는 이를 적법한 출원 또는 심판에 관한 출원서류 등으로 보지 아니한다(법시행규칙 11①).

(1) 특허청 또는 특허심판원에 제출하는 서류는 법령에 특별한 규정이 있는 경우를 제외하고는 1건마다 작성하여야 하나 이를 위반하여 1건마다 서면을 작성하지 아니한 경우

(2) 출원 또는 서류의 종류가 불명확한 것인 경우

(3) 특허에 관한 절차를 밟는 자의 성명(법인의 경우 명칭) 또는 출원인코드[출원인코드가 없는 경우 성명·주소(법인의 경우 그 명칭 및 영업소의 소재지)]가 기재되지 아니한 경우

(4) 국어로 기재되지 아니한 경우

(5) 출원서에 명세서(명세서에 발명의 상세한 설명이 기재되어 있지 아니한 경우를 포함한다)를 첨부하지 아니한 경우

(6) 특허청구범위를 기재하지 아니한 명세서를 특허출원서에 첨부하여 특허출원한 분할출원, 변경출원 및 정당한 권리자의 출원으로서 그 특허출원 당시에 이미 ⅰ) 조약에 의한 우선권주장을 수반하는 특허출원에 있어서는 그 우선권주장의 기초가 된 출원일, ⅱ) 국내우선권주장을 수반하는 특허출원에 있어서는 그 선출원의 출원일, ⅲ) ⅰ) 또는 ⅱ)에 의한 2이상의 우선권주장을 수반하는 특허출원에 있어서는 해당 우선권주장의 기초가 된 출원일 중 최선일, ⅳ) ⅰ) 내지 ⅲ)의 1에 해당하지 아니하는 출원에 있어서는 그 특허출원일, 위 ⅰ) 내지 ⅳ)의 어느 하나에 해당하는 날부터 1년 6개월

이 되는 날까지 또는 위의 1년 6개월이 되는 날까지의 명세서보정기한 이내에 출원심사청구의 취지를 통지받은 날부터 3개월이 되는 날까지(위 ⅰ) 내지 ⅳ)의 어느 하나에 해당하는 날부터 1년 3개월이 되는 날 후에 통지받은 경우에는 위 ⅰ) 내지 ⅳ)의 어느 하나에 해당하는 날부터 1년 6개월이 되는 날까지)의 명세서의 보정(특허청구범위가 기재되도록 하는 명세서의 보정을 말한다)기간이 경과된 경우

(7) 국내에 주소 또는 영업소를 가지지 아니한 자가 특허관리인에 의하지 아니하고 제출한 출원서류 등인 경우

(8) 특허법 또는 특허법에 의한 명령이 정하는 기간 이내에 제출하지 아니한 서류인 경우

(9) 특허법 또는 특허법에 의한 명령이 정하는 기간 중 연장이 허용되지 아니하는 기간에 대한 기간연장신청서인 경우

(10) 특허거절결정불복심판의 청구기간[특허거절결정, 특허권의 존속기간연장등록거절결정을 받은 자가 불복이 있는 때에는 그 결정등본을 송달받은 날부터 30일 이내에 심판청구를 할 수 있다(법 132의 3)] 또는 특허청장·특허심판원장·심판장 또는 심사관이 지정한 기간을 경과하여 제출된 기간연장신청서인 경우

(11) 특허에 관한 절차가 종료된 후 그 특허에 관한 절차와 관련하여 제출된 서류인 경우

(12) 당해 특허에 관한 절차를 밟을 권리가 없는 자가 그 절차와 관련하여 제출한 서류인 경우

(13) 소정의 포괄위임원용제한신고서(포괄위임원용제한에 한한다. 법시행규칙 별지 제2호 서식), 소정의 포괄위임등록신청서 또는 소정의 포괄위임등록철회서(법시행규칙 별지 제3호 서식), 소정의 출원인코드부여신청서(법시행규칙 별지 제4호 서식) 또는 직권으로 출원인코드를 부여하여야 하는 경우로서 당해 서류가 불명확하여 수리할 수 없는 경우

(14) 정보통신망이나 선자석 기록매체로 제출된 특허출원서 또는 그 밖의 서류가 특허청에서 제공되는 소프트웨어 또는 특허청 홈페이지를 이용하여 작성되지 아니하였거나 전자문서로 제출된 서류가 전산정보처리조직에서 처리가 불가능한 상태로 접수된 경우

(15) 법시행규칙 제3조의 2(전자적 이미지로 작성된 첨부서류의 제출) 제2항의 규정에 의하여 제출명령을 받은 서류를 기간 내에 제출하지 아니한 경우

(16) 법시행규칙 제8조(증명서류의 제출)의 규정에 의하여 제출명령을 받은 서류를 정당한 소명없이 소명기간 내에 제출하지 아니한 경우

(17) 특허출원인이 특허청구범위가 기재되지 아니한 명세서가 첨부된 특허출원

에 대하여 출원심사청구서를 제출한 경우
(18) 특허청구범위가 기재되지 아니한 명세서를 첨부한 특허출원 또는 등록공고를 한 특허에 대하여 조기공개신청서를 제출한 경우
(19) 법시행규칙 제40조의 2 제1항 각호의 어느 하나에 해당하여 특허여부결정을 보류할 수 없는 경우
(20) 법시행규칙 제40조의 3 제3항 각호의 어느 하나에 해당하여 특허출원에 대한 심사를 유예할 수 없는 경우(심사유예신청서에 한정한다)

2. 부적법한 출원서류 등의 반려

특허청장 또는 특허심판원장은 위의 (1) 내지 (18)과 같은 부적법한 것으로 보는 출원서류 등을 반려할 때에는 출원서류 등을 제출한 출원인 등에게 출원서류 등을 반려하겠다는 취지, 반려이유 및 소명기간을 기재한 서면을 송부하여야 한다. 다만, 위의 "(14)"의 경우에는 반려이유를 고지하고 즉시 출원서류 등을 반려하여야 한다(법시행규칙 11②).

3. 출원인 등의 소명·반려요청 등

특허청장 또는 특허심판원장으로부터 출원서류 등을 반려하겠다는 서면을 송부받은 출원인 등이 소명하고자 하는 경우에는 소명기간 내에 소정의 소명서(법시행규칙 11③ 별지 제24호 서식)를, 소명 없이 출원서류 등을 소명기간 내에 반려 받고자 하는 경우에는 소정의 반려요청서(법시행규칙 11③ 별지 제8호 서식)를 특허청장 또는 특허심판원장에게 제출한다. 이 경우 특허청장 또는 특허심판원장은 반려요청을 받은 때에는 즉시 출원서류 등을 반려하여야 한다(법시행규칙 11③).

4. 반려 및 소명통지에 대한 무대응 출원서류 등의 처리

특허청장 또는 특허심판원장은 출원인 등이 소명기간 내에 소명서 또는 반려요청서를 제출하지 아니하거나 제출한 소명이 이유 없다고 인정되는 때에는 소명기간이 종료된 후 즉시 출원서류 등을 반려하여야 한다(법시행규칙 11④).

제 8 절 보칙에 의한 주요사항

Ⅰ. 서류의 열람 등

특허 또는 심판에 관한 증명, 서류의 등본 또는 초본의 교부, 특허원부 및 서류의 열람 또는 복사를 필요로 하는 자는 특허청장 또는 특허심판원장에게 이를 신청할 수 있다. 그러나 신청이 있다 하더라도 설정등록 또는 출원공개되지 아니한 특허출원에 관한 서류와 공공의 질서 또는 선량한 풍속을 문란하게 할 염려가 있는 것은 이를 허가하지 아니할 수 있다(법 216①②).

Ⅱ. 서류의 반출 및 공개금지

1. 출원서류 등의 반출금지

특허출원·심사·심판·재심에 관한 서류 또는 특허원부는 i) 선행기술의 조사 등을 위하여 특허출원 또는 심사에 관한 서류를 반출하는 경우, ii) 특허문서 전자화업무의 위탁을 위하여 특허출원·심사·심판·재심에 관한 서류 또는 특허원부를 반출하는 경우, iii) 온라인 원격근무를 위하여 특허출원·심사·심판·재심에 관한 서류 또는 특허원부를 반출하는 경우의 어느 하나에 해당하는 경우를 제외하고는 이를 외부에 반출할 수 없다(법 217① 각호).

2. 계속 중의 사건내용 등에 관한 감정 등의 금지

특허출원·심사·심판이나 재심으로 계속 중에 있는 사건의 내용 또는 특허여부 결정·심결이나 결정의 내용에 관하여는 감정·증언 또는 질의에 응답할 수 없다(법 217②).

Ⅲ. 서류의 제출 등

특허청장 또는 심사관은 당사자에 대하여 심판 또는 재심에 관한 절차외의 절차를 처리하기 위하여 필요한 서류 그 밖의 물건의 제출을 명할 수 있다(법 222).

Ⅳ. 불복의 제한

보정각하결정, 특허여부결정·심결, 심판청구서나 재심청구서의 각하결정에 대하여는 다른 법률에 의한 불복을 할 수 없으며, 특허법의 규정에 의하여 불복할 수 없도록 규정되어 있는 처분에 대하여는 다른 법률의 규정에 의한 불복을 할 수 없다.

위의 처분외의 처분의 불복에 대하여는 행정심판법 또는 행정소송법에 의한다(법 224의 2①②).

제 6 장

특허출원

제1절 서 설

I. 서 론

발명이라고 해서 모두 그냥 그 발명에 특허권이 주어지는 것이 아니고 반드시 특허를 받을 수 있는 발명을 특허를 받을 수 있는 자가 특허를 받을 수 있는 소정의 특허출원절차, 심사·심판절차 및 특허권의 설정등록절차 등을 밟음으로써 비로소 그 발명에 대하여 특허권을 얻을 수 있는 것이다. 이와 같은 특허를 받을 수 있는 절차 중 본장에서는 특허출원절차에 대해서만 살펴보고 그 밖의 심사·심판절차 및 특허권의 설정등록절차 등에 대해서는 각 해당 편에서 설명하기로 한다.

특허출원절차를 규정하고 있는 것으로서는 특허법·특허법시행령·특허법시행규칙 등이 있는 바, 특허법이 특허출원절차에 관한 기본적인 사항을 특허법시행령, 특허법시행규칙 등이 특허법에서 정한 기본적인 사항을 시행하기 위한 상세한 규정을 정하고 있다.

이러한 절차규정을 준수한 출원은 특허를 받을 수 있고 그렇지 않은 출원은 절차상 흠결 있는 출원으로 특허를 받을 수 없게 되거나 설령 특허를 받는다 하더라도 무효사유가 되므로 반드시 특허법 및 특허법에 의한 명령이 정한 요식절차에 따라 출원하여 출원 후 각종 불이익을 받거나 소모적인 일이 되지 않도록 유의하여야 한다.

또 출원절차에서 간과할 수 없는 것은 출원절차를 밟기 전 그 발명이 특허를 받을 수 있는 발명인가를 확인해 보는 작업이 필요하다. 즉, 출원 전에 그 발명이 국내 또는 국외에서 공지·공용된 발명이거나 국내 또는 국외에서 반포된 간행물에 게재되거나 일정한 전기통신회선[법시행령 1의 2(전기통신회선의 범위)]를 통하여 공중이 이용가능하게 된 발명인지(발명의 신규성), 출원 전에 그 발명이 속하는 기술분야에서 통상의 지식을 가진 자가 위의 공지 등의 발명에 의하여 용이하게 발명할 수 있는 것인지(발명의 진보성)를 기존의 특허공보 및 당해 발명분야 기술문헌 등을 검색하여 선행기술유무를 확인해봄으로써 불필요한 출원이 되지 않도록 하여야 한다. 이와 같은 출원 전 선행절차는 반드시 밟아야 할 법정강제절차는 아니지만 밟으면 불필요한 출원을 억제하여 출원절차에 소요되는 비용·시간·노력 등을 절약할 수 있고 출원증가를 둔화시켜 신속한 심사에도 도움을 주어 발명의 조기산업화에 기여할 수 있으며 부실특허를 막아 분쟁을 감소시켜 심판의 신속화를 기함으로써 발명산업의 안정화에도 도모할 수 있다는 점 등이 괄목하기 때문이다.

Ⅱ. 의 의

특허출원절차라 함은 발명에 대하여 특허를 받기 위한 발명자 또는 그 승계인인 출원인이 특허를 받기 위하여 특허청 또는 특허심판원에 대하여 밟아야 할 절차 일체를 말한다. 특허를 받기 위한 특허출원절차에는 i) 출원절차, ii) 출원심사의 청구절차, iii) 출원공개절차, iv) 출원보정절차 등이 있는 바 이는 발명자에게는 그 발명에 대하여 독점·배타적으로 실시하기 위한 권리를 확보하기 위한 절차로, 국가는 발명자나 그 승계인인 출원인에게 그 발명에 대한 전용권(독점권)의 부여 금지권(배타권)의 향유를 유인책으로 하여 특허출원절차를 밟도록 하여 발명의 장려·촉진과 발명의 공개·이용을 통해 기술의 진흥을 도모하여 산업발전에 기여하려는 수단으로서 최초최중의 절차이다.

Ⅲ. 특 색

특허법상 특허를 받을 수 있는 절차에는 i) 서면에 의해야 하는 서면주의, ii) 특허출원 후 그 출원에 대한 보정이 가능하나 그 보정은 일정한 범위 내에서만 허용되는 보정제한주의, iii) 1발명은 1특허출원의 원칙에 따라야 하는 1발명 1출원주의(발명의 단일성), iv) 2이상의 발명을 하나의 특허출원으로 한 경우 그 특허출원의 출원서에 최초로 첨부된 명세서 또는 도면에 기재된 사항의 범위 안에서 출원보정을 할 수 있는 기간 이내에 그 일부를 하나 이상의 특허출원으로 나눌 수 있는 분할출원, v) 실용신안등록출원을 한 경우 그 실용신안등록출원의 출원서에 최초로 첨부된 명세서 또는 도면에 기재된 사항의 범위 안에서 그 실용신안등록출원을 특허출원으로 바꿀 수 있는 변경출원, vi) 조약에 의하여 우리나라 국민에게 특허출원에 대한 우선권을 인정하는 당사국 국민이 그 당사국 또는 다른 당사국에 특허출원을 한 후 동일발명을 우리나라에 출원하면서 출원일을 그 당사국에 출원한 날을 우리나라에 출원한 날로 하여달라는 조약에 의한 우선권주장출원, vii) 특허를 받고자 하는 자가 그 특허출원발명에 관하여 그 자가 특허나 실용신안등록을 받을 수 있는 권리를 가진 특허출원 또는 실용신안등록출원으로 먼저 한 출원(이하 "선출원"이라 한다)의 출원서에 최초로 첨부된 명세서 또는 도면에 기재된 발명을 기초로 한 국내특허출원 등에 의한 우선권주장출원, viii) 특허출원된 발명을 업으로 실시한 자에게 특허출원된 발명임을 서면경고하거나 출원공개된 발명임을 안 때부터 특허권의 설정등록시까지의 기간 동안 그 특허발명의 실시에 대하여 통상 받을 수 있는 보상금 지급청구권을 확보하기 위한 출원공개주의, ix) 특허출원에 대한 특허여부의 심사는 특허출원심사청구가 있는 출원에 대해서만 심사를 하는 심사청구주의, x) 출원발명에 대한 특허여부는 심사관·심판관 및 법관의 심사·심판 및 소송절차에 의해서만 결정되는 심사주의, xi) 동일한 발명의 출원이 경합된 경우 제일먼저 출원한 발명에 대해서만 특허를 허여하는 선원주의, xii) 출원발명의 신규성, 진보성 판단의 지역적 범위의 국제주의 등이 적용되고 있는 바, 이는 특허를 받을 수 있는 절차에서의 특색일 뿐만 아니라 특허법의 특징이기도 하다.

또 같은 출원절차에 속하지만 특허협력조약(Patent Cooperation Treaty : PCT)에 의한 국제특허출원에 관하여는 기술의 편의상 국내출원과 구분하여 뒤에서 별도로 설명하고자 한다.

Ⅳ. 특허출원 기재방법 등의 간소화

개정특허법(2007.1.3 개정)은 특허출원을 신속하고 편리하게 할 수 있도록 하기 위하여 특허행정서식 종류를 통폐합하여 현재 사용되는 203개의 서식을 63개로 60%이상 줄이는 한편 각 서식에 기재하는 방법도 간소화하였다.

제2절 출 원

I. 서 설

1. 서 론

특허법은 특허출원의 서면주의와 명세서의 기술문헌 및 권리서로서의 역할 등을 명확히 하고 있다. 즉 특허출원인에 대하여 출원서·명세서 및 필요한 도면을 제출하는 것을 의무화하여 특허출원절차에 있어서 서면주의의 입장을 명백히 하고 있고 또 출원발명을 명세서 및 필요한 도면에 기재할 것을 요청하며, 그 명세서를 발명의 보호·이용을 도모하기 위한 매체로 한 것이다.

특허제도는 새로운 기술을 공개한 자에 대하여 일정기간 일정조건하에 특허권이라고 하는 독점권을 부여하고, 다른 한편 제3자에 대하여 이 공개된 발명을 이용할 기회를 부여하는 것을 기본원칙으로 하고 있다.

이와 같은 발명의 보호·이용은 기술문헌, 권리서로서의 명세서를 통하여 비로소 성취되는 것이다(법 42① 내지 ⑤).

따라서 명세서는 발명의 기술적 내용을 공개하기 위한 기술문헌으로서의 역할과 특허발명의 기술적 범주를 정확히 명시하는 권리서로서의 기능을 할 수 있는 것이고, 또한 기술문헌, 권리서로서의 질적 수준을 일정한 정도로 유지할 수 있는 것이다. 따라서 출원발명에 관하여 그 기재의 정도가 불충분하거나 또는 그 기재가 불비한 경우는 기술문헌이나 권리서로 불완전하기 때문에 그러한 명세서를 첨부한 출원은 거절이 된다(법 62).

2. 의 의

특허출원이라 함은 특허를 받을 수 있는 권리를 가진 발명자나 그 권리의 승계인이 발명의 공개를 조건으로 선원의 지위를 얻으려는 경우와 심사청구를 하여 특허를 받고자 하는 의사를 객관적으로 표시하는 행위를 말한다. 따라서 출원절차에 관하여는 특허법령에서 상세하게 규정하고 있는 바 이러한 요식행위는 특허출원업무처리의 통일성과 정확성 및 신속성을 기하기 위한 것으로서 특허청 또는 특허심판원을 대상으로 하는 모든 특허절차의 수행은 특허법령에 의한 소정의 서식에 따라 서면에 의해야 한다(서면주의). 여기에서 절차라 함은 발명에 관한 권리의 실질적 내용을 실현하기 위하여 취하여야 할 방법 및 수단과 형식 및 방식을 말하며 일반적으로 수단적, 기술적(記述的) 성질을 가지고 있는 것이 보통이다.

3. 중요성

특허출원은 발명에 대해 특허를 받기 위한 발명자나 그 발명에 대하여 특허를 받을 수 있는 권리를 승계한 승계인인 출원인의 특허청장에 대한 의사표시로서 그 방법은 특허법령에 의한 소정의 특허출원서류에 의해서만 할 수 있는 요식행위 및 서면주의에 의한다.

이와 같은 특허출원은 특허를 받기 위한 최초의 절차이면서 최선(最先)의 출원임을 요구한다(법 36). 즉 특허를 받기 위해서는 특허출원 외에도 출원심사청구, 출원공개, 출원보정, 출원심사청구, 특허권의 설정등록 등 절차를 밟아야 하는데 이러한 절차들이 특허출원 없이는 밟을 수가 없을 만큼 특허출원은 특허를 받기 위한 맨 처음 절차로서 매우 중요한 절차이다.

이와 같이 특허출원이 최초의 절차로서 중요한 절차이기는 하지만 출원을 태만히 할 경우 선발명이면서도 후발명선출원 또는 모인출원에 의해 특허를 받을 수 없는 사태가 올 수도 있으므로 하루속히 출원하여 선원의 지위를 확보하는 일 또한 중요하다. 즉 우리나라 특허법이 선출원주의를 채택하고 있기 때문에(법 36) 가능한 한 발명의 완성과 동시에 출원하여 선원의 지위를 확보하는 것이 출원 전 발명의 누출 및 후발명의 선원 등을 방지하여 특허를 받을 수 있기 때문이다. 따라서 출원시점의 선택 또한 출원과 함께 중요하므로 조기출원을 서두르는 것이 특허를 받는데 유리하다.

4. 출원의 종류

특허법상 출원에는 i) 특허출원(법 42, 법시행규칙 21), ii) 핵산염기서열 또는 아미노산 서열을 포함한 특허출원(법시행규칙 21의2), iii) 분할출원(법 52, 법시행규칙 29), iv) 변경출원(법 53, 법시행규칙 30), v) 정당한 권리자의 출원(법 34·35, 법시행규칙 31), vi) 조약에 의한 우선권 주장 출원(법 54), vii) 특허출원 등에 의한 우선권 주장 출원(즉, 국내 우선권 주장 출원)(법 55) 등이 있는 바, 이들 출원에 대한 자세한 설명은 각 해당편에서 하기로 한다.

Ⅱ. 특허출원

특허를 받고자 하는 자는 소정의 특허출원서류를 특허청장에게 제출하여야 한다(법 42). 이 경우 특허를 받을 수 있는 권리가 공유인 경우에는 공유자 전원이 공동으로 특허출원을 하여야 한다(법 44, 이하 같다).

1. 특허출원서

(1) 의 의

특허출원서라 함은 발명을 한 자 또는 그 발명에 대하여 특허를 받을 수 있는 권리를 승계한 자가 그 발명에 대한 실시를 업으로 독점하고자 특허청장에게 제출하는 출원주체의 출원에 관한 의사표시절차로서 특허출원절차 중 최초의 절차로서 특허절차 중 가장 중요한 절차이기도 하다.

(2) 특허출원서의 기재사항 및 기재사항 변경

1) 기재사항

특허출원서에는 다음의 사항을 기재하여야 한다(법시행규칙 21 별지 제14호 서식).

① 기본적 기재사항

i. 특허출원인의 성명 및 주소(법인인 경우에는 그 명칭 및 영업소의 소재지)
ii. 특허출원인의 대리인이 있는 경우에는 그 대리인의 성명 및 주소나 영업소의 소재지(대리인이 특허법인인 경우에는 그 명칭, 사무소의 소재지 및 지정된 변리사의 성명)
iii. 발명의 명칭
iv. 발명자의 성명 및 주소

② 지분 등의 기재

2인 이상이 공동으로 특허출원을 하거나 특허법 제38조 제4항 또는 제5항의 규정에 의한 특허출원인 변경신고를 하는 경우로서 특허출원인 또는 그 승계인의 권리에 관하여 지분을 정하고 있는 때 또는 민법 제268조 제1항 단서의 규정에 의한 계약이 있는 때에는 그 특허출원서 또는 권리관계 변경신고서에 그 취지를 기재하고 이를 증명하는 서류를 특허청장에게 제출하여야 한다(법시행규칙 27①).

2) 기재사항 변경 등

① 발명자의 추가 등

특허출원인이 착오로 인하여 특허출원서에 발명자 중 일부의 발명자의 기재를 누락하거나 잘못 적은 때에는 그 특허출원의 특허여부결정 전까지 추가 또는 정정할 수 있다. 다만, 발명사의 기재가 누락(특허출원서에 적은 발명자의 누락에 한정한다) 또는 잘못 적은 것임이 명백한 경우에는 특허여부결정 이후에도 정정할 수 있다(법시행규칙 28①).

특허출원인 또는 특허권자가 발명자를 추가 또는 정정하려면 ⅰ) 특허권의 설정등록 전까지는 특허법시행규칙 별지 제9호 서식의 보정서 또는 ⅱ) 특허권의 설정등록 후에는 위 같은 규칙 별지 제29호 서식의 정정교부신청서를 특허청장에게 제출하여야 한다(법시행규칙 28② 1, 2).

대리인에 의하여 절차를 밟는 경우에는 위 ⅰ)ⅱ)에 따른 서식에 그 대리권을 증명하는 서류를 첨부하여야 한다(법시행규칙 28③).

② 출원인의 변경

특허출원 후 출원인의 변경으로 특허출원인 변경신고를 하고자 하는 자는 소정의 서식(별지 제20호 서식)의 권리관계 변경신고서에 ⅰ) 특허출원인 변경의 원인을 증명하는 서류 1통, ⅱ) 제3자의 허가·인가·동의·승낙이 필요한 경우에는 이를 받았음을 증명하는 서류 1통, ⅲ) 대리인에 의하여 절차를 밟는 경우에는 그 대리권을 증명하는 서류 1통을 첨부하여 그 특허출원의 등록 전까지 특허청장에게 제출하여야 한다(법시행규칙 26①).

동일한 특허출원인이 2이상의 특허출원에 대하여 위에 의한 특허출원인 변경신고를 하고자 하는 경우에는 그 신고의 내용이 동일한 경우에 한하여 하나의 신고서로 제출할 수 있다(법시행규칙 26②).

③ 지분의 변경

출원인의 지분을 변경하고자 하는 자는 소정의 서식(별지 제20호 서식)의 권리관계 변경신고서에 ⅰ) 지분변경원인을 증명하는 서류 1통, ⅱ) 대리인에 의하여 절차를 밟는 경우에는 그 대리권을 증명하는 서류 1통을 첨부하여 특허청장에게 제출하여야 한다(법시행규칙 27②).

(3) 특허출원서에 첨부서류

특허출원서(별지 14호 서식)에는 명세서(별지 제15호 서식)·도면(별지 제16호 서식) 및 요약서(별지 제17호 서식) 각 1통, 대리인에 의하여 절차를 밟는 경우 그 대리권을 증명하는 서류 1통, 그 밖의 법령의 규정에 의한 증명서류 1통을 첨부하여야 한다(법시행규칙 21①②, 21의 2①, 29①②, 30①②, 31①②).

2. 명세서

(1) 의 의

명세서라 함은 발명(고안)의 명칭, 발명(고안)의 상세한 설명, 특허(실용신안등록) 청구범위 및 도면의 간단한 설명을 기재하여 특허출원서에 첨부한 발명에 관한 구체적인 설명서를 말한다. 이러한 명세서는 발명에 관한 연구개발성과로서의 발명의 내용을 명확하고 상세하게 제3자에게 공개하는 기술문헌임과 동시에 특허권으로서의 기술적 범위를 명백히 하는 권리서이다.

명세서 중 특히 발명의 상세한 설명은 주로 기술문헌으로서의 기능과 특허범위의 해석근거로서의 기능을 가지며 특허청구범위는 주로 권리로서의 역할을 한다.

(2) 명세서의 기재

1) 총 설

① 명세서에는 그 특허출원발명이 속하는 기술분야에서 통상의 지식을 가진 자가 더 이상의 실험이나 지난한 고뇌를 하지 않고도 동 발명을 실시할 수 있도록 평이하고 명료하게 기술하여야 한다.

이를 위해 명세서에는 특허출원상의 “발명의 명칭”과 그리고 “도면의 간단한 설명(도면이 있는 경우에 한하되, 이를 위해 그 도면의 번호를 간략하게 기재한다)"을 먼저 기재한 다음 "발명의 상세한 설명"으로 그 발명이 관계되는 기술분야(법 42③, 법시행규칙 21③1)를 명시하고, 출원인이 알고 있는 한도에서 그 발명의 이해, 조사 및 심사에 유용하다고 인정되는 배경기술을 기재하되 그 배경기술에 관한 문헌을 인용하며, 특허청구범위에 기재되어 있는 발명의 기술적 문제점(기술적 문제점으로 명백히 기술하지 아니하는 경우도 포함한다), 즉 발명이 해결하고자 하는 과제(법 42③, 법시행규칙 21③2)와 그 해결책, 즉 과제해결수단(법 42③, 법시행규칙 21③3)을 이해할 수 있도록 기재하고 그 발명의 배경기술과 관련하여 개선된 효과가 있으면 이 또한 기술한다.

그밖에도 출원인의 생각으로 특허청구범위에 기재되어 있는 발명의 실시를 위한 구체적인 내용, 즉 그 발명이 속하는 기술분야에서 통상의 지식을 가진 자가 그 발명의 내용을 쉽게 이해하기 위하여 필요한 사항(법 42③, 법시행규칙 21③4)을 최선의 방법[1]으로 기재하여야 함은 물론이다. 이를 위해 필요한 때에는 실시예를 기재하고 또 발명에 대한 설명 또는 발명의 성질로부터 명백하지 아니한 때에는 발명의 산업상 이용성을 기재하는데 여기에는 그 발명이 산업상 이용될 수 있는 방법과 생산방법, 사용방법 또는 단순히 사용만 되는 것일 때에는 그 사용방법을 상세히 기재하여야 한다. "산업"의 용어는 파리조약에 있어서와 같이 최광의로 해석한다.

그리고 그 특허출원발명에 대하여 보호를 받고자 하는 사항을 기재한 청구항을 1 또는 2이상 기재한 특허(실용신안등록)청구범위를 설정 기재한다.

끝으로 도면이 있을 때에는 그 도면에 관하여 간단한 설명을 하되 이를 위해 그 도면의 번호를 간략하게 기재한다.

② 발명의 성질상 다른 기술방법 또는 순서에 의하여 발명을 보다 잘 설명할 수 있고 또한 보다 간결하게 표현할 수 있는 경우를 제외하고는 위 ①에 의한 기술방법 및 순서에 따라 기재하여야 한다. 현행 특허법은 명세서의 작성을 위 ①에 의한 기재방법 및 순서에 따라야 함을 명문화하고 있다(법시행규칙 21②③ 별지 제15호 서식). 그러나 위 ①의 기술분야, 해결하고자 하는 과제, 과제의 해결수단, 그 밖에 그 발명이 속하는 기술분야에서 통상의 지식을 가진 자가 그 발명의 내용을 쉽게

1) 지정국의 국내법이 최선의 방법으로 기재할 것을 요건으로 하지 아니하고 어떠한 방법에 의한 기재도 인정하는 경우에는(최선이라고 생각되는 것인지의 여부를 불문한다) 출원인이 최선이라고 생각하는 방법으로 기재되지 아니한 것은 당해 지정국에서도 어떠한 영향도 미치지 아니한다. 여기에서 "지정국"이라 함은 출원인이 국제출원시 발명의 보호를 받고자 하는 나라로 지정한 국가를 말한다.

이해하기 위하여 필요한 사항에 대하여는 각기 해당하는 사항이 없는 경우 그 사항의 기재를 생략할 수 있다(법시행규칙 21④).

위 ②의 전단을 조건으로 한 명세서의 각 기재사항에는 기술분야(Technical), 배경기술(Background Art), 발명의 개시(Disclosure of Invention), 도면의 간단한 설명(Brief Description of Drawings), 발명의 실시를 위한 최선의 형태(Best Mode for Carrying Out the Invention) 또는 적당한 경우에는 발명의 실시를 위한 형태(Mode(s) for Carrying Out the Invention), 산업상 이용가능성(Industrial Applicability) 등과 같은 제목 중 적절한 제목을 붙이는 것이 좋다.

③ 뉴클레오티드 및/또는 아미노산 서열의 기재(disclosure)

국제출원이 하나 또는 둘 이상의 뉴클레오티드 및/또는 아미노산 서열의 기재를 포함하고 있는 경우, 명세서는 특허협력조약 시행세칙 제208조의 기준에 의한 뉴클레오티드 및/또는 아미노산 배열은 WIPO표준ST.23(특허출원 및 공표된 특허문헌의 뉴클레오티드 및 아미노산 배열목록의 기재에 관한 권고)에 따라 작성된 서열목록을 포함하여야 하며, 서열목록은 그 기준에 따라 명세서 중의 별도부분으로 하여야 한다.

명세서 중 서열목록부분이 시행세칙에 규정된 기준에서 정의하는 '프리 텍스트(free text)'를 포함하고 있는 경우 그 '프리 텍스트'는 또한 동일언어로 명세서의 본문에 기재하여야 한다.

2) 발명의 명칭

발명의 명칭은 그 발명의 내용을 간결하고 명확하게 표시한 발명의 표제(標題·表題)로서 이는 출원의 분류·정리·조사 등을 용이하게 하기 위해 기재한 것이다. 따라서 발명의 명칭은 발명의 내용을 간단명료하게 기재하면서도 쉽고 정확하게 알 수 있도록 요령있게 또 기술적으로 기재하여야만 한다. 예를 들면 i) "내연기관의 점화전"으로 하여야 할 것을 "내연기관"이라고 하거나 "고주파 가열장치의 전극"으로 하여야 할 것을 "고주파 가열장치"로 하는 것 등은 부적당하며 또 ii) 발명의 내용과 직접 관련이 없는 문자, 예를 들면 최신식·문명식·경제적·필수 등을 붙이거나 발명자나 출원인의 성명을 붙여서 "김갑돌식" 등으로 기재하여서는 아니된다. iii) 발명의 내용이 자동제어장치이고 이것을 다양한 산업분야에 응용할 수 있는 호환성이 있는 것일 때에는, 발명의 명칭을 "자동제어장치"라고 하는 것은 무방하다. 그러나 만약 그것이 특정분야에서 온도를 제어하기 위해서만 사용되는데 불과한 때에는 단순히 "온도제어장치"라고 기재하여서는 아니된다.

또 필요한 경우에는 영문명칭을 { }안에 "자동차 범퍼(Automobile bumper)"와 같이 기재한다.

3) 발명의 상세한 설명

① 의 의

발명의 상세한 설명이라 함은 발명에 관하여 그 발명이 속하는 기술분야에서 통상의 지식을 가진 자("당업자"라고도 하며 이하 혼용한다)가 발명자가 의도한 것과 동일한 것을 쉽게 간파하고 용이하게 실시할 수 있을 정도로 그 발명의 기술분야, 발명이 해결하고자 하는 과제, 그 과제의 해결수단 및 그밖에 당업자가 그 발명의 내용을 쉽게 이해하는 데 필요한 사항을 명확하고 상세하게 기술하여 발명의 내용을 알기 쉽게 밝힌 것으로서 발명의 설명서 및 해설서와 같은 역할을 한다.

개징특허법(2007.1.3 개정)에서의 발명의 상세한 설명의 특징은 발명의 상세한 설명의 기재방법을 특허협력조약에서 규정한 기재방법과 일치시킨 점이다. 위 같은 조약에는 발명의 상세한 설명란에 기술분야, 배경기술, 발명(고안)의 내용(해결하고자 하는 과제, 과제해결수단, 효과), 발명(고안)의 실시를 위한 구체적인 내용(실시예, 산업상 이용성)을 기재하도록 정형화 되어 있는 바, 이러한 국제적 통일화규범과의 조화를 이루었다는 점이다. 즉 개정특허법은 명세서의 발명의 상세한 설명에는 그 발명이 속하는 기술분야에서 통상의 지식을 가진 자가 그 발명을 쉽게 실시할 수 있도록 ⅰ) 기술분야, ⅱ) 해결하고자 하는 과제, ⅲ) 과제의 해결수단, ⅳ) 그밖에 그 발명이 속하는 기술분야에서 통상의 지식을 가진 자가 그 발명의 내용을 쉽게 이해하기 위하여 필요한 사항이 포함되도록 개정하였다. 다만, 위의 ⅰ) 내지 ⅳ)의 사항은 해당하는 사항이 없는 경우에는 그 사항을 생략할 수 있다(법 42③, 법시행규칙 21③④).

이와 같은 발명의 상세한 설명은 발명의 내용을 정확하게 제3자에게 공개함으로써 제3자가 그 발명에 관한 실시를 용이하게 할 수 있도록 해설한 기술문헌으로서의 기능을 할 부분이므로 그 기재사항이 불분명하고 불충분할 경우 공개의 대상으로 특허를 부여하는 특허법의 취지에 반한다.

따라서 특허법은 발명의 상세한 설명이 당업자가 용이하게 실시할 수 없을 정도로 기재하였을 때에는 당해 출원에 대한 거절의 이유가 될 뿐만 아니라(법 63) 설령 특허가 되었다 하더라도 특허의 무효사유가 된다(법 133①1).

ⅰ. 당업자의 범위

여기에서 "당업자의 범위"라 함은 발명의 특허요건에서의 진보성과 관련한 당업자와는 그 범위를 달리한다. 명세서상의 발명의 상세한 설명을 당업자가 쉽게 이해하고 실시할 수 있도록 기재하기 위해서는 그 해당 기술분야에 속하는 일부문의 당업자만 쉬어서는 아니 되고 전부문의 당업자 모두에게 쉽게 실시할 수 있도록 기재하여야 한다. 따라서 일부문의 당업자에게는 쉬웠어도 나머지 부문의 당업자에게는 쉽지 않았다면 그 발명의 상세한 설명은 당업자가 쉽게 실시할 수 없도록 기재된 것이다.

이에 반해 발명의 특허요건 중의 하나인 발명의 진보성에 있어서는 전부문의 당업자 모두에게 쉽게 실시할 수 있을 정도로 기재할 필요는 없고 일부문의 당업자에게 만이라도 쉽게 실시할 수 있을 정도로 기재되어 있다면 이는 나머지 부문의 당업자에게도 쉽게 실시할 수 있을 정도로 기재되어 있는 것으로 되어 그 발명의 상세한 설명은 당업자가 용이하게 실시할 수 있도록 기재되어 있는 것이 된다.

ii. 기재의 정도

명세서상의 발명의 상세한 설명에서 기재하여야 할 그 발명이 관계되는 기술분야(그 발명이 속하는 기술분야), 그 발명이 해결하고자 하는 과제, 그 과제해결수단 및 그밖에 필요한 사항은 당업자가 그 발명을 쉽게 실시할 수 있을 정도로 소정의 기재방법에 따라 명확하고 상세하게 기재하여야 한다(법 42③)는 규정의 해석상 당업자가 발명이 해결하고자 하는 과제해결수단으로 보아 그 발명이 해결하고자 하는 과제나 그밖에 필요한 사항(효과, 산업상 이용성 등)이 쉽게 이해되고 또 발명의 용이 실시를 방해하지 않는 한 이러한 사항의 불기재는 위법이라고까지는 해석할 수 없다.

이는 특허출원 전의 간행물에 발명의 과제해결수단(또는 "발명의 구성"이라고도 하며, 이하 혼용한다)만이 기재되어 있어도 이와 같은 발명의 과제해결수단이 같은 출원발명은 원칙적으로 신규성이 없다고 본 것에서도 뒷받침이 되고 있다. 그러나 실제 실무에서는 명세서상의 발명의 상세한 설명에 발명이 해결하고자 하는 과제(또는 "발명의 목적, 종래기술의 문제점"이라고도 하며, 이하 혼용한다)나 그밖에 필요한 사항(또는 "발명의 효과, 발명의 작용효과, 산업상 이용가능성, 실시예"라고도 하며, 이하 혼용한다)을 기재하지 않은 특허출원에 대해서는 특허법 제63조의 위반으로 거절이유를 통지하고 또 이를 보충하여도 요지변경이라고 하는 경우가 적지 않다. 그러므로 출원당초부터 발명이 해결하고자 하는 과제나 그 밖의 필요한 사항을 기재하지 않는 것은 현명한 출원태도라 할 수 없다. 법률상 또는 소송상 발명의 상세한 설명에서의 이와 같은 발명이 해결하고자 하는 과제나 그 밖의 필요한 사항의 불기재는 위법이 아니므로 거절이유가 될 수 없고 보충이 가능하다고 해석할 수 있다(반대설도 있다). 또 구제될 수 있는 경우가 있다 하더라도(구제되지 않는 경우도 많다) 이는 확정적인 것이 아니기 때문에 출원당초부터 명세서상의 발명의 상세한 설명에 당업자가 그 발명을 용이하게 실시할 수 있도록 그 발명이 속하는 기술분야, 그 발명이 해결하고자 하는 과제, 그 과제해결수단 및 그밖에 필요한 사항을 모두 기재하는 것이 바람직하다. 그러나 개정특허법 시행규칙(2007. 6.29 개정)은 위의 각 사항은 해당하는 사항이 없는 경우에는 그 사항을 생략할 수 있다(신설, 법시행규칙 21④)고 규정함으로써 그동안 기재강제설(필요적 기재설)과 기재임의설의 대립을 입법적으로 해결하였다. 따라서 발명의 상세한 설명에는 위의 사항 중 해당사항만을 기재하는 것으로 만족하다 할 것이다.

iii. 특허청구범위와의 관계

발명의 상세한 설명은 그 발명이 해결하고자 하는 과제, 그 과제해결수단 및 그밖에 필요한 사항, 즉 발명의 목적·구성·효과를 기재함으로써 특허청구범위의 의미를 분명하게 함과 동시에 종래의 기술과 관련하여 발명의 특징을 명확하게 하는 등 특허청구범위의 해설서와 같은 역할을 한다. 그러나 양자의 기재가 불일치하거나 상호모순이 있을 때에는 여러 가지 불이익도 발생한다.

(i) 양자의 불일치의 경우

발명의 상세한 설명의 기재가 좁고 특허청구범위가 넓을 경우에는 그 특허청구범위는 명세서의 기재요건의 위반으로 거절이유 또는 무효의 사유가 된다. 만약 이러한 양자 불일치의 출원이 특허가 되었을 때에는 그 기술적 범위는 그 불일치 부분을 제외한 나머지 일치된 범위의 부분으로 좁게 해석될 것이다. 즉 기술적 범위의 해석에서 특허청구범위에 기재된 발명을 발명의 상세한 설명에만 기재된 발명에 한정하고 그 외의 기재된 발명에 대해서는 기술적 범위에 속하지 않는 것으로 해석함이 타당하다.

(ii) 양자의 상호모순의 경우

양자 상호모순의 경우에는 원칙적으로 특허청구범위의 기재가 그 출원발명의 특허성판단의 기준이 되고, 특허 후는 특허발명의 기술적 범위의 판단기준이 된다. 따라서 특허청구범위의 기재가 좁고 발명의 상세한 설명의 기재가 넓은 경우는 특허청구범위가 우선해서 이것들의 기준이 된다.[2)]

---

2) - 동경지판, 1982.9.27. 취소집, 1982년(지), 351면.
- 동경고판, 1984.4.26. 무체집 16권 1호, 1984년, 236면.
[판결요지] 특허청구범위의 기재에 의해 파악되는 발명의 범위를 넘은 내용을 발명의 상세한 설명에 기재하였다 하여 그 넘은 부분에 특허권에 의한 보호를 주는 것은 원칙적으로는 할 수 없다.

② 발명의 상세한 설명의 기재

i. 용 어

명세서에 사용하는 용어의 의미로 인하여 특허분쟁이 일어나는 일이 많으므로 발명의 상세한 설명에 사용하는 용어는 가급적 하나의 의미를 가지는 용어를 선택하되 그것이 갖는 보통의 의미로 사용하고 전 명세서에 통일해서 사용한다. 다만, 특정의 의미로 사용하고자 그 의미를 정의하여 사용하는 경우에는 예외이다. 이는 특허법령에서 특별히 규정한 것은 아니지만 이와 같이 명세서에 사용하는 용어를 단순화할 경우 발명의 내용파악이 쉽고 의미전달이 잘 되어 특허업무의 정확하고도 신속한 처리를 기대할 수 있다. 또 용어의 오해로 일어날 수 있는 특허분쟁을 미연에 방지할 수 있을 뿐만 아니라 분쟁이 일어났을 경우 해결의 기준이 될 수 있는 등 특허권의 보호 또는 구제수단이 되므로 유념할 필요가 있다.

ii. 기재요건

(i) 서 설

개정 전 특허법에서는 발명의 상세한 설명의 기재요건으로 발명을 용이하게 실시할 수 있을 정도로 목적·구성·효과를 기재하도록 하는 형식적 제한규정을 두고 있었으나 개정특허법에서는 이러한 형식적 제한규정을 삭제하였다. 이는 발명의 상세한 설명의 기재요건을 완화하여 보다 유연하게 발명을 설명할 수 있도록 형식의 제한을 없애고 다음에서 설명하는 기재방법과 같이 발명의 실체적 내용에 주안점을 두어 명확하고 상세하게 기술할 수 있도록 종래처럼 모든 발명에 대하여 목적·구성·효과의 기재를 요구하는 강제적 기재형식에서 벗어나 출원인이 자기의 발명에 대하여 임의로 쉽게 그리고 충분히 설명하고 자유롭게 기술할 수 있도록 하는 임의의 선택적 기재형식만을 두어 형식에 유연성을 줌으로써 발명의 상세한 설명의 기재요건을 완화하였다(법 42③).

이는 기술의 세계적 공유경향에 따른 급속한 기술교류의 증대로 인한 제도의 국제적 추이이기도 하여 이러한 대외적 추세에 부응하고 특허협력조약(PCT) 및 외국에서 규정한 기재요건 등과 보조를 맞추어 국제적 통일화와 조화를 이루기 위한 일련의 입법조치이었다.

그러나 개정특허법에서도 발명을 공개한다는 발명의 상세한 설명의 본래의 기능을 변경하는 것은 아니고 발명의 상세한 설명을 명확하고 상세하게 기재하여 발명을 공개하면 그 대가로 일정기간 독점권을 부여한다는 특허제도의 취지로 보아 중요한 변화는 없다.

따라서 개정특허법에서는 발명의 상세한 설명에 발명을 공개하는데 구체적 내용으로서 목적·구성·효과의 기재형식을 취하지 아니하고 그 대신 그 발명이 속하는 기술분야에서 통상의 지식을 가진 당업자가 그 발명을 쉽게 파악하여 실시할 수 있도록 다음과 같은 기재방법에 따라 명확하고 상세하게 기재하여야 한다고 규정하고 있다(법 42③). 즉 발명의 상세한 설명에는 ① 기술분야, ② 해결하고자 하는 과제, ③ 과제의 해결수단, ④ 그 밖에 그 발명이 속하는 기술분야에서 통상의 지식을 가진 자가 그 발명의 내용을 쉽게 이해하기 위하여 필요한 사항이 포함되어야 한다(법시행규칙 21③). 그러나 위 ① 내지 ④의 사항은 해당사항이 없는 경우에는 그 사항을 생략할 수 있다(법시행규칙 21④)고 규정함으로써 이 또한 강제적 기재형식이 아님을 분명히 하고 있어 기재표시의 자유로움을 한층 더하고 있다. 그렇지만 위의 ① 내지 ④의 기재형식은 개정전 특허법에서의 발명의 상세한 설명의 기재요소인 발명의 목적·구성·효과와 실질적으로 거의 같은 의미로 해석이 가능하다. 즉 위의 ①②는 발명의 목적으로, ③은 발명의 구성으로, ④는 발명의 효과, 작용효과, 산업상 이용성 및 실시예 등의 의미로 기재할 수 있음을 감안할 때 그렇다는 것이다. 따라서 본서에서는 양 기재요소의 의미에 크게 차이가 없으므로 가능한 개정법 용어의 사용에 충실하되 때로는 설명의 편의상 구법의 용어를 사용하는 경우가 있으므로, 양 요소의 용어를 섞어 쓰기로 한다.

(ii) 기재요건

i) 실시가능요건

발명의 상세한 설명에는 당업자가 그 발명을 쉽게 실시할 수 있도록 명확하고 상세하게 설명하여야 한다(법 42③).

이는 그 발명이 속하는 기술분야에서 연구개발을 위한 통상의 기술수단(당해 기술문헌분석, 실험, 분석, 제조 등을 포함한다)을 이용하여 통상의 창작능력을 발휘할 수 있는 자가 출원당시의 기술수준에서 청구항의 발명을 쉽게 실시할 수 있을 정도로 설명(이하 "실시가능요건"이라 한다)하여야 한다는 취지이다.

따라서 당업자가 그 발명을 쉽게 실시할 수 있을 정도로 명확하고 상세하게 청구항의 발명을 설명하기 위한 발명의 실시에 필요한 여러 가지 사항이 발명의 상세한 설명에 기재되어야 한다.

㉠ 물건발명의 실시형태

물건의 발명에서 실시라 함은 그 물건을 제조, 사용할 수 있는 것이어야 하므로 물건의 발명의 실시형태도 그 물건을 제조할 수 있고 또 사용할 수 있도록 기재하여야 한다.

A. 그 물건의 발명에 대해 명확히 설명할 것

이 요건을 충족하기 위해서는 당업자로 하여금 청구항의 발명이 파악되어 쉽게 실시할 수 있을 정도로 그 발명이 발명의 상세한 설명에 기재되어 있어야 한다. 예를 들면 화학물질발명의 경우 화학구조식에 의해 기재되어 있으면 통상 그 발명은 명확히 설명되어 있는 것이다. 또한 청구항의 물건의 발명을 특정하기 위한 구조·방법·기능·물질 또는 이들의 결합관계의 각각은 상호 모순되지 아니하고 전체적으로 청구항의 발명을 파악할 수 있게 발명의 상세한 설명에 기재하여야 한다.

B. 그 물건을 제조할 수 있을 것

이 요건을 충족하기 위해서는 당업자가 그 물건을 만들 수 있도록 기재하여야 한다. 즉 청구항 이외의 발명의 상세한 설명 및 도면 전체의 기재와 보통사람으로서 으레 가지고 있을 일반적인 기술지식이나 기술판단적(이하 "기술상식"이라 한다)에 의하여 출원당시의 당업자가 그 물건을 제조할 수 있는 경우를 제외하고 구체적인 제조방법을 기재하여야 한다. 여기에는 물건을 특정하기 위한 구조·방법·기능·물질 또는 이들의 결합관계 등의 기재를 포함한 청구항에 있어서 그 구조·물질 등이 기재의 표준이 되는 것이 아니며 더욱 당사자에게 관용되어 있는 것도 아닌 경우에는 그 청구항의 발명을 실시할 수 있도록 하기 위한 발명의 상세한 설명을 기재하기 위해서는 그 구조·물질 등의 정의나 또는 그 구조·물질 등을 정량적(定量的) 또는 계량적(計量的)으로 결정하기 위한 시험·측정방법 등을 기재할 필요가 있다.

또한 당업자가 청구항의 발명의 물건을 제조하기 위해 필요한 경우 그 물건의 발명을 특정하기 위한 구조·방법·기능·물질 또는 이들 요소의 결합관계의 각각이 어떠한 작용을 하는지 그 작용을 함께 기재할 필요가 있다.

그러나 이와 같은 발명을 특정하기 위한 구조·물질 등에 대한 발명의 상세한 설명 중의 기재나 실시예로서 제시한 구조·물질 등에 대한 기재 등에서 당업자가 그 물건을 제조할 수 있을 때에는 특별히 제조방법의 기재가 없다 하더라도 본 항의 위반은 아니다.

C. 그 물건을 사용할 수 있을 것

이 요건을 충족하기 위해서는 당업자가 그 물건을 사용할 수 있도록 기재하여야 한다. 즉 청구항 이외의 발명의 상세한 설명 및 도면 전체의 기재와 기술상식에 의하여 출원당시의 당업자가 그 물건을 사용할 수 있는 경우를 제외하고 이용에 필요한 구체적인 사용방법을 기재하여야 한다. 여기에서 물건을 사용할 수 있다는 것은 산업상 이용 가능하도록 사용할 수 있다는 것을 의미하므로(법 29① 참조) 이를 발명의 상세한 설명에 기재할 필요가 있는 것이다. 따라서 청구항 이외의 발명의 상세한 설명 또는 도면 전체의 기재와 출원당시의 기술상식에 의하여 당업자가 그 물건을 산업상 이용할 수 있는 경우를 제외하고 어떤 산업에 이용이 가능한가에 대해 구체적으로 발명의 상세한 설명에 기재하여야 한다.

예를 들면 산업상 이용가능성이 있음을 설명하기 위해서는 적어도 하나의 용도를 기재하여야 하는바, 이는 산업상 이용할 수 있는 발명의 범위가 사람의 치료방법 등을 제외한 분야로 한정되어 있기 때문이다.

그러나 청구항의 발명을 특정하기 위한 구조·방법·기능·물질 또는 이들 요소의 결합관계 등에 대한 기재나 출원당시의 기술상식에서 당업자가 그 물건을 산업상 이용가능 하도록 사용할 수 있을 때에는 이들 요소에 대한 명시적인 기재를 하지 않았다 하더라도 본 항의 위반은 아니다.

ⓛ 방법발명의 실시형태

방법의 발명에서 실시라 함은 그 방법을 사용할 수 있는 것이므로 발명을 실시하기 위한 형태도 그 방법의 사용이 가능하도록 기재하여야 한다.

A. 그 방법의 발명에 대해 명확히 설명할 것

이 요건을 충족하기 위해서는 당업자로 하여금 청구항의 발명이 파악되어 쉽게 실시할 수 있을 정도로 그 발명이 발명의 상세한 설명에 기재되어 있어야 한다.

B. 그 방법을 사용할 수 있을 것

물을 생산하는 방법이외의 순전히 방법만의 발명에는 물의 사용법, 제어방법, 측정방법, 오염방지방법, 수질정화방법, 관측방법 등 여러 가지가 있는 바, 이 역시 물건의 발명과 같이 청구항 이외의 발명의 상세한 설명 및 도면의 기재와 출원당시의 기술상식에 의하여 당업자가 그 방법을 쉽게 사용할 수 있을 정도로 기재하여야 한다. 여기에서 방법을 사용할 수 있다 함은 산업상 이용가능하도록 사용할 수 있다는 것을 의미하므로(법 29① 참조) 이를 발명의 상세한 설명에 기재할 필요가 있는 것이다. 따라서 청구항 이외의 발명의 상세한 설명 및 도면 전체의 기재와 출원당시의 기술상식에 의하여 당업자가 그 방법을 산업상 이용할 수 있는 경우를 제외하고 어떤 산업에 이용이 가능한가를 구체적으로 발명의 상세한 설명에 기재하여야 한다.

ⓒ 물건을 생산하는 방법발명의 실시형태

방법의 발명이 물건을 생산하는 방법인 경우에는 그 방법을 사용할 수 있다 함은 그 방법에 의하여 물건을 만들 수 있다는 의미이므로 그 방법의 발명에 의하여 물건의 생산이 가능하도록 발명의 실시형태를 발명의 상세한 설명에 기재하여야 한다.

A. 그 물건을 생산하는 방법의 발명에 대해 명확히 설명할 것

이 요건을 충족하기 위해서는 당업자로 하여금 청구항의 발명이 쉽게 파악, 실시할 수 있을 정도로 그 발명이 발명의 상세한 설명에 기재되어 있어야 한다.

B. 그 방법으로 물건을 생산할 수 있을 것

물건을 생산하는 방법발명에는 물건의 생산방법, 물건의 제조방법, 물건의 가공방법, 물건의 조립방법 등 여러 가지가 있지만 그 어느 경우에도 원재료(부분·반제품을 포함한다), 생산(처리)공정, 생산(제조)물의 3단계 과정을 거친다. 이러한 물건을 생산하는 방법의 발명은 당업자가 그 방법에 의하여 물건의 생산을 쉽게 할 수 있어야 하므로 청구항 이외의 발명의 상세한 설명 및 도면의 기재와 출원당시의 기술상식에 의하여 당업자가 그 방법을 이용하여 물건을 쉽게 생산할 수 있도록 원칙적으로 위의 3단계과정을 기준으로 하여 구체적으로 발명의 상세한 설명에 기술하여야 한다.

C. 그 물건을 생산하는 방법이 산업상 이용가능할 것

물건을 생산하는 방법이 산업상 이용가능하여야 한다는 것은 그 방법 또는 생산물이 산업상 이용할 수 있어야 함을 의미한다(법 29① 참조).

이러한 물건의 생산방법의 산업상 이용을 가능하게 하기 위해서는 이를 발명의 상세한 설명에 구체적으로 제시하는 것이 필요하다. 따라서 청구항 이외의 발명의 상세한 설명 및 도면 전체의 기재와 출원당시의 기술상식에 의하여 당업자가 그 방법 또는 생산물을 산업상 이용할 수 있는 경우를 제외하고 어떠한 산업상의 이용이 가능한가에 대해 발명의 상세한 설명 중에 기재하여야 한다.

발명의 실시를 위한 형태의 기재는 발명의 구체화 정도에 따라 당업자가 쉽게 실시할 수 있도록 발명을 설명하기 위해 필요한 경우에는 실시예를 들거나 또는 도면이 있는 경우 그 도면을 인용한다.

물건의 발명인 경우 이를 특정하기 위한 사항으로서 물건의 구조·방법·기능·물질 또는 이들의 결합관계 등과 같은 구체적인 수단을 이용하는 것이 아니라 그 물건이 가진 기능 또는 작용 등을 이용할 경우에는 당업자가 청구항 이외의 발명의 상세한 설명 및 도면의 기재와 출원당시의 기술상식에 의하여 당해 기능 또는 작용을 나타낼 수 있는 구체적인 수단을 이해할 수 있는 경우를 제외하고 실시예로서 구체적인 수단을 기재한다.

물건의 발명인 경우 그 물건의 구조에서 그 물건을 어떻게 만들고 어떻게 사용하는지를 이해하기가 곤란한 화학물질 등과 같은 기술분야의 발명에 대해서는 일반적으로 당업자가 그 발명을 쉽게 이해하여 실시할 수 있도록 발명의 상세한 설명에 대표적인 실시예의 기재가 필요하다.

ii) 실시가능요건위반의 발명의 상세한 설명

㉠ 거절이유통지

심사관은 특허출원서에 첨부된 명세서 중 발명의 상세한 설명에 대한 실시가능요건위반으로 거절이유통지를 한 경우에는 실시가능요건 위반사항을 구체적으로 명시, 위반의 대상이 되는 청구항을 특정하여 실시가능요건위반임을 분명히 하고 위반의 원인이 발명의 상세한 설명 또는 도면 중의 특정한 기재에 있을 때에는 이를 적시한다.

위반의 구체적 이유는 가능한 한 문헌을 제시하여 객관성을 제고하는 것이 바람직하다. 이때의 문헌은 원칙적으로 출원당시에 당업자에게 알려져 있는 것으로 국한한다.

여기에서 유념할 것은 명세서 또는 도면의 기재내용이 당업자의 일반적 인식에 반하는 과학·기술문헌을 인용하여 거절이유로 할 경우에는 그 문헌에는 후출원의 명세서, 타인의 특허출원 또는 실용신안등록출원의 거절이유에 대한 그 출원인의 의견서, 특허심판청구서 등도 포함한다.

㉡ 의견서 제출

위와 같이 심사관은 출원당시의 기술상식에 의해 청구항의 발명이 실시가능하도록 발명의 상세한 설명이 기재되어 있지 아니하다고 인정한 경우에는 그 기재요건의 위반을 이유로 당해 특허출원에 대하여 출원인에게 거절이유통지를 한다.

출원인은 심사관으로부터 거절이유통지서를 받은 경우, 그 거절이유가 타당한지를 검토하고 검토결과 그 거절이유에 대한 의견이 있는 경우에는 의견서, 실험성적증명서[3] 등을 통해 반론이나 해명을 한다.

심사관으로부터 이러한 주장이 적절하다고 인정되어 받아들여질 경우 그 거절이유는 해소되고 다른 거절이유가 없는 한 그 출원은 특허결정된다.

iii. 기재사항 및 방법

(i) 의의 및 취지

발명의 상세한 설명란에는 그 발명이 속하는 기술분야에서 통상의 지식을 가진 자가 그 발명의 내용을 쉽게 이해할 수 있도록 i) 그 발명이 속하는 기술분야,

3) 출원인은 심사관이 생각하지 못했던 실험, 분석방법 등이 당업자에게 일반적으로 알려진 기술이나 경험칙으로부터 명백한 사항, 즉 당업자의 기술상식에 속하는 것으로서 청구항 이외의 발명의 상세한 설명 및 도면의 기재와 그 경험 등에 의하여 출원당시의 당업자가 그 청구항의 발명을 실시할 수 있다는 의미를 의견서나 실험성적증명서에 의해 분명히 할 수 있다.

ⅱ) 해결하고자 하는 과제, ⅲ) 그 과제해결수단 및 ⅳ) 그밖에 그 발명이 속하는 기술분야에서 통상의 지식을 가진 자가 그 발명의 내용을 쉽게 이해하기 위하여 필요한 사항을 기재하여야 한다(법시행규칙 21③). 다만, 이러한 ⅰ) 내지 ⅳ)의 사항은 해당하는 사항이 없는 경우에는 그 사항을 생략할 수 있다(법시행규칙 21④).

이는 종래 발명의 상세한 설명란에는 발명의 목적·발명의 구성·발명의 효과 등의 표제로 구분한 후 발명의 목적란은 다시 발명이 속하는 기술분야 및 그 분야의 종래기술과 발명이 이루고자 하는 기술적 과제 등의 세부표제로 나누어 기술하던 기재방법을 특허협력조약에서 규정한 기재형식과 일치시켜 국제적 통일화 추세에 부합시킴은 물론 기재요건을 완화시켜 출원인으로 하여금 비교적 쉽게 기재할 수 있도록 하기 위한 취지에서 개정된 특허법(2007.1.3 공포, 2007.7.1 시행) 제42조 제3항의 발명의 상세한 설명의 기재방법에 대한 산업자원부령에의 위임에 따라 특허법시행규칙 제21조 제3항 및 제4항을 신설하여 위와 같은 내용에 의한 발명의 상세한 설명의 기재방법을 정하였다.

(ⅱ) 기재사항

발명의 상세한 설명에는 그 발명관련 기술분야, 해결하고자 하는 과제, 과제의 해결수단, 그 밖에서 필요한 사항을 포함하되 출원인이 알고 있는 범위 내에서 그 발명의 이해, 실시, 조사 및 심사에 유용하다고 인정되는 배경기술(출원 전 기술, 즉 종래기술)을 기재하여야 하며 또 그 배경기술에 관한 문헌을 인용하는 것이 좋다. 또 특허청구범위에 기재되어 있는 발명에 대한 기술적 문제점(기술적 문제점으로 명백히 기술하지 아니하는 경우를 포함한다)과 그 해결책을 파악할 수 있도록 기재하여야 하며 그 발명의 배경기술과 관련하여 개선된 효과가 있으면 이를 기재한다.

이와 같이 발명의 상세한 설명은 출원인의 생각으로 특허청구범위에 기재되어 있는 발명을 실시하기 위한 최선의 방법으로 기재하여야 한다. 필요한 때에는 실시예를 기재하여야 하고, 도면이 있을 때에는 그 도면에 대하여 설명을 하여야 한다.

발명의 상세한 설명의 기재방법에 대하여 자세히 살펴보기로 한다.

(ⅲ) 기재방법

발명의 상세한 설명란은 원칙으로 기술분야, 배경기술, 발명(고안)의 내용, 발명(고안)의 실시를 위한 구체적인 내용 및 산업상 이용가능성 란으로 구분하여 기재하며 그 내용은 그 발명이 속하는 기술분야에서 통상의 지식을 가진 자가 그 발명을 쉽게 이해하고 또 쉽게 실시할 수 있도록 특허법 제42조 제3항 및 특허법시행규칙 제21조 제3항의 규정에 따라 명확하고 상세하게 기재한다.

i) 기술분야

기술분야란에는 특허를 받고자 하는 발명의 기술분야를 명확하고 간결하게 기재한다. 예를 들면 본 발명은 …하기 위한 …에 관한…

ii) 배경기술

배경기술란에는 출원인이 알고 있는 범위 내에서 발명의 실시, 이해, 조사 및 심사에 유용하다고 인정되는 종래의 기술을 명시하고 특허를 받고자 하는 자가 종래기술의 문헌정보를 알고 있는 때에는 그 문헌의 명칭, 발간인, 종래기술이 기재된 페이지 등의 정보를 가급적 다음 예(WIPO 표준ST.2의 규정)와 같이 기재한다.

㉠ 특허문헌의 경우

[문헌 1] US 5635683 A (MCDERMOTT, R. M.) 1997. 6. 3.

[문헌 2] JP-10-105775 A 1998. 4. 24, 5쪽, 3-15줄, 도면1

㉡ 논문의 경우

[문헌 3] WALTON, Herrmann. 초고주파 양자 이론. 런던 : Sweet와 Maxwell, 1973, Vol.2, ISBN 5-1234-5678-9, 138-192쪽

㉢ 인터넷에서 검색한 문서의 경우

[문헌 4] 고성능 컴퓨터 아키텍처에 대한 제3차 국제심포지움[on-line], 1997. 2. (검색일 : 1998. 5. 20)

iii) 발명(고안)의 내용

발명(고안)의 내용란에는 원칙적으로 해결하고자 하는 과제, 과제해결수단, 효과란으로 구분하여 기재한다. 다만 구분하여 기재하기 어려운 경우에는 별도로 나누어 기재하지 아니하여도 된다.

해결하고자 하는 과제란에는 특허를 받고자 하는 발명이 과제로 하고 있는 종래기술의 문제점(발명에 대한 기술적 문제점을 명백히 기술하지 아니한 경우를 포함한다) 등을 기재하며 과제해결수단란에는 특허를 받고자 하는 발명에 의하여 어떻게 해당과제가 해결되었는지를 파악할 수 있도록 기재한다. 일반적으로는 청구항에 기재된 발명이 해결수단 그 자체가 되므로 청구항에 기재된 발명을 기재하면 되고 효과란에는 특허를 받고자 하는 발명이 종래의 기술과 비교하여 우수하다고 인정되는 사항, 즉 그 발명의 배경기술과 관련하여 개선된 효과를 기재한다. 이들 사항에 대한 기재방법을 구체적으로 살펴본다.

㉠ **발명이 해결하고자하는 과제**

A. 서론

발명이 해결하고자 하는 과제에는 발명이 속하는 기술분야 및 그 분야의 종래 기술(이하 "배경기술"이라 한다)과 발명이 이루고자 하는 기술적 과제를 기재하되 배경기술에 관한 문헌을 인용할 경우에는 그 문헌의 명칭 및 상세한 내용을 기재하여야 한다.

이는 발명의 산업상 이용분야를 명백히 하여 그 발명이 해결하려고 하는 기술적 과제를 명확히 함으로써 심사에 중요한 선행기술검색에 정확성을 기하여 진정한 특허권의 설정을 유도하고 또 진정한 신기술정보자료로 활용하여 기술의 진보에 기여할 수 있도록 하기 위함이다.

B. 기재사항

발명이 해결하고자 하는 과제에는 i) 기술분야(Technical Fileld), 배경기술(Bachground Art), 발명의 개시(Disclosure of Invention), 발명의 실시를 위한 최선의 형태(Best Mode for Carrying out the Invention) 또는 적당한 경우에는 발명의 실시를 위한 형태(Mode(s) for Carrying Out the Invention)(이하 "발명의 최선의 실시예"라 한다)의 순으로 나누어 기재한다.

여기에서 기술분야 및 배경기술에 대하여는 앞에서 살펴보았으므로 설명을 생략하고 그 외의 발명의 개시, 발명의 최선의 실시예의 기재사항에 대해서만 살펴보기로 한다.

(A) 발명의 개시

발명의 개시에는 그 발명이 해결하고자 하는 기술적 과제 및 그 해결방법이 이해되도록 특허청구범위에 기재되어 있는 발명을 기술하고 그 발명이 종래의 기술과 관련하여 가지는 유리한 효과를 기재한다.

(B) 발명의 최선의 실시예

발명의 최선의 실시예에는 특허청구범위에 기재되어 있는 발명의 실시를 위한 형태 중 최선이라고 생각되는 형태를 기재하되 적절한 경우에는 실시예를 이용하고 도면이 있을 때에는 그 도면을 인용하여 기재한다.

㉡ **과제의 해결수단**

A. 서론

발명이 해결하고자 하는 과제해결수단에는 발명이 이루고자 하는 기술적 과제를 해결하기 위하여 강구한 수단(구성)과 작용을 함께 기재하여야 한다. 해당발명의 기술분야에 대한 통상의 지식을 가진 자의 실시를 위하여 필요한 경우에는 그 발명의 구성이 실제 어떻게 구체화되는가를 나타내는 실시예를 기재하여야 하며 이 경우 필요하면 구체적 숫자에 기인한 사실을 기재한다. 또 여기에는 그 발명이 해결하고자 하는 기술적 과제의 해결수단이 쉽게 이해되도록 특허청구범위에 기재되어 있는 발명을 기술하기도 한다.

B. 기술적 과제해결의 수단

발명의 기술적 과제해결의 수단은 그 발명이 해결하고자 하는 기술적 과제를 해결하기 위하여 창작된 기술적 수단이지만 그것은 발명의 상세한 설명에 기재된 기술적 수단의 총체로 파악할 수 있는 것이다.

실시예의 설명상 보조적 또는 부가적으로 기재된 기술적 수단이나 발명을 구체적으로 설명할 필요에서 하위개념으로 기재된 발명의 구성도 모두 발명이 해결하고자 하는 과제에 대한 해결수단, 즉 기술적 수단에 포함된다.

이러한 발명의 수단은 발명의 상세한 설명의 핵심부분으로서 여기에는 배경기술(종래기술)의 문제점을 해결하기 위하여 강구한 수단(구성)을 그 작용과 함께 기재하여야 한다.

이때의 수단에는 발명구성상의 필수요건이 포함되어야 하며 필요한 경우 그 발명의 구성이 실제상 어떻게 구체화되는가를 나타내는 실시상태나 실시예를 기재하는 것이 좋다.

실시예를 기재하는 경우는 특허출원인이 가장 좋은 결과를 얻을 수 있다고 생각하는 것(발명의 최선의 실시예)을 가급적 여러 종류를 기재하고 필요에 따라서는 구체적인 숫자에 의해 실시결과를 기재하는 것도 바람직하다. 따라서 발명의 구성은 i) 종래의 기술적 과제를 해결하기 위한 수단, ii) 작용, iii) 실시예의 순으로 기재하는 것이 일반적이다.

C. 작용

여기에서 작용이라 함은 발명의 구성이 하는 작용을 말한다. 그러나 발명 중에는 작용을 명확하게 파악할 수 없는 것이 있는가 하면, 작용과 과제의 구별이 명료하지 않는 것도 있다. 이는 작용이 구성과 과제의 중간위치에서 양자의 사이를 메워 각자를 연결하는 역할을 하는 것이기 때문이다. 예를 들면 장치발명에 있어 그 발명을 구성하고 있는 것이 어떠한 구성요소로부터 만들어졌는가와 그 장치가 어떻게 작동하는가를 설명하면 된다. 그러나 화학관련발명의 경우에는 작용을 기재할 필요가 없다.

D. 실시예

여기에서의 실시예는 실시가능한 예가 아니며, 실시한 그대로를 기재한 예로서 이는 발명의 구성이 실제상 어떻게 구체화되는가를 나타내는 보다 구체적인 수단을 의미한다. 실시예는 주로 화학관계의 발명에 대한 문제로서 발명의 대상이 기계·기구·장치 등인 경우에는 도면이나 작동상태 등의 설명에 의해 발명의 구성이 아주 구체적으로 표현될 수 있으므로 별로 문제가 되지 않는다. 그러나 화학관련발명인 경우에는 발명의 특성상 구체적이고 실질적인 실험 또는 시험예가 기재되어야 하며, 만약 실시예가 없으면 미완성의 발명이 될 수 있다. 따라서 실시예가 많이 기재된 발명은 특허청구범위가 충실하고 그 밀도가 높다는 것을 의미하며 기술적 범위의 해석상 유리하다. 또 확대된 선원의 범위(법 29③)로 실시예를 특허청구범위로 한 후원의 중요한 거절이유의 근거가 된다.[4)]

여기에서 "실시예가 많이 기재된 발명"이란 내용이 유사한 실시예를 수만 많이 예시한다는 의미가 아니고 발명의 전 범위를 예시할 수 있게 다양성(variety)이 풍부한 실예를 다수 예시한다는 의미이다. 예를 들면 산으로 알칼리를 중화하는 경우에는 항산만을 예시하고 그 첨가량, 농도를 조금씩 바꾼 실시예를 수적으로 많이 예시하는 것이 아니고, 염산·황산과 같은 무기산, 아세트산·안식향산과 같은 유기산을 사용하는 실시예를 많이 예시하는 것이다.

E. 숫자의 기재

화학관련 발명인 경우 일반적으로 구체적 숫자(실험데이터 등)에 의한 소위 추시(追試)가능한 실시예를 기재하는 것이 필요하다. 실험데이터를 열거하는 경우 종래기술에 의한 예와 본 발명에 의한 예를 대비적으로 나타내는 것이 바람직하기 때문이다. 그러나 기계관련 발명인 경우는 특별한 경우를 제외하고는 설계도면과 같이 각 부의 치수까지 기재할 필요는 없다.[5)]

㉢ 그밖에 필요한 사항

그밖에 그 발명이 속하는 기술분야에서 통상의 지식을 가진 자가 그 발명의 내용을 쉽게 이해하기 위하여 필요한 사항으로 발명의 효과를 들 수 있는 바, 이는 종래의 기술적 과제를 해결함으로써 얻어지는 발명의 결과, 즉 종래의 기술에 비하여 물질의 효능, 물건의 성능, 사용의 편의성 등의 면에서 유익한 점이나 유효한 점을 말한다.

발명의 효과는 ⅰ) 선행기술과의 비교, ⅱ) 특유효과의 순으로 가능한 한 상세히 기재하는 것이 좋다.

A. 선행기술과의 비교

발명에 의하여 발생한 당해 발명의 효과를 종래의 기술과 비교하여 유리한 점

---

4) 특허법개설(제9판), 吉藤辛朔 著, YOU ME 특허법률사무소 역, 대광서림, 1993년, 195면.
5) 특허법개설(제9판), 吉藤辛朔 著, YOU ME 특허법률사무소 역, 대광서림, 1993년, 195면.

또는 유효한 점을 가급적 구체적으로 기재한다. 예를 들면 내연기관의 경우 종래의 것에 비하여 연료소비량은 줄이고 열효율을 높이는 것과 같은 경우이다.

B. 특유효과

발명의 구성요건에 의해서만 얻을 수 있는 효과를 기재하여야 하고 당해 발명에 의하지 아니하여도 얻을 수 있는 효과는 기재하여서는 아니된다. 이러한 특유의 효과는 반드시 높은 기술적 의의를 갖는 정도의 것일 필요는 없고 그 발명에 의해서만이 얻을 수 있는 특정한 효과가 기대되면 충분하다.

㉣ 발명(고안)의 실시를 위한 구체적인 내용

발명(고안)의 상세한 설명의 기재는 위에서 살펴본 발명이 속하는 기술분야, 배경기술, 발명(고안)의 내용(해결하고자 하는 과제, 과제해결수단, 작용) 그밖에 필요한 사항으로서 "발명(고안)을 실시하기 위한 구체적 내용"으로 실시예, 산업상 이용성(Industrial Applicability), 효과 등에 관한 사항을 기술한다.

A. 실시예

발명(고안)을 실시하기 위한 구체적인 내용란에는 그 발명이 속하는 기술분야에서 통상의 지식을 가진 자가 그 발명이 어떻게 실시되는지를 쉽게 알 수 있도록 그 발명의 실시를 위한 구체적인 내용을 적어도 하나이상, 가급적 여러 형태로 기재한다. 필요한 경우에는 "실시예"란을 만들어 기재하고 도면이 있으면 그 도면을 인용하여 기재한다.

B. 산업상 이용성

산업상 이용성란에는 특허를 받고자 하는 발명이 산업상 이용할 수 있는 것인지 여부가 불분명할 때 그 발명의 산업상 이용방법, 생산발명 또는 사용방법 등을 기재한다. 대부분의 경우 산업상 이용성은 명세서의 다른 기재로부터 충분히 유추 가능하므로 별도의 기재는 필요하지 않는 경우가 많다.

㉤ 발명의 상세한 설명에 대한 예외

명세서에 발명의 상세한 설명의 기재만으로는 당업자가 용이하게 실시할 수 없는 특수한 분야에서 발명이 나온 경우

(ⅰ) 미생물관련발명의 경우

미생물관련발명의 경우에는 단순한 발명의 상세한 설명란의 기재만으로는 부족하고 해당 미생물자체의 기탁이 요구된다. 그럼에도 불구하고 이러한 특수한 발명에 대해 아무런 조치를 강구하지 아니하고 명세서의 제출만으로 특허가 부여된다면 당업자가 쉽게 실시할 수 있을 정도의 공개를 대가로 특허를 부여하는 특허제도의 취지에 반한다는 것은 너무나도 자명하다. 따라서 이와 같은 특수한 발명

에 대해서 특허를 부여하기 위해서는 출원인에 대해 미생물자체가 실제로 존재한다는 것을 밝힘과 동시에 당업자가 그 발명의 실시를 할 필요가 있을 때에는 그 미생물의 시료(試料)를 받을 수 있게 할 필요가 있다.

이를 위한 가장 유효한 조치로서는 시료의 분양을 조건으로 하는 미생물의 기탁을 출원인에게 의무화하고 있다. 이를 위해 특허법령은 다음과 같은 방법을 취하고 있다.

i) 미생물의 기탁

미생물에 관계되는 발명에 대하여 특허출원을 하고자 하는 자는 특허청장이 정하는 기탁기관 또는 「특허절차상 미생물기탁의 국제적 승인에 관한 부다페스트조약」 제7조의 규정에 의하여 국제기탁기관으로서의 지위를 취득한 기관(이하 "국제기탁기관"이라 한다)에 그 미생물을 기탁하고 특허출원서에 그 사실을 증명하는 서류(국제기탁기관에 기탁한 경우에는 「특허절차상 미생물기탁의 국제적 승인에 관한 부다페스트조약 규칙」 제7규칙에 의한 수탁증 중 최신의 수탁증 사본)를 첨부하여야 한다. 다만, 당해 발명이 속하는 기술분야에서 통상이 지식을 가진 자가 그 미생물을 용이하게 입수할 수 있는 경우에는 이를 기탁하지 아니할 수 있다(법시행령 2①).

특허출원인 또는 특허권자는 미생물의 기탁에 대하여 특허출원 후 새로운 수탁번호가 부여된 때에는 지체 없이 그 사실을 특허청장에게 신고하여야 한다(법시행령 2②).

ii) 미생물시료의 분양

기탁된 미생물에 관계되는 발명을 시험 또는 연구를 위하여 실시하고자 하는 자는 A. 그 미생물에 관계되는 발명에 대한 특허출원이 공개되거나 설정등록된 경우나 또는 B. 특허법 제63조 제1항(특허법 제170조 제2항 및 제174조 제2항에서 준용하는 경우를 포함한다)에 따른 의견서를 작성하기 위하여 필요한 경우에 기탁기관 또는 국제기탁기관으로부터 그 미생물시료를 분양받을 수 있다. C. 미생물시료를 분양받은 자는 그 미생물을 타인에게 이용하게 하여서는 아니된다(법시행령 4①②).

iii) 미생물에 관계되는 발명의 특허출원명세서 기재

미생물에 관계되는 발명에 대하여 특허출원을 하고자 하는 자는 명세서를 기재함에 있어서 미생물을 기탁한 때에는 그 기탁기관 또는 국제기탁기관의 명칭·수탁번호 및 수탁연월일을, 그 미생물을 기탁하지 아니한 때에는 그 미생물의 입수방법을 기재하여야 한다(법시행령 3).

이러한 방식에 위반한 특허출원에 관하여는 특허청장 또는 특허심판원장은 기간을 정하여 보정을 명하여야 한다(법 46.2).

(ii) 컴퓨터 소프트웨어 관련발명의 경우

컴퓨터 소프트웨어 관련발명의 경우에는 순수한 컴퓨터 소프트웨어 프로그램에 대한 설명만으로는 부족하며 컴퓨터 소프트웨어 프로그램과 관련한 하드웨어, 즉 관련 장치나 관련물건과 결합하여 기재하여야 한다.

발명이 해결하고자 하는 과제(목적)에는 산업상의 이용분야, 배경기술, 당해 발명이 해결하고자 하는 과제를 기재하되 여기에는 통상의 발명과 같지만 소프트웨어 관련발명분야에는 특허문헌이 적기 때문에 종래기술문헌이 있을 때에는 그 문헌명을 기재하는 것이 바람직하다.

또 발명이 해결하고자 하는 과제의 해결수단(구성)에 있어서도 기술적 과제를 해결하기 위하여 어떠한 수단을 사용하였는가를 기재하고 수순(手順) 또는 기능실현수단의 실시예를 플로챠트 등을 이용하여 설명하되 원칙적으로 프로그램 리스트는 명세서·도면에 기재하지 않는다. 다만, 당업자에 널이 알려진 언이로 쓰여진 짧은 프로그램으로서 충분한 설명이 첨부되어 있고 발명의 이해에 도움이 되는 것은 기재할 수 있다.

특히 다음과 같은 부적법한 발명의 상세한 설명의 기재는 특허법 제42조 제3항의 위반이 된다(컴퓨터 소프트웨어 관련발명의 심사기준 4.1.1).

i) 관용되지 않은 기술용어·약호·기호 등이 정의되지 않고 사용되고 있기 때문에 그 용어 등의 의미가 불명료한 경우

ii) 발명의 실시예의 기재에 있어서 발명이 해결하고자 하는 과제를 달성하기 위한 수순(手順) 또는 기능실현수단이 단지 추상적, 기능적으로 기재되어 있을 뿐 그 수순 또는 기능실현수단이 하드웨어 또는 소프트웨어로 어떻게 실행 또는 실현되는지 불명료한 경우

iii) 발명의 실시예의 기재에 있어서 기능을 실현하는 하드웨어 또는 소프트웨어가 단지 기능블럭도 또는 개략플로챠트로 설명되어 있고 그 기능블럭도 또는 플로챠트에 의한 설명만으로는 어떻게 하드웨어 또는 소프트웨어가 구성되어 있는지가 불명료한 경우

iv) 특허청구범위는 기능실현수단의 결합관계로 기재되어 있지만 발명의 실시예는 플로챠트로 설명되어 있어 청구항의 기능실현수단과 실시예의 플로챠트와의 대응관계가 불분명한 경우 등이다.

v. 발명의 상세한 설명과 청구항과의 관계

위에서 설명한 바와 같이 청구항의 발명에 대한 실시형태를 적어도 하나정도는 요구되지만 청구항의 발명의 외연에 포함되어 있는 모든 하위개념이나 선택지분

에까지 실시형태를 기재할 필요는 없다.

그러나 출원당시 당업자가 청구항 이외의 발명의 상세한 설명 및 도면의 기재와 기술상식을 십분 활용하여도 발명의 상세한 설명 및 도면에 기재된 특정의 실시형태를 청구항의 발명의 외연의 다른 부분에 대한 실시까지 확장할 수 없는 것이라고 하는 구체적인 근거가 있을 경우에는 청구항의 발명은 당업자가 쉽게 파악하고 실시할 수 있을 정도로 명확하고 상세히 설명하지 아니한 것으로 한다. 즉 청구항의 발명이 상위개념의 것이고 발명의 상세한 설명에는 그 상위개념에 포함되는 일부 하위개념의 실시의 형태만 기재한 경우 그 실시형태의 기재만으로는 당업자가 청구항 이외의 발명의 상세한 설명 및 도면의 기재와 출원당시의 기술상식에 의하여 상위개념에 포함되는 다른 하위개념의 실시가 불가능하다는 충분한 근거가 있을 때에는 그와 같은 실시형태의 기재만으로는 청구항의 발명을 당업자가 실시할 수 있을 정도로 명확하고 상세히 설명하였다고는 할 수 없다.

또한 청구항이 마쿠쉬 표현(Markush' Expressions)[6]이며 발명의 상세한 설명에는 당해 선택지분에 포함되는 일부의 선택지분에 대한 실시형태만이 기재되어 있을 경우 그 실시형태의 기재에 의해서만은 당업자가 청구항 이외의 발명의 상세한 설명 및 도면의 기재와 출원당시의 기술상식에 의하여 다른 선택지분에 대한 실시가 불가능하다는 구체적인 이유가 있는 때에는 그러한 실시형태의 기재만으로는 청구항의 발명을 당업자가 쉽게 실시할 수 있을 정도로 명확하고 상세하게 설명한 것이라고는 할 수 없다.

청구할 기재시 보호받고자 하는 사항, 즉 청구항의 발명을 명확히 할 수 있도록 발명을 특정하는데 필요한 구조·방법·기능·물질 또는 이들의 결합관계 등에 의해 물건을 특정하려고 하는 구체적인 수단의 기재를 포함한 청구항이 오로지 이루어야 할 결과에 의해 물건을 특정하는 청구항인 경우에는 당업자가 발명의 상세한 설명 및 도면에 기재된 특정 실시형태를 청구항의 발명의 외연의 다른 부분에 대한 실시에까지 확대할 수 없을 정도로 발명의 개념이 확장될 수 있다는 점에 유의하여야 한다.

---

6) 통상 화학물질들에서 선택된 그룹을 명명하는데 사용된다. 그러나 실무에서는 때때로 비화학적 물질, 예를 들면 기계나 전기에 관한 사건에서도 이를 사용하는데 여기에서도 이러한 표현의 사용에 대한 합리성이 마찬가지로 적용될 것이다. 이러한 마쿠쉬 표현은 둘 이상의 서로 다른 물질들(원소, 기, 화학물 등), 기계적 요소들 또는 청구된 결합에서 작용하는 방법의 단계(process step)의 그룹을 포함하는 일종의 총칭적 표현이다. 따라서 마쿠쉬 청구항은 화학물이나 조성물에서 사용가능한 선택적인 화학성분, 방법에서 선택적인 단계 또는 조성물에서 선택대상물을 정의한다. 선택적인 화학물을 청구하는 경우에 현재 특허청 실무에서는 그것들이 "특허받을 수 있을 수만큼 구별될 필요는 없으며, 단지 청구된 결합에서 유용한 공통성질을 갖는 것이 필요하다." 표준형태는 "a-selected from the group consisting of A, B and C."이다.

4) 특허청구범위

① 서 설

ⅰ. 서 론

특허발명의 보호범위는 특허청구범위에 기재한 사항에 의하여 정하여진다(법 97). 이러한 특허청구범위는 심사관으로 하여금 어느 범위까지 독점적 실시권(법 94)을 허여할 것인가에 대한 판단기준이 되고 또 후에 침해자의 입장에서 청구된 주제가 무엇인지, 즉 특정의 특허에 대해서 금지된 영역이 무엇이고 금지되지 않은 영역이 무엇인지를 알 수 있도록 하는 식별기준이 되어 특허출원에서 가장 중요한 부분이기도 하다.

따라서 특허청구범위는 청구의 주제를 의미하는 "발명"을 정의하여 출원인이 그의 발명으로 여기는 주제를 상세히 지적하고 구별되게 청구하는 것이어야 한다.

특허청구범위의 제도는 특허제도의 연혁으로 보아 논리적으로 반드시 운용되어야 할 필연적인 제도는 아니고 발명자의 권리주의를 용이하게 하고 특허권의 권리범위의 한계를 명확하게 하기 위한 현실적인 필요에 의하여 생긴 경험적인 제도이다.[7)]

그러므로 나라마다의 사정에 따라 그 운용방식이 서로 다를 수밖에 없었으나 각국간에 기술 및 경제의 교류와 협력의 증대에 따라 자연히 특허청구범위제도의 통일화가 요청되었고 특히 최근 세계지적소유권기구(WIPO)가 중심이 되어 추진하고 있는 특허법 통일화에 관한 전문가회의의 주제이기도 한다.

ⅱ. 의 의

특허청구범위라 함은 특허출원인이 특허를 받고자 하는 범위, 즉 특허발명으로 보호를 요구하는 범위를 말한다. 따라서 발명의 상세한 설명에 기재되어 있는 사항 중 보호(권리)를 받고자 하는 사항을 간결하고 명확하게 기재하여 특허권이 미치는 범위를 명확히 할 필요가 있는 것이다. 왜냐하면 특허청구범위가 불명확할 경우 끊임없는 분쟁에 직면하기 때문이며, 경우에 따라서는 월권이나 또는 특허무효가 될 수 있음 때문이다. 그러므로 특허청구범위는 발명의 내용을 구체적으로 정의하는 것일 뿐만 아니라 특허발명의 보호범위를 정하는 기준이 되며 특허

7) 월간공업소유권 제29호, 이수완, 발명과 특허청구범위와의 관계 (1), 62면.
"특허청구범위"제도는 미국에서 1799년에 최초로 시행되었다. 최초의 claim은 Dearborn특허 claim이었고 claim이라는 용어는 1807년의 Jennings특허에서 처음 사용되었으나 진정한 의미에 있어서의 claim은 1811년 Fulton의 증기선에 관한 특허이었다고 한다.

권의 권리범위를 확인하는 기준이 되는 것이므로 그 기재에 있어 적정을 기할 필요가 있는 것이다.

따라서 특허청구범위에는 명세서에 기재된 사항 중 보호를 받고자 하는 사항을 기재한 항(이하 "청구항"이라 한다)이 1 또는 2이상 있어야 하며 그 청구항은 i) 발명의 상세한 설명에 의하여 뒷받침될 것, ii) 발명이 명확하고 간결하게 기재될 것 등에 해당하여야 한다(법 42④ 1, 2).

위와 같이 특허청구범위를 기재함으로써 특허발명의 구성이 확연히 부각되어 심사·심판 및 소송업무가 신속하고 정확하게 추진될 수 있고 특허에 관한 권리자에게는 권리의 보호와 관리가 용이하여 권리침해에 대한 분쟁에 효과적으로 대처할 수 있으며(발명보호의 적정화) 제3자에게 있어서는 발명의 기술적(記述的) 범위의 명확화로 침해유무의 판단이 쉬워진다(권리범위의 명확화).

iii. 특 징

개정특허법은 특허청구범위를 기재할 때에는 보호를 받고자 하는 사항을 명확히 할 수 있도록 발명을 특정하는데 필요하다고 인정되는 구조·방법·기능·물질 또는 이들의 결합관계 등을 기재하여야 한다고 규정하고 있다(법 42⑥ 신설). 이는 특허청구범위에 기재하여야 할 사항에 대하여 특허청구범위에는 청구항을 구분하여 각 청구항마다 특허출원인이 특허를 받고자 하는 발명을 특정하기 위하여 필요하다고 인정하는 사항의 모든 것을 자유롭게 기재할 수 있도록 하려는 것이다.

특허청구범위는 출원인의 발명에 대하여 출원인의 판단으로 특허를 받음으로써 보호를 하려는 발명에 대하여 기재하는 것이기 때문이다.

따라서 발명의 구성에 없어서는 아니되는 사항으로 기재할 수 있도록 한 소위 "발명의 구성요소 단일주의"를 채용하고 있었던 개정 전 특허법(법 42④3 삭제)에서는 특허청구범위의 기재가 발명의 구성요소 하나만으로 제한을 받아 보호받고자 하는 발명을 보다 적절히 기재할 수 없다는 단점 때문에 이러한 기재상의 제약을 극복하기 위하여 개정특허법(2007.1.3 개정)에서는 동규정(법 42④3)을 삭제 개정하여 특허출원인이 특허를 받고자 하는 발명을 특정하기 위하여 필요하다고 인정되는 사항의 모든 것을 기재할 수 있도록 하는 소위 "발명의 다요소복수주의"를 채택함으로써(법 42⑥ 신설) 기술의 다양성에 유연하게 대응할 수 있도록 종래의 발명의 구성요소 단일주의 기재의 경직성에서 탈피하여 출원인 스스로에 의해 발명에 대한 보호사항을 특정할 수 있도록 하는 자의적인 기재를 인정하여 기재의 임의성(자율성)을 제고하였다.

ⅳ. 특허청구범위의 기본원리

(ⅰ) 발명의 주제를 명확히 정의한다.

특허청구범위에는 발명이라고 여겨지는 주제를 상세하고도 명확하게 정의하여야 한다. 따라서 총괄청구범위(Omnibus Claims)나 형식적인 청구범위는 이를 특허하지 아니한다. 즉 도면에 나타나고 명세서에 기재된 발명 혹은 언급·예시 등과 같은 청구범위에 대해서는 특허를 부여하지 아니한다. 왜냐하면 출원인이 그의 발명이라고 주장할 수 있는 주제를 "상세히 지적하고 구별되게 청구하지 아니함으로써" 보호를 받아야 할 "발명"이 무엇인가가 분명하게 나타나 있지 않기 때문이다.

이러한 청구범위에 대해서는 심사관은 기재불비를 이유로 거절하여야 한다. 만약 이러한 특허청구범위를 인정한다면 침해가능성이 있는 사람들에게 "특허의 효력(보호)범위"가 어디까지인지가 명확하지 않게 될 것이다. 특허청구범위제도의 기본적인 개념은 발명자가 일반대중에 대해서 특허에 의해서 금지되는 영역과 허용되는 영역을 정확히 정의해야 할 책임을 부담하는 것이다. 따라서 청구되지 않고 공개된 것은 최소한 특허에 관해서는 일반대중에게 헌납한 것이 된다. 그러므로 특허권자는 땅에 말뚝을 박는 것과 같이 자기의 특허청구범위의 경계를 정확히 기재하여야 한다. 이러한 이유 때문에 특허청구범위를 "주변한정설"로 설명되고 있기도 하는데 이것은 특허권자가 특허청구범위의 주위 또는 경계를 명시하여야 한다는 것을 의미한 것이다.

(ⅱ) 특허청구범위는 특허를 받을 수 있는 주제의 범주에 해당되어야 한다.

그러한 범주는 특허법상 또는 판례법상 기계(machine)·방법(process)·제조품(manufacture) 그리고 조성물(composition of matter) 등으로 해석이 가능할 뿐만 아니라 관행상으로도 그와 같은 판단이 가능하다고 본다.[8)]

그러므로 이 범주에 속하지 않는 발명에 대해서는 원칙적으로 특허를 받을 수 없다 할 것이다. 예를 들면 물품의 디자인·식물(무성번종식물 제외)·컴퓨터 프로그램·반도체 집적회로 배치설계 등은 그들의 법규에 의해서 특허법에 의한 발명의 범

8) 미국의 법정범주 : 미국의 특허법은 실용특허를 받을 수 있는 기술적인 범주에 대한 4개의 주요한 분야에 대해서 규정하고 있다 일반적으로 방법(process), 기계(machine), 제조품(manufacture), 조성물(미국특허법 101)의 4개 분야를 "법정범주(The statutory classes)"라고 부른다. 따라서 미국의 경우는 특허청구범위의 작성에 관한 많은 규칙들이 법령의 "기계·방법·제조품 또는 조성물"이라는 단어를 정의하기 위한 판례법에서 나온 것이다. 아무리 신규하고 가치가 있는 발명이라 하더라도 이 범주의 하나에 해당하지 아니한 발명은 특허를 받을 수 없다.

주와 구분되므로 원칙적으로 특허대상에서 제외된다. 설령 발명이 산업에 이용할 수 있는 새롭고 진보된 우수한 것이라고 하더라도 이 범주의 하나에 해당하지 않으면 특허가 될 수 없다. 따라서 수학공식·부기시스템 및 자연물의 발견은 이 범주에 속해 있지 않기 때문에 특허를 받을 수 없는 것이다. 또 특허청구범위가 아무리 적절하게 작성되었다 하더라도 특허청구범위는 위의 특허범주의 어느 하나에 해당할 수 있는 방법으로 발명을 정의하여야 하는 것도 매우 중요한 일이다.

v. 특허청구범위와 명세서와의 관계

특허청구범위는 명세서(발명의 상세한 설명, 도면을 말한다. 이하 같다)에서 도출되기 때문에 다치 명세서는 특허청구범위를 탄생시킨 모태와 같은 것이다. 따라서 명세서는 특허청구범위해석의 가장 중요한 단서를 제공하고 또 특허청구범위에 기재된 문언의 의미를 정의하는 사전과 같은 기능을 한다.

명세서가 특허청구범위에 기재된 문언의 사전적 기능을 하기 위해서는 출원인의 용어선택에 있어서 일관성이 유지되어야 한다. 즉 통상적인 전문용어를 사용하지 아니하고 자신이 특별히 정의한 용어를 사용할 경우에는 명세서 전반에 걸쳐 시종 같은 의미의 용어를 계속 사용하여야 한다. 또한 특허청구범위는 발명을 한정하므로 발명의 상세한 설명이 특허의 범위, 즉 특허청구범위를 확장하는데 이용될 수 없으며, 특허청구범위는 발명의 상세한 설명에 의하여 뒷받침되므로 발명의 상세한 설명은 특허청구범위해석의 지침 및 배경자료를 제공한다. 따라서 양자는 발명의 실체를 확인하기 위한 수단으로 해석되어야 한다.[9] 또 발명의 상세한 설명은 특허청구범위에 기재사항에 대하여 독점권을 부여하기 위한 공개서로서의 기능을 한다.

vi. 특허청구범위의 제출 유예제도의 도입

(ⅰ) 의의 및 취지

개정 전 특허법에서는 특허출원시 반드시 특허청구범위를 기재한 명세서를 특허출원서에 첨부하도록 강제하고 있었으나 개정특허법에서는 특허출원시 특허청구범위의 제출을 출원공개시까지 유예하였다(법 42⑤, 64① 단서). 따라서 특허출원 당시에는 특허청구범위의 기재를 생략한 명세서를 특허출원서에 첨부하여 제출할 수 있으며, 특허출원 후 심사청구시까지 길게는 특허출원 후 1년 6개월까지 특허청구범위를 제출하여 명세서를 보정하면(법 42⑤ 1, 2) 그 특허출원은 특허출원시에 출원된 것으로 소급하여 인정된다. 그러나 그 명세서 보정기한까지 특허청구

9) United States v. Adams. (1966) 참조.

범위를 제출하여 명세서를 보정하지 아니한 경우에는 그 기한이 되는 날의 다음 날에 해당 특허출원은 취하된 것으로 간주한다(법 42⑦).

특허청구범위 제출유예제도 도입은 출원인이 특허청구범위가 없는 상태에서도 특허출원을 할 수 있도록 함으로써 특허청구범위의 작성에 충분한 시간적 여유를 갖도록 하여 특허청구범위설정의 졸속으로 인하여 발생하는 폐단을 최소화함은 물론 출원주의의 기본정신에 더욱 충실하려는 것이며, 또 이는 국제적 통일화경향과의 조화를 도모하려는 입법정책의 일환이기도 하다.

(ii) 특허청구범위 없이 출원가능

개정특허법은 특허청구범위가 없는 상태에서도 특허출원이 가능하도록 하고, 출원공개시까지 제출하면 출원일을 특허출원시로 소급받을 수 있도록 하는 특허청구범위 제출유예제도를 도입하였다.

이는 발명의 조기출원을 유도하여 보다 강력하고도 완벽한 출원주의제도를 지향, 정착시키려는 국제적 통일화경향과 조화를 이루려는 것으로 해석된다.

특허출원시 특허청구범위의 청구항을 기재하지 아니한 명세서를 특허출원서에 첨부하여 출원하는 때에는 명세서상에 특허청구범위 및 청구항란을 아예 삭제한다.

(iii) 명세서의 보정 등

i) 특허청구범위가 기재되도록 명세서보정

특허출원당시에 특허청구범위의 청구항을 기재하지 아니한 명세서를 특허출원서에 첨부한 경우 다음의 ㉠ 내지 ㉢의 기한까지 특허청구범위가 기재되도록 명세서를 보정하여야 하다(법 42⑤).

㉠ 다음의 A 내지 D의 어느 하나에 해당하는 날부터 1년 6개월이 되는 날까지
  A. 조약에 의한 우선권주장을 수반하는 특허출원에 있어서는 그 우선권주장의 기초가 된 출원일
  B. 국내우선권주장을 수반하는 특허출원에 있어서는 선출원의 출원일
  C. 위 A 또는 B에 의한 2이상의 우선권주장을 수반하는 특허출원에 있어서는 해당 우선권주장의 기초가 된 출원일 중 최선일
  D. 위 A 내지 C의 1에 해당하지 아니하는 특허출원에 있어서는 그 특허출원일

㉡ 위 ㉠의 기한이내에 출원심사청구의 취지를 통지받은 날부터 3개월이 되는 날까지

㉢ 위 ㉠의 A 내지 D의 어느 하나에 해당하는 날부터 1년 3개월이 되는 날 후에 출원심사청구의 취지를 통지받은 경우에는 위 ㉠의 A 내지 D의 어느 하

나에 해당하는 날부터 1년 6개월이 되는 날까지

ii) 출원일의 소급

특허출원시에 특허청구범위를 기재하지 아니한 명세서를 출원서에 첨부하여 출원하고 위 ㉠ 내지 ㉢의 어느 하나에 해당하는 날까지 특허청구범위를 제출하여 이미 제출한 명세서를 보정하면 그 특허출원은 출원시로 소급하여 출원된 것으로 간주한다. 따라서 그 사이 타인의 출원은 후출원이 되어 보정명세서의 선출원에 의해 거절된다. 그리하여 이 경우에도 우선권주장출원, 분할출원, 변경출원 등과 함께 선출원에 대한 예외라고 할 수 있다.

iii) 특허출원의 취하간주

특허출원시 특허청구범위의 기재 없이 출원한 후 위 ㉠ 내지 ㉢의 어느 하나에 해당하는 날까지 특허청구범위가 기재되도록 명세서를 보정하지 아니한 경우에는 그 기한이 되는 날이 다음날에 해당 특허출원은 취하된 것으로 본다(법 42⑦).

② 특허청구범위의 기능

i. 서 설

개정 전 특허법에서의 특허청구범위의 기능은 발명의 보호범위적 기능과 발명의 구성요건적 기능을 가지고 있었는바, 전자는 특허청구범위에 기재된 사항에 한하여 보호를 받을 수 있음을 의미하는 것이고 후자는 발명의 구성에 없어서는 아니되는 사항은 모두 기재하여야 한다는 의미이었다. 그러나 개정법(2007.1.3 공포, 2007.7.1 시행)에서는 명세서의 특허청구범위와 발명의 상세한 설명의 기재요건을 출원인 임의기재로 완화하고 있는 특허협력조약의 기재형식과 일치시켜 국제적 통일화와 조화를 도모하려는 취지에서 후자의 발명의 구성요건적 기능에 관한 특허법 제42조 제4항 제3호의 규정을 삭제하였다. 그리고 개정법에서는 특허청구범위의 새로운 기능으로서 "발명의 특허요건적 기능"에 관한 법적 근거를 마련하였는바(법 42⑥ 신설) 이에 대하여는 다음 항에서 살펴본다.

ii. 발명의 보호범위적 기능

특허법은 특허청구범위에는 "보호를 받고자 하는 사항을 기재하여야 하며"(법 42④), "특허발명의 보호범위는 특허청구범위에 기재된 사항에 의하여 정하여진다"(법 97)고 규정함으로써 특허청구범위의 보호범위적 성격과 기능을 명백히 하고 있다. 따라서 이러한 특허청구범위의 성격을 보호범위적 기능이라고 하며 특허청구범위의 본원적 기능 또는 제1차적 기능이라고도 한다. 이와 같은 특허청구범위는 출원인이 특허를 청구하고 싶고 또 특허권으로 보호하고 싶은 범위로서 이는 특허권이 미치는 기술적 범위를 정하는 기준으로 해야 함은 당연하다. 그러므로 발명의 상세한 설명에만 기재하고 특허청구범위에 기재하지 않는 발명은 특허권으로서의 보호를 요구할 수 없으며 특허청구범위를 좁게 기재한 때에는 비록 발명의 상세한 설명에 넓게 기재하였다 하더라도 좁은 범위의 보호밖에 받을 수 없다.

iii. 발명의 특허요건의 판단대상적 기능

개정 전 특허법에서는 특허청구범위는 발명의 구성에 없어서는 아니되는 사항만을, 즉 발명의 구성에 없어서는 아니되는 사항 전부를 기재할 것을 요건으로 하고 있었는바(구법 42④ 3 삭제), 이는 특허청구범위가 구성요건적 기능을 가진다는 것을 의미한다. 따라서 특허청구범위의 기재가 발명의 구성만으로 제약되어 발명을 적절히 기재하는데 한계가 있는 경우도 있어, 개정특허법에서는 이를 개정하여 특허출원인이 발명에 대하여 보호를 받고자 하는 사항을 명확히 할 수 있도록 발명을 특정하는데 필요하다고 인정되는 구조·방법·기능·물질 또는 이들의 결합관계 등 모든 것을 기재하게 함으로써(법 42⑥) 발명의 구성에 관계없이 기술의 다양성에 적절히 대응할 수 있도록 특허청구범위기재의 유연성과 특허청구범위 설정의 자율성을 제고하여 국제적 경향에 부응하였다.

따라서 특허청구범위에는 특허출원인 스스로의 판단에 따라 보호하고자 하는 발명에 대하여 기재하는 것이며 또한 그 기재사항은 특허출원인 스스로가 보호받을 발명을 특정하기 위해 필요로 인정되는 모든 사항으로 판단한 사항이라는 것을 명확히 하는 것이므로 심사, 심판 등에서의 발명의 신규성, 진보성 등의 특허요건의 판단대상은 특허청구범위에 기재되어 있는 사항을 근거(대상)로 하여 파악되는 발명임이 명백해진다.

또한 특허법 제42조 제6항은 특허출원인이 특허청구범위에 무엇을 기재할 것인가에 대하여 규정한 것으로서 특허청구범위의 성격을 분명히 하였기 때문에 같은 조 제4항 및 제8항과는 달리 특허거절이유 또는 특허무효사유로는 되지 아니 한다.

③ 특허청구범위의 형식

발명의 명세서는 보호를 받고자 하는 발명의 요지부분을 구분하여 하나 이상의 청구항으로 기재한 특허청구범위를 포함한다. 즉 특허청구범위에는 보호를 받고자 하는 사항을 기재한 항(이하 "청구항"이라 한다)이 1 또는 2 이상 있어야 한다(법 42④). 특허청구범위의 형식이나 수식을 위한 용어 등에 대하여는 특허법에 구체적으로 규정하고 있지는 않지만, 특허법시행령 및 특허청심사편람 등에 의해 상당부분 규율하고 있다. 특허청구범위의 형식을 살펴보면 다음과 같다.

ⅰ. 특허청구범위의 단일문장

특허청구범위에 대한 가장 기본적인 문장구조의 일반적인 체제는 단일문장이다. 그러므로 하나의 특허청구범위를 가진 특허출원은 물론이고 둘이상의 특허청구범위를 가진 특허출원의 경우에도 서문은 첫 번째 특허청구범위 앞에 하나만 기재하여야 한다. 또 실무적으로도 각각의 특허청구범위는 서문과 합쳐져서 완전한 문장이 되어야 한다(예 : 한쪽 단에 부착된 고무를 갖고 있는 연필).

이와 같이 특허청구범위에는 하나이상의 청구항이 있어야 하며 하나의 청구항은 전체가 하나의 문장으로 이루어지되 하나이상의 요소로 구성되어야 한다. 하나의 문장을 기능 및 성질에 따라 분류하여보면 다음과 같은 형식으로 표현된다.

(ⅰ) 기능에 따른 분류

하나의 문장을 기능에 따라 분류하면 일반적으로 도입부(preambles), 연결부(transition) 및 구성요소부(elements)의 3부분으로 나누어진다.

ⅰ) 도입부

도입부는 발명이 속하는 기술분야를 한정하는 역할을 한다. 도입부와 관련성이 없는 구성요소부는 특허청구범위의 명확성여부와는 관계없이 도입부와 동일한 기술분야에 속하는 것으로 인정되지 않는다. 따라서 이는 선행기술의 범위에도 포함되지 않음은 물론이다.

ⅱ) 연결부

연결부는 일반적으로 "…이 포함된(comprising)", "…으로 이루어진(consist of)", "실질적으로 …으로 이루어진(consisting essentially of)" 등의 3가지 표현방법으로 사용되고 있다.

㉠ …이 포함된

"…이 포함된"은 특허청구범위에 기재된 발명의 요소들이 생산물이나 또는 공정의 일부에 해당됨을 표시하기 때문에 통상 개방된 특허청구범위의 기재방법으로 일컬어지고 있다. 예를 들어 특허청구범위가 "B, C, D가 포함된"으로 연결부에 기재되어 있으면 위 특허청구범위는 B, C, D 이외의 요소 A가 추가된 생산물을 포함할 수 있다.[10)]

10) Reese v. Hurst (1981), Moleculon Research Corp. v. CBS, (1986) ; "Comprising이 어떤 청구항의 연결부에 사용되었을 때는 구성요소의 추가를 배제하지 않는 의미로 해석되지만 연결부이외에서 사용된 때는 "최소한 가지고 있는" 보다 일반적인 의미인 "가지고 있는"으로

㉡ …으로 이루어진

"…으로 이루어진"은 특허청구범위에 기재된 발명의 요소들만이 생산물이나 또는 공정의 전체에 해당되기 때문에 통상 폐쇄된 특허청구범위의 기재방법으로 일컬어지고 있다. 예를 들어 특허청구범위가 "B, C, D로 이루어진"으로 연결부가 기재되어 있으면 위 특허청구범위는 B, C, D이외의 요소 A가 추가된 생산물을 포함할 수 없다.11)

㉢ 실질적으로 …으로 이루어진

"실질적으로 …으로 이루어진"은 어떤 생산물에 추가된 요소가 특허청구범위에 정의된 발명의 특징을 기본적으로 변경시키지 않으며, 발명의 신규성에도 중대한 영향을 미치지 아니하는 경우에 한하여 특허청구범위에 기재된 구성요소 이외의 요소가 추가된 생산물을 포함하는 것으로 해석한다.12)

iii) 구성요소부

구성요소부는 특허범위로 청구된 발명에 포함되어 있는 선행기술로부터 구별되는 특징적인 요소들이 기재되며, 그것이 특허청구범위에 정의된 발명이다. 어떤 생산물에 특허범위로 청구된 구성요소 전체가 존재하는 경우, 그 생산물은 문언상 특허청구범위에 포함된 것으로 해석한다. 그러므로 예를 들면 특허청구범위가 "A, B, C를 포함하는"으로 기재되었다면 A만이 존재하거나 또는 A, C만이 존재하는 다른 생산물은 문언상 특허청구범위에 포함되지 아니한다.

(ii) 성질에 따른 분류

하나의 문장을 성질에 따라 분류하면 일반적으로 전문(前文, Preamble), 본문, 이행구의 3부분으로 나누어진다.

i) 전 문

하나의 특허청구범위의 대부분은 전문이나 서문 또는 소개하는 구문을 가지고 있다. 이는 청구하려는 것을 명명하거나 정의한 것을 표현하기 위한 것이다. 전문은 작성자가 사용하는 특허청구범위의 형태에 따라 상당히 길거나 짧을 수 있다.

해석되어야 한다"고 판시하였다.

11) Mannesmann Demag Corp. v. Engineered Metal Ploducts. (1986) ; "Consisting of가 어떤 청구항이 전체연결부가 아닌 구성요소에 사용된다면 그 해당되는 요소만이 폐쇄(close)된 것으로 해석되며, 전체적으로는 청구항에 기재된 요소이외의 추가된 요소를 갖는 생산물을 포함하는 것을 배제하는 의미로 해석되지 않는다"라고 판시하였다.

12) Atlas Powder v. El du Pont De Nemours & Co. (1984), Water Technologies Corp. v. Calco, Ltd. (1988) ; "연결부가 Consisting essentially of라고 기재된 청구항은 발명의 요지에 중대한 영향을 미치지 않는 요소를 가지는 생산물을 포함하는 것을 배제하지 않는다"라고 판시하였다.

대부분의 특허청구범위에서 가장 좋은 전문의 형태는 청구되는 결합에 대해 일반적인 정의를 내려주는 것이다. 즉 전문이 아무리 길게 또는 아무리 짧게 작성되었다 하더라도 특허청구범위의 본문(body)과 일치되어야 한다. 여기에서 유념하여야 할 중요한 점은 특허청구범위의 전문과 본문은 서로 모순되지 않아야 하고 두 부분이 합쳐져 전체를 이루어야 한다는 것이다. 전문은 청구하고자 하는 범주가 결정되기 전에는 정확히 기재할 수 없다. 그리고 청구범위의 작성이 끝난 후 본문과 전문이 일치하는지 검토해 보아야 한다. 혹시 특허청구범위를 바꾸거나 보정을 했을 때에는 전문과의 일치여부를 다시 확인해보아야 한다. 전문은 청구된 결합의 본질을 정의할 수 있는 전문을 사용하여야 한다. 따라서 전문에는 불필요한 한정을 기재하지 않아야 한다. 특허청구범위에 기재된 어떠한 단어도 제한적으로 여겨지기도 하고, 어느 경우에는 출원인의 발명의 영역을 제한하는 것으로 사용될 수도 있게 되기 때문이다.

ii) 본 문

특허청구범위의 본문에는 결합에 주요요소(부품·공정·성분 등)만을 기재하고 이것들이 어떻게 작용하고 상호 동작하는지를 기재하여야 한다. 대부분의 특허청구범위는 둘이상의 요소들의 결합이다. 기술적인 기재에 집착하고, 불필요하고 장황한 그리고 찬사의 기재는 피한다. 특허청구범위에는 발명이 무엇인지를 기재하는 것이지, 어떤 이점이 있는지를 기재하는 것은 아니다. 특허청구범위는 읽어서 이해할 수 있어야 하고 그것이 내포하고 있는 영역이 명확하여야 한다. 따라서 전문과 본문 다음에 오는 부분을 의미하는 결합청구범위에 있어서의 본문은 a) 결합의 부품으로서 "요소"의 기재 그리고 b) 전문에 기재된 동작 가능한 결합을 만들기 위해서 요소들이 상호 어떠한 관계를 가지고 있는가에 대한 기재를 포함하고 있다.

그러므로 특허청구범위는 기술적인 주제에 대해서만 제한하여야 하고, 필요 없거나 찬사의 말, 예를 들면 새로운·으뜸이라든가 발명의 목적과 장점에 대한 것은 기재하여서는 아니된다. 따라서 다음과 같은 특허청구범위에서 밑줄 친 부분은 거절될 수 있다.

(A, B 그리고 C)를 포함한 옷을 다리는데 지금보다 더 효과적인 스팀드라이 아이런의 결합. 여기에서 A, B 그리고 C는 전문에 언급된 기계·방법·제조품 또는 조성물을 구성하는 중요한 구조·공정·부품 또는 성분을 나타내는 특허청구범위의 요소를 편리하게 나타내기 위해서 사용한 것이다.[13)]

---

13) 하나의 요소로 된 특허청구범위의 경우는 기계·장치·제조품 또는 조합물인 단일요소를 기재하면 된다. 그러나 이러한 경우는 매우 드물고, 실질적으로 대부분의 특허청구범위는 한 요소와 다른 요소의 결합에 대한 것이므로 본서에서는 특별히 언급하는 경우를 제외하

iii) 이행구

하나의 문장에서의 대부분의 결합에 대한 특허청구범위는 전문(청구된 것을 지칭)과 특허청구범위의 본문(청구된 것의 요소나 부품이 어떠한가를 정의)사이에 이행구(移行句 : Transition Phase)가 있다. 대부분의 특허청구범위에 사용되고 있는 이행구는 "포함하다" 또는 "결합하다"이나 이 두개의 이행구 사이에 주요한 차이점은 없다. 예를 들면 "한쪽 끝단에 지우개를 가지는 연필을 포함하는 필기구"라는 특허청구범위는 지우개가 끝에 달린 모든 형태의 연필을 말하고 있다. 즉 연필이 나무로 되었는지, 기계적으로 되었는지, 호주머니에 꽂을 수 있는 클립을 가지고 있는지 또는 다음 발명자에게 특허될 수 있는 부가적인 형태여부에 관계가 없다. 이와 같은 특허를 간단히 표현한 "A+B(A와 B는 개별적인 요소나 부품)를 포함하는 결합"은 A+B+C…, 또는 A+B'(B'는 특허청구범위에 대한 정의에서 B에 포함되는 것)를 포함한다. 일반적으로 넓은 특허청구범위를 작성하는 기술은 그 결합에서 기능을 달성하고 선행기술과 특허청구범위의 작성방법면에서 허용될 수 있는 각각의 요소를 가장 넓게 정의한 최소한의 요소로 기재하는 것이다. 이러한 방법으로 "발명의 내용"이나 "발명의 개념"이 확실한 내용으로서 구체화되어야 한다. 따라서 전문으로부터 본문으로의 이행구는 "포함하다" 또는 "결합하다"라는 의미의 표현을 사용한다.

ii. 특허청구범위의 번호·순서

특허청구범위에는 하나이상의 청구항이 있어야 한다(법 42④). 그런데 하나의 청구항만을 기재할 때에는 "청구항 1"과 같은 번호는 사용하지 않는다. 예를 들면 "한쪽 단에 부착된 고무를 갖고 있는 연필"이라고만 기재하면 된다. 그러나 2 이상의 청구항을 기재할 때에는 각 청구항은 항마다 행을 바꾸어 기재하고 그 기재하는 순서에 따라 각각의 청구항에 아라비아숫자로 일련번호를 붙여야 한다(법 시행령 5⑧)(예 : 청구항1, 청구항2, …). 이와 같이 다항제의 청구항은 연속적인 번호로 기재하여야 하나 논리적인 관계를 고려하여 그룹을 짓고 번호를 붙이는 것이 좋다. 특허청구범위에는 보호를 받고자 하는 청구항을 적절한 순서로 배열하되 처음에 표현되는 청구항은 가장 넓은 것이 되어야 한다. 종개념의 청구항이 두개 이상 있을 경우에는 서로 유사한 종개념의 청구항이 가능한 한 서로 그룹을 이루고, 청구항 또는 그룹 청구항 사이에 선을 그어 물리적으로 분리하는 것이 좋다.

고는 결합에 대한 특허청구범위를 다룬다.

iii. 젭슨타입의 청구항

젭슨타입(Jepson type)의 청구항은 도입부에서 발명이 속하는 기술분야의 공지된 구성요소를 인용하고, 연결부에서 위 공지된 요소 중 개량된 부분이 어떤 범위로 포함되어 있음을 암시하며, 구성요소부에서 새롭게 개량하였거나 또는 추가한 요소를 기재한 형식으로 주로 기존의 기계, 장치, 물 및 공정 등을 일부 개량한 발명에 대한 특허청구범위의 기재에 사용된다.

이러한 젭슨타입의 청구항에서 특허청구범위의 도입부에 기재된 해당 기술분야의 요소들은 출원인의 선행특허인 경우를 제외하고는 권리범위에 포함되지 아니한 것으로 특허청구범위를 해석하여야 하므로 공지기술과 발명의 구별이 쉽다는 장점이 있어 특허청구범위의 기재형식으로 통용되고 있다.[14)]

iv. 마쿠쉬타입의 청구항

일반적으로 청구항의 기재에 있어서는 선택적인 표현이 인정되지 않지만, 화학분야 등 일부 분야의 발명에 있어서 발명이 2이상의 병렬적 개념에 상당하고 이들을 총괄하는 발명의 개념이 없을 경우, 즉 A, B, C 또는 D로부터 구성된 군에서 선택한 …&pos: 의 형태로 표현하는 형식을 마쿠쉬타입의 청구항(markush type claim)이라고 한다.

이와 같이 마쿠쉬타입(Markush type) 청구항의 기재는 종래 발명의 구성요소를 선택적으로 한정하기 위하여 사용하였던 “X or Y or Z”대신 “X, Y, Z으로 이루어진 군(群, group)으로부터 선택된”으로 기재할 수 있는 형식이다.

이러한 마쿠쉬타입은 화학분야의 발명의 구성요소들을 그룹으로 조합하여 각 청구항이 차지하는 범위에 따라 특허청구범위를 쉽게 기재할 수 있다는 장점이 있다. 예를 들어 물, 기름, 알콜의 3가지 요소로 이루어진 액체에 대한 특허청구범위를 청구항별로 구분하여 i) 액체, ii) 물, 기름, 알콜로부터 선택적으로 구성되는 액체, iii) 기름, 알콜로부터 선택적으로 구성되는 액체 등으로 용이하게 기재할 수 있다.

그러나 마쿠쉬타입 청구항의 기재방법은 1특허출원의 범위, 즉 발명의 단일성 훼손이라는 문제점이 제기되고 있다. 예를 들어 특허청구범위가 “A, B, C, D로 구성된 1군으로부터 첫 번째 요소를 선택하고 E, F, G, H로 구성된 2군으로부터 두 번째 요소를 선택하며, I, J, K, L로 구성된 3군으로부터 세 번째 요소를 선택한 것을 합성하여 얻은 합성물 M”으로 기재하였다면 하나의 청구항이 서로 다른

14) 젭슨타입의 청구항은 1917년 출원인 젭슨(Jepson)의 제안이 있어 USPTO에 의해 특허청구범위의 기재형식으로 채택된 것으로부터 비롯되었다.

64개의 경우의 수를 가지는 발명으로 나누어질 수 있다.

위 예시와 같은 특허출원에 대하여는 심사관에 따라 그 경우의 수만큼의 발명을 개별적으로 거절하는 어려움보다는 발명의 단일성의 훼손이나 불명확성에 무게중심을 두어 이를 선택하려 할 것이다. 그러므로 마쿠쉬타입은 발명의 목적에 적절히 부합되는 요소들만의 군에 한하여 선택적용되어야 할 것이다.15)

v. 프로덕트 바이 프로세스 청구항

프로덕트 바이 프로세스(Product-by-Process) 청구항은 어떤 특정한 방법(process)에 의하여 만들어진 새로운 생산물(product)을 특허청구범위로 기재한 것이다. 특허청구범위에 기재된 생산물이 선행기술에 의해 이미 공지된 경우 그 공지된 선행기술에 의하여 만들어진 그 생산물이 어떻게 만들어졌는지에 관계없이 그 특허청구범위의 특허는 거절될 것이다.

그러나 공지된 발명과 다른 방법에 의하여 만들어진 생산물이라 하더라도 특허청구의 생산물과 실질적으로 동일한 것이면 특허침해가 인정된다.16)

---

15) 마쿠쉬타입의 청구항 기재형식은 특히 화학분야의 발명에서 적절히 표현할 용어가 없어 일어나는 문제점, 즉 발명을 구성하는 요소들의 선택적인 한정은 기계, 전기분야에서는 선택적으로 한정할 수 있는 대체가능한 일반적인 용어가 있어 크게 어려움이 없는데 반하여 화학분야의 발명인 경우 적절히 대체하여 표현할 용어가 없어 이러한 문제점[특허청구범위에 있어서 선택적인 한정이 가능한 기재형식(예 : "W and X or Y or Z로 이루어진 합성물")을 불명확하고 부적절하다는 이유로 거절]을 해결하기 위하여 1925년 출원인 마쿠쉬가 미국특허청에 제안하여 채택됨으로써 화학분야의 출원에 마쿠쉬타입의 특허청구범위가 사용되었다.

16) Scirpps Clinic & Research Foundation V. Genentech (1991) ; 특허는 농축과 분리가 어렵고 혈액내 플라스마 단백질의 극히 일부를 차지하는 혈액응고요소인 Factor Ⅷ : C(이하 "FC"로 표기한다)라는 인체단백질에 관한 것이었다. FC는 무게가 100배정도 무거운 Factor Ⅷ : RP (이하 "FRP"를 표기한다)와 복잡하게 결합된 상태로 존재하는데 발명자는 FC를 고농축시키고 정화시키기 위한 Process를 개발하였다. 그 Process에는 FRP를 위하여 monoclonal항체가 사용되었고 특허청구범위에는 Process와 Product-by-Process가 각각 청구되었다. 고발된 침해자는 DNA재결합기술을 이용하여 FC를 생산했는데, 그 기술은 단백질을 암호로 분류하여 유전자를 분리시켜 숙주세포에 삽입시킨 후 증식시켜, 그 세포가 배양기 안에서 단백질을 배설시키게 하고, monoclonal항체인 FRP를 사용하여 단백질을 정화시키는 과정이었다.
이 사건에서 CAFC는 "동일한 process를 사용하지 않은 경우 product-by-process 청구범위를 침해하지 않은 것"이라는 지구법원의 결정을 파기하면서, "product-by-process로 기재된 청구범위의 특허성을 결정할 때 청구범위에 기재된 process에 한정해서 product를 심사하지 않는다. 무효심판이나 침해사건에서도 청구범위는 똑같이 해석, 적용하기 때문에 product-by-process 청구범위의 올바른 해석은 청구범위에 기재된 process를 통해 만들어진 product에만 한정해서는 안될 것이다"라고 하면서, 다른 방법에 의하여 만들어진 product를 침해로 판시하였다. 이 사건에서의 이러한 취지의 판결은 product 그 자체에 특허가 부여되었기 때문이었다.

vi. 민스 플러스 펑크션 청구항

민스 플러스 펑크션(Means-Plus-Function) 청구항은 발명의 요지를 부분적으로 한정하기 위하여 발명의 구성요소를 특허청구범위에 기능적으로 기재하는 것이다.

미국특허법 제112조에서는 "결합된 특허청구범위의 요소는 특정한 기능을 수행하기 위한 수단으로 표현될 수 있고 그 수단에는 발명의 상세한 설명에 기재된 구조, 재질 또는 작용 및 균등물이 포함된다"고 규정하고 있다.

동조에서 "결합된"에는 화학적 합성물 및 기계적 결합물이 포함된다. 민스 플러스 펑크션으로 청구된 특허권리범위는 같은 기능을 수행하는 모든 수단을 포함하는 것이 아니라 발명의 상세한 설명에 기재된 수단 및 그 균등물에 한정되며 특허청구된 수단이 선행기술에 포함되는 것이면 해당기능의 새로운 사용여부에 관계없이 특허를 받지 못한다.[17] 따라서 민스 플러스 펑크션 특허청구범위의 해석의 초점은 그 특허청구범위에 기재된 기능과 동일한 기능을 수행하는 침해물이 발명의 상세한 설명에서 표현된 수단과 동일하거나 균등한 구조를 가지고 있는가를 확인하는 과정에 있다.[18]

④ 특허청구범위의 기재요건

특허청구범위에는 발명의 상세한 설명에 기재된 발명을 알기 쉽도록 간명하게 기재하도록 강제한 독립된 규정을 두어(법 42④ 1·2, ⑧) 발명의 특허요건의 판단대상적 기능에 관한 기재요건, 발명의 보호범위적 기능에 관한 기재요건을 충족토록 함으로써 완전한 권리구조를 형성하고 있다. 즉 특허법은 i) 특허청구범위에는 보호를 받고자 하는 사항을 기재한 청구항을 하나 또는 둘 이상 두되, ii) 그 청구항은 발명의 상세한 설명에 의하여 뒷받침되고, iii) 발명이 명확하고 간결하게 기재되며, iv) 보호받고자 하는 사항을 명확히 할 수 있도록 발명을 특정하여 기재하여야 함은 특허청구범위의 기재요건으로 하고 있다.

i. 특허청구범위의 청구항성

특허청구범위에는 그 발명에 대하여 보호를 받고자 하는 사항을 하나 또는 둘 이상 기재하여 청구항을 설정하여야 한다(법 42④). 이는 특허청구범위기재의 본질적 요건으로서 구특허법에서 하나의 청구항만을 인정하던 단항제와는 달리 다항제를 채택하고 있다는 것이다.

---

17) RCA Corp, V, Applied Digital Data Sys. 1984.

18) Palumbo Don-Joy Co. 1985.

(ⅰ) 특허청구범위의 청구항으로의 구분기재

ⅰ) 청구항과 특허청구범위의 관계

청구항은 특허청구범위의 보호범위적 기능을 강화하기 위하여 도입된 용어로써 구미법의 클레임(a claim)에 해당한다. 따라서 구분된 청구항의 집합으로서의 특허청구범위는 구미법의 the claim에 해당한다고 볼 수 있다.[19] 그러한 의미에서 구분된 개별 청구항은 단항제의 특허청구범위와 같으므로 모든 청구항에는 발명의 기술적 사상에 관한 사항, 즉 보호를 받고자 하는 사항을 명확히 할 수 있도록 발명을 특정하는데 필요하다고 인정되는 구조·방법·기능·물질 또는 이들의 결합관계 등을 기재하여야 한다(법 42⑥ : 필수적 요건).

ⅱ) 청구항의 독립성

각 청구항은 각각 별개·독립이어서 단항제에서의 특허청구범위와 같은 법적 지위를 갖는다. 따라서 각 청구항은 별개로 심사·심판 등의 대상이 된다. 그러므로 1개의 청구항에 관계되는 기술적 사상이 산업의 이용성·신규성·진보성 등의 특허성을 갖는지의 여부는 다른 청구항에 관계되는 발명의 특허성과 관계없이 심사 또는 심리된다. 따라서 청구항의 독립성은 1개의 청구항에 기재된 발명과 다른 청구항에 기재된 발명이 기술적 사상에서 동일 또는 상위·하위에 있는지의 여부를 심사 또는 심리할 필요가 없기 때문에 1개의 청구항 기재의 발명과 다른 청구항 기재의 발명이 동일한지 아니면 다른지의 구별을 할 필요가 없는 것이다. 이러한 청구항의 독립성은 청구항이 독립항이든 종속항이든 그 기재형식에 의해 영향을 받지 아니한다. 기재형식은 단순히 기재내용의 이해의 편의를 돕기 위한 것으로서 어느 것을 택할 것인가는 전적으로 출원인이 결정하여야 할 사안이기 때문이다.

(ⅱ) 청구항의 기능

청구항은 ⓐ 특허성의 판단에서의 독립적 기능, 즉 1개의 청구항에 기재된 발명과 다른 청구항에 기재된 발명이 기술적 사상에서 상위·하위 또는 동위에 있는지의 여부를 심사 또는 심리할 필요가 없게 하는 기능, ⓑ 특허권의 효력(법 94), 특허권 등의 포기의 제한(법 119조), ⓒ 특허의 무효심판청구(법 133), 특허료 및 수수료(법 79, 82) 등의 단위가 되는 중요한 구분으로서의 기능을 갖는다.

ⅱ. 발명이 상세한 설명의 배경성

특허청구범위의 청구항은 발명의 상세한 설명이 그 배경이 되어 뒷받침되어야

19) 특허법개설(제9판), 吉藤辛朔 著, YOU ME 特許法律事務所 역, 대광서림(1993), 211면.

한다(법42④1). 이는 청구항의 기재를 발명의 상세한 설명란에 기재되어 있는 사항 중에서 기재토록 하여 특허청구범위를 공개된 발명에 대해서만 인정하려는 것인바, 이는 발명의 공개를 대가로 일정기간 그 출원인에게 그 공개발명에 대하여 전용권을 부여함으로써 기술의 발전을 촉진하여 산업발달에 기여하려는 특허제도의 취지에 따른 것이다.

따라서 발명의 상세한 설명에 기재되어 있지 아니한 사항을 특허청구범위의 청구항으로 기재하거나 그 청구항에 기재한 발명의 범위가 발명의 상세한 설명에 기재된 발명의 범위보다 넓은 경우에는 그 청구항은 성립되지 아니한다. 만일 이러한 경우를 인정할 경우 발명의 상세한 설명에 의해 공개되지 아니한 발명을 보호해주는 결과가 되어 위 특허제도의 취지에 반할 우려가 있기 때문이다.

그러므로 발명의 상세한 설명에 기재되지 않은 사항을 특허청구범위로 기재한 특허출원은 거절이유(법 62.4)가 되고 만약 특허가 될 경우 특허무효사유(법 133①1)가 된다. 이러한 결격이 있는 상태에서 특허가 되어 특허권침해사건이 발생한 경우 법원은 기술적 범위를 해석함에 있어서 특허청구범위에 기재된 발명을 발명의 상세한 설명에 기재된 발명에 한정하고 이외의 발명에 관계되는 계쟁물은 기술적 범위에 속하지 않는 것으로 보아야 한다. 이와 같이 특허심판사건이나 특허권침해사건판결에도 문제가 발생하므로 유념하여야 한다.

iii. 청구항기재의 간명성

특허발명을 실시할 권리를 독점하는 특허권의 권리범위는 특허청구범위에 의해 확정되고(법 94), 특허발명의 보호는 특허청구범위의 청구항에 기재된 사항에 의하여 정하여진다(법 97)는 점에서 특허청구범위기재는 중요한 의의를 갖는다. 따라서 특허청구범위의 기재는 간명하되 하나의 청구항으로부터 발명이 파악될 수 있어야 한다.

그러므로 특허청구범위의 청구항은 발명이 명확하고 간결하게 기재되어야 한다(법 42④2). 이때의 "명확"과 "간결"은 동시충족요건으로서 이 둘 중 어느 하나라도 결여된 경우에는 동호는 성립되지 아니한다. 만약 청구항에 기재한 사항이 불명확하고 잡다하게 기재되어 보호를 받고자 하는 사항이 명료하지 아니한 때에는 아무리 발명의 상세한 설명에 의해 뒷받침되었다 하더라도 청구항기재의 간명요건이 충족되지 아니한 것으로 되어 특허법 제29조 제1항 및 제2항에 의한 신규성, 진보성이 없는 발명이 되거나 미완성의 발명이 된다.

이는 청구항이 기능적으로만 기재되어 보호를 받고자 하는 사항이 불명확하고 불간결한 경우에는 특허를 받고자 하는 사항이 명료하지 않아 보호받을 발명의 기술적 범위가 모호하게 되어, 발명의 보호범위가 확연히 기재된 청구항의 발명에 대해서만 특허를 부여하는 특허제도의 취지에 위배될 우려가 있다.

그렇다고 모든 기능적 기재가 불가능한 것은 아니고 발명의 기술적 사상의 기재가 전체적으로 명확하고 간결하여 알기 쉽게 기재되어 있는 경우에는 기능적 기재는 허용되고 보호된다(법 42⑥).

그러나 발명의 목적, 즉 발명이 해결하고자 하는 과제 또는 발명의 효과를 달성하는데 필요한 발명의 기술적 사상, 즉 발명이 해결하고자 하는 과제의 해결수단을 구체적으로 기재하지 아니하고 발명을 기능적으로만 기재한 특허청구범위는 일반적으로 기능적 클레임(functional claim)이라고 하여 위의 이유로 특허가 인정되지 않는다. 예를 들면 "말뚝을 소리나지 않게 박는 항타법"과 같은 경우이다.

그러므로 발명의 특허요건을 사상적으로 표현하여 발명의 보호를 꾀하려면 특허청구범위의 일부를 기능적으로 기재하여야 할 경우가 있으므로 이러한 경우의 기능적 클레임은 허용되어야 하고 또 허용되도록 법제화하였다(법 42⑥). 예를 들면 위의 예에서 "말뚝에 파동을 주면서 주수(注水)하여 땅속에 박는 것을 특징으로 하는 항타방법"은 허용된다.

이러한 기능적 클레임이 인정된 경우에도 일반적으로 발명의 상세한 설명에서 그 기능을 수행하고 목적을 달성할 수 있는 구체적 수단(실시예)을 기재하지 아니하면 발명의 상세한 설명의 뒷받침 없는 청구항의 기재가 되어 특허를 받을 수 없다.

따라서 특허청구범위의 청구항이 기능적으로만 기재되는 등 보호를 받고자 하는 사항이 불간명한 경우에는 특허출원의 거절이유 및 특허의 무효사유가 되며(법 62·4, 133①1) 또 특허권의 권리범위 확인심판이나 특허권침해사건 판결에도 문제가 발생하는 경우가 많으므로 유의하여야 한다.

Ⅳ. 발명의 특정성

특허청구범위를 기재할 때에는 보호를 받고자 하는 사항을 명확히 할 수 있도록 발명을 특정하여야 한다. 발명의 특정에는 보호를 받고자 하는 사항으로 인정되는 구조·방법·기능·물질 또는 이들의 결합관계 등을 발명기재의 특정요소로 하여야 한다(법 42⑥).

개정 전 특허법에서는 특허청구범위의 기능이 "발명의 구성에 없어서는 아니되는 사항만의 기재"에 의해 특정되어 확보되었지만 개정특허법에서는 "보호를 받고자 하는 사항을 명확히 할 수 있도록 발명을 특정하는데 필요하다고 인정되는 구조·방법·기능·물질 또는 이들의 결합관계 등의 기재에 의해 특허청구범위의 보호범위적 기능이 확보되었다. 이에 대한 자세한 설명은 다음의 "⑤ v. 특허법 제42조 제6항"편을 참고하기 바란다.

⑤ 특허청구범위의 기재사항

i. 서 설

우리나라 특허법은 구 일본특허법이 독특하게 채택하고 있었던 1특허출원의 특허청구범위에는 발명의 구성에 없어서는 아니되는 사항만을 1항에 기재하도록 하는, 즉 하나의 청구항만을 기재하도록 하는 단항제를 도입하여 운용하여오다가 1980년 개정특허법(법률 제3325호)에서 특허청구범위에는 보호를 받고자 하는 사항을 기재한 청구항을 1 또는 2이상 있어야 한다고 개정함으로써 1특허출원의 특허청구범위를 복수항으로 기재할 수 있다는 다항제를 채택하게 되었다(법 42④). 채택의 배경과 그 이유는 현재 선진국을 위시한 세계 대부분의 나라가 다항제를 채택하고 있고 특히 특허협력조약(PCT)은 다항제의 채용을 의무화하고 있으며 더욱 탈냉전이후 활발해지고 있는 국제간의 기술의 교류와 협력의 시대를 맞아 특허청구범위의 기재를 통일할 필요가 있었을 뿐만 아니라 다항제의 도입으로 단항제의 취약점을 극복하여야 할 필요성이 대두되고 있었기 때문이다. 단항제는 추상적인 발명의 기술적 사상을 하나의 청구항으로 명확하고 간결하게 기재하여야 하는 작성상의 어려움이 있고 또 제3자로서도 특허청구범위의 기재만 보아서는 그 특허발명의 권리범위를 쉽게 알아볼 수 없는 단점이 있다. 이에 반해 다항제는 i) 특허청구범위 기재의 국제화 추세에 부응할 수 있어 기술협력 및 기술정보교류의 기반을 구축할 수 있으며, ii) 출원인·특허권자에게 권리의 취득·관리 및 행사가 유리하고, iii) 제3자에 있어서도 특허발명에 대한 기술적 범위의 명확화로 침해여부의 판단이 용이하다는 점 등이 기대되는 제도이다.

또 앞에서 설명한 바와 같이 종래특허법에서의 특허청구범위의 기재는 발명의 구성에 없어서는 아니되는 사항만으로 기재하도록 규정하고 있었으나(개정전법 42④3) 개정법에서는 특허청구범위를 기재할 때에는 보호를 받고자 하는 사항을 명확히 할 수 있도록 발명을 특정하는데 필요하다고 인정되는 구조·방법·기능·물질 또는 이들의 결합관계 등을 기재하여야 한다고 규정함으로써(개정법 42⑥) 비로소 제도의 국제적 통일화를 기하는 한편 특허청구범위기재의 명확성을 확보하는 전기를 마련하였다.

ii. 특허법 제42조 제2항 제4호 및 제4항

특허법 제42조 제2항 제4호에 의하면 명세서에는 특허청구범위를 기재하여야 한다고 규정하고는 있지만 이 규정만으로는 구체적으로 무엇을 기재하여야 하는지가 규정되어 있지 않아 특허청구범위의 기재에 의해 권리범위가 특정되어 특허권의 효력범위 및 특허발명의 보호범위가 확정되고 심사 등 대상의 발명을 파악한다는 특허청구범위의 기능을 충분히 발휘할 수 없다. 그렇기 때문에 같은 조 제4항에서는 출원인이 특허를 받으려고 하는 발명을 특정할 때 필요한 사항을 기재하지 아니하거나 불필요한 사항을 기재하지 아니하도록 하기 위하여 특허청구범위에는 보호를 받고자 하는 사항을 기재한 청구항이 1 또는 2이상 두어 발명을 특정하기 위한 사항을 과부족 없이 적절히 기재하도록 규정하고 있다.

또한 특허는 출원인이 얻고자 하는 발명에 관한 권리이므로 특허법은 특허의 대상이 되는 발명의 특정에는 출원인이 특허를 받고자 하는 발명에 대하여 필요하다고 인정되는 사항, 즉 발명의 구조·방법·기능·물질 또는 이들의 결합관계 등 모두를 기재할 수 있도록 규정하고 있다(법 42⑥).

뿐만 아니라 동규정은 청구항의 성격을 명확히 하고 있다. 즉 출원인이 특허를 받으려고 하는 발명을 특정하기 위하여 필요하다고 인정되는 사항기재를 "청구항"이라고 규정함으로써 각 청구항의 기재에 의하여 i) 특허에 의한 권리범위가 정하여지고, ii) 심사 등의 대상이 정하여짐을 명백히 하고 있다.

동규정의 후단은 종래특허법 제42조 제4항의 후단과 동일한 규정으로서, 하나의 발명에 대하여는 하나의 청구항 밖에 기재할 수 없다는 해석이 불가능하도록 확인적으로 규정한 것이다.

청구항에 기재된 사항이 특허를 받으려고 하는 발명을 특정하기 위해 필요한지 여부의 판단은 출원인 스스로의 몫으로 출원인이 필요하다고 인정되어 기재한 사항에 대해 그 사항의 필요여부를 심사관 등이 판단, 결정하는 것은 부당하다. 그러한 취지에서 동항은 특허출원거절이유나 특허무효사유가 되지 아니한다.

iii. 특허법 제42조 제4항 제1호

특허청구범위에 보호를 받고자 하는 사항을 기재한 청구항은 발명의 상세한 설명에 의하여 뒷받침되어야 한다(법 42④1). 그러므로 발명의 상세한 설명에 기재되어 있지 않은 발명을 특허청구범위의 청구항으로 기재할 경우 이는 공개하지 아니한 발명에 대하여 특허청구를 하게 되는 것이다.

위 같은 호는 명세서의 발명의 상세한 설명에 공개하지 아니한 발명에 대한 특허청구를 방지하기 위한 것이며, 이는 종전법 제42조 제4항 제1호를 그대로 유지한 것으로서 그 판단은 청구항에 기재된 사항이 발명의 상세한 설명에 의해 파악될 수 있는지에 따라 한다.

ⅳ. 특허법 제42조제4항 제2호

(ⅰ) 제2호의 기재

특허청구범위에 보호를 받고자 하는 사항을 기재한 청구항은 발명이 명확하고 간결하게 기재되어야 한다(법 42④2). 그러므로 청구항에 특허를 받으려고 하는 발명이 간명하게 기재되어 있지 않아 특허를 받으려고 하는 발명을 명확하게 파악할 수 없는 경우에는 신규성, 진보성 등의 특허요건이나 기재요건의 판단대상인 청구항에 관한 발명을 인정할 수 없을 뿐 아니라 특허발명의 기술적 범위를 정하는 권리서로서의 기능을 제대로 할 수 없다. 동호는 이러한 역기능을 방지하고 하나의 청구항에서 보호를 받고자 하는 발명이 명확하게 파악될 수 있도록 기재하여야 함을 명백히 하고 있다.

위 같은 호 위반여부판단은 청구항의 기재는 물론 청구항 이외의 명세서 및 도면의 기재와 이와 관련한 기술상식도 고려하여야 한다. 그러나 여기에서 유의할 것은 청구항에 기재되어 있지 아니한 사항에 대해서까지 특허청구범위 이외의 명세서 및 도면 등을 고려해서 위 같은 호의 요건을 판단하여야 하는 것은 아니다. 그러한 의미에서 청구항에 기재되어 있는 사항에 대해서는 반드시 고려하여야 함은 당연하다.

(ⅱ) 청구항의 불명확한 기재

청구항의 기재가 불명확한 경우 먼저 특허청구범위 이외의 명세서 및 도면에 명확하게 파악할 수 있는 표현이 기재되어 있는지 살펴보고 그 다음 해석해 보고 청구항의 기재가 명확하다고 할 수 있는지를 판단한다. 특허법 제42조 제4항 제2호 전단의 청구항의 불명확한 기재의 유형을 살펴보면 다음과 같다.

ⅰ) 청구항기재가 불명확한 때

특허를 받으려고 하는 발명 또한 불명확하게 된 경우, 예를 들면 청구항의 잘못된 기재, 분명하지 아니한 기재 등이 이에 속한다.

ⅱ) 발명을 특정하기 위한 사항에 기술적 결함이 있는 때

특허를 받으려고 하는 발명이 청구항에 기술적으로 특정되지 아니하고 부정확한 기재의 포함으로 인하여 불명확하게 된 경우, 예를 들면 "50~70중량%의 A성분과 40~60중량%의 B성분과, 30~40중량%의 C성분으로 된 합금" (3성분 중 1의 것(A)의 최대성분량과 나머지 2성분(B, C)의 최저성분량의 합이 100%를 넘는다)

iii) 발명의 외연이 불명확한 때

기술적 사상으로서의 발명의 개념이 적용되어야 할 사물의 범위인 외연(外延)은 있으나 그 개념의 외연이 명확하지 아니한 경우에는 그 개념은 불명확하게 된다. 그러므로 발명이라고 하는 개념의 외연을 상대방이 이해할 수 없는 경우에는 그 개념은 불명확하여 발명이 명확하지 않고, 위 같은 호에도 위반이 된다. 예를 들면 "…이상, …이하"라고 하는 수치범위의 한정을 두는 경우에는 기술적 사상으로서의 발명의 외연이 불명확하게 된다.

iv) 발명을 특정하기 위한 사항이 선택사항으로 되어 있고 그 선택사항간에 유사한 성질이나 기능을 갖고 있지 아니한 때

하나의 청구항은 하나의 발명이 정확하게 이해될 수 있도록 명확하게 기재하여야 한다. 또 청구항이 특허권의 효력범위를 정하고 특허료 등의 기본단위임을 감안할 때 하나의 청구항에 기재된 사항에 의해서 하나의 기술적 사상인 발명이 확정되어야 힌다. 그러므로 하나의 청구항에 기재된 사항에 의하여 하나의 기술적 사상인 발명이 확정되지 않을 경우에는 위 같은 호의 위반이 된다. 예를 들면 일반전원의 송수신기에 특정전원의 송수신기인 경우 기술적 사상으로 발명의 외연이 불명확하게 된다.

(iii) 청구항의 불간결한 기재

청구항의 기재는 발명의 신규성, 진보성 등 특허요건 등의 판단대상이 청구항에 관한 발명을 인정하고 특허발명의 기술적 범위를 명시하는 권리로서의 기능을 담보하는 것이다. 따라서 발명의 명확한 기재에 그치지 않고 제3자가 그 청구항의 명확한 기재를 쉽게 파악, 이해할 수 있도록 간결하게 기재할 것을 필요로 한다(법 42④2 후단).

이러한 청구항의 간결기재는 그 기재에 의하여 특정된 발명의 개념에 대한 간결성을 요구하는 것은 아니다. 청구항의 불간결기재의 유형을 살펴보면 다음과 같다.

i) 청구항에 동일사항이 중복 기재된 경우

ii) 마쿠쉬타입의 기재형식의 화학물질의 발견 등과 같은 택일형식의 기재에 있어서 택일사항의 수가 많아 청구항 기재에 있어서 간결성이 현저히 저하된 경우

v. 특허법 제42조 제6항

특허법 제42조 제4항에는 보호를 받고자 하는 사항을 기재한 청구항이 하나이상 있어야 하며, 그 청구항은 발명의 상세한 설명에 의하여 뒷받침되고 또 발명

이 명확하고 간결하게 기재되어야 한다고만 규정하고 있을 뿐 구체적으로 무엇을 기재하여야 하는가가 규정되어 있지 않다.

따라서 특허청구범위의 기재에 의하여 특허발명의 보호범위나 특허권의 효력(권리)범위가 특허되어 심사·심판 및 소송 등 대상의 발명이 파악된다는 특허청구범위의 기능을 충분히 발휘할 수 없다.

그러한 이유로 인하여 개정법에서는 제42조에 제6항을 신설하여 특허출원인이 특허를 받고자 하는 사항의 발명을 특정할 때 필요한 사항을 기재하지 아니하거나 반대로 불필요한 사항을 기재하는 일이 없도록 하기 위하여 "특허를 받고자 하는 자가 특허청구범위를 기재할 때에는 보호를 받고자 하는 사항을 명확히 할 수 있도록 발명을 특정하는데 필요하다고 인정되는 구조, 방법, 기능, 물질 또는 이들의 결합관계 등을 기재하여야 한다"고 규정함으로써 청구항에 특허를 받고자 하는 발명의 기재사항을 비교적 구체적으로 또 과부족 없이 적절히 기재할 수 있도록 명문화하였다.

특히 특허법 제42조 제6항의 신설로 특허를 받고자 하는 발명은 출원인 자신의 고유판단사항이므로 보호받고자 하는 사항을 명확히 할 수 있도록 발명을 특정하는데 필요하다고 출원인 스스로가 인정하면 이를 모두 기재할 수 있도록 하여 특허청구 범위의 성격을 명백히 하였다. 즉 특허출원인이 특허를 받고자 하는 발명을 특정하기 위하여 필요하다고 인정되는 사항을 기재하는 것이 특허청구 범위임을 명문화함으로써 각 청구항의 기재에 의하여 특허를 받고자 하는 발명의 보호범위 및 특허권의 권리(효력)범위가 정하여져야 하고 각 청구항의 기재사항에 의하여 심사, 심판 및 소송 등의 대상파악, 즉 발명의 신규성, 진보성 등 특허요건의 성립여부의 파악대상이 되어야 한다는 것 등이 명백하게 되었다.

⑥ 특허청구범위의 기재방법

i. 서 론

특허출원명세서에 기재할 특허청구범위에는 보호를 받고자 하는 사항을 기재한 항(이하 "청구항"이라 한다)이 1 또는 2이상 있어야 하며 청구항의 수는 발명의 성질에 따라 적정한 수로 기재하여야 한다(법 42④, 법시행규칙 5②). 이는 청구항은 특허발명의 보호범위이므로 청구항이 없는 특허출원은 무의미하기 때문이다. 그러므로 특허출원서에는 반드시 청구항을 기재한 명세서를 첨부하여야 한다(법 42②). 따라서 명세서에 청구항을 기재하지 아니하거나 청구항을 기재하지 아니한 명세서를 특허출원서에 첨부하여 출원한 후 소정의 기한까지(법 42⑤1, 2) 명세서를 보정하지 아니한 경우에는 그 기한이 되는 날의 다음날에 해당 특허출원은 취하된 것으로 간주한다(법 42⑦).

ⅱ. 청구항의 기재방법

(ⅰ) 개 요

특허청구범위의 청구항의 기재방법은 그 기재형식에 따라 독립청구항(이하 "독립항"이라 한다)과 그 독립항을 한정하거나 부가하여 구체화하는 종속청구항(이하 "종속항"이라 한다)으로 크게 나누어 기재할 수 있다. 이 경우 필요한 때에는 그 종속항을 한정하거나 부가하여 구체화하는 다른 종속항을 기재할 수 있다(법 42⑧, 법시행령 5①). 이처럼 독립항과 종속항은 기재표현이 다를 뿐 그 취급에 있어서는 동등한 지위를 갖는다.

청구항은 발명의 성질에 따라 적정한 수로 기재하여야 한다(법시행령 5②). 종속항의 기재는 독립항 또는 다른 종속항 중에서 1 또는 2이상의 항을 인용하여야 하며, 인용되는 항의 번호를 기재하여야 한다(법시행령 5④).

또 2이상의 항을 인용하는 청구항은 인용되는 항의 번호를 택일적으로 기재하여야 한다(법시행령 5⑤).

2이상의 항을 인용한 청구항에서 그 청구항의 인용된 항은 다시 2이상의 항을 인용하는 방식을 사용할 수 없다. 2이상의 항을 인용한 청구항에서 그 청구항의 인용된 항이 다시 하나의 항을 인용한 후에 그 하나의 항이 결과적으로 2이상의 항을 인용하는 방식에 대하여도 또한 같다(법시행령 5⑥).

인용되는 청구항은 인용하는 청구항보다 먼저 기재하여야 하며(법시행령 5⑦) 각 청구항은 항마다 행을 바꾸어 기재하고 그 기재하는 순서에 따라 아라비아숫자로 일련번호를 붙여야 한다(법시행령 5⑧).

또 발명의 기술적 특징을 이해하기 위하여 필요한 경우에는 도면의 인용부호를 청구항에 기재할 수 있다. 그리고 특허법 제42조 제5항 전단의 규정(특허청구범위의 제출유예제도)에 따라 특허청구범위를 기재하지 아니한 명세서를 특허출원서에 첨부한 경우에는 "특허청구범위" 및 "청구항" 식별항목을 삭제하여야 한다. 위 청구항의 기재방법에 관하여 항별로 상세히 살펴보기로 한다.

(ⅱ) 독립항

ⅰ) 서 론

특허법이 위에 설명한 바와 같이 특허청구범위의 청구항기재에 관한 일정한 형식과 방법을 제시하고 있는 바, 이는 주로 특허청구범위가 출원발명이 해결하고자 하는 과제해결수단에 없어서는 아니되는 사항과 이를 기술적으로 한정하고 구체화하는 사항으로 구분하여 기재하는 다항형식을 채용하여 그 출원발명의 범위를 명확히 하려는데 있다. 따라서 출원발명의 기술적 범위를 정하는데 기본이 되는 독립항은 독립형식으로 명료하게 기재하는 것이 필요하다. 또한 발명이 복수인 경우에는 발명마다 구분하고 번호를 붙일 필요가 있는 것은 번호를 붙인다. 이는 발명의 범위를 명확히 하기 위해서도 당연한 것이다.

ii) 의 의

독립항이라 함은 단일의 발명으로서 그 발명이 해결하고자 하는 과제해결수단(구성)에 없어서는 아니되는 사항을 추출하고 그것에 대한 정의를 내려 특허를 청구하는 항으로 다른 청구항을 인용하지 아니하고 기재한 청구항을 말한다.

따라서 보호를 받고자 하는 발명의 기술적 특징에 대한 정의를 내려 명시하고 필요한 경우 독립항은 다음의 사항을 포함하여야 한다. i) 보호를 받고자 하는 발명의 정의에 필요하며, 또한 결합하여 선행기술의 일부를 이루는 발명의 기술적 특징에 대한 설명, ii) i)의 기술적 특징과 결합하여 보호를 받고자 하는 기술적 특징을 간명하게 기재한 특징부분, 이 부분은 "에 특징을 갖는", "을 특징으로 하는", "과 같이 개량한" 또는 그 밖의 이와 유사한 표현을 사용하여 표시한다.

iii) 기재방법

독립항은 다른 청구항을 인용하지 않고 기재한 청구항으로, 그 기재는 그 독립항에 관계되는 발명이 다른 청구항에 관계되는 발명과 동일여부에 관계없이 가능하며 발명의 성질에 따라 적정수로 기재할 수 있다(법시행령 5②).

이러한 독립항은 상호독립적인 발명, 즉 청구항의 독립성으로 특허출원심사도 청구항마다 별개로 진행하여야 할 뿐만 아니라 특허 후의 권리행사도 청구항마다 할 수 있다. 각 독립항은 항마다 행을 바꾸어 기재하고 그 기재하는 순서에 따라 아라비아숫자로 일련번호를 붙여야 한다(법시행령 5⑧).

(iii) 종속항

i) 서 론

종속항에 기재하는 사항은 발명이 해결하고자 하는 과제해결수단(또는 "구성", 이하 혼용한다)에 없어서는 아니되는 사항과 비교하여 기술적으로 보다 구체적인 수준에서 파악되는 기술적 수단이며 이것을 기재한 청구항이 특허청구범위에 있어서 종속항이므로 종속항에 기재된 기술적 사항은 독립항에 기재된 기술적 사항과 함께 1발명의 범위에 없어서는 아니되는 사항과 비교하여 실질적인 차이가 있는데 형식적으로라도 양자를 명확히 하여 발명이 해결하고자 하는 과제해결수단에 없어서는 아니되는 사항과 명료하게 구별하기 위해 종속항은 반드시 종속형식으로 기재하여야 한다.

ii) 의 의

종속항이라 함은 독립항 또는 선행하는 다른 청구항을 인용하여 기재한 청구항으로 독립항 또는 다른 종속항을 한정하거나 부가하여 구체화하는데 필요한 특허청구범위의 청구항을 말한다. 따라서 1 또는 2이상의 다른 청구범위의 모든 특징을 포함하는 종속항의 기재는 가능하면 먼저, 그 다른 청구항을 인용하고, 다음에 보호를 받고자 하는 추가적인 특징을 기재한다. 2이상의 다른 청구범위를 인용하는 종속항(다수종속항)은 인용하고자 하는 청구항을 택일적으로 기재하여야 한다. 다수종속항은 다른 다수종속항의 기초로 사용되어서는 아니된다.

그리고 종속항은 그 종속항이 인용하는 청구항에 포함된 모든 한정 또는 종속항이 다수 종속항인 경우에는 그 다른 종속항과 관계되는 청구항에 포함된 모든 한정을 포함하는 것으로 해석한다.

또 선행하는 단일청구항을 인용하는 모든 종속항 및 선행하는 2이상의 청구항을 인용하는 모든 종속청구항은 가능한 한 가장 실제적인 방법으로 군(群)을 이루도록 기재하여야 한다.

iii) 기재방법

종속항은 발명의 상세한 설명에 기재된 발명의 과제해결수단에 없어서는 아니되는 사항을 모두 기재하고 있는 독립항을 한정하거나 부가하여 구체화하는 경우(독립항의 종속항)나 또 이 경우 필요한 때에는 그 독립항의 종속항을 한정하거나 부가하여 구체화하는 경우(종속항의 종속항) 필요한 수로 기재하여야 한다(법시행령 5①).

종속항을 기재할 때에는 그 종속항이 속하는 독립항과 그 독립항의 다른 종속항 중에서 1 또는 2이상의 항을 인용하여야 하며, 이 경우 인용하는 항의 번호를 기재하여야 한다(법시행령 5④). 따라서 종속항은 종속항이 속하는 독립항이외의 타 독립항을 인용할 수 없다. 2이상의 항을 인용하는 청구항은 인용되는 항의 번호를 택일적으로 기재하여야 한다(법시행령 5⑤). 또한 2이상의 항을 인용하는 청구항에서 그 청구항의 인용된 항은 다시 2이상의 항을 인용하는 방식을 사용하여서는 아니된다. 2이상의 항을 인용한 청구항에서 그 정구항의 인봉된 항이 다시 하나의 항을 인용한 후에 그 하나의 항이 결과적으로 2이상의 항을 인용하는 방식에 대하여도 또한 같다(법시행령 5⑥). 독립항 또는 다른 종속항을 인용하는 종속항은 인용되는 독립항 또는 다른 종속항보다 먼저 기재하여서는 아니된다. 즉 인용되는 청구항은 인용하는 청구항보다 먼저 기재하여야 한다(법시행령 5⑦). 이 경우에도 독립항 기재방법과 마찬가지로 각 청구항은 항마다 행을 바꾸어 기재하고, 그 기재하는 순서에 따라 아라비아숫자로 일련번호를 붙어야 한다(법시행령 5⑧).

iv) 종속항의 한정방법

종속항을 기술적으로 한정하는 방법은 독일·일본에서 특허실무상 사용하고 있는 i) 소위 내적부가(modifying or detail) 또는 미국에서 사용되는 속(屬)과 종류(genus와 species) 관계의 방법과, ii) 소위 외적부가(adding or incorporating) 또는 미국의 부결합(副結合)과 결합(subcombination and combination)관계의 방법이 있다. 이러한 종속항은 독립항으로 표현될 수 있으나 불필요한 기재의 반복을 피하고 실질적으로 청구항이 구분될 수 있게 기재함으로써 심사·심판 및 침해소송 등에 있어서 상호편의성을 제공한다는 데에 종속항의 존재의의가 있다.

(iv) 청구항의 수 및 번호를 붙이는 방법

i) 특허청구범위의 청구항은 발명의 성질에 따라 적정한 수로 기재하여야 한다(법시행령 5②). 즉 청구항의 수는 보호가 청구되는 발명의 성질을 고려하여 적정한 수로 한다.

ii) 청구항의 수가 2이상인 경우 청구항은 아라비아숫자에 의한 일련번호에 의하여 기재한다. 즉 위에서 설명한 바와 같이 각 청구항은 항마다 행을 바꾸어 기재하고, 그 기재는 순서에 따라 아라비아숫자로 일련번호를 붙여야 한다(법시행령 5⑧).

[예] 【청구항 1】
...................(독립항)
【청구항 2】
청구항 1에 있어서.......(종속항)
【청구항 3】
청구항 2에 있어서.......(종속항의 종속항)
【청구항 4】
......................(독립항)
【청구항 5】
청구항 4에 있어서.......(종속항)

iii) 청구항을 보정하는 경우에 그 번호를 붙이는 방법은 다음과 같다.

청구항의 보정은 1 또는 2이상의 청구항 전체의 삭제, 1 또는 2이상의 새로운 청구항의 추가 또는 출원시의 1 또는 2이상의 청구항을 보정하여 행할 수 있다. 대체용지상의 모든 청구항에는 아라비아숫자에 의한 번호를 부여한다.

청구항이 삭제된 경우에는 타 청구항의 번호를 재부여할 필요는 없다. 청구항의 번호가 재부여되는 모든 경우에는 연속적인 번호를 재부여한다.

(v) 청구항 보정의 표시방법

출원인은 보정서에서 출원시의 특허청구범위와 보정된 특허청구범위의 상위에 대하여 표시한다. 출원인은 특히 출원에 기재한 각 청구항과 관련하여(2이상의 청구항에 관한 동일한 표시는 그룹으로 할 수 있다) 다음과 같은지 여부를 당해 보정서에 표시한다.

i) 당해 청구항은 변경되지 아니함

ii) 당해 청구항은 삭제함

iii) 당해 청구항은 새로운 것임(추가)

iv) 당해 청구항은 출원시의 1 또는 2이상의 청구항과 대체되는 것임

v) 당해 청구항은 출원시의 청구항의 분할의 결과임

(vi) 청구항기재방법 위반의 유형

청구항의 기재방법위반은 인용형식의 청구항 이후에 기재되는 청구항을 인용하고 있을 경우 또는 인용형식의 청구항 다른 청구항을 그 청구항에 첨부된 번호에 의해 인용하고 있지 않은 경우의 두 유형으로 나타난다.

⑦ 특허청구범위기재상의 유의사항

특허청구범위의 기재가 불비하거나 잘못된 경우는 특허출원이 거절되거나 특허 후에는 무효가 되는 등 많은 문제가 발생하므로 특허청구범위의 기재야말로 특허출원인이 가장 중요시하고 또 주의를 하여야 할 사항으로 생각된다. 그러한 점에서 앞에서 설명한 내용과 부분적으로 중복된 점이 있기는 하나 총괄정리차원에서 기술한다.

i. 특허청구범위를 넓게 기재할 것

특허 청구항이 2이상인 경우에는 소위 주 청구항(main claim), 상위(개념적) 청구항(종전법에서의 필요적 요건항)에 필수적 요건이 아닌 소위 부수적 사항을 기재하는 것을 특허권침해소송 등에서 균등론[20]이 적용되는 경우를 제외하고, 특허청구

20) 균등론이란 특허청구범위에 기재된 발명과 균등(등가)한 발명을 기술적 범위에 속한다고 해석하는 설이다. 이러한 균등론에는 극히 좁은 범위의 확장을 인정하려는 경우와 극히 넓은 범위의 확장을 인정하려는 경우가 있으나 전자를 통설로 하고 있다. 그러나 문리적 해석론은 특허청구범위에 기재된 구성요건과 문언상 상위하는 것은 모두 특허발명의 기술적 범위에 속하지 아니한다고 하여 그 예외를 일체 인정하지 않으려는데 반해 균등론은 단순한 문리적 해석론으로는 특허권자의 보호가 미흡하다고 하여 i) 특별한 사정이 있는 경우는 예외로 하고(예외적 균등론), ii) 특별한 사정이 없는 한 원칙적으로 특허청구범위의 문언의 엄격한 문리해석을 넘어서 기술적 범위를 해석하려는 것이다(원칙적 균등론). 자세한 것은 "제9장 제3절 Ⅲ. 3. (3) 균등론"편을 참고하기 바란다.

범위에 필수적 요건만을 기재한 경우에 비해 좁게 해석되는 것이 원칙이다. 즉 특허청구범위에는 기재사항이 많으면 많을수록 보호범위는 좁은 것으로 해석된다. 이를 소위 특허청구범위의 다기재 협소범위의 원칙 또는 다한정 협소범위의 원칙이라고 하며 특허청구범위의 해석상 매우 중요한 원칙이다. 이러한 불리한 점을 극복하기 위해서는 특허청구범위를 기재하는 용어의 선택, 즉 무용의 한정이 되지 않는가의 여부, 보다 넓은 개념의 용어가 없는지의 여부 등을 세심하게 검토하는 것이 필요하다.

ⅱ. 비 발명부분을 포함하지 말 것

발명이 아닌 것을 특허청구범위에 포함하지 않도록 유념하여야 한다. 예를 들면 ⅰ) 발명이 해결하고자 하는 과제를 해결할 수 있는 발명이나 그 밖의 필요한 사항의 발명부분 외에 발명의 과제해결을 할 수 없거나 그밖에 필요한 사항이 아닌 비 발명부분을 포함하는 경우, ⅱ) 실시예에 의하여 뒷받침된 발명부분 외에 실시예에 뒷받침되지 않은 발명을 포함하는 경우, ⅲ) 공지된 종래기술을 신기술발명에 포함하여 기재하는 경우, 위의 결격 등이 비록 일부일지라도 이를 포함할 경우 그 특허청구범위는 그 흠결부분에 대해서도 특허를 청구하게 되어 결국 특허출원이 거절이유가 되고 특허가 된 경우에는 무효사유가 된다. 흠결이 있는 채 특허된 발명에 대한 기술적 범위의 법적 효력에 대해서는 전술한 "ⅱ(ⅱ) 기재흠결청구항의 효력 ⅱ)"를 참고하기 바란다.

ⅲ. 명료하게 기재할 것

특허청구범위의 기재는 발명이 해결하고자 하는 과제의 해결수단을 명료하게 기재하여야 한다. 만일 발명이 해결하고자 하는 과제해결수단을 발명이 해결하고자 하는 과제, 그밖에 발명의 실시예, 발명의 이용가능성, 발명의 효과 등 필요한 사항 등을 기능적으로 기재하는 경우는 발명의 상세한 설명 중에 명료하게 발명의 과제해결수단(실시예)이 기재되어 있다 할지라도 발명의 과제해결수단이 불명료하여 특허법 제42조 제4항의 규정에 위반한 특허청구범위의 청구항이 되거나 같은 법 제29조 제1항 및 제2항의 규정에 의한 신규성·진보성이 없는 발명이 되거나 또는 미완성의 발명이 되어 같은 법 제62조의 규정에 의한 거절이유가 되고 특허 후에는 같은 법 제133조 제1항 제1호의 규정에 의한 특허의 무효사유가 된다.

ⅳ. 평이하게 기재할 것

특허청구범위는 특허권이 미치는 기술적 범위를 정하는 기준이 되므로 이를 보는 모든 자가 쉽게 그리고 정확하게 그 내용을 이해할 수 있도록 알기 쉽게 기재하여 특허발명의 공개효과의 극대화와 권리의 보호효과를 제고하여야 함은 너무나도 당연하다.

(i) 특허청구범위의 개조식 작성

특허청구범위의 기재는 문장식과 개조식이 있는 바 전자가 종래의 일반적인 기재방식이었으나 발명의 내용이 복잡하고 긴 경우에는 단락을 짓고 행을 바꾸어 기재하는 개조식이 바람직하고 또 사용도 늘어가고 있는 추세이다.

(ii) 특허청구범위 기재시의 부호사용

발명의 기술적 특징을 이해하는데 필요한 경우 또는 발명의 내용이 복잡한 경우 청구항기재의 내용을 이해하기 쉽게 도면에서 사용한 부호를 괄호 안에 넣어 특허청구범위에 기재하여 사용하는 것이 바람직하다.

(iii) 특허청구범위기재상의 "있어서"의 형식

출원발명과 종래기술 등과의 관계를 알기 쉽게 하고 출원발명의 특징부분을 명확하게 하기 위하여 "...(종래기술 또는 상위개념)...에 있어서, ...하는 것을 특징으로 하는 ...(발명의 명칭)의 형식이 바람직하다." 이와 같이 "있어서" 형식을 사용한 경우, 그 전체부분(preamble)자체가 독립해서 발명의 요지로 되지 않으며, 또한 발명의 요지에서 제외되지 않음은 물론이다.

(iv) 과도한 청구항 설정의 금지

특허청구범위의 다항제 도입으로 동일발명일지라도 복수의 청구항에 기재할 수 있다. 더욱 항수에 따라 심사청구료·특허료 등 요금을 지불하기만 하면 출원인이 기재하고 싶은 청구항을 그 수에 구애받지 않고 기재할 수 있다. 그러나 그 항수가 많다고 하여 출원인이 유리한 것은 아니다. 발명의 성질과 내용에 따라 여러 면에서 보호할 필요가 있는 합리적인 범위내로 한정하는 것이 더 중요하다. 예를 들면 표현형식이 다른 동일발명에 관련되는 청구항에 내해서는 일반적으로 모든 발명에 대해 필요한 것은 아니며 또 하위 개념적 동일발명의 청구항에 대해서도 누구에게나 자명하고 불필요한 것(단순한 재료·형상·용도·수식 등)으로서 의심의 여지가 없는 것까지 기재할 필요는 없다. 또 다항제의 개선으로 청구항에 독립항과 종속항을 기재할 수 있으나 이때 독립항은 반드시 기재하여야 하나 종속항은 필요한 경우에만 기재하고 필요하지 아니한 경우에는 기재하지 아니하여도 된다. 그리고 특허청구범위의 청구항 중 하위 개념적 청구항에 기재되어 있지 않았다 할지라도 주 청구항 내지 상위 청구항(구법하의 필수요건항)에 포함되어 있으면 주 청구항 내지 상위 개념적 청구항이 부당하게 넓은 것이 아닌 한 이것에 의해 권리범위가 정해진다. 그러한 의미에서 하위 개념적 청구항은 주 청구항 내지 상위 개념적 청구항에 대한 확인적 청구항이라고 할 수 있다.

⑧ 특허청구범위기재의 흠결

ⅰ. 형식불비의 청구항

특허법상 특허청구범위의 기재형식불비로 인하여 위반이 된 경우를 예시해 보면 다음과 같다.

(ⅰ) 2이상의 발명이 발명의 상세한 설명에 기재되어 있는 경우, 이들 2이상의 발명의 과제해결수단에 없어서는 아니되는 사항이 하나의 독립항에 기재되어 있을 때

(ⅱ) 청구항에 번호가 붙여 있지 않을 때

(ⅲ) 발명의 종속형식으로 기재하여야 할 것이 독립형식으로 기재되어 있을 때

(ⅳ) 발명의 과제해결수단에 없어서는 아니되는 사항과 그 발명을 기술적으로 한정하고 구체화한 사항이 하나의 청구항에 기재되어 있을 때

(ⅴ) 2이상의 항으로 기재하여야 할 사항이 하나의 항에 기재되어 있을 때, 다만 2이상의 항으로 기재하여야 할 사항이 다수항 종속형식으로 기재되어 있을 때에는 기재형식의 불비로 보지 않는다.

(ⅵ) 하나의 항으로 기재하여야 할 종속항이 2이상으로 기재되어 있을 때

(ⅶ) 2이상의 청구항을 인용하는 종속항에 있어서 그 인용이 택일적으로 되어 있지 않을 때

(ⅷ) 독립항 또는 다른 종속항의 인용이 그것들에 붙인 번호에 의하지 않았을 때

(ⅸ) 종속형식으로 기재된 청구항이 후에 기재된 청구항을 인용하고 있을 때

(ⅹ) 전 청구항을 통하여 기재의 순서에 의한 연속번호가 붙여져 있지 않을 때

(ⅺ) 발명의 과제해결수단에 없어서는 아니되는 사항으로 본래 기재하여야 할 것이 종속형식으로 기재되어 있을 때 등이다.

ⅱ. 기재흠결의 청구항

(ⅰ) 청구항기재의 흠결

특허법상 특허청구범위의 형식에 관한 거절결정의 대상이 되는 거절이유의 유형을 예시해보면 다음과 같다.

ⅰ) 공지요소와의 결합-과도한 청구-

특허출원 전 알려진 공지요소와의 결합된 청구항은 과도한 청구항으로 거절결

정의 대상이 될 수 있다.

유일한 인용참증이 청구된 결합과 실질적으로 동일한 결과를 얻기 위해 실질적으로 같은 방법에 의해 기능적으로 상호 작용하는 동일한 구성요소의 결합을 넓게 공개하고 있을 때에는 거절은 적절하다.

또 출원인이 결합의 한 요소를 개량하였고 그것이 그 자체로서 특허를 받을 수 있다고 하더라도 청구된 결합에서 공지요소들이 새로운 기능을 수행하지 않는 경우에는 출원인은 그 공지요소와 결합하여 개량된 요소를 청구할 수 없다.

위의 거절이유에 대해서는 심사관은 그 결합이 무엇이며 개량된 구성요소가 그 결합의 작용을 변경하지 않는다고 생각되는 이유가 무엇인지를 명료하게 밝혀야 한다.

ii) 주 합

㉠ 주합(Aggregation) 청구항은 작성하기가 쉽다. 많은 사람이 서로 다른 의미로 "주합"이라는 단어를 사용하여 혼동을 뷰명하게 해소할 수 있다. 즉 2이상의 구성요소를 포함하는 청구항들은 그 구성요소들 사이에 실제적인 상호작용이 있다면 특허를 받을 수 있건 없건 간에 모두 결합으로 간주하고, 상호작용이 없다면 모두 주합으로 간주함으로써 혼동을 피할 수 있다.

㉡ 사 례

주합의 예로서는 "A washing machine associated with a dial telephone", 종래요소와의 결합의 예로는 "An improved carburator claimed in combination with a gasoline engine"을 들어볼 수 있다.

보통주합은 트랙팀(track team)같고, 진정한 의미의 합은 풋볼팀(football team)같다고 일컬어지고 있다.[21)]

끝에 지우개가 달린 연필은 특허를 받을 수 없다고 판결한 유명한 사건이 있다.[22)] 그 이유는 적어도 부분적으로 그 연필은 부품의 주합이며 법규정은 그러한 청구항에 권한을 주지 않는다는 것이었다. 즉 다양한 구성요소가 동시에 작용하지 않더라도 그 청구항이 반드시 주합이지는 않다. 예를 들면 "타이프라이터는 훌륭한 결합이다."[23)] 마찬가지로 상호작용을 하는 구성요소들이 구체적으로 상세하세 설명되어 있다는 이유만으로 반드시 주합이지는 않다.

위의 지우개 달린 연필의 상업적 성공은 제쳐두고 Reckindorfer사건을 다시 분

21) Skinner Bros. Belting Co. v. Oil Well Improvenents Co., 12 U.S.P.Q. (BNA) 61.63(10th Cir. 1931).

22) Reckindorfer v. Faver, 92 U.S. 347 (1875).

23) In ve worrest, 40 C.C.P.A. 804, 96 U.S.P.Q. 381 (1953) 참조할 것.

석해보면, 처음에 사용한 것과 똑같은 도구를 사용하여 쓰여진 글을 정정할 수 있다는 데에 분명히 이점이 있다.

타이프라이터의 각각의 키와 이와 결합된 연동장치는 분리된 유니트처럼 보일 수 있지만 그들의 상호작용은 전체적으로 유용하다. 마찬가지로 그것은 지우개 달린 연필에도 적용된다.

진정한 의미의 주합은 구조에 있어서 흠결과 관련한다. 그리고 작성이 잘 된 청구항이라도 도움이 되지 않는다.

유용한 결합이라도 구성요소사이에 상호작용이 청구항에 적절하게 기재되어 있지 않을 때에는 "aggregative as claimed"로 거절될 수도 있다.

Ex Parte Davie[24)]에서 항고심판부는 Gustafson사건을 따라서, 주합에 근거한 거절을 파기했다. 그러나 청구항은 제112조와 제103조에 의해 특허를 받을 수 없다고 심결하였다. 주합은 보통 자명하다. 이 청구항은 상호작용이 없는 혼합물을 포함하는 조성물에 대한 청구항임을 주목할 필요가 있다.

Ansul Co. v. Uniroyal, Inc.[25)]사건에서 법원은 A와 B의 화합적 혼합물에 있어서 A나 B에 의해 새로운 작용이 행해지지 않는다면 "주합"이 적용된다고 판시하였다.

교과서적인 주합에 대해서 보면 구조자체가 상호작용이 결여되어 있다면 청구항을 개선하기 위해 할 수 있는 것은 없다. 구조가 허용하는 한 많은 상호작용을 청구항에 포함시켜야 한다.

구성요소 사이의 상호작용이 결여되었다고 추정하는 것을 포함하여 주합과 유사한 거절을 고전적인 주합거절과는 다른 형태로 나타날 수 있다.

Ex Parte Adams and Ferrari[26)]사건에서 벽난로, 댐퍼가 닫히는 때를 알려주는 신규한 수단의 결합에 관한 청구항이 선행기술에 대해 자명하다고 거절되었다. 심사관은 "…벽난로와 댐퍼 사이에는 상호작용이 주어지지 않았다"고 언급하였다. 그러나 항고심판부는 다음과 같은 이유로 이를 파기하였다.

결합의 구성요소사이에 직접적이고 기계적인 상호작용에 대한 법조항에서의 요구는 없다. 전반적인 결과가 유용성을 갖고 비자명하다면 특허받을 수 있는 결합의 구성요소들은 독립적으로 작용할 수도 있다.

ⓒ 결 어

가능하면 "주합"을 청구하지 않는 것이 좋다. 특히 기계적인 결합의 경우, 즉 구성요소들이 상호작용을 하지 않는 결합은 청구하지 않아야 한다. 가능하면 구

---

24) 175 U.S.P.Q. (BNA) 122 (Bd. App. 1971).

25) 169 U.S.P.Q. (BNA) 759, 761 (2d Cir. 1971).

26) 177 U.S.P.Q. (BNA) 21 (Bd. App. 1972).

성요소들을 함께 묶는다. 발명이 비자명한 주합이라면 Gustafson사건[27]을 근거로 어떤 거절에 대해서도 항고하는 것이 옳다.

iii) 인쇄물

㉠ **개 요**

인쇄물(Printed Matter)은 특허를 받을 수 없다. 그 이유는 주로 인쇄물이 특허법 제2조의 법정범주의 "제조물"에 대한 해석범주에 들어가지 않기 때문이다. 인쇄물이 외형상으로는 제조물인 듯 하더라도 인쇄물의 단순한 나열은 법정범주에 속하지 않는 것으로 해석함이 타당하다. 즉 책, 메뉴, 과학적 데이터 목록 같은 것은 비록 넓게 보아서는 제조된 물품이지만 특허를 받을 수 없다는 것을 의미하는 것이다.

그러나 어떤 실리적인 목적상 인쇄물이 구조적인 물품과 연관이 될 때는 인쇄물은 특허를 받을 수 없다는 위의 해석은 모호해진다.

인쇄물의 특허여부의 기준은 그 인쇄물이 단순하냐 그렇지 않느냐를 기준으로 하여 판단하여야 한다. 따라서 "단순하지 않은" 인쇄물이라면 그것이 무엇이든 청구항에 인쇄물을 포함하는 것도 인정될 것이다. 그렇지만 특허를 받을 수 있을 만큼의 신규한 부분이 인쇄물의 특성에만 있어서는 안된다. 청구항이 결합의 형태를 갖는 경우 인쇄물이 그 자체로는 법정범주에 속하지 않아서 특허받을 수 있는 대상이 아니라는 사실은 그것을 무시할 이유가 되지 않는다.

---

27) 1964년 C.C.P.A.는 특허법 제103조하에서 유일한 기준은 자명성이라고 제시하면서 주합에 근거한 거절의 타당성에 의문을 던졌다[In re Gustafson, 141 U.S.P.Q. (BNA) 585 (C.C.P.A. 1964]. "주합에 근거한 거절은 Gustafson 51 C.C.P.A. 1358, 141 U.S.P.Q. 585 (1964)에서의 법원의 논평을 고려한 후에 시행되어야 한다"고 MPEP 706.03(i)에서 결론을 내렸다.
이러한 모호한 구절은 주합에 근거한 거절 어떤 종류의 문제가 있을 수도 있다고 심사관에게 경고하는 것이지만 그것이 무엇인지는 밝히지 않았다. 분명히 MPEP의 편집자는 Gustafson사건이 무엇을 의미하는지를 정확히 이해하지 못하였거나 이해하였다 하더라도 "주합에 근거한 거절에 대해 무엇을 남겨놓을지를 몰랐을 것이나
조립되지 않는 부품커튼에 관한 청구항을 인정한 In re Venezia [189 U.S.P.Q. (BNA) 149(C.C.P.A. 1976)]를 보면 분명히 청구된 구성요소사이의 물리적인 결합에 대해서는 기재되어 있지 않다. Ex Parte Nolden [149 U.S.P.Q. (BNA) 378, 380 (Bd. App. 1965)]에서 항고심판부는 Gustafson사건을 인용하여 "Gustafson 법정은 "주합"이란 용어가 거절이유로서는 모호하며 1982년 법에서는 근거가 없다고 하였다"는 것을 언급하면서 공지된 요소의 주합(상호작용의 결여)원칙을 인정하지 않았다. 심사관은 상호작용에 대한 기재가 없어 청구항이 불명료하다고 말하면서 Reckendorfer V. Faber사건을 포함하여 고전적인 주합에 관련된 사건들을 인용하여 특허법 제112조에 의해 그 청구항이 주합이라고 거절하였다. 물론 그것은 틀린 법조항이었다. 항고심판부는 즉시 출원인이 어떤 주제를 (주합이든 결합이든) 청구하고 있는지는 아주 명확하다고 심결하였다. 특허법 제112조로 볼 때 주합청구항을 불명료하게 만드는 것은 주합청구항 자체에는 없다. 그러나 분명히 순수한 주합에 근거한 거절을 지지해주는 법조항은 없으며 그것은 법에서 언급되지 않은 관습법상의 원칙이었다.

㉡ 사 례

In re Miller.[28]사건에서 스푼은 외형적으로 일반적인 계량스푼이었고, 표시는 "1 teaspoon"과 같은 것이었으며 범례는 예를 들면 "1/2 recipe"이었다. "1/2 recipe"에 대해 "1 teaspoon"으로 표시된 스푼은 실제 반스푼이었다. 신규한 특징은 표시와 범례사이의 당연한 관계에만 있었다.

결국 제조물에 대한 인쇄물의 특성은 특허성을 결정하는데 있어 고려될 수 있는 듯하다. 이 사건에서는 법원은 인쇄물을 고려하여 그 발명은 아주 비자명하다고 판단하였다.

In re Gulack.[29]사건에서 기판위의 인쇄물을 다루었는데, 특허법 제103조에 있어 선행기술에 대한 유일한 차이는 인쇄물에 있었다. 법원은 청구항은 전체적으로 판단되어야 하며 그 인쇄물은 기판에 기능적으로 연관되었고 따라서 청구항은 특허를 받을 수 있다고 판시하였다.

청구된 인쇄물은 그 청구항의 인쇄물이 아닌 다른 구성요소와 기능적으로 연관되었다.

In re Bernhart and Fetter.[30]사건에서 청구항에는 인쇄물이 전혀 포함되어 있지 않았다. 법정범주가 아니라는 거절이유에 대한 Bernhart사건의 일반적인 원칙은 "인쇄물"의 경우에도 똑같이 들어맞는 것처럼 보인다. 즉 어떤 요소가 그 자체로는 법정범주에 속하지 않는다 하더라도 그것이 법정범주에 속하는 다른 요소와 결합되어 있다면 신규성이나 비자명성을 위해 다른 요소를 포함하는 것은 적절하다. "다른" 요소들은 모두 공지일 수도 있다. Miller사건은 이러한 논리에 대한 이상적인 사례이다.

㉢ 결 어

가능한 한 청구항을 인쇄물에 포함시키지 않아야 한다. 특허성을 위해 필요한 경우에는 기계요소들과 결합하여 인쇄물을 포함하여야 한다. 이는 컴퓨터의 기계요소들과 결합하여 컴퓨터 프로그램을 포함시켜 특허를 받을 수 있는 것과 같은 이치이다.

iv) 불완전한 청구항

㉠ 개 요

불완전한 기재의 청구항은 거절될 수 있다. 그러므로 일반적인 이유로 아주 예

28) 164 U.S.P.Q. (BNA) 46, 49 (C.C.P.A. 1969).

29) 217 U.S.P.Q. (BNA) 401 (Fed. Cir. 1983).

30) 163 U.S.P.Q. (BNA) 611 (C.C.P.A. 1969).

외적인 상황이 주어지지 않는다면 모든 청구항은 완전하고 실시가능한 결합을 기재하는 것이 좋다. 그러나 이는 자칫 불완전기재의 거절이유를 극복하기 위하여 더 많은 구성요소나 연결관계를 부가하는 방법을 채택하는 결과가 될 수 있다. 또한 심사관이 구성요소의 부가를 요구했다면 그때는 "공지요소와의 결합"으로 거절하지는 않을 것이다. 이러한 완전성에 대한 원칙이 적용된다면 "in an A, a B, and a C." 같은 부결합청구항에는 일정한 종류의 제한을 둘 것이다.

청구항에서 구성요소들을 생략하는 것은 청구항의 범위를 넓게 하지만 모호하고 불명료하거나 잘못 기재되게 하지는 않는다는 취지로 인용된 판례가 있다.[31]

㉡ 결 어

청구항에는 가능한 정도까지는 구성요소들의 완전한 결합을 기재하는 것이 바람직하다. 그리고 위에서 인용한 "in an A, a B, and a C."와 같은 것을 참고하여 신규한 부결합을 청구하는 것이 적절하다고 인정된다.

ⅴ) 모호하고 불명료한 기재의 청구항

㉠ 개 요

위의 ⅳ) 불완전한 기재의 청구항에 더하여 청구항은 모호하고 불명료하다는 이유로 거절되거나 무효로 될 수 있다. 이는 청구항은 특허법 제42조 제4항 제1호 및 제2호에 의하여 "발명의 상세한 설명에 의하여 뒷받침되고 또 발명이 명확하고 간결하게 기재되어야 한다"는 것으로부터 유추된다.

청구항에 상세한 구성이 지나치게 부족하면 청구항을 불명료하게 하고, 반면에 너무 많으면 침해받을 만큼 너무 한정된다.

㉡ 사 례

Shatterproof Glass Corp. v. Libbey Owens Ford Co.[32]사건에서 유리판의 크기와 코팅의 양과 질에 대해 기재하지 않는다고 하여 청구항을 불명료하게 만들기는 않는다고 하였다. 정도에 대한 용어는 명세서에 규정되어 있다면 청구항을 불명료하게 만들지 않으며,[33] 전문가는 증인에 의하여 이해된다면[34] 또한 불명료하게 만들지 않는다.

---

31) 17 U.S.P.Q. (BNA) 110 (Bd. App. 1970), Ex Parte Schaefer사건. 여기에서 "incomplete"라는 용어가 적극적으로 사용되지는 않았지만 분명히 함축되어 있다.

32) 225 U.S.P.Q. (BNA) 634 (Fed. Cir. 1985).

33) Seattle Box Co. v. Industrial Coating & Packaging Inc., 221 U.S.P.Q. (BNA) 568 (Fed. 1984("실질적으로 동일한")).

34) Rosemount Inc. v. Beckman Indus., inc., 221 U.S.P.Q (BNA) 1 (Fed. Cir. 1984)("close proximity").

Markush 청구항에 대해 In re wolfrum and Gold[35]사건에서 화합물 A 혹은 B로 구성된 그룹에 대한 Marckush 청구항은 거절될 수 없으며, 청구항에 대한 거절은 청구항이 무엇을 포함하는지에 대해 "정확하지 않고 구별되지 않는" 경우, 즉 심사관이 출원인이 무엇을 발명으로 간주하는지를 이해할 수 없는 경우에 한정된다고 판시하였다. 출원인은 자유로이 자신이 보고 있는 대로 자신의 발명의 영역을 정할 수 있다.

따라서 실제적으로는 법원을 Markush 청구항이 "각각 특허를 받을 수 있을 만큼 구별되는" 종(species)을 포함한다는 문제처럼 청구항의 형식에 관한 거절의 근거로 제112조를 사용할 수 없다고 판시하였다.

ⓒ 결 어

청구항의 작성은 "모호하고 불명료하게 하여서는 아니된다. 청구항이 무엇을 포함하는지 그리고 발명의 상세한 설명에 기재된 실시례들과 어떻게 연관되는지에 대하여 확실하게 하는 것이 중요하다.

vi) 장황하게 기재한 청구항

㉠ 개 요

위에서 청구항은 완전하고 명료해야만 한다고 하였으나 그렇다고 청구항이 지나치게 완전하고 명료할 경우 자칫 장황하게 기재될 수도 있다. 즉 중요치 않은 세세한 것을 길게 언급함으로써 발명을 가리거나 불명료하게 할 때 그 청구항은 장황하게 되어 거절될 수 있다.

이러한 원칙이 상대적으로 거의 사용되지 않는다 해도 있다는 것을 유념해야 한다. 한 항이 그렇게 길고 상세할 수 없다는 점에서 그러한 완전한 청구항을 제시하고자 할 경우, 일련의 종속항들이 그 문제를 해결하는데 도움이 될 수 있을 것이다. 또한 일련의 종속항 중에서 한 항이 인정된다면 더 한정되는 종속항들은 대부분 더 넓게 고려하지 않고 받아들여지기 쉽다.

장황한 청구항은 아마 그것에 대한 침해가 쉽게 회피되어질 만큼 많은 특징들을 포함한다. 이것은 그 청구항이 의뢰인에게는 거의 가치가 없다는 것을 의미할 것이다.

㉡ 사 례

Ex Parte lagan.[36]사건에서는 발명이 결합으로서의 성질을 갖출 수 없을 만큼

35) 179 U.S.P.Q. (BNA) 620 (C.C.P.A. 1973).

36) In re Swinehart and Sfiligoj, 169 U.S.P.Q. (BNA) 226 (C.C.P.A. 1971)과 In re Wakefield. 104 U.S.P.Q. (BNA) 636 (C.C.P.A. 1970)을 인용.

많은 구성요소를 설명하는 매우 길고 상세한 청구항은 장황하여 거절된다는 요지의 판시를 하였다.

ⓒ **결 어**

청구항에 대하여 발명의 상세한 설명에 의하여 뒷받침되고, 발명이 명확하고 간결하게 기재되어야 한다는 특허법 제42조 제4항 제1호 및 제2호의 규정은 말하기는 쉽지만 실현하기는 어렵다. 청구항은 지나치게 넓거나 지나치게 좁으면 안되며, 불완전해서도 안되고 지나치게 완전해서도 안된다. 오직 적절하여야 한다.

(ii) 기재흠결청구항의 효력

i) 특허법상 청구항의 기재형식을 갖추지 못하였거나 기재상에 흠결이 있는 청구항의 특허출원은 특허법 제42조 제4항 및 동법시행령 제5조의 위반으로 거절이유가 된다(법 62, 4).

ii) 기재형식에 불비하거나 기재에 흠결이 있는 채 특허된 발명에 대한 기술적 범위의 법적 효력은 특허권침해사건이 발생하였을 경우 그 청구항의 기술적 범위의 해석에서 청구항에 기재된 발명을 발명의 상세한 설명에만 기재된 발명에 한정하여 기술적 범위의 법적 효력이 발생하고 그 밖의 발명에 관계되는 계쟁물은 기술적 범위에 속하지 않으므로 보호법적 효력이 발생하지 않는다 할 것이다. 이러한 해석이 가능한 것은 보호를 받고자 하는 사항을 기재한 청구항은 발명의 상세한 설명에 의하여 뒷받침되어야 하기 때문에(법 42①) 발명의 상세한 설명의 뒷받침 없는 청구항의 기재사항은 기술적 범위로서의 법적 효력을 갖지 않기 때문이다.

iii. 특허청구범위의 기재불비 및 명세서 불보정

(i) 특허청구범위의 기재요건을 갖추지 아니한 경우

i) 심사시 특허거절결정

심사관은 특허출원이 특허청구범위의 기재요건, 즉 i) 특허청구범위에는 보호를 받고자 하는 사항을 기재한 청구항이 1 또는 2이상 있어야 하며, ii) 그 청구항은 발명의 상세한 설명에 의하여 뒷받침되어야 하고, iii) 발명이 명확하고 간결하게 기재되어야 하는 등의 요건을 갖추지 아니한 경우에는 그 특허출원에 대하여 특허거절결정을 하여야 한다(법 62, 4).

ii) 심판시 무효심결

심판관은 특허가 위의 i) 내지 iii)의 특허청구범위의 기재요건에 위반된 경우에는 그 특허를 무효로 한다는 심결을 하여야 한다(법 133①1).

(ii) 특허청구범위 불기재명세서의 보정

앞에서 살펴본 바와 같이 특허출원인은 특허출원시에 특허청구범위를 기재하지 아니한 명세서를 특허출원서에 첨부하여 제출할 수 있고, 이 경우 소정의 보정기한까지[앞의 ①ⅵ(iii) i)] 특허청구범위가 기재되도록 명세서를 보정하여야 한다(법 42⑤). 그러나 그 보정기한까지 명세서를 보정하지 아니한 경우에는 그 보정기한이 되는 날의 다음날에 해당 특허출원은 취하된 것으로 간주[앞의 ①ⅵ(iii)iii)]한다(법 42⑦). 이에 관한 자세한 설명은 다음에서 설명하는 "Ⅵ. 4. 명세서 불보정출원의 취하간주"를 참고하기 바란다.

⑨ 특허청구범위 기재요건 등 위반의 거절이유 통지시 참작사항

i. 특허법 제42조 제4항 제1호 및 제2호의 위반

특허법 제42조 제4항 제1호 및 제2호를 위반으로 하여 거절이유통지를 할 때에는 위반이 되는 청구항 및 위반한 법적 근거조항(제1호냐 제2호냐)을 그 이유와 함께 기재하고 그 판단의 근거가 된 명세서 또는 도면 중 특정한 기재를 적시한다.

ii. 특허법 제42조 제8항의 위반

특허법 제42조 제8항 위반의 경우에는 위임 대통령령인 특허법시행령 제5조 중 어느 항에 위반되는가를 그 이유와 함께 적시한다.

iii. 거절이유통지

심사관은 특허출원서에 첨부된 명세서상의 특허청구범위의 기재가 특허법 제42조 제4항 제1호 및 제2호, 같은 조 제8항에 위반하였다고 일단 판단된 경우에는 위의 i, ii에 따라 거절이유통지를 한다. 이러한 심사관의 거절이유에 대한 출원인의 의견이 합당한 경우에는 그 거절이유는 해소되고 다른 거절이유가 없는 한 특허결정을 한다. 그러나 출원인의 거절이유에 대한 주장이 부적절한 경우에는 그 특허출원에 대하여 특허거절결정을 한다. 출원인은 이러한 심사관의 특허거절결정에 대하여 적정을 기하지 못하였다고 판단한 경우에는 특허거절결정등본을 송달받은 날부터 30일 이내에 특허심판원에 특허거절결정 불복심판을 청구할 수 있다(법 132의 3).

⑩ 특허청구범위의 해석·적용

i. 의 의

특허청구범위란 특허출원서에 첨부된 명세서에 기재되어 있는 발명으로서 발명의 상세한 설명, 도면 및 특허청구범위의 3부분으로 구성되어 있는 특허명세서 중 소정의 심사를 거쳐 출원인에게 부여된 특허청구범위에 기재되어 있는 사항을 말한다. 이러한 특허청구범위에는 발명의 요지가 필요적 기재사항이며, 그 발명에 대한 특허는 출원인 스스로에 의해 기재된 특허청구범위에 일정기간 독점배타권(전용권과 금지권)이 부여된 것이다.

그러므로 특허침해란 특허권자(전용실시권자를 포함한다)의 배타적 권리(금지권)를 권원(權原) 없이 특허권(전용실시권을 포함한다)의 효력(권리)범위인 특허청구범위를 침입하는 것을 말한다.

일반적으로 특허침해를 결정함에 있어서는 특허발명의 특허청구범위를 해석하고 침해행위의 구성여부를 파악한 다음 해석된 특허청구범위를 그 침해행위에 적용하는 절차에 의한다.

따라서 특허발명의 보호에서 특허청구범위의 해석은 중요한 절차라고 할 수 있으므로 특허청구범위의 해석에는 다음과 같은 해석기준 및 방법을 적용하여 해석의 정확성을 제고하여야 한다.

ii. 특허청구범위의 해석의 제원칙, 기준 및 방법

(i) 서 설

특허청구범위에는 명확하고 간결하게 발명의 정의가 기재된 것으로서 출원인 스스로가 발명이라고 인식할 수 있는 발명의 요지를 특별히 구분하여 각 청구항에 기재하는바, 이러한 특허청구범위에 대한 해석은 특허청구범위는 자연법칙을 이용한 기술적 사상의 창작으로서 고도한 발명이 문언으로 표현되어 일정한 특허청구범위를 형성하여 특허발명이 가지고 있는 실질적인 보호범위를 결정하는 것이며, 특허침해인지를 판단하기 위한 1차작업인 것이다.

그러므로 문언의 특허청구범위를 실존하는 물건, 장치 등의 침해물과 비교하여 침해여부가 결정되는 어떤 임계를 확정하는 과정은 어려운 일이다.

따라서 특허청구범위 해석은 특허청구범위에 사용된 문언의 의미와 그 표현이 미치는 범위를 간파하고, 특허출원인이나 특허권자의 의도와 다르게 특허청구범위를 넓히거나 좁히지 말아야 하며, 과학·기술 및 산업정책에 따른 해석에 의해 특허청구범위를 임의로 고치지 말아야 한다. 그리고 특허청구범위는 단지 객관적으로 해석할 뿐 주관적 해석은 절대 금물이다. 위의 내용을 중심으로 특허청구범위의 해석에 관한 기준을 구체적으로 살펴본다.

(ii) 특허청구범위해석의 제원칙

특허청구범위의 해석에는 다음과 같은 원칙에 의해 해석하여야 한다.

i) 권리일체의 원칙, ii) 특허청구범위 문언중심의 원칙, iii) 발명의 상세한 설명 참작의 원칙, iv) 공지기술 참작의 원칙, v) 공지기술 제외의 원칙, vi) 발명자의 인식, vii) 균등론(치환가능성, 치환용이성), viii) 금반언의 원칙, ix) 미완성발명 참작의 원칙 등이 그것이며 이에 대한 자세한 설명은 후술하는 "제14장 제3절 X 2(2) 2) ② 특허청구범위의 제원칙 i 내지 ix"를 참고하기 바란다.

(iii) 특허청구범위의 구체적 해석기준 및 방법

i) 특허청구범위에 사용된 문언

특허청구범위에 사용된 문언들은 발명자가 특별히 다른 의미로 사용한 이외에는 고유의 통용되는 의미로 해석하고,[37] 발명자에 의하여 특별히 정의된 경우에는 그 정의대로 해석하여야 한다.[38] 그리고 특허청구범위에 사용된 문언이 명백한 경우에는 그 의미를 확대하거나 축소하지 말고 문언의 표현 그대로 해석한다. 이는 발명은 구체적인 유형의 구조·방법·기능·물질 또는 이들의 결합관계 등 및 도면으로 존재하지만 문언으로 발명을 묘사한 것은 특허법의 규정을 충족시키기 위하여 말과 글로 표현한 것이기 때문이다. 때때로 발명은 새로운 것이기 때문에 이를 표현할 적합한 말이 존재하지 아니한 경우가 있어, 이러한 문제를 해소하기 위하여 특허법은 출원인 자신이 특허청구범위에 사용된 언어를 정의할 수 있도록 허용하고 있는 것으로 해석함이 타당하다.

따라서 특허청구범위의 해석은 사용된 문언의 사전적 의미 또는 통용되는 기술용어에 구애받지 아니한다. 그러므로 백과사전의 정의는 참고는 될지언정 결코 결론적 의미는 될 수 없다.[39]

그런데 여기에서 유념할 것은 그 표현문언의 난이도이다. 특허법 제42조 제3항의 규정에 따른 발명의 상세한 설명에는 그 발명이 속하는 기술분야에서 통상의 지식을 가진 자가 쉽게 실시할 수 있도록 기술분야, 해결하고자 하는 과제, 과제의 해결수단, 그밖에 그 발명이 속하는 기술분야에서 통상의 지식을 가진 자가 그 발명의 내용을 쉽게 이해하기 위하여 필요한 사항이 포함되어야 함을 요구하고 있다(법 42③, 법시행규칙 21③). 그러나 이들의 사항은 해당하는 사항이 없는 경우에는 그 사항을 생략할 수 있다(법시행규칙 21④).

이러한 위 조항의 취지에 부합되도록 특허청구범위에 사용되는 문언은 그 범위와 의미를 확정하는데 혼란이 없도록 하기 위하여 발명의 상세한 설명에 사용된 문언과 같은 의미로 사용하여야 하며, 이는 곧 특허법의 기본원칙이기도 하다. 따

37) Smithklinc Diagnostic Inc, v. Helena Laboratorys Corp. 1988.

38) Shelcore, Inc v. Durham Indus Inc, 1984.

39) Advanced Cardiovascular Systms Inc. v. Scimed Life Systems, Inc. (1989) 참조.

라서 발명의 상세한 설명은 특허청구범위 해석의 지침이라고 할 수 있다. 이러한 위 조항의 취지에 부합되도록 특허청구범위에 사용되는 문언은 그 범위와 의미를 확정하는데 혼란이 없도록 하기 위하여 발명의 상세한 설명에 사용된 문언과 같은 의미로 사용하여야 하며 이는 곧 특허법의 기본원칙이다. 따라서 발명의 상세한 설명은 특허청구범위 해석의 지침이라고 할 수 있다.

환언하면 특허권자가 확보할 수 있는 가장 넓은 특허청구범위는 발명의 실제범위보다 넓을 수 없고, 특허청구범위가 침해물과 얼마나 일치하는지 확인하기 위해서는 발명의 상세한 설명을 근거로 특허청구범위의 실질적인 의미를 검토하여야 하며, 발명의 상세한 설명은 특허청구범위를 제한하기 위하여 검토되나 어느 경우 등 발명의 상세한 설명이 특허청구범위를 확장하기 위해서는 이용될 수 없으며, 특허청구범위는 발명의 상세한 설명에 의하여 뒷받침되어야 한다. 양자는 발명의 실체를 확인하기 위한 수단으로 해석되어야 한다.[40)]

ii) 특허청구범위와의 관련자료 등 참작

특허청구범위의 해석에는 특허청구범위에 기재된 문언 이외에 발명의 상세한 설명, 도면, 다른 청구항, 심사 중 특허청에 제출된 보정서, 의견서, 답변서 및 전문가의 증언 등을 참작하여야 한다. 즉 특허청구범위의 진정한 의미를 탐지하기 위해서는 심사와 관련된 모든 서류, 발명의 상세한 설명, 도면, 의견서, 보정서 및 전문가의 증언 등을 참고로 검토한다. 따라서 특허청구범위에 사용된 문언의 진정하고도 최종적 의미는 이들 자료 등을 검토하여 결정하여야 한다.[41)]

㉠ 명세서

특허청구범위는 명세서(발명의 상세한 설명, 도면 이하 같다)에서 도출되어 명세서에 의해 뒷받침되고 있기 때문에 마치 명세서는 특허청구범위를 탄생시킨 모태와

---

40) United States v. Adams. (1966) 참조.

41) 특허청구범위에 사용된 문언의 평범한 해석에 대한 부적절함을 지적한 사례
Bausch & Lomb의 특허는 위치표식이 laser로 에칭된 soft contact lens에 있어서, 위치표식으로 둘러싸인 표면이 "smooth"한 것에 특징이 있었으며, "smooth"란 단어는 관념적으로는 명확한 뜻을 가지고 있어 의미상 혼란의 여지는 없어 보인다.
한편 고발된 침해자는 상기의 특허를 회피하기 위하여 자신이 만든 contact lens의 위치표식테두리를 전자현미경으로 보면 융기된 부분이 상당히 존재하므로 특허된 lens와는 달리 smooth한 것은 아니라고 주장하였다.
법원은 발명의 상세한 설명, 명세서내의 다른 청구항 및 보정서 등을 참고하여 "smooth"의 의미를 검토한바, 청구범위에 사용된 "smooth"의 의미는 전자현미경으로 관찰하여도 융기가 없을 정도를 의미하는 것이 아니라 발명자의 의도대로 lens착용자의 시계흐림과 눈의 충혈을 방지하기 위한 정도를 의미한다고 해석하였다. Bauch & Lomb, Inc. v. Barnes-Hind/Hydrocurve, Inc. (1986).

같은 것이다. 따라서 명세서는 특허청구범위에 기재된 문언을 해석함에 있어서 가장 중요한 단서를 제공[42]하여 특허청구범위 문언의 의미를 정의하는 사전과 같은 기능을 한다.

특허청구범위에 사용할 용어선택에 있어서 발명자는 통상적인 전문용어만을 사용할 의무는 없지만 자신이 특별히 정의한 용어를 사용할 때에는 명세서 전반에 걸쳐 시종 같은 의미의 용어를 계속 사용하여야 한다.[43]

만약 같은 의미의 용어를 구사하지 않을 경우 명세서의 사전적 기능은 커녕 용어의 혼란을 가져와 특허청구범위가 발명의 상세한 설명에 의한 뒷받침이 어렵고, 보호를 받고자하는 발명의 보호범위도 불명확하게 되며, 특히 공개를 대가로 일정기간 출원인에게 독점배타권을 부여하는 특허제도의 취지에 반할 뿐만 아니라 특허침해사건에서 용어의 불일치로 인한 침해여부판단에 어려움이 수반되는 등 폐단이 있다.

따라서 특허청구범위 및 명세서에 사용된 용어가 혼란을 일으키거나 서로 일치하지 아니한 경우 또는 완전히 부적합한 상태의 사용은 특허법 제42조 제4항 제1호 및 제2호에 의한 특허청구범위의 청구항이 발명의 상세한 설명에 의한 뒷받침이나 발명이 명확하고 간결하게 기재되지 않은 것으로 되어 특허출원의 경우 특허거절결정이 되고(법 62, 4), 특허의 경우 무효이유가 된다(법 133①1).[44]

㉡ 다른 청구항

특허청구범위의 복수의 청구항(독립항·종속항, 다른 종속항)이 같은 의미의 용어로 기재되어 있다 하더라도 각각의 청구항의 보호범위는 서로 달리 해석하여야 하는바, 이를 소위 "청구항 구분론"이라고 한다. 왜냐하면 특허청구범위의 청구항의 기재에 있어서는, i) 독립항을 기재하고, ii) 그 독립항을 한정하거나 부가하여 구체화하는 종족항을 기재하며, iii) 이 경우 필요한 때에는 ii) 종속항을 한정하거나 부가하여 구체화하는 다른 종속항을 기재할 수 있다.

따라서 위에서 살펴본 바와 같이 i)ii)iii)의 청구항에 사용하는 용어는 동일하다 하더라도 각각의 청구항의 청구범위가 서로 다르기 때문에 당연히 i)ii)iii)에 각각 기재된 동일한 용어에 대하여 동일한 범위를 가지는 것으로의 간주를 부정한다.[45]

---

42) Standard Oil v. American Cyanamid (1985).

43) Fonar Corp. v. Jonson & johnson (1988) 참조.

44) Codex Corp. v. Milgo Elec. (1984) 참조.

45) 특허는 gas stream에서 유황을 제거하는 공정에 관한 것으로써, 청구범위 제1항에 기재된 공정 중 한 단계는 "수소가 첨가된 gas stream으로부터 농축된 수분(물)을 분리시키는 공정"을 포함하고 있다.

이러한 청구항 구분론에 대하여는 절대불변의 원칙이라고 주장하는 일부 견해가 있으나 반드시 적용되어야 이론이 아니라는 견해 및 판례가 있다.46)

㉢ 의견서 및 보정서

특허출원에 대한 심사과정에서 심사관과 출원인간에 오고간 거절이유통지, 출원인의 그 거절이유에 대한 의견서나 보정서(출원인 자진보정을 포함한다)는 특허청구범위해석의 지침이 된다. 또한 그 의견서 및 보정서에 따라 균등물의 범위47)가 출원인 자신이 의도하는 범위로 한정하게 된다. 즉 사용하는 용어를 다르게 표현한다면 금반언의 원칙48)이 적용되는 범위를 결정하는 기준이 되는 것이다.

한 사례를 들어보면 서로 관련된 2개의 특허에 "anaerobic"이란 용어가 같이 사용되었는바, 법원은 그중 한 특허가 심사진행 중에 해당용어에 대하여 별도의 정의를 의견서 및 보정서에 포함시킨 사실이 있음을 이유로 같은 용어를 서로 다른 의미를 가진 별개의 용어로 해석하였다라고 판시한바 있다.49)

그러므로 특허청구범위의 해석과 특허청구범위의 유효성을 검증하기 위해서는 심사과정에서 제출된 출원인의 의견서 및 보정서의 검토가 선행되어야 한다.50)

㉣ 전문가의 증언

특허침해사건에서 당사자들은 특허청구범위 혹은 의견서 및 보정서의 기술적 부분의 해석이나 각종 자료에 대하여 검증을 하기 위하여 전문가의 소견을 증거로 제출한다. 한 사례에서는 "특허침해여부를 판단하기 위한 특허청구범위의 해석은 전문기술용어의 뜻을 설명하고 제출된 증거물에 대한 각 당사자들의 의견을 제시하며 또한 법원의 판결을 위해 필요한 실체적인 증거자료로도 전문가의 증언은 필요하다"라고 판시한바 있다.51)

고발된 침해자는 상기공정을 "수분흡수용제와 접촉시키기 전 단계의 분리공정"으로 해석되어져야 한다고 주장하면서 특허심사 중 발명자에 의하여 작성된 명세서 및 보정서에도 침해자의 주장과 동일한 표현의 공정이 기재되어 있음을 그 증거로 지적하였다.
법원은 "수분흡수용제와 접촉시키기 전 단계의 분리공정"이라는 한정된 해석을 청구범위 제1항의 ("수소가 첨가된 gas stream으로부터 농축된 수분을 분리시키는 공정") 해석에 적용시켜 동일시하는 것을 거부하였다.
그 이유는 침해자의 한정된 해석과 부합되는 부분이 청구범위 제11항에 따로 구분되어 기재되어 있으므로 법원이 하나의 청구항에 명시된 어떤 용어의 한정된 범위를 다른 청구항에 그대로 적용시켜 그 범위를 동일하게 해석하는 것은 부적절한 것이라고 판시하였다 (Environment Design Ltd. v. Union Oil (1985)).

46) Jonsson v. Thy Stanley works 1990.

47) 나음에서 설명하는 "⑩ 특허청구범위의 적용"편을 참고할 것.

48) 다음에서 설명하는 "⑪ 특허청구범위의 제한"편을 참고할 것.

49) Locite Corp. v. Ultraseal Ltd. (1985).

50) Underwater Devices Inc. v. Morrison-Knudsen Co. (1983) 참조.

(iv) 포괄적 특허청구범위의 해석

개정특허법 제42조 제6항은 "특허청구범위를 기재할 때에는 보호를 받고자 하는 사항을 명확히 할 수 있도록 발명을 특정하는데 필요하다고 인정되는 구조·방법·기능·물질 또는 이들의 결합관계 등을 기재하여야 한다"고 규정하고 있다(2007.1.3 개정법에서 신설). 이에 따라 (위 조항 중 "기능") 기능에 관한 특허청구가 가능하게 되었다. 이러한 "기능에 관한 청구항"에 대한 해석은 심사, 심판, 침해사건소송 등에서의 결정, 심결 및 판결에 적용된다.

이러한 기능의 청구항을 해석함에 있어서는 어떤 기능을 수행하기 위한 수단 또는 과정이 그에 해당되는 구조·방법·물질·작용 혹은 이들의 결합관계 등에 대한 상세한 설명 없이 결합된 하나의 구성요소로 청구된 경우 그 특허청구범위는 발명의 상세한 설명에 기술되어 있는 해당 구조·방법·물질·작용 혹은 이들의 결합관계 등 및 그 균등물로 한정하여 해석하여야 한다.[52]

---

51) Snellman v. Ricoh Company (1989).

52) TI의 특허는 휴대용 전자계산기로 개척발명(Pioneering Patent)에 해당하는 것이었다. 위 특허의 특허청구범위 제1항은 i) 한 세트의 숫자 key로 이루어진 keyboard를 포함하는 입력수단, ii) 전자기억, 연산 및 transfer수단, iii) display수단 등의 3가지 means-plus-function요소가 포함된 것이었다. 특허권자인 TI는, 외국에서 제작되어 미국 내로 수입된 pocket용 계산기가 자사의 특허를 침해했으므로 축출되어야 한다고 ITC에 고발하였다.

고발된 pocket용 계산기는 특허청구범위에 기재된 3가지 기능과 동일한 기능을 수행하는 수단을 포함하고 있지만 그 수단은 해당특허의 명세서에 기재된 것과는 다른, 개량된 기술이었다.

양자를 비교해보면 고발된 계산기는 입력keyboard수단으로 특허명세서에 기재된 conductive strip대신 scanning matrix encoder를 사용했고 전자기억, 연산 및 transfer수단으로는 bipolar semiconducter대신 metal oxide semiconducter를, display수단으로는 thermal printer대신 liquid crystal을 사용했다.

ITC의 행정판사(Administrative Law Judge : ALJ)는 고발된 계산기의 3가지 주요기능이 명세서에 상술된 것과는 다른 수단에 의하여 수행되었으므로 문언상의 청구범위해석 및 균등론을 적용한 결과 침해가 아니라고 결정하였다.

이에 대하여 TI는 "자사의 특허가 개척발명에 해당됨에도 불구하고, ITC가 명세서에 설명된 각 수단에만 한정하여 청구범위를 너무 좁게 해석했다"고 주장했으나 법원은 ITC의 결정을 지지하면서 다음과 같은 의견을 피력하였다.

"특허법 제112조가 내포하는 의미는 특허청구된 발명이 어떤 기능의 조합인 경우, 각 기능을 수행하기 위한 가능한 모든 수단이 명세서에 기재될 것을 요구하는 것은 아니다.

그러나 또 한편으로는, 특허청구된 모든 기능이 나중에 그와 실질적으로 동일한 기능을 수행하는 개량된 수단으로 침해물에 존재한다고 해서 그러한 개량된 수단을 마치 명세서에 설명된 발명의 실시예로부터 유일하게 변경할 수 있는 것으로 간주하는 것도 부적절하다.

이 사건에서는 각 수단의 차이가 누적되어 양자를 구분하는 기준이 된 것이다. 특허명세서와 비교해야 할 대상은 침매물에 존재하는 수단의 일부가 아닌 기술전체인 것이다." (Texas Instrument Inc. v. U.S. International Trade Commission (1986).

(iv) 일반적 특허청구범위의 해석

개량발명특허에 비하여 개척발명에 대한 특허는 그 특허청구범위를 넓고 융통성 있게 해석되어야 한다.[53] 그리고 특허청구범위는 가능한 한 발명의 유효성이 보호받는 쪽으로 해석한다.[54] 또 특허를 받고서 실시하고 있지 않은 특허의 특허청구범위는 엄격하게 해석하여야 한다.[55] 위와 같은 해석기준이 일반적으로 채용되고 있는 배경은 특허법 제1조의 목적조항에서 규정하고 있는 특허제도의 취지에 기초한 것이다.

iii. 특허청구범위의 적용

특허청구범위는 특허분쟁사건에서 침해여부판단을 위해 그 계쟁물에 적용된다. 계쟁물이 특허청구범위의 문언의 범위에 포함된 경우 문언상의 특허침해가 성립된다. 그러나 문언상의 특허청구범위가 계쟁물의 구성요소를 모두 포함하고 있지 아니한 경우에는 그 포함되어 있지 않은 부분이 특허청구범위의 구성요소와 대체 가능하여 실질적으로 동일한 것이라면 균등론(Doctrine of Equivalents)에 의해 침해가 성립된다.

(i) 문언상 침해

예를 들어 특허청구범위가 X, Y, Z의 요소들을 포함하고 있고, X는 A, B, C로 구성된 특허의 경우, 계쟁물도 X, Y, Z의 요소들을 포함하고 있으나 X가 C, D, E로 구성되어 있는 경우 특허청구범위의 X가 계쟁물의 X의 구성요소를 모두 포함하고 있지 않아(D, E) 문언상 침해는 성립되지 아니한다. 그러나 특허청구범위가 X의 구성요소를 A, B, C로 한정하지 않고 X, Y, Z로만 기재되었다면 문언상 침해가 성립된다.

위의 경우 특허청구범위가 구성요소를 구체적으로 한정, 열거하여 "~으로 이루어진"으로 개재된 경우, 즉 소위 폐쇄형 청구범위로 기재된 경우에는 문언상 침해가 성립하지 아니한다.[56]

(ii) 균등론상 침해

특허청구범위와 동일한 효과를 얻기 위하여 그것과 실질적으로 동일한 구조, 동일한 기능을 통하여 생산된 물건을 특허권자의 적법한 권한위임 없이 사용, 양

53) Swanson v. Unarco Indus. (1973) 참조.

54) Darda Inc, v. Majorette Toys Inc. (1987) 참조.

55) Sylvania Elec v. Brainerd. (1974) 참조.

56) 특허청구범위에 기재된 모든 요소가 계쟁물에 존재하는 한 계쟁물에 추가된 다른 요소로 인하여 침해가 부정되지 않는다(Uniroyal Inc. v. Rudkin-wiley Corp. (1988).

도(판매), 대여 또는 수입하거나 그 생산된 물건의 양도나 대여의 청약(양도 또는 대여를 위한 전시를 포함한다)하는 행위는 균등론에 의한 침해가 성립된다.57) 균등론에 관한 자세한 설명은 후술하는 제3절 Ⅲ.3.(3)을 참고하기 바란다.

ⅳ. 특허청구범위의 제한－금반언의 원칙

(ⅰ) 의 의

특허청구범위의 해석에서 금반언의 원칙(file wrapper estoppel)이라 함은 출원인이 심사관의 특허거절이유를 승복하거나 자진하여 특허청구범위를 감축 또는 청구항 일부를 삭제하여 특허를 받은 경우, 후일 특허권에 대한 침해주장에서 한번 포기하였던 부분에 해당되는 특허청구범위까지 특허권의 효력이 미치는 권리범위로 확대하여 해석하는 것을 금지하는 것을 말한다.

그런데 판례는 금반언의 원칙이 위의 경우에만 적용되는 것이 아니고 출원인의 특허청구범위의 감축에 의한 특허청구범위의 보정이나 일부 청구항의 삭제이외의 목적으로 제출하는 의견서, 보정서 및 발명의 상세한 설명으로부터 파악되는 실제적인 발명의 범위보다 넓게 작성된 특허청구범위의 경우에도 적용되며, 일단 적용되는 경우에는 균등론을 지배한다는 취지의 판시를 하고 있다.58)

이러한 금반언의 원칙의 적용은 출원인이 심사 중에 포기하였던 부분에 대한 권리회복을 못하도록 하는데 있다.59)

(ⅱ) 금반언의 원칙의 적용 및 적용범위

ⅰ) 금반언의 원칙의 적용

금반언의 원칙은 특허출원 심사과정에서 있는 심사관의 특허거절이유를 해소하기 위하여 특허청구범위의 감축, 일부 청구항의 삭제 등의 보정이 있는 경우에 적용된다. 따라서 특허청구범위의 잘못된 기재의 정정이나 분명하지 아니한 기재를 명확하게 하기 위한 특허청구범위의 보정과 같이 실질적으로 특허청구범위의 감축이나 확대를 가져오지 않는 특허청구범위의 보정은 이에 해당되지 아니한다.

그러나 금반언의 원칙의 적용은 위의 경우와 같은 심사관의 거절이유와는 직접적인 관련 없이 출원인 스스로에 의해 특허청구범위를 자진하여 보정하는 경우에도 금반언의 원칙은 적용된다.60)

---

57) 균등론은 1853년 Winans사건을 계기로 처음 알려지기 시작하여 1950년 Graver Tank사건 이후 특허침해사건에 본격적으로 적용되기 시작하였다.

58) Festo Corp. v. Shoketsu Kogyo (CAFC. 2000.11) 참조.

59) Eagle-Pitcher Ind. v. westinghouse Air Brake Co. (1979) 참조.

60) Festo Corp. v. Shoketsu Kogyo (CAFC. 2000.11) 참조.

㉠ **선행기술 대응보정**

선행기술 대응보정은 금반언의 원칙이 적용되는 전형적인 경우로서 이는 심사관의 선행기술을 참증으로 한 거절이유에 대응하기 위하여 출원인이 특허청구범위를 감축하여 보정할 때 발생한다. 이 경우 거절이유의 타당성은 그리 중요하지 아니하고 출원인이 심사진행 중에 포기하였던 부분에 대한 권리회복을 할 수 없도록 하는데 있다.[61)]

㉡ **단순보정**

단순보정은 특허청구범위 중 분명하지 아니한 기재를 명확하게 하는 정도의 보정으로서 이는 실질적으로 특허청구범위가 감축되거나 확대되는 등 변경되는 것이 아니기 때문에 이러한 단순보정에 대하여는 금반언의 원칙이 적용되지 아니한다.[62)] 선행기술에 의한 보정이 아닌 경우 그 보정으로 인해 발명의 범위가 변경된 때에 한하여 금반언의 원칙이 적용되기 때문이다.[63)]

㉡ **의견서 제출**

심사진행 중에 출원인은 심사관의 선행기술 등에 의한 거절이유에 대하여 의견서를 제출하는 과정에서 특허청구범위에 사용한 용어와 의견서에 사용하는 용어가 서로 일치하지 않는 경우가 있는 바, 이 경우 금반언의 원칙이 적용될 수 있는가에 대하여 학설, 판례는 사건에 따라 다른 판결을 내리고 있다. 즉 대리인의 단순한 의견제시로 인하여 특허청구범위에 미치는 영향이 없는 경우 금반언의 원칙은 적용되지 않는다.[64)] 그러나 선행기술에 의한 거절이유를 해소하기 위한 특허청구범위의 보정과 특허를 받기 위해 제출한 의견서에서 금반언의 원칙이 적용된다.[65)]

ii) 금반언의 원칙의 적용범위

ⓘ **서 문**

금반언의 원칙은 특허를 받기 위하여 포기하였거나 부인된 부분을 배제하기 위한 수단으로 특허청구범위의 해석을 구속하므로[66)] 특허청구범위 해석의 중요한 수단이 되며 일반적으로 균등론을 제한한다.

---

61) Eagle-Pitcher Ind. v. westinghouse Air Brake Co. (1979) 참조.

62) Mueller v. Ionetic, Inc. (1986) 외 다수.

63) Leesona Corp. v. Varta Batteries, Inc. (1981) 참조.

64) Bowser, Inc. v. Richmond Eng. Co. (1959).

65) Townsend Engineering Co. v. Hitec Co. (1987).

66) Standard Oil Co. v. American Cyanamid Co. (1958) 참고.

그러나 위에서 언급한 바와 같이 모든 특허청구범위의 보정에 금반언의 원칙이 적용되는 것은 아니다.[67] 즉 잘못된 기재를 정정하거나 분명하지 아니한 기재를 명확하게 하기 위한 보정은 특허청구범위의 실질적인 감축이나 확대와는 직접적인 관련이 없기 때문에 이러한 보정에 대하여는 금반언의 원칙은 적용되지 않는 것이다.

또 금반언의 원칙을 특허침해사건에서 계쟁물이 보정 전의 특허청구범위에 포함되는지의 여부를 판단하기 위한 수단으로만 보는 것은 옳지 않다. 그 보정에 균등론을 구속하는 금반언의 원칙의 적용여부를 결정하기 위해서는 거절이유로 인용된 선행기술에 대한 검토분석이 선행되어야 함은 당연하다.[68]

ⓘⓘ 금반언의 원칙의 구체적 적용범위(예시)

A. 선행기술과 저촉되는 특허청구범위를 포기한 보정된 특허청구범위로 특허된 경우, 그 보정된 특허청구범위는 선행기술로부터 파악되는 기술의 조합을 포함할 수 없으며, 거절되어 포기한 부분만큼의 폭에 금반언의 원칙이 적용된다. 따라서 보정되지 않은 부분은 선행기술에 해당되지 아니한 신규하고 유용한 것으로 인정되어 금반언의 원칙에 적용되지 않는다.[69]

B. 통나무 가공단계에서의 모양이 평행사변형이건 사다리꼴이건 관계없이 고발된 통나무 Scanning System과 특허발명은 실질적으로 동일한 효과를 얻기 위하여 실질적으로 같은 수단이 사용된 경우에는 침해가 성립된다.
이는 선행기술을 회피하고 특허를 받기 위하여 제출한 출원인의 의견은 보정전은 물론 보후후의 특허청구범위에도 기재되어 있는 통나무 위치를 재조정하는 단계를 강조하기 위함이지, 가공에 따른 기하학적 형상을 강조한 것이 아니기 때문이다.[70]
위 사건에서는 금반언의 원칙은 적용되지 않았고 균등론이 적용되었다.

C. 출원인이 선행기술로부터 탈출하여 새로운 경지의 발명으로 승화시켜 차별화하고 심사관의 거절이유를 해소하기 위하여 필요 이상으로 특허청구범위를 축소보정한 경우 그 과도한 보정에 금반언의 원칙이 적용되어 계쟁물을 문언상 특허청구범위에 포함시킬 수 없다.[71]

67) Hughes Aircraft Co. v. United States (1983) 참고.
68) LaBounty Mfg, Inc. v. ITC (1989) 참조.
69) New York Scaffolding Co. v. Whitney (1915) 참조.
70) Sun Studs, Inc, v. ATA Equipment Leasing, Inc (1989) 참조.
71) Environmental Instruments Inc. v. Sutron Corp. (1989) 참고.

v. 역금반언의 원칙

(i) 의 의

금반언의 원칙은 일반적으로 거절된 최초의 특허청구범위가 보정된 후 등록된 특허청구범위보다 넓을 때 적용되는데 반하여 역금반언의 원칙은 거절된 특허청구범위가 등록된 특허청구범위보다 좁을 때에도 역으로 적용된다.[72] 이러한 역금반언의 원칙이 적용되는 경우는 극히 이례적인 것으로서 이는 심사관이 어떤 특허출원발명에 대한 특허청구범위에 대하여 특허를 받을 수 없는 것으로 한번 거절한 후 실제적으로 더 넓게 보정된 특허청구범위에 특허를 결정하여 특허권의 설정등록이 된 경우에 발생한다.

이 경우 특허권자가 넓게 허용된 특허청구범위를 어떤 목적에 의하든 그 이유에 관계없이 좁게 해석하는 것을 허용하지 아니하고 금지하여야 한다는 것이 역금반언의 원칙의 기본취지이며 판례 또한 이를 지지하고 있다.[73]

(ii) 역금반언현상의 발생요인 및 배경

심사절차 진행과정에서 심사관에 의해 출원당시 좁은 특허청구범위가 거절되고 넓은 특허청구범위가 허용된 경우, 후일 넓게 받은 특허청구범위에 따른 권리주장만이 허용되고, 최초의 좁은 특허청구범위의 권리주장이 금지되는 이 역금반언의 원칙의 발생은 근본적으로 심사관이 최초의 특허청구범위보다 더 넓게 인정해 준 데에서 비롯된다. 즉 심사관이 더 넓은 특허청구범위를 허용하게 된 요인은 출원인의 의견에 설득, 보정에 동의, 선행기술에 대한 구조·방법·기능·물질 또는 이들 요소의 결합관계 등에 관한 관점의 전환, 판단의 오류 및 기준 등 적용의 착오 등을 들 수 있다.

(iii) 역금반언의 원칙적용의 배제

특허권자의 등록된 특허청구범위의 넓은 해석은 어디까지나 허용되나 일단 넓게 받은 특허청구범위에 대하여는 후일 어떠한 경우이든 다시 좁게 해석하는 것은 허용되지 않는다는 것이 역반금언의 원칙이다.

그러나 특허법은 "특허권자는 특허청구범위를 감축하는 경우 특허발명의 명세서 또는 도면에 대하여 정정심판을 청구할 수 있다(법 136①). 이때의 명세서 또는 도면의 정정은 특허청구범위를 실질적으로 확장하거나 변경할 수 없다(법 136③) 여기에서의 변경은 출원서에 최초로 첨부된 명세서 또는 도면에 기재된 사항의

---

72) Morgan Envelope Co. v. Albany Perforated Wrapping Paper (1894) 참고.

73) Smith v. Snow (1935) 참고.

범위 밖에서의 변경을 의미한다. 그러므로 그 범위안에서의 특허청구범위의 감축은 정정심판에 의해 가능하다. 즉 넓은 특허청구범위에 기재된 발명의 요지를 변경하지 아니하는 범위 내에서는 정정심판에 의해 특허청구범위를 감축할 수 있다. 따라서 넓게 허용된 특허청구범위를 나중에 좁게 해석하는 것을 금지하는 역금반언의 원칙도 정정심판에 의해서는 특허청구범위를 감축할 수 있으므로 자연스럽게 좁게 해석하는 것이 가능하게 된다.

vi. 결 어

위에서 살펴본 특허청구범위의 해석기준 및 방법은 개정 전 특허법에서의 "특허청구범위의 청구항에는 발명의 구성에 없어서는 아니되는 사항만을 기재하여야 한다"고 규정하고 있었던 조항(개정전법 42④3 삭제)을 삭제하고 그 대신 개정특허법에서는 "특허청구범위를 기재할 때에는 보호를 받고자 하는 사항을 명확히 할 수 있도록 발명을 특정하는데 필요하다고 인정되는 구조·방법·기능·물질 또는 이들의 결합관계 등을 기재하여야 한다"고 규정한 조항을 신설(개정법 42⑥ 신설), 특허청구범위의 기재를 "발명의 구성요소 단일주의"에서 "발명의 다요소 복수주의"로 개정하여 특허협력조약 및 미국 등 외국의 특허법과 일치시킴으로써 특허청구범위의 해석에 관해서도 국제적 기준 및 방법이 자연스럽게 적용될 수밖에 없다. 따라서 위의 특허청구법의 해석기준 및 방법은 우리나라 특허법의 운용, 즉 심사, 심판 및 소송에도 그대로 적용될 수 있다고 본다.

5) 도면의 간단한 설명

도면의 간단한 설명은 특허출원에 도면이 필요하여 출원서에 첨부한 경우에 한해서 기재하는 사항이다. 즉 발명의 요지를 도시하는 것이 가능한 경우 도면은 첨부되어야 하는바 특히 기계·전기 등과 같은 기술분야에 관한 출원에 있어서는 도면제출이 거의 필수적이라고 할 수 있다. 도면의 간단한 설명에는 첨부된 도면의 하나하나에 대하여 그것이 어느 것, 즉 무엇을 표시한 도면인가를 간단히 기재하고 독립항의 특징적인 부분(신규한 부분)에 기재된 주요구성에 대한 도면의 부호 및 명칭을 기재하면 된다. 예를 들면 제1도는 전체를 조립한 평면도, 제2도는 어느 부분을 보인 정면도, 제3도는 어느 부분의 종단면도 등으로 간단히 설명하면 충분하고 도면의 수에는 제한이 없다. 도면의 주요부분에 대한 부호의 설명은 예를 들어 10 : 엔징, 20 : 브레이크, 30 : 핸들 등으로 하면 된다. 만약 발명의 설명에서 도면이 필요하지 아니한 경우에는 "도면의 간단한 설명"항목을 삭제하여야 한다. 이를 보다 자세히 설명하면 다음과 같다.

① 도면이 있는 경우에 기재한다.
② 도면이 있는 경우 도면의 준비사항
i. 필수도면
(i) 발명의 핵심이 들어 있는 도면
(ii) 발명이 변형되는-실시예
(iii) 발명이 응용되는 도면
(iv) 제조방법의 경우는 공정도
ii. 부수적 도면
(i) 종래기술의 도면
(ii) 발명의 동작을 간단히 설명하는 파형도, 타이밍도, 발명의 효과를 나타내기 위한 그래프
iii. 선정된 도면이 무엇인가를 간단히 설명한다.
(예 : 도 *는 본 발명에 따른-(명칭)-의 일실시예를 나타내는 블록 구성도)
iv. 선정된 도면의 구성소자에 첨부숫자를 붙여 놓는다.
v. 점선으로 블록을 표시하고 첨부숫자를 붙인다. 필수적인 것은 아니다.
vi. 동작이 복잡할 경우 플로우챠트로 동작의 수순을 설명도로 작성하여도 좋다.
vii. 복잡한 시스템의 경우 블록도를 작성하는 것이 편리하다.
viii. 도면은 출원 후 변경하는 것은 요지변경이 되는 경우가 많음에 주의하여 정확한 연결점 등을 명백히 하여야 한다.
③ 부호의 설명
i. 가급적 짝수 또는 홀수단위로 부호부여(추후 추가용이)
ii. 구성이 복잡한 경우
상위구성부는 100, 200, 300,... 로, 하위구성부는 앞자리가 동일한 10단위(110, 120,,... 210, 220,...)
iii. 동일부분, 동일구성요소에는 되도록 동일부호를 사용(종래예와 동일해도 무방하다)

3. 도 면

도면은 발명의 내용을 이해하기 쉽게 하기 위하여 명세서의 보조로 사용된다. 따라서 발명의 내용에 따라 필요한 경우 예를 들면 기계·기구·장치 등과 같은 물건의 발명인 경우 도면을 작성하여 출원서에 첨부하여 제출한다. 그러나 특허

출원서에 첨부하는 도면은 설계도면과 같은 상세한 것은 필요치 않다. 이러한 도면은 특허법시행규칙 제21조 제2항의 규정에 의한 별지 제16호 서식에 의하여 작성한다.

도면은 각 도면마다 "도1", "도2"와 같이 일련번호를 붙이고 도면이 수매일 경우에는 요약서 및 명세서의 일련번호에 연속하여 일련번호를 붙어야 한다.

4. 요약서

(1) 서 설

1) 의 의

요약서라 함은 발명의 내용을 쉽게 파악할 수 있도록 발명의 요점을 잡아서 정리, 기재한 서면으로 특허출원서에 첨부한다(법 42②). 요약서는 오로지 기술정보로서의 용도로 사용하기 위해 작성한 것으로서 특허발명의 보호범위를 정하는 데에는 사용할 수 없다(법 43).

2) 제도적 취지

최근 특허출원의 급격한 증가로 공개공보의 누증(累增)을 가져와 적정한 공보의 접근을 어렵게 하고 또 발명기술의 고급화로 특허정보의 내용도 고도화, 복잡화되어 특허자료의 효율적 이용을 어렵게 하고 있다. 따라서 이러한 곤란성을 해소하여 공개공보에 의한 특허정보의 제공을 원활하게 하기 위하여 출원인은 특허출원서에 발명의 내용을 요약한 서류를 첨부하고 특허청은 그 요약서를 공개공보에 게재하여 반포한다. 이렇게 함으로써 특허출원한 발명의 요점이 정확하고 신속하게 전달되어 특허정보에 대한 접근이 쉬어지고 발명의 내용파악도 가능해져 공개공보의 편의성이 제고되고 활용성이 향상되어 특허분쟁의 예방과 기술발전에도 기여할 수 있기 때문이다.

3) 요약서 작성상의 지침

요약서는 당해 기술의 선행기술의 조사를 위한 효율적인 검색도구로서 특히 당해 국제출원자체를 참고할 필요성의 유무를 판단함에 있어 과학자, 기술자 또는 연구자에게 도움이 될 수 있도록 기재하여야 한다.

(2) 요약서의 내용 및 형식

1) 요약서의 기재사항

① 명세서, 특허청구범위 및 도면에 기재된 발명의 요약은 발명이 속하는 기술분야를 표시하고 아울러 기술적 문제점, 발명에 의한 기술적 문제점의 해결책의 요점 및 발명의 주요용도를 명확하게 이해할 수 있도록 기재하여야 한다.

② 그리고 해당하는 경우, 특허출원에 기재되어 있는 모든 화학식 중 발명의 특징을 가장 잘 나타내는 화학식으로 기재하여야 한다.

2) 요약서는 가능한 한 간결하게 기재

요약서는 발녕을 가능한 한 간결하게 하되 한글, 영어 또는 영어로 번역한 경우 다같이 50단어 이상 150단어 이내로 기재하는 것이 바람직하다.

3) 불요기재사항

요약서는 특허청구범위에 기재되어 있는 발명의 장점이나 가치에 대한 주장 또는 그 발명의 추론적 적용에 대하여 기재하여서는 아니된다.

4) 괄호내 인용부호 부여

특허출원의 요약서에 기재되어 있고, 또한 도면에 예시되어 있는 각각의 주요한 기술적 특징에는 괄호 내에 인용부호를 붙인다.

(3) 요약서의 법적 효력문제

1) 요약서의 흠결 및 미제출

① 요약서의 흠결

제출된 요약서에 소정이 기재사항이 기재되어 있지 않는 등 중대한 흠결이 있을 경우에는 원칙적으로 1월 이내의 기간을 정하여 절차의 보정을 명하고(법 46, 법시행규칙 16), 만일 보정명령을 받은 자가 그 보정기간 내에 보정을 하지 아니한 때에는 그 출원절차를 무효로 할 수 있다(법 16① 본문). 그러나 제출한 요약서가 보정을 명할만한 정도의 중대한 흠결이 아니고, 단지 요약의 질을 일정한 수준이상으로 유지하기 위한 수정이 필요하다고 인정되는 요약서에 대해서는 출원공개의 지연 등을 고려하여 소정의 "요약서의 작성방법"(법시행규칙 21② 별지 제17호 서식)에 적합하지 않을 때 그 밖에 필요하다고 인정한 때에는 특허청장이 스스로 작성한 것을 공개공보에 게재할 수 있다.

② 요약서의 미제출

특허출원시 요약서를 제출하지 않은 때에는 그 절차는 특허법령이 정하는 방식에 위반이 되고 특허청장은 출원인에게 원칙적으로 1월 이내의 기간을 정하여 요약서를 제출하도록 하는 절차의 보정을 명한다(법 46, 법시행규칙 16). 보정명령을 받은 출원인이 그 지정기간 내에 보정을 하지 않을 때에는 그 출원절차를 무효로 할 수 있다(법 16).

2) 요약서와 특허발명의 보호범위

특허법은 요약서는 기술정보로서의 용도로 사용하여야 하며, "특허발명의 보호범위를 정하는 데에는 사용할 수 없다"고 규정하고 있다(법 43). 요약서는 특허발명의 보호범위를 정할 때 참작하는 명세서와는 달리 발명의 개요만을 나타내는 기술정보로 제출되는 것이기 때문이다. 이러한 견해는 국제적으로 확립된 것이다.

3) 요약서 기재사항의 효력문제

요약서에 기재되어 있는 사항만으로는 소위 확대된 선원의 범위가 될 수 없으며, 또 특허청구범위의 보정으로 삽입할 수 없음은 당연하다.

5. 특허출원서류의 제출

특허를 받고자 하는 자는 위에서 살펴본 i) 소정의 특허출원서(법시행규칙 21①, 별지 제14호 서식)에 명세서(법시행규칙 21②, 별지 제15호 서식)·요약서(법시행규칙 21②, 별지 제17호 서식) 및 도면[법시행규칙 21②, 별지 제16호 서식(필요할 경우)] 각 1통, ii) 대리인에 의하여 특허출원절차를 밟을 경우에는 그 대리권을 증명하는 서류 1통, iii) 그 밖의 법령의 규정에 의한 증명서류 1통을 첨부하여 특허청장에게 제출한다(법 42①, 법시행규칙 21①②).

Ⅲ. 핵산염기서열 또는 아미노산서열을 포함한 특허출원

1. 특허출원서의 제출

핵산염기서열 또는 아미노산서열(이하 "서열"이라 한다)을 포함한 특허출원을 하고자 하는 자는 소정의 출원서(별지 제14호 서식)에 다음의 서류 등을 첨부하여 특허청장에게 제출하여야 한다(법시행규칙 21의 2①).

(1) 특허청장이 정하는 바에 따라 작성한 서열목록을 기재 또는 첨부한 명세서

(2) 컴퓨터 판독이 가능한 형태로 서열목록을 수록한 전자파일(서면으로 특허출원하는 경우에 한한다)

2. 서열목록 동일취지의 기재

서면으로 특허출원하는 경우에는 전자파일에 수록한 서열목록이 명세서에 기재한 서열목록과 동일하다는 취지를 특허출원서에 기재하여야 한다(법시행규칙 21의 2②).

3. 명세서기재 서열목록으로 간주

명세서에 기재한 서열목록과 전자파일에 수록한 서열목록이 다른 경우에는 명세서에 기재한 서열목록대로 제출된 것으로 본다(법시행규칙 21의 2③).

4. 서열목록의 보정

서열목록의 보정에 관하여는 위 1 내지 3을 준용한다(법시행규칙 21의 2④).

Ⅳ. 특허출원번호의 통지

특허청장은 특허출원서를 수리한 때에는 그 특허출원번호 및 특허출원일자를 기재한 특허출원번호통지서를 특허출원인에게 통지한다(법시행규칙 24).

이러한 특허출원번호의 통지는 단순히 출원인이 제출한 특허출원서류의 접수, 수리되었음을 알리는 것에 그치는 것이 아니고 향후 심사절차를 거쳐 특허여부를 결정하겠다는 특허청장의 직무이행의무의 부과적 성질도 갖는다.

물론 위의 사항들은 특허출원번호의 통지에 의하여 발생하는 것은 아니다. 특허출원번호의 통지 없이도 특허청에의 출원접수사실만으로 충분히 확보될 수 있는 것들로서 설령 특허출원번호의 통지가 없더라도 실질적으로는 특허출원에 대한 특허여부의 결정에 관한 특허(출원)절차수행에는 아무런 영향을 받지 아니한다.

V. 특허출원절차 등의 보정 등

1. 절차의 보정

특허청장 또는 특허심판원장은 특허에 관한 절차가 다음의 1에 해당하는 경우에는 1월 이내의 보정기간을 정하여 보정을 명하여야 한다(법 46·1 내지 3, 법시행규칙 16①). 특허청장·특허심판원장·심판장 또는 심사관은 이러한 특허에 관한 절차를 밟을 보정기간을 정한 때에는 청구에 따라 그 기간을 단축 또는 연장하거나 직권으로 그 기간을 연장할 수 있다. 이 경우 특허청장 등은 해당절차의 이해관계인의 이익이 부당하게 침해되지 아니하도록 단축 또는 연장여부를 결정하여야 한다(법 15, 법시행규칙 16②).

(1) 법정대리인에 의하여 밟지 않은 미성년자·한정치산자 또는 금치산자와 같은 행위무능력자의 특허에 관한 절차(법 3①) 또는 특별수권을 얻지 아니하고 밟은 위임대리인의 특허출원의 변경·포기·취하, 특허권의 존속기간연장등록출원의 취하, 특허권의 포기, 신청의 취하, 청구의 취하, 특허출원 등에 의한 우선권 주장이나 그 취하, 심판청구 또는 복대리인의 선임 등 특허에 관한 절차(법 6).

(2) 특허법 또는 특허법에 의한 명령이 정하는 방식에 위반된 경우

(3) 납부하여야 할 소정의 수수료(법 82)를 납부하지 아니한 경우

2. 절차의 무효 등

(1) 절차의 무효

특허창장 또는 특허심판원장은 위 1에 의한 보정명령을 받은 자가 그 지정된

기간 이내에 그 보정을 하지 아니한 경우에는 특허에 관한 절차를 무효로 할 수 있다. 다만, 심사청구료를 납부하지 아니하여 보정명령을 받은 자가 지정된 기간 이내에 그 심사청구료를 납부하지 아니한 경우에는 특허출원서에 첨부한 명세서에 관한 보정을 무효로 할 수 있다(법 16①).

(2) 무효처분의 취소

특허청장 또는 특허심판원장은 위 (1)에 의하여 특허에 관한 절차가 무효로 된 경우로서 지정된 기간을 지키지 못한 것이 보정명령을 받은 자가 책임질 수 없는 사유에 의한 것으로 인정되는 때에는 그 사유가 소멸한 날부터 14일 이내에 보정명령을 받은 자의 청구에 의하여 그 무효처분을 취소할 수 있다. 다만, 지정된 기간의 만료일부터 1년이 경과한 때에는 그러하지 아니하다(법 16②).

(3) 특허청장 또는 특허심판원장은 위 (1)의 본문·난서에 따른 무효처분 또는 (2)의 본문에 따른 무효처분의 취소처분을 할 때에는 그 보정명령을 받은 자에게 처분통지서를 송달하여야 한다(법 16③).

Ⅵ. 특허출원서류 등의 반려 등

1. 부적법한 특허출원서류 등

특허청장 또는 특허심판원장은 특허출원 또는 심판에 관한 서류·견본 그 밖의 물건(이하 이항에서 "출원 서류 등"이라 한다)이 다음의 어느 하나에 해당되는 경우에는 법령에 특별한 규정이 있는 경우를 제외하고는 이를 적법한 출원 또는 심판에 관한 출원서류 등으로 보지 아니한다(법시행규칙 11①)

(1) 법령에 따라 특허출원에 관한 절차를 밟기 위하여 특허청 또는 특허심판원에 제출하는 서류는 법령에 특별한 규정이 있는 경우를 제외하고는 1건마다 작성하여야 하나 1건마다 서면을 작성하지 아니한 경우

(2) 출원 또는 서류의 종류가 불명확한 경우

(3) 특허출원에 관한 절차를 밟는 자의 성명(법인의 경우에는 명칭) 또는 출원인코드[출원인코드가 없는 경우에는 성명·주소(법인의 경우에는 그 명칭 및 영업소의 소재지)]가 기재되지 아니한 경우

(4) 국어로 기재되지 아니한 경우

(5) 출원서에 명세서(명세서에 발명의 상세한 설명이 기재되어 있지 아니한 경우를 포함한다)를 첨부하지 아니한 경우

(6) 특허청구범위를 기재하지 아니한 명세서를 특허출원서에 첨부하여 특허출원한 분할출원, 변경출원 및 정당권리자의 출원으로서 그 특허출원당시에 이미 명세서의 보정기간이 경과된 경우

(7) 국내에 주소 또는 영업소를 가지지 아니한 자가 특허관리인에 의하지 아니하고 제출한 출원서류 등인 경우

(8) 특허법 또는 특허법에 의한 명령이 정하는 기간이내에 제출되지 아니한 서류인 경우

(9) 특허법 또는 특허법에 의한 명령이 정하는 기간 중 연장이 허용되지 아니한 기간에 대한 기간연장신청서인 경우

(10) 특허거절결정 불복심판의 청구기간 또는 특허청장·특허심판원장·심판장·심사관이 지정한 기간을 경과하여 제출된 기간연장신청서인 경우

(11) 특허출원절차가 종료된 후, 즉 출원서가 수리된 후 그 특허출원에 관한 절차와 관련하여 제출된 서류인 경우

(12) 당해 특허출원에 관한 절차를 밟을 권리가 없는 자가 그 출원절차에 관련하여 제출한 서류인 경우

(13) 포괄위임등록신청서, 출원인코드부여신청서 또는 직권으로 출원인코드를 부여하여야 하는 경우로서 당해 출원서가 불명확하여 수리할 수 없는 경우

(14) 정보통신망이나 전자적 기록매체로 제출된 특허출원서가 특허청에서 제공하는 소프트웨어 또는 특허청 홈페이지를 이용하여 작성되지 아니하였거나 전자문서로 제출된 서류가 전산정보처리조직에서 처리가 불가능한 상태로 접수된 경우

(15) 출원에 관한 절차를 밟는 자로서 전자문서로 출원서를 제출하는 자는 첨부서류를 전자적 이미지로 작성하여 제출할 수 있는 바, 이 때 제출된 전자적 이미지의 첨부서류가 판독이 곤란하여 내용의 확인이 필요하다고 인정되어 출원인 또는 대리인에게 기간을 정하여 해당서류를 서면으로 제출하도록 명하였으나 제출명령을 받은 출원인이 당해 서류를 기간 내에 제출하지 아니한 경우

(16) 출원관련 증명서류의 제출명령을 받은 자가 당해 서류를 정당한 소명없이 소명기간 내에 제출하지 아니한 경우

(17) 특허출원인이 특허청구범위가 기재되지 아니한 명세서가 첨부된 특허출원에 대하여 출원심사청구서를 제출한 경우

(18) 특허청구범위가 기재되지 아니한 명세서를 첨부한 특허출원에 대하여 조기공개신청서를 제출한 경우

(19) 특허법시행규칙 제40조의 2 제1항 각호의 어느 하나에 해당하여 특허여부 결정을 보류할 수 없는 경우

(20) 특허법시행규칙 제40조의 3(특허출원심사의 유예) 제3항 각호의 어느 하나에 해당하여 특허출원에 대한 심사를 유예할 수 없는 경우(심사유예신청서에 한정한다)에는 법령에 특별한 규정있는 경우를 제외하고는 이를 적법한 출원으로 보지 아니하고 반려한다(법시행규칙 11① 1 내지 18).

2. 특허출원서류 등의 반려통지 및 소명 등

특허청장 특허심판원장은 위의 1에 해당하는 부적법한 출원서류 등을 반려하고자 하는 경우에는 그 출원서류 등을 제출한 출원인 등에 대하여 출원서류 등을 반려하겠다는 취지·반려이유 및 소명기간을 기재한 서면을 송부하여야 한다. 다만 위의 (16)의 경우에는 반려이유를 고지하고 즉시 출원서류 등을 반려하여야 한다(법시행규칙 11②).

특허청장으로부터 제출된 출원서류 등을 반려하겠다는 서면을 송부받은 출원인 등이 소명하고자 한 때에는 그 소명기간 내에 소정의 소명서(법시행규칙 11 별지 제24호 서식)를, 소명 없이 출원서류 등을 소명기간 내에 반려받고자 하는 경우에는 소정의 반려요청서(법시행규칙 11 별지 제8호 서식)를 특허청장에게 제출한다. 이 경우 특허청장은 반려요청을 받은 때에는 즉시 출원서류 등을 반려하여야 한다(법시행규칙 11③).

3. 소명서 등의 미제출 출원서류 등의 반려

특허청장은 출원인 등이 소명기간 내에 소명서 또는 반려요청서를 제출하지 아니하거나 제출한 소명이 이유 없다고 인정되는 때에는 소명기간이 종료된 후 즉시 출원서류 등을 반려하여야 한다(법시행규칙 11④).

4. 명세서 불보정출원의 취하간주

특허출원인은 특허출원당시에 특허청구범위를 기재하지 아니한 명세서를 특허

출원서에 첨부할 수 있다. 이 경우,

① i) 조약에 의한 우선권주장을 수반하는 특허출원에 있어서는 그 우선권주장의 기초가 된 출원일, ii) 국내우선권주장을 수반하는 특허출원에 있어서는 선출원 출원일, iii) i) 또는 ii)에 의한 2이상의 우선권주장을 수반하는 특허출원에 있어서는 해당 우선권주장의 기초가 된 출원일 중 최선일, iv) i) 내지 iii)의 어느 하나에도 해당하지 아니한 특허출원에 있어서는 그 특허출원일 위의 i) 내지 iv)의 어느 하나에 해당하는 날부터 1년 6개월이 되는 날까지 나,

② i) 내지iv)의 어느 하나에 해당하는 날부터 1년 6개월이 되는 날 이내에 출원심사청구의 취지를 통지받은 날부터 3개월이 되는 날까지,

③ 위 ①의 i) 내지 iv) (법 64조 제1항 각호)의 어느 하나에 해당하는 날부터 1년 3개월이 되는 날 후에 출원심사청구의 취지를 통지받은 경우에는 ①의 i) 내지 iv) 및 ②의 어느 하나에 해당하는 날부터 1년 6개월이 되는 날까지 특허청구범위가 기재되도록 명세서를 보정하여야 한다(법 42⑤). 그러나 특허출원인이 특허출원 후에 위의 ①②③의 기한까지 명세서를 보정하지 아니한 경우에는 그 기한이 되는 날의 다음날에 해당 특허출원은 취하된 것으로 본다(법 42⑦).

제3절 1특허출원의 범위 - 출원의 단일성 · 발명의 단일성 -

Ⅰ. 서 설

1. 의의 및 배경

"1특허출원의 범위"라 함은 하나의 출원서로 출원할 수 있는 발명의 범위를 말하며, "출원의 단일성, 발명의 단일성 또는 1발명 1출원주의"라고도 한다(이하 "1특허출원의 범위, 출원의 단일성, 발명의 단일성, 1발명 1출원주의"를 혼용한다). 이는 구미에서의 1특허출원을 위한 발명의 단위를 지칭하고 있는 "발명의 단일성(Unity of invention) 또는 출원발명의 단일성"과 동의어로써 우리나라 특허법에서 1발명을 1특허출원으로 하는 1발명 1출원주의를 원칙으로 하면서 예외적으로 하나의 총괄적 발명의 개념을 형성하는 1군의 발명에 대하여도 1특허출원의 범위로 하고 있

는 출원의 단일성과 같은 의미이다.

여기에서 "하나의 총괄적 발명의 개념을 형성하는 1군의 발명"이란 개념은 1980년 특허법 개정당시 특허협력조약(PCT)시행규칙 제13조의 "국제출원은 하나의 발명 또는 단일한 총괄적 발명의 개념을 형성하도록 관련되어있는 1군의 발명(이하 본 절에서 "1군의 발명"이라 한다)에 대해서만 행한다"는 규정에서 그대로 도입한 것이다.

위와 같이 하나의 발명 외에 1군의 발명을 1특허출원으로 하여 발명의 범위로 하는 출원의 단일성제도의 도입으로 특허청구범위의 기재도 구특허법에서의 1발명 1출원주의에 따른 단항제에서 1발명과 하나의 총괄적 발명의 개념을 형성하는 1군의 발명을 1특허출원의 범위로 하는 출원의 단일성제도의 채택으로 다항제로 개정을 하였다.

이처럼 1군의 발명을 1특허출원으로 하여 특허청구범위의 기재를 다항제로 한 것은 날로 기술개발이 고도화, 세분화되면서 그 개발성과도 다양한 기술형태로 밀접하게 관련된 1군의 발명으로 얻어지는 경우가 많아지고 있어 이를 발명의 단위마다 1특허출원으로 할 경우 관련발명에 해당하는 밀접한 부분의 발명이 누락되거나 중복되어 적절하고도 완전한 특허발명을 확보할 수 없다는 점 등을 고려하여 하나의 출원에 포함할 수 있는 발명의 범위를 1발명은 물론 1군의 발명에 이르기까지 발명의 단일성의 범주에 넣어 이를 1특허출원으로 하는 출원의 단일성의 범위에 포함한 것이다.

그러나 개념상으로는 "1발명"과 "하나의 총괄적 발명의 개념을 형성하는 1군의 발명"은 근본적으로 다른 것으로 후자는 ⅰ) 동일한 범주(이하 "카테고리"라 한다) 내에서 복수의 독립항을 가질 수 있다는 의미와, ⅱ) 상이한 카테고리에서 복수의 청구항을 가질 수 있다는 의미로 해석된다.

2. 성 질

(1) 1특허출원의 범위에서의 1발명 다항제는 1특허출원에 복수발명을 포함하는 경우에 비하여 특허심사청구료, 특허출원의 우선심사신청료, 특허료 등 요금면에서 불리하다. 왜냐하면 1특허출원의 범위, 즉 발명의 단일제하에서는 건당 기본요금에 청구범위의 항마다 요금을 가산하여 납부하여야 하기 때문이다.

(2) 1특허출원의 범위의 요건위반을 이유로 하는 거절이유는 그중 어느 하나의 청구항이 흠결이 있는 때에는 그 흠결 있는 청구항에 대해서만 거절되는데 비하여, 1특허출원에 복수발명을 포함시키는 경우는 그중 어느 하나의 발명에 거절이

유가 있을 때는 발명의 일체성을 이유로 출원전체가 거절된다.

(3) 1특허출원의 범위의 규정에 의해 설정등록된 특허권의 이전은 일괄이전만이 허용된다. 그러나 각 청구항에 대해서 전용실시권을 설정함으로써 실질적으로는 청구항별 분리이전을 할 수 있으므로 일괄이전만을 놓고 불리하다고만 할 수 없다.

이와 같은 1특허출원의 범위 제도는 후술하는 국내우선권제도를 활용함으로써 앞으로 더욱 이용가치가 증대될 것으로 전망된다.

3. 취 지

원래 특허법은 1발명 1특허출원주의를 채택하고 있으나(법 45① 본문) 기술적으로 관련된 몇 가지 발명을 각 독립항으로 하여 한꺼번에 출원할 수 있도록 하는 것이 바람직한 면도 있어 서로 기술적으로 밀접한 관계를 가지는 발명들에 대하여 그들을 하나의 출원으로 출원할 수 있도록 하여 출원인·제3자 및 특허청의 편의를 도모하고자 하는 것이 특허법 제45조(1특허출원의 범위) 규정의 취지이다. 그러므로 위 규정을 해석함에 있어서는 출원료나 특허관리면에서의 유리함 때문에 서로 관련성이 없는 복수의 발명을 하나의 출원서에 다수 포함시키고자 하는 출원인과 이것을 허용할 경우 타인의 권리에 대한 감시, 선행기술자료로서의 이용 또는 심사에 대한 부담 때문에 불이익을 받게 되는 제3자 및 특허청과의 사이에 균형을 도모함이 필요하기 때문에 창설된 제도로 해석된다.

즉 1특허출원의 범위에 관한 특허법 제45조의 규정은 상호 기술적으로 밀접한 관계를 가진 발명에 대하여 그들을 하나의 출원서로 출원할 수 있도록 함으로써 출원인·제3자 및 특허청의 편의를 도모하고자 하는 제도이다.

출원인의 입장에서는 가능한 한 다수의 발명을 하나의 출원서에 포함시켜서 출원하는 것이 출원료 그밖에 특허관리면에서 유리하나

제3자의 입장에서는 출원절차의 형평성 타인의 권리에 대한 감시와 선행기술자료로서의 이용 등의 면에서 가능한 한 1특허출원의 범위는 좁은 것이 유리하고

특허청의 입장에서는 출원의 분류·검색 등 심사부담면에서 1특허출원의 범위는 좁은 것이 바람직하다.

따라서 1특허출원의 범위를 정하고 있는 특허법 제45조의 규정은 서로 관련성이 없는 복수의 발명을 하나의 출원서에 다수 포함시키고자 하는 출원인과 이것을 허용할 경우에 불이익을 받게 되는 제3자 및 특허청과의 사이에 균형을 도모하고자 하는 규정이라고 할 수 있다.

Ⅱ. 1특허출원의 요건

1특허출원으로 보호를 받을 수 있는 발명, 즉 1특허출원의 범위는 하나의 특허출원에 포함되어 있는 각 청구항에 기재된 사항이 특정 독립항에 대하여 특허법 제45조 제1항 본문 또는 같은 항 단서에 의한 특허법시행령 제6조 각호에 규정된 관계의 어느 것인가에 해당하는(그와 같은 관계를 만족하는 독립항, 이하 "관련 독립항"이라 한다)경우에 그 요건을 충족하는 것이 된다.

여기에서 말하는 "특정 독립항"이라 함은 2이상의 발명을 포함하는 특허출원에서 그 출원을 대표할 수 있는 특정한 어느 하나의 청구항에 기재된 독립항을 말한다.

1. 동일한 카테고리내의 요건

발명의 카테고리(category)는 물건과 방법의 2대 카테고리로 나눌 수 있고 이중 택일적으로 1독립항을 기재하여야 한다. 그러나 발명의 성질상 1독립항만으로는 하나의 총괄적 발명의 개념을 형성하는 1군(群)의 발명(이하 "단일성"이라 한다)에 대하여 기재할 수 없을 때에는 2이상의 독립항으로 기재할 수 있다.

이와 같이 동일카테고리내의 요건은 2이상의 독립항이 "물건과 물건", "방법과 방법"으로 각각 표현된 동일카테고리의 것이어야 하며 또 산업상의 이용분야 및 해결하고자 하는 과제가 동일한 특정 독립항과 관련 독립항과의 관계가 있거나 산업상의 이용분야 및 발명의 과제해결수단에 없어서는 아니되는 사항의 주요부가 동일한 특정 독립항과 관련 독립항과의 관계가 있어야 한다.

(1) 산업상 이용분야의 동일

"산업상 이용분야"라 함은 그 발명의 기술분야 및 그 기술분야에 직접 관련성을 갖는 기술분야를 말한다. 그러므로 "산업상 이용분야의 동일"이라 함은 2이상의 독립항이 공통된 산업상의 이용분야를 가진 경우를 의미하고 그 유형으로서는

1) 2이상의 독립항의 기술분야가 일치하는 경우

2이상의 독립항의 기술분야가 일치하는 경우에는 그들 독립항의 산업상의 이용

분야는 동일한 것으로 된다.

2) 2이상의 독립항의 기술분야가 중복되는 경우

2이상의 독립항의 기술분야가 상위개념과 하위개념 등의 관계로 중복되어 있는 경우에는 그들 발명의 산업상의 이용분야는 동일한 것으로 된다.

3) 2이상의 독립항의 기술분야가 기술적으로 직접 관련성을 갖는 경우

2이상의 독립항의 기술분야가 기술적으로 직접 관련성을 갖는 경우는 다음의 예와 같은 경우로서 이와 같은 경우에는 산업상의 이용분야가 동일한 것으로 된다.

① 특정독립항에 특정구조의 수나사를 가진 볼트와 관련독립항에 특정구조의 암나사를 가진 너트

② 특정독립항에 특정의 물질로 된 섬유 A[방연성(防燃性섬유]와 관련독립항에 특정의 물질로 된 섬유 A로 된 [방염(防炎]커튼(curtain)]

(2) 해결하고자 하는 과제의 동일

"해결하고자 하는 과제"라 함은 특허출원한 발명이 출원시까지 해결하지 못했던 기술상의 과제를 그 발명이 해결하고자 하는 기술상의 과제를 말한다. 따라서 해결하고자 하는 과제는 종래기술과 관련하여 명세서의 기재 전체로부터 객관적으로 판단되어야 한다. 이 경우 하나의 발명 중에 2이상의 해결하고자 하는 과제가 포함될 수 있다. 또 "해결하고자 하는 과제의 동일"이라 함은 2이상의 독립항이 공통적으로 해결하고자 하는 과제를 갖고 있는 경우를 의미하고, 양 독립항이 갖고 있는 1 또는 2이상의 해결하고자 하는 과제가 일치하고 있는 경우이거나 또는 중복되고 있는 경우가 여기에 상당하다.

(3) 과제해결수단에 없어서는 아니되는 사항의 주요부의 동일

과제해결수단(구성)에 없어서는 아니되는 사항의 주요부의 동일은 해결하고자 하는 과제에 대응한 신규의 과제해결수단에 관한 사항이다. 따라서 "과제해결수단에 없어서는 아니되는 사항의 주요부의 동일"이란 특정독립항의 해결하고자 하는 과제에 대응한 신규의 과제해결수단에 관한 사항과 다른 독립항이 해결하고자 하는 과제에 대응한 신규의 과제해결수단에 관한 사항이 공통되는 경우를 말한다. 여기에서 말하는 "주요부의 동일"에는 관련독립항이 그 특정독립항의 과제해

결수단에 없어서는 아니되는 사항의 주요부를 그 주요부로 하고 있는 경우뿐만 아니라 그 전부를 주요부로 하고 있는 경우 또는 그 주요부를 전부로 하고 있는 경우도 포함한다.

(4) 동일한 카테고리내의 사례

<사례 1>
청구항 1 : 특별한 기술적 특징 A를 갖는 콘베이어 벨트
청구항 2 : 특별한 기술적 특징 B를 갖는 콘베이어 벨트
청구항 3 : 특별한 기술적 특징 A 및 B를 갖는 콘베이어 벨트

위의 청구항 1의 콘베이어 벨트의 특별한 기술적 특징은 A이고, 청구항 2의 콘베이어 벨트의 특별한 기술적 특징은 청구항 1의 특별한 기술적 특징인 A와는 다른 B이다. 따라서 청구항 1과 청구항 2는 동일카테고리내의 특별한 기술적 특징이 아니어서 양 청구항 사이에는 단일성이 없다. 그러나 청구항 3의 콘베이어 벨트의 특별한 기술적 특징은 특징 A는 물론 특징 B까지를 모두 포함하고 있어 청구항 1과 청구항 2 또는 청구항 2와 청구항 3은 동일카테고리내의 특별한 기술적 특징이어서 청구항 1과 청구항 3 또는 청구항 2와 청구항 3은 동일카테고리내의 것으로 이들 사이에는 단일성이 존재한다.

<사례 2>
청구항 1 : 램프용 필라멘트 A
청구항 2 : 필라멘트 A가 있는 램프 B
청구항 3 : 필라멘트 A가 있는 램프 B와 회전대 C로 구성되는 서치라이트 (searchlight)

청구항 1, 2 및 3 사이에는 단일성이 존재한다. 위의 모든 청구항에 공통되는 특별한 기술적 특징은 필라멘트 A이다.

<사례 3>
청구항 1 : 화합물 A
청구항 2 : 화합물 A와 담체(擔體)로 이루어진 살충제 조성물

청구항 1과 2 사이에는 단일성이 존재한다. 위의 청구항에 공통되는 특별한 기술적 특징은 화합물 A이다.

<사례 4>

청구항 1 : 단백질 X

청구항 2 : 단백질 X를 코드화하는 DNA 배열

숙주(宿主 : 기생(寄生)생물이 기생하는 생물)에서의 DNA 배열 발현(配列 發現)은 DNA배열에 의하여 결정되는 단백질의 생산을 초래한다. 이 단백질과 DNA배열은 대응하는 특별한 기술적 특징을 나타낸다. 청구항 1과 2 사이에 단일성이 인정된다.

<사례 5>

청구항 1 : 특징부 A에 의하여 특징지워지는 플러그(plug)

청구항 2 : 대응특징부 A에 의해 특징지워지는 소켓(socket)

특징부 A는 청구항 1 및 2 모두가 포함하고 있는 특별한 기술적 특징이므로 단일성이 존재한다.

<사례 6>

청구항 1 : 특징 A+B를 갖는 표시장치

청구항 2 : 특징 C를 부가한 청구항 1의 표시장치

청구항 3 : 특징 D를 부가한 특징 A+B를 갖는 표시장치

청구항 1, 2, 3 사이에 단일성이 있다. 모든 청구항에 공용하는 특별기술적 특징은 A+B이다.

2. 상이한 카테고리내의 요건

(1) 물건에 관한 1독립항을 기재하는 경우

1) 서 론

물건에 관한 1독립항을 기재하는 경우와 방법에 관한 1독립항을 기재하는 경우에 일정한 다른 카테고리에 독립항을 선택하여 기재하거나 모두 기재할 수 있다.

이는 물건에 관한 독립항인 특정독립항에 대하여 관련독립항이 그 물건을 생산하는 방법에 관한 독립항, 그 물건을 사용하는 방법에 관한 독립항, 그 물건을 취급하는 방법에 관한 독립항, 그 물건을 생산하는 기계·기구·장치 그 밖의 물건에 관한 독립항, 그 물건의 특정성질만을 이용하는 물건에 관한 독립항 또는 그 물

건을 취급하는 물건에 관한 독립항의 어디엔가에 해당하는 관계를 의미한다.

따라서 그동안 구특허법시행령 제2조의 4 제1항 제2호 내지 제4호에 대응하는 규정으로 논란이 되어왔던 소위 용도발명, 사용방법발명, 취급방법발명, 취급하는 물건발명 등의 추가기재를 할 수 있게 됨으로써 1특허출원의 범위를 보다 확대하고 구체화한 것으로 보인다.

2) 물건에 관한 1독립항을 기재하는 경우

물건에 관한 1독립항을 기재한 경우에 다음의 독립항을 선택하여 기재하거나 모두 기재할 수 있다.

① 그 물건을 생산하는 방법에 관한 1독립항

이는 해당 독립항의 물건을 그 자체로서 생산할 수 있는 방법을 말한다. 즉 원료, 피가공체 등을 하나의 생산물인 특정독립항의 물건으로 완성 또는 변화시킬 수 있는 방법이어야 한다. 이 경우 하나의 독립항만으로 포괄하여 기재할 수 없는 1군의 발명인 경우에는 2이상의 독립항으로 기재할 수 있다. 예를 들면 특허청구범위의 “청구항 1 : 특정구조의 심부를 보유한 골프공과 청구항 2 : 특정공정으로 이루어지는 청구항 1의 골프공 제조방법”에서 청구항 2의 제조방법에 의한 생산물은 “청구항 1의 골프공”이라고 명시되어 있으므로 청구항 2의 제조방법은 청구항 1의 골프공 생산에 적합하다.

② 그 물건을 사용하는 방법에 관한 1독립항

이는 소위 용도발명보다 넓은 의미의 발명으로서 그 물건의 본래적 성질 및 기능을 이용하는 방법을 말한다. 즉 물질 A에 대한 특정발명과 물질 A에 의한 반응측정방법의 발명과 같이 관련발명이 해당발명의 물건자체의 사용방법이어야 한다. 이 경우 하나의 1독립항만으로 포괄하여 기재할 수 없는 1군의 발명인 경우 2이상의 독립항으로 기재할 수 있다. 예를 들면 특허청구범위의 “청구항 1 : 물질 A와 청구항 2 : 물질 A에 의한 살충방법”에서 청구항 2의 “살충방법”은 청구항 1의 물질 A가 가지고 있는 살충력과 같은 성질을 이용하는 방법에 해당한다.

③ 그 물건을 취급하는 방법에 관한 1독립항

이는 물건에 대하여 외적인 작용을 가함으로써 그 물건의 기능을 유지 또는 발휘하도록 하는 것으로 본질적으로는 그 물건을 변화시키지 않는 것을 말한다. 즉 물건의 운송방법, 저장방법 등이 이에 속한다. 예를 들면 특허청구범위의 "청구항 1 : 특정물질 A와 청구항 2 : 특정물질 A를 온도 X℃이하, 압력 Y기압이하에서 빛을 차폐하고 희가스(네온, 아르곤)의 존재 하에서 물질 B를 첨가하여 보존하는 방법"에서, 청구항 2는 불안정한 성질을 가지는 특정물질 A의 보존을 위한 특별한 보존방법에 관한 것으로 청구항 1의 발명을 취급하는 발명에 해당한다.

④ 그 물건을 생산하는 기계·기구·장치 그 밖의 물건에 관한 1독립항

여기에서의 "기계·기구·장치 그 밖의 물건"은 종래 "장치류"에 한정하여 해석하였으나 특허법개정에 의해 제45조의 1특허출원의 범위의 확대취지에 따라 "그 밖의 물건"에는 "장치 이외에 재료적인 물건, 예를 들면 촉매·화학물질·미생물 등 다른 원료·피가공체 등에 작용하여 그것에 변화를 일으켜 생산물 얻는 물건은 모두 포함하는 것으로 한다.[74]

이와 같은 물건을 생산하는 기계·기구·장치 그 밖의 물건(이하 "물건 등"이라 한다)이 그 물건의 생산에 "적합한가"의 여부가 판단기준이 된다. "적합한가"라는 것은 그 물건을 생산하는 물건 등에 대한 발명을 실시하면 본질적으로 그 물건이 생산된다는 것을 의미한다. 그러나 그 "적합한가"라는 의미가 그 물건이 다른 물건 등에 의해 생산될 수 없다거나 또는 그 물건을 생산하는 물건 등과 동일한 물건 등이 다른 물건의 생산에는 사용될 수 없다는 것을 의미하는 것은 아니다.

그러므로 물건 등은 그 자체로 그 물건을 생산할 수 있는 것을 말한다. 따라서 그 물건을 생산하기 위한 간접적 보조적인 것, 즉 그 물건을 생산하는데 사용되는 측정장치나 분석장치, 검사장치와 같은 것은 1특허출원으로 할 수 없다.

본 항의 예를 들면 특허청구범위의 "청구항 1 : 항생물질 A와 청구항 2 : 항생물질 A를 생산하는 신 균주 B"에서 신 균주 B는 항생물질을 생산하는 "그 밖의 물건"에 해당되므로 단일성을 만족한다.

⑤ 그 물건의 특정 성질만을 이용하는 물건에 관한 1독립항

이는 물건의 속성을 전적으로 이용하는 물건에 관한 발명을 말한다. 따라서 그 물건의 특정성질만을 이용하는 물건의 발명은 그 발명이 해결하고자 하는 과제인 발명의 목적이 그 물건의 특정속성을 이용하여야만 달성되고 기술적 과제가 해결되며, 더욱 이러한 특정속성을 이용하는 것이 발명이 해결하고자 하는 과제해결 수단인 발명의 구성에 명확히 기재 표현되어 있는 물건의 발명을 의미한다. 그러므로 통상 물건의 발명은 화학물질 등에 한정된다. 예를 들면 특허청구범위의

74) 심사일반기준, 특허청, 1992. 8. 24, 240면.

"청구항 1 : 물질 A와 청구항 2 : 물질 A로 된 항생제"에서 청구항 2의 항생제는 청구항 1의 물질 A가 가지고 있는 항생능력을 이용한 물건에 해당한다.

⑥ 그 물건을 취급하는 물건에 관한 1독립항

이는 물건에 대하여 외적인 작용을 가함으로써 그 물건의 기능을 유지 또는 발휘하도록 하는 것으로 그 물건을 본질적으로 변화시키지 않는 것을 말한다. 예를 들면 특허청구범위의 "청구항 1 : 불안정한 화학물질 A"에 대한 특정발명의 1독립항과 "청구항 2 : 불안정한 화학물질 A의 저장장치"의 관련발명의 2독립항에서 청구항 2의 저장장치는 청구항 1이 화학물질 A가 그 기능을 유지할 수 있도록 하는 것으로 화학물질 A를 취급하는 물건에 해당한다.

(2) 방법에 관한 1독립항을 기재하는 경우

"방법에 관한 1독립항을 기재하는 경우"라 함은 그 방법의 실시에 직접 사용하는 기계·기구·장치 그 밖의 물건에 관한 1독립항을 기재한 출원을 말한다.

이는 관련발명의 물건은 특정 방법발명의 실시에 직접 사용하는 것으로 충분하며, 기계·기구·장치 외에 촉매·미생물·원료·피가공체 등도 포함된다.

이 경우 관련발명의 물건이 특정발명이외의 방법실시에도 직접 사용하는 경우라도 특정발명의 방법에 적합한 것이면 1특허출원의 범위, 즉 발명의 단일성의 요건은 충족된다. 따라서 이는 구특허법시행령 제2조의 4 제1항 제3호에 대응되는 것으로 장치류 이외의 "기타물건"을 미생물·원료 등으로 확대된 것으로 해석된다. 이에 관한 예를 들어보면 특허청구범위의 "청구항 1 : 미생물 X의 배양에 관한 항생물질 A의 제조방법과 청구항 2 : 미생물 X"에서 청구항 2의 미생물 X는 항생물질 A의 제조에 직접 사용하는 "장치류"에는 해당되지 않으나 항생물질 A 제조시의 역할은 소위 제조장치에 해당하는 것으로 "그 밖의 물건"에 해당된다. 또 "청구항 1 : 녹 억제물질 X를 포함하는 페인트를 특정한 전극배치를 사용하고 정전부하하여 도장하는 도장방법과 청구항 2 : 녹 억제물질 X를 포함하는 페인트"에서 "녹 억제물질 X를 포함하는 페인트"는 청구항 1의 방법의 실시에 직접 사용되는 물건에 해당된다.

(3) 상이한 카테고리 내의 사례

<사례 1>

청구항 1 : 단계 A와 B로 이루어진 제조방법

청구항 2 : 단계 A를 실시하도록 특별히 고안된 장치
청구항 3 : 단계 B를 실시하도록 특별히 고안된 장치

위 청구항 1과 2 또는 청구항 1과 3사이에는 단일성이 존재한다. 그러나 청구항 2와 3 사이에는 공통되는 특별한 기술적 특징이 존재하지 않으므로 이들 두 청구항 사이에는 단일성이 결여되어 있다.

<사례 2>
청구항 1 : 압축공기를 이용하여 신규한 녹방지물질 X를 함유하는 페인트를 분무하는 단계, 신규한 전극배열 A를 이용하여 분무된 페인트를 정전기적(靜電氣的)으로 대전(帶電)시키는 단계 및 이 페인트를 물체로 향하게 하는 단계를 포함하는 페인트를 물체에 도장하는 방법
청구항 2 : 물질 X를 함유하는 페인트
청구항 3 : 전극장치 A를 포함하는 장치

청구항 1과 2에는 물질 X를 함유하는 페인트라는 공통되는 특별한 기술적 특징이 있으므로 단일성이 존재하며, 청구항 1과 3에는 전극장치 A라는 공통되는 특별한 기술적 특징이 있으므로 단일성이 존재한다. 그러나 청구항 2와 3에는 아무런 공통되는 특별한 기술적 특징이 없으므로 단일성은 결여되어 있다.

3. 1군발명 1특허출원의 요건

(1) 서 론

1특허출원은 1발명이나 또는 하나의 총괄적 발명의 개념을 형성하는 1군(群)의 발명(이하 “1군의 발명 또는 발명의 단일성”이라 한다)을 1특허출원의 범위로 하고 그 범위는 특허청구범위의 기재에 의해 정하여진다(법 42④, 45①).

1발명의 경우의 특허출원의 범위에 대한 특허청구범위의 기재는 1독립항만으로 기재하여야 하는데 반하여 1군의 발명의 특허출원의 범위에 대한 특허청구범위의 기재는 2이상의 독립항으로 기재할 수 있다. 이는 발명이 1독립항으로 기재할 수 없고 1군의 발명에 해당하는 경우에는 2이상의 독립항으로 기재할 수 있다는 의미이다. 여기에서 “발명이 1독립항만으로 기재할 수 없고”라 함은 i) 발명의 포괄적 기술사상에는 특허성이 없으나 구체적인 실시예들은 특허성이 있는 경우, ii) 연필과 지우개, 송신기와 수신기처럼 상호 밀접하게 관련된 물품이 두개로 분

리되어 상품화될 수 있는 경우를 말한다.[75)]

위에서 살펴본 바와 같이 1특허출원의 범위에 관한 1특허출원이 요건에서 1발명에 대한 1특허출원의 요건은 난해하지 않기 때문에 설명을 생략하고 1군의 발명에 대한 1특허요건에 대해서만 살펴보기로 한다.

(2) 1군의 발명에 대한 1특허출원의 요건

하나의 총괄적 발명의 개념을 형성하는 1군의 발명에 대하여 1특허출원을 하기 위해서는 i) 청구된 발명간에 기술적 상호관련성이 있을 것, ii) 청구된 발명들이 동일하거나 상응하는 기술적 특징을 가지고 있을 것 등의 요건을 충족하여야 한다(법 45① 단서, ②, 법시행령 6 각호). 여기에서 "기술적 특징"이라 함은 청구된 각 발명 전체로 보아 선행기술에 비하여 개선된 부분을 의미한다. 각 발명의 기술적 특징은 동일하지 않다 하더라도 상응하기만 하면 된다. 예를 들면 하나의 청구항에서 탄성을 주는 기술적 특징은 "스프링"인데 비해 다른 청구항에서는 "고무블록"인 경우가 그 예이다.

"기술적인 특징"은 발명의 단일성을 판단하기 위하여 특별히 제시된 개념으로서 선행기술에 비하여 신규성과 진보성이 있는 기술적 특징이며 이는 발명을 전체로서 고려한 후에 결정하여야 한다.

이와 같이 "기술적인 특징"은 선행기술에 비하여 개선된 부분을 의미하므로 발명의 단일성을 충족하는지 여부의 판단은 경우에 따라서는 선행기술을 검색하기 전에도 가능하지만 선행기술을 고려한 후에 판단하는 것이 일반적이다.

"기술적인 특징"을 가진 1군의 발명에는 1특허출원 내에 카테고리가 동일한 복수의 독립항을 포함하는 경우도 있고, 카테고리가 상이한 복수의 독립항을 포함하고 있는 경우도 있다 그런가하면 하나의 청구항 내에도 1군의 발명의 범위를 벗어난 발명들이 포함되어 발명의 단일성이 충족되지 않은 경우가 있다. 발명의 단일성 충족에 관한 판례를 들어보면 "하나의 총괄적 발명의 개념을 형성하는 1군의 발명"에 해당하는가의 여부는 각 청구항에 기재된 발명들 사이에 하나 또는 둘 이상의 동일하거나 또는 대응하는 특별한 기술적인 특징들이 관련된 기술관계가 존재하는가(즉 기술적으로 밀접한 관계가 존재하는가)에 달려있고, 특별한 기술적인 특징이란 각 발명에서 전체적으로 보아 선행기술과 구별되는 개량부분을 말한다 할 것이다.[76)]

75) 특허청구범위의 다항제, 박대진 저, 1992, 법경출판사, 142면 이하.

76) 특허법원 1999.1.4. 선고 98허 5145 판결.

(3) 요건충족여부의 판단기준

1군의 발명들이 하나의 총괄적 발명의 개념을 형성하는가의 여부에 대한 판단의 기준은 1군의 발명들이 각각 별개의 청구항으로 청구되었는가 또는 하나의 청구항 내에 택일적 형식으로 청구되었는가는 관계없이 먼저 독립항에 대해서 우선 고려한다. 독립항이 발명의 단일성에 대한 요건을 충족하는 경우에는 이들 독립항에 종속된 종속항은 단일성이 충족된다. 독립항과 종속항의 발명의 단일성 충족여부에 관한 예를 들어보면, "청구항 1 : 폴리에틸렌수지의 표면을 산에 의해 처리하는 방법과 청구항 2 : 청구항 1에 있어서 산은 황산인 방법, 청구항 3 : 청구항 1에 있어서 산은 질산인 방법"에서 청구항 1과 청구항 2 및 3은 상위개념과 하위개념의 관계에 있다. 청구항 1, 2, 3 사이에 동일한 "특별한 기술적인 특징"은 "폴리에틸렌수지의 표면을 산에 의해 처리하는 기술"이다. 청구항 1, 2, 3 사이에는 단일성이 충족된다.

(4) 요건충족여부의 판단방법

단일성 충족여부의 판단방법은 일반적으로 다음과 같은 순서로 이루어진다.

1) 제1발명을 정하고 제1발명과 관련된 선행기술과 대비하여 선행기술에 비하여 개량되는데 실질적 작용을 하는 "특별한 기술적인 특징"을 확정한다. 여기에서 제1발명이라 함은 주된 발명을 말하며 청구항의 순서와는 관련이 없다.

2) 제2발명에 제1발명과 동일하거나 상응하는 "특별한 기술적인 특징"의 존재여부를 판단하여 2개의 발명이 기술적으로 관련이 있는지를 확정한다.

3) 만약 2개의 발명사이에 동일하거나 상응하는 "특별한 기술적인 특징"을 포함하는 기술적 상호관련성이 존재한다면 그들은 하나의 총괄적 발명의 개념을 형성하는 1군의 발명개념에 속한다는 결론을 얻을 수 있다.

Ⅲ. 발명의 단일성의 판단 – 1군 발명여부의 판단 –

1. 판단의 대상

(1) 특별한 기술적 특징

특허법 제45조 제1항 단서 및 같은 법 시행령 제6조에서 규정하고 있는 "하나의 총괄적 발명의 개념을 형성하는 1군의 발명"(이하 "1군의 발명 또는 발명의 단일성"과 혼용한다)에 해당하는가의 여부는 각 청구항에 기재된 발명들이 기술적으로 서로 관련성이 있으며 하나 또는 둘이상의 동일하거나 대응하는 "특별한 기술적인 특징"들을 포함하고 있는지의 여부를 대상으로 하여 판단한다.

"특별한 기술적인 특징"이라 함은 "각 발명에서 전체적으로 보아 선행기술과 구별되는 개선된 부분"을 말한다. 여기에서 "각 발명의 기술적인 특징"은 동일하지 않더라도 상응한 것만으로도 충분하다. 예를 들면 하나의 청구항에서 탄성을 주는 특별한 기술적 특징은 스프링인데 반하여 다른 청구항에서는 탄성을 주는 특별한 기술적인 특징이 고무블록일 수 있다.

또한 "특별한 기술적인 특징"은 발명의 단일성을 판단하기 위하여 특별히 제시된 개념으로서 선행기술에 비하여 신규성과 진보성을 구비하게 되는 기술적 특징이며 발명을 전체로서 고려한 후에 결정하여야 한다.

(2) 독립항

발명의 단일성에 대한 판단은 먼저 독립항을 대상으로 한다. 독립항이 발명의 단일성에 대한 요건을 충족하는 경우에는 이들 독립항에 종속된 종속항은 단일성이 충족되기 때문이다.

(3) 청구의 형식

발명의 단일성에 대한 판단은 1군의 발명들이 각각 별개의 청구항으로 청구되었는가 또는 하나의 청구항 내에 택일적 형식으로 청구되었는가는 관계가 없다.

2. 판단의 시기

"특별한 기술적인 특징"은 선행기술에 비하여 개선된 부분을 말하므로 발명의 단일성을 충족하는지 여부의 판단은 경우에 따라서는 선행기술검색 전에도 가능하지만 선행기술을 고려한 후에 판단하는 것이 일반적이다.

3. 판단의 순서

발명의 단일성을 판단하는 방법은 일반적으로 다음의 순서로 이루어진다.

(1) 제1발명을 정하고 제1발명과 관련된 선행기술과 비교하여 선행기술에 비하여 개선되는데 실질적 작용을 하는 "특별한 기술적인 특징"을 확정한다. 제1발명은 주된 발명을 의미하며 청구항의 순서와는 관계없다.

(2) 제2발명에 제1발명과 동일하거나 상응하는 "특별한 기술적인 특징"이 존재하는지 여부를 판단하여 2개의 발명이 기술적으로 관련이 있는지 확정한다.

(3) 만일 2개의 발명 간에 동일하거나 상응하는 "특별한 기술적인 특징"을 포함하는 기술적 상호관련성이 존재한다면 그들은 하나의 총괄적 발명개념에 속한다는 결론을 얻을 수 있다.

Ⅳ. 1특허출원의 범위와 다항제

위의 "1. 의의 및 배경"에서 살펴본 바와 같이 "1특허출원의 범위(출원의 단일성, 1발명 1출원주의)" 혹은 "발명의 단일성"이라 함은 전자는 1발명 또는 하나의 총괄적 발명의 개념을 형성하는 1군의 발명에 대하여 1특허출원으로 기재할 수 있는 것을 말하며, 후자는 1특허출원을 위한 발명의 단위를 말한다.

그리고 "다항제(多項制)"라 함은 이러한 1특허출원의 특허청구범위의 청구항을 1독립항만으로 포괄하여 기재할 수 없을 때에 1군의 발명에 해당하는 경우에 한하여 2이상의 독립항으로 기재하는 방식으로서 이는 1특허출원의 범위를 보다 구체적이고 명료하게 기재할 수 있는 진보된 권리범위의 기재방법이다.

따라서 다항제는 1발명 또는 1군의 발명 1특허출원과 모순되는 것이 아니라 오히려 ⅰ) 1군의 발명에 대하여 1특허출원으로 기재할 수 있도록 함으로써 특정발명뿐만 아니라 관련발명에 이르기까지 권리의 체계적인 보호가 가능하고, ⅱ) 심사과정에서 특허청구범위를 청구항마다 심사함으로써 전체거절을 막아 특허결정의 가능성을 제고할 수 있으며, ⅲ) 심판이나 소송에 있어서도 청구항마다 심리하여 무효시킴으로써 전체무효를 막을 수 있다.

또 출원절차의 간소화와 관련발명의 포괄적이고 체계적인 보호, 심사·심판업무의 감소 등 장점이 있다.

Ⅴ. 1특허출원의 요건위반의 효과

특허출원이 1특허출원의 요건을 위반한 경우에는 거절이유는 되지만(법 62) 특허의 무효이유는 되지 아니한다(법 69, 133). 왜냐하면 특허법 제45조의 규정은 출원인·제3자 및 특허청의 업무편의를 위해 설정된 규정이므로 그 위반은 다른 거절이유나 무효사유처럼 발명의 실체상의 흠결이 아니고 2이상의 특허출원으로 하여야 하는 절차상의 흠결에 불과하다. 그러므로 설령 1특허출원의 요건을 충족하지 못한 채 특허가 되었다 하더라도 특별히 제3자에게 불이익을 주지 않기 때문이다. 따라서 특허출원인은 출원이 1특허출원의 범위에 위반된 경우 자진 또는 심사관의 거절이유통지를 받은 경우 분할출원에 의하여 구제를 받을 수 있다.

Ⅵ. 청구항의 특수기재방식에 의한 1특허출원의 범위

1. 마쿠쉬 방식의 특허청구범위

(1) 서 론

마쿠쉬(Markush) 방식의 청구항은 화합물이나 조성물에서 사용가능한 선택적인 화학성분, 방법에서 선택적인 단계 또는 조성물에서 선택대상물을 정의한다. 선택적인 화학물을 청구하는 경우에 현재 특허청실무에서는 그것들이 "특허받을 수 있을 만큼 구별될 필요는 없다. 단지 청구된 결합에서 유용한 공통성질을 갖는 것이 필요하다."

표준형태는 "a — selected from the group consisting of A, B and C."이다. 후술하는 내용에서 마쿠쉬 청구항의 실무에 대해 많은 상세한 규정들이 있고 현재 특허청실무는 마쿠쉬 청구항의 사용을 제한하거나 심사관이 생각하는 발명들 사이가 독립적이고 구별되어야 한다는 제한을 요구할 수 있다.

(2) 도입배경

미국특허청이 한동안 특허청구범위의 기재에 있어서 선택적인 한정이 가능한 기재형식, 예를 들면 "A and B or C or D로 이루어진 합성물"과 같이 기재된 것을 부적절하고 불명확하다는 이유로 거절한 때가 있었다

발명의 구성요소들의 선택적인 한정은 기계나 전기분야에서는 선택적으로 한정할 수 있는 대체가능한 일반적인 용어 때문에 심각한 문제가 아니었는데, 화학분야의 발명인 경우에는 적절히 대체하여 표현할 수 있는 용어가 없는 때가 많았다.

이러한 문제점을 해결하기 위하여 미국 특허청은 1925년 출원인 마쿠쉬(Markush)

의 요청을 받아들여 화학분야의 출원에 소위 마쿠쉬 방식의 특허청구범위가 사용되게 되었다.

(3) 마쿠쉬 방식

마쿠쉬 방식은 둘이상의 서로 다른 물질들(원소·기·화학물 등), 기계적 요소들 또는 청구된 결합에서 작용하는 방법의 단계(process step)의 그룹을 포함하는 일종의 총칭적인 표현이다.

이러한 마쿠쉬 방식은 보통 화학사건에서 물질들에서 선택된 그룹을 명명하는데 사용된다 그러나 실무자들은 때때로 비화학적 사건, 예를 들면 기계나 전기에 관한 사건에서도 이를 사용하는데, 여기에서도 이러한 표현의 사용에 대한 합리성이 마찬가지로 적용될 것이다.

이러한 표현은 간단한 나사나 스테이플같이 "순전히 기계적 특징(purely mechanical feafures)"에 사용될 수도 있고, 또는 크고 복잡한 구조에서도 사용될 수 있다고 한다. 이것은 또한 방법의 단계(process steps), 예를 들면 아교를 칠하거나 스테이플러로 철하는 것과 같은 경우에도 사용가능하다.

일반적인 청구항은 전제부(전문)에 이어 전이어(이행구) "comprising"을 사용할 수 있으나 마쿠쉬 표현을 사용한 청구항은 "comprising"이라는 용어를 전혀 사용하지 않고 대신에 "the group consisting of"로 시작하여야만 한다.

마쿠쉬 그룹의 요소들은 콤마로 분리되며 마지막 요소는 접속사 "and"로 이어진다.

또한 마쿠쉬 방식의 청구항은 특별한 물질을 명명하지 않는 넓은("genus") 청구항보다도 아래인 종속(subordinate)("subgenus")청구항으로서도 허용된다. 예를 들면 이러한 자유스러운 실무에서는 특허청구범위 제1항은 넓게 전도성 물질을, 제2항은 5가지 물질 중 마쿠쉬 그룹을, 제3항은 3가지 선호하는 물질 중 한정된 그룹을 포함할 수 있다.

이러한 마쿠쉬 표현이 화학적 화합물[예를 들면 특허청구범위 제12항의 메틸, 에틸 등과 같은 기(radical)]의 한 부분에만 적용되는 경우, 그룹의 적절함은 화합물을 전체적으로 고려함으로써 결정되는 것이지 마쿠쉬 표현자체의 요소들에 공유하는 특성에 의존하지는 않는다.[77)]

또한 마쿠쉬 청구항은 방법단계와 기계적인 구성요소들에까지 확장되어 사용될 수 있다.

---

77) MPEP 706.03(y) ; see Ex parte price, 150 U.S.P.Q. (BNA) 467 (Bd. App. 1965).

기계관련 사건에서 마쿠쉬 청구항에 대한 필요성을 피하게 하고 그 사용을 선택하게 하는 “means for”절과 같은 몇 가지 유용한 속개념적 명칭이 있다. 그러나 마쿠쉬 표현 또한 유용하다. 방법의 한정에서 마쿠쉬 그룹은 일군의 단계로 이루어진다. 예를 들면 “…weakening the bond by a process selected from the group consisting of heating, freezing, and pulling the pieces apart …”와 같이 이루어진다.

(4) 마쿠쉬 방식의 청구항 기재방법

마쿠쉬 방식의 청구항 기재방법은 종래에 발명의 구성요소를 선택적으로 한정하기 위하여 사용하였던 “A or B or C” 대신 “A, B, C로 이루어진 그룹(Group)으로부터 선택된 으로” 기재하는 것이다. 마쿠쉬 방식의 기재는 화학분야의 발명의 구성요소들을 그룹으로 조합하여 각각의 청구항이 차지하는 범위에 따라 특허청구범위를 기재하는 것이다. 예를 들면 물, 기름, 알콜의 3가지 요소로 이루어진 어떤 액체를 특허청구범위로 기재하고자 할 때에는 특허청구범위를 항 별로 구분하여 1) 액체, 2) 물, 기름, 알콜로부터 선택적으로 구성되는 액체, 3) 기름과 알콜로부터 선택적으로 구성되는 액체 등으로 기재한다.

그러나 이러한 마쿠쉬 방식의 기재는 발명의 단일성을 훼손시킨다는 지적이 있다. 예를 들어 특허청구범위가 “A, B, C, D로 구성된 1그룹으로부터 첫 번째 요소를 선택하고 E, F, G, H로 구성된 2그룹으로부터 두 번째 요소를 선택하고 I, J, K, L로 구성된 3그룹으로부터 세 번째 요소를 선택한 것을 합성시켜 얻은 합성물 M”으로 기재되었다면 하나의 청구항이 서로 다른 64개의 경우의 수를 가지는 발명으로 나누어질 수 있다.

이러한 경우 심사관에 따라서는 경우의 수만큼의 발명을 개별적으로 거절하는 고통보다는 발명의 단일성이나 불명확성을 지적하는 쪽을 선택하려 할 것이다. 따라서 마쿠쉬 방식은 발명의 목적인 발명이 해결하고자 하는 과제에 적절히 부합되는 요소들만의 그룹에 한하여 선택, 적용되어야 한다고 주장한다.[78)]

(5) 마쿠쉬 기재방식의 특징

1) 2개 이상의 선택적 사항에 대하여 복수의 독립항으로 기재되거나 또는 하나의 청구항 내에 마쿠쉬 방식으로 기재되거나 어느 경우이든 발명의 단일성 판단에 있어서는 동일한 기준이 적용된다.

---

78) 미국특허법 및 판례를 통해 본 특허청구범위의 형식, 해석 및 적용 Rule, 한승화, 2005.9. 13, http://blog.naver.com/postiview. 318면.

2) 하나의 청구항에 선택적 발명의 구성요소가 마쿠쉬 방식으로 기재된 경우에 있어서 선택적 사항들이 "유사한 성질 또는 기능"을 갖는 경우에는 발명의 단일성의 요건을 충족된다.

3) 마쿠쉬 그룹이 화학물의 선택적 사항에 관한 것일 때에는 다음의 ⅰ)ⅱ)의 요건을 모두 만족하면 그 구성요소는 유사한 성질 또는 기능을 가지는 것으로 볼 수 있다.

ⅰ) 모든 구성요소가 공통되는 성질 또는 활성(活性)을 가지며

ⅱ) 모든 구성요소가 중요한 화학구조요소를 공유[79)]하고 있거나, 또는 모든 구성요소가 그 발명이 속하는 기술분야에서 1군(一群)의 것으로 인식되는 화학물질군[80)]에 속할 경우

4) 마쿠쉬 그룹의 선택적 요소들 중 적어도 하나가 선행기술과 관련하여 신규성이 없는 것으로 판단된 때에는 발명의 단일성에 관한 문제를 재검토하여야 한다.

(6) 마쿠쉬 기재방식에서의 1특허출원 기준의 사례

청구항 1 : "(X) 또는 (X+a)로 이루어진 탄화수소를 증기상에서 산화시키는데 사용되는 촉매"에서 (X)는 RCH_3를 RCH_2OH로 산화시키고 (X+a)는 RCH_3를 RCOOH로 더욱 산화시킨다. 두 촉매는 RCH_3에 대한 산화촉매로서 공통되는 요소 및 활성을 가지고 있다. (X+a)를 사용하면 산화가 보다 완전하고 카르복실산이 형성될 때까지 계속되겠지만 활성은 동일하다. 따라서 발명의 동일성이 있다.

2. 젭슨 방식의 특허청구범위

(1) 의 의

젭슨(Jepson) 방식의 청구항은 도입부에서 발명이 속한 기술분야의 공지된 구성

---

79) "모든 구성요소가 중요한 화학구조요소를 공유한다"는 것은 복수의 화학물질이 그 화학구조의 대부분을 점유하는 공통되는 화학구조를 가지고 있는 경우, 또는 복수이 화학물질이 그 화학구조의 적은 부분만을 공유할 경우에도 그 공유하고 있는 화학구조가 구조적으로 현저한 부분을 구성하고 있는 경우를 의미한다.

80) 「1군의 것으로 인식되는 화학물질군」이란 구성요소로 기재된 화학물질군의 각각이 청구항에 기재된 발명에서는 동일하게 작용하리라는 것이 그 기술분야의 지식에 의하여 예상되는 화학물질군을 말한다. 즉 이 화학물질군에 속하는 화학물질 중 어느 것을 선택하여도 동등한 결과를 얻을 수 있는 경우를 의미한다.

요소를 인용하고, 연결부에서 위의 공지된 구성요소 중 개량된 부분이 어떤 범위로 포함되어 있음을 시사하며, 구성요소부에서 출원인이 새롭게 개량하였거나 추가한 요소를 기재하는 방식이다. 따라서 이를 젭슨(Jepson) 방식기재의 특허청구범위라고 한다. 젭슨 방식의 청구항은 주로 이미 존재하고 있는 기계, 장치, 물, 공정 등을 일부 개량한 발명의 특허청구범위의 기재에 사용하며, 이는 1917년 출원인 젭슨(Jepson)의 요청이 USPTO에 의하여 특허청구범위의 기재방식으로 허가된 것이다.

이러한 젭슨 방식 특허청구범위의 청구항은 공지기술과 발명이 쉽게 구별된다는 점이 특징이다. 따라서 출원인, 변리사, 특허청, 특허심판원, 법원이 이 방식을 많이 사용하고 있는 실정이다.

(2) 젭슨 방식 특허청구범위의 기재

젭슨 방식(형태)의 특허청구범위(이하 "청구항"이라 한다)는 전제부(전문)에 종래의 제조물, 방법, 조성물 또는 결합의 요소(이하 "종래요소"라 한다)들의 전부 또는 일부를, 청구항의 전이어(이행구)는 "where in the improvement comprises"나 "the combination with the old article, etc., of"와 같은 표현을, 청구항의 본문에는 새롭거나 변경된 요소만을 기재하거나 종래요소들 사이에 새로운 형태의 연결, 즉 개량된 것을 나타내는 형태의 청구항을 말한다.

이러한 형태의 청구항은 공지이고 종래변화가 안된 결합 중 하나 또는 둘이상의 요소를 개량하는 경우나, 공지의 결합 중 하나 또는 둘이상의 신규한 요소를 부가하는 경우에 흔히 사용된다.[81)]

또한 이러한 형태의 청구항은 "공지요소와의 결합(old combination)"에 의한 거절을 피하는데 도움을 준다.

이러한 형태의 청구항은 몇몇 유럽국가의 특허출원에서 보편적으로 사용되고 있고 몇몇 국가에서 요구하고 있으므로 유럽다입으로 알려져 있다. 예를 들면 네덜란드에서는 전제부는 모든 요소 및 가장 유사한 선행기술문헌의 공통관계에 관련되어야 한다. 1967년 1월 1일 특허청은 새로운 규칙 75(e)를 제정하였는바, 이를 살펴보면 개량(improvement)에 관한 사건에서처럼 어떤 독립항도 다음과 같은 순서로 기재하여야 한다.

1) 종래, 즉 이미 알려진 청구된 결합의 모든 요소나 공정의 일반적인 기재를

81) Wells Mfg. Corp. v. Littelfuse Inc., 192 U.S.P.Q. (BNA) 256 (7th Cir. 1976) ; Johns Manville Corp. v. Guardian Indus. Corp., 221 U.S.P.Q. (BNA) 319 (E.D. Mich. 1983) 등 참조.

포함하는 전제부

2) 전이어는 "where in the improvement comprises"와 같은 표현

3) 그러한 요소들, 공정들 및/또는 출원인이 신규한 것 또는 개량된 부분이라고 생각하는 청구된 결합의 그 부분을 구성하는 요소나 공정 또는 청구된 결합의 그 부분을 구성하는 관계

여기에서 "하여야 한다(should)"라는 표현은 분명히 강한 권고를 의미하지만 명령은 아니다. 네덜란드 특허청이 "젭슨 형태"의 청구항 사용을 권고하고 있지만 미국특허와 출원에서 이를 좀처럼 볼 수 없으며 심사관도 그것이 기재되어 있지 않다고 거절하는 경우는 거의 없다.

더욱 이러한 형태의 청구항은 너무도 적은 특징에 너무나 많은 주의를 기울이고 있고, 전형적인 발명이란 상호 연관된 요소들의 결합이라는 사실을 간과하게 하는 문제점이 있는 것이다. 보다 일반적인 청구항 형태는 결합의 보호를 보다 확실하게 해준다.

또한 나중에 특허권자는 청구항에 있는 일부 다른 특징 또는 요소들 사이에 일부 기재되지 않은 상호작용이 발명에 중요한 것이라는 사실을 뒤늦게 깨달을 수도 있는 것이다.

(3) 젭슨 방식 특허청구범위의 효력

젭슨 방식기재의 특허청구범위의 작성은 도입부에 기재된 해당 기술분야의 요소들은 출원인이 이미 공지된 기술임을 자인하는 것으로 추정하며, 출원인의 권리에 포함되지 않는 것으로 특허청구범위를 해석한다. 그러나 그 도입부의 기재가 출원인의 선행특허인 경우에는 예외로 한다.

(4) 젭슨 방식 특허청구범위기재의 사례

청구항 1 : "A, B에 의한 테라마이신(Terramycin)에 있어서, 염산테르비나핀(Terbinafine HCl) C와 벤질알코올(Benzyl alcohol) D를 조합하여 만든 A, B, C, D 항진균제 제조방법"은 A, B의 공지된 요소에 새로운 C, D의 요소를 추가한 발명으로서 특허청구의 범위는 C, D요소의 추가로 얻어진 항진균제 또는 항진균제의 제조방법이다. 따라서 C, D는 발명의 동일성이 있다.

3. 물건의 생산방법의 특허청구범위

(1) 개 요

물건을 생산하는 방법[프로덕트 바이 프로세스(product-by-process)]의 특허청구범위는 어떤 특정한 방법[프로세스(process)]에 의하여 만들어진 새로운 생산물[프로덕트(product)]을 특허청구범위로 한 것이다. 특허청구범위에 기재된 생산물이 선행기술에 의해 이미 존재한다면 그 선행기술에 나타난 생산물이 어떻게 만들어졌는지에 관계없이 그 특허청구범위에 기재된 생산물은 특허거절이 될 것이다.

따라서 프로덕트 바이 프로세스 특허청구범위는 그 청구항에 기재된 프로세스(생산방법)를 통해 만들어진 프로덕트(생산물)에만 한정해서는 아니되고, 다른 방법에 의하여 만들어진 프로덕트까지 포함시켜야 한다. 왜냐하면 이 경우의 특허청구범위는 프로덕트 그 자체를 특허청구범위로 하고 있기 때문이다.

그러나 특허침해의 경우에는 위와는 반대로 특허청구범위에 기재된 생산물과 다른 방법에 의하여 생산된 생산물이라 하더라도 특허청구범위에 기재된 생산물과 실질적으로 동일한 것이라면 특허침해가 성립된다.

(2) 관련사례

1) 사건개요

특허는 농축과 분리가 어렵고 혈액 내 플라스마 단백질의 극히 일부를 차지하는 혈액응고요소인 Factor ⅷ : C(이하 "FC"로 표기한다)라는 인체단백질에 관한 것이었다. FC는 무게가 100정도 무거운 Factor ⅷ : RP(이하 "FRP"로 표기한다)의 복잡하게 결합된 상태로 존재하는데 발명자는 FC를 고농축시키고 정화시키기 위한 방법(프로세스)을 개발하였다.

그 프로세스에는 FRP를 위하여 모노클로날(Monoclonal) 항체가 사용되었고 특허청구범위에는 프로세스와 프로덕트 바이 프로세스가 각각 청구되었다. 고발된 침해자는 DNA재결합기술을 이용하여 FC를 생산하였는바, 그 기술은 단백질을 암호로 분류하여 유전자를 분류시켜 숙주세포에 삽입시킨 후 증식시켜 그 세포가 배양기 안에서 단백질을 배설시키게 하고 모노클로날 항체인 FRP를 사용하여 단백질을 정화시키는 과정이었다.

2) CAFC의 판정요지

위 사건에서 CAFC는 다음과 같이 판정하였다.

"동일한 프로세스를 사용하지 아니한 경우 프로덕트 바이 프로세스 특허청구범위를 침해하지 않은 것"이라는 지구법원의 결정을 파기하면서, "프로덕트 바이 프로세스로 기재된 특허청구범위의 특허성을 결정할 때 특허청구범위에 기재된 프로세스에 한정해서 프로덕트를 심사하지 않는다. 무효심판이나 침해사건에서도 특허청구범위는 똑같이 해석, 적용하기 때문에 프로덕트 바이 프로세스 특허청구범위의 정확한 해석은 특허청구범위에 기재된 프로세스에 의해 만들어진 프로덕트에만 한정하여서는 안 될 것이다"라고 하면서, 다른 방법에 의하여 만들어진 프로덕트를 침해로 판정하였다.[82] 이와 같은 판정이 가능한 것은 특허가 프로덕트(생산물) 그 자체에 부여되었기 때문이다.

3) 결 어

특허청구범위의 기재와 다른 방법에 의하여 만들어진 생산물이라도 그 특허청구범위의 청구항에 기재된 생산물과 실질적으로 동일한 것이라면 특허청구범위내의 기재사항에 포함되어 특허출원의 경우 거절이유가 되고, 특허의 경우 제3자의 무단실시는 특허침해로 인정된다.

4. 중간체와 최종생성물의 단일성

(1) 중간체와 최종생성물의 단일성의 요건

중간체인 출발물질 또는 중간물질(이하 "중간체"라 한다)은 물리적, 화학적 변화에 의해 본래의 특성을 잃고 최종생성물을 생산하는 능력을 가지고 있다. 따라서 다음과 같은 조건을 충족하는 경우 양자간에는 발명의 단일성이 있는 것으로 간주한다.

1) 중간체와 최종생성물사이에 주요한 구조적 요소가 동일한 경우, 즉 ⅰ) 중간체와 최종생성물의 기본화학구조가 동일하거나, 또는 ⅱ) 중간체와 최종생성물의 화학적 구조가 기술적으로 밀접한 상관관계에 있어 중간체가 최종생성물에 주요한 구조적 요소를 제공하고 있고

---

82) CAFC, Scripps Clinic & Research Foundation v. Genentech, 1991.

2) 중간체 및 최종생성물이 기술적으로 밀접한 상관관계가 있을 것, 즉 i) 최종생성물이 중간체로부터 직접 생산되거나, 또는 ii) 중요한 구조적 요소가 동일한 소수의 중간체에 의해서만 분리될 것

(2) 중간체와 최종생성물의 단일성 존재의 유형

구조가 알려지지 않은 중간체와 최종생성물사이, 즉 구조가 알려진 중간체와 구조가 알려지지 않은 최종생성물사이 또는 구조가 알려지지 않은 중간체와 구조가 알려지지 않은 최종생성물사이에 단일성이 존재할 수 있다. 이러한 경우에 단일성을 충족시키기 위해서는 중간체 및 최종생성물이 기술적으로 밀접한 상관관계, 예를 들어 중간체와 최종생성물사이에 주요한 구조적 요소가 동일하거나 중간체가 최종생성물에 주요한 구조적 요소를 제공하고 있는 경우가 있다고 판단하기에 충분한 증거가 있어야 한다.

(3) 중간체와 최종생성물의 1특허출원

1) 중간체들의 주요한 구조적 요소가 동일하다면 하나의 최종생성물을 생산하기 위하여 서로 다른 공정에 사용되는 하나이상의 서로 다른 중간체들을 1특허출원으로 할 수 있다. 그러나 최종생성물의 다른 구조부분들에 이용되는 서로 다른 둘이상의 중간체들은 1특허출원으로 할 수 없다.

2) 중간체 및 최종생성물이 중간체에서 최종생성물을 제조하는 과정에서 신규하지 아니한 중간체에 의하여 분리되는 경우에는 1특허출원으로 할 수 없다.

(4) 중간체와 최종생성물과의 대응관계 유지

중간체와 최종생성물이 화학물족인 경우 각 중간체 화학물은 최종생성물 화학물족 내에서 청구된 하나의 화학물과 대응하여야 한다. 그러나 최종생성물 중 일부는 중간체 화학물족에 대응하는 화학물이 없을 수 있으므로 두 화학물족 사이가 완전하게 1대1로 대응할 필요는 없다.

(5) 중간체와 최종생성물의 1특허출원의 사례

청구항 1 : "무정형 중합체 A(중간체)"와

청구항 2 : "결정성 중합체 A(최종생성물)"에서 결정성 중합체 A는 무정형 중합체 A의 피막을 연신시켜 제조된다. 여기에서 무정형 중합체 A가 결정성 중합체

A를 제조하기 위한 출발물질로 사용된다는 점에서 중간체와 최종생성물은 기술적으로 밀접한 상관관계가 있다. 따라서 중간체와 최종생성물은 단일성이 있다.[83)]

5. 민스 플러스 펑크션 방식의 특허청구범위

민스 플러스 펑크션(Means-Plus-Function)방식의 청구항은 발명의 요지를 부분적으로 한정하기 위하여 발명의 구성요소를 특허청구범위에 기능적으로 기재하는 것을 말한다. 예를 들면 결합된 특허청구범위의 요소는 특정기능의 수행수단으로 표현될 수 있고 그 수단에는 발명의 상세한 설명에 기재된 구조, 재질, 작용 및 그 균등물이 포함된다(미국특허법 112). 여기에서 위 "결합된"에는 화학적 합성물 및 기계적 결합물이 포함된다.

민스 플러스 펑크션 방식의 특허청구범위는 동일한 기능을 수행하는 모든 수단을 포함하는 것이 아니고 발명의 상세한 설명에 기재된 수단 및 그 균등물에 한정된다. 따라서 특허청구범위에 기재된 수단이 선행기술에 포함된 경우에는 당해 기능의 신규 사용여부에 관계없이 그 특허는 거절된다.[84)]

그러므로 민스 플러스 펑크션 방식의 특허청구범위에 대한 해석의 초점은 그 특허청구범위에 기재된 기능과 동일한 기능을 수행하는 고발된 침해물이 발명의 상세한 설명에서 해당기능을 수행하도록 표현되어 있는 수단과 동일하거나 균등한 구조를 가지고 있는가를 확인하는 과정에 있다.[85)]

Ⅶ. 청구항에 관한 특칙

1. 2이상의 청구항이 있는 특허 또는 특허권에 관한 특칙

특허법 제65조(출원공개의 효과) 제6항, 제84조(특허료 등의 반환) 제1항 제1호(소멸에 한한다), 제101조(특허권 및 전용실시권의 등록의 효력) 제1항 제1호, 제104조(무효심판 청구등록 전의 실시에 의한 통상실시권) 제1항 제1호 제3호 또는 제5호, 제119조(특허권의 포기의 제한) 제1항, 제133조(특허권의 무효심판) 제2항 또는 제3항, 제

---

83) 특허청심사조정과, "심사지침서－특허·실용신안－", 금강문화인쇄, 1998.9.1.

84) RCA Corp. v. Applied Digital Data Sys. (1984).

85) Palumbo Don-Joy Co. (1985).

136조(정정심판) 제6항, 제139조(공동심판의 청구 등) 제1항, 제181조(재심에 의하여 회복한 특허권의 효력의 제한), 제182조(재심에 의하여 회복한 특허권에 대한 선사용자의 통상실시권) 또는 실용신안법 제26조(무효심판청구 전의 실시에 의한 통상실시권) 제1항 제2호, 제4호 또는 제5호는 2이상의 청구항이 있는 특허 또는 특허권에 관하여 이를 적용함에 있어서는 청구항마다 특허가 되거나 특허권이 있는 것으로 간주한다(법 215).

2. 2이상의 청구항이 있는 특허출원의 등록에 관한 특칙

(1) 2이상의 청구항이 있는 특허출원에 대한 특허결정을 받은 자가 특허료를 납부하는 때에는 청구항 별로 이를 포기할 수 있다(법 215의 2①).

(2) 위 (1)에 의하여 청구항 별로 포기하고자 하는 자는 특허등록령 시행규칙 별지 제16호 서식의 설정특허(등록)료 납부서에 그 취지를 기재하고 설정특허료를 납부하는 때에 동 납부서와 함께 특허법시행규칙 별지 제12호 서식의 포기서를 특허청장에게 재출하여야 한다(법 215의 2②, 법시행규칙 19의 2)

제 4 절 특허출원의 보정 - 보정제한주의 -

Ⅰ. 서 설

1. 시 문

특허출원과 관련된 보정에는 특허출원의 절차 및 내용에 관한 보정, 특허거절결정 불복심판청구의 보정, 성성명세서 등의 보정이 있다. 이중 특허출원절차의 보정은 선술한 세6장 제2절 Ⅴ. 1. 2에서 이미 살펴보았고 특허거절결정 불복심판청구의 보정, 특허무효심판절차에서의 명세서 또는 도면의 정정(법 133의 2), 정정심판절차에서의 정정명세서 또는 도면의 보정(법 136⑨) 및 정정무효심판절차에서의 명세서 또는 도면의 정정(법 137③)에 대하여는 각각 후술하는 제12장 제3절 Ⅱ.의 1. 특허거절결정에 대한 심판, 3. (7) 특허무효심판절차에서의 특허의 정정, 6. (8) 정정명세서 등의 보정 및 7. (10) 정정무효심판절차에서의 특허의 정정편에서 살펴보기로 하고 본 절에서는 특허출원내용의 보정, 즉 특허출원서에 첨부된 명세서 또는 도면(이하 “특허출원서류 또는 명세서 등”이라 한다)에 관한 보정에 대해서만 살펴보기로 한다.

2. 의의 및 취지

특허출원서류는 출원당시부터 완전하게 작성, 구비하여 출원하는 것이 최선이다. 그러나 출원당초부터 완전무결한 명세서나 도면의 작성을 기대하는 것은 무리이다. 더욱 동일발명에 대하여 최선의 출원자만이 특허를 받을 수 있는 선원주의 법제 하에서는 발명자나 그 발명에 대하여 특허를 받을 수 있는 권리를 승계한 자는 선원의 지위를 확보하기 위하여 서둘러 출원하는 경향이 있어 자연히 선행기술조사나 명세서·도면 등 서류의 작성에 미진한 점이나 오류가 있을 수 있어 이를 보정하여야 할 필요가 생기고 또 출원시에는 완전한 명세서 또는 도면이라고 생각하고 출원하였으나 심사관·심판관의 심사·심리과정에서 의외로 적출된 미비점이나 오류를 보정하여야 할 경우 등이 발생하기 때문에 특허법은 특허출원에 대한 보정제도를 두어 일정한 기간 내에 특허출원서에 최초로 첨부된 명세서 또는 도면에 기재된 사항의 범위 안에서 그 명세서나 도면에 대한 보정(이하 “특허출원의 보정 또는 보정제한주의”라 한다)을 할 수 있도록 허용하고 있다.

만약 특허출원의 보정을 인정하지 아니할 경우 진정한 발명이 출원당시 작성된 명세서 및 도면에 의해 공개되었음에도 특허를 받을 수 없다면 이는 출원인에게 너무 가혹할 뿐만 아니라 발명보호라는 특허제도의 취지에도 부합되지 아니하기 때문에 이러한 불합리한 점을 방지하기 위하여 보정제도를 두어 운용하고 있는 것이다.

3. 보정의 제한

특허출원의 보정은 선출원주의의 결점을 보완하여 명세서 또는 도면의 내용에 불비한 점이나 오류가 있는 경우에 일정한 기간 및 일정한 조건하에서 그 내용의 흠결을 출원일로 소급하여 치유하게 하는 제도이다.

이와 같이 보정은 당초의 출원일로 소급하여 효과가 발생하는 것이므로 제3자와의 관계 등을 고려하여 보정의 시기 및 내용을 엄격하게 제한할 필요가 있다.

즉 위에서 살펴본 바와 같이 보정을 인정하지 아니할 경우 출원인에게 너무 가혹하고 발명보호제도의 취지에도 부합되지 아니하기 때문에 특허출원의 보정을 인정한다 하더라도 이를 무제한 허용하는 것은 문제가 있다. 따라서 특허법은 명세서나 도면의 보정을 일정한 기간과 범위내로 한정하고 있다(법 47①②).

만약 특허출원에 관한 보정을 언제나 자유롭게 할 수 있다고 한다면 동일발명에 대하여 제일먼저 출원한 자만이 그 발명에 대하여 특허를 받을 수 있는 선출원주의제도하에서 출원당시의 명세서 또는 도면의 발명이 다른 발명으로 변경될 우려가 있고, 그렇게 될 경우 보정에 의하여 다른 발명으로 변경된 발명이 보정 전 최초출원한 날에 출원한 것으로 되어 보정명세서 또는 도면에 의한 발명이 보정 전에 출원한 타인의 발명과 동일하게 될 경우 그 타인의 발명은 후출원이 됨으로써 선후원의 지위가 바뀌어 진정한 선출원의 발명이 보호를 받지 못하는 선출원주의에 반하는 모순이 발생한다. 뿐만 아니라 특허업무의 흐름을 혼란스럽게 하여 결과적으로 출원처리를 시연시키는 부작용을 낳게 하는 문제를 야기시키기도 한다.

그러므로 각국에서는 다 같이 특허출원에 관한 보정의 시기 및 내용에 대하여는 일정한 제한을 두고 있는 것이 일반적이다. 여기에서 일정한 제한을 어떤 것으로 하는지는 국가에 따라 또 시대에 따라 다르지만 일반적으로 일반공중이 받는 불이익 또는 업무처리상의 불편과 출원인이 받는 이익 및 국제적 경향 등을 참작하여 결정하고 있고 우리나라의 특허법도 예외는 아니다.

Ⅱ. 보정의 요건

1. 보정적격인에 의한 보정일 것

특허출원서류를 보정할 수 있는 자는 특허출원인이다. 따라서 발명자가 특허출원인인 경우는 물론 그 발명자로부터 특허를 받을 수 있는 권리를 승계한 특허출원인도 포함됨은 물론이다.

특허출원의 보정은 특허출원인이 복수인 경우 그 복수의 출원인 모두에 의해 보정절차를 밟을 필요는 없고 출원인 각자가 보정을 할 수 있다.

2. 보정은 명세서 또는 도면을 대상으로 할 것

특허출원의 보정은 특허출원서에 첨부된 명세서 또는 도면을 대상으로 한다(법

47① 본문). 따라서 특허출원서, 요약서 그밖의 대리권을 증명하는 서류, 시험성적 증명서 등과 같은 법령의 규정에 의한 증명서류 등과 같은 출원관련서류 등은 여기에서 말하는 특허출원에 대한 보정의 대상이 되지 아니한다.

3. 보정대상출원이 심사·심판에 계속 중일 것

특허출원서류를 보정하기 위해서는 그 보정대상출원, 즉 특허출원서에 첨부된 명세서 또는 도면이 특허청에 심사계속 중에 있거나 특허거절결정에 대한 심판청구가 특허심판원의 심판계속 중이어야 한다. 따라서 출원의 포기·취하·무효나 특허여부결정이 확정된 경우에는 보정을 할 수 없다.

4. 보정기한까지 보정서를 제출할 것

(1) 보정기한까지 보정서 제출

1) 특허법 제42조 제5항 각호에 따른 기한까지

① 위 같은 항 제1호의 기한까지

특허출원인은 특허출원서에 첨부된 명세서 또는 도면의 보정을 다음의 어느 하나에 해당하는 날부터 1년 6개월이 되는 날까지 할 수 있다(법 47① 본문 전단).

i) 조약에 의한 우선권주장을 수반하는 특허출원에 있어서는 그 우선권 주장의 기초가 된 출원일

ii) 국내우선권주장을 수반하는 특허출원에 있어서는 선출원의 출원일

iii) i) 또는 ii)에 의한 2이상의 우선권주장을 수반하는 특허출원에 있어서는 해당 우선권주장의 기초가 된 출원일 중 최선일

iv) i) 내지 iii)의 1에 해당하지 아니하는 특허출원에 있어서는 그 특허출원일

② 위 같은 항 제2호의 기한까지

i) 위 ①의 기한 이내에 출원심사청구(출원인이 아닌 자로부터의 출원심사청구를 말한다, 이하 본 항에서는 같다)의 취지를 통지받은 날부터 3개월이 되는 날까지

ii) 위 ①의 i) 내지 iv)의 어느 하나에 해당하는 날부터 1년 3개월이 되는 날 후에 출원심사청구의 취지를 통지받은 경우에는 위 ①의 i) 내지 iv)의 어느 하나에 해당하는 날부터 1년 6개월이 되는 날까지

2) 특허결정등본의 송달 전까지

특허출원서에 첨부된 명세서 또는 도면의 보정은 특허결정의 등본을 송달하기 전까지 할 수 있다(법 47① 본문 후단).

(2) 보정기간이내 보정서 제출

특허출원서에 첨부된 명세서 또는 도면의 보정은 위 (1)의 보정기한까지 할 수 있음이 원칙이나 예외적으로 특허법 제63조 제1항에 따른 거절이유통지(이하 "거절이유통지"라 한다)를 받은 후에는 다음의 1에서 정하는 기간(3)의 경우에는 그 때)에 한하여 보정할 수 있다(법 47① 단서).

1) 거절이유통지(거절이유통지에 대한 보정에 따라 발생한 거절이유에 대한 거절이유통지는 제외한다)를 최초로 받거나 거절이유통지에 대한 보정에 따라 발생한 거절이유에 대한 거절이유통지가 아닌 거절이유통지, 즉 특허출원인의 자진보정에 따라 발생한 거절이유에 대한 거절이유통지를 받은 경우 해당 거절이유통지(이하 "최초거절이유통지"라 한다)에 따른 의견서제출기간

2) 거절이유통지에 대한 보정에 따라 발생한 거절이유에 대하여 거절이유통지를 받은 경우 해당 거절이유통지(이하 "최후거절이유통지"라 한다)에 따른 의견서제출기간

3) 재심사를 청구한 때, 즉 특허출원인이 그 특허출원에 관하여 거절결정등본을 송달받은 날부터 30일(특허법 제15조 제1항에 따라 특허거절결정에 대한 심판청구기간이 연장된 경우 그 연장된 기간을 말한다) 이내에 그 특허출원의 특허출원서에 첨부된 명세서 또는 도면을 보정하여 해당 특허출원에 관하여 재심사를 청구할 때(이하 "재심사를 청구할 때"라 한다)

보정기간의 제한에 관한 자세한 설명은 후술하는 "Ⅲ. 보정의 시기적 제한"을 참고하기 바란다.

5. 보정허용범위 안에서 보정을 할 것

(1) 명세서 등 보정

명세서 또는 도면의 보정은 특허출원서에 최초로 첨부된 명세서 또는 도면에 기재된 사항의 범위 안에서 할 수 있다(법 47②).

(2) 특허청구범위의 보정

위 (2)의 2) 및 3)에 따른 보정 중 특허청구범위에 대한 보정은 i) 청구항을 한정 또는 삭제하거나 청구항에 부가하여 특허청구범위를 감축하는 경우, ii) 잘못된 기재를 정정하는 경우, iii) 분명하지 아니한 기재를 명확하게 하는 경우, iv) 명세서 또는 도면의 보정이 특허출원서에 최초로 첨부된 명세서 또는 도면에 기재된 사항의 범위를 벗어난 보정에 대하여 그 보정 전 특허청구범위로 되돌아가거나 되돌아가면서 특허청구범위를 위의 i)부터 iii)까지에 따라 보정하는 경우, 위 넷 중 어느 하나에 해당하는 경우에만 할 수 있다(법 47③).

보정허용범위에 관한 자세한 설명은 후술하는 "Ⅳ. 보정의 범위적 제한"을 참고하기 바란다.

Ⅲ. 보정의 시기적 제한

1. 필요성

특허출원인은 일정한 조건하에서 특허출원서에 첨부된 명세서 또는 도면을 보정할 수 있다. 그러나 이러한 명세서 등의 보정은 언제나 자유롭게 할 수 있는 것이 아니라 소정의 기간 내에서만 가능한 것이다. 만약 그렇지 않고 출원인 임의로 언제나 보정을 할 수 있다고 한다면 앞에서 살펴본 바와 같이 선후원의 지위가 바뀌어 진정한 발명이 보호를 받지 못하게 되는 모순과 특허업무절차의 진행에 혼선이 일어나 결과적으로 특허출원의 처리가 지연되어 발명의 권리화가 지연되는 등 문제가 발생한다. 따라서 이러한 문제점의 발생을 방지하기 위하여 특허법은 명세서 등 특허출원의 보정은 일정한 기간이내에서만 할 수 있도록 시기적 제한을 엄격히 규정하고 있다.

2. 보정기간내 보정

(1) 자진보정기한까지 보정

출원인은 위의 4 (1)의 1) 또는 2)의 기한까지 특허출원서에 첨부된 명세서 또는 도면을 보정할 수 있다(법 47① 본문).

위 기한까지의 보정은 특허출원에 대한 거절이유와는 관계없이 출원인이 이미 제출한 특허출원서에 첨부한 명세서의 작성 또는 도면의 도시상에 미비점이나 오류를 발견한 때에는 출원인 스스로에 의해 이를 보완하고 정정할 수 있도록 한 출원인의 자진보정을 말하고, 이 기한까지의 보정을 출원인의 자진보정기간이라고 한다.

이와 같은 해석이 가능한 것은 특허출원에 대한 최초의 거절이유통지나 거절이유통지에 대한 보정에 따라 발생한 거절이유에 대한 거절이유통지가 아닌 거절이유통지, 즉 출원인의 자진보정에 따라 발생한 거절이유에 대한 거절이유통지 또는 거절이유통지에 대한 보정에 따라 발생한 거절이유에 대한 거절이유통지가 연유되어 보정을 할 경우에는 그 거절이유통지에 따른 의견서제출기간 이내에서 할 수 있도록 특허법 제47조 제1항 제1호 및 제2호에서 따로 규정하고 있기 때문이다.

따라서 자진보정기한은 특허법 제47조 제1항 본문에서 정하는 기한 이내의 보정기간, 즉 위 4 (1)의 1) 또는 2)의 기한까지의 기간이므로 최초거절이유를 통지한 후 출원인이 그 거절이유통지를 받기 전까지는 자진보정기간에 해당한다.

그러므로 동일한 발명("발명과 고안이 동일한 것"을 포함한다)에 대하여 같은 날에 2이상의 특허출원이 있는 때(법 36) 또는 동일한 자로부터 승계한 동일한 특허를 받을 수 있는 권리에 대하여 같은 날에 2이상의 특허출원이 있는 때("동일한 발명 및 고안에 대한 특허를 받을 수 있는 권리 및 실용신안등록을 받을 수 있는 권리에 대하여 같은 날에 특허출원 및 실용신안등록출원이 있는 때"를 포함한다)에는 출원인의 협의에 의하여 하나의 특허출원인을 정하여야 하고 만약 협의가 성립되지 아니하거나 협의를 할 수 없는 때에는 특허청장은 출원인에게 기간을 정하여 협의의 결과를 신고할 것을 명하여야 한다(법 36②③⑥).

이러한 특허청장의 출원인에 대한 협의명령에서의 지정기간 또는 분할출원의 불인정(예고)통지 등이 있는 경우 특허결정의 등본을 송달하기 전으로서 특허법 제47조 제1항 제1호 및 제2호의 기간이 아니라면 명세서 또는 도면을 자진보정하여 같은 법 제36조에 의한 거절이유 등을 해소할 수 있다.

또한 여기에서 특허결정의 등본을 "송달하기 전"이라 함은 특허결정등본을 출원인에게 "발송하기 전"이다. 따라서 특허결정등본을 발송한 이후 출원인이 특허결정등본을 받지 않은 기간 중에 보정서를 제출한 경우 그 보정은 인정되지 않는다.

(2) 의견서제출기간에만 보정

특허출원인은 특허법 제47조 제1항 제1호에 의한 거절이유통지, 즉 특허출원서에 첨부된 명세서 또는 도면에 대한 최초거절이유통지나 출원인의 자진보정에 따라 발생한 거절이유통지(이하 "최초거절이유통지"라 한다)를 받거나 특허법 제47조 제1항 제2호에 의한 거절이유통지, 즉 거절이유통지에 대한 보정에 따라 발생한 거절이유에 대한 거절이유통지(이하 "최후거절이유통지"라 한다)를 받은 경우에는 당해 거절이유통지에 의한 의견서제출기간에만 보정 할 수 있다(법 47① 1, 2).

여기에서의 의견서제출기간은 2개월 이내로 지정하되(법시행규칙 16①) 이 기간은 지정기간이므로 심사관은 출원인의 지정기간연장신청이 있는 경우 특허법상 제한규정이 없으므로 회수의 제한 없이 연장을 승인할 수 있다(법 15②).

그러나 심사관은 출원인의 지정기간연장사유가 타당성이 없다고 인정되거나 타 특허출원 처리기간과의 형평성 유지 등을 고려하여 필요한 경우 지정기간연장을 허용하지 아니할 수 있다.

1) 최초거절이유통지에 따른 의견서 제출기간에만 보정

특허법 제47조 제1항 제1호의 거절이유통지에 따른 의견서제출기간에만 보정할 수 있다라 함은 "특허출원에 대한 거절이유통지를 최초로 받거나 거절이유통지에 대한 보정에 의하여 발생한 거절이유에 대한 거절이유통지가 아닌 거절이유통지를 받은 경우 그 거절이유통지에 따른 의견서제출기간 이내의 보정", 즉 "최초거절이유통지를 받거나 최후거절이유통지가 아닌 출원인의 자진보정에 따라 발생한 거절이유에 대한 거절이유통지를 받은 경우 그 거절이유통지에 따른 의견서 제출기간에 한하여 보정을 할 수 있음"을 말한다.

이와 같이 위 같은 항 제1호에 따른 기간 내의 보정은 특허출원에 대한 거절이유통지에 따른 의견서제출기간에 한정되므로 동일한 발명에 대하여 같은 날에 2 이상의 특허출원이 있는 때에는 특허청장은 특허출원인에게 기간을 정하여 협의의 결과를 신고할 것을 명하는 협의명령기간(법 36⑥) 또는 특허청장의 흠결 있는 특허에 관한 절차에 대한 보정명령기간(법 46) 등은 여기에 해당하지 않는다.

2) 최후거절이유통지에 따른 의견서 제출기간에만 보정

특허법 제47조 제1항 제2호의 거절이유통지에 따른 의견서제출기간에만 보정할 수 있다라 함은 "특허출원에 대한 최초거절이유통지에 대한 보정에 따라 발생한 거절이유통지나 자진보정에 따라 발생한 거절이유통지에 대한 보정에 따라 발생한 거절이유에 대하여 거절이유통지를 받은 경우 그 거절이유통지에 따른 의견서 제출기간 이내의 보정", 즉 "최후거절이유통지를 받은 경우 그 최후거절이유통지에 따른 의견서제출기간에 한하여 보정을 할 수 있음"을 말한다.

이와 같이 위 같은 항 제2호에 따른 거절이유통지(최후거절이유통지)의 경우에서도 의견서제출기간 내에는 같은 항 제1호에 따른 최초거절이유통지에 따른 의견제출기간 내에서의 보정과 같이 보정서 제출이 가능하다. 다만 이 기간 중의 보정서 제출은 후술하는 바와 같이 보정할 수 있는 범위가 더욱 제한되는 점(Ⅳ. 보정의 범위적 제한)에서 차이가 있다.

(3) 재심사를 청구할 때에만 보정

특허출원인은 그 특허출원에 관하여 거절결정등본을 송달받은 날부터 30일(법 제15조 제1항에 따라 제132조의 3에 따른 특허거절결정 등에 대한 심판청구기간이 연장된 경우 그 연장된 기간을 말한다) 이내에 그 특허출원의 특허출원서에 첨부된 명세서 또는 도면을 보정하여 그 특허출원에 관하여 재심사(이하 "재심사"라 한다)를 청구할 수 있다(법 67의 2① 본문). 여기에서 재심사청구기간은 출원인의 청구에 따라 또는 특허청장, 특허심판원장의 직권으로 1회에 한하여 30일 이내에서 연상할 수 있다. 다만, 교통이 불편한 지역에 있는 자의 경우에는 그 횟수 및 기간을 추가로 연장할 수 있다(법 15①). 그러한 점에서 종전의 특허거절결정을 받은 특허출원인이 불복이 있는 때에는 그 특허거절결정등본을 송달받은 날부터 30일 이내에 심판을 청구할 수 있고(법 132의 3), 이 경우 특허출원인은 심판의 청구일부터 30일 이내에 특허출원서에 첨부된 명세서 또는 도면을 보정할 수 있는바(법 47①3). 여기에서 특허거절결정 불복심판청구기간은 교통이 불편한 지역에 있는 자를 위하여 특허심판원장의 직권 또는 특허출원인의 청구에 의하여 연장이 가능하나(개정전법 15①) 보정을 할 수 있는 기간은 법정기간으로 불변기간이었으므로 심판청구 후 30일 이내에 한해서만 할 수 있고 연장은 할 수 없었던 것과는 다르다.

Ⅳ. 보정의 범위적 제한

1. 최초거절이유에 대한 대응보정

(1) 신규사항 추가보정의 금지

특허법은 특허출원서에 첨부된 명세서 또는 도면에 대한 출원인의 최초·최후거절이유통지에 대한 보정 및 재심사를 청구할 때의 보정은 특허출원서에 최초로 첨부된 명세서 또는 도면에 기재된 사항의 범위 안에서 이를 할 수 있다(법 47②)

고 규정함으로써 신규사항[86]추가의 보정금지를 명백히 하고 있다. 다만, 위 Ⅱ. 4. (1) 1) ①②의 기한까지의 보정은 특허출원인이 특허출원당시에 특허청구범위를 기재하지 아니한 명세서를 특허출원서에 첨부하여 제출한 경우 위 기한까지 특허청구범위가 기재되도록 명세서를 보정한 경우(법 47① 본문 전단), 출원시에는 특허청구범위가 기재되지 않은 명세서에 출원 후 특허청구범위를 기재한 명세서의 보정이 신규사항 추가보정인가에 대하여는 이견은 있으나 다수의 견해는 신규사항 추가가 아니라는 것이다. 즉 출원 후 명세서 보정을 통해 특허청구범위를 기재하는 것은 출원시 특허출원서에 첨부한 명세서의 발명의 상세한 설명 및 도면에 의하여 기재된 사항 중에서 도출한 것으로서 그 특허청구범위는 발명이 상세한 설명에 의하여 뒷받침되어야 하기 때문임을 그 이유로 들고 있는 바, 타당한 견해로 판단된다.

이와 같이 특허출원에 대한 자진보정이나 최초거절이유통지에 대한 대응보정(이하 "최초거절이유통지에 대한 대응보정"이라 한다)에서 신규사항추가를 금지하는 것은 보정의 범위를 특허출원서에 최초로 첨부된 명세서 또는 도면에 기재된 사항의 범위 외까지 확대할 경우 선출원주의 하에서 선원의 지위를 확보하기 위하여 불완전한 발명을 출원한 후 출원당시의 발명의 내용에 없던 새로운 사항을 추가함으로써 보정 전 출원한 타인의 발명이 후출원이 되어 공개만 되고 진정한 선출원 발명이 특허를 받지 못함으로써 결국 선출원주의에 반할 뿐만 아니라 특허출원에 관한 업무의 번잡, 처리의 혼란 등으로 출원업무처리의 신속성이 저하되어 발명의 권리화가 지연되는 등 부정적인 측면이 있다.

또 신규사항추가보정은 선의의 제3자가 공개된 발명을 피하여 연구개발 또는 사업투자를 했을 경우 그 신규사항추가보정의 발명과 저촉되어 불의의 피해를 볼 수도 있기 때문에 이러한 폐단으로부터 선출원자의 보정 전 출원자, 즉 후출원자나 선의의 제3자의 이익을 침해할 수 있으므로 이를 방지하기 위함이다.

(2) 신규사항의 의의

"신규사항"이라 함은 특허출원서에 최초로 첨부된 명세서 또는 도면(이하 "최초명세서 등"이라 한다)에 기재된 범위 안의 사항이 아니고 그 기재된 사항의 범위를

86) 구 특허법(1997.4.10 법률 제5329호)에서의 보정의 제한적 범위 및 그 요소인 특허청구범위의 보정에 대한 요지변경에 관한 규정[제48조(요지변경)]을 삭제하고 개정법(2001.2.3 법률 제6411호)에서는 특허청구범위뿐만 아니라 특허청구범위에 영향을 미치지 않는 발명의 상세한 설명 또는 도면의 보정에 대해서까지 보정의 제한적 범위를 확대함으로써 이에 적합한 보정의 제한적 요소에 관한 표현의 선택의 필요성이 대두되어 종래의 요지변경과는 사뭇 다른 개념의 "신규사항"이라는 용어의 사용이 적절한 것으로 판단된다.

벗어난 사항을 말한다. 여기에서 "기재된 사항의 범위를 벗어난 사항"이라 함은 최초명세서 등에 기재된 범위 안의 사항자체를 직접적으로 표현하는 기재가 없음은 물론 그 최초명세서 등의 기재내용으로 보아 기재되어 있었던 것으로 인정할 수 없는 사항까지를 포함하는 개념이다. 따라서 이러한 신규사항의 추가는 최초명세서 등의 기재된 사항의 범위 밖의 새로운 사항이므로 특허법 제47조 제2항에 해당되어 같은 법 제51조 제1항에 의한 보정각하의 대상이 된다.

(3) 신규사항판단의 주체

신규사항 추가여부의 판단주체는 특허출원 전에 그 발명이 속하는 기술분야에서 통상의 지식을 가진 자(이하 "당업자"라 한다)이다. 따라서 당업자의 수준에서 볼 때 당해 특허출원에 대한 보정사항이 특허출원서에 최초로 첨부된 명세서 또는 도면에 기재된 범위 안의 사항자체를 직접적으로 표현하는 기재가 없어 기재사항의 범위 밖에서 이루어졌거나 최초명세서 등의 기재내용으로 보아 기재되어 있었던 것으로 인정할 수 없는 사항까지를 포함하는 개념, 즉 그 보정사항의 기재로 보아 어떠한 설명이나 증명이 필요 없이 신규사항이 자명한 경우에는 신규사항의 추가로 판단한다. 여기에서 "자명사항"이라 함은 최초명세서 등에 그 보정사항자체를 직접적으로 표현하는 기재는 없다 하더라도 당업자가 최초명세서 등의 기재사항으로 보아 기재되어 있었던 것으로 인정되는 사항을 말한다.

(4) 신규사항판단의 대상

신규사항판단의 대상은 특허출원인이 심사관이 특허결정등본을 송달하기 전(발송 전)까지, 최초 또는 최후거절이유통지에 따른 의견서제출기간이내 또는 재심사청구할 때 [특허거절결정 등본을 송달받은 날부터 30일(법 제15조 제1항에 따라 기간이 연장된 경우 그 연장된 기간을 말한다.[87]) 이내에 그 특허출원의 특허출원서에 첨부된 명세서 또는 도면을 보정하여 그 특허출원에 관하여 재심사를 청구할 수 있다(법 67의 2)]에 제출하는 출원인의 자진보정(이하 "재심사청구기간 이내 보정"이라 한다), 거절이유에 대한 대응보정 및 청구인의 명세서 등의 보정을 신규사항추가여부의 판단대상으로 한다. 따라서 신규사항판단의 대상은 보정명세서 등이며 명세서 등의 보정은 발명의 상세한 설명·특허청구범위·도면·요약서 어느 것에도 특허출원서에 최초로 첨부된 명세서 또는 도면에 기재된 사항의 범위 안에서의 보정이어야 하고 기

87) 특허청장 또는 특허심판원장은 청구에 따라 또는 직권으로 특허거절결정 등에 대한 심판의 청구기간을 1회에 한하여 30일 이내에서 연장할 수 있다. 다만, 교통이 불편한 지역에 있는 자의 경우에는 그 횟수 및 기간을 추가로 연장할 수 있다(법 15①).

재된 사항의 범위를 벗어난 보정은 허용되지 않는다.

(5) 신규사항판단의 방법

1) 신규사항의 일반적 판단방법

① 최초명세서 등과 보정명세서 등의 대비판단

신규사항인지 여부의 판단은 특허출원서에 최초로 첨부된 명세서 또는 도면과 보정절차에 의하여 제출된 보정명세서 또는 보정도면(이하 "보정명세서 등"이라 한다)과의 대비를 통하여 보정명세서 등에 신규사항이 추가되어 있는지의 여부를 판단한다.

외국어로 출원된 국제출원의 보정이 가능한 범위에 관하여 특허법 제47조 제2항의 규정을 적용함에 있어서는 "특허출원서에 최초로 첨부된 명세서 또는 도면에 기재된 사항"은 국제출원일에 제출한 국제특허출원의 명세서·청구의 범위 또는 도면(도면 중 설명부분에 한한다)의 번역문이나 국제출원일에 제출한 국제특허출원의 도면(도면 중 설명부분은 제외한다)에 기재된 사항으로 한다(법 208③).

② 보정내용의 결정

ⅰ. 부분보정인 경우

복수의 보정의 경우 보정내용은 보정항목별 최후보정항목의 조합으로 결정하며, 보정명세서는 보정항목과 최초명세서 중 보정하지 않은 보정항목의 조합으로 결정한다. 이에 대한 자세한 설명은 후술하는 Ⅴ. 2. (1) 1) 2) 및 3. (1) 1) 2) "보정내용의 결정"을 참고하기 바란다.

ⅱ. 전면보정인 경우

보정서가 전면보정서인 경우 보정서에 기재된 사항 중 최초명세서 등과 달라진 사항이 보정사항이다. 따라서 전면보정에서의 보정서가 보정명세서이다.

③ 보정의 적합성 판단

명세서 또는 도면의 보정은 신규사항추가가 금지된다(법 47②). 따라서 보정사항이 출원당초의 명세서 등에 기재되어 있거나 또 그 보정사항이 당업자의 기술수준으로 보아 최초명세서 등에 기재된 사항의 범위내의 사항임이 자명한 경우에는 그 보정은 적합한 것으로 판단하며 그렇지 아니한 경우의 보정은 부적합한 것으로 판단한다.

④ 신규사항추가사례

ⅰ. "특허청구범위"에의 신규사항 추가사례

<최초명세서>

- 발명의 명칭 : 폴리프로필렌 조성물
- 특허청구범위 : A요소·B요소·C요소로 조성되는 폴리프로필렌 조성물

<보정 후 명세서>

- 발명의 명칭 : 폴리프로필렌 조성물
- 특허청구범위 : 비중 1.2 이하의 A요소·B요소·C요소로 조성되는 폴리프로필렌 조성물

<신규사항 추가여부의 판단>

본 예시는 당업자의 수준에 따라 달라지는 신규사항 판단의 예이다. 즉 보정으로 인하여 A요소에 추가된 "비중 1.2 이하의"는 본 발명이 속하는 기술분야에서 통상의 지식을 가진 당업자의 기술수준에 따라서 신규사항이 되기도 하고 아니되기도 한다.

최초명세서 또는 도면이 A요소의 비중이 1.2 이하임을 기재하고 있는 경우에는 비중 1.2 이하라는 한정은 신규사항이 아니다. 그러나 최초명세서 등에 A요소의 비중에 관하여 기재하고 있지 않다 하더라도 A요소의 비중이 일반적으로 1.2 이하임이 당업자에게 널리 알려진 사실인 경우에는 신규사항이 아니다. 그러나 A요소의 비중에 대해서 최초명세서 등에 기재가 없고 당업자가 비중 1, 2, 3 등에 폭넓게 선택할 수 있는 경우에는 신규사항여부를 신중하게 검토해보아야 한다. 당업자가 A요소에 대하여 비중 1, 2, 3 등의 변경이 가능함을 알고 단순히 특정비중이하(본 발명에서는 비중 1.2 이하)를 취사선택하는 것에 지나지 않는 경우에는 신규사항이 아니며 비중 1.2근처에서 조성물의 성질을 변화시키는 특징이 있거나 또는 다른 비중범위에 비하여 현서한 효과를 발생한다고 판단되는 경우에는 신규사항으로 판단하여야 한다.[88)]

ⅱ. "발명의 상세한 설명"에의 신규사항 추가사례

<최초명세서>

- 발명의 명칭 : 폴리테트라 플루오로에틸렌 파인파우더
- 발명의 상세한 설명(발췌)

88) 특허청 심사기준 2005 발행, 4247~4248면.

신연성이 우수한 폴리테트라 플루오로에틸렌(PTFE)의 파인파우더는 도면에서 보듯이 시차주사열량계에 의한 결정융해의 챠트에 나타나는 열피크의 형상을 나타낸다. 그리고 330℃에서 당해 흡열피크의 사이에는 명확한 피크 내지는 쇼울더를 나타내지 않아야 한다.

<보정 후 명세서>

- 발명의 명칭 : 폴리테트라 플루오로에틸렌 파인파우더
- 발명의 상세한 설명(발췌)

신연성이 우수한 폴리테트라 플루오로에틸렌(PTFE)의 파인파우더는 도면에서 보듯이 시차주사열량계에 의한 결정융해의 챠트에 나타나는 열피크의 형상을 나타낸다. 그리고 330℃에서 당해 흡열피크의 사이에는 명확한 피크 내지 쇼울더를 나타내지 않아야 한다. 흡열비가 0.3이하, 흡열피크의 반가폭이 6 deg.이하이어야 한다.

<신규사항 추가여부의 판단>

본 사례는 불명확한 요지를 명확하게 하는 보정예이다. 즉 본 발명은 연신성이 우수한 폴리테트라 플루오로에틸렌(PTFE)의 파인파우더를 선택하는 기준으로 시차주사열량계에 의한 결정융해의 챠트에 나타나는 흡열피크의 형상을 사용하고 "330℃에서 당해 흡열피크사이에는 명확한 피크 내지는 쇼올더를 나타내지 않을 것"을 하나의 요건으로 하고 있었는데 "흡열비" 및 "흡열피크의 반가폭"이라는 새로운 개념을 도입하여 그 수치를 한정함으로써 특허청구범위에 해당하는 범위와 그렇지 않은 범위를 명확하게 하였다.

그러나 이 0.3 및 6 deg.라는 임계적 수치도 최초명세서 및 도면으로부터 당업자가 알 수 있는 사항이 아니므로 신규사항의 추가에 해당한다.[89)]

iii. "실시예"에의 신규사항 추가사례

<최초명세서>

- 발명의 명칭 : 살충제
- 발명의 상세한 설명(발췌)

실시예 1 : 디메틸-2, 2-디클로로비닐포스 페이트 50%, 폴리옥시에틸렌 알킬아릴에테르 35%, 벤젠 15%를 혼합시켜서 균질한 유제(乳劑)로 한다. 이것을 사용직전에 물 1,000~5,000배로 희석한다.

89) 동경고등재판소, 평성 5·1·27 판결.

<보정 후 명세서>

- 발명의 명칭 : 살충제
- 발명의 상세한 설명(발췌)

실시예 1 : 위 "실시예 1"과 같다.

실시예 2 : 디메틸-2, 2-디클로로비닐포스 페이트 25%, 염소화 알칸류 이성체 혼합물(탄소원자 24~26, 염소함량 65%) 25%, 폴리옥시에틸렌 알킬아릴에테르 35%, 벤젠 15%를 혼합시켜서 균질한 유제로 한다. 이것을 사용직전에 물 1,000~3,000배로 희석한다.

상기 실시예 2와 같이 디멜틸-2, 2-디클로로비닐포스 페이트를 유효성분으로 하고 또한 포화 또는 불포화지방족 염소화 탄화수소(탄소원자 10 내지 30을 함유하고 염소함량이 10 내지 70 중량%인 것)를 함유하는 살충제는 잔효성(殘效性)이 향상되며, 살포 후의 유효기간이 수배로 연장된다.

<신규사항추가여부의 판단>

본 사례에서는 보정에 의하여 염소화 알칸류의 이성체 혼합물을 용제로 사용하는 실시예 2가 추가되었다. 염소화 알칸류의 이성체 혼합물이 이런 종류의 살충성분의 용제로 출원 전에 주지·관용되고 있다고 해도 이 염소화 알칸류의 이성체 혼합물을 특정 유화성분과 조합하여 사용한다고 하는 보정 후의 염소화 알칸류의 이성체 혼합물의 작용효과는 특정 유효성분의 잔류효과의 개선이라고 하는 작용효과를 더 발생시키는 것이며, 염소화 알칸류의 이성체 혼합물의 살충제의 단순한 용제로서의 작용효과에 그치지 않는다. 또한 이와 같은 작용효과는 출원시의 기술수준을 참작해도 최초명세서 등의 기재로부터 자명한 것으로 인정될 수 없는 것이다.

따라서 본 보정은 최초명세서 등에 "기재된 사항의 범위안"에 포함되어 있지 않으므로 신규사항추가에 해당한다.90)

iv. "특허청구범위 및 발명의 상세한 설명"에의 신규사항추가사례

<최초명세서>

- 발명의 명칭 : 트랙터의 동력전달장치
- 특허청구범위 : 기어박스 내에 축지지 된 주축에 2개의 기어를 결합하고, 한쪽의 기어에 중간축의 다수 기어를 끼워서 트랙터 구동용 축에 동력을 전달하여 다른 쪽의 기어에는 중간축의 각 기어를 끼워서 작업기 운전용 축에 회전을 전달할 수 있도록 된 트랙터의 동력전달장치

90) 특허청 심사기준 2005 발행, 4267~4268면.

- 발명의 상세한 설명(생략) : ....
- 도면 : 주축의 오른쪽 부분이 왼쪽 부분보다 직경이 다소 작게 도시됨

<보정 후 명세서>

- 발명의 명칭 : 트랙터의 동력전달장치
- 특허청구범위 : 기억박스 내에 축지지 된 직경이 큰 부분과 작은 부분을 가진 주축에 2개의 기어를 결합하고, 직경이 큰 부분의 기어에 중간축의 변속용의 기어를 끼워서 트랙터 구동용 축에 동력을 전달하며 다른 쪽의 기어에는 중간축의 변속용 기어를 끼워서 작업기 운전용 축에 회전을 전달할 수 있도록 된 트랙터의 동력전달장치
- 발명의 상세한 설명(추가) : 작업기에 예측하지 못한 과대부하가 걸려도 직경이 작은 부분에 토션바의 작용이 발생한다.

<신규사항 추가여부의 판단>

도면에 주축의 오른쪽 부분이 왼쪽 부분보다 직경이 다소 작게 도시되어 있다고 하더라도 그 구조가 가지는 기능에 대하여 최초명세서 등에 하등의 기재가 없고 그 도시된 내용으로부터 직경이 작은 부분이 토션바로 작용한다는 것을 당업자가 인정할 수 없으므로 이 보정은 신규사항추가에 해당한다.[91]

v. "발명의 상세한 설명 및 도면"에의 신규사항 추가사례

<최초명세서>

- 발명의 명칭 : 보조용기가 부착된 잉크병
- 발명의 상세한 설명(발췌)

  병(1)을 거꾸로 들어서 볼밸브(4)를 점선으로 표시한 것과 같이 이동시켜서 폐쇄부(3)의 내부통로를 개방시켜서 병(1)내의 잉크를 보조용기 내에 충만시켜서 사용하므로 항상 펜촉에 일정량의 잉크가 묻는다.
- 도 면

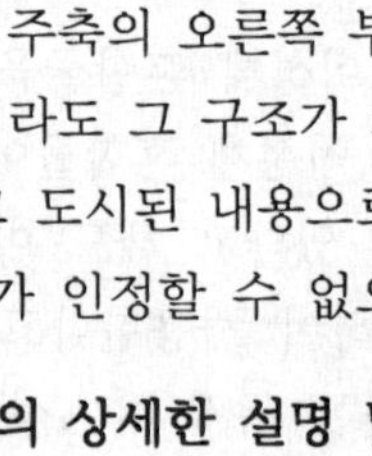

제1도

91) 동경 고등재판소 소화 45·6·23 판결.

<보정 후 명세서>

- 발명의 명칭 : 보조용기가 부착된 잉크병
- 발명의 상세한 설명(발췌)

  병(1)을 거꾸로 들어서 볼밸브(4)를 점선으로 표시한 것과 같이 이동시켜서 폐쇄부(3)의 내부통로를 개방시켜서 병(1)내의 잉크를 보조용기 내에 충만시켜서 사용하므로 항상 펜촉에 일정량의 잉크가 묻는다. 또한 뚜껑(5)을 나사에 결합시키고 뚜껑의 중앙에 보조용기(2)내에 삽입되는 돌출자(6)를 설치하면 볼밸브(4)는 즉시 폐쇄부(3)를 폐쇄시키므로 보조용기내의 잉크가 병으로 잘 복귀되지 않아서 많은 양의 잉크를 보조용기(2)에 잔류시킬 수 있다.
- 도 면

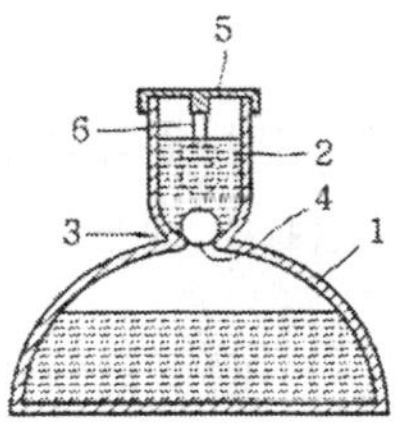

제2도

<신규사항추가여부의 판단>

본 사례에 의하면 최초에는 단순히 뚜껑(5)만 있었으나 보정에 의하여 뚜껑(5)에 돌출자(6)를 설치하여 볼밸브의 작동을 제어한다고 하는 사항이 추가되었다. 이는 최초명세서 등에는 기재되어 있지 않았던 사항이고 또 그 기재로 보아 자명한 사항도 아니기 때문에 최초명세서 등에 "기재된 사항의 범위안"이 아니므로 본 보정은 신규사항의 추가에 해당한다.92)

vi. "특허청구범위·발명의 상세한 설명 및 도면"에의 신규사항 추가사례

<최초명세서>

- 발명의 명칭 : 흑판지우개 털이

  특허청구범위 : 손잡이(3)가 형성된 털이바아(2)의 선단 일측면에 브러시(1)를 부설하고, 그 반대측면에는 대략 선제길이에 걸쳐서 凹형상의 홈(4)을 형성한 흑판지우개 털이
- 발명의 상세한 설명(발췌)

---

92) 특허청 심사기준 2005 발행, 4266~4267면.

털이비아 일측의 전체길이에 걸쳐서 형성된 凹홈(4)은 흑판지우개의 표면을 두드리는 효과를 얻기 위한 것으로 특히 지우개의 내부로부터 가루가 잘 분출될 수 있게 한다.

- 도 면

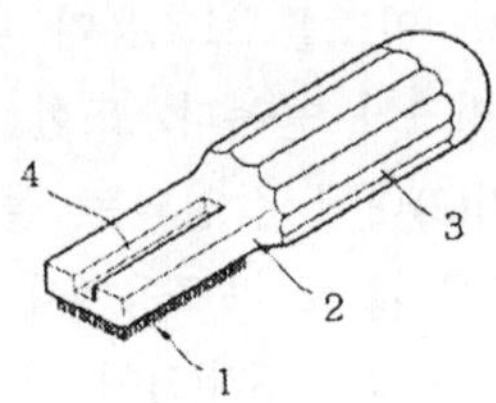

제1도

<보정 후 명세서>

- 발명의 명칭 : 흑판지우개 털이
- 특허청구범위 : 손잡이(3)가 형성된 털이바아(2)의 선단 일측면에 브러시(1)를 부설하고, 그 반대측면에는 돌기형태의 凹凸면(4)을 형성한 흑판지우개 털이
- 발명의 상세한 설명(발췌)

  凹凸면(4)은 평평하지 않으므로 흑판지우개의 표면을 두드리는 효과가 높으며 특히 지우개의 내부로부터 가루가 잘 분출되게 한다.
- 도 면

  제1도

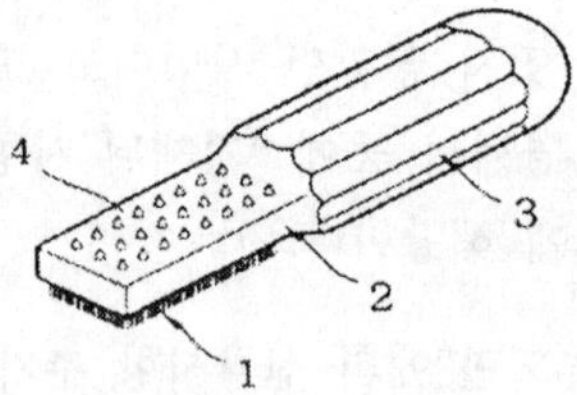

제2도

<신규사항 추가여부의 판단>

본 사례에서는 보정에 의하여 브러시(1)의 부설면과 반대측면에 대략 전체길이에 걸쳐 형성된 凹홈(4)에 복수의 凹凸돌기를 형성하여 그 면을 평평하지 않은 요철면으로 변경하였다. 따라서 공간이 많이 형성되어 가루가 잘 분출될 수 있는 효과가 있다.

최초명세서 등에도 상기면의 대략 전체길이에 걸쳐 凹홈(4)을 형성하여 흑판지우개의 표면을 두드리는 효과를 얻는다고 하는 기재가 있다. 그러나 상기면에 복수의 凹凸돌기물을 형성하여 그 면을 평평하지 않게 한다는 내용은 기재되어 있지 않으며 또 그 기재로 보아서 자명한 사항도 아니다. 따라서 본 보정에 의해서 흑판지우개 털이에 대한 발명의 구성에 관한 기술적 사항은 최초명세서 등에 "기재된 사항의 범위 안"이 아니므로 본 보정은 신규사항추가가 되고 또 발명의 상세한 설명부분의 보정도 신규사항추가에 해당한다.93)

vii. "도면 및 효과"에의 신규사항추가 사례

<최초명세서>

- 발명의 명칭 : 반도체 집적회로
- 특허청구범위(발췌) : 반도체의 방사선에 의한 오동작을 피하기 위하여 N+의 영역을 고농도의 P+영역(12, 13)으로 둘러싸는 반도체 집적회로
- 발명의 상세한 설명(발췌) : 고농도의 P+영역이 N+영역의 전부를 둘러쌀 필요는 없다.
- 도 면

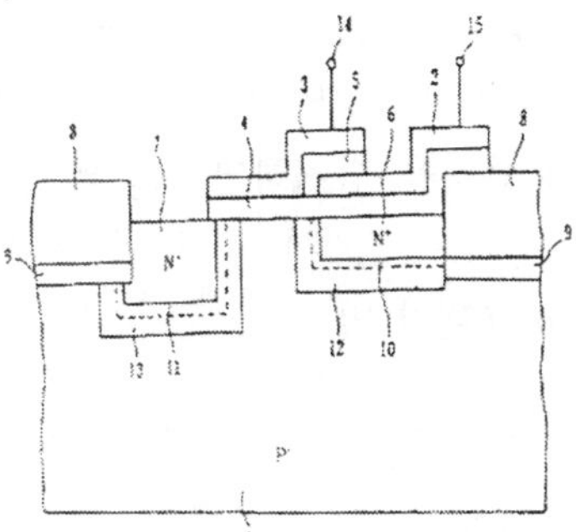

<보정 후 명세서>

- 발명의 명칭 : 반도체 집적회로
- 특허청구범위(발췌) : 반도체의 방사선에 의한 오동작을 피하기 위하여 고농도의 P+의 영역을 사이에 설치하고, 기판표면에는 이 고농도 P+영역이 존재하지 않게 하는 반도체 집적회로
- 발명의 상세한 설명(발췌) : 고농도의 P+영역이 N+영역의 전부를 둘러쌀 필요는 없다. 이 구성에 의하여 트랜지스터의 에러를 낮게 할 수 있다.

93) 특허청 심사기준, 2005 발행, 4257~4258면.

- 도 면

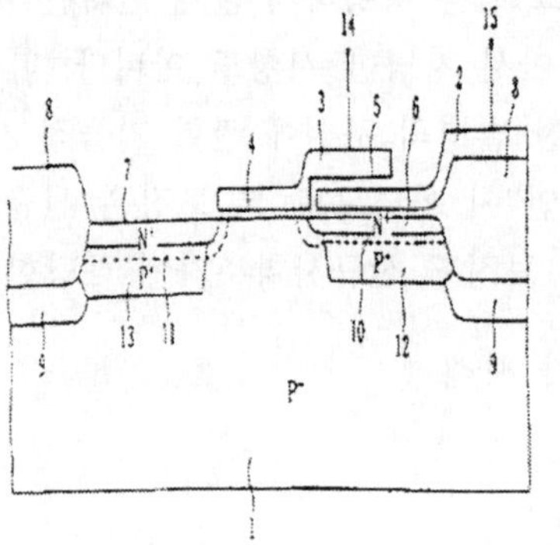

<신규사항 추가여부의 판단>

보정 후의 구성이 외형적으로는 최초명세서 등에 기재되어 있는 것으로 인정되나, 그 구성을 목적 및 효과와 관련하여 판단하면 보정 후의 특허청구범위에 기재된 발명이 최초명세서 등에 기재되어 있었던 것이라고 볼 수 없다. 최초명세서 등에서 오동작의 방지라는 관점에서는 채널영역에도 반도체기판보다 고농도의 도전성을 가지는 영역을 설치하는 것이 효과가 있으나, 역치전압의 제어를 용이하게 한다는 점에서는 채널영역의 불순물농도를 고농도로 하지 않는 것이 바람직하다. 따라서 오동작을 방지하면서도 역치전압의 제어를 용이하게 한다는 보정 후의 구성은 최초명세서 등의 어디에도 기재되어 있지 아니하므로 신규사항의 추가에 해당된다.94)

⑤ 신규사항추가가 되지 않는 사례

i. "특허청구범위"에의 신구사항 비추가사례

<최초명세서>

- 발명의 명칭 : 텔레비전 전송시스템
- 특허청구범위 : 텔레텍스트 자료를 전송하는 수단을 포함하는 전송기, 비디오 레코드가 연결된 텔레비전 수신기, …, …, 으로 구성된 텔레비전 전송시스템

<보정 후 명세서>

- 발명의 명칭 : 텔레비전 전송시스템
- 특허청구범위 : 텔레텍스트 자료를 전송하는 수단을 포함하는 전송기, 텔레

94) 동경고등재판소, 평성3·4·26 판결.

비전 수신기, …, …, 으로 구성된 텔레비전 수신기

<신규사항 추가여부의 판단>

본 사례와 같이 출원전체를 이해할 때 본 발명의 목적이 텔레텍스트 자료의 편집상의 제약을 줄이고자 하는 것이라면 비디오 레코드는 발명의 본질과 관련이 없는 것이므로 비디오 레코드를 삭제하는 보정은 가능하므로 신규사항추가가 되지 않는다.95)

ii. "특허청구범위, 발명의 상세한 설명"에의 신규사항 비추가사례

(i) 사례 1

<최초명세서>

- 발명의 명칭 : 캔 따개의 부착방법
- 특허청구범위 :
  1. 캔용 판의 중공돌기에 따개의 부착공을 설치하고 상기 돌기내에 중공체를 삽입하고 이어서 상기 중공돌기와 중공체를 같이 편평하게 성형하여 따개와 판을 고착하는 것을 특징으로 하는 캔용 따개의 부착방법
  2. 중공체는 합성수지제 또는 금속제의 윗면이 있는 통상(筒狀)으로 하고 상기 통상의 하단주위부를 외측 또는 내측으로 말은 특허청구범위 제1항 기재의 캔용 따개의 부착방법
- 발명의 상세한 설명(발췌)

  윗면이 있는 통상 뿐만 아니라 중공구체 기타 중공형상도 좋다.
- 도 면

제2도

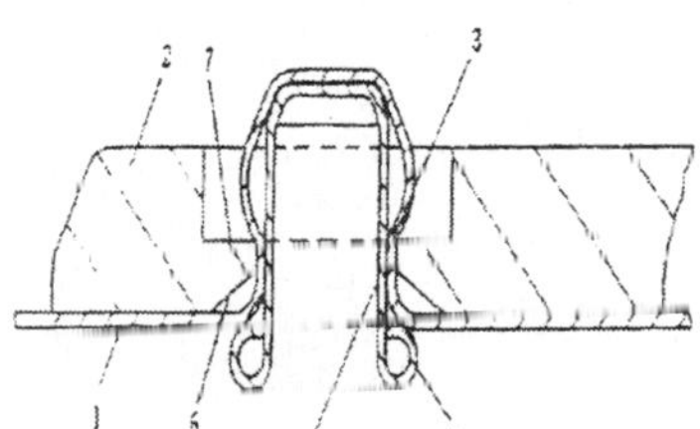

제3도

95) EPO Board T 0673/93.

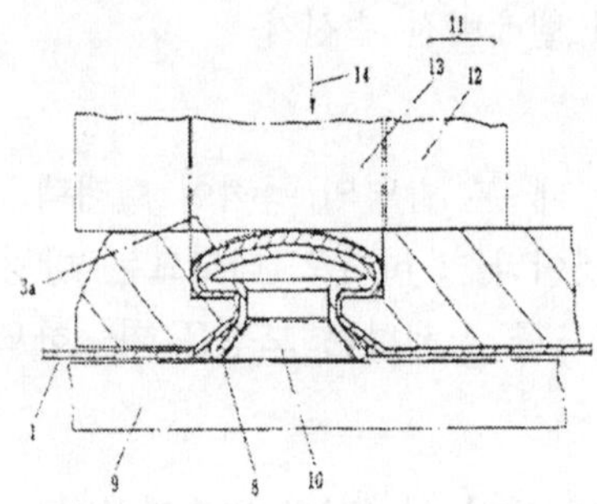

제7도

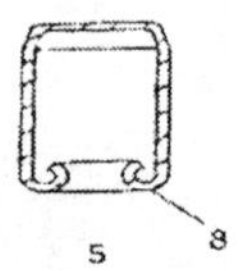

제6도

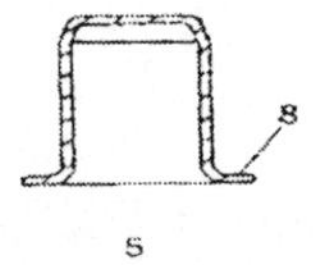

<보정 후 명세서>

- 발명의 명칭 : 캔 따개의 부착방법
- 특허청구범위 :
  1. 최초명세서 특허청구범위 1.과 같음
  2. 중공체는 합성수지 또는 금속제의 윗면이 있는 통상 또는 통상으로 하고 그 단부를 외측 또는 내측으로 말은 특허청구범위 제1항 기재의 캔용 따개의 취부방법
- 발명의 상세한 설명(추가)
  (실시예) 중공체로서 관체 15(제8도 및 제9도)
- 도 면

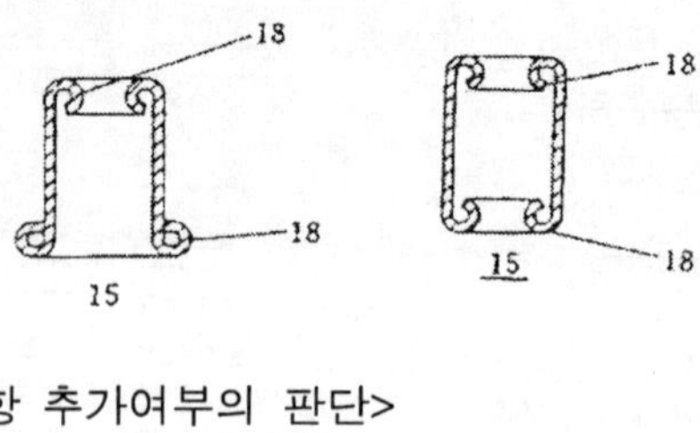

<신규사항 추가여부의 판단>

본 사례의 중공구체는 통상 윗면이 있는 것이 아님은 명백하나 양단부가 뚫려있고 단부가 말린 관상체를 상하방향으로 가압하면 상하 양단부가 눌려져 변형되어 윗면이 있는 통상체와 같이 캔 따개를 부착할 수 있다는 것은 자명하다.

따라서 최초명세서 등에 나타난 중공체의 작용효과는 윗면이 있는 통상체,

중공구 상체 및 기타 관상체의 작용효과와 다른 것으로 인정할 수 없다. 최초명세서 등의 발명의 상세한 설명의 기재내용과 도면의 내용을 종합하면 최초명세서 등에 기재된 중공상체는 변형에 의하여 따개의 상하를 누르고 따개를 고착하는 작용을 하는 것이며 또 그 작용효과는 윗면이 있는 통상체만의 특유한 것은 아니다. 따라서 중공구상태와 기타 중공형 상체의 것이라고 하더라도 같은 작용효과를 나타낸다고 할 수 있으므로 본 보정은 신규사항의 추가로 볼 수 없다.[96]

(ii) 사례 2

<최초명세서>

- 발명의 명칭 : 세라티오 펩티다제의 생산방법
- 특허청구범위 : 세라티에 속에 속하는 세리티아 마르세센스 E-15(ATCC 21074)의 변이주(KFCC 10236)를 배양하고(세라티오 펩티다제를 생산하는 미생물) 배지 중에 알카리 프로테아제를 생성시커 한외여과 및 이소프로삘알코올 분획침전을 특징으로 하는 분리정제법에 의해 세라티오 펩티다제를 제조하는 방법
- 발명의 상세한 설명(발췌)

  ………………………………… 변이주를 얻는 과정은 세리티아 마르세센스 E-15(ATCC 21074)를 좌외선, NTG(N-methgl-n-nitro-n-nitro-guananidine) 및 열처리 등을 써서 공지된 방법 ……………………………………………………………

<보정 후 명세서>

- 발명의 명칭 : 세라티오 펩티다제의 생산방법
- 특허청구 범위 :

  세라티오 펩티다제를 생산하는 세라티아속의 미생물(ATCC 21074 등)을 배양하고 이 배양액 중에 축적된 세라티오 펩티다제를 한외여과 및 이소프로필알고올에서 분획침전시킴을 특징으로 하는 세라티오 펩티다제의 생산방법
- 발명의 상세한 설명(발췌)

  ……………………………………………… 변이주를 얻는 과정은 친주 세라티아 마르세센스 ATCC21074를 UV(15W, 275nm)하에서 20~30초 조사한 후 UV처리, NTG처리, 열처리의 방법은 이들 처리방법 중에서 적절히 선택한 후 변경할 수 있으며 ……………………………………………………………

96) 동경고등재판소, 소화 62.2.26 판결.

<신규사항 추가여부의 판단>

본 사례에서 최초명세서 등에서는 발명의 변이주는 "공지된 방법"인 자외선처리 등에 의해 얻는 것으로 기재되어 있는데 비하여 보정 후 명세서에서는 변이주의 얻는 과정이 최초명세서 등의 기재에 비하여 그 과정이 구체화되어 있으나 이는 당해 분야에서 공지된 방법임이 인정된다.

따라서 보정서의 기재는 최초명세서 등에 기재된 자외선처리 등의 공지의 변이처리방법을 구체적으로 기재하여 명확히 한 것일 뿐만 아니라 그 기재도 당업자에게 잘 알려진 공지된 방법으로 인정된다.

이와 같은 보정은 단순히 공지방법으로 기재하여 명세서가 불완전한 부분을 명료하게 하는 정도의 보정으로서 최초명세서 등에 기재된 사항의 범위 안의 것으로 인정되어 신규사항추가가 아니다.[97)]

(iii) 사례 3

<최초명세서>

- 발명의 명칭 : 열기조리장치
- 특허청구범위(생략) : …………
- 발명의 상세한 설명 : …………… 선반의 높이는 필요한 크기에 따라서 위나 아래로 조정될 수 있다. 빵과 같이 높이가 있는 것을 조리할 때 사용자는 조리장치 원형의 상부절반과 하부절반 높이 사이에 하나이상의 연장링을 가할 수 있다. 조리장치 원형틀의 연장된 높이를 맞추기 위하여 힌지지지 조립부에 연장마디를 가할 수 있다.

<보정 후 명세서>

- 발명의 명칭 : 열기조리장치
- 특허청구범위(신설) : …………… 상부기재와 하부기재의 높이를 조절하기 위하여 연장부 또는 연장마디를 설치한 열기조리장치
- 발명의 상세한 설명 : …………… 조리장치 외형틀의 상부기부 부재와 하부기부 부재 사이에 신축적으로 대응할 수 있는 적어도 하나의 연장링을 포함하여 조리챔버의 높이 증가에 따라 상부지지재와 하부지지재 사이에 높이 증가에 대응하도록 연장마디를 포함한다.

<신규사항 추가여부의 판단>

보정서에 기재되어 있는 열기조리장치의 높이조절수단으로서 연장링과 연장

97) 특허청 항고심판소, 90 항원 1938 심결.

마디를 부가한다는 구성자체는 최초명세서 등에 기재된 구성과 비교할 때 동일성의 범위이내의 것으로 인정되므로 신규사항추가로 볼 수 없다. 다만, 높이조절수단에 대하여 '연장링과 연장마디가 포함되어 있다'고만 단순히 기재되어 있어 '포함'이 어떠한 구조의 결착수단을 채용하는 것인지 알 수 없을 뿐만 아니라 그 구체적인 구성수단이 미비되어 있어 특허법 제42조 제3항 및 제4항의 기재요건을 갖춘 것인지의 여부는 별도로 검토할 대상이다.[98)]

iii. 오기의 정정, 불명료한 기재의 석명적 보정으로 본 사례

<최초명세서>

- 발명의 명칭 : 복수주형 성형장치
- 도 면

제1도

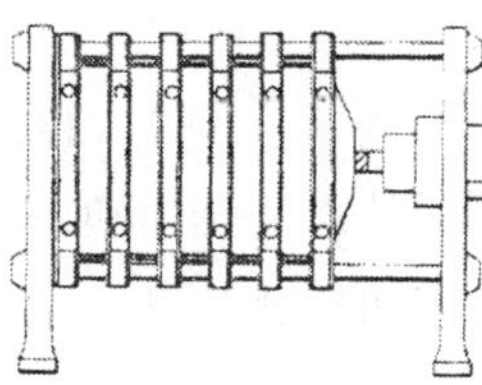

제2도

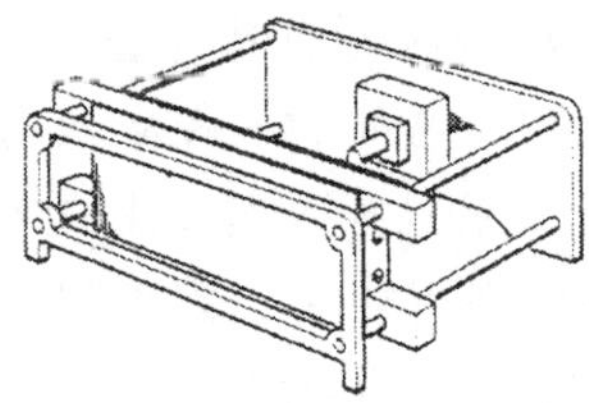

<보정 후 명세서>

- 발명의 명칭 : 복수주형 성형장치
- 도 면

제1도

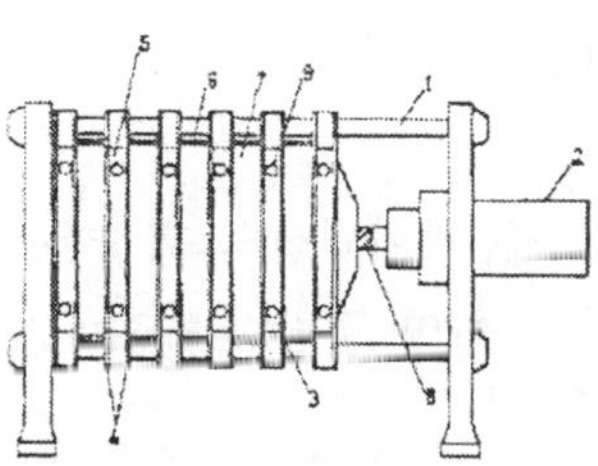

제2도

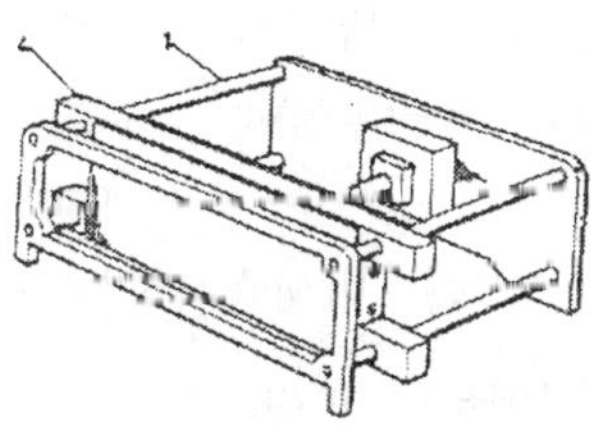

<신규사항 추가여부의 판단>

본 사례에서 특허출원서에 최초로 첨부된 명세서의 발명의 상세한 설명에는 "제1도는 성형장치의 정면도로서 가이드바(1), 유압장치(2), 유입구(3), 열매순환자켓(5), 유출구(9) 등으로 구성된다. 제2도는 본 발명의 개략적인 사시도로

98) 특허청 항고심판소, 92 항원 605 심결.

가이드바(1)가 상하 각각 2개씩 4개가 양면에 금형(4)이 부착된 열매순환자켓(5)을 지지………”로만 기재되어 있고, 도면에는 도면부호가 누락되어 있었으나 보정시에 도면부호를 기재하였다. 최초명세서 등에 도면부호가 개시되지 아니하여 도시된 어느 부분이 가이드바, 유압장치, 유입구 등인지를 파악하기 어려운 점은 있으나 보정에 의하여 누락된 도면부호를 기입함으로써 각 구성요소를 파악할 수 있도록 한 것은 그 내용의 동일성을 인정할 수 없을 정도로 실질적으로 변경되었다고 볼 수 없다. 따라서 도면상에 누락된 도면부호를 기입하는 것은 단순히 불명료한 기재를 명확히 한 것에 불과하므로 신규사항추가로 볼 수 없다.[99)]

⑥ 신규사항추가를 “기재사항범위 내”의 보정으로 본 사례

<최초명세서>

- 발명의 명칭 : 카이닌산이 추출방법
- 특허청구범위 : 흡착제에 흡착 및 탈착시켜서 정제한 해인초(海人草)의 유효성분 엑기스 용액에 황산동을 첨가하여 해인산을 동염(銅鹽)으로서 석출하고 석출물을 채취하는 것을 특징으로 하는 카이닌산의 추출방법
- 발명의 상세한 설명(발췌)

………………………………………………………………………………………

(주) : 용액 중의 해인산의 정량(定量)에 대하여는 전혀 기재되어 있지 않다.

<보정 후 명세서>

- 발명의 명칭 : 카이닌산의 추출방법
- 특허청구범위 : 최초명세서 특허청구범위와 같음
- 발명의 상세한 설명(발췌)

………………………………… 또한 용액 중 카이닌산의 함량은 알록산에 의한 황색의 발색을 비색측정하는 방법에 의하여 정량(定量)할 수 있다.

<신규사항 추가여부의 판단>

본 사례의 보정은 카이닌산의 정량방법에 관한 것으로서 이는 출원당시 명세서에 기재되어 있지 않았고 또 그 기재로 보아 자명한 사항도 아닐 뿐만 아니라 특허청구범위에 기재된 기술적 사항을 뒷받침하는 사항도 아니므로 이 보정에 의하여 특허청구범위에 기재된 기술적 사항은 변경되지 않으며 보정전의 명세서에 “기재된 사항의 범위 안”의 것이다. 따라서 본 보정은 신

---

99) 대법원 69후 1095 판결

규사항의 추가임에도 요지변경에는 해당되지 않는다.[100)]

2) 신규사항의 구체적 판단방법

다음과 같은 보정의 유형에 따라 신규사항추가여부를 판단한다.

① 신규사항 추가보정의 유형

i. 미완성발명의 완성보정

특허출원시 미완성의 발명을 출원한 후 소정의 보정기간이내에 그 미완성의 출원발명을 완성시키는 보정을 한 경우 그 보정은 신규사항을 추가한 것으로 된다.

ii. 수치한정범위의 확대변경보정

특허출원시 수치한정의 범위를 섭씨 90°~100°로 하여 출원한 발명에 대하여 소정의 보정기간이내에 그 수치한정의 범위를 섭씨 80°~110°로 확대 변경하는 보정을 한 경우 그 보정은 신규사항을 추가한 것으로 된다.

iii. 특허청구범위의 확장 및 청구항의 증가보정

특허청구범위의 청구항 수를 증가하거나 또는 특허청구범위 자체를 확장하는 보정은 신규사항을 추가하는 것으로 된다. 예를 들면 특허청구범위에 기재된 구성요건의 삭제보정에 상당하는 경우와 증가보정에 상당하는 경우가 있다. 전자는 특허청구범위의 확장이고 후자는 특허청구범위의 감축인바 이들이 신규사항이 되는 것은 어느 경우에나 특허출원서에 최초로 첨부된 명세서 또는 도면에 기재된 사항의 범위 안에서의 보정이 아닌 것에 기인한다.

또한 특허청구범위의 독립청구항(이하 "독립항"이라 한다)의 수를 증가하는 경우 신규사항은 추가되고 특허청구범위의 종속청구항(이하 "종속항"이라 한다)의 수를 증가하는 경우에는 신규사항의 추가는커녕 당해 독립항의 권리범위를 한정하거나 부가함으로써 특허청구범위는 그만큼 감소되는데 이를 독립항, 종속항 수의 추가가 신규사항이 되는 것은 항상 어느 경우에나 특허출원서에 최초로 첨부된 명세서 또는 도면에 기재된 사항의 범위 안에서의 보정이 아닌 것에 연유된다.

iv. 발명의 구성요소의 변경보정

출원 후 소정의 보정기간이내에 발명의 구성요소를 상위개념 또는 하위개념으로 변경하는 보정을 하는 경우 그 보정은 신규사항을 추가하는 것으로 된다.

---

100) 특허청 심사기준, 2005 발행, 4289~4290면.

v. 도면의 보정

출원 후 소정의 보정기간이내에 도면의 보정으로 그 보정된 사항이 특허출원시 도면의 도시된 사항의 범위 안에서의 사항이 아닌 보정인 경우에는 신규사항의 추가보정이 된다.

vi. 실시예의 보충적 보정

실시예의 보충적 보정으로서 그 보정된 사항이 최초로 출원된 명세서 또는 도면에 기재된 사항의 범위를 벗어난 경우에는 신규사항의 추가보정이 된다. 따라서 실시예의 보충이 신규사항의 추가인가는 출원시의 명세서 또는 도면에 기재된 사항의 범위 안에서의 보정인지의 여부에 따라 정하여진다. 그런데 실시예를 보충함으로써 출원시의 상위개념적 발명의 미완성부분, 예를 들면 발명이 해결하고자 하는 과제의 해결수단인 발명의 구성이 구체적으로 제시되어 있어도 그 구성을 해결수단으로 인정하기 위해서는 실험결과 등의 구체적인 뒷받침을 필요로 하는데도 그러한 것이 없는 발명이 출원 후 보충적 보정에 의하여 완성된 경우 이를 출원시 명세서 등의 기재사항의 범위안의 것인가가 문제된다. 여기에서 그 보충적 보정사항이 출원시의 명세서 등의 기재사항의 범위를 벗어난 신규사항이 아니라고 할 때에는 그 출원과 보정사이에 출원한 동일 실시예에 해당하는 타인의 발명이 후출원이 되는 한편 신규사항이라고 할 때에는 타인의 발명이 선출원이 되는 경우가 발생한다.

이점에 관해서는 우리나라, 미국은 엄격하여 실시예의 보충은 신규사항이라고 하여 그 보정서의 제출일을 당해 특허출원의 출원일로 한다. 이에 반하여 일본은 실시예의 보충사항이 신구사항 또는 비신규사항 양자를 모두 택하고 있는 바 이는 주로 우리나라·미국과 일본의 발명에 관한 견해의 차이에서 비롯된 것이다. 이러한 견해차는 총괄적 개념으로 규정한 사상인 상위적 발명이 구체적인 수자를 들어 실험결과를 제시한 하위개념적 발명(실시예 또는 실시상태)에 비하여 넓은 경우가 있기 때문이다. 여기에는 양설이 있다.

즉 실시예 또는 실시상태 부분에만 발명의 완성을 인정해야 하며 그 밖의 부분은 발명의 미완성으로 하여야 한다는 것이다. 특히 화학분야에서 실험을 해보지 않은 부분은 물이 될 수 있을지의 여부와 기재한 대로의 효과유무에 대한 확신이 서지 않아 예측가능성이 희박하여 착상에 불과하므로 발명으로서는 미완성이라고 보는 설이다.

이에 반해 발명의 본질은 기술적 사상이므로 실시예 또는 실시상태를 가지고 발명을 한정하는 것은 발명의 본질을 이해하지 못한 것일 뿐만 아니라 발명의 보호를 부당하게 약화하여 제3자의 모방침해를 불러오는 결과를 초래하게 된다. 또 화학적 발명에 있어서도 상당한 범위까지 이론상 또는 경험칙상 예측가능성이 있는 바 실험결과를 하나하나 기록하여야 한다는 것은 발명자에게 불필요한 부담을 주어 발명의 권리화를 지연시킴으로써 특허제도의 취지에 반한다고 보는 설이다.

전설은 실시예 등을 발명의 성립에 절대적 요소로 하고 있는 실시예 지상주의인 반면 후설은 예측가능성이 거의 없는 범위의 개념까지를 아무런 뒷받침 없이 인정하여야 한다는 실시예 무용지상주의이다. 양설 모두 한쪽만을 지나치게 강조하고 있는 극단적인 견해라고 할 수 있다. 이러한 가운데 우리나라·미국은 전설에 따르고 있고 일본은 전설과 후설 모두를 따르고 있다.

그러나 예측가능성 없다고 인정되는 발명에 대하여는 실시예의 제시가 필요하고 예측가능성이 있다고 인정되는 발명에 대하여는 굳이 실시예를 제시할 필요는 없는 것이다. 이는 결국 예측가능성을 어느 범위까지 인정하는 것이 타당한가라는 문제에 귀결되는 것으로서 출원시의 당업자의 기술수준에서 신중히 판단할 문제이다. 관련판례에서는 다이아몬드 합성법분야에서 "인공다이아몬드의 제조기술은 이론적 추구보다는 실험의 반복으로 반전하였다는 것이 그 역사에 비추어 명백하다. 그렇다면 그 제조방법으로는 원료·촉매·온도·압력·장치 등의 요구가 구체적으로 특정되는 것이 필수요건이다. 따라서 출원시의 명세서에 제시된 이론적인 다이아몬드 안정영역만으로는 보정된 특정의 온도, 압력 등의 조건이 유도되는 것이라고는 일정할 수 없다"고 판시한바 있다.[101]

vii. 발명의 목적·효과의 추가 또는 변경보정

발명이 해결하고자 하는 과제로서의 발명의 목적이나 그 밖에 당업자가 그 발명의 내용을 쉽게 이해하기 위하여 필요한 사항으로서의 발명의 효과를 추가하거나 변경하는 보정으로서 그 보정된 사항이 최초로 출원된 명세서 또는 도면에 기재된 사항의 범위를 벗어난 경우에는 신규사항의 추가 또는 변경보정이 된다.

viii. 선행기술문헌 내 사항 등의 보정

선행기술문헌명을 명세서에 추가하는 보정은 신규사항추가로 인정하지 않으나, 그 선행기술문헌에 포함된 사항에 근거한 보정이나 당초 인용되어 있지만 그 문헌 중에만 기재되어 있고 최초명세서에는 기재되어 있지 않았던 사항을 추가하는 보정은 그 보정된 사항이 최초로 출원된 명세서 등에 기재된 사항의 범위내의 것

101) 동경고판 소 53.11.29, 무체집 10권 2호, 594면.

이 아닌 경우에는 신규사항의 추가로 인정된다.

(6) 신규사항판단의 기준

보정명세서 등에 신규사항이 추가되었는지 여부의 판단은 최초명세서 등에 기재된 범위내의 사항을 기준으로 판단한다. 여기에서 "기재된 범위내의 사항"이라 함은 특허출원서에 최초로 첨부된 명세서 또는 도면에 기재된 사항의 범위 안에서 외견상 완전동일을 의미하는 것이 아니고 당업자의 수준에서 최초명세서 등의 기재사항으로 보아 자명한 사항도 기재된 범위내의 사항으로 보아야 한다.

2. 최후거절이유에 대한 대응보정

(1) 개 요

최후거절이유통지 후 보정은 최초거절이유통지 후 보정보다 보정요건이 엄격하다. 그러므로 거절이유통지 후 보정이 신규사항이 추가되거나 새로운 거절이유가 발생한 경우 최초거절이유통지 후 보정이라면 다시 거절이유를 통지하여야 하나, 최후거절이유통지 후 보정이라면 보정각하 후 보정 전 명세서로 심사를 하여야 한다. 이러한 최후거절이유에 대한 대응보정은 특허법 제47조 제2항 소정의 보정요건이외에 같은 조 제3항 소정의 보정요건도 아울러 충족하여야한다. 따라서 같은 조 제2항 및 제3항의 보정요건을 모두 충족시켜야 한다. 위 각항의 보정요건 중 복수의 요건을 충족시키지 못한 경우 그 충족시키지 못한 요건 모두를 보정각하 한다.

(2) 특허법 제47조 제2항 소정의 보정

특허출원인의 특허출원서에 첨부된 명세서(특허청구범위를 포함한다. 이하 같다) 또는 도면에 대한 자진보정은 물론 심사관의 최초거절이유통지 및 최후거절이유통지에 대한 대응으로서의 명세서 또는 도면의 보정은 특허출원서에 최초로 첨부된 명세서 또는 도면에 기재된 사항의 범위 안에서 할 수 있다(법 47②). 따라서 최후거절이유통지 이후 명세서나 도면의 보정도 자진보정이나 최초거절이유에 대한 대응보정에서와 같이 신규사항 추가금지가 그대로 적용된다.

(3) 특허법 제47조 제3항 소정의 보정

1) 개 요

최후거절이유에 대한 의견서제출기간이내 및 재심사 청구기간 내(특허거절결정 등본을 송달받은 날부터 30일 이내)에서의 명세서 또는 도면의 보정 중 특허청구범위에 대한 보정은 i) 청구항을 한정 또는 삭제하거나 청구항에 부가하여 특허청구범위를 감축하는 경우, ii) 잘못된 기재를 정정하는 경우, iii) 분명하지 아니한 기재를 명확하게 하는 경우 iv) 명세서 또는 도면의 보정이 특허출원서에 최초로 첨부된 명세서 또는 도면에 기재된 사항의 범위를 벗어난 보정에 대하여 그 보정 전 특허청구범위로 되돌아가거나 되돌아가면서 특허청구범위를 위 i)부터 iii)까지에 따라 보정하는 경우에만 할 수 있다(법 47③).

2) 적용요건

특허법 제47조 제3항의 보정요건은 보정을 한 특허청구범위의 청구항에 대해서만 적용된다. 특허청구범위를 보정한 사항이 위의 i) 내지 iv)에 해당하는지의 여부는 최후거절이유통지시의 청구항과 같은 번호의 청구항을 대비하여 판단한다. 그러나 청구항번호가 다르다 하더라도 보정 전의 청구항이 다른 번호의 청구항이라는 것이 명백한 경우에는 예외적으로 번호가 다른 청구항으로 대비하여 보정의 적합성을 판단할 수 있다.

또한 청구항의 보정은 위의 i) 내지 iv) 모두에 해당할 필요는 없고 그 중 어느 하나에 해당한 경우에도 그 보정은 적합한 보정으로 된다. 다만 이 경우에도 하나의 청구항에 2이상의 발명이 있는 경우에는 각 발명마다 판단한다.

그 이유는 하나의 청구항에 기재된 사항을 보정 전후 어구나 보정개소별로 판단할 경우 i) 청구항을 전반적으로 보정한 보정과 보정부분을 여러 개소로 나누어 보정한 보정이 형평성의 문제를 야기할 뿐만 아니라 ii) 특허법 제47조 제3항의 규정은 보정의 내용을 실질적으로 제한하기 위한 것이 아니라 지나친 보정으로 인한 심사의 어려움을 간안히여 위 같은 항 각호 중 하나이상을 목적으로 하는 보정만을 허용하기 위한 것이다.

3) 특허청구범위에 대한 보정의 범위

최후거절이유통지에 따른 보정(법 47①2) 및 재심사청구시 보정(법 47①3) 중 특허청구범위에 대한 보정은 i) 청구항을 한정 또는 삭제하거나 청구항에 부가하여 특허청구범위를 감축하는 경우, ii) 잘못된 기재를 정정하는 경우, iii) 분명하지 아니한 기재를 명확하게 하는 경우, iv) 명세서 또는 도면의 보정이 특허출원서에 최초로 첨부된 명세서 또는 도면에 기재된 사항의 범위를 벗어난 보정에 대하여 그 보정전 특허청구범위로 되돌아가거나 되돌아가면서 특허청구범위를 위 i)부터 iii)까지에 따라 보정하는 경우, 이 i)부터 iv)까지의 어느 하나에 해당하는 경우에만 할 수 있다(법 47③).

① 청구항의 한정·삭제·부가 등에 따라 특허청구범위를 감축하는 경우

특허청구범위의 감축은 청구항의 한정, 삭제, 부가, 수효·수치의 감소, 청구범위의 축소, 기재내용의 변경·제한 등에 의하여 이루어진다.

i. 청구항의 한정보정

청구항의 한정보정은 특허청구범위의 감축보정의 하나로서 이는 보정전 청구항에 기재된 발명을 특정하기 위한 사항의 한정으로서, i) 보정전의 청구항에 기재된 발명과 산업상 이용분야 및 해결하고자 하는 과제가 동일한 발명의 범위 내이며 또한, ii) 보정전의 청구항에 기재되어 있는 발명의 과제해결수단인 발명의 구성에 없어서는 아니되는 사항의 전부 또는 일부를 한정하는 것 즉 보정전 특허청구범위의 상위개념의 기재사항을 하위개념의 기재사항으로 한정함으로써 특허청구범위가 감축되는 것을 말한다(예: "비타민 영양제"를 "비타민B 영양제"로 "비금속원소를 이용하여"를 "탄소를 이용하여"로, "과일즙을 이용하여"를 "사과즙을 이용하여"로, "의류"를 "자켓"으로, "그릇"을 "접시"로, "필기구"를 "연필"로). 발명의 구성에 없어서는 아니되는 사항은 곧 그 발명의 과제해결수단이므로 보정전의 발명의 과제해결수단 중의 하나 이상을 개념적으로 보다 하위의 과제해결수단으로 하는 보정은 이 요건에 합치된다.

여기에서의 보정전과 보정후의 발명의 산업상의 이용분야 및 해결하고자 하는 과제의 동일에 대해서는 보정전과 보정후의 발명의 과제가 완전히 일치하는 경우 외에 보정후의 발명의 과제가 보정전의 발명의 과제와 기술적으로 밀접한 관련이 있는 경우도 이 요건에 합치되며, 산업상의 이용분야의 동일에 대해서도 보정전의 발명과 보정후의 발명의 기술분야가 완전히 일치하는 경우 외에 보정전 발명의 기술분야와 보정후의 발명의 기술분야가 기술적으로 밀접하게 관련되는 경우에도 이 요건에 합치된다.

ii. 청구항 등의 삭제보정

(i) 청구항의 삭제보정

청구항의 삭제보정은 특허청구범위를 축소하는 보정에 해당하므로 적합한 특허청구범위의 감축이 된다. 예를 들면 "청구항 1, 2, 3, 4, 5"의 특허청구범위에서 청구항 2, 4를 삭제하는 보정을 할 경우 그 특허청구범위의 청구항은 1, 3, 5로 감축된다.

(ii) 택일적 요소의 삭제보정

택일적으로 기재된 요소의 삭제보정, 즉 특허청구범위에 다수의 구성요소가 택일적으로 기재되어 있는 경우 그 중 일부의 구성요소의 삭제보정은 특허청구범위를 축소하는 보정에 해당하므로 적합한 특허청구범위의 감축이 된다. 예를 들면 "AB 또는 BA"라고 하는 택일적 기재요소 중 AB를 삭제하거나 BA를 삭제하는 경우이다.

(iii) 인용항 수의 삭제보정

다수항을 인용하는 청구항에서 인용항의 수를 감소하는 경우, 즉 다수의 다른 항을 인용하는 청구항에서 인용의 일부를 삭제하는 보정은 특허청구범위를 축소하는 보정에 해당되어 적합한 특허청구범위의 감축이 된다.

iii. 청구항의 부가보정

여기에서의 청구항의 부가보정은 발명의 구성요소의 직열적 부가보정을 말한다. 구성요소를 직렬적으로 부가하는 보정은 특허청구범위에 새로운 구성요소를 직렬적으로 부가하는 경우 발명이 한정되므로 특허청구범위를 축소하는 보정에 해당되어 적합한 특허청구범위의 감축이 된다. 이때 병렬적 부가가 신규사항추가 금지에 저촉되지 않아야 함은 물론이다. 예를 들어 "A에 B를 부착시킨 병따개"라는 기재를 "A에 B를 부착시키고 다시 B에 C를 부착시키거나 A에 C를 부착시킨 병따개"로 하는 것과 같이 기재요소를 택일적으로 부가하는 경우이다. 그러나 "A"를 A 또는 B로 하는 부가보정, 즉 "볼트"를 "볼트 또는 리벳"으로 하는 것과 같은 기재요소를 택일적으로 부가하는 보정은 "B", 즉 "리벳"의 부가가 신규사항 추가로 청구범위를 확장하는 것이 된다.

iv. 수치범위의 축소보정

청구항에 기재된 수치한정의 범위를 축소하는 보정은 특허청구범위를 축소하는 보정에 해당되어 적합한 특허청구범위의 감축이 된다. 예를 들면 내구성 100을 80으로, 내열성 섭씨 300°를 250°로 하는 것과 같은 경우이다.

v. 특허청구범위의 축소보정

특허청구범위의 축소보정에는 특허청구범위의 청구항수를 감소하는 것(예: "청구항5"를 "청구항 3"으로)과 특허청구범위자체를 축소하는 것(예: "암예방 및 치료제"에서 "암예방제"로)이 포함되어 이 보정에 의해 특허청구범위는 감축된다.

vi. 기재내용의 변경·제한 보정

위 i) 내지 v)의 보정도 광의로는 변경보정에 속하지만 여기에서의 변경보정은 이를 제외한 협의의 변경보정만을 말한다. 예를 들면 "방법의 발명"을 "그 방법을 실시하기 위한 장치의 발명"으로 변경 보정하는 것과 같은 발명의 범주(카테고리)의 변경보정이 그것인 바, 이와 같은 변경보정은 그 내용에 따라 감축 또는 확장 두 경우가 있을 수 있으므로 개별변경보정의 내용에 따라 판단하여야 한다. 또 특허청구범위의 기재내용을 제한하는 보정에 따라 특허청구범위가 감축되는 경우가 있는 바, 예를 들면 "총을 수렵용 총"으로 "어망을 고등어잡이 어망"으로 "비스포츠카 최고 주행속도" "시속 700㎞를 500㎞"로 보정하는 경우가 이에 속한다. 이러한 기재내용의 변경·제한 보정은 상위개념의 기재를 하위개념의 기재로 나타나므로 이를 상위개념을 하위개념으로의 기재변경보정이라고도 한다. 즉 상위개념의 기재로부터 하위개념의 기재로의 변경보정은 특허청구범위를 축소하는 보정에 해당되어 적합한 특허청구범위의 감축이 된다. 예를 들면 "의류를 자켓"으로, "그릇을 사발"로 "공구를 마치"로 보정하는 경우와 같은 것이다.

② 잘못된 기재를 정정하는 경우

잘못된 기재의 정정은 당초 청구항 작성시 잘못된 기재를 바로잡기 위한 오기의 정정에 관한 보정이므로 정정전의 기재내용과 정정후의 기재내용이 동일함이 객관적으로 인정할 수 있어야 한다. 즉 특허청구범위의 기재가 오기임이 당업자의 수준에서 명세서 또는 도면의 기재내용으로 보아 자명한 것으로 인정되거나 주지의 사항 또는 경험칙으로 보아 명백한 경우에 잘못된 기재를 고쳐 바로잡는 것을 말한다. 예를 들면 "병따개로 병을 따다"를 "병따개로 병마개를 열다 또는 병따개로 병뚜껑을 따다"로 고치는 것과 같은 경우이다.

③ 분명하지 아니한 기재를 명확하게 하는 경우

i. 의 의

분명하지 아니한 기재를 명확하게 하는 보정은 특허법 제47조 제3항에 근거한 최후거절이유통지로 지적한 특정개소의 기재불비의 거절이유를 해소하기 위한 보정이나 또는 출원인 스스로 특허거절결정등본을 송달받은 날부터 30일 이내에 특허출원서에 첨부된 명세서 또는 도면(특허청구범위를 포함한다)에서 분명하지 아니한 기재사항을 발견한 경우 이를 명확히 하기 위하여 재심사청구를 할 때에 할 수 있는 보정으로서 이는 심사관의 지적유무와는 관계없이 지적한 경우 지적하지 아니한 경우 어느 경우에나 할 수 있다. 따라서 본 보정은 심사관이 최후거절이유 통지시 지적한 기재불비는 물론 출원인 스스로 발견한 기재불비를 재심사에서 시정하기 위한 보정으로서 심사대상을 변경하는 것이 아니고 또 이를 인정하지 아니할 경우 출원인이 그 거절이유에 대응하기 어렵고 또 설령 특허를 받았다 하더라도 특허청구범위의 기재불명료로 인하여 분쟁의 우려가 있기 때문에 인정하는 보정제도이다.

ⅱ. 불분명한 기재의 명확화

문리상 그 자체의 의미가 불분명한 기재로 청구항의 그 자체가 ⅰ) 문언상 의미가 불명료한 것, ⅱ) 청구항 자체의 기재내용이 다른 기재와의 관계에 있어서 불합리한 것, ⅲ) 청구항 지체의 기재는 명료하지만 청구항에 기재한 발명이 기술적으로 정확하게 특정되지 않고 불명료한 것 등은 불분명한 기재이다.

ⅲ. 석명권 일탈의 보정서 처리

석명권(釋明權) 일탈의 보정서는 각하한다. 즉 청구항의 기재가 명확하지 않아 이를 명료하게 하는 정도의 보정을 하여야 함에도 그 석명의 정도를 넘어 ⅰ) 청구항을 신설하거나 ⅱ) 선택적 구성요소나 ⅲ) 인용항을 추가하는 보정은 신규사항의 추가가 되어 발명을 신설하는 보정으로 특허법 제47조 제3항 각호의 어느 경우에도 해당되지 않으므로 이를 보정 각하한다.

(ⅰ) 청구항을 신설하는 경우

청구항을 신설하는 보정은 특허법 제47조 제3항의 규정에 반하므로 이를 보정각하 하여야 한다. 그러나 보정에서 청구항을 신설하였다 하더라도 다음의 예시와 같이 청구항 성리에 따른 불가피한 경우임을 명백히 한 경우에는 예외로 한다.

ⅰ) 보정 전

청구항 1 : 구성요소 A, B로 이루어진 물건

청구항 2 : 청구항 1에 있어서 구성요소 A는 a1, a2 중 하나로 이루어진 물건

ⅱ) 보정 후

청구항 1 : 삭제

청구항 2(정정) : 구성요소 a1, B로 이루어진 물건

청구항 3(청구항 2 정정) : 구성요소 a2, B로 이루어진 물건

(ii) 택일적 구성요소를 추가하는 경우

택일적으로 기재된 구성요소의 추가보정은 특허법 제47조제3항의 규정에 반하므로 이를 보정각하 하여야 한다. 예를 들면 보정 전 A 또는 B로 … 를 A, B 또는 C, D와 같이 구성요소를 추가하는 것과 같은 경우이다.

(iii) 인용항을 추가하는 경우

인용항을 추가하는 보정은 특허법 제47조 제3항의 규정에 반하므로 이를 보정각하 하여야 한다. 예를 들면 보정 전 청구항 1에 있어서 …를 청구항 1 또는 청구항 2에 있어서로 인용항을 추가하는 것과 같은 경우이다.

④ 특허청구범위를 벗어난 보정에 대하여 보정하는 경우

i. 의 의

거절이유통지에 대한 보정에 따라 발생한 거절이유에 대하여 거절이유통지를 받은 경우 그 거절이유통지에 따른 의견서제출기간에만 할 수 있는 명세서 또는 도면의 보정 및 재심사청구를 할 때 할 수 있는 명세서 또는 도면의 보정 중 특허청구범위에 대한 보정은 특허출원서에 최초로 첨부된 명세서 또는 도면에 기재된 사항의 범위를 벗어난 경우 그 벗어난 보정에 대하여 그 보정 전 특허청구범위로 되돌아가거나 또는 되돌아가면서 특허청구범위를 i) 최초거절이유통지를 받거나 출원인의 자진보정에 따라 발생한 거절이유에 대하여 거절이유통지를 받은 경우 그 거절이유통지에 따른 의견서제출기간에만 할 수 있는 보정, ii) 거절이유통지에 대한 보정에 따라 발생한 거절이유에 대하여 거절이유통지를 받은 경우 그 거절이유통지에 따른 의견서제출기간에만 할 수 있는 보정, iii) 재심사를 청구할 때 할 수 있는 보정 이 셋 중 어느 하나에 해당하는 경우에만 할 수 있다(법 47③4). 이처럼 특허청구범위에 대한 보정에 대하여 제한을 가하는 보정제한주의의 채택은 앞에서 설명한 바와 같이 보정의 출원일 소급효로 인하여 출원일 후 보정전 사이의 타인의 선출원이 후출원이 되어 특허를 받지 못하는 선출원주의에 대한 모순과 특허출원업무의 혼란으로 인한 출원발명의 권리화가 지연되는 등의 문제점을 방지하기 위함이다.

ii. 특허청구범위를 벗어난 보정에 대한 보정

(i) 보정전 특허청구범위로 회귀

특허청구범위를 벗어난 보정에 대하여는 그 보정전 특허청구범위로 되돌아가게 하는 보정을 할 수 있다(법 47③1 전단). 이는 명세서 또는 도면의 보정 중 특허청구범위의 보정이 특허출원서에 최초로 첨부된 명세서 또는 도면의 기재된 사항의 범위를 벗어난 부적법한 보정일 때에는 그 보정에 대하여 보정전 특허청구범위로 되돌려 확장보정에 의한 특허청구범위의 확대변경을 방지함으로써 선출원주의에 반하여 후출원이 특허를 받게 되는 모순과 출원업무의 번잡 및 혼잡으로 인한 출원발명의 권리화의 지연 등을 방지하려는 것이다.

(ii) 보정전 특허청구범위로의 회귀시 보정

특허청구범위를 벗어난 보정에 대하여는 그 보정전 특허청구범위로 돌아가면서 특허청구범위의 감축, 기재에 불비 등에 한하여 보정을 할 수 있다(법 47③1 후단). 이는 명세서 또는 도면의 보정 중 특허청구범위의 보정이 특허출원서에 최초로 첨부된 명세서 또는 도면에 기재된 사항의 범위를 벗어난 부적법한 보정일 때에는 그 보정에 대하여 보정전 특허청구범위로 되돌리면서 위 i 의 i)부터 iii)까지에 따라 보정을 하는 경우에만 보정을 할 수 있도록 함으로써 특허청구범위를 벗어난 보정에 의한 특허청구범위의 확장변경을 방지하여 선출원주의에 반하여 후출원이 특허를 받게 되는 모순과 출원업무의 혼잡 및 번잡으로 인한 출원발명의 권리화의 지연 등을 방지하기 위함이다.

iii. 보정의 요건 등

(i) 판단의 대상

특허법 제47조 제3항 제4호에 따른 보정요건의 충족여부는 거절이유통지에 대한 보정에 따라 발생한 거절이유에 대한 거절이유통지시 및 특허거절결정등본 송달시 심사대상이 되었던 청구항과 같은 번호의 청구항을 비교하여 판단한다. 그러나 번호가 다르다 하더라도 보정전의 청구항이 다른 번호의 청구항이라는 것이 명백하거나 다른 항을 보정하였음을 분명히 한 경우 등에 한하여는 예외적으로 다른 청구항과 비교하여 보정의 적합성 판단을 할 수 있다.

또한 해당 청구항을 직접적으로 보정하지 않았다 하더라도 명세서를 보정하여 실질적으로 특허청구범위가 변경된 경우에도 적용한다.

(ii) 보정의 요건

i) 특허청구범위를 벗어나지 아니할 것

ⓘ 취 지

명세서 또는 도면의 보정의 요건으로 특허청구범위를 벗어나지 않는 것은 최후거절이유통지 이후 명세서의 발명의 상세한 설명이나 특허청구범위에 대한 보정이 특허법 제47조 제2항 및 제3항 제1호부터 제3호까지의 요건을 충족하였다 하더라도 그 보정에 의하여 특허청구범위를 벗어남으로써 다시 선행기술조사를 하여야 하는 부담을 덜어 신속한 심사의 진행을 도모하기 위함이다.

ⓘⓘ 의 의

여기에서 "거절이유통지에 대한 보정에 따라 발생한 거절이유에 대하여 거절이유통지를 받은 경우 그 거절이유통지에 따른 의견서제출기간(법 47①2) 및 재심사청구시(법 47①3) 명세서 또는 도면의 보정 중 특허청구범위에 대한 보정이 특허출원서에 최초로 첨부된 명세서 또는 도면에 기재된 사항의 범위를 벗어났다"라 함은 특허청구범위에 기재된 발명의 구조·방법·기능·물질 또는 이들의 결합관계 등에 없어서는 아니되는 사항에 대하여 그 내용, 범위, 성질 등을 확장하거나 변경하는 것으로 보정 전과 보정 후에 특허권의 효력이 미치는 한계에 차이가 발생하는 것을 말한다.

특허청구범위를 벗어난 보정(이하 "특허청구범위를 실질적으로 확장 또는 변경하는 보정"이라 한다)은 ⅰ) 특허청구범위의 기재자체를 보정함으로써 특허권의 효력이 미치는 범위를 확장 또는 변경하는 경우와 ⅱ) 특허청구범위를 보정하지 않더라도 발명의 상세한 설명 또는 도면의 기재를 보정함으로써 간접적으로 특허권의 효력이 미치는 범위를 확장 또는 변경하는 경우를 포함한다.

ⓘⓘⓘ 특허청구범위의 실질적 확장·변경의 판단대상

특허청구범위를 실질적으로 확장하였거나 변경하였는지 여부의 판단은 특허청구범위 자체의 형식적인 기재만을 대상으로 하여 대비할 것이 아니라 명세서 및 도면의 전체의 기재와 도시의 내용을 대비하여 특히 당해 보정 후의 특허청구범위가 보정 전의 특허청구범위에 비하여 실질적으로 확장되었거나 변경되었는지 여부를 판단한다.

따라서 그 보정이 구성요소의 삭제, 청구항의 추가 등과 같이 일반적으로 특허청구범위의 확장에 해당하는 경우와 발명의 대상의 변경, 구성요소의 치환 등과 같이 일반적으로 특허청구범위의 변경에 해당하는 경우뿐만 아니라 외견상 특허청구범위가 감축된 것으로 보이지만 실질적으로 발명의 구체적인 목적인 발명이 해결하고자 하는 과제나 특허발명의 보호범위가 변경되어 다른 내용의 발명이 되는 경우는 물론 실시예의 추가로 발명의 상세한 설명 또는 도면의 기재를 변경하거나 추가함에 따라 특허청구범위가 실질적으로 확장 또는 변경되는 경우에도 적합한 보정으로 인정할 수 없다. 부적합한 보정의 유형별 예시를 들어보면 다음과 같다.

A. 발명의 추가

발명을 추가하는 경우에는 ⅰ) 청구항의 신설, ⅱ) 택일적으로 기재된 구성요소의 추가, ⅲ) 인용항의 추가보정 중 하나 또는 둘 이상에 해당되어 보정을 인정할 수 없다.

B. 특허청구범위의 일탈

㉠ 하위개념을 상위개념으로 기재변경

최초 운동화를 신으로, 핸드백을 가방으로, 볼펜을 필기구로, 유안비료를 화학비료로, 피아노를 악기로, 유화염료를 염료로, 음료향미료를 식품향미료로 기재를 변경한 것과 같은 경우이다.

㉡ 직렬적 구성요소의 삭제

최초 A, B, C로 구성된 비행기에서 C를 삭제하고 A, B로만 구성된 비행기로 한 것과 같은 경우이다.

㉢ 수치범위의 확장

최초 10°~80℃ 온도에서 10°~100℃의 온도로 확장하는 것과 같은 경우이다.

㉣ 구성요소의 치환

최초 스프링으로 지지되는 것에서 탄성체로 지지되는 것으로, 볼트로 결합시키는 것을 리벳으로, 풀로 붙인 것을 접착제로, 그레이더(grader)로 정지(整地)한 것을 불도저로 한 것과 같은 경우이다.

㉤ 수치범위의 변경

최초 10°~30℃의 온도에서 40°~60℃ 온도로 수치의 범위를 변경한 것과 같은 경우이다.

㉥ 카테고리의 전환

최초 물건의 발명에서 당해 물건을 생산하는 방법의 발명 또는 방법발명으로, 즉 수단으로 구성된 A하는 장치를 단계로 구성된 A하는 방법으로 카테고리(범주)를 전환한 것과 같은 경우이다.

㉦ 보호대상의 변경

최초 A를 특징으로 하는 라디에이터(radiator : 자동차의 기관냉각기)에서 A를 특징으로 하는 라이에디터를 장착한 자동차로이 그 보호받고자 하는 대상을 변경하는 것과 같은 경우이다.

C. 특허청구범위의 감축변경

특허청구번위를 감축하였으나 특허청구범위가 변경된 경우, 즉 특허청구범위는 감축되었으나 특허권이 효력이 미치는 범위가 변경된 것과 같은 경우의 보정은 적합한 보정이 아니다. 그러나 특허청구범위의 감축으로 인하여 그 내용, 범위, 성질 등이 변경되어 특허권의 효력이 미치는 한계에 차이가 있다 하더라도 보정 후 특허청구범위에 기재된 발명이 보정 전 특허청구범위에 기재된 발명의 구체적인 목적의 범위 내에 있는 경우에는 특허청구범위가 변경된 것으로 보지 않으므로 이 경우에는 부적합한 보정이 아니다. 이러한 경우의 유형을 예시해본다.

㉠ 상위개념의 하위개념으로의 축소

상위개념을 하위개념으로 변경하거나 수치범위를 축소하여 특허청구범위를 감축하는 보정은 일반적으로 발명의 구체적 목적범위 내에 있어 변경에 해당하지 않는다. 다만 하위개념이나 수치범위를 축소하였다 하더라도 최초명세서의 발명의 상세한 설명에 이와 같은 하위개념의 발명이 기재되어 있지 않은 경우에는 신규사항의 추가에 해당한다.

㉡ 구성요소부가로 인한 특허청구범위의 축소

구성요소를 직렬적으로 부가하여 특허청구범위를 감축하는 보정은 일반적으로 구성요소가 직렬적으로 부가된 발명이 최초명세서의 발명의 상세한 설명에 기재되어 있다 하더라도 보정 전 특허청구범위에 기재된 발명의 구체적 목적의 범위를 벗어난 보정에 해당되어 특허청구범위를 실질적으로 변경한 것으로 된다.

㉢ 명세서 등만의 보정으로 인한 특허청구범위의 실질적 확장·변경

명세서의 발명의 상세한 설명이나 도면만의 보정으로 인한 특허청구범위의 실질적 확장·변경은 i) 미완성발명을 완성하는 경우, ii) 새로운 실시형태나 실시예를 추가하는 경우, iii) 명세서의 발명의 상세한 설명의 기재내용의 보정에 의해 청구항에 기재된 사항의 해석에 영향을 미쳐 청구항의 내용이 실질적으로 확장되거나 변경된 경우이다.

ii) 보정후 특허청구범위에 기재된 사항이 특허출원을 한 때에 특허를 받을 수 있을 것

특허청구범위를 벗어난 보정에 대하여 그 보정전 특허청구범위로 되돌리거나 되돌리면서 한 i) 청구항을 한정 또는 삭제하거나 청구항에 부가하여 특허청구범위를 감축하거나, ii) 잘못된 기재를 정정하거나, iii) 분명하지 아니한 기재를 명확하게 한 보정이 그 보정후 특허청구범위에 기재된 사항이 특허출원을 한 때에 특허를 받을 수 있어야 한다. 즉 거절이유통지에 대한 보정에 따라 발생한 거절이유에 대하여 거절이유통지를 받은 경우 그 거절이유통지에 따른 의견서제출기간 및 재심사를 청구할 때 한 명세서 또는 도면의 보정 중 특허청구범위에 대한 보정이 특허법 제47조 제2항, 제3항 제1호부터 제3호까지의 요건을 충족하였다 하더라도 보정한 명세서 또는 도면 중 특허청구범위를 재심사한 결과 특허출원시 특허를 받을 수 없는 경우, 즉 보정전 특허청구범위로 돌아가면서 한 보정에 의하여 기재불비가 발생하거나 보정된 발명이 신규성이나 진보성으로 특허를

받지 못하는 경우 심사관은 다시 거절이유를 통지하지 아니하고 보정각하를 한 후 최후거절이유통지시 심사대상 명세서에 의해 거결결정을 할 수 있도록 하기 위한 것으로 심사의 신속한 진행을 도모하기 위한 것이다.

여기에서 "특허를 받을 수 없는 경우"라 함은 특허출원의 거절이유에 해당하는 경우(법 62 각호)를 말한다. 예를 들면 최후거절이유통지이후의 보정은 ⅰ) 특허출원서에 최초로 첨부된 명세서 또는 도면에 기재된 사항의 범위 안에서, ⅱ) 거절이유통지에 대한 보정에 따라 발생한 거절이유에 대하여 거절이유통지를 받은 경우 그 거절이유통지에 따른 의견서제출기간 및 재심사청구를 할 때[특허거절결정등본을 송달받은 날부터 30일 이내에 그 특허출원의 특허출원서에 첨부된 명세서 또는 도면을 보정하여 그 특허출원에 관하여 재심사를 청구할 수 있다(법 67의2① 본문)]. ⅲ) 위 ⅰ)ⅱ)의 보정 중 특허청구범위에 대한 보정은 a) 청구항을 한정 또는 삭제하거나 청구항에 부가하여 특허청구범위를 감축하는 경우, b) 잘못된 기재를 정정하는 경우, c) 분명하지 아니한 기재를 명확하게 하는 경우, d) 특허청구범위를 벗어난 보정에 대하여 그 보정진 특허청구범위로 되돌아가거나 되돌아가면서 특허청구범위를 위 a)부터 c)까지의 경우에 따라 보정하는 경우에만 할 수 있다(법 47③ 각호). 또 위의 ⅱ)의 기간 이내 및 재심사를 청구할 때에 할 수 있는 명세서 또는 도면의 보정은 a) 특허출원서에 최초로 첨부된 명세서 또는 도면에 기재된 사항의 범위 안에서 하여야 한다. 따라서 특허청구범위를 벗어난 보정으로 특허청구범위를 실질적으로 확장하거나 변경하지 아니하고, b) 보정 후 특허청구범위에 기재된 사항이 특허출원을 한 때에 특허를 받을 수 있는 것이어야 하는 등의 보정의 요건을 충족시켰다고 하더라도 이러한 보정에 의하여 기재불비 등을 발생시켜 특허청구범위에 기재된 발명이 특허를 받을 수 없는 발명이라면 그 보정은 보정각하 한다. 그러나 "보정 후 특허청구범위에 기재된 사항이 특허출원시 특허를 받을 수 있어야 한다"는 사항은 특허를 받을 수 없는 이유에 해당하는 사유가 최후거절이유통지이후 보정에 의하여 발생된 사항이여야 한다.

Ⅴ. 부적합한 보정의 처리

1. 개 요

자진보정기간 또는 최초거절이유통지에 대한 의견서제출기간이내의 보정에 신규사항이 추가된 경우 특허출원서에 최초로 첨부된 명세서 또는 도면에 기재된 사항의 범위를 벗어난 보정으로 그 특허출원에 대하여 특허거절결정을 하여야 한다(법 62, 5).

또 최후거절이유통지에 대한 의견서제출기간이내의 명세서 또는 도면의 보정이 i) 특허출원서에 최초로 첨부된 명세서 또는 도면에 기재된 사항의 범위를 벗어나거나, ii) 최후거절이유통지에 의한 의견서제출기간 이내 및 재심사청구를 할 때에 한 명세서 또는 도면의 보정 중 특허청구범위에 대한 보정이 청구항을 한정 또는 삭제하거나 청구항에 부가하여 특허청구범위의 감축, 잘못된 기재의 정정, 분명하지 아니한 기재를 명확하게 하는 것이 아닌 경우, iii) 위 ii)의 기간이내에 한 보정이 a) 특허청구범위를 벗어나 실질적으로 확장 또는 변경하거나, b) 보정 후 특허청구범위에 기재된 사항이 특허출원을 한 때에 특허를 받을 수 없는 것으로 인정된 때에는 그 보정을 각하하고(법 51①) 보정 전 명세서로 특허여부를 결정한다.

2. 부적합한 최초거절이유에 대한 대응보정

(1) 보정내용의 결정

1) 보정서가 부분보정서인 경우

복수의 보정의 경우 보정내용을 보정항목별 최후보정항목의 조합으로 결정하며, 보정명세서는 보정항목과 최초명세서 중 보정하지 않은 보정항목의 조합으로 결정한다. 예를 들면 1차보성서에서 발명의 상세한 설명, 청구항 1, 청구항 2 및 도면에 대하여 보정하고 2차 보정서에서 청구항 2를 보정하는 보정서인 경우, i) 2차 보정은 1, 2차 보정항목별 최후보정부분의 조합으로 결정(발명의 상세한 설명, 청구항 1, 청구항 2, 도면)되며, ii) 2차 보정명세서에서는 2차보정과 최초명세서에서 보정하지 않은 항목의 조합으로 결정(발명의 상세한 설명, 청구항 1, 청구항, 2, 청구항 3, …… 청구항 10·도면)한다.

2) 보정서가 전면보정서인 경우

보정서에 기재된 사항 중 최초명세서 등과 달라진 사항이 보정사항이다. 따라서 전면보정에서의 보정서가 보정명세서이다.

(2) 보정의 적합성 판단

최초거절이유에 대응한 보정은 신규사항추가금지(법 47②)에 따라 보정 후 명세서(특허청구범위를 포함한다) 또는 도면에 기재된 사항이 특허출원서의 최초명세서로부터 특허출원 전에 그 발명이 속하는 기술분야에서 통상의 지식을 가진 당업자의 수준에서 자명한 사항인 경우 그 보정은 적합한 것으로 하며, 그렇지 아니한 경우 보정은 부적합한 것으로 한다.

(3) 부적합한 보정의 처리

최후 보정된 명세서에 거절이유가 있는 경우 그 보정명세서는 거절이유통지를 하고(법 62⑤) 거절이유통지 후 지정된 의견서제출기간이내에 거절이유를 해소하지 못한 경우에는 특허거절결정을 한다.

그런데 문제는 복수의 보정서가 제출된 경우이다. 그러나 이 경우에는 최후의 보정명세서를 대상으로 하여 특허여부를 결정하므로 최후 보정한 명세서를 제외한 나머지 다른 보정명세서에 신규사항이 포함되어 있다 하더라도 이들 보정에 대하여는 거절이유통지 등의 절차를 밟지 아니한다.

3. 부적합한 최후거절이유에 대한 대응보정

(1) 보정내용의 결정

1) 일반적 결정방법

최후거절이유통지 후 보정내용의 결정은 특허출원서에 최초로 첨부된 명세서(특허청구범위를 포함한다) 또는 도면에 기재된 사항의 범위 안에서의 보정으로 한다.

여기에서 "기재된 사항의 범위 안"이라 함은 특허출원서에 최초로 첨부된 명세서 또는 도면에 기재된 사항의 범위 안에서 외형상의 완전 동일을 말하는 것이 아니며, 특허출원시에 그 발명이 속하는 기술분야에서 통상의 지식을 가진 사, 즉 당업자의 수준에서 보정 전의 명세서의 기재로 보아 자명한 사항도 기재된 사항의 범위 안으로 간주한다.

또 특허청구범위에 기재된 기술적 사항이 보정 전의 명세서에 기재된 사항의 범위 안인가 범위 밖인가를 판단함에 있어서 특허청구범위의 기재 자체의 변경여부에 대하여만 고려할 것이 아니라 비록 특허청구범위의 기재는 그대로라 하더라도 명세서 또는 도면을 보정한 결과 특허청구범위에 기재된 기술적 사항이 실질적으로 변경되는가에 대하여도 판단하여 보정의 내용을 결정하여야 한다.

2) 구체적 결정방법

① 특허청구범위의 보정인 경우

ⅰ. 신규사항의 추가보정인 경우

보정한 사항이 비록 개념적으로 보정 전의 명세서 또는 도면에 기재된 사항의 범위 안에 있는 사항, 즉 상위적 개념이라도 최초명세서 또는 도면에 기재된 사항으로 보아 그 발명이 속하는 기술분야에서 통상의 지식을 가진 당업자의 수준에서 자명하지 아니한 사항이라면 "기재된 사항의 범위 안"이 아니므로 신규사항의 추가로 당해 보정내용을 결정하여야 한다.

ⅱ. 신규사항의 추가보정이 아닌 경우

보정 전의 명세서 또는 도면에 기재되어 있지 않은 사항을 특허청구범위에 기재한 경우에도 그 보정사항이 최초명세서 또는 도면에 기재된 사항으로 보아서 그 발명이 속하는 기술분야에서 통상의 지식을 가진 당업자의 수준에서 자명한 사항일 경우에는 특허청구범위에 기재된 기술적 사항은 보정 전의 명세서 또는 도면에 "기재된 사항의 범위 안"의 것이므로 그와 같은 보정은 신규사항추가보정이 아닌 것으로 당해 보정내용을 결정하여야 한다.

② 특허청구범위의 보정이 아닌 경우

ⅰ. 신규사항의 추가보정인 경우

특허청구범위가 보정되지 않은 경우에도 발명의 상세한 설명 또는 도면을 보정한 결과 그 보정사항이 보정 전의 명세서 또는 도면에 기재된 사항으로 보아 그 발명이 속하는 기술분야에서 통상의 지식을 가진 당업자의 수준에서 자명하지 않은 사항이고 또한 그 보정에 의하여 특허청구범위에 기재된 기술적 사항이 실질적으로 변하는 것일 때에는 최초의 명세서 또는 도면에 "기재된 범위 안"이 아니므로 신규사항의 추가로 당해 보정내용을 결정하여야 한다.

(ⅰ) 발명의 목적의 보정

발명의 과제해결수단(발명의 구성)에 대한 변경 없이 발명의 목적(발명의 과제)만을 보정하는 경우에는 통상적으로는 신규사항추가가 되지 않으나 종래 기술의 변경 등에 의하여 발명의 목적이 변경되거나 또는 발명의 용도의 추가나 변경에 의하여 발명의 과제해결수단에 관한 기술적 사항이 변경되는 경우도 있으므로 발명의 목적 즉 발명의 과제만이 보정된 경우에도 발명의 과제해결수단에 관한 기술적 사항의 내용적·실질적 변경유무를 판단하여 보정의 내용을 결정하여야 한다.

(ii) 발명의 구조 등의 보정

발명의 과제해결수단(발명의 구성) 또는 실시예 등을 보정한 결과 발명의 특정에 필요한 구조·방법·기능·물질 또는 이들의 결합관계 등이 변경된 때 또는 발명이 기술적 과제를 해결하기 위한 수단, 작용 또는 실시예 등을 보정한 결과 발명의 과제해결수단인 발명의 구성에 관한 기술적 사항이 변경된 때에는 신규사항추가가 된다. 통상적으로 실시예를 추가 또는 변경하는 보정은 발명의 과제해결수단인 발명의 구성에 관한 기술적 사항을 변경하는 경우에 해당된다. 따라서 이러한 발명의 특정에 필요한 구조·방법·기능·물질 또는 이들의 결합관계 등의 보정이나 발명의 과제해결수단인 발명의 구성의 보정을 보정의 내용으로 결정한다.[102)]

(iii) 발명의 효과의 보정

발명의 특정에 필요한 구조·방법·기능·물질 또는 이들의 결합관계 등이나 발명의 과제해결수단인 발명의 구성에 대한 변성 없이 그 밖에 발명의 내용을 쉽게 이해하기 위하여 필요한 발명의 효과만을 보정하는 경우에는 통상적으로는 신규사항추가가 되지 않으나 발명의 효과의 보정에 의해 발명의 구조 등에 관한 기술적 사항이 변경되는 경우도 있으므로 발명의 효과만이 보정된 경우에도 발명의 구조 등에 관한 기술적 사항의 내용적·실질적인 변경유무를 판단하여 보정의 내용을 결정하여야 한다.

(iv) 도면의 보정

도면의 보정에 의하여 최초명세서의 특허청구범위에 기재한 사항의 범위 이외의 경우에는 신규사항의 추가보정이므로 이를 당해 보정의 내용으로 결정하여야 한다.

---

102) 일반적으로 기계장치 등에 관한 발명에 있어서는 특허출원의 명세서에 실시예가 기재되지 않더라도 당업자가 발명의 구성으로부터 그 작용과 효과를 명확하게 이해하고 용이하게 재현할 수 있는 경우가 많으나 이와는 달리 이른바 실험의 과학이라고 하는 화학발명의 경우에는 당해 발명의 내용과 기술수준에 따라 차이가 있을 수 있지만 예측가능성 내지 실현가능성이 현저히 부족하여 실험데이터가 제시된 실시예가 기재되지 않으면 당업자가 그 발명의 효과를 명확하게 이해하고 용이하게 재현할 수 있다고 보기 어려워 완성된 발명으로 보기 어려운 경우가 많고, 특히 약리효과의 기재가 요구되는 의약의 용도발명에 있어서는 그 출원 전에 명세서 기재의 약리효과를 나타내는 약리기전이 명확히 밝혀진 경우와 같은 특별한 사정이 있지 않은 이상 특정물질에 그와 같은 약리효과가 있다는 것을 약리데이터 등이 나타난 시험예로 기재하거나 또는 이에 대신할 수 있을 정도로 구체적으로 기재하여야만 비로소 발명이 완성되었다고 볼 수 있는 동시에 명세서의 기재요건을 충족하였다고 볼 수 있을 것이며, 이와 같이 시험예의 기재가 필요함에도 불구하고 최초명세서에 그 기재가 없던 것을 추후 보정에 의하여 보완하는 것은 명세서에 기재된 사항의 범위를 벗어난 것으로 명세서의 요지를 변경한 것이라 할 것이다라고 판시하였다(대법원 2001. 11.30 선고 2000후 2958 판결요지 참조).

ii. 신규사항추가보정이 아닌 경우

최초의 명세서 또는 도면에서 보아 그 발명이 속하는 기술분야에서 통상의 지식을 가진 당업자의 수준에서 자명하지 않은 사항을 보정하여도 그 보정에 의하여 특허청구범위를 실질적으로 확장하거나 변경하지 않을 때에는 "기재된 사항의 범위 안"으로 신규사항추가로 보지 않는다.

③ 미완성발명의 보정인 경우

미완성발명을 완성시키는 보정을 한 경우 그 보정은 비록 특허청구범위의 기술적 사항은 외형상 확장하거나 변경하지 아니한 경우에도 신규사항추가가 된다.

④ 특허청구범위의 잘못된 기재의 정정 등의 보정인 경우

특허청구범위의 잘못된 기재의 정정 또는 분명하지 아니한 기재를 명확하게 하기 위한 보정으로 인하여 특허출원서에 최초로 첨부된 명세서 또는 도면에 기재된 사항의 범위를 벗어나 특허청구범위가 실질적으로 확장되거나 변경되지 않는 경우에는 최초의 명세서 또는 도면에 "기재된 사항의 범위 안"에 해당되어 신규사항추가로 보지 않으므로 이를 당해 보정의 내용으로 결정하여야 한다.

(2) 최후거절이유 불해소 보정의 처리

최후거절이유통지에 의한 거절이유를 해소하기 위한 보정서를 제출하였으나 보정된 내용을 인정하더라도 거절이유를 해소하지 못한 경우 대부분 특허출원시에 특허를 받을 수 있는 요건을 충족하지 못한 경우에 해당한다.

따라서 이러한 보정은 독립특허요건을 충족하지 못하였으므로 보정각하와 동시에 거절이유를 해소하지 못하였으므로 특허거절결정을 한다.

(3) 복수의 보정의 처리

1) 최초·최후거절이유통지서 송달 전 보정

① 보정내용의 결정

복수의 보정이 있는 경우 위의 1) 일반적 결정방법 및 2) 구체적 결정방법과 동일하게 보정대상 항목별 최종 보정부분의 조합으로 보정내용을 결정한다.

② 보정의 적합성 판단

ⅰ. 명세서 또는 도면의 보정은 특허출원서에 최초로 첨부된 명세서 또는 도면에 기재된 사항의 범위 안에서 할 수 있다. 따라서 기재된 사항의 범위를 벗어난 신규사항추가보정에 대하여는 거절이유통지를 한다.

ⅱ. 명세서 또는 도면에 대한 신규사항추가여부의 판단은 최종 보정명세서를 기준으로 판단한다. 따라서 최종 전 보정에 신규사항이 추가되어 있는지에 대해서는 판단할 필요가 없다.

2) 최후거절이유통지서 송달 후 보정

① 보정내용의 결정 및 보정각하

보정내용의 결정은 위의 (1) 보정내용의 결정 및 (2) 최후거절이유 불해소 보정의 처리와 동일하게 하며, 보정각하결정여부는 ⅰ) 특허결정등본 송달 전까지 한 자진보정 및 최초·최후거절이유통지에 의한 의견서제출기간이내에 한 보정이 특허출원서에 최초로 첨부된 명세서 또는 도면에 기재된 사항의 범위 안에서 이루어졌는지, ⅱ) 최후거절이유통지에 의한 의견서제출기간 및 재심사를 청구할 때에 한 명세서 또는 도면의 보정 중 특허청구범위에 대한 보정이 청구항을 한정 또는 삭제하거나 청구항에 부가하여 특허청구범위의 감축·잘못된 기재의 정정·분명하지 아니한 기재를 명확하게 하는 것인지, ⅲ) 위의 ⅱ)의 기간이내에 한 명세서 또는 도면의 보정이 출원당시의 특허청구범위를 벗어나 실질적으로 확장하거나 변경하였는지, 보정 후 특허청구범위에 기재된 사항이 특허출원시 특허를 받을 수 있을 것이었는지를 기준으로 하여 판단한다.

② 보정각하

ⅰ. 보정각하요건

거절이유통지에 대한 보정에 따라 발생한 거절이유에 대하여 거절이유통지(최후거절이유통지)를 받은 경우 그 거절이유통지에 따른 의견서제출기간이내에 한 명세서 또는 도면의 보정 및 재심사를 청구할 때 한 명세서 또는 도면의 보정이 ⅰ) 특허출원시에 최초로 첨부된 명세서 또는 도면에 기재된 사항의 범위를 벗어났거나 그 밖에 또 ⅱ) a) 청구항을 한정 또는 삭제하거나 청구항에 부가하여 특허청구범위를 감축하는 경우, b) 잘못된 기재를 정정하는 경우, c) 분명하지 아니한 기재를 명확하게 하는 경우, d) 특허출원서에 최초로 첨부된 명세서 또는 도면에 기재된 사항의 범위를 벗어난 보정에 대하여 그 보정전 특허청구범위로 되돌아가거나 되돌아가면서 특허청구범위를 위 ii)의 a)부터 c)까지의 경우에 따라 보정하는 경우, a)부터 d)까지의 이 넷 중 어느 하나에만 해당하는 경우가 아니거나 그 보정(위 ii)의 a) 및 d)에 따른 보정 중 청구항을 삭제하는 보정은 제외한다)에 따라 새로운 거절이유가 발생한 것으로 인정될 때에는 결정으로 그 보정을 각하하여야 한다. 다만, 명세서 또는 도면에 대한 보정에 대하여 재심사의 청구가 있는 경우 그 청구전에 한 보정인 경우에는 그러하지 아니하다(법 51①). 여기에서 “새로운 거절이유가 발생한 것으로 인정될 때”라 함은 위 ii)의 a)부터 d)까지의 어느 하나에 해당하는 보정에서 특허출원시의 특허청구범위를 벗어나 신규사항이 추가됨으로써 특허청구범위가 실질적으로 확장되거나 변경되어 보정후 특허청구범위에 기재된 사항이 특허출원시 특허를 받을 수 없는 것으로 인정된 때를 의미한다.

ii. 서면주의

특허출원에 대한 보정이 위와 같은 보정요건을 불비한 경우 보정각하결정을 하여야 하는바 그 각하결정은 반드시 각하이유를 붙인 서면으로 하여야 한다(법 51②).

iii. 불복금지

보정각하결정에 대하여는 불복을 할 수 없다. 그러나 특허거절결정에 대한 심판에서 그 각하결정(명세서 또는 도면을 보정하여 그 특허출원에 관하여 재심사의 청구가 있는 경우 그 청구전에 한 각하결정은 제외한다)에 대하여 다투는 경우에는 예외로 한다(법 51③).

이와 같이 보정각하결정에는 불복수단이 별도로 없으므로 보정각하와 동시에 신규사항이 추가되지 않은 최후보정명세서(신규사항추가가 없는 보정서가 없는 경우 최후거절이유통지시 명세서)로 심사하여 특허여부를 결정한다.

Ⅵ. 신규사항 추가보정의 효과

적법한 명세서 또는 도면의 보정은 출원시로 소급하여 효과를 가진다. 그러나 특허출원서에 최초로 첨부된 명세서 또는 도면에 기재된 사항의 범위를 벗어난 신규사항의 추가로 인정된 보정은 보정각하의 대상이 되어 출원일의 소급효과를 갖지 못한다.

제5절 분할출원

Ⅰ. 서 설

1. 의의 및 배경

분할출원이라 함은 2이상의 발명을 하나의 특허출원으로 한 경우 그 특허출원의 출원서에 최초로 첨부된 명세서 또는 도면에 기재된 사항의 범위 안에서 소정의 기간이내에 그 일부를 떼어내어 하나 이상의 별개의 특허출원으로 나누는 것(이하 "분할출원"이라 한다)을 말한다(법 52①).

이러한 분할출원은 ⅰ) 하나의 발명을 하나의 특허출원으로 하는 1발명 1출원주의 원칙(법 45① 본문)에 반하여 2이상의 발명을 하나의 출원으로 한 경우와, ⅱ) 적법하게 하나의 총괄적 발명의 개념을 형성하는 1군의 발명(이하 "1군의 발명"이라 한다)을 하나의 출원으로 한 경우(법 45① 단서)에 할 수 있다.

위 ⅰ)의 경우와 같이 1발명 1출원주의 원칙에 반하여 2이상의 발명을 하나의 출원으로 한 경우의 분할출원은 "발명의 보호"라고 하는 특허제도의 취지로 보아 문제될 것이 없으나, ⅱ)의 경우와 같이 특허법이 인정하고 있는 1군의 발명에 대한 출원에 대하여 분할을 인정하는 것은 상호모순이 된다는 일부 견해가 있다.

그러나 특허법이 1군의 발명을 1특허출원으로 할 수 있도록 제도화한 것은 앞 "제3절 Ⅰ. 1. 의의 및 배경"편에서 살펴본 바와 같이 1980년 특허법개정시 특허협력조약시행규칙 제13조의 "국제출원은 하나의 발명 또는 단일한 총괄적 발명의 개념을 형성하도록 관련되어 있는 1군의 발명에 대해서만 행한다"는 규정에서 도입하고, 이의 시행을 위하여 특허청구범위의 기재를 단항제에서 다항제로 개정하면서부터이다.

이처럼 1군의 발명을 1특허출원의 범위로 하는 출원의 단일성의 도입과 특허청구 범위기재의 다항제로의 채택은 날로 기술개발이 고도화, 전문화, 세분화되면서 그 개발성과도 다양한 형태로 밀접하게 관련된 1군의 발명으로 얻어지는 경우가 많아지고 있어 이것을 발명의 단위마다 1특허출원으로 할 경우 관련발명에 해당하는 밀접한 부분의 발명이 누락되거나 중복되어 적절하고도 충분한 특허발명을 확보할 수 없다는 점 등을 고려하여 하나의 출원에 포함할 수 있는 발명의 범위를 1군의 발명, 즉 발명의 단일성이라 하여 이를 1특허출원으로 하는 출원의 단일성의 범위에 포함한 것이다.

위와 같은 배경 하에서 1군의 발명 1출원제도가 1발명 1출원주의의 예외로 확립되었으므로 이를 일정기간 내에 1발명 1출원원칙에 부합되도록 분할하여 출원한 것은 적절한 절차라고 할 수 있다. 따라서 모순이라는 일부 견해는 타당하지 않다.

분할출원은 1발명 1출원주의의 예외로 출원된 1군의 발명이나 또는 1발명 1출원주의 원칙에 반하여 2이상의 발명을 하나의 출원으로 한 경우 그 일부를 떼어 내어 하나이상의 별개의 출원으로 출원하는 제도이므로 분할출원을 하면 1군의 발명이나 2이상의 발명은 발명의 단위별로 쪼개져 모두 1발명 1출원으로 되거나 또는 일부발명만이 1발명 1출원으로 되고 나머지 발명은 축소된 1군의 발명 또는 줄어든 2이상의 발명으로 유지된다. 그러나 후자의 경우는 1발명 1출원주의에 반하는 출원으로 거절이유가 되고 특허된 경우에는 특허무효사유가 된다.

2. 분할출원제도의 취지

분할출원은 1특허출원의 범위를 벗어난 발명이 그 대상이 되어 결과적으로 분할출원은 1특허출원의 범위를 규정하고 있는 특허법 제45조의 규정을 위반한 출원발명이 된다. 그러나 특허법은 "발명은 보호되어야 한다"는 특허제도의 취지에 따라 그 출원에 2이상의 발명이 포함되어 있는 것이 명백한 경우에는 단순히 형식위반이라는 이유 때문에 발명보호를 막는 것은 타당하지 않다. 그러한 의미에서 설정된 것이 분할출원인 바, 그 취지는 2이상의 발명을 포함하는 원특허출원의 일부를 새로운 특허출원으로서 출원할 수 있는 기회를 주고 이 새로운 특허출원이 적법한 것이면 원특허출원과 동시에 출원한 효과를 인정하여 1특허출원의 범위를 위반한 특허출원을 구제하는데 있다. 그러나 동법 제45조 제1항 단서규정에 의하면 "하나의 총괄적 발명의 개념을 형성하는 1군의 발명을 하나의 출원으로 한 경우에는 그 출원 중에는 2이상의 발명을 포함하고 있음이 명백하므로 그 1군의 발명 중에 포함되어 있는 개개의 발명에 대하여도 개별의 출원으로 분할이 가능하다.

3. 분할출원의 대상

분할출원의 대상이 되는 발명에 대하여 현행특허법은 특허출원서에 최초로 첨부된 명세서 또는 도면에 기재된 사항의 범위 안에서 할 수 있다(법 52①)고만 규정하고 있어 원출원의 특허청구범위에 기재된 것에 한 한지, 아니면 발명의 상세한 설명이나 도면에 기재된 것까지를 포함하는지에 대하여는 견해가 나누어져 있다. 즉 분할출원은 원출원의 특허청구범위에 기재되어 있는 것만을 대상으로 하고 그 밖의 발명의 상세한 설명이나 도면에 기재되어 있는 발명은 분할대상이 아니라고 하는 견해(부정설)와 분할출원은 원출원의 특허청구범위에 기재된 발명뿐만 아니라 발명의 상세한 설명은 물론 도면에 기재된 발명까지도 모두 그 대상이 된다고 하는 견해(긍정설)로 나누어져 있다. 이들 견해에 대하여 구체적으로 살펴본다.

(1) 청구범위한정설

청구범위한정설 또는 부정설(이하 "청구범위한정설"이라 한다)의 논거는 발명의 선후원에서의 발명의 동일(법 36①) 및 특허출원에 관계되는 발명(법 36③, 65①)은 특허청구범위에 기재된 사항만을 의미하고 있으므로 분할출원 또한 특허청구범위에 기재된 발명에 대한 출원의 분할이어야 하고 특허청구범위 이외의 발명의 상세한 설명이나 도면 등에 기재된 발명은 분할의 대상이 될 수 없다는 것이다.

(2) 기재사항택일설

기재사항택일설 또는 긍정설(이하 "기재사항택일설"이라 한다)의 논거는 법취지를 달리하는 다른 조문에서 특허청구범위에 기재된 사항만을 말하는 것으로 해석된다고 하여 특허법 제52조의 규정에 의한 분할출원까지도 그와 같이 해석하여야 할 이유가 하등 없다는 것이다. 오히려 2이상의 발명을 하나의 특허출원으로 한 경우 그 하나의 특허출원에서의 2이상의 발명에는 특허청구범위에 기재된 발명뿐만 아니라 발명의 상세한 설명이나 도면에만 기재된 발명도 포함한다고 해석하는 것이 이 규정의 취지에 부합되는 해석이라고 보는 것이다. 즉 특허법 제47조 제2항이 "명세서 또는 도면의 보정은 특허출원서에 최초로 첨부된 명세서 또는 도면에 기재된 사항의 범위 안에서 이를 할 수 있다"고 규정하고 있고, 같은 법 제52

조 제1항 또한 "특허출원인은 2이상의 발명을 하나의 특허출원으로 한 경우에는,

1) 같은 법 제47조제1항에 따른 특허출원서에 첨부된 명세서 또는 도면을 보정할 수 있는 기간이내, 즉

① ⅰ) 조약에 의한 우선권주장을 수반하는 특허출원에 있어서는 그 우선권주장의 기초가 된 출원일, ⅱ) 국내우선권주장을 수반하는 특허출원에 있어서는 선출원의 출원일, ⅲ) ⅰ) 또는 ⅱ)에 의한 2이상의 우선권주장을 수반하는 특허출원에 있어서는 해당우선권주장의 기초가 된 출원일 중 최선일, ⅳ) ⅰ) 내지 ⅲ)의 1에 해당하지 아니한 특허출원에 있어서는 그 특허출원일, 위의 ⅰ) 내지 ⅳ)의 어느 하나에 해당하는 날부터 1년 6개월이 되는 날까지

② 위 ①의 기한이내에 출원심사청구(출원인이 아닌 자로부터의 출원심사청구를 말한다. 이하 본 항에서는 같다)의 취지를 통지받은 날부터 3개월이 되는 날까지

③ 위 ① ⅰ) 내지 ⅳ)의 어느 하나에 해당하는 날부터 1년 3개월이 되는 날 후에 출원심사청구의 취지를 통지받은 경우에는 ①의 ⅰ) 내지 ⅳ)의 어느 하나에 해당하는 날부터 1년 6개월이 되는 날까지

④ 특허출원인은 특허결정의 등본을 송달하기 전까지의 기한까지 특허출원서에 첨부된 명세서 또는 도면을 자진보정 할 수 있고 또

⑤ 거절이유통지(거절이유통지에 대한 보정에 따라 발생한 거절이유에 대한 거절이유통지, 즉 최후거절이유는 제외한다)를 최초로 받거나 최후거절이유통지가 아닌 출원인의 자진보정에 따라 발생한 거절이유에 대한 거절이유통지를 받은 경우 해당 거절이유통지, 즉 최초거절이유통지에 따른 의견서제출기간이내

⑥ 거절이유통지에 대한 보정에 따라 발생한 거절이유에 대하여 거절이유통지를 받은 경우 해당 거절이유통지, 즉 최후거절이유통지에 따른 의견서제출기간이내

⑦ 특허거절결정등본을 송달받은 날부터 30일 이내(특허거절결정 등에 대한 심판청구기간이 특허법 제15조제1항에 따라 연장된 경우 그 연장된 기간을 말한다)에 명세서 또는 도면을 보정하여 해당 특허출원에 관하여 재심사를 청구할 때 (이하 "재심사를 청구할 때"라 한다)

2) 특허거절결정등본을 송달받은 후 특허법 제132조의 3에 따라 특허거절결정 등에 대한 심판을 청구할 수 있는 기간, 즉

특허거절결정 또는 특허권의 존속기간의 연장등록거절결정을 받은 자가 그 거절결정에 불복이 있는 때 그 거절결정등본을 송달받은 날부터 30일 이내의 심판청구기간

특허법이 위와 같은 보정할 수 있는 기간이내에 그 일부를 하나이상의 특허출

원으로 분할할 수 있다고 규정하고 있는 것은 출원최초의 명세서 또는 도면 등에 기재되어 있는 발명으로 특허를 받을 수 있는 것인 이상 특허청구범위에 기재하지 않았다는 이유만으로 특허를 거절결정하는 것은 발명공개의 대상으로 특허권을 부여하려는 특허제도의 취지로 보아 타당하지 않다고 보는 것이다. 여기에는 다시 ⅰ) 출원최초의 명세서·도면에 기재된 발명만이 분할대상이 된다는 견해와, ⅱ) 출원최초의 명세서·도면뿐만 아니라 출원분할시의 원출원의 명세서·도면에 기재된 발명도 그 분할대상이 된다는 견해로 나누어져 있다. 따라서 전자의 경우는 보정에 의하여 새로이 포함된 발명은 이를 분할출원 할 수 없다는 견해인데 반해 후자의 경우는 출원시 명세서·도면에 기재되어 있지 않은 발명일지라도 출원분할시 보정에 의하여 원출원의 명세서·도면에 기재할 수 있는 발명은 출원분할시 원출원의 명세서·도면에 기재된 발명으로 취급한다는 것이다. 그러나 분할된 특허출원이 있는 경우 그 분할출원은 특허출원한 때에 출원한 것으로 본다고 규정한 동법 제52조 제2항의 취지로 보아 분할대상은 특허출원서에 최초로 첨부된 명세서·도면에 기재된 발명이라고 보는 전자의 견해가 타당하다고 본다.

(3) 포괄설

포괄설의 근거는 특허제도는 발명의 공개 및 실시를 대가로 일정기간 독점·배타권을 부여한 것인데 그 공개·실시는 발명의 상세한 설명, 특허청구범위를 기재한 명세서 또는 도면 등에 의해 이루어지고(법 42②③) 또 특허청구범위는 발명의 상세한 설명에 의하여 뒷받침되어야 하므로(법 42④1) 출원분할이 어느 한쪽에 의해서만 이루어진다고는 볼 수 없다는 것이다. 따라서 분할출원의 대상이 되는 발명은 특허출원서에 최초로 첨부된 명세서에 기재된 발명의 상세한 설명은 물론 특허청구범위 및 도면에 기재된 발명 모두가 포괄적으로 분할출원의 대상이 된다는 것이다.

(4) 결 어

청구범위 한정설은 분할출원 대상을 특허청구범위에 기재된 발명에 한한다는 견해로서 이는 특허청구범위가 발명이 상세한 설명에 의해 뒷받침되어야 한다는 특허법 제42조 제4항 제1호의 취지로 보아 특허청구범위에 기재된 발명은 반드시 발명의 상세한 설명 중의 발명이어야 한다. 따라서 발명의 상세한 설명에 기재된 발명을 분할출원의 대상에서 제외시킴은 불합리하다.

포괄설 또한 분할출원 대상의 발명이 명세서상의 발명의 상세한 설명·특허청구범위 뿐만 아니라 도면에 기재된 발명이어야 한다는 견해로서 이는 발명의 상세한 설명이나 도면에는 기재하였다 하더라도 권리보호범위로 청구하지 아니한 경우도 있음을 감안할 때 타당하지 않다. 따라서 분할출원의 대상은 위의 분할출원의 취지로 보아 기재사항 택일설 중 출원최초의 명세도·도면에 기재된 발명이라고 하는 견해가 타당하다고 해석된다. 이는 2009.1.30 개정 특허법 제52조 제1항에서 "2이상의 발명을 하나의 특허출원으로 한 경우에는 그 특허출원의 출원서에 최초로 첨부된 명세서 또는 도면에 기재된 사항의 범위 안에서, i) 같은 법 제47조 제1항에 따라 보정할 수 있는 기간이나, ii) 특허거절결정등본을 송달받은 후 특허거절결정 등에 대한 심판을 청구할 수 있는 기간 중 그 어느 하나에 해당하는 기간에 그 일부를 하나이상의 특허출원으로 분할할 수 있다"고 규정하고 있을 뿐이고 위의 분할출원제도의 취지로 볼 때 분할출원의 대상이 되는 발명은 원출원의 명세서의 "특허청구범위" 혹은 "발명의 상세한 설명" 또는 "도면"에 기재되어 있는 발명으로 해석된다. 또 분할출원은 특허출원한 때 출원한 것으로 보는 같은 법 제52조 제2항의 출원의 분할효과를 고려한다면 분할출원의 대상이 되는 발명은 특허출원서에 최초로 첨부된 명세서 또는 도면에 기재되어 있지 않으면 안 된다고 해석하여야 할 것이다. 따라서 분할출원할 수 있는 발명이 특허출원서에 최초로 첨부된 명세서·도면에 기재된 것인 한 그것이 특허청구범위에 기재된 것이거나 발명의 상세한 설명에 기재된 것이거나 또는 도면에 기재된 것인가를 불문하고 이들 모두 분할출원의 대상이 된다. 특히 개정특허법(2009.1.30 법률 제9381호)에서는 위와 같은 논란을 없애기 위하여 분할출원의 대상을 "그 특허출원의 출원서에 최초로 첨부된 명세서 또는 도면에 기재된 사항의 범위 안에서 그 일부를 하나이상의 특허출원으로 분할할 수 있다"고 명확히 규정하고 있으므로 (법 52①) 더 이상 의문의 여지없이 분할출원의 대상은 최초명세서 또는 도면에 기재된 사항인 것이다. 여기에는 특허청구의 범위도 포함됨은 물론이다.

Ⅱ. 분할출원의 요건

1. 형식적 요건

(1) 원출원이 계속 중일 것

분할출원시점에서 원출원은 유효하게 계속 중이어야 하며 원출원이 이미 거절결정이 확정되었거나 출원이 무효·포기·취하된 경우에는 분할출원을 할 수 없다. 다만, 원출원의 취하·포기와 분할출원이 같은 날에 이루어진 경우에는 그 분할출원은 적법한 것으로 본다.

(2) 분할할 수 있는 기간 내일 것

분할출원은 이미 출원하여 심사 또는 심판계속 중에 있는 특허출원에 대하여 분할하여 출원하는 것으로서 이는 소정의 기한까지나 기간에만 하여야 하는바, 그 분할출원의 기간에 대하여는 다음의 Ⅲ. 1. (1) 내지 (5)와 같으므로 이를 참고하기 바란다.

(3) 출원인이 동일인일 것

원특허출원의 출원인과 분할출원의 출원인은 동일인이어야 하며 이는 출원인의 완전동일을 의미한다.

2. 실질적 요건

(1) 원출원에 2이상의 발명이 포함되어 있을 것

분할의 대상이 되는 2이상의 발명은 출원당초부터 원출원에 기재된 발명이어야 하며 출원 후 명세서·도면의 보정에 의하여 2이상의 발명으로 된 경우에는 분할출원의 대상이 아니다.

(2) 분할출원한 발명은 원출원에 포함되었던 어느 하나의 발명일 것

분할출원한 발명은 분할 전의 원출원의 발명에 포함되었던 어느 하나의 발명이어야 하며 원출원에 포함되었던 발명이 아닌 경우에는 그 분할출원은 부적법한 분할출원으로 된다.

(3) 분할출원한 발명과 원출원발명은 동일하지 아니할 것

분할 후의 분할출원한 발명과 원출원발명은 동일하지 않아야 한다.

Ⅲ. 분할출원의 절차

1. 분할출원 할 수 있는 시기

특허출원인은 2이상의 발명을 하나의 특허출원으로 한 경우에는 ⅰ) 특허출원서에 첨부된 명세서 또는 도면을 보정을 할 수 있는 기간이나, ⅱ) 특허거절결정등본을 송달받은 후 특허거절결정 등에 대한 심판을 청구할 수 있는 기간 중 어느 하나에 해당하는 기간에 그 일부를 하나이상의 특허출원으로 분할하여 출원할 수 있다(법 52①).

(1) 특허청구범위기재를 위한 명세서 등의 보정기한까지

특허출원인은 2이상의 발명을 하나의 특허출원으로 한 경우 다음과 같은 특허청구범위기재를 위한 명세서의 보정기한까지 특허출원의 출원서에 최초로 첨부된 명세서 또는 도면에 기재된 사항의 범위 안에서 그 일부를 하나이상의 특허출원으로 분할할 수 있다(법 52①, 47① 본문 전단).

1) ⅰ) 조약에 의한 우선권주장을 수반하는 특허출원에 있어서는 그 우선권주장의 기초가 된 출원일, ⅱ) 국내우선권주장을 수반하는 특허출원에 있어서는 선출원의 출원일, ⅲ) ⅰ) 또는 ⅱ)에 의한 2이상의 우선권주장을 수반하는 특허출원에 있어서는 해당 우선권주장의 기초가 된 출원일 중 최선일, ⅳ) ⅰ) 내지 ⅲ)의 1에 해당하지 아니하는 특허출원에 있어서는 그 특허출원일, 위의 ⅰ) 내지 ⅳ)의 어느 하나에 해당하는 날부터 1년 6개월이 되는 날까지
2) 위 1)의 기한이내에 출원심사청구의 취지를 통지받은 날부터 3개월이 되는 날까지
3) 위 1)의 ⅰ) 내지 ⅳ)의 어느 하나에 해당하는 날부터 1년 3개월이 되는 날 후에 통지받은 경우에는 1)의 ⅰ) 내지 ⅳ)의 어느 하나에 해당하는 날부터 1년 6개월이 되는 날까지

(2) 특허결정등본의 송달하기 전까지

특허출원인은 2이상의 발명을 하나의 특허출원으로 한 경우 특허결정의 등본을 송달하기 전까지 특허출원서에 최초로 첨부된 명세서 또는 도면에 기재된 사항의 범위 안에서 그 일부를 하나이상의 특허출원으로 분할 수 있다(법 52①, 47① 본문 후단).

(3) 최초거절이유통지 등에 따른 의견서제출기간 이내

특허출원인은 2이상의 발명을 하나의 특허출원으로 한 경우에 최초거절이유통지에 따른 의견서제출기간, 즉 거절이유통지(거절이유통지에 대한 보정에 따라 발생한 거절이유에 대한 거절이유통지는 제외한다)를 최초로 받거나 거절이유통지에 대한 보정에 따라 발생한 거절이유에 대한 거절이유통지가 아닌 거절이유통지를 받은 경우 그 거절이유통지에 따른 의견서제출기간에 한하여 그 일부를 하나이상의 특허출원으로 분할 수 있다(법 52①, 47① 단서 1).

(4) 최후거절이유통지에 따른 의견서제출기간 이내

특허출원인은 2이상의 발명을 하나의 특허출원으로 한 경우에 최후거절이유통지에 따른 의견서제출기간, 즉 거절이유통지에 대한 보정에 따라 발생한 거절이유에 대하여 거절이유통지를 받은 경우 그 거절이유통지에 따른 의견서제출기간에 한하여 그 일부를 하나이상의 특허출원으로 분할할 수 있다(법 52①, 47① 단서 2).

(5) 재심사를 청구할 때

특허출원인은 2이상의 발명을 하나의 특허출원으로 한 경우에 그 특허출원에 관하여 특허거절결정 등본을 송달받은 날부터 30일(법 제15조 제1항에 따라 특허거절결정 등에 대한 심판청구기간이 연장된 경우 그 연장된 기간을 말한다) 이내에 그 특허출원의 특허출원서에 첨부된 명세서 또는 도면을 보정하여 그 특허출원에 관하여 재심사를 청구할 때에 그 일부를 하나 이상의 특허출원으로 분할할 수 있다(법 52①, 47① 단서 3).

2. 분할출원서 등의 제출

(1) 서 론

분할출원은 2이상의 발명을 하나의 특허출원으로 한 경우 그 일부를 하나이상의 특허출원으로 분할하는 것이다. 따라서 분할출원은 특허출원의 일부에 대하여 별개의 새로운 특허출원을 하는 것이므로 2이상의 발명 중 하나의 발명에 대한 새로운 특허출원서에 명세서와 필요한 도면 및 요약서를 첨부하여 특허청장에게 제출하여야 한다. 그리고 분할출원으로 인하여 나머지 원특허출원의 내용을 보정할 필요가 있는 경우에는 분할출원과 동시에 원특허출원서에 첨부된 명세서·도면(도면이 첨부되어 있는 경우에 한한다)·요약서를 보정하여야 한다(법시행규칙 29③).

(2) 분할출원서류의 제출

분할출원을 하고자하는 자는 소정의 분할출원서에 그 취지 및 분할의 기초가 된 특허출원의 표시를 하여야 한다(법 52③). 분할출원서(법시행규칙 별지 제14호 서식)에는 ⅰ) 명세서(법시행규칙 별지 제15호 서식)·요약서(법시행규칙 별지 제17호 서식) 및 도면(법시행규칙 별지 제16호 서식) 각 1통, ⅱ) 대리인에 의하여 절차를 밟는 경우에는 그 대리권을 증명하는 서류 1통, ⅲ) 그 밖의 법령의 규정에 의한 증명서류 1통을 첨부하여 특허청장에게 제출한다(법시행규칙 29①②).

3. 조약에 의한 우선권주장서류의 제출

(1) 우선권주장서류의 제출

분할출원의 경우에 조약에 의한 우선권을 주장한 자는 ⅰ) 최초로 출원한 국가의 정부가 인정하는 서류로서 특허출원의 연월일을 기재한 서면, 발명의 명세서 및 도면의 등본 등의 서류 또는 ⅱ) 최초로 출원한 국가의 특허출원의 출원번호를 기재한 서면을 특허청장에게 제출하여야 한다. 다만, 위 ⅱ)의 서면은 특허청과 외국의 특허업무를 담당하는 행정기관 간에 우선권증명서류를 전자매체에 의하여 교환할 수 있는 체제가 구축된 국가로서 특허청장이 고시하는 국가의 경우에 한한다(법 52④, 동법시행규칙 25②).

(2) 우선권주장 서류의 제출기간

위 i) 또는 ii)의 서류 또는 서면은 다음 1에 해당하는 날 중 최선일부터 1년 4월 이내에 제출하여야 한다(법 54⑤).

1) 조약당사국에 최초로 출원한 출원일
2) 그 특허출원이 특허출원 등에 의한 우선권 주장(즉, 국내우선권주장)을 수반하는 경우에는 그 우선권주장의 기초가 되는 출원의 출원일
3) 그 특허출원이 다른 우선권 주장을 수반하는 경우에는 그 우선권 주장의 기초가 되는 출원의 출원일

(3) 우선권주장서류의 제출방식

위의 i) 또는 ii)의 서류 또는 서면의 제출은 소정의 우선권증명서류 제출서(법시행규칙 25① 별지 제13호 서식)에 따르되, 위 ii)에 따른 서면의 제출은 특허출원서에 최초로 출원한 국가의 특허출원의 특허번호를 기재함으로써 별지 제13호서식의 서류제출서에 갈음할 수 있다. 이 경우 대리인에 의하여 절차를 밟는 때에는 그 대리권을 증명하는 서류 1통을 첨부하여야 한다.

(4) 우선권증명서류에 대한 국어번역문 제출

1) 국어번역문의 제출명령

특허청장 또는 특허심판원장은 심사·심판을 위하여 필요한 경우 우선권주장을 한 자에 대하여 기간을 정하여 우선권증명서류에 대한 번역문제출을 명할 수 있다(법시행규칙 25③).

2) 국어번역문의 제출방식

특허청장 또는 특허심판원장으로부터 우선권증명서류에 대한 국어번역문 제출명령을 받은 자가 그 번역문을 제출하고자 하는 경우에는 소정의 서류(견본·물건·증거물건)제출서(별지 제13호 서식)에 의한다. 다만 우선권주장에 관한 서류 중 발명의 명세서 및 도면의 기재내용이 특허출원서에 첨부된 명세서 및 도면의 기재내용과 동일한 부분에 대하여는 그 취지를 기재하고 국어번역문의 제출을 생략할 수 있다(법시행규칙 25④).

3) 국어번역문의 불제출

특허청장 또는 특허심판원장은 우선권증명서류에 대한 국어번역문의 제출명령을 받은 자가 지정된 기간 내에 그 번역문을 제출하지 아니한 경우에는 그 우선권주장을 무효로 할 수 있다(법시행규칙 25⑤).

4. 제출서류의 원용

특허출원인은 분할출원에 따른 필요한 모든 서류를 새로이 제출하여야 함이 원칙이나 우선권주장증명서, 신규성 의제를 받기 위한 증명서, 대리권을 증명하는 서류 등의 제출은 이를 이미 원특허출원서에 첨부하여 제출된 서류를 원용하는 취지를 명기하고 그 원본은 물론 그 사본의 제출도 생략할 수 있다(법시행규칙 10② 단서 1)

Ⅳ. 분할출원의 효과

1. 적법한 분할출원

(1) 출원일의 소급

분할출원이 적법한 경우에는 당초 특허출원한 때 출원한 것으로 보아 출원일이 원출원일까지 소급한다(법 52② 본문). 그러나 그 분할출원이 다음의 어느 하나에 해당하는 때에는 그 분할된 특허출원의 출원일은 원출원일로 소급하지 아니하고 분할출원시에 출원한 것으로 간주한다(법 52② 단서).

1) 확대된 선원의 범위에 관한 규정(법 52② 단서 1)에 대하여는 출원일의 소급은 인정되지 아니한다. 왜냐하면 분할에 의한 새로운 특허출원을 함에 있어 그 분할출원의 기초가 된 원특허출원의 출원서에 최초로 첨부된 명세서 또는 도면에 기재되어 있지 아니한 기술적 사항을 분할하고자 하는 출원의 발명의 상세한 설명 또는 도면에 기재한 경우가 있어, 이러한 사항에 출원일소급의 효과를 주는 것은 선원주의 질서에 반하는 등 부당하기 때문이다(법 52② 단서 1).

2) 신규성 상실의 예외규정을 적용받기 위한 절차(법 52② 단서 2), 조약에 의한

우선권주장을 하기 위한 절차(법 52② 단서 3) 및 국내우선권주장을 하기 위한 절차(법 52② 단서 4)는 분할출원에 있어 다시 밟아야 하므로 이들 절차를 밟아야 할 시기에 대해서는 출원일의 소급이 인정되지 아니하고 현실의 분할출원일이 기준이 된다. 그렇지 않을 경우 이들 절차들은 기간경과로 인하여 분할출원을 할 수 없게 되기 때문이다(법 52② 단서 2 내지 4).

(2) 분할출원의 독립성

분할에 의한 새로운 특허출원은 독립된 하나의 별개의 특허출원으로서 원특허출원과 별도로 심사절차가 진행됨은 물론 원특허출원에 대한 심사결과 등은 분할출원과 무관하다.

(3) 특허출원심사청구의 특례

특허출원심사청구는 누구든지 그 특허출원이 있는 날부터 5년 이내에 하여야 한다(법 59②). 그러나 특허법은 특별히 분할출원에 관하여는 이 특허출원심사청구기간 5년이 경과한 후에도 분할출원을 한 날부터 30일 이내에 특허출원심사의 청구를 할 수 있도록 규정하고 있다(법 59③).

2. 부적법한 분할출원

분할출원이 부적법하게 이루어진 경우에는 위의 출원일의 소급·분할출원의 독립성 및 특허출원심사청구의 특례가 인정되지 아니함은 물론이다. 여기에서 "부적법한 분할출원"이라 함은 i) 분할출원 전 원 특허출원명세서 또는 도면에 기재되어 있는 발명이 아닌 것, 즉 분할 전 특허출원서에 최초로 첨부된 명세서 또는 도면에 기재된 사항의 범위를 벗어난 사항을 분할출원발명의 요지로 하여 출원한 것, ii) 분할출원시의 발명의 요지가 분할 후 원특허출원발명의 요지와 완전 일치하거나 일부 일치하는 것, iii) 분할출원시 원특허출원이 이미 포기·무효·취하 또는 특허거절결정·심결이 확정되어 특허청에 계속 중에 있지 아니한 것 등을 말한다. 다만 i), ii)의 경우 실무적으로는 분할 후에 보정에 의하여 그러한 하자들이 치유되면 적법한 분할출원으로 인정하고 있다.

Ⅴ. 실무상 분할출원의 문제점과 처리방법

위에서 설명한 "분할출원의 요건"을 충족한 분할출원은 적법한 분할출원으로서 원특허출원의 출원일과 같은 날에 출원된 것으로 본다. 그러나 심사실무상 분할출원에는 새로운 요인들에 의한 문제점들이 현실적으로 발견되고 있어 이의 처리방법에 대하여 살펴보고자 한다.103)

1. 분할 전 삭제된 발명을 분할출원한 경우

분할출원 전 원출원에서 삭제되어 있는 발명이 원출원의 출원서에 최초로 첨부된 명세서 또는 도면에 기재되어 있는 경우, 그 삭제된 발명을 특정의 발명으로 분할출원한 때에는 다음과 같이 처리한다.

(1) 출원분할시기가 원출원의 특허결정전이면 적법한 것으로 본다.

(2) 출원분할시기가 원출원의 특허결정 후이면 부적법한 것으로 본다.

이러한 부적법한 분할출원의 경우에는 그 이유를 기재한 서면을 특허청장명의로 출원인에게 통지하여 의견서제출의 기회를 주고 제출된 의견서에 의해서도 채택할 수 없는 때에는 특허청장은 그 취지를 기재한 서면으로 출원인에게 통지한다. 이 경우 부적법한 분할출원은 분할출원한 날 실제 출원한 것으로 보아 출원일의 소급효만 인정되지 아니한다. 따라서 분할출원이 원출원의 출원서에 최초로 첨부된 명세서 또는 도면에 기재된 발명이고 출원분할시에 원출원의 명세서 또는 도면에 기재되지 않은 발명일지라도 출원분할시에 보정에 의하여 원출원의 명세서 또는 도면에 기재할 수 있는 발명은 실무상 분할출원의 대상이 되는 발명으로 취급한다. 그리고 특허결정전에 있어서는 특허출원서에 최초로 첨부된 명세서·도면에 기재된 사항의 범위내에서 특허청구범위를 증가·감소 또는 변경하는 보정은 명세서 또는 도면에 기재된 사항의 범위를 벗어난 것이 아니므로 그러한 보정은 가능하다.

2. 분할 후 원출원을 보정한 경우

(1) 출원분할시에는 분할 후의 원출원에 관한 발명과 분할출원에 관한 발명이

---

103) 심사일반기준, 특허청, 1992.8.24, 6. 다른 요인이 부가된 분할출원, 256~266면 전재.

동일하였으나 그 후에 원출원의 명세서·도면이 보정되어 양자의 발명이 동일하지 않게 되었을 경우에도 분할출원은 적법한 것을 본다.

(2) 출원분할시에는 분할 후의 원출원에 관한 발명과 분할출원에 관한 발명이 동일하지 않았으나 그 후에 원출원의 명세서 또는 도면이 보정되어 양자의 발명이 동일하게 되었을 때에는 그 분할출원은 부적법한 것으로 본다. 따라서 그 보정이 출원분할이 된 후에 이루어진 보정이라 할지라도 원출원의 명세서·도면에 대한 보정의 효과는 원출원에 있어서 적법한 보정인 이상 분할출원의 적부나 유무효와는 아무런 관계가 없다. 그러므로 이 보정은 원출원의 출원서에 첨부된 명세서·도면으로서 유효한 것으로서 취급되는 것이다. 그래서 출원분할시에는 분할 후의 원출원에 관한 발명과 분할출원에 관한 발명이 동일하여도 그 후 원출원의 명세서·도면이 보정되어 양자의 발명이 동일하지 않게 되면 분할시에 있어서 양자의 발명이 달라진 것으로 보아도 아무런 지장이 없으므로 이 경우에는 분할출원을 적법한 것으로 보고 반대로 분할시점에서는 적법한 분할출원이었던 것이 그 후에 원출원의 명세서·도면이 보정되어 양 출원에 관한 발명이 동일하게 되었을 때에는 적법한 분할출원이 아닌 것으로 된다.

3. 원출원의 취하·포기한 날과 같은 날에 출원한 분할출원의 경우

원출원이 취하·포기한 날과 같은 날에 분할출원이 된 경우에는 원출원이 특허청에 계속하고 있을 때에 출원한 것으로 보고 분할요건에 관한 심사를 한다. 왜냐하면 원출원이 특허청에 계속하지 않은 날과 같은 날에 출원분할이 이루어진 경우일지라도 원출원이 특허청에 계속하지 않게 된 때보다도 출원의 분할절차가 늦어진 것이 명백할 때에는 위의 요건을 충족하지 못한 것으로 보아 처리할 수밖에 없기 때문이다. 그러나 원출원의 취하·포기의 절차와 출원분할의 절차가 같은 날에 행하여진 경우에는 하나의 절차를 따로따로 행한다는 번거로움을 피하기 위하여 통상 동시에 절차가 행하여진 경우가 많다. 이 경우 출원을 분할한다는 것은 원출원이 특허청에 계속하고 있다는 출원인의 인식아래 절차가 행하여지는 것으로 보는 것이 타당하다. 또한 같은 날에 절차를 밟고 있으나 동시에 밟았는지의 여부가 명백하지 않을 때에는 동시에 절차를 밟은 것으로 추정하고 위의 요건을 충족하고 있는 것으로 보고 처리한다.

4. 원출원의 취하 등과 분할출원

원출원이 취하·포기 또는 무효인 경우에는 이들의 행위가 이루어진 시점에서 원출원에 관한 발명과 분할출원에 관한 발명이 동일할 때에는 분할출원은 부적법한 것으로 본다. 왜냐하면 원출원의 취하·포기·무효의 효과는 그 행위가 이루어진 후에 발생하게 되므로 그 이전에 행하여진 분할출원의 절차까지 없었던 것으로 본다고 해석할 수 없기 때문이다. 따라서 분할출원에 관한 발명과 원출원의 위의 행위가 이루어진 시점에 있어서 원출원에 관한 발명과의 사이에서 분할출원의 실질적 요건을 심사하여야 한다.

5. 분할출원의 보정

(1) 보정의 시기

분할출원의 명세서·도면의 보정을 할 수 있는 시기 또는 기간에 대해서는 분할출원을 원출원과 동시에 출원된 통상의 출원으로 보고 처리한다. 왜냐하면 분할출원은 원출원과는 별도의 절차에 의하여 행하여지는 출원이므로 원출원과는 별개로 독립시켜 그 명세서·도면의 처리가 가능하기 때문이다. 그러나 분할출원의 출원일에 대하여는 분할출원이 적법한 경우 법률상 당연히 분할출원이 원출원과 동시에 출원된 것으로 처리하고 또한 분할출원이 부적법한 것이면 그 출원은 실제로 출원절차가 행하여진 때에 출원된 것으로 보고 처리한다. 그 후의 명세서·도면의 보정에 의하여 적법한 분할이 되었을 때에는 다시 원출원과 동시에 출원된 것으로 보고 처리한다. 따라서 분할출원의 출원일이 변동함으로써 출원일을 기산일로 정하는 보정시기도 이러한 처리에 수반하여 변동하게 되는 것이다. 그러나 일단 개시된 절차가 후의 심사에 의하여 변동되는 것은 일반적으로 바람직하지 않으며 특히 명세서·도면에 대한 보정의 시기적 제한과 같은 형식적인 것에 대하여서는 공개제도와의 관계 등을 고려하면 특허행정의 효율상 더욱 바람직하지 않다. 원래 분할출원은 출원인의 자유로운 의사에 의하여 행하여지는 절차이다. 따라서 출원인이 적법한 분할출원이라고 주장하는 한 분할출원의 요건에 대한 심사가 행하여지기 이전에는 적법한 분할출원으로 보지 않으면 안 된다. 그러한 의미에서 분할출원의 명세서·도면의 보정시기에 대하여는 원출원의 출원일을 그 기산일로 한 것이다.

(2) 보정의 내용

분할출원의 명세서·도면의 보정이 분할출원을 통상의 출원으로 판단하여 적법한 것이라면 보정된 분할출원에 관한 발명은 출원의 분할시에 이미 출원된 발명으로 보고 분할요건을 심사한다는 것이 심사실무의 입장이다. 왜냐하면 분할출원을 통상의 출원으로 보고 분할출원의 명세서·도면의 보정이 특허법 제47조의 규정을 위반하지 않는 한 그 보정은 분할출원의 출원서에 첨부된 명세서·도면으로서 유효한 것으로 보아야 하기 때문이다. 따라서 원출원의 특허결정전에 분할된 분할출원에 대하여 명세서·도면에 보정이 이루어지고 그 보정이 적법하고 또한 보정된 분할출원이 i) 원출원의 출원서에 최초로 첨부된 명세서·도면에 기재된 사항의 범위 안에서 이루어져 그 명세서 등에 기재된 발명과 실질적으로 동일하고, ii) 분할 후의 원출원에 관한 발명과 동일하지 않을 것이라는 관계를 가질 때에는 그 보정된 분할출원은 적법한 것으로 보아야 한다. 그 이유는 원출원이 특허결정전이면 원출원의 출원서에 최초로 첨부된 명세서·도면에 기재된 발명은 모두 원출원에 관한 발명이 될 수 있는 것이므로 이들의 일부의 발명은 분할출원 발명도 될 수 있기 때문이다. 다만, 이 경우에도 적법한 분할출원이 되기 위해서는 분할출원에 관한 발명은 분할 전의 원출원의 명세서·도면에 기재된 사항의 범위 안에서 이루어져 그 명세서 등에 기재된 발명과 실질적으로 동일하여야 할 필요가 있으며 또한 분할 후의 원출원에 관한 발명과 동일하지 않아야 한다. 한편 분할출원의 명세서·도면의 보정이 적법한 것이면 보정된 분할출원발명은 분할시에 분할출원이 된 것과 동등한 효력을 가지므로 그 보정된 발명은 위의 i), ii)와 같은 관계를 충족하고 있지 않으면 안 된다. 따라서 보정된 분할출원에 관한 발명은 i) 분할 전의 원출원에 포함된 2이상의 발명 중 어느 하나와 실질적으로 동일하여야 하고, ii) 분할 후의 원출원에 관한 발명과는 동일하지 않아야 한다. 이 경우 i)에 대해서는 원출원이 특허결정전이라면 원출원의 출원서에 최초로 첨부된 명세서·도면에 기재된 발명은 전부가 분할출원에 관한 발명으로 될 수 있기 때문에 실질적으로 동일한지의 여부에 대한 판단은 원출원의 출원서에 최초로 첨부된 명세서 또는 도면에 기재된 발명만 대비하면 된다.

6. 분할출원을 원출원으로 하는 분할출원

원출원[이하 "부출원(父出願)"이라 한다]으로부터 분할출원[이하 "자출원(子出願)"이라 한다]을 하고, 다시 자출원을 원출원으로 하여 분할출원[이하 "손출원(孫出願)"이라 한다]을 한 경우에는 손출원이 i) 자출원에 대하여 분할출원의 전부를 충족시키고 있고, ii) 손출원에 관한 발명을 자출원에 관한 발명으로 본 경우 그 자출원이 부출원에 대하여 분할요건 중의 실질적 요건의 전부를 충족하고 있지 않으면 안 된다. 왜냐하면 자출원을 원출원으로 하여 다시 손출원을 하는 것은 법률상 금지되어 있지 않으며 또 실질적으로 출원인의 순으로 분할절차를 밟지 않을 수 없는 경우, 예를 들면 분할시기의 제한으로 부출원으로부터 출원의 분할을 할 수 없으나 자출원으로부터 출원의 분할이 가능한 경우 등도 있을 것이므로 자출원, 손출원 다같이 소정의 요건을 충족한 경우에 한하여 손출원의 출원일을 부출원의 출원일로 소급하도록 하지 않으면 안 되기 때문이다.

7. 원출원발명의 실시상태와 분할출원

분할출원발명이 분할 전에 원출원의 특허청구범위에 기재되어 있는 청구항 또는 특허청구범위의 적법한 보정으로서 기재할 수 있고 또한 그것이 실시상태로서 파악되는 경우에 한하여 그 실시상태로부터 파악되는 기술적 사상을 발명으로 보고 분석요건의 심사를 하여야 한다. 왜냐하면 원출원에 있어서 발명의 실시상태인 것이 별개의 발명이 되는 것은 본래 발명의 실시상태가 그 발명에 포함되어 있는 것임을 고려한다면 원칙적으로는 있을 수 없다. 그러나 원출원발명의 실시상태가 분할출원발명인 것으로 보고 출원되었을 때 그 분할출원발명을 발명이 아닌 실시상태로 보고 배제할 이유는 없다. 따라서 원출원발명의 실시상태가 분할출원발명으로서 분할된 경우에는 다항제(多項制)를 채택한 취지로 보아 위와 같은 실시상태가 분할시에 원출원의 특허청구범위에 기재되어 있거나 또는 특허청구범위의 적법한 보정으로서 기재될 수 있는 것일 때에 한하여 그 실시상태로부터 파악되는 기술적 사상을 일단 발명으로 보고 분할요건의 심사를 하여야만 하기 때문이다. 여기에서 "실시상태가 분할시에 원출원의 특허청구범위에 적법한 보정으로서 기재될 수 있는 경우"라 함은 예를 들면 분할시가 원출원의 특허결정전이면 원출원의 출원서에 최초로 첨부된 명세서 또는 도면에 기재된 사항의 범위 안에서 한 것이라면 특허청구범위에 기재한다는 것은 하등에 지장이 없다는 것을 의미한다.

제6절 변경출원

I. 서 설

1. 의의 및 취지

변경출원이라 함은 출원내용이나 출원일자를 변경하는 것이 아니고 출원의 형식만을 변경하는 것으로서 실용신안 등록출원을 특허출원으로 변경하는 것을 말한다. 그러나 그 실용실안등록출원에 관하여 최초의 거절결정등본을 송달받은 날부터 30일이 경과한 때에는 특허출원으로 변경할 수 없다(법 53① 단서).

이러한 변경출원을 허용한 것은 특허출원대상인 발명이나 실용신안 등록출원대상인 고안은 모두 자연법칙을 이용한 기술적 사상의 창작이기 때문이다. 다만, 양자는 기술적 사상의 창작이 고도한 것인가의 여부에 따라 구분되는 정도의 차이에 불과하다. 따라서 실용신안 등록출원을 한 후 이를 특허출원으로 또 그 반대로 바꾸고자 하는 경우가 있을 것이다.

실제문제로서 특허출원으로 하여야 할지 실용신안 등록출원으로 하여야 할지를 판단하기란 출원인에게는 그리 쉬운 것이 아니며 심지어는 심사관·심판관으로서도 어려운 경우가 많다는 점을 고려하여 특허법은 출원인의 편의를 위해 일정한 제한된 기간 내에 실용신안 등록출원의 출원서에 최초첨부된 명세서 또는 도면에 기재된 사항의 범위 안에서 실용신안 등록출원을 특허출원으로이 변경출원을 인정한 것이다.

2. 변경출원의 대상

변경출원의 대상, 즉 변경출원의 기초가 되는 것은 실용신안 등록출원 또는 특허출원이다. 즉 실용신안 등록출원을 특허출원으로 변경출원 할 경우 변경출원의 기초가 되는 출원은 실용신안 등록출원이고, 그와는 반대로 특허출원을 실용신안 등록출원으로 변경을 할 경우에는 그 변경출원의 기초가 되는 출원은 특허출원이 그 변경출원의 대상이 된다. 그러나 이와 같은 원출원이 변경출원의 대상이 된다 하더라도 변경출원 당시의 출원서에 첨부된 명세서 및 도면 모두가 되는 것이 아니고 그 출원의 출원서에 최초로 첨부된 명세서 또는 도면에 기재된 사항의 범위 안에서만 변경출원의 대상이 된다(법 53①).

3. 변경출원의 유형

(1) 국내출원간의 변경

변경출원은 특허출원과 실용신안 등록출원 상호간에 인정된다(법 53① 본문, 실용신안법 10 본문). 그러나 개정 전 구 특허법, 실용신안법, 의장법(현 디자인보호법)에서는 특허출원과 실용신안 등록출원 상호간의 변경출원뿐만 아니라 특허출원과 의장등록출원, 실용신안 등록출원과 의장등록출원 상호간에도 변경출원이 인정되었다. 의장등록출원대상인 의장은 "물품의 형상·모양·색채 또는 이들을 결합한 것으로서 시각을 통하여 미감을 일으키게 하는 것"을 말하지만(구 의장법 2, 1) 동시에 기술적 사상의 창작으로서 그대로 실용신안 등록출원이나 특허출원의 대상이 될 수 있는 것이 있다. 예를 들면 자동차 타이어의 凹凸 특정형상이 슬립방지상 유효할 때에는 특허출원 또는 실용신안 등록출원의 대상이 됨과 동시에 의장등록출원의 대상도 될 수 있다. 이와 같은 경우는 특허출원과 실용신안 등록출원 상호간에서 많지만 특허출원·실용신안 등록출원과 의장등록출원 상호간에서는 많지는 않지만(거의 없는 실정이다) 의장등록출원을 제외할 이론적 근거가 없어 특허법·실용신안법·의장법은 상호 변경출원을 인정하는 규정을 두고 있었다(구 법 53, 구 실용신안법 10, 구 의장법 21).

(2) 국제출원의 국내출원으로의 변경

변경출원은 위와 같이 국내출원 간에만 변경할 수 있는 것이 아니고 국제출원이 국내출원으로 변경하는 경우도 인정된다(법 209, 실용신안법 37).

1) 국제실용신안 등록출원의 국내특허출원으로의 변경출원

2) 국제특허출원의 국내실용신안 등록출원으로의 변경출원 등이다.

(3) 특허출원 간에서의 변경출원

특허출원 간에도 변경출원을 인정하여야 한다는 견해가 있다. 예를 들면 물건의 특허출원과 방법의 특허출원 간에 상호변경을 인정하는 것이 그것인데 이는

발명의 보호와 출원인의 편의 등을 위해 채택한 변경출원제도의 취지에도 부합된다는 것이다.[104)]

Ⅱ. 변경출원의 요건

1. 원출원의 계속성

변경출원을 하기 위해서는 원출원이 적법하게 특허청에 계속 중에 있어야 한다. 즉 변경출원시에 변경출원의 기초가 되는 실용신안 등록출원은 정상적인 상태로 계속 중에 있어야 한다. 따라서 이미 거절결정이 확정되었거나 포기·취하 또는 무효가 된 출원에 대해서는 변경출원을 할 수 없다.

2. 출원내용의 동일성

변경출원은 출원내용의 변경이 아니고 출원형식의 변경이므로 변경전후의 출원간에는 동일성이 있어야 한다. 따라서 변경출원된 출원의 내용은 원출원서에 최초로 첨부된 명세서 또는 도면에 기재된 범위 안에서의 사항으로서 그 내용이 동일하여야 한다. 여기에서 출원내용의 동일성이라 함은 동일성이 인정되는 정도의 범위 내이면 충분하고 반드시 완전동일성을 요구하는 것은 아니다.

3. 출원인의 동일성

새로운 변경출원의 출원인은 전 출원인과 동일인이거나 그 권리의 승계인이어야 한다. 즉 변경출원 전의 출원인과 변경출원 후의 출원인은 동일인이어야 한다. 출원인이 복수인인 경우에도 그 복수의 출원인은 모두 동일인이어야 한다.

Ⅲ. 변경출원의 절차

1. 변경출원할 수 있는 기간

변경출원을 할 수 있는 기간은 원출원, 즉 그 실용신안 등록출원에 관하여 최

104) 공업소유권 요해, 김학제·김연수 공저, 62면.

초의 거절결정등본을 송달받은 날부터 30일 이내에 특허출원으로 변경할 수 있다(법 53① 단서). 다만, 이 30일의 변경출원을 할 수 있는 기간은 특허청장 또는 특허심판원장이 교통이 불편한 지역에 있는 자를 위하여 직권으로 또는 청구에 의하여 특허거절결정 또는 특허권의 존속기간의 연장등록거절결정불복심판의 청구기간이 연장된 때에는 그 연장기간에 따라 연장된 것으로 본다(법 53⑤, 실용신안법 10⑤).

2. 변경출원서 등의 제출

변경출원은 기히 제출된 실용신안 등록출원을 특허출원으로 변경하는 것이므로 새로운 출원절차를 밟아야 한다. 따라서 변경출원을 하는 자는 새로운 변경출원서에 명세서·도면·요약서 및 출원료 납부서 등을 첨부하여 특허청장에게 제출하되 반드시 변경출원서에는 그 취지 및 변경출원의 기초가 된 실용신안 등록출원의 표시(국제출원에 대한 변경출원의 경우 국제출원의 표시)를 하여야 한다(법 53③).

3. 우선권주장 관련서류의 제출

변경출원에 있어서 조약에 의한 우선권을 주장하는 자는 i) 최초로 출원한 국가의 정부가 인정하는 서류로서 특허출원의 연월일을 기재한 서면, 발명의 명세서 및 도면의 등본 또는 ii) 최초로 출원한 국가의 특허출원의 출원번호를 기재한 서면(지식경제부령이 정하는 국가의 경우에 한한다)을 변경출원을 한 날부터 3월 이내에 특허청장에게 제출하여야 한다(법 53⑥).

4. 제출서류의 원용

변경출원에 관한 절차를 밟은 때에 이미 특허청에 증명서를 제출한 자가 대리권의 증명서(법 7), 신규성 의제의 증명서(법 30②), 조약에 의한 우선권주장증명서류 또는 서면(법 54④), 위임대리인의 특별수권의 증명서(법 6), 위임대리인의 대리권 불소멸의 증명서(법 8), 개별대리의 증명서(법 9)를 제출하여야 할 때에는 그 증명서의 내용이 이미 제출한 증명서의 내용과 동일하여 이를 원용하고자 하는 경우에는 해당서식의 첨부서류란에 그 취지를 명기함으로써 그 증명서에 갈음할 수 있다(법시행규칙 10②). 특히 선임된 대리인이 그 위임사항의 범위 안에서 특허에 관한 절차를 밟는 경우(법시행규칙 5②)나 포괄위임등록을 한 대리인이 그 포괄위임의 범위 안에서 특허에 관한 절차를 밟는 경우(법시행규칙 5의 2②)에는 대리권을 증명하는 서류의 제출을 생략할 수 있다(법시행규칙 10③).

5. 변경출원시 명세서 등의 보정

변경출원시 특허출원서에 첨부된 명세서 또는 도면의 보정은 특허출원의 보정에 관한 규정이 그대로 적용되는 바, 이에 관한 자세한 설명은 전술한 제4절 "특허출원의 보정"편을 참고하기 바란다.

6. 임의대리인의 특별수권

변경출원에 관한 절차를 밟을 것을 위임받은 임의대리인은 당해 출원인의 특별수권을 얻지 아니하고서는 변경출원의 재변경·포기·취하 또는 복대리인을 선임할 수 없다(법 6).

Ⅳ. 변경출원의 효과

1. 적법한 변경출원

출원의 변경이 적법하게 이루어졌을 때에는 다음과 같은 법률적 효과가 발생한다.

(1) 출원일의 소급

변경출원은 선원주의에 대한 예외로서 변경출원이 적법하게 이루어진 경우에는 그 변경출원은 원출원인 실용신안 등록출원을 한 때에 특허출원한 것으로 본다(법 53② 본문). 따라서 변경출원요건의 판단은 원 출원시를 기준으로 한다. 그러나 그 변경출원이 다음의 어느 하나에 해당하는 경우에는 그 변경된 특허출원의 출원일은 원출원일로 소급하지 아니하고 변경출원시에 출원한 것으로 간주한다(법 53② 단서).

1) 확대된 선원의 범위에 관한 규정(법 29③, 실용신안법 4③)을 적용하는 경우에는 출원일의 소급은 인정되지 아니한다. 그 이유는 변경에 의한 새로운 출원을 함

에 있어 변경출원의 기초가 된 원 실용신안 등록출원의 출원서에 최초로 첨부된 명세서 또는 도면에 기재되어 있지 아니한 기술적 사항을 발명의 상세한 설명 또는 도면에 기재하는 경우가 있어 이러한 것에 출원일 소급의 효과를 주는 것은 부당하기 때문이다(법 53② 단서 1).

2) 신규성 상실의 예외규정(법 30②)을 적용하는 경우, 조약에 의한 우선권주장에 관한 규정(법 54③)을 적용하는 경우, 국내 우선권주장에 관한 규정(법 55②)을 적용하는 경우 등에는 변경출원에 있어 다시 밟아야 할 절차이므로 이들 절차를 밟아야 할 시기에 대해서는 출원일의 소급이 인정되지 아니하고 현실의 변경출원일이 기준이 된다. 그렇지 아니할 경우 이들 절차들은 기간경과에 의해 변경출원을 할 수 없게 되기 때문이다(법 53② 단서 2 내지 4).

(2) 변경출원의 독립성

실용신안에 대한 특허출원으로의 변경출원(그 반대의 경우로서 특허출원에 대한 실용신안 등록출원으로의 변경출원을 포함한다)은 각기 다른 법에 의한 독립된 하나의 별개의 출원이기 때문에 원 실용신안 등록출원과 별도로 심사절차가 진행됨은 물론 원 실용신안 등록출원에 대한 심사결과 등은 변경출원인 특허출원과는 무관하다. 따라서 변경출원된 특허출원은 신규출원과 마찬가지로 처음부터 특허법에 의한 심사절차를 거쳐 특허여부를 결정하게 된다.

(3) 원출원의 취하

변경출원이 있는 때에는 그 원출원인 실용신안 등록출원은 취하된 것으로 본다(법 53④).

(4) 특허출원심사청구의 특례

변경된 특허출원에 대하여는 5년의 특허출원 심사청구기간이 경과한 후라 하더라도 변경출원한 날로부터 30일 이내에는 출원심사의 청구를 할 수 있다(법 59③). 여기에서 출원심사의 청구기간의 기산일은 원출원인 실용신안 등록출원이 있는 날부터 5년 이내를 말한다.

(5) 국제특허출원에서의 특례

국제협력조약에 의한 국제출원의 변경출원(특허출원과 실용신안 등록출원 상호간의 변경)에 대해서는 국내출원의 경우와는 달리 출원일부터 변경할 수 없고 다음과 같은 일정한 시기적 제한이 특례로서 설정되어 있다.

1) 수수료납부 등 절차수행 후의 변경출원

국제출원에 의한 특허출원을 실용신안 등록출원으로 변경하는 경우 또는 그 반대의 경우도 국제출원이 우리나라에서 절차적으로 확정된 후에 하지 않으면 안 된다.

즉 국제출원일에 출원된 실용신안 등록출원으로 보는 국제출원을 기초로 하여 특허출원으로 변경출원을 하는 경우에는 소정의 수수료를 납부하고 번역문(국어로 출원된 국제실용신안 등록출원의 경우를 제외한다)을 제출한 후(실용신안법 제40조 제4항에 의하여 국제출원일로 인정할 수 있었던 날에 출원된 것으로 간주되는 국제출원을 기초로 하는 경우에는 같은 조 제4항의 규정에 의한 결정이 있은 후)가 아니면 아무리 변경출원의 요건을 갖추었다 하더라도 특허출원으로 변경출원을 할 수 없다(법 209).

또 그 반대의 경우에 있어서도, 즉 국제출원일에 출원된 특허출원으로 보는 국제출원을 기초로 하여 실용신안 등록출원으로 변경출원을 하는 경우에는 소정의 수수료를 납부하고 번역문(국어로 출원된 국제특허출원의 경우를 제외한다)을 제출한 후(특허법 제214조 제4항에 의하여 국제출원일로 인정할 수 있었던 날에 출원된 것으로 보는 국제출원을 기초로 하는 경우에는 동항의 규정에 의한 결정이 있은 후)가 아니면 아무리 변경출원의 요건을 충족하였다 하더라도 실용신안 등록출원으로 변경출원을 할 수 없다.

2) 국제출원으로의 결정 후의 변경출원

① 결정에 의하여 실용신안 등록출원으로 되는 국제출원

실용신안 등록출원으로 하는 국제출원에 관하여 특허협력조약 제2조(xv)의 수리관청에 의하여 거부(같은 조약 제25조 (1)(a)) 또는 선언(같은 조약 제25조 (1)(a) 또 (b))되거나 국제사무국에 의하여 인정(같은 조약 제25조 (1)(a))이 된 때에는 이를 특허청장에게 결정을 하여 줄 것을 신청할 수 있다(같은 조약 제25조 (2)(a)).

특허청장은 이러한 신청에 대해서 거부·선언 또는 인정이 특허협력조약 및 같은 조약 규칙의 규정에 따라 정당하게 된 것인지에 관하여 결정을 하여야 하는바, 여기에서 정당하게 된 것이 아니라고 결정을 한 때에는 그 결정에 관한 국제출원은 그 국제출원에 대하여 거부·선언 또는 인정이 없었다면 국제출원일로 인정할 수 있었던 날에 출원된 실용신안 등록출원으로 본다(실용신안법 40③④).

② 결정에 의하여 특허출원으로 되는 국제출원

i. 특허출원으로 하는 국제출원에 관하여 특허협력조약 제2조 (xv)의 수리관청에 의하여 거부(같은 조약 제25조 (1)(a)) 또는 선언(같은 조약 제25조 (1)(a) 또는 (b))되거나 국제사무국에 의하여 인정(같은 조약 제25조(1)(a))이 된 때에는 이를 특허청장에게 결정(같은 조약 제25조 (2)(a))을 하여 줄 것을 신청할 수 있다(법 214①).

ii. 특허청장은 위의 신청에 대하여 거부·선언 또는 인정이 특허협력조약 및 같은 조약 규칙의 규정에 따라 정당하게 된 것인지에 관하여 결정을 하여야 하고(법 214③) 정당성 여부의 결정을 한 때에는 그 결정의 등본을 국제출원의 출원인에게 송달하여야 한다(법 214⑤). 여기에서 거부·선언·인정이 정당하게 된 것이 아니라고 결정을 한 때에는 그 결정에 관한 국제출원은 그 국제출원에 대하여 거부·선언 또는 인정이 없었다면 국제출원일로 인정할 수 있었던 날에 출원된 특허출원으로 본다(법 214④).

iii. 특허출원으로 되는 국제출원에 관한 출원공개

특허출원으로 되는 국제출원에 관한 출원공개에 관하여는 특허청장은 다음의 어느 하나에 해당하는 날부터 1년 6월이 경과한 때 또는 특허법 제201조 제1항의 우선일부터 1년 6월이 경과하기 전이라도 출원인의 신청이 있는 때에는 지식경제부령이 정하는 바에 따라 그 특허출원에 관하여 특허공보에 게재하여 출원공개를 하여야 한다. 다만 특허청구범위가 기재되지 아니한 명세서를 첨부한 특허출원 및 등록공고를 한 특허의 경우에는 출원공개의 대상이 되지 아니한다.

(i) 조약에 의한 우선권주장을 수반하는 특허출원에 있어서는 그 우선권주장의 기초가 된 출원일
(ii) 국내우선권주장을 수반하는 특허출원에 있어서는 선출원의 출원일
(iii) 위 (i) 또는 (ii)에 의한 2이상의 우선권주장을 수반하는 특허출원에 있어서는 해당 우선권주장의 기초가 된 출원일 중 최선일
(iv) 위 (i) 내지 (iii)의 어느 하나에 해당하지 아니하는 특허출원에 있어서는 그 특허출원일

iv. 특허출원으로 되는 국제출원에의 준용규정

국제특허출원에 관하여는 특허법 제199조(국제출원에 의한 특허출원) 제2항에 의하여 같은 법 제54조(조약에 의한 우선권주장), ii) 같은 법 제200조(공지 등이 되지 아니한 발명으로 보는 경우의 특례)에 의하여 국제특허출원한 발명에 관하여 제30조(공

지 등이 되지 아니한 발명으로 보는 경우), iii) 같은 법 제201조(국제특허출원의 번역문) 제4항 내지 제8항, iv) 같은 법 제202조[특허출원 등에 의한 우선권주장의 특례(국내우선권주장)] 제1항 및 제2항, v) 같은 법 제208조(보정의 특례), vi) 같은 법 제210조(출원심사청구시기의 제한) 및 제213조(특허의 무효심판의 특례)는 같은 법 제214조(결정에 의하여 특허출원으로 되는 국제출원) 제4항에 의하여 특허출원으로 되는 국제출원에 관하여 이를 준용한다(법 214⑥).

③ 국제출원으로의 거부 등에 대한 결정 후 변경

위의 ①, ②와 같은 특허청장의 결정에 의하여 특허출원으로 간주되는 국제출원에서 실용신안 등록출원으로 변경되거나 또는 실용신안 등록출원으로 간주되는 국제출원에서 특허출원으로의 변경은 앞의 "1)"의 경우와는 달리 그 결정이 있은 후는 할 수 있다. 이는 이미 결정의 신청을 할 때 수수료납부나 번역문 등이 제출되어 있기 때문이다.

2. 부적법한 변경출원

변경출원이 부적법하게 이루어진 경우에는 위의 출원일의 소급·변경출원의 독립성·원출원의 취하·특허출원심사청구의 특례·국제특허출원에서의 특례 등이 인정되지 아니함은 물론이다. 여기에서 "부적법한 변경출원"이라 함은 i) 변경출원의 기초가 된 실용신안 등록출원의 출원서에 최초로 첨부된 명세서 또는 도면에 기재된 사항의 범위 안에서 한 출원이 아닌 것, ii) 변경출원시의 발명의 내용과 변경출원 후 원 실용신안 등록출원 고안의 내용이 완전불일치하거나 일부 불일치하는 것, iii) 변경출원시 원 실용신안 등록출원이 이미 포기·무효 또는 취하되어 특허청에 계속 중에 있지 아니한 것 iv) 특허청구범위를 기재하지 아니한 명세서를 특허출원시에 첨부하여 특허출원한 변경출원으로서 그 특허출원 당시에 이미 특허법 제42조 제5항 제1호에 따른 명세서의 보정기간이 경과된 경우, 즉 다음의 ⓘ 내지 ⓘⓥ의 어느 하나에 해당하는 날부터 1년 6개월까지의 명세서 보정기간이 경과된 경우,

ⓘ 조약에 의한 우선권 주장을 수반하는 특허출원으로의 변경출원에 있어서는 그 우선권 주장의 기초가 된 실용신안 등록출원일

ⓘⓘ 국내 우선권 주장을 수반하는 특허출원으로의 변경출원에 있어서는 선출원의 출원일

ⅲ ⅰ 또는 ⅱ에 의한 우선권 주장을 수반하는 특허출원으로의 변경출원에 있어서는 해당 우선권 주장의 기초가 된 출원일 중 최선일
ⅳ ⅰ 내지 ⅲ의 1에 해당하지 아니하는 특허출원으로의 변경출원에 있어서는 실용신안 등록출원일

등을 말한다. 다만 i), ii)의 경우 실무적으로는 변경출원 후 보정에 의하여 그러한 흠결들이 치유되면 적법한 변경출원으로 인정하고 있다.

제7절 우선권주장제도

Ⅰ. 조약에 의한 우선권주장제도

1. 서 설

(1) 서 론

국제출원은 파리협약의 체약국에서 또는 체약국에 대해 [광역특허(예 : 유럽특허)] 취해지는 선출원에 의한 우선권을 주장하는 신청을 할 수 있다(특허협력조약 제8조 (1)). 이 경우의 우선권주장의 조건 및 효과는 파리협약 제4조의 규정에 따른다(특허협력조약 제8조 (2)(a)). 따라서 국제출원에서 파리협약에 따른 우선권을 이용하는 것, 즉 타 동맹국에 한 출원을 기초로 하여 우선권을 주장하는 것은 특허협력조약이 당연히 인정하고 있는 것이고 이점에 대해서는 특별히 문제되는 것이 없다.

(2) 의 의

"우선권(right of priority)"이라 함은 파리협약에 의하여 동맹국의 1국에 특허출원을 한 후 그 특허출원발명과 동일한 발명을 1년 이내에 다른 동맹국의 1국에 출원했을 경우 그 사이에 타인의 특허출원이 있다 하더라도 이를 이유로 후원인 특허출원을 거절할 수 없을 뿐만 아니라 후원에 관련되는 권리를 제한하는 어떤 한 제3자의 권리도 발생시킬 수 없다는 제도이다. 즉 동맹국의 1국에 특허출원을 한 자가 그 특허출원발명과 동일한 발명을 1년 이내에 다른 동맹국에 특허출원을 한 경우 특허법 제29조에 의한 신규성·진보성 등의 특허요건과 같은 법 제36조에

의한 선원의 규정을 적용함에 있어서 그 특허출원의 출원일은 최초의 동맹국 1국에 특허출원한 날에 출원된 것과 동일하게 인정해주는 것을 우선권이라고 하고 이러한 주장을 우선권주장이라고 한다. 이와 같이 우선권이란 어떤 동맹국에서 최선(first)으로 정규(duly)의 출원을 한 자 또는 그 승계인이 일정기간 내에 ㄷ른 동맹국에 동일한 발명에 대하여 출원을 하는 경우 출원순위 및 신규성 판단에 있어 그 최선출원일을 기준으로 할 수 있는 출원에 부수한 파리협약상의 권리이다. 이 우선권제도야말로 동맹각국의 속지주의 원칙에 대하여 중대한 절차적 예외를 국제협력주의에 의하여 확립한 것으로서 이는 파리협약가입의 주요유인책이 되기도 한다. 이와 같은 협약에 의한 우선권제도는 특허법에 의해 채용된 제도로서 파리협약에 근거하고 있다. 이 파리협약의 조건과 효과는 특허협력조약[이하 "PCT" (Patent Cooperation Treaty)]라 한다]에서도 그대로 적용되고 있다(법 54, 파리협약 4, PCT 8(2)).

(3) 제도적 취지

우선권주장제도가 세계적으로 선용되고 있는 것은 본래 지적재산권 자체가 국제성이 강한 권리임에도 특허제도는 원칙적으로 국내법에 의한 속지주의를 지향하고 있기 때문에 새로운 발명에 대해 국제적 규모로 보호를 받고자 할 경우 발명특허를 받고자 하는 나라마다 개별적으로 특허출원을 하여 특허권을 취득하여야 한다. 이 경우 외국 여러 나라에 동시에 출원을 하는 것은 시간·거리·문자·언어·절차·경비 등의 제약으로 그리 용이한 일이 아닐 뿐만 아니라 이 경우 자칫 최선국출원발명이 제3국에 모인출원될 우려가 있고 또한 특허를 받고자 하는 각국에서의 특허발명에 관한 시장성도 불투명하므로 이러한 점을 고려할 때 일정한 유예기간의 설정이 필요하기 때문에 이를 극복하고 진정한 선원자의 지위를 국제적으로 확보, 보호하려는 취지에서 마련된 제도이다.

2. 우선권주장의 요건

(1) 출원인의 동일성

동맹국의 최초의 출원인 또는 그 승계인은 다른 동맹국에 출원할 권리를 가진다. 따라서 우선권주장의 기초가 되는 선출원의 출원인과 우선권주장을 수반하는 후출원의 출원인은 동일인이거나 그 승계인이어야 한다. 이러한 출원인은 상호주의 인정국, 파리협약동맹국 국민(파리협약 제2조 : 동맹국 국민에 대한 내국민대우) 또는 비동맹국 국민으로서 어느 동맹국의 영역 내에서 주소 또는 진정하고 실효적인 공업상 또는 상업상의 영업소를 가진 자(파리협약 13 : 동맹국 국민과의 동일한 대우)이어야 한다.

(2) 발명의 동일성

우선권주장의 기초가 되는 선출원의 발명과 우선권을 주장하는 후출원의 발명의 내용은 실질적으로 동일성이 유지되어야 한다(파리협약 제4E조 제1항·제2항). 따라서 후출원의 발명이 선출원의 발명과 동일성이 유지되는 한 그 출원의 형식에 있어서는 별문제가 되지 않는다. 그러므로 어느 동맹국 1국에서 발명으로 특허출원한 것을 다른 동맹국의 1국에 고안으로 실용신안 등록출원을 하거나 또는 디자인등록출원을 하여도 무방하다. 여기에서 발명의 동일성이라 함은 1특허출원의 범위의 단일성을 의미하는 것으로서 이는 우선권주장의 기초가 되는 최초의 출원과 우선권주장을 수반하는 출원사이에 반드시 명세서·도면 및 특허청구범위의 완전일치를 의미하는 것은 아니고 그 발명의 내용이 우선권주장을 수반하는 후출원에 포함되어 있느냐를 기준으로 한다. 따라서 양자사이에 상이한 점이 있다 하더라도 우선권주장의 기초가 되는 최초의 출원서류의 기재전체로 보아 명확히 기재되어 있으면 동일발명이라고 할 수 있다(파리협약 4H). 그러므로 1국에서의 발명과 2국에서의 발명이 동일성만 유지되면 양국의 발명이 완전일치하지 아니하더라도 문제가 되지 아니한다.

(3) 출원의 정규성

우선권주장의 기초가 되는 어떤 동맹국 1국에서의 최초의 특허출원은 당해국의 특허제도에 의한 소정의 법정절차에 의한 정규의 특허출원으로 인정된 것이어야 한다. 이와 같이 인정된 출원의 정규성은 그 후 당해 출원이 무효되거나 또는 취하·포기·거절된다 하더라도 이를 기초로 우선권을 주장할 수 있다(파리협약 제4조 A3).

(4) 출원의 최선성

우선권주장의 기초가 되는 최초의 출원은 어떤 동맹국 1국에서의 최선의 출원은 물론 다른 동맹국에서도 최선의 출원이어야 한다(파리협약 제4조 A3).

(5) 출원의 기간성

우선권을 주장하기 위해서는 우선권주장의 기초가 되는 최초출원의 출원일로부터 1년 이내에 특허출원을 하지 아니하면 우선권을 주장할 수 없다(법 54②).

3. 우선권의 유형

(1) 단일우선권

1국에 출원한 하나의 특허출원발명을 기초로 하여 2국에 출원하는 경우로서 이는 특허법 제45조 제1항 본문의 규정에 의한 1발명 1특허출원의 원칙에 해당하는 경우에 한하여 우선권이 인정되며, 이를 단일우선권이라 한다. 조약에 의한 우선권의 대부분이 단일우선권에 의하여 주장되고 있다.[105)]

(2) 복합우선권

1국에 출원한 2이상의 특허출원발명을 하나로 묶어 이를 기초로 하여 2국에 출원하는 경우로서 그것이 발명의 단일성, 즉 특허법 제45조 제1항 단서에서 규정한 하나의 총괄적 발명의 개념을 형성하는 1군(群)의 발명에 해당하는 경우에 한하여 우선권이 인정되며, 이를 복합우선권이라 한다. 여기에서 유의할 것은 복합우선권주장에 있어서 발명의 내용(특허청구범위의 청구항에 기재된 내용)이 결합형태로 나타날 경우에는 발명의 목적인 발명이 해결하고자 하는 과제가 달라지기 때문에 인정될 수 없다. 그러나 기술적 사항 즉 발명의 과제해결수단인 발명의 내용에 따라 수치한정적인 요소가 포함되는 경우에는 결합의 형태로 가능하다. 예를 들면 1국의 명세서에 발명의 일골탄산수가 1~5만을 기재한 A와 6~10만을 기재한 B의 출원이 있을 경우 2국에서는 1~10만까지 한정시킬 경우에는 결합의 형태로 가능하다.[106)]

(3) 부분우선권

1국의 출원에는 없었던 새로운 발명의 구성부분이 2국의 특허출원에 포함되는

105) 지적재산권법, 황의창, 법지사, 2001.3.2, 148~149면.

106) 지적재산권법, 황의창, 법지사, 2001.3.2, 148~149면.

경우 그 새로운 구성부분에 대하여는 우선권이 인정되지 아니하고 2국출원일을 기준으로 그 출원발명의 특허요건(법 29) 및 선원(법 36)을 판단하여 특허여부를 결정한다. 그러나 1국출원에 포함되어 있는 부분에 대하여는 우선권이 인정된다.

이와 같이 부분우선권주장에 있어서는 새로운 구성요소는 인정되지 아니하고 1국출원에 포함되어 있는 부분에 대해서만 우선권이 인정되지만 결합의 형태로 이루어진 발명(청구항)에 대해서는 1국에 출원된 발명까지 신규성판단에 있어서 소급효가 적용되지 아니한다. 예를 들면 출원된 발명이 크롬 및 알루미늄을 병용한 것을 특징으로 하는 자석이고 선출원이 "크롬으로 …"만 일 때는 우선권은 인정되지 않는다. 양자는 각각 독립하여 발명을 구성하는 경우에 한하여 작용하며 1국의 출원서에 기재된 발명에 다른 구성요소를 결합시킨 경우에는 우선권주장을 인정하지 않는다.[107)]

4. 우선권주장의 절차

(1) 우선권주장 서류의 제출 및 제출기간

1) 특허출원서의 제출 및 제출기간

조약에 의한 우선권주장을 하고자 하는 자는 특허출원시 우선권주장의 취지, 최초로 출원한 국명 및 출원의 연월일을 기재한 특허출원서를 우선권주장의 기초가 되는 최초의 출원일부터 1년 이내 특허청장에게 제출하여야 한다(법 54②③).

2) 우선권증명서류제출서 등의 제출 및 제출기간

특허출원서의 기재사항을 증명하는 우선권증명서류, 즉 최초로 출원한 국가의 정부가 인정하는 서류로서 특허출원의 연월일을 기재한 서면, 발명의 명세서 및 도면의 등본 등 서류 또는 최초로 출원한 국가의 특허출원의 출원번호를 기재한 서면(여기에서 "국가"라 함은 특허청과 외국의 특허업무를 담당하는 행정기관에 우선권증명서류를 전자적 매체에 의하여 교환할 수 있는 체제가 구축된 국가로서 특허청장이 고시하는 국가를 말한다)을 소정의 우선권증명서류제출서(법시행규칙 별지 제13호 서식)에 첨부하여 ⅰ) 조약당사국에 최초로 출원한 출원일, ⅱ) 그 특허출원이 특허법 제55조 제1항에 의한 국내우선권주장을 수반하는 경우에는 그 우선권주장의 기초가 되는 출원일, ⅲ) 그 특허출원이 특허법 제54조 제3항의 규정에 의한 다른 우선권

---

107) 지적재산권법, 황의창, 법지사, 2001.3.2, 148~149면.

주장을 수반하는 경우에는 그 우선권주장의 기초가 되는 출원의 출원일, 위 ⅰ) ⅱ) ⅲ)의 출원일 중 최선일부터 1년 4월 이내에 제출하여야 한다(법 54④⑤, 법시행규칙 25①②).

3) 우선권증명서류에 대한 국어번역문의 제출 및 제출기간 등

① 국어번역문의 제출 및 제출기간

특허청장 또는 특허심판원장은 심사·심판을 위하여 필요한 경우 우선권주장을 한 자에 대하여 기간을 정하여 우선권증명서류에 대한 국어번역문을 제출하도록 명할 수 있다(법시행규칙 25③).

② 국어번역문 제출방법

우선권증명서류에 대한 국어번역문 제출명령을 받은 자가 그 번역문을 제출하고자 하는 경우에는 소정의 서류제출서(법시행규칙 별지 제13호 서식)에 의한다(법시행규칙 25④). 다만, 우선권주장에 관한 서류 중 발명의 명세서 및 도면의 기재내용이 특허출원서에 첨부된 명세서 및 도면의 기재내용과 동일한 부분에 대하여는 그 취지를 기재하고 국어번역문의 제출을 생략할 수 있다(법시행규칙 25④ 단서).

③ 국어번역문 미제출시 우선권주장의 무효

특허청장 또는 특허심판원장은 우선권증명서류에 대한 국어번역문의 제출명령을 받은 자가 위 ② 후단의 우선권증명서류에 대한 국어번역문의 생략요건에 해당하지 않음에도 지정된 제출기간 내에 그 번역문을 제출하지 아니한 경우에는 그 우선권주장을 무효로 할 수 있다(법시행규칙 25⑤).

(2) 우선권증명서류의 미제출시 우선권주장의 효력상실

조약에 의한 우선권을 주장한 자가 ⅰ) 조약당사국에 최초로 출원한 출원일, ⅱ) 그 출원일이 국내우선권주장(법 55①)을 수반하는 경우 그 우선권주장의 기초가 되는 출원일, ⅲ) 그 특허출원이 특허법 제55조 제3항의 규정에 의한 다른 우선권주장을 수반하는 경우에는 그 우선권주장의 기초가 되는 출원의 출원일, 위 ⅰ) ⅱ) ⅲ)의 출원일 중 최선일부터 1년 4월 이내에 최초로 출원한 국가의 정부가 인성하는 서류로서 특허출원의 연월일을 기재한 서면, 발명의 명세서 및 도면의 등본 또는 최초로 출원한 국가의 특허출원의 출원번호를 기재한 서면을 제출하지 아니한 경우에는 그 우선권주장은 효력을 상실한다(법 54⑥, 파리협약 제4조 D④).

5. 우선권주장의 보정·추가

조약에 의한 우선권주장을 한 자 중 우선권주장요건을 갖춘 자, 즉 우선권주장의 기초가 되는 최초의 출원일부터 1년 이내에 특허출원을 한 자는 위 (2)의 i)·ii)·iii)의 출원일 중 최선일로부터 1년 4월 이내에 당해 우선권주장을 보정하거나 추가할 수 있다(법 54⑦).

6. 우선권주장의 효과

(1) 출원일의 소급

우선권주장이 인정된 출원은 특허요건(법 29) 및 선출원의 지위(법 36)에 있어서 파리협약동맹국 1국의 최초출원일로 소급하는 효력을 갖는다(법 54①). 이는 우선권주장기간 중에 행하여진 행위로부터 우선권을 수반한 출원자체를 보호하는 우선권의 기본적 효력이다(파리협약 4조 B). 즉 어떤 동맹국 1국에 우선권주장의 기초가 되는 최초의 특허출원을 하고 그 후에 이와 동일한 발명을 다른 동맹국 2국에 출원한 경우와 같이 최초출원국인 1국에의 선출원일과 다른 2국에의 후출원일 사이에 제3자가 동일한 발명을 출원하여 신규성 및 선원성 상실사유가 발생하였다 하더라도 이를 이유로 다른 2국에의 후출원을 거절할 수 없다. 왜냐하면 2국에의 후출원은 1국에의 선출원일에 출원한 것으로 보아 그 후출원의 출원일은 최선출원의 출원일로 소급하기 때문이다.

(2) 출원일의 불소급

조약에 의한 우선권주장출원이라고 하여 모두 무조건적으로 당사국 1국에의 최초출원일을 2국에 출원일로 소급되는 것이 아니고 다음과 같은 분할출원의 출원일 및 변경출원의 출원일의 소급효는 분할출원의 모체가 된 특허출원 및 변경출원의 기초가 된 실용신안 등록출원의 경우에는 인정되지 아니하고 분할출원 및 변경출원의 출원일에 출원한 것으로 본다.

1) 분할출원의 경우

2이상의 발명을 하나의 특허출원으로 한 경우 소정의 특허출원의 보정기간이내에 그 일부를 하나 이상의 특허출원으로 분할출원한 경우, 그 분할출원은 그 분할출원의 모체출원의 출원일에 출원한 것으로 본다. 그러나 그 분할출원에 대하여 조약에 의한 우선권주장을 할 때에는 당해 분할출원시에 출원한 것으로 보아 출원일의 소급효가 인정되지 아니한다.

2) 변경출원의 경우

실용신안 등록출원을 한 자는 그 실용신안등록출원에 관하여 최초의 거절결정등본을 송달받은 날까지 그 실용신안 등록출원의 출원서에 최초로 첨부된 명세서 또는 도면에 기재된 사항의 범위 안에서 그 실용신안 등록출원을 특허출원으로 변경할 경우 그 변경출원은 실용신안 등록출원을 한 때에 출원한 것으로 본다. 그러나 그 변경출원에 대하여 조약에 의한 우선권주장을 한 때에는 변경출원의 출원일은 그 변경출원의 기초가 되는 실용신안 등록출원일 되는 것이 아니고 당해 변경출원시에 출원한 것으로 보아 출원일의 소급효가 인정되지 아니한다(법 53② 단서 3).

(3) 권리발생의 저지효력

우선권은 우선권주장기간 중에 행한 제3자의 행위로 인한 권리발생을 저지하는 효력을 갖는다(파리협약 제4조 B). 즉 어떤 동맹국 1국에 최초출원을 하고 이와 동일한 발명을 다른 동맹국 2국에 출원한 경우 그 1국 출원일부터 2국 출원일사이에 제3자가 동일한 발명을 실시하더라도 선사용권이 발생하지 아니한다. 이 경우 제3자의 실시가 선의이던 악의이던 이를 묻지 아니한다.

(4) 출원형식불구 우선권주장의 인정

우선권주장의 기초가 되는 최초의 선출원발명과 우선권주장을 수반하는 후출원발명(후출원고안을 포함한다)이 동일성이 유지되는 한 그것이 특허출원발명이던 실용신안 등록출원을 기초로 한 변경출원의 특허발명이면 그와는 반대로 특허출원을 기초로 한 변경출원의 실용신안등록고안이던 출원의 형식에는 구애받지 아니하고 우선권은 인정된다(파리협약 제4조 H). 다만 우선권주장의 기초가 되는 출원서에 최초로 첨부된 명세서 또는 도면에 기재된 사항의 범위를 벗어난 경우에는 예외이다.

(5) 우선권의 이익을 보유한 채 출원의 변경

1특허출원에 2이상의 발명을 포함하고 있는 경우 및 실용신안 등록출원의 고안이 발명성이 있는 경우 심사에 의하여 또는 출원인 스스로에 의하여 우선권의 이익을 보유한 채 분할출원 및 변경출원을 할 수 있다(파리협약 제4조 G). 이를 위해 특허법은 다음과 같은 예외규정을 두어 이를 수용하고 있다.

1) 분할출원시 출원한 것으로 간주

2이상의 발명을 하나의 특허출원으로 한 경우에 있어서 우선권을 주장하고자하는 자가 특허출원시 특허출원서에 그 취지, 최초로 출원한 국명 및 출원의 연월일을 기재하여 분할출원을 한 경우 당해 분할출원시에 출원한 것으로 본다(법 52② 단서 3).

2) 변경출원시 출원한 것으로 간주

실용신안 등록출원을 특허출원으로 변경한 경우에 있어서 우선권을 주장하고자 하는 자가 특허출원시 특허출원서에 그 취지, 최초로 출원한 국명 및 출원의 연월일을 기재하여 변경출원을 한 경우 당해 변경출원을 한 때에 출원한 것으로 본다(법 53② 단서 3).

(6) 우선권주장의 기준

위의 (4)외에 생산방법의 추정규정(법 129)도 우선권주장을 기준으로 하여 판단하고 있다.

Ⅱ. 국내우선권 주장제도

1. 서 설

(1) 의 의

"국내우선권주장"이라 함은 특허법상 특허출원 등에 의한 우선권주장을 지칭하는 것으로서 조약에 의한 우선권주장과 구별하기 위하여 강학상 사용한 용어이다.[108)]

108) 특허법상 특허출원 등에 의한 우선권주장이라고 규정하고 있으나 조약에 의한 국제간의 우선권주장과 구분하기 위하여 강학상의 "국내우선권주장"이란 용어를 사용하는 것이 일반

이는 우리나라에 정규의 특허출원 또는 실용신안 등록출원을 한 자나 그 승계인이 먼저 출원한 선출원을 기초로 하여 특허출원 또는 실용신안 등록출원을 하는 경우 그 후출원에 대하여 특허요건(법 29) 및 선출원(법 36)에 관한 규정을 적용함에 있어서 그 선출원의 출원시에 출원한 것으로 출원일을 소급하는 절차상의 제도를 말한다.

그러므로 선출원과 후출원이 합해서 하나의 특허가 되는 제도로서 이는 기본적인 발명에 대한 출원에서 개량발명에 대한 출원을 하나로 묶어 새로운 출원으로 하는 것을 가능케 하는 것이므로 당연히 선출원은 적당한 시기에 취하된 것으로 간주함으로써 우선권주장의 기초가 된 선출원과 우선권주장을 수반하는 후출원이 각기 존재함으로써 발생하는 중복심사 등의 폐단을 피할 수 있다. 따라서 이 제도의 기본이념은 국내에 선출원된 발명을 기초로하여 개량·이용한 경우에 한하고 내·외국인을 불문한다.

그러나 다음의 1)부터 4)까지의 어느 하나에 해당하는 경우에는 국내선출원에 의한 우선권주장을 할 수 없다(법 55① 각호).

1) 그 특허출원이 선출원의 출원일부터 1년이 지난 후에 출원된 경우
2) 선출원이 특허법 또는 실용신안법에 의한 분할출원이나 변경출원인 경우
3) 그 특허출원을 할 때에 선출원이 포기·무효 또는 취하된 경우
4) 그 특허출원을 한 때에 선출원이 특허여부의 결정, 실용신안등록여부의 결정 또는 거절한다는 취지의 심결이 확정된 경우

(2) 국내 우선권주장제도의 도입배경

국내 우선권주장제도는 1990년 개정법(1990.1.13 법률 제4207호)에서 채택한 제도로서 개정전법이 선출원의 명세서·도면이 불비하여 보정하는 경우 요지변경을 이유로 거절하거나 선출원발명에 대한 개량발명이나 이용발명을 출원하는 경우 선출원과의 저촉을 이유로 거절할 수가 있었다.

따라서 개정법에서는 이러한 거절의 소지를 없애기 위하여 선출원에 대한 명세

적이다. 참고로 조약(파리협약)에 의한 우선권주장제도는 본래 자국에 한 출원을 외국에 하는 경우에는 i) 출원서류작성 등 절차를 밟는 데 상당한 기간을 요하고, ii) 외국에의 출원절차는 많은 비용과 노력을 필요로 하는바 이러한 점을 고려하여 일정한 유예기간을 둠으로써 원칙적으로 자국에 한 출원일에 외국출원을 한 것과 같은 효력을 주려는 것이다. 이에 대해 국내우선권주장제도는 최초의 기본적인 발명에 대한 출원에서 후에 개량발명 등에 대한 출원을 하거나 그 최초의 기본적 발명에 대한 보정을 하는 경우 이들을 각각 하나의 발명으로 합하여 새로운 특허출원을 할 수 있게 하여 기술개발의 성과를 포괄적 형태의 특허권으로 보호할 수 있도록 제도화한 것이다.

서 또는 도면의 기재사항의 보정이 특허출원서에 최초로 첨부된 명세서 또는 도면에 기재된 사항의 범위를 벗어날 수 있다고 판단될 때 아예 보정에 의하지 않고 또 선출원발명에 대한 개량발명이나 이용발명의 출원이 선출원과 저촉된다고 판단될 때에는 아예 보정이나 별개의 출원을 하지 아니하고 국내 우선권주장에 의하여 각각 별개의 신규출원과 선출원발명과 합하여 하나의 발명으로 출원하도록 함으로써 심사관의 거절결정의 남용을 방지함은 물론 진정한 발명의 보호를 위한 제도적 보완을 기하기 위함이다. 이를 보다 자세히 살펴보면

1) 종래 기술개발의 성과를 포괄적으로 보호하려면 기본적 발명을 기초로 한 개량발명, 이용발명 등을 별도로 출원하거나 원출원에 실시예를 추가하여 보정을 하지 않으면 아니되어 다음과 같은 문제점이 있었다.

① 원출원 A에 관계되는 발명에 대해 특허가 되면 별개의 출원 B와 관계되는 발명은 원출원과 동일하다고 하여 거절되는 경우가 있다. 그럼에도 불구하고 그 후 B와 관계되는 발명의 태양과 동일한 것을 타인이 실시한 경우 당해 특허발명 A에 관계되는 발명의 기술적 범위에 속하지 않게 되는 경우가 있다.

② 선출원에 대하여 보정을 하는 경우 출원최초명세서 등에 기재된 사항의 범위를 벗어난 것이라 하여 보정각하되는 경우가 있는가 하면 출원최초명세서 등에 기재된 사항의 범위 안에서 한 것이라 하여 그대로 받아들여진 보정인데도 불구하고 특허 후 출원최초명세서 등에 기재된 사항의 범위 밖의 사항으로 인정되는 경우가 있다. 이 경우 당해 보정에 관계되는 출원전체의 출원일이 지연되기도 한다.

2) 외국인과의 형평성문제이다. 외국인은 파리협약상의 우선권을 주장하여 우리나라에 출원하는 경우에는 일련의 발명에 대해 복수출원을 하나로 묶거나 신규사항을 추가하여 출원할 수 있으므로 하나의 출원으로 권리를 포괄적으로 취득하는데 유리하다. 이에 반해 내국인은 국내우선권주장제도를 채택하기 이전에는 이러한 이점을 누릴 수 없는 등의 내외국인 간에 불균형현상이 나타나기도 하였다.

위와 같은 문제점을 해소하기 위하여 최초의 기본적인 발명에 대한 출원에서 후에 개량발명이나 이용발명 또는 보정사항을 하나로 묶어서 새로운 특허출원을 할 수 있게 하여 기술개발의 성과를 포괄적 형태의 특허권으로 보호할 수 있도록 하려는 것이다.

3) 위의 1), 2)의 불합리한 점을 극복하고 출원인의 보호는 물론 진정한 발명을 보호하고자 하는 취지에서 국내우선권주장제도를 도입하게 되었다. 또한 국내우선권주장제도를 도입함으로써 특허협력조약(PCT)에 의한 국제출원에서 우리나라를 지정(자기지정)하여 우선권주장을 할 수 있게 되었다.

(3) 국내 우선권주장의 제도적 취지

새로운 발명의 착상과 기술의 진보는 대부분의 경우 기본발명을 기초로 하여 개량·이용 내지 추가발명이 이루어지고 있다. 이러한 일련의 기술개발의 패턴에 따라서 기본발명이 출원된 다음 이를 원천으로 한 기술개발성과를 포괄적으로 권리화하기 위하여 보정서를 제출할 경우 출원최초명세서 또는 도면에 기재된 사항의 범위를 벗어난 것으로 보정각하의 가능성이 높기 때문에 신규출원절차를 밟게 되고 이에 따라 특허청의 심사업무도 증가되어 출원발명의 권리화가 지연되는 등 출원인과 심사관 모두에게 폐단으로 작용하고 있었다.

또한 위에서 살펴본 바와 같이 외국인의 경우 일련의 발명에 대한 2이상의 발명을 하나의 출원으로 하는 소위 복합 우선권주장이나 새로운 사항을 추가하여 출원하는 부분우선권주장을 할 수 있어 발명에 대한 권리의 취득을 포괄적으로 할 수 있다는 점에서 상당히 유의하다.

그러나 국내 우선권주장제도를 채용하고 있지 않은 국가의 국민은 이와 같은 수혜를 받지 못함으로써 외국인과의 형평성이 문제가 되고 있다. 국내 우선권주장제도는 바로 이러한 문제점들을 개선하기 위한 취지에서 창설된 제도이다.

(4) 조약에 의한 우선권주장제도와의 차이

국내 우선권주장제도는 국내에 선출원한 특허출원 또는 실용신안 등록출원을 한 자가 이를 기초로 하여 그 후에 개량·이용발명을 한 경우 이들 발명을 합쳐 하나의 특허를 받을 수 있도록 하는 제도이다. 이에 반해 조약에 의한 우선권주장제도는 하나의 발명을 여러 나라에 출원하여 특허를 받고자하는 경우 출원서류 등의 구비에 상당한 기간을 요하고 각국마다 서로 다른 언어·문자와 법절차 등의 차이로 많은 비용이 수반되며 특허발명이 실시사업에 대한 시장성여부를 조사하는데 오랜 시간이 소요되는 등 특허를 받고자 하는 나라에서의 출원발명의 권리화와 특허발명의 사업화에 상당한 어려움이 따르게 된다.

이러한 점들을 고려하여 일정한 유예기간을 두어 파리협약 동맹국 2국에의 출원일을 1국에의 최선출원일로 소급하여 출원인을 국제적으로 보호하려는 것이다. 이와 같은 양제도의 차이를 특허법을 기준으로 살펴보면 전자는 국내선출원을 기초로 하여 우리나라 특허청에 우선권을 주장하는 제도이고(법 55) 후자는 파리협약 체약국에의 선출원을 기초로 하여 우리나라 특허청에 우선권을 주장하는 제도라는 점에서 양자는 다르다.

(5) 주요국의 국내우선권 주장제도

1) 미 국

미국의 특허법은 일부계속출원(continuation in part application : CIP)제도를 두어 운용하고 있다. 이는 동일출원인에 의한 후출원의 발명이 선출원발명의 요부의 전부 또는 일부를 포함하고 있음은 물론 선출원발명에 기재되어 있지 아니한 새로운 사항을 후출원발명에 추가하여 출원한 경우까지를 인정하고 있다.

2) 영 국

영국의 특허법은 가명세서(provisional specification, 假明細書)제도를 두어 운용하고 있다. 이는 출원인이 발명의 개요(대강)를 기재한 가명세서를 우선 제출한 후 12개월 내에 정명세서(complete specification, 正明細書)를 제출할 수 있도록 하고 있다.

3) 일 본

일본의 종래 특허법은 기술개발의 성과를 포괄적으로 보호하려면 기본적 발명을 기초로 한 개량발명 등을 별도로 출원하거나 또는 원출원을 보정(실시례 추가)하지 않으면 안 되는 경우가 많은 등 절차상의 결점과 또 외국인이 파리조약상의 우선권을 주장하여 일본에 출원하는 경우 일련의 발명에 대해 하나로 묶거나 신규사항을 추가하여 출원할 수 있어 포괄적으로 권리를 취득하는데 유리하여 외국인과의 불균형 문제 등이 있어 이를 시정하기 위하여 1985년 11월 1일부터 우리나라 제도와 유사한 국내우선권주장제도를 채용하여 시행하고 있다.

2. 국내우선권주장의 요건

(1) 출원인의 동일성

우선권주장의 기초가 되는 선출원의 출원인과 우선권을 주장하는 후출원의 출원인은 동일인이거나 그 승계인이어야 한다.

(2) 발명의 동일성

우선권주장을 수반하는 후출원의 발명은 우선권주장의 기초가 되는 선출원의 발명과 동일성을 유지하여야 한다(법 55①). 따라서 후출원의 발명이 선출원의 발명과 동일성을 유지하는 한 그 출원의 형식에는 구애받지 않는다. 즉 발명으로 특허출원한 것을 고안으로 실용신안 등록출원을 하여도 무방하다. 이와 같이 우선권주장을 할 수 있는 발명은 우선권주장의 기초가 되는 선출원발명과 동일한 발명이어야 할 뿐만 아니라 그 선출원발명과 개량·이용관계에 있는 발명 및 하나의 총괄적 발명의 개념을 형성하는 1군의 발명에 속하는 발명인 경우에도 포함된다. 따라서 우선권주장의 기초가 되는 선출원발명을 계속 추가·개량한 경우 이들을 하나로 묶어서 출원할 수 있으며, 조약에 의한 우선권주장에서와 같이 부분우선권주장, 복합우선권주장이 모두 가능하다.

여기에서 국내우선권주장출원은 선출원서에 최초로 첨부된 명세서 또는 도면에 기재된 발명을 기초로 하여, 동일성은 발명의 동일성 개념으로 넓게 파악하는 것이 본 제도의 취지에 부합된다. 따라서 우선권을 주장하는 후출원의 발명이 그 우선권주장의 기초가 되는 선출원발명의 전체적인 기술적 범위에 속한다면 설령 그 후출원발명이 선출원의 출원서에 최초로 첨부된 명세서 또는 도면의 기재된 사항의 범위 안에서 이루어지지 않았다 하더라도 발명내용의 동일성이 있는 것으로 보아야 할 것이다.

(3) 선출원발명의 기초성

국내우선권주장을 수반하는 후출원은 선출원의 특허출원서 또는 실용신안 등록출원서에 최초로 첨부된 명세서 또는 도면에 기재된 발명 또는 고안을 기초로 하여 우선권을 주장하여야 한다(법 55① 본문). 따라서 선출원의 출원일 이후 보충·변경 등 요인에 의한 보정절차에 의해 보정된 명세서 또는 도면에 기재된 발명을 기초로 한 우선권주장은 할 수 없다.

(4) 선출원의 계속성

우선권주장의 기초가 되는 선출원은 우선권주장의 시점에서 유효한 출원으로 계속 중에 있어야 한다. 따라서 우선권주장의 기초가 되는 선출원이 이미 취하·포기 또는 무효가 되었거나 특허여부의 결정, 실용신안 등록여부의 결정 또는 거절한다는 취지의 심결이 확정된 경우에는 이를 기초로 하여 우선권주장을 할 수 없다(법 55① 3, 4). 그 이유는 만약 여기에서 특허결정된 선출원을 기초로 하여 우선권주장이 인정된다면 특허권이 바뀌게 되어 제3자에게 불의의 손해를 줄 수 있으며 또 업무절차의 번잡성이 초래되기 때문이다.

(5) 원출원성

우선권주장의 기초가 되는 선출원은 반드시 원출원이어야 한다. 따라서 원출원을 분할하거나 변경하여 출원한 분할출원이나 변경출원을 기초로 하여 우선권을 주장할 수는 없다(법 55①2). 그 이유는 만약 선출원에 대한 분할출원이나 변경출원을 기초한 우선권주장을 할 수 있다면 그 출원이 분할출원 또는 변경출원의 요건을 충족하고 있는지의 여부에 대하여 다시 특허청은 심사를, 제3자는 조사를 하여야 하는 부담이 따르기 때문이다.

(6) 출원의 기간성

우선권주장을 수반하는 특허출원은 우선권주장의 기초가 되는 선출원인 특허출원 및 실용신안 등록출원의 출원일부터 1년 이내의 출원이어야 한다(법 55①1). 왜냐하면 우선권주장의 기초가 되는 선출원이 출원일부터 1년의 기간이 지난 후에는 이미 그 선출원은 출원이 아니고 출원, 심사단계를 지나 특허거절결정이 되어 그 거절결정이 확정되었거나 특허결정이 되어 특허권의 설정등록이 된 후일 수 있기 때문에, 이렇게 될 경우에는 그 선출원은 우선권 주장의 기초가 될 지위를 잃게 되기 때문이다.

3. 국내우선권주장의 절차

국내우선권주장을 하려는 자는 특허출원을 할 때에 특허출원서에 그 취지와 선출원의 표시를 하여야 한다(법 55②). 그러나 조약에 의한 우선권주장과 같이 우선권주장의 인증서류 등은 제출하지 않아도 된다. 왜냐하면 우선권주장의 기초가 되는 선출원이 이미 특허청에 제출되어 계속 중에 있어 이를 활용하면 되기 때문이다.

그럼에도 불구하고 우선권주장의 증명서류를 제출하여야 한다면 이와 관련된 증명서류를 특허청장이 계속 중인 선출원서류를 근거로 하여 발급하여야 하는바, 이는 특허청장이 증명할 서류를 특허청장이 발급하게 되므로 결국 불필요한 절차를 요구하게 되어 출원인에게 번거로움과 특허청의 행정력 낭비만을 초래하게 되는 것이다.

4. 국내우선권주장의 보정·추가

국내우선권주장을 한 자 중 위의 "2. 국내 우선권주장출원의 요건", 즉 "ⅰ) 출원인의 동일성, ⅱ) 발명의 동일성, ⅲ) 선출원발명의 최초명세서 등의 기초성, ⅳ) 선출원의 계속성, ⅴ) 원출원성, ⅵ) 출원의 기간성" 등의 요건을 갖춘 자는 선출원일(선출원이 2이상인 경우에는 최선출원일)부터 1년 4개월 이내에 당해 우선권주장을 보정하거나 추가할 수 있다(법 55⑦). 이러한 우선권주장의 보정 및 추가는 당해 우선권주장의 기초가 된 선출원의 출원서에 최초로 첨부된 명세서 또는 도면에 기재된 발명을 기초로 하여야 한다(법 55①).

5. 국내 우선권주장의 효과

국내 우선권주장의 효과는 기본적으로는 파리협약에 의한 우선권주장의 효과와 같으나 그 효과에 대한 규정에 있어서는 파리협약에 의한 우선권주장의 경우보다 구체적이고 명확한 것이 특징이다.

(1) 기본적 효과

1) 소급효

① 서 론

우선권주장을 수반하는 특허출원된 발명 중 그 우선권주장의 기초가 된 선출원의 출원서에 최초로 첨부된 명세서 또는 도면에 기재된 발명일 때에는 그 발명의 출원일은 그 선출원의 출원일에 특허출원한 것으로 보는 효과를 갖는바, 이러한 소급효를 우선권주장의 기본적 효과라 한다.

② 소급효에 관한 규정

국내 우선권주장을 수반하는 특허출원된 발명 중 그 우선권주장의 기초가 된 선출원의 출원서에 최초로 첨부된 명세서 또는 도면에 기재된 발명(그 선출원이 특허법 제55조 제1항에 의한 우선권주장 또는 파리협약 제4조 D(1)에 의한 우선권주장을 수반하는 출원인 경우에는 그 선출원에 관하여 우선권주장의 기초가 된 출원의 출원시의 명세서 또는 도면에 기재된 발명을 제외한다)에 관한 소급효에 관한 규정으로는 다음에서 설명하는 i 의 (i) 내지 (iii)과 같은 규정이 있는 바, 이들 규정을 적용함에 있어서는 그 특허출원은 그 선출원의 출원시에 특허출원한 것으로 본다는 취지의 일반적 규정과 그 기본적 효과인 소급효를 달성하기 위한 관련규정의 개선을 필요로 한 보완적 규정이 있다.

i. 일반적 규정에 의한 소급효

기본적 효과인 우선권주장을 수반한 후출원의 출원일은 우선권주장의 기초가 된 선출원의 출원일로 소급하는 것으로 간주하는 소급효에 대한 일반적 규정으로는 발명의 산업상 이용성·신규성·진보성·선출원 등 기본적인 특허요건(법 29①②, 36① 내지 ③)은 물론 이것에 직접 관련되는 요건, 즉 신규성상실의 예외규정(법 30①)이나 확대된 선원의 지위(법 29③) 본문) 등이 있는데 이들의 판단시점은 당연히 우선권주장의 기초가 된 선출원의 출원시가 된다.

그 밖에도 선출원의 출원시를 판단의 기준으로 하는 다음과 같은 규정이 있다.

(i) 특허법

제96조 제1항 제3호(특허권의 효력이 미치지 아니하는 범위 : 특허권의 효력은 특허출원시부터 국내에 있는 물건에 미치지 않는다), 제98조(타인의 특허발명 등과의 관계), 제103조(선사용에 의한 통상실시권), 제105조 제1항 및 제2항(디자인권의 존속기간 만료 후의 통상실시권 : 디자인권 특허권과 저촉되는 경우 디자인권의 존속기간이 만료되는 때, i) 원 디자인권자의 당해 특허권·전용실시권에 대한 통상실시권, ii) 디자인권에 대한 전용실시권자 또는 통상실시권등록의 효력을 가진 통상실시권자의 당해 특허권 또는 디자인권의 전용실시권에 대한 통상실시권), 제129조(생산방법의 추정), 제136조 제4항(정정심판 : 특허발명의 명세서 또는 도면에 대한 정정심판청구의 정정 중 특허청구범위의 감축 및 잘못 기재된 것에 해당하는 정정은 정정후의 특허청구범위에 기재된 사항이 특허출원을 한 때에 특허를 받을 수 있는 것이어야 하는 요건의 충족)(제133조의 2 제4항에 따라 준용되는 경우를 포함한다)의 규정이다.

(ii) 실용신안법

제7조(선출원) 제3항 및 제4항, 제25조(타인의 등록실용신안 등과의 관계)의 규정이다.

(iii) 디자인보호법

제45조(타인의 등록디자인 등과의 관계), 제52조(디자인권 등의 존속기간만료후의 통상실시권) 제3항의 규정이다.

ii. 보완적 규정에 의한 소급효 등

우선권주장의 기초가 된 선출원을 특허법 제29조 제3항 본문 또는 실용신안법 제4조 제3항 본문의 규정(확대된 선원의 지위)의 다른 특허출원이나 실용신안 등록출원(이하 "타출원"이라 한다)에 해당하기 위한 보완적 규정이다.

특허법 제29조 제3항의 "타출원"은 출원공개 또는 등록공고가 전제이고 선출원은 그 선출원이 실용신안 등록출원이건 특허출원이건 다 같이 그 출원일부터 1년 3개월이 지난 때에 취하된 것으로 보는 간주취하가 되고(법 56①본문, 실용신안법 11) 출원공개가 되지 않기 때문에 특허법 제29조 제3항의 규정이 적용되지 않는 불편이 생긴다. 이러한 불편을 방지하기 위하여 필요한 의제적 규정, 즉 후출원이 출원공개되거나 특허가 등록공고된 때에 그 선출원에 관하여 출원공개가 된 것으로 간주한다는 취지의 출원공개 의제규정을 둔 것이다(법 55④).

이와 같이 국내 우선권주장을 수반하는 특허출원의 출원서에 최초로 첨부된 명세서 또는 도면에 기재된 발명 중 그 우선권 주장의 기초가 된 선출원의 출원서에 최초로 첨부된 명세서 또는 도면에 기재된 발명과 같은 발명은 그 특허출원이 출원 공개되거나 특허가 등록공고 되었을 때에 그 우선권주장의 기초가 된 선출원에 관하여 출원공개가 된 것으로 보고 확대된 선원의 지위에 관한 규정(법 29③ 본문 및 실용신안법 4③ 본문)을 적용하여 그 국내 우선권주장을 수반한 특허출원의 발명에 대하여는 특허를 받을 수 없다(법 55④).

이 경우 그 선출원이 특허협력조약에 따라 국제출원일이 인정된 국제출원으로서 특허 또는 실용신안등록을 받기 위하여 우리나라를 지정국으로 지정한 국제출원은 특허법 제199조 제1항에 따라 그 국제출원일에 출원된 특허출원으로 보는 국제출원 또는 실용신안법 제34조 제1항에 따라 실용신안 등록출원으로 보는 국제출원(특허법 제214조 제4항 또는 실용신안법 제40조 제4항에 따라 특허출원 또는 실용신안 등록출원으로 되는 국제출원을 포함한다)인 경우에는 특허법 제29조 제4항 중 "국제출원일에 제출한 국제출원의 명세서·청구의 범위 또는 도면과 그 출원번역문에 다 같이 기재된 발명 또는 고안"은 "국제출원일에 제출한 국제출원의 명세서·청구의 범위 또는 도면에 기재된 발명 또는 고안"으로 본다(법 55⑥).

그러나 국내우선권주장을 수반하는 특허출원의 출원서에 최초로 첨부된 명세서 또는 도면에 기재된 발명 중 그 우선권주장의 기초가 된 그 선출원이 국내우선권주장 또는 파리협약에 의한 우선권주장을 수반하는 출원인 경우에는 그 선출원의 출원서에 최초로 첨부된 명세서 또는 도면에 기재된 발명 중 그 선출원에 관하여 우선권주장의 기초가 된 특허출원의 출원시의 명세서 또는 도면에 기재된 발명에 대하여는 그 특허출원이 출원공개 되거나 특허가 등록공고 된 때에 그 우선권주장의 기초가 된 선출원에 관하여 출원공개가 된 것으로 보지 아니하고 확대된 선원의 지위에 관한 규정(법 29③ 본문, 실용신안법 4③ 본문)을 적용하지 아니한다(법 55⑤). 즉 제3출원에 수반된 제2출원이 특허법 제55조 제1항에 따른 국내 우선권주장 또는 파리협약에 따른 우선권주장을 수반한 출원인 경우 제2출원의 기초가 된 제1출원의 최초의 출원서에 기재된 명세서 및 도면에 기재된 발명에 대해서는 그 특허출원이 출원공개되거나 특허가 등록공고 된 때에 그 선출원에 관하여 출원공개가 된 것으로 보는 의제를 인정하지 아니한다. 이와 같이 출원공고의 의제를 인정하지 않는 것은 출원의 이중공고를 피하여 소급효의 중복인정을 방지하려는 것이다.

2) 불소급효

앞에서 살펴본 바와 같이 일반적 규정에 의한 발명의 신규성·진보성·선출원 등 기본적인 특허요건은 물론 신규성 상실의 예외규정·확대된 선원의 지위 등 기본적 요건에 직접 관련된 요건의 판단시점은 출원시이다.

그러나 국내 우선권주장을 수반하는 특허출원 된 발명 중 그 우선권주장의 기초가 된 그 선출원이 특허법 제55조 제1항에 따른 국내 우선권주장 또는 파리협약 제4조D(1)에 따른 우선권주장을 수반하는 출원인 경우에는 그 선출원의 출원서에 최초로 첨부된 명세서 또는 도면에 기재된 발명 중 그 선출원에 관하여 우선권주장의 기초가 된 출원의 출원시의 명세서 또는 도면에 기재된 발명은 그 선출원의 출원시에 출원한 것으로 보지 않는다(법 55⑤). 즉 제3출원에 수반된 제2출원이 국내 우선권주장 또는 파리협약에 따른 우선권주장을 수반하는 출원인 경우 제2출원의 기초가 된 제1출원의 최초의 출원서에 기재된 명세서 및 도면에 기재된 발명에 대해서는 출원일의 소급효를 인정하지 않는다. 이와 같이 소급효를 인정하지 아니한 것은 소급효가 이중으로 인정되는 것을 배제하려는 것이다.

(2) 우선권주장제도의 이용

1) 서 론

우선권주장제도를 이용하는 일반적 유형으로서는 출원의 단일성 제도이용의 출원형, 실시예의 보충형 및 상위개념의 추출형이 있다. 이에 대한 검토는 출원인에게는 선출원과 후출원의 관계이해나 특허청구범위와 실시예의 관계의 형성에 도움이 되고 심사관·심판관 또는 제3자에게는 이를 파악하고 이해하는데 참고가 될 것이다.

2) 우선권주장 제도이용의 일반적 유형

① 발명의 단일성 제도이용의 출원형

이는 하나의 총괄적 발명의 개념을 형성하는 1군의 발명에 대하여 1특허출원의 범위로 하는 발명의 단일성(또는 "출원의 단일성"이라고도 한다. 본서에서는 양자를 혼용한다)의 제도를 이용하는 유형으로서 순차적 착안에 의하여 얻어진 발명이 서로 "물과 그 물을 생산하는 방법", "방법과 그 방법의 실시에 직접 사용하는 기계" 등 발명의 단일성 요건(법 45① 단서)을 충족하는 경우에는 우선권을 주장하여 이것들을 묶을 수 있다.

② 실시예의 보충형

어떤 발명적 착상이 되었다 하더라도 그 착상을 실증하기까지는 오랜 시일이 소요되는 경우가 많다. 그러나 선원주의 하에서는 선원의 지위를 확보하기 위하여 신속한 출원이 요구된다. 따라서 우선 판명된 실시예를 기재하여 발명적 착상을 출원하고 그 후 실증된 실시예의 순으로 보충해 나아가는 형태이다. 예를 들면 국내우선권주장의 기초가 된 특허출원의 출원서에 최초로 첨부된 명세서에 "실시예 A"로 기재한 선출원을 국내우선권주장을 수반하는 후출원의 출원서에 첨부한 명세서에는 "실시예 A1, 실시예 A2"로 기재하는 것과 같은 경우이다.

그러나 이와 같은 실시예의 보충형은 자칫 우선권주장의 기초가 된 특허출원의 출원서에 최초로 첨부된 명세서 또는 도면에 기재된 사항의 범위를 벗어날 가능성이 있거나 실증을 통한 실시예의 보충이 늦어질 수도 있으므로 그러할 경우 먼저 기재한 선출원의 실시예에 대해서 특허를 받을 수 있으므로 유의하여야 한다.

③ 상위개념의 추출형

2이상의 착상이 기초가 되어 별개의 독립된 착상으로 발전하는 경우가 있다. 이 경우 착상되는 대로 출원하고 이것들을 기초로 한 새로운 상위개념의 착상이 얻어졌을 때 그것들을 하나로 묶어서 출원함으로써 보다 넓은 범위의 권리를 얻을 수 있다.

6. 취 하

(1) 선출원의 취하

1) 취하간주

① 내 용

국내우선권주장을 하는 경우 그 우선권주장의 기초가 된 선출원은 그 선출원이 실용신안 등록출원이건 특허출원이건 다 같이 그 출원일부터 1년 3개월이 지난 때에 취하된 것으로 간주한다(법 56① 본문, 실용신안법 11).

② 취 지

위와 같이 선출원을 취하한 것으로 간주하는 것은 우선권제도는 기본적인 발명에 대한 출원에서 개량발명에 대한 출원을 하나로 묶어 1군(群)의 발명으로 신규출원을 허용하는 것이므로 당연히 선출원은 적정한 시기에 취하된 것으로 봄으로써 우선권주장의 기초가 된 선출원과 우선권주장을 수반하는 후출원이 각각 존재함으로써 생긴 경합출원을 배제하여 중복심사나 중복공개 등 업무의 중복성을 피하려는 것이다.

③ 취하효력의 발생 시기

취하효력의 발생 시기는 우선권주장의 기초가 된 선출원이 그 출원일부터 1년 3개월을 경과한 때에 취하된 것으로 본다.

여기에서 "1년 3개월"은 우선기간[109]으로서의 1년에 우선권주장 자체와 절차에 오류가 없는지의 검토와 내용의 보정기간으로서의 3개월을 더한 것이다.

이러한 1년 3개월 이상의 기간은 우선권주장을 수반하는 후출원의 출원공개시기와의 관계로 인정하지 않는다. 우선권주장을 수반하는 후출원의 출원공개는 조약에 의한 우선권주장을 수반하는 특허출원에 있어서는 그 우선권주장의 기초가 된 출원일, 국내우선권주장을 수반하는 특허출원에 있어서는 선출원의 출원일부터 1년 6개월이 지난 후(법 64①1, 2)이기 때문이다.

---

109) 우선권주장을 할 수 있는 기간, 즉 정규의 출원을 한 자나 그의 승계인이 1국 출원의 최초의 출원일(우선일)에서 언제까지 2국에 우선권주장출원을 할 수 있는 일정한 기간을 우선기간이라고 말한다.

2) 취하간주의 예외

① 내 용

국내우선권주장의 기초가 된 선출원은 그 출원일부터 1년 3개월이 지난 때에 취하된 것으로 본다(법 56① 본문).

그러나 국내우선권주장의 기초가 된 선출원이 i) 포기·무효·각하 또는 취하된 경우, ii) 특허여부의 결정·실용신안등록여부의 결정 또는 심결이 확정된 경우, iii) 당해 선출원을 기초한 우선권주장이 취하된 경우, 이 세 경우의 어느 하나에 해당하는 경우에는 그 선출원은 취하된 것으로 보지 않는다(법 56① 단서 1 내지 3).

② 취 지

위의 i)·ii)는 당연히 취하대상이 되지 않지만 특허법 제55조 제4항의 규정과의 병열로 확인적으로 규정한 것이다. iii)은 선출원에 기초하여 복수의 후출원에 우선권주장이 수반되어 있는 경우, 그중 하나의 후출원에 대해서만 우선권주장이 취하되고 나머지 후출원에는 우선권주장이 남아 있는 경우 그 후출원의 기초가 된 당해 선출원은 취하된 것으로 본다는 것을 강조하기 위한 규정으로 해석된다.

(2) 우선권주장의 취하

1) 내 용

① 취하할 수 있는 시기

국내우선권주장을 수반하는 특허출원의 출원인 또는 그의 승계인은 선출원의 출원일부터 1년 3월 이내 그 우선권주장을 취하할 수 있고, 이 기간을 경과한 후에는 그 우선권주장을 취하할 수 없다(법 56②).

② 우선권주장의 취하간주

국내우선권주장을 수반하는 특허출원이 선출원의 출원일부터 1년 3월 이내에 취하된 때에는 그 우선권주장도 동시에 취하된 것으로 본다(법 56③).

2) 취 지

우선권주장의 절차와 출원절차는 별개의 독립된 절차이다. 따라서 위의 1)과 같은 내용이 법적, 제도적으로 확립되어 있지 않는다면 우선권주장을 수반하는 특허출원을 우선권주장의 기초가 된 선출원의 출원일부터 1년 3월 이내에 취하하였다 하더라도 우선권주장의 절차가 그대로 존속되고 있어 우선권주장의 기초가 된 선출원이 간주취하가 되기 때문에 이를 방지하고 출원인의 편의를 도모하기 위하여 우선권주장취하에 관한 규정을 둔 것이다(법 56①②).

Ⅲ. 국제특허출원에 관한 우선권주장의 특례

1. 조약에 의한 우선권주장에 관한 규정의 적용제외

특허협력조약(이하 “PCT”라 한다)의 규칙에 따라 출원서·명세서·청구의 범위·필요한 도면 및 기술정보용 초록을 포함한 일련의 국제출원은 파리협약의 당사국에서 또는 본 조약의 당사국에 대하여 행하여진 선출원에 의한 우선권을 주장할 수 있다(PCT 제8조 1). 그러나 PCT에 의하여 국제출원일이 인정된 국제출원으로서 특허를 받기 위하여 우리나라를 지정국으로 지정한 국제출원은 그 국제출원일에 출원된 특허출원으로 본다(법 199①). 이와 같은 특허출원으로 보는 국제출원(이하 “국제특허출원”이라 한다)에 관하여는 파리협약에 의한 우선권주장을 규정하고 있는 특허법 제54조의 규정은 이를 적용하지 아니한다(법 199②).

이는 PCT에 의하여 1국에서 국제출원일이 인정된 국제출원을 2국에 출원할 경우 1국에의 국제출원일에 출원된 특허출원으로 간주되기 때문에 2국에서의 PCT 국제특허출원에 대한 국제출원일과 파리협약에 의한 우선권주장의 출원일이 중복되기 때문에 이를 방지하려는 것이다.

2. 국내우선권주장의 특례

(1) 국내우선권주장에 관한 규정의 적용제외

국제특허출원에 관하여 ⅰ) “국내우선권을 주장하고자 하는 자는 특허출원시 특허출원서에 그 취지 및 선출원의 표시를 하여야 한다”는 특허법 제55조 제2항 및 ⅱ) “국내우선권주장을 수반하는 특허출원의 출원인은 선출원의 출원일부터 1

년 3월을 경과한 후에는 그 우선권주장을 취하할 수 없다"는 같은 법 제56조 제2항의 규정은 이를 적용하지 아니한다(법 202①).

위 ⅰ)의 경우는 PCT에 의한 국제특허출원시 국제출원을 하고자 하는 자가 국제출원의 출원서에 a) 당해 출원이 PCT에 의한 국제출원이라는 표시, b) 당해 출원한 발명의 보호가 요구되는 PCT제약국의 지성, c) 위 b)의 지성국 중 PCT 제2조 (ⅳ)의 지역특허(예 : 유럽특허)를 받고자 하는 경우 그 취지, d) 출원인의 성명이나 명칭·주소나 영업소 및 국적, e) 대리인이 있는 경우에는 그 대리인의 성명 및 주소나 영업소, f) 발명의 명칭, g) 발명자의 성명 및 주소나 영업소(지정국의 법령에 발명자에 관한 사항의 기재가 규정되어 있는 경우에 한한다)를 기재하고 있기 때문이다(법 193② 각호). 그리고 위 ⅱ)의 경우와 같은 우선권주장의 취하에 대해서는 PCT규칙 32의 2.1(a)의 규정에 따른다. 따라서 국내우선권주장의 취하에 대해서는 우선권주장의 기초가 된 선출원은 그 출원일부터 1년 3월이 지난 때에 간주취하가 된다는 취지의 규정(법 56① 본문)은 적용하지 않기 때문에(법 56②), 즉 국내우선권주장을 수반하는 특허출원의 출원인은 선출원의 출원일부터 1년 3월을 경과한 후에는 그 우선권주장을 취하할 수 없으나(법 56②) 1년 3월경과 후라도 우선일[110]에서 국제공개까지는 우선권주장을 취하할 수 있기 때문이다.

그러나 이 경우는 선출원은 간주취하가 되므로 부활하는 경우는 없다.

간주취하시기에 관하여는 국내우선권주장인 경우의 선출원의 간주 취하시 우선권주장을 수반하는 특허출원이 되었을 때에는 우선권주장의 기초가 된 선출원은 출원일로부터 1년 3개월이 지난 때에 취하된 것으로 간주하지만(법 56① 본문) 이 규정은 국제출원에서 우선권주장을 수반하는 경우에도 적용되는 바, 이는 국제출원에서 우리나라를 지정국으로 포함하는 것은 특허출원으로 간주되기 때문이다(법 56②).

그러나 우선권주장의 기초가 된 선출원이 국제출원에서 우리나라만을 지정국으로 하는 경우는 PCT의 규정(PCT 제23조, 제24조)이 있기 때문에 선출원의 출원일부터 1년 3월을 경과한 후에는 그 우선권주장을 취하할 수 없다(법 56②).

(2) 국제특허출원에 관한 특허법 제55조 제4항의 규정적용

국제특허출원에 관한 특허법 제55조 제4항의 규정을 적용함에 있어서는

1) 위 같은 항 중 "특허출원의 출원서에 최초로 첨부된 명세서 또는 도면"은 "국

110) 동맹의 1국에 있어서 정규의 국내출원을 한 자나 그의 승계인이 최초의 출원일에서 일정기간(우선기간 또는 우선권주장기간)중에 제출한 다른 동맹의 2국에 있어서의 출원에 대해 우선권을 주장하는 우선권제도에서 "최초의 출원일"을 우선일이라고 한다.

제출원일에 제출된 국제출원의 명세서·청구의 범위 또는 도면(도면 중의 설명부분에 한한다) 및 이 서류들의 위 같은 조 제4항에 따른 출원번역문 또는 국제출원일에 제출된 국제출원의 도면(도면 중 설명부분을 제외한다)"으로 한다(법 202② 전단).

2) 위 같은 항 중 "출원공개"는 PCT 제21조에서 규정하는 "국제공개"로 한다(법 202② 후단).

(3) 국제특허출원에 관한 특허법 제55조 제1항 등 규정의 적용

1) 국내우선권주장의 기초가 된 선출원이 국제특허출원 또는 국제실용신안 등록출원인 경우에 특허법 제55조 제1항·제3항부터 제5항까지 및 제56조 제1항을 적용할 때에는 다음의 1에 따른다.

① 위 같은 법 제55조 제1항 각호 외의 부분 본문, 같은 조 제3항 및 제5항 각호 외의 부분 중 "출원서에 최초로 첨부된 명세서 또는 도면"은 "국제출원일에 제출된 국제출원의 명세서·청구의 범위 또는 도면"으로 본다(법 202③ 1).

② 위 같은 법 제55조 제4항 중 "선출원의 출원서에 최초로 첨부된 명세서 또는 도면"은 "선출원의 국제출원일에 제출된 국제출원의 명세서·청구의 범위 또는 도면"으로, "선출원에 관하여 출원공개"는 "그 선출원에 관하여 PCT 제21조에 따른 국제공개"로 본다(법 제202③ 2).

③ 위 같은 법 제56조 제1항 각호 외의 부분 본문 중 "그 출원일부터 1년 3개월이 지난 때"는 "국제출원일부터 1년 3개월이 지난 때 또는 특허법 제201조 제4항, 실용신안법 제35조 제4항에 따른 기준일[111] 중 늦은 때"로 한다(법 202③ 3).

2) 국내 우선권주장의 기초가 된 선출원이 위 같은 법 제214조 제4항 또는 실용신안법 제40조 제4항에 따라 특허출원 또는 실용신안 등록출원으로 되는 국제특허출원인 경우에 같은 법 제55조 제1항·제3항부터 제5항까지 및 제56조 제1항을 적용할 때에는 다음의 1에 따른다.

① 위 같은 법 제55조 제1항 각호 외의 부분 본문, 같은 조 제3항 및 제5항 각호 외의 부분 중 "출원서에 최초로 첨부된 명세서 또는 도면"은 "같은 법 제214조 제4항 또는 실용신안법 제40조 제4항에 따라 국제출원일로 인정할 수 있었던 날의 국제출원의 명세서·청구의 범위 또는 도면"으로 본다(법 202④ 1).

---

111) 국제출원일에 제출된 국제특허출원의 명세서나 청구의 범위에 기재된 사항 및 도면 중의 설명부분으로서 국내서면 제출기간 내에 출원인이 출원심사청구를 한 때 그 청구일을 "기준일"이라 한다(법 201④ 전단 및 실용신안법 35④).

② 위 같은 법 제55조 제4항 중 “선출원의 출원서에 최초로 첨부된 명세서 또는 도면”은 “같은 법 제214조 제4항 또는 실용신안법 제40조 제4항에 따라 국제출원일로 인정할 수 있었던 날의 선출원의 국제출원의 명세서·청구의 범위 또는 도면”으로 본다(법 202④ 2).

③ 위 같은 법 제56조 제1항 각호 외의 부분 본문 중 “그 출원일부터 1년 3개월이 지난 때”는 “같은 법 제214조 제4항 또는 실용신안법 제40조 제4항에 따라 국제출원일로 인정할 수 있었던 날부터 1년 3개월이 지난 때 또는 같은 법 제214조 제4항이나 실용신안법 제40조 제4항에 따른 결정[112]을 한 때 중 늦은 때”로 본다(법 202④ 3).

3. 우선권주장의 조건과 효과

우선권주장의 조건과 효과는 파리협약 제4조의 규정에 의한다(PCT 제8조 2(a)). 그러나 국제특허출원이 우선권주장을 수반하는 경우 당해 지정국에서의 우선권주장의 조건 및 효과는 당해 지정국의 국내법령이 정하는 바에 의한다(PCT 제8조 1(b)).

---

112) 특허청장이 국제특허출원에 대한 수리관청의 거부·선언 또는 인정이 정당하게 된 것인지를 출원인의 신청에 의해 결정하는 것을 말한다. 즉 국제출원의 출원인은 PCT 제4조(1)(ⅱ)의 지정국에 우리나라를 포함하는 국제출원(특허출원에 한한다)이 PCT 제2조(ⅹⅴ)의 수리관청에 의하여 거부·선언 또는 인정된 때 그 거부·선언·인정이 정당한 것인지를 출원인에게 통지된 날부터 2개월 이내(법시행규칙 117①) 특허법 제214조 제1항(실용신안법 40①)의 규정에 의한 결정신청서 2통에 ⅰ) 명세서·청구의 범위·요약서 및 도면(도면 중 설명부분에 한한다)의 번역문 각 2통, ⅱ) 대리인에 의하여 절차를 밟는 경우에는 그 대리권을 증명하는 서류 2통, ⅲ) 그 밖의 법령의 규정에 의한 증명서류 2통을 첨부하여 특허청장에게 제출한다(법시행규칙 117②). 특허청장은 위와 같은 결정신청이 있을 때에는 그 신청에 대한 거부·선언 또는 인정이 PCT 및 동 규칙에 따라 정당하게 된 것인지에 관하여 결정을 하여야 한다(법 214③). 만약 그 거부 등이 정당하게 된 것이 아니라고 결정한 때에는 그 결정에 관한 국제출원은 그 국제출원에 대하여 거부·선언 또는 인정이 없었다면 국제출원일로 인정할 수 있었던 날에 출원된 특허출원으로 본다(법 214④). 특허청장의 거부·선언 또는 인정에 관한 결정은 ⅰ) 국제출원의 표시, ⅱ) 발명의 명칭, ⅲ) 출원인 및 대리인의 성명 및 주소나 영업소, ⅳ) 결정의 주문 및 그 이유, ⅴ) 결정연월일을 기재한 문서로 한다(법시행규칙 119 각호).

제8절 출원의 취하·포기

I. 서 설

1. 의 의

출원의 취하·포기라 함은 특허출원에 관한 절차를 밟다가 어느 시점에서 그 절차를 더 이상 진행하지 않고 종료시키는 것을 말한다. 여기에서 "출원의 취하"라 함은 특허출원절차를 출원일로 소급 종료시키는 법률효과를 발생시키는 특허출원인의 의사표시를 말하고 "출원의 포기"라 함은 특허출원절차를 장래를 향하여 종료시키는 법률효과를 발생시키는 특허출원인의 의사표시를 말한다. 이러한 출원의 취하·포기에는 위와 같은 특허출원인의 의사에 의한 경우와 법률상의 의제(취하의제·포기의제)에 의하여 간주되는 경우가 있다(법 56①·59⑤·81③). 특허출원인의 의사표시에 의한 취하·포기는 출원이 특허청에 계속되어 있는 동안, 즉 특허출원에 대해 거절결정이나 심결이 확정되기까지 또는 특허권 설정등록이 되기까지는 언제라도 그 출원을 취하하거나 포기를 할 수 있다. 이 경우에는 그 취지를 나타내는 서류(출원취하서·출원포기서)를 제출하여야 한다.

2. 취하·포기의 유형

특허출원의 취하·포기는 위에서 살펴본 바와 같이 출원인의 의사표시 외에 특허법상 의제에 의하여 취하·포기로 간주되는 경우가 있다.

(1) 법률상의 절차를 밟지 않아도 취하·포기로 간주되는 경우

1) 취하의제로 간주되는 경우

① 선출원이 그 출원일부터 1년 3월 경과한 때

국내우선권주장의 기초가 된 선출원은 그 출원일부터 1년 3개월이 지난 때에 취하된 것으로 본다. 그러나 그 선출원이 i) 포기·무효 또는 취하된 경우, ii) 특허여부의 결정, 실용신안등록여부의 결정 또는 심결이 확정된 경우, iii) 당해 선출원을 기초로 한 우선권주장이 취하된 경우, 이 셋 중 그 어느 하나에 해당하는 경우에는 취하된 것으로 보지 아니한다(법 56①).

② 후출원이 선출원의 출원일부터 1년 3월 이내에 취하된 때

국내우선권주장을 수반하는 특허출원이 그 우선권주장의 기초가 된 선출원의 출원일부터 1년 3월 이내에 취하된 때에는 그 우선권주장도 동시에 취하된 것으로 본다(법 56③). 그러나 국내우선권주장을 수반하는 특허출원의 출원인은 선출원의 출원일부터 1년 3월을 경과한 후에는 그 우선권주장을 취하할 수 없다(법 56②).

③ 출원심사의 청구기간 내에 심사청구가 없는 때

i. 특허출원일부터 5년 내에 출원심사청구가 없을 때

특허출원이 있는 때에는 누구든지 그날부터 5년 이내에 특허청장에게 그 특허출원에 관하여 심사청구를 할 수 있으나 이 기간 내에 심사청구가 없는 때에는 그 특허출원은 취하한 것으로 본다(법 59⑤).

ii. 분할·변경출원일부터 30일 이내에 출원심사청구를 하지 아니한 때

분할출원 또는 변경출원에 관하여는 그 출원일부터 5년이 경과된 후에도 분할출원을 한 날 또는 변경출원을 한 날부터 30일 이내에 출원심사의 청구를 할 수 있으나 이 기간 내에 출원심사의 청구가 없는 때에는 그 특허출원은 취하한 것으로 본다(법 59⑤).

④ 국내서면제출기간 내에 명세서 등의 번역문 제출이 없는 때

국제특허출원을 외국어로 출원한 출원인은 특허협력조약(PCT) 제2조(xi)의 우선일[113](이하 "우선일"이라 한다)부터 2년 7개월(이하 "국내서면제출기간"[114]이라 한다) 이내에 국제출원일에 제출한 명세서·청구의 범위·도면(도면 중 설명부분에 한한다)

---

113) "우선일"이라함은 기간의 계산상 다음을 의미한다(PCT 제2조(xi)).
i) 국제출원이 우선권주장을 수반하는 경우 동 우선권이 주장되는 출원의 제출일
ii) 국제출원이 두개이상의 우선권주장을 수반하는 경우 우선권을 가장 먼저 주장한 출원의 제출일
iii) 국제출원이 우선권주장을 수반하지 아니한 경우 동 국제출원의 제출일

114) "국내서면제출기간"이라 함은 PCT 제2조(xi)의 우선일부터 2년 7월의 기간을 말한다(법 201①).

및 요약서의 국어번역문을 특허청장에게 제출하여야 하나 이 국내서면제출기간 내에 명세서 및 청구의 범위의 번역문의 제출이 없는 경우에는 그 국제특허출원은 취하된 것으로 본다(법 201②).

⑤ 재외자의 특허관리인 선임신고가 없는 때

재외자인 국제특허출원의 출원인은 기준일까지는 특허관리인에 의하지 아니하고는 특허에 관한 절차를 밟을 수 없다. 따라서 출원번역문을 제출한 재외자가 기준일부터 2월 이내에 특허관리인의 선임신고를 하지 아니한 때에는 그 국제출원은 취하된 것으로 본다(법 206③, 법시행규칙 116).

⑥ 취하된 것으로 보는 국제출원 등

ⅰ. 국제출원이 다음의 1에 해당하는 경우에는 그 국제출원은 취하된 것으로 본다(법 196①).

(ⅰ) 특허청장의 보정명령을 받은 자가 지정된 기간 내에 보정을 하지 아니한 경우

(ⅱ) 국제출원에 관한 수수료(특허료 등의 징수규칙 10①의 국제출원수수료)를 수수료 미납부에 대한 보정을 명한 날부터 1월내(특허료 등의 징수규칙 10②의 국제수수료 납부기간)에 납부하지 아니하여 PCT 제14조 (3)(a)에 해당하게 된 경우

(ⅲ) 국제출원일이 인정된 국제출원에 관하여 국제출원일부터 4월내에 그 국제출원이 다음의 1에 해당되는 것이 발견된 경우

ⅰ) 출원인이 국제출원인 적격요건(법 192, 1 내지 4)을 충족하지 못하는 경우

ⅱ) 영어 또는 일어로 작성되지 아니한 경우

ⅲ) 명세서 및 청구의 범위가 제출되지 아니한 경우

ⅳ) 당해 출원이 PCT에 의한 국제출원이라는 표시, 당해 출원한 발명의 보호가 요구되는 PCT체약국의 지정 및 출원인의 성명이나 명칭을 기재하지 아니한 경우

특허청장은 위와 같이 국제출원이 취하된 것으로 보게 되는 경우에는 미리 그 취지 및 이유를 출원인에게 통지하여야 한다(법시행규칙 106의 2①). 통지를 받은 출원인은 그 통지일부터 1월 이내에 소정의 의견제출서(별지 제40호 서식)에 ⅰ) 의견서 1통, ⅱ) 대리인에 의하여 절차를 밟는 경우에는 그 대리권을 증명하는 서류 1통을 첨부하여 특허청장에게 제출할 수 있다(법시행규칙 106의 2② 각호).

ⅱ. 국제출원에 관하여 납부하여야 할 수수료의 일부를 특허료 등의 징수규칙 제10조 제2항의 규정에 의한 국제출원수수료의 납부기간 내에 납부하지 아니하여 PCT 제14조 (3)(b)에 해당하게 된 경우에는 수수료를 납부하지 아니한 지정국의 지정은 취하된 것으로 본다(법 196②).

ⅲ. 위의 ⅰ 및 ⅱ에 의하여 국제출원 또는 지정국의 일부가 취하된 것으로 보는 때에는 그 사실을 출원인에게 통지하여야 한다(법 196③).

2) 포기의제로 간주되는 경우

특허료의 추가납부기간[115] 이내에 특허료를 납부하지 아니한 때(추가납부기간이 만료되더라도 특허등록결정 또는 특허등록심결의 등본을 받은 날부터 3개월 이내에 특허료의 일부를 납부하지 아니하여 특허료의 보전명령을 받은 자가 그 보전명령을 받은 날부터 1개월 이내의 보전기간이 만료되지 아니한 경우에는 그 보전기간이내에 보전하지 아니한 때를 말한다)에는 특허권의 설정등록을 받고자 하는 자의 특허출원은 이를 포기한 것으로 본다(법 81③).

(2) 법률상의 절차를 밟아야 취하·포기가 되는 경우

특허에 관한 절차를 밟은 자가 그 절차를 포기 또는 취하하고자 할 때에는 소정의 포기서 또는 취하서(법시행규칙 별지 제12호 서식)에 대리권을 증명하는 서류(대리인에 의하여 절차를 밟는 경우에 한한다) 첨부하여 특허청장에게 제출한다(법시행규칙 19①).

1) 취하하는 경우

① 국내우선권주장의 취하

국내우선권을 주장한 자가 그 우선권주장을 취하하고자 할 때에는 소정의 취하서(법시행규칙 별지 제12호 서식)에 대리권을 증명하는 서류(대리인에 의하여 절차를 밟는 경우에 한한다)를 첨부하여 특허청장에게 제출한다(법시행규칙 19②).

---

115) 특허료는 최초 3년분을 특허등록결정 또는 특허등록심결의 등본을 받은 날부터 3개월 이내에 일시에 납부하여야 하고, 이 기간이 경과한 후에도 특허료는 그 기간이 경과된 날부터 6개월 이내에 특허료를 추가 납부할 수 있는 바, 이 6개월의 기간을 "특허료의 추가납부기간"이라고 한다. 추가납부기간 이내의 특허료는 최초 3년분의 2배에 상당하는 금액을 납부하여야 한다(특허료 등의 징수규칙 8⑤⑥).

② 국제출원 등의 취하

국제출원의 출원인은 특허청장에 대하여 국제출원, 지정국의 지정, 우선권주장, 국제여비심사의 청구 또는 선택국의 선택을 취하할 수 있다. 그러나 i) 우선일부터 2년 6개월을 경과한 경우, ii) 조약 제23조 (2) 또는 제40조 (2)의 규정에 의한 청구를 하는 경우 중 어느 1에 해당하는 경우에는 취하할 수 없다(법시행규칙 106의 7①).

위의 국제출원 등의 취하는 소정의 취하서(법시행규칙 별지 제49호 서식) 2통에 대리인에 의하여 절차를 밟는 경우에는 그 대리권을 증명하는 서류를 첨부하여 특허청장에게 제출한다(법시행규칙 106조의 7②③).

이러한 국제출원 등의 취하는 모든 출원인을 대리하는 대리인 또는 대표자(법 제197조 제2항에 의한 대표자를 제외한다)가 없는 경우에는 모든 출원인이 기명한 후 서명 또는 날인한 서면으로 하여야 한다(법시행규칙 106의 7④).

2) 일부 청구항 포기의 경우

2이상의 청구항이 있는 특허출원에 대한 특허결정을 받은 자가 특허료를 납부하는 때에는 청구항별로 이를 포기할 수 있다. 청구항별 포기는 소정의 설정특허(등록)료납부서(특허등록령 시행규칙 별지 제20호 서식)에 그 취지를 기재하고 설정특허료를 납부하는 때에 동 납부서와 함께 소정의 일부 청구항 포기서(법시행규칙 별지 제16호 서식)를 특허청장에게 제출하여야 한다(법 215의 2 ①, ② 및 법시행규칙 19의 2).

Ⅱ. 취하·포기를 할 수 있는 자

출원의 취하·포기를 할 수 있는 자는 특허출원인·미성년자 등의 법정대리인·재외자의 특허관리인·통상의 위임대리인 및 복대리인 그리고 공동출원의 경우의 대표자 등이다.

(1) 특허출원인

특허출원을 취하하거나 포기할 수 있는 자는 원칙적으로 특허출원인에 한한다. 따라서 특허출원 계속 중에 특허를 받을 수 있는 권리가 제3자에게 양도된 경우에는 그 제3자도 특허출원인으로서 특허출원의 취하 또는 포기를 할 수 있다.

(2) 법정대리인

미성년자·한정치산자 또는 금치산자 등의 행위무능력자의 법정대리인, 즉 친권자[행위무능력자와 호적이 동일한 부 또는 모(부모가 구존(俱存)하는 경우 부 우선)] 및 후견인은 특허출원의 취하 또는 포기를 할 수 있다(법 3②).

(3) 재외자의 특허관리인

재외자의 특허관리인은 특별수권 없이도 특허출원의 취하·포기에 대하여 본인을 대리한다(법 5②). 이러한 재외자의 특허관리인의 대리권의 범위는 통상의 위임대리인보다 강력한 특허법상의 특수한 대리제도이다.

(4) 통상의 위임대리인 및 복대리인

통상의 위임대리인 및 복대리인은 특별수권 없이는 특허출원의 취하·포기를 할 수 없다(법 6). 즉 이들의 통상적인 대리권의 범위에는 특허출원에 관한 취하권이나 포기권이 포함되어 있지 않다.

(5) 복수당사자의 대표

2인 이상이 특허에 관한 절차를 밟는 때에는 ⅰ) 특허출원의 변경·포기·취하 또는 특허권의 존속기간의 연장등록출원의 취하, ⅱ) 신청의 취하·국내우선권주장 또는 그 취하, ⅲ) 청구의 취하, ⅳ) 특허거절결정 또는 특허권의 존속기간연장등록거절결정에 대한 심판청구를 제외하고는 각자가 전원을 대표한다. 다만 대표자를 선정하여 특허청 또는 특허심판원에 신고한 때에는 예외이다(법 11①). 대표자를 신청하여 신고한 때에는 대표자로 선임된 사실을 서면으로 증명하여야 한다(법 11②).

이러한 공동출원시의 선임대표자는 민사소송법상의 선정당사자와 유사하며, 선임대표자의 사망은 특허출원절차에 관한 중단사유에 해당한다.

Ⅲ. 취하·포기의 절차

특허에 관한 절차를 밟은 자가 그 절차를 포기 또는 취하하고자 할 때에는 소정의 포기서 또는 취하서(법시행규칙 19① 별지 제12호 서식)에 그 대리권을 증명하는 서류(대리인에 의하여 절차를 밟는 경우에 한한다)를 첨부하여 특허청장에게 제출한다(법시행규칙 19①③).

국내우선권을 주장한 자가 그 우선권주장을 취하하고자 한 때에도 또한 같다. 다만 이 경우의 취하서는 동규칙 제19조 제2항 별지 제12호 서식에 의한다(법시행규칙 19②). 이와 같은 특허출원에 관한 취하·포기는 취하서 또는 포기서를 제출함으로써 그 효력이 발생하는 효력발생요건이다.

이러한 취하서 제출의 실익은 출원인이 장래에 재출원을 할 수 있게 하는 데 있으며(법 36④) 포기서의 제출의 실익은 먼저 타인의 동일발명에 대한 특허를 방지하기 위해서 필요한 절차이다. 즉 포기서를 제출하지 않고 5년이 경과하면 그 출원은 취하한 것으로 되고(법 59⑤) 이때에는 타인의 동일발명에 대하여는 특허를 받을 수 있기 때문에 이를 방지하기 위함이다. 뿐만 아니라 당해 출원발명을 비밀로 유지하고 싶은 경우 출원공개·등록공고 전 포기서를 제출함으로써 특허청으로 하여금 출원의 공개나 등록의 공고를 하지 못하도록 하는 의무를 발생시키기도 한다.

Ⅳ. 취하·포기의 효과

1. 개 설

취하의 효력은 처음부터 없었던 것으로 보는데 대하여 포기의 효력은 장래에 대해서만 미친다. 그러나 취하나 포기를 하면 다같이 출원절차는 완료되나 특허출원이 출원공개된 후에 취하 또는 포기를 하면 다같이 선원의 지위는 남는다.

또한 보상금청구권을 행사한 후에 출원을 취하·포기한 경우에는 보상금청구권은 처음부터 없었던 것으로 되어 다같이 무과실배상책임을 진다.

이와 같이 특허출원이 취하되거나 포기된 때에는 원칙적으로 그 후의 출원은 계속되지 아니하고 그 출원의 효과는 소멸하지만 출원의 사실은 존재한다는 것이다. 그러나 위에서 살펴본 바와 같이 특허법은 출원취하에 대해서는 특별한 경우 예외를 두어 출원포기와 구별하고 있다. 즉 특허법 제36조 제1항 내지 제3항에 의한 선원이나 동일관계의 규정을 적용하는 경우에는 출원이 취하되었을 때는 처음부터 출원이 없었던 것으로 간주하고 있다(법 36④).

그러나 이러한 경우는 예외이므로 위의 경우 이외의 경우, 예를 들면 특허법 제29조 제3항의 규정을 적용하는 경우에는 취하된 출원이라도 다른 출원으로 적용하는 것이다. 취하와 포기를 위 같은 법 제36조 제1항 내지 제3항의 적용관계로 구별한 것임에 따라 출원을 취하하는 경우는 취하된 출원이 선원이 되지 않아 다시 출원할 수 있다.

이에 반해 출원을 포기한 경우는 선원의 지위를 그대로 가지고 있으므로 다시 출원할 수 없다. 따라서 출원하면 포기한 출원의 후원으로 거절된다. 즉 출원취하는 출원공개나 등록공고 전에 있어서는 특허를 받을 권리를 보유한 채 그 후 개량발명을 하여 특허를 받을 수 있는 여지를 남겨 놓은 절차이다. 그러나 이 경우의 경우에도 재출원 전에 제3자의 선원이 있을 때에는 거절된다. 그러한 점에서는 출원공개나 등록공고 후에 있어서는 출원포기와 같이 특허를 받을 권리를 단념하는 절차라고 할 수 있으나 출원포기는 출원공개나 등록공고와는 관계없이 특허를 받을 수 있는 권리의 포기의사를 표시하는 절차라고 해석할 수 있다. 따라서 재출원은 할 수 없지만 타인의 후출원의 거절이유가 되는 절차이다. 이러한 출원취하는 출원인의 자유로운 의사에 의한 것이지만 출원인이 ⅰ) 특정한 절차를 밟거나 ⅱ) 특정한 절차를 밟지 않음으로써 특허법상 의제되는 출원의 취하가 된다. 국내 우선권주장의 기초가 된 선출원의 취하가 ⅰ)의 예이고 출원심사청구를 특허출원일부터 5년 이내에 하지 않을 경우의 출원취하가 ⅱ)의 예이다.

2. 취하·포기의 공통점

(1) 출원의 취하·포기는 다같이 출원절차를 종료시키는 법률적 효과를 발생시킨다.

(2) 소위 확대된 선원의 지위(법 29③)의 적용에 있어서나 조약에 의한 우선권주장(법 54)의 경우 다같이 선원의 지위가 상실되지 않고 제1국의 선출원이 취하·포기되더라도 이를 기초로 한 제2국의 우선권주장을 수반하는 후출원의 경우 영향을 받지 않는다.

(3) 선원이 출원공개나 등록공고가 된 후에 취하 또는 포기를 하면 다같이 선

원의 지위는 남는다.

(4) 특허출원이 출원공개나 등록공고 된 후에 취하 또는 포기된 경우나 보상청구권을 행사한 후에 출원을 취하·포기한 경우에는 보상청구권은 처음부터 없었던 것으로 되므로 다같이 무과실배상책임을 진다.

3. 취하·포기의 차이점

(1) 소급효

출원취하의 법률적 효과는 출원절차를 처음부터 없었던 것으로 보는 소급효과가 발생되는데 반하여 출원포기의 법률적 효과는 출원절차를 장래에 향하여 종료된다는 점에서 양자의 차이가 있다.

(2) 선원의 지위

출원취하는 출원절차의 소급효로 선원의 지위가 인정되지 않으므로 동일발명의 후출원의 특허가 가능한데 반하여 출원포기는 출원절차의 소급효가 인정되지 않아 선원의 지위가 유지되므로 동일발명의 후출원은 거절된다.

V. 취하·포기의 금지

특허출원의 원활한 심사를 위하여 출원심사의 청구는 이를 취하할 수 없고 또 국내우선권주장을 수반하는 특허출원은 선출원의 출원일부터 1년 3월을 경과한 후에는 그 우선권주장을 취하할 수 없다(법 56②). 그러나 우선권주장을 수반하는 특허출원이 선출원의 출원일부터 1년 3월 이내에 취하된 때에는 그 우선권주장도 동시에 취하된 것으로 본다(법 56③).

제 7 장
심 사

제1절 서 설

I. 서 론

특허출원심사라 함은 특정의 특허출원발명에 대하여 특허여부를 결정하는 방식으로서 현재 2가지의 방식이 운용되는 바, 심사주의와 무심사주의가 그것이다. 심사주의에는 모든 특허출원에 대하여 무조건적으로 심사하는 고전적 심사제도와 출원의 조기공개를 전제로 하여 출원심사청구를 한 것만을 심사하는 신심사제도가 있다.

우리나라는 그동안 출원 모두를 심사하는 고전적 심사제도를 채택하여 운용하고 있었으나 1981년 9월 1일 이후부터의 출원에 대하여는 출원심사청구를 한 출원에 한해서 심사를 하는 신심사제도를 도입하여 운용하고 있다(이하 “심사주의 또는 심사제도”로 혼용하여 사용한다).

오늘날 특허제도를 운용하고 있는 대부분의 나라가 심사주의를 채택하고 있고 극히 일부국가만이 특허요건, 불특허사유 등과 같은 특허성에 관한 실질적 요건에 대하여는 심사를 하지 아니하고 일정한 형식적 요건만을 심사하여 특허를 허여하는 무심사주의를 채택하고 있다.

Ⅱ. 의 의

1. 심사주의

심사주의라 함은 특허출원발명이 특허를 받을 수 있는데 필요한 요건을 모두 구비하고 있는지를 자세히 조사하여 그 결과에 따라 특허여부를 결정하는 주의를 말한다. 따라서 심사제도에서는 특허출원한 발명에 대하여 사전적으로 특허요건의 충족여부와 불특허사유에 해당여부를 심사하기 때문에 비교적 부실특허를 최소화하여 부실특허시비에 의한 특허분쟁을 줄일 수 있어 권리의 확실성·신뢰성 및 거래의 안정성에 기여할 수 있을 뿐만 아니라 복수의 중복특허를 예방할 수 있어 1발명 1특허주의원칙의 특허제도에 충실할 수 있어 오늘날 대부분의 나라가 이 제도를 채용하고 있다.

2. 무심사주의

무심사주의라 함은 특허출원발명이 특허를 받을 수 있는데 필요한 요건 중 비교적 간단히 심사할 수 있는 일정한 형식적 요건만을 심사하고 발명의 성립성·산업상 이용성·신규성·진보성 및 선원성 등 주요한 특허요건이나 공서양속을 문란하게 하거나 공중위생을 해할 염려가 있는지 등의 불특허사유에 관한 비교적 조사·판단에 시간을 요하는 발명의 실질적 특허요건에 대하여는 심사를 하지 아니하고 형식적 요건만을 점검하고 특허여부를 결정하는 주의를 말한다.

따라서 무심사제도에서는 특허출원발명에 대한 신규성·진보성 등 주요한 특허요건이나 공서양속 등 불특허사유 등 특허의 실질적 요건에 관한 실체적 심사는 하지 않고 기초적·형식적 요건에 관한 사항만을 심사하는 요식적 방식 심사이기 때문에 특허출원발명에 대한 특허여부를 결정하기 위한 심사절차가 비교적 간단하여 발명의 권리화가 신속하게 이루어짐으로써 특허발명의 산업경쟁력을 조기(또는 적기)에 확보할 수 있다. 뿐만 아니라 심사주의에 비하여 심사인력과 비용면에서 크게 절감할 수 있고, 심사의 적체로 인한 특허의 지연으로부터 발명의 사회적 손실을 방지할 수 있는 이익 또 심사관의 심사능력의 한계 및 심사의 참증자료로 활용되는 선행기술문헌 등 관련 정보자료수집의 한계, 조사대상지역의 광활성 등의 제약을 극복할 수 있는 등 많은 긍정적인 면이 있음에도 오늘날 극히 일부국가에서만이 이 제도를 채용하고 있다.

3. 심사주의와 무심사주의의 장단점

(1) 심사주의의 장단점

1) 심사주의의 장점

특허출원발명에 대하여 발명의 신규성·진보성 등 특허요건의 충족여부와 공서양속을 문란하게 하거나 공중위생을 해할 염려가 있는 발명인지 등의 불특허사유에 해당여부를 심사하여 특허여부를 결정하기 때문에 비교적 부실특허를 최소화할 수 있어 부실특허로 인한 특허분쟁의 감소를 가져와 권리의 확실성·신뢰성 및 거래의 안정성에 기여할 수 있고 또 중복특허를 방지할 수 있어 1발명 1특허주의의 특허제도에 적합하다는 등의 장점이 있다.

2) 심사주의의 단점

심사주의는 특허출원발명에 대한 특허여부를 결정하기 위한 심사절차에 오랜 기간이 소요됨으로써 발명의 권리화가 지연되어 특허발명의 선발기업으로서의 우위와 경쟁력이 약화되거나 아예 발명의 실시시기를 잃어 산업화의 기회를 놓치게 될 우려가 있고 또 출원공개제도에 의해 출원발명을 당업자 등 이해관계인 및 제3자에게 공개만 해놓고 심사기간이 장기화될 경우 당해 발명을 기초로 한 업그레이드된 신기술발명이 나올 경우 그 특허발명의 수명은 끝나 그 분야 기술현장에서 퇴장하게 되는 비운을 맞게 될 수도 있다. 뿐만 아니라 심사인력 및 소요예산의 절대부족, 심사관의 심사능력의 한계, 심사의 참증자료로 사용되는 선행기술문헌 등 관련자료 정보수집의 한계성, 조사현장의 광활성 등 많은 제약 때문에 심사의 온전성·정확성을 기할 수 없어 특허요건 미달의 발명과 같은 부실특허발명이 나올 수 있어 이로 인한 특허분쟁의 야기와 이를 해결하기 위한 심판·소송수요의 증가를 가져와 그만큼 타 업무의 처리를 지연시키는 등이 단점이 있다.

(2) 무심사주의의 장단점

1) 무심사주의의 장점

특허출원발명에 대한 특허요건과 불특허사유 등 특허의 실질적 요건에 관한 실체적 심사는 하지 않고 출원요식에 관한 형식적 심사만을 하기 때문에 특허출원 발명에 대한 권리화가 신속하게 이루어짐으로써 조기에 기업화를 할 수 있을 뿐만 아니라 심사인력과 비용 등의 절감, 심사관의 심사능력의 한계 및 심사참증자료 확보의 한계·조상대상지역의 광활성 등 제약의 극복, 심사기간의 소요로 인한 발명의 사회적·경제적 손실의 방지 이익 등의 장점이 있다.

2) 무심사주의의 단점

무심사주의는 특허출원발명에 대한 산업상 이용성·신규성·진보성 등 특허요건이나 그 특허출원발명이 공서양속을 문란하게 하거나 공중위생을 해할 염려가 있는지 등의 불특허사유에 관한 사항과 같이 비교적 조사·판단에 시간을 요하는 실질적 특허요건에 관한 실체적 심사를 하지 아니하고 기초적·형식적 요건만을 심사하여 특허결정을 하기 때문에 많은 부실특허가 설정될 수 있다. 이는 무심사제도의 단점의 하나로서 특허출원한 발명에 대한 특허성 유무에 관하여는 특허후 심사관 스스로에 의해 발견되거나 또는 이해관계인과의 분쟁이 발생한 경우에만 심판 및 소송에 의해 가려질 수밖에 없고, 그때까지는 부실특허발명이 존재하게 된다. 이에 따라 특허권에 대한 신뢰성이 떨어지고 많은 특허분쟁이 발생할 수 있어 그만큼 특허에 관한 심판·소송사건의 증가를 가져올 수 있어 권리의 불확실성에 따른 불안뿐만 아니라 거래의 불안정성을 초래하게 되어 특허권의 실시를 주저하게 함으로써 궁극적으로는 특허제도의 위축을 초래할 우려가 있다는 등의 단점이 있다.

Ⅲ. 성 질

위에서 살펴본 바와 같이 심사주의가 특허출원한 발명에 대하여 사전적으로 특허요건의 충족여부와 불특허사유에 해당여부를 자세히 조사하기 때문에 비교적 부실특허를 최소화할 수 있어 권리의 확실성·신뢰성 및 거래의 안정성에 기여할 수 있고 또 부실특허를 최소화함으로써 부실특허로 인한 특허분쟁도 줄일 수 있는데 반하여 무심사주의는 발명의 산업상 이용성·신규성·진보성 등 특허요건이나 공서양속을 문란하게 하거나 공중위생을 해할 염려가 있는 발명 등과 같은 불특허사유 등에 관한 실체적 심사를 하지 아니하고 기초적, 형식적 요건만을 보고 특허를 허여하기 때문에 심사주의에 비하여 많은 부실특허가 설정될 수 있고, 그

만큼 특허분쟁이 더 발생할 수 있어 권리의 불확실성에 따른 불안뿐만 아니라 거래의 불안정성을 초래하게 되어 특허권의 실시를 주저하게 됨으로써 궁극적으로는 특허제도의 위축을 초래할 우려가 있다. 이와 같이 심사주의가 권리의 확실성 및 거래의 안정성에서 무심사주의에 비해 우월한 면이 있으나 심사기간이 너무 길어 권리의 설정이 늦어짐으로써 실시의 적기를 놓칠 우려가 있고 또 심사에 많은 인력과 비용이 소요됨은 물론 심사의 적체와 한계가 우려되기도 한다.

이에 반하여 무심사주의는 특허출원에 대하여 기초적, 형식적 요건만을 심사하여 특허를 허여하므로 발명에 관한 권리화와 사업화가 신속하게 이루어진다는 긍정적인 면이 있을 뿐만 아니라 심사에 따른 많은 인원과 비용을 절감할 수 있고 심사의 적체로 인한 발명의 사회적·경제적 손실을 방지할 수 있다고 하는 이익 또한 무시할 수 없는 무심사주의의 긍정적인 면이다.

Ⅳ. 고전적 심사주의의 한계와 신심사주의

1. 고전적 심사주의의 한계

최근 활발한 과학기술의 연구개발과 산업기술의 혁신으로 인한 연구개발성과의 폭발적 증가, 개발기술의 다양화와 질적 향상에 따른 발명내용의 세분화, 복잡화 및 고급화 경향으로 특허출원 심사기간이 장기화되어가고 있는 반면 기술수명주기는 날로 짧아지고 있다. 그러나 이에 대응하기 위한 심사관·심판관 등 심사·심판 인력의 증원 및 심사소요예산의 증액 등이 정부의 조직관리 및 예산사정으로 인하여 그 확보가 용이하지 않으며, 특히 고전적 심사주의의 특성으로 인한 제약 등으로 그리 쉽게 해결될 문제가 아니다. 이러한 문제는 비단 우리나라에 국한된 것이 아니고 대부분의 나라가 함께 겪고 있는 공통성을 가진다. 따라서 이러한 현상은 날로 악화되어 특허출원과 심사처리능력의 불균형이 심화되어가고 이로 인해 심사소요기간은 점차 장기화 되어만 가고 있다.

이와 같은 심사의 지연으로 발명의 실시사업은 그 실시 시기를 놓치게 되는 경우가 속출하여 출원인의 피해 또한 현저하게 늘어나고 있다. 그 뿐만 아니라 심사의 지연은 결국 출원공개를 지연시켜 이 분야에 중복투자와 중복연구를 하게 될 뿐만 아니라 이로 인하여 중복출원을 초래하고 이는 다시 출원의 증가를 가져오는 악순환의 연속이었다. 이에 대해 산업계·개인발명가 일각에서는 특허제도에 관한 위기론까지 제기하는 지경에 이르렀다.

2. 신심사주의의 채택

특허제도의 취지를 가장 잘 시현할 것으로 믿어왔던 심사주의가 심사의 지연으로 발명내용의 공개와 발명의 권리화 및 산업화가 늦어짐으로써 발명을 보호·장려하고 그 이용을 도모함으로써 기술의 발전을 촉진하여 산업발전에 기여함을 목적으로 하는 특허제도의 이념에 정면으로 배치되는 결과를 낳게 됨에 따라 고전적인 심사주의에 대한 근본적인 수정이 불가피하게 되었는바 이것이 바로 신심사주의제도이다. 이러한 신심사주의는 고전적 심사주의의 기조위에 출원공개제도·특허출원심사청구제도·우선심사제도 및 확대된 선원의 지위에 관한 제도 등을 도입, 채택하여 고전적 심사주의의 취약점을 보완, 개선한 제도이다.

제2절 출원공개제도

Ⅰ. 서 설

1. 서 론

출원공개제도는 고전적 심사주의의 한계를 극복하기 위하여 채택된 제도 중 그 하나이다. 이는 모든 출원에 대하여 출원인의 의사와는 관계없이 출원 후 조기에 그 내용을 공개하고 일정한 법률적 보호, 예를 들면 확대된 선원의 지위 인정(법 29③), 보상금청구권(법 65②) 등을 부여하는 제도이다. 이점에서 일종의 무심사주의의 도입이라고 할 수 있다. 그러나 출원공개제도는 심사지연으로 인하여 발생하는 중복연구·중복출원·중복투자 등의 폐해를 방지하는 수단에 불과하기 때문에 여기에서 보다 특허제도 본래의 목적에 접근하기 위해서는 심사자체를 촉진해서 적시에 출원발명이 권리화 될 수 있도록 심사기간의 단축의 필요성이 대두되어 그 수단의 하나로 마련된 것이 출원심사청구제도이고, 발명의 중대성, 보호의 긴급성 등에 의하여 채택된 것이 우선심사제도이다.

2. 의 의

출원공개제도라 함은 제출된 모든 특허출원에 대하여 심사와는 관계없이 특허출원일부터 일정기간이 경과한 또는 그 일정기간 경과 전이라도 출원인의 신청에 따라 그 특허출원의 내용을 일반공중에게 공개하는 제도를 말한다. 이는 고전적 심사주의의 취약점을 보완하기 위하여 채택된 신심사주의의 한 제도로서 모든 출원에 대해 출원 후 조기에 그 내용을 공개하고 이것에 일정한 법률적 보호, 즉 확대된 선원의 지위를 인정한다든가 보상금청구권을 부여한다든가 하는 제도이다. 이러한 점에서 일종의 무심사주의의 채택이라고 할 수 있다.

3. 제도적 취지

출원공개제도의 채택은 오늘날과 같은 치열한 기술경쟁시대에서 기술우위의 선점을 통한 국제경쟁력의 확보는 출원발명의 조기공개를 통해 사회일반에 개발기술을 신속하게 제공함으로써 그 이용을 촉진하여 기술의 진흥과 산업의 발전을 도모하기 위한 발명의 조기공개의 필요성이 절대시 되고 있다. 또 과학기술의 연구개발 및 산업기술의 혁신속도가 빨라지면서 특허출원의 급격한 증가와 이로 인한 특허출원의 심사지연사태가 심각한 지경에 이르면서 연구개발성과인 발명의 보호와 실시가 늦어져 특허출원발명의 내용과 동일한 분야에서 중복연구·중복출원·중복투자가 이루어지고 있는 등 심사의 장기화로 나타나고 있는 폐해의 하나를 법적·제도적으로 방지하여야 할 필요성이 제기되었다. 이를 위해 출원공개제도를 입법적으로 확립하였다. 즉 이러한 취지에서 마련된 출원공개제도는 특허출원 후 일정기간이 지난 모든 출원에 대하여 그 발명의 내용을 일반공중에게 조기공개를 통해 ⅰ) 이 분야의 중복연구와 이중투자를 막고 공개된 발명을 기초(토대)로 보다 향상된 기술개발의 노력을 유도하고, ⅱ) 출원공개 후 출원인에게 출원발명의 무단실시자에 대한 보상금청구권을 부여하여 발명의 보호를 꾀하며, ⅲ) 출원공개발명에 대해 누구나가 특허의 유효성에 관한 부정적 정보자료를 제공할 수 있도록 하여 심사기간의 단축과 부실특허위험을 미연에 방지하도록 하여 특허 후 부실특허시비로 인한 특허분쟁을 최소화함으로써 특허권의 확실성·신뢰성 및 거래의 안정성제고 등을 위하여 입법적으로 해결한 것이다.

Ⅱ. 출원공개의 시기

1. 출원일부터 1년 6개월이 경과한 때

출원공개는 다음의 1) 내지 4)의 어느 하나에 해당하는 날부터 1년 6개월이 경과한 때 그 특허출원에 관하여 공개용 특허공보에 게재하여 출원공개를 하여야 한다(법 64① 각호).

(1) 조약에 의한 우선권주장을 수반하는 특허출원인 경우 그 우선권주장의 기초가 된 출원일

(2) 국내우선권주장을 수반하는 특허출원인 경우 선출원의 출원일

(3) 위 (1) 또는 (2)에 의한 2이상의 우선권주장을 수반하는 특허출원에 있어서는 해당 우선권주장의 기초가 된 출원일 중 최선일

(4) 위 (1) 내지 (3)의 어느 하나에 해당하지 아니하는 특허출원에 있어서는 그 특허출원일

2. 출원인의 조기공개신청이 있는 때

출원공개는 위 "1"의 기간이 경과하기 전이라도 출원인의 조기공개신청이 있는 때에는 그 특허출원에 관하여 특허공보에 게재하여 출원공개를 하여야 한다(법 64① 후단).

Ⅲ. 출원공개의 대상

출원공개이 대상이 되는 특허출원은 위 1의 기간이 경과한 것이나 위 1의 기간 경과 전의 것이라 하더라도 출원인의 조기공개신청이 있는 것으로서 특허청에 계속 중인 모든 출원이다. 그러나 위의 1, 2의 기간 내에 심사가 종료되어 특허권의 설정등록을 하여 등록공고용 특허공보에 게재되어 등록 공고되었거나 취하·포기 또는 무효가 된 출원, 특허거절결정이 확정된 출원, 공서양속을 문란하게 하거나 공중위생을 해할 염려가 있는 출원 등은 출원공개의 대상에서 제외된다. 또한 비

밀취급을 요하는 특허발명은 비밀취급의 해제시까지 출원공개가 보류되고 해제된 때 지체 없이 출원공개한다(법 64③).

Ⅳ. 출원공개의 방법

1. 전문공개 방식

출원공개의 방법은 공개용 특허공보에 ⅰ) 출원인 성명 및 주소(법인의 경우 그 명칭 및 영업소의 소재지), ⅱ) 출원번호·분류기호·출원연월일, ⅲ) 발명자의 성명·주소, ⅳ) 출원공개번호·공개연월일, ⅴ) 특허출원서에 첨부된 명세서·도면·요약서, ⅵ) 우선권주장에 관한 사항, ⅶ) 변경출원 또는 분할출원에 관한 사항, ⅷ) 출원심사청구시실, 다만 출원공개시에 그 사실에 게재되지 아니한 때에는 당해 출원의 공개번호·분류기호 및 출원번호를 그 심사청구사실과 함께 추후 발행되는 공개용 특허공보에 게재하여야 한다. ⅸ) 누구든지 당해 발명이 특허될 수 없다는 취지의 정보를 증거와 함께 특허청장에게 제공할 수 있다는 취지, ⅹ) 그 밖의 특허출원의 공개에 관계되는 사항 등을 게재하는 전문공개 방식에 의한다(법 64④, 법시행령 19③).

2. 리스트공개 방식

출원공개의 방법은 위와 같은 전문공개 방식이나 다음과 같은 요부공개 방식 및 전문 마이크로필름 방식 외에 발명의 명칭, 출원연월일, 출원번호, 출원공개연월일, 출원인의 주소·성명, 발명자의 주소·성명 등 소위 서지적 사항(書誌的 事項)만을 게재하는 리스트공개방식이 있다.

3. 요부공개 방식

출원공개의 방법은 위와 같은 전문공개 방식, 리스트공개 방식이나 다음과 같은 전문 마이크로필름 방식 외에 특허청구범위, 도면의 간단한 설명, 도면·출원공개번호 등을 공보에 게재하는 요부공개 방식이 있다.

4. 전문 마이크로필름 방식

위의 2, 3 중 하나와 병용하는 것으로 전문을 마이크로필름에 촬영하여 필름을 열람 및 반포대상으로 하는 전문 마이크로필름 방식이 있다. 이 중 현행법이 채택하고 있는 방식은 전문공개 방식인 바, 이는 타 방식에 비하여 비용 및 보관관리면에서 문제는 있으나 전문의 입수, 열람이 용이하고 또 심사관·심판관·법관 등의 조사에 편리하다는 이점이 있다.

V. 출원공개의 효과

1. 보상금청구권

(1) 서 설

1) 의 의

보상금 청구권이라 함은 특허출원인이 출원공개가 있은 후 그 특허출원된 발명을 업으로서 실시한 자에게 특허출원된 발명임을 서면으로 경고를 한 경우 또는 경고를 하지 않은 경우에도 출원공개된 발명임을 알고 그 특허출원된 발명을 업으로 실시한 자에게 특허출원인이 그 경고를 받거나 출원공개된 발명임을 안 때부터 특허권의 설정등록시까지의 기간동안 그 특허발명의 실시에 대하여 통상 받을 수 있는 금액에 상당하는 보상금의 지급을 청구할 수 있는 권리를 말한다(법 65①②).

이러한 보상금청구권은 특허제도의 기초로서 일반적으로 설명되는 발명의 공개의 대가로서의 독점권이 아니라 출원공개된 발명이 제3자에 의해 무단 실시되고 있는 상태를 구제하고 그 제3자의 실시가 없었다면 출원인이 더 많이 얻을 수 있었을 이익의 손실을 보상하기 위한 것이다. 이 점에서 종래의 출원공고제도하에서의 가보호권리, 즉 특허출원인이 출원공고일부터 업으로서 그 특허출원된 발명을 독점적으로 실시할 수 있는 권리, 즉 권리침해의 금지 또는 예방청구권, 침해행위 조성물건의 폐기청구권, 침해행위에 제공된 설비의 제거청구권 등 및 손해배상청구권, 신용회복청구권이나 특허권과는 다르다.

2) 법적 성질

보상금 청구권의 법적 성질에 대하여는 민법 제741조의 규정에 의한 "부당이득반환청구권"으로 보는 견해와 위 같은 법 제750조의 규정에 의한 "위법행위의 손해배상책임"의 일종으로 보려는 견해로 나누어져 있다. 그러나 보상금 청구권은 발명의 공개에 대한 보상적 성격으로서의 독점권이 아니라 출원공개된 발명이 제3자에 의해 무단 실시되고 있는 상태를 구제하고 그 제3자가 실시하지 않았다면 출원인이 더 얻었을 이익의 손실을 보상받기 위한 것이기 때문에 부당이득반환청구권으로 보는 견해가 타당하며 또 통설이기도 한다.

3) 금지청구 등의 불인정

특허출원은 출원공개에 의하여 출원인에게 보상금 청구권이 발생한다. 이는 출원인의 출원발명임의 경고나 제3자 스스로의 출원공개발명 임을 알고 실시함을 선제로 함은 물론이다. 그러나 그 권리는 특허권과 같이 권리침해에 대한 금지청구권 등이나 손해배상청구권·신용회복청구권과 같은 권리는 인정하고 있지 않다. 그 이유는 i) 출원공개대상이 되는 출원이 아직 심사를 거치지 않은 것으로 여기에는 상당수의 출원이 거절될 수 있기 때문에 이러한 출원에 대해서까지 금지청구권 등 독점·배타적 지배권을 인정할 경우 제3자가 받을 불이익이 너무 커서 출원인이 받을 이익과 균형이 맞지 않고, ii) 손해배상을 인정할 경우 위법행위가 전제되어 고의 또는 과실을 요건으로 하여야 하는데(민법 750) 출원공개된 출원의 상당수가 거절되는 실정에서 제3자로서는 출원공개된 발명이 특허받을 수 있는 것인지의 여부를 판단하기 어려우며 또 특허청구범위가 특허출원의 보정에 의해 감축 변경될 경우에는 고의 또는 과실로 인한 위법행위 유무를 논하는 것 그 자체가 불합리하기 때문이다.

(2) 보상금청구의 대상자

특허출원인은 출원공개가 있은 후 그 특허출원된 발명의 내용을 업으로 실시한 자에 대하여 보상금의 지급을 청구할 수 있는 권리를 가진다. 그러나 출원공개된 발명의 내용을 실시한 자라 할지라도 출원 전에 이미 그 출원발명과 동일한 내용을 실시하고 있었던 선사용자(법 103) 및 직무발명인 경우의 사용자 등(발명진흥법 10①) 장래 법정 통상실시권자가 될 수 있는 자에게는 보상금을 청구할 수 없다. 그러나 이에 대하여는 양론이 대립되고 있다. 즉,

출원공개된 발명과는 전혀 관계없이 자신이 발명하고, 출원 후이지만 출원공개 전부터 업으로서 실시를 계속하고 있는 선의의 실시자가 출원인의 경고를 받은 후에도 계속 실시하고 있는 경우 특허법 제65조 제2항 전단의 "경고를 받거나 출원공개된 발명임을 알고 그 특허출원된 발명을 업으로 실시한 자"에 해당하여 보상금의 지급을 청구할 수 있느냐를 놓고 보상금의 지급을 청구할 수 있다는 긍정설과 없다는 부정설이 그것이다.

1) 긍정설

특허출원발명의 출원공개 전 그 특허출원발명과는 아무런 관계가 없는 발명이라 하더라도 제3자의 실시발명이 출원공개된 특허출원발명과 그 발명이 속하는 기술분야, 발명이 해결하고자 하는 과제, 그 과제해결수단과 같은 기술적 사항 및 그 발명의 효과 등에서 발명의 내용이 동일하고 더욱 출원인으로부터 출원발명임을 서면 경고에 의해서 또는 그 실시자 스스로에 의해 출원공개된 발명임을 알고 있었음에도 계속 그 발명에 대하여 업으로 실시하고 있다면 이는 특허출원된 발명임을 알고 업으로 실시한 자에 해당하므로 출원인은 보상금 지급청구를 할 수 있다는 견해이다.

2) 부정설

보상금청구권은 출원공개라는 새로운 제도의 도입에 의해 생긴 출원인의 새로운 이익이므로 그 새로운 이익이 제3자의 무단실시로 인하여 침해되었을 때에는 그 불이익을 구제하기 위한 수단이기 때문에 그것으로 충분하다. 그러므로 출원공개의 발명과 아무런 관계가 없는 선의의 실시자의 출원공개 전 발명의 실시에 대해서까지 보상금청구권의 대상으로 하는 것은 보상금의 지급청구권제도의 취지에도 반하여 구법의 출원공고제도하에서 출원인에게 가보호권리를 인정하던 때보다 더 선의의 실시자에게 불이익을 주는 것이므로 부당할 뿐만 아니라 특허법 제65조 제2항 전단에 의한 "경고를 받거나 출원공개된 발명임을 알고 그 특허출원된 발명의 내용과 동일한 발명을 업으로 실시한 자"에도 해당하지 않는다는 것이다.

3) 결 어

부정설은 출원공개 후의 출원인의 입지를 가능한 한 구법의 출원공고제도하에서의 출원공고 후의 것에 근접시킴으로써 출원인의 이익을 도모하려는 출원공개제도의 취지에 반하므로 타당성이 없고 긍정설이 타당하며 통설이기도 하다.

(3) 보상금액

특허출원인이 실시자에게 청구할 수 있는 보상금액은 출원공개 후 그 특허출원된 발명을 업으로 실시한 자가 출원인으로부터 경고를 받거나 출원공개된 발명임을 안 때부터 특허권의 설정등록 시까지의 기간 동안 그 특허발명의 실시에 대하여 통상 받을 수 있는 금액에 상당하는 금액을 보상금의 지급청구액으로 규정하고 있는 바(법 65②) 이는 특허발명이 아님을 이유로 지나치게 낮은 금액으로 결정되는 것을 막기 위하여 설정해 놓은 것이다.

(4) 보상금청구권의 행사

1) 행사의 방법

특허출원인은 출원공개가 있은 후 그 특허출원된 발명을 업으로서 실시한 자에게 특허출원된 발명임을 "서면으로 경고"하여야 한다(법 65①). 이러한 경고서에는 경고 후의 실시에 대하여는 보상금청구권을 행사한다는 내용을 기재하여야 한다.[1] 이와 같이 경고를 보상금청구권행사의 요건으로 한 것은 공개용 특허공보에 게재하였다는 것만으로 제3자가 발명의 내용을 알았다고 추정하는 것은 너무 가혹하기 때문이다. 즉 출원공개는 심사를 거치지 않은 출원에 대하여 행하여지는 것이고 또 경고 후 특허청구범위를 감축하는 보정을 함으로써 특허출원에 관계되는 발명에 변경이 생긴 경우에는 재차 필요한 제3자에게 경고할 필요가 있기 때문이다. 이러한 경고는 실시자가 공개용 특허공보에 게재된 발명임을 알고 있는 자(악의자)일 경우는 할 필요가 없다. 그러나 이 경우 상대방이 알고 있었다는 입증을 출원인이 하여야 한다.

2) 행사의 시기

보상금 청구권은 당해 특허출원에 대한 특허권의 설정등록이 있은 후가 아니면 이를 행사할 수 없다(법 65③). 2000년부터 2004년까지 5년간의 통계에 의하면 동기간 연평균 특허출원 114,305건의 19.5%에 해당하는 22,344건이 심사에서 거절결정되므로[2] 특허권설정등록 전 단계에서 보상금청구권의 행사를 인정하면 업계

1) 경고서 기재사항
경고서에는 i) 출원공개번호, ii) 출원공개년월일, iii) 특허출원번호, iv) 특허청구범위, v) 발명의 상세한 설명, vi) 필요한 경우 도면을 기재하여야 한다. 경고서를 우송하는 경우는 내용증명우편으로 발송하는 것이 좋다. 후일 증거서류가 되기 때문이다.

2) - 2000년 특허출원 102,010건 거절결정 12,228건

의 혼란이 초래되고 법원의 업무부담이 가중되며 또 거절될 경우 이해관계의 조정을 번거롭게 하는 등의 폐단이 있기 때문이다.

3) 행사의 기간

보상금청구권을 행사할 수 있는 기간은 당해 특허출원에 대한 특허권의 설정등록일로부터 3년간 행사하지 않으면 시효로 인하여 소멸한다(법 65⑤·민법 766①). 이와 같이 3년의 시효를 두어 소멸시키는 것은 불확정기간이 너무 오래 계속된 것은 바람직하지 않기 때문이다. 또 개정특허법이 민법 제766조 제1항을 그대로 준용하지 않고 민법 제766조 제1항 중의 "피해자나 그 법정대리인이 그 손해 및 가해자를 안 날"을 "당해 특허권의 설정등록일"로 한 것(법 65⑤)은 보상금청구권의 행사는 당해 특허출원에 대한 특허권의 설정등록이 있은 후가 아니면 할 수 없으므로(법 65③) 출원공개에서 특허권의 설정등록까지 3년을 경과하는 경우는 보상금청구권은 시효에 의하여 소멸하여 행사할 수 없는 경우가 발생할 수 있기 때문이다.

4) 보상금청구권행사와 특허권행사와의 관계

보상금청구권의 행사는 특허권의 행사에 영향을 미치지 아니한다(법 65④). 즉 보상금청구권은 출원공개가 있은 날부터 특허권의 설정등록시까지의 기간동안 제3자의 출원발명의 무단실시에 대해서만 행사되는 것이므로 이는 보상금청구권을 행사하였다고 하여 특허권행사를 방해하는 것은 아니라는 취지를 분명히 하고 이에 대한 해석의 오류를 범하지 않도록 한 것이다. 따라서 출원공개 중에 제조된 기계가 그 제조업자에 의하여 보상금이 지급되었다고 하더라도 그 기계를 구입하여 특허권설정등록 후 사용하고 있는 자에 대해서는 특허권자는 권리침해에 대한 금지청구권 등이나 손해배상청구권을 행사할 수 있다. 다만 입법론적으로는 이러한 기계에 대하여는 이미 보상금청구권에 의하여 보상이 되었으므로 특허권의 효력이 미치지 않는다(소위 Patentfrei)고 할 수도 있으나 현행법이 보상금청구권의 행사만으로 권리침해에 대한 금지청구권 등이나 손해배상청구권의 행사를 인정하지 않는 것은 본래 받아야 할 발명의 보호를 출원공개로 약화시키는 것을 의미하므로 Patentfrei론은 타당하지 않다고 보는 것이다. 그러나 한편으로는 보상금을 기

- 2001년 특허출원 104,612건 거절결정 15,447건
- 2002년 특허출원 106,136건 거절결정 24,545건
- 2003년 특허출원 118,652건 거절결정 28,088건
- 2004년 특허출원 140,115건 거절결정 31,424건

5년(년평균) 특허출원 114,305건 거절결정 22,344건(거절결정률 19.5%)

히 지급한 물건에 대하여 다시 특허권 등의 침해대상이 된다는 것은 거래안정상 바람직하다고는 할 수 없기 때문에 기히 보상금을 지급한 물건에 대해서는 이후 Parentfrei가 되도록 보상금지급 계약시 특허출원인과 제조업체간에 그러한 취지에 관해 사전 약정을 해둘 필요가 있다.[3)]

5) 보상금 청구권 행사와 무과실 손해책임

출원공개 후 특허출원의 포기·무효 또는 취하된 때 특허출원의 거절결정이 확정된 때 및 특허를 무효로 한다는 심결이 확정된 때(특허된 후 그 특허권자가 특허권을 향유할 수 없는 자로 되거나 그 특허가 조약에 위반된 경우를 제외한다)는 보상금 청구권은 처음부터 발생하지 아니한 것으로 간주한다(법 65⑥). 따라서 보상금 청구권이 있는 자는 그 권리의 행사로 인하여 상대방에게 입힌 손해를 배상할 책임을 진다. 이는 보상금 청구권의 행사를 신중하게 하여 거래의 안정을 도모하려는 것이다.

(5) 보상금 청구권의 소멸

보상금 청구권은 ⅰ) 출원공개 후 그 출원의 포기·취하·무효가 된 때, ⅱ) 특허출원의 거절결정 또는 거절할 것이라는 심결이 확정된 때, ⅲ) 특허무효심결이 확정된 때, 단 특허된 후 그 특허권자가 외국인의 권리능력의 하자로 인하여 특허권을 향유할 수 없는 자로 되거나 그 특허가 조약에 위반된 경우에 의한 무효는 제외, ⅳ) 특허권의 설정등록시 납부하어야 할 특허료를 납부하지 않은 경우 등에는 보상금청구권은 소멸한다. 그 밖에도 보상금청구권은 당해 특허권의 설정등록일로부터 3년간 이를 행사하지 아니하면 시효로 인하여 소멸한다(법 65⑤·민법 766①).

2. 확대된 선원의 지위 인정

선원주의 하에서는 일반적으로 동일발명의 판단은 명세서의 특허청구범위에 기재된 사항을 기준으로 하는 것이 원칙이나 특허법 제29조 제3항의 규정에 의하여 출원공개 또는 등록공고된 선원의 타특허출원 또는 실용신안 등록출원의 출원서에 최초로 첨부된 명세서 또는 도면에 기재된 발명 또는 고안으로까지 확대되어 후출원의 배제범위가 특허청구범위에 한정되지 않고 발명의 상세한 설명·도면에까지 확장되어 그 보호범위가 실질적으로 확대되는 효과가 발생되어 소위 확대된 선원의 지위를 갖는다.

---

3) 後藤晴男, 개정특허법의 해설, 소 49, 통상산업조사회, 173면 참조.

3. 보정의 제한

(1) 보정기간의 제한

출원공개제도의 도입에 따라 출원인은 ① 조약에 의한 우선권주장 출원의 경우 그 우선권 주장의 기초가 된 출원일, ② 국내 우선권주장 출원의 경우 선출원의 출원일, ③ ① 또는 ②에 의한 2 이상의 우선권주장 출원의 경우 해당 우선권주장의 기초가 된 출원일 중 최선일, ④ ① 내지 ③의 1에 해당하지 아니하는 특허출원의 경우 그 특허출원일, 이 넷 중 그 어느 하나에 해당하는 날부터 1년 6월이 되는 날까지 또는 특허결정의 등본을 송달하기 전까지 특허출원서에 첨부된 명세서 또는 도면을 보정할 수 있다(법 47① 본문). 다만 i) 최초거절이유 통지, 즉 거절이유통지(거절이유통지에 대한 보정에 따라 발생한 거절이유에 대한 거절이유통지는 제외한다)를 최초로 받거나 출원인의 자진보정에 따라 발생한 거절이유통지를 받은 경우 그 통지에 따른 의견서 제출기간 이내, ii) 최후거절이유통지, 즉 거절이유통지에 대한 보정에 따라 발생한 거절이유통지에 따른 의견서 제출기간 이내 및 iii) 재심사를 청구할 때에만 보정할 수 있다(법 47① 단서 1 내지 3). 따라서 위의 보정기간이 경과한 때에는 그 특허출원의 보정을 할 수 없다. 이는 출원공개시기인 출원일부터 1년 6월을 앞두고 공개를 위한 준비기간이 필요하기 때문이다. 보정기간의 제한에 관한 보다 자세한 설명은 제6장 제4절 Ⅲ. 보정의 시기적 제한 1. 및 2. (1)부터 (3)까지를 참조하기 바란다.

(2) 보정범위의 제한

특허출원의 보정은 특허출원서에 최초로 첨부된 명세서 또는 도면에 기재된 사항의 범위 안에서 할 수 있다(법 47②). 그러나 위 (1)의 ii) 및 iii)에 있어서의 특허출원보정 중 특허청구범위에 대한 보정은 i) 청구항을 한정 또는 삭제하거나 청구항에 부가하여 특허청구범위를 감축하는 경우, ii) 잘못된 기재를 정정하는 경우, iii) 분명하지 아니한 기재를 명확하게 하는 경우, iv) 출원 최초 명세서 또는 도면에 기재된 사항의 범위를 벗어난 보정에 대하여 그 보정전 특허청구범위로 되돌아가거나 되돌아가면서 특허청구범위를 위 i)부터 iii)까지에 따라 보정하는 경우에만 한다(법 47③ 1부터 4까지) 보정범위의 제한에 관한 보다 자세한 설명은 제6장 제4절 Ⅳ. 보정의 범위적 제한 1.2를 참고하기 바란다.

Ⅵ. 비밀을 요하는 특허출원공개의 특례

i) 조약에 의한 우선권주장을 수반하는 특허출원, ii) 국내우선권주장을 수반하는 특허출원, iii) i) 또는 ii)에 있어 2이상의 우선권주장을 수반하는 특허출원, iv) i) 내지 iii)의 1에 해당하지 아니한 특허출원 중 비밀취급을 요하는 특허출원발명에 대하여는 비밀취급의 해제시까지 출원공개를 보류하여야 하며, 그 비밀취급이 해제된 때에는 지체 없이 출원공개를 하여야 한다(법 64③).

Ⅶ. 출원공개시기 및 효과의 특례

1. 국제특허출원 공개시기의 특례

특허청장은 우선일[PCT 제2조(xi)][4]부터 2년 7월의 국내서면제출기간[5]이 지난 때(국내 서면제출 기간에 출원인이 출원심사의 청구를 한 국제특허출원으로서 PCT 제21조에 따라 국제공개가 된 것은 우선일부터 1년 6개월이 지난 때 또는 출원심사의 청구일 중 늦은 때) 또는 위의 기간이 지나기 전이라도 출원인의 출원공개신청이 있는 때에는 그 국제특허출원에 관하여 특허공보에 게재하여 출원공개 하여야 한다. 다만 특허청구의 범위가 기재되지 아니한 명세서를 첨부한 국제특허출원 및 등록공고를 한 국제특허의 경우에는 출원공개의 대상이 되지 아니한다(법 207①). 그러나 국어로 출원한 국제특허출원에 관하여 출원공개 전에 이미 특허협력조약 제21조에 따라 국제공개가 된 경우 그 국제공개시에 출원공개가 된 것으로 본다(법 207②).

이와 같이 국제특허출원의 출원공개시기를 국내출원공개의 시기(특허출원일부터 1년 6월이 경과한 때)와는 달리 우선일부터 2년 7월이 경과한 때로 한 것은 국제특허출원의 국내출원 공개시기는 원칙적으로 국내 서면제출기간 만료일[6]이 우선일

---

4) 우선일이라 함은 기간의 계산상 다음을 의미한다.
  a) 국제출원이 우선권주장을 수반하는 경우에는 동 우선권이 주장되는 출원의 제출일
  b) 국제출원이 두개이상의 우선권주장을 수반하는 경우에는 우선권을 가장 먼저 주장한 출원의 제출일
  c) 국제출원이 우선권주장을 수반하지 아니한 경우에는 동 국제출원의 제출일

5) 국제특허출원을 외국어로 출원한 출원인은 PCT 제2조(xi)의 우선일(이하 "우선일"이라 한다)부터 2년 7월을 "국내서면제출기간"이라 한다(법 201① 본문).

로부터 2년 7개월 이내이기 때문이다. 만약 국제특허출원의 출원공개기간을 특허출원과 같이 특허출원일부터 1년 6개월 이내로 할 경우 국제특허출원 출원공개 후 국제출원일에 제출한 명세서·청구의 범위·도면(도면 중 설명부분에 한한다)·요약서의 국어번역물 및 이들의 보정·보정의 번역문이 제출될 수 있어, 이렇게 될 경우 출원공개시의 발명의 내용과 출원공개 후 제출된 발명의 내용이 상이하고, 이를 일치시키려 할 경우 다시 출원공개를 하여야 하는 등 여러 가지 문제가 발생하여 본래의 출원공개제도의 취지를 살릴 수 없기 때문에 이러한 폐해를 막기 위하여 국제특허출원의 국내출원공개기간을 특허출원의 출원공개기간인 특허출원부터 1년 6개월과는 달리 국제특허출원의 국내서면제출기간인 우선일부터 2년 7개월과 같게 한 것이다.

2. 국제특허출원 공개효과의 특례

(1) 국제특허출원 공개효과의 발생시기

국제특허출원에 대한 출원공개효과의 발생시기는 지정국의 국내법에 위임되어 있다(PCT 29). 따라서 우리나라를 지정한 국제특허출원의 공개효과의 발생시기는 우리나라에서 출원공개가 있는 날부터 발생한다. 즉 국제특허출원에 관하여 국내공개가 있은 후 국제특허출원된 발명을 업으로 실시한 자에게 그 특허발명의 실시에 대하여 통상 받을 수 있는 금액에 상당하는 보상금의 지급을 청구하기 위한 경고전치주의에 의한 경고 및 보상금지급청구권이 발생하며, 경고하지 아니하는 경우에도 국내 공고된 국제특허출원된 발명인 것을 알고 특허권의 설정등록전에 업으로서 그 발명을 실시한 자에 대하여도 보상금의 지급을 청구할 수 있다(법 207③).

(2) 국제특허출원 공개효과

1) 보상금지급청구권의 행사

국제특허출원의 출원인은 국제특허출원에 관하여 국내공개(국어로 출원한 국제특허출원인 경우 특허협력조약 제21조에 따른 국제공개를 말한다. 이하 이 항에서 같다)가 있은 후 국제특허출원된 발명을 업으로 실시한 자에게 국제특허출원된 발명인 것

---

6) 국제특허출원을 외국어로 출원한 출원인이 국제출원일에 제출한 명세서·청구의 범위·도면(도면 중 설명부분에 한한다) 및 요약서의 국어번역문을 특허청장에게 제출하여야 하는 기간을 말한다.

을 서면으로 경고한 때에는 그 경고 후부터 특허권의 설정등록 전에 그 발명을 업으로서 실시한 자에게 그 특허발명의 실시에 대하여 통상 받을 수 있는 금액에 상당하는 보상금의 지급을 청구할 수 있다.

그러나 경고를 하지 아니하는 경우에도 국내공개된 국제특허출원된 발명인 것을 알고 특허권의 설정등록 전에 업으로서 그 발명을 실시한 자에 대하여도 위와 마찬가지로 보상금의 지급을 청구할 수 있다(법 207③).

2) 보상금지급청구권의 행사시기

보상금의 지급청구권은 그 국제특허출원이 특허권의 설정등록된 후에 행사할 수 있다(법 207③ 단서).

제 3 절 출원심사청구제도

I. 서 설

1. 의 의

출원심사청구제도라 함은 신심사제도의 일종으로서 이는 고전적 심사제도에서와 같이 제출된 특허출원을 모두 심사하는 것이 아니고 일정기간 내 심사청구를 한 출원에 대해서만 출원순서와는 관계없이 심사청구순서에 따라 심사하는 제도를 말한다(법 59①).

이처럼 심사청구출원에 대해서만 심사를 하도록 한 것은 특허출원 가운데에는 특허에 관한 권리취득을 목적으로 한 출원 외에 선원의 지위만을 확보하여 후원에 대한 특허를 배제하고 안정적인 무특허 발명 실시사업을 하려는 경우, 출원후 발명에 기술상의 결함이나 출원전의 선행기술의 발견, 출원후 시장상황의 변화에 따라 발명이 속하는 기술분야의 전망 불투명, 이에 따른 발명의 시장성·기술경향성 등에서의 불확실성으로 인한 경제적·산업적 기대효과의 감소 그 밖의 발명에 관한 사업력(자본력, 경영수완 등)의 인식부족, 투자선 및 거래선 확보에 대한 자신감의 퇴조 또는 상실 등의 요인 등으로 인해 출원후 심사절차 중에 출원을 포기하거나 특허결정이나 심결이 되어도 특허권의 설정등록을 하지 아니하거나 설사

설정등록을 한다고 하더라도 특허발명의 사업화에 이르지 못하고 사장되는 경우 등이 다수 포함되어 있다. 그렇다면 굳이 출원후 포기 등을 하는 출원발명에 대해서까지 포함하여 전수심사를 할 필요가 있는가의 물음이 나올 것이고 그 대답은 할 필요가 없다. 즉 아니요로 나올 것임은 너무나 당연하다. 왜냐하면 출원후 포기 등을 한 특허출원의 심사는 심사력의 낭비이고 공연한 심사물량만을 증가시켜 심사기간의 장기화를 불러 특허발명 실시사업의 지연 내지는 실시시기의 실기 등을 초래할 수도 있어 결국 특허제도의 취지에도 반하기 때문이다. 그렇기 때문에 출원인이 특허를 꼭 받고자 심사청구한 출원발명에 대해서만 심사를 하고 심사청구를 하지 아니한 출원에 대해서는 심사에서 배제함으로써 보다 신속하고도 정확한 심사를 하여 가능한 조기에 특허여부를 결정하도록 하여 산업발전에 기여하도록 하기 위함이다.

2. 출원심사청구제도의 도입취지 및 배경

출원심사청구제도는 최근 심사주의를 채택하고 있는 많은 국가에서 채용하고 있거나 관심을 갖고 있는 제도로서 그 이유를 보면 i) 최근 치열한 기술경쟁시대를 맞으면서 특허출원의 급속한 증가, 특허출원발명의 복잡화·전문화·세분화 및 고급화로 인하여 심사에 오랜 기간이 소요되어 심사적체현상이 날로 심화되어 가고 있고, ii) 특허출원인 또한 권리화의 지연으로 발명의 실시시기를 실기하는 등 심사의 지연으로 많은 문제점이 야기되어 이를 해결하기 위한 방안으로 꼭 필요한 특허출원에 대해서만 심사하도록 하여 심사량을 줄임으로써 심사의 촉진을 기하고 또 개발성과의 조기보호를 통해 산업의 발전을 도모하려는 취지와 배경에서 도입한 제도이다.

Ⅱ. 출원심사청구를 할 수 있는 자

출원심사청구를 할 수 있는 자는 입법취지로 보아 특허출원인만이 되어야 한다.

그러나 특허법은 특허출원이 있는 때에는 누구든지 그날부터 5년 이내에 특허청장에게 그 특허출원에 대한 심사청구를 할 수 있도록 규정하고 있다(법 59② 본문). 이와 같이 출원심사청구를 누구든지 할 수 있도록 한 것은 심사청구기간이 특허출원이 있는 날부터 5년 이내로서 상당히 긴 기간이기 때문에 그 기간동안

출원공개로 발생한 보상금청구권이 미확정상태에 있어 동일 또는 유사기술을 이미 실시하고 있거나 앞으로 실시하려는 자는 불안하여 되도록 빨리 출원발명의 특허여부를 알 필요가 있기 때문에 출원인 자신이나 이해관계자뿐만 아니라 모든 자, 즉 누구에게나 출원심사청구권을 인정하고 있는 것이다. 다만, 특허출원인이 출원심사의 청구를 하는 경우에는 특허청구범위가 기재된 명세서가 첨부된 때에 한하여 할 수 있다(법 59② 단서).

Ⅲ. 출원심사청구의 기간

특허출원은 심사청구가 있을 때에 한하여 이를 심사한다(법 59①). 특허출원이 있는 때에는 누구든지 특허출원일부터 5년 이내에 특허청장에게 그 특허출원에 관하여 출원심사의 청구를 할 수 있다(법 59② 본문). 그러나 분할출원 또는 변경출원에 관하여는 특허출원일부터 5년의 기간이 경과한 후에도 분할출원을 한 날 또는 변경출원을 한 날부터 30일 이내에 출원심사의 청구를 할 수 있도록 예외를 인정하고 있다(법 59③). 이와 같이 예외를 두어 심사청구기간 후의 출원변경을 인정한 이유는 출원이 변경되면 본래의 출원시까지 출원일이 소급되므로 출원변경했을 때는 이미 심사청구기간이 경과되어 출원이 취하된 것으로 간주되어(법 59⑤) 출원변경을 할 수 없게 되기 때문이다.

Ⅳ. 출원심사청구와 특허청구범위의 관계

1. 출원인의 출원심시청구

특허출원인은 특허청구범위가 기재된 명세서의 제출이 있는 때에 한하여 출원심사의 청구를 할 수 있다. 이는 심사의 대상이 바로 출원인이 그 발명에 대하여 보호를 받고자 하는 사항을 기재한 특허청구범위의 청구항이기 때문이다.

2. 제3자의 출원심사청구

제3자의 출원심사청구는 출원인이 특허청구범위가 첨부된 경우에 한하여 출원심사청구가 가능한 것과는 달리 특허청구범위 없이 출원심사청구를 할 수 있다. 이는 발명의 공개는 명세서상의 발명의 상세한 설명에 의해 되므로 그 공개된 발명의 상세한 설명의 기재사항, 즉 그 발명이 속하는 기술분야에서 통상의 지식을 가진 자가 그 발명의 내용을 쉽게 이해할 수 있도록 그 발명이 속하는 기술분야, 그 발명이 해결하고자 하는 과제, 그 과제해결수단 및 그밖에 필요한 사항의 기재를 원칙으로 하고 있기 때문에 이에 의해 제3자는 자신의 실시 또는 실시예정의 그 발명과 동일 또는 유사한 산업의 계속 또는 추진여부를 조기에 결정하여야 할 긴박성 때문에 특허청구범위를 기재한 명세서의 보정시까지 기다릴 필요가 없이 출원심사청구를 할 수 있도록 함으로써 제3자의 조기진퇴결정에 도움을 주려는 것이다.

그런데 출원일로부터 1년 6월 이전에 제3자에 의해 그 특허출원에 대해 심사청구를 할 경우에는 출원인에게 기간(3월, 최장 출원공개 전까지)을 정하여 특허청구범위를 제출하도록 한다. 만일 그 기간 내에 특허청구범위의 제출이 없으면 그 특허출원은 취하된 것으로 간주한다.

Ⅴ. 출원심사청구의 절차

출원심사의 청구는 ⅰ) 청구인의 성명 및 주소(법인 경우에는 그 명칭·영업소의 소재지), ⅱ) 출원심사의 청구대상이 되는 특허출원의 표시를 기재한 출원심사청구서의 제출(법 60① 각호)과 소정의 출원심사청구료를 납부하여야 한다(법 82① 내지 ③). 그러나 출원심사청구인이 국가인 경우는 출원심사청구료는 감면한다(법 83 ①1). 출원심사청구료는 출원심사청구시의 청구항수에 따라 정해진다. 출원심사청구료를 납부하여야 할 자가 이를 납부하지 않았을 때에는 특허청장의 보정명령이 내려지고(법 46조 3호) 이에 응하지 않을 때는 그 출원심사청구절차는 무효가 된다(법 16①). 그러나 특허출원인이 아닌 자가 출원심사의 청구를 한 후 그 특허출원서에 첨부한 명세서에 관한 보정 또는 보정각하에 의하여 특허청구범위에 기재한 청구항의 수가 증가한 때는 그 증가한 청구항에 관하여 납부하여야 할 심사청구료는 특허출원인이 납부하여야 한다(법 82②).

Ⅵ. 출원심사청구의 공고 등

1. 공 고

출원공개 전에 출원심사의 청구가 있는 때에는 출원공개시에, 출원공개 후에 출원심사의 청구가 있는 때에는 지체 없이 그 취지를 특허공보에 게재하여 공고하여야 한다(법 60②).

2. 통 지

특허출원인이 아닌 자로부터 출원심사청구가 있는 때에는 그 취지를 특허출원인에게 통지하여야 한다(법 60③). 이는 특허출원인에게 그 심사절차 등에 관한 적절한 대비를 하게 하기 위해서이다.

Ⅶ. 출원심사청구의 효과

1. 출원심사청구 순위에 의한 심사

출원심사청구가 있으면 긴급처리를 요하는 등의 우선심사제도가 적용되는 경우를 제외하고는 그 출원은 출원심사의 청구순위에 따라 심사를 한다. 그러나 심사청구된 특허출원을 분할출원하여 심사청구한 경우 또는 심사청구된 실용신용등록출원을 특허출원으로 변경출원하여 심사청구한 경우에는 원출원의 심사청구순위에 따라 심사한다(법시행규칙 38)

2. 출원심사청구 취하의 금지

출원심사의 청구는 취하할 수 없다(법 59④). 이와 같은 취하금지규정을 둔 것은 취하를 인정할 경우 재청구를 인정할 것인가 또 그때까지 한 심사를 어떻게 할 것인가 등의 문제가 발생하여 그 절차나 효과 등이 복잡하게 될 우려가 있기 때문이다. 따라서 출원인이 심사청구를 취하할 필요가 있으면 특허출원자체를 취하함으로써 동일목적을 달성할 수 있기 때문에 심사청구의 취하금지가 불합리하다고는 할 수 없다.

3. 특허출원의 취하간주

출원심사의 청구를 할 수 있는 기간 내(특허출원이 있는 날부터 5년 이내, 분할출원·변경출원에 관하여는 특허출원이 있는 날부터 5년이 경과된 후에도 분할출원을 한 날 또는 변경출원을 한 날부터 30일 이내)에 출원심사의 청구가 없는 때에는 그 특허출원은 취하한 것으로 보며(법 59⑤) 이 기간은 불변기간이다.[7)]

제 4 절 우선심사제도

Ⅰ. 서 설

1. 의 의

우선심사제도라 함은 특허청장이 출원공개 후 특허출원인이 아닌 자가 업으로서 특허출원된 발명을 실시하고 있다고 인정되거나 일정한 특허출원으로서 긴급처리가 필요하다고 인정된 특허출원에 대하여 출원순서나 출원심사청구의 순서에 관계없이 심사관으로 하여금 다른 특허출원에 우선하여 심사하게 하는 제도로서

---

7) 심사청구기간의 도과는 곧 출원취하로 간주되어 출원인의 중대한 불이익과 연결되므로 출원인의 귀책사유로 인한 해태가 아닌 한 특허법상 명문의 규정은 없으나 민사소송법 제159조(우리나라 민사소송법 제173조)의 규정을 준용할 수 있다고 한 일본 동경고판의 판결(1984년 5월 31일 속보 109호 2807)에 대해 특허권은 이에 불복하여 상고를 하였고 최고재는 특허청의 상고를 이유 있다고 받아들여 원판결을 파기하였다(1986년 4월 25일 속보 133호 3588).
※ 우리나라 민사소송법 제173조(소송행위의 추후 보완)
① 당사자가 그 책임을 질 수 없는 사유로 인하여 불변기간을 준수할 수 없었던 경우에는 그 사유가 없어진 후 2개월 내에 해태된 소송행위를 추완할 수 있다. 다만, 그 사유가 없어질 당시 외국에 있는 당사자에 대하여는 이 기간을 30일로 한다.
② 제1항의 기간에 대하여는 제159조의 규정을 적용하지 아니한다.

출원심사청구의 순위에 따라 심사하는 심사청구의 제도의 예외이다(법 61 각호).

이러한 우선심사제도는 출원발명에 대하여 통상적인 심사절차에 의할 경우 심사에 오랜 기간이 소요되어 출원공개후 출원발명에 대하여 제3자에게 무단실시할 수 있는 기회를 충분히 제공하게 되거나 방위산업 등 촌음을 다투는 분야의 발명 등과 같이 긴급을 요하는 절박한 출원발명의 심사가 지연되므로 인하여 발생되는 폐단 등을 극복하기 위하여 출원발명의 신속한 심사를 통한 조기보호·적기실시 등을 위한 효율적 방안으로 이를 입법 정책적으로의 창설의 필요성에 따른 것이다.

2. 우선심사제도의 취지

특허출원인은 출원공개 후에 보상금청구권을 취득하지만 그 권리는 특허권설정등록 후가 아니면 행사할 수 없으므로 출원공개 후 그 출원의 심사에 장기간이 소요될 경우 그 기간동안 제3자의 모방실시로 인하여 보상금청구권이 무의미하게 되는 경우도 있다. 또 제3자의 실시기술이 종래기술인데도 불구하고 출원인의 경고를 받은 경우 심리적 불안은 물론 당해 실시기술과 관련한 산업활동이 위축될 수 있을 뿐만 아니라 더욱 그 특허출원심사에 장기간이 소요될 경우 그 심사기간동안 출원인에 의해 실시사업이 방해를 받을 수 있는 등 그 폐해가 우려되므로 이를 방지하기 위해서는 무엇보다도 심사자체의 신속한 처리가 필요하므로 이를 위해 설정된 것이 우선심사제도이다.

3. 우선심사의 요건

특허청장이 특허출원에 대하여 심사관으로 하여금 다른 특허출원에 우선하여 심사하게 할 수 있는 우선심사는 다음과 같은 4가지의 우선심사의 요건을 충족하여야 한다. 따라서 이러한 요건을 충족하지 못한 특허출원은 통상적인 출원심사청구에 의하여 청구순서로 심사가 진행된다.

(1) 출원공개 후의 특허출원일 것

따라서 출원공개 전 특허출원은 우선심사의 대상이 아니다.

(2) 특허출원인이 아닌 자가 출원된 발명을 업으로 실시할 것

따라서 특허출원인이 출원된 발명을 업으로 실시한 특허출원은 우선심사의 대상이 아니다.

(3) 법정 특허출원일 것

따라서 특허법령이 우선심사대상 특허출원으로 정하고 있지 않은 출원은 우선심사대상이 아니다(우선심사대상 출원의 법정화).

(4) 긴급처리를 요하는 특허출원일 것

따라서 특허출원 중 긴급하게 처리할 필요성이 있다고 특허법령에서 특별히 정하고 있는 출원이 아닌 발명은 우선심사대상이 아니다(우선심사대상 출원의 긴급성).

Ⅱ. 우선심사신청의 적격

우선심사신청은 당해 특허출원의 출원인뿐만 아니라 그 이해관계자는 물론 제3자 누구든지 할 수 있다. 왜냐하면 우선심사대상의 특허출원이 방위·공해·수출 등 공공의 이익과 직결된 분야 산업의 발명일 뿐만 아니라 국가·지방자치단체의 직무와 같은 공공성, 벤처 및 중소기업육성전략의 정책성 등 공익적 색채가 강한 분야의 발명이기 때문에 모든 자가 이해관계자가 되므로 우선심사의 신청주체를 어느 특정인에 국한하지 아니하고 누구든지 우선심사신청의 적격이 된다. 그러나 국가 또는 지방자치단체("기술이전촉진법 제9조 제1항 후단에 규정된 국·공립학교 안에 설치된 기술이전 전담조직"을 포함한다. 이하 같다)의 직무에 관한 특허출원인 경우에는 그 출원인만이 신청적격이 된다(특허청고시 제2008-2호, 3 단서). 이는 아무리 우선심사대상의 특허출원이라 하더라도 그 출원이 국가, 지방자치단체라는 특정주체의 소관업무사항에 관한 발명이기 때문에 그 발명의 긴급처리를 필요로 하는 자는 오직 국가·지방자치단체인 출원인뿐이기 때문이다.

Ⅲ. 우선심사의 대상

우선심사의 대상은 출원심사청구를 한 특허출원으로서 출원공개 후 특허출원인이 아닌 자가 업으로서 실시하고 있는 특허출원발명과 특허청장이 긴급처리의 필요성이 있다고 정하고 있는 다음의 특허출원발명을 그 대상으로 한다(법 61, 1·2, 동법시행령 9 각호 및 특허청 고시 제2008-2호 4, 1·2).

1. 출원공개 후 제3자가 업으로서 실시하고 있다고 인정되는 특허출원

출원공개 후 특허출원인이 아닌 제3자가 업으로서 특허출원된 발명을 실시하고 있다고 인정되는 출원. 여기에서 "출원"이라 함은 특허출원, 실용신안등록출원(1999.6.30, 이전 또는 2006.10.1. 이후 출원된 실용신안등록출원을 말하고) "제3자"라 함은 특허출원(1999.6.30 이전까지 출원된 구 실용신안 등록출원 및 디자인등록출원을 포함한다. 이하 같다)을 하지 아니한 자로서 해당발명(구 실용신안 등록출원에 관한 고안 및 구 의장등록출원에 관한 의장을 포함한다. 이하 같다)에 관한 실시허락을 얻지 아니한 자를 말한다.

2. 긴급처리가 필요하다고 인정되는 특허출원

(1) 방위산업분야의 출원으로서 방위산업법 제34조, 동법시행령 제39조, 동법시행규칙 제27조 및 제28조에서 규정하고 있는 방산물자 또는 그 제조방법에 관한 출원

(2) 공해방지에 유용한 출원으로서 공해방지 또는 제거가 주목적인 발명에 관한 출원으로서 다음의 1에 해당하는 환경오염방지시설 또는 그 시설이 목적으로 하고 있는 환경오염방지법에 관한 출원

1) 소음·진동규제법 제2조 및 동법시행규칙 제3조에서 규정하고 있는 소음진동방지시설, 방음시설 또는 방진시설

2) 수질 및 수생태계 보전에 관한 법률 제2조 및 동법시행규칙 제7조에 따른 수질오염방지시설

3) 대기환경보전법 제2조 및 동법시행규칙 제6조에서 규정하고 있는 대기오염방지시설

4) 폐기물관리법 제2조, 동법시행령 제4조에서 규정하고 있는 폐기물처리시설

5) 가축분뇨의 관리 및 이용에 관한 법률 제2조, 동법시행규칙 제3조에 따른 자원화시설, 정화시설 또는 공공처리시설

6) 자원의 절약과 재활용촉진에 관한 법률 제2조 및 동법시행규칙 제3조에서 규정하고 있는 재활용시설

(3) 수출촉진에 직접 관련된 출원

(4) 국가 또는 지방자치단체의 직무에 관한 출원(고등교육법에 따른 국·공립학교의 직무에 관한 특허출원으로서 기술의 이전 및 사업화촉진에 관한 법률 제11조 제1항에 따라 국·공립학교 안에 설치된 기술이전·사업화 전담조직에 의한 특허출원을 포함한다. 이하 같다)

(5) 벤처기업육성에 관한 특별조치법 제25조의 규정에 의하여 벤처기업의 확인을 받은 기업의 출원 또는 중소기업기술혁신촉진법 제15조의 규정에 의하여 기술혁신형 중소기업으로 선정된 기업의 출원

(6) 국가의 신기술개발지원사업의 결과물에 관한 출원으로서 다음의 1에 해당하는 사업의 주관기관 또는 참여기관이 당해 사업에 관한 국가기관의 장과 체결한 사업계획서에 따라 기술개발을 추진한 결과에 관하여 행한 출원

1) 산업발전법 제24조의 규정에 의한 산업기반기술개발사업
2) 중소기업기술혁신촉진법 제10조 제1항의 규정에 의한 기술혁신사업
3) 에너지기본법 제12조의 규정에 의한 에너지기술개발사업
4) 신에너지 및 재생에너지개발·이용·보급촉진법 제11조의 규정에 의한 신·재생에너지기술개발사업
5) 전기통신기본법 제11조의 규정에 의한 전기통신기술개발사업
6) 정보화촉진기본법 제18조의 규정에 의한 정보통신기술개발사업
7) 과학기술기본법 제11조의 규정에 의한 국가연구개발사업
8) 그 밖의 국가가 수행하는 신기술개발지원사업

(7) 국가의 품질인증사업의 결과물에 관한 출원으로서 산업기술혁신촉진법 제16조 및 동법시행령 제18조의 규정에 따라 신제품의 인증을 받은 제품 또는 기술개발촉진법 제6조 및 동법시행령 제9조의 규정에 따라 신기술의 인증을 받은 기술에 관한 출원

(8) 조약에 의한 우선권주장의 기초가 되는 출원으로서 당해 출원을 기초로 하는 우선권주장에 의하여 외국특허청에서 특허에 관한 절차가 진행 중인 출원

(9) 자기실시 중이거나 자기실시 준비 중인 특허출원된 발명(부품·소재전문기업등의 육성에 관한 특별조치법시행규칙 제6조의 규정에 의하여 부품·소재기술개발전문기업의 확인을 받은 기업의 출원을 포함한다.)

(10) 전자거래기본법 제2조에서 규정하고 있는 전자거래를 촉진하는 전자거래 관련 출원으로서 전자거래와 직접 관련된 다음의 1에 해당하는 특허출원

1) 전자거래에 있어서 거래방법에 관한 특허출원
2) 전자거래를 위한 전자화폐 또는 결제기술에 관한 특허출원
3) 전자거래를 위한 보안 또는 인증기술에 관한 특허출원

4) 그 밖의 전자거래의 촉진을 위하여 특별히 우선 심사해야 할 필요성이 인정되는 특허출원

(11) 특허청장이 외국특허청장과 우선심사하기로 합의한 특허출원으로서 다음의 어느 하나에 해당하는 출원

1) 일본의 최초특허출원을 기초로 조약에 의한 우선권주장을 통해 동일 발명을 우리나라에 출원한 경우로서 아래 별표의 해당 증빙서류를 첨부한 경우

2) 미국의 최초특허출원(미국의 국내단계에 진입한 우선권주장이 없는 PCT출원을 포함한다)을 기초로 조약에 의한 우선권주장을 통해 동일발명을 우리나라에 출원한 경우 또는 우선권주장이 없는 PCT출원이 우리나라와 미국의 국내단계에 진입한 경우로서 아래 별표의 해당 증빙서류를 첨부한 경우

(12) 출원과 동시에 심사청구를 하고 그 출원후 2월 이내에 우선심사의 신청이 있는 실용신안등록출원

(13) 지역특화발전특구에 대한 규제특례법 제36조의 8에 따라 규제특례가 적용된 특화사업과 직접관련된 특허출원

(14) 우선심사의 신청을 하려는 자가 특허출원된 발명에 관하여 특허법 제58조 제1항에 따른 전문기관에 선행기술의 조사를 의뢰한 경우로서 그 조사결과를 특허청장에게 통지하도록 해당 전문기관에 요청한 특허출원(법시행령 9, 11)

Ⅳ. 우선심사의 절차

1. 우선심사의 신청절차

(1) 우선심사의 신청

특허법 제61조, 지역특화발전특구에 대한 규제특례법 제36조의 8 또는 첨단의료복합단지 지정 및 지원에 관한 특별법 제26조에 따라 우선심사를 신청하고자 하는 자는 소정의 우선심사 신청서(법시행규칙 39 별지 제22호 서식)에 특허청장이 정하는 사항을 기재한 우선심사 신청설명서 1통(우선심사신청에 관한 증빙서류[별표][8]첨부),

8) [별표] 우선심사의 신청에 관한 증빙서류

신 청 이 유	증 빙 서 류
제3자 실시 출원	제3자가 실시하고 있음을 입증하는 서류(사진, 카탈로그 등)
방위산업분야의 출원	제4조 제2호 가목에서 규정하고 있는 출원내용에 해당함을 입증하는

	서류
수출촉진에 직접 관련된 출원	다음의 1에 해당하는 서류 1. 수출실적 입증서류 2. 신용장내도 입증서류 3. 특허권·실용신안권 또는 디자인권이 필요하다는 수출품 구매자로부터의 요청이 있음을 증명하는 서류 4. 수출계약 입증서류 5. 그 밖에 수출촉진에 직접 관련이 있음을 입증하는 서류
벤처기업의 출원 또는 기술혁신형 중소기업의 출원	벤처기업의 출원인 경우에는 벤처기업육성에 관한 특별조치법 제25조의 규정에 의한 벤처기업확인서, 기술혁신형 중소기업의 출원인 경우에는 중소기업기술혁신촉진법 제15조의 규정에 의하여 기술혁신형 중소기업으로 선정되었음을 입증하는 서류
국가의 신기술개발지원사업의 결과물에 관한 출원	제4조 제2호 바목에서 규정하고 있는 출원내용에 해당함을 입증하는 서류
국가의 품질인증사업의 결과물에 관한 출원	제4조 제2호 사목에서 규정하고 있는 출원내용에 해당함을 입증하는 서류
조약에 의한 우선권주장의 기초가 되는 출원	우선권주장의 기초가 되는 출원임을 입증하는 서류(외국특허청에 제출한 출원서 사본 등)
자기실시 중인 출원	자기실시 중임을 입증하는 서류(사진, 카탈로그, 매출실적을 증명하는 서류 등)
자기실시 준비 중인 출원	다음의 1에 해당하는 서류 1. 창업투자회사·신기술사업투자조합 등으로부터의 투자실적서 2. 은행 등으로부터의 대출실적서 3. 출원기술의 실시에 관한 계약서 4. 그 밖에 자기실시준비중임을 입증하는 서류
부품·소재기술개발전문기업의 출원	부품·소재전문기업 등의 육성에 관한 특별조치법 시행규칙 제6조의 규정에 의한 부품·소재기술개발전문기업확인서
특허청장이 일본 특허청장과 우선심사할 것을 합의한 특허출원	1. 특허출원과 관련되어 외국특허청 또는 정부간 기구로부터 입수한 선행기술조사보고서가 있는 경우에는 다음에 해당하는 서류 가. 해당 선행기술조사결과 보고서 사본 나. 상기 선행기술조사결과 보고서에 기재된 선행기술문헌의 사본(선행기술문헌이 특허문헌인 경우로서 심사관이 용이하게 입수할 수 있는 경우는 제외한다) 다. 특허출원된 발명과 상기 선행기술문헌에 기재된 발명과의 구체적인 대비설명서(대비설명서에는 본원의 특허청구범위에 기재된 발명과 선행기술문헌에 기재된 발명을 대비 검토하여 양자의 차이점이나 본원 발명의 기술적으로 유리한 효과를 구체적이고 간결하게 기재하여야 하며, 문헌 중의 특정부분을 인용하는 경우에는 인용된 부분을 명시하여야 한다) 2. 특허청구범위의 모든 청구항이 일본특허청에서 특허가능하다고 판단한 청구항과 실질적으로 동일한 경우에는 다음에 해당하는 서류(우선심사신청시에 일본특허청에서 특허가능하다고 판단한 청구항이 포함된 일본 특허출원이 공개된 경우에는 다음 가, 나에 해당하는 서류의 제출을 생략할 수 있다) 가. 특허가능하다고 판단한 일본 특허출원의 특허청구범위 사본 및 국어 또는 영어로 된 그 번역문(일본특허청에서 가장 최근에 이루어진 심사관련통지시에 그 대상이 된 특허청구범위를 말한다) 나. 해당 특허출원에 대한 일본특허청의 심사관련통지서 사본 및 국어 또는 영어로 된 그 번역문 다. 심사관련통지서에서 인용한 선행기술문헌 사본(인용한 선행기술문헌이 특허문헌인 경우로서 심사관이 용이하게 입수할 수 있

대리인에 의하여 절차를 밟는 경우 그 대리권을 증명하는 서류 1통을 첨부하여 특허청장에게 제출한다[법시행령 10①, 시행규칙 39, 특허청고시(제2005-15호) 5].

(2) 신청수수료의 납부

우선심사의 신청인은 특허청으로부터 우선심사의 신청에 대한 접수번호(납부자 번호)를 부여받아 특허료 등의 징수규칙에 의한 소정서식(별지 제1호 서식)에 의해 우선심사 신청료를 국고수납은행에 납부하여야 한다(특허청 고시 제2008-2호 5, 2).

2. 우선심사의 처리

(1) 우선심사 신청서

우신심사의 처리는 특허정 출원등록과의 접수일로부터 40일이며 여기에는 우선심사신청서 및 그 첨부서류에 대한 보완기간 1개월 내는 산입되지 않는다(특허청 고시 제93-4호 제9조·제10조).

(2) 우선심사 신청취하 각하

우선심사신청이 다음에 해당하는 경우에는 우선심사 심의협의회에 상정하지 아니하고 우선심사신청인에게 그 이유를 기재하여 우선심사신청을 각하할 수 있다(특허청 고시 제93-4호 제11조).

	는 경우는 제외한다) 라. 특허출원의 모든 청구항과 특허가능하다고 판단된 청구항과의 대응관계설명표
특허청장이 미국 특허상표청장과 우선심사할 것을 합의한 특허출원	특허청구범위의 모든 청구항이 미국 특허상표청에서 특허가능하다고 판단된 청구항과 실질적으로 동일한 경우 다음에 해당하는 서류(가, 나에 해당하는 서류 중 우선심사신청시에 미국 특허상표청에서 제공하는 정보통신망을 통하여 용이하게 입수할 수 있는 서류는 해당 서류의 제출을 생략할 수 있다) 가. 특허가능하다고 판단한 미국 특허출원의 특허청구범위 사본(미국 특허상표청에서 가장 최근에 이루어진 심사관련 통지서 그 대상이 된 특허청구범위를 말한다) 나. 해당 특허출원에 대한 미국특허상표청의 심사관련 통지서 사본 다. 심사관련 통지서에서 인용한 선행기술문헌 사본(인용한 선행기술문헌이 특허문헌인 경우로서 심사관이 용이하게 입수할 수 있는 경우는 제외한다) 라. 특허출원의 모든 청구항과 특허가능하다고 판단된 청구항과의 대응관계설명표

1) 우선심사의 대상이 되지 않거나 신청요건에 맞지 않는 경우 또는 신청서 작성 및 첨부서류가 현저하게 미비한 경우
2) 출원인과 실시자가 실시의 허락 등에 의하여 실시하고 있는 경우
3) 당해 출원의 정상적인 심사착수예정시기가 해당부서의 의견검토 회신일로부터 2개월 이내인 경우
4) 보완서류를 지정기간 내에 제출하지 아니한 경우

Ⅴ. 우선심사의 결정

1. 우선심사여부의 결정

우선심사를 받고자 하는 자는 소정의 우선심사 신청서를 특허청장에게 제출하고 특허청장은 이에 대해 우선심사 여부를 결정하여야 한다(법시행령 10②). 우선심사 여부의 결정은 우선심사 심의협의회의 심의를 거쳐 특허청장이 결정한다(법시행령 10③).

2. 우선심사결정에 대한 불복신청여부

특허출원인의 우선심사가 인정되지 않을 경우, 불복신청을 할 수 있는가의 문제로서 이는 행정처분이 아니고 심사착수의 순위에 관한 사무관리상의 내부적 문제이므로 불복신청을 할 수 없다고 해석하여야 한다.

우선심사서면을 굳이 우선심사청구서로 하지 아니하고 우선심사신청서로 한 것도 바로 청구서로 할 경우 "청구할 권리"를 인정한 것이어서 우선심사여부의 결정이 행정처분이라고 오해될 우려가 있기 때문이다.

Ⅵ. 우선심사의 효과

특허청장에 의해 우선심사신청이 받아들여질 경우 특허출원순위나 심사청구순위와는 관계없이 타특허출원에 우선해서 심사를 받는다는 효과를 갖는다는 법적 효과뿐만 아니라 우선심사의 대상이 되는 특허출원은 대부분은 국가적, 세계적

발전전략산업분야의 발명이므로 이러한 분야의 발명을 조기에 권리화하여 적기에 산업화함으로써 선발기업으로서의 우위를 확보하여 국제경쟁력을 갖는 산업경제적 효과도 아울러 얻는 특허출원 심사절차상 획기적인 제도로 평가되고 있다.

제 5 절 조기심사제도의 도입

I. 개 설

특허출원건수는 1953년 특허제도 도입이래 1988년까지 35년간 실용신안 등록출원에 비해 계속 저조하였으나 1989년을 기점으로 하여 이후부터는 계속 실용신안 등록출원을 앞서는 역선현상이 일어나면서 매년 폭발적인 증가세를 나타내고 있다.[9] 이러한 현상은 그동안 우리나라의 산업구조가 경공업중심에서 중화학공업으로, 즉 단순상품기술산업(예: 가발·신발·의류·완구 등)에서 고도의 과학기술산업(예: 자동차·통신기기·반도체·의료기기·항공산업·생명공학기술·우주산업 등) 구조로 바뀌어 오고 있음을 잘 말해 주고 있다. 이러한 현상은 앞으로 더욱 심화, 확대될 것으로 전망됨으로써 그만큼 심사가 지연되어 특허행정의 운용상 중대한 사태를 맞게 될

9) 1988년 특허출원 20,051건, 실용신안 등록출원 22,677건
1989년 특허출원 21,315건, 실용신안 등록출원 21,530건
1990년 특허출원 25,820건, 실용신안 등록출원 22,654건
1991년 특허출원 28,132건, 실용신안 등록출원 25,895건
1992년 특허출원 30,073건, 실용신안 등록출원 28,665건
1993년 특허출원 36,491건, 실용신안 등록출원 32,218건
1994년 특허출원 45,712건, 실용신안 등록출원 39,806건
1995년 특허출원 78,499건, 실용신안 등록출원 59,866건
1996년 특허출원 90,326건, 실용신안 등록출원 68,822건
1997년 특허출원 92,734건, 실용신안 등록출원 45,809건
1998년 특허출원 75,188건, 실용신안 등록출원 28,896건
1999년 특허출원 80,626건, 실용신안 등록출원 30,572건
2000년 특허출원 102,010건, 실용신안 등록출원 37,163건
2001년 특허출원 104,612건, 실용신안 등록출원 40,804건
2002년 특허출원 106,136건, 실용신안 등록출원 39,193건
2003년 특허출원 118,652건, 실용신안 등록출원 40,825건
2004년 특허출원 140,115건, 실용신안 등록출원 37,753건
2005년 특허출원 166,189건, 실용신안 등록출원 32,908건
2006년 특허출원 166,189건, 실용신안 등록출원 32,908건
2007년 특허출원 170,711건, 실용신안 등록출원 20,998건

것이 예상되어 특허청은 이를 극복하기 위하여 소위 기술분야별 균형발전 또는 전략분야 집중육성 등 산업정책수단에 의한 적정화 유도의 강구, 심사제도의 개선 및 정보서비스의 확충을 목적으로 한 획기적이고도 장기적인 해결방안으로서의 페이퍼레스(paperless)계획의 추진 및 F텀[10] 검색시스템 등을 사용하여 민간능력의 활용, 강화 소위 서치(search)의 외주화를 도모하고 있는 등 각가지 방안을 동원하여 이를 시행하고 있거나 시행을 준비 또는 검토하고 있다. 그러나 당장 심사처리지연에서 오는 폐단을 조기에 최소화하고 출원인의 요구에 부응하기 위한 당면조치로서 강구해봄직한 방안을 제시해보고자 한다.

Ⅱ. 조기심사제도의 도입방안

1. 서 론

특허출원 중 실시관련출원을 신청에 따라 가능한 한 타출원에 우선해서 조기에 착수하여 처리하는 소위 조기심사제도의 도입을 검토해본다. 이는 분쟁관련출원을 대상으로 하는 특허법상의 우선심사제도(긴급을 요하는 출원도 있으나 여기에서는 논외로 한다)와는 달리 잠정적 조치로서 실시하는 방안이다.

2. 조기심사대상

출원인 또는 출원인으로부터 그 발명에 대해 실시허락을 받은 자가 당해 발명을 실시하고 있거나 또는 실시할 준비를 어느 정도 추진하고 있는 출원으로 한다. 여기에서 "어느 정도"라 함은 조기심사에 관한 사정설명서(이하 "사정설명서"라 한다) 제출일로부터 6개월 이내를 의미한다.

3. 조기심사절차

사정설명서가 특허청에 제출되어 조기심사대상으로 선정된 때에는 심사관은 즉시 심사절차를 진행한다. 출원공개 전 사정설명서 제출분에 대해서는 출원공개

10) F텀 : file forming term의 약어로서 전자화한 특실공보류 등에 부여하는 검색키를 말한다. 이 F텀에 의해 심사자료를 검안·스크린닝 할 수 있다. 구제특허분류(IPC)를 보완하여 효율적인 기계검색을 가능하게 하기 위한 것이다.

후 즉시 절차를 진행한다.

4. 사정설명서의 열람

제출된 사정설명서는 조기심사대상 선정결과와는 관계없이 출원서류 등과 함께 일반의 열람에 공한다.

5. 특허공보에의 표시

조기심사대상이 된 출원은 공개용 특허공보에 "조기심사대상출원"이라는 표시를 한다.

6. 제출절차

출원인은 사정설명서를 출원심사청구일 이후 언제라도 제출할 수 있으며 조기심사수수료를 받지 아니한 것으로 한다.

7. 결 론

위와 같은 출원에서의 조기심사제도의 취지는 특히 거절결정에 대한 심판에 대해서도 이를 적용하는 방향으로 검토해보는 것이 바람직할 것이다.

Ⅲ. 출원인 등의 선행기술조사 의무화 등 강구

출원심사청구 전에 선행기술조사를 출원인이 직접 하도록 의무화하거나 또는 정부지정전문조사기관으로 하여금 조사토록 하는 방안을 장기적 입법과제로 검토할 하다. 그러나 이러한 서치(search)의 의무화나 서치 전치의 제도화는 서치레포트(search report)의 질이 일정한 수준에 도달되어 있어야 한다는 점이 전제되어야 하는 어려움이 따를 뿐만 아니라 또 서치의 의무를 이행하지 않았을 때 과연 어떠한 조치를 가할 것인가도 충분히 검토되어야 할 중요한 사항들이다.

제6절 특허출원심사

Ⅰ. 심사의 주체

1. 심사관

(1) 심사관에 의한 심사

특허출원의 심사는 일정한 자격요건을 갖춘 특허청소속 5급 이상의 일반직 국가공무원으로서 심사관보직임명을 받은 심사관에 의해 이루어진다(법 57).

(2) 심사관의 자격요건

여기에서 일정한 자격요건이라 함은 특허청, 특허심판원 및 국제지식재산연수원의 5급 이상의 일반직 국가공무원으로서 특허청산하 국제지식재산연수원에서 소정의 심사관연수과정의 이수를 그 요건으로 하고 있다(법시행령 8①).

심사관은 고도의 전문지식을 가지고 특허권부여 여부에 관한 심사업무를 관장하여야 할 직책을 가지고 있으므로 외부의 간섭을 받지 않고 독립하여 공정하게 심사할 수 있어야 한다. 그러나 유념할 것은 심사관의 특허거절결정에 대한 불복심판에서 거절결정이 취소되고 심사로 환송된 경우에 거절결정에 관여한 심사관이 다시 심사할 수 있는 바, 이때의 심판관의 파기환송은 심사관의 심사업무에 관여하는 것이 아니고 심사관의 거절결정의 적법성과 타당성을 심판이라는 절차에 의해 심리하여 심결하는 것이므로 심사관의 직무에 관여한 것이 아니다. 즉 특정출원에 대한 심사관의 심사과정에 개입하여 심사관으로부터 어떤 결과를 유도하기 위하여 관여한 것이 아니고 심사관의 자유로운 결정에 대하여 출원인의 불복에 의해 비로소 참여하여 결과의 적법성 유무 등에 관하여 심판절차를 통해 판단하는 것이다. 따라서 심사관의 직무의 독립성이 침해되는 것이 아니다. 그러나 심사관의 직무의 독립성은 심판관의 독립성과는 그 성격이 다르므로 심사관에게는 심판관에게 적용되고 있는 제척·기피 및 회피와 같은 제도를 두고 있지 않다.

개정 전 특허법(2006.3.3 법률 제7871호전)에서는 심사관을 외부의 간섭으로부터 보호하여 특허출원심사·결정의 공정성을 확보함으로써 특허권의 신뢰를 제고하기 위하여 심판관에 준하여 심사관의 제척에 관한 준용규정을 두고 있었으나(개정전법 78의 2) 이러한 구법제하에서도 심판과는 달리 심사의 신속한 처리를 위해서 심사관의 기피 및 회피제도는 두고 있지 않았다.

이와 같이 구법에서 심사관의 제척에 관한 규정을 두고 있었으나 특허출원의 심사·결정에는 적용되지 아니하고 특허이의신청의 심사·결정에만 적용되고 있었다. 이는 특허이의신청은 심판청구사건과 같이 상대방이 있는 사건으로서 상대방이 없는 일방의 특허출원보다 이해관계가 첨예하게 대립되어 있는 분쟁사건이므로 더욱 공정성과 객관성이 요구되기 때문에 특허출원에 대한 심사·결정과는 달리 특허이의신청의 심사·결정에 대해서만 심사관의 제척에 관한 규정을 두고 있었다(구법 78의 2 삭제). 그러나 개정법(2006.3.3 법률 제7871호)에서는 특허이의신청제도를 폐지하면서 심사관에게 적용되고 있었던 제척제도도 함께 폐지하였다.

2. 제3자의 심사업무의 지원·협조

(1) 전문기관 등의 선행기술 조사 등

1) 전문기관 등에 의뢰 등

특허청장은 특허출원의 심사(국제출원에 대한 국제조사 및 국제예비심사를 포함한다)에 있어서 필요하다고 인정할 때에는 전문기관을 지정하여 선행기술의 조사·국제특허분류의 부여 그 밖에 대통령령이 정하는 업무를 의뢰할 수 있고 또 특허출원의 심사에 관하여 필요하다고 인정할 때에는 정부기관·당해 기술분야의 전문기관 또는 특허에 관한 지식과 경험이 풍부한 자에게 협조를 요청하거나 의견을 들을 수 있다. 이 경우 특허청장은 예산의 범위 안에서 수당 또는 비용을 지급할 수 있다(법 58①②).

2) 전문기관의 지정 등

특허출원심사에 필요한 선행기술의 조사 등 업무를 의뢰하기 위한 전문기관의 지정기준 등 그 지정에 관하여 필요한 사항과 선행기술의 조사 또는 국제특허분류의 부여 등의 의뢰절차에 관하여 필요한 사항은 다음과 같다(법 58③).

① 전문기관의 지정기준

특허청장은 다음의 요건을 모두 갖춘 법인을 특허법 제58조 제1항에 따른 전문기관(이하 "전문기관"이라 한다)으로 지정할 수 있다(법시행령 8의 2).

i. 선행기술의 조사업무 또는 국제특허분류의 부여업무에 필요한 문헌 및 장비를 확보할 것
ii. 선행기술의 조사업무 또는 국제특허분류의 부여업무를 수행할 수 있는 전담인력 및 조직을 확보할 것
iii. 임·직원 중 변리사법 제2조에 따른 업무를 행하는 다른 기관의 임·직원을 겸하는 자 또는 같은 법 제5조에 따라 등록한 변리사가 없을 것
iv. 선행기술의 조사업무 또는 국제특허분류의 부여업무와 관련된 임·직원, 시설 및 장비에 대한 보안체계를 갖출 것

② 전문기관지정의 신청

전문기관으로 지정받고자 하는 자는 전문기관지정신청서에 위 1)의 i 내지 iv의 요건을 모두 갖춘 사실을 증명할 수 있는 서류를 첨부하여 특허청장에게 제출하여야 한다(법시행령 8의 2③).

③ 선행기술조사업무 등의 공정수행

지정된 전문기관이 선행기술의 조사업무 또는 국제특허분류의 부여업무 외의 업무를 행하는 경우에는 그 업무를 행함으로써 선행기술의 조사업무 또는 국제특허분류의 부여업무가 불공정하게 되어서는 아니된다(법시행령 8의 ②).

④ 전문기관의 운영 등

문헌·장비·전담인력 및 조직의 확보에 관한 세부적인 기준, 보안체계의 구체적인 기준 및 전문기관의 운영에 관하여 필요한 사항은 특허청장이 고시로 정한다(법시행령 8의 2④).

3) 선행기술의 조사의뢰 등

① 조사 등 의뢰

특허청장은 선행기술의 조사 또는 국제특허분류의 부여가 필요하다고 인정되는 특허출원에 대하여는 전문기관에 선행기술의 조사 또는 국제특허분류의 부여를

의뢰할 수 있다(법시행령 8의 3①).

② 조사결과 등 통지

전문기관의 장은 특허청장으로부터 선행기술의 조사 또는 국제특허분류의 부여를 의뢰받은 경우에는 그 조사결과 또는 그 부여결과를 특허청장에게 신속히 통지하여야 한다(법시행령 8의 3②).

③ 재조사 등 의뢰

특허청장은 전문기관의 조사결과 또는 부여결과가 그 특허출원에 대한 선행기술 또는 국제특허분류를 파악하기에 미흡하다고 인정하는 경우에는 조사범위 등을 정하여 그 전문기관의 장에게 선행기술의 조사 또는 국제특허분류의 부여를 재의뢰할 수 있다(법시행령 8의 3③). 특허청장으로부터 재의뢰를 받은 전문기관의 장은 그 재의뢰 받은 선행기술조사 또는 그 국제특허분류결과를 특허청장에게 신속히 통지하여야 한다(법시행령 8의 ④).

4) 전문기관지정의 취소 등

특허청장은 전문기관이 거짓 그 밖의 부정한 방법으로 전문기관의 지정을 받은 경우에는 전문기관의 지정을 취소하여야 하며, 전문기관이 지정기준에 적합하지 아니하게 된 경우에는 그 지정을 취소하거나 6개월 이내의 기간을 정하여 업무의 정지를 명할 수 있다(법 58의 2①1, 2).

특허청장은 전문기관의 지정을 취소하려고 할 때에는 청문을 실시하여야 한다(법 58의 2②).

전문기관의 지정취소 및 업무정지의 기준과 절차 등에 관하여 필요한 사항은 지식경제부령에서 별도로 정한다(법 58의 2③, 법시행규칙 36의 2).

(2) 일반공중의 특허출원관련 정보의 제공

특허출원이 있는 때에는 누구든지 그 특허출원이 거절이유에 해당되어 특허될 수 없다는 취지의 정보를 증거와 함께 특허청장에게 제공하여 심사관의 심사업무에 도움을 준다(법 63의 2 본문). 다만 특허청구의 범위의 기재방법 및 출원발명의 단일성(1특허출원의 범위, 1발명 1출원주의)의 요건을 갖추지 아니한 경우에는 그러하지 아니하다(법 63의 2 단서).

(3) 심사참고

특허출원의 심사에 있어서 위 (1)(2)의 자로부터 제공되는 어떠한 정보자료에 대해서도 오직 심사에 참고하는 정도이다. 그러므로 이에 대하여는 심사대상이 아님은 물론 어떠한 결정을 할 필요도 의무도 없다.

Ⅱ. 심사의 객체

1. 특허출원

심사관의 심사는 특허법 제42조의 규정에 의한 특허출원서·명세서·필요한 도면 및 요약서 등과 같은 법 제47조의 규정에 의한 특허출원의 보정서 및 제63조의 규정에 의한 거절이유에 대한 의견서 등을 대상으로 하여 심사한다. 그렇다고 제출된 특허출원서류를 무조건적으로 모두 특허여부를 결정하는 실질심사를 하는 것은 아니다. 소정의 방식심사요건에 적합하고 또 출원심사청구한 출원만을 대상으로 하여 심사청구순서에 따라 심사한다. 다만 우선심사의 경우는 예외로 한다.

2. 재심사청구된 출원보정

재심사에 따른 특허거절결정이 있거나 특허거절결정 등에 대한 심판청구가 있는 경우를 제외하고는 특허출원인은 그 특허출원에 관하여 거절결정등본을 송달받은 경우, 그 송달받은 날부터 30일 이내에 할 수 있는 특허거절결정 또는 특허권의 존속기간의 연장등록거절결정에 대한 불복심판 청구기간에 거절결정 등에 대한 심판을 청구하지 아니하고, 이 기간 내에 그 특허출원의 특허출원서에 첨부된 명세서 또는 도면을 보정하여 해당 특허출원에 관하여 재심사(이하 "재심사"라 한다)를 청구할 수 있다(법 67의 2①).

이는 구법(2009.1.30 개정전법)에서 운용하고 있었던 심사전치에 따른 심사관의 심사에 해당한다. 즉 특허심판원장은 심사관의 특허거절결정을 받은 자가 이에 불복하는 심판을 청구하고 그 청구일부터 30일 이내 그 청구에 관한 특허출원서에 첨부된 명세서 또는 도면을 보정한 때에는 심판을 하기 전에 이를 특허청장에게 통지를 하여야 하고(개정전법 173①) 통지를 받은 특허청장은 그 청구에 관한 특허출원을 원심사관에게 다시 심사하게 하는 심사전치제도를 운용하고 있었던바

(개정전법 173②) 이는 형식적으로는 심판절차단계이지만 실질적으로 심사에 해당한다. 이러한 심사전치된 출원의 심사는 새로운 심판절차에 의해 하는 것보다는 심사의 연장선상에서 이미 심사를 담당했던 심사관으로 하여금 취급하도록 하는 것이 업무의 파악 및 이해 등 여러 가지 면에서 보다 심사의 적정과 효율을 기할 수 있다는 점 때문에 채용된 제도이었다.

그러나 이러한 심사전치는 심판절차단계의 심판청구에 관한 특허출원서에 첨부된 명세서 또는 도면의 보정에 대한 심사관의 심사절차이기 때문에 심판청구를 하고 심사전치의 대상인 명세서 또는 도면의 보정을 한 경우 특허심판원장은 이를 특허청장에게 통지하고 통지를 받은 특허청장은 그 청구에 관한 특허출원을 심사관에게 다시 심사하게 하고 심사결과 특허결정을 할 수 없는 경우 그 심사결과를 특허청장에게 보고하며, 보고를 받은 특허청장은 이를 특허심판원장에게 통지하여야 하는 절차의 번거로움이 있고 또 거절결정등록을 송달받은 날부터 30일 이내의 명세서 또는 도면의 보정은 심사절차에 따라 심사되기 때문에 구태여 심판절차단계를 거칠 필요 없이 바로 심사절차에 따른 심사관의 재심사에 따라 특허여부를 결정하는 것이 심사전치에 따라 특허여부를 결정하는 것보다 더 합리적이고 효율적이기 때문에 개정법(2009.1.30)에서 심사전치제도를 폐지하고 재심사제도를 채택한 것이다.

Ⅲ. 심사절차

1. 서 설

(1) 서 론

특허출원의 심사는 심사주의 하에서의 출원발명에 대한 특허여부의 결정수단이다. 그러나 종래 특허법에서와 같이 특허출원을 하였다 하여 무조건서으로 보누 심사하는 심사강제기 이니고 특허출원심사청구가 있는 특허출원에 한하여 심사청구순서에 따라 심사한다. 또 출원공개 후 제3자가 업으로서 특허출원된 발명을 무단실시하고 있거나 소정의 특허출원으로서 긴급처리를 요하는 발명에 대하여는 출원인의 우선심사신청이 있는 경우 다른 출원에 우신하여 심사한나. 특히 출원인에게는 심사 전 출원공개된 특허출원발명을 무단실시한 자에게 보상금을 청구할 수 있는 권리가 부여되는 바, 이들에 관하여서는 이미 장을 달리하여 앞 “V 1. (3) (4)”에서 살펴보았으므로 이를 참고하기 바라며 본편에서는 특허출원 및 심사전치된 출원에 대해서만 살펴보기로 한다.

(2) 청구항별 심사제도의 도입

개정특허법은 특허청구범위의 청구항별 심사제도를 도입하였다. 따라서 특허청 심사관이 거절이유를 통지할 때 거절이유가 있는 모든 청구항에 대하여 구체적인 이유를 기재하도록 의무화하여 앞으로 출원인이 특허를 받기 위하여 어떻게 대응할 것인가를 예측할 수 있게 하였다. 이에 관한 자세한 설명은 다음의 "2. 심사" 편을 참고하기 바란다.

2. 심 사

발명이라 하여 누구든지 출원만 하면 무조건 모두 특허가 되는 것이 아니다. 심사라는 절차를 통해 그 출원발명이 특허를 받을 수 있는 요건들을 빠짐없이 갖추고 있는지를 먼저 심사하여 이들 요건에 충족한 출원발명에 대해서만 특허를 허여한다. 즉 그 특허출원발명이 i) 재외자 중 외국인으로서 우리나라에서 특허권 또는 특허에 관한 권리를 향유할 수 있는 권리능력을 가지고 있는 자의 것인지, ii) 발명이 산업상 이용성·신규성·진보성 등의 특허요건을 갖추고 있는지, iii) 공서양속에 반하거나 공중위생을 해할 염려는 없는지, iv) 특허를 받을 수 있는 자의 출원인지, v) 대리권이 있는 자의 출원인지, vi) 1발명 또는 1군의 발명을 1특허출원의 범위로 하는 1출원발명의 단일성의 요건에 맞는 출원인지, vii) 특허출원의 보정이 특허출원서에 최초로 첨부된 명세서 또는 도면에 기재된 사항의 범위 안에서 이루어졌는지, viii) 분할출원·변경출원 및 우선권주장출원은 적법하게 이루어졌는지의 여부에 대하여 심사한 후 그 결과에 따라 위 요건들을 구비한 출원발명에 대해서는 특허결정을 하고, 그렇지 아니한 출원발명에 대해서는 거절이유통지절차를 거쳐 특허거절결정을 하여야 한다. 그러나 심사관의 거절이유에 대한 출원인의 의견서, 보정서에 의해 거절이유가 해소된 경우에는 특허결정되고 해소되지 않은 때에는 그대로 특허거절 결정된다. 이러한 심사형태는 앞에서 살펴본 바와 같이 심사주의하의 선심사 후등록제도에서만 이루어지는 것이고 무심사주의하의 선등록제도 하에서는 나타나지 않는 형상이다.

(1) 심사방식

특허출원절차가 모두 서면에 의하여 행해지는 것과 같이 특허출원의 심사 또한 서면에 의하여 행하여진다. 그렇다고 심사관과 출원인과의 면접에 의한 심사를 일체 배제하는 것은 아니다. 즉 심사관과 출원인과의 면접이 서면심사의 원칙을 크게 벗어나지 않는 범위 내에서 또 서면심사를 보조하는 측면에서 공정하게 운용될 경우 심사촉진에도 도움이 되기 때문이다. 따라서 실무상 지금까지의 서면주의 일변도의 심사관행에서 과감히 탈피하여 면접심사의 이점을 십분 살려 심사의 신속성과 정확성을 기할 수 있도록 면접심사에 관한 사항을 심사기준에 반영하여 적극 활용할 필요가 있다.[11)]

(2) 방식심사

1) 개 론

특허청장은 특허출원이 있는 경우 그 특허출원이 소정의 적법한 방식에 의한 출원인지에 대하여 심사한다. 방식심사결과 적법한 출원서류인 경우에는 이를 수리하여 실체심사에 회부하고 부적법한 출원서류인 경우에는 이를 반려한다. 이때의 반려는 출원서류를 제출한 출원인에 대하여 출원서류를 반려하겠다는 취지, 반려이유 및 소명기간을 기재한 서면을 송부하여야 한다. 다만 제출명령을 받은 서류[12)]를 정당한 소명 없이 소명기간 내에 제출하지 아니한 경우에는 반려이유를

11) 면접을 통한 심사의 경우
i) 특허출원의 기술내용이 난해하거나 분량이 방대하여 발명을 파악하고 이해하는데 어려움이 있는 경우 출원인 또는 대리인을 출석시켜 구두에 의한 설명을 받는 편이 신속·정확한 심사에 도움이 된다고 판단되는 경우
ii) 이러한 면접은 심사관이나 출원인 또는 그 대리인의 요청에 의해 이루어지도록 한다. 주요면접내용으로는 ⓐ 명세서·도면의 기재 및 기술적 내용의 설명청취, ⓑ 본원발명과 선행기술의 대비설명의 청취, ⓒ 의견서·보정서에 대한 설명 또는 견본·모형에 관한 설명청취 등이다. 면접 후 면접결과를 정리한 면접기록을 2통 작성하고 심사관 및 출두자가 날인하여 1통을 출원인 또는 그 대리인에게 교부하고 다른 1통은 특허출원포대에 넣어 공중의 열람에 제공한다. 이후 출원인 또는 대리인은 보정안이 있는 경우에는 2통을 작성하여 심사관에게 제출하고, 심사관은 이를 면접기록에 첨부한다. 특히 출원보정에 관한 합의사항은 해당 보정에 의해서도 출원이 거절되는 새로운 사실이나 새로운 증거가 후에 발견되지 않는 한 존중되어야 한다. 심사관이 합의 후에 새로운 사실이나 새로운 증거를 발견한 경우에는 해당 발견에 의해 앞의 합의를 변경하는 취지를 거절이유통지서에 부기한다. 명세서의 기재불비에 대한 보정에 대해 심사관과 특허출원인이나 그 대리인이 합의했을 경우에는 거절이유통지서를 교부하고 그때에 보정서의 제출을 요구할 수 있도록 한다.
iii) 현행면접제도
심사관이 신속하고 공정한 심사를 위하여 필요하다고 인정한 경우 또는 권리자 또는 대리인(이하 "당사자"라 한다)의 신청이 있는 경우로서 위의 ⓐ, ⓑ, ⓒ의 어느 하나에 해당되는 때에는 당사자일방을 면담할 수 있다.

12) 예 : 1) 출원인이 외국인인 경우 국적증명서
2) 외국인 출원인이 법인인 경우 법인임을 증명하는 서류
3) 외국인 출원인인 경우 그 자가 속하는 국가가 조약의 당사국 또는 특허에 관하여 우리나라와 상호 보호할 것을 약속한 국가가 아닌 경우 다음의 하나에 해당하는 서류를 제출하게 할 수 있다.

고지하고 즉시 출원서류를 반려한다(법시행규칙 11②).

특허청장은 출원인이 소명기간 내에 소명서 또는 출원서류반려요청서를 제출하지 아니하거나 제출한 소명이 이유 없다고 인정되는 때에는 소명기간이 종료된 후 즉시 출원서류를 반려하여야 한다(법시행규칙 11④).

2) 방식심사 사항

특허청장은 특허출원이 있는 경우 그 특허출원이 적법한지에 대하여 다음과 같은 사항을 대상으로 심사한다.

① 출원서류가 1건마다 서면을 작성하였는지 여부
② 출원의 종류가 명확한 것인지 여부
③ 출원인의 성명(법인의 경우 명칭) 또는 출원인코드[출원인코드가 없는 경우 성명·주소(법인의 경우 그 명칭 및 영업소의 소재지)]가 기재되어 있는지 여부
④ 국어로 기재되어 있는지 여부
⑤ 출원서에 명세서(명세서에 발명의 상세한 설명 또는 특허청구범위가 기재되어 있는지의 여부를 포함한다)를 첨부하였는지 여부
⑥ 특허청구범위를 기재하지 아니한 명세서를 특허출원서에 첨부하여 특허출원한 분할출원, 변경출원 및 정당한 권리자의 출원으로서 그 특허출원 당시에 이미 특허법 제42조 제5항 제1호에 따른 명세서의 보정기간이 경과되었는지 여부
⑦ 국내에 주소 또는 영업소를 가지지 아니하는 자가 특허관리인에 의하지 아니하고 제출한 출원서류인지 여부
⑧ 특허법 또는 특허법에 의한 명령이 정한 기간이내에 제출되지 아니한 서류인지 여부
⑨ 특허법 또는 특허법에 의한 명령이 정하는 기간 중 연장이 허용되지 아니하는 기간에 대한 기간연장 신청서인지 여부
⑩ 특허거절결정 불복심판의 청구기간 또는 특허청장·특허심판원장·심판장 또는 심사관이 지정한 기간을 경과하여 제출된 기간연장 신청서인지 여부

---

i) 동맹국 중 1국의 영역 안에 주소 또는 영업소를 가지고 있는 경우에는 이를 증명하는 서류

ii) 그 외국인이 속하는 국가에서 우리나라 국민에 대하여 그 국민과 동일한 조건으로 특허권 또는 특허에 관한 권리의 향유를 인정하는 경우에는 이를 증명하는 서류

iii) 우리나라가 그 외국인에 대하여 특허권 또는 특허에 관한 권리의 향유를 인정하는 경우에는 그 외국인이 속하는 국가에서 우리나라 국민에 대하여 그 국민과 동일한 조건으로 특허권 또는 특허에 관한 권리의 향유를 인정하는 경우에 이를 증명하는 서류

⑪ 특허에 관한 절차가 종료된 후 그 특허에 관한 절차와 관련하여 제출된 서류인지 여부
⑫ 특허출원에 관한 절차를 밟을 권리가 없는 자가 그 특허출원절차와 관련하여 제출한 서류인지 여부
⑬ 포괄위임 신청서, 포괄위임 원용제한 신고서, 포괄위임 등록철회서, 출원인코드부여 신청서 또는 직권으로 출원인코드를 부여하여야 하는 경우로서 당해 서류가 불명확하여 수리할 수 없는지 여부
⑭ 정보통신망이나 전자적 기록매체로 제출된 특허출원서류가 특허청에서 제공하는 소프트웨어 또는 특허청 홈페이지를 이용하여 작성되지 아니하였거나 전자문서로 제출된 서류가 전산정보 처리조직에서 처리가 불가능한 상태로 접수된 것인지 여부
⑮ 특허청장이 제출된 전자적 이미지의 첨부서류가 판독이 곤란하여 내용의 확인이 필요하다고 인정되어 출원인 또는 대리인에게 기간을 정하여 해당서류를 서면으로 제출하도록 명하였으나 그 지정기간 내에 제출하였는지 여부
⑯ 특허에 관한 절차를 밟는 자에 대한 구체적인 확인이 필요하다고 인정된 ⅰ) 국적증명서(외국인인 경우에 한정한다) 그밖에 당사자임을 확인할 수 있는 서류, ⅱ) 인감증명서(작성후 6개월 이내의 것이어야 하며 인감증명제도가 없는 외국인인 경우에는 이에 준하는 증명서), ⅲ) 서명에 대한 공증서(외국인인 경우에는 본인이 서명을 하였다는 본국 관공서의 증명서면을 포함한다)의 제출명령을 받은 서류를 정당한 소명 없이 소명기간 내에 제출하였는지 여부
⑰ 특허법 시행규칙 제40조의 2 제1항 각호의 어느 하나에 해당하여 특허여부결정을 보류할 수 없는 경우인지 여부
⑱ 특허법 시행규칙 제40조의 3 제3항 각호의 어느 하나에 해당하여 특허출원에 대한 심사를 유예할 수 없는 경우인지 여부

3) 적법한 출원서류의 수리

특허청장은 제출된 출원서류에 대하여 위의 방식심사사항을 기준으로 심사한 결과 적법한 것으로 인정된 때 또는 특허청장의 출원서류 반려이유에 대한 출원인의 소명이 이유 있다고 인정된 때에는 이를 수리하고 실질심사에 회부한다.

4) 부적법한 출원서류의 반려

① 부적법한 출원서류로 간주

특허청장은 특허출원서류가 위 2) ① 내지 ⑱의 방식심사사항의 어느 하나에

해당하는 경우에는 특허법령에 특별한 규정이 있는 경우를 제외하고는 이를 부적법한 출원으로 보아야 한다(법시행규칙 11①).

② 부적법한 출원서류의 반려절차

ⅰ. 반려 전 소명기회 부여

특허청장은 부적법한 것으로 보는 출원서류를 반려하고자 하는 경우에는 출원서류를 제출한 출원인에 대하여 출원서류를 반려하겠다는 취지, 반려이유 및 소명기간을 기재한 서면을 송부하여야 한다. 다만 특허청장의 "위의 1) 후단 (다만) 즉 위 방식심사 사항 ⑬"의 제출명령을 받은 서류를 정당한 소명 없이 소명기간 내에 제출하지 아니한 경우에는 반려이유를 고지하고 즉시 출원서류를 반려하여야 한다(법시행규칙 11②).

ⅱ. 소명절차

특허청장으로부터 출원서류를 반려하겠다는 취지, 반려이유 및 소명기간을 기재한 서면을 송부받은 출원인이 소명하고자 하는 경우에는 소명기간 내에 소정의 소명서(법시행규칙 11③ 별지 제4호의 8 서식)를, 소명없이 출원서류를 소명기간 내에 반려받고자 하는 경우에는 소정의 반려요청서(법시행규칙 11③ 별지 제4호의 9 서식)를 특허청장에게 제출하여야 한다. 이 경우 특허청장은 반려요청을 받은 때에는 즉시 출원서류를 반려하여야 한다(법시행규칙 11③).

ⅲ. 반려 등

특허청장은 출원인이 소명기간 내에 소명서 또는 반려요청서를 제출하지 아니하거나 제출한 소명이 이유 없다고 인정되는 때에는 소명기간이 종료된 후 즉시 출원서류를 반려하여야 한다(법시행규칙 11④). 그러나 특허청장의 반려이유에 대한 출원인의 소명이 이유 있다고 인정된 때에는 이를 수리하여 실질심사에 회부한다.

(3) 실질심사

1) 대 상

특허출원에 대한 특허여부는 실질심사라는 절차를 거쳐 결정하게 되는데, 그 심사는 특허출원서류 중에서 기술적 사상의 창작을 기술하고 있는 특허청구범위의 기재사항, 즉 발명의 구조·방법·기능·물질 또는 이들의 결합관계 등이 기재되어 있는 특허청구범위를 기준으로 하되 발명의 상세한 설명 및 도면을 참작한다.

그 이유는 특허청구범위에는 보호를 받고자 하는 사항을 기재한 청구항은 발명의 상세한 설명에 의하여 뒷받침될 뿐만 아니라(법 42④1) 특허청구범위는 출원인이 보호를 받고자 하는 사항을 명확히 하기 위하여 발명을 특정한 부분이고(법 42⑥) 또 특허발명의 보호범위는 특허청구범위에 기재된 사항에 의하여 정하여지며(법 97), 특허발명을 실시할 수 있는 독점배타권인 특허권의 효력도 특허청구범위의 기재사항에 의해 발생되기 때문이다(법 94).

2) 실질심사 사항

① 인적사항

심사관은 다음과 같은 사항을 기준으로 출원인의 적격성 여부를 심사한다.

i. 특허를 받을 수 있는 자의 출원인지 여부

(i) 출원인이 발명한 자 또는 발명한 자로부터 특허를 받을 수 있는 권리를 승계한 승계인지여부(법 33 본문)

(ii) 특허청 직원 및 특허심판원 직원이 재직 중 출원한 경우 상속 또는 유증에 의한 것인지 여부(법 33 단서)

ii. 권리능력을 가진 외국인의 출원인지 여부

재외자 중 외국인의 출원이 특허권 또는 특허에 관한 권리를 향유할 수 있는 자의 출원인지 여부(법 25)

iii. 2인 이상 공동발명인 경우 공동출원 여부(법 44)

② 발명 및 출원사항

심사관은 다음과 같은 사항을 기준으로 발명 및 출원의 적정성 여부를 심사한다.

i. 특허출원발명이 산업상 이용성, 신규성 및 진보성 등과 같은 특허요건을 충족한 발명인지 여부(법 29)

ii. 공서양속의 문란이나 공중위생을 해할 염려가 있는 특허를 받을 수 없는 발명의 출원인지 여부(법 32)

iii. 선출원발명인지 여부(법 36)

iv. 발명의 상세한 설명 및 특허청구범위에 기재한 청구항 기재방법의 적정성 여부 및 특허청구범위 기재요건의 구비여부(법 42③④⑧)

v. 출원의 단일성(1특허출원의 범위)요건의 만족여부(법 45)

vi. 명세서 또는 도면의 보정이 최초명세서 또는 도면에 기재된 사항의 범위를 벗어난 보정인지 여부(법 47②)

vii. 분할출원 및 변경출원이 최초명세서 또는 도면에 기재된 사항의 범위를 벗어났는지 여부(법 52①, 53①)

viii. 조약에 위반된 특허출원인지 여부(법 62, 3)

ix. 그 밖에 특허법령에 의하여 특허를 받을 수 없는 요건에 해당한 특허출원 발명인지 여부

3) 특허거절이유의 발견

심사관은 특허출원이 있는 경우 그 출원에 대한 특허여부를 심사를 통해 결정하여야 한다(법 57). 따라서 심사관은 먼저 특허출원에 대하여 다음과 같은 거절이유가 있는지를 선행기술문헌 등과 같은 판단의 기초가 된 사실적 정보자료를 중심으로 심사를 한다. 심사결과 거절이유를 발견하지 못하였을 때에는 곧바로 특허결정을 하고, 거절이유를 발견한 경우에는 그 특허출원인에게 거절이유를 통지하고 상당한 기간을 정하여 의견서를 제출할 수 있는 기회를 주어야 한다(법 62, 63).

① 특허법상 권리능력 없는 외국인의 특허출원, 즉 재외자 중 특허권 또는 특허에 관한 권리를 향유할 수 없는 외국인의 특허출원(법 25)

② 특허를 받을 수 있는 요건불비의 발명, 즉 발명의 산업상 이용성·신규성·진보성 등의 특허요건을 충족하지 못한 발명의 특허출원(법 29)

③ 공공의 질서 또는 선량한 풍속을 문란하게 하거나 공중위생을 해할 염려가 있는 발명(법 32)

④ 선출원에 관한 특허법 제36조 제1항 내지 제3항의 규정에 반한 특허출원(법 36① 내지 ③)

⑤ 특허를 받을 수 있는 권리가 공유임에도 공유자 전원이 공동으로 출원하지 아니한 특허출원(법 44)

⑥ 발명자 또는 그 승계인이 아닌 자 및 상속 또는 유증의 경우가 아닌 특허청 직원 및 특허심판원 직원의 재직 중의 특허출원(법 33①)

⑦ 조약의 규정에 위반된 특허출원(법 62, 3)

⑧ 발명의 상세한 설명 및 특허청구범위가 특허법상의 기재방법에 의하여 작성되지 아니하였거나 특허청구범위의 기재요건을 갖추지 아니한 특허출원(법 42③④⑧)

⑨ 출원의 단일성(1특허출원의 범위)의 요건을 충족하지 아니한 특허출원(법 45)

⑩ 명세서 또는 도면의 보정이 특허출원서에 최초로 첨부된 명세서 또는 도면에 기재된 사항의 범위를 벗어난 특허출원(법 47②)
⑪ 특허출원의 출원서에 최초로 첨부된 명세서 또는 도면에 기재된 사항의 범위를 벗어난 분할출원(법 52①)
⑫ 실용신안 등록출원의 출원서에 최초로 첨부된 명세서 또는 도면에 기재된 사항의 범위를 벗어난 특허출원으로의 변경출원 또 그 반대의 변경출원(법 53①)

4) 특허거절이유의 통지 등

① 거절이유의 통지 등

ⅰ. 거절이유의 통지

심사관은 특허출원을 심사한 결과 그 출원에 대하여 위 ① 내지 ⑫ 어느 하나에 해당하는 거절이유를 발견하여 특허거절결정을 하고자 할 때에는 그 특허출원인에게 거절이유를 통지하고 기간을 정하여 의견서를 제출할 수 있는 기회를 주어야 한다(법 63① 본문).

ⅱ. 거절이유통지의 불요

심사관은 ⅰ) 거절이유통지에 대한 보정에 따라 발생한 거절이유에 대하여 거절이유통지를 받은 경우 해당 거절이유통지, 즉 최후거절이유통지에 따른 의견서 제출기간에 한 명세서 또는 도면의 보정 및 ⅱ) 재심사청구를 할 때 한 명세서 또는 도면의 보정이 특허출원서에 최초로 첨부된 명세서 또는 도면에 기재된 사항의 범위를 벗어난 경우 및 위 ⅰ) 및 ⅱ)의 보정 중 특허청구범위에 대한 보정이, a) 청구항을 한정 또는 삭제하거나 청구항에 부가하여 특허청구범위를 감축하는 경우, b) 잘못된 기재를 정정하는 경우, c) 분명하지 아니한 기재를 명확하게 하는 경우, d) 특허출원서에 최초로 첨부된 명세서 또는 도면에 기재된 사항의 범위를 벗어난 보정에 대하여 그 보정전 특허청구범위로 되돌아가거나 되돌아가면서 특허청구범위를 위 a)부터 c)까지의 보정을 하는 경우, 이 네 경우 중 어느 하나에 해당하지 아니하거나 그 보정(위 a) 및 d)의 보정 중 청구항을 삭제하는 보정은 제외한다)에 따라 새로운 거절이유가 발생한 것으로 인정하면 결정으로 보정을 각하하여야 하고, 각하결정을 하는 때에는 그 특허출원인에게 의견서제출의 기회를 주기 위한 거절이유통지를 하지 아니한다. 그러나 특허출원에 관하여 거절결정등본을 송달받은 날부터 30일 이내에 그 특허출원의 특허출원서에 첨부된 명세서 또는 도면을 보정하여 해당 특허출원에 관하여 재심사의 청구가 있는 경우 그 청구전에 한 보정인 경우에는 그 보정을 각하하지 아니하기 때문에 그 보정에 대하여 거절이유통지를 하여야 한다(법 63① 단서).

② 청구항에 관한 거절이유의 기재

심사관은 특허청구범위에 2이상의 청구항이 있는 특허출원에 대하여 거절이유통지를 할 때에는 그 통지서에 거절되는 청구항을 명시하고 그 청구항에 관한 거절이유를 구체적으로 기재하여야 한다(법 63②).

③ 거절이유의 근거제시

심사관의 거절이유에는 심사의 기초(거절이유의 근거)가 된 특허공보 등 선행기술문헌 등과 같은 사실적 정보자료를 구체적으로 제시하여야 한다. 그러나 그 사실이 현저한 당사자의 기술상식 내지 주지(관용)기술에 속하는 것인 경우에는 예외로 한다.[13)]

④ 의견서 제출기간의 지정

심사관은 특허출원에 대한 심사결과 거절이유를 발견한 때에는 특허거절결정에 앞서 이를 특허출원인에게 통지하고 기간을 정하여 의견서를 제출할 수 있는 기회를 주어야 한다(법 63① 본문). 여기에서 심사관이 정할 수 있는 기간은 거절이유통지서 발송일로부터 2개월 이내로 한다(법시행규칙 16① 본문). 다만, 특허에 관한 절차에 관련된 시험 및 결과측정에 시일을 요하는 경우에는 당해 시험 및 결과측정에 소요되는 기간으로 한다(법시행규칙 16① 단서).

이러한 의견서제출기간은 특허출원인의 청구에 의하여 또는 특허청장의 직권으로 그 기간을 연장할 수 있다. 이때의 연장사유에 대하여는 특허법에서 특별히 정하고 있지는 않으나 통상 의견서 작성에 필요한 자료의 수집·분석·정리·출원인의

---

13) - 동경고등재판소, 소 55.5.22 취소집 소 55년, 411면(대물렌즈 구동장치사건)
"심결은 카메라 기술분야에 있어서는 … 것은 기술수준으로서 보통수단이라고 보았기 때문에 특정문헌을 제시하지 않았음은 심결의 기술에서 분명하며 관용수단이라고 판단하기 위한 자료로 특정문헌을 제시하지 않은 그 자체를 위법으로 볼 수 없다"라고 판시하였다.
- 대심판, 소 15.9.18 호외 20호, 219면(플랜지사건)
"특허국에 현저한 사실은 별도로 증거를 들 필요가 없으므로 원심이 원통의 일단을 확개하여 구부리고 이 절곡부의 내주에 만국면이 있게 하는 "플랜지"는 본원출원 전 주지에 속한다는 취지를 판시한 것뿐이며, 이점에 대해 별도로 증거를 들지 않은 것도 위법이 아니다"라고 판시하였다.

장기외유 및 요양, 출원인이 재외자인 경우 등이 지정기간 연장사유가 되고 있다.

5) 의견서 등의 제출

① 의견서의 제출

특허출원인은 심사관으로부터 특허출원에 대한 거절이유통지를 받은 때에는 거절이유의 근거로 제시한 참증자료의 정확성, 시기성, 공지성 등에서의 적정성 및 그 참증자료에 의한 거절이유성립의 타당성 등을 검토분석한 결과 거절이유가 부당하다고 인정된 때에는 의견서제출지정기간 내에 소정의 의견서(법시행규칙 41, 별지 제25호의 2 서식)에 ⅰ) 의견내용을 증명하는 서류 1통, ⅱ) 대리인에 의하여 절차를 밟는 경우 그 대리권을 증명하는 서류 1통을 첨부하여 특허청장에게 제출한다(법시행규칙 41).

② 보정서의 제출

ⅰ. 제출의 필요성

거절이유에 대한 의견서에는 거절이유의 부당성을 주장하면서 주장에 정확하게 대응하기 위해 필요한 명세서 또는 도면의 보정(특허청구범위의 감축·오기의 정정·불분명한 기재의 명료 등)을 하지 않을 때에는 보정의 뒷받침이 없는 단순한 의견으로 인정되어 결국 명세서 또는 도면 기재대로의 것으로 특허를 받을 수 있는 발명임에도 거절결정을 받을 수 있기 때문에 이러한 경우에는 의견서와 함께 보정서도 제출하여야 한다.

ⅱ. 제출의 기간

(ⅰ) 원 칙

특허출원인은 특허법 제42조 제5항 가호에 따른 기한까지 또는 같은 법 제66조에 따른 특허결정의 등본을 송달하기 전까지 특허출원서에 첨부된 명세서 또는 도면을 보정할 수 있다(법 47① 본문).

ⅰ) 다음의 ⓘ 내지 ⓘⓥ 의 어느 하나에 해당하는 날부터 1년 6개월이 되는 날

ⓘ 조약에 의한 우선권주장을 수반하는 특허출원에 있어서는 그 우선권주장의 기초가 된 출원일

ⓘⓘ 국내우선권주장을 수반하는 특허출원에 있어서는 선출원의 출원일

ⓘⓘⓘ ⓘ 또는 ⓘⓘ 에 의한 2이상의 우선권주장을 수반하는 특허출원에 있어서는 해당 우선권주장의 기초가 된 출원일 중 최선일

ⓘ ⓘ 내지 ⓘ의 1에 해당하지 아니하는 특허출원에 있어서는 그 특허출원일

ii) 위 i)의 기한 이내에 출원심사청구의 취지를 통지받은 날부터 3개월이 되는 날까지

iii) 위 ⓘ 내지 ⓘ의 어느 하나에 해당하는 날부터 1년 3개월이 되는 날 후에 통지받은 경우 ⓘ 내지 ⓘ의 어느 하나에 해당하는 날부터 1년 6개월이 되는 날까지

iv) 특허결정등본을 송달하기 전까지

(ii) 예 외

위 (i)의 원칙 외에 같은 법 제63조 제1항에 따른 거절이유통지를 받은 후에는 다음의 어느 하나에 해당하는 기간에만 특허출원서에 첨부된 명세서 또는 도면을 보정할 수 있다(법 47① 단서 각호).

i) 특허출원에 대하여 최초로 거절이유통지를 받거나 거절이유통지에 대한 보정에 따라 발생한 거절이유통지가 아닌 출원인의 자진보정에 따라 발생한 거절이유통지를 받은 경우 그 거절이유통지(최초거절이유통지)에 따른 의견서 제출기간(법 47①1)

ii) 거절이유통지에 대한 보정에 따라 발생한 거절이유통지를 받은 경우 그 거절이유통지(최후거절이유통지)에 따른 의견서제출기간(법 47①2)

iii) 특허거절결정 등본을 송달받은 날부터 30일(특허법 제15조 제1항에 따라 특허거절결정 등에 대한 심판청구기간이 연장된 경우 그 연장된 경우를 말한다) 이내에 그 특허출원서에 첨부된 명세서 또는 도면을 보정하여 그 특허출원에 관하여 재심사를 청구할 때(법 47①3)

6) 특허법 제42조 제3항 내지 제5항의 요건불비

특허법 제42조 제4항을 단독거절이유로 규정하도록 하면 동일한 발명에 복수의 청구항이 기재된 출원서가 제출될 경우 법제상 문제로 같은 조 제4항의 요건을 충족하지 않았다는 이유로 거절결정을 할 가능성이 있는지의 여부가 명백하지 않기 때문에 이러한 불확실성을 배제하기 위하여 같은 조 제4항을 근거로 거절하려는 경우에는 같은 조 제3항·제5항과 같이 일괄하여 운용하여야 한다는 의미에서 "제42조 제3항 내지 제5항에 규정된 요건을 갖추지 아니한 경우"라는 형식의 규정을 둔 것이다. 따라서 본 조항은 특히 이점에 주의를 요하는 입법임을 유념하여야 한다.

(4) 심사의 유예

1) 의의 및 취지

심사의 유예라 함은 특허출원발명에 대한 특허여부를 결정하기 위한 일련의 조사절차를 연기하여 뒤로 늦추는 것을 말한다. 출원발명에 대하여 심사청구를 하면 심사관은 심사를 하여야 하는 구속을 받게 되는 소위 출원심사청구에 의한 심사강제주의가 발생한다. 그러나 출원인이 출원 당시 선행기술 검색과정에서 출원전 공지 등의 발명을 미처 발견하지 못하였거나 발견하였음에도 이를 유탈하였거나 잘못 판단하여 이에 적절히 대응하지 못하고 출원·심사청구를 한 경우 또는 선원주의에 따른 선원의 지위확보에 급급한 나머지 미해결의 기술상 결함의 발명에 대하여 출원을 서둘렀고 그리고 발명분야 선발업체로서의 위치를 확고히 선점하기 위하여 심사청구를 하였으나 이후 출원·심사청구 발명에 위와 같은 흠결이 있음을 알게 됨으로써 특허성에 관한 검토의 필요성이 대두되어 심사착수전 보정을 할 기회를 얻고자 하거나 보정을 할 경우 그 보정이 특허청구범위의 요지가 변경될 우려가 있어 출원취하 등 대응의 필요성이 있고 그 밖에 출원발명의 시장성의 불투명, 경제성의 희박, 기술결함의 발견에 따른 기술적 보완, 산업상 이용가능성에 대한 회의 등 유용성에 관한 검토의 필요성이 새롭게 대두되는 등 출원심사 청구후 출원발명과 관련하여 일어난 일련의 변수 등에 대하여 충분한 시간적 여유를 가지고 적절히 그리고 효과적으로 대처할 수 있도록 하여 심사력의 낭비를 최소화하고 출원발명의 특허결정률을 제고하기 위한 것으로 해석된다. 즉 심사의 유예는 심사청구 출원발명에 대한 심사강제에 출원인의 유예희망을 가미하여 출원심사의 탄력적 운용을 도모하게 하여 심사청구발명을 가능한한 특허성 및 유용성의 출원발명으로 유도하여 특허거절을 최소화하고 특허결정을 최대화함으로써 발명에 대한 실질적 출원과 실용적 심사가 되도록 하기 위함이다.

2) 심사의 유예신청

특허출원인이 출원심사의 청구를 한 경우로서 출원심사의 청구일부터 18개월이 지난 후에 특허출원에 대한 심사를 받으려면 출원심사의 청구일부터 6개월 이내에 심사를 받으려는 시점(출원일부터 5년 이내에 한정하며, 이하 "유예희망시점"이라 한다)을 적은 심사유예신청서(별지 제22호의 2 서식)에 대리인에 의하여 절차를 밟는 경우 그 대리권을 증명하는 서류를 첨부하여 특허청장에게 제출할 수 있다. 다만, i) 특허출원과 동시에 심사청구를 하면서 심사유예신청도 같이 하는 경우에는 특허출원서(별지 제14호 서식) 또는 ii) 심사청구와 동시에 심사유예신청을 하는 경우 (위 i)의 경우는 제외한다)에는 심사청구서(별지 제22호 서식)에 그 취지 및 유예희망 시점을 적음으로써 그 신청서를 갈음할 수 있다(법시행규칙 40의 3①④).

3) 심사유예신청의 취하 등

특허출원인은 심사유예신청을 한 후 당해 출원발명과 관련한 사정변경 등으로 인하여 심사유예 신청을 취하하거나 유예희망시점을 변경할 수 있다. 이 경우 심사유예신청서를 제출한 날부터 2개월 이내에 취하서(별지 제12호 서식) 또는 보정서(별지 제9호 서식)를 제출한다(법시행규칙 40의 3②).

4) 심사유예결정

심사관은 심사유예신청이 있으면 유예희망시점까지 특허출원에 대한 심사를 유예할 수 있다. 다만, i) 특허출원이 분할출원, 변경출원 또는 정당 권리자의 출원인 경우, ii) 특허출원에 대하여 우선심사 결정을 한 경우, iii) 특허출원심사의 유예신청이 있기 전에 이미 거절이유를 통지하거나 특허결정서를 통지한 경우 중 어느 하나에 해당하는 경우에는 그러하지 아니하다(법시행규칙 40의3③)

(5) 심사의 보류

동일한 발명에 대하여 2이상의 특허출원이 있을 때에는 선출원이 처리되거나 출원공개 또는 등록공고될 때까지 후출원의 심사를 보류하여야 하다. 다만, 선출원을 거절할 이유와 동일한 이유에 의하여 후출원을 거절하는 경우에는 그러하지 아니하다(법시행규칙 40).

이처럼 후출원을 후출원으로의 판명과 동시에 특허거절결정을 하여 종결처리를 하지 아니하고 심사를 미루어 계류상태로 유지시키는 것은 선출원이 공개되지 않았기 때문에 이러한 비공개공지의 선출원을 참증으로 하여 이를 거절이유로 할 수 없기 때문이다. 따라서 선출원이 출원공개 또는 등록공고가 되어 공지되면 이에 의해 후출원은 특허법 제29조 제1항 제1호에 의해 신규성이 없는 공지의 발명으로 같은 법 제62조 제1호에 의한 거절이유에 해당되어 특허거절 결정된다. 그러므로 후출원은 선출원이 출원공개나 등록공고에 의해 공지될 때까지의 기간만 심사가 보류되어 출원상태로 존재하고 이후 특허거절결정에 의해 출원으로서의 운명을 마친다.

3. 특허여부결정

(1) 특허결정

1) 거절이유의 미발견

심사관은 특허출원에 대하여 거절이유를 발견할 수 없는 때에는 특허한다는 취지의 특허결정을 하여야 한다(법 66). 이는 종래 특허법에서 특허출원에 대하여 거절이유를 발견할 수 없는 때에는 특허결정 전에 중간처분으로서의 출원공고결정을 했던 것(구법 66①)과는 다르다. 여기에서 "거절이유를 발견할 수 없다"라 함은 심사관이 적당한 범위의 조사[14]를 한 결과 거절이유를 발견하지 못했음을 의미한다.

2) 의견서 등에 의한 거절이유의 해소

심사관의 특허거절이유통지에 의해 출원인으로부터 제출된 의견서 또는 의견서 및 보정서를 심사한 결과 출원인이 주장하는 의견이 정당하고 또 특허출원의 보정이 적정하여 거절이유가 해소되었다고 인정되는 때에는 당해 특허출원은 특허결정을 하여야 한다.

심사관의 특허결정(심판관의 특허심결을 포함한다)은 특허권의 설정등록 및 등록공고의 원인행위가 된다. 따라서 특허결정의 등본을 송달받은 자 또는 이해관계인은 그 결정등본을 송달받은 날부터 3월 이내에 특허권의 설정등록을 받으려는 날(이하 "설정등록일"이라 한다)부터 3년분의 특허료를 납부(위 기간 경과 후에도 특허료는 그 기간이 경과된 날부터 6월 이내까지 납부 가능하고 이 경우 최초 3년분의 2배에 상당하는 금액을 납부하여야 한다)하여 특허권의 설정등록을 받아야 한다(법 79①, 80, 특허료 등의 징수규칙 8⑤⑥).

특허청장은 등록이 있는 때에는 그 특허에 관하여 특허공보에 게재하여 등록공고를 하여야 한다(법 87 ③).

(2) 특허거절결정

심사관의 특허거절이유통지에 의해 출원인으로부터 제출된 의견서 또는 의견서

---

14) "적당한 범위의 조사"라 함은 일반적으로 PCT출원에 대하여 조사해야 할 최소한 미국·러시아·일본·오스트리아·스웨덴·오스트레일리아 등의 특허청, 유럽특허청 및 세계지적재산권기구(WIPO)의 특허관련문헌(예: 특허공보)과 같은 자료의 범위가 기준이 된다. 위의 자료범위 밖에 있는 자료에 의한 심사는 특허권 설정등록 후 등록공고에 대한 공중으로부터의 특허이의신청을 통해 제공된 자료 등(예: 선행기술문헌·물건·증언 등)에 의해 보충된다.

및 보정서를 심사한 결과 거절이유를 해소할만한 사유를 발견하지 못하였을 때에는 당해 특허출원에 대하여 특허거절결정을 한다. 특허거절결정("특허권의 존속기간연장등록거절결정"을 포함한다. 이하 같다)을 받은 자가 그 거절결정에 불복이 있는 때에는 그 거절결정등본을 송달받은 날부터 30일 이내에 심판을 청구할 수 있다(법 132의 3).

(3) 특허여부결정의 보류

1) 의의 및 취지

특허여부결정이라 함은 심사관의 특허출원에 대한 심사착수전(출원일부터 6개월 이내) 또는 심사진행 중, 그러니까 출원심사에 대한 최종결정전(출원일부터 12개월이 경과하기 전)까지 심사청구한 특허출원발명에 대하여 출원인의 결정보류신청에 의하여 특허여부의 결정을 보류할 수 있는 것을 말한다. 이는 특허여부결정전 출원심사청구의 발명을 중심으로 일어난, 일어나고 있는 또는 앞으로 일어날 가능성이 있는 변수 등에 효과적으로 대응하기 위한 필요성에 의해 채택된 제도로서 입법정책결정에 의해 도입, 설치된 것으로 해석된다. 이에 대한 자세한 설명은 이와 유사한 위의 "(4) 심사의 유예, 1) 의의 및 취지"를 참고하기 바란다.

2) 특허여부결정의 보류 및 절차

심사관은 특허출원심사의 청구후 출원인이 특허출원일부터 6개월 이내에 결정보류신청서(별지 제22호의 2 서식)를 특허청장에게 제출하는 경우에는 특허출원일부터 12개월이 경과하기 전까지 특허여부결정을 보류할 수 있다. 다만, i) 특허출원이 분할출원 또는 변경출원인 경우, ii) 특허출원에 대하여 우선심사결정을 한 경우, iii) 특허여부결정의 보류신청이 있기 전에 이미 특허거절결정서 또는 특허결정서를 통지한 경우에는 그러하지 아니하다. 이러한 절차를 대리인에 의하여 밟는 경우에는 위 결정보류신청서에 그 대리권을 증명하는 서류를 첨부하여야 한다(법시행규칙 40의 2①②).

(4) 특허결정시 직권보정 등

1) 의 의

발명에 대하여 특허를 받고자 하는 자는 소정의 특허출원서에 발명의 명칭, 도면의 간단한 설명, 발명의 상세한 설명, 특허청구범위를 기재한 명세서와 필요한 도면 및 요약서를 첨부하여 특허청장에게 제출하여야 한다(법 42①②). 이 때 명세서상의 발명의 상세한 설명에는 그 발명이 속하는 기술분야에서 통상의 지식을 가진 자가 그 발명을 쉽게 실시할 수 있도록 그 발명이 속하는 기술분야, 해결하고자 하는 과제, 과제해결수단 그 밖에 발명의 작용효과 등 필요한 사항을 명확하고 상세하게 기재하여야 하며(법 42③) 더욱 특허청구범위의 기재사항에 의해서는 특허권의 효력범위(법 94 : 적극적 권리범위)와 특허발명의 보호범위(법 97: 소극적 권리범위)가 정하여지기 때문에 특허청구범위를 기재할 때에는 보호받고자 하는 사항을 명확히 할 수 있도록 발명을 특정하는데 필요하다고 인정되는 구조·방법·기능·물질 또는 이들의 결합관계 등을 명확하고 간결하게 기재하여야 한다(법 42④⑥). 그럼에도 심사종결시까지 명세서, 도면 등에 명백히 잘못 기재된 내용이 있으면 심사관은 특허결정을 할 때에 이를 직권으로 보정을 하고 특허결정을 하여야 한다. 여기에서 "명백히 잘못 기재된 내용"이라 함은 기재의 실질적 내용과는 관계가 없고, 단순히 기재의 잘못으로 인한 표현상의 형식적 내용만을 말한다. 예를 들면 "팔기구 연필"을 "필기구 연필"로, "자통화 시설"을 "자동화 시설"로의 보정이 그것이다.

이처럼 특허법이 명세서 등에 현저히 잘못 기재된 내용에 대하여 직권보정을 인정한 것은 그 명백히 잘못 기재된 내용이 기재의 실질적 내용과는 무관한 기재상의 형식적 표현상의 내용이므로, 구태여 이를 이유로 거절할 경우 출원인에게 의견서 제출기회를 주어 다시 이를 심사하는 번거로움은 물론 심사기간의 장기화를 초래하여 발명의 권리화가 지연될 뿐만 아니라, 만약 명백히 잘못 기재된 내용 그대로 특허결정하여 특허권의 설정등록이 될 경우 기재사항이 명백하지 않으므로 인하여 그 특허발명이 속하는 기술분야에 혼란을 야기할 수 있기 때문에 이러한 폐단을 고려하여 특허결정시 심사관에게 직권보정과 함께 특허결정을 하도록 한 것이다.

2) 특허결정시 직권보정 등

① 직권보정 및 통지

심사관은 특허결정을 할 때에 특허출원서에 첨부된 명세서, 도면 또는 요약서에 명백히 잘못 기재된 내용이 있으면 직권으로 보정(이하 "직권보정"이라 한다)할 수 있다(법 66의 2①). 직권보정은 특허결정의 등본송달과 함께 그 직권보정사항을 특허출원인에게 알려야 한다(법 66의 2②).

② 직권보정사항에 대한 의견서 제출

특허출원인은 직권보정사항의 전부 또는 일부를 받아들일 수 없으면 특허료를 납부할 때까지 그 직권보정사항에 대한 의견서를 특허청장에게 제출하여야 한다

(법 66의 2③). 직권보정사항에 대하여 의견서가 제출된 경우에는 해당 직권보정사항의 전부 또는 일부는 처음부터 없었던 것으로 본다(법 66의 2④).

③ 잘못된 직권보정

직권보정이 명백히 잘못 기재된 것이 아닌 사항에 대하여 이루어진 경우에는 그 직권보정은 처음부터 없었던 것으로 본다(법 66의 2⑤).

(5) 재심사청구된 출원보정

1) 의의 및 취지

재심사의 청구라 함은 특허출원인이 그 특허출원에 관하여 거절결정등본을 송달받은 날부터 30일(법 제95조 제1항에 따라 특허거절결정 등에 대한 심판청구기간이 연장된 경우 그 연장된 기간을 말한다) 이내에 그 특허출원의 특허출원서에 첨부된 명세서 또는 도면을 보정하여 해당 특허출원에 관하여 재심사(이하 "재심사"라 한다)를 청구하는 것을 말한다. 그러나 재심사에 따른 특허거절결정이 있거나 특허거절결정 등에 대한 심판청구가 있는 경우에는 재심사를 청구할 수 없다(법 67의 2①).

여기에서 "거절결정등본을 송달받은 날부터 30일"은 i) 특허거절결정 등에 대한 심판청구기간(이하 "심판청구기간"이라 한다)이며(법 132의3) 또, ii) 그 특허출원의 특허출원서에 첨부된 명세서 또는 도면의 보정에 대한 재심사청구기간(이하 "재심사청구기간"이라 한다)이기도 하다(법 67의2).

위 i)의 심판청구기간 내에 심판청구가 있는 경우에는 그 청구일부터 30일 이내에 그 심판청구에 관한 특허출원서에 첨부된 명세서 또는 도면을 보정할 때에는 심판을 하기 전에 이를 심사관에게 다시 심사하게 하는 심사전치(개정전법 173, 2009.1.30)에 의해 특허여부를 결정하나 이러한 심사전치는 심판절차단계에 있는 출원보정에 대하여 원래 심사절차단계로 되돌려 심사관에게 재심사하도록 하여 그 결과 그 특허출원에 대한 거절이유가 해소된 때에는 특허거절결정을 취소하고 특허결정을 하면 그 특허거절결정의 심판청구는 소멸(구법 175①)되지만 특허결정을 할 수 없는 경우 그 심사결과를 특허청장에게 보고하여야 하며, 보고를 받은 특허청장은 이를 특허심판원장에게 통지하여야 한다(구법 175②).

이처럼 개정전 구법하의 심사전치는 심판절차단계에 있는 그 심판청구에 관한 특허출원서에 첨부된 명세서 또는 도면의 보정을 심판을 하기 전에 원래 심사절차단계로 되돌려 심사관에게 다시 심사하게 하는 것이므로 출원보정에 대한 심리라는 면에서는 실질적으로 심사의 연장선상에 있으므로 심사의 효율성 제고라는 면에서 긍정적이라고 할 수 있으나 형식적으로는 심판절차단계에 있는 출원보정을 심사절차단계로 돌려 심사관에게 심사하도록 한 것은 심사·심판의 독립성이라고 하는 절차 및 심리구조상의 합목적성에 복합되지 않을 뿐만 아니라 심판기간이 길어짐은 물론 절차 또한 번잡하여 출원발명에 대한 권리화가 지연되는 등의 폐단이 있다.

따라서 이러한 심사전치에 따른 출원보정의 재심사보다는 심판절차단계를 거칠 필요 없이 바로 심사절차단계에서 원담당 심사관으로 하여금 다시 심사하도록 하는 것이 절차상, 심리구조상 합리적이고 기간상, 심사상 효율적이라는 면에서 심사전치제도를 발전적으로 폐지하고 그 대체제도로 재심사청구제도를 도입·채택한 것으로 해석된다.

2) 재심사청구의 요건

① 특허거절결정이 있을 것

특허출원이 특허법 제62조 각 호에 따른 거절이유에 해당되어 심사관의 거절결정을 받을 것(법 62)

② 기간내에 보정절차를 밟을 것

특허거절결정된 특허출원의 명세서 또는 도면의 보정에 대한 재심사청구는 그 특허출원에 관하여 거절결정등본을 송달받은 날부터 30일 이내(특허법 제15조 제1항에 따라 특허거절결정 등에 대한 심판청구기간이 연장된 경우 그 연장된 기간을 말한다)에 할 것(법 67조의 2① 본문)

③ 명세서 등의 보정이 있을 것

i. 보정의 대상

거절결정된 특허출원의 특허출원서에 첨부된 명세서 또는 도면에 대한 보정이 있어야 한다. 즉 거절결정등본을 송달 받은 날부터 30일 이내 그 특허출원의 특허출원서에서 첨부된 명세서 또는 도면의 보정이 있어야 하는바, 이는 재심사청구제도에 의하여 원심사관이 재심사할 수 있는 대상이 바로 심사관의 거절결정 후 새로이 추가된 보정사항이고 나머지 사항은 이미 심사한 사항이기 때문에 재심사청구의 대상이 되지 아니한다.

ii. 보정의 범위

거절결정된 그 특허출원의 재심사청구시 보정할 수 있는 범위는 거절이유통지에 대한 보정에 따라 발생한 거절이유에 대하여 거절이유통지를 받은 경우 해당 거절이유통지 즉 최후거절이유 통지에 대응한 보정의 범위와 같다. 따라서 거절이유 통지를 최초로 받거나 출원인의 자진보정 즉 최초거절이유 통지 후 거절결정이 잘못되었다는 이유로 재심사청구를 하였다 하더라도 보정할 수 있는 범위는 최후거절이유통지에 대응한 보정과 같이 특허법 제47조 제2항의 요건(신규사항 추가금지) 이외에 같은 조 제3항의 요건을 추가로 충족하여야 하며 그 보정요건은 다음과 같다.

(i) 거절결정등본을 송달받은 날부터 30일 이내의 명세서 또는 도면의 보정은 특허출원에 최초로 첨부된 명세서 또는 도면에 기재된 사항의 범위 안이어야 한다(법 67의 2①, 47②).

(ii) 거절결정등본을 송달받은 날부터 30일 이내의 보정 중 특허청구범위에 대한 보정은 다음의 어느 하나에 해당하는 경우에만 할 수 있다(법 67의 2①, 47③).

i) 청구항을 한정 또는 삭제하거나 청구항에 부가하여 특허청구범위를 감축하는 경우

ii) 잘못된 기재를 정정하는 경우

iii) 분명하지 아니한 기재를 명확하게 하는 경우

iv) 명세서 또는 도면의 보정이 특허출원서에 최초로 첨부된 명세서 또는 도면에 개재된 사항의 범위를 벗어난 보정에 대하여 그 보정전 특허청구범위로 되돌아가거나 되돌아가면서 특허청구범위를 위 i)부터 iii)까지에 따라 보정하는 경우

(iii) 보정의 요건

거절결정등본을 송달받은 날부터 30일 이내(특허법 제15조 제1항에 따라 특허거절결정 등에 대한 심판청구기간이 연장된 경우 그 연장된 기간을 말한다)에 할 수 있는 보정의 요건은 위 (ii)의 i)부터 iv)까지와 같다.

3) 재심사와 심사전치의 이동점

재심사청구에 따른 출원보정의 재심사와 특허거절결정 불복심판청구에 따른 출원보정의 심사전치의 이동점은 다음과 같다.

① 보정의 주체

전자는 특허출원인인데 대하여 후자는 특허거절결정에 대한 심판청구인이다.

② 보정의 대상

전자는 특허출원의 특허출원서에 첨부된 명세서 또는 도면인데 대하여 후자는 그 심판청구에 관한 특허출원서에 첨부된 명세서 또는 도면이다. 그러나 양자 모두 특허출원서에 첨부된 명세서 또는 도면이라는 면에서는 동일하다.

③ 보정의 기간

전자는 특허거절결정 등본을 송달받은 날부터 30일 이내인데 대하여 후자는 특허거절결정 등본을 송달받은 날부터 30일 이내에 심판청구를 하고 그 청구일부터 30일 이내이다.

④ 청구의 방식

전자는 출원보정에 대한 재심사 청구방식인데 대하여 후자는 출원보정에 대한 심판청구방식이다.

⑤ 심사의 방식

양자 모두 통상의 심사절차에 따라 심사한다는 점에서 같다.

⑥ 심사의 형식

양자 모두 그 특허출원의 원래 담당심사관으로 하여금 다시 심사하게 하는 재심사형식을 취하고 있다는 점에서 같다.

⑦ 청구의 효력

전자의 경우 재심사의 청구가 있는 경우 해당 특허출원에 대하여 종전에 이루어진 특허거절결정은 취소된 것으로 간주되는데 대하여 후자의 경우 심판의 청구에 의한 심사전치만으로는 특허거절결정에 대한 어떠한 효력도 발생하지 아니한다.

⑧ 심사결과

전자는 심사결과와는 관계없이 재심사 청구만으로 종전의 특허거절결정이 취소된 것으로 보는데 대하여 후자는 재심사한 결과 그 출원에 대한 거절이유가 해소된 때에 특허거절결정을 취소하고, 특허결정을 한 때에 그 특허거절결정의 심판청구가 소멸된 것으로 본다는 점에서 양자는 다르다. 또,

전자는 심사결과 특허결정을 할 수 없는 경우에는 다시 특허거절결정을 하여야

하는데 대하여 후자는 다시 특허거절결정을 하지 아니하고 그 심사결과를 특허청장에게 보고하고 보고를 받은 특허청장은 이를 특허심판원장에게 통지하면 이 후 심판관에 의해 통상의 심판절차에 따라 심리가 진행되고 그 결과에 따라 특허여부가 심결된다.

4) 재심사청구의 대상

거절결정된 그 특허출원의 특허출원서에 첨부된 명세서 또는 도면에 대한 보정이 있는 것에 한한다. 여기에는 거절결정 불복심판에서 파기되어 다시 심사하였으나 새로운 거절이유의 발견으로 다시 거절결정한 특허출원의 명세서 또는 도면을 보정한 경우 의문은 있으나 이 경우에도 적용된다고 보는 해석이 타당할 것이다. 그러나 재심사에 따른 특허거절결정이 있거나 특허거절결정 등에 대한 심판청구가 있는 경우의 보정에 대하여는 재심사청구의 대상이 되지 아니한다(법 67의 2① 단서).

5) 재심사청구의 기간

특허거절결정된 특허출원의 특허출원서에 첨부된 명세서 또는 도면의 보정은 특허거절결정 등본을 송달받은 날부터 30일(특허법 제15조 제1항에 따라 특허거절결정 등에 대한 심판청구기간이 연장된 경우 그 연장된 기간을 말한다) 이내에 하여 해당 특허출원에 관하여 재심사청구를 할 수 있다. 여기에서 "특허거절결정 등본을 송달받은 날부터 30일 이내의 기간은 그 특허출원의 명세서 또는 도면에 대하여 보정을 할 수 있는 기간임과 동시에 그 보정에 대하여 재심사를 청구할 수 있는 기간이기도 하다.

6) 재심사청구의 효력

재심사청구를 한 경우에는 해당 특허출원에 대하여 종전에 이루어진 특허거절결정은 취소된 것으로 본다(법 67의 2②). 그리고 재심사의 청구는 취하할 수 없다(법 67의 2③).

7) 재심사청구의 절차

심사관의 특허출원에 대한 거절결정 등본을 송달받은 날부터 30일(특허법 제15조 제1항에 따라 특허거절결정 등에 대한 심판청구기간이 연장된 경우 그 연장된 기간을 말한다. 이하 같다) 이내에 그 특허출원의 특허출원서에 첨부된 명세서 또는 도면을 보정하여 해당 특허출원에 관하여 재심사(이하 "재심사"라 한다)를 청구할 수 있고, 재심사청구가 있는 경우 거절결정을 한 심사관은 그 명세서 또는 도면을 보정한 것에 한해서 해당 특허출원에 대하여 종전에 이루어진 특허거절결정은 취소하고 특허결정이 되는지의 여부를 통상의 심사절차에 따라 재심사를 한다. 심사결과 심사관은 원 결정과 마찬가지로 특허출원인에게 불리하게 결론이 나올 때, 즉 재심사청구한 보정에 의해서도 재심사청구전 거절결정이유를 해소하지 못하였다고 인정된 때에는 재심사청구가 있는 경우 해당 특허출원에 대하여 종전에 이루어진 특허거절결정은 취소된 것으로 보는 간주 취소된 특허거절결정이 회복·유지되고 다시 거절결정을 하지 아니한다. 여기에서 회복유지는 재심사청구인에게 그 재심사청구한 명세서 등 보정에 대하여 심사한 결과 재심사청구전 거절결정이유를 해소할만한 사유를 발견하지 못하였으므로 그 청구전 특허거절결정을 유지한다는 취지의 통지를 함으로써 재심사에 따른 거절결정을 갈음한다. 그러나 재심사청구가 있는 경우 취소된 것으로 보았기 때문에 청구에 의해 취소되었으므로 다시 거절결정을 하여야 한다는 견해도 있다. 이에 대한 구체적인 절차는 다음과 같다.

① 명세서 등의 재심사청구

특허출원인은 거절결정 등본을 송달받은 날부터 30일 이내에 그 특허출원의 특허출원서에 첨부된 명세서 또는 도면에 대한 보정을 하여 해당 특허출원에 관하여 재심사를 청구하여야 한다(법 67의 2①).

② 심사관의 재심사

i. 총 설

특허청장은 특허출원인으로부터 거절결정과 관련하여 명세서 등의 보정에 대한 해당 특허출원에 관하여 재심사청구가 있는 경우에는 심사관에게 그 청구를 다시 심사하게 하여야 한다. 이 경우 그 특허출원의 심사로부터 제척된 심사관은 당연히 제외된다. 이 단계에서의 재심사는 거절결정과 관련한 명세서 등에 관한 보정사항을 심사의 대상으로 하기 때문에 그 특허출원의 내용을 심사과정을 통하여 잘 파악하여 이해하고 있는 원심사관으로 하여금 그 거절결정과 관련한 명세서 등의 보정을 심사하게 하여 재심사가 청구된 당초의 거절결정이유의 해소여부를 결정하는 것이 구법 하에서의 거절결정 등에 대한 심판청구 후 그 청구에 관한 명세서 등의 보정에 대하여 특허청장에게 회부하여 원심사관으로 하여금 다시 심사하도록 하는 심사전치에 비하여 거절결정관련 명세서 등의 보정의 신속한 처리는 물론 처리절차나 처리방법 또한 합리적이라고 본다. 그러나 원심사관이 전직·퇴직 등으로 인하여 심사를 할 수 없을 때에는 특허청장은 다른 심사관을 지정하여 심사하도록 하여야 한다.

그러나 다른 심사관으로 하여금 심사하게 할 경우 과연 재심사청구제도의 목적이나 취지와 부합되는 것이냐에 대해서는 양론이 있다. 즉, i) 다른 심사관으로 하여금 심사토록 하는 것은 구법 하의 거절결정에 대한 불복심판청구에 관한 특허출원서에 첨부된 명세서 또는 도면에 대한 보정에 대하여 심판관에 의해 심의토록 한 것이나 전혀 다를 바가 없다는 것이다. 즉 특허출원내용을 처음부터 전반적으로 이해하여 거절결정의 전말과 경위를 파악한 연후에 보정의 내용을 대입, 연계하는 종합적 검토단계를 밟아 당초의 거절결정의 취소여부를 결정하여야 한다는 면에서는 전혀 다를 바가 없다는 것이다. 따라서 재심사청구제도의 본래의 의의를 살릴 수 없다는 것이다. 이에 반해, ii) 다른 일설은 원래 거절결정과 관련된 출원보정의 재심사는 그 거절결정내용을 중심으로 심사관의 특허성 및 불특정사유의 판단에 관한 적법성과 적정성 등의 여부에 관한 심사와 함께 이루어지기 때문에 거절결정 확정전 즉 그 특허출원에 관하여 거절결정등본을 송달받은 날부터 30일(심판청구기간이 연장된 경우 그 연장된 기간을 말한다) 이내에 재심사청구와 관련하여 제출된 보정은 심사관의 심사절차에 의해서 원특허출원과 함께 심사·결정되어야 한다는 것은 너무도 당연하기 때문에 원 심사관이 신분의 변동으로 당해 사건을 담당할 수 없을 때에는 다른 심사관으로 하여금 심사하도록 하는 것은 무방하다는 것이다. iii) 재심사청구제도의 의의를 살려 심사의 연장선상에서 원심사관이 심사결정하는 것이 원칙이나 원심사관이 신분의 변동으로 불가피 심사·결정을 할 수 없을 때에는 예외적으로 다른 심사관으로 하여금 심사·결정토록 하여 심사의 계속성의 특징을 살려 나아가는 것이 심사와는 다른 심판의 체계에서 다루는 것보다 합리적이라고 판단된다. 그러나 당해 사건 담당 심사관이 사건에 관하여 직접 이해관계를 가진 경우 등은 그 심사관여로부터 제척되어 심사·결정의 공정성이 확보되어야 함은 물론이다.

ii. 재심사청구시 제출한 보정서의 각하

(i) 보정각하

심사관은 제47조 제1항 제2호 및 제3호에 따른 보정이 같은 조 제2항 및 제3항을 위반하거나 그 보정(같은 조 제3항 제1호 및 제4호에 따른 보정중 청구항을 삭제하는 보정은 제외한다)에 따라 새로운 거절이유가 발생한 것으로 인정하면 결정으로 그 보정을 각하하여야 한다. 다만, 재심사청구가 있는 경우 그 청구전에 한 보정인 경우에는 그러하지 아니하다(법 51①).

따라서 다음의 경우에는 그 보정을 각하하여야 한다(법 51).

i) 재심사청구시 보정한 내용이 보정요건을 충족하지 못한 경우

ii) 재심사청구 후 재심사청구된 출원에 대하여 심사관이 거절이유통지에 대한 보정에 따라 발생한 거절이유에 대한 거절이유통지(이하 "최후거절이유통지"라 한다)를 한바, 그 최후거절이유 통지에 대한 대응보정이 보정요건을 충족하지 못한 경우

그러므로 거절결정 등본을 받은 날부터 30일 이내의 보정이 최후거절이유 통지시 지적한 거절이유를 해소하였다고 하더라도 특허법 제47조 제3항의 보정요건을 충족하지 못한 경우에는 그 보정은 보정각하 한다. 예를 들면 거절결정 등본을 송달받은 날부터 30일 이내의 보정에 새로운 거절이유가 발생한 경우 그 보정은 특허법 제47조 제3항 제4호의 요건(명세서 또는 도면의 보정이 특허출원에 최초로 첨부된 명세서 또는 도면에 기재된 사항의 범위를 벗어난 보정에 대하여 그 보정전 특허청구범위로 되돌아가거나 되돌아가면서 특허청구범위를 i) 청구항을 한정 또는 삭제하거나 청구항에 부가하여 특허청구범위를 감축하거나, ii) 잘못 기재를 정정하거나, iii) 분명하지 아니한 기재를 명확하게 하는 보정의 경우)을 충족하지 못한 것이 되므로 그 보정을 각하한다.

(ii) 보정각하시 비교대상의 보정명세서

심사절차에 있어서 보정의 각하여부의 판단시 비교의 대상이 되는 명세서는 다음과 같다.

i) 최초거절이유 통지 후 거절결정한 경우

거절이유통지(거절이유통지에 대한 보정에 따라 발생한 거절이유에 대한 거절이유통지는 제외한다)를 최초로 받거나 거절이유통지에 대한 보정에 따라 발생한 거절이유에 대한 거절이유통지가 아닌 출원인의 자진 보정에 따라 발생한 거절이유통지(이하 "최초거절이유통지"라 한다) 후 거절결정한 경우 다음과 같은 절차에 따른다.

ⓘ 1차 보정의 내용을 반영한 명세서로 심사한 결과 거절이유가 있어 최초거절이유통지 후

ⓘⓘ 출원인이 2차 보정서를 제출한 경우 그 2차 보정을 반영한 명세서로 재심사한 결과 거절이유를 해소하지 못하여 거절결정하고

ⓘⓘⓘ 출원인이 거절결정된 특허출원에 관하여 거절결정등본을 송달받은 날부터 30일 이내에 3차 보정서를 제출한 경우

ⓘⓥ 보정요건 중

A. 특허법 제47조 제2항의 신규사항추가여부, 즉 재심사청구에 관한 특허출원서에 첨부된 명세서 또는 도면의 보정이 특허출원서에 최초로 첨부된 명세서 또는 도면에 기재된 사항의 범위 안에서 하였는지 여부는 최초의 특허출원명세서 및 도면과 비교하고

B. 특허법 제47조 제3항의 보정요건은 2차 보정의 내용을 반영한 명세서 및 도면과 비교하여 판단한다. 즉 3차 보정을 반영한 명세서와 2차 보정의 동일 청구항을 비교하여 특허청구범위의 변경 등의 여부를 판단한다.

ii) 최후거절이유 통지 후 보정각하 없이 거절결정한 경우

심사관이 최후거절이유를 통지하였으나 출원인이 보정서를 제출하지 아니하여 심사관은 최후거절이유에 대한 대응보정이 없는 상태에서 재심사한 결과 거절이유가 그대로 유지되고 있으므로 인하여 거절결정을 하자 출원인이 재심사를 청구하면서 3차 보정서를 제출한 경우 보정요건의 판단은 최초거절이유통지 후 거절결정한 경우와 같다.

iii) 최후거절이유 통지 후 보정각하 후 거절결정한 경우

ⓘ 2차 보정의 내용을 반영한 명세서로 재심사한 결과 2차 보정에 의하여 발생한 거절이유가 있어 최후거절이유를 통지하며

ⓘⓘ 출원인이 3차 보정서를 제출한 경우 3차 보정의 보정요건을 심사한 결과 3차 보정이 보정요건을 충족하지 못한 것으로 판단되어 3차 보정을 보정각하하고

ⓘⓘⓘ 최후거절이유 통지시 보정한 2차 보정명세서로 재심사한 결과 최후거절이유를 해소하지 못한 것으로 판단되어 출원을 거절결정한 경우 출원인이 이에 대해 재심사를 청구하면서 4차 보정서를 제출한 경우

ⓘⓥ 보정각하에 대한 불복 없이 거절결정에 대한 불복만 한 경우에는 보정요건 중

A. 특허법 제47조 제2항의 신규사항 추가여부는 최초의 특허출원명세서 및 도면과 비교하고

B. 특허법 제47조 제3항의 보정요건은 2차 보정의 내용을 반영한 명세서 및 도면과 비교하여 판단한다. 즉 4차 보정을 반영한 명세서와 2차 보정의 동일 청구항을 비교하여 특허청구범위의 변경여부 등을 판단한다.

ⓥ 거절결정에 대한 불복과 함께 보정각하에 대한 불복을 한 경우에는 보정요건 중

A. 특허법 제47조 제2항의 신규사항 추가여부는 최초의 특허출원명세서 및

도면과 비교하고

B. 특허법 제47조 제3항의 보정요건은 4차 보정과 3차 보정의 보정항목별 최종 보정부분의 조합으로 보정내용을 확정한 후 2차 보정의 보정명세서 및 도면과 비교하여 보정요건을 판단한다.

iv) 거절결정에 대한 불복심판청구시 보정각하에 대한 불복여부가 불분명한 경우에는 보정각하불복과 동시에 청구한 것으로 보고 보정요건을 판단하는 것이 정석이라고 해석된다.

iii. 심사단계별 거절이유와 보정각하의 통지

(ⅰ) 재심사청구된 출원의 거절이유 통지기준

특허법 제63조는 심사관은 제62조에 따라 특허거절결정을 하고자 할 때에는 그 특허출원인에게 거절이유를 통지하고 기간을 정하여 의견을 제출할 수 있는 기회를 주어야 한다. 다만, 제51조 제1항에 따라 각하결정을 하고자 하는 때에는 그러하지 아니하다. 따라서 재심사청구된 출원에 대한 심사에 있어 심사단계별로 거절이유통지와 보정각하통지를 하여야 하는 경우는 다음과 같다(법 174②, 63).

i) 거절결정 등본을 송달받은 날부터 30일 이내의 보정

ⓘ 거절결정 등본을 송달받은 날부터 30일 이내의 보정이 특허법 제47조 제2항 및 제3항의 보정요건을 충족하지 못한 경우에는 보정각하 후 보정 전 명세서로 심사한다.

ⓘⓘ 거절결정 등본을 송달받은 날부터 30일 이내의 보정이 특허법 제47조 제2항 및 제3항의 보정요건을 충족하였으나 보정된 명세서로 재심사한 결과 재심사청구전 심사단계에서 지적하지 않은 거절이유가 있는 경우에는 거절이유를 통지하여야 한다. 즉 재심사청구 전 심사단계에서 신규사항이 추가되는 등 보정요건을 충족하지 못했음에도 이와 같은 사실이 거절이유로 지적되지 않은 채 거절결정되고 거절결정 후 거절결정 등본을 송달받은 날부터 30일 이내의 보정에서 여전히 신규사항이 추가된 내용이 계속 존재하는 경우 심사관은 신규사항이 추가되었다는 이유로 보정을 각하하는 것이 아니라 거절이유를 다시 통지한다.

ii) 재심사청구시 거절이유통지에 대응한 보정

거절이유통지 후 보정이 있는 경우 보정의 심사는 최후거절이유통지에 대응한 보정과 유사하다. 즉 그 거절이유가

ⓘ 심사단계의 최초거절이유 통지 전부터 존재하던 거절이유인 경우 최초거절

이유를 통지하고

ⓘⓘ 재심사청구 전 거절이유통지 및 재심사청구에서 최초거절이유 통지에 대응한 보정에 의하여 발생한 거절이유인 경우에는 최후거절이유를 통지하며

ⓘⓘⓘ 재심사청구 후 최후거절이유 통지에 대응한 보정이 보정요건을 충족하지 못한 경우에는 보정각하를 하여야 하며

ⓘⓥ 최초거절이유와 최후거절이유가 동시에 있는 경우에는 최초거절이유를 통지한다.

(ii) 거절이유통지 후 심사

재심사청구된 출원의 거절이유통지 후 심사는 통상의 심사에서와 유사하며 다음과 같이 심사한다.

i) 거절이유통지가 최초거절이유 통지로서 거절이유통지시 지정한 기간이 경과 후 거절이유통지에 대응한 의견서나 보정서를 감안하여 재심사한 결과

ⓘ 거절이유를 해소한 경우에는 특허결정하고

ⓘⓘ 거절이유를 해소하지 못한 경우에는 원특허거절결정을 유지하여야 하며

ⓘⓘⓘ 재심사청구 전 최초거절이유통지 전부터 있던 거절이유를 발견한 경우에는 최초거절이유를 통지하며

ⓘⓥ 거절이유통지 후 보정에 의하여 새로운 거절이유가 발생한 경우에는 최후거절이유통지를 한다.

ii) 거절이유통지가 최후거절이유 통지로서 거절이유통지시 지정한 기간이 경과후 거절이유통지에 대응한 의견서나 보정서를 재심사한 결과

ⓘ 거절이유를 해소한 경우에는 특허결정하고

ⓘⓘ 보정이 보정요건을 충족하지 못한 경우에는 보정각하하고 보정전 명세서로 재심사하여 최후거절이유에서 지적한 거절이유를 유지할 수 있는 경우에는 원특허거절결정을 유지하여야 하며

ⓘⓘⓘ 지적하지 않은 거절이유를 발견한 경우에는 최초 또는 최후거절이유를 통지하여야 한다.

iv. 특허결정 및 원특허거절결정 유지 등

심사관은 재심사청구된 출원에 대한 심사의 결과 그 출원에 대한 거절이유가 해소된 때에는 특허결정을 한다. 이 경우 종전에 이루어진 거절결정은 별도의 취소절차를 밟을 필요가 없다. 왜냐하면 재심사청구가 있는 경우 해당 거절결정은 취소된 것으로 보기 때문이다(법 67의 2②).

③ 재심사 또는 소송절차의 중지

ⅰ. 재심사청구에 의한 특허출원서에 첨부된 명세서 또는 도면의 보정에 대한 재심사에 있어서 필요한 때에는 심결이 확정될 때까지 또는 소송절차가 완결될 때까지 당해 재심사의 절차를 중지할 수 있다(법 78①).

ⅱ. 법원은 소송에 있어서 필요한 경우에는 특허출원보정에 대한 재심사결정이 확정될 때까지 그 소송절차를 중지할 수 있다(법 78②).

ⅲ. 위의 ⅰ. ⅱ.에 의한 중지에 대하여는 불복을 할 수 없다(법 78③).

④ 재심사절차의 종결

ⅰ. 거절이유가 해소된 경우

심사관은 특허결정을 하여야 한다. 즉 심사관은 재심사청구와 관련하여 새로이 제출한 보정명세서 또는 노면 등을 다시 심사한 결과 그 보정에 의해 그 출원에 대한 당초의 거절이유가 해소되었다고 판단된 때에는 당초의 거절결정의 취소없이(재심사청구가 있는 경우 특허출원에 대하여 종전에 이루어진 특허거절결정은 취소된 것으로 간주되기 때문이다) 특허결정을 한다(법 174③, 66, 175①). 여기에서 특허결정시 당초 거절결정을 취소하는 것은 거절결정을 취소하지 아니한 상태에서 특허결정을 할 경우 거절결정의 상태가 계속 남아있게 되므로 이를 취소하는 것이다. 그러나 재심사청구제도에서는 재심사청구를 한 때 특허결정여부와는 관계없이 거절결정은 취소된 것으로 보기 때문에 별도의 취소절차를 밟을 필요가 없는 것이다. 또 특허결정은 이유를 붙인 서면으로 하여야 하고, 특허청장은 그 특허결정의 등본을 심판청구인에게 송달하여야 한다(법 67).

ⅱ. 거절이유가 해소되지 않은 경우

심사관은 재심사청구와 관련하여 제출된 보정명세서 및 도면 등을 중심으로 다시 심사해보아도 당초의 거절이유를 해소할만한 새로운 사실을 발견하지 못하였을 때에는 다시 거절결정을 하여 재심사청구인인 특허출원인에게 송달을 하고 송달받은 특허출원인은 그 거절결정에 불복있는 경우 그 결정등본을 송달받은 날부터 30일 이내에 심판을 청구할 수 있다(법 132의 3).

ⅲ. 새로운 거절이유를 발견한 경우

당초의 거절이유는 보정에 의해 해소되었으나 재심사과정에서 새로운 거절이유를 발견한 경우 심사관은 거절결정을 하기에 앞서 그 출원인인 재심사청구인에게 거절이유를 통지하고 기간을 정하여 의견서를 제출할 수 있는 기회를 주어야 한다(법 63). 이때 재심사청구인인 출원인은 심사관의 거절이유와 저촉되는 명세서 내용을 삭제 보정하는 보정서를 제출할 수 있다. 또 심사관은 i) 최초거절이유 통지에 따른 의견서 제출기간 내의 거절이유에 대한 대응보정, ii) 최후거절이유 통지에 따른 의견서 제출기간 내의 거절이유에 대한 대응보정 및 iii) 특허거절결정 등본을 송달받은 날부터 30일 이내에 한 재심사청구의 명세서 등의 보정이, 최초 출원명세서 또는 도면에 기재된 사항의 범위를 벗어났거나 그 보정 중 특허청구범위에 대한 보정이 a) 청구항을 한정 또는 삭제하거나 청구항에 부가하여 특허청구범위를 감축하는 경우, b) 잘못된 기재를 정정하는 경우, c) 분명하지 아니한 기재를 명확하게 하는 경우, d) 명세서 또는 도면의 보정이 특허출원서에 최초로 첨부된 명세서 또는 도면에 기재된 사항의 범위를 벗어난 보정에 대하여 그 보정전 특허청구범위로 되돌아가거나 되돌아가면서 특허청구범위를 위 a)부터 c)까지의 보정을 하는 경우 등과 같은 보정의 요건을 충족하지 못한 경우에는 그 재심사청구인에게 보정된 명세서 등이 위와 같은 보정에 관한 제요건을 갖추고 있지 않음을 알리고 의견서를 제출할 수 있는 기회를 주어야 한다. 심사관은 제출된 의견서를 심사한 결과 여전히 위와 같은 보정에 관한 제요건을 만족하지 못한 것이라고 판단된 때에는 결정으로 그 보정을 각하하여야 한다(법 51①). 각하결정은 그 이유를 붙인 서면으로 하여야 하며(법 51②) 각하결정에 대하여는 불복을 할 수 없다(법 51③ 본문). 그러나 특허거절결정에 대한 심판에서 그 각하결정(재심사의 청구가 있는 경우 그 청구전에 한 각하결정은 제외한다)에 대하여 다투는 경우에는 예외이다(법 51③ 단서).

⑤ 재심사청구절차의 효력

재심사청구에서 밟은 특허에 관한 절차는 특허거절결정·특허권의 존속기간연장 등록출원의 거절결정에 대한 심판에서도 그 효력이 있다(법 172).

4. 결정후의 절차

(1) 특허결정후의 절차

1) 특허권의 설정등록

특허결정 또는 특허심결은 특허권설정등록의 원인행위이며, 특허권은 설정등록에 의하여 발생한다(법 87①).

특허권의 설정등록을 받으려는 자는 설정등록을 받으려는 날(이하 "설정등록일"이라 한다)부터 3년분의 특허료를 납부하여야 한다(법 79①). 특허권의 설정등록을 받고자 하는 자는 특허료납부기간이 경과한 후에도 6월 이내("추납기간"이라 한다. 이하 같다)에 추가 납부할 수 있다(법 81①②). 이 경우 특허료의 2배 이내의 범위에서 지식경제부령으로 정한 금액을 납부하여야 한다. 이 추가납부기간 이내에 특허료를 납부하지 아니한 때(추납기간이 만료되더라도 보전기간이 만료되지 아니한 경우에는 그 보전기간 이내에 보전하지 아니한 때를 말한다)에는 특허권의 설정등록을 받고자 하는 자의 특허출원은 포기한 것으로 본다(법 81③).

특허권의 설정등록을 받으려는 자가 특허료 납부기간 이내에 특허료의 일부를 납부하지 아니한 경우에 특허료의 보전을 명하여야 한다(법 81의 2①). 특허청장의 보전명령을 받은 자는 그 보전명령을 받은 날부터 1월 이내에 특허료를 보전할 수 있다(법 81의 2②). 특허료를 보전하는 자는 ⅰ) 특허료를 납부기간을 경과하여 보전하는 경우, ⅱ) 특허료를 추가납부기간을 경과하여 보전하는 경우의 어느 하나에 해당하는 경우에는 납부하지 아니한 금액의 2배 이내의 범위에서 지식경제부령으로 정한 금액을 납부하여야 한다(법 81의 2③).

특허권의 설정등록을 받기 위한 특허료의 납부는 특허결정 또는 그 심결의 등본을 송달받은 출원인뿐만 아니라 그 납부하여야 할 자의 의사에 불구하고 이해관계인이 특허료를 납부할 수 있다(법 80①). 이는 출원인과 특허출원발명에 대한 ⅰ) 특허 후 양수, ⅱ) 동업약정에 따른 경영권확보 및 자금지원, ⅲ) 실시권 설정계약, ⅳ) 총판가맹점 등 판매망 구축 등에 의하여 당해 특허결정 또는 그 심결된 특허출원 발명과 이해관계에 있는 자는 당해 출원인이 위의 기간이내에 특허권의 설정등록을 받기 위한 특허료를 납부하지 아니하거나 추납기간 경과 직전까지 유예하고 있는 경우 막대한 손해가 발생하기 때문에 이러한 이해관계인은 납부할 자의 의사에 상관없이 특허료를 납부하고, 납부하여야 할 자가 현재 이익을 받은 한도에서 그 비용의 상환을 청구할 수 있다(법 80①②).

2) 특허등록공고

① 서 설

ⅰ. 의 의

특허등록공고라 함은 고전적 심사주의 하에서의 특허결정 전 심사관의 출원공고결정에 의한 출원발명의 공개수단(신심사주의에서는 "특허출원에 대한 정보제공"이나 "출원공개"가 실질적으로 이를 대신하고 있다)보다 심사관의 특허결정에 의하여 특허등록된 특허발명의 공개수단을 말한다.

출원공고는 심사관이 특허출원에 대하여 특허여부를 심사한 결과 거절할만한 이유를 발견하지 못한 경우 이를 공중의 보충적 심사의 성격을 가진 특허이의신청절차에 참여토록 기회를 부여하기 위하여 일반공중에게 널리 알리는 공개수단이다(구법 1990.1.13 법률 제4207호 66, 70). 이에 반하여 등록공고는 심사관의 특허결정이나 심판관의 특허심결에 의하여 특허등록된 특허에 대하여 공중 누구나가 흠결 있는 부실특허 청산차원의 특허이의신청절차에 참여할 수 있도록 기회를 부여하기 위하여 특허권의 설정등록이 있는 때에는 그 특허를 일반공중에게 널리 알리는 공개수단이다(개정전법 2005.5.31 법률 제7574호 69).

그러나 개정법(2006.3.3 법률 제7871호)에서의 등록공고는 특허등록된 내용을 공중에게 널리 알리는 공개수단일 뿐 흠결 있는 특허에 대한 공중의 참여기회의 제공과는 아무런 관계가 없다. 따라서 흠결 있는 부실특허에 대한 청상주장은 이해관계인이나 심사관만이 특허권의 설정등록이 있는 날부터 특허권의 존속기간까지는 물론 그 특허권이 소멸된 후에까지 특허무효심판청구의 절차에 의해서 할 수 있다(법 133① 본문).

다만 특허권의 설정등록이 있는 날부터 등록공고일 후 3월 이내에는 누구든지 특허의 흠결을 이유(특허를 받을 수 있는 권리를 가지지 아니하거나 특허를 받을 수 있는 권리가 공유임에도 공유자 전원이 공동으로 출원하지 아니한 경우를 제외한다)로 특허의 무효심판을 청구할 수 있는 바(법 133① 단서) 이 경우에서의 등록공고는 공중(이해관계인)으로 하여금 흠결 있는 특허에 대한 무효심판청구의 절차에 참여할 수 있도록 기회를 부여하기 위한 공개수단인 것이다. 따라서 이 경우의 등록공고는 특허무효심판청구의 기간적 요건이 되는 만큼 공개의 의미를 가짐은 당연하다.

이와 같이 출원공고제도나 등록공고제도는 위와 같은 차이는 있을지언정 궁극적으로는 i) 양자 모두 특허출원심사나 특허무효심판에 일반 공중이나 이해관계인 또는 심사관을 참여시켜 부실특허의 발생을 막음은 물론 특허의 유효성에 흠결이 있는 권리의 존속을 방지하여 건전하고 안정적인 특허문화를 정착시키고자 하는 데는 그 목적이 일치하고, ii) 양자 모두 일반 공중에 특허출원발명 또는 특허발명임을 널리 알려 중복연구 및 중복투자 등을 방지하며, iii) 양자 모두 관심분야 연구개발의 기초기술정보로 제공하여 기술발전의 촉진수단으로 활용하기 위하여 마련된 제도라는 점에서 동일할 뿐만 아니라, iv) 양자 모두 특허출원발명 또는 특허발명에 대한 권리이동의 매체로서의 기능을 하고, v) 양자 모두 사업준비를 하는 예비사업자에게 사업추진 전 그 계획사업이 타인의 출원발명 또는 특허발명과 동일한지의 저촉여부를 확인하여 사업진로를 확정하게 하는 계기를 제공한다는 점에서 공통점을 갖는다.

그러나 등록공고제도를 도입(개정법 1997.4.10 제5329)한 직접적인 동기는 구 특허법의 출원공고제도하에서의 심사기간의 장기화로 인한 권리화의 지연에서 오는 기술적, 산업적 손실 및 사회적 비용 등을 막기 위한 심사기간 단축방안의 일환으로 채택한 것이다.[15)]

ii. 도입배경 및 취지

(i) 총 설

등록공고제도는 특허에 관한 사항을 일반공중에게 널리 알려 이해관계인은 물론 제3자의 이용을 촉진하여 기술진흥을 통한 산업발전에 기여하고 또 혹시나 그 특허에 특허거절이유, 즉 특허에 흠결이 있는 경우 이해관계인 또는 심사관으로 하여금 그 특허에 대하여 무효심판을 청구할 수 있는 기회를 주어 잘못된 심사에 의해 특허등록된 흠결 있는 특허권을 청산하여 거래의 안정을 도모하려는 근대법의 이상에서 비롯된 것이다.

특히 최근 기술개발의 고속신장에 따른 특허출원의 급증, 기술수명주기의 단축, 기술내용의 전문화·고도화·복잡화 및 세분화 등 발명의 구조적 변화와 심사구조의 경직화(심사관의 능력 및 증원의 한계, 예산의 제한, 자료의 한계 등) 등의 현상으로 인한 심사기간의 장기화를 극복하여 특허출원의 심사기간을 단축하고 특허절차를 간소화하는 한편 진정한 특허권의 보호를 강화하기 위하여 종전의 특허결정전 특허출원발명의 내용을 일반공중에게 널리 알려 이들에게 특허이의신청의 기회를

15) 심사절차의 하나로 운용되고 있었던 출원공고제도는 출원발명에 대하여 이해관계인은 물론 제3자에 이르기까지 특허이의신청을 통한 공중심사에의 참여를 유도하여 심사관의 잘못된 심사에 의한 흠결 있는 부실권리의 발생을 방지하기 위하여 특허결정 전 출원공고결정에 의한 출원공고제도를 두어 운용하여 왔다. 그러나 이로 인하여 심사기간이 12개월 정도 더 소요(특허공보발행에 소요되는 기간 2개월, 출원공고기간 2개월, 특허이의신청시 출원인에게 교부 및 답변서 징구 1개월, 답변서 특허이의 신청인에게 교부 및 변박서 징구 1개월, 특허이의신청서·답변서 및 변박서 심사 6개월)되어 이 기간만큼 특허출원발명의 권리화가 지연되어 기술수명주기(life cycle)가 급속도로 짧아지고 있는 요즘 상황에서 발명의 산업화에 기여도가 떨어지는 문제점을 극복하기 위하여 출원공고제도를 폐지하고 등록공고제도로 통합, 일원화하였다(1997.4.10 개정법률 제532호). 따라서 종전의 특허권의 설정등록이 있는 때에 그 등록사항을 특허공보에 게재하여 공중에게 알려 누구에게나 특허이의신청을 하도록 하기 위한 정도의 것을 종전과 같은 등록공고제도이지만 종래의 등록공고제도하의 특허이의신청제도를 폐지하고 기존의 등록공고제도하의 특허의 무효심판청구제도로 일원화하여 운용하고 있다(법 133). 이는 업무의 목적·성격·내용 등에 있어서 사실상 동일하므로 절차의 중복으로 인한 불필요한 행정수요를 억제하고 또 심사관의 특허결정의 잘못으로 인하여 특허등록된 특허에 대하여 다시 심사관(심사관 3인의 합의체이지만)에게 심사결정을 하도록 하는 것보다는 심판관에 의해 심의 심결하도록 하는 것이 처리의 공정성과 객관성면에서 더 합리적이기 때문이라는 면도 간과할 수 없다.

주어 소위 공중심사에 참여하도록 함으로써 심사의 공정성과 적합성 및 객관성을 확보하여 거래의 안정을 보호하려던 출원공고제도를 폐지하고 특허권의 설정등록 후 그 특허사항을 특허공보에 게재하여 공고하는 등록공고제도를 도입하였다. 이를 보다 구체적으로 살펴본다.

(ii) 출원공고제도의 폐지 및 등록공고제도의 도입

위에서 살펴본 바와 같이 출원공고제도 하에서 나타나고 있는 심사기간의 장기화 등 여러 가지 문제점을 해소하기 위하여 출원공고제도를 등록공고제로 전환하였는바, 그 긍정적인 면을 살펴보면 다음과 같다.

i) 심사기간의 단축

종전의 특허이의신청은 특허결정전 출원공고기간에 할 수 있도록 함으로써 이의신청기간 2개월에 이의신청이 있을 경우 그 이의신청부본을 출원인에게 보내 그에 대한 의견서를 받고 또 그 의견서를 이의신청인에게 보내 변박할 기회를 주어(횟수에 제한이 없다) 공격과 방어가 활발히 이루어져 사건이 성숙단계에 이르렀을 때 비로소 심사관은 이의신청에 대한 결정을 하게 되는데 여기에 소요되는 기간, 즉 특허등록 전 출원공고와 관련되어 소요되는 기간은 출원공고기간 2개월을 포함하여 빠르면 6월, 길게는 1년 이상이어서 그만큼 심사기간이 지연되는 결과를 초래하였다. 따라서 특허결정전 출원공고제도하에서의 이의신청제도에 의해서 길어진 심사기간을 단축하기 위해서 출원공고제도를 폐지하였다.

ii) 특허절차의 간소화

특허등록 전 출원공고에 따른 다단계절차를 간소화한다. 즉 심사관의 거절이유통지, 출원인의 의견서 또는 의견서 및 보정서 제출 및 심사관의 심사, 심사관의 출원공고결정 및 동결정등본 송달, 특허청장의 출원공고, 이의신청인의 특허이의신청서 제출, 출원인에게 이의신청서 부본송달, 출원인의 답변서제출, 이의신청인에게 동 답변서 부본송달, 이의결정 및 특허결정 등 제절차 중 80%정도의 절차를 생략하여 간소화함으로써 또 하나의 심사적체요인이 해소되고 그만큼 심사기간의 단축효과를 가져왔다.

iii) 특허권의 보호강화

출원공고제도를 운용하고 있었던 종전에도 출원공고일부터 특허권설정등록전까지의 기간 중 업으로서 그 특허출원된 발명을 실시할 권리를 독점하는 "임시보호의 권리"가 발생하기는 하였지만 이는 완전한 특허권이 아니고 특허권과 거의 동일하게 특허출원인을 보호하기 위해 부여된 것으로서 보호면에서 특허권보다 약하다. 그 이유는 임시보호의 권리가 특허전의 권리이고, 권리로서는 특허권에 비

해 불확정한 것이기 때문이다. 즉

ⓘ 임시보호의 권리를 침해한 자에 대한 벌칙의 적용은 특허권의 설정등록이 있은 후가 아니면 안 된다(개정전법 225①2 단서).

ⓘⓘ 임시보호의 권리에는 특허권 침해에 관한 규정 제126조 내지 제132조가 준용된다(개정전법 68②). 따라서 이 권리의 침해에 대해서는 권리침해에 대한 금지청구권 등 및 손해배상청구권·신용회복청구권의 행사가 인정되고 또 이들 청구권은 특허권의 설정등록전이라도 행사할 수 있다. 그러나 권리를 가진 자가 그 권리를 행사한 경우에 당해 특허출원이 포기·무효·취하된 때 또는 특허출원의 거절결정이 확정되어 특허권이 설정되지 않는 등 사정이 발생하였을 때는 실시료 징수 등 그 권리의 행사에 의해 상대방에게 손해를 입혔을 경우에는 그 손해에 대해 과실이 없다 하더라도 배생할 책임, 즉 무과실배상책임을 진다(개정전법 68④). 이는 민법상의 일반원칙(민법 750)의 예외이지만 임시보호의 권리행사를 신중하게 하기 위해서이다.

ⓘⓘⓘ 임시보호의 권리의 침해에 관한 소송의 제기 또는 가압류나 가처분의 신청 등이 있는 경우, 상대방에게 특허출원에 관하여 결정 또는 심결이 확정될 때까지 결정으로 가처분절차 등을 포함한 소송절차를 중지하여 줄 것을 신청할 수 있는 소송절차의 중지신청권을 인정하고 있는 바(개정전법 69①) 이 또한 ⓘⓘ의 경우와 마찬가지로 임시보호의 권리를 신중하게 행사할 수 있도록 하기 위해서이다.

ⓘⓥ 임시보호의 권리에 대해서는 출원인은 전용실시권을 설정하거나 통상실시권의 등록을 할 수 없다. 왜냐하면 임시보호의 권리는 특허권 설정등록전의 권리이고 또 권리로서는 특허권에 비해 완전한 권리가 아닌 불확정한 것이기 때문이다. 즉 그 특허출원에 대해 거절결정의 확률도 있는 불안한 잠정적 권리에 법률관계를 형성하는 것은 법률생활의 안정에도 전혀 도움이 되지 않기 때문이다. 따라서 출원공고제도하의 임시보호의 권리와 같은 취약한 권리의 보호로서는 실질적인 권리행사와 보호가 어려울 뿐더러 오히려 심사기간의 지연만을 초래하는 결과를 낳았기 때문에 등록공고제도를 도입하여 심사기간의 단축은 물론 특허절차의 간소화 및 특허권의 보호를 강화함으로써 기술개발을 촉진하여 산업경쟁력을 향상시키려는 것이다.

(iii) 등록공고제도 하에서의 특허이의신청제도의 폐지

i) 서 설

개정특허법(2006.3.3 제7871호)은 등록공고제도 하에서의 특허이의신청제도를 폐

지하고 특허의 무효심판 청구제도만을 운용하기로 하였다(법 69 삭제, 법 133① 단서). 다만, 특허법 제133조 제1항 본문의 규정에 의한 특허의 무효심판청구는 등록공고와는 관계없이 특허권의 설정등록이 된 특허에 대하여 할 수 있다.

이 경우 특허무효심판청구를 등록공고가 있는 날부터가 아니고 특허권의 설정등록이 된 날부터로 한 것은 특허의 무효심결이 확정되면 그 특허권은 처음(특허등록이 있는 날)부터 없었던 것으로 보기 때문이다. 만약 등록공고일로 할 경우 특허의 무효심결이 확정되더라도 그 특허권이 특허권의 설정등록일과 등록공고일 사이만큼 소멸되지 아니하고 유효한 특허로 존재할 수 있기 때문이다.

그러나 다음과 같은 경우에서의 특허무효심판의 청구는 등록공고일과 관계가 있다. 즉 특허권의 설정등록이 있는 날부터 등록공고일 후 3월 이내에 무효심판을 청구하여야 한다(법 133① 단서).

ⓘ 특허법 제25조(외국인의 권리능력), 제29조(특허요건), 제32조(특허를 받을 수 없는 발명), 제36조(선출원) 제1항 내지 제3항, 제42조 제3항[발명의 상세한 설명에는 그 발명이 속하는 기술분야에서 통상의 지식을 가진 자가 용이하게 실시할 수 있을 정도로 그 발명이 속하는 기술분야·발명이 해결하고자 하는 과제(발명의 목적)·과제의 해결수단(발명의 구성)·그 밖에 당업자가 그 발명의 내용을 쉽게 이해하기 위하여 필요한 사항(발명의 작용 효과 등)을 기재하여야 한다], 제4항(특허청구범위에는 보호를 받고자 하는 사항을 기재한 청구항이 1 또는 2이상 있어야 하며, 그 청구항은 i) 발명의 상세한 설명에 의하여 뒷받침될 것, ii) 발명이 명확하고 간결하게 기재될 것, 제6항(특허청구범위에는 보호받고자 하는 사항을 명확히 할 수 있도록 발명을 특정하는 데 필요하다고 인정되는 구조·방법·기능·물질 또는 이들의 결합관계 등을 기재하여야 한다)는 등의 각 규정에 위반된 경우

ⓘⓘ 재직 중 특허청직원 및 특허심판원직원(상속 또는 유증의 경우를 제외한다)의 특허를 받을 수 없는 경우

ⓘⓘⓘ 특허된 후 그 특허권자가 특허권을 향유할 수 없는 자가 되거나 그 특허가 조약에 위반되는 사유가 발생한 경우

ⓘⓥ 조약의 규정에 위반되어 특허를 받을 수 없는 경우

ⓥ 명세서 또는 도면의 보정이 특허출원서에 최초로 첨부된 명세서 또는 도면에 기재된 사항의 범위를 벗어난 경우

ⓥⓘ 분할출원이 그 기초가 된 원특허출원의 출원서에 최초로 첨부된 명세서 또는 도면에 기재된 사항의 범위를 벗어난 경우

ⓥⓘⓘ 변경출원이 그 기초가 된 원실용신안 등록출원의 출원서에 최초로 첨부된 명세서 또는 도면에 기재된 사항의 범위를 벗어난 경우

ⅱ) 특허이의신청제도의 폐지 이유

특허이의신청제도는 심사관의 과오에 의해 특허결정된 특허가 흠결 있는 특허권으로 존속되어서는 아니된다는 취지로부터 출발한 것으로서 특허무효심판제도와는 그 궤를 같이 하고 있어 다음과 같은 점에서 공통점을 가지고 있다. 따라서 특허이의신청제도를 유지할 경우 특허무효심판제도와의 중복, 특허이의신청처리기간의 장기소요로 인한 불완전권리의 장기존속, 이에 따른 특허발명의 불안정성으로 산업화가 지연되는 등의 부작용을 이유로 특허이의신청제도를 폐지하고 특허무효심판제도로 단일화하여 운용하는 특허법개정을 하였다(개정 2006.3.3 제7871호).

그러나 특허이의신청제도가 특허의 무효심판제도와는 그 궤를 같이 하고 있어 공통점이 있기는 하나 한편으로는 차이점도 아울러 가지고 있어 그 차이점만큼 특징도 있기 때문에 특허이의신청제도의 폐지에 따른 법적 제도적 보완이 이루어졌어야 하는데 그렇지 못한 아쉬움이 있다.

ⓘ 특허이의신청제도와 특허무효심판제도의 이동점

A. 공통점

(A) 심사관이 거절이유로 할 수 있는 것은 원칙적으로 양자의 이유가 된다. 다만 특허된 후 그 특허권자가 특허권을 향유할 수 없는 자로 되거나 그 특허가 조약에 위반되는 사유가 발생한 경우, 분할출원이 그 분할출원의 기초가 되는 특허출원의 최초명세서 또는 도면에 기재된 사항의 범위를 벗어난 경우 및 변경출원이 그 변경출원의 기초가 되는 실용신안 등록출원의 최초명세서 또는 도면에 기재된 사항의 범위를 벗어난 경우에는 후자의 이유만이 된다.

(B) 양자의 법적 성격이 모두 준사법적인 쟁송절차라는 점에서는 같으나 전자가 특허이의신청기간이나 특허이의신청서에 기재한 이유 또는 증거의 보정기간(공서세출기산)에 있어서 단기간이고 참가제도나 심사관의 기피 및 회피제도가 없으며 심리 또한 구술심리가 아닌 서면심리주의와 일사부재리의 원칙이 적용되지 아니한 점 등으로 보아 후자에 비해 간이한 제도이다. 따라서 전자의 경우 신속한 심사·결정을 할 수 있는 장점이 있는 반면 후자에 비해 정확성과 공정성이 떨어진다는 단점이 있고 후자의 경우 심리·심결의 공정성과 정확성을 기할 수 있는 장점이 있는 반면 전자에 비해 신속성이 떨어진다는 난점을 가지고 있다.

(C) 양자 다같이 3인의 합의체(후자의 경우 5인의 합의체심리도 가능)에 의해 심사·심리되고 과반수의 합의에 의하여 결정되며 그 합의는 공개하지 않는다는

점에 공통점이 있다. 따라서 특허이의신청의 기회를 실기하거나 충분한 증거를 제출할 수 없었기 때문에 특허성이 없는 특허출원이 특허되는 등의 불합리한 경우가 발생할 우려가 있다.

B. 차이점

양자는 위와 같은 공통점이 있기는 하나 한편으로는 다음과 같은 차이점도 아울러 가지고 있다.

(A) 전자는 심사의 연장선상에서 심사관 스스로(3인의 심사관합의체의 심사이지만)가 심사의 과오의 여부를 심사하고 특허취소여부를 결정하는데 반하여 후자는 심사관의 과오뿐만 아니라 일반공중의 간과 등에 의한 특허흠결여부를 객관적 입장에서 심리·심결한다. 즉 등록공고기간동안 특허이의신청을 할 수 있지만 그 기간에 생각이 미치지 못한 것, 이의신청을 하였으나 충분한 증거를 법정기간 내에 제출하지 못하였기 때문에, 또는 심사관의 심사미진·결정착오 등 심사의 잘못으로 이의신청이 성립되지 않을 수 있기 때문이다. 이를 제3자적 위치에서 공정하게 판단하는 것이다.

(B) 전자의 신청은 누구나 할 수 있는데 반해 후자의 청구는 이해관계인 또는 심사관만 할 수 있다. 그러한 면에 전자는 공익적 측면이 강하고, 후자는 사익적 측면이 강하다고 할 수 있다.

(C) 전자의 절차는 전체적으로 후자에 비하여 간이하다. 예를 들면 특허이의신청기간 및 증거제출기간이 단기간이고 심사관의 기피 및 회피제도를 두고 있지 않으며 또 참가제도도 없다. 따라서 전자는 일부 심판 및 소송에 준하는 절차에 따르고는 있으나 주로 특허법상의 심사절차에 의해 진행되고 있는 반면 후자는 전자에 비하여 더 엄격한 절차, 즉 특허법이 규정하고 있는 민사소송에 준하는 절차 및 민사소송법의 절차규정을 일부 준용에 의하여 이루어지고 있다.

(D) 전자의 심사는 서면심사를 원칙으로 하는데 반해 후자는 구술심리 또는 서면심리를 원칙으로 한다.

(E) 전자가 성립된 경우는 그 특허권은 취소되는데 반해 후자가 성립된 경우는 무효가 된다. 그러나 양자 모두 확정된 때에는 그 특허권은 처음부터 없었던 것으로 간주한다는 점에서는 동일하다.

(F) 전자의 특허유지결정에 대하여는 불복을 할 수 없는데(특허취소결정은 제외) 반해 후자의 심결에 대해서는 불복을 할 수 있다.

(G) 전자는 이해관계의 유무에 관계없이 누구나 이의신청을 할 수 있게 함으로써 특허출원의 심사상의 과오를 배제하고 그 적정을 기하는 공익적 견지에서 설

정한 것인데 반해 후자는 이해관계인 또는 심사관만이 무효심판을 청구할 수 있도록 함으로써 흠결 있는 특허권을 소멸시켜 무효심판청구인의 자유로운 사용 또는 권리보호의 적정을 기하는 사익적 견지에서 설정한 것이다.

즉 이의신청은 부실특허권의 존속을 저지함으로써 특허권에 관한 금지 등이나 무효 등 분쟁의 소지를 아예 없앰으로써 그 법적 지위의 안정을 도모한다는 이익을 법제도상 인지하고 국민에게 위의 이익을 보호하기 위한 수단으로서 일종의 공법상의 권리를 인정하고 신청에 대해 판단을 받을 수 있는 이익을 긍정한 점에도 있다는 해석이다. 이에 반해 잠재적 또는 현실적으로 대항관계에 있는 흠결 있는 특허권을 소멸시킴으로써 청구인 자신의 안정적 실시 또는 특허권·전용실시권·통상시실권 등 특허에 관한 권리(이하 본 항에서 "권리"라 한다)의 보호를 도모한다는 이익을 법제도상 인지하고 위의 이익을 보호하기 위한 수단으로서 일종의 사법상의 권리를 인정하고 청구에 대한 핀딘을 받을 수 있는 이익[16] 또는 권리를 긍정한 점에도 있다는 해석이다.

(H) 전자의 경우 이의신청에 대한 심사임의주의[17]이기 때문에 심사관은 적법한 이의신청이 있다 하더라도 이를 반드시 심사·결정하여야 할 필요는 없고 그 특허권에 대하여 특허취소 또는 특허유지결정을 할 수 있다. 이에 반해 후자의 경우 무효심판청구에 대한 심리강제주의이므로 심판관은 무효심판청구가 있을 때에는 이를 반드시 심리하여 특허무효 또는 청구기각과 같은 심결을 하여야 한다.

(I) 전자는 심사관의 심사의 능력·정보의 확보·지역의 한계 등 제한적일 수밖에 없는 심사의 한계성을 극복하기 위하여 전국 일원의 일반공중의 지식, 정보자료 등을 이의신청형식으로 참여토록 하여 심사의 잘못으로 특허등록된 흠결 있는 부실특허권의 존속을 없애려는 공중의 심사보충수단인데 반해 후자는 특허발명에 대한 권리자와 그 특허발명에 대한 이해관계인(심사

---

16) 특허에 관한 권리를 향유하고 있지 아니한 특허무권리자, 즉 특허권·전용실시권·통상실시권 등을 가지고 있지 아니하고 어떤 물건이나 어떤 방법의 사용 또는 어떤 방법에 의해 생산되는 물건을 생산·양도·사용·대여 또는 수입하거나 그 물건의 양도 또는 대여의 청약(양도 또는 대여를 위한 전시를 포함한다)을 업으로 하는 자의 그 입을 그 사의 이익이라고 한다.

17) 적법한 이의신청인이 있었는데도 불구하고 심사관이 이것에 대해 결정하지 아니하고 등록결정을 한 사건에 대해 "그 하자는 결정을 무효로 하는 것은 아니다"라 하고 그 이유로서 "이의신청은 심사관의 결정의 적정화를 위해서라고 해석하여야 한다"는 취지로 판시하여 이의신청결정 부정설과 같은 견해의 결정을 하였다[일본고판 1975.10.23 무체집 6권 2호 p.313(케이블심선식별 장치사건).

의 잘못을 발견한 심사관을 포함한다)간의 특허분쟁을 해결하기 위한 수단이다.

ⓘ 특허이의신청제도와 특허무효심판제도의 장단점

A. 특허이의신청제도의 장단점

(A) 특허이의신청제도의 장점

A) 특허이의신청제도는 그 법적 성격에서 준사법적 쟁송절차이기는 하나 특허무효심판제도에 비하여 간이하여 비교적 신속하게 심사·결정할 수 있다.

B) 특허이의신청에 대한 심사는 심사의 연장선상에서 하므로 인한 계속성으로 특허무효심판의 심리에 비하여 비교적 심사가 용이하고 정확하며 그 소요기간 또한 짧다.

(B) 특허이의신청제도의 단점

A) 특허이의신청을 당해 특허출원을 심사하고 특허결정을 한 심사부서의 3인의 심사관합의체에서 심사·결정하므로 특허무효심판과 같이 준사법적 조직인 특허심판원소속의 심판관 3인 또는 5인의 합의체에 의한 심리·심결에 비하여 공정성과 객관성이 떨어진다.

B) 특허이의신청기간이 특허의 무효심판청구의 기간(특허권의 존속기간 내는 물론 소멸된 후에도 청구할 수 있다)에 비해 너무 짧아 이의신청의 기회를 실기하거나 충분한 증거자료를 제출할 수 없어 특허무효심판의 청구가 없는 한 특허성이 없거나 흠결 있는 특허권이 존속되는 불합리성이 있다.

B. 특허의 무효심판제도의 장단점

(A) 특허의 무효심판제도의 장점

A) 양제도 모두 그 법적 성격에서 준사법적인 쟁송절차이기는 하나 특허의 무효심판제도는 특허이의신청제도에 비하여 더 준사법적이어서 전자의 심리·심결은 후자의 심사·결정보다 더 정확성을 기할 수 있다.

B) 심사, 심리에 있어서도 특허의 무효심판의 심판관은 준사법기관인 특허심판원의 소속공무원으로 심판업무에 관한 한 독립기관인데 반하여 특허이의신청결정의 심사관은 행정기관인 특허청소속의 공무원이기 때문에 심판관에 비하여 독립성이 덜한데 반해(예: 심판관에게는 제척·기피·회피제도가 적용되는데 반하여 심사관에게는 제적제도만이 적용된다) 심판관의 독립성은 더 강하므로 심결의 공정성을 더 기할 수 있다.

(B) 특허의 무효심판제도의 단점

특허분쟁의 조기해결이라는 명제로 볼 때 무효심판의 심결기간이 이의신청의 결정기간보다 장기간이 소요된다는 점이다. 특히 특허유지결정에 불복을 할 수 없는 이의신청에 비하여 청구의 기각심결에 불복을 할 수 있는 무효심판의 경우 더 오랜 기간이 소요된다.

iii) 특허이의신청제도의 폐지에 따른 문제점 및 보완책

특허이의신청제도는 심사관의 잘못 심사된 특허출원이 특허등록 될 수 있음을 예상하여 이러한 흠결 있는 특허권의 존속을 막기 위하여 공중으로 하여금 이의신청형식으로 참여토록 한 공중의 심사보충수단으로서 또 심판절차에 비하여 좀 더 간이한 절차로서의 특징을 가지고 있다. 따라서 특허의 무효심판제도에 비하여 신속한 결정을 할 수 있음은 물론 이의신청을 심사의 연장선상에서 심사하므로 인한 심사의 계속성으로 업무의 파악과 이해가 쉬어 결정이 용이하고 정확하며 결정에 소요되는 기간 또한 짧아 그만큼 권리·거래 등에서 조기 안정에 기여할 수 있는 장점을 가지고 있다.

그러므로 이러한 특허이의신청제도를 폐지하거나 특허무효심판제도와 동일하게 할 때에는 특허권은 흠결의 상태로 장기화되어 불안한 권리가 지속되므로 특허에 관한 권리자나 그 이해관계인 등이 받는 불이익이 커지는 등 폐해가 있다.

그럼에도 개정특허법은 특허이의신청제도를 특허무효심판제도와 거의 중복된다는 이유를 들어 특별한 보완 없이 폐지하기 위한 조치로 관계조항을 삭제(개정 2006. 3.3 제7871호)함으로써 특허이의신청제도의 위와 같은 특징 및 장점을 누릴 수 없게 되는 문제점을 가져왔다.

이제 이러한 문제점을 해결하여야 할 과제는 분명해졌다. 즉 특허무효심판제도의 운용에서 특허이의신청제도의 위와 같은 특징 및 장점을 살릴 수 있는 다음과 같은 방안이 강구됨직하다.

㉠ 심판관의 증원

심판사건 1건당 평균처리기간을 이의신청 1건당 평균처리기간과 같도록 심판관 정원을 증원 조정한다. 예를 들어 전자가 1건당 평균처리기간이 18개월 소요되고 후자가 1건당 평균처리기간이 12개월 소요된 경우, 전자의 18개월이 후자의 12개월로 단축될 수 있도록 심판관의 수를 그만큼 늘린다.

㉡ 심사전치제도의 도입

특허의 무효심판에서의 특허무효이유는 심사관이 심사결과 내리는 특허출원에 대한 특허거절결정이유 및 종전의 특허이의신청에 대한 특허취소결정이유와 거의 동일함은 물론 특허무효이유 또한 심사관의 심사상 과오에 의해 발생한 것이다. 그러므로 특허무효심판의 청구가 있는 경우 심판을 하기 전에 이를 심사관에 의해 검토, 확인성격의 심사를 하도록 하고 심판관은 그 결과를 참고하여 심결하도록 하는

것이 무효심판사건을 신속, 정확하게 능률적이고 합리적으로 처리하는 방법이 될 것이다.

이를 위하여 특허심판원장은 심판을 하기 전 그 청구일부터 15일 이내에 특허청장에게 통지하고, 특허청장은 심사관에게 심사에 과오가 있었는지를 심사하게 하고 그 결과를 통지를 받은 날부터 3월 이내에 특허심판원장에 통보한다.

이 경우 심사관에게는 새로운 심사수요가 발생한 것은 아니다. 특허이의신청제도의 폐지에 따라 이의신청에 대한 심사관의 심사·결정업무가 없어졌고 그 대신 심사전치에 의해 이의신청의 타당성만을 심사하여 그 결과를 특허청장에게 보고하는 것으로 끝이게 된 것이다.

(iv) 결 어

위에서 살펴본 바와 같이 개정법(2006.3.3 제7871호)에서는 특허이의신청의 이유와 특허무효심판청구의 이유가 거의 동일하여 양자 공존의 의의 및 필요성이 없음을 이유로 특허이의신청제도를 폐지하였는바 이는 매우 잘된 일이고 오히려 늦은 감마저 있다.

그러나 위에서 본 바와 같은 특허이의신청제도의 목적과 이에 따른 특징 및 장점들이 어떤 형태로든지 무효심판제도에 반영되어 운용되지 아니할 경우 그만큼 부실권리의 용이하고도 신속한 효율적 청산이 이루어지지 않아 권리의 불안한 상태가 유지되고 특허분쟁이 많아져 산업화에 악영향을 미칠 수 있다.

그러므로 위에서 언급한 바와 같이 특허이의신청제도의 폐지에 따른 문제점을 최소화하기 위한 보완책강구가 긴요하다.

② 법적 성질

등록공고는 설정등록된 특허발명의 내용을 일반공중에게 널리 알려 심사관의 특허결정에 하자가 있었는지 그 특허권의 성립의 적법성과 적정성 및 적합성에 관한 여부에 대하여 특허의 무효심판청구를 통해 흠결을 지닌 채 설정등록된 특허권의 청산에 참여할 수 있는 기회를 주어 이해관계 또는 심사관으로 하여금 심판에 관여하게 하여 무효사유에 해당하는 흠결이 있는 특허권의 유지를 막고 존속으로 인한 분쟁을 방지하여 특허에 대한 신뢰성을 제고함은 물론 특허관련 법률질서의 안정과 산업의 발전을 등록공고라고 하는 수단에 의해 도모하려는 취지의 제도이다. 따라서 등록공고 기간동안 이해관계인 또는 심사관이 제기한 특허의 무효심판청구가 성립될 경우 그 특허권은 특허의 무효심결에 의하여 실권 등의 불이익을 주는 것을 주요기능으로 하고 있기 때문에 등록공고의 법적 성질을 이러한 맥락에서 공고설·공시주의설·공시최고설·객관적 담보설·공중심사설·보충심사설·제3자 확인설 등으로 나뉘어져 있다.

i. 공고설

설정등록된 특허발명의 내용을 널리 일반인에게 알리는 일로서 그 목적은 이해관계인이 다수 또는 불특정인인 때에 이들에 대하여 권리주장이나 특허의 무효심판청구의 기회를 주어 적법한 특허발명의 경우 이해의 조정을 통한 거래의 기회를 제공하고 특허에 흠결이 있는 부적법한 특허발명의 경우 특허무효 심판청구의 기회를 주어 특허권의 존속을 막아 누구나가 자유롭게 안정적으로 실시할 수 있도록 공유재산으로 회귀시키기 위함이 등록공고의 본질이라는 설이다. 그러나 이 공고설은 등록공고의 취지를 그대로 설명하고 있는 것에 지나지 않는다는 비판을 받고 있다.

ii. 공시주의설

배타적 특허권의 발생·변경·소멸은 등록과 같은 외형상 인식할 수 있는 표상(表象)을 갖추지 않으면 완전한 효력이 생기지 않는다고 하는 법률원칙, 즉 일반적으로 특허원부에 특허에 관한 법률관계, 즉 특허결정사항을 정서(整序)하여 거래의 안정을 보호하는 한편 심사관의 특허결정에 관한 특허원부에의 정서사항을 구체적(발명의 명세서, 도면 등)으로 특허공보에 게재하여 이해관계인으로 하여금 그 특허발명에 관한 적법성 여부에 관한 인식을 유도하여, 특히 흠결있는 특허발명인 경우 특허의 무효심판을 청구하도록 하여 부적법한 특허를 정리함으로써 거래의 안정을 도모하기 위해 일반에게 널리 알린다는 설이다. 그러나 이설은 일반적으로 특허원부에 정서하여 일반인에 널리 알려 사전적으로 권리의 이동사항을 파악할 수 있도록 하여 거래의 안정을 보호하려는데 의의가 있고, 등록사항의 하자유무의 시시비비에 참여토록 유도하여 흠결있는 특허발명의 존속을 막으려는 것을 목적으로 특허공보에 게재하여 공고하는 것까지를 포함하는 설이 아니라는 비판을 받고 있다.

iii. 공시최고설

등록공고에 의하여 특허권의 객관성확보와 거래생활의 안정을 보호하고자 심사관의 특허결정내용을 공고의 방법으로 이해관계인을 포함한 모든 자에게 널리 알려 특허무효심판청구의 기회를 주고 특허의 무효심판청구가 없을 때에는 실권 그 밖의 불이익의 효과가 발생한다는 설이다. 그러나 등록공고는 공시최고설과 같이 특허청장이 당사자의 신청에 의하여 특허발명의 내용을 일반공중에 대해 실권 그 밖의 불이익의 경고를 발하여 무효심판청구를 최고하고 그 어느 누구도 무효심판청구를 하지 아니한 경우 제권(除權)시켜 실권의 효과를 낳게 하는 것이 아니라는 비판을 받는다.

ⅳ. 객관적 담보설

등록공고에 의하여 특허등록에 관한 사항을 공고의 방법에 의하여 일반 공중에게 널리 알려 심사관의 특허결정까지의 심사에 대해 무효심판청구의 기회를 주어 심사관의 선행기술정보자료의 확보와 심사능력의 한계 및 판단오차의 확률을 극복함으로써 심사의 객관성과 합리성을 담보하는 것이 등록공고의 본질이라는 설이다. 그러나 이 설에 의하면 특허의 무효심판청구 및 심결의 절차가 심사의 하자를 완전치유할 수 있는 수단으로 미화되고 있는 인상을 주고 있어 등록공고절차만 밟기만 하면 향우 그 특허권의 성립에 관해서는 무효 등 분쟁의 소지가 완전히 제거된 것으로 비쳐질 우려가 있다는 비판을 받고 있다.

ⅴ. 공중심사설

등록공고에 의하여 일반 공중이 특허발명에 대한 심사관의 심사에 관여함으로써 심사관의 자의적인 심사를 저지하는데 등록공고의 본질이 있다는 설로써 오늘날의 통설이다. 그러나 이 설은 심사관의 주관적, 임의적 심사결정의 방지에 역점을 둔 나머지 심사관의 심사능력 및 선행기술정보자료 확보의 한계 등 일반적으로 심사주의가 지니고 있는 단점의 보완에는 소홀하다는 비판을 받고 있다.

ⅵ. 보충심사설

등록공고에 의하여 일반 공중에게 특허의 무효심판청구의 기회를 주는 것은 특허발명에 관한 심사관의 심사결정사항에 관여하여 시시비비를 가리려는 것이 아니고 참여하여 객관적 입장에서 독자적으로 당해 특허발명에 관한 특허요건이나 불특허사유 등을 중심으로 심사하여 심사관의 심사의 미비점을 보충하여 특허성립의 적정성을 확보하고 거래의 안정을 보호한다는 설로써 타당하다고 해석된다. 그러나 이 설은 결과론적으로 위의 공중심사설과 그 맥을 같이 하고 있다고 할 수 있다.

ⅶ. 제3자 확인설

등록공고에 의하여 공중에게 특허의 무효심판청구의 기회를 주는 것은 단순한 심사관의 특허결정에 관여하여 시시비비를 가리거나 심사의 미비점을 보충하려는 것이 아니고 아예 처음부터 일반 공중이 제3자적 입장에서 당해 특허발명의 특허성에 관한 심사를 하여야 한다는 설이다. 그러나 이 설 역시 위의 "공중심사설"이나 "보충심사설"의 본질과 크게 차이가 없을 뿐만 아니라 그 범위 또한 크게 벗어나지 못하고 있다는 비판을 받고 있다.

③ 등록공고의 절차

특허권의 설정등록을 받고자 하는 자는 심사관의 특허결정등본 또는 심판관의 특허심결등본을 받은 날부터 3월 이내(이 기간 경과 후에도 그 기간이 경과한 날부터 6월 이내에 납부가능. 단, 이 경우 최초 3년분의 2배에 상당하는 금액을 납부하여야 한다)에 최초 3년분의 특허료를 납부하거나 그 특허료가 면제된 경우 특허권의 설정등록신청을 하고 특허청장은 그 등록된 특허사항을 등록공고용 특허공보(이하 "특허공보"라 한다)에 게재하여 등록공고를 한다(법 87②③).

i. 특허공보에 게재하여야 할 등록공고사항

특허공보에는 다음의 사항을 게재한다(법 87⑥, 법시행령 19②).

(i) 특허권자의 성명 및 주소(법인인 경우에는 그 명칭 및 영업소의 소재지)
(ii) 출원번호·분류기호 및 출원연월일
(iii) 발명자의 성명 및 주소
(iv) 특허번호 및 설정등록연월일
(v) 등록공고연월일
(vi) 우선권주장에 관한 사항
(vii) 변경출원 또는 분할출원에 관한 사항
(viii) 특허출원서에 첨부된 명세서·도면 및 요약서
(ix) 출원공개번호 및 공개연월일
(x) 특허법 제133조의 2(특허무효심판절차에서의 특허의 정정)·제136조(정정심판) 또는 제137조(정정의 무효심판)의 규정에 의하여 정정된 내용
(xi) 그 밖의 특허청장이 필요하다고 인정하는 사항

ii. 비밀취급을 요하는 특허발명의 등록공고

특허청장은 비밀취급을 요하는 특허발명에 대하여는 비밀취급의 해제시까지 등록공고를 보류하여야 하며, 그 비밀취급이 해제된 때에는 지체 없이 등록공고를 하여야 한다(법 87④).

iii. 출원서류 등의 열람제공

출원발명에 대한 특허권의 설정등록이 있는 때에는 그 특허에 관하여 특허공보

에 게재하여 등록공고를 하는바, 이때의 공고물인 출원서류 및 그 부속물건을 등록공고가 있는 날부터 3개월간 공중의 열람에 제공하여야 한다(법 87⑤).

④ 등록공고의 효과

ⅰ. 제3자에게 특허의 무효심판청구의 기회부여

특허출원에 대한 특허권의 설정등록이 있는 때에는 이해관계자는 물론 제3자 누구든지 그 설정등록이 있는 날부터 등록공고일 후 3개월 이내에 그 특허가 특허를 받을 수 있는 요건을 갖추지 못한 것임을 이유로 특허심판원장에게 특허의 무효심판을 청구할 수 있다(법 133① 단서).

ⅱ. 선원의 범위의 확대

특허출원한 발명이 당해 특허출원을 한 날 전에 특허출원 또는 실용신안 등록출원을 하여 당해 특허출원을 한 후에 출원공개되거나 등록공고된 타 특허출원 또는 실용신안 등록출원의 출원서에 최초로 첨부된 명세서 또는 도면에 기재된 발명 또는 고안과 동일한 경우에 그 발명에 대하여는 산업상 이용할 수 있는 발명으로서 출원 전 국내 또는 국외에서 공지공용의 발명이나 특허출원 전 국내 또는 국외에서 반포된 간행물에 게재되거나 소정의 전기통신회선을 통하여 공중이 이용가능하게 된 발명이 아님에도 불구하고 특허를 받을 수 없다(법 29③ 본문). 발명의 동일성 판단의 범위는 특허청구범위이다. 그러나 위의 경우에는 명세서의 발명의 상세한 설명 및 도면에까지 선원의 범위를 확대하여 양 발명 또는 발명과 고안의 동일성유무의 판단범위로 하고 있다. 따라서 이 경우의 등록공고는 선원의 범위를 특허청구범위에서 명세서 또는 도면으로 확대하는 효과를 가져온다. 이를 소위 확대된 선원의 지위의 효과라 한다.

ⅲ. 특허청장에게 특허출원서류 등의 열람제공의무의 발생

특허청장은 특허출원에 대한 특허권의 설정등록이 있는 때에는 그 특허에 관하여 특허공보에 게재하여 등록공고를 한다. 다만, 공공의 질서 또는 선량한 풍속을 문란하게 할 염려가 있는 것은 그러하지 아니한다(법 216② 후단). 그리고 등록공고가 있는 날부터 3개월간 출원서류 및 그 부속물건을 공중의 열람에 제공하여야 하는 의무가 발생한다(법 87⑤). 이에 비해 출원공개의 경우는 공개기간의 제한이 없고 또 열람신청을 한 자에게만 출원서류 등을 열람에 제공하면 된다는 점에서 양자의 차이가 있다.

ⅳ. 특허분쟁의 감소 등

등록공고에 의해 특정기술이 특허발명임이 세인에게 널리 알려짐으로써 특허권에 대한 무과실침해에 의한 분쟁이 감소될 뿐만 아니라 특허권자와 그 특허발명을 실시하고자 하는 자간에 당해 특허권에 대한 공유·양도·실시 등 다양한 거래형태가 약정에 의하여 평화적으로 이루어지거나 또는 특허권자 거부·실시 등 제안자의 포기로 마무리되어 특허발명의 이용성 제고와 안정적 이용에 기여한다.

ⅴ. 중복연구개발 등 회피

등록공고가 됨으로써 특허발명의 존재를 알게 되기 때문에 당해 특허발명분야에 대한 중복연구개발은 물론 이 분야 이중투자도 하지 않게 되어 연구개발 노력의 낭비와 자본의 소모를 방지한다.

(2) 특허거절결정 후의 절차

1) 서 설

특허출원에 대한 심사결과 거절할만한 이유를 발견하였을 때에는 바로 거절결정을 하는 것이 아니고 반드시 출원인에게 그 거절이유를 통지하여 의견서를 제출할 수 있는 기회를 주어야 한다. 출원인으로부터 의견서(보정서를 포함한다)가 제출되면 이를 심사하고 그 결과 거절이유를 해소할만한 사유를 발견하지 못하였을 때에는 특허출원에 대한 최종심사처분인 특허거절결정을 한다.

개정전법(개정 2009.1.30)에서는 이러한 심사관의 거절결정에 불복이 있는 출원인은 특허거절결정등본을 송달받은 날부터 30일 이내에 심판을 청구를 할 수 있고 그 심판의 청구일부터 30일 이내에 그 청구에 관한 특허출원서에 첨부된 명세서 또는 도면을 보정할 수 있다. 이처럼 심판청구 후 보정에 대하여는 심판을 하기 전에 특허청장에게 통지하고 통지를 받은 특허청장은 원심사관에게 그 청구에 관한 특허출원을 다시 심사하도록 하는 심사전치제도를 도입하여 운용하고 있었다(구법 173①②).

이러한 심사전치는 특허출원인이 심사관의 심사결과, 즉 특허출원거절결정(이하 "거절결정"이라 한다)에 불복을 하여 심판을 청구하면서 그 청구와 관련하여 특허출원서에 첨부된 명세서·도면의 보정을 한 경우 그 부분은 심사관의 거절결정시에는 없었던 새로운 것으로 심사관의 결정에 반영이 되지 않은 부분이기 때문에 심사를 담당하여 잘 알고 있는 원심사관이 심사의 연장선상에서 그 보정된 사항을 보정 전 출원내용과 연계하여 종합적으로 검토하는 것이 심사에 효율적일 뿐만 아니라 심판사건의 감소효과도 아울러 가져오고, 설령 특허결정이 되지 않는다 하더라도 심판에서 심사관의 심사기록서류를 이용함으로써 심판의 경제성과 심판업무의 능률성 및 신속성을 기하고 심판청구인에게는 조속한 권리보호의 기회를 제공하려는 취지에서 채용한 제도이기는 하나, 이러한 심사전치가 심판절차단계에 있는 심판청구에 관한 특허출원을 심판의 심리에 의해 특허여부를 심결하지 아니하고 심사절차단계로 되돌려 원심사관으로 하여금 심사하도록 하는 것은 절차의 번잡성을 초래하여 심사·심판 업무처리가 늦어져 출원발명의 권리화가 지연되고 또 심사·심판 독립의 원칙에도 맞지 않는 등 여러 가지 문제를 안고 있어 이를 해결하기 위해 도입한 것이 재심사청구제도이다. 즉 재심사의 청구는 특허거절결정 등에 대한 심판청구기간과 마찬가지인 특허거절결정 등본을 송달받은 날부터 30일(특허법 제15조 제1항에 따라 특허거절결정 등에 대한 심판청구기간이 연장된 경우 그 연장된 기간을 말한다) 이내에 그 특허거절결정된 특허출원의 특허출원서에 첨부된 명세서 또는 도면에 대한 보정에 대하여는 심판청구절차를 거칠 필요없이 직접 심사절차에 따라 심사관이 심사할 수 있도록 특허청장에게 재삼사의 청구를 하는 제도이다.

2) 재심사의 청구

재심사의 청구라 함은 특허출원인이 특허거절결정된 특허출원의 출원서에 첨부된 명세서 또는 도면에 대하여 특허거절결정 등에 대한 심판청구기간 이내(거절결정등본을 송달받은 날부터 30일 이내에) 보정을 하여 그 특허출원에 관하여 다시 심사하여 줄 것을 특허청장에게 청구하는 것으로서 이는 개정전법(2009.1.30) 하에서의 심사전치의 대체제도로 채용한 제도이다. 재심사청구에 관한 자세한 설명은 앞 Ⅲ. 3. (5) 재심사청구된 출원보정 1)부터 7)까지를 참조하기 바란다.

제 8 장

특허등록

제1절 서 설

Ⅰ. 서 론

특허등록은 특허에 관한 권리의 발생·변경·소멸 그 밖의 특허에 관한 사항을 특허원부에 기재하여 공시의 원칙을 실현하는 수단, 즉 배타적인 권리의 발생과 변동은 등록과 같은 외형상 인식할 수 있는 표상(表象)을 갖추지 않으면 완전한 효력이 발생하지 않는다고 하는 법률상 공시의 일종이다. 이는 법률관계를 정서(整序)하여 거래의 안정을 보호하려는 근대법의 이상에서 출발한 것으로서 특히 권리의 발생·변경·소멸 등에 관하여 제3자에게 알 수 있는 기회를 주려고 하는 것으로서 등록은 등기 그 밖의 효력발생요건 또는 대항요건과 함께 공시방법의 주요종별을 이루고 있다.

Ⅱ. 의 의

특허법에서 특허등록이라 함은 등록적격자의 신청, 특허청장의 직권 또는 법원의 촉탁 등에 의하여 특허청에 비치되어 있는 특허원부에 특허 등에 관한 사항 및 그 법률관계를 기재하는 것을 말한다. 이와 같은 등록제도의 목적은 특허에 관한 권리의 발생, 변경, 소멸 등 권리의 존재와 이동 및 실효 등의 현황을 명확히 함으로써 권리의 보호와 거래의 안정은 물론 공유화 발명의 자유로운 실시를 도모하고자 하는 데 있다. 이와 같이 등록은 특허에 관한 효력의 발생요건인 동시에 이를 일반에게 널리 알리기 위한 공시(公示)의 수단이기도 하다.

Ⅲ. 성 질

특허등록은 특허에 관한 권리의 발생·변경·소멸 등 권리의 효력을 발생시키는 등의 형성적 성질과 제3자의 무단실시에 대항할 수 있는 배타성 및 일반공중을 향해 공시성을 가짐으로써 부동산등기와 같이 거래의 안정을 도모하려는 공증적 성질을 가지고 있다. 따라서 당사자간의 권리관계를 분명히 하여야 한다는 의미도 있지만 제3자의 보호를 위한 공시적 의미도 있기 때문에 등록사항 법정주의를 채택하여 거래의 안정을 기하려는 것이다.

이와 같이 특허의 등록은 특허권의 설정에 의한 존재뿐만 아니라 그 이전·변경·소멸 등 특허에 관한 권리의 이동, 실효에 대하여도 원칙적으로 등록은 효력발생요건이다(법 87①, 101① 각호 등). 그러나 여기에서 말하는 효력발생요건이란 민법상의 권리의 설정·변경 등에 필요한 실질적인 요건이 구비되어 있더라도 등록이라는 형식적인 요건이 구비되어 있지 않으면 특허법상의 권리의 이동 등은 법률상 인정될 수 없다는 것이다. 그렇다고 등록이 있으면 실질적 요건이 구비되어 있지 않더라도 권리이동 등의 효력이 있다는 것은 아니다. 특허권의 변동에 대해서는 등록은 공시력이 있을 뿐이며 공신력은 없다.[1] 예를 들면 위조한 인감증명에 의해 특허권을 이전 등록한 경우 그 등록은 고시력은 있어도 공신력은 없다.

따라서 제3자가 특허원부상의 등록만을 믿고 그 위조한 인감증명에 의해 특허권을 이전등록한 외형상의 특허권리자와 전용실시권 설정계약을 체결함으로써 손해가 발생하였다 하더라도 특허법상의 등록은 공시력만 있고 공신력이 없기 때문에 특허원부상의 등록만을 믿고 보게 된 손해에 대해서는 보호를 받을 수 없다. 다만, 손해의 원인이 등록의무자의 인감위조 및 동 행사, 즉 인감을 위조하여 특허권을 이전등록을 하였기 때문에 발생한 손해이기 때문에 그를 상대로 한 손해배상청구 등 민사적·형사적 구제수단의 행사는 등록과는 별개의 문제이다. 이는 부동산등기법에서의 부동산등기부의 등기가 공시력만 있고 공신력이 없는 것과 같은 것이다.

이와 같이 등록을 특허권의 효력발생요건으로 하여 일단 등록에 의하여 특허에 관한 권리의 효력이 발생하면 모든 자가 특정인의 특허권임을 아는 것으로 간주되는 공시제도를 특허에 관한 등록절차에도 적용하고 있는 것이다. 따라서 등록 후

---

1) 網野誠 저, 강동수 외 역, 『상표』, 도서출판 대광서림, 1992, 764면.

제3자의 권리침해에 대해서는 고의추정을 받아 입증책임이 침해자에게 전가된다.

Ⅳ. 등록의 요건

특허등록을 하는 데는 다음과 같은 요건이 동시에 충족되어야만이 할 수 있다. 따라서 이중 하나만 빠져도 특허등록은 할 수 없다.

1. 특허결정 등 등록원인이 존재할 것

특허등록에는 등록의 원인이 되는 심사관의 특허출원에 대한 특허결정이나 심판관의 특허심결(특허권의 설정등록의 경우), 호적등·초본, 법인등기부등·초본, 주민등록표등·초본(등록명의인 표시변경 또는 경정등록의 경우), 특허권자의 양도증(특허권이전등록의 경우), 특허권자의 일부양도증·공유계약서[특허권일부이전(지분일부이전) 등록의 경우], 전용실시권 설정계약서(전용실시권 설정등록의 경우), 허락서(통상실시권 설정등록의 경우), 질권설정계약서(질권설정등록의 경우), 변경계약서(질권이나 실시권의 변경등록의 경우), 포기서, 호적등·초본, 제권판결등본, 채권증서 및 채무변제서, 가등록명의인의 승낙서, 계약해제증서, 재판의 등본 등 외국인의 경우 국적증명서(법인인 경우 법인증명서)(말소등록의 경우), 신탁계약서[특허권(실시권·질권의 설정, 이전) 및 신탁등록의 경우], 설정특허료납부서 및 출원인이 책임질 수 없는 사유로 해태하였음을 증명하는 서류(특허료추납에 의한 특허출원을 회복하고자 하는 경우), 연차특허료납부서 및 특허권자가 책임질 수 없는 사유로 해태하였음을 증명하는 서류(특허료추납에 의한 특허권을 회복하고자 하는 경우), 특허료 보전서 및 출원인·특허권자가 책임질 수 없는 사유로 해태하였음을 증명하는 서류(특허료보전에 의한 특허출원·특허권을 회복하고자 하는 경우), 허가·인가·동의·승낙에 관한 증명서류(위 등록에 제3자의 허가·인가·동의·승낙이 필요한 경우) 등 등록원인을 증명하는 서류를 당해 등록신청서에 첨부하여 제출하여야 하며, 또 그 등록원인을 증명하는 서류 등은 유효한 것이어야 한다.

2. 특허료 등을 납부할 것

(1) 특허료의 납부

특허권의 설정등록 및 유지(존속) 등록에는 소정의 설정특허료 및 연차특허료를 납부하여야 한다. 즉 특허권의 설정등록을 받으려는 자는 설정등록을 받으려는 날(이하 "설정등록일"이라 한다)부터 3년분의 특허료를 납부하여야 하고 특허권자는 그 다음 연도분부터의 특허료를 해당 권리의 설정등록일에 해당하는 날을 기준으로 매년 1년분씩 납부하여야 한다. 그러나 특허권자는 그 납부연차순서에 따른 수년분 또는 모든 연차분을 함께 납부할 수 있다(법 79①).

(2) 특허등록관련 수수료의 납부

1) 등록료의 납부

특허등록에는 위의 특허료 외에 각종 등록원인에 따라 정하여진 등록료를 납부하여야 한다. 즉 특허권의 이전등록료, 특허권의 실시권설정 또는 그 보존등록료, 특허권·특허권의 전용실시권·통상실시권을 목적으로 하는 질권의 설정등록 또는 처분의 제한등록료, 위 실시권 또는 질권의 이전등록료, 등록사항의 경정·변경(행정구역 또는 지번의 변경으로 인한 경우를 제외한다)·취소·말소 또는 회복등록료, 가등록료, 신탁등록 또는 그 변경등록료 등을 소정의 납부방법에 따라 납부하고 당해 등록신청서의 등록료란에 기재한다(동 징수규칙 2② 2 내지 8).

2) 청구료·신청료의 납부

특허등록에는 위의 특허료, 등록료 외에 여러 유형의 등록원인에 따라 정하여진 청구료 등의 수수료를 납부하여야 한다. 즉 통상실시권 설정에 관한 재정청구료 또는 재정의 취소신청료, 특허권의 취소신청료 등을 소정의 납부방법에 따라 납부하고 청구서나 신청서의 수수료란에 기재하여야 한다.

(3) 등록세의 납부

지방세법 제145조 및 제146조에 따른 등록세(지방세법 제260조의 3에 따른 지방교육세를 포함한다. 이하 같다)는 인지세법 제8조의 4에 따른 인지세 및 수수료 또는 등록료와 일괄하여 납부하여야 한다(동 징수규칙 8의 2①).

3. 특허원부에 등록할 것

특허청장은 특허등록을 받고자 하는 자가 특허권의 설정(연차)특허료를 납부한 때, 특허권의 이전·변경·소멸·회복 등을 위하여 제출한 등록신청서류에 흠결이 없는 때 이를 특허원부에 기재하여 특허권의 설정·변경·소멸·회복 등에 관한 등록을 한다.

특허권의 설정등록의 경우 특허증을 발급하여 특허권자에게 교부하고(법 86) 특허권의 설정등록사항은 특허공보에 게재하여 등록공고를 하되(법 87③) 등록공고가 있는 날부터 3개월간 출원서류 및 그 부속물건을 공중의 열람에 제공한다(법 87⑤).

제 2 절 등록의 종류

Ⅰ. 신청등록

신청등록이란 특허권 그 밖의 특허에 관한 권리의 등록이 등록신청 적격자의 신청, 청구 등에 의해서 이루어지는 등록제도를 말한다. 여기에서 "등록신청적격자"라 함은 등록권리자 및 등록의무자 등을 말하며, "등록권리자"란 등록에 의하여 실질적으로 권리관계상 이익을 받는 자로서 특허등록원부에 표시된 자, 예를 들면 특허권이전등록에 있어서의 양수인을 말하며, "등록의무자"란 양도인을 말한다.

따라서 신청에 의한 등록은 i) 등록권리자·등록의무자 공동신청, ii) 등록권리자·등록의무자 중 일방신청, iii) 등록권리자 단독신청, iv) 등록의무자 단독신청, v) 가등록권리자 단독신청, vi) 등록명의인 단독신청, vii) 가등록명의인 단독신청, viii) 가등록이해관계자 단독신청, ix) 신수탁자·다른 수탁자 중 일방 신청에 의해서 등록이 된다. 이에 관한 자세한 설명은 후술하는 제3절 Ⅰ. 신청 등 절차 1, 2를 참고하기 바란다.

Ⅱ. 직권등록

1. 직권등록사항

다음과 같은 사항의 등록은 특허청장이 직권으로 하여야 한다. 다만 (1) 내지 (8)의 사항의 등록은 특허심판원장의 통지가 있는 경우에 한한다(동령 14 각호).

(1) 특허권의 설정·소멸(포기로 인한 것을 제외한다)·회복 및 존속기간의 연장

(2) 특허권의 수용·실시

(3) 통상실시권 설정의 재정, 재정의 취소 및 특허권의 취소(법 107①, 114①, 116①)

(4) 특허거절결정에 관한 심판·특허의 무효심판·특허권의 존속기간 연장등록 무효심판·권리범위 확인심판·정정심판·정정의 무효심판·특허법 제138조 제1항 및 제3항의 규정에 의한 통상실시권 허여심판의 확정심결

(5) 재심의 확정심결

(6) 특허법원의 확정판결

(7) 대법원 판결

(8) 심판 또는 재심에 의한 명세서나 도면의 정정 또는 정정의 무효나 재심에 의한 정정의 회복

(9) 혼동으로 인한 전용실시권·통상실시권 또는 질권의 소멸

(10) 권리의 이전등록시 등록의무자의 주소의 변경(그 권리이전등록신청시 제출한 읍·면·동 또는 등기관련 기관의 장이 증명하는 서면에 의하여 등록의무자의 특허등록원부상의 주소가 권리이전등록신청서상의 주소로 변경된 사실을 확인할 수 있는 경우에 한한다)

2. 직권에 의한 예고등록

특허청장은 다음의 1의 경우에 대한 신청·청구·소의 제기 또는 상고가 있는 때에는 직권으로 그 예고등록을 하여야 한다. 다만 (4) 내지 (6)의 경우에 대한 청구·소의 제기 또는 상고에 대한 예고등록은 특허심판원장의 통지가 있는 경우에 한한다(동령 23).

(1) 특허권의 수용·실시의 신청이 있는 경우

(2) 통상실시권 설정의 재정신청, 재정의 취소신청 및 특허권의 취소신청이 있는 경우
(3) 특허거절결정 또는 특허취소결정 등에 대한 심판, 특허의 무효심판, 특허권의 존속기간연장등록무효심판, 권리범위확인심판, 정정심판, 정정의 무효심판, 특허법 제138조 제1항 및 제3항의 규정에 의한 통상실시권허여의 심판의 청구가 있는 경우
(4) 재심의 청구가 있는 경우
(5) 특허법원에의 소가 있는 경우
(6) 대법원에의 상고가 있는 경우

Ⅲ. 촉탁등록

1. 서 론

"촉탁등록"이라 함은 다른 관청 또는 공공기관의 등록의뢰에 의하여 특허원부에 등재하는 것으로서 법원으로부터의 촉탁에 의한 것이 대부분이다. 촉탁에 의한 등록으로서는 특허권 등의 처분의 제한 등의 등록촉탁, 예고등록의 촉탁, 특허신탁원부에의 등록촉탁, 신탁재산관리방법의 변경으로 인한 등록촉탁 등이 있다.

2. 특허권 등의 처분의 제한 등의 등록촉탁

(1) 법원은 특허권 또는 그 특허에 관한 권리에 관하여 처분을 제한하거나 그 제한을 해제한 경우에는 촉탁서에 재판의 등본을 첨부하여 처분의 제한의 등록 또는 그 등록의 말소를 특허청장에게 촉탁하는 것으로 한다(동령 20①).
(2) 위 (1)의 경우에 필요한 때에는 법원은 등록명의인의 표시의 변경이나 경정 또는 상속·회사의 합병 등 일반승계에 의한 권리의 이전의 등록을 특허청장에게 촉탁하는 것으로 한다(동령 20②).

3. 예고등록의 촉탁

법원은 등록의 원인의 무효나 취소로 인한 등록의 말소 또는 회복의 소가 제기

된 경우(다만 등록의 원인의 무효나 취소로써 선의의 제3자에 대항할 수 있는 경우에 한한다)에는 촉탁서에 소장의 등본 또는 초본을 첨부하여 그 예고등록을 특허청장에게 촉탁하는 것으로 한다(동령 22).

4. 특허신탁원부에의 등록촉탁

(1) 법원 또는 주무관청은 신탁관리인을 선임하거나 해임하는 경우에는 특허신탁원부에의 등록을 특허청장에게 촉탁하는 것으로 한다(동령 59①).

(2) 위 (1)은 법원 또는 주무관청이 수탁자를 해임한 경우에 이를 준용한다(동령 59②).

5. 신탁재산관리방법의 변경으로 인한 등록촉탁

법원은 신탁재산의 관리의 방법을 변경하는 경우에는 특허신탁원부에의 등록을 특허청장에게 촉탁하는 것으로 하며, 이는 주무관청이 신탁의 조항을 변경한 경우에 이를 준용한다(동령 60①②).

Ⅳ. 가등록

1. 가등록사항

가등록은 ⅰ) 등록신청에 필요한 절차상의 요건이 구비되지 아니할 경우, ⅱ) 특허권·전용실시권 및 통상실시권과 이를 목적으로 하는 질권의 설정·이전·변경 또는 소멸에 관하여 청구권을 보전하고자 할 경우, ⅲ) 위 ⅱ)의 청구권이 시기부이거나 정지조건부인 경우 그 밖에 장래에 있어서 확정될 것인 경우에 한한다(동령 2).

2. 가등록사항에 대한 본등록의 순위

가등록을 한 사항에 대하여 본등록을 한 경우에 그 본등록의 순위는 가등록의 순위에 의한다(동령 7).

3. 가등록의 방법

가등록은 등록원부의 당해 권리자란 중 사항란에 이를 기재하여야 한다(동령시행규칙 49).

4. 가등록 후의 본등록 등

가등록을 한 후 본등록의 신청이 있을 때에는 가등록의 아래에 가등록의 순위번호와 동일한 순위번호로 그 등록을 하여야 한다. 본등록을 하기 전에 가등록의 말소신청이 있을 때에도 또한 같다(동령시행규칙 51).

Ⅴ. 예고등록

1. 예고등록사항

예고등록은 ⅰ) 등록의 원인의 무효나 취소로 인한 등록의 말소 또는 회복의 소가 제기된 경우, 다만 등록의 원인의 무효나 취소로써 선의의 제3자에 대항할 수 있는 경우에 한한다. ⅱ) 특허권의 수용·실시의 신청이 있는 경우, ⅲ) 통상실시권 설정의 재정신청, 재정의 취소신청 및 특허권의 취소신청이 있는 경우, ⅳ) 특허거절결정에 대한 심판·특허의 무효심판·특허권의 존속기간 연장등록의 무효심판·권리범위 확인심판·정정심판 정정의 무효심판·특허법 제138조 제1항 및 제3항의 규정에 의한 통상실시권 허여의 심판의 청구가 있는 경우, ⅴ) 재심의 청구가 있는 경우, ⅵ) 특허법원에의 소가 있는 경우, ⅶ) 대법원에의 상고가 있는 경우에 한한다(동령 3).

2. 예고등록의 방법

(1) 특허거절결정에 대한 심판·특허의 무효심판·특허권의 존속기간연장등록무효심판·권리범위확인심판·정정심판 및 정정의 무효심판청구, 재심의 청구, 심결에

대한 소 및 심판청구서나 재심청구서의 각하결정에 대한 소의 제기 및 특허법원의 판결에 대한 대법원에의 상고에 대하여 예고등록을 할 때에는 특허등록원부의 권리란 중 사항란에 i) 심판·재심청구·소의제기 또는 상고의 번호 및 연월일, ii) 심판·재심청구·소의 제기 또는 상고의 취지 및 청구인을 기재하여야 한다(동령시행규칙 33①).

(2) 특허권의 실시의 신청, 재정신청, 재정의 취소신청, 특허법 제138조 제1항 및 제3항의 규정에 의한 통상실시권허여의 신판청구에 대하여 예고등록을 할 경우에는 통상실시권자란 중 사항란에 특허권의 수용신청에 대하여 예고등록을 할 경우에는 특허권자란 중 사항란에 각각 그 신청 또는 청구의 취지와 그 연월일 및 신청인 또는 청구인을 기재하여야 한다(동령시행규칙 33②).

(3) 등록의 원인의 무효나 취소로 인한 등록의 말소 또는 회복의 소(등록의 원인의 무효나 취소로써 선의의 제3자에 대항할 수 있는 경우에 한한다)에 대하여 예고등록을 할 때에는 특허등록원부의 해당 권리자란 중 사항란에 당해 소가 제기된 취지·연월일 및 제소인을 기재하여야 한다(동령시행규칙 37).

Ⅵ. 부기등록

1. 부기등록사항

(1) 등록명의인의 표시변경 또는 경정, 질권의 이전, 일부가 말소된 등록의 회복의 등록은 부기에 의하여 한다(동령 4①).

(2) 특허권이외의 권리의 변경, 등록의 경정(등록명의인의 표시의 경정을 제외한다)의 등록은 등록상의 이해관계가 있는 제3자가 없는 경우 또는 등록신청서에 등록상의 이해관계가 있는 제3자의 승낙서 또는 그에 대항할 수 있는 재판의 등본을 첨부한 경우에 한하여 부기에 의하여 한다(동령 4②).

2. 부기등록의 순위

부기등록의 순위는 주등록의 순위에 의하고, 부기등록 상호간의 순위는 그 전후에 의한다.

Ⅶ. 그 밖의 등록

특허등록의 종류에는 위와 같은 것 외에도 신탁에 의한 등록과 판결 등에 의한 등록을 따로 구분하는 경우가 있다. 전자의 경우 "신탁"이라 함은 재산권의 이전 그 밖의 처분을 위하여 타인으로 하여금 일정한 목적에 따라 재산의 관리 또는 처분을 하는 것으로, ⅰ) 신탁의 등록은 신탁에 의한 특허권의 이전 또는 특허권 이외의 권리의 설정이나 이전의 등록의 신청과 동일한 신청서로 신청하여야 한다(동령 55①). 그러나 수익자 또는 위탁자가 수탁자에 대위하여 신탁의 등록을 신청하는 경우에는 예외이다. ⅱ) 위 ⅰ)의 경우는 신탁재산에 속하는 특허권 또는 그 특허에 관한 권리의 신탁의 등록을 신청하거나 신탁재산의 회복을 청구하는 경우에도 이를 준용한다(동령 55②).

이러한 신탁의 등록에 있어서는 수탁자를 등록권리자로 하고 위탁자를 등록의무자로 한다(동령 51).

또한 신탁재산에 속하는 특허권 또는 그 특허에 관한 권리가 이전에 의하여 신탁재산에 속하지 아니하게 된 경우의 신탁등록의 말소는 특허권 그 밖의 특허에 관한 권리의 이전등록의 신청과 동일한 신청서로 신청하여야 한다(동령 56①). 이는 신탁의 종료에 의하여 신탁재산에 속하는 특허권 그 밖의 특허에 관한 권리가 이전된 경우에도 준용한다(동령 56②).

후자와 같은 판결 또는 상속·회사의 합병 등 일반승계에 의한 등록에 있어서는 판결에 의한 등록은 승소한 등록권리자 또는 등록의무자만으로, 상속·회사합병 등 일반승계에 의한 등록은 등록권리자만으로 단독 신청할 수 있다(동령 16).

제3절 등록절차 등

Ⅰ. 등록신청 등

1. 신청당사자 적격

(1) 등록권리자

i) 특허결정·심결·판결을 받은 특허출원인, ii) 특허권이전(지분이전)등록의 경우 양수인, iii) 특허권 일부이전(지분일부이전)등록의 경우 양수인, iv) 전용실시권·통상실시권 설정등록의 경우 전용실시권자·통상실시권자, v) 질권설정등록의 경우 채권자, vi) 신탁에 의한 특허권의 이전, 전용실시권·통상실시권·질권의 설정이나 이전등록의 경우 수탁자 등은 당해 등록의 등록권리자 적격을 가진다.

(2) 등록의무자

i) 특허권 이전(지분이전)등록의 경우 양도인, ii) 특허권 일부이전(지분일부이전)등록의 경우 양도인, iii) 전용실시권 설정등록의 경우 특허권자, iv) 통상실시권 설정등록의 경우 특허권자 또는 전용실시권자, v) 질권설정등록의 경우 질권설정자, vi) 신탁에 의한 특허권의 이전, 전용실시권·통상실시권·질권의 설정이나 이전등록의 경우 위탁자 등은 당해 등록의 등록의무자 적격을 갖는다.

2. 등록신청의 유형

(1) 등록권리자·등록의무자 공동신청

i) 특허권 전부이전(지분전부이전)등록신청, ii) 특허권 일부이전(지분일부이전)등록신청, iii) 전용실시권·통상실시권 설정등록신청, iv) 질권의 설정 또는 변경등록신청, v) 실시권의 변경등록신청, vi) 계약해제의 경우의 말소등록신청, vii) 신탁에 의한 특허권의 이전, 전용실시권·통상실시권·질권설정이나 이전등록신청,

즉 특허권 또는 그 특허에 관한 권리의 신탁등록신청, viii) 특허등록령시행규칙 제10조의 4에 의한 서류반환요청, ix) 등록재신청 등은 특허법령에 특별한 규정이 있는 경우를 제외하고는 등록권리자 및 등록의무자가 공동으로 신청하여야 한다(특허등록령 15①).

(2) 등록권리자·등록의무자 중 일방신청

판결에 의한 등록은 승소한 등록권리자 또는 등록의무자 중 어느 한쪽만으로 이를 신청할 수 있다(동령 16).

(3) 등록권리자 단독신청

i) 위 (1)의 i) 내지 ix)의 경우의 등록신청서에 등록의무자의 승낙서를 첨부한 경우의 등록신청, ii) 상속·회사합병 그 밖의 일반승계에 의한 경우의 등록신청, iii) 계약해제가 아닌 경우의 말소등록신청, iv) 멸실된 특허원부의 회복의 등록신청, v) 특허권 이외의 권리자의 사망으로 인한 등록말소신청(동령 46), vi) 등록의무자의 소재불명의 경우의 등록말소신청(동령 47②), vii) 등록의무자의 소재불명의 경우의 등록말소신청서에 채권증서 또는 원본의 영수증 및 등록된 채무의 변제증서를 첨부한 경우의 질권에 관한 등록의 말소신청(동령 47③), viii) 신탁재산에 속하는 특허권 또는 그 특허에 관한 권리의 신탁등록신청(동령 52①), ix) 신탁재산의 회복청구(동령 52②), x) 특허등록령 제53조 제1항 각호의 사항의 변경에 관한 특허신탁원부에의 등록신청은 등록권리자만으로 신청한다.

(4) 등록의무자 단독신청

계약해제의 경우의 말소등록신청, 특허권 그 밖의 특허에 관한 권리의 포기로 인한 등록말소신청

(5) 가등록권리자 단독신청

가등록의 경우 신청서에 가처분명령의 정본을 첨부하면 가등록권리자만으로 등록을 신청할 수 있다(동령 19).

(6) 등록명의인 단독신청

i) 등록명의인의 표시변경이나 경정의 등록신청, ii) 특허권 그 밖의 특허에

관한 권리의 포기로 인한 등록말소신청

(7) 가등록명의인 단독신청

가등록의 말소신청은 가등록명의인만으로 신청할 수 있다(동령 48①).

(8) 가등록 이해관계인 단독신청

가등록말소의 경우 신청서에 가등록명의인의 승낙서 또는 재판의 등본을 첨부한 경우에는 등록상의 이해관계가 있는 자만으로 가등록의 말소를 신청할 수 있다(동령 48②).

(9) 신수탁자·다른 수탁자 중 일방신청

수탁의 임무가 사망·파산·금치산·한정치산 또는 법원이나 주무관청의 해임명령에 의하여 종료한 경우 수탁자의 변경으로 인한 이전등록은 신수탁자 또는 다른 수탁자만으로 신청할 수 있다. 수탁자인 법인의 임무가 그 해산으로 인하여 종료한 경우에도 또한 같다(동령 58).

3. 등록신청의 방식

(1) 개 요

특허등록의 신청은 법정기재사항을 기재(동령 24②)한 소정의 신청서(동령 24①, 동령규칙 10① 내지 ⑥)에 기명날인(동령 24②)하고 일정한 서류를 첨부한다(동령 26①④⑤). 그리고 소정의 등록료와 필요한 등록세를 납부한다. 이 경우 등록세는 등록료와 일괄하여 납부하거나 분리하여 납부할 수 있다.

(2) 신청서 및 첨부서류

1) 신청서

위의 1, 2의 등록사항에 관하여 등록을 받고자 하는 자(이하 "신청인"이라 한다)는 1건마다 i) 등록명의인의 표시변경·경정등록신청서, ii) 특허권·전용실시권·통상실시권 또는 질권의 전부 또는 그 권리의 지분 전부의 이전등록신청서, 그 권리의 일부 또는 지분일부의 이전등록 신청서, iii) 전용실시권 설정등록 신청서, iv) 통상실시권 설정등록 신청서, v) 질권 설정등록 신청서, vi) 질권 변경등록 신청서, vii) 실시권 변경등록 신청서, viii) 권리의 포기·사망·등록의무자의 소재불명·가등록명의인의 등록말소에 대한 승낙·채권변제 또는 계약해제 등에 의한 특허권 그 밖의 특허에 관한 권리의 말소등록 신청서, ix) 특허권 그 밖의 특허에 관한 권리의 신탁등록 신청서, x) 등록회복등록 신청서, xi) 불수리이유를 통지받은 등록신청에 대하여 그 흠결을 보완하여 재신청(1회에 한한다)하는 경우에서의 등록재신청서, xii) 설정특허료 납부서, xiii) 연차특허료 납부서, xiv) 특허료 보전서, xv) 가등록 신청서에 다음의 사항을 기재하고 기명·날인하여 특허청장에게 제출하여야 한다(동령 24, 동령규칙 10① 내지⑥).

① 특허번호
② 등록의 목적이 특허권이외의 권리에 관한 것인 경우에는 그 권리의 표시
③ 신청인의 성명·주소(법인인 경우 그 명칭·영업소의 소재지)
④ 신청인의 대리인이 있는 경우에는 그 대리인의 성명 및 주소나 영업소의 소재지(대리인이 특허법인인 경우 그 명칭, 사무소의 소재지 및 지정된 변리사의 성명)
⑤ 등록권리자가 외국인인 경우 그 국적
⑥ 등록의 원인
⑦ 등록의 목적
⑧ 그 밖의 다른 규정에 의하여 기재할 사항

위의 신청은 하나의 특허권 또는 그 특허에 관한 권리의 등록신청이고 2이상의 특허권 또는 그 특허에 관한 권리의 등록은 등록원인 및 목적이 동일한 경우에 한하여 동일한 신청서로 신청할 수 있는 병합신청을 할 수 있다(동령 25). 병합절차에 관한 자세한 설명은 후술하는 Ⅰ. 1. (5)를 참고하기 바란다.

2) 신청에 필요한 첨부서류

① 위 1)의 신청서에는 다음의 1에 해당하는 서류를 첨부하여야 한다(동령 26①).
  i. 등록원인을 증명하는 서류
  ii. 등록원인에 대하여 제3자의 허가·인가·동의 또는 승낙을 필요로 할 경우에는 그 허가·인가·동의 또는 승낙을 받았음을 증명하는 서류
  iii. 대리인에 의하여 등록을 신청하는 경우에는 그 대리권을 증명하는 서류
  iv. 그 밖의 다른 규정에 의하여 첨부할 서류

② 위 i의 서류가 집행력 있는 판결인 경우에는 ii의 서류의 첨부를 요하지

아니한다(동령 26②).

③ 위 ⅱ의 서류를 필요로 할 경우에는 그 제3자로 하여금 신청서에 기명날인하게 함으로써 그 서류의 첨부에 갈음할 수 있다(동령 26③).

④ 위 ①의 ⅰ 내지 ⅳ에 불구하고 등록의 원인이 특허권 그밖에 특허에 관한 권리를 포기하는 것인 경우에는 위의 신청서에 다음의 서류를 첨부하여야 한다(동령 26④ 각호).

ⅰ. 위 ①의 ⅰ 내지 ⅳ에 의한 서류

ⅱ. 신청인이 외국인인 경우에는 그 국적증명서

ⅲ. 신청인이 법인인 경우에는 법인임을 증명하는 서류

ⅳ. 신청인의 인감증명서(작성 후 6월 이내의 것이어야 하며, 인감증명제도가 없는 외국인인 경우에는 이에 준하는 증명서)

⑤ 등록원인이 특허등록령 제34조 제1항 및 제3항의 규정에 따라 불수리이유를 통지받은 등록신청에 대하여 그 흠결을 보완하여 재신청하는 것인 경우에는 위의 ①의 ⅰ 내지 ⅳ의 첨부서류에 불구하고 위 1)의 신청에 다음과 같은 서류를 첨부하여 신청할 수 있다(동령 26⑤).

ⅰ. 등록의 원인에 대하여 제3자의 허가·인가·동의 또는 승낙을 필요로 할 경우에는 그 허가·인가·동의 또는 승낙을 받았음을 증명하는 서류

ⅱ. 대리인에 의하여 등록을 신청하는 경우에는 그 대리권을 증명하는 서류

ⅲ. 보완서류

(3) 신청서에의 특수사항 기재 등

1) 특수사항의 기재

① 권리의 소멸에 관한 사항의 기재

등록의 원인에 등록의 목적인 권리의 소멸에 관한 사항을 정하고 있는 경우에는 신청서에 그 사항을 기재할 수 있다(동령 28).

② 지분 등의 기재

ⅰ. 등록권리자가 2인 이상인 경우에 등록의 원인에 지분에 관한 사항을 정하고 있는 때에는 신청서에 그 지분을 기재할 수 있다. 특허권 또는 그 특허에 관한 권리의 일부 이전의 등록을 신청하는 경우에도 또한 같다(동령 29①).

ⅱ. 등록권리자가 2인 이상인 경우에 특허법 제99조 제3항(같은 법 제100조 제5항에서 준용하는 경우를 포함한다)의 규정(특허권이 공유인 경우에는 각 공유자는 계

약으로 특별히 약정, 법 99③ 전단)에 의한 약정 또는 민법 제268조 제1항 단서의 규정(공유자는 공유물을 5년 내의 기간으로 분할하지 아니할 것을 약정할 수 있다)에 의한 약정이 있을 때에는 신청서에 이를 기재할 수 있다(동령 29②).

2) 특수사항 신청에 관한 첨부서류

① 채권자의 대위

채권자는 민법 제404조의 규정(채권자는 자기의 채권을 보전하기 위하여 채무자의 권리를 행사할 수 있다. 민법 404① 전단)에 의하여 채무자에 대위하여 등록을 신청하는 경우에는 신청서에 ⅰ) 채권자 및 채무자의 성명·주소(법인인 경우 그 명칭·영업소의 소재지), ⅱ) 대위의 원인을 기재하고 그 대위의 원인을 증명하는 서류를 첨부하여야 한다(동령 27 각호).

② 말소한 등록의 회복

말소한 등록의 회복을 신청하는 경우에 등록상의 이해관계가 있는 제3자가 있는 때에는 신청서에 그 승낙서 또는 그에 대항할 수 있는 재판의 등본을 첨부하여야 한다(동령 30).

③ 호적등본의 첨부

등록의 원인이 상속·회사합병 등 일반승계인 경우나 신청인이 등록권리자 또는 등록의무자의 상속인·회사합병 등 일반승계인인 경우에는 신청인은 신청서에 호적등본이나 초본 그 밖의 당해 사실을 증명할 수 있는 서류를 첨부하여야 한다. 그러나 "전자정부구현을 위한 행정업무 등의 전자화 촉진에 관한 법률" 제21조 제1항의 규정에 의한 행정정보의 공동이용을 통하여 첨부서류에 대한 정보를 확인할 수 있는 경우에는 그 확인으로 첨부서류를 갈음할 수 있다(동령 31 가호).

(4) 특허청장이 제출을 명하는 서류

1) 제출명령의 서류

특허청장은 위의 신청서 및 첨부서류를 검토한 결과 신청인에 대한 구체적인 확인이 필요하다고 인정되는 때에는 기간을 정하여 ⅰ) 신청인의 호적등·초본, 주민등록표등·초본(외국인인 경우 국적증명서) 그밖에 신청인을 확인할 수 있는 서류, ⅱ) 신청인이 법인인 경우 법인임을 증명하는 서류, ⅲ) 신청인의 인감증명서

(작성 후 6월 이내의 것이어야 하며, 인감증명제도가 없는 외국인인 경우 이에 준하는 증명서)의 제출을 명할 수 있다(동령 31의 2①).

특허청장은 위와 같은 서류의 제출을 명할 때에는 그 이유를 통지하고 기간을 정하여 소명할 수 있는 기회를 주어야 한다(동령 31의 2②).

2) 서류제출서

서류제출명령을 받은 자는 소정의 서류제출서(동령시행규칙 별지 제24호 서식)에 지정받은 서류를 첨부하여 특허청장에게 제출하여야 한다. 그러나 위의 소명기간 내에 소정의 소명서(동령시행규칙 별지 제25호 서식)를 제출하여 특허청장이 신청인에 대하여 확인을 한 경우에는 예외이다(동령시행규칙 10의 3).

3) 소명서 제출

특허청장으로부터 서류제출명령을 받은 자가 소명서를 제출하고자 할 때에는 소정의 소명서(동령시행규칙 별지 제25호 서식)를 특허청장에게 제출하여야 한다(동령시행규칙 10의 4).

(5) 첨부서류 등의 생략

1) 동시에 2이상의 신청서에 의하여 등록을 신청하는 경우에 각 신청서에 첨부할 서류의 내용이 동일한 때에는 하나의 신청서에 이를 첨부하고 다른 신청서에는 그 뜻을 기재하여 당해 서류의 첨부를 생략할 수 있다(동령 32①).
2) 신청서에 첨부할 서류를 이미 다른 사건에 관하여 특허청장에게 제출한 자는 그 사항에 변경이 없는 경우에는 신청서에 그 뜻을 기재하고 당해서류의 첨부를 생략할 수 있다. 다만 특허청장은 특히 필요하다고 인정할 때에는 당해서류의 제출을 명할 수 있다(동령 32②).
3) 2이상의 사건에 관하여 제출명령을 받은 서류의 내용이 동일한 때에는 위의 1) 및 2)에 따라 당해서류의 첨부를 생략하거나 예외적으로 특히 필요하다고 인정된 경우 당해서류의 제출을 명할 수 있다(동령 32③).

(6) 병합신청

1) 출원인 정보변경(경정)신고 및 등록명의인 표시변경(경정)등록신청서

표시변경·경정등록신청을 하고자 하는 등록명의인(특허권자에 한한다)과 특허법시행규칙 제9조 제3항의 규정에 의한 특허출원인 정보변경·경정신고를 하고자 하는 특허출원인이 동일인이고 그 변경 또는 경정하고자 하는 내용이 동일한 경우에는 당해 표시변경·경정등록신청과 특허출원인 정보변경·경정신고를 함께 할 수 있다.

이 경우 당해 신청 및 신고를 함께 하고자 하는 자는 소정의 출원인 정보변경(경정)신고 및 등록명의인 표시변경(경정)등록신청서(동령시행규칙 별지 제21호 서식)를 특허청장에게 제출하여야 한다(동령시행규칙 10의 2①).

2) 출원인 변경신고 및 특허권 전부이전(지분 전부이전) 등록신청서

특허권의 등록의무자 및 등록권리자와 특허를 받을 수 있는 권리의 양도인 및 양수인이 각각 동일한 경우에는 특허권의 이전등록신청(2이상의 특허권의 이전등록신청인 경우에는 등록의 원인 및 목적이 동일한 경우에 한한다)과 특허출원인 명의변경신고를 함께 할 수 있다.

이 경우 당해 신청과 신고를 함께 하고자 하는 자는 다음 각호의 구분에 따른 신청서를 특허청장에게 제출하여야 한다(동령시행규칙 10의 2② 각호).

① 특허출원인 변경신고 및 특허권의 전부 또는 지분전부의 이전등록을 함께 신청하고자 하는 자는 소정의 출원인 변경신고 및 특허권 전부이전(지분전부이전)등록신청서(동령시행규칙 별지 제22호 서식)

② 특허출원인 변경신고 및 특허권의 일부 또는 지분일부의 이전등록을 함께 신청하고자 하는 자는 소정의 출원인변경신고 및 특허권일부이전(지분일부이전)등록신청서(동령시행규칙 별지 제23호 서식)

Ⅱ. 특허료·등록료·등록세납부 등

1. 특허료의 납부·보전·면제 및 감면

(1) 특허료의 납부

1) 서 론

특허권의 설정등록을 받고자 하는 자는 소정의 설정특허료납부서(특허등록령시행규칙 별지 제20호 서식)를 [특허결정시 특허청장이 부여한 납부자 번호(이하 “지정납부자번호"라 한다)로 특허료를 납부하는 경우에는 설정특허료납부서의 제출을 요하지 아니한다(동령규칙 10③)], 제4년분부터의 특허료를 납부하고자하는 자는 소정의 연차특허료납부서(동령규칙 별지 제20호의 2서식)를, 특허료를 보전하고자 하는 자는 소정의 특허료보전서(동령규칙 별지 제20호의 3서식)를 특허청장에게 제출하여야 한다(동령규칙 10③, 10④, 10⑤).

2) 의의 및 성질

특허료의 납부는 특허에 관한 권리를 설정 또는 존속시키기 위한 등록의 요건이다. 따라서 아무리 특허결정 또는 특허심결이 된 특허출원이라 하더라도 소정의 특허료를 납부하지 아니하면 등록을 받을 수 없으므로 특허에 관한 권리는 발생하지 아니하고 그 특허출원은 포기한 것으로 간주되며 제4년분부터의 연차특허료를 납부하지 않을 경우에는 그 특허권은 소멸된다. 이러한 특허에 관한 등록에서 납부하여야 할 특허료에 대해서는 조세설, 독점대가설, 공익보호설 등으로 나누어져 있으나 특허료는 조세와 같이 수익에 대한 강제징수방법이 동원된 것과는 다르므로 조세와는 다르고 또 특허료는 부여된 권리의 경제적, 재산적 가치하고도 아무런 관계없이 정해지므로 대가와도 다르다.

또한 특허료의 납부는 국가가 독점배타권을 부여한 데 대한 조건이므로 특수한 납부금으로서 여러 가지 정책적 이유를 가미한 수수료의 성격에 가깝다고 볼 수 있다.

3) 납부할 수 있는 자

특허료를 납부하여야 할 자는 특허권의 설정등록을 받으려는 자, 즉 특허결정 또는 그 심결의 등본을 송달받은 출원인 또는 특허권자이나 그 이해관계인도 납부할 수 있다(법 79①, 80①). 특허료를 이해관계인이 납부한 경우에는 납부하여야 할 자가 현재 이익을 얻은 한도 내에서 그 비용의 상환을 청구할 수 있다(법 80②).

여기에서 '이해관계인'이라 함은 i) 당해 출원이 등록될 경우 일부이전이나 전용실시권 또는 통상실시권 허여를 조건으로 출원절차에 소요되는 일체의 비용을 부담한 자, ii) 당해 발명과 관련하여 자금 등을 지원한 자, iii) 출원인 또는 특허권자와 당해 발명관련 영업에 공동출자하기로 약정되어 있는 자, iv) 당해 발명에 대한 생산계약을 한 후 생산설비 등에 투자를 하거나 준비 중에 있는 자, v) 당해 발명에 대한 독점공급계약을 체결하고 전국 일원에 유통망을 구축하고 있거나 그 준비 중에 있는 자, vi) 당해 발명에 대한 전국총판계약을 약정하고 판매대리점 모집을 하고 있거나 하려고 준비 중에 있는 자 등을 말한다.

따라서 이해관계인의 특허료의 납부는 이와 같이 당해 발명과 이해관계가 있기 때문에 이들을 보호하는 측면도 고려하여 당해 특허료를 납부하여야 할 자의 의사에 불구하고 특허료를 납부할 수 있도록 하여 특허권을 출현, 존속시키려는 것이다.

4) 특허료의 납부 등

① 특허료의 납부 및 납부기간

ⅰ. 설정특허료의 납부 및 납부기간

특허권의 설정등록을 받으려는 자의 특허권의 설정등록은 특허결정 또는 특허심결의 등본을 받은 날부터 3월 이내에 설정등록을 받으려는 날(이하 "설정등록일"이라 한다)부터 3년분의 특허료(이하 "최초 3년분 특허료"라 한다)를 일시에 납부하거나(법 79①③, 특허료 등 징수규칙 8⑤ 전단) 이 기간이 경과된 후에도 그 기간이 경과된 날부터 6개월 이내에 최초 3년분 특허료의 2배에 상당하는 금액을 납부하거나(동징수규칙 8⑥) 또는 최초 3년분의 특허료의 면제 및 감면받은 때에 할 수 있다(법 83①②, 동징수규칙 7①②).

ⅱ. 연차특허료의 납부 및 납부기간

특허권자 또는 그 이해관계인은 납부하여야 할 자의 의사에 불구하고 제4년분부터의 특허료를 해당 특허권의 설정등록일에 해당하는 날을 기준으로 하여 매년 1년분씩 그 전년도에 납부하여야 한다. 다만, 그 납부기간 내에 납부하지 아니한 때에는 그 납부기간이 경과된 날부터 6개월 이내에 당해 특허료의 2배에 상당하는 금액을 납부하여야 한다. 제4년분부터의 연차특허료의 납부는 위와 같이 매년 1년분씩 납부하여야 하나 이에 불구하고 그 납부연차순서에 따른 수 년분 또는 모든 연차분을 함께하여 납부할 수 있다(법 79①②, 80①).

이 경우 납부 후에 특허료의 금액이 변경된 때에도 변경된 특허료를 납부한 것으로 간주한다(동징수규칙 8⑪).

② 특허료의 납부방법 등

ⅰ. 납부기간 등

특허권의 설정특허료는 최초 3년분을 특허결정 또는 특허심결의 등본을 받은 날부터 3월 이내의 납부기간 이내에 특허결정시 특허청장이 부여한 납부자번호로 납부하거나 접수번호를 부여받은 날의 다음날까지 납부하여야 한다(동징수규칙 8①2).

ii. 납부방법

(i) 전자적 수단 등으로 납부

특허료의 납부는 인터넷 지로 등 정보통신망을 이용한 전자적 수단으로 납부하거나 소정의 납입영수증(납부자용)·영수증필 통지서(특허청통보용)·징수결정전 납입납부서(수납은행용 또는 한국은행용)(동징수규칙 별지 제1호 서식)에 기재사항을 기재하여 현금으로 납부하여야 한다.

이 경우 특허청장은 정보통신망을 이용한 전자적 수단으로 납부한 자에 대하여는 소정의 납입영수증(동징수규칙 별지 제2호 서식)을 발급할 수 있다(동징수규칙 8⑫).

(ii) 우편서류에 통상환 동봉제출

우편으로 특허료를 납부하여야 하는 서류를 제출하는 경우에는 통상환을 동봉하여 제출하여야 한다(동징수규칙 8⑬).

위와 같이 특허료의 납부를 i) 인터넷 지로 등 정보통신망을 이용한 전자적 수단으로 납부하거나, ii) 소정의 서식(특허료 등의 징수규칙 8⑫, 별지 제1호 서식)에 기재사항을 기재하여 현금으로 납부하거나, iii) 우편으로 특허료를 납부하여야 하는 서류를 제출하는 경우에는 특허결정시 특허청장이 부여한 납부자번호(이하 "지정납부자번호"라 한다)로 특허료를 납부한 경우를 제외하고는 소정의 설정특허료납부서(동령규칙 별지 제20호 서식) 및 연차특허료납부서(동령규칙 별지 제20호의 2 서식)를 특허청장에게 제출하여야 한다(동령규칙 10③).

(2) 특허료의 추납 및 보전

1) 특허료의 추납 등

특허권의 설정등록을 받고자 하는 자 또는 특허권자는 특허료 최초 3년분을 특허결정 또는 그 심결의 등본을 받은 날부터 3월 이내에 일시에 납부하여야 하고, 제4년분부터의 특허료를 당해 권리의 설정등록일을 기준으로 하여 매년 1년분씩 그 전년도(이하 "납부기간"이라 한다)에 납부하여야 한다. 그러나 그 납부기간이 경과한 후에도 6개월 이내(이하 "추납기간"이라 한다)에 특허료를 추가 납부(이하 "추납"이라 한다)할 수 있다. 특허료를 추납할 때에는 납부하여야 할 특허료 2배 이내의 금액을 납부하여야 한다(법 79①②, 81①②, 동징수규칙 8⑤⑥⑧).

특허권의 설정등록을 받고자 하는 자 또는 특허권자가 추납기간 6개월 이내에 특허료를 납부하지 아니한 때(추납기간이 만료되더라도 특허료의 보전명령을 받은 자는 그 보전명령을 받은 날부터 1월 이내의 보전기간이 만료되지 아니한 경우에는 그 보전기간 이내에 보전하지 아니한 때를 말한다)에는 특허권의 설정등록을 받고자 하는 자의 특허출원은 포기한 것으로 보며 특허권자의 특허권은 납부된 특허료에 해당되는 기간이 만료되는 날의 다음 날로 소급하여 그 특허권이 소멸된 것으로 본다(법 81③).

2) 특허료의 보전

특허권의 설정등록을 받으려는 자 또는 특허권자가 특허법 제79조 제3항에 따른 특허료의 납부기간 또는 제81조 제1항에 따른 6개월 이내의 특허료의 추납기간이내에 특허료의 일부를 납부하지 아니한 경우에 특허료의 보전을 명하여야 하고(법 81의 2①) 보전명령을 받은 자는 그 보전명령을 받은 날부터 1월 이내에 특허료를 보전할 수 있다(법 81의 2②). 특허료를 보전하는 자는 ⅰ) 특허료를 특허법 제79조 제3항에 따른 특허료의 납부기간을 경과하여 보전하는 경우, ⅱ) 특허료를 위 같은 법 제81조 제1항에 따른 특허료의 추납기간을 경과하여 보전하는 경우, ⅰ), ⅱ) 중 그 어느 하나에 해당하는 경우에는 납부하지 아니한 금액의 2배 이내의 범위에서 지식경제부령으로 정한 소정의 금액을 납부하여야 한다(법 81의 2③, 동징수규칙 8⑨).

3) 특허료의 추납·보전에 의한 특허출원 및 특허권의 회복 등

① 특허료의 추납·보전

ⅰ. 특허권의 설정등록을 받고자 하는 자 또는 특허권자가 책임질 수 없는 사유로 인하여 추납기간이내에 특허료를 납부하지 아니하였거나 보전기간이내에 보전하지 아니한 경우에는 그 사유가 종료한 날부터 14일 이내에 그 특허료를 납부하거나 보전할 수 있다. 다만, 추납기간의 만료일 또는 보전기간의 만료일 중 늦은 날부터 6월이 경과한 때에는 그러하지 아니하다(법 81의 3①).

ⅱ. 위 14일 이내에 특허료를 납부하거나 보전한 자는 그 특허출원을 포기하지 아니한 것으로 보며, 그 특허권은 계속하여 존속하고 있었던 것으로 본다(법 81의3②).

② 특허출원·특허권의 회복

ⅰ. 특허료를 납부하거나 보전한 자가 추납기간 이내에 특허료를 납부하지 아니하였거나 보전기간 이내에 보전하지 아니하여 실시중인 특허발명의 특허권이

소멸한 경우 그 특허권자는 추납기간 또는 보전기간 만료일부터 3개월 이내에 특허료의 3배를 납부하고 그 소멸한 권리의 회복을 신청할 수 있다. 이 경우 그 특허권은 계속하여 존속하고 있었던 것으로 본다(법 81의 3③).

③ 특허권효력의 제한

위 ①의 ⅱ 또는 ②에 따른 특허출원 또는 특허권의 효력은 특허료 추납기간이 경과한 날부터 납부하거나 보전한 날까지의 기간(이하 이 항에서 "효력제한기간"이라 한다) 중에 다른 사람이 특허발명을 실시한 행위에 대하여는 그 효력이 미치지 아니한다(법 81의 3④).

④ 효력제한기간 중 선의의 발명실시자의 통상실시권

위 효력제한기간 중 국내에서 선의로 위 ①의 ⅱ 또는 ②와 같은 특허출원된 발명 또는 특허권에 대하여 그 발명의 실시사업을 하거나 그 사업의 준비를 하고 있는 자는 그 실시 또는 준비를 하고 있는 발명 또는 사업의 목적의 범위 안에서 그 특허출원된 발명에 대한 특허권에 대하여 통상실시권을 가진다(법 81의 3⑤). 그리고 통상실시권을 가진 자는 특허권자 또는 전용실시권자에게 상당한 대가를 지급하여야 한다(법 81의 3⑥).

여기에서 "상당한 대가"라 함은 특허발명의 실시에 대한 대가를 의미하며, 통상 특허발명에 대한 실시료[(로얄티), 매출액의 10%~20% 정도]의 상당액을 말한다.

(3) 특허권의 설정특허료의 면제 및 감면

1) 면 제

① 면제대상

앞 Ⅳ. 2. (1) 2) "① 설정특허료의 면제"에서 이미 설명한 바와 같이 다음의 하나에 해당하는 자가 특허권의 설정등록을 하는 경우에는 연간 10건(반려되거나 1개월 이내에 취하 또는 포기된 것을 제외한다)에 한하여 최초 3년분의 특허료가 면제된다(법 83①②, 특허료 등 징수규칙 7①).

ⅰ. 국민기초생활보장법 제2조 제2호에 따른 수급자

ⅱ. 다음의 어느 하나에 해당하는 자

(ⅰ) 국가유공자 등 예우 및 지원에 관한 법률 제4조 및 제5조에 따른 국가유공자와 그 유족 및 가족

(ii) 5.18 민주유공자 예우에 관한 법률 제4조 및 제5조에 따른 5.18 민주유공자와 유족 및 가족

(iii) 고엽제 후유의증환자 지원 등에 관한 법률 제4조에 따라 등록된 고엽제 후유의증환자 및 고엽제 후유의증 2세 환자

(iv) 특수임무수행자 지원 및 단체설립에 관한 법률 제3조 및 제4조에 따른 특수임무수행자와 유족 등

iii. 장애인복지법 제32조 제1항에 따라 등록된 장애인

iv. 초·중등교육법 제2조 및 고등교육법 제2조에 따른 학교의 재학생(대학원의 재학생은 제외한다)

v. 기능대학법 제2조 제1호에 따른 기능대학의 재학생

vi. 만 19세 미만인 자

② 면제절차

특허권의 설정등록시 납부하여야 할 설정특허료를 면제받고자 하는 자는 특허권의 설정등록시 특허(등록)료 납부서(특허등록령시행규칙 별지 제20호 서식)에 면제사유와 면제대상 등을 기재하고 다음의 각 1의 구분에 따른 서류를 첨부하여 특허청장에게 제출한다. 다만, 위 ①의 ii, iii에 해당함을 증명하는 서류를 특허청장에게 이미 제출한 경우에는 그 서류의 제출을 생략할 수 있다(법 83③, 특허료 등 징수규칙 7④).

i. 위 ①의 i 부터 iii까지에 해당하는 경우 그 자격을 증명하는 서류 1통

ii. 위 ①의 iv 및 v에 해당하는 경우 재학증명서 1통

위 첨부하여야 하는 서류 중 전자정부법 제21조 제1항에 따른 행정정보의 공동이용을 통하여 담당공무원이 확인하도록 특허청장이 정하여 고시하는 서류는 첨부하지 아니할 수 있다. 다만, 신청인이 확인에 동의하지 아니하는 경우에는 해당 서류를 첨부하도록 하되 위 ①의 ii. (i) 또는 iii.에 해당함을 증명하는 서류는 특허청장에게 이미 제출한 경우에 한하여 첨부를 생략할 수 있다(동징수규칙 7⑤).

2) 감 면

① 감면대상 및 감면금액

앞 Ⅳ. 2. (1) 2) ② “설정특허료의 감면”에서 이미 설명한 바와 같이 다음의 어느 하나에 해당하는 자는 그 해당항에서 정하는 금액을 감면한다. 이 경우 100만원

미만의 금액은 감면액에 포함하지 아니한다(특허료 등 징수규칙 7②)

ⅰ. 개인(발명자와 출원인이 같은 경우만 해당한다. 이하 같다), 소기업 또는 기업의 경우에는 최소 3년분의 특허료의 100분의 70

ⅱ. 기술의 이전 및 사업화 촉진에 관한 법률 제2조 제6호에 따른 공공연구기관 또는 같은 법 제11조 제1항에 따른 전담조직(이하 "전담조직"이라 한다)의 경우에는 최초 3년분의 특허료의 100분의 50

② 감면절차

설정특허료의 감면을 받고자 하는 자는 특허권의 설정등록시의 특허(등록)료 납부서(특허등록령시행규칙 별지 제20호서식)에 감면사유와 감면대상 등을 기재하고, 위 ①의 ⅰ, ⅱ의 어느 하나의 감면대상에 해당하는 경우 그 사실을 증명하는 서류 1통을 첨부하여 특허청장에게 제출하여야 한다. 다만, 위 ①의 ⅰ, ⅱ에 해당하는 자로서 감면대상에 해당함을 증명하는 서류를 특허청장에게 이미 제출한 경우에는 그 서류의 첨부를 생략할 수 있다(동징수규칙 7④).

위 첨부하여야 할 서류 중 전자정부법 제21조 제1항에 따른 행정정보의 공동이용을 통하여 담당공무원이 확인하도록 특허청장이 정하여 고시하는 서류는 첨부하지 아니할 수 있다. 다만, 신청인이 확인에 동의하지 아니하는 경우에는 해당서류를 첨부하도록 할 수 있다(동징수규칙 7⑤).

3) 기납 면제분·감면분 반환신청서 제출

설정등록료 납부서에 위 1) ②, 2) ②에 따른 면제 또는 감면사유와 그 대상 등을 적지 아니하거나 이를 증명하는 서류를 첨부하지 아니한 이유 등으로 위 1) ①부터 2) ①까지에 따른 면제 또는 감면을 받지 못하고 납부한 자가 면제분 또는 감면분을 반환받으려는 경우에는 특허권 설정등록을 할 당시에 면제 또는 감면대상이었음을 증명하는 서류와 반환신청서를 그 반환의 대상이 되는 최초 3년분의 특허료를 납부한 날부터 5년 이내에 특허청장에게 제출하여야 한다(동징수규칙 7⑥).

(4) 특허권의 이전등록료의 감면

국공립학교 교직원이 발명하고 국공립학교 교직원, 국가 또는 지방자치단체가 소유하고 있는 특허권을 전담조직으로 이전하는 경우의 이전등록료는 면제되어 징수하지 아니한다(동징수규칙 7③).

2. 등록료의 납부 등

(1) 등록료의 납부대상

특허법상의 등록료에는 특허권의 이전등록료, 특허권의 실시권설정 또는 그 보존등록료, 특허권·특허권의 전용실시권 또는 통상실시권을 목적으로 하는 질권의 설정등록 또는 처분의 제한등록료, 실시권 또는 질권의 이전등록료, 등록사항의 경정·변경·취소·말소 또는 회복등록료, 가등록료, 신탁등록 또는 그 변경등록료 등이 있다.

(2) 등록료를 요하는 등록신청서류

등록료를 납부하여야 할 등록신청서류 등은 다음과 같다.

1) 등록명의인의 표시변경·경정등록신청서(동령규칙 별지 제7호 서식)
2) 특허권·전용실시권·통상실시권 또는 질권의 전부 또는 그 권리의 지분전부의 이전등록신청서(동령규칙 별지 제8호 서식)
3) 특허권·전용실시권·통상실시권 또는 질권의 일부 또는 지분일부의 이전등록신청서(동령규칙 별지 제9호 서식)
4) 전용실시권 설정등록신청서(동령규칙 별지 제10호 서식)
5) 통상실시권 설정등록신청서(동령규칙 별지 제11호 서식)
6) 질권설정등록신청서(동령규칙 별지 제12호 서식)
7) 질권변경등록신청서(동령규칙 별지 제12호의 2 서식)
8) 실시권변경등록신청서(동령규칙 별지 제13호 서식)
9) 권리의 포기, 사망, 등록의무자의 소재불명, 가등록명의인의 등록말소에 대한 승낙, 채권변제 또는 계약해제 등에 대한 특허권 그 밖의 특허에 관한 권리의 말소등록신청서(동령규칙 별지 제17호 서식)
10) 특허권 그 밖의 특허에 관한 권리, 즉 특허권·전용실시권·통상실시권·질권의 설정, 이전 및 신탁등록신청서(동령규칙 별지 제18호 서식)
11) 등록회복등록신청서(동령규칙 별지 제19호 서식)

(3) 등록료의 납부

1) 위 (2)의 1) 내지 11)의 등록신청에는 소정의 등록료(특허료 등의 징수규칙 2②

2 내지 8)를 납부하여야 하는바 그 납부방법은 당해 등록신청서류를 제출하여 접수번호를 부여받아 이를 납부자 번호로 하여 접수번호를 부여받은 날의 다음날까지 납부한다(동징수규칙 8① 본문).

2) 위 등록료의 납부일이 공휴일(토요휴무일을 포함한다)에 해당하는 경우에는 그 날이후의 첫 번째 근무일까지 납부하여야 한다(동징수규칙 8②).

3. 등록세의 납부

(1) 등록세의 납부대상

위 (2)의 2) 권리의 전부이전등록이나 권리의 지분전부이전등록 및 3) 권리의 일부이전등록이나 권리의 지분일부이전등록의 경우에는 등록료 외에 등록세도 납부하여야 한다(특허등록령시행규칙 별지 제8호 및 제9호 서식)

(2) 등록세의 납부방법

① 지방세법 제145조 및 제146조에 따른 등록세(지방세법 제260조의 3의 규정에 따른 지방교육세를 포함한다. 이하 같다)는 등록료와 일괄하여 납부하여야 한다(동징수규칙 8의 2 ①).

② 지방세법 제146조 제1호에 따른 등록세를 등록료와 함께 납부하고자 하는 자는 특허결정 또는 특허심결의 등본을 받은 날부터 2개월 이내에 특허결정시 특허청장이 부여한 납부자번호로 납부하거나 접수번호를 부여받아 이를 납부자번호로 하여 그 접수번호를 부여받은 날의 다음날까지 납부하여야 한다(동징수규칙 8의 2③ 전단).

위와 같이 등록세를 등록료와 일괄하여 납부한 때에는 등록세·등록료의 순서로 충당하고(동징수규칙 8의 2⑦) 특허청장은 등록세를 잘못 납부받은 때에는 이를 납부한 자에게 통지하여야 하며, 납부한 자의 청구에 따라 잘못 납부받은 등록세를 반환한다(동규칙 8의 2⑧).

③ 등록세를 납부하고자 하는 자는 인터넷지로 등 정보통신망을 이용한 전자적 수단으로 납부하거나 특허료 등 징수규칙 별지 제1호의 2 서식에 기재사항을 기재하여 현금으로 납부하여야 한다. 이 경우 특허청장은 정보통신망을 이용한 전자적 수단으로 납부한 자에 대하여는 소정의 납입영수증(특허료 등의 징수규칙 별지 제2호 서식)을 발급할 수 있다(동징수규칙 8의 2⑤).

④ 우편으로 등록세를 납부하여야 하는 서류를 제출하는 경우에는 통상환을 동

봉하여 제출하여야 한다(동징수규칙 8의 2⑥).

Ⅲ. 특허료 등의 반환

1. 반환할 수 있는 특허료 등

납부된 특허료는 원칙적으로 반환하지 아니한다. 그러나 다음의 어느 하나에 해당하는 경우에는 예외적으로 납부한 자의 청구에 의하여 반환한다(법 84① 각호).

(1) 잘못 납부된 특허료

(2) 특허를 무효로 한다는 심결이 확정된 연도의 다음 연도부터의 특허료 해당분

(3) 특허권의 존속기간의 연장등록을 무효로 한다는 심결이 확정된 연도의 다음 연도부터의 특허료 해당분

(4) 특허출원(분할출원, 변경출원 및 우선심사의 신청이 있는 특허출원을 제외한다) 후 1개월 이내에 해당특허출원을 취하하거나 포기한 경우에 이미 납부된 수수료 중 특허출원료 및 심사청구료

2. 반환청구인 적격

당해 특허료 등을 납부한 자이다. 즉 특허료 등을 납부한 자는 납부한 특허료 등이 위의 (1) 내지 (4)의 어느 하나에 해당함을 이유로 그 특허료 등의 반환을 청구할 수 있다.

3. 납부자에게 통지

특허청장은 위의 (1) 내지 (4)의 어느 하나에 해당하는 경우에는 이를 납부한 자에게 통지(법 84②)하여 특허료의 반환을 청구할 수 있도록 한다. 따라서 이 경우의 통지는 특허청장의 통지의무이고 납부자에게는 특허료의 반환청구권의 발생요건이기도 하다.

4. 반환의 요건

(1) 청구성

특허료 등의 반환은 납부한 자의 청구에 의해서만 이를 반환한다(법 84① 단서).

따라서 납부자의 청구 없이 특허청장이 위의 (1) 내지 (4)의 어느 하나에 해당함을 이유로 하여 임의로 반환을 할 수 없는 것이다.

(2) 기간성

위 (1) 내지 (4)의 어느 하나에 대한 특허료 등의 반환은 그 통지를 받은 날부터 3년을 경과한 때에는 그 특허료 등의 반환을 청구할 수 없다(법 84③). 이와 같이 특허료의 반한청구에 일정기간을 두는 것은 잘못 등에 의해 납부된 특허료 등과 같은 수납금은 일정기간 경과 후에는 국고로 편입되는 회계상의 문제가 있을 뿐만 아니라, 무제한 언제든지 반환할 수 있도록 할 경우 미결업무의 적치로 인하여 업무의 번잡성을 초래하고 또 행사하지 아니한 권리는 보호하지 아니한다는 법원리에 따라 일정기간 반환청구를 하지 아니한 특허료 등은 반환하지 아니하고 국고로 귀속시키기 때문이다.

5. 반환할 특허료 및 등록세의 납부사항 정정

특허법 제84조 및 특허료 등의 징수규칙 제8조의 2 제8항에 따라 반환을 청구할 수 있는 자는 납부일부터 1년 이내에 특허료·등록료 및 등록세 납부사항의 정정을 신청할 수 있다(동징수규칙 9).

Ⅳ. 등록의 절차

1. 특허권의 설정등록

(1) 설정등록의 요건

특허청장은 특허권의 설정등록을 받고자 하는 자(특허결정 또는 그 심결의 등본을 송달받은 특허출원인 또는 그 이해관계인)가 특허료를 납부한 때, 특허료를 추가납부한 때, 특허료를 보전한 때, 특허료를 납부하거나 보전한 때 또는 그 특허료가 면제된 때에는 특허권을 설정하기 위한 등록을 하여야 한다(법 87②).

설정특허료의 납부·추납·보전절차 등 및 감면에 대하여는 위에서 살펴본 Ⅱ. 1. (1) 내지 (4)를 참고하기 바란다.

(2) 설정등록의 절차

1) 설정특허료납부서 제출 등

특허권의 설정등록은 특허권의 설정등록을 받고자 하는 자로부터 제출된 소정의 특허(등록)료 납부서(특허등록령시행규칙 별지 제20호 서식)에 의한다. 다만 특허법 제81조의 3의 규정에 의하여 특허료의 추납에 의한 특허출원을 회복하고자 하는 경우에는 출원인이 책임질 수 없는 사유로 해태하였음을 증명하는 서류 1통을 첨부하여야 한다.

그러나 특허결정시 특허청장이 부여한 지정납부자번호로 특허료를 납부하는 경우에는 설정특허료 납부서를 제출하지 아니 한다(동령규칙 10③).

2) 설정특허료 납부서의 불수리

특허권의 설정특허료를 납부(특허료의 일부를 납부하지 아니한 경우를 포함한다)한 설정특허료납부서(지정납부자번호로 특허료를 납부하는 경우를 포함한다)가 다음의 어느 하나에 해당하는 경우에는 수리하지 아니한다. 다만, 납부서의 흠결이 보정될 수 있는 경우에 납부자가 그 납부서를 제출한 날에 이를 보정한 때에는 예외이다(동령 34②).

① 납부서의 기재사항이 등록할 것이 아닌 경우
② 납부서의 기재사항이 불명확하여 등록의 대상을 확인할 수 없는 경우
③ 특허료를 전부 납부하지 아니한 경우
④ 특허료의 보전명령을 받은 자가 그 보전명령을 받은 날부터 1개월 이내에 특허료를 보전하지 아니한 경우
⑤ 납부에 필요한 서류를 첨부하지 아니한 경우

위와 같이 설정특허료의 납부서를 수리하지 아니하고자 하는 때에는 그 납부자에게 그 이유를 통지하고 기간을 정하여 소명할 수 있는 기회를 주어야 한다(동령 34③).

3) 설정등록의 방법

특허청장은 특허청에 특허원부를 비치하고 특허권의 설정등록을 한다(법 85①). 즉 특허권의 설정등록은 특허등록원부에 다음의 사항을 기재하여 등록하고(동령규칙 24 각호) 그 특허등록사항을 특허공보에 게재하여 등록공고를 한다(법 87③).

① 특허번호란에는 특허번호
② 권리란 중 사항란에는 특허출원의 연월일·출원번호·등록공고의 연월일 및 공고번호·특허결정 또는 심결의 연월일, 특허청구범위의 항수, 분류기호 및 발명의 명칭 그 밖에 필요한 사항
③ 특허권자란 중 사항란에는 특허권자의 성명 및 주소(법인인 경우에는 그 명칭 및 영업소의 소재지)

2. 연차특허료납부에 의한 등록

특허권은 최초 3년분 특허료의 납부에 의한 설정등록에 의하여 발생되고 제4년분부터의 특허료의 납부에 의한 연차등록에 의하여 그 연차만큼 더 존속되어 유지되는 것이다. 따라서 특허권을 존속, 유지시키고자 하는 특허권자 또는 그 이해관계인이 연차특허료를 납부하면 특허청장은 이를 특허등록원부에 기재하여야 한다. 이로써 당해 특허권은 특허료를 납부한 연차만큼 늘어나 동록상의 특허에 관한 모든 권리는 그대로 유지됨은 물론 특허에 관한 설권적 형성행위의 원인이 되고 특허발명에 대한 독점산업의 우위를 지속하게 되는 것이다.

연차특허료의 납부기간, 납부방법 및 보전절차 등에 관한 일련의 절차에 관하여는 앞에서 살펴본 Ⅱ. 1. (1)(2) 특허료의 납부 및 보전 등을 참고하기 바란다.

3. 특허권의 변경등록 등 절차

(1) 등록신청서류의 제출 등

1) 신청등록의 경우

특허권의 변경등록 등의 신청은 등록권리자 및 등록의무자가 공동으로 신청하여야 한다. 다만 신청서에 등록의무자의 승낙서를 첨부한 경우에는 등록권리자만으로 신청할 수 있다. 그러나 특허법령에서 특별히 규정하고 있는 경우, 즉 i) 판결에 의한 등록은 승소한 등록권리자 또는 등록의무자만으로, ii) 상속·회사합병 그 밖의 일반승계에 의한 등록은 등록권리자만으로, iii) 등록명의인의 표시의 변경 또는 경정의 등록은 등록명의인만으로, iv) 가등록은 신청서에 가처분명령의 정본을 첨부한 경우에는 가등록권리자만으로, v) 멸실된 특허원부이 회복의 등록은 등록권리자만으로 신청할 수 있다.

2) 촉탁등록의 경우

① 특허권 또는 그 특허에 관한 권리에 관하여 처분을 제한하거나 그 제한을 해제한 경우 촉탁서에 재판의 등본을 첨부하여 처분의 제한의 등록 또는 그 등록의 말소의 촉탁은 법원이, ② 등록의 원인의 무효나 취소로 인한 등록의 말소 또는 회복(등록의 원인의 무효나 취소로써 선의의 제3자에 대항할 수 있는 경우에 한한다)의 소가 제기된 경우 촉탁서에 소장의 등본 또는 초본을 첨부한 그 예고등록의 촉탁은 법원이 한다.

3) 직권등록의 경우

특허권 그 밖의 특허에 관한 권리에 대한 신청·청구·소의 제기 또는 상고가 있는 경우의 그 예고등록은 특허청장의 직권으로 한다. 그러나 심판청구·재심청구·특허법원에의 소 제기·대법원에의 상고에 대한 예고등록은 특허심판원장의 통지가 있는 경우에 한한다(동령 23). 등록료 및 등록세의 납부 등에 관하여는 위에서 살펴본 Ⅱ. 2. 3을 참고하기 바란다.

(2) 등록신청 서류의 불수리 등

제출된 등록명의인의 표시변경·경정등록신청서, 특허권·전용실시권·통상실시권 또는 질권의 전부 또는 권리의 지분 전부의 이전등록 신청서, 전용실시권 설정등록 신청서, 통상실시권 설정등록 신청서, 질권설정등록 신청서, 질권변경등록 신청서, 실시권변경 등록신청서, 권리의 포기·사망·등록의무자의 소재불명·가등록 명의인의 등록말소에 대한 승낙·채권변제 또는 계약해제 등에 의한 특허권 그 밖의 특허에 관한 권리의 말소등록신청서, 특허권 그 밖의 특허에 관한 권리의 신탁등록신청서, 등록회복등록신청서, 불수리신청 서류의 보안 후 제출한 등록재신청서, 설정특허료납부서, 연차특허료납부서 및 가등록 신청임을 표시하여 제출한 해당 등록신청서가 다음의 어느 하나에 해당하는 경우에는 등록의 신청을 수리하지 아니한다. 그러나 신청의 흠결이 보정될 수 있는 경우에 신청인이 그 신청을 한 날에 이를 보정한 때에는 예외이다(동령 34).

1) 등록을 신청한 사항이 등록할 것이 아닌 경우
2) 신청서가 방식에 적합하지 아니한 경우
3) 신청서에 기재한 특허번호 또는 등록의 목적인 권리의 표시가 특허원부와 부합하지 아니한 경우

4) 신청서에 기재한 등록의무자의 표시가 특허원부와 부합하지 아니한 경우. 다만, 신청인이 등록권리자 또는 등록의무자의 상속인 그 밖의 일반승계인인 경우를 제외한다.
5) 신청인이 등록명의인인 때는 그 표시가 특허원부와 부합하지 아니한 경우. 다만, 등록명의인의 표시의 변경 또는 경정의 등록을 신청하는 경우를 제외한다.
6) 신청서에 기재한 사항이 등록의 원인을 증명하는 서류와 부합하지 아니한 경우
7) 신청서에 필요한 서류를 첨부하지 아니한 경우
8) 신청서 및 첨부서류를 검토한 결과 신청인에 대한 구체적인 확인이 필요하다고 인정된 ⅰ) 신청인의 호적등·초본, 주민등록표등·초본(외국인인 경우 국적증명서) 그밖에 신청인을 확인할 수 있는 서류, ⅱ) 신청인이 법인인 경우에는 법인임을 증명하는 서류, ⅲ) 신청인의 인감증명서(작성 후 6개월 이내의 것이어야 하며, 인감증명제도가 없는 외국인인 경우에는 이에 준하는 서류)의 제출명령을 받았음에도 불구하고 정당한 소명 없이 서류를 제출하지 아니한 경우
9) 등록세 및 등록료를 납부하지 아니한 경우
10) 불수리이유를 통지받은 신청인이 소명기간 내에 정당한 소명 없이 등록재신청서를 제출한 경우

위와 같이 등록신청을 수리하지 아니하고자 할 때에는 그 신청인에게 그 이유를 통지하고 기간을 정하여 소명할 수 있는 기회를 주어야 한다. 다만 위의 8) 및 10)의 경우에는 소명의 기회를 주지 아니할 수 있다(동령 34③).

(3) 등록의 방법 및 등록필통지

수리된 등록신청서의 기재사항 중 등록하여야 할 권리에 관한 사항은 특허등록원부에 다음과 같이 기재한다.

1) 등록의 방법

① 사항란 등에의 등록

ⅰ. 권리란 중 사항란에 등록할 때에는 ⅰ) 등록신청서의 접수연월일 및 접수번호, ⅱ) 등록원인, ⅲ) 등록목적을 기재하여야 한다.

ⅱ. 각 권리자란 중 사항란에 등록할 때에는 ⅰ) 등록신청서의 접수연월일 및 접수번호, ⅱ) 등록권자의 성명 및 주소(법인인 경우에는 그 명칭 및 영업소의 소재지), ⅲ) 등록원인, ⅳ) 등록목적, ⅴ) 그 밖의 등록신청서에 기재된 사항

중 등록하여야 할 권리에 관한 사항을 기재하여야 한다.

iii. 채권자가 채무자에 대위하여 한 등록신청, 수익자 또는 위탁자가 수탁자에 대위하여 한 신탁의 등록신청 또는 수익자 또는 위탁자는 수탁자에 대위하여 수탁자의 변경으로 인한 이전등록신청·수탁자의 임무종료로 인한 이전등록신청·특허신탁원부에의 등록촉탁 및 신탁재산관리방법의 변경으로 인한 등록촉탁의 경우를 제외하고는 i) 위탁자·수탁자 및 수익자의 성명·주소(법인인 경우 그 명칭·영업소의 소재지), ii) 신탁관리인이 있는 경우에는 그 성명·주소(법인인 경우 그 명칭·영업소의 소재지), iii) 신탁의 목적, iv) 신탁재산의 관리방법, v) 신탁의 종료의 사유, vi) 그 밖의 신탁의 조항의 변경에 관한 신청 등에 의하여 각 사항란에 등록을 할 때에는 위 ii의 사항 외에 i) 채권자·수익자·위탁자의 성명·주소(법인인 경우 그 명칭·영업소의 소재지), ii) 대위의 원인을 기재하여야 한다(동령규칙 44① 내지 ③).

② 포기로 인한 특허권의 소멸등록

포기로 인한 특허권의 소멸의 등록을 할 때에는 그 특허권의 등록을 말소하여야 한다(동령규칙 45).

③ 질권의 순위의 양도 등의 경우에 있어서의 순위번호의 기재

등록되어 있는 질권의 순위, 양도 또는 포기로 인한 질권변경의 등록을 할 때에는 그 질권설정의 등록의 순위번호 밑에 질권변경의 등록의 순위번호를 기재하여야 한다(동령규칙 46).

④ 2이상의 권리를 목적으로 하는 질권의 설정·소멸의 등록

2이상의 특허권 또는 특허에 관한 권리의 등록은 등록의 원인 및 목적이 동일한 경우에 한하여 동일한 신청서로 신청할 수 있는 병합신청에 의하여 2이상의 특허권 또는 이에 관한 권리에 대하여 질권설정의 등록을 할 때에는 각각 특허권의 등록원부 중 당해 권리자란의 사항란에 그 취지를 기재하고 그 당해 권리자란의 사항란에 다른 특허권 또는 이에 관한 권리의 표시를 하여 이에 관한 권리가 다 같이 질권의 목적이라는 취지를 기재하여야 한다(동령규칙 47).

⑤ 2이상의 권리를 목적으로 하는 특허등록된 질권 중 1권리를 목적으로 하는 질권말소의 등록

위와 같은 병합신청에 의하여 2이상의 특허권 또는 이에 관한 권리를 목적으로 하는 질권의 설정의 등록을 한 경우에 있어서 그중의 1의 권리를 목적으로 하는 질권의 소멸등록을 할 때에는 다른 특허권의 등록원부 중 당해 권리자란의 사항란에 그 권리를 표시하고 당해 권리를 목적으로 하는 질권이 소멸되었다는 취지를 기재하여 소멸에 관한 사항을 음영으로 말소하여야 한다(동령규칙 48).

⑥ 가등록

가등록은 등록원부의 당해 권리자란 중 사항란에 하여야 한다(동령규칙 49).

⑦ 가등록 후의 본등록 등

가등록을 한 후 본등록의 신청이 있을 때에는 가등록의 아래에 가등록의 순위번호와 동일한 순위번호로 그 등록을 하여야 한다. 본등록을 하기 전에 가등록의 말소신청이 있는 때에도 또한 같다(동령규칙 51).

2) 채권자대위 등에 관한 등록필통지

① 등록신청인에게 등록필통지서 송부

신청에 의한 등록을 완료한 경우에는 접수연월일·접수번호·특허번호·등록연월일 및 그 취지를 기재한 등록필통지서를 신청인에게 송부하여야 한다(동령규칙 52①).

② 등록의무자에게 통지

채권자가 채무자에 대위하여 한 등록신청, 수익자 또는 위탁자가 수탁자에 대위하여 한 신탁의 등록신청 또는 등록권리자가 2인 이상인 경우 약정[특허법 99③(동법 100⑤에서 준용하는 경우를 포함한다)에 의한 약정 또는 민법 268① 단서에 의한 약정]이 있을 때 이를 신청서에 기재한 신청에 의하여 등록을 완료한 경우에는 등록의무자에게 그 뜻을 통지하여야 한다. 등록의무자가 그 등록에 관한 특허권 또는 그 특허에 관한 권리의 공유자 중 1인인 경우에는 다른 공유자에게 통지하여야 한다(동령규칙 52②).

③ 수익자에게 통지

수탁자만으로 신청할 수 있는 신탁재산에 속하는 특허권 또는 그 특허에 관한 권리의 신탁등록신청, 신탁등록의 말소신청, 수탁자의 변경으로 인한 이전등록신청 또는 수탁자의 변경으로 인한 이전등록신청·수탁자의 임무종료로 인한 이전등록신청·특허신탁원부에의 등록촉탁 및 신탁재산관리방법의 변경으로 인한 등록촉탁의 경우를 제외하고 i) 위탁자·수탁자 및 수익자의 성명·주소(법인인 경우 그 명칭·영업소의 소재지), ii) 신탁관리인이 있는 경우에는 그 성명·주소(법인인 경우에는 그 명칭·영업소의 소재지), iii) 신탁의 목적, iv) 신탁재산의 관리방법, v) 신탁의 종료사유, vi) 그 밖의 신탁의 조항의 변경에 관한 특허신탁원부에의 등록신청에 의하여 등록을 한 때에는 특허권 또는 그 특허에 관한 권리의 표시·등록의 원인·등록권리자의 성명 및 주소(법인인 경우에는 그 명칭·영업소의 소재지)·등록의 목적과 그 등록필의 취지를 수익자에게 통지하여야 한다(동령규칙 53).

제 4 절 등록사항

특허에 관한 등록에는 본등록, 가등록, 예고등록, 부기등록 등이 있는 바, 이들 등록은 특허원부에 하되 그 등록사항은 다음과 같다.

Ⅰ. 본등록사항

1. 특허법에 의한 등록사항

특허청장은 특허청에 특허원부를 비치하고 다음의 사항을 등록한다(법 85① 1 내지 3).

(1) 특허권의 설정·이전·소멸·회복·처분의 제한 또는 존속기간의 연장
(2) 전용실시권 또는 통상실시권의 설정·보존·이전·변경·소멸 또는 처분의 제한
(3) 특허권·전용실시권 또는 통상실시권을 목적으로 하는 질권의 설정·이전·변경·소멸 또는 처분의 제한

2. 특허등록령에 의한 등록사항

특허법 제85조 제3항의 규정에 의해 특허등록령에 위임된 특허에 관한 등록사항은 다음과 같다(법 85③, 동령 1의 2).

(1) 특허권의 수용·실시

(2) 통상실시권 설정의 재정, 재정의 취소 및 특허권의 취소
(3) 특허거절결정 또는 특허의 무효·특허권의 존속기간연장등록의 무효·권리범위확인·정정·정정의 무효·특허법 제138조 제1항 및 제3항의 규정에 의한 통상실시권허여 등에 관한 심판의 확정심결
(4) 재심의 확정심결
(5) 특허법원의 확정판결
(6) 대법원의 판결

Ⅱ. 가등록사항

가등록은 다음의 경우에 한다(동령 2 각호).

(1) 등록신청에 필요한 절차상의 요건이 구비되지 아니할 경우
(2) 특허권·전용실시권 및 통상실시권과 이를 목적으로 하는 질권의 설정·이전·변경 또는 소멸에 관하여 청구권을 보전하고자 할 경우
(3) 위 (2)의 청구권이 시기부이거나 정지조건부인 경우 그 밖의 장래에 있어서 확정될 것인 경우

Ⅲ. 예고등록사항

예고등록은 다음의 경우에 한다(동령 3 각호).

(1) 등록의 원인의 무효나 취소로 인한 등록의 말소 또는 회복의 소가 제기된 경우 다만, 등록의 원인의 무효나 취소로써 선의의 제3자에 대항할 수 있는 경우에 한한다.
(2) 특허권의 수용·실시의 신청이 있는 경우
(3) 통상실시권 설정의 재정신청, 재정의 취소신청, 특허권의 취소신청이 있는 경우
(4) 특허거절결정 또는 특허의 무효·특허권의 존속기간연장등록의 무효·권리범위의 확인·정정·정정의 무효·특허법 제138조 제1항 및 제3항의 규정에 의한 통상실시권 허여 등에 관한 심판의 청구가 있는 경우
(5) 재심의 청구가 있는 경우

(6) 특허법원에의 소가 있는 경우
(7) 대법원에의 상고가 있는 경우

Ⅳ. 부기등록사항

1. 다음 1의 사항의 등록은 부기에 의하여야 한다.
   (1) 등록명의인의 표시변경 또는 경정
   (2) 질권의 이전
   (3) 일부가 말소된 등록의 회복
2. 다음 1의 사항의 등록은 등록상의 이해관계가 있는 제3자가없는 경우 또는 등록신청서에 등록상의 이해관계가 있는 제3자의 승낙서 또는 그에 대항할 수 있는 재판의 등본을 첨부한 경우에 한하여 부기에 의한다.
   (1) 특허권이외의 권리의 변경
   (2) 등록의 경정(등록명의인의 표시의 경정을 제외한다)

제 5 절 등록의 효력

특허에 관한 권리는 등록에 의하여 발생한다. 따라서 특허의 등록은 특허에 관한 권리의 효력발생요건임과 동시에 대항요건이다.

Ⅰ. 효력발생요건

특허권은 설정등록에 의하여 발생한다(법 87①). 특허권의 이전(상속 그 밖의 일반승계에 의한 경우를 제외한다)·포기에 의한 소멸 또는 처분의 제한, 전용실시권의 설정·이전(상속 그 밖의 일반승계에 의한 경우를 제외한다)·변경·소멸(혼동에 의한 경우를 제외한다) 또는 처분의 제한, 특허권 또는 전용실시권을 목적으로 하는 질권의 설정·이전(상속 그 밖의 일반승계에 의한 경우를 제외한다)·변경·소멸(혼동에 의한 경우를 제외한다) 또는 처분의 제한 또한 이를 등록하지 아니하면 그 효력이 발생하지 아니한다(법 101① 각호).

이는 특허권·전용실시권 및 질권 등이 물권적 성질을 가지므로 권리의 변동은 이를 공시할 필요가 있는 것이다. 따라서 당사자간의 계약이나 합의에 의하여 사실상 권리변동의 법률행위가 성립되었다 하더라도 이를 등록하지 않으면 그 효력은 발생하지 않는 것으로 취급된다. 그러나 상속·회사합병 등 일반승계의 경우에는 등록을 하지 아니하여도 권리변동에 관한 효력이 발생한다. 왜냐하면 상속의 경우 사망과 상속인의 등록사이에 시간적 차이가 있기 때문에 이 경우 등록을 효력발생요건으로 한다면 권리의 공백이 생기기 때문이다. 또 일반승계, 즉 회사의 합병의 경우에서도 승계 전·후 사이에 권리내용의 변동 없이 권리·의무가 포괄적으로 이전되는 것이므로 등록을 하지 않아도 제3자에게 영향을 미치지 않기 때문이다.

특허권·전용실시권 및 질권의 상속·회사합병 그 밖의 일반승계의 경우에는 지체 없이 그 취지를 특허청장에게 신고하여야 한다(법 101②). 만약 신고를 하지 않았을 경우에도 그 상속·회사합병 그 밖의 일반승계의 효력에는 영향을 미치지 않는다. 그러나 민법의 일반원칙에 따라 이를 신고하지 아니하면 이를 처분할 수 없다고 해석함이 타당하다(민법 187).

Ⅱ. 대항요건

등록주의를 채용하고 있는 우리나라와 같은 특허법체제하에서는 특허권·전용실시권 및 이들 권리를 목적으로 하는 질권과 같이 물권적 성질의 권리는 등록을 하지 아니하면 그 효력이 발생하지 아니한다(법 101①). 그러나 통상실시권과 같은 채권적 성질의 권리의 효력은 그 원인의 성립과 동시에 발생한다. 즉 i) 당사자간의 설정행위에 의한 통상실시권 설정의 경우 그 설정계약이 성립되었을 때, ii) 법정실시권의 경우 그 법정요건이 성립되었을 때, iii) 강제실시권의 경우 그 심판의 심결이 확정되었을 때 또는 특허청장의 재결이 있을 때 그 통상실시권이 발생한 것으로 본다. 그러나 여기에서 주의할 것은 통상실시권이라 하여 모두 채권적 권리로서 등록을 하지 않아도 그 효력이 발생하는 것이 아니다.

통상실시권 중 법정실시권과 강제실시권은 허락실시권과는 달리 등록을 하지 않아도 그 발생원인의 성질상 당연히 제3자에게도 효력이 있다. 그러나 당사자간의 허락에 의한 허락실시권은 채권적 성질을 가지므로 등록은 효력발생요건이 아니라 대항요건이다.

즉 통상실시권은 채권으로서 권리주체의 변경은 없고 다만 권리의 효력에만 영향을 미치게 되므로 등록은 대항요건인 것이다. 따라서 당사자간이 설정행위에 의한 통상실시권의 설정이나 이전 등은 등록하지 아니하여도 당사자간에는 효력이 발생하나 이를 제3자에게는 대항할 수 없다. 예를 들면 B는 특허권자 A와 통상실시권 허락에 관한 계약만을 체결하고 등록 없이 실시하여 오던 중 A가 C에게 특허권을 양도하고 등록을 마쳤다. 이 경우 A와 B사이에는 통상실시권 설정등록 없이도 계약에 의해 실시할 수 있었으나 C에게는 A와의 계약의 효력이 미치지 않는다. 따라서 C가 B의 특허권의 실시행위를 특허권침해로 보고 특허권침해금지를 요구할 경우 B는 A로부터 통상실시권을 허락받았다는 사실만으로서는 특허권침해의 법률상 책임을 면할 수 없다. 그러므로 제3자에게 대항하기 위해서는 등록을 하여야 한다.

그러나 당사자의 의사와는 관계없이 통상실시권이 발생되는 법정실시권이나 강제실시권은 법률과 공권력에 의하여 설정되는 것이므로 등록을 하지 않아도 그 효력이 발생함과 동시에 제3자에게도 대항할 수 있다.

Ⅲ. 선의의 제3자의 보호

특허등록이 되어 있다 하더라도 그 특허원부에 기재되어 있는 등록사항과 사실적 법률관계가 일치하지 아니할 경우 그 등록사항의 법률적 효력은 인정되지 않는다.

이는 마치 등록의 공신력이 인정되지 않은 부동산등기의 경우와 마찬가지이다. 그러나 특허원부에 기재되어 있는 등록사항만을 믿고 특허권을 양수하거나 실시권 허락을 받은 선의의 제3자는 법률상 보호를 받는다.

그 보호방법으로서는 민법상의 부당이득반환청구권(민법 741)이나 불법행위에 의한 손해배상청구권(민법 750) 등을 행사할 수 있다.

제6절 특허원부 등

Ⅰ. 특허원부

1. 특허등록원부 등

특허등록에 관한 사항을 기재하기 위하여 특허청에 특허원부를 비치한다. 특허원부에는 특허등록원부·특허관계거절심결 재심청구원부 및 특허신탁원부 등이 있다(특허등록령 8①).

특허등록원부는 그 전부 또는 일부를 자기테이프 등으로 작성할 수 있다(법 85②). 즉 특허권에 대하여 자기디스크 등으로 작성하고, 특허관계거절심결 재심청구원부는 재심청구에 관한 특허출원에 대하여 자기디스크 등으로 작성하며, 특허신탁원부는 신탁재산에 속하는 특허권 그 밖의 특허에 관한 권리에 대하여 자기디스크 등으로 작성한다(동령 9, 동령시행규칙 2).

2. 결정 등의 특허원부간주

특허심판청구에 대한 결정·심결 또는 판결의 원본에 의하여 i) 통상실시권 설정의 재정·재정의 취소 및 특허권의 취소, ii) 특허거절결정 또는 특허의 무효·특허권의 존속기간연장등록의 무효·권리범위의 확인·정정·정정의 무효·특허법 제138조 제1항 및 제3항의 규정에 의한 통상실시권허여 등의 심판의 확정심결, iii) 재심의 확정심결, iv) 특허법원의 확정판결, v) 대법원의 판결에 관하여 특허등록원부 또는 특허관계거절심결 재심청구원부에 그 결정·심결 또는 판결의 요지를 등록한 경우에는 그 원본은 특허등록원부 또는 특허관계거절심결 재심청구원부의 일부로 보며(동령 8②) 특허등록된 특허발명의 명세서 및 도면 또한 특허원부의 일부로 본다(법 85④).

특허원부의 전부 또는 일부가 멸실된 경우에는 3개월 이상의 기간을 정하여 그 기간 내에 등록의 회복을 신청한 자는 그 멸실된 특허원부에 있어서의 종전의 순위를 가진다는 뜻을 고시하여야 한다(동령 10).

Ⅱ. 폐쇄특허원부

특허청장은 특허권의 소멸등록을 한 경우에는 해당 특허등록원부를 폐쇄하여야 한다(동령 11). 특허원부를 폐쇄하고자 할 때에는 그 폐쇄의 원인·취지 및 연월일을 기재하여 폐쇄특허원부로 관리하고 폐쇄특허원부는 폐쇄한 날로부터 20년이 경과한 후 이를 폐기한다(동령시행규칙 7①).

폐쇄특허원부를 폐쇄할 때에는 소정서식(동령시행규칙 제4호 서식)으로 목록을 작성하여야 한다(동령시행규칙 7②).

제 7 절 특허증의 교부 등

특허청장은 특허권의 설정등록을 한 때에는 특허권자에게 특허증을 교부하여야 한다(법 86①). 그러나 특허에 관한 권리가 이 특허증에 의하여 발생한 것이 아니고 다만 특허발명에 대한 권리증서로 발급한 것이다. 따라서 특허증을 발급, 교부하지 않았다 하더라도 특허권의 효력에는 영향을 미치지 않으므로 등록에 의해 발생한 그 권리가 배제되는 것은 아니다. 또한 특허증이 특허원부 그 밖의 서류와 부합되지 아니한 때에는 신청에 의하여 또는 직권으로 특허증을 회수하여 정정교부하거나 새로운 특허증을 교부하여야 하고, 정정심판이 확정된 때에도 그 심결에 따라 새로운 특허증을 교부하여야 한다(법 86②③).

제 8 절 특허등록공고

특허청장은 특허결정 또는 특허심결의 등본을 받은 자가 그 등본을 받은 날부터 3월 이내에 설정등록일부터 3년분의 특허료(이하 "최초 3년분의 특허료"라 한다) 또는 이 기간이 경과된 날부터 6월 이내에 최초 3년분의 특허료2배에 상당한 금액을 ⅰ) 납부하거나, ⅱ) 추가납부한 때, ⅲ) 보전한 때, ⅳ) 납부하거나 보전한 때, 또는 v) 그 특허료가 면제된 때에는 특허원부에 특허권을 설정하기 위한 등록을 하고 그 특허에 관한 등록사항을 특허공보에 게재하여 등록공고를 하여야 한다(법 87③, 특허료 등의 징수규칙 8⑤⑥).

특허등록공고의 의의, 도입배경 및 취지, 법적 성질, 등록공고의 절차 및 등록공고의 효과 등에 관한 설명은 위에서 기술한 제7장 제6절 Ⅲ. 4. (1) 2) "특허등록공고"편을 참고하기 바란다.

제 9 장

특허권

제1절 서 설

Ⅰ. 의 의

특허권은 무체재산권의 성질을 가진 사권으로서 실용신안권·디자인권·상표권과 함께 지적재산권의 4대종별의 하나를 이루고 있는 가장 중요한 권리이다. 이는 특허법에 의하여 특허권자가 독점적·배타적으로 발명에 관하여 가지는 지배권으로서 발명에 대하여 특허를 받을 수 있는 권리인 특허출원권과 다르다. 특허권은 특허출원에 대한 소정의 심사절차에 따라 내려진 특허결정이나 그 심판절차에 의해 내려진 특허심결을 원인으로 특허권의 설정등록을 함으로써 완전한 효력을 발생한다(법 87①). 즉 특허권자는 "물건의 발명"인 경우에는 그 물건을 생산·사용·양도·대여 또는 수입하거나 그 물건의 양도 또는 대여의 청약(양도 또는 대여를 위한 전시를 포함한다. 이하 같다)의 권리를 전유(專有)하고, "방법의 발명"인 경우에는 그 방법을 사용하거나 그 방법에 의하여 생산한 물건을 사용·양도·대여 또는 수입하거나 그 물건의 양도 또는 대여의 청약을 하는 권리를 전유한다(법 2조 3, 94). 특허권의 존속기간은 특허권의 설정등록이 있는 날부터 특허출원일 후 20년이 되는 날까지로 한다(법 88①). 이러한 특허권은 정정심판이나 일부 무효 등에 의해 변경될 수 있고 제3자에게 이전이나 실시권을 허여할 수 있을 뿐만 아니라 질권 등 담보권설정의 대상이 되기도 한다. 또 특허권자는 특허권의 침해자에 대하여 권리침해에 대한 금지청구권 등외에 손해배상·신용회복·부당이익반환 등의 청구권을 가진다(법 126, 128, 131, 민법 741).

이처럼 막강한 특허권을 발명자나 그 승계인(이하 "발명자"라 한다)인 출원인에게 부여한 것은 i) 지난한 창작노력, 오랜 기간, 많은 연구개발비의 투입 등으로 산출된 성과물에 대한 사회적 보상임과 동시에, ii) 발명의 공개, 실시를 통해 일반 공중의 이용의 기회를 제공하여 발명을 장려하고 기술의 발전을 촉진하여 산업발달에 기여하는데 대한 국가적 대가로써 발명자 또는 그 발명에 대해 특허를 받을 수 있는 권리의 승계인, 즉 출원인에게 일정기간 그 특허발명에 대하여 독점적인 전용권과 배타적인 금지권인 특허권을 부여하려는 것이다.

Ⅱ. 성 질

특허권의 성질에 관해서는 종래부터 인격권설·소유권설·무체재산권설 등으로 나뉘어져 있다.

1. 인격권설

인격권설은 가장 오래된 설로서 발명자가 발명에 대해 갖는 권리는 하나의 인격권이며 인격과 구별해서 존재할 수 없다는 설이다.

2. 소유권설

소유권설은 17세기경 처음 주창되어 18·19세기에 걸쳐 대륙법학을 지배한 설로서 자연법학설에 근거를 두고 있다. 즉 유체물을 생산·제조·가공·조립한 자가 그 유체물에 대해 소유권을 취득하는 것과 마찬가지로 발명자 또한 정신적 노고의 결과 산출한 발명에 대해 소유권을 인정해야 한다는 것이다. 그러나 특허권은 유체물 위에 존재하는 소유권과는 달리 정신적 노력에 의한 것이므로 지적 소유권(Propriete Intellectuelle) 또는 정신적 소유권(Geistigeseigentum)이라고 칭하여 오고 있다.

3. 무체재산권설

무체재산권설은 1875년 콜러에 의해 처음 발표된 설로서 이 설은 무체물위에 존재하는 권리를 소유권의 일종이라고 보는 종래설은 잘못이며 이것과 다른 새로운 권리, 즉 무체재산권(Immaterialguterrecht)으로 파악하여야 한다는 설이다. 발표 후 대륙에서 대대적인 지지를 받아 오늘날 통설로 되어 있다. 콜러가 무체재산권은 소유권과 다르다고 지적한 점은 다음과 같다.

(1) 특허권은 시간적으로 반드시 유한하다는 것
(2) 각국에서 별개의 권리가 부여된다는 것(1국 1특허주의)
(3) 외형상의 소재지를 갖지 않는다는 것
(4) 형체상의 존재가 없어 점유할 수가 없다는 것

위와 같은 설외에 학설로서 무체재산권설을 불비로 하는 정신재 경영권설·고객권설[1] 등이 있다.

제 2 절 특허권의 발생

Ⅰ. 특허권의 설정등록

특허권은 설정등록에 의하여 발생한다(법 87①). 즉 특허권은 발명의 완성·특허출원·출원공개·특허출원심사청구·심사·특허결정 또는 특허심결이나 판결·특허료납부나 보전 또는 면제[2] 등 일련의 절차를 거쳐 최종 특허원부에 특허권의 설정등록을 함으로써 비로소 특허권이 발생한다.

강학상 심사관의 심사에서 특허결정 또는 심판관의 심판에서 특허심결까지를 준법률행위적 행정행위로서의 확인행위, 즉 심사 또는 심판을 통해 특허법상의 특허요건을 만족했다는 것을 확인해주는 절차로서 이는 특허권의 설정등록의 원인을 제공해주는 행정처분이고 등록공무원이 특허권의 설정등록을 받고자 하는 자가 제출한 설정특허료납부서 등이나 또는 특허료면제사유와 면제사유를 기재한 설정특허료 납부서에 의해 법정등록사항을 특허원부에 기재하는 것은 법률행위적 행정행위인 형성적 행정행위로서의 설권행위, 즉 등록이라고 하는 행정처분에 의해 비로소 특허권이 설정되어 특허권으로서의 효력이 발생한다.

그러나 유의할 것은 특허원부에 등록하기까지의 특허출원인이 가지는 권리의 성격은 특허를 받을 수 있는 권리에 해당된다는 점이다. 따라서 특허원부에의 등

---

1) 豊崎光衛, 工業所有權法(新版·增補) 제5장 詳記(법률학전집), 昭 55, 有斐閣, 100면.
2) 특허권을 설정하기 위한 등록은 다음의 1에 해당하는 경우에 한한다.
   1. 특허권의 설정특허료를 납부한 때(법 79①)
   2. 특허권의 설정특허료를 추가납부한 때(법 81①)
   3. 특허권의 설정특허료를 보전한 때(법 81의 ②)
   4. 특허권의 설정특허료를 납부하거나 보전한 때(법 81의 3①)
   5. 특허권의 설정특허료가 면제된 때(법 83① 1 및 2)

록이란 특허권의 효력발생요건(법 87①)일 뿐만 아니라 대항요건이기도 하다. 특허등록은 특허청에 비치하고 있는 특허원부에 소정의 등록사항을 특허청장 직권으로 기재하며(법 85) 특허청장은 특허권의 설정등록을 하였을 때에는 그 특허에 관하여 3월간 특허공보에 게재하여 등록공고를 하여야 하고(법 87③), 특허권자에게 특허증을 교부하여야 한다(법 86). 특허증은 마치 부동산등기법상의 등기권리증과 유사한 것으로서 특허증이 없다 하더라도 그 권리를 주장할 수 있고 제3자가 특허증의 소지자를 특허권자로 알고 특허권에 대한 이전이나 실시권 또는 질권설정계약 등을 체결하여 거래를 하였다 하더라도 보호되지 아니함은 물론이다.

Ⅱ. 특허권의 존속기간

1. 개 설

(1) 의 의

특허권의 존속기간이라 함은 특허권자가 특허발명을 독점적으로 실시할 수 있는 기간으로서 특허권의 존속기간은 ⅰ) 특허권의 설정등록이 있는 날부터 특허출원일 후 20년이 되는 날까지로 한다(법 88①). ⅱ) 그러나 정당한 권리자의 특허출원에 대하여 특허된 경우에는 위 ⅰ)의 특허권의 존속기간은 무권리자의 특허출원일의 다음날부터 기산한다(법 88②).

(2) 특허권의 존속기간의 유한성

특허권은 발명자나 그 승계인에게 발명에 대한 공개를 대가로 일정기간 그 특허발명에 대한 실시를 독점케 하는 권리이므로 그 존속기간이 유한적인 점에 특색이 있다. 따라서 동산·부동산 등과 같은 유체재산권은 무한한데 반해 특허권과 같은 무체재산권(산업재산권)은 유한하다. 다만, 같은 산업재산권의 일종이라 하더라도 상표권의 존속기간은 일단 유한하지만 재신청절차 등(특허권의 존속기간의 연장등록출원·심사 또는 심판이나 판결절차 등에 의한 특허결정 또는 그 심결이나 판결·갱신등록 등)에 의해서 무한해진다.

(3) 특허권의 존속기간의 적정성

특허권의 존속기간을 얼마로 하는 것이 적정하는가의 문제이다. 여기에서 우선 고려되어야 할 것은 i) 발명을 보호·장려하고 그 이용을 도모하여 기술의 향상과 산업의 발전에 이바지할 수 있는데 필요충분한 기간이고, ii) 특허권이 이 기간이상 존속할 경우 오히려 기술발전과 산업발달에 폐해가 된다고 판단되는 기간이다. 존속기간을 너무 길게 하면 특정의 기술에 대한 독점상태가 오래 계속되어 그 분야 산업이 침체될 수 있고, 존속기간을 너무 짧게 하면 기술공개에 대한 충분한 보상을 받지 못할 뿐만 아니라 특허발명에 대한 만족할만한 실시가 이루어지지 못해 발명의욕을 저하시킬 우려가 있으므로 존속기간을 어떻게 정할 것인가는 산업정책상 또는 특허정책상 중요한 문제 중의 하나이다. 그러나 위의 i), ii)의 존속기간의 결정기준은 매우 추상적이다. 특히 오늘날과 같은 기술혁신의 고속화시대에서는 그 타당성에 많은 논란의 여지가 있다. 존속기간은 각국의 역사적·산업정책적인 고려와 밀접한 관계를 가지고 있고 나라마다 상이한 규정을 가지고 운용하고 있으나 최근 선진국에서는 존속기간을 단축하려는 경향을 보이지 않고 있는데(다소 길게) 반해 개발도상국에서는 단축하려는 움직임을 보이고 있어(어느 정도 짧게) 선진국과의 사이에서 문제가 되고 있기도 하다. 그러나 1993년 12월 15일 타결된 우루과이라운드 트립스(UR/TRIPs)협정에서 선진국의 입장이 반영되어 결국 단축보다는 장기쪽으로 타결되었고(예 : 우리나라 특허법의 경우 UR/TRIPs 협정타결 전 "출원공고일부터 15년"을 동 협정타결 후 "특허권의 설정등록일부터 특허출원일 후 20년이 되는 날까지"로 개정) 또 현재 진행 중에 있는 특허권 통일화 협상 또한 선진국의 주장이 크게 반영될 것으로 예상되는 가운데 현재 개도국과 심각한 대립양상을 띄고 있는 실정이다.[3)]

---

3) 주요국의 특허권존속기간(1991.1.1 현재)

① 출원일 또는 익일부터 기산하는 국가

i) 14년 : 인도

ii) 15년 : 그리스·불가리아·폴란드·브라질·러시아·태국

iii) 17년 : 핀란드·노르웨이·덴마크·스웨덴

iv) 20년 : 스위스·룩셈부르크·벨기에·네덜란드·프랑스·헝가리·독일·영국·이태리·캐나다·한국(특허권의 설정등록일부터 기산)

② 출원공고일 또는 익일부터 기산하는 국가

i) 15년 : 일본(단, 출원에서 20년이 한도)·유고슬로비아·대만(단, 출원에서 18년이 한도)

ii) 18년 : 오스트리아

③ 특허부여일부터 기산하는 국가

i) 10년 : 멕시코

ii) 15년 : 포르투갈·말레이시아

2. 특허권의 존속기간

(1) 존속기간

특허권의 존속기간은 특허권의 설정등록이 있는 날부터 특허출원일 후 20년이 되는 날까지로 한다(법 88①). 따라서 일반적으로 특허권의 존속기간을 특허출원일 후 20년이라고 하지만 정확하지는 않다. 즉 특허권의 존속기간은 특허권의 설정등록이 있는 날부터 특허출원일 후 20년이 되는 날까지이기 때문에 특허권의 존속기간은 출원에서 설정등록까지의 심사시간의 장·단에 따라 각 특허의 존속기간은 일정하지 않다. 예를 들면 심사기간이 4년 소요된 특허권의 존속기간은 16년이 될 것이고, 3년이 소요된 경우 17년, 2년이 소요되었을 경우에는 18년이 되어 특허마다 그 존속기간이 상이다. 그러나 특허출원일부터 선원의 지위를 확보하고 또 특허출원인은 출원공개가 있은 후[출원일부터 1년 6월이 경과한 때 또는 1년 6월이 경과하기 전이라도 출원인의 신청이 있는 때에는 출원공개를 할 수 있다(법 64)]. 출원인의 경고를 받거나 출원공개된 발명임을 알고 그 특허출원된 발명을 업으로 실시한 자에게 그 경고를 받거나 출원공개된 발명임을 안 때부터 특허권의 설정등록시까지의 기간동안 그 출원발명의 실시에 대하여 통상 받을 수 있는 금액에 상당하는 보상금의 지급을 청구할 수 있는 채권을 취득하기 때문에 특허권과 거의 같은 보호효력을 가지므로 특허권의 존속기간으로서는 원칙적으로 모두 20년이라고 할 수도 있을지 모르나 이는 어디까지나 정확한 의미에서의 존속기간은 아니다. 엄격한 의미에서의 존속기간은 특허권의 효력이 발생하는 특허권의 설정등록이 있는 날부터 그 기간기산점은 특허출원일 후 20년이 되는 날까지이다.

(2) 존속기간의 연장

1) 취 지

특허제도는 발명자로 하여금 그 발명을 일반 공중에 대하여 공개토록 함으로써 제3자가 자유로이 이용할 수 있도록 하여 산업의 발전을 꾀하려는 것이다. 국가는 이와 같은 발명자의 사회적 기여에 대한 대가로써 일정기간 그 특허발명의 실시에 대하여 독점할 수 있도록 하는 전유권(專有權)을 부여하고 있다. 그러나 특

---

iii) 17년 : 미국·필리핀
iv) 20년 : 스페인

정기술분야의 특허발명(예 : 의약품·농약 등 물질특허)에 대해서는 활성·안전성 확보 등을 위한 관계법령(예 : 약사법·농약관리법 등)에 의한 허가·인가·승인·등록 등(이하 "허가 등"이라 한다)의 절차를 밟아야 하고 그 허가 등을 위하여 필요한 시험(예 : 임상시험) 등으로 인하여 장기간이 소요되기 때문에 형식적으로는 그동안 특허권이 존속하고 있다 하더라도 실질적으로 특허권의 행사가 불가능하며, 또 그 기간만큼 특허권의 존속기간이 단축된다는 것이 문제이다. 이와 같은 활성·안전성 등을 위한 다른 법에서의 규제 그 자체는 그 취지로 보아 필요불가결한 조치이지만 그로인해 의약품·농약 등과 같은 물질특허발명분야가 타 분야에 비해 상대적으로 본래 향유할 수 있는 특허권의 존속기간이 허가 등을 받기 위한 시험기간만큼 짧아짐으로써 발명자에 대한 일정기간 권리의 전유가 보증되지 않는 불공평한 결과가 초래된다. 이러한 문제를 해결하기 위하여 입법 정책적으로 특허권의 존속기간의 연장제도를 확립하였다.

2) 존속기간의 연장등록출원대상발명

특허발명을 실시하기 위하여 다른 법령의 규정에 의하여 허가를 받거나 등록 등을 하여야 하고, 그 허가 또는 등록 등(이하 "허가 등"이라 한다)을 위하여 필요한 활성·안전성 등의 시험으로 인하여 장기간이 소요되는 다음과 같은 발명인 경우에는 특허권의 설정등록이 있는 날부터 특허출원일 후 20년이 되는 날까지의 특허권의 존속기간에 불구하고 그 실시할 수 없었던 기간에 대하여 5년의 기간 내에서 당해 특허권의 존속기간을 연장할 수 있다(법 89, 법시행령 7 각호).

① 특허발명을 실시하기 위하여 약사법 제31조 제2항·제3항 또는 제42조 제1항에 따라 품목허가를 받아야 하는 의약품의 발명

② 특허발명을 실시하기 위하여 농약관리법 제8조 제1항·제16조 제1항 및 제17조 제1항에 따라 등록하여야 하는 농약 또는 원제의 발명

3) 존속기간의 연장내용

① 연장기간

특허발명을 실시하기 위하여 다른 법령의 규정에 의하여 허가 등을 받아야 하고 그 허가 등을 위하여 활성·안전성 등의 시험으로 인하여 장기간이 소요되는 발명인 경우, 즉 특허발명을 실시하기 위하여 품목허가를 받아야 하는 의약품의 발명(약사법 31②③, 42①), 특허발명을 실시하기 위하여 등록을 받아야 하는 농약 또는 농약원제의 발명(농약관리법 8①, 16①, 17①)인 경우에는 그 실시를 할 수 없

었던 기간에 대하여 5년의 기간 내에서 당해 특허권의 존속기간을 연장할 수 있다(법 89).

i. 장기간 불실시

특허발명의 실시를 위하여 다른 법령의 허가 등을 받아야 할 경우, 허가 등을 위한 활성·안전성 등의 시험으로 인한 장기간의 소요로 발명의 실시를 할 수 없었던 기간에 대하여 5년의 기간 내에서 존속기간을 연장할 수 있다고 규정하고 있는 바(법 89), 여기에서 문제는 발명의 불실시기간이 최단(最短) 얼마의 기간에서부터 존속기간연장이 가능한지가 불분명하다. 개정 전 특허법(1998.9.23 개정)은 허가 등을 위한 시험으로 발명의 실시를 할 수 없었던 기간, 즉 제한기간을 2년 이상으로 명정하고 있었으나 개정특허법에서 이를 삭제하고 일정한 제한기간을 두지 않은 채 "시험으로 장기간이 소요됨으로써 그 발명을 실시할 수 없었던 기간"이라고만 규정하고 있을 뿐 구체적으로 발명의 불실시기간이 최초 얼마이상일 때 기간연장이 가능한지에 대해서는 규정을 하고 있지 않다. 따라서 문제는 "장기간 불실시"에 대한 해석기준이다. 종래 일반적으로 의약 등 특정분야발명에 대한 효능·독성 등에 관한 임상시험을 하기 위해서는 최소한 2년 정도의 기간이 소요되는 것으로 보았으나 최근 의약기술의 발달에 따른 약효의 조기발생, 시험방법의 발달 등에 힘입어 또는 약종에 따라 2년 이내에도 충분한 시험결과를 얻을 수 있는 상황의 도래로 개정 전 특허법에서의 제한기간 2년을 삭제하고 개별사례의 특성에 따라 탄력적으로 운용하기 위하여 "장기간 불실시"개념으로 한 것으로 해석된다. 그러나 여기에서의 장기간은 최소 1년 이상의 기간으로 해석 운용하는 것이 사안의 본질상 타당하다고 해석된다. 따라서 이 정도의 특허기간 단축이면 특허권자의 특허발명에 관한 독점권 행사에 크게 문제될 것으로는 생각하지 않는다. 만약 이러한 제한기간을 두지 않을 경우 실제 안전성시험 등에 불과 몇 개월뿐이 소요되지 않은 발명도 있을 수 있을 뿐만 아니라 실질적으로 특허권의 행사에 영향을 받지 않는 분야의 발명에까지 확대 적용될 우려가 있고 이로 인하여 출원심사업무의 증가를 초래하여 심사가 지연되는 폐단이 예상되기 때문이다.

ii. 5년 이내의 연장

특허권의 존속기간을 5년 이상으로 연장할 경우 오히려 기술발전을 저해할 우려가 있기 때문에 산업육성정책상 5년의 기간 내로 연장할 수 있도록 한 것이다.

기술제품의 수명주기가 종래와는 달리, 또 특별한 장치산업이나 중공업분야의 발명을 제외하고는 5년을 넘는 경우가 흔치 않고, 일반적으로 5년 이내의 경우가 대부분이다. 특히 최근 기술개발 및 기술혁신 속도가 빨라지면서 기술의 수명주기가 계속 짧아지고 있는 추세에 있기 때문에 이 또한 충분히 고려된 것으로 해석된다. 따라서 존속기간을 최대한 5년까지 연장한다 하더라도 출원일로부터 20년은 넘지 않는다. 즉 그 20년에서 출원일부터 특허권의 설정등록시까지의 심시기간 통상 2년, 안전성 등 시험기간 3년, 도합 5년이 소요될 경우 최장 20년 이내로 존속기간이 만료된다.

② 연장등록출원

특허권의 존속기간연장을 하고자 하는 자는 소정의 특허권의 존속기간 연장등록출원서를 특허청장에게 제출하여야 하며, 그 출원은 허가 등을 받은 날부터 3월 이내에 하여야 한다. 다만, 특허권의 존속기간의 만료 전 6월 이후에는 할 수 없다(법 90①②). 특허권이 공유인 경우에는 공유자 전원이 공동으로 특허권의 존속기간의 연장등록출원을 하여야 한다(법 90③). 특허청장은 연장등록출원이 있을 때에는 연장등록의 가능성이 있음을 제3자에게 경고하기 위하여 이를 특허공보에 게재하여 공고하여야 한다(법 90⑤).

③ 연장등록출원의 효과

특허권의 존속기간연장등록출원이 있는 때에는 그 존속기간은 연장된 것으로 간주한다(의제적 효과). 다만, 그 출원에 관하여 다음과 같은 사유로 거절결정이 확정된 때에는 그 연장등록출원은 연장된 것으로 보지 않는다(법 90④·91①). 즉 거절결정이 확정되었을 때는 그 존속기간의 연장등록은 없었던 것으로 취급하는 것이 당연하므로 이미 간주할 필요가 없어져 결국 단서에 의해 본문의 의제적 효과는 배제된다. 따라서 거절결정이 확정되었을 때에는 본래의 존속기간이 만료됨에 따라 특허권은 소멸한다.

ⅰ. 그 특허발명의 실시가 허가 등을 받을 필요가 있는 것으로 인정되지 아니하는 경우

ⅱ. 그 특허권자 또는 그 특허권의 전용실시권이나 등록된 통상실시권을 가진 자가 허가 등을 받지 아니한 경우

ⅲ. 연장신청의 기간이 그 특허발명을 실시할 수 없었던 기간을 초과하는 경우

ⅳ. 연장등록출원인이 당해 특허권자가 아닌 경우

ⅴ. 특허권이 공유임에도 불구하고 공유자 전원이 공동으로 연장등록출원을 하지 아니한 경우

위의 ⅲ의 경우, 특허권자에게 책임 있는 사유로 인하여 소요된 기간은 "그 특

허발명을 실시할 수 없었던 기간"에 포함되지 아니한다(법 91②). 심사관은 특허권의 존속기간의 연장등록출원에 대하여 위의 i 내지 v까지의 1에 해당하는 사유를 발견할 수 없는 때에는 연장등록결정을 하여야 하고(법 92①), 특허청장은 연장등록결정이 있는 때에는 이를 특허원부에 등록하고 특허공보에 i) 특허권자의 성명·주소(법인인 경우 그 명칭·영업소의 소재지), ii) 특허번호, iii) 연장등록의 연월일, iv) 연장의 기간, v) 특허법 제89조의 규정에 의한 허가 등의 내용 등을 게재하여 공고하여야 한다(법 92②③).

④ 연장등록된 경우의 특허권의 효력

특허권의 존속기간이 연장된 특허권의 효력은 그 연장등록의 이유가 된 허가 등의 대상물건(그 허가 등에 있어 물건이 특정의 용도가 정하여져 있는 경우에 있어서는 그 용도에 사용되는 물건)에 관한 그 특허발명의 실시에만 미치고 그 외의 행위에는 미치지 아니한다(법 95). 예를 들면 의약품의 경우 유효성분 및 용도(효능·효과)가 동일하면 그 밖의 사항(요소)에서 다를 경우일지라도 연장 후의 특허권의 효력이 미친다. 그 이유는 예를 들면 약사법에 의한 의약품의 품목허가의 경우 유효성분(물건)·효능·효과(용도)·제형·용법·용량·제법 등의 사항을 모두 특정하고 이들 사항 중 어느 하나를 변경한 경우에도 새로운 허가를 받아야 하지만, 해당허가에 의해서 존속기간을 연장한 경우의 특허권의 효력은 위와 같은 모든 사항을 특정한 좁은 범위에 한정된 것은 아니다.

본래 약사법의 취지는 물질(유효성분)을 특정의약용도로 제조·판매하는 것을 규제하는데 있다. 즉 다수의 특정사항 중에서 물건(유효성분)과 용도(효능·효과)를 규제하는 것이 주안이며, 제형·용법 등을 규제하는 것은 2차적인 것에 불과하다. 따라서 후자는 특허권의 효력에 영향을 미칠만한 것이 아니기 때문이다.

⑤ 연장등록의 무효심판

i. 연장등록 무효심판의 청구

이해관계인 또는 심사관은 특허권의 존속기간연장등록이 다음과 같은 무효사유의 1에 해당할 때에는 그 연장등록을 무효로 하는 심판을 청구할 수 있다(법 134①).

(i) 그 특허발명을 실시하기 위하여 허가 등을 받을 필요가 없는 출원에 대하여 연장등록이 된 경우

(ii) 그 특허권자 또는 그 특허권의 전용실시권 또는 등록된 통상실시권을 가진 자가 허가 등을 받지 아니한 출원에 대하여 연장등록이 된 경우

(iii) 연장등록에 의하여 연장된 기간이 그 특허발명을 실시할 수 없었던 기간을 초과하는 경우
(iv) 당해 특허권자가 아닌 자의 출원에 대하여 연장등록이 된 경우
(v) 특허권이 공유인 경우 공유자 전원이 공동으로 특허권의 존속기간의 연장등록출원을 하여야 함에도 이에 위반한 출원에 대하여 연장등록이 된 경우

ii. 연장등록 무효의 효과

연장등록을 무효로 한다는 심결이 확정된 때에는 그 연장등록에 의한 존속기간의 연장은 처음부터 없었던 것으로 본다(법 134③ 본문). 그러나 연장등록이 연장등록에 의하여 연장된 기간이 그 특허발명을 실시할 수 없었던 기간을 초과하는 경우에 해당되어 무효로 된 때에는 그 특허발명을 실시할 수 없었던 기간을 초과하여 연장된 기간에 대해서만 연장이 없었던 것으로 본다(법 134③ 단서).

이는 원칙적으로 처음부터 연장되지 않았던 것으로 본다면 본래 연장되어야 할 기간, 즉 특허발명을 실시할 수 없었던 기간까지 연장되지 아니한 것으로 되어 특허권자에게 가혹하기 때문이다. 따라서 이 경우에는 연장기간을 특허발명을 실시할 수 없었던 기간으로 단축하는 것만으로는 불충분하다고 보기 때문이다.

제 3 절 특허권의 효력

I. 서 설

1. 특허권의 양대성

특허권은 설정등록에 의하여 발생하는 특허에 관한 권리로서(법 87①) 권리자는 업으로서 그 특허발명을 독점적으로 실시할 수 있는 전용권(특허권의 적극적 효력)을 가짐과 동시에 타인의 부당실시에 대한 배타적 금지권(특허권의 소극적 효력)을 가지는바 전자를 권리범위라고 하고 후자를 보호범위라고 한다. 이러한 특허권의 효력은 무제한적으로 인정되는 것이 아니고 특허권자체가 지닌 한계와 산업정책적 이유 등으로 인한 제한이 있다.

2. 특허권의 내용

(1) 시기적 범위

특허권의 효력은 특허권의 설정등록이 있는 날에 발생하여 특허출원일 후 20년이 되는 날에 소멸한다. 즉 특허권은 존속기간 중에만 그 효력이 미친다(법 88①). 따라서 특허권의 존속기간이 만료되거나 연차특허료의 불납 등으로 특허권이 소멸된 때에는 그때부터 특허권의 효력도 상실된다. 다만, 일정한 경우, 즉 앞에서 살펴본 바와 같이 특허발명을 실시하기 위하여 다른 법령에 의해 허가를 받거나 등록 등을 하여야 하는바 그 허가 등에 필요한 시험에 장기간이 소요되어 발명의 실시를 할 수 없었던 경우에는 특허권의 존속기간에 불구하고 그 실시할 수 없었던 기간에 대하여 5년의 기간 내에서 당해 특허권의 존속기간을 연장할 수 있는데 이 기간에도 특허권의 효력이 유지됨은 물론이다.

(2) 지역적 범위

공업소유권 보호를 위한 파리협약상의 속지주의 원칙에 따라 지적소유권은 우리나라의 영역에서만 효력이 미친다. 따라서 특허법에 의하여 발생되는 특허권의 효력도 국내에만 미친다.

(3) 내용적 범위

특허권의 효력은 특허발명에만 미치며, 그 특허발명의 범위는 특허출원서에 첨부된 명세서의 특허청구범위에 기재된 사항에 의하여 정하여진다(법 97).

Ⅱ. 특허권의 적극적 효력

1. 특허발명의 독점실시

특허법은 특허권의 효력에 대하여 "특허권자는 업으로서 그 특허발명을 실시할 권리를 독점한다"라고 규정함으로써 특허발명에 대한 독점적 전용권을 인정하고 있다(법 94 본문). 이를 분석한다.

(1) 특허발명

"특허발명"이라 함은 특허출원발명이 소정의 심사 또는 심판·판결(특허거절결정불복심판 또는 그 심판심결에 대한 특허법원에의 소 제기, 특허법원판결에 대한 대법원상고) 및 등록절차에 의해 특허원부에 기재된 발명을 말한다.

(2) 실 시

1) 실시의 내용

발명의 실시는 발명의 종류에 따라 다르다. 즉 물건의 발명과 방법의 발명으로 대별하고 방법의 발명은 다시 물건을 생산하는 방법의 발명(예 : 장갑제조방법, 아이스크림 제조방법 등)과 그 밖의 방법(예 : 통신방법, 측정방법 등)으로 나누어진다. 이와 같이 특허법이 특허발명의 실시의 내용을 구별한 것은 발명을 발명의 종류에 따라 적절히 그리고 명확하게 보호하기 위함이다.

2) 물건발명의 실시

① 실시행위

물건발명의 실시에는 그 물건을 생산·사용·양도·대여 또는 수입하거나 그 물건의 양도 또는 대여의 청약(양도 또는 대여를 위한 전시를 포함한다. 이하 같다)을 하는 행위를 말한다(법 2조 3호 가목).

위의 각 실시행위에 대하여는 뒤에서 설명하는 "3. 실시행위의 유형"에서 살펴보기로 하고 여기에서는 위의 각 실시행위의 독립성에 관하여 검토하기로 한다.

i. 실시행위 독립의 원칙

위 ①의 각 실시행위는 원칙적으로 특허권의 효력상 서로 독립된 것이다. 따라서 각 실시행위는 상호 영향을 미치지 않는다. 즉 하나의 실시행위가 적법이라고 하여 다른 실시행위가 적법하다고는 할 수 없다(이하 "실시행위 독립의 원칙"이라 한다).

예를 들면 A가 위법하게 특허품을 업으로 제조하는 행위는 그 물건의 판매여부와는 관계없이 특허권침해행위가 구성된다. 그러나 B가 A로부터 그 물건을 업으로서 구입한 그 구입자체는 원칙적으로 위법은 아니다(수입인 경우 제외). 그러나 구입하여 이것을 업으로 사용하는 행위는 침해행위가 된다.

ii. 실시행위 독립의 예외

특허권자나 적법한 제조·판매권을 가진 자가 판매한 특허품을 구입한 자가 스스로 사용하거나 전매하여도 권리침해가 되지 않는다는 것이다. 이를 법률상 설명하는 데는 다음과 같은 설이 있다.

(i) 소유권 이전설

타인이 적법하게 특허품의 소유권을 취득한 이상 특허권자 등의 권리범위에서 벗어난 것이라고 보는 설이다. 그러나 이 설은 특허권침해자로부터 침해품을 적법하게 구입하여 사용하고 있는 자도 특허권침해가 된다는 것에 대한 설명이 불가능하다고 또 특허권과 소유권을 혼돈하고 있다는 점에서 타당성이 희박하다.

(ii) 묵시적 실시허락설

특허권자 등은 특허품을 판매할 때 구매하는 자에게 묵시의 실시허락을 한다(implied license)는 설로서 일시 미국에서 유력한 설이었다.

(iii) 소진설-소모이론-

소위 소모이론으로서 특허발명품에 대한 판매가 정당하게 이루어진 후는 특허권은 이미 소진(Erschopfung)되어 동일물에 대하여 다시 특허권을 주장할 수 없다는 설로써, 콜러의 제창 후 많은 지지를 받아 오늘날 정설로 되어 있다. 그러나 이 소진설에도 문제가 없는 것은 아니다. 소진설에서 문제가 되는 것은 국제적 소진설이다. 예를 들어 외국에서 적법하게 구입한 특허품(소진품)인 이상 우리나라의 특허권에 대해서도 소진품이다라고 보는 설이다.

이에 대해서는 파리조약상의 "각국 특허독립의 원칙"(파리조약 4조의 2)을 근거로 국제적 소진설을 긍정할 수 없다는 부정성과 그렇지 않다는 긍정설이 있다. 그러나 전자의 부정설이 지배적이며 또 국제적으로도 우세하다. 그러나 최근 급격한 글로벌기업화의 추세하에서는 오히려 긍정설이 타당하다는 견해[4]가 설득력을 얻고 있다.

(iv) 속지주의 이론

이 이론은 파리조약상의 각국 특허독립의 원칙(4조의 2)을 근거로 위 (iii)의 국제적 소진설은 긍정할 수 없다는 설이다(부정설). 그러나 이 설에 반대하는 설이 있기는 하나 현재 일본 등을 위시하여 국제적으로 부정설이 우세한 실정이다. 즉 어느 1국의 특허법에 이해 취득한 특허권의 효력은 그 국가의 영역 내에만 미치므로 설령 그 특허발명의 실시가 이해관계자나 또는 제3자에 의해 국외에서 이루

4) 中山信弘, 工業所有權法上 特許法(第2版)[平 10 弘文堂) 64면.

어지고 있다 하더라도 여기에는 특허권의 침해가 구성되지 않는다는 것이다. 즉 특허권이 설정되어 있는 국가에서 발명품을 수입하여 제3국에서 판매하는 경우가 그 예이다. 따라서 일단 국경절차를 마침으로서 그 발명품에 대한 권리는 소멸되므로 이러한 발명품이 수입국 등 제2국에서 생산, 판매 등의 형식으로 실시되고 있다 하더라도 1국의 특허권의 효력은 미치지 않는다는 것이다.

② 실시행위의 유형

물건의 발명의 실시라 함은 그 물건을 생산·사용·양도·대여 또는 수입하거나 그 물건의 양도 또는 대여의 청약(양도 또는 대여를 위한 전시를 포함한다. 이하 같다)을 하는 행위를 말한다(법 2조 3호 가).

i. 생 산

생산이라 함은 자연물에 인력을 가하여 재화를 만들어 내거나 증가시키는 것으로서 물건의 경우 일반적으로 제조라고 불리어지고 있다. 그러나 특허법에서의 물건에는 물품 및 물질뿐만 아니라 동식물도 포함되기 때문에 제조라고 하기에는 적당치 않으므로 현행 특허법과 같이 보다 넓은 개념의 생산이라는 용어를 사용하는 것이 적합하다고 본다.

ii. 사 용

사용이라 함은 발명의 목적의 실현이나 발명의 기술내용을 구현시키는 일체의 행위를 말한다. 따라서 물건으로서는 동일하다 하더라도 특허품과 다른 목적이나 효과를 나타내도록 사용하는 것은 여기에서 말하는 사용이 아니다. 그러나 다른 목적으로 사용하였다 하더라도 결과적으로나 객관적으로 특허품과 동일한 효과를 나타내는 한 여기에서 말하는 사용에 해당한다 할 것이다.

iii. 양 도

양도라 함은 생산된 특허품의 소유권을 타인에게 유상 또는 무상으로 이전하는 것을 말한다. 따라서 여기에서의 양도는 판매에 의한 유상이든 증여에 의한 무상이든 불문한다.

iv. 대 여

대여라 함은 발명품을 유상이든 무상이든 상관없이 일정한 시기에 반환할 것을 조건으로 타인에게 빌려주는 것을 말한다. 이때의 대여가 유상인 경우에는 임대차이며, 무상인 경우에는 통상 사용대차가 된다.

다만, 유념할 것은 여기에서의 대여는 특허권자를 중심으로 한 대여행위를 말하며 특허권자로부터 물건을 구입한 제3자의 대여행위는 이에 포함되지 않으며 또 특허품을 그냥 보관하는데 불과한 기탁도 대여에 포함되지 않는다.

v. 수 입

수입이라 함은 외국에서 생산된 특허품을 국내시장에 반입하는 국제상거래의 한 형태이다. 따라서 아무리 국제무역절차에 따라 수입되고 있는 특허품이라고 하더라도 보세창고나 보세공장 등 보세구역 내에 있는 것은 수입품이라고는 할 수 없다. 다만, 보세공장 내에서 수입품을 부품이나 원료로 하여 특허품을 생산하는 행위는 국내생산으로 보아야 한다. 그런데 수입에서 문제는 병행수입이 적법한가이다. 이에 대하여는 매우 복잡하고 중요하므로 다음 3.에서 특별히 검토하니 이를 참고하기 바란다.

vi. 양도 또는 대여의 청약

양도 또는 대여의 청약(Offering for Sale)이라 함은 특허제품을 양도·대여하려는 의사를 표시하는 행위를 말한다. 이는 특허권보호를 강화하기 위하여 특허권의 실시에 이를 포함하여 특허권자의 독점적 실시행위의 확대를 꾀하기 위하여 1995년 12월 29일 개정특허법에서 우루과이라운드(UR/Trips)협정 제28조의 내용을 반영한 것이다.

vii. 전 시

전시라 함은 특허제품을 양도하거나 대여할 목적으로 일반공중이 인식할 수 있도록 펴놓은 상태를 말한다. 따라서 양도나 대여를 위한 전시가 아닌 것은 여기에서 말하는 전시가 아니므로 특허법상의 물건의 발명의 실시행위에 해당하지 않는다.

③ 실무상 문제가 될 수 있는 실시

위의 실시행위 중 어느 것에 해당하는지가 불분명한 것으로 물건의 소지(所持)·수출·수리·개조 등이 있다.

i. 소 지

특허법상 물건의 소지는 단순한 소지이든, 양도나 대여할 목적으로 가진 소지(所持)이든 실시행위가 아님은 명백하다. 따라서 특허제품 소지 그 자체가 특허권의 침해라고는 볼 수 없다. 그러나 소지는 실시의 전 단계 행위로서 실시할 우려가 있는 행위임은 분명하다. 즉, 그 소지하고 있는 물건이 특허침해품일 경우 사용의 우려가 있고 특허침해품의 소지자가 판매업자인 경우 판매(양도)될 개연성이 높다고 할 수 있으므로 침해행위금지 또는 예방을 청구할 수 있다고 해석하여야 할 것이다(법 126①).

ii. 수 출

(i) 수출 전 단계 행위로 보자는 견해

특허법상 실시는 속지주의 원칙에 따라 국내에서만 이루어져야 하는데 수출행위가 자국영토 밖에서 이루어지고 있는 경우에(화물인도나 대금결재 등) 형식론적으로는 수출은 실시에 포함되지 않으나 실제문제에 들어가서는 수출을 위한 전제행위로서 생산·사용·양도나 수출용 원자재의 수입행위 등이 국내에서 이루어지고 있기 때문에 물건의 발명의 실시에 해당되므로 특허침해여부는 수출을 위한 전단계의 행위로서 판단하여야 한다는 견해이다.

(ii) 양도의 문제로 보자는 견해

특허법상 물건의 수출은 실시는 아니나 실제문제에 있어서는 수출은 양도개념에 포함되는 경우가 대부분이므로 수출은 양도문제로 보면 된다는 견해이다. 이 경우 수출물건의 인도나 대금접수가 외국에서 이루어질 때는 양도에 해당하지 않는다는 것은 단순한 형식론으로 합리성이 없다는 것이다. 설령 양도개념에 포함되지 않는 수출(예 : 국내본사에서 해외지점 등으로 반출하는 경우)이라고 하더라도 특허법상 실시가 아니라고 단정할 수 없다는 것이다. 즉 수출이 이루어지는 경우는 통상 수출용 물건은 국내에서 생산이나 수입되고 있으므로 생산이나 수입할 권원이 없는 자에 의한 수출은 생산이나 수입이라는 점에서 권리침해행위가 되기 때문이라는 것이다.

(iii) 결 어

특허법상 명문의 규정은 없으나 수출행위도 실시행위에 포함되는 개념으로 보아야 할 것이나. 즉 수출을 하기 위해서는 수출용 물건을 생산하거나 수입 등의 방법에 의하여 획보하여야 하는바, 생산의 경우 국내제조과정을 거쳐야 하고, 그 제품에 소요되는 원자재가 국산이 되지 않을 경우 수출용 원자재를 수입하여 사용하여야 하는 등 생산·수입·사용 등의 행위가 국내에서 이루어진 연후에 비로소 수출행위가 행해진다는 점에서 뿐만 아니라 수출 또한 양도의 개념에 포괄될 수 있다는 측면도 고려될 수 있을 것이고 설령 양도개념에 포함되지 않는다 하더라도 통상 수출용 물건은 국내에서 생산 또는 수입되고 있으므로 이와는 전혀 관계가 없는 자에 의한 수출은 생산·수입이라는 점에서 권리침해행위가 구성되기 때문이다.

따라서 특허제품의 수출행위를 수출 전 단계의 실시행위로 보아 특허법상의 실시로 보자는 견해나 이를 양도의 개념으로 보아 실시로 보자는 견해로 나뉘어져 있으나 이 두 견해 모두 수출을 실시로 보아야 한다는 데에는 견해를 같이 하고 있다. 다만, 어디에 중점을 두어 판단하느냐의 정도의 차이이나 결국 후자도 수출 전의 생산 및 수입을 요하는 경우를 간과하고 있지 않다고 하는 점에서는 양자의 견해가 일치하고 있다.

iii. 수리·개조

수리란 원동작 상태를 유지 또는 회복하기 위해 고장이나 엉성한 데를 손질하여 고치는 행위를 말하며, 여기에 부품을 교환하는 경우와 교환하지 않는 경우가 있다. 또 개조란 수리와 같이 최초의 물건과 같은 구조의 물건으로 하는 것이 아니고 이것과는 다른 구조의 물건으로 바꾸어 다시 만드는 행위를 말하며 이 역시 수리의 경우와 마찬가지로 부품을 교환하는 경우와 교환하지 않는 경우가 있다.

이와 같은 수리(修理)·개조(改造) 다 같이 특허품을 특허권자(전용실시권자·통상실시권자를 포함한다)로부터 구입한 후 무단으로 그 특허품의 일부 또는 전부를 업으로서 수리나 개조를 하는 행위도 경우에 따라서는 무단실시행위로서 생산으로 되는 때가 있다. 그러나 이는 당해 수리 또는 개조행위가 특허권자 및 전용실시권자만이 업으로서 그 특허발명을 실시할 권리를 독점하고 있는 생산행위의 개념에 포함되느냐, 그 수리 또는 개조가 특허발명의 기술적 범위에 속하느냐의 여부에 따라 사회통념과 관계자의 이익조화의 관점에서 판단하여야 할 것인 바 다음과 같은 기준을 상정해 볼 수 있을 것이다.

(ⅰ) 일반적 기준

수리·개조가 물건의 발명의 실시행위에 속하는 가의 문제를 해결하기 위한 기준으로 이를 다시 기본적 기준과 보조적 기준으로 나누어 생각해 볼 수 있다.

ⅰ) 기본적 기준

이는 수리·개조가 특허권자만이 업으로서 그 특허발명을 실시할 권리를 독점하고 있는 "생산"에 해당하는지의 여부를 기준으로 판단하는 것으로서, 생산에 해당한다고 인정되는 때에는 특허권침해행위가 구성된다고 한다.

ⅱ) 보조적 기준

위의 기본적 기준에 의해 판단하기가 어려운 경우나 또는 기본적 기준을 보완하는 차원에서 다음과 같은 2가지의 기준을 생각해 볼 수 있다.

㉠ 소진설(소모이론)의 적용정도를 판단의 기준으로 생각해 볼 수 있을 것이다. 즉 특허권자가 특허품을 일단 판매한 후는 해당 특허품에는 특허권의 효력

이 미치지 않는다는 효과가 수리·개조하여야 할 특허품에 어느 정도 남아 있는가를 기준으로 하여 판단하는 것이다. 소진설적 효과가 수리·개조해야 할 특허품에 많이 남아 있는 경우에는 생산에 해당되지 않는다고 본다.

㉡ 특허권자의 이익과 구입자의 이익을 비교형량하여 어느 쪽이 사회통념상 인정되어야 할지를 고려하여 판단하는 것이다.

(ii) 구체적 기준

위의 일반적 기준을 적용함에 있어서는 자연스럽게 다음과 같은 구체적 기준이 고려될 수 있고 이것이 곧 문제해결의 판단기준이 될 것이다.

i) 수 리

㉠ 특허품 중 특허부분[5] 이외의 부분의 수리는 특허권침해가 되지 않는다. 특허부분이외의 부분은 통상 공지부분이므로 공지부분의 수리는 그 수리방법이 다른 특허권에 관계되는 것이 아닌 한 누구에게나 허용되는 행위이지 특허권자에게만 독점되는 것은 아니다.

㉡ 특허부분의 수리내용 및 정도가 실시의 해당여부의 판단기준이 될 수 있다.

A. 특허부분을 점검하기 위하여 분해, 조립하는 경우 이는 특허부분의 새로운 변화를 주기 위한 생산행위가 아니므로 특허권침해가 되지 않는다고 해석하여야 할 것이다.

B. 특허부분을 전체적으로 교환하는 경우는 물론 전체적 교환에 준하는 정도로 교환하는 경우는 특허부분의 새로운 생산행위에 해당한다고 인정하여 특별한 사정[6]이 없는 한 특허권침해가 된다고 해석하여야 할 것이다. 이와 같은 해석의 근거는 특허부분에 소진설적 효과가 실질적으로 잔존하고 있다고 볼 수 있기 때문이다.

C. 특허부분의 과반수이하의 부품교환은 원칙적으로 특허권침해가 되지 않는다고 해석하여야 할 것이다. 이와 같은 해석의 근거는 아직 특허부분

---

5) 특허부분이라 함은 특허품 중 특허발명으로서 특징지어지는 구조부분을 말한다. 예를 들면 전기다리미가 특허품이고 특허발명의 특징이 "전기다리미의" 열조절장치에 있는 경우는 특허청구범위가 "…의 열조절장치를 갖는(것을 특징으로 하는) 전기다리미"이어도 그 조절장치만을 특허부분이라고 한다. 그러나 그 특징이 특허부품 일부에만 존재하는 경우에는 그 일부가 특허부분이지 그 전부는 아니다.

6) 특별한 사정
① 내용연수가 보증이 되어 있는 경우 그 기간 내에 고장이 났을 때는 판매자(생산자)에게 수리의무가 있다. 이와 같은 경우 사용자가 전면적으로 수리했다고 하더라도 특허권침해가 구성되지 않는다고 보는 것이 타당할 것이다.
② 설령 내용연수에 대한 보증을 하지 않았다 하더라도 통상 기대되는 내용기간 내에 발생한 고장에 대한 수리라면 이 또한 특허권침해라고까지는 볼 수 없을 것이다.

에는 소진설적 효과가 우세하게 잔존하고 있으므로 특허권자의 이익보다도 구입자의 이익에서 판단하는 것이 사회상규에 더 적합하기 때문이다. 그러나 위와 같은 판단기준은 각 부품의 기술적 가치에 차이가 없는 경우를 전제로 한 일반적 원칙이고 이것에 차이가 있는 경우에는 예외[7]로서 그 차이가 당연히 고려되어 판단되어야 할 것이다.

D. 특허부분이 다른 부분에 비해 현저하게 파손이나 마모가 심해 자주 교환을 하여야 하는 경우에는 일반고장과는 달리 애당초부터 예상된 소위 정상적인 것이라는 점에서 다르다고 할 수 있을 것이다. 그러나 최초의 상태를 그대로 유지할 수 없게 된다는 점에서는 일반고장과 다를 바가 없으므로 이점을 고려하여 일반수리에 적용하는 위의 B·C는 원칙적으로 마모품일 경우에도 적용할 수 있을 것이다. 그러나 마모일 경우는 다른 경우와는 달리 다음과 같은 견해가 있음을 유의할 필요가 있다.

즉, 고장이 필연적으로 빈번하게 발생하여 부품교환이 그때마다 당연히 예정되고 있음에도 불구하고 판매자와 구입자간에 계약[8]을 체결하지 아니하면 상관습이나 특별한 사정이 없는 한 구입자가 자유롭게 교환하는 것은 묵인하였다고 추인되어도 별 도리가 없을 것이라고 하는 것이다. 즉 부품이 마모된 때에는 그 판매자의 부품을 구입·사용한다는 취지의 계약을 체결하지 않는 한 구입자가 마모품을 자유롭게 교환할 수 있다고 해석할 수밖에 없기 때문이다.

E. 수리정도가 위의 B·C·D 중 어느 것에 상당하는가라는 문제와 관련 없이 특허부분 일부가 특허발명에만 사용되는 물건일 때에는 부품에 대해 소위 간접침해를 구성하여 특허권침해로 간주되는 경우가 있으므로 이점 또한 유의하여야 할 중요한 사항이다.

ii. 개 조

㉠ 특허품 중 특허부분 이외의 부분의 개조는 특허권침해가 되지 않는다.

㉡ 특허부분의 개조는 그 개조내용 및 정도가 실시의 해당여부의 판단기준이 될 수 있다.

A. 특허발명의 기술적 범위에 속하지 않는 물건의 개조는 특허권침해가 되지 않는다.

---

7) 예외 : 각 부품의 기술적 가치에 차이가 있는 경우에는 예외로 그 차이를 고려해야 하며, 그 결과 본문 iii)의 경우가 ii)인 경우에, ii)의 경우가 iii)인 경우에 상당하는 경우도 있을 것이다.

8) 판매자와 구매자간의 계약 : 부품이 마모되었을 때는 그 판매자(생산자)의 부품을 구입·사용한다는 취지의 계약

B. 부품교환을 수반하지 않는 개조[9]는 설령 그 개조품이 특허발명의 기술적 범위에 속하는 것이라 하더라도 그 개조는 오버홀[10]의 경우에 준하여 새로운 생산에 해당하지 않는 것으로 특허권침해가 되지 않는다고 해석된다.

C. 개조가 부품교환을 수반하는 경우에 그 개조품이 특허발명의 기술적 범위에 속할 때에는 수리의 경우와 같이 해석할 수 있다(수리B·C 참조).

3) 방법의 발명의 실시

방법의 발명의 실시라 함은 그 방법을 사용하는 행위를 말한다. 여기에서 방법의 사용이란 그 방법발명의 본래의 목적을 달성하거나 작용효과를 나타내도록 사용하는 것을 말한다. 이 점에서는 물건의 발명에서의 사용과 같다. 방법에는 물건을 생산하는 방법과 그 이외의 방법, 즉 단순한 방법[11]이 있다. 전자의 경우에는 그 방법을 사용하는 경우 외에 그 방법에 의하여 생산된 물건(예 : 인삼차의 제조방법에 의하여 생산된 인삼차)을 사용·양도·대여 또는 수입하거나 그 물건의 양도 또는 대여의 청약(양도 또는 대여를 위한 전시를 포함한다. 이하 같다)을 하는 행위까지를 실시에 해당한다고 하여 생산방법에서 특허권자를 넓고 두텁게 보호한다. 이 행위들은 물건의 발명인 경우와 마찬가지로 특허권의 효력상 원칙적으로 각각 별개의 독립이다. 그러나 후자의 경우에 있어서는 그 방법의 사용만이 실시에 해당하고 그 방법에 의하여 취득된 물건(예 : 촉성재배방법에 의하여 재배한 무·채취방법에 의하여 수집된 미생물)의 양도 등은 당해 방법발명의 실시가 아니므로 특허권침해가 되지 않는다.

---

9) 부품교환을 수반하지 않는 개조권
① 부품 전부를 그대로 사용하는 경우(예: 부품형상·위치를 변경하는 경우)
② 일부부품을 제거하는 경우(예: 침대겸용 소파에서 침대부분을 제거하고 소파부분만을 남기는 경우)
③ 새로운 부품을 부가하는 경우(예: 고정식 선풍기를 회전식으로 하기 위해 고정장치부품을 제거하고 회전장치부품을 설치하는 경우) 등이 있다.

10) 오버홀 침해설
오버홀적 수리에 의해 물건의 자연수명(내용연수)이 연장되는 것은 허용되지 않는다는 설이다. 그러나 특별한 사항이 있는 경우를 제외하고는 상관습이나 사회통념상 이 설은 일반론적으로 의문이 있다. 예를 들면 자동차의 내용연수가 7년인 경우 엔진 등의 교체로 재사용하는 경우 이는 오버홀과 달리 생산이라고 해석하여야 할 것이다. 더욱 미국과 같은 나라에서는 특허권자로부터 부품의 공급을 받은 자가 오버홀하는 것은 묵시적으로 허락을 받은 것으로서 재생산에 의한 침해라기보다 허용되는 수선이라고 보는 판결이 있다(BNA 370호).

11) 특허법 개설, 吉藤幸朔 著, YOU ME 특허법류사무소 譯 1993, 353면.

① 소진설의 적용문제

일반적으로 방법의 발명인 경우는 물건의 발명인 경우처럼 소진설이 적용되지 않으나 예외적으로 다음과 같은 경우에는 방법의 발명인 경우에도 소진설의 문제가 발생하는 경우가 있다.

i. 특허권자가 방법특허권과 함께 이 방법을 실시하기 위한 장치에 대해서도 특허권을 갖고 또 그 방법은 그 장치에 의해서만 사용되며, 그 장치는 그 방법에만 사용되는 경우에는 장치에 대해서만 특허가 있는 경우와 다를 바 없으므로 특허장치를 판매함으로써 방법특허권은 소진된 것이 된다. 여기에서 유의할 것은 특허권자가 방법에 대한 특허권을 타인에게 양도하거나 실시권을 설정하는 경우, 다시 특허권을 주장할 수 없는바 이 경우에서는 소진설의 문제가 아님을 유념하여야 한다.

ii. 특허권자가 그 방법특허권과 함께 그 방법을 실시하기 위한 장치에 대해서도 특허권을 갖지만 그 방법이 다른 장치에 의해서도 사용할 수 있는 경우에 특허권자가 그 특허장치를 판매한 이상은 그 방법특허권은 소진된 것이 된다. 그러나 특허장치의 구입자가 타 장치로 특허방법을 사용하는 것은 위법이다.

iii. 특허권자가 방법특허권을 실시할 수 있는 장치를 판매하였으나 그 장치는 다른 방법의 실시에도 사용할 수 있는 것일 때에는 판매상 명확하거나 묵시의 실시허락이 있었는지 여부의 문제로 귀착할 것이다.

② 간접생산물에의 적용문제

방법발명인 경우 생산방법의 사용으로 생산된 물건이 직접생산물 뿐만 아니라 간접생산물에까지도 그 효력이 미치는가의 문제이다. 예를 들면 인조다이아몬드 제조방법에 의한 직접생산물인 인조다이아몬드와 이를 연마·가공하여 만든 간접생산물인 다이아몬드반지는 그 물건자체인 다이아몬드가 변화하지 않는 경우 직접이든 간접이든 문제삼을 하등의 실익이 없다. 그러나 문제가 될 수 있는 것은 직접생산물과 간접생산물에서는 중간가공·처리방법 등에 의해 상태나 물성(物性) 등이 변화하여 전혀 다른 물건이 되는 경우이다. 예를 들면 염료제조법 사용에 의해 생산한 염료(직접생산물)에 의해 염색하여 직물(간접생산물)을 제조하는 경우이다. 이러한 경우 직접생산물을 특허가 없는 외국에서 제조함과 동시에 간접생산물로 제조하여 국내에 수입할 때는 방법특허권의 효력은 간접생산물에 미치는가에 대해서는 미친다고 해석하여야 할 것이다. 그 이유는 특허법 제2조 제3호 다목을 "직접"으로 한정 해석하는 것은 문리상 부당하고 입법취지 또한 "직접"을 명기함으로써 방법발명의 보호를 유명무실하게 할 우려가 있다는 것 등을 고려한 것이라고 해석된다. 또한 영국법 제60조 (1) C, 독일법 제4조 및 유럽특허조약 제64조(2)는 "직접"에 한정하므로 간접생산물에는 특허권의 효력은 미치지 않는다. 현재 사용상 "직접"으로 한정하지 않는 국가로서는 미국·일본·캐나다·오스트레일리아·뉴질랜드 등의 국가가 있다. 다만, 1988년 개정 미국법(제271조 (g) 3 문)은 직접생산물이 추가공정에 의해 실질적으로 변화하거나 가공된 경우에는 특허권의 효력은 변화 등이 된 물건에는 미치지 않는다는 취지로 규정하고 있다. 여기에서 실질적인 변화·가공이란 입법과정에서 많은 논의가 있었겠지만 결국 축적된 판례에 의해 확립될 것이다.

③ 생산물의 파리협약 적용문제

정당한 권원이나 이유[12]없이 외국에서 특허발명에 의하여 생산한 생산물을 우리나라에 수입하는 경우 파리협약 제5조의 4에 의하여 특허권침해가 됨은 물론이다. 위 같은 조의 취지는 동맹국은 국내생산물과 외국생산물을 권리보호상 동일하게 취급하여야 한다는 규정이다. 그러므로 국내생산물을 보호하지 아니한 국가, 즉 방법특허의 효력은 그 방법의 사용에만 미치고 방법사용에 의하여 생산된 물건인 국내생산물에는 미치지 아니한 국가[13]나 수입을 실시의 유형으로 하고 있는 국가에서는 위 같은 조의 적용과 아무런 관계가 없다. 다만, 수입을 실시의 1유형으로 하고 있는 국가에서는 위 같은 조의 적용과 아무런 관계가 없다. 다만, 수입을 실시의 1유형으로 하고 있는 국가인 경우라 할지라도 우리나라 특허법 제129조와 같이 생산방법의 추정규정을 두고 있는 국가에서는 위 파리조약의 규정은 상당한 의미를 가지고 있다. 즉 우리나라와 같이 생산방법의 추정규정을 두고 있는 국가가 추정규정을 국내생산물에만 적용하고 외국생산물에는 적용하지 아니할 경우에는 파리조약이 규정에 위반되기 때문이다.

12) 정당한 권원은 전용실시권, 통상실시권이 있고 정당한 이유에는 i) 연구 또는 시험을 하기 위한 특허발명의 실시, ii) 국내를 통과하는데 불과한 선박·항공기·차량 또는 이에 사용되는 기계·기구·장치 기타의 물건, iii) 특허출원시부터 국내에 있는 물건, iv) 2이상의 의약(사람의 질병의 진단·경감·치료·처치 또는 예방을 위하여 사용되는 물건을 말한다. 이하 같다)을 혼합함으로써 제조되는 의약의 발명 또는 2이상의 의약을 혼합하여 의약을 제조하는 방법의 발명에 관한 특허권의 효력은 약사법에 의한 조제행위와 그 조제에 의한 의약이 있다(법 96①②).

13) 종전의 미국 : 미 특허법상 국내생산물자체 보호규정을 두고 있지는 않지만 관세법 제337조의 규정에 의하여 외국생산물의 수입이 불공정한 경쟁방법 및 그 행위에 해당한다고 하여 국제무역위원회(ITC)에의 제소로 수입이 금지되었다. 그러나 1988년에 소위 포괄통상법이 제정됨에 따른 특허법개정으로 외국생산물의 수입·사용·판매(동시에 국내생산물의 사용·판매)가 권리침해가 되도록 개정하였다.

4) 물건을 생산하는 방법의 발명의 실시

물건을 생산하는 방법의 발명의 실시라 함은 위의 "2"의 행위 외에 그 방법에 의하여 생산한 물건을 사용·양도·대여 또는 수입하거나 그 물건의 양도 또는 대여의 청약을 하는 행위를 말한다(법 2조 3호 다목). 자세한 것은 위의 "(2) 2) ② i (i) 내지 (vii)"을 참고하기 바란다.

(3) 업

"업"이라 함은 주관적으로는 계속적, 집단적으로 동종의 영리행위를 행하는 것이라고 해석되며, 일반적으로는 이윤추구를 목적으로 한 영리사업이 그 중심이 된다. 그러나 이윤이 발생하지 않는다 하더라도 수지타산을 목적으로 업을 반복계속하고 있는 사업이라면 영리사업과 동일하게 인정되므로 단순히 영리를 목적으로 하는 경우만이 되는 것이 아니고 널리 경제상 그 수지타산위에서 행해지고 있는 사업은 포함된다. 따라서 병원이나 주식회사, 재단법인 등의 영업활동만이 되는 것이 아니고 특수공익법인이 독립채산제(獨立採算制)하에서 행하는 사업이나 각종의 비영리단체, 협동조합, 개인의 사업활동도 수지타산을 목적으로 하는 한 영리에 포함된다고 보아야 할 것이다. 그러므로 여기에서의 "업으로서"도 사업으로서란 의미를 갖지만 반드시 영리를 목적으로 한 경우에 한하지 않고 그 수지타산 위에서 사회의 수요에 응하여 특허발명을 사업으로 행하고 있는 경우에는 업으로서의 실시가 된다. 따라서 가정용, 개인용 목적으로의 실시나 연구소, 회사 그 밖의 단체 등이 단순한 연구 또는 실험하기 위해 실시하는 것은 업으로서의 실시가 아니므로 특허권의 효력이 미치지 않는다. 예를 들면 콩나물의 수요를 위해 특허발명인 수경재배방법을 이용하여 기른 콩나물을 시장에 유상으로 공급하는 경우는 업으로서의 실시에 해당하지만 자가용으로 이용할 경우에는 업으로서의 실시가 아니다. 따라서 수경재배방법에 관한 특허권의 효력은 이에 미치지 않는다.

2. 권리의 독점

"권리의 독점"이라 함은 특허권자가 그 특허발명을 업으로서 실시할 권리를 전용함을 말한다(법 94 본문). 따라서 타인이 전용실시권·통상실시권과 같은 정당한 권원(權原)이나 다음과 같은 이유 없이 특허발명을 실시할 때에는 권리침해행위가 구성된다(법 96①②).

1) 연구 또는 시험을 하기 위한 특허발명의 실시

2) 국내를 통과하는데 불과한 선박·항공기·차량 또는 이에 사용되는 기계·기구·장치 그 밖의 물건
3) 특허출원시부터 국내에 있는 물건
4) 2이상의 의약(사람의 질병의 진단·경감·치료·처치 또는 예방을 위하여 사용되는 물건을 말한다. 이하 같다)을 혼합함으로써 제조되는 의약의 발명 또는 2이상의 의약을 혼합하여 의약을 조제하는 방법의 발명에 관한 특허권의 효력은 약사법에 의한 조제행위와 그 조제에 의한 의약에는 미치지 아니한다.

타인이 정당한 권원이나 이유 없이 특허발명의 실시에 관한 독점권을 침해한 경우 특허권자는 그 실시를 금지할 것을 청구할 수 있고, 침해행위로 인하여 손해를 입은 때에는 손해배상을 청구할 수 있으며, 영업상 신용이 실추된 때에는 신용회복청구 등 민사상 청구를 구할 수 있다. 뿐만 아니라 침해행위에 따라서는 형사처벌에 의한 형사상 청구를 구할 수 있는 등 각종 구제조치를 취할 수 있다. 권리침해의 구제에 대한 상세한 설명은 후술하는 제11장 제2절 Ⅱ. 침해에 대한 구제수단을 참고하기 바란다.

3. 병행수입

(1) 서 론

병행수입이라 함은 국내 특허권자 또는 전용실시권자(이하 이항에서 "국내권리자"라 한다)에 의해 외국의 특허발명품이 독점 수입되고 있는 경우 제3자가 동일한 특허발명품을 다른 유통경로를 통해 수입하는 경우 이를 병행수입이라고 한다. 이 경우 국내 권리자와 외국에서 진정한 특허발명품을 수입하여 판매하는 자 사이에 권리침해문제가 최근 빈발하고 있어 진정 특허발명품 병행수입이 권리침해가 되는 지의 여부가 논란이 되고 있다.

이러한 병행수입이 국내 권리자의 독점실시권의 하나인 수입권을 침해하는가에 대하여는 종래부터 침해가 된다는 설과 되지 않는다는 설 등 여러 가지 설이 있어 왔는바, 이를 토대로 먼저 살펴본 다음 파리협약, 무역관련 지적재산권 협정(WTO/TRIPs) 등 국제규범, 외국의 경향, 국내외법 및 판례동향 등을 종합적으로 검토하여 침해여부를 도출하기로 한다.

따라서 특허권자가 일단 양도하거나 라이센스 한 후에는 그 기술에 대해 권리자가 자기의 권리를 주장할 수 없으므로 병행수입은 허용되는 것이며, 이는 권리소진설에 근거하고, 1국 1특허원칙에 입각한 속지주의 이론 및 권리소진설의 예외가 적용된다면 병행수입은 금지되는 것이다.

(2) 병행수입 관련 제설

1) 소진설 – 병행수입 허용 –

소진설은 일명 소모이론이라고도 하며 이는 판매가 적법하게 이루어진 후에는 특허권은 소진(Erschopfung)되어 동일물에 대하여 다시 특허권을 주장할 수 없다는 설로써 콜러의 제창후 오늘날 정설로 되어 있다.[14] 그렇다고 소진설이 문제가 없다는 것은 아니다. 소진설에 문제가 되는 것은 국제적 소진설, 즉 외국에서 적법하게 구매한 특허발명품인 이상 우리나라의 특허권에 대해서도 소진품이라는 설이다. 예를 들면 A가 1국, 2국에 각각 동일한 "볼링용 자동핀 세우기 장치"에 대한 특허권을 가지고 양국에서 생산, 판매 등의 영업활동을 하고 있다. 제3자 B가 1국에서 A로부터 그 특허발명품을 적법하게 구매하여 그 중 일부를 1국내 C에게 판매하고 나머지는 2국으로 수입하여 영업용으로 활용하고 있다. 이 경우 소진설은 파리협약 제4조의 2 (1)의 각국 특허독립의 원칙에 따라 1국에서만 적용되고 2국에서는 적용되지 아니한다.

따라서 1국에서 B가 A로부터 구매한 특허발명품을 C에게 판매하는 국내거래에서의 내수 특허발명품에는 소진설(국내소진설)이 적용되어 B의 C에 대한 판매행위에는 특허권 침해가 구성되지 않지만, 1국에서 B가 A로부터 구매한 특허발명품이 2국으로 수입되는 국제거래에서의 수입특허발명품에는 소진설(국제소진설)이 적용되지 아니하여 B의 수입행위는 특허권 침해가 구성된다.[15] 소진설에 기초한 판례를 보면 "피고(국제약품공업주식회사)의 스트렙토 마이세스 세티우스균주를 배양하여 제조한 항생물질인 아드리아 마이신을 수입판매 또는 확포하여서는 아니된다는 취지의 청구에 대한 판결 및 가집행 선고에서, 원고[파미타리아 칼로 에바 쏘씨에타 피아 찌옴(FARMITALIA CARO ERBA S·P·A)] 주장과 같이 각국에서의 특허권은 서로 독립된 것이고 또 개개의 특허사실행위는 서로 독립된 것이라고 하더라도 원고의 이 사건 특허권은 원고가 위 약품을 독점적으로 제조하여 적법하게 위 스위스국에 수출함으로써 이미 행사되어 소진된 것이고, 그 후에 위 약품이 어떻게 유통 또는 소비되는가 하는 점은 원고의 제조, 판매행위에 기초를 두고 그 제품이 실수요자들에게 분배되는 과정에 불과하여 원고가 관여할 사항이 아니며, 위 약품을 피고가 원고로부터 직접 국내에 수입한 경우와는 달리 이미 적법하게 이를 수입한 위 스위스국으로부터 피고가 다시 수입하는 경우에까지 원고가 추급권을 행사하여 특허권자로서의 권리를 주장할 수는 없는 법리라 할 것

---

14) 最高判 平9.7.1(註6 참조)에서도 방론으로서 국내소진을 인정하고 있다.

15) 大阪地判 昭 44.6.9 無體集 1卷 160면 참조.

이니 피고가 원고의 승낙없이 제3국으로부터 위 약품을 수입하였다하여 원고의 특허권이 침해되었다고 하는 위 주장도 이유없다"라는 요지의 판시를 하였다.[16]

이러한 소진설에 대해서는 파리협약의 "각국 특허독립의 원칙"(파리협약 4의 2)을 근거로 국제적 소진설을 긍정할 수 없다는 부정설(이 설에 따르면 병행수입은 권리침해가 된다)과 그렇지 않다는 긍정설(이 설에 따르면 병행수입은 권리침해가 되지 않는다)이 있으나 전자의 부정설이 지배적이며 국제적으로도 우세하다. 그러나 오늘날과 같은 다국적 기업화, 산업의 글로벌화 및 기술·자원의 공유화의 추세 하에서는 오히려 후자의 긍정설이 타당하다는 견해[17]가 있는바 매우 설득력이 있는 견해로 필자는 이에 동의한다.

2) 속지주의이론 - 병행수입금지 -

속지주의이론은 병행수입을 허용하지 않는다는 병행수입금지의 입장의 이론이다. 1국에서 인정된 특허권의 효력은 그 국가의 영역 내에서만 미치므로(파리협약 6) 외국에서 적법하게 구매한 특허발명품이라 하더라도 병행수입은 수입국 내의 특허권의 침해가 구성된다. 이러한 속지주의 이론은 파리협약 상의 각 특허독립의 원칙(파리협약 4의 2)을 근거로 위의 국제소진설은 긍정할 수 없다는 설로서(부정설) 이 이론에 반대하는 설이 있기는 하나 현재 일본 등을 위시하여 국제적으로 부정설이 유력한 실정이다. 즉 어느 1국의 특허법에 의해 취득한 특허권의 효력은 그 국가의 영역 내에만 미치기 때문에 설사 그 특허발명의 실시가 이해관계자 또는 제3자에 의해 동일 특허권이 설정되어 있는 국외에서 이루어지고 있다 하더라도 여기에는 특허권의 침해가 구성되지 않는다는 이론이다. 특허권이 설정되어 있는 1국에서 특허발명품을 수입하여 동일특허권이 설정되어 있는 제3국에서 판매하는 경우가 그 예이다. 따라서 일단 국경절차를 마침으로써 그 수입특허발명품에 대한 권리는 소멸되므로 이러한 특허발명품이 수입국 등 3국에서 생산, 판매 등의 형식으로 실시되고 있다 하더라도 1국의 특허권의 효력은 미치지 않는다는 것이다.

3) 묵시적 실시허락설

특허권자, 전용실시권자 등은 특허발명품을 양도(여기에서 판매를 지칭하고 수출을 포함한다)할 때 양수(여기에서 구매를 지칭하고 수입을 포함한다)하는 자에게 실시허락을 한다(implied license)는 설로써 일시 미국에서 우세한 설이었다.

16) 서울지방법원 동부지원 1981.7.30, 81가합466(특허권침해금지) 판결

17) 中山信弘, 工業所有權法上 特許法(第2版) [平10, 弘文堂], 64면 참조.

4) 소유권 이전설

타인이 적법하게 특허발명품의 소유권을 취득하면 그 특허발명품은 특허권자 등의 권리의 범위에서 벗어난 것이라고 보는 설이다. 그러나 이 설은 특허권 침해자로부터 침해품을 적법하게 구입하여 사용하고 있는 자도 특허권 침해가 된다는 것에 대한 설명이 불가능하고 또 특허권과 소유권을 혼동하고 있다는 점에서 타당성이 희박하다.

(3) 병행수입 관련 국제규범

1) 파리협약

① 타인의 수입 특허발명품에 대한 수입국 특허권자의 권리유보

산품이 그 산품의 제조공정에 관한 특허가 존재하는 동맹국으로 수입된 경우에는 그 특허권자는 그 수입산품에 관하여 그 국가의 법령에 따라 그 공정특허를 근거로 하여 수입국에서 제조된 산품에 관하여 그에게 부여된 모든 권리를 유보함으로써(파리협약 5의 4) 병행수입을 허용하고 있다.

개정전 파리협약 제5조의 4에서는 어느 제품이 그 제품의 제법특허가 존재하는 동맹국으로 수입된 경우 그 특허권자는 그 수입제품에 대하여 그 제법특허를 근거로 하여 수입국의 법령에 따라 수입국에서 제조된 제품에 관하여 그에게 부여된 모든 권리를 향유하도록 하여 병행수입을 불허하여 금지하였다.

여기에서 "부여된 모든 권리를 향유한다"라 함은 만일 제조공정에 대해서만 특허가 허여된다면 그러한 제법에 의해서 제조된 또는 직접 획득된 제품에까지 특허권의 효력이 미친다는 것으로 이는 제법의 실시(적용) 뿐만 아니라(not only the application of the process) 독립적으로 그 제법으로 제조한 제품의 판매나 사용도 특허침해를 구성한다(the sale and use of its produces will constitute patent infringement)는 것을 의미한다.

따라서 어느 국가가 이러한 제도를 채택하고 있으면 제법특허에 근거해서 그 나라에서 특허받은 제법에 따라 제조된 제품에 대하여 국내 법령이 부여한 모든 권리는 비록 그 제법을 특허받지 않은 다른 나라에서 동일제법으로 제조한 제품을 수입하는 경우에도 적용되어야 한다고 규정하고 있었으나 개정 협약에서는 수입국에서 제조된 제품에 관하여 수입국 특허권자에게 부여된 권리를 유보토록 하여 수입국 특허권자가 특허제품에 대하여 향유할 수 있는 특허에 관한 권리를 제한하려는 것으로서 이는 병행수입을 허용하려는 취지로 해석된다.

② 각국 특허독립의 원칙

속지주의 이론은 파리협약상의 각국 특허독립의 원칙(파리협약 4조의 2)을 근거로 국제적 소진설은 긍정할 수 없다는 부정설에 근거하고 있으며, 이 설에 대하여는 위 1) 하단의 긍정설과 같은 반대하는 설이 있기는 하나 현재 이 설은 국제적으로 유력한 설로 되어 있다. 즉 어느 1국의 특허법에 의해 취득한 특허권의 효력은 그 국가의 영역 내에만 미치므로 설사 그 특허발명의 실시가 이해관계자 또는 제3자에 의해 국외에서 이루어지고 있다 하더라도 여기에는 특허권의 침해가 구성되지 않는다는 것이다. 예를 들면 특허권이 설정되어 있는 1국에서 특허발명품을 수입하여 2국에서 판매하는 경우와 같은 것이다. 따라서 일단 국경절차를 마침으로써 그 수입특허발명품에 대한 권리는 소멸되므로 이러한 특허발명품이 수입국 등 2국이나 3국에서 생산, 판매 등의 형식으로 실시되고 있다 하더라도 1국의 특허권의 효력은 미치지 않는다는 것이다.

2) 무역관련 지적재산권에 관한 협정

① 권리소진

권리소진(exhaustion 혹은 first sale doctrine)의 원칙은 권리자가 특허발명품 혹은 특허기술 등을 양도 또는 라이센스 한 후 그 특허발명품 또 특허기술에 대해 자기 권리를 다시 주장할 수 없다는 원칙을 말한다.[18)]

이러한 권리소진의 문제가 국제적인 권리소진의 인정여부와 관련될 때에는 대단히 복잡해지고 중요해진다. 왜냐하면 국제적인 권리소진의 인정여부는 병행수입(parallel importation) 허용여부와 밀접한 관계를 갖고 있기 때문이다. 만약 관련된 병행 특허(parallel patent)에 대해서 권리 소진이 인정된다면 권리자가 일단 라이센스 한 후에 그 기술에 대해 권리자가 자기의 권리를 주장할 수 없으므로 이 병행수입은 허용되는 것이 되며, 1국 1특허원칙에 의한 권리소진의 원칙이 적용된다면 병행수입은 금지되는 것이 된다. 따라서 병행수입 허용여부는 수입국, 수출국할 것 없이 중요하다.

② 동 협정 규정의 권리소진 문제에 대한 불적용

병행수입에 관하여는 특허권이 미약한 국가와 강한 국가간에 이해관계가 첨예화됨으로써 무역관련 지적재산권에 관한 협정서에서는 각 체약국이 자유롭게 권리소진, 즉 병행수입의 문제를 결정할 수 있으며 이는 분쟁해결절차의 대상이 되

18) 파리협약의 1국 1특허주의에 의거하여 파리협약 가입국은 권리소진을 인정하고 있으나 저작권분야에서 대여권(rental rights)의 필요성이 대두되면서 국내적인 권리소진의 원칙도 제한되는 추세에 있다.

지 않는다. 위 같은 협정에 따른 분쟁해결의 목적을 위하여 제3조(내국민대우)·제4조(최혜국대우)의 규정을 조건으로 위 같은 협정의 어떠한 규정도 특허권의 소진문제를 다루기 위하여 사용되지 아니한다(동 협정 6). 그러나 양자 협의의 대상이 될 수 있음을 유념하여야 한다.

(4) 병행수입에 관한 외국의 경향

1) 미 국

파리협약상의 "각국 특허독립의 원칙"을 근거로 국제소진설을 긍정할 수 없다는 부정설에 의한 속지주의 이론에 의해 특허발명품의 병행수입을 금지하여 왔으나 최근 각국 특허독립의 원칙은 국제소진설을 부정하는 근거가 될 수 없다는 견해 등에 따라 일정한 조건 하에서 병행수입을 허용하고 있는 실정이다. 즉 i) 국내외 특허권이 동일인 또는 동일기업에 속하는 경우, ii) 각 특허권자가 모자회사 관계이거나 공동의 소유나 지배하에 있는 경우, iii) 외국에서 제조된 특허발명품이 미국 특허권자의 허가를 받은 경우 병행수입이 허용되고 있다.

2) 독 일

1964년 Maja사건 판결에서 특허권자 또는 실시권자로부터 특허발명품을 적법하게 구매한 후 제3자에게의 전매는 더 이상 특허권의 침해가 되지 않는다는 국내소진설을 국가간의 국제거래에서도 적용하여 병행수입에 있어서도 국제소진설에 의해 이를 허용하여야 한다는 취지의 판시를 하였다.[19)]

3) 일 본

① 병행수입의 제한적 금지

초기 속지주의 이론을 근거로 병행수입을 특허권 침해로 금지해 왔다. 그 후 판매가 적법하게 이루어진 후는 특허권은 소진된 것(Erschopfung)이 되어 이미 동일물에 대해 다시 특허권을 주장할 수 없다고 보는 병행수입과 관련한 이론에서의 국내소진이론인 국내소진설만 받아들이고 국제소진이론인 국제소진(worldwide exhaustion)설

---

19) 1964년 Maja사건 판결에서 상품이 상표권자 또는 사용권자에 의하여 적법하게 상표가 부착되어 일단 거래된 경우에는 그 후에 제3자에게의 전매는 더 이상 상표권 침해가 되지 않는다는 소진이론을 국가간에도 적용하여 병행수입을 허용하여야 한다고 판시하였는바, 본 판결요지를 유추인용하였다.

(외국에서 적법하게 구매한 특허발명품(소진품)인 이상 국내의 특허권에 대해서도 소진품이라고 보는 설)은 파리협약상의 "각국 특허독립의 원칙"(파리조약 4의 2)을 근거로 국제소진설은 긍정할 수 없다는 학설이나 판결[20]이 주종을 이루었고 이에는 동의하지 않은 학설[21]도 병존하고 있었다. 그 후 국제소진설도 일정한 요건 하에 병행수입 허용의 이론적 근거로서의 대세적 위치에 올랐다. 즉 국내외 특허권자가 넓은 의미에서의 동일인 또는 동일인과 계열관계에 있는 때 병행수입을 허용한다는 것이다.[22]

이처럼 근래 파리협약상의 "각국 특허독립의 원칙"은 국제소진설을 부정하는 근거가 될 수 없다는 판결이 나오면서 그 동안 병행수입에 대한 부정설에 일대 변화가 있었는바, 일정한 조건하에서만 병행수입을 금지할 수 있다고 판시한 최고재판소의 판결이 나오기까지의 일련의 판결이 그것이다.[23]

② 각국 특허독립의 원칙과 국제소진설

위 최고재판소의 상고심판결에서는 각국 특허독립의 원칙(파리협약 4의2)에 대해 "특허권의 상호의존을 부정하고 각국의 특허권이 그 발생, 변동, 소멸에 관해 상호 독립할 것, 즉 특허권 자체의 존립이 타국의 특허권의 무효, 소멸, 존속기간 등에 의해 영향을 받지 않는다고 정하고 있으므로 일정한 사정이 있는 경우 특허권자의 특허권의 행사여부에 관한 문제는 동조가 정하는 부분은 아니다"라고 판시하며, "권리행사의 대상이 되는 제품이 해당 특허권자 등에 의해 국외에서 양도되었다는 사정을 특허권자의 행사의 가부판단에 따라 어떻게 고려되는지는 오로지 일본특허법의 해석상의 문제라고 할 수 있고, 이 점에 대한 어떠한 해석을

---

20) 大阪地判 昭 44.6.9 無體集 1卷 160면 : 중고볼링용 자동핀 세우기 장치(외국특허품)를 외국에서 적법하게 구입하고 이것을 동 장치에 대해 특허권이 설정되어 있는 일본에 수입하여 영업용으로 사용하고 있는 경우에 소모이론은 그 외국에서 적용될 뿐이고 일본에서는 적용되지 않는다(각국 특허권은 독립이다)고 하여 중고품의 사용금지 등을 요구하는 특허권자(그 외국의 특허권자이기도 하다)의 소를 받아들였다.

21) 中山, 홍문당, 64면 이하 : 최근의 기업화·다국적하에서 보듯 경제의 국제화가 급격히 진행되는 상황하에서는 국제소진설을 긍정할 수 없다는 부정설이 의문이며, 오히려 이것을 재고하여 긍정하는 방향에서 검토해야 한다.

22) 1995.3.23 동경고등재판소는 소진설을 적용하여 특허관련 진정 특허발명품의 병행수입은 특허권을 침해하지 않는다고 판결하였다.

23) 最高判 平 9.7.1 判時 1612號 160면(BBS사건) : 본 사건의 제1심판결(東京地判 平6.7.22 知裁集 26卷 2號 733면)은 "특허독립의 원칙"은 국제소진설을 부정하는 근거가 될 수 없다고 하면서도 결론적으로 특허제품의 병행수입은 특허권의 침해행위를 구성한다고 판시하고, 이에 대한 항소심 판결(東京高判 平 7.3.22 知裁集 27卷 1號 195면)도 위 1심판결취지와 같으나 결론적으로 특허제품의 병행수입은 특허권의 침해행위를 구성하지 않는다고 판시하였다.

내린다고 해도 파리협약 제4조의 2에 반하는 것은 아니다"라고 덧붙이며, 각국 특허독립의 원칙이 국제소진설을 부정하는 근거는 될 수 없다고 판시하였다. 다만, 동 판결에서는 국제소진설에 대해서는 "일본의 특허권자가 국외에서 특허제품을 양도한 경우에는 위와 동일하게 논할 수 없다. 즉 특허권자는 특허제품을 양도한 그 국가에서 반드시 일본에서 갖는 특허권과 동일한 발명에 대한 특허권(이하 "대응특허권"이라 한다)을 갖는다고 한정지을 수 없으며, 대응특허권을 갖는 경우라도 일본에서 갖는 특허권과 양도지가 소재하는 국가에서 갖는 대응특허권은 별개의 권리인 점에 비추어보면 특허권자가 대응특허권에 관계된 제품에 대해 일본에서 특허권에 기초한 권리를 행사하였다고 해도 그 사실만 가지고 이중의 이득을 얻는 것이라고 할 수 없다"라고 판시하고 국내 소진설과 동일하게 취급할 수 없다고 하였다.[24)]

③ 병행수입 불인정 조건

위 최고재판소의 상고심 판결은 국제소진설 자체를 긍정한 것은 아니지만 병행수입을 방지하는 데에는 국제 거래에서 특허발명품의 유통과 특허권자의 권리의 조정에 고려하여 i) 특허권자와 양수인 사이의 해당 제품에 대해 판매선 내지 사용지역으로부터 일본을 제외한다는 의미의 합의의 성립, ii) 양수인으로부터 특허제품을 양수받은 제3자 및 그 후의 전득자(轉得者)에 대해서는 위 i)의 합의의 성립에 부가하여 그 사실의 특허제품에 대한 명확한 표시의 2가지를 조건으로 하고 있으며, 이것으로 만족하지 않는 경우에는 특허권의 행사가 제한(병행수입용인)된다고 판시하고 있다.[25)]

4) 영국 등

영국, 홍콩, 말레이시아, 싱가포르 등 국가에 있어서도 특허권 관련 병행수입을 허용하고 있으며, 말레이시아, 싱가포르 등 국가에서는 저작권 관련 병행수입도 허용하고 있다.

5) 유럽연합

현재 EU는 EU회원국에 대해서는 모든 병행특허에 대해 권리소진설을 근거로 하여 특허발명품의 병행수입을 인정하고 있다. 그러나 EU회원국이 아닌 역외 국

---

24) 最高判 平 9.7.1 判時 1612號, 160면.

25) 最高判 平 9.7.1 判時 1612號, 160면.

가로부터의 병행수입에 대해서는 각국의 법에 따라 결정하는 것이 원칙이나 일반적 추세는 특허권자 자신 또는 그 동의하에 판매(전매)된 특허발명품에 대한 제3자의 병행수입은 허용하고 있다.

(5) 특허권의 존재와 행사의 구별 이론

이 이론은 특허권의 존재 그 자체는 로마조약상의 상품의 자유 이동과 경쟁에 관한 규정에 영향을 받지 않으나 그 행사는 이에 영향을 받는다고 하는 입장이다. 이 구별이론은 EU 각 회원국의 국내 지적 소유권 법제와 로마조약간의 충돌에 대한 해결책으로 EU 법원에 의해 확립된 원칙이고 회원국 내의 지적 소유권에 대한 EU 경쟁법의 적용시에 그 이론적 기초가 된다.

EU는 로마조약에 의해 지적 재산권의 보호를 이유로 한 수입의 금지 내지 제한을 합법적으로 인정하고 있다(로마조약 제36조). 또 본 조약은 EU 각 회원국의 지적 재산권 제도를 침해하지 아니한다고 규정하고 있으므로(로마조약 제22조) 결국 구별 이론의 핵심은 지적 재산권의 보호와 공동 시장의 효력에 대한 적절한 조화의 문제라고 할 수 있다.

아울러 EU에서의 지적 재산권에 관한 규정은 로마조약 제85조와 제86조를 근거로 하는 경쟁법적 차원에서의 규제와 함께 동 조약 제30조의 상품의 자유이동의 원칙 사이의 적용상의 모순을 EU 법원은 "권리의 존재는 로마조약에 의하여 보존되나 권리의 행사는 여전히 규제의 대상이다"라는 권리의 존재와 행사에 대한 구별이론을 통해 해결해 나가고 있다.

EU 법원은 Grundig Consten 판결[26)]에서 원고측이 근거로 한 로마조약 제36조, 제222조 및 제234조가 가맹국 국내법상의 특허권의 행사에 대한 EU법의 영향을 배척하는 것은 아니라는 기본적인 입장에서, 병행 수입을 저지하기 위하여 가맹국의 특허법에 의하여 인정된 특허권을 행사해서는 안된다고 하는 EU위원회의 심결 중에 포함되어 있는 금지명령은 특허권의 성립과 저촉되는 것은 아니고 단지 로마조약 제85조 제1항의 금지를 실혀하려는 행사만을 그 한도 내에서 제한하는 데 그칠 뿐이라고 판시하였다. EU의 경쟁법에 위반할 목적으로 금지권을 남용하는 것은 로마조약 제85조 제1항에 규정된 금지에 위반된다고 함으로써 특허권의 성립과 행사의 구별방식을 제시하였다.[27)]

이 사건에서 EU법원이 특허권의 본질을 수입국에서의 특허권자의 개인적 이익

26) Etablissements Consten SARL and Grundig-Verkaufs-GambH v. Commission of the European Economic Community.(1966) ECR 299 참조.

27) 桑田三郎,「國際商標法の研究－竝行輸入論」, 171-173면 참조.

의 보호라기보다는 특허제품의 진정성의 확보에 의한 공정한 경쟁의 보장이라고 파악하고 있음이 주목된다.[28)]

(6) 병행수입 허용여부에 관한 검토

특허발명품 병행수입은 일응 권리의 소진이론에 의하면 허용가능다고 볼 수 있으나 속지주의 이론에 의하면 불가능하다고 보여진다. 또한 현행 특허법 제2조 제3호 가목, 제127조 제1호 및 제2호도 병행수입과 관련하여 모호할 뿐만 아니라 해석상으로도 난해한 면이 있다. 즉, 병행수입이라 해서 모두 금지되거나 모두 수입되는 것이 아니다. 병행수입의 유형에 따라 금지되는 것과 금지되지 않는 것이 있을 수 있기 때문이다.

특허발명품 병행수입은 그 유형이 다양하므로 모든 병행수입에 대해서 일률적으로 허용여부를 판단하기가 그만큼 어렵다는 것이다. 따라서 그 유형은 사안별 소송에 따른 판결에 의해서 병행수입이 가능한 것과 가능하지 않은 것으로 유형설정이 될 것이다. 그러므로 개별사건에 따라 축적된 판례에 의해 확립된 법리에 따라 운용하거나 제도보완을 한 연후에 시행하는 것이 바람직하다.

다만, 병행수입을 금지함으로써 나타나는 사회적 문제(특허권리자의 독점 : 가격, 품질 등)를 조속히 해결해야 할 필요성이 있다면 소송은 사안별로 재판결과가 상이하여 유형 설정에는 상당한 시간이 소요되므로 우선 특허제도의 근본 취지에 반하지 않는 범위 내에서 다음과 같은 사항을 중심으로 검토해 볼 수 있다.

즉 특허권자, 소비자 모두를 보호하기 위하여

1) 국내외 특허권자의 동일관계성
   ① 국내외 특허권이 동일인 또는 동일기업에 속하는 경우(예: 총판대리점)
   ② 각 특허권자가 모자회사관계이거나 공동의 소유나 지배하에 있는 경우
2) 특허발명품의 동질성
3) 특허발명의 재산적 가치의 보호(로얄티, 운임, 관세, 보험료, 선전광고비, 고객관리, 유통관리, 상표관리 및 영업상의 신용 등)
4) 소비자의 오인 및 저급품 수입방지와 특허권자의 기술성 및 신용성에 편승하려는 병행수입방지 등을 위하여 수입국에서 특허권자 또는 특허실시권자가 생산, 제조, 가공하고 있는 경우
5) 외국에서 제조된 특허발명품이 수입국 특허권리자의 허가(허락)를 받은 경우 등을 종합적으로 고려하여 일정한 기준설정을 전제로 허용하는 방안을 강구해 볼 수 있다.

---

28) 정상조, 「유럽공동체 경쟁법에 의한 지적 소유권 행사의 제한」, 발행처, 1991, 17면 참조.

위 병행수입 허용여부에 관한 기준은 법령이 아닌 관계부처의 내부지침 또는 고시의 형식으로 규정하는 것이 바람직하며, 병행수입이 가장 먼저 문제되는 관세청의 세관통관규정과 병행수입품의 유통문제를 규율할 공정거래위원회 고시에서 규정하는 것이 바람직하다. 현재 진정상품 병행수입절차업무를 처리하기 위해서 관세청 고시에 제정하여 운용하고 있으므로 이 또한 참고하기 바란다.[29)]

(7) 결 론

속지주의 원칙에 의한 국내 권리소진이론에 따르면 아무리 국내외 특허권리자가 동일인이거나 동일 관계에 있는 자이거나 특허발명품이 동일하다 하더라도 국경을 넘어 제2국에 수출될 때에는 특허권 침해행위가 구성된다. 따라서 특허발명품 병행수입이 금지되어야 하므로 이는 자유로운 국제교역화를 도모하려는 취지로 마련된 세계무역기구 무역관련 측면 지적재산권 협정(WTO Agreement on Trade-Related Aspects of Intellectual Property Rights, Including Trade in Counterfeit Goods: TRIPs)의 정신에 부합되지 않는 이론이다. 그러므로 국내외 특허권리자가 동일인 또는 동일 관계에 있는 자의 병행수입 특허발명품이 특허발명품의 동일성을 유지하여 일반 수요자들로부터 상품출원의 오인, 혼동을 줄 염려가 없다면 병행수입을 허용하는 것이 타당하다. 현재 우리나라에서 이 방향으로 상표권에 관련된 진정상품의 병행수입에 관한 "관세청 고시(1999. 8. 30 관세청 고시 제99-38호)"로 제도화하여 운용하고 있다함은 위의 (6) 하단 및 주 28)에서 설명한 바 있으므로 이를 참고하기 바란다. 그러나 위 (6)에서 언급한 바 있는 병행수입 허용여부에 관한 검

29) "지적재산권 보호를 위한 수출입 통관사무처리에 관한 고시(1999.8.30 관세청 고시 제99-38호)"를 제정하여 진정 상품병행수입 절차업무를 처리하고 있다. 동 고시에서는 지적재산권을 보호하기 위하여 지적재산권 관련 물품의 수출입 통관사무 처리지침을 정하고, 상표법에 의해 등록된 상표권을 침해하는 상표를 사용한 수출입물품에 대하여 적용하고 있다.
여기에서 "상표권을 침해하는 물품"이라 함은 타인의 등록상표와 동일한 상표를 그 지정상품과 동일 또는 유사한 상품에 사용하거나 타인의 등록상표와 유사한 상표를 그 지정상품과 동일 또는 유사한 상품에 사용하여 수출입되는 물품을 말한다. 다만, 세관장에게 상표권 보호신청을 한 상표와 동일한 상표가 부착된 물품을 당해 상표에 대한 권리가 없는 자가 수입신고한 물품으로서 당해 상표가 외국에서 적법하게 사용할 수 있는 권리가 있는 자에 의하여 부착되고, 국내외 상표권자가 다음의 1에 해당하는 경우에는 상표권을 침해하지 아니한 것으로 본다.

① 국내외 상표권자가 동일인이거나 계열회사 관계(주식의 30% 이상을 소유하면서 최다출자자인 경우), 수입 대리점 관계 등 동일인으로 볼 수 있는 관계가 있는 경우(이하 "동일인 관계"라 한다)

② 외국의 상표권자가 동일인 관계에 있는 국내 상표권자로부터 전용사용권을 설정받은 경우, 다만 국내 전용사용권자가 당해 상표가 부착된 물품을 제조, 판매만 하는 경우에는 국내 전용사용권자와 외국의 상표권자가 동일인 관계에 있는 경우에 한한다.

토를 통해 설정한 기준에 의하여야 함은 물론이다.

Ⅲ. 특허권의 소극적 효력

특허권의 소극적 효력이라 함은 정당한 권원(전용실시권·통상실시권 등) 없는 제3자가 특허출원서에 첨부된 명세서의 특허청구범위에 기재된 사항에 의하여 정하여진 특허발명의 보호범위 내에서 업으로서 특허발명을 실시하는 것을 금지시킬 수 있는 효력을 말한다. 따라서 특허권의 적극적 효력이 특허권자(전용실시권자 포함)가 그 특허발명을 업으로서 실시할 권리를 독점할 수 있는 효력이라는 점에서 양자는 다르다. 그러나 여기에서 중요한 것은 특허권의 소극적 효력이 특허발명의 보호범위와 금지권행사의 대상이 될 수 있는 제3자의 실시라는 점이다.

1. 특허발명의 보호범위

특허법은 특허발명의 보호범위는 특허청구범위에 기재된 사항에 의하여 정하여 진다라고 규정하고 있다(법 97). 따라서 특허출원인이 특허청구범위에 기재하지 아니한 내용은 당해 특허권의 보호범위에 속하지 아니한다. 즉, 명세서상의 발명의 상세한 설명에는 기재되어 있지만, 특허청구범위에 기재하지 아니한 발명은 일반공유재산이 되므로 여기에는 특허권의 효력은 미치지 아니한다. 특허법은 특허의 보호범위 내지 권리범위는 특허청구범위에 기재된 사항에 의하여 정하여진다는 원칙을 분명히 하고 있다(법 97). 이는 특허의 보호범위 내지 권리범위를 특허청구범위의 항에 명시하여 당해 특허발명의 기술적 내용을 이용하는 일반공중에게 그 권리의 한계를 명백히 함과 동시에 특허출원인이 그 특허출원에서 보호를 받고자 하는 사항을 특허청구범위에 기재하지 아니한 것은 설령 명세서상의 발명의 상세한 설명에 기재하였다 하더라도 보호되지 아니한다는 원칙을 명백히 하고 있고 이 원칙은 오늘날 모든 나라가 다함께 채용하고 있는 보편적인 특허발명의 보호범위와 권리범위의 해석방법이라고 할 수 있다.

2. 특허발명의 보호범위의 해석방법

특허발명의 보호범위의 해석은 특허권자(전용실시권자를 포함한다. 이하 같다)와 경쟁자가 서로 상반된 해석을 하려할 것이다. 전자는 보호범위를 가능한 한 넓게 해석하려고할 것이고, 후자는 그와는 반대로 가능한 한 좁게 해석하려고 할 것이다. 그러므로 양자를 적절하게 조화시킬 수 있도록 해석하여야 한다. 특허권의 보호범위에 관한 해석에 대해서는 일반적인 명세서주의적 해석방식과 종래 넓게 해석하고자 하는 독일을 중심으로 한 대륙법계 국가가 채용해왔던 중 심한정주의적 해석방식, 자유경쟁원리를 존중하는 입장에서 독점을 예외로 하는 미국을 중심으로 한 영미법계 국가가 채용해왔던 주변 한정주의적 해석방식으로 나뉘어져 있다.

(1) 중심한정주의

특허청구범위에 기재된 사항은 발명이라고 하는 추상적·이론적 사상에 머무르고 있는 기술적 내용을 시현하기 위한 설계 내지는 지침에 관한 것으로서 어느 범위까지의 확장해석을 인정하며, 특허청구범위의 기재에 의한 구체적인 사항뿐만 아니라 그 기재사항에 의하여 구체화된 명세서·도면을 통해 특허출원인이 보호하고자 하는 범위까지 추리하면서 그 보호범위를 확대하여 해석하려는 방식이다.

이러한 중심한정주의는 특허청구범위의 기재에 대하여 특허출원인이 책임부담이 경감되는 장점이 있다. 그러나 특허출원인의 과오로 발명의 내용을 좁게 기재한 경우에도 이 부분에 대한 보호는 가능한 범위로 해석되는 이점이 있으나 한편으로는 제3자가 명세서의 기재사항을 통하여 보호범위를 정확하게 판단하기 어렵다는 단점을 아울러 가지고 있다.

(2) 주변한정주의

특허청구범위의 기재사항이 의미하는 범위를 정하고 그 범위밖에 있는 사항에 대하여는 침해가 아닌 것으로 특허청구범위를 해석하는 방식이다. 이러한 주변한정주의는 특허출원인이 특허청구범위를 작성할 때 균등범위에 속한다고 생각되는 실시례 등도 포함되도록 작성하여야 한다. 그러나 이 경우 특허청구범위의 기재가 불명료하거나 특정화되지 않았다는 이유로 심사관의 거절이유를 받을 우려가 있다. 주변한정주의는 제3자에게 특허발명의 기술적 범위의 이해가 용이하다는 장점이 있는 반면 특허청구범위의 기재사항외의 균등범위 위에서 당해 특허권을 침해하는 대부분의 침해자로부터 특허권의 보호가 어렵다는 단점도 아울러 지니고 있다.

3. 특허발명의 보호범위의 해석기준

(1) 서 론

특허권이 침해된 경우 그 계쟁대상물(係爭對象物)이 당해 특허발명의 보호범위, 즉 특허권의 효력범위(특허발명의 권리범위)나 특허발명의 기술적 범위에 속하는지의 여부이다. 특허법은 특허발명의 보호범위는 특허청구범위에 기재된 사항에 의하여 정하여지고(법 97) 그 특허청구범위에는 보호를 받고자 하는 사항을 기재한 항(이하 "청구항"이라 한다)이 1 또는 2이상 있어야 하며, 그 청구항은 발명의 상세한 설명에 의하여 뒷받침되고, 발명이 명확하고 간결하게 기재되어야 한다고 규정하고 있다(법 42④). 또 특허청구범위의 기재에는 보호를 받고자 하는 사항을 명확히 할 수 있도록 발명을 특정하는데 필요하다고 인정되는 구조·방법·기능·물질 또는 이들의 결합관계 등을 기재하여야 한다고 규정하고 있다(법 42④⑤). 이와 같이 특허법이 특허청구범위의 구성요건을 제시하고 있는 것은 특허발명의 보호범위에는 기술적 사상만을 기재하게 하여 특허권으로 보호를 받고자 하는 특허발명의 기술적 범위를 간결하고 명확하게 함으로써 권리자의 권리남용과 제3자의 부지로 인한 침해를 막아 특허분쟁을 방지하려는 것이다.

그런데 여기에서 분명히 할 것은 특허발명의 기술적 범위와 특허발명의 보호범위간의 이동성(異同性)문제이다. 즉 기술범위와 보호범위는 동의어로 양자가 일치하다고 보는 일치설(다수설이며 또 통설이기도 한다)과 이와는 반대로 기술적 범위는 보호범위와 동의어가 아니므로 양자가 일치하지 않는다는 불일치설이 있다. 그 이유는 특허권자가 업으로서 그 특허발명을 독점적으로 실시할 수 있는 특허권의 효력범위는 특허청구범위에 기재된 사항이므로 이것이 기술적 범위라는 것이고, 특허발명의 보호범위는 특허발명의 기술적 범위보다 광의의 개념으로 제3자의 무단실시, 균등, 우회(迂回) 및 불완전실시(개악실시) 등의 경우 권리침해가 구성되는 기술적 영역이므로 이는 특허발명의 보호범위에서 인정된다는 설로서 현재로서는 소수설에 끝이고 있다.

또 한편 특허발명의 기술적 범위와 특허발명의 권리범위는 동의어로 양자 일치하다고 보는 것(일치설)이 오늘날의 통설이다. 그 이유는 특허권리확인심판(법 135)에서의 특허권의 권리범위확인은 특허발명의 보호범위를 확인하여 특허권의 효력이 미치는 기술적 범위를 확정하는데 있기 때문이다.[30] 이에 반해 특허발명의 기

30) 大審判 昭 16.7.7 號外 23號, 185面(과부하 단전기 사건).

술적 범위와 특허발명의 권리범위는 동의어가 아니므로 양자가 일치하지 아니하다(불일치설)는 소수설이 있다. 그 이유는 선사용에 의한 통상실시권(법 103)이 존재하는 경우 그 대상이 되는 기술은 기술적 범위에 속하지만 권리범위에는 속하지 않기 때문이라는 것이다. 그러나 여기에서의 선사용권은 통상실시권의 하나에 지나지 아니하므로 권리범위에 속한다고 봄이 타당하다.

결국 위에서 살펴본 바와 같이 특허발명의 i) 보호범위, ii) 기술적 범위(기술적 사상의 범위) iii), 권리범위(특허권의 효력범위)는 모두 동의어로 일치하다는 것이 오늘날의 통설이다. 또 위의 i) 내지 iii)은 모두 특허청구범위에 기재된 사항에 의하여 정하여진다는 공통점에서도 동일범위의 개념으로 해석할 수 있다. 따라서 본서에서는 표현상의 편의에 따라 특허발명의 보호범위와 특허발명의 기술적 범위를 혼용하기로 한다. 그리고 본 항에서는 주로 특허발명의 보호범위는 "특허청구범위에 기재된 사항에 의하여"를 두고 여러 가지 견해가 있어 이를 중심으로 살펴보고자 한다.

(2) 일반적 기준

일반적 기준은 다시 원칙적 기준과 이 원칙적 기준에 대한 구체적 기준으로 나누어 볼 수 있는 바, 이를 기준으로 고찰한다.

1) 원칙적 기준

① 특허청구범위 기준의 원칙

특허법은 특허발명의 보호범위는 특허청구범위에 기재된 사항에 의하여 정하여진다고 규정함(법 97)으로써 특허권의 보호범위의 해석기준의 원칙을 제시하고 있다. 그 밖에 특허법은 특허청구범위에는 보호를 받고자 하는 사항을 기재한 청구항이 1 또는 2 이상 있어야 한다(법 42④). 특허청구범위를 기재할 때에는 보호받고자 하는 사항을 명확히 할 수 있도록 발명을 특정하려는데 필요하다고 인정되는 구조·방법·기능·물질 또는 이들의 결합관계 등을 기재하여야 한다(법 42⑥). 특허발명의 보호범위를 확인하기 위하여 특허권의 권리범위 확인심판을 청구할 수 있다(법 135①)고 규정함으로써 특허발명의 보호범위를 입법적으로 제시하고 있다. 따라서 특허청구범위에 기재된 사항에 의해 특허권의 보호범위가 정하여지기는 하나 이는 어디까지나 원칙이고 예외가 있음을 유의할 필요가 있다.

특허법 제97조의 법원리는 특허발명의 보호범위가 반드시 특허청구범위에 기재된 사항 그대로에 의해 정하여진다는 것이 아니고 특허청구의 범위를 특허출원당시의 기술수준에 입각하여 발명의 상세한 설명·도면 및 출원경과 등을 참작하여 그 기술적인 의미를 해석한 다음, 그 해석된 특허청구범위가 특허발명의 보호범위결정의 기준이 된다고 해석하는 것이 타당할 것이다.[31)]

② 권리일체의 원칙

특허청구범위에 복수의 요소가 기재되어 있다 하더라도 이들이 결합된 전체가 하나로서 보호되는 경우, 복수의 요소가 결합된 전체로서 특허발명의 보호범위를 해석하여야 함을 원칙으로 한다. 이는 특허청구범위에 기재된 일체의 발명의 구성요소를 특허침해의 구성요소로 하는 것이다. 따라서 특허청구범위에는 기재되는 사항이 많을수록 특허권의 보호범위는 좁게 해석된다.

이는 다기재협범위의 원칙이라고 하는데 독자적인 원칙이라기보다는 권리일체의 원칙에 따라 나타나는 파생적 원칙이라고 보는 것이 타당하다.[32)]

③ 발명의 상세한 설명참작의 원칙

특허출원서에 첨부되는 명세서의 특허청구범위에는 보호를 받고자 하는 사항을 기재한 항(청구항)이 있어야 하고, 이는 발명의 상세한 설명에 의하여 뒷받침되어야 한다는 특허법 제42조 제4항 제1호의 규정에 의하여 발명의 상세한 설명은 특허권의 보호범위의 해석에 지침이나 해설서가 될 수 있는 바 이는 특허발명의 보호범위를 정하는 특허청구범위의 모태라고도 할 수 있기 때문에 원칙적으로 특허권의 보호범위의 해석에 참작이 되어야 함은 당연하다.

따라서 특허청구범위의 내용을 정확히 파악, 이해하기 위해서는 모든 청구항·선행기술·출원경과·발명의 명세서의 내용을 참고할 필요가 있다. 특허청구범위에는 보호를 받고자 하는 사항을 기재한 1 또는 2이상의 청구항이 간결하고 명확하게 기재되어 있기 때문에 특허청구범위의 문언만으로 보호범위를 정확히 이해할 수 없는 경우가 있다. 그러므로 특허청구범위의 문언만으로 보호범위의 의의를 해석하는 데에는 발명의 상세한 설명의 기재를 참작하여야 한다. 즉 특허청구범위는 간결하고 명확해야 하나 문언이 가지는 한계성으로 인하여 불명확한 점이 있을 수 있다. 반면에 발명의 상세한 설명은 당해 기술분야에서 평균적인 지식을 가진 자가 용이하게 실시할 수 있을 정도로 발명이 해결하고자 하는 과제인 발명의 목적·과제 해결수단인 발명의 구성·그 밖에 필요한 발명의 작용효과가 기재되어 있으므로 특허청구범위에 기재된 사항의 의미를 보다 정확하게 해석할 수 있

31) 馬瀨文夫, 特許請求の 範圍, 49면.
32) 李京蘭, "특허청구범위에 기재된 기능적 표현의 해석에 관한 연구", 1996. 34~35면.

는 참고자료가 되는 것이다. 따라서 권리보호범위의 해석은 특허청구범위에 기재된 것뿐만 아니라 발명의 상세한 설명과 도면의 간단한 설명의 기재 전체를 일체로 하여 그 발명의 성질과 그 발명이 해결하고자 하는 과제인 발명의 목적을 밝히고 이를 참작하여 그 발명의 범위를 실질적으로 판단하는 것이 필요하며, 특허청구범위에 관한 기재에만 구애될 수 없는 것이다.[33] 따라서 특허권의 권리범위 내지 실질적인 보호범위는 특허명세서의 여러 기재내용 중 특허청구의 범위에 기재된 사항에 의하여 정하여진다 하더라도, 특허명세서의 기재 중 특허청구범위의 항(이하 "청구항"이라 한다)의 기재가 극히 애매모호하거나 추상적, 총괄적인 표현방식에 따라 기재되어 있는 경우, 이것만으로는 특허의 기술구성을 알 수 없거나 설사 알 수 있다 하더라도 그 기술적 범위를 확정할 수 없으므로 이러한 경우 특허의 기술적 범위 내지 그 권리범위를 정함에 있어서는 특허청구의 범위에 발명의 상세한 설명이나 도면 등 명세서의 다른 기재부분을 보충하여 명세서전체로서 그 기술적 범위를 실질적으로 확정하는 것이 필요하며 특허청구범위에 관한 기재사항만을 기준으로 할 수 없다.[34]

발명의 상세한 설명참작의 원칙은 다음과 같은 3가지의 의미를 파악할 수 있다.

ⅰ) 특허발명의 보호범위가 특허청구범위에 기재되어 있는 사항이다 하더라도 발명의 상세한 설명에 의하여 뒷받침되고 있지 않다면 이는 특허발명의 보호범위에 속하지 않는다는 의미이며, ⅱ) ⅰ)과는 반대로 발명의 상세한 설명에 기재되어 있고 특허청구범위에는 기재되어 있지 않은 사항은 특허청구범위기준의 원칙에 의해 특허발명의 보호범위에 포함되지 않는다는 의미이고, ⅲ) 특허청구범위와 발명의 상세한 설명에 모두 명료하게 기재되어 있으나 그 기재사항이 서로 다르거나 또는 통상의 용어만으로는 발명의 기술적 의미가 불분명한 경우 이를 정확하게 파악하기 위한 용어사전으로서의 기능을 하기 위하여 발명의 상세한 설명이 참작되어야 한다는 것이다.[35]

④ 출원경과참작의 원칙

특허청구범위를 정확히 파악하고 이해하기 위해서는 출원에서부터 특허결정에 이르기까지의 일련의 출원인의 의사표시와 특허청의 견해표명이 참작되어야 한다. 즉, 특허출원 중 심사관의 거절이유에 대한 출원인의 의견서 및 보정서의 내용 등과 같이 출원경과 중에 나타난 출원서류 또는 출원시의 명세서·출원 중 출

33) 대법원 1973.7.10. 72후 42, 1973.8.31. 72후 43 판결.

34) 대법원 1991.11.26. 90후 1499 판결.

35) 이수완, 특허청구범위의 해석에 관한 소고, 월간공업소유권 32호, 103면.

원인의 자진보정서, 심사관의 거절이유통지서, 출원인의 의견서 및 보정서 등과 같은 기록서류를 참작하여야 한다. 이는 특허법 제47조 제2항 내지 제4항과 관련하여 특허의 무효여부결정에 매우 중요한 자료가 되기 때문이다. 이러한 출원경과참작의 원칙은 입법의 과정이 법령해석에 유력한 참고가 되는 것과 같은 취지에서 인정된 것으로서, 판단의 공정과 신중을 기하기 위하여 요구되는 원칙이다. 이는 신의성실의 원칙에서 파생된 원칙으로, 거절이유를 해소시키기 위하여 출원단계 또는 등록기간 중에 취하였던 주장이나 한정은 보호범위의 확정시 참작되어야 하는 것이다.

⑤ 출원시의 기술수준참작의 원칙

일명 공지기술배제의 원칙 또는 공지기술참작의 원칙이라고도 하며 이는 출원시의 기술수준은 특허발명의 보호범위해석에 참작이 되어야 한다는 것이다. 그 이유는 출원당시의 공지기술에 비해 진보성이 확인되어 특허권이 허여되었기 때문이다. 즉, 공지기술에 비해 신규성과 진보성을 인정받았기 때문에 이를 참작하지 아니하고는 정확한 특허발명의 기술적 사상의 창작범위를 결정할 수 없기 때문이다. 이와 관련하여서는 공지사항 제외설·공지사항 포함설과 공지사항의 포함 또는 참작의 정도를 놓고 일부 공지사항 포함(참작)설·전부 공지사항 포함(참작)설로 나뉘어져 왔으며 판례 또한 공지기술을 기준으로 한 특허발명의 보호범위해석을 놓고 서로 엇갈리게 나왔으나 대법원의 판결[36]이 나옴으로써 공지기술참작의 원칙이 확립되어 공지사항제외설이 정설로 자리 잡고 있다.

i. 공지사항 참작설

이 설은 특허청구범위의 의의를 정확하게 이해하기 위해서는 출원시의 기술수준, 즉 공지사항을 참작하여야 한다는 것이다. 명세서는 출원시의 기술수준을 전제로 하여 기재되어야 하고, 발명은 원래 출원시의 기술수준보다 진보된 유용한 기술적 사상이기 때문에 특허된 것이므로 공지사항의 참작은 당연하다는 것이 그 근거로서 일명 당연설이라고도 한다. 이 설은 공지사항만을 참작하는 경우는 물론 위의 "② 발명의 상세한 설명참작의 원칙" 또는 "③ 출원경과 참작의 원칙"과 함께 참작하는 것을 인정하는 설이다. 이러한 공지사항 참작설을 둘러싸고서도 다음과 같은 여러 가지 설이 있다.

(ⅰ) 조건부 참작설

위의 원칙 ② 또는 ③에 의해서도 아직 특허청구범위의 의의를 명확하게 이해

36) 대법원 1983,7.26. 선고 81후 55 판결.

할 수 없을 때에 한해 이를 보충적으로 적용할 수 있다고 하는 것, 즉 ② 또는 ③에 의해 특허청구범위의 의의가 분명하게 이해할 수 있는 한 공지사실을 참작할 것이 아니라는 설이다.

(ii) 최협의 설

위의 원칙 ② 또는 ③에 의해서만 이해되는 의의에 구애될 것이 아니고, 특허청구범위기재의 발명이 공지사실 그 자체일 때에는 그 공지사실이 특허발명의 기술적 범위, 즉 보호적 범위에 속하지 않도록 해석하여야 한다는 설이다.

(iii) 반대설

위의 (i)·(ii) 어떠한 경우에도 공지사실은 참작해서는 안된다는 설이다. 위의 여러 가지 설 중 (ii)의 최협의설은 공지사항참작설(일명 "공지사실참작설"이라고도 한다)의 전형적인 것으로서 다음의 두 가지 설로 대표된다.

i) 클레임 최협의설

특허청구범위의 기재사항만을 특허발명의 보호범위해석의 기준으로 하고 기재용어의 확장적 해석(균등론의 주장)을 허용할 여지가 없는 가장 좁게 해석하여야 하는 설로서 이는 다음 균등론에서 설명하는 "균등론 적용 제외사항"의 문제로서 파악할 수도 있다.

ii) 공보최협의설

종래의 공지사실 제외설과 마찬가지로 실시예를 발명의 요지로 해석하는 것이며, 따라서 이들을 "실시예 요지설"이라고 말할 수 있다. 그러나 공보최협의설은 종래의 공지사실제외설이 자칫하면 오해되어 일반적 발명사상론의 근거가 되고, 또 구성요건에서 공지사실을 제외하는 뜻으로 해석되는 결점이 있으므로 표현과 취지를 달리하여 새로 등장한 설이라고 할 수 있다.

특허발명의 보호범위는 특허청구범위의 기재에 구애되지 않고 공보에 기재된 대로의 내용을 갖는 것으로서 최협의로 명세서나 도면에 실시예로 기재되어 있는 것을 진정한 요지로 해석하여야 한다는 것으로서 후술하는 "실시예 불구속의 원칙에도 구애되지 않는다는 설"이다. 따라서 공보최협의설에 의하면 공지사실인 까닭에 균등론을 적용할 수 없다(후술하는 (3) 6) "균등론 적용 제외사항" 참조)는 것을 나타내는 것이다.

ii. 공지사실 제외설

공지사실 제외설은 특허발명의 보호범위의 해석기준은 특허청구범위 기준의 원칙보다도 공지사실이 우선하는 것임을 나타내는 것으로서 공지사항(사실) 참작설에 가장 철저한 설이라고 할 수 있다.

위와 같이 공지사실 참작의 원칙에 대해서는 여러 가지 설이 있으나 공지사실 참작설, 즉 공지사항 참작설은 오늘날의 통설이라고 할 수 있다.

⑥ 의도적 제외설

발명이 해결하고자 하는 과제의 해결수단인 발명의 구성에 없어서는 아니되는 사항을 명세서 작성시 발명의 상세한 설명에는 기재하면서도 특허청구범위에는 이를 의도적으로 기재하지 않는 경우 이는 특허발명의 보호범위에 속하지 않는다는 설이다. 청구하지 않는 권리는 부여하지 않는다는 일반법원리에 의하여 인정한 것으로서 당연한 귀결이다. 그러나 여기에서 중요한 것은 의도적으로 제외한 것인가의 여부가 불분명한 경우까지 적용되는 것은 아니라고 해석하여야 할 것이다. 왜냐하면 일반적으로 권리범위를 확대하여 청구하려는 것이 특허출원인의 본능이므로 달리 반증이 없는 한 특허출원인에게 불리하게 해석하여서는 아니되기 때문이다.

이러한 의도적 제외설을 바꾸어 말하면 출원인이 의도적으로 명세서 등의 기재에서 특허청구범위를 특정사항으로만 한정하고 다른 사항을 배제하는 경우, 즉 한정사항만이 기술적 보호범위에 속한다는 소위 "의도적 한정설"과 같은 의미이다.

위의 의도적 제외설이나 의도적 한정설(이하 "의도적 제외설"이라 한다)은 특허청구범위에 직접 표시되는 경우는 물론 명세서(발명의 상세한 설명)·출원서류[의견서·보정서·답변서(특허무효심판청구)] 등을 통한 표시의 경우도 포함된다. 이와 같은 기준은 출원인이 스스로 특허를 청구하지 아니한 것을 분명히 한 범위까지를 특허의 기술적 보호범위로 인정하여야 할 필요가 전혀 없기 때문에 나온 당연한 기준이다. 만약 출원인이 권리발생 후 의도적 제외사항을 권리범위 내라고 주장하는 것을 인정한다고 하면 신의칙에 위반되어 법적 안정성을 크게 해칠 수 있기 때문이다. 이러한 관점에서 의도적 제외설은 위의 "③ 출원경과참작의 원칙"과 궤를 같이 한다고 할 수 있다. 여기에서 유의할 것은 이 기준의 적용의 한계이다. 즉, 이 기준을 적용함에 있어서는 어디까지나 출원인이 의도적으로 제외한 것이 확실하다고 인정되는 경우에 한하여 적용하여야 하며, 만일 출원인의 제외여부가 불분명하거나 의심스러운 경우에는 이를 적용해서는 안 된다는 것이다. 즉, 불분명하거나 의심스러운 경우의 이익(benefit of the doubt)은 출원인에게 있다는 것이다. 이는 특허출원인은 그 발명에 대하여 가능한 한 최대한의 보호를 받고자 할 것이므로 이를 부정하기에 충분한 사실이 없는 경우 출원인에게 유리하게 해석, 운용하지 않을 수 없기 때문이다.

이와 같은 경우의 전형적인 것으로서 명세서에서 일체 기재되어 있지 않은 사항을 들 수 있다. 즉 명세서에 일체 표시되어 있지 않은 사항일지라도 구성요건과 균등한 것은 특별한 사정이 없는(후술하는 "균등론 적용상의 제외사항" 참조)한 이를 의도적 제외사항이라고 해석하여서는 안 된다. 만일 그와 같이 해석하지 않는다면 명세서에 일체 표시되어 있지 않는다는 것을 전제로 하는 균등론 그 자체를 부정하는 결과가 되기 때문이다. 그러나 최근 명세서에 일체 기재되어 있지 않은 출원인으로서는 오히려 불리하게 작용할 근거라는 판례[37]가 나오는가 하면, 더 나아가서는 균등론 그 자체는 부정하지 않지만 종래 균등론 성립에 관한 통설적 요건(후술하는 "균등론" 참조)을 부정하는 학설[38]이 나와 주목을 끌고 있다. 물론 이러한 것들에 대하여는 반대론[39]도 있다.

---

37) 東京地判 1976.6.16 取消集 1976(地) 331면.
본건 공보에는 他端에 테이퍼부를 만든 핀 수입공을 형성한 외통구조속에 포함된다는 것을 시사하는 기재는 전혀 없다. 위 사실에 의하면 외통의 핀 수입공 단부에 테이퍼부를 만드는 것은 본건 고안의 필수구성요건이라고 해석할 수밖에 없다. … 이것이 결여된 피고제품은 … 본건 고안의 기술적 사상과는 다른 기술적 사상의 것이라고 하여야 한다고 판시하였다.

38) 학설 : 牧野利秋編 "특허발명의 기술적 범위확정에 대한 기본적인 고안 및 공업소유권 소송법, 昭 60, 青林書院, 91면"
"이 기준, 즉 균등론 성립요건은 권리자를 보호할 실질적인 근거가 될 수 없다. 생각건대 이와 같은 치환이 출원당시 쉽게 추고된다면 스스로도 전문가(당사자)인 출원인은 당연히 특허출원시 이 기술도 포함되도록 특허청구범위를 기재할 수 있었을 것이고 출원 후에도 출원공고결정의 송달 전까지 이를 보정할 수 있었다고 보아야 하므로 이 기준에 따라 침해를 인정하는 것은 당연히 할 수 있는 일을 하지 않은 권리자 측의 태만을 이유로 권리의 보호확장을 인정한다는 일반 사법이론하에서는 대체로 용인되지 않는 이론이 되지 않을 수없기 때문이다"라고 한다.

39) 학설 : 松本重敏 "특허침해소송에서의 균등(등가)이론의 존재이유" 三宅記念, 651면.
<요지> ① 균등긍정설과 균등부정설의 차이에 대한 중심적인 문제점은 발명의 "개시의무범위"에 대한 기본적인 시점을 달리하는 점에 있다. 이 기본적인 시점의 차이의 유래는 특허청에서의 출원심사의 절차단계와 침해소송의 절차단계의 두 개의 절차를 어떻게 위치시키는가에 있는 바, 특허법 체계는 양자는 일원적으로 보고 출원심사단계에서 배타권이 미치는 외연까지도 모두 명확하게 하는 것까지를 요구하고 있지는 않다.
② 민사법에서의 과실이란 예측가능성이 있는데도 의당 취해야 할 예방조치를 태만히 한 것, 즉 일반적으로 취해야 할 주의의무의 해태, 실수가 있음을 의미한다. 출원시에 주어지지 않은 침해태양을 예측하여 이것을 기재할 것까지를 특허법이 요구하고 그것을 기재하지 않은 것이 특허권자의 출원시의 실수라고 평가하는 것은 출원 당시의 공지기술과의 비교에 대한 신규성·진보성의 문제와 침해소송에서 비로소 주어지는 침해태양과의 비교로서 기술적 범위를 정할 때의 균등요건문제로 평가하는 것이며, 이론으로 단락(短絡)하고 있다고 할 수 없을까.

2) 구체적 기준

① 인식한도에 관한 기준

특허발명의 보호범위의 해석은 발명자의 발명에 대한 인식의 한도를 기준으로 하여 정하여야 한다는 것으로 이를 소위 "인식한도론"이라고 한다. 이 이론에 따르면 무릇 발명은 발명자의 기술적 사상의 창작이므로 그 창작의 범위를 넘어 해석하는 것은 아니된다는 것이다. 왜냐하면 발명이 아닌 사항에 대해서까지 특허발명의 보호범위로 인정하게 되기 때문이다.

이러한 인식한도의 내외여부는 원칙적으로 특허출원서에 최초로 첨부된 명세서 또는 도면에 기재된 사항에 의해 판단하여야 한다. 그러나 최초명세서 또는 도면이 이를 판단하기에 불충분한 경우 등에 있어서는 출원 후 특허결정까지 출원인이 제출한 의견서 및 보정서 등에 의해서도 예외적으로 판단할 수 있다.

② 작용효과에 관한 기준

i. 특허발명의 보호범위는 특허청구범위에 기재된 사항에 의하여 정하여지고 이러한 특허청구범위의 기재는 발명의 상세한 설명에 의하여 뒷받침되고 또 발명을 명확하고 간결하게 기재하되 보호받고자 하는 사항을 명확히 할 수 있도록 발명을 특정하는데 필요하다고 인정되는 구조·방법·기능·물질 또는 이들의 결합관계 등(이하 본 항에서 "발명의 구성요소"라 한다)을 기재하여야 한다. 이때 이러한 발명의 구성요소에 대해 그 작용효과를 발명의 상세한 설명, 그 밖의 의견서·보정서 및 심판청구서 등에 특별히 기재하고 있는 경우에는 그 발명의 구성요소에 관한 기재사항은 특허발명의 보호범위의 필수적 요건이라고 해석하여야 한다. 따라서 이를 충족하지 아니한 것은 특허발명의 보호범위에 속하지 아니한다는 것으로 이를 소위 "작용효과중시설"이라고 하는데 이는 발명의 상세한 설명참작의 원칙 또는 출원경과참작의 원칙(의견서, 보정서 등의 경우)에 의해 확립된 이론이며 다수의 판결이 이 학설에 따르고 있다.[40)]

---

40) - 자동차바퀴에 부착한 진흙제거장치사건의 판결요지
특정한 효과를 얻기 위해 구성요건 (1)을 채택한 것은 명백하다. 이것을 명기해서 특허를 받은 이상 명세서의 기재를 무시하여 위의 효과를 갖는 것을 전제로 작용효과의 동일을 논하는 것은 허용되지 아니한다(동경지판 소 58.3.28 무체집 15권 1호 253면).
- 자동보온장치사건의 판결요지
원고 등은 본건 고안의 명세서에 기재되어 있는 "피가열물(被加熱物)의 윗면을 효율적으로 직접 가열"하는 것은 본건 고안에 반드시 필요한 작용이 아니라는 취지를 주장하지만 객관적으로 존재하고 더욱이나 정확하게 이해되어 "고안의 상세한 설명"난에 특별히 기재되어

그러나 이 기준은 작용효과의 기재가 없는 발명의 구성요소라고 하여 언제나 특허발명의 보호범위에 속하지 않는다고만 할 수 없는 경우가 있다. 예를 들면 당사자가 그 발명의 구성요소에 의해서 어떤 작용효과가 있는지를 알 수 있을 뿐만 아니라 더욱 발명의 구성요소를 그 발명의 특징으로 하고 있다는 점이 보통의 기술수준에서 자명한 경우인바, 이러한 견해를 소위 작용효과추인설이라고 하고 이에 따른 판례도 나오고 있다.[41]

ii. 발명의 작용효과가 특허청구범위에 형식적으로는 포함되어 있다 하더라도 그 발명의 작용효과를 실질적으로 이루지 못한 것은 특허발명의 보호범위에 속하지 아니한다. 이 이론과 관련한 한 판례의 요지를 살펴보면 본건 고안의 구성요건의 하나는 "빠찡꼬 구유통통(球流通樋)의 안쪽 단면을 각형으로 한 것"이다. 고안의 상세한 설명에는 "종래 빠찡꼬 구계수기(球計數器)는 빠찡꼬구(球)가 흐르는 홈통의 안쪽 단면이 원형이었기 때문에 홈통 안쪽과 빠찡꼬구와의 접촉면이 증가하여 흐름의 저항이 커져서 계수능률이 저항된다. 본건 고안에 의하면 빠찡꼬구와 유통통과의 접촉부위가 줄어들어 능률적으로 계수할 수 있다"라고 기재되어 있고 또 명세서에 유통통의 일부를 각형이외로 한 구성은 표시되어 있지 아니한 것으로 보아, 본건 고안은 빠찡꼬구의 유통통 전장에 걸쳐 그 안쪽을 각형으로 하는 것을 소기의 목적달성을 위해 필요한 구성으로 하고 있는 것이라 해석하는 것이 상당하다. 한편 피고제품에 있어서는 빠찡꼬구 유통통의 일부에 그 단면이 각형이 아닌 부분이 있으므로 피고제품은 본건 고안의 구성요건의 하나를 충족하지 않는다라고 판시함[42]으로써 "ii의 작용효과에 관한 기준인 작용효과중시설"에 따르고 있다.

모름지기 발명은 그 작용효과를 이루어야만 발명이기 때문에 그렇지 못한 것까지를 발명이라고 하여 특허발명의 보호범위로 할 수 없는 것이기 때문이다.

iii. 이론적으로는 발명의 작용효과를 이룰 수 있으나 발명의 구조나 발명의 조성으로 볼 때 실용적으로는 이룰 수 없는 것은 특허발명의 보호범위에 속하지 아

있는 작용효과를 무시하여 그 고안의 기술적 범위를 논하는 것은 타당하지 아니하다(대판지판 소 56.12.23 취소집 소 56(지), 451면

41) 렌즈연마기사건의 판결요지
"원고 본인을 심문한 결과 인정되는 당사자의 통상적인 지식에 의하여 명세서 전체를 읽으면 각도조정장치의 작용효과를 쉽게 판독할 수 있으므로 작용효과의 기재를 생략한데 불과하다고 추측되나 위의 각도조정장치를 본건 고안의 필수요건으로 등록청구범위에 기재하고 있는 이상 효과에 대해 고안의 상세한 설명에 명기하고 있지 않다는 한 가지를 가지고 이것을 본건 고안의 필수요건에서 제외해야 한다는 원고의 주장은 도저히 채택할 수 없다"는 취지의 판시를 하였다(大阪地判 昭 49.12.27 取消集 昭 49년(地), 441면).

42) 東京地判 昭 51.2.16 判夕 341號, 282면(빠찡꼬 구유통통사건)

니한다. 한 사례를 들어보면 원고가 피고제품도 제초효과가 있다 하여 실험결과를 소명자료로 제출한데 대해 그것은 "실험실 내에서의 실험결과 일시적으로 제초효과를 이룩한 것을 나타낸데 불과할 뿐 자연상황 하에서 상당기간 효과를 이룩하는 것을 소명하기에는 부족하다"라고 판시한 취지의 이 판결례[43]는 iii의 작용효과에 관한 기준의 타당성에 시사한 바가 크다 할 것이다.

또 작용효과가 발명을 목적으로 한 작용효과가 아닌 경우 설령 그 발명에서 작용효과가 일시적·우발적·불균형적 또는 미량으로 나타났다 하더라도 이는 발명의 작용효과가 연속적·안정적·균일적 또는 적정량으로 나타날 수 없는 비정상적인 것으로 특허요건의 하나인 산업의 이용가능성이 희박한 비산업적 발명이므로 특허발명의 보호범위에 속하지 아니한다. 한 사례를 들어 보면 피고제품의 금속편 단면이 합성수지 등으로 씌워져 있는 것이 제조되는 경우가 있어도 본건 고안과 동일한 작용효과의 달성을 목적으로 제조된 것이 아니고 "우연히 결과적으로 그와 같은 것으로 제조된 것에 불과하다." 따라서 씌워져 있는 부분의 두께도 얇아 사용에 의해 그 부분이 마멸하여 멀지 않아 금속편의 단면이 노출되어 도저히 원고가 주장하는 효과를 성취할 수 있는 것이라고는 말할 수 없다는 취지의 판시를 하였다.[44]

iv. 발명이 해결하고자 하는 과제인 발명의 목적 및 발명의 작용효과가 동일하다는 것만으로 그 발명을 특허발명의 보호범위에 속한다고는 할 수 없다. 왜냐하면 발명의 목적과 발명의 작용효과가 같을지라도 과제의 해결수단인 발명의 구성이 다를 때에는 발명의 동일성이 없기 때문이다.

v. 특허발명의 보호범위인 특허청구범위에는 보호를 받고자 하는 사항을 기재한 항으로서 여기에는 보호를 받고자 하는 사항을 명확히 할 수 있도록 발명을 특정하는데 필요하다고 인정되는 구조·방법·기능·물질 또는 이들의 결합관계 등, 즉 발명의 구성에 없어서는 아니되는 발명의 요소만을 기재하여야 한다(법 42⑥). 그러나 특허청구범위에 발명의 작용효과가 기재되어 있는 경우 이는 위와 같은 발명의 구성요소를 함축하고 있는 기재로 보아야 하므로 이를 제외하고 특허발명의 보호범위를 판단하여서는 아니된다. 왜냐하면 작용효과에 관한 기재를 제외하여 특허발명의 보호범위를 해석하는 것은 부당하게 확장해석이 될 수 있기 때문이다.

---

43) 東京地判 昭 42.11.15 判タ 215號, 187면(제초제사건)

44) 東京地判 昭 49.5.24 取消集 昭 49年(地), 169면(브레이크슈사건).

③ 발명의 구성요건 일부를 결한 특허청구범위에 관한 기준

특허법은 특허청구범위에는 보호를 받고자 하는 사항을 기재하여야 하는데 여기에는 보호를 받고자 하는 사항을 명확히 할 수 있도록 발명을 특정하는데 필요하다고 인정되는 구조·방법·기능·물질 또는 이들의 결합관계 등으로 기재되어야 한다는 발명의 구성요건을 규정하고 있다(법 42⑥).

따라서 위 법리에 따라 발명의 구성요건일부를 결여한 채 기재된 특허청구범위는 그 특허발명의 보호범위가 될 수 없다는 데에는 이견이 없다. 따라서 발명의 많은 구성요건 중 단 하나의 요건이라도 결여한 특허청구범위는 발명구성요건기재의 불비로 당해 특허발명의 보호범위가 될 수 없음은 너무나도 당연하다. 판례도 이 이론에 근거하여 판시하고 있다.

그러나 전혀 예외가 없는 것도 아니다. 특수한 사정의 경우, 즉 발명의 구성요건의 일부를 생략해도 후술하는 균등론이나 불완전 이용발명론의 균등[45] 또는 불완전 이용발명의 대상에 해당하는 경우에는 특수한 사정이 있다고 해석함이 타당할 것이다.

④ 불분명한 내용의 특허청구범위에 관한 기준

i. 특허청구범위의 내용일부가 발명의 상세한 설명, 도면, 출원 중 제출된 의견서·보정서를 검토하고 또 출원당시의 기술수준을 그 분야 당업자의 기술수준으로 참작해 보아도 그 발명의 구성이 불명료한 경우, 예를 들면 "수판[수판(受板)과 생와(生瓦)] 사이에 완충작용을 하는 공기층을 개재시킨 상태"라고 기재하고 있는 특허청구범위의 청구항은 어떤 발명의(기술적) 구성을 말하는지 알 수 없다.[46]

ii. 명세서의 발명의 상세한 설명에는 그 발명이 속하는 기술분야에서 통상의 지식을 가진 자가 쉽게 실시할 수 있을 정도로 그 발명이 속하는 기술분야·해결하고자 하는 과제(목적)·과제의 해결수단(구성) 및 그 밖에 필요한 사항(효과)을 기재하여야 한다(법 42③). 그럼에도 불구하고 그 기재가 위의 기재요령에 불비[47]하

---

45) 발명의 구성요건의 일부를 생략하여도 균등인 것, 예를 들면 발명의 구성요건 A를 사용하는 것도 이것을 생략하는 것도 관용수단인 경우의 A의 생략과 같은 경우를 말한다.

46) 시멘트 생와(生瓦)사건의 판결취지
"본건 발명에서의 "수판과 생와사이에 완충작용을 하는 공기층을 개재시킨 상태"란 어떤 기술적 구성을 말하는지 알 수 없으므로 피고제품이 비록 원고가 주장하는 구조를 가진다고 해도 본건 발명과 피고제품과의 대비조차 할 수 없으므로 피고제품이 본건 특허권의 기술적 범위에 속한다고는 판정하기 어렵다"는 취지의 판시를 하였다(東京地判 昭 55.4.23 取消集 昭 55년(地), 185면).

여 여하히 실시할지가 불명한 경우 결국 특허청구범위 자체가 불명료하게 되므로 이러한 경우는 특허발명의 보호범위의 기준으로 삼을 수 없다.

⑤ 실시례에 관한 기준

실시례는 원칙적으로 특허발명의 보호범위의 해석기준이 될 수 없다(이하 "실시례 불구속의 원칙"이라 한다). 그러나 특수한 사정이 있는 경우에서의 실시례는 예외적으로 특허발명의 보호범위의 해석기준이 된다(이하 "실시례 구속의 예외"이라고 한다).

ⅰ. 실시례가 특허청구범위의 청구항에 기재되어 있는지의 여부와는 관계없이 발명의 상세한 설명 또는 도면에 기재되어 있는 실시례에 한정하여 특허발명의 보호범위를 정할 수 없다. 따라서 실시례는 특허발명의 보호범위의 해석기준이 될 수 없음은 당연하다.

ⅱ. 실시례 구속의 예외

위에서 살펴본 바와 같이 실시례는 원칙적으로 특허발명의 보호범위를 정할 수 없으므로 실시례가 특허발명의 보호범위의 해석기준이 될 수 없음은 당연하다. 그러나 실시례라 할지라도 특수한 사정이 있는 경우에는 예외적으로 특허발명의 보호범위를 정할 수 있다. 이 경우의 실시례는 특허발명의 보호범위의 해석기준이 될 수 있음은 물론이다.

여기에서 "특수한 사정"이라 함은 다음과 같은 경우를 말한다. 이 경우 ⅰ) 기재된 실시례와는 균등이고, ⅱ) 특허청구범위의 기재에 비해 구체적이며, ⅲ) 실시례에 비해 상위개념적인 것, 즉 특허청구범위와 실시례의 중간에 위치하는 것도 포함하여 예외로서의 실시례에 한정하여 특허발명의 보호범위를 정하여야 한다(이하 "실시례요지설"이라고 한다).

(ⅰ) 특허청구범위의 전부 또는 일부가 추상적·형식적·기능적으로 기재되어 있어 과제해결을 위한 수단인 발명의 구성의 기재라고 볼 수 없는 경우

(ⅱ) 특허청구범위에 기재하여야 할 발명의 구성요건전체(예 : 선박)를 일목요연

---

47) "특허청구범위에 기재한 "폴리부타디엔의 비닐함유량 10%이하"의 10%가 어떤 측정법에 의하여 계량된 10%인지에 대해서는 특허청구범위에는 물론 발명의 상세한 설명에서 시사되어 있지 않다. 더욱 이 함유량이 10%임을 객관적으로 확정하는 방법은 본건 출원당시에는 찾아볼 수 없었으므로 본건 특허발명에서는 10%라는 비율을 정할 이유가 없으며 그 점에서 이미 이것을 실시하기가 불가능했다고 하지 않을 수 없고 본건 특허권이 권리로서 성립하고 있다는 이유로 타인에게 이 권리를 침해하는 것의 금지 및 손해배상청구를 할 수 없다"고 판시하였다(東京地判 昭 59.7.17 無体集 16巻 2號, 495면).

하게 기재하여 일체성을 유지하지 아니하고 그 구성의 개별요소(예 : 선박의 부품)만을 나열하고 있는 경우

(iii) 특허청구범위에 기재된 특허발명의 보호범위가 발명의 상세한 설명에 기재된 발명의 범위보다 넓은 경우

(iv) 특허청구범위의 구성요건전부가 선출원사항인 경우

후출원이 특허된 것이라면 이는 특허법 제36조 제1항 또는 제3항의 위반으로 같은 법 제133조 제1항 제1호의 무효사유가 되나 그렇지 아니하고 유효한 특허라면 그 특허발명의 보호범위는 발명의 상세한 설명에 기재된 실시례로서 구체적으로 표현된 것에 한해서 특허발명의 보호범위의 해석기준으로 삼을 수 있을 것이다.[48)]

(v) 특허청구범위의 구성요건전부가 공지사항인 경우

특허출원 전 공지사항을 발명으로 하여 특허가 된 것이라면 이는 특허법 제29조 제1항 제1호 및 제2호의 위반으로 같은 법 제133조 제1항 제1호의 무효사유가 된다. 그러나 그렇지 아니하고 그 특허가 유효한 특허라면 특허발명의 보호범위를 확정하는데 있어서는 특허청구범위의 기재사항에만 의존할 것이 아니라 실시례가 기재되어 있는 발명의 상세한 설명은 물론 도면에 이르기까지 그 전반의 기재사항과 발명의 성질 등까지를 종합적으로 감안하여 실질적으로 발명의 구성요건을 판단하는 것이 중요하다.

이는 공지사항을 특허발명의 보호범위에 속하지 않도록 해석하여야 한다는 공지사실 제외설에 근거하면서, 공지사실이 특허청구범위에 기재되어 있는 경우 명세서(발명의 상세한 설명)에 기재되어 있는 실시례를 특허발명의 보호범위의 해석기준으로 하여야 한다는 실시예 요지설에 기초한 것이다.

(vi) 특허청구범위에 실시례 이외에 미완성발명이 기재되어 있는 경우

특허청구범위에 실시례와 출원당시의 당해 기술분야 당업자의 기술수준으로 보아 미완성의 발명이 함께 기재되어 있는 경우 실시례는 그 특허발명의 보호범위의 해석기준이 된다. 이 경우 실시례는 명세서의 발명의 상세한 설명에도 기재되어 있어야 함은 물론이다.

(vii) 특허청구범위에 실시례와 명세서상의 발명이 해결하고자 하는 과제인 발명의 목적달성 불능의 발명의 작용효과가 함께 기재되어 있는 경우

이 경우 특허발명의 보호범위의 해석기준은 명세서상의 목적달성불능의 발명의 작용효과를 제외한 실시례가 된다. 이 경우 실시례는 명세서상의 발명의 상세한 설명에도 기재되어 있어야 함은 물론이다.

---

48) 東京地判 昭 55.11.26 特과 企 145號, 70面 참조

iii. 특허청구범위의 청구항(청구항이 2이상 있는 때는 주독립청구항)에서의 발명이 해결하고자 하는 과제의 해결수단인 발명의 구성의 필수사항 외의 기재사항은 단순한 실시례에 지나지 않으므로(일반적 발명사상론) 특허발명의 보호범위의 해석기준(상위개념보호설)이 될 수 없다.

위의 근거로서는 특허청구범위에는 보호를 받고자 하는 사항을 기재한 항(이하 "청구항"이라 한다)이 1 또는 2이상 있어야 하며 그 청구항(특허청구범위)에는 보호를 받고자 하는 사항을 명확히 할 수 있도록 발명을 특정하는데 필요하다고 인정되는 구조·방법·기능·물질 또는 이들의 결합관계 등으로 기재하여야 한다는 특허법 제42조 제6항의 규정을 들고 있다.

이 주장도 위의 i과 같이 특허청구범위기준의 원칙에 따르고 있다. 그러나 i이 특허발명의 보호범위의 축소해석을 허용하지 않는 근거인데 반하여 iii은 특허발명의 보호범위의 확대해석을 허용하지 않는 근거라는 점에서 양자는 다르다.

그러나 판결례는 "특허청구범위에는 발명의 구성에 없어서는 아니되는 사항만으로 기재하지 아니하면 아니되므로 특허청구범위에 기재한 사항이 필수요건이 아니고 단순한 실시례에 불과하다는 주장은 허용되지 않는다"라는 취지의 판시를 하였다.49)

⑥ 진보성에 관한 기준

특허출원 전 공지의 발명으로부터 그 분야 당업자의 기술수준에서 용이하게 안출할 수 있는 발명일 때에는 신규성에 불구하고 그 발명의 기술적 범위에 속하지 아니한다. 따라서 진보성이 없는 발명은 특허발명의 보호범위의 해석기준이 될 수 없다. 그러나 특허발명이 그 특허발명의 특허출원일 전에 출원된 타인의 특허발명 또는 등록실용신안을 이용한 경우의 이용발명인 때에는 예외로 한다. 따라서 피이용발명의 특허청구범위는 피이용발명의 기술적 범위에 속하므로 특허발명의 보호범위의 해석기준이 된다. 기술적 범위에 속하는지의 여부는 발명의 내용인 기술적 사상이 포함되어 있는지의 문제, 즉 발명의 동일성 유무의 문제이므로 발명의 동일성이 없는 것까지 기술적 범위로 속하게 하는 것은 사리에 맞지 아니할 뿐만 아니라 지나친 발명의 보호가 되기 때문이다.

그러나 출원발명이 신규성은 있으나 출원 전 특허발명으로부터 용이하게 안출할 수 있는 것으로 기술적 진보성이 없다는 이유 또는 선특허발명과 동일하다는 이유로 심사관의 거절결정서를 받은 경우, 반드시 그 출원발명이 선특허발명의

---

49) 東京地判 昭 49.5.24 取消集 昭 49年(地), 169面.

기술적 사상에 포함되어 있지 않는 것은 아니다. 즉 기술적 범위에 속하지 않는 것은 아니다. 왜냐하면 심사관의 출원발명에 대하여 선특허발명으로부터 쉽게 생각해낼 수 있는 것으로서 기술적 진보성이 없다는 이유의 거절결정이나 선특허발명과 기술적 사상이 동일하다는 이유의 거절결정은 오직 특허여부에 관한 심사결정일 뿐 선행특허발명의 보호범위의 기술적 사상, 즉 기술적 범위에 속하는지의 여부를 심사하는 것이 아니기 때문이다.

⑦ 이용발명에 관한 기준

특허발명이 그 특허발명의 특허출원일 전에 출원된 타인의 특허발명·등록실용신안 또는 등록디자인이나 이와 유사한 디자인을 이용하는 경우(이하 "이용발명"이라 한다)에는 이들 특허발명 등(이하 "피이용발명 등"이라 한다)의 권리자의 허락을 얻지 아니하고는 자기의 특허발명을 실시할 수 없다(법 98). 따라서 이용발명은 피이용발명 등의 기술적 범위에 속하여 피이용발명의 보호범위에 속하므로 설령 피이용빌명 등이 이용발명에 대한 이용관계가 있다 하더라도 선원우위의 원칙에 따라 피이용발명 등이 이용발명의 기술적 범위에 속하여 이용발명의 보호범위에 속하는 경우는 있을 수 없다. 그러므로 어느 경우에도 이용발명은 피이용발명 등의 보호범위의 해석기준이 될 수 없으나 피이용발명 등은 어느 경우에나 이용발명의 보호범위의 해석기준이 된다.

여기에서 유의할 것은 이용발명은 기술적 사상만을 의미하는지, 실시상의 이용발명은 기술적 범위에 속하는지에 대하여 견해가 나뉘어져 있으나 분명한 것은 실시상의 이용발명이 기술적 범위에 속하지 않는다 하더라도 이용발명인 한 피이용발명 등의 권리자의 허락하에 실시할 수 있고, 만약 허락 없이 실시할 경우 권리침해죄가 구성된다. 그러므로 실시상의 이용발명은 피이용발명 등의 기술적 범위의 권리보호범위에 속하기 때문에 침해죄가 구성되는 것이므로 결국 다를 바 없는바 이는 단순한 정의의 문제에 지나지 않는다고 해석된다. 그러나 이러한 정의에 대한 견해에 대하여는 비판적인 견해가 있다.[50]

⑧ 균등발명에 관한 기준

특허청구범위에 기재된 문언상의 발명과 균등한 것은 기술적 범위에 속하여 특

50) 출원발명이 선출원발명의 기술적 범위에는 속하지는 않지만 선출원발명의 이용발명이라고 판시[기술적 범위를 협의로 해석하지만(소수설) 이것도 정의의 문제에 불과하다]한 판결(대판고판 소 54.10.26 무체집 11권 2호, 516면)에 대한 상고심판결에서 "원판결에는 조사에 다소 적절함을 결한 점이 없지는 않다"라고 판시함(상고심 소 56.11.5 무체집 13권 2호, 816면)으로써 이러한 정의에 대하여 비판적인 견해를 보였다.

허발명의 보호범위의 해석기준이 된다(이하 "균등론"이라고 한다). 이러한 균등론에 대하여는 반대론이 있기는 하지만 통설은 이를 인정하고 있다. 이에 관한 자세한 설명은 후술하는 "(2) 균등론"편을 참고하기 바란다.

⑨ "…에 있어서 등" 에 관한 기준

특허청구범위에 소위 젭슨타입(Jepson type)인 "…하는 데 있어서, …하는 것을 특징으로 하는 …" 또는 "…에 있어서, …하는 것을 특징으로 하는 …"의와 같은 표현형식을 사용할 경우 "…하는데 있어서" 등 앞에 기재된 사항은 통상 공지사항이나 상위개념이 일반적이지만 특허법 제42조 제6항에 의해 보호받고자 하는 사항을 명확히 하기 위해 발명을 특정하는데 필요한 구조·방법·기능·물질 또는 이들의 결합관계 등으로 기재하여야 할 특허청구범위에 기재되어 있는 발명의 전제조건이나 또는 전제부분을 이루는 이상 공지사항이나 상위개념여부와는 관계없이 발명요지의 일부를 이루고 있기 때문에 기술적 범위에 속하므로 특허발명의 보호범위의 해석기준이 된다. 따라서 이를 제외하고 기술적 범위를 정하여서는 아니된다.

⑩ 특허발명품에 관한 기준

특허발명의 보호범위의 기술적 범위의 판단기준은 특허청구범위의 기재사항이다. 따라서 아무리 특허권자가 그 특허발명에 의해서 특허발명품을 생산·판매 등을 하고 있다 하더라도 그 특허발명품은 그 발명의 보호범위의 기술적 범위의 판단기준이 될 수 없다.

그러므로 설령 제3자의 제품이 특허발명품과 동일하다 하더라도 이를 이유로 제3자의 제품이 특허발명의 보호범위에 속한다고는 할 수 없다.[51] 다만 물건을 생산하는 방법의 발명에 관하여 특허가 된 경우에 그 물건과 동일한 물건은 그 특허된 방법에 의하여 생산된 것으로 추정하므로(법 129 원문) 이 경우의 특허발명품은 그 특허발명의 기술적 범위의 판단기준이 된다.

---

51) "침해의 성부(成否)를 판단하는데 대조해야 할 것은 권리내용, 즉 본건에서 말하면 실용신안등록청구범위의 기재, 상세히 말하면 고안의 상세한 설명항 및 도면 등을 참작하여 해석된 등록청구범위의 기재이지 권리자가 실제로 실시하고 있는 제품은 아니다. 따라서 피고제품이 원고제품과 비슷하다는 사실만으로 권리침해를 긍정시키는 것은 아니다"라고 판시하였다(大判地判 昭 51.2.27 判タ 341號, 299面).

(3) 균등론

1) 의 의

균등론이라 함은 특허청구범위를 해석하여 특허발명의 보호범위를 정함에 있어 단순한 문언 그 자체의 해석범위를 넘어 문언과 균등 내지 등가의 발명도 보호범위에 포함된다고 하는 이론으로서 이는 특허침해소송의 경험칙으로부터 발전해오면서 확립된 이론이다. 즉 균등론은 특허청구범위에 기재되어 있는 문언대로의 발명과 균등(등가)한 발명을 특허발명의 보호범위에 속한다고 하는 이론으로서 확장론의 하나라고 할 수 있다. 균등론에서의 보호범위의 확장은 최협의의 확장을 인정하는 것에서부터 최광의의 확장을 인정하는 소위 일반적 발명사상론까지 있다.

이 이론은 특허청구범위의 문언에만 집착할 때에는 실질적 권리침해의 방지를 할 수 없으며, 이와 같은 관점에서 특허청구범위의 기재문언을 통해 본래 출원인이 의도한 의미 그 자체, 즉 문언의 진의를 탐지하여 보충적으로 해석하는 것을 허용하려는 데서 출발하여 발전된 이론이다.[52)]

따라서 균등이란 침해실시형태(균등물)와 당해 특허발명이 그 구성요건의 문언상으로는 완전히 일치하지는 않지만 두 가지를 비교할 경우 실질적으로 등가로 평가되는 가치판단의 개념이다. 이는 기술적으로 다른 구성요건을 마치 당해 특허발명과 동일한 것으로 법적으로 평가하려는 이론이며, 이 경우 동일이라는 관념대신 동가치라는 기준이 등장하게 된다. 따라서 유사·근사라는 개념과 구별된다.[53)]

미국, 유럽에서의 균등론은 특허청구범위의 해석방법으로 특허청구범위에 기재되어 있는 문언상의 발명의 구성요소일부와 다르다고 하더라도 그 다른 구성요소와 실질적으로 균등한 발명의 구성은 특허발명의 보호범위에 속한다고 보는 특허청구범위의 확장적 해석이론을 말하며,

독일에서의 균등론은 다음과 같은 2가지의 유형으로 설명하고 있으나 그 정의는 비슷하다. 그러나 균등론의 적용에 있어 그 폭은 상당히 다르다.

① 명세서로부터 추측할 수 있는 균등물

② 특허청구범위의 해석방법으로서 공지기술로부터 용이하게 추측할 수 없는 균등물 또는 균등방법

52) 旭川地判 昭 58.3.24 速報 101號, 2578面 참조.

53) 李基秀외 4인 共著, 지적재산권법(상) 1994년, (주)한빛지적소유권센터, 380면.

2) 균등론의 근거

균등론은 다음과 같은 사안에 만족 또는 극복하지 못할 경우 특허법의 목적 및 형평의 이념에 반하기 때문에 이를 근거로 하여 발전된 이론이라고 할 수 있다.

① 권리보호의 만전성

균등론은 특허법 제97조의 "특허발명의 보호범위는 특허청구범위에 기재된 사항에 의하여 정하여진다"라는 규정에서 "의하여"를 엄격하게 해석하여야 한다는 점에서 위의 문리해석론과 그 기본적인 입장을 같이 하고 있다. 그러나 문리해석론은 특허청구범위에 기재된 문언대로만 해석하고 이를 조금이라고 벗어난 것은 모두 특허발명의 보호범위에 속하지 않는다고 하고 어떠한 경우에도 일체 예외를 인정하지 않는다는 이론이다. 이에 반해 균등론은 문리적 해석론으로 보면 권리의 보호에 만전을 기할 수 없으므로 특수한 사정이 있는 경우에는 예외를 인정하고, 특수한 사정이 없는 경우에는 원칙적으로 특허청구범위에 기재된 문언대로의 문리적 해석을 넘어서 보호범위를 해석하여야 한다는 기본인식의 작용이 균등이론의 근거이자 배경이 된 것이다.

② 특허청구범위기재의 한계성

균등론은 특허출원당시 출원 전 모든 침해태양을 예상하여 특허청구범위를 기재한다는 것은 극히 어려울 뿐만 아니라 거의 불가능에 가깝다는 기재의 한계성 극복하기 위하여 확립된 이론이다.

③ 구성요소 일부변경방지의 필요성

제3자가 특허청구범위의 기재사항 중 발명의 구성요소 일부를 특허출원 후 알려진 물질·방법 및 기술 등으로 변경할 경우 특허발명의 권리범위를 쉽게 피해 나아갈 수 있기 때문에 이러한 행위를 방지하기 위한 필요성의 대두에 따라 성립된 이론이다.

위의 사안에 대비하지 못할 경우 일반 공중의 발명의욕이 저하되어 발명을 보호·장려하고 그 이용을 도모함으로써 기술발전을 촉진하여 산업발전에 기여한다는 특허법의 목적에 위반됨은 물론 형평의 이념에도 맞지 않아 사회정의에도 반하기 때문에 이러한 불합리화와 폐단의 발생을 방지하기 위하여 제창된 이론이 바로 균등론이라고 할 수 있다.

3) 균등론 적용의 이유

특허발명의 보호범위를 정확하게 이해·해석하기 위하여 균등론을 도입하여 특허청구범위에 기재된 사항을 해석하는데 이를 적용하고 있는 바, 그 이유는 다음과 같다.

① 발명이 해결하고자 하는 과제의 해결수단인 발명의 구성에 관한 모든 기술적 사상을 특허청구범위에 문언의 형식으로 완전하게 기재한다는 것은 거의 불가능에 가깝기 때문이다.

② 특허발명의 기술적 사상은 특허청구범위에 기재된 문언의 문리해석에 의하여 파악할 수 있지만 그것은 현재적(顯在的)인 부분, 즉 문언으로 나타난 부분이라고 할 수 있다. 그러나 그 존재가 현재화(顯在化)되지 않은 기술적 사상, 즉 문언으로 표현되지 않은 기술적 사상이라고 하더라도 현재화하고 있는 형식과 등가한 형식은 특허발명의 보호범위 내에 있는 기술적 사상이라고 보아야 하기 때문이다. 이와 같이 균등은 비현재(非顯在)하는 기술적 범위를 현재화하기 위한 법률상의 개념으로 본래적으로 특허발명의 기술적 범위가 미치는 외연(外延)을 해석하는 방법이라 할 수 있는데 침해소송과 관련하여 논해지는 것이 일반적이다.[54)]

4) 균등론의 적용

① 원칙적 균등론

i. 균등론 적용상의 특수사정

i) 신규성이나 진보성이 없는 기술, 즉 공지기술이나 그 공지기술에 의한 용이(자명)기술, ii) 특허발명이나 실용신안등록고안 또는 출원공개된 채 권리의 설정등록이 되지 않은 특허출원발명이나 실용신안 등록출원고안과 같은 선행기술과 동일기술 및 iii) 출원인이 의도적으로 특허청구범위에 기재하지 아니한 발명의 구성요소와 같은 특수한 사정이 없는 한 원칙적으로 균등론을 인정하여 이를 적용한다.

ii. 균등론 적용의 근거

특수한 사정이 없는 경우 원칙적으로 균등론을 인정하여 이를 적용하려는 이론적 근거에는 다음과 같은 각기 이론구성을 달리하는 세 가지의 견해가 있다.

(i) 특허청구범위에는 보호를 받고자 하는 사항을 기재한 항(청구항)이 1 또는

54) 金永喆, 特許侵害와 均等論, 月刊 知的財産, 통권 48~52호 연재.

2 이상 있어야 하며 그 청구항의 특허청구범위에는 발명을 특정하는데 필요하다고 인정되는 구조·방법·기능·물질 또는 이들의 결합관계 등을 기재하여야 한다(법 42⑥). 그러나 기재의 한계성으로 인하여 기술적 사상으로서의 발명이 온전히 문언으로 표현되지 아니한 경우 특허청구범위의 문언을 넘어 동일한 한 비록 문언상 특허청구범위를 벗어나 있는 사항이지만 이를 보호하는 것은 특허제도의 취지로 보아 지극히 당연하다.

또 특허발명의 보호범위해석의 기준으로서의 특허법 제97조가 "의하여"라고 규정한 것도 순전히 문리적 해석론에 치우침을 제어하기 위함으로 해석된다. 즉 동조에서의 "의하여"는 특허청구범위에 기재된 문언만에 의한 해석을 의미하는 것이 아니고 특허청구범위에 기재된 사항에서 당업자(그 분야 통상의 지식을 가진 자)의 수준에서 그 발명의 기술적 사상으로 인정할 수 있을 정도의 사항은 비록 특허청구범위에 기재된 문언의 표현과 다르거나 또는 문언으로 표현되어 있지 않다하더라도 특허발명의 보호범위에 속하는 것으로 볼 수 있다는 어느 정도의 융통성을 두고 있는 것으로 판단되므로 균등론이 원칙적으로 인정되어 이를 적용할 수 있을 것으로 해석된다.

그렇다고 균등론이 특허청구범위의 실질적 확장을 허용하려는 확장론은 결코 아니다. 오직 균등론은 특허청구범위의 문언을 통해 문언으로 표현되어 있지 않고 그 문언에 내재되어 있는 사상으로서의 발명, 즉 발명으로서의 사상(발명의 내용)을 탐지하여 특허발명의 보호범위의 해석을 보충적으로 하려는 것(보충해석론)으로 이는 균등이론의 근저가 되고 있다.

(ii) 균등론은 순수이론의 정립으로부터 출발하여 특허발명의 보호범위의 해석기준으로 적용된 것이 아니고 순전히 오랫동안 특허제도의 운영에서 터득한 경험칙에 의해 확립된 이론(경험칙론)적 법리이다.

(iii) 특허발명의 보호범위는 특허청구범위에 기재된 사항에 의하여 정하여진다(법 97). 그러나 위에서 살펴본 바와 같이 단순히 특허청구범위에 기재되어 있는 문언에 의하여서만 보호범위가 정하여지는 것이 아니고 그 문언에 잠재되어 있는 무문언내재사항도 당연히 포함되어 있음은 이미 설명한 바와 같다.

또 특허청구범위에는 보호를 받고자 하는 사항으로 발명이 해결하고자 하는 과제의 해결수단인 발명의 구성, 즉 보호받고자 하는 사항을 특정하는데 필요한 구조·방법·기능·물질 또는 이들의 결합관계 등으로 기재하여야 한다(법 42⑥). 그러나 특허청구범위에서 보호를 받고자 하는 사항은 단순히 특허청구범위에 기재한 발명의 구성요건만이 아니고 그 발명의 구성요건에 의하여 추출되는 발명으로서의 사상(발명의 본질) 또한 보호받아야 할 사항이다. 그러므로 발명으로서의 사상을 보호하기 위해서는 특허청구범위의 기재사항에 구속되지 말고 그 기재에 의해 추출될 수 있는 사항으로까지 넓게 균등한 범위의 것으로서 보호범위에 속한다고 보는 것이 특허발명의 온전하고도 진정한 보호가 됨은 너무나도 당연하다(보호범위론).

② 예외적 균등론

위 ⅰ의 “균등론 적용상의 특수사정”과 같은 특수사정이 있는 경우 예외적으로 균등론을 인정하여 이를 적용하려는 이론적 근거에는 다음과 같은 각기 이론구성을 달리하는 네 가지의 견해가 있다.

ⅰ. 특허청구범위의 문언에만 집착한 나머지 문언에 구속되어 그 문언대로만 특허발명의 보호범위를 해석할 때에는 아래와 같은 폐단이 발생한다.

(ⅰ) 특허청구범위의 문언형식의 발명과 실질적으로 동일한 발명(발명으로서의 사상과 같은 발명의 본질)이면서 문언의 문리적 해석에만 집착한 나머지 동일발명이 아니어서 권리침해가 구성되지 않아 사실상 권리침해의 발생을 장려하는 결과가 초래되어 발명의 보호를 통하여 산업발전을 도모하려는 특허제도의 취지에 위배된다.

(ⅱ) 균등론 주장은 자동으로 특허법 제42조(특허출원)에 위반하여 특허의 무효사유(법 133①1)를 초래한다는 견해는 위 같은 조의 입법취지를 잘못 이해한 소치에서 비롯된 획일적 이론에 지나지 않는다.

이는 균등의 너비가 넓은 경우를 차치하고 극히 좁은 경우에는 출원시 그 발명이 속하는 기술분야에서 통상의 지식을 가진 자(당업자)가 공지기술을 통해 용이하게 안출할 수 있는 자명한 범위에 그치는 한은 특허명세서나 도면에 기재되고 공개된 것과 동일한 것으로 보아도 아무 문제기 일어날 우려가 없기 때문이다[공개동시설(公開同視說)].

여기에서 “공개동시설”이라 함은 특허명세서에 의한 발명의 공개는 그 발명이 속하는 기술분야에서 통상의 지식을 가진 자 소위 당업자를 대상으로 하는 것이고, 불특정다수인인 일반공중을 대상으로 한 것이 아님은 특허법 제42조 제3항의 규정으로 보아 명백하다. 따라서 특허명세서상의 특허청구범위의 청구항에 기재되어 있지 아니한 발명의 본질이라고 할 수 있는 발명으로서의 기술적 사상이라 하더라도 위의 당업자가 특허명세서 전체에서 얻은 결과가 그 당업자의 기술수준과 특허출원시의 공지기술에 의하여 그것이 명세서에서 의심의 여지가 없을 정도로 명확하게 포함되어 있었다고 쉽게 판단되는 경우에는 이와 같은 발명으로서의 기술적 사상도 공개된 것으로 발명의 보호를 받을 수 있는 권리보호의 대상으로 특허발명의 보호범위에 속하여 특허권의 효력이 미친다는 견해이다. 그러므로 특허권의 보호가 균등물, 균등방법으로까지 미친다고 하는 것도 그 이유이다.[55)]

ii. 특허발명의 보호범위의 해석기준으로 균등이론을 적용하여 권리를 완벽하게 보호하기란 그리 쉬운 일이 아니다. 그 이유는 출원인의 특허청구범위의 기재가 완전할 수만은 없는데다 제3자가 그 특허청구범위의 기재사항불비를 그 동일발명으로서의 사상에 의해 완비하기란 그리 어려운 일이 아니다. 그렇다고 하여 특허권자를 보호하지 못한다고 하면 결국 권리침해자를 도와주는 꼴이 되어 특허권자와 제3자의 이익의 조화를 도모하여 산업발전에 기여함을 목적으로 하고 있는 특허제도의 이념에 반한다.

iii. 정정심판에서 특허청구범위의 실질적 확장은 엄격하게 해석하여 균등범위를 실질적 확장에 해당한다고 하여 이러한 정정에 대하여는 인정하지 않았다. 그러나 이는 전용적·금지적 효력을 갖는 정정심판의 심결과 개개의 구체적 침해사건에서 타당한 해석을 구하기 위하여 특허발명의 보호범위를 해석, 판단하여야 할 권리침해소송에서의 판결과는 그 효력을 달리하는 한 당연하며, 따라서 특허발명의 보호범위를 해석하는데 있어서는 정정심판례에 구속될 이유도 필요도 없는 별개의 사안으로 봄이 정설이다.

iv. 특허법이 아닌 다른 법률에서 특허법 제97조에서와 같은 "의하여"라고 규정을 두고 있다 하여 특허법상의 "의하여"의 해석을 그 다른 법률에서의 "의하여"와 같이 동일하게 해석할 이유는 없는 것이다. 심지어는 동일법률 내에서의 "의하여"에 대해서까지도 각 조문마다의 입법취지 및 목적에 따라 그 해석을 달리하여야 할 경우는 실정법에 얼마든지 있다.

5) 균등론의 성립요건

균등의 성립요건으로는 치환가능성(작용효과의 동일성 또는 기능의 동일성) 및 치환예측가능성(치환의 자명성 또는 치환의 용이성)의 요건을 드는 것이 일반적이나 이는 발명의 동일성에 대한 판단과도 동일하다.

① 치환가능성

치환이 가능하기 위해서는 특허발명의 구성요소의 일부를 다른 요소(물건 또는

---

55) 大判地判 昭 42.10.24 判例時報 521號, 24面 참조.

방법에 의해 표현되는 기술)로 치환하더라도 그 발명이 해결하고자 하는 기술적 과제가 동일하고(목적의 동일성) 해결된 과제가 동일하여야 한다(작용효과의 동일성 또는 기능의 동일성)는 것이다. 따라서 치환한 기술(물건 또는 방법에 의해 표현되는 기술)이 특허발명의 목적 및 작용효과(기능)에 있어서 동일하므로 치환이 가능하다. 그러므로 균등발명이라고 하기 위해서는 우선 치환되는 기술요소가 동일하여 그 결과 전체로서 동일한 작용효과를 발휘하여야 하는데 그것은 동일방식에 의해, 동일기능을 수행하여 동일효과를 나타내어야 한다. 따라서 비율변경·위치변경·방향역전·구성요건의 분할이나 결합 등의 경우에도 기능이 실질적으로 변하지 않는 한 균등한 발명으로 인정된다.[56] 여기에서 치환은 비본질적인 부분의 치환이어야 하고 본질적인 부분은 동일함을 전제로 판단하여야 한다.[57]

② 치환예측가능성

균등발명이 특허발명과 균등하기 위해서는 발명의 구성요소의 치환이 예측가능한 것이어야 한다. 즉 발명의 명세서에서 치환가능한 것으로 예측할 수 있다고 하기 위해서는 그 치환이 이미 공개되어 있거나 선행기술이론에서 용이하게 생각이 미칠 수 있는 것으로 출원시의 당업자의 평균수준에서 그렇게 치환하는 것 그 자체가 자명한 것이어야 한다. 즉 출원시의 당업자(이 분야 전문가)의 보통수준에서 발명명세서의 기재사항에서 당연히 생각할 수 있는 정도의 것(치환자명성 또는 치환용이성)일 때에는 그 기술은 특허발명과 균등하다. 치환예측가능성과 관련하여 가장 문제가 되는 것은 그 판단시점인 바, 우리나라에서는 출원시에 그 발명이 속하는 기술분야의 평균적 수준의 전문가(당업자)에 의해 치환의 예측가능성을 판단하는 것이 실무와 판례의 경향이다. 그러나 일본은 그동안 출원시 기준으로 판단하여 왔으나 최근의 판례는 침해시로 판단하고 있다.[58]

---

56) 石福鉉, 特許侵害判斷의 均等論 적용에 관한 考察, 27면.

57) 균등론이 판단기준(1998.2.24 일본 대법원 판결(平成 6년, 1083호)
동판결은 대상제품과 특허발명에 다소 차이가 있다 하더라도
1) 차이부분이 특허발명의 본질적 부분이 아니고
2) 그 부분을 대상제품의 대응부분과 치환하여도 특허발명의 목적을 달성할 수 있어 동일한 작용효과를 이루며,
3) 그렇게 치환하는 것이 당업자가 대상제품의 제조시점에서 용이하게 생각할 수 있고
4) 대상제품이 특허발명의 출원시에 공지기술과 동일하거나 당업자가 공지기술로부터 그 출원시에 용이하게 도출할 수 있었던 것이 아니고
5) 대상제품이 특허발명의 출원절차에 있어서 특허청구범위로부터 의식적으로 제외한 것이 아니라면 그 대상제품은 특허발명의 권리범위에 속한다고 판시하였다(발명통신 1998.8월호 참조).

58) 日本最高法院, 1998.2.24(平成 6年 오 1083).

i. **출원시설**

일반적인 경우, 출원시설이 타당하고 또 충분하다. 그러나 이용발명과 같은 특수한 경우, 부당한 침해로부터의 보호를 목적으로 하는 균등론의 취지가 훼손되는 경우도 발생하므로 이는 부적절하다는 설도 있다.

ii. **침해시설**

최근 침해시에 치환예측가능성을 갖는 것은 특허발명의 구성요건을 모두 내포하는 기술로서 이를 이용발명이라고 보고 그 기술을 사용하는 행위는 침해를 구성한다는 이용발명설이 나오면서이다. 이는 출원시설에 따른 문제점을 해소하면서 균등론이론의 의미를 최대한 반영하여 있는 설로서 타당하다고 본다. 국제적으로도 오늘날 미국[59]을 위시한 대부분의 국가가 침해시설을 지지함으로써 현재 이 설이 우세하다. 이러한 경향을 반영하듯 특허법조약의 외교회의용 초안에서는 침해시설을 규정하고 있다.[60]

그러나 독일 등 일부국가는 원칙적으로는 출원시를 기준으로 하면서 개별사항에 따라 침해시를 기준으로 하여 해석하고 있다. 이와 같이 나라에 따라 그 판단시점을 달리하고는 있으나 산업기술의 발전을 고려할 때 침해시를 기준으로 판단하는 것이 타당하며 또 오늘날의 세계적 추세이기도 하다.

6) 균등론의 적용제외사항

① 적용제외사항

균등론을 적용함에 있어서는 이를 적용할 수 있는 것과 없는 것이 있다. 균등론을 적용할 수 없는 것으로는 일반적으로 자유기술·선원사항·의도적 제외사항을 들 수 있다.

---

59) 미국의 최근의 균등론 경향

i) 치환요소의 대체가능성의 자명성은 출원시가 아니고 침해시를 기준으로 판단하여야 한다.

ii) 파일·래퍼·에스토펠은 직접 포기한 것이나 회피하려한 선행기술에 미치는 범위이상으로 균등의 적용을 제한하는 것은 아니다.

iii) 균등의 심판 또는 판결에서 피청구인 또는 피고의 물건, 방법이 선행기술과 특허발명 어느 것에 가까운가도 고려하여야 한다.

iv) 발명의 기본적 요소(essence, heart, gist)가 무엇인가를 고려하고 2차적 작용효과는 고려하지 않는다(大場·平川·鈴木 미국특허계쟁의 실무(개정) 41~45면 참조).

60) 특허법조약의 외교회의용 초안

XV6(21) 보호범위와 클레임해석(21조) 참조

ⅰ. 자유기술

자유기술이라 함은 공지·공용의 기술이나 이와 같은 공지·공용의 기술에 의해 용이하게 생각해낼 수 있는 기술을 말한다.

ⅱ. 선원사항

선원사항이라 함은 선원의 발명·고안이나 선행명세서·도면에 기재된 발명·고안으로 출원공개(법 36③)된 채 권리화가 되지 아니한 것을 말한다.

ⅲ. 의도적 제외사항

의도적 제외사항이라 함은 출원인이 의도적으로 특허청구범위에 기재하지 아니한 사항은 그 특허발명의 보호범위에 속하지 아니한다는 것을 말한다(의도적 제외론). 바꾸어 말하면 출원인이 계획적으로 특허청구범위를 확정한 것에 한정하고 다른 것을 배제한 경우는 그 한정사항만이 특허권의 보호범위에 속한다(의도적 한정론).

② 적용제외의 이유

위의 ⅰ 내지 ⅲ의 경우인데도 불구하고 균등기술이라는 이유만으로 균등론을 우선 적용할 경우 특허권의 과잉보호의 결과를 초래하게 되어 제3자에게 불의의 피해를 줌은 물론 법적 안정성마저 해치게 되어 본래의 균등론의 취지에 위배되기 때문이다.

(4) 그밖의 보호범위의 해석기준

1) 특허청구범위의 요부에 관한 기준

① 요부설의 취지

요부설은 권리자와 제3자 사이에서의 형평을 유지하기 위해 구체적 사건에 적응해서 타당한 해결을 도모하기 위하여 제창된 견해이다.

② 요부설

특허청구범위의 구성에서 핵심(중심)기술부분을 이루고 있는 요부의 기술은 기술적 범위에 속하여 특허발명의 보호범위의 해석기준이 된다. 이에 반해 특허청구범위의 구성에서 비핵심(비중심)기술의 비요부기술은 기술적 범위에 속하지 아니하므로 특허발명의 보호범위의 해석기준이 되지 아니한다. 전자를 요부설 또는 핵심설, 중심설이라고 하고 후자를 비요부설 또는 비핵심설, 비중심설이라고 한다.

위의 요부설에 대립되는 설로서 구성요건설(또는 구성요건분해설)이 있다. 특허청구범위에 기재되어 있는 기술적 사항은 통상 몇 개의 요건으로 구성되어 있다. 따라서 이 구성요건설은 특허청구범위에 기재된 사항을 몇 개의 구성요건으로 분해하여 그 전부를 갖추고 있는 것은 기술적 범위에 속하여 특허발명의 보호범위의 해석기준이 되고 그중 하나라도 빠진 것은 기술적 범위에 속하지 아니하여 특허발명의 보호범위의 기준이 되지 아니한다.

③ 특허청구범위의 구성요건의 구별기준

특허청구범위의 구성요건을 요부와 비요부로 구별하는데 이때의 구별은 기술수준의 차이, 명세서 또는 도면의 기재사항에 의한다. 즉 ⅰ) 특허청구범위의 구성요건 중 그 특허발명의 출원시 기준으로 신규의 발명은 요부로 분류하고, 공지의 발명은 공지사실참작상의 요부설에 따라 비요부로 분류하는 경우, ⅱ) 특허발명의 구성요건 중 발명의 상세한 설명에 발명의 구성요건(기술적 사상, 기술적 범위)에 대응하여 목적이나 작용효과가 기재되어 있는 경우 그 기재사항을 요부로 분류하고 그렇지 않은 사항은 목적·작용효과상의 2분설에 의해 비요부로 분류하는 경우가 대체적으로 양자 구별의 기준이 된다 할 것이다.

④ 결 어

요부설은 새로운 이론, 즉 균등론, 공지사실참작설 또는 작용효과중시설 등이 잇따라 나오면서 반대론에 부딪쳐 그 중요성이 퇴색되기는 하였으나 그래도 요부설의 취지(위 ① 요부설의 취지 참조)는 위의 제설의 기조를 이루고 있다. 즉 요부설은 권리자를 위해서는 균등론이 되고 제3자를 위해서는 공지사실참작설 또는 작용효과설로 되어 있음을 주목하여야 한다.

2) 일반적 발명사상론

① 의 의

일반적 발명사상론이라 함은 특허청구범위의 기재사항은 특허발명의 기술적 범위의 판단기준으로 하면 충분하고 기술적 판단을 함에 있어서 특허청구범위에 기재된 문언 그 자체에 추호도 구속될 필요가 없는 특허청구범위의 기재사항에서 추출된 것과 발명사상면에서 동일 또는 공통인한 모두 특허발명의 보호범위(기술적 범위)에 속한다는 이론이다.

이 일반적 발명사상론은 일반적으로 특허청구범위의 기재에 구애될 필요없이 이것을 중심으로 하여 그 외측 일정한 범위의 기술적 범위를 인정하는 해석방법의 강학상 중심한정주의(central definition)의 전형적 이론이다. 이에 반해 특허청구범위에 기재된 사항에 의하여 정하여진 특허발명의 보호범위를 원칙적으로 기술적 범위의 최대범위로 하고 예외적으로 그 최대범위와 실질적으로 동일하다고 인정되는 범위보다 좁은 범위[지근범위축소(至近範圍縮小)]로 인정[역균등론(逆均等論)[61)]] 하는 경우의 축소해석방법의 강학상 주변한정주의와는 상도 대립되는 이론이다.[62)]

일반적 발명사상론은 중심한정주의의 견해 및 특징을 가장 잘 나타내고 있는 이론이라고 할 수 있고 그 대표적인 국가는 일반적 발명사상론의 효시국인 독일이다. 주변한정주의의 대표적인 국가는 미국이었지만 1980년 중반부터는 주변한정주의 견해보다 중심한정주의의 견해를 더 많이 기술적 범위의 해석기준으로 하고 있는 경향이다.

② 배 경

일반적 발명사상론은 1910년 독일의 판례에 의해 확립된 이론으로서 지금에 이르기까지 특허발명의 기술적 범위의 판단기준에 대한 학설·판례상의 정설로 내려오고 있다.

이 설은 후술하는 중심한정주의의 견해 및 특징을 가장 잘 나타낸 이론으로서 중심한정주의의 전형이라고 할 수 있다. 이 이론에는 특허청구범위와 특허발명의 보호범위(기술적 범위)를 최초로 분리하여 특허청구범위를 뛰어넘어 아주 넓은 범위에까지 보호범위를 확장, 인정한다는 것이 일반적 발명사상론의 단서가 되었다.[63)] 즉 일반적 발명사상(all gemeiner Erfindungsgedanke)은 특허청구범위의 기재사항[발명의 직접적인 대상(unmittelbarer Gegenstand der Erflndung)[64)]]을 뛰어넘어 명세서에서 추출할 수 있는 기본적 사상이라는 것이다. 이러한 명세서에서 추출할 수 있

61) 특허발명의 실질적 보호를 위하여 특허발명의 보호범위를 확장해석하는 균등론의 해석방법과는 달리 제3자의 보호를 위하여 특허발명의 보호범위를 축소해석하는데 적용된다는 의미이다.

62) 특허청구범위에 기재된 사항에 의하여 정하여진 특허발명의 보호범위를 원칙적으로 기술적 범위의 최대범위로 하고 예외적으로 그 최대범위와 실질적으로 동일하다고 인정되는 범위까지 확장[지근범위확장(至近範圍擴張)]을 인정하는 (균등론) 경우가 있다.

63) 판결 Entscheidung des Reichsgerichts 1910.9.2 RGZ80, 54(1910).

64) 특허발명의 보호범위가 특허청구범위에 기재된 사항의 엄격한 문리적 해석으로 확정되는 것. 참고로 독일의 구특허법(1978.1.1 이전 출원의 특허)은 침해소송상 특허발명의 보호범위를 통상 발명의 직접대상, 발명의 대상, 일반적 발명사상 3영역으로 분류하고, 사정에 따라 그중 어느 하나를 적용하였다.

는 기본적 사상에는 명세서에 직접적으로 공개되어 있는 것(당업자가 명세서를 보고 곧 짐작할 수 있는 것)만이 아니라 간접적으로 공개되어 있는 것(당업자가 발명적으로 추가하여 추고한 것이 아닌 추고에 의하여 짐작할 수 있는 것)도 포함한다.[65)]

③ 이론적 근거

i. 당업자 등을 위하여 특허청구범위에 기재된 사항에 의하여 정하여진 특허발명의 보호범위는 발명이 명확하고 간결하게 기재하여 보호범위를 정확하게 인식할 수 있도록 하여야 한다(법 42④ 2, ⑥).

ii. 특허발명의 보호범위의 확정은 특허청구범위에 기재된 사항의 문리적 해석에 구속되지 말고 발명의 성질, 발명이 해결하고자 하는 과제(목적), 그 밖에 당업자가 그 발명의 내용을 쉽게 이해하기 위하여 필요한 사항(작용효과) 및 명세서 또는 도면의 기재사항을 십분 감안하여 실질적으로 발명의 기술적 사상을 인정하여야 한다는데 일반적 발명사상론의 이론적 근거를 두었다.

④ 균등론과의 차이점

일반적 발명사상론은 균등론에 비해 권리자보호에 역점을 둠으로써 특허청구범위의 배타권(금지권)적 기능을 그다지 중요시하지 않는다. 따라서 권리자에게는 유리하지만 제3자에게는 불의의 침해우려가 상존함으로써 분쟁다발의 문제 등이 있어 법적 안정성에 위해롭다. 이러한 점 때문에 최근 독일에서까지도 침해사건소송에 이 이론을 적용하는데 신중을 기하고 있는 추세이고, 그 영향으로 판결 대부분은 이 이론의 적용을 기피 내지는 아예 배제하고 있는 실정이다. 우리나라의 경우 이 이론은 지지를 받지 못한 채 지금에 이르고 있다. 따라서 침해소송에 있어서도 이 이론의 적용사례는 찾아보기가 힘들 정도이다.

그러나 다음의 3), 4)에서 설명하는 우회발명이나 불완전이용발명과 같은 특수한 경우에는 이 이론을 긍정하여야 한다는 통설이 있고 또 특허발명의 보호범위의 발전이론의 토양이 될 수 있기 때문에 완전 부정하여서도 아니된다.

⑤ 적용의 전제요건

모든 것이 그렇듯 일반적 발명사상론도 긍정적인 면과 부정적인 면의 양면성을 가지고 있다. 따라서 긍정적인 면에서 이 이론이 인정되기 위해서는 그 특허발명이 출원당시 신규성, 진보성 등 특허요건을 충족한 발명이어야 하고, 특허청구범

65) 崎村茂樹, 독일에서의 확장해석의 실시에 대해, 특허관리 9권 12호~10권 3호 참조.

위에서 추출할 수 있는 것이어야 하며, 적법유효하여 정상적(권리자의 포기, 특허청장의 제한, 심판의 심결·소송의 판결에 의한 소멸 등이 없이)으로 유지, 존속되고 있어야 함은 물론이다.

3) 우회발명론

① 의 의

우회발명론이라 함은 특허발명과 기본적으로 동일한 기술적 사상에 기초하면서 특허청구범위에 기재할 발명의 구성요건 중 최초적 요건과 최후적 요건을 동일하게 하면서 그 중간에 객관적으로 볼 때 굳이 둘 필요가 없는 중위적 요건을 덧붙이는 것을 말한다. 예를 들면 특허발명 X에 Y를 사용하여 Z를 제조하는 방법발명에 대해, X를 X와 유사한 X'으로 전환한 후 Y와 동일하거나 유사한 Y'를 사용하여 Z'으로 하고 최후에 Z'을 최초의 Z로 환원하는 방법의 경우이다.

우회발명을 균등하다 하여 특허발명의 보호범위에 속한다고 하는 이 이론은 보호범위는 보호를 받고자 하는 사항(발명)을 특정하는데 필요한 구조·방법·기능·물질 또는 이들의 결합관계 등으로 기재되어야 한다는 보호범위에 대한 통상의 견해에서 본다면 우회발명이 특허발명과 균등하여 특허발명의 보호범위에 속한다고 하기에는 다소의 무리가 따를 것으로 해석된다.

그러나 다수의 반대론이 있기는 하나 위의 원칙적 균등론의 보호범위론의 관점에서 본다면 무리는 없다 할 것이다. 그러한 맥락에서 우회발명은 침해가 아니다라는 학설, 판례는 지금에 이르기까지 나오지 않는 것 같다.

② 이론적 근거

우회발명을 균등하다 하여 특허발명의 보호범위(이하 "보호범위"라 한다)에 속한다는 우회발명론의 근거는 i) 위와는 반대로 우회발명을 균등하지 않다고 한다면 우회발명은 누구나가 아무 제약 없이 자유롭게 실시할 수 있게 됨으로써 우회발명이 보호를 받을 수 없게 된다면 이는 발명의 보호와 이용을 도모하여 기술의 발전을 촉진함으로써 산업발전에 기여한다는 특허법의 목적 및 특허제도의 취지에 반하므로 우회발명을 균등하다 하여 보호범위에 속하도록 하여야 하고 ii) 특허법 제42조 제4항 제1호·제6항 및 제97조의 입법취지에 부합되며 iii) 특허법 제97조의 후단 "특허청구범위에 기재된 사항에 의하여" 보호범위를 정한 것이 아니라고는 할 수 없다는데 그 근거를 두고 있다.

③ 성립요건

우회발명이 특허발명과 균등하여 보호범위에 속하기 위해서는 다음과 같은 요건을 충족하여야 한다.

i. 특허청구범위의 구성요소와 문언은 상당한 차이가 있으므로 보호범위에 속한다고 하기에는 문리상 어렵다. 이러한 차이는 특허청구범위의 중간에 덧붙인 여분에 의해서 생긴 것이지만 이를 전체적으로 볼 때에는 실질적으로 특허발명과 기술적 사상에서 일치하고 있는 것일 것. 그러므로 신물질 제조방법에 관한 특허발명이라면 이와 동일한 효과를 가져 올 수 있는 동일목적의 물질을 얻는 것이 명백할 것

ii. 우회발명은 특허출원 전 공지의 특허발명에 의해 당업자의 기술수준에서 용이하게 안출을 할 수 있는 것일 것

iii. 당업자의 수준에서 볼 때 우회발명은 특허발명에 비해 그 기술적 사상이 고도하지 않을 뿐만 아니라 그 기술적 사상의 기술적, 산업적, 경제적 가치도 덜하다는 것이 명백할 것

④ 결 어

일반적 발명사상에 대한 찬반론이나 이론구성상의 문제는 별도로 하고라도 우회발명이 보호범위에 속한다는 이론은 오늘날 다수설임은 분명하다.

4) 불완전이용 발명론

① 의 의

불완전이용 발명론이라 함은 그 발명의 구성요건 일부를 생략하거나 치환(이하 "생략 등"이라 한다)한다 하더라도 특허발명과 균등하다 하여 특허발명의 보호범위에 속한다는 이론으로서 일명 생략발명 또는 개악발명(改惡發明)이라고도 한다.

이와 같이 불완전이용발명은 그 구성요건의 일부를 생략 등을 한 것으로서 특허발명이 추구하는 목적의 달성과 효과의 성취를 만족스럽게 얻을 수 없는 것이다. 이에 반해 우회발명은 종국적으로 특허발명과 같은 효과를 이룬 동일한 목적물을 얻는다는 점에서 양자는 상이하고 또 특허청구범위에 기재된 구성요건의 일부를 생략해도 통상적 균등범위에 그치는 균등발명[66]과도 상이하다.

---

66) 판결 : "제3자가 실용신안고안의 작용효과를 저하시키는 것 외에는 어떠한 우수한 작용효과도 수반하지 않는데 오직 권리침해의 책임을 모면하기 위해 특히 고안의 구성요건에서

이 이론은 불완전이용발명은 종래 발명의 구성요건의 일부 생략 등으로 특허발명과는 작용효과면에서 실질적으로 동일하지 않으므로 특허발명의 보호범위에 속하지 아니한다는 부정적 견해가 지배적이었으나 근래 일부 긍정하는 판례[67]와 이를 지지하는 학설[68]이 나오고 있어 새로운 논의의 국면을 맞고 있다.

② 불완전이용 발명론과 균등론의 공통점

불완전이용 발명론과 균등론은 다음과 같은 점에서 일치하고 있다.[69]

i. 양자 모두 특허청구범위 중 중요도가 낮은 구성요건이 그 대상이라는 점

ii. 양자 모두 특허법 제42조 제3항[발명의 상세한 설명에는 그 발명이 속하는 기술분야에서 통상의 지식을 가진 자가 그 발명을 쉽게 실시할 수 있도록 발명이 속하는 기술분야·해결하고자 하는 과제(발명의 목적)·과제의 해결수단(발명의 구성) 및 그 밖에 당업자가 그 발명의 내용을 쉽게 이해하기 위하여 필요한 사항(발명의 작용·효과)을 명확하고 상세하게 기재하여야 한다]의 위반을 허용하고 있다는 점(단, 균등론은 문리적 해석의 경우)

iii. 양자 모두 특허청구범위의 확장을 인정하고 있다는 점[70]

비교적 중요성이 낮은 사항을 생략한 기술을 이용하여 등록실용신안의 실시품에 유사한 것을 제조할 때에는 위의 행위는 고안의 구성요건에 오히려 유해한 사항을 첨가하여 그 기술적 사상을 이용할 뿐이며, 고안의 보호범위를 침해하는 것이라고 해석하는 것이 상당하다"라고 판시하였다(大阪地判 昭 43.5.17 下民 19卷 6號, 303面).

- 위 판결에 대한 항소심판결 또한 이 판결을 지지하였다(大阪高判 昭 45.6.16 뉴스 昭 45.8.21).

67) 판결비평(찬) 中山·쥬리스트 463호, 142면.

68) 학설 : Winkler(" Die verschlechterte Ausführungsform" GRUR 1956/487)가 인용하는 다음 판결(1953년)은 불완전이용의 1예일 것이다. 원고의 특허는 다각형으로 배치된 철제항도용지보공(鐵製抗道用支保工)에 관한 것인데 종래에는 원형목재를 사용하고 있었으나 이것으로는 상한 압력으로 찌그러지거나 변형되는 결점이 있었기 때문에 이것을 특수구조의 철제원통으로 전부 치환한 것이다. 그런데 피고는 단순히 이 다각형의 정점에 배치된 목재판을 철제원통으로 치환하고 다른 것은 그대로 했다. 그 결과 공진에는 전부 목재이었던 것에 비하면 압력에 대한 강도가 증가되어 충분하지는 않지만 당해 특허가 의도한 효과를 부분적으로 달성한 것이다(田中美登里 "불완전이용에 대해" 기업법연구 254輯).

69) 발명으로 보호되어야 할 것은 단순히 특허청구범위에 기재된 구성요건이 아니고 그것을 통해 추출되는 발명의 본질이어야 한다. 그러므로 발명의 본질을 보호하기 위해서는 특허청구범위의 기재에 구애받지 말고 그 기재를 통해 추출할 수 있는 한 통상적으로 균등이라고 인정되는 범위는 물론 그 이상으로 널리 균등한 범위의 것까지 보호범위에 속한다고 보는 것이 당연하다. 그리고 특허청구범위는 특허권자가 특허발명을 독점적으로 실시할 수 있는 범위, 즉 기술적 범위이고 이것과 균등한 범위는 기술적 범위를 초과해서 나온 범위, 즉 특허권의 금지권범위로서 파악해야 하는 것으로 한다(보호범위론)(大江健次郎, "특허청구범위와 특허발명의 격차", 특허관리 25卷 7號).

70) Winkler, "Die verschlechterte Ausführungsform" GRUR 1956/487.

그러나 이 이론에는 부정적인 견해가 있다. 즉 발명의 구성요건을 기재하고 있는 특허청구범위에 기재된 사항 중 중요성이 적은 사항을 생략 등을 함으로써 권리자가 추구하려는 바를 회피하려는 침해행위의 한 유형으로 해석하는 견해가 있고[71] 또 판례는 특허청구범위에는 보호를 받고자 하는 사항을 기재한 항 즉 청구항이 1 또는 2 이상 있어야 하되(법 42④) 그 보호를 받고자 하는 사항을 명확히 할 수 있도록 발명을 특정하는 데 필요하다고 인정되는 구조·방법·기능·물질 또는 이들의 결합관계 등을 기재하여 하여야 한다(법 42⑥)는 특허청구범위의 기재요건(법 42④⑥), 보정에 의한 특허출원의 특허청구범위의 확장변경의 금지(법 47③) 및 정정심판에 의한 특허발명의 특허청구범위의 확장변경금지(법 136③)에 관한 취지의 규정을 위반하여 특허청구범위에 보호를 받고자 하는 사항을 기재해두고 권리를 행사하는 단계에 이르러 이를 비교적 중요한 사항이 아니라고 주장하여 특허청구범위의 기재일부를 무시하고 그 확장적 변경을 허용하는 것과 같은 효과가 생기는 주장을 하는 것은 허용되지 않는다. 따라서 생략 등이 된 사항이 해당 발명의 중요한 사항인지의 여부, 해당사항을 생략 등을 하는 것이 용이한지의 여부, 해당사항을 권리침해를 모면하기 위해 의도적으로 생략 등을 한 것인가 등의 사실에 대해 검토할 것까지 없고 생략 등 발명과 같은 불완전 이용발명론은 현행법상 채용할 가치가 없다는 취지의 판시를 함으로써[72] 불완전 이용발명론에 대해 부정적인 입장을 취하였다.

③ 불완전 이용발명의 성립요건

불완전 이용발명이 특허발명의 보호범위에 속한다고 하기 위해서는 최소한 다음과 같은 요건을 모두 충족하여야 한다.[73]

i. 불완전 이용발명은 특허발명과 동일한 기술적 사상에 의하는 것일 것
ii. 특허청구범위의 기재사항 중 비교적 중요도가 낮은 구성요소를 생략 등을 할 것
iii. 특허발명의 공지로 인해 생략 등이 극히 용이할 것
iv. 특허발명에 비해 생략 등으로 발명의 효과가 떨어질 것

71) 名古屋地判 昭 55.7.16 速報 63號 1481面 참조.

72) 東京地判 昭 58.5.25 無体集 15巻 2號 396面 참조.

73) 균등론은 구성요건 일부 P와 대비기술 P'를 균등으로 하여 특허발명의 보호범위에 속한다는 이론인데 이는 P외에 P'도 사실상 구성요건으로 하여 특허청구 범위확장을 허용하는 것이라고 할 수 있다. 그렇다면 불완전이용발명론도 구성요건의 일부생략이나 개악에 의하여 특허청구범위의 확장을 허용하므로 그러한 의미에서 양자는 서로 공통점을 갖는다는 것이다.

v. 특허발명의 출원 전 선행기술에 비해 생략이나 개악(改惡)을 하였음에도 발명의 작용효과면에서 탁월할 것

위의 성립요건을 모두 구비한 불완전이용발명의 경우에는 위의 “② 불완전이용발명론과 균등론의 공통점”을 갖게 되는 한편 특허에 관한 권리의 침해우려도 비교적 줄어들므로 균등론의 인정취지와 같이 특허발명의 보호범위에 속한다고 할 수 있는 것으로 해석된다.74)

④ 결 어

특허발명의 보호를 받고자 특허청구범위에 기재한 사항은 그 발명을 특정하는데 필요한 구조·방법·기능·물질 또는 이들의 결합관계 등 발명의 구성요건에 관한 사항을 기재하여야 한다(법 42④⑥, 97). 그러므로 그 발명의 구성요건 중 어느 하나를 생략 등을 하거나 더욱 그로인해 발명의 작용효과가 그만큼 감소되는 결과를 가져올 수도 있는 불완전이용발명이 특허발명의 보호범위에 속한다는 이 이론은 원칙적으로 긍정될 수 없다. 따라서 이 이론이 균등론과 같은 맥락에서 성립되기 위해서는 위의 “Ⅲ. 3. (3) 3) 통상의 균등론 성립요건” 외에 위 “③ 불완전 이용발명의 성립요건”을 필요로 한다고 해석된다.

5) 공지사실 제외설 등

① 공지사실 제외설

i. 의 의

공지사실 제외설이라 함은 특허발명의 보호범위의 해석기준에서 문리적으로만 보면 특허발명의 보호범위에 속하지만 그 보호범위에 속한 기술적 사상인 발명의 구성요건이 특허출원 전 공지된 것일 때에는 그 공지이 발명의 구성요건은 특허발명의 보호범위에 속하지 않도록 해석하여야 한다는 견해로서 공지사실참작설의 하나이다. 이 견해에는 특허청구범위에 기재되어 있지 아니한 사항이다 하더라도 실시례와 같이 발명의 상세한 설명에서 기재되어 있거나 또는 발명의 상세한 설명에서는 기재되어 있지 않으나 도면에서 기재되어 있는 경우에는 특허청구범위에 기재되어 있는 발명의 구성요건으로 보고 보호범위의 해석기준으로 한다. 이는 실시예불구속의 원칙에도 불구하고 이에 구애받지 아니하고 발명의 상세한 설명이나 도면에 실시예로 기재되어 있는 사항을 진정한 발명의 구성요건으로 해석

74) - 靜岡地浜松支判 昭 50.6.25 無体集 7卷 1號, 188面 참조.
- 福島地郡山支判 昭 59.4.26 速報 108號 2792面 참조.

하여야 한다는 것이다. 따라서 이 견해는 특허발명의 보호범위는 특허청구범위에 기재된 사항에 의하여 정하여진다(법 97)는 특허법취지의 특허청구범위 기준의 원칙보다도 공지사실이 우선하는 것임을 나타내는 것인데 공지사실 참작설[75]에 가장 철저한 견해라고 할 수 있다.

ii. 공지사실제외설의 근거

특허청구범위를 해석함에 있어서는 특허청구범위에 기재된 사항의 문언적 해석에만 구속되지 말고 반드시 발명의 성질, 목적, 작용효과 등을 기재하고 있는 명세서 및 도면의 기재도 감안하여 실질적으로 발명의 구성요건에 해당하는지의 여부에 관한 해석의 기준으로 하여야 한다.

② 공지사실 제외설 반대설

공지사실 제외설은 특허발명의 보호범위를 정하고 있는 특허청구범위의 해석허용한계를 벗어난 것이므로 부당하다는 견해이다. 더욱 특허발명이 출원 전 공지된 기술이고 이를 축소해석 할 만한 근거가 명세서 또는 도면의 어느 것에도 기재되어 있지 아니한 경우에는 그 특허발명은 보호를 받아야 할 발명의 구성요건을 갖추고 있지 아니한 것으로 취급되는데 이는 특허의 무효는 심판의 심결에 의해서만 할 수 있도록 규정하고 있는 특허법 제133조를 전면 부정하게 되므로 공지사실 제외설은 성립될 수 없다는 견해이다. 특히 무효사유가 있는 특허는 특허권의 존속기간은 물론 특허권이 소멸된 후에도 무효로 할 수 있는 특허법 제133조 제2항의 규정이 설시되어 있는 한 공지사실 제외설을 특허발명의 보호범위의 해석기준으로 적용하여야 할 하등의 이유가 없다.

③ 결 어

위에서 살펴본 바와 같이 공지사실 제외설에 대하여는 긍정론과 부정론이 대립되고 있으나 공지사실 제외설을 특허침해소송사건에서 특허발명의 보호범위의 해

75) 특허청구범위에 기재되어 있는 기술적 사상인 발명의 구성요건을 정확하게 이해하기 위해서는 출원당시의 공지의 기술수준(공지사실)을 참작하여야 한다는 견해이다. 한 사례를 들어 본다.
"본건 발명이 우공지기술이 존재하는데도 불구하고 신규성이 있다 하여 특허된 까닭이나, 본건 특허가 우공지기술과 같은 기술적 사상을 갖는 점에 있지 않음은 특허제도의 방침상 당연한 일이며, 본건 발명은 공지기술과 같은 목적으로 공지기술에서는 볼 수 없는 신규성에 의해 달성한 점에 특허성이 인정된 것이라고 해석할 수밖에 없다"라고 판시하였다(東京高判 昭 47.4.7 無体集 4巻 1號 224面). 최고재판소도 본 판결을 지지하였다(最高判 昭 49.6.28 금융상사판례 420號 2面).

석(판단)기준으로 채택한다 하더라도 이는 어디까지나 침해소송사건에서의 침해여부의 판단기준이 되는 것이지 결코 특허무효의 판단기준이 되는 것은 아니다.

따라서 이 설은 특허발명의 보호범위의 해석기준을 특허청구범위의 기재사항에만 국한하지 아니하고 특허청구범위의 기재사항을 뒷받침하고 있는 발명의 상세한 설명이나 도면에 기재되어 있는 실시예와 같은 사항의 요지를 파악하고 당해 특허발명의 출원 전 공지기술을 참작하여 특허발명의 보호범위를 정하고 있는 특허청구범위의 설정배경 및 그 의미를 파악, 이해하여 이를 특허발명의 보호범위의 해석기준으로 하려는데 지나지 아니한 것으로 봄이 타당한 것으로 판단된다. 그러나 발명의 상세한 설명·도면 및 공지기술 등에서 특허청구범위의 축소해석의 기준을 얻지 못한 경우에는 이 설은 특허발명의 보호범위의 해석론(침해소송)과는 무관하게 되고 특허의 무효심판 및 소송절차에서 다루어져야 한다.

6) 공유재산론

① 의 의

공유재산론이라 함은 위의 공지사실 제외설에 의하여도 발명의 상세한 설명·도면 및 공지기술 등에서 특허청구범위의 축소해석의 기준을 얻지 못한 경우가 있는 바, 특허무효심판의 심결확정을 기다려야 하는 사정이 있는 경우 구체적 사건에 대해 신속한 분쟁해결을 도모하기 위한 권리남용을 근거로 제창된 이론을 말한다. 공지기술은 원래 누구나가 아무런 제약 없이 자유롭게 이용할 수 있는 공유의 재산이기 때문에 어느 특정인의 전용물로 될 수 없다(단, 공공의 이익의 범위 내에서 제한적으로 자유로운 실시가 금지됨은 별개의 문제이다)는 이치에서 나온 이론이다.

이 이론은 자유로운 기술수준의 항변(독입에서 권리범위해석에 관하여 최초로 정립된 이론), 즉 공지기술(기술수준)을 누구나가 자유롭게 이용하는 것은 특허법에서 보장하고 있는 특허권과 대등한 독립된 권리(공지기술이용권)라는 것이다.

따라서 제3자(일반공중 개개인) 실시의 공지기술이 특허발명의 보호범위에 속하는지의 여부를 문제 삼지 않는다는 점에서 위의 공지사실 제외설과 다르다.

② 학설·판례

i. 학 설

공유재산론에 관하여는 현재 찬반양론이 있는 바, 찬성론[76]의 이유는 위의 "의

76) 羽柴隆 "권리보호범위확정에 관한 고찰방법(Ⅱ)" 特許管理 19卷 2號, 註1)의 논문.
中山信弘 "특허침해소송과 공지기술" 법학협회잡지 昭 56 9月號(다만, 침해자의 실시기술

의"와 같고 반대론[77]의 이유는 공지사실 제외설에 대한 것과 같다.

ii. **판 례**

"출원당시 이미 공지되었던 기술은 누구든지 실시할 수 있으며, 이것에 대해 우연히 특허를 받았다 하더라도 이것에 의해 특허권자이외의 제3자가 이 기술을 실시할 수 없다는 것은 제3자에게 부당한 불이익을 주는 것이다. 더욱 본건에 있어서는 원고는 본건특허출원에 이의를 신청하고 본건발명이 신규성이 없음을 알고 있었는데도 불구하고 출원인과 계약하여 이 이의신청을 취하하여 본건 특허권을 얻었다. 더욱 피고의 특허방법은 원고가 이의신청이유로 주장한 미국특허방법에 유사한 것이다. 이에 따르면 피고방법이 본건 특허발명의 기술적 범위에 속하는지에 대해 다시 판단할 것도 없이 원고의 본건 특허권에 의한 금지청구권의 행사는 부당하고 권리남용이 될 수 있어 허용되지 않는다"는 취지의 판시를 하였다.[78]

③ 결 어

공유재산론 및 자유로운 기술수준의 항변은 매우 의미 있는 이론으로 실무계는 물론 학계 및 법조계에서도 큰 관심을 가지고 있어 우리나라에서도 특허발명의 보호범위의 해석의 유력한 이론으로 발전할 것으로 기대된다.

제 4 절 특허권효력의 제한 등

특허권자는 업으로서 그 특허발명을 실시할 권리를 독점한다. 다만, 그 특허권에 관하여 전용실시권을 설정한 때에는 전용실시권자가 그 특허발명을 실시할 권리를 독점하는 범위 안에서는 그러하지 아니하다(법 94). 그러나 이는 원칙이고 일정한 경우 예외적으로 독점권이 제한을 받거나(이하 "특허권효력의 제한"이라 한다) 특허권이 확장되는 경우(이하 "특허권의 확장적 효력"이라 한다)가 있다.

이 공지기술과 같거나 근사하다는 것이 분명한 경우에 한하는 것으로 한다).

77) 播磨良承 "권리범위의 공지사항을 둘러싼 문제점" 페이턴트 24卷 2號.
馬瀨文夫 "특허대상과 공지사항" 기업법연구 198輯.

78) 名古屋地判 昭 51.11.26 判時 852호, 95面.

Ⅰ. 특허권효력의 제한

특허권자는 업으로서 그 특허발명을 실시할 권리를 독점한다는 원칙에 대해 공공의 이익의 측면에서 여러 가지 많은 제한이 가해지고 있다. 즉 타인의 특허발명의 실시를 그대로 인정할 수밖에 없는 경우의 타인실시의 인정(이하 "소극적 효력의 제한"이라 한다)과 자기의 특허발명이면서도 자유롭게 실시할 수 없는 경우의 자기실시의 제한(이하 "적극적 효력의 제한"이라 한다)의 두 가지 유형으로 나누어 볼 수 있다.

1. 소극적 효력의 제한

(1) 특허권의 효력이 미치지 아니하는 범위

1) 연구·시험을 하기 위한 실시

① 입법취지

이는 타인의 특허발명의 실시가 대부분의 경우 특허발명을 기초기술로 하여 진보된 기술을 개발하기 위한 연구나 특허발명의 기술적, 경제적 효과의 유무 및 정도 등을 시험하기 위해서이다. 이러한 실시는 기술진흥을 통한 산업발전에 기여할 뿐만 아니라 특허권자에게도 이해득실면에서 손해보다는 오히려 이익이 되는 측면이 많다. 즉 시험연구자가 시험연구결과 그 발명의 가치를 인정하고 그 특허발명을 업으로 실시하기 위해 전용실시권 또는 통상실시권을 희망하거나 시험연구과정에서 개발된 발명을 이용발명으로 실시하기 위해 특허권자와 실시계약을 체결할 수 있는 등 기술적, 사업적 파트너의 연을 맺을 수도 있기 때문이다. 따라서 특허법에는 이러한 산업적 취지를 입법화하여 연구 또는 시험을 하기 위한 특허발명의 실시에는 특허권의 효력이 미치지 않는 것의 하나로 규정하고 있다(법 96①1).

② 시험결과물 판매의 특허권침해 여부

i. 판 단

시험연구결과 제조된 물 또는 취득된 물(이하 "시험결과물"이라 한다)을 판매할 경우 특허권침해가 되는가이다. 여기에는 침해가 된다는 설과 정확하지 않다는 설이 있으나 당해 특허발명의 제조방법에 의해 제조된 물의 판매만이 특허발명의 실시가 되어 특허권의 침해되고 그 밖의 발명의 실시, 즉 시험·연구과정 또는 실시결과 취득되거나 산출된 물의 판매는 특허권의 침해가 아니라고 해석된다.

ii. 주요국의 입법 및 판결례

(i) 미 국

특허법에 명문의 규정은 두고 있지 않지만 판례에 의해 법원리가 확립되어 있다. 지금까지의 판례에 나타나고 있는 판례의 기준을 보면 다음과 같다.[79)]

i) 침해가 되는 경우

㉠ 실험자의 의도가 자신의 경제적 이익에 있는 경우
㉡ 실험이 장래의 시장성 테스트를 목적으로 하는 경우
㉢ 실험이 상식을 넘어 장기간 소요되거나 다량의 물건을 사용하는 경우
㉣ 판매에 관한 실험은 명목여하를 불문하고 침해가 된다.

ii) 침해가 되지 않는 경우

㉠ 실험목적이 특허발명으로 교시된 목적과 완전히 다를 경우
㉡ 실험이 침해가 되지 아니할 가능성이 있는 것은 생산·사용에 관한 경우 뿐이다.

(ii) 독 일

i) 서 론

특허법에는 "시험목적을 위한 행위"에 대해서만 특허권의 효력이 제한된 것으로 규정하고 있고(독일특허법 제11조 제2호) 연구를 위한 행위에 대해서는 규정하고 있지 않다. 그러나 오래전부터 학설, 판례를 통해 특허발명을 업그레이드(up grade)하기 위한 개량의 경우의 연구에는 제한을 받지 않은 것으로 보고 있다.

ii) 판결례

"특허의약 A의 특허존속기간 중에 A를 1성물로 하는 다른 의약 B의 임상시험을 위해 A를 사용하는 행위는 A자체의 시험목적을 위한 행위가 아니므로 특허권 침해행위가 된다"는 취지의 판시를 하였다.[80)]

"특허보호가 존재하지 않는 장치를 테스트하는데 특허에 관계되는 방법을 사용

---

79) 헨리幸田, 미국특허법 축조해설, 昭 63, 발명협회, 206면.
80) 베를린지방재판소 1984.9.25 GRUR 1985년 5권, 375면(Nifedipin사건).

하는 것은 특허권침해행위가 된다"는 취지의 판시를 하였다.[81)]

(iii) 일 본

i) 서 론

특허법에는 명문으로 "특허권의 효력은 시험 또는 연구하기 위한 특허발명의 실시에는 미치지 아니한다"라고 규정하고 있고(일본특허법 69①) 관련판례도 나오긴 하였으나 다른 분야 판례에 비하여 그리 많지 않은 편이다.

ii) 판결례

㉠ "애자형 개폐기(碍子型 開閉器) 20개를 견본으로 시험하기 위해 대판시 전기국에 납입한 것은 상거래를 할 전제로서 자가제품을 채택받기 위한 소위 상품견본으로서의 제공이므로 견본품을 제작하는 것은 …… 시험을 하기 위한 특허발명의 실시에 해당하지 않음은 물론이거니와 이 경우 특허권의 효력을 배제할 수 있는 것은 아니다"라는 취지의 판시를 하였다.[82)]

㉡ "신기술개발을 위하여 타인의 특허발명으로 물품은 시작(試作)하는 행위는 "시험이나 연구"에 해당한다"라는 취지의 판시를 하였다.[83)]

㉢ "농약판매에 필요한 농약등록(농약단속법 2)을 받기 위한 피고 제초제(본건 특허의 기술적 범위에 속한다)의 시험은 기술의 진보를 목적으로 하는 것이 아니고 오직 피고 제초제의 판매를 목적으로 하는 것이므로 특허법 제69조(우리나라 특허법 제96조)에서 말하는 "시험이나 연구"에는 해당하지 않는다"는 취지의 판시를 하였다.[84)]

2) 국내를 통과하는 선박 등 또는 이에 사용되는 기계 등 물건

① 입법취지

이는 타인의 특허발명의 실시가 국내, 즉 우리나라의 영토뿐만 아니라 영해 및 영공내(공해상이나 대기권 밖의 우주공간은 적용 밖이다)를 통과하는데 불과한 선박·항공기·차량 또는 이에 사용되는 기계·기구·장치 그 밖의 물건은 국제교통의 편의를 고려하여 특허권의 효력이 미치지 아니한 것으로 하고 있다(법 96①2).

---

81) 라이히재판소 민사판례집 149권, 102면.

82) 대심판 昭 16.3.28 호외 23호, 75면(개폐기사건).

83) 浦和地判 昭 55.11.30 兼子·染野·判工 2305의 137, 1354면(인형머리의 제조형사건) 및 東京高判 항고심판결, 昭 59.1.30 속보 105호 269면.

84) 東京地判, 昭 62.7.10 無体集 19권 2호, 231면(제초제사건).

② 관련 국제규범과의 비교 등

i. 파리협약과의 비교

파리협약 제5조의 3(이하 본 항에서 "파리협약규정"이라고 한다)과 특허법 제96조 제1항 제2호(이하 본 항에서 "96조"라 한다)를 비교검토하여 이동점(異同点)을 살펴보고 만약 국내법보다 국제규범인 조약내용이 넓은 경우에는 특허법 제26조에 의하여 조약의 규정에 따른다.

(i) 파리협약규정은 동맹국의 선박 등만을 대상으로 하고 있는데 반하여 제96조는 파리협약 동맹국의 선박 등뿐만 아니라 동맹국이외의 선박 등까지도 대상으로 하고 있으므로 파리협약규정보다 넓다.

(ii) 파리협약규정(5조의 3 제1호)은 "오직 그 선박의 필요 때문에 사용하는 것"에 한한다고 분명히 하고 있는데 반하여 제69조는 그러한 제한적 표현을 하고 있지 않다. 따라서 항해 중에 사용하는 동력발생장치에 특허발명이 있고 이것을 선박이 정지 중에 유전탐사 등 다른 목적에 이용할 시에는 그 동력발생장치에는 특허권의 효력이 미치는가의 여부가 문제된다. 그러나 파리조약규정의 "오직 그 선박의 필요 때문에 사용하는 것"이라는 표현이나 특허법에서의 "국내를 통과하는데 불과한 선박"이라는 표현의 취지로 보아 항해 중에는 특허권의 효력이 미치지 않지만 정지 중에는 다른 목적에 사용하는 것이므로 특허권의 효력은 미친다고 해석함이 타당하다.

(iii) 파리협약규정은 통과가 "일시적 또는 우발적"이라고 하고 있는데 반하여 특허법은 "불과"라고 하고 있으나 같은 의미로 해석함이 타당하다. 일시적 입국에는 정기적 입국도 포함된다. 우발적 입국은 갑자기 고장을 일으켜 수리하기 위하여 또는 태풍 등 조난을 피하기 위하여 생기지만 일시적이 아니라도 상관없다고 해석된다.

(iv) 파리협약규정은 "사용"이라는 용어를 사용하고 있는데 반하여 제96조에서는 사용이라는 용어를 사용하고 있지는 않지만 물건의 제조·판매까지 인정하지 않고 있음은 조리상으로도 명백하다.

(v) 파리협약규정의 "부속물"에는 의약과 같은 일정한 형체를 갖지 않는 재료적인 무체물(예 : 염수를 음료수화하는 방법에 사용되는 이온교환수지)이 포함되는데 반하여 제96조의 "기타 물건"에는 이러한 무체물이 포함되어 있는가가 문제이다. 여기에는 소극적으로 해석하여 포함되지 않는다는 견해와 적극적으로 해석하여 포함된다는 견해가 있으나 제96조의 취지로 보아 후자의 견해로 해석하는 것이 타당하다.

(vi) 파리협약규정은 "물에 관한…발명", "기능에 관한 발명"이라고 규정하고 있어 물리상 방법을 포함하고 있으므로 방법에도 특허권의 효력이 미치지 아니한데 반하여 제96조에서 "특허권의 효력이 미치지 아니한다"고 하는 것은 물리상 기계·기구·장치 기타의 물건으로 한정되어 있어 방법에는 특허권의 효력이 미친다고 해석함이 타당하다.

ii. 국제민간항공조약

동 조약 제27조(특허권에 의해서 청구되는 압류의 면제)는 이 조약의 당사국으로서 파리협약 가맹국이거나 특허법을 제정하고 있는 국가에만 적용된다(동 조약 제27조(c))고 하여 다음과 같이 규정하고 있다. (a) 국제항공에 종사하고 있는 한 체결국의 항공기가 허가를 받아 다른 체결국 영역으로 들어가는 경우 또는 허가를 받아 그 영역에 착륙하거나 무착륙횡단을 하는 경우는 그 국가나 그 국가에 있는 사람 또는 그들의 대리인은 항공기의 구조·기계장치·부품·부속품 또는 운항이 항공기가 들어간 영역에 속하는 국가에서 정당하게 허여되거나 등록된 특허·디자인이나 모형의 침해라는 이유로 항공기의 압류나 억류, 항공기의 소유자나 운영자에 대한 청구 또는 항공기에 대한 기타 간섭을 해서는 안된다. 이 경우에 항공기의 압류나 억류면제에 관한 담보의 공여는 그 항공기가 들어간 국가에서는 어떠한 경우에도 요구되지 않는 것으로 한다.

3) 특허출원시부터 국내에 있는 물건

① 입법취지

특허권의 효력은 "특허출원시부터 국내에 있는 물건"에는 미치지 아니한다(법 96①3). 이는 만약 기존의 물건까지 특허권의 효력이 미친다고 하면 법적 안정성을 해치게 되는 한편 당해 특허권에는 소급효가 인정된 셈이 되어 특허권자에게는 부당할 정도로 이익을 볼 수 있는 모순이 발생할 수 있기 때문에 특허출원시 존재하고 있던 물건에 대하여는 특허권의 효력이 미치지 않도록 하는 효력제한규정을 둔 것이다.

② 특허출원 및 물건에 관한 해석

i. 특허출원

특허출원시의 "특허출원"은 우선일이 있는 것에 대해서는 제1국의 것을 말하는 것으로 해석된다. 왜냐하면 제2국의 것을 말한다고 하면 파리협약 제4조 B의 "제

3자의 권리를 인정하는 것이 되기 때문이다. 즉 우선권주장기간의 만료 전에 타동맹국에 제출한 후출원은 그 기간 중에 행하여진 행위, 특허, 타출원, 당해 발명의 공표 또는 실시로 인하여 무효로 되지 아니하며 또한 이러한 행위는 제3자의 권리를 발생시키지 아니하기 때문이다(파리협약 4 A·B).

ii. 물 건

국내에 있는 "물건"이란 유체물을 가리키며 발명 그 자체와 같은 기술적 사상을 의미하지 않는다.[85] 이러한 유체물이라 하더라도 출원시 존재하고 있는 현물을 지칭하는 것이고 출원 후 제조한 물건은 여기에서 말하는 물건에 해당하지 아니한다. 이 점에서 선사용에 의한 통상실시권(법 103)과 다르다.

그 물건인한 양도·대여하거나 그 물건의 양도 또는 대여의 청약을 하는 행위 등에는 특허권의 효력은 미치지 아니한다. 그 물건이 사용행위에 대해서도 원칙적으로 같다. 그러나 예외적으로 출원당시 그 물건에 대해 알려지지 않았던 사용방법에 대하여 특허가 되었을 경우 그 방법을 사용하는 것까지 그 사용방법의 특허권의 효력이 미치지 아니한다고 해석해서는 아니된다.

4) 조제행위 및 조제(혼합)의약

특허법은 의약특허제도의 도입을 계기로 의약특허에 관한 규정을 신설하였다. 즉 "2이상의 의약[사람의 질병의 진단·경감·치료·처치(處置) 또는 예방을 위하여 사용되는 물건을 말한다. 이하 같다]을 혼합함으로써 제조되는 의약의 발명 또는 2이상의 의약을 혼합하여 의약을 제조하는 방법의 발명에 관한 특허권의 효력은 약사법에 의한 조제행위와 그 조제에 의한 의약(혼합의약 또는 제조의약)에는 미치지 아니한다"고 규정하고 있다(법 96②).

이와 같이 의약에 관한 조제행위 및 조제의약에 대하여 특허권의 효력을 제한시키지 아니할 경우에 문제가 되는 것은 의사의 처방전에 의한 약사의 조제행위이다. 조제는 의사의 처방전에 의해 하여야 하지만 처방전은 병상에 따라 가장 적합하도록 많은 의약 속에서 선택하여 조제하는 것을 지시하는 것이므로 의사가 그때마다 특허권침해여부를 조사, 판단하는 것은 원활한 의료행위를 저해할 우려가 있다. 이는 2이상의 의약을 혼합함으로써 제조되는 의약(혼합의약 또는 조제의약)의 발명에 특허가 되었을 경우에도 또한 같다. 따라서 이들 조제행위 및 조제의약에는 위와 같이 특허권의 효력이 미치지 않도록 하는 규정을 설정한 것이다.

85) 東京地判, 昭 14.1.31 법률신문 4386호 10면.

(2) 실시권의 존재에 의한 제한-허락·법정·재정(강제)실시권자의 실시-

1) 허락실시권자의 실시

특허권자는 그 특허권에 대하여 타인에게 전용실시권을 설정하거나(법 100①) 통상실시권을 허락할 수 있다(법 102①). 전용실시권이 설정되면 전용실시권자는 그 설정행위로 정한 범위안에서 업으로서 그 특허발명을 실시할 권리를 독점하기 때문에 특허권의 효력은 미치지 아니한다. 또 통상실시권이 허락되면 통상실시권자는 특허법에 의하여 또는 설정행위로 정한 범위 안에서 업으로써 그 특허발명을 실시할 수 있는 권리를 갖기 때문에 그 범위 내에서는 특허권의 효력이 미치지 아니한다. 허락실시권에 대해서는 후술하는 제10장 제2절 전용실시권과 제3절 통상실시권을 참고하기 바란다.

2) 법정실시권자의 실시

공공의 이익을 위하여 특허권자(또는 전용실시권자)의 의사와는 관계없이 법률에 의해 당연히 발생하는 통상실시권자의 특허발명의 실시에는 특허권의 효력이 미치지 아니한다.

법정실시권에는 i) 선사용에 의한 통상실시권(법 103), ii) 무효심판청구등록전의 실시에 의한 통상실시권(법 104), iii) 디자인권의 존속기간 만료 후의 통상실시권(법 105), iv) 재심에 의하여 회복한 특허권에 대한 선사용자의 통상실시권(법 182), v) 재심에 의하여 통상실시권을 상실한 원권리자의 통상실시권(법 183) 등이 있는 바, 이들 법정실시권에 대하여는 후술하는 제7절 Ⅲ. 3. (4) 2) 및 (9) 2) 법정실시권을 참고하기 바란다.

3) 재정(강제)실시권자의 실시

① 의의 및 취지

특허권자 또는 전용실시권자(이하 여기에서 "특허권자 등"이라 한다)라 할지라도 자기의 특허발명이 통상실시권 설정의 재정사유(법 107①1 내지 5)에 해당하고 특허발명을 실시하고자 하는 자와 특허권자 등간에 그 특허발명의 실시허락에 관한 통상적인 협의가 성립되어 특허발명을 실시하고자 하는 자에게 통상실시권이 설정되면 그 설정의 범위 내에서는 특허권의 효력이 미치지 아니한다.

그러나 당사자간에 합리적인 조건하에 통상실시권 허락에 관한 협의(이하 본항에서 "협의"라 한다)를 하였으나 협의가 이루어지지 아니한 경우 또는 협의를 할 수 없는 경우가 문제이다.

실시허락에 합리적인 조건을 제시하였음에도 불구하고 특허권자 등이 부당하게 거절한 경우, 이를 그대로 방임할 때에는 발명의 이용을 도모하여 기술의 발전을 촉진함으로써 산업의 발달을 꾀하려는 특허제도의 취지에 반하게 된다. 그러므로 이러한 경우 특허권자등이 어떤 이유, 어떤 사정에서이든 합리적인 조건하의 통상실시권 허락에 관한 협의를 거부한 경우에는 그 특허발명의 실시를 할 수 있도록 입법정책으로 해결되어야 함은 당연하다.

특허법은 위의 취지에 따라 특허발명을 실시하고자 하는 자가 그 특허발명의 특허권자 등과 합리적인 조건 하에 통상실시권 허락에 관한 협의를 하였으나 이루어지지 못한 경우 또는 협의를 할 수 없는 경우에는 특허청장에게 통상실시권 설정에 관한 재정을 청구하고, 그 재정에 의해 그 특허발명에 대해 통상실시권을 취득하여 당해 특허발명을 실시할 수 있도록 하는 통상실시권 설정에 관한 재정제도를 입법적으로 확립하였다(법 107).

② 내 용

ⅰ. 협의요청

타인의 특허발명을 실시하고자 하는 자는 그 타인의 특허발명이 특허법 제107조 제1항 각호의 1에 해당한 때에는 그 특허발명의 특허권자 또는 전용실시권자(이하 "특허권자 등"이라 한다)에게 합리적인 조건을 제시하면서 통상실시권 허락에 관한 협의(이하 "협의"라 한다)를 요청할 수 있다(법 107① 본문 전단).

ⅱ. 재정청구

타인의 특허발명을 실시하고자 하는 자가 특허권자 등에 대하여 요청한 협의가 이루어지지 아니한 경우 또는 협의를 할 수 없는 경우에는 특허청장에게 통상실시권 설정에 관한 재정(이하 "재정"이라 한다)을 청구할 수 있다. 다만, 공공의 이익을 위하여 비상업적으로 실시하고자 하는 경우와 불공정거래행위로 판정된 사항을 시정하기 위하여 특허발명을 실시할 필요가 있는 경우에는 협의를 하지 아니하여도 재정을 청구할 수 있다(법 107① 본문 후단 및 단서).

③ 실시허락에 관한 협의 및 재정의 대상

특허발명을 실시하고자 하는 자가 타인의 특허발명에 대하여 통상실시권 허락에 관한 협의를 요청하거나 재정을 청구할 수 있는 특허발명은 다음과 같다(법

107① 각호).

ⅰ. 특허발명이 천재·지변 그 밖의 불가항력 또는 법령이 정한 정당한 이유 없이 계속하여 3년 이상 국내에서 실시되고 있지 아니한 경우

ⅱ. 특허발명이 정당한 이유 없이 계속하여 3년 이상 국내에서 상당한 영업적 규모로 실시되지 아니하거나 적당한 정도와 조건으로 국내수요를 충족시키지 못한 경우

ⅲ. 특허발명의 실시가 공공의 이익을 위하여 특히 필요한 경우

ⅳ. 사법적 절차 또는 행정적 절차에 의하여 불공정거래행위로 판정된 사항을 시정하기 위하여 특허발명을 실시할 필요가 있는 경우

ⅴ. 자국민 다수의 보건을 위협하는 질병을 치료하기 위하여 의약품(의약품생산에 필요한 유효성분, 의약품사용에 필요한 진단키트를 포함한다)을 수입하고자 하는 국가(이하 본 항에서 "수입국"이라 한다)에 그 의약품을 수출할 수 있도록 특허발명을 실시할 필요가 있는 경우

위의 ⅰ 내지 ⅴ에 해당하는 특허발명에 대하여 실시하고자 하는 자의 특허권자 등과의 통상실시권 허락에 관한 협의의 합의나 또는 통상실시권 설정의 재정에 의하여 확보된 통상실시권 설정의 범위 내에서의 특허발명의 실시에는 특허권의 효력이 미치지 아니한다. 통상실시권 설정의 재정에 관한 자세한 설명은 후술하는 제10장 제3절 Ⅳ. 3. 강제실시권을 참고하기 바란다.

4) 재심에 의해 회복한 특허권효력의 제한

ⅰ) 무효로 된 특허권 또는 존속기간의 연장등록의 특허권이 재심에 의하여 회복된 경우, ⅱ) 특허권의 권리범위에 속하지 아니한다는 심결이 확정된 후 재심에 의하여 이와 상반되는 심결이 확정된 경우, ⅲ) 거절한다는 취지의 심결이 있었던 특허출원 또는 특허권의 존속기간의 연장등록출원이 재심에 의하여 특허권의 설정등록 또는 특허권의 존속기간의 연장등록이 된 경우에 특허권의 효력은 당해 심결이 확정된 후 재심청구의 등록 전에 선의로 수입 또는 국내에서 생산하거나 취득한 물건에는 미치지 아니한다(법 181①).

위의 ⅰ) 내지 ⅲ)의 어느 하나에 해당하는 경우의 특허권의 효력은 다음의 1의 행위에 미치지 아니한다(법 181②).

① 당해 심결이 확정된 후 재심청구의 등록 전에 한 당해 발명의 선의의 실시

② 특허가 물건의 발명인 경우에는 그 물건의 생산에만 사용하는 물건을 당해 심결이 확정된 후 재심청구의 등록 전에 선의로 생산·양도·대여 또는 수입하거나 양도 또는 대여의 청약을 하는 행위

③ 특허가 방법의 발명인 경우에는 그 방법의 실시에만 사용하는 물건을 당해 심결이 확정된 후 재심청구의 등록 전에 선의로 생산·양도·대여 또는 수입하거나 양도 또는 대여의 청약을 하는 행위

이와 같은 경우들은 매우 드물지만 위와 같이 일단 무효로 되거나 권리범위에 속하지 아니한다거나 거절심결이 확정된 후 재심에 의하여 회복 또는 설정된 특허권의 효력에 일정한 제한이 있음은 설명한 바와 같다. 이에 대한 자세한 설명은 후술하는 제5절 Ⅳ. 4. "재심에 의하여 회복한 특허권 등의 실시"편을 참고하기 바란다.

2. 적극적 효력의 제한

(1) 자기실시의 불인정-이용·저촉관계에 있는 발명의 제한-

1) 이용발명

① 서 론

특허권자는 업으로서 그 특허발명을 실시할 권리를 독점함으로써 특허발명의 실시를 전유하게 된다. 그럼에도 실시의 전용이 허용되지 아니한 경우가 있는 바, 그것이 바로 자기의 특허발명이 타인의 "이용발명"에 해당하는 경우인데 이를 도외시하고 자기의 특허발명이라 하여 실시할 때에는 선사용에 의한 통상실시권(법 103)이 있거나 위의 1. (2) 1) 내지 4)와 같은 사항에 해당하는 경우 등과 같은 정당한 권원(權原)이나 이유가 없는 한 그 타인의 권리를 침해하는 것으로 된다(법 98).

② 의 의

이용발명이라 함은 타인의 선출원 특허발명 등(등록실용신안·등록디자인이나 이와 유사한 디자인을 포함한다)을 이용하는 특허발명, 예를 들면 AB로 된 볼펜에 대한 ABC(C는 클립)로 된 볼펜을 말한다. 이와 같은 선후원관계[동일(同日)관계 제외한다]를 이용관계라고 한다.

이용관계가 있으면 선출원발명의 특허권자는 후출원발명의 실시를 권리침해라고 할 수 있으나 무엇을 이용관계라고 하는가에 대해서는 명문의 규정이 없기 때문에 이를 둘러싸고 여러 가지 견해가 있다.

특히 최근 들어 동종업계의 기술경쟁이 치열해지면서 동일부문의 발명이 상호 선후로 속출하면서 타인의 특허발명 등과의 관계에서 특허분쟁이 급증하고 있는

추세이어서 특허법상 중요한 문제의 하나로 되고 있다.

③ 학 설

i. 실시 불기피설

특허권자는 타인의 특허발명 또는 등록실용신안·등록디자인 및 이와 유사한 디자인을 실시하지 않으면 자기의 특허발명을 실시할 수 없다는 견해로서 특허법 제98조의 취지에 부합되는 것으로 해석된다.

ii. 방임설

후출원 특허발명이 선출원 특허발명과 동일한 경우 후출원 특허발명의 실시에는 선출원 특허권자의 실시허락을 얻어야 하는가 저촉을 이용의 일종이라고 해석할 수 있는가에 관해서 선출원 특허권자의 허락을 얻지 않아도 실시할 수 있다는 견해이다. 즉 특허법 제98조는 이용발명에 관한 사항만을 규정하고 있는 만큼 동일발명(저촉발명)의 특허가 무효가 되지 않는 한 특허권 효력의 원칙(법 94 본문)에 따라 자유롭게 실시할 수 있어야 한다는 설이다.

iii. 금지설

후출원 특허발명이 선출원 특허발명과 동일한 경우 후출원 특허발명의 실시에 선출원 특허권자의 실시허락을 얻어야 하는가 저촉을 이용의 일종으로 해석할 수 있는가에 관해서 허락을 얻지 않으면 실시할 수 없다는 견해이다. 이는 위의 방임설과 대립되고 있다. 즉 i) 이용발명에 대해서도 실시허락을 요하는데 하물며 저촉발명(동일발명)에 대해서는 당연히 실시허락이 필요하고, ii) 무효심판청구등록 전의 실시에 의한 통상실시권에 관한 규정(법 104)은 특허법 제98조에서 규정하는 조건을 충족한 후출원 저촉특허만을 대상으로 하는데 불과하므로 후출원 저촉특허발명은 당연히 자유롭게 실시할 수 있다고 하는 것은 불합리하며,[86] iii) 후출원 특허권자가 실시할 수 없다고 하는 것은 후출원 특허의 무효를 판단하는 것이 아니고 단지 선출원 특허권과의 관계에서 권리행사가 제한되는데 불과하다[87]고 한 설이다.

iv. 상위개념 보호설

타인의 특허발명 등과의 관계를 규정하고 있는 특허법 제98조는 산업정책상 이

86) 水戸地判 48.2.22 判다 295호, 366면(발효콩 포장포사건).

87) 全倉整, 공업소유권에 의거한 "금지"를 둘러싸고 昭 48, 判다 210호, 31면.

용되는 선출원발명을 특히 보호하기 위하여 설정한 것이라고 하고 선출원발명의 요지(구성의 요건)보다도 광범위한 기초적 개념을 중요시하여 그 개념을 그대로 사용하는 한 후출원발명은 이용발명이라는 견해를 상위개념 보호설이라고 한다.

상위개념보호설의 대표적인 것으로 "주요부설"이 있다. 선출원발명의 구성의 필요적 사항의 주요부를 주요부로 하는 발명을 이용발명이라고 하는 설이다.

v. 모사설

기술적 사상상의 이용발명이 되는 후출원발명은 선출원발명의 요지전부를 그대로 구비할 필요가 있는가에 관하여 모사설(模寫說)에는 다음과 같은 2가지의 견해가 있다.

(ⅰ) 특허법 제98조(타인의 특허발명 등과의 관계)는 산업정책상 이용되는 선출원발명을 특히 보호하기 위하여 설정된 규정이라고 하고 선출원발명의 요지보다도 광범위한 기초적 개념을 중시하여 그 개념을 그대로 사용하는 한 후출원발명은 이용발명이라는 견해, 즉 상위개념보호설이다.[88)]

(ⅱ) 특허법 제94조(특허권의 효력) 본문에 의하여 각 발명의 특허권자가 전용권(독점권) 상호간에 발생하는 중복을 다음에서 설명하는 선출원우위의 원칙에 의해 조정하여 후출원 특허권을 선출원 특허권에 종속시키기 위하여 설정한 것에 지나지 않는다는 견해이다.

위 (ⅰ)의 견해는 원래 선출원 특허발명의 권리범위(특허발명의 보호범위)에 속하지 않는 것임에도 이용관계가 있다고 함으로써 권리범위에 속하게 되므로 불합리하다. 이에 반해 (ⅱ)의 견해는 이용관계는 후출원 발명을 실시하는 것이 그대로 선출원 특허발명을 실시하는 것이 되는 경우에만 발생하므로 선출원 특허발명의 요지, 즉 특허청구범위에 기재된 발명의 구성요소 전부를 포함한다. 그리고 다시 다른 기술적 요소를 부가하는 발명은 이용발명이다.

위와 같이 모사설에서 그대로라고 해도 선출원 특허발명과 균등하다고 일정할 수 있는 것을 배제한다는 의미는 아니다. 그러한 의미에서 요지공통설 또는 요지포함설이라는 표현이 더 적합할 것으로 판단된다.

---

88) - 東京地判 昭 47.9.27 취소집(地) 昭 47, 341면(프로필 커버메이트사건)
동판결은 후원자는 그 특허발명을 실시할 수 없지만 제3자가 권원 없이 그 발명을 실시하고 있는 경우 또는 자기보다 더 후원인 동일발명에 관계되는 특허발명이 있는 경우에는 정당하게 그 금지를 청구할 권리가 있다는 취지의 판시를 하였다.
- 浦和地川 越支判 昭 48.10.5 뉴스 48.11.7(비타민B, 지방산 에스텔사건)
동판결은 후원자는 그 특허발명을 실시할 수 없지만 제3자가 권원 없이 그 발명을 실시하고 있는 경우 또는 자기보다 더 후원인 동일발명에 관계되는 특허발명이 있는 경우에는 정당하게 그 금지를 청구할 권리가 있다는 취지의 판시를 하였다.

또한 선출원 특허발명에 완전히 포함되고 그 총괄개념적 구성요건을 구체적으로 특정하는 것도 일종의 부가, 즉 선택적 부가(선택발명)이므로 이용발명이다. 여기에서 "선택발명"이라 함은 구성요건 중 전부 또는 일부가 총괄적 개념(상위개념)으로 구성되어 있는 선행발명에 대해 그 상위개념에 포함되는 개념(하위개념)이며 선행발명의 명세서 등에 구체적으로 기재되어 있지 않은 것을 구성요소로서 선택한 것에 상당하는 발명을 말한다.[89]

그러나 형식상 그대로의 부가일지라도 부가에 따라 선출원발명의 기술적 사상으로서 유기적 일체성이 상실될 때는 발명을 기술적 사상으로 이용하고 있지 않은 것이므로 이용발명이 되지 않음은 특히 유념하여야 한다. 예를 들면 "A+B" 선출원발명에 대해 "A+B+A"발명이 반드시 이용발명이 되지 않는다. A를 부가함으로써 "A+B"가 목적하는 작용효과를 기대할 수 없는 경우는 선출원발명의 기술적 사상으로서의 유기적인 일체성이 상실되기 때문에 이용발명으로는 되지 않는다.[90]

위에서 기술적 사상의 이용발명에 대해서 설명하였으나 실시상의 이용발명에 대해서도 마찬가지이다. 예를 들면 선출원발명의 방법을 그대로 실시하는 장치에 관계되는 후출원발명은 이용발명이다.

④ 이용발명에 관한 문제점과 해석

ⅰ. 이용관계가 성립하기 위해서는 선출원발명의 기술적 사상을 이용하지 않으면 안되는 관계에 있는 경우에 한하는가 여기에 후출원발명을 실시하는데 선출원발명을 실시하여야 하는 관계가 포함되는가 하는 문제에 대하여,

이 문제에 관하여는 후출원발명은 선출원발명을 기술적 사상상 이용하여야 하는 관계에 있는 경우에 한할 필요는 없고 또 후출원발명을 실시하는데 선출원발명을 실시하여야 하는 관계가 발생하는 것도 포함한다고 해석된다. 위 ⅱ의 (ⅰ) "실시불가피설"을 참고하기 바란다.

ⅱ. 후출원 특허발명이 선출원 특허발명과 동일(저촉)한 경우 후출원의 실시에 선출원 특허권자의 실시허락을 받아야 하는가 하는 문제에 대하여,

이 문제에 관하여는 선출원 특허권자의 허락을 얻지 않아도 실시할 수 있다는 방임설과 얻지 아니하고는 후출원 특허발명을 업으로 실시할 수 없다는 금지설이 양립하고 있으나 후설이 타당하다고 해석되며(위 ②의 ⅱ "방임설" 및 ⅲ "금지설" 참조) 현행특허법 또한 후설에 근거한 규정이다(법 98 후단).

---

89) 吉藤辛朔 著, 특허법개설(제9판), 역, 유미특허, 대광서림, 1993년 366면.

90) 東京地判 昭 38.9.14 判다 152호, 174면.

iii. 기술적 사상상의 이용발명인 후출원발명은 선출원발명의 구성요건, 즉 발명의 요지 전부를 그대로 충족할 필요가 있는가라는 문제에 대하여,

이 문제에 관하여는 특허법 제98조가 산업정책상 이용되는 선출원발명을 특히 보호하기 위하여 설정된 규정이다. 그렇기 때문에 선출원발명의 요지보다도 광범위한 기초적 개념을 중시하여 그 개념을 그대로 사용하는 한 후출원발명은 이용발명이라는 견해(위 ③의 iv "상위개념보호설" 참조)와 특허법 제94조 본문은 각 발명의 특허권자가 가져야 할 전용권 상호간에 발생하는 중복을 선출원우위의 원칙에 따라 조정하여 후출원특허권을 선출원특허권에 종속시키기 위하여 설정한 규정에 지나지 않는다는 견해로 양분되어 있다. 그러나 전자의 견해는 본래 선출원특허발명의 권리범위(보호범위)에 속하지 않은 것임에도 이용관계에 있다고 함으로써 권리범위에 속한다는 설에 해당되게 하므로 불합리하여 타당하지 아니하며, 후자의 견해는 이용관계는 후출원발명을 실시하는 것이 그대로 선출원 특허발명을 실시하는 것이 되는 경우에만 발생하므로 선출원 특허발명의 요지를 포함하며 다시 다른 기술적 요소를 부가하는 발명은 이용발명이라고 할 수 있어 타당하다고 해석되며 판례 또한 이 견해에 근거하여 나오고 있다.[91] 위 2)의 ⑤ "모사설"을 참고하기 바란다.

iv. 선택발명은 이용발명인가 하는 문제에 대하여,

이 문제에 관하여는 선택발명과 이용발명은 다른 발명이므로 선택발명은 이용발명이 아니라는 반대의 견해, 즉 i) 선택발명은 선행발명의 단순한 1실시태양에 지나지 아니하므로 본래 특허성이 없고, ii) 선택발명에 특허성이 있다고 하면 그 부분은 선행발명에서의 발명미완성부분이므로 양 발명은 다른 발명이며, iii) 어느 발명도 특허성이 있다고 하는 경우는 서로 다른 효과와 목적물을 달리하는 경우에 한하기 때문에 양자는 다른 발명이라는 견해와

선택발명 전부를 위의 i) 내지 iii)의 것이라고 하는 것은 발명의 실질적 내용을 도외시한 발상으로 선택발명 전부에 대해 이용관계를 부정하는 것은 부당하게 기초발명의 보호를 제한하는 것으로서 특허법 제98조의 취지에 반한다는 견해가 있다.

그러나 선택발명의 내용에 따라 이용관계 유무를 판단하여야 한다는데 무게를 둔 후자의 견해가 타당하다고 해석된다.

v. 특허권은 배타적 금지권인가, 독점적 전용권인가의 문제에 대하여,

이 문제에 관하여는 특허권은 독점적 전용권이 아니고 단순한 배타적 금지권

91) 東京高判 昭 34.2.24 東高民時報 10권 2호, 30면 등 다수.

(금지적 배타권)에 지나지 않는다고 하는 소위 배타권설이 있다. 특허법 제98조(타인의 특허발명과의 관계)는 같은 법 제94조(특허권의 효력)의 예외규정이라고 해석해서는 안 되고 같은 법 제107조(통상실시권 설정의 재정)와의 관계를 확실히 하는 규정에 지나지 않는다. 발명자는 특허권설정을 기다릴 것 없이 본래 자신의 발명을 자유롭게 실시할 수 있는 권능을 가지므로 설정으로 발생하는 특허권은 타인에게 실시하지 못하도록 하는 배타권에 지나지 않는다는 것이다.[92)]

그러나 특허권은 물권적 권리인 이상 금지적 효력을 갖는 배타권인 것은 당연하지만 이는 발명자는 본래 자기발명을 자유롭게 실시할 수 있는 권능을 갖는 것을 근거로 한다. 다만 그 근거가 의문인 것은 동일발명에 대해 발명자가 따로 있는 경우를 생각하면 분명할 것이다.[93)]

⑤ 이용발명을 실시하기 위한 통상실시권 허여의 심판

ⅰ. 의의 및 취지

특허권자·전용실시권자 또는 통상실시권자(이하 "특허권자 등"이라 한다)라 하더라도 자기의 발명이 타인의 선출원과 관계되는 특허발명·등록실용신안 또는 등록디자인이나 이와 유사한 다자인(이하 "선출원 특허발명 등"이라 한다)의 이용발명인 경우에는 이를 실시할 수 없다. 따라서 실시하려면 상대방인 그 타인의 선출원 특허권자 등의 실시허락을 받아야 한다.

그러나 후출원 특허권자 등이 실시허락요청을 하였음에도 불구하고 그 선출원 특허권자·실용신안권자·디자인권자 또는 그 전용실시권자(이하 "그 타인" 또는 "선출원 특허권자 등"이라 한다)가 정당한 이유 없이 허락하지 아니하거나 허락을 받을 수 없는 때 문제이다.

실시허락에 대가지급, 크로스라이센스 등 정당하고도 합리적인 조건을 제시하였음에도 불구하고 그 타인이 부당하게 거절한 경우 이를 그대로 방치할 경우에는 공개된 발명을 기초로 하여 진보된 발명을 한 개량발명이 사장되어 기술진흥을 통하여 산업발전을 꾀하려는 특허제도의 취지에 반하게 된다. 따라서 이러한 경우 그 타인이 어느 이유, 어떤 사정에서이든 법정허락사유에 대한 정당한 실시허락요청을 거부한 경우에는 이용발명의 실시를 할 수 있도록 입법정책적으로 해결되어야 함은 당연하다.

---

92) 所田和彦, 特許의 知識, 昭 63, 다이아몬드시, 355면.
三宅正雄,, 特許法雜感(개정판), 昭 51, 冨山房, 267면.
吉田淸彦, 특허권의 본질이란 무엇인가, 페이턴트 36권 8호, 38면.

93) 雨宮正彦, 실시계약론(상), 특허관리 21권 5호.

특허법은 위의 취지에 따라 이용발명의 특허권자·전용실시권자·통상실시권자(이하 "후출원 특허권자 등"이라 한다)는 소정의 통상실시권 허여의 심판절차를 거쳐 선출원 특허발명 등 특허·등록권에 대해 통상실시권을 취득하여 자기의 특허발명을 실시할 수 있도록 입법적으로 제도화하고 있다(법 138).

ii. 내 용

(i) 당사자의 실시허락요청

i) 후출원 특허권자 등의 실시허락요청

후출원 특허권자 등은 당해 특허발명이 타인의 선출원 특허발명 등을 이용하지 아니하고서는 실시할 수 없는 경우(법 98 : 타인의 특허발명 등과의 관계)는 그 선출원 특허권자 등에게 자기의 특허발명을 실시하기 위한 통상실시권의 허락을 요청할 수 있다(법 138① 전단).

ii) 선출원 특허권자 등의 실시허락요청

자기의 특허발명 등에 대하여 실시허락을 요청받아 통상실시권을 허여한 선출원 특허권자 등은 그 통상실시권의 허여를 받은 자의 특허발명의 실시를 필요로 하여 통상실시권(크로스라이센스)의 허락을 요청할 수 있다(법 138③). 단 이 경우 통상실시권의 범위는 후출원 특허발명의 모든 범위가 아니고 후출원 특허권자가 선출원 특허권자로부터 실시권허락을 받아 실시하려고 하는 후출원 특허권자의 특허발명범위 내로 한정된다. 이것을 넘는 범위까지 인정하는 것은 양자 이익의 공평한 조정을 도모하기 위한 크로스라이센스 제도의 취지에 반하기 때문이다.

(ii) 통상실시권허여의 심판청구

i) 후출원특허권자 등의 심판청구

후출원 특허권자 등이 선출원 특허권자 등의 특허발명 등에 대해서 실시허락을 요청하였으나 정당한 이유 없이 허락하지 아니하거나 그들의 허락을 받을 수 없는 때에는 자기의 특허발명의 실시에 필요한 범위 내에서 통상실시권 허여의 심판을 청구할 수 있다(법 138① 후단).

ii) 선출원특허권자 등의 심판청구

통상실시권을 허여한 선출원특허권자 등은 그 통상실시권의 허여를 받은 자의 특허발명의 실시를 필요로 하는 경우에 그 통상실시권을 허여받은 자가 실시를 허락하지 아니하거나 실시의 허락을 받을 수 없는 때에는 통상실시권의 허여를 받아 실시하고자 하는 특허발명의 범위 안에서 통상실시권허여의 심판을 청구할 수 있다.

(ⅲ) 통상실시권의 허여요건

특허심판원장은 후출원 특허권자 등으로부터 통상실시권 허여의 심판청구가 있는 경우에는 그 후출원 특허발명이 그 특허발명의 출원일 전에 출원된 타인의 특허발명 또는 등록실용신안에 비하여 상당한 경제적 가치가 있는 중요한 기술적 진보를 가져오는 것이 아니면 통상실시권의 허여를 하여서는 아니된다(법 138②).

이는 출원발명은 신규성은 물론이지만 진보성 또한 중요한 특허요건의 하나이므로 발명은 그 출원시를 기준으로 하여 신규성은 물론 선행기술에 비하여 유용한 기술적 진보성이 있어야 특허법이 지향하고 있는 기술적 진보를 통한 산업발전이라고 하는 이상을 실현할 수 있기 때문이다.

(ⅳ) 대가의 지급 등

ⅰ) 통상실시권을 허여받은 후출원특허권자 등의 대가지급 등

㉠ 대가의 지급

통상실시권을 허여받은 후출원 특허권자 등은 통상실시권을 허여한 선출원 특허권자 등에 대하여 대가를 지급하여야 한다(법 138④). 여기에서 "대가"라 함은 이용발명실시에 따른 실시료(로얄티) 상당의 금액, 즉 기술수준·기술내용·기술상품성(경제성)·시장성 등에 따라 다르겠지만 통상적으로 매출액의 15%정도 내외를 적정선으로 보는 것 같다.

대가지급이 통상실시권자가 책임질 수 없는 사유에 의하여 지급할 수 없는 때에는 그 대가를 공탁하여야 한다(법 138④).

여기에서 "책임질 수 없는 사유"라 함은 선출원 특허권자 등의 수령거부·수령불능, 행방불명 및 통상실시권자의 과실 없이 통상실시권자를 알 수 없는 경우(민법 487) 등을 말한다. 또 "공탁"이라 함은 채무이행지의 공탁소에 임치(任置)하는 채무소멸을 위한 변제공탁으로서 통상실시권자가 통상실시권을 허여한 자의 협력 없이 채무를 면하는 수단으로 가장 주요한 실정법상의 의의를 가진다.

㉡ 대가의 미지급

통상실시권자가 그 대가를 지급하지 아니하거나 공탁을 하지 아니하면 그 특허발명·등록실용신안 또는 등록디자인이나 이와 유사한 디자인을 실시할 수 없다(법 138⑤).

특허권 등과 같은 무체재산권은 물건, 채권 등과 함께 재산권의 3대송별을 이루고 있는 중요한 재산권이기 때문에 이의 실시대가를 지급하지 않는 경우 실시할 수 없음은 너무나도 당연할 귀결이다.

ii) 통상실시권을 허여받은 선출원특허권자 등의 대가지급 등

통상실시권자는 특허권자·실용신안권자·디자인권자 또는 그 전용실시권자에 대하여 대가를 지급하여야 한다. 다만, 자기가 책임질 수 없는 사유에 의하여 지급할 수 없는 때에는 그 대가를 공탁하여야 한다(법 138④). 만약 통상실시권자가 그 대가를 지급하지 아니하거나 공탁을 하지 아니하면 그 특허발명·등록실용신안 또는 등록디자인이나 이와 유사한 디자인을 실시할 수 없다(법 138⑤). 이에 대한 자세한 설명은 위 i)의 ㉠, ㉡를, 통상실시권 허여의 심판에 관한 상세한 설명은 후술하는 제12장 제3절 Ⅱ. 8을 참고하기 바란다.

2) 저촉발명-후출원 특허권자 등의 자기발명실시의 제한-

특허법은 타인의 특허발명 등과의 관계에서 특허권자(또는 전용실시권자·통상실시권자)는 특허발명이 그 특허발명의 특허출원일 전에 출원된 타인의 특허발명·등록실용신안 또는 등록디자인이나 이와 유사한 디자인을 이용하거나 특허권이 그 특허발명의 특허출원일 전에 출원된 타인의 디자인권 또는 상표권과 저촉되는 경우에는 그 특허권자·실용신안권자·디자인권자 또는 상표권자의 허락을 얻지 아니하고는 자기의 특허발명을 업으로서 실시할 수 없다고 규정하고 있다(법 98).

그리고 이 경우 실시의 허락을 받고자 하는 경우에 그 타인이 정당한 이유 없이 허락하지 아니하거나 그 타인의 허락을 받을 수 없는 때에는 자기의 특허발명의 실시에 필요한 범위 안에서 통상실시권 허여의 심판을 청구할 수 있다(법 138①). 그런데 통상실시권의 허여에는 일정한 조건이 전제되어 있다. 즉 그 특허발명이 그 특허발명의 출원일 전에 출원된 타인의 특허발명 또는 등록실용신안에 비하여 상당한 경제적 가치가 있는 중요한 기술적 진보를 가져오는 것이어야 한다는 것이다(법 138②).

3) 선출원 특허권자의 실시

위 2)의 반대현상이다. 즉 2)의 심판에 의하여 통상실시권을 허여한 자가 그 통상실시권의 허여를 받는 자의 특허발명의 실시를 필요로 하는 경우에 그 통상실시권을 허여받은 자가 실시를 허락하지 아니하거나 실시의 허락을 받을 수 없는 때에는 통상실시권의 허여를 받아 실시하고자 하는 특허발명의 범위 안에서 통상실시권 허여의 심판을 청구할 수 있고(법 138③) 심판에 의해 실시하고자 하는 특허발명에 대해 통상실시권을 가진다.

위의 2), 3)과 같은 통상실시권 허여의 심판에 의해 설정된 통상실시권자의 특

허발명의 실시에는 특허권의 효력이 미치지 아니한다. 통상실시권 허여심판에 의한 통상실시권에 관한 자세한 설명은 후술하는 제12장 제3절 Ⅱ. 8. “통상실시권 허여의 심판”편을 참고하기 바란다.

(2) 자기지분권행사의 제약- 특허권의 공유지분실시의 제한-

1) 특허권의 공유

특허권의 공유라 함은 1특허권을 2인 이상이 공동으로 소유하는 것을 말한다. 여기에는 i) 공동으로 발명하여 공동명의로 출원하여 공동출원인에게 특허결정 또는 그 심결이 되어 공동발명·공동출원인이 그대로 특허권자가 되는 경우, ii) 단독으로 한 발명에 대하여 특허를 받을 수 있는 권리의 일부 지분양도 또는 1특허권에 대한 일부 지분양도에 의하여 특허권이 공유되는 경우, iii) 공유의 특허권에 내하여 일부 공유자가 자기의 공유지분 일부를 다른 공유자의 동의를 얻어 양도함으로써 특허권의 공유자가 더욱 확대되는 경우, iv) 공동발명자가 각각 다른 사용자(회사 등)에 소속하여 복수사용자가 특허권자가 되는 경우, v) 투자자와 발명자가 특허권자가 되는 경우 등 여러 가지 형태로 특허권이 공유된다. 그러나 단독 특허권과는 달리 자기의 지분권행사에는 많은 제약이 따른다. 예를 들면 특허권이 공유인 경우 각 공유자는 다른 공유자의 동의를 얻지 아니하면 그 지분을 양도하거나 그 지분을 목적으로 한 질권 설정을 할 수 없고 또 다른 공유자의 동의를 얻지 아니하면 그 지분에 대하여 전용실시권을 설정하거나 통상실시권을 허락할 수 없는 경우 등과 같이 자기의 공유지분실시에 제약을 받은 만큼 특허권의 효력이 제한을 받는다. 이를 구체적으로 살펴본다.

2) 공유지분 실시제한의 유형

특허권은 양도를 할 수 있다(법 99①). 그러나 특허권이 공유인 경우에는 각 공유자는 다른 공유자의 동의를 얻지 아니하면 그 지분을 양도하거나 그 지분을 목적으로 하는 질권과 같은 담보권을 설정할 수가 없고(법 99②) 또 그 공유지분의 특허권에 대하여 전용실시권을 설정하거나 통상실시권을 허락할 수 없다(법 99④). 다만, 특허권이 공유인 경우에도 각 공유자는 계약으로 특별히 약정한 경우를 제외하고는 다른 공유자의 동의를 얻지 아니하고 그 특허발명을 자신이 실시할 수 있다(법 99③).

① 지분양도의 제한

특허권이 공유인인 경우 각 공유자는 다른 공유자의 동의를 얻지 아니하면 그 지분을 양도할 수 없다(법 99②).

이와 같이 지분의 양도를 제한하는 것은 특허발명의 실시는 유체물의 사용과는 달리 공유자 1인이 실시하더라도 다른 공유자가 실시할 수 없게 되는 것은 아니지만 그 공유자 1인의 지분을 제3자에게 양도한 경우 새로운 공유자의 자본력·경영력 등의 여하에 따라 다른 공유자의 지분에 대한 경제적 가치의 감소 등 부정적으로 작용될 수 있다는 우려 때문이다.

② 실시권설정 등의 제한

특허권이 공유인 경우에는 각 공유자는 다른 공유자의 동의를 얻지 아니하면 그 특허권에 대하여 전용실시권을 설정하거나 통상실시권을 허락할 수 없다. 다만, 각 공유자가 다른 공유자의 동의를 얻은 경우는 예외로 한다(법 99④).

특허권자는 자기의 특허발명의 실시에 대한 전용권(독점권)을 가진다. 다만, 전용실시권설정의 범위 안에서는 그러하지 아니하다. 그 특허권이 공유인 경우에도 마찬가지이다(각 공유자가 계약으로 특별히 약정하는 경우를 제외한다).

이와 같이 특허법이 특허권이 공유인 경우 자기의 특허권에 대하여 임의로 제3자에게 전용실시권을 설정하거나 통상실시권을 허락할 수 없도록 제한을 하고 있는 것은 전용실시권을 설정하면 타공유자도 실시할 수 없게 되므로 전용실시권의 설정은 타공유자에게 중대한 이해관계를 갖는다. 또 통상실시권을 허락하는 경우에도 허락받은 자의 수, 그 자본력, 신용력 또는 기술능력 여하에 따라 이해관계가 크게 발생하기 때문이다.[94)]

③ 질권설정의 제한

특허권이 공유인 경우에는 각 공유자는 다른 공유자의 동의를 얻지 아니하면 그 지분을 목적으로 하는 질권을 설정할 수 없다(법 99②). 이는 타방의 공유지분 질권설정에 의하여 자기의 공유지분의 실시에 영향을 받을 수 있는 등의 문제가 발생할 수 있기 때문이다.

④ 심판청구의 제한

특허권 또는 특허를 받을 수 있는 권리의 공유자가 그 공유인 권리에 관하여

---

94) 織田季明·石川義雄 신특허법상해(증정판) 昭 47, 일본발명신문사, 306면.

심판을 청구하는 때에는 공유자 전원이 공동으로 청구하여야 한다(법 139③). 그리고 공유인 특허권의 특허권자에 대하여 심판을 청구하는 때에는 공유자 전원을 피청구인으로 하여 청구하여야 한다(법 139②). 위의 청구인이나 피청구인 중 1인에 관하여 심판절차의 중단 또는 중지의 원인이 있는 때에는 전원에 관하여 그 효력이 발생한다(법 139④).

이와 같이 공유인 특허권에 관한 심판청구인이나 피청구인을 공유자 전원으로 하는 것은 권리내용의 변경 등에 영향을 미칠 뿐만 아니라 각 공유자의 이해관계에도 심대한 영향을 미칠 수 있기 때문이다.

⑤ 침해소송청구 등의 제한

공유특허권에 대한 침해의 경우 공유자 중 1인 단독으로 침해행위금지청구·손해배상청구·신용회복청구·부당이득반환청구 또는 형사고소 등을 할 수 있는가에 대해서 특허법상 명문의 규정은 두고 있지 않으나 1인 단독으로 청구를 할 수 있는 것으로 해석함이 타당할 것이다. 일본의 소송실무상 1인만의 청구 등을 용인하고 있고 학설도 이를 인정한다.[95]

(3) 특허권의 포기 및 정정심판청구의 제한

특허권자는 전용실시권자·질권자 또는 통상실시권자(직무발명에 있어서의 사용자 등의 통상실시권자·전용실시권자의 허락에 의해 설정된 통상실시권자·특허권자의 허락에 의해 설정된 통상실시권자)의 동의를 얻지 아니하면 특허권을 포기하거나 정정심판을 청구할 수없다(법 119, 136⑦). 그러한 면에서 특허권의 효력이 미치지 아니한다.

---

95) 공유에 관계되는 특허권의 침해소송에 대해 다음과 같이 논한다. 무체재산권의 합유적 성격에서 그 소송도 고유필요적 공동소송이라고 해석된다. 그렇다고 1인 단독으로 청구하는 것은 공유자의 일부탈락이 타공유자의 불이익이 된다. 그래서 저작권법에서는 이점 입법적 해결이 배려되고 있다. 즉, 각 공유자는 단독으로 금지청구권을 행사하고 자기지분에 대한 손해배상 혹은 지분에 대응한 부당이득반환청구를 할 수 있다는 취지가 규정되어 있다(저작권법 제117조). 공업소유권에 있어서도 금지청구권에 관해서는 그것이 보존행위의 성격을 갖는 점에서 위와 같이 해석할 수 있다(민법 제252조 단서 참조). 그러나 손해배상 혹은 부당이득반환청구권행사에 관해서는 그것이 단순히 보존행위에 그치지 않고 처분행위적 성격도 지니므로 문제가 남는다. 언젠가는 이점 입법적 해결이 꾀해지겠지만, 현행법하에서도 불가분채권의 규정(민법 제428조)에 준해서 각 공유자가 단독으로 소송적격을 긍정해야 할 것이다(紋谷暢男, 무체재산법개론, 50면).

Ⅱ. 특허권의 확장적 효력-간접침해금지-

1. 개 요

타인의 실시행위가 특허발명 그 자체의 실시에는 해당하지 않으나 그 실시에 직접 기여한다고 인정되는 행위로서 앞으로 그 특허발명을 실시하게 될 우려가 있는 행위에 대하여 위법성을 구성하는 것으로 간주하려는 것으로서 이를 특허권의 확장적 효력 또는 부가적 효력이라고도 하며, 이는 특허권에 대한 간접침해에 속한다. 즉 현실적으로 침해라고는 보기 어려우나 침해행위의 전 단계에 있어 특허침해로 보여지는 실시형태를 말한다. 특허법은 일정한 실시유형을 특정하여 특허침해로 의제하고 있다(법 127). 이러한 간접침해에 관해 미국은 일정한 조건하에서 침해방조자로서의 책임을 묻고 있으며, 독일은 명문의 규정은 없고 판례로서 이론적 구성을 하였고, 일본은 우리나라 특허법과 같은 내용의 명문규정을 두고 있다(일본특허법 101).

2. 취 지

특허발명의 실시란 권리일체의 원칙에 따라 특허발명의 구성전체의 실시를 말하며 그 일부만의 실시를 의미하는 것이 아니다. 그러므로 특허발명의 일부의 실시는 비롯 제3자가 업으로 하는 것일지라도 그것만으로는 특허권 또는 전용실시권의 침해가 구성되지 않는다. 그러나 이러한 원칙에도 다음과 같은 문제는 있다. ⅰ) 특허권을 침해하는 정도는 아니나 이러한 상태를 방치하여 두면 침해가 될 우려가 높은 소위 예비적인 행위(협의의 "간접침해")를 한 자가 있을 때 이 행위를 효과적으로 금지할 수 없다. ⅱ) 특허권침해는 업을 요건으로 하므로 조립과 같은 최종공정만을 개인적으로 하게 할 수 있는 물건에 대해서는 조립품의 생산업체 누구도 침해책임을 지지 않는다는 문제점이 있다.

따라서 이와 같은 광의의 간접침해행위를 유효하게 금지시키지 아니한다면 특허권의 효력은 크게 위축되거나 축소될 수밖에 없다.

그러므로 특허법은 위의 취지에 따라 특허권을 간접침해로부터 강력하게 보호하기 위하여 일정한 조건하에 간접침해를 본래침해와 동일하게 취급할 수 있도록 하는 특허권 또는 전용실시권을 침해한 것으로 보는 침해의제규정을 두고 있다(법 127). 이 규정에 따라 특허권의 효력에는 본래효력 외에 다른 효력이 부가되게 되었으며 그러한 의미에서 특허법 제127조의 규정에 의한 효력을 특허권의 부가적 효력이라고 할 수 있다[96](동지).

3. 내 용

(1) 특허가 물건의 발명인 경우

"특허가 물건의 발명인 경우에는 그 물건의 생산에만 사용하는 물건을 생산·양도·대여 또는 수입하거나 그 물건의 양도 또는 대여의 청약을 하는 행위"를 간접침해대상으로 한다(법 127, 1). 예를 들면 피스톤에 특징이 있는 엔진의 발명에 특허가 된 경우 그 엔진에만 사용하는 부품으로서의 피스톤을 업으로서 제조하고 판매하는 행위는 엔진의 특허권침해로 본다.[97] 그러나 그 피스턴이 다른 엔진에도 사용하는 것일 때에는 그 피스턴은 그 물건의 생산에만 사용하는 것이 아니므로 위의 행위는 특허권침해로 보지 않음은 물론이다. 여기에서 유의할 점은 피스턴의 사용행위가 엔진의 특허권의 간접침해로 볼 수 있는가 이다. 그러나 피스턴사용행위는 곧 엔진사용행위가 되므로 간접침해대상으로 할 필요가 없다.

(2) 특허가 방법의 발명인 경우

"특허가 방법의 발명인 경우에는 그 방법의 실시에만 사용하는 물건을 생산·양도·대여 또는 수입하거나 그 물건의 양도 또는 대여의 청약을 하는 행위"를 간접침해대상으로 한다(법 127, 2). 예를 들면 균사라진 살균제를 사용해서 멸균하는 방법발명에 대하여 특허를 받은 경우 그 살균제가 멸균방법에만 사용될 때에는 그 살균제를 업으로서 제조하고 판매하는 행위는 그 방법에 대한 특허권침해로 본다. 그러나 그 살균제를 멸균제 이외의 다른 용도가 있을 때에는 균사라진 살균제는 멸균방법의 실시에만 사용하는 것이 아니므로 위의 행위는 특허권침해로 보지 않음은 물론이다.

위의 관계는 생산방법과 그 생산방법에만 사용하는 생산장치에 대해서도 마찬

96) 大阪地判 昭 47.1.31 無体集 4권 1호, 9면(튜브메트사건).
東京地判 昭 56.2.25 無体集 13권 1호, 139면(교환렌즈사건).

97) 긍정례 : 東京地判 昭 51.1.28 取消集 昭 51年(地), 15면(빠찡꼬 기계사건).
부정례 : 上揭大阪地判 昭 47.1.31 튜브매트사건.

가지이다.[98)]

4. 간접침해에 관한 특허법 제127조의 문제점

(1) 다른 용도유무의 판단시기의 문제

다른 용도의 유무판단은 특허시만이 기준이 되는 것은 아니다. 특허시에 실시하였다면 간접침해대상이 되는 행위일지라도 그 후 다른 용도가 발견되었을 때에는 발견 후의 행위는 간접침해대상이 되지 않는다는 것은 입법취지로 보아 알 수 있다.

(2) 다른 용도의 실용적 용도의 문제

다른 용도는 단지 학문적·기술적 또는 실험적 사용가능성이 있다는 정도로는 부족하고 실용적인 용도임을 요한다. 왜냐하면 경제적 유용성 등에 사용할 가능성이 없다면 아무도 다른 용도로는 사용하는 일이 없을 것이기 때문이다. 판례도 매직파스너사건 판결에서 "대개 어떤 것이라도 다른 것에 적용되지 않는 것은 없다"라고 하여 다른 용도에 사용한 사실을 엿볼 수 있는 기재가 있어도 "만"에 사용하는 물로 인정하고 있는 판시를 하였다.[99)] 또 과공정주철(過共晶鑄鉄)의 냉각곡선에 최초의 열정지를 발현시키는 방법사건판결에서 "가호물건은 다른 용도에 사용가능하다고 해도 순기술적으로 보는 한 그 사용이 가능하다는데 그치고 경제적·상업적으로 보면 가호물건을 그와 같이 사용하는 것은 상식적으로는 있을 수 없다고 하여도 된다. 그리고 가호물건이 경제적 활동 속에서 사용되는 것임은 분명하며 경제적·상업적 관점을 떠나 가호물건을 운운하는 것은 거의 의미가 없다고 하면 가호물건은 본건 발명실시에 사용하는 것에서만 유의성을 인정할 수 있다"는 취지의 판시를 하였다.[100)]

따라서 다른 용도는 ⅰ) 단지 달리 사용할 가능성이나 ⅱ) 경제적·상업적 내지는 실용적인 사용가능성으로는 부족하고 ⅲ) 실질적으로 경제적·상업적 내지는 실용적인 사용사실이 있어야 한다.[101)]

---

98) 긍정례 : 佐賀地判 昭 46.1.29 判다 276호 361면(海苔採取方法事件) 참조.

99) 大阪地判 昭 49.1.3 判다 311호, 242면.

100) 静岡地判 昭 58.5.16 참고집 (8), 351면.

101) 大阪地判 昭 54.2.16 無体集 11권 1호, 48면, 前掲東京地判 昭 56.2.25, 東京地判 昭 63.2.29 無体集 20호 1호, 76면 등 다수.

(3) 실시행위가 간접침해인지 직접침해인지의 문제

부품의 결합에 의해 완성되는 물건의 발명인 경우 소요부품일체를 제조한 다음 이들 부품들을 하나로 하거나 또는 부품별로 수출한 다음 수입선에서 조립하여 완성품으로 하는 경우에는 간접침해의 대상인지, 직접침해의 대상인지가 문제가 된다.

이 경우에는 수출하기 전 이들 부품들을 조립하여 완성품으로 한 다음에 해체하여 수출하는 것이 일반적 경향이라고 해석된다. 그러므로 특허발명의 생산과 동일하므로 직접침해의 대상이 된다.

또 특정용도의 특허품의 재료를 생산하여 내수판매는 하지 아니하고 전량 수출하는 경우 특허법 제127조 제1호의 규정에 의한 "양도"에 해당되어 간접침해의 유형에 속하기 때문에 다음의 (4)에서 설명하는 독립설인가 종속설인가의 문제인 것같이 보이나 실제는 그러하지 않다. 내수판매용이 아니고 수출용으로만 생산하여 전량 수출하여 외국에서 판매하는 행위자체는 특허발명의 실시는 아니지만 이 행위를 하기 전 물건의 특허발명의 실시인 생산은 직접침해의 대상자체이기 때문이다.

(4) 간접침해의 성립에 직접침해의 존재가 전제되어야 하는지의 문제

1) 학설 등

이 문제와 관련하여 학설상 종속설·독립설·수정설로 나뉘어져 있고 판례 또한 일관되어 있지 않은 실정이다.

① 종속설

간접침해의 성립에는 직접침해의 실행이 있어야 한다는 설이다.[102)]

② 독립설

간접침해의 구성에는 직접침해의 존재를 필요로 하지 않는다는 독립설,[103)] 즉

---

102) 학설 : 松本重敏, 特許發明의 保護範囲, 昭 5~6, 有斐閣, 694면.
(예) i) 방송방법에만 사용하는 방송기계를 일본국내에서 제조하고 이것을 모두 특허권이 없는 외국에만 수출하는 경우는, 종속설에 따르면 간접침해는 성립하지 않는 것이 된다.
ii) 구성요건 ABC중 C가 물일 때 수출업자가 AB를 제조하여 용기에 넣고 레이블에 물을 가하도록 주기하여 특허권이 없는 국가에 수출하는 경우도 마찬가지이다.
판결 : 大阪地判 平元 4.24 판례시보 1315호, 120면(제초기(製砂機의 해머사건)).

종속설은 문리해석상 난점이 있을 뿐 아니라 특허권침해는 업을 요건으로 하므로 최종조립만을 개인적으로 하게 할 수 있는 물건에 대해서는 조립용 부품생산업체를 포함한 누구도 침해에 대한 책임을 지지 않는다는 결점이 발생한다. 따라서 간접침해행위를 유효하게 금지시키지 못할 경우 특허권의 효력은 실질적으로 감소될 수밖에 없게 되므로 이러한 문제의 발생을 방지하기 위하여 설정된 특허법 제127조의 규정의 취지에 반하므로 직접침해유무를 문제 삼아서는 안된다는 이 독립설이 타당하다고 해석된다.

③ 수정설

위의 종속설, 독립설 중 어느 한 설만을 순수하게 적용하면 불합리한 결과가 생기므로 양설 모두 일정한 이론 하에 수정을 가해야 한다는 설이다.[104]

2) 주요국의 경향

① 미 국

종속설에 의한 최고법원의 판결이 나왔으나 부당하다는 산업계, 실무계의 강한 비판이 일자 의회는 독립설을 근거로 하는 입법을 하였다(미국특허법 제271조 (f) 신설, 1884년).

② 독 일

법률상의 명문의 규정은 없었으나 학설, 판례에 의해 종속설에 관한 법리가 확립되고 있었다. 그럼에도 불구하고 현행특허법은 명문으로 종속설이 아닌 독립설을 근거로 한 규정으로 개정을 하였다(독일특허법 제10조 및 제11조).

③ 일 본

특허법에 특허권침해의제에 관한 특허권침해간주규정을 명문으로 두고 있음(일본특허법 제101조)에도 불구하고 학설은 종속설·독립설·수정설로 나뉘어져 있다. 그러나 종속설은 특허법 제101조의 문리해석상 난점이 있고 또 이 규정의 입법취

103) 학설 : 織田季明·石川義雄, 신특허법상해(증정판) 昭 47, 일본발명신문사, 276면.
三宅正雄, 특허쟁송집감(개정판), 昭 51, 冨山房, 9면.
판결 : 上揭 東京地判 昭 56.2.25(교환렌즈사건).

104) 牧野利秋編, 工業所有權訴訟法, 昭 60, 青林書院, 258면.
吉井參也, 특허권 침해소송대요, 平2, 발명협회, 88면.
古田清彦, 특허권 소모원칙에 대한 기초적 고찰, 페이턴트 34권 12호, 69면.

지에도 부합되지 않으므로 직접침해유무를 문제로 해서는 안된다는 독립설이 타당하다는 것으로 지지를 받고 있는 실정이다.

(5) 방법발명인 경우 발명의 구성요소보호의 문제

방법이 여러 다단계 공정으로 이루어진 경우 각 공정이 그 방법에만 이용되는 것일 때에는 각 공정의 실시에 대해 간접침해를 인정하는 것은 물건의 발명에서 부품생산에 대해 간접침해를 인정하고 있는 것과의 형평성으로 보아 타당하다고 판단된다. 그러나 이는 어디까지나 판례로 확립하고 있는 독일[105]과는 달리 특허법 제127조의 입법론에 지나지 않는 것이다. 다만 중간공정에 의해 중간생산물이 생산되는 경우에는 간접적이긴 하지만 발명의 구성요건(요소)의 보호가 있다고 할 수 있다. 예를 들면 제1공정에 의해 중간생산물이 생산되고 제2공정에 의해 목적생산물이 생산되는 경우에 중간생산물을 판매할 수 있는 한 방법의 실시에만 사용하는 물건에 해당한다.[106] 그러나 그 중간생산물이 세1공징과 다른 방법에 의해 생산되는 경우에는 예외로 한다.

(6) 범용물사용이 간접침해에 해당하는지의 문제

여기에서 문제가 되는 것은 특허법 제127조(침해로 보는 행위) 제1호의 "… 그 물건의 생산에만…"과 제2호의 "… 그 방법의 실시에만…"에 대한 해석이다. 일설에 의하면 "만"이란 특정발명의 용도에만 사용할 수 있고 그 특정발명이외의 용도로는 사용될 수 없는 소위 특정발명의 전유물에 한한다는 견해가 있으나 이 설은 타당성이 희박하다. 즉 그 용품이 특정발명이외에 다른 용도가 있는 범용물의 경우도 일반적으로 시장에서 구입할 수 있는 제조물의 경우를 별개로 간접침해의 대상에서 제외하더라도 특허법 제127조(침해로 보는 행위)의 적용을 받을 수 있는 경우가 있기 때문이다. 예를 들면 백을 발명의 본질적, 핵심적 구성요소로 하는 에어백을 차내에 설치함으로써 자동차 충돌시 인명피해를 막을 수 있는 장치발명의 경우 백 자체는 통상의 것일지라도 그 백이 자동차 내에 장치할 수 있는 필요적 특성상 길이, 폭, 넓이, 형상 등이 특정되어 자동차의 안전장치이외의 용도에는 사용할 수 없는 것인 경우에는 그 백은 간접침해의 대상이 되는 데는 이론(異

---

105) 岩田弘, "특허발명보호의 1형식" 공업소유권 13권 2호.
독일판례상 결합특허에 대해서는 물발명이건 방법발명이건 불문하고 결합의 1요소가 신규이고 진보적, 발명적인 한 그 요소를 보호하는 소위 요소보호(Elementenschutz)가 인정되고 있다.
106) 大阪地判 昭 36.5.4 下民集 12권 5호, 937면(발포성 폴리스티롤사건).

論)이 없을 뿐만 아니라 특허법 제127조의 입법취지로 보아도 이는 "만"에 해당하는 것으로 해석함이 타당하다.

독일법 제10조 제1항은 간접침해의 대상이 되는 수단을 발명의 본질적 구성요소에 관한 것이어야 한다고 규정함으로써 간접침해의 대상은 특정발명이외의 것들에도 사용되는 범용물이 아니라 그 특정발명에만 사용되는 특정발명에의 전유물만을 그 대상으로 하고 있음을 분명히 하고 있다.

(7) 통상실시권자의 전유물사용이 간접침해의 대상이 되는지의 문제

통상실시권자가 특허발명의 본질적, 핵심적 구성요소인 "만"에 해당하는 물(이하 "전유물"이라 한다)을 스스로 제조하거나 제3자의 주문에 의해 제조하는 행위가 간접침해에 해당하는가의 문제이다. 그러나 이는 간접침해의 대상이 될 수 없다고 해석함이 타당하다. 왜냐하면 통상실시권자는 특허법의 규정에 의하여 또는 설정행위로 정한 범위 안에서 업으로서 그 특허발명을 실시할 수 있는 권리를 갖기 때문에, 그 특허발명의 실시에는 전유물이든 비전유물이든 구별의 실익이 없기 때문이다. 즉 통상실시권자의 완성행위가 침해대상이 될 수 없는 이상 미완성행위가 침해대상이 된다는 것은 불합리하기 때문이다. 다만, 그 생산량은 특약이 없는 한 완성행위에 필요한 범위로 한정하는 것이 타당할 것이다.

(8) 전유물만을 통상실시권으로 설정할 수 있는지의 문제

이는 양 당사자의 설정계약에 의해 전유물만을 대상으로 한 통상실시권을 설정하는 것은 위법은 아니므로 문제가 없으나 다만, 특허발명의 실시가 아니기 때문에 특허법상의 통상실시권 설정등록은 받을 수 없다고 할 것이다. 그러나 미국특허법에서는 전유물에 대한 실시허락을 인정하는 명문의 규정을 두고 있다(미특허법 271(d)(2)).

(9) 공정별 전용방법사용의 간접침해 인정여부의 문제

이는 방법의 발명에서 방법이 여러 공정으로 이루어진 경우 각 공정이 그 방법에만 사용되는 전용방법인 경우 각 공정의 실시에 대해 간접침해를 인정하는 것은 물건의 발명에서 그 해당발명에서 사용할 부품 또는 사용재료 등의 생산에 대해 간접침해를 인정하고 있는 것으로 보아 형평상 당연하다. 독일은 판례에 의해 확립되었다. 즉 판례상 결합특허에 대하여는 물건발명이든 방법발명이든 묻지 아니하고 결합의 1요소가 신규성과 진보성이 있는 발명인한 그 요소를 보호하는 소위 요소보호(Elementenschutz)가 인정되고 있다.[107] 그러나 이와는 달리 이는 우리나라의 특허법상 입법론에 지나지 아니하다 할 것이다.

다만, 중간공정에 의해 중간물이 생산되는 경우 간접적이긴 하지만 요소보호는 있었다고 할 수 있다. 예를 들면 1공정에서 중간물이 생산되고 2공정에 의해 최종목적물이 생산되는 경우에서 중간물을 판매할 수 있는 한 방법의 실시에만 사용하는 물건에 해당한다.[108] 그렇지만 그 중간물이 1공정과 다른 방법에 의해 생산되는 때에는 그러하지 아니하다.

제5절 특허권의 변경

Ⅰ. 특허권의 이전

1. 양도이전

특허권은 양도나 상속·회사합병 그 밖에 일반승계에 의하여 이전이 이루어진다. 양도는 자기가 실시하는 것보다는 타인에 의해 실시되거나 타인과 함께 실시하는 것이 더 효과적이거나 아예 실시할 의향이나 사업기질·자본력·기술력·신용력·영업력 등 제반사업 능력이 없어 처음부터 양도를 기획하고 실행하는 경우 또는 실시 중에 더 이상 계속할 수 없는 사정발생 등 여러 가지 형태에 의해 양도가 이루어진다.

양도에는 전부양도와 일부양도가 있다. 전자의 경우 양수인이 특허권자가 되어 특허권을 선유하여 독점실시하나 후자의 경우에는 양도인·양수인이 특허권자가 되어 특허권을 공유하여 공동실시하게 된다.

2. 양도의 제한

특허권의 양도는 원칙적으로 자유롭게 할 수 있다(법 99①). 그러나 예외적으로

107) 岩出弘 "특허발명보호의 1형식", 공업소유권 연구 13권 2호 참조.

108) 大阪地判 昭 36.5.4 下民集 12卷 5號, 937면(발포성 폴리스티롤사건).

제한되는 경우가 있다. 즉 특허권이 공유인 경우에는 각 공유자는 다른 공유자의 동의를 얻지 아니하면 그 지분을 양도할 수 없다(법 99②).

3. 이전등록

(1) 등 록

특허권의 이전은 상속·회사합병 그 밖의 일반승계를 제외하고는 등록하지 아니하면 그 효력이 발생하지 아니한다(법 101①1). 그러므로 양도계약을 체결하였을 때에는 신속하게 특허청장에게 특허권 전부이전(지분전부이전) 또는 일부이전(지분일부이전)등록신청서를 제출하여 이전등록을 하는 것이 본래 양도의 취지를 살릴 수 있는 것이다. 그러나 특허권의 상속 그 밖의 일반승계에 의한 경우에는 이전등록을 하지 않아도 그 효력이 발생하지만 그 대신 그 취지를 지체 없이 특허청장에게 신고하여 특허원부에 그 취지를 기재하도록 하여야 한다. 이와 같이 양도의 경우의 이전등록, 상속 그 밖의 일반승계의 경우의 신고절차는 권리자보호는 물론 선의의 제3자를 보호하는데 그 의의가 있다.

(2) 등록의 효력

양도에 의한 이전은 특허청에 비치하고 있는 특허원부에 등록(이하 여기에서 "등록"이라 한다)한다(법 85①1).

그런데 여기에서의 등록은 효력발생요건이기는 하지만 그 등록에는 공신력은 없다. 이는 민법에서 부동산에 관한 소유권의 이전에 대해 등기의 공신력이 인정되지 않는 것과 같은 것이다. 따라서 특허권에 관한 거래를 특허원부상의 등록사항만을 믿고 하였을 경우에는 자칫 낭패를 볼 수 있으므로 유념할 필요가 있다.

예를 들면 특허권자 A와 B간에는 특허권의 양도계약을 체결하지 않았음에도 불구하고 B가 양도증을 위조하여 등록을 하였다 하더라도 그 이전등록의 원인이 된 양도증이 허위로 작성되어 유효한 계약이 아니므로 A에서 B로 특허권이전이 된 것은 아니다.

이 경우 특허원부상에는 특허권자가 B명의로 등록되어 있어 B를 진정한 특허권자로 믿고 B와 특허권의 양도계약을 체결하여 특허권의 이전등록한 C의 특허권취득 또한 특허등록제도상 이를 인정하고 있지 않다. 따라서 등록만을 믿고 무권리자로부터 특허권을 양도받아도 아무런 소용이 없다.

이 경우 C는 B를 상대로 형사상 사기죄로 고소하거나 민사상 손해배상청구와 같은 구제수단에 의하여 피해보전을 꾀하는 것은 등록과는 별개의 문제이다. 특허법상의 등록은 공시력은 있지만 공신력이 없기 때문이다.

Ⅱ. 질권의 설정

1. 의 의

특허권은 양도할 수 있는 재산권이므로(법 99①) 특허권을 목적으로 하는 질권을 설정할 수 있음은 당연하다(법 121).

여기에서 “질권”이라 함은 채권의 담보로서 채무자인 특허권자 또는 제3자(물상보증인)로부터 받은 목적물인 특허권을 채무의 변제시까지 유치하고 변제가 없을 때에는 그 목적물인 특허권에 의하여 우선변제를 받는 담보무체물권이다. 저당권과 더불어 약정담보물의 하나이고 물적 신용의 수단이다. 질권은 우선변제를 받는 방법이 원칙적으로 경매이고 유질계약(流質契約)은 금지되어 있고(민법 339)[109] 또 질권의 물상대위성이 있다(법 123)는 것도 다른 담보물권[(유치권·저당권·질권(민법), 재단저당·담보부 사채(擔保附社債)·자동차 저당·항공기 저당(상법)]과 같으며 또 질권자는 그 질물인 특허권을 가지고 자기의 채무의 담보로 전질(轉質)할 수 있다.

그러나 특허권을 목적으로 하는 질권은 질권자에게 유리한 것만은 아니다. 즉 i) 질권자는 계약으로 특별히 정한 경우를 제외하고는 그 특허발명을 실시할 수 없고(법 121 후단), ii) 권리질 중 채권질은 유치적 기능은 적으나 환가에 편리하기 때문에 중요한 경제적 가치를 가지나 특허발명에 대한 가치형가는 극히 어려워 금융기관으로 하여금 융자액을 결정하기가 쉽지 않으며, iii) 특허권자는 질권설정 후에도 질권자의 승낙 없이 전용실시권이나 통상실시권을 설정할 수 있다는 점 등에서 불리하여 그 이용이 매우 저조한 실정이다.

2. 질권설정의 제한

(1) 특허권이 공유인 경우에는 각 공유자는 다른 공유자의 동의를 얻지 아니하면 그 지분을 목적으로 하는 질권을 설정할 수 없다(법 99②).

---

109) 질권설정자는 채무변제기 전의 계약으로 질권자에게 변제에 갈음하여 질물의 소유권을 취득하게 하거나 법률에 정한 방법에 의하지 아니하고 질물을 처분할 것을 약정하지 못한다.

(2) 전용실시권자는 특허권자의 동의를 얻지 아니하고서는 그 전용실시권을 목적으로 하는 질권을 설정할 수 없다(법 100④).

(3) 재정에 의하여 설정된 통상실시권(법 107) 및 심판에 의하여 허여된 통상실시권(법 138)외의 통상실시권은 특허권자(전용실시권에 관한 통상실시권에 있어서는 특허권자 및 전용실시권자)의 동의를 얻지 아니하면 그 통상실시권을 목적으로 하는 질권을 설정할 수 없다(법 102⑥).

3. 특허권자의 특허발명의 실시

특허권자는 질권자의 질권행사로 인한 특허권의 이전에 따른 통상실시권, 즉 특허권자가 특허권을 목적으로 하는 질권설정 이전에 그 특허발명을 실시하고 있는 경우에는 그 특허권이 경매 등에 의하여 이전되더라도 그 특허발명에 대하여 통상실시권을 가진다. 이 경우에는 특허권자는 경매 등에 의하여 특허권을 이전받은 자에게 상당한 대가를 지급하여야 한다(법 122).

4. 질권자의 특허발명 실시의 제한

특허권·전용실시권 또는 통상실시권을 목적으로 하는 질권을 설정한 때에는 질권자는 계약으로 특별히 정한 경우를 제외하고는 그 특허발명을 실시할 수 없다. 그 이유는 질권이란 우선변제를 받는 방법이 원칙이며 실시를 원칙으로 한 것이 아니기 때문이다. 그러나 특별약정이 있는 경우에는 물론 예외이다(법 121).

5. 질권의 물상대위

질권은 특허법에 의한 보상금 또는 특허발명의 실시에 대하여 받을 대가나 물건에 대하여도 이를 행사할 수 있는 바, 이를 질권의 물상대위라고 한다.

즉, 질권의 물상대위라 함은 질권의 목적물인 특허권의 수용 등에 의하여 특허권자가 금전 그 밖에 물건을 받을 청구권(특허법상의 보상금·특허발명의 실시에 대한 대가(로열티)나 물건 등의 청구권)을 취득한 경우 그 질권이 이 청구권 위에 효력을 미치는 것을 말한다. 다만 그 지급 또는 인도전에 이를 압류하여야 함을 조건으로 한다(법 123).

질권은 그 목적물인 특허발명(이하 여기에서 “목적물”이라 한다)의 교환가치지배에 의한 우선변제를 그 목적으로 하기 때문에 그 목적물이 어떠한 형식으로 그 교환가치를 현실화하여 금전 그 밖의 것으로 변형한 경우에 질권이 이들의 위에 그 효력을 미친다는 것은 가치를 지배하는 질권으로서의 본질상 당연한 것이다.

6. 질권 설정의 등록

특허권 또는 전용실시권을 목적으로 하는 질권의 설정은 이를 등록하지 않으면 그 효력이 발생하지 아니한다(법 101①3). 그러나 특허권 또는 전용실시권을 목적으로 하는 질권의 상속·회사합병 그 밖의 일반승계의 경우에는 등록에 의하여 그 효력이 발생하는 것이 아니고 승계함으로써 그 효력이 발생한다. 다만 그 취지를 지체 없이 특허청장에게 신고하여야 한다(법 101②). 이는 특허청장으로 하여금 질권이 상속 그 밖의 일반승계 등 변동사항을 특허원부에 등록하여 공시하도록 하기 위함에 있다. 등록 및 등록의 효력에 관한 자세한 설명은 앞의 Ⅰ. 3. 이전등록 (1), (2)를 참고하기 바란다.

Ⅲ. 특허권의 수용·실시

1. 의 의

특허권의 수용이라 하면 일반적으로 국가가 공공의 이익을 위하여 특허발명의 소유권인 특허권을 강제 징수하여 국가나 제3자의 소유로 옮겨 사용하는 것을 말한다. 그러나 특허법에서는 특허권 수용 등에 관하여 특별히 명문의 규정을 두고 있다. 즉 "정부는 특허발명이 전시·사변 또는 이에 준하는 비상시에 있어서 ⅰ) 국방상 필요한 때나 또는 ⅱ) 공공의 이익을 위하여 비상업적으로 실시할 필요가 있을 때에는 특허권을 수용하거나(위 ⅰ)의 경우에 한한다) 특허발명을 실시하거나 정부외의 자로 하여금 실시하게 할 수 있다"고 규정하고 있다(법 106①).

따라서 특허법에서의 특허권의 수용 등은 다음과 같은 2가지의 유형으로 이루어지고 있다.

(1) 특허권의 수용

정부는 특허발명이 전시·사변 또는 이에 준하는 비상시에 있어서 국방상 필요한 때 그 특허권을 수용하여 국가가 특허권을 향유한다.

(2) 특허발명 실시의 제한

정부는 특허발명이 전시·사변 또는 이에 준하는 비상시에 있어서 공공의 이익을 위하여 비상업적으로 실시할 필요가 있을 때 그 특허권은 그대로 특허권자에게 두고 특허발명의 실시만을 정부 스스로가 직접 하거나 정부외의 자로 하여금 하게 한다. 그만큼 권리자의 특허발명의 실시가 제한을 받는다.

이러한 특허권의 수용은 평온시 국민의 복리증진 등과 같은 시책사업의 추진을 위하여 필요하다는 이유만으로는 할 수 없고 외침·내란 등과 같은 국가안위에 관한 비상사태나 천재 그 밖의 변사(예 : 전염속도가 빠르고 치사율이 높은 악성전염병의 만연) 등과 같은 준비상사태 하에서만 할 수 있는 것이다.

특허권의 수용 등이 국방상 또는 공익상의 필요에 의해 이루어지지만 특허권은 사유재산권이므로 사유재산은 보호되어야 한다는 자본주의 시장경제체제를 바탕으로 한 민주주의 사회의 기본이념이며 법 이상이기도 하므로 정부의 수용권 등의 행사는 매우 엄격하게 그리고 최소한으로 그리고 최단기간에 한하여야 하는 등 극히 제한적으로 이루어져야 할 것이다.

2. 처분의 신청절차 등

(1) 처분의 신청절차

주무부장관은 특허발명이 전시·사변 또는 이에 준하는 비상시에 있어서 국방상 필요하다고 인정되거나 또는 공공의 이익을 위하여 비상업적으로 실시할 필요가 있다고 인정된 때에는 특허청장에게 특허권의 수용·실시처분의 신청(이하 "처분의 신청"이라 한다)을 할 수 있다(법 106④, 특허권의 수용·실시 등에 관한 규정 2).

(2) 처분의 신청방식

처분의 신청은 다음의 사항을 기재한 신청서에 보상금액의 산출근거를 기재한 서류와 신청의 이유를 입증할 수 있는 서류를 첨부하여야 한다(법 106④, 동규정 3①②).

1) 특허번호
2) 발명의 명칭

3) 신청인의 성명·주소(법인인 경우 그 명칭·영업소·대표자의 성명)
4) 특허권자·전용실시권자·통상실시권자·질권자의 성명·주소 또는 영업소
5) 신청내용의 표시
6) 신청의 취지 및 이유
7) 보상금액과 그 지급방법 및 시기
8) 통상실시권의 범위

3. 부본의 송달 및 신청의 공고

특허청장은 처분의 신청서를 받은 때에는 법령에 다른 규정이 있는 경우를 제외하고는 특허권자·전용실시권자·통상실시권자·질권자에게 각각 그 신청서의 부본을 송달하고 기간을 정하여 의견서제출의 기회를 주어야 한다(동규정 4①).

특허청장은 의견서의 제출이 있을 때에는 그 의견서의 부본을 신청인에게 송달하고(동규정 4②) 또 그 신청의 뜻을 특허공보에 공고하여야 한다. 다만 국방상 비밀을 요하는 때에는 공고를 하지 아니할 수 있다(동규정 4③).

4. 처분 및 보상금액의 결정 등

(1) 처분의 결정

특허청장은 처분의 신청에 대한 의견서제출 지정기간이 경과한 후에 특허권의 수용·실시에 관한 결정을 하여야 하며 이때 보상금액도 함께 결정하여야 한다(법 106①, 동규정 5①②).

(2) 보상금의 결정·지급

1) 보상금의 지급

정부 또는 정부외의 자는 특허권을 수용하거나 특허발명을 실시하는 경우에는 특허권자·전용실시권자 또는 통상실시권자에 대하여 정당한 보상금을 지급하여야 한다(법 106③).

2) 보상금액의 결정

보상금액의 결정은 특허청장이 한다(특허권의 수용·실시 등에 관한 규정 5②). 보상금액결정에는 특허권의 수용·실시신청인, 특허권자, 전용실시권자, 통상실시권자·질권자의 의견을 참작하여야 한다(동규정 5③). 보상금액은 공무원직무발명의 처분·관리 및 보상 등에 관한 규정시행규칙 제11조의 규정에 의한 "국유특허권의 예정가격 산정기준"을 준용하여 다음과 같이 산정한다(동규정 5④).

① 수용시의 예정가격

특허권의 수용을 위한 예정가격은 다음의 1에 해당하는 금액을 기준으로 하여 정한다(동규정 시행규칙 11①).

i. 특허권의 존속기간 중의 실시료 추정총액

ii. i 에 의하여 예정가격을 정할 수 없는 경우에는 유사특허권의 매매실례가격

② 실시권설정시의 실시료의 예정가격

특허권에 대하여 전용실시권을 설정하거나 통상실시권을 허락하는 경우 그 실시료의 예정가격은 다음의 방법에 의하여 정한다(동규정 시행규칙 11②).

i. 실시료 예정가격=특허권을 이용한 제품의 총판매예정수량×제품의 판매단가×점유율×기본율

ii. i 의 산식에 적용된 총판매예정수량, 제품의 판매단가, 점유율 및 기본율은 다음의 것으로 한다.

(i) 총판매예정수량 : 실시기간 중 매 연도별 판매예정수량을 합계한 것

(ii) 제품의 판매단가 : 실시기간 중 매연도별 공장도 가격

(iii) 점유율 : 단위제품을 생산하는데 있어서 당해 특허권이 이용되는 비율

(iv) 기본율 : 3퍼센트 다만 당해 특허권의 실용적 가치 및 산업상 이용성 등을 참작하여 2퍼센트 이상 4퍼센트 이내로 할 수 있다.

③ 위의 ①·②에 의하여 예정가격을 정할 수 없는 경우의 예정가격은 따로 특허청장이 정하는 기준에 의한다.

④ 위의 ①·③에 의한 예정가격은 실시기간내의 총액으로 한다. 다만 전용실시권의 설정 또는 통상실시권을 허락하는 경우 총판매 예정수량을 미리 예측할 수 없는 때에는 다음의 방법에 의하여 제품단위당 실시료 예정가격을 정할 수 있다.

제품단위당 실시료 예정가격=제품의 판매단가×점유율×기본율

(3) 처분의 결정방식

특허권의 수용·실시 등 처분의 결정은 다음의 사항을 기재한 문서로 하여야 한다(법 106④, 동규정 7).

1) 결정의 번호
2) 신청인의 성명 및 주소(법인의 경우에는 그 명칭·영업소 및 대표자의 성명)
3) 특허출원인 또는 특허권자·전용실시권자·통상실시권자·질권자의 성명 및 주소나 영업소
4) 신청내용의 표시
5) 결정의 주문(보상금 및 대가의 액을 포함한다)
6) 결정의 이유(신청의 취지 및 이유를 포함한다)
7) 결정연월일

(4) 결정서의 등본의 송달 및 공고

특허청장은 특허권의 수용·실시 등 처분의 결정을 한 때에는 그 결정서의 등본을 신청인·특허권자·전용실시권자·통상실시권자·질권자에게 각각 송달하고 그 결정의 요지를 특허공보에 공고하여야 한다. 다만, 국방상 비밀을 요하는 것인 때에는 공고를 하지 아니할 수 있다(동규정 8).

5. 특허권외의 권리소멸

특허권이 수용되면 그 특허발명에 관한 전용실시권, 통상실시권, 특허권·전용실시권 및 통상실시권을 목적으로 하는 질권 등 특허권외의 권리는 소멸한다(법 106②).

이는 비상사태 하에서 국가안위와 국민보위를 위한 정부의 초법적 통치행위에 의하여 특허발명의 소유권인 특허권을 강제 징수하여 국가의 소유로 옮긴 것이므로 특허권외의 권리에 대하여는 하등 존치해 둘 의미가 없기 때문이다.

제6절 특허권의 소멸

특허권은 포기·취소·무효·존속기간의 만료·연차특허료의 불납 등으로 소멸한다.

Ⅰ. 특허권 등의 포기 등

1. 특허권 등의 포기 및 포기의 제한

특허권 등은 포기할 수 있다. 그러나 특허권자는 전용실시권자, 질권자 또는 특허권자의 동의를 얻은 전용실시권자의 허락에 의하여 그 전용실시권에 설정된 통상실시권자, 특허권자의 허락에 의하여 그 특허권에 설정된 통상실시권자 및 발명진흥법 제8조 제1항의 규정에 의한 통상실시권자의 동의를 얻지 아니하면 특허권을 포기할 수 없다(법 119①).

또 전용실시권자는 질권자 또는 특허권자의 동의를 얻은 전용실시권자의 허락에 의하여 그 전용실시권에 설정된 통상실시권자의 동의를 얻지 아니하면 전용실시권을 포기할 수 없다(법 119②).

통상실시권자 또한 질권자의 동의를 얻지 아니하면 통상실시권을 포기할 수 없다(법 119③).

2. 특허권 등의 포기제한의 취지

특허권 등에 대한 포기의 제한은 실시권 또는 질권의 설정계약 등에 의하여 취득한 특허발명에 관한 전용실시권·질권 또는 위와 같은 통상실시권이므로 특허권자·전용실시권자 또는 통상실시권자 어느 일방에 의해 그 권리가 포기되어 소멸될 경우 발생되는 사회적(수요자), 산업적(생산공급), 경제적·정신적(피해당사자) 위해를 방지하기 위하여 특허권 등을 포기할 경우 기히 설정되어 있는 특허발명관련 권리자의 동의를 받도록 하여 자기의 권리이지만 임의로 포기할 수 없도록 제한을 하는 것이다.

3. 특허권 등의 포기의 효과

특허권·전용실시권 및 통상실시권의 포기가 있는 때에는 특허권·전용실시권 및 통상실시권은 그때부터 소멸된다(법 120).

Ⅱ. 특허권의 취소

1. 특허권의 취소사유

특허권은 특허발명이 천재·지변 그 밖의 불가항력 또는 다음의 1과 같은 정당한 이유 없이 계속하여 3년 이상 국내에서 실시되고 있지 아니한 경우로 인한 재정이 있은 날부터 계속하여 2년 이상 그 특허발명이 국내에서 실시되고 있지 아니하는 경우에는 취소사유가 되어 그 특허권을 취소할 수 있다(법 116, 특허권의 수용·실시 등에 관한 규정 4①).

(1) 특허권자가 심신장애로 인한 활동불능으로 그 특허발명을 실시하지 못한 경우. 다만 의료기관의 장이 증명한 경우에 한한다.

(2) 특허발명의 실시에 있어서 정부기관이나 타인의 허가·인가·동의 또는 승낙을 필요로 할 경우에 그 허가·인가·동의 또는 승낙을 받지 못하므로 인하여 그 특허발명을 실시하지 못한 경우

(3) 특허발명의 실시가 법령에 의하여 금지 또는 제한되어 그 특허발명을 실시하지 못한 경우

(4) 특허발명의 실시에 필요한 원료 또는 시설이 국내에 없거나 수입이 금지되어 그 특허발명을 실시하지 못한 경우

(5) 특허발명의 실시에 따른 물건의 수요가 없거나 그 수요가 적어 이를 영업적 규모로 실시할 수 없이 그 특허발명을 실시하지 못한 경우

2. 특허권의 취소절차

(1) 특허권의 취소방식

특허권에 위와 같은 취소사유가 있는 경우에는 그 특허권과의 이해관계인의 신청

에 의하여 또는 특허청장의 직권에 의하여 그 특허권을 취소할 수 있다(법 116①).

(2) 답변서의 제출

특허청장은 이해관계인으로부터 특허권의 취소신청이 있거나 또는 직권에 의하여 취소하고자 할 때에는 그 신청서 등의 부본을 그 신청에 관련된 특허권자·전용실시권자·통상실시권자·질권자 그 밖의 그 특허에 관하여 등록을 한 권리를 가지는 자에게 송달하고 기간을 정하여 답변서를 제출할 수 있는 기회를 주어야 한다(법 116②, 108).

(3) 의견의 청취

특허청장은 특허권을 취소함에 있어서 필요하다고 인정하는 경우에는 산업재산권 분쟁조정위원회 및 관계부처의 장의 의견을 들을 수 있고 관계행정기관이나 관계인에게 협조를 요청할 수 있다(법 116②, 109).

3. 특허권의 취소결정방식

특허권의 취소는 그 취소의 이유를 붙인 서면으로 하여야 한다(법 116②, 110①).

4. 취소결정서 등본의 송달

특허청장은 특허권을 취소한 때에는 당사자 및 그 특허에 관하여 등록을 한 권리를 가지는 자에게 취소결정서등본을 송달하여야 한다(법 116②, 111①).

5. 특허권취소의 효과

특허권의 취소가 있는 때에는 그 특허권은 그때부터 소멸한다(법 116③). 따라서 특허를 무효로 한다는 심결이 확정된 때에는 그 특허권은 처음부터 없었던 것으로 보는 것과는 다르다(법 133③).

Ⅲ. 특허의 무효

특허가 다음의 어느 하나의 무효이유에 해당하는 때에는 그 특허권은 특허의 무효심판에 의하여 소멸된다(법 133①).

1. 특허의 무효이유

(1) 특허권 또는 특허에 관한 권리를 향유할 수 없는 외국인의 특허출원에 대하여 특허된 경우(법 25)
(2) 발명의 산업상 이용성·신규성·진보성 등의 특허요건을 충족하지 못한 발명이 특허된 경우(법 29)
(3) 공서양속을 문란하게 하거나 공중위생을 해할 염려가 있는 특허출원발명이 특허된 경우(법 32)
(4) 후출원 또는 선출원의 결정방식 등에 위반한 출원발명에 특허된 경우(법 36 ① 내지 ③)
(5) 특허출원서에 첨부된 명세서상의 발명의 상세한 설명이 그 발명이 속하는 기술분야에서 통상의 지식을 가진 자가 용이하게 실시할 수 있을 정도로 그 발명의 목적(발명이 해결하고자 하는 과제)·구성(과제의 해결수단) 및 효과(그 밖의 당업자가 그 발명의 내용을 쉽게 이해하기 위하여 필요사항)로 기재되어 있지 아니한 특허출원에 특허된 경우(법 42③)
(6) 특허출원서에 첨부된 명세서상의 특허청구범위에는 보호를 받고자 하는 사항을 기재한 항(이하 "청구항"이라 한다)이 1 또는 2이상 있어야 하고 그 청구항은 ⅰ) 발명의 상세한 설명에 의하여 뒷받침되고, ⅱ) 발명이 명확하고 간결하게 기재되어야 하며, 이에 따른 특허청구범위의 기재는 보호를 받고자 하는 사항을 명확히 할 수 있도록 발명을 특정하는데 필요하다고 인정되는 구조·방법·기능·물질 또는 이들의 결합관계 등을 기재하여야 하며, ⅲ) 발명이 속하는 기술분야, 발명이 해결하고자 하는 과제(발명의 목적), 과제해결수단(발명의 구성), 그 밖에 발명이 속하는 기술분야의 전문가(당업자)가 그 발명의 내용을 쉽게 이해하는 데 필요한 사항(발명의 작용효과, 실시예) 등을 기재하여야 하는 등의 요건을 갖추어야 함에도 이를 충족하지 못한

특허출원에 특허가 된 경우(법 42④⑥)

(7) 특허를 받을 수 있는 자가 공유임에도 공유자전원이 공동으로 출원하지 아니한 특허출원에 특허된 경우(법 44)

(8) 발명자나 그 승계인이 아닌 자의 특허출원이 특허된 경우(법 33① 본문)

(9) 특허청직원 및 특허심판원직원이 재직 중 특허출원한 발명에 특허된 경우(상속 또는 유증의 경우를 제외한다)(법 33① 단서)

(10) 조약에 위반된 특허출원이 특허된 경우

(11) 특허된 후 그 특허권자가 특허법 제25조의 규정(외국인의 권리능력)에 의하여 특허권을 향유할 수 없는 자로 되거나 그 특허가 조약에 위반된 경우

(12) 특허출원서에 최초로 첨부된 명세서 또는 도면에 기재된 사항의 범위를 벗어난 보정의 특허출원에 특허된 경우(법 47②)

(13) 특허출원서에 최초로 첨부된 명세서 또는 도면에 기재된 사항의 범위를 벗어난 분할출원에 특허된 경우(법 52①)

(14) 실용신안 등록출원서에 최초로 첨부된 명세서 또는 도면에 기재된 사항의 범위를 벗어난 변경출원에 특허된 경우(법 53①)

2. 심판청구취지의 통지

심판장은 이해관계인 또는 심사관으로부터 위의 어느 하나에 해당한다는 이유로 무효심판의 청구가 있는 때, 다만 제3자(특허권의 설정등록이 있는 날부터 등록공고일 후 3월 이내에 누구든지)로부터 위의 (7)(8)을 제외한 어느 하나에 해당한다는 이유로 무효심판의 청구가 있는 때에는 그 취지를 당해 특허권의 전용실시권자, 통상실시권자, 질권자 그 밖의 특허에 관하여 등록을 한 권리를 가지는 자에게 통지하여야 한다(법 133④).

3. 무효심결확정의 효력

특허를 무효로 한다는 심결이 확정된 때에는 그 특허권은 처음부터 없었던 것으로 보아 특허권의 설정등록시로 소급하여 특허권은 소멸된다. 다만 위의 (11)에 의하여 특허를 무효로 한다는 심결이 확정된 때에는 특허권은 그 특허가 이에 해당하게 된 때부터 없었던 것으로 본다(법 133③).

특허권의 무효에 관한 보다 자세한 설명은 후술하는 제12장 제3절 Ⅱ. 3. “특허

의 무효심판"편을 참고하기 바란다.

Ⅳ. 특허권의 존속기간의 만료

특허권은 그 존속기간(특허권의 설정등록이 있는 날부터 특허출원일 후 20년이 되는 날까지)동안에만 특허권의 효력을 갖는다(법 88①). 따라서 특허권의 존속기간이 만료되면 그 특허권은 소멸한다.

Ⅴ. 연차특허료의 불납

특허권의 설정등록은 최초 3년분 특허료의 일시납부에 의하고 제4년분부터의 특허료는 당해 권리의 설정등록일을 기준으로 하여 매년 1년분씩 그 전년도에 납부하거나 그 납부기간 내에 납부하지 아니한 때에는 그 납부기간이 경과된 날부터 6월 이내에 당해 특허료의 2배에 상당하는 금액을 납부하여야 한다.

만약 위의 특허료납부기간 또는 추가납부기간이 경과하였다 하더라도 이 기간 내에 특허료의 일부만을 납부한 자에 대하여 특허청장의 특허료 보전명령을 받은 자는 그 보전명령을 받은 날부터 1월 이내에 잔여특허료를 보전할 수 있다. 이 경우 부족하게 납부된 금액의 2배에 상당하는 금액을 납부하여야 한다(특허료 등의 징수규칙 8⑤⑥⑧⑨). 위의 납부기간 내에 소정의 특허료를 납부하지 아니하면 특허권은 소멸된다.

이와 같이 특허권은 특허료의 납부에 의해 설정되고 유지된다. 따라서 특허료는 특허권의 발생·유지·소멸의 관건이므로 특허출원에 대하여 특허결정이 되었다 하더라도 설정특허료를 납부하지 아니하면 특허권은 발생하지 아니하고 연차특허료를 납부하지 아니하면 특허권은 소멸되는 것이다.

제7절 특허권자의 의무

특허권자는 특허발명을 업으로 실시할 권리를 독점하는 전용권(독점권)과 타인의 특허발명의 무단실시를 배척할 수 있는 금지권(배타권)을 갖는 한편 이러한 권리에 상응하는 다음과 같은 특허권에 수반된 의무도 진다.

Ⅰ. 특허발명의 실시

특허법은 발명을 보호해주는 대신 발명의 이용(실시)을 기술발전의 촉진수단으로 하여 산업발전을 도모함을 목적으로 하고 있으므로(법 1) 특허권자는 특허발명을 실시할 의무가 있다.

특허발명의 실시는 특허권자 자신의 직접실시 또는 타인에게 실시권을 허여하여 그 타인으로 하여금 실시하게 함으로써 이루어진다.

특히 특허발명의 실시가 공익상 또는 산업상 필요함에도 실시하고 있지 않거나 설령 실시하고 있다 하더라도 그 실시가 위의 목적을 달성하기에는 미흡한 경우에는 만족할만한 실시가 확보될 수 있도록 특허법이 정하고 있는 ⅰ) 불실시의 경우, ⅱ) 이용발명의 경우, ⅲ) 공익상 특히 필요한 경우 특허권자는 스스로 적당한 규모의 실시를 하던가 아니면 타인에게 통상실시권을 설정할 의무를 지게 된다.

1. 불실시 경우의 강제실시

특허발명이 천재·지변 그 밖의 불가항력적 사유 등 정당한 이유 없이 ⅰ) 계속하여 3년 이상 국내에서 실시되고 있지 아니한 경우 또는 ⅱ) 계속하여 3년 이상 국내에서 상당한 영업적 규모로 실시되지 아니하거나 적당한 정도와 조건으로 국내수요를 충족시키지 못한 경우(이하 "불실시"라 약칭한다) 그 특허발명의 실시를 하고자 하는 자는 소정의 절차를 거쳐 통상실시권(소위 재정실시권 또는 강제실시권)을 취득하여 실시할 수 있다(법 107①1, 2). 다만, 특허발명이 특허출원일부터 4년을 경과하지 아니한 경우에는 예외로 한다(법 107②). 본란의 재정절차에 관한 자세한 설명은 제9장 제8절 Ⅲ. 3. (4) 3) "강제실시권"편을 참고하기 바란다.

2. 공익을 위하여 특히 필요한 경우의 강제실시

특허발명이 공공의 이익을 위하여 특히 필요한 경우(법 107①3)에는 위 1의 ⅰ) ⅱ)에 해당하지 아니한 경우에도 그 특허발명의 적당한 실시가 확실하게 이루어지도록 하는 것이 특허제도의 취지로 보아 필요하다. 여기에서 "공공의 이익을 위하여 특히 필요한 경우"라 함은 국민의 생명과 재산의 보전, 공공시설의 건설 및 유지 등 국민생활과 직결되는 공공의 산업부문에 속하며 그 특허발명을 긴급하고도 널리 실시할 필요가 높은 경우 예를 들면 악성말라리아전염병이 만연하여 이에 특효약인 특허발명품을 긴급히 대량으로 공급할 필요가 있는 경우 및 자국민 다수의 보건을 위협하는 질병을 치료하기 위하여 의약품(의약품생산에 필요한 유효성분, 의약품사용에 필요한 진단카드를 포함한다)을 수입하고자 하는 수입국가에 그 의약품을 수출할 수 있도록 특허발명을 실시할 필요가 있는 경우(법 107①⑤)는 물론 위와 같은 공공의 산업부문에 속하지 않는 산업부분에 속하는 것까지를 말하는 것으로 해석함이 타당할 것이다. 따라서 이러한 공공의 이익을 위하여 특히 필요한 경우 재정에 의해 타인의 사용이 강제된다.

3. 이용발명인 경우의 강제실시

특허권자는 자기의 발명이 타인의 선출원에 관계되는 특허발명의 이용발명인 경우에는 이것을 실시할 수 없다. 만약 실시하면 특허권침해가 된다. 이 경우 선출원 특허권자의 실시허락을 받아 실시한 때에는 그러하지 아니하다. 그러나 문제는 당사자간의 통상적인 교섭으로 실시허락을 받을 수 없거나

선출원 특허권자가 정당한 이유 없이 실시허락을 하지 아니할 경우 이용발명의 특허권자는 자기의 특허발명을 업으로 실시할 수 없기 때문에 이를 그대로 방치해 둘 때는 결국 기본발명에 대한 개량발명의 실시가 불가능하게 되어 기술이 발전을 촉진하여 산업발달을 도모하려는 특허제도의 취지에 반하게 되는 것이다. 따라서 기본발명의 선출원 특허권자의 실시허락을 받을 수 없는 경우라도 이용발명의 실시를 할 수 있도록 하는 제도적 법적 장치를 마련하는 것은 너무나도 당연하다. 그러나 현행 특허법에서는 선출원 특허권자의 실시허락거부에 대한 강제

실시의 규정을 직접 두고 있지는 않으나 특허법 제107조(통상실시권설정의 재정)의 규정을 유추하여 재정에 의한 통상실시권(또는 강제실시권)으로 실시할 수 있을 것으로 해석된다.[110] 재정통상실시권, 즉 강제실시권에 관하여는 다음에서 설명하는 제8절 Ⅲ. 3. (4) 3) "강제실시권"을 참고하기 바란다.

Ⅱ. 공정한 권리의 행사

특허권은 공정하게 행사되어야 한다. 그러나 때로는 특허권이 불공정하게 행사되는 경우가 있는 바, 이 경우 불공정거래행위로 판정된 사항의 시정을 위하여 필요한 경우 재정에 의하여 타인의 실시가 강제된다(법 107①4). 즉 사법적 절차 또는 행정적 절차에 의하여 불공정거래행위로 판정된 사항을 시정하기 위하여 특허발명을 실시할 필요가 있는 경우 재정에 의해 타인의 사용이 강제된다. 불공정거래행위는 독점규제 및 공정거래에 관한 법률(이 항에서 "독금법"이라 한다)에 의하여 금지되며(독금법 23) 이에 위반한 때에는 공정거래위원회의 행정조치(독금법 24)외에 민사상의 책임 및 형사상의 책임을 진다(독금법 56, 67·2). 형사적 책임에 관하여는 공정거래위원회의 고발이 있어야 공소를 제기할 수 있는 친고죄로 하고 있다(독금법 71②).

독금법 제59조(무체재산권의 행사행위)에는 "특허법, 실용신안법, 디자인보호법 또는 상표법에 의한 권리의 행사라고 인정되는 행위에 대하여는 적용하지 아니한다" 라는 취지의 규정을 두고 있는 바, 이는 확인적 규정에 불과하다고 할 수 있다.

독금법과 특허법 각 제1조에서 규정하고 있는 목적조항의 취지가 모순 충돌되는 것은 아니다. 그러나 특허권은 배타적 독점권으로서 타인의 경업을 배제한다는 점에서 형식적으로는 사적독점의 하나로 해석되어지고 있으므로 독금법상의 문제를 만들지 않기 위하여 독금법 제59조는 특허법에 의한 권리행사에 대해서는 독금법을 적용하지 않는다는 취지를 선언하기 위하여 명백히 하고 있다고 할 수 있다.

독금법에서 말하고 있는 "권리의 행사"라 함은 공정한 권리행사를 의미함은 물론이다. 그러면 무엇이 권리행사로 인정될 수 있는 공정한 권리행사이고 무엇이 권리행사로 인정될 수 없는 불공정거래의 우려가 있는 행위이며, 무엇이 불공정거래행위에 해당될 우려가 높은 행위인가에 대해서 일반적인 라이선시계약을 중

110) 일본특허법의 경우 특허법에 "이용발명을 강제실시"하기 위한 명문의 규정을 두고 있다 (일본특허법 제92조).

심으로 살펴보고자 한다.

1. 공정거래행위에 해당하는 권리행사

(1) 특허발명의 실시를 생산, 사용, 양도, 대여 또는 수입, 특허발명품의 양도 또는 대여의 청약 등으로 구분하여 실시를 허락하는 경우의 특허발명실시의 제한
(2) 특허권의 유효기간 안에서 기간을 정하여 실시를 허락하는 경우의 기간의 제한
(3) 특허권이 미치는 지역 내에서 일정지역을 정하여 실시를 허락하는 경우의 지역의 제한
(4) 특허발명의 실시를 일정 기술분야로 정하여 실시를 허락하는 경우의 기술분야의 제한
(5) 특허발명품의 최저생산·판매수량, 방법특허의 최저사용횟수의 제한
(6) 특허의 실시허락을 받은 자(이하 "라이선시"라 한다)가 실시허락된 특허권의 유효성에 관하여 다툰 경우의 그 라이선스계약의 해제
(7) 라이선시에 대하여 계약특허의 실시를 위하여 최선의 노력경주의무의 부과를 불공정거래행위에 해당하지 아니한 권리행사로 예시해 볼 수 있는 바, 이는 특허라이선스계약에서 특허권 또는 실용신안권의 본래적인 행사에 해당한다고 생각되는 또는 경업질서에 미치는 영향이 크지 않다고 판단되기 때문에 원칙적으로 위 (1) 내지 (7)의 불공정행위에 해당하지 않는다고 판단되어야 한다.

2. 불공정거래행위에 해당될 우려가 있는 권리행사

(1) 라이선시가 특허의 실시허락을 한 특허에 관한 권리를 가진 자(이하 "라이선서"라 한다)에게 실시허락발명의 실시과정에서 습득한 지식, 경험 등의 보고의무의 부과 또는 라이선시에 의한 개량발명, 응용발명 등에 대하여 라이선서에 그 비독점적 실시를 허락하는 의무의 부과, 다만 라이선서가 라이선시가 지는 의무와 같은 의무를 부담하고 그 내용 또한 균형이 잡혀있는 경우에는 예외이다.
(2) 특허제품, 원재료, 부품 등의 품질제한, 다만 라이선스 계약대상 특허기술의

보호를 위한 영업비밀 유지의무 및 특허품의 품질보증을 위한 기술훈련실시의 의무 또는 상표(서비스표를 포함한다)관리를 통한 영업상의 신용유지를 위한 상표관리기법개발의 의무를 부과하는 경우에는 예외로 한다.

(3) 프랜트시설, 원재료, 부품 등의 구입선 제한. 다만, 라이선스계약대상 특허기술의 실시, 품질의 유지, 신용의 보증 등을 위하여 라이선시에게 이러한 의무를 부과하는 경우에는 예외이다. 그러나 이 경우에도 필요한 최소한의 범위 내에서의 의무부과를 원칙으로 한다.

(4) 라이선스 계약대상 특허상품의 반출지역의 제한. 여기에서 "반출지역"이라 함은 국내지역은 물론 수출국을 말한다. 다만, 라이선서의 특허권이 등록된 지역이나 라이선서에 의해 이미 지배되고 있는 영업지역 또는 라이선서가 제3자의 독점적 판매지역으로 전용실시권을 허락한 지역 또는 라이선스계약대상특허권 또는 전용실시권을 목적으로 하는 질권이 설정되어 있는 지역에 대한 제한의 경우에는 예외로 한다.

(5) 판매가(내수가는 물론 수출가를 포함한다), 판매량(내수물량은 물론 수출물량을 포함한다) 등의 제한. 다만, 위 (4) 후단 단서의 어느 하나의 지역을 라이선시가 판매(수출을 포함한다)할 수 있는 지역으로 허용한 경우 그 제한 또는 의무의 내용이 합리적인 범위 내에서 이루어진 경우에는 예외로 한다.

(6) 라이선서가 라이선시에게 복수의 특허에 대하여 일괄실시토록 하는 일괄실시허락에 대한 수락의무의 부과. 다만, 라이선스 계약대상특허의 효용을 증대하고 보증하기 위하여 필요한 최소한의 범위 내에서 의무를 부과하는 경우에는 예외이다.

(7) 라이선스 계약기간 중 라이선스 계약대상 특허기술 및 특허제품과 경합하고 있는 경쟁기술 및 경쟁품의 사용 및 취급 등의 제한

(8) 라이선시에게 특허제품에 대하여 라이선서가 지정하는 자를 통해서만 판매하도록 하는 라이선서 지정자 판매의무의 부과 또는 라이선서가 지정하는 자에게 판매하지 않도록 하는 라이선서 지정자 비매의무의 부과

(9) 라이선시에게 특허제품에 사용할 라이선서의 지정상표(서비스표, 상호 등을 포함한다) 사용의무의 부과

(10) 특허기술관련 훈련·교육의 실시, 훈련인원, 훈련기간, 훈련비용 등에 관한 사항의 라이선시에의 부담의무 부과. 다만, 특허기술의 연마 및 기술력향상, 특허제품의 품질유지 및 신용제고, 생산성 제고 및 국제경쟁력 강화를 위한 경우에는 예외로 한다. 이 경우에도 필요 최소한의 한도 내에서만 인정되어야 한다.

(11) 향후 변수의 고려 없이 목표량 제조, 판매의 미달, 실시료(Royalty)지불지연 등을 해약사유로 하는 막무가내식 라이선스계약의 체결. 다만, 이 경우에도 미달제조, 판매수량 및 미지불 로얄티 금액을 합리적으로 정하고 있거나 원재료의 품귀, 신기술상품으로의 급속한 수요이동, 홍수·지진·테러·전쟁 등으로 인한 시장기능의 마비 등과 같은 불가항력적 사유가 발생한 경우 또는 로얄티 지불지연시 일정기간 지불유예기간을 두는 등의 경우에는 예외로 하는 단서를 둔 경우에는 그 라이선스계약은 유효한 것으로 볼 수 있다.

(12) 라이선시에게 실시허락한 특허권의 유효성에 대해 다투지 않을 의무의 부과, 이는 라이선시가 실시허락된 특허발명의 실시과정에서 특허를 받을 수 없는 발명으로 확인된 경우에도 계속 라이선서에게 특허권을 유지시켜 제3자의 자유로운 이용을 방해하고 또 부당하게 당해 특허발명에 대한 로얄티를 챙겨 라이선시에게 불이익을 주는 것 등과 같은 문제가 발생하기 때문이다.

위의 각 항과 같은 라이선서의 권리행사를 불공정거래행위에 해당될 우려가 있는 권리행사로 예시해볼 수 있는 바, 이는 불공정거래행위의 위 (1) 내지 (12)에 해당여부는 그 제한의 내용만이 아니고 라이선서·라이선시의 관련시장에서의 지위, 관련시장의 상황, 제한기간의 장단 등을 종합적으로 참작하여 판단되어야 한다.

3. 불공정거래행위에 해당될 우려가 높은 권리행사

(1) 판매가격의 제한

(2) 라이선스계약기간만료 후 경쟁품 등의 취급제한

(3) 특허권의 유효성상실, 즉 추납특허료의 불납, 특허의 무효, 특허권의 취소, 특허권의 포기 등에 의한 특허권의 소멸 후 경쟁품의 취급제한 또는 로얄티 지불의무의 부과

(4) 라이선스 계약대상 특허기술 또는 그 특허기술과의 경쟁기술의 연구개발 제한

(5) 라이선스 계약대상 특허발명에 대한 라이선시의 개량발명 또는 응용발명 등에 대하여 라이선서에게 양도 등을 통한 그 권리자체의 귀속 등 독점적 실시에 관한 허락의무의 부과

위 각항과 같은 라이선서의 권리행사를 불공정거래행위에 해당될 우려가 높은 권리행사의 전형으로 예시해볼 수 있다.

Ⅲ. 특허료의 납부

특허권의 설정등록을 받고자 하는 자 또는 특허권자는 특허료를 납부하여야 한다(법 79①). 만약 소정의 특허료 납부기간 이내에 특허료를 납부하지 아니한 때에는 특허권의 설정등록을 받고자 하는 자의 특허출원은 포기한 것으로 보며, 특허권자의 특허권은 특허료를 납부할 기간이 경과한 때에 소급하여 그 특허권이 소멸된 것으로 본다(법 79②, 81③).

특허료의 납부에 관한 자세한 설명은 전술한 제8장 제3절 Ⅱ. "특허료·등록료·등록세납부 등"을 참고하기 바란다.

Ⅳ. 특허의 표시

1. 의의 및 취지

특허권자는 특허발명품 등에 특허표시를 하여 수요자에게는 검증된 신기술, 독점품임을 알림과 동시에 복제품 및 유사품에 대한 우려를 불식시켜 안정적 소비를 유도하고 업계에는 특허품이라는 것을 인식시켜 불필요한 연구개발 및 투자를 계획하거나 추진 중인 것을 중단하도록 하고 모방품의 생산·출하를 막아 소비자를 보호함은 물론 특허권침해의 우를 범하지 않도록 한다. 더 나아가서는 특허표시 특허발명을 기초발명으로 하여 개량 또는 응용발명의 개발동기와 초석을 제공하여 특허제도가 추구하고 있는 기술발전을 통한 산업의 발달이라는 이상을 실현할 수 있는 것이다.

2. 표시방법 등

(1) 표시할 곳

특허의 표시는 물건의 특허발명에 있어서는 그 물건에, 물건을 생산하는 방법의 특허발명에 있어서는 그 방법에 의하여 생산된 물건에, 물건에 특허표시를 할 수 없을 때에는 그 물건의 용기나 포장에 그 표시를 할 수 있다(법 223).

(2) 표시방법

특허표시는 특허받은 발명품임을 나타내는 것이기 때문에 여러 가지 형태로 표시할 수 있으나 "특허제○○○호"라고 표시하는 것이 일반적 표시방법이라고 할 수 있다. 그러나 다음과 같은 유형으로 표시하는 경우도 적지 않다.

특허 제○○○호 특허권자 홍길동	·	특허 제○○○호 특허 2008.8.8 특허권자 홍길동	·	2008 특허 제○○○호 특허권자 홍길동

V. 허위표시의 금지

1. 의의 및 취지

특허권자는 특허발명품 등에 특허표시를 할 수 있으나 허위표시를 하여서는 아니되는 허위표시의 금지의무를 진다. 허위표시는 비단 특허권자뿐만 아니라 특허에 관한 권리를 가진 전용실시권자·통상실시권자·질권자는 물론 누구든지 준수하여야 할 의무이다(법 224).

이와 같이 허위표시금지를 의무화한 것은 수요자에게 특허제도에 의해 기술적 특징이 검증된 신기술상품임을 인식시켜 수요를 창출, 신장하여 산업발전에 기여하는 한편 경쟁업체를 위시하여 관심 있는 모든 자에게 모방을 할 수 없도록 함과 동시에 특허발명을 기초로 하여 새로운 발명안출의 계기를 제공하고 거래질서를 확립하기 위함이다.

2. 금지행위

누구든지 다음의 어느 하나에 해당하는 행위를 하여서는 아니된다(법 224 각호).

(1) 특허된 것이 아닌 물건, 특허출원 중이 아닌 물건, 특허된 것이 아닌 방법이나 특허출원 중이 아닌 방법에 의하여 생산한 물건 또는 그 물건의 용기나 포장에 특허표시 또는 특허출원표시를 하거나 이와 혼동하기 쉬운 표시

를 하는 행위

(2) 위 (1)의 표시를 한 것을 양도·대여 또는 전시하는 행위

(3) 위 (1)의 물건을 생산·사용·양도 또는 대여하기 위하여 광고·간판 또는 표찰에 그 물건이 특허나 특허출원된 것 또는 특허된 발명이나 특허출원 중인 방법에 의하여 생산한 것으로 표시하거나 이와 혼동하기 쉬운 표시를 하는 행위

(4) 특허된 것이 아닌 방법이나 특허출원 중이 아닌 방법을 사용·양도 또는 대여하기 위하여 광고·간판 또는 표찰에 그 방법이 특허 또는 특허출원된 것으로 표시하거나 이와 혼동하기 쉬운 표시를 하는 행위

3. 금지위반행위의 제재

위의 (1) 내지 (4)의 허위표시행위를 한 자에게는 허위표시죄가 구성되어 3년 이하의 징역 또는 2천만원 이하의 벌금에 처한다(법 227). 또 법인의 대표자나 법인 또는 개인의 대리인, 사용인, 그 밖의 종업원이 그 법인 또는 개인의 업무에 관하여 허위표시를 하면 그 행위자를 벌하는 외에 그 법인에게는 6천만원 이하의 벌금형을, 그 개인에게는 2천만원 이하의 벌금형을 과(科)한다. 다만, 법원 또는 개인이 허위표시를 방지하기 위하여 해당업무에 관하여 상당한 주의와 감독을 게을리 하지 아니한 경우에는 그러하지 아니하다[법 230(양벌규정)].

제 10 장

실시권

제 1 절 서 론

특허발명을 업으로 실시할 수 있는 권리는 특허권자가 독점하지만(법 94 본문) 특허법은 특허권자이외의 자에게도 특허발명을 업으로 실시할 수 있는 권리(이하 여기에서 "실시권"이라 한다)를 허용하고 있다.

이러한 실시권은 특허권자 자신의 필요에 따라 설정되는 경우가 대부분이나 산업정책 등 공익차원에서 특허권자의 의사와는 관계없이 인정되는 경우도 있다.

이와 같은 특허발명의 실시는 그 실시의 권능에 따라 전용실시권과 통상실시권으로 나뉘어진다(법 100, 102).

제 2 절 전용실시권

I. 의 의

전용실시권이라 함은 특허권자와 타인간에 그 특허발명의 전용실시에 관한 설정행위로 정한 범위 안에서 그 타인이 업으로서 그 특허발명을 독점적으로 실시할 수 있는 권리를 말한다. 따라서 아무리 특허권자가 업으로서 그 특허발명을 실시할 권리를 독점하지만 그 특허권에 관하여 전용실시권을 설정한 때에는 그 설정의 범위 내에서 전용실시권자가 그 특허발명을 실시할 권리를 독점하기 때문에 그 범위 안에서는 특허권자의 독점적 실시권이 배제되어(법 94 단서) 특허권자라 할지라도 실시할 수가 없다. 만약 특허권자가 전용실시권을 설정한 범위 안에서 업으로서 그 특허발명을 실시하면 전용실시권의 침해가 되어 전용실시권자는 특허권자를 상대로 전용실시권 침해의 금지 또는 예방을 청구할 수 있고 그 금지등을 청구할 때에는 침해행위를 조성한 물건(물건을 생산하는 방법의 발명인 경우에는 침해행위로 생긴 물건을 포함한다)의 폐기, 침해행위에 제공된 설비의 제거 그 밖의 침해의 예방에 필요한 행위의 청구를 할 수 있는 권리침해에 대한 금지청구등 및 손해배상청구, 신용회복청구, 부당이득반환청구, 가처분신청 등 민사적 구제와 고소 등 형사적 구제를 할 수 있다. 또 전용실시권이 설정되면 후술하는 통상실시권과는 달리 동일범위에 전용실시권을 중복하여 설정할 수 없다(법 94 단서).

Ⅱ. 전용실시권의 범위

전용실시권의 범위는 특허권자가 업으로서 실시할 수 있는 특허발명 전범위로 할 수도 있고 일부 범위로 할 수도 있는 바, 그 범위는 특허권자와 그 특허발명을 업으로 실시하고자 하는 자간의 협의에 의한 설정행위에 의하여 정하여진다.

1. 전 범위의 전용실시권

전용실시권범위가 일부범위가 아니라 전 범위일 때에는 그 특허발명에 대한 실시권을 전용실시권자가 전유하기 때문에 특허권자에게는 ⅰ) 특허권자라는 명의적 지위, ⅱ) 특허권침해에 대한 소권[1], ⅲ) 전용실시권 이전(실시사업과 같이 이전하는 경우 또는 상속 그 밖의 일반승계의 경우 제외), 전용실시권을 목적으로 하는 질권의 설정 및 통상실시권의 허락에 대한 동의권, ⅳ) 특허권의 상속 그 밖의 일반승계의 경우 그 취지의 특허청장에의 신고의무 등만이 있다.

2. 범위의 설정

전용실시권의 범위는 기간·지역·내용면에서 설정할 수 있다.

---

1) 東京地判 昭 39.3.18 判다(タ) 160호 133면(바지허리 안감사건).
山口地判 소 38.2.28 下民集 14권 2호 331면(合成浮子사건).

(1) 기간의 설정

특허발명에 대하여 전용실시권자가 전용적으로 실시할 수 있는 시간적 개념의 범위, 예를 들면 전용실시권 설정등록일부터 7년이나 10년 또는 특허권의 존속기간만료일까지처럼 전용실시권자가 그 특허발명을 실시할 수 있는 기간을 설정하는 것을 말한다.

(2) 지역의 설정

특허발명에 대하여 전용실시권자가 전용적으로 실시할 수 있는 지역적 개념의 범위, 예를 들면 전용실시권을 실시할 수 있는 지역을 전국일원이나 부산광역시처럼 설정하는 것을 말한다.

(3) 내용의 설정

특허발명에 대하여 전용실시권자가 전용적으로 사용할 수 있는 발명의 실시유형적 개념의 범위, 예를 들면 ⅰ) 물건의 발명인 경우에는 그 물건을 생산·양도에만 한하는 경우, ⅱ) 방법의 발명인 경우에는 그 방법을 사용하는 행위에 한하는 경우, ⅲ) 물건을 생산하는 방법의 발명인 경우에는 그 방법에 의하여 생산한 물건을 사용·대여·수입에만 한하는 경우

또는 발명의 구체적인 실시형태의 하나만을 한정하는 경우, 예를 들면 물건의 발명인 경우 그 물건의 생산량을 연간 일만 개로 한정하고 그중 6천개는 수출하고 나머지 4천개는 내수공급으로 설정하는 것이 그것이다.

Ⅲ. 전용실시권의 설정

전용실시권의 설정은 특허권자와 전용실시권의 설정을 받고자 하는 자간의 설정에 관한 쌍무계약(다음에서 설명하는 "(4) 1) ① 전용실시권 설정계약 체결시 유의사항" 참조)이나 유언 또는 유증 등 단독의사표시에 의하는 경우가 대부분이다. 그러므로 후술하는 통상시시권과는 달리 재정이나 법률에 의하여 강제 성립되는 경우는 없다. 전용실시권의 설정은 설정계약의 체결만으로 성립되는 것이 아니고 특허청에 비치되어 있는 특허원부에 등록함으로써 비로소 그 효력이 발생한다(법

101①2). 그러한 점에서 설정계약의 체결만으로 계약에서 정하는 임의의 날로부터 성립하는 통상실시권과는 다르다.

그렇다면 전용실시권의 설정계약을 체결한 후 등록시까지의 실시를 무단실시로 볼 것인가, 통상실시권의 설정계약에 의한 실시로 볼 것인가에 대하여 견해가 나뉘어져 있으나 이에 관한 별단의 합의가 없었던 한 후자의 견해로 해석함이 타당하다.2)

또 전용실시권설정은 통상실시권의 존부(등록유부불문)와는 관계없이 할 수 있다(법 118① 참조).

이 경우 통상실시권의 설정등록이 되어 있는 때에는 그 통상실시권은 그 등록 후에 취득한 전용실시권자에 대항할 수 있으나(법 118①) 통상실시권 설정등록 이 없는 경우는 통상실시권자는 전용실시권자로부터 공격을 받을 우려가 있다.

그러나 특허권자는 통상실시권허락 후 전용실시권의 설정계약을 체결하는 경우에는 후발의 전용실시권자의 공격에서 선발의 통상실시권자를 방위하는 의무를 진다.3)

Ⅳ. 전용실시권의 효력 등

1. 전용실시권의 효력

전용실시권의 효력은 특허권의 효력과 같이 전용실시권자는 그 전용실시권의 설정행위로 정한 범위 안에서 업으로서 그 특허발명을 실시할 권리를 독점한다(법 100②).

따라서 전용실시권이 침해된 경우에도 전용실시권침해에 대한 금지 등 청구, 손해배상청구, 신용회복청구와 같은 민사적 구제방법은 물론 고소와 같은 형사적 구제방법 등에 의해 전용실시권자의 보호가 특허권자의 보호와 같이 강구되고 있다(법 126 · 128 · 131 · 225).

2. 상대방의 동의 등을 요하는 사항

특허권자와 전용실시권자는 서로 특허권과 전용실시권에 영향을 미치는 사항을

2) 野口良光, 國內實施契約의 實務 昭 54, 발명협회, 35면 참조.
3) 野口良光, 國內實施契約의 實務 昭 54, 발명협회, 37면 참조.

하고자 할 때에는 미리 상대방의 동의를 필요로 한다. 이를 열거해 보면 다음과 같다.

(1) 특허권자의 동의를 요하는 사항

1) 전용실시권자는 특허권자의 동의를 얻지 아니하면 그 전용실시권을 이전할 수 없다. 다만 실시사업과 같이 이전하는 경우 또는 상속 그 밖의 일반승계의 경우를 제외한다(법 100③).

2) 전용실시권자는 특허권자의 동의를 얻지 아니하면 그 전용실시권을 목적으로 하는 질권설정을 할 수 없다(법 100④).

3) 전용실시권자는 특허권자의 동의를 얻지 아니하면 그 전용실시권에 대하여 통상실시권을 허락할 수 없다(법 100④).

(2) 전용실시권자의 동의를 요하는 사항

1) 특허권자는 전용실시권자의 동의를 얻지 아니하면 특허권을 포기할 수 없다(법 119①).

2) 특허권자는 전용실시권자의 동의를 얻지 아니하면 정정심판을 청구할 수 없다(법 136⑦).

(3) 공유자의 동의를 요하는 사항 등

1) 동의를 요하는 사항

① 특허권이 공유인 경우에는 각 공유자는 다른 공유자의 동의를 얻지 아니하면 그 특허권에 대하여 전용실시권을 설정할 수 없다(법 99④).

② 전용실시권이 공유(공유전용실시권)인 경우에는 각 공유자는 다른 공유자의 동의를 얻지 아니하면 그 지분을 양도하거나 그 지분을 목적으로 하는 질권을 설정할 수 없다(법 100⑤).

③ 특허권이 공유인 경우에는 각 공유자는 다른 공유자의 동의를 얻지 아니하면 그 특허권에 대하여 전용실시권을 설정하거나 통상실시권을 허락할 수 없다(법 100⑤).

2) 동의를 요하지 않는 사항

특허권이 공유(공유특허권)인 경우에는 각 공유자는 계약으로 특별히 약정한 경우를 제외하고는 다른 공유자의 동의를 얻지 아니하고 그 특허발명을 자신이 실시할 수 있다(법 100⑤).

V. 전용실시권의 이전

1. 개 설

전용실시권의 이전에는 i) 실시사업과 같이 이전하는 경우, ii) 상속 그 밖의 일반승계에 의하여 이전하는 경우, iii) 특허권자의 동의를 얻어 이전하는 경우 등이 있다(법 100③).

또 전용실시권은 위의 ii)의 경우를 제외한 i)·iii) 경우의 이전의 경우에는 이를 등록하지 아니하면 그 효력이 발생하지 아니한다(법 101①2). 따라서 i)·iii)의 경우 등록은 전용실시권이전의 효력발생요건이다.

그리고 ii)의 경우에는 등록을 하지 아니하여도 전용실시권 이전의 효력은 발생하나 그 이전의 원인이 된 상속, 회사의 합병 등과 같은 일반승계가 있는 경우 그러한 취지를 지체 없이 특허청장에게 신고하여야 한다(법 101②).

2. 전용실시권 이전에 특허권자의 동의를 요하지 않는 이유

(1) 실시사업과 같이 이전하는 경우

1) 전용실시권자의 입장에서

특허발명의 실시사업상 불가피한 사정에 의해 실시사업을 전용실시권과 함께 이전할 수밖에 없는 경우 특허권자가 동의를 해주지 않을 때에는 당해 생산설비는 무용지물이 될 뿐만 아니라 기술진용을 위시한 전 종업원의 진로가 어렵게 되며 더욱 특허발명의 실시사업을 위해 차입한 금융기관 등에의 채무변제가 불가능하게 되는 폐단이 있어 국가산업경제상 손실이 발생하기 때문이다.

이 경우 특허권자의 동의를 얻어 전용실시권을 목적으로 하는 질권설정이 된 경우에는 전용실시권설정의 범위 안에서의 그 특허발명에 대하여 경매 등을 통해 제3자에게 넘어갈 수도 있기 때문에 이러한 점 등이 고려된 입법조치로 해석된다.

2) 특허권자의 입장에서

전용실시권을 실시사업과 같이 이전하는 경우 전용실시권자의 영업상의 모든 것, 즉 생산·제조설비, 기술진 등 현역종사원, 거래선 등을 그대로 넘기기 때문에 굳이 특허권자의 동의를 구하지 않아도 전용실시권자의 영업상태가 온전히 존치되므로 특허권자에게는 어떠한 피해도 가지 않기 때문이다. 즉 생산설비(제조설비), 기술진, 원료공급선이 같으므로 특허발명품의 품질의 동일성이 유지되므로 특허권자 입장에서는 전용실시권자가 바뀌더라도 특허발명의 실시사업에는 어떠한 변동도 일어나지 않는다는 점.

그리고 전용실시권을 이전받은 자 또한 막대한 투자를 하여 치열한 산업경쟁에 뛰어든 이상 품질·가격·원가 등에서 생산성을 향상하여 국제경쟁력을 제고하려고 노력하려는 것은 사업가의 본연이기 때문에 전 전용실시권자의 실시사업보다는 손색이 없을 것이라는 점 등을 고려하여 실시사업과 같이 이전하는 경우에는 특허권자의 동의 없이도 전용실시권을 이전할 수 있도록 하는 규정을 둔 것으로 해석된다.

(2) 상속 그 밖의 일반승계에 의한 이전의 경우

피상속인 또는 합병전회사와 설정된 전용실시권의 내용의 변동 없이 그대로 영업과 같이 상속인 또는 합병회사에 승계되고 다만 그 주체만이 바뀔 뿐이기 때문에 이 경우 특허권자에게는 하등 영향을 미치지 않으며, 또 전용실시권의 상속 그 밖의 일반승계의 경우에는 상속인 등에게 지체 없이 그 취지를 특허청장에게 신고하도록 하는 신고의무를 부과하여 특허청장으로 하여금 특허청에 비치되어 있는 특허원부에 등록토록 하여 일반 공중에게 공시되므로 주체의 변동에 따른 어떠한 혼동도 야기되지 않기 때문이다.

3. 전용실시권 이전에 특허권자의 동의를 요하는 이유

위의 (1), (2)의 경우를 제외하고 특허권자의 동의를 얻지 아니하고 전용실시권의 이전을 인정한다면 공유특허권인 경우에 지분의 자유양도를 인정하는 경우와 같은 불편함이 따르기 때문이다.

Ⅵ. 전용실시권의 소멸 등

1. 전용실시권의 소멸

전용실시권은 i) 특허권의 소멸, ii) 전용실시권의 설정기간의 만료, iii) 전용실시권 설정계약의 해제, iv) 특허권의 취소, v) 특허권 또는 전용실시권의 포기, vi) 혼동[4]인 경우에 소멸한다.

2. 전용실시권의 소멸등록

전용실시권의 소멸은 위의 i), iv), vi)의 경우를 제외하고는 등록하지 아니하면 그 효력이 발생하지 아니한다(법 101①2).

3. 전용실시권의 포기

전용실시권자는 질권자 또는 특허권자의 동의를 얻어 통상실시권을 허락한 통상실시권자의 동의를 얻지 아니하면 전용실시권을 포기할 수 없다(법 119②).

제 3 절 통상실시권

Ⅰ. 의의 및 성질

통상실시권이란 특허발명을 실시할 수 있는 권리를 말한다. 그러나 전용실시권과 같이 실시하는 권리를 독점하여 전유하는 것은 아니다(법 100②, 102②) 따라서

4) 서로 대립하는 2개의 법률적 지위가 동일인에게 귀속되는 것, 즉 채권과 채무가 동일한 주체에 귀속한 때에는 채권은 소멸한다(민법 507 본문). 이 경우는 전용실시권자가 특허권자로 되기 때문에 전용실시권은 소멸되는 것이다.

특허권자는 통상실시권설정 후에도 자신의 실시는 물론 복수의 제3자에게 동일한 범위의 통상실시권을 허락할 수 있다는 점에서 통상실시권은 전용실시권과는 달리 채권적인 권리라고 해석할 수 있다. 그 이유는 통상실시권이라는 객체는 무체물이기 때문에 점유를 할 수 없어 동일한 내용의 실시권을 별개로 설정해도 채권에서와 같은 채무불이행의 문제가 발생하지 않기 때문이다. 따라서 통상실시권은 채권의 일종이라기보다는 채권적 권리라고 함이 타당하다. 따라서 통상실시권은 전용실시권과 같이 등록에 의하여 발생하는 물권과는 달리 당사자간의 계약만으로 발생하는 채권적 권리이므로 당사자간에서는 등록의 유무를 불문하고 계약성립시에 그 효력이 발생한다. 그러나 계약만으로는 통상실시권자는 특허권 양수인이나 전용실시권자에 대하여 통상실시권을 주장할 수 없고, 통상실시권의 설정등록을 한 경우에만 그 등록 후 특허권을 승계한 자나 전용실시권을 취득한 자 등 제3자에게 대항할 수 있는 통상실시권의 효력이 발생한다(법 118①). 이는 마치 민법 제618조 및 제622조의 임대차에 관한 규정과 같은 취지의 규정이다. 따라서 특허권이나 전용실시권이 이전되거나 전용실시권이 설정된 경우에는 통상실시권에 관한 채권관계가 구 특허권자 등으로부터 신 특허권자 등에 이전하여 구 특허권자는 채권적 권리를 가질 수 없다.

Ⅱ. 통상실시권의 설정

통상실시권의 설정은 특허권자 또는 전용실시권자(통상실시권 허락에 관하여 특허권자의 동의를 얻은 전용실시권자를 말한다. 이하 같다)와 통상실시권의 설정을 받을 자간의 설정계약에 의하는 경우가 대부분이고 그 밖에 재정 또는 법률에 의하여 성립되는 경우도 있다. 통상실시권설정은 설정계약을 체결함으로써 계약에서 정하는 임의의 날로부터 성립한다. 이 점에서 특허청에서 비치하고 있는 특허원부에 등록하지 않으면 그 효력을 발생하지 않은 전용실시권의 경우와 다르다.

또 통상실시권은 하나의 특허권에 대하여 동일범위·동일내용으로 다수의 제3자에게 복수의 통상실시권을 설정할 수 있고, 설정계약에서 특별히 제한을 두고 있지 않는 한 통상실시권을 허락한 특허권자 또는 전용실시권자(이하 여기에서 "특허권자 등"이라 한다)도 사용할 수 있음은 물론이다.

Ⅲ. 통상실시권의 내용 및 범위

통상실시권의 내용과 범위는 특허권자 또는 전용실시권자와 그 특허발명을 실시하고자 하는 자와의 약정에 의하여 정하여지고 그 약정에 의하여 설정된 범위 안에서 업으로서 그 특허발명을 실시할 수 있는 권리를 가진다. 그리고 당사자를 구속하는 효력이 발생하며, 등록을 하면 그 등록 후에 특허권 또는 전용실시권을 취득한 자에게 대항할 수 있는 효력이 생긴다.

이와 같은 통상실시권은 채권적 성질의 권리이므로 특허권자 또는 전용실시권자는 동일한 내용의 통상실시권을 다수인에게 설정할 수 있고 또 통상실시권 설정 후에도 자기가 직접 사용할 수 있음은 물론 특허권자는 전용실시권을 설정할 수도 있다.

또한 특허권은 무체물에 관한 권리이므로 동일한 내용의 실시권이 다수 병존할 수 있어 동일한 내용의 통상실시권을 다수 설정하더라도 채권불이행이라는 문제가 일어나지 않는다는 점에서 임대차와 같은 유체물에 관한 채권과는 다르다.

통상실시권의 내용 및 범위에 관한 자세한 설명은 앞서 기술한 제2절 "Ⅱ. 전용실시권의 범위 3. 범위의 설정 (1) 내지 (3)을 참고하기 바란다.

Ⅳ. 통상실시권의 종류

통상실시권에는 허락통상실시권·법정통상실시권·강제통상실시권이 있다. 강제통상실시권에는 다시 재정·심판·결정에 대한 통상실시권이 있다.

1. 허락통상실시권

특허권자는 그 특허권에 대하여 타인에게 통상실시권을 허락할 수 있으며(법 102①) 통상실시권 중 허락에 의한 통상실시권 설정의 경우가 대부분이다. 일반적으로 통상실시권 허락에 의한 설정계약체결시 유의하여야 할 전형으로 다음과 같은 것들이 관행적으로 이루어지고 있다.

(1) 실시계약체결시 유의할 사항

1) 일반적 사항

특허발명의 실시계약은 일반계약과는 달리 기술을 대상으로 하기 때문에 매우 어려운 점이 있다. 그러므로 기술의 라이프사이클(Life cycle), 기술의 산업적·경제적 가치, 기술의 경쟁력 정도, 대체기술의 등장가능성, 원재료조달의 난이성, 그 분야 전문인력의 확보가능성, 발명상품의 시장성 및 사업전망 그 밖의 상정가능한 예상문제점에 대한 대응방안의 예비적 강구에 관한 사항 등을 면밀히 검토, 고려하여 이를 사전에 충분히 협의하여 합의된 사항을 계약서 작성에 반영한다. 이때 계약서에 사용하는 용어는 사전상의 용어를 사용하되 특허법령의 취지에 부합되어야 함은 물론 다른 법률(예 : 독점규제 및 공정거래에 관한 법률, 부정경쟁방지 및 영업비밀보호에 관한 법률)의 규정에 위배되지 않도록 유의한다. 이와 관련하여 보다 자세한 설명은 전술한 제6절 "Ⅱ. 1. 공정거래행위에 해당하는 권리행사 (1) 내지 (7), 2. 불공정거래행위에 해당될 우려가 있는 권리행사 (1) 내지 (12), 3. 불공정거래행위에 해당될 우려가 높은 권리행사 (1) 내지 (5)"를 참고하기 바란다.

2) 사전조사·확인

통상실시권 설정계약의 대상인 특허권의 흠결 등의 유무를 조사, 확인하여 유효성 및 경제성을 판단하여 실시계약체결에 참작한다. 즉 그 특허권에 다음과 같은 경우가 발생되어 있는지를 특허청에 비치되어 있는 특허등록원부에 의해 사전조사, 확인하고 또 이러한 경우가 향후 발생할 우려는 없는지를 조사한다.

① 특허권의 수용
② 통상실시권설정의 재정 및 특허권의 취소
③ 특허의 무효심판청구·특허권의 존속기간연장등록 무효심판청구·정정심판청구·정정의 무효심판청구·통상실시권허여의 심판청구
④ 재심청구
⑤ 심결 등에 대한 소의 제기
⑥ 질권설정
⑦ 특허권이전(지분이전을 포함한다)
⑧ 허락실시권설정
⑨ 특허권의 잔여존속기간 또는 존속기간만료 등 특허권의 소멸여부 등
⑩ 특허발명의 실시가 선출원된 타인의 특허발명·등록실용신안·등록디자인(유

사 디자인을 포함한다)을 이용하거나 선출원된 타인의 디자인권 또는 상표권과 저촉되는 등 침해하게 되지는 않을까 하는 점 등을 조사, 확인하는 것을 실시계약 체결에 매우 중요하다.

3) 실시료의 산정

특허발명에 대한 실시료는 특허권자나 그 특허발명을 실시하려고 하는 자 모두에게 중요한 사항이기 때문에 실시계약 체결시 주요 협의사항으로 제기되고 있다.

때문에 오래전부터 실시료의 산정에는 여러 방식이 제시되어 왔다. 여기에서는 이 모두를 다 소개할 수는 없고 관행적으로 사용해온 보편적 방식을 중심으로 살펴보고자 한다.

① 실시료산정의 요소

실시료의 산정에는 적어도 다음과 같은 요소들이 고려될 필요가 있다.

ⅰ. 발명의 기술성

그 실시대상특허발명이 기본발명이냐 응용발명이냐 개량발명이냐의 여부, 대용(대체)기술의 존부, 발명기술의 수명주기 또는 대체발명의 출현전망 등을 고려하여 발명의 기술성의 유무 및 그 정도 등을 파악하여 발명의 중요성 척도의 요소로 한다.

ⅱ. 발명의 완성도

그 실시대상특허발명이 완성된 발명인가 미완성된 개발단계의 발명인가 등을 고려하여 발명의 완성도 등을 파악하여 발명의 개발정도 척도의 요소로 한다.

ⅲ. 발명착수에서 특허까지의 소요경비

특허권자가 발명착수에서부터 완성까지 소요비용(예 : 발명자급여·발명기자재구입·실험의뢰 등)와 그 발명에 대한 특허출원에서부터 특허권설정등록까지의 비용[예 : 출원수수·대리인에 의하여 출원절차를 밟을 경우 대리인선임수수료·선임수수료에 대한 부가세·성공사례금·특허권설정등록료(1년차에서 3년차까지의 3년분 특허료)·지방세 및 지방교육세 등]이 얼마나 들어갔는지 그 소요경비의 파악은 실시료산정에 좋은 자료가 된다.

iv. 수요의 예측

특허발명제품의 수요예측은 실시료산정에 중요한 요소가 된다. 따라서 실시계약체결 전 특허발명제품에 대한 시장조사를 충분히 하여 수요예측을 하는 것은 그 제품의 시장성·산업성·경제성 유무의 판단자료가 되므로 이러한 수요예측은 실시료산정의 중요한 요소가 된다.

v. 발명의 대체성

그 실시대상특허발명의 대용(대체)기술의 존부, 발명기술의 수명주기 또는 대체발명의 출현여부의 전망 등을 고려하여 발명의 대체성 유무 등을 파악하여 발명대체기술의 유무를 실시료산정의 요소로 한다.

vi. 전문인력의 확보여부

즉각 생산라인에 투입할 수 있는 기술인력을 확보할 수 있는가의 여부는 실시료산정에 중요한 요소가 된다. 만약 그 실시대상특허발명이 기본발명으로서 기술적 창작성이 높은 경우에는 그 분야 인력확보가 어려우므로 특허권자로부터 기술지도를 받아 가동에 들어가거나 기술훈련을 통해 인력을 양성하여야 하기 때문에 여기에 소요되는 비용이 발생하므로 전문인력의 확보여부는 실시료산정의 요소가 되는 것이다.

vii. 생산(제조·가공·조립)의 시설의 구입가능여부 등

예를 들면 그 실시대상특허발명이 물건의 발명인 경우 그 물건을 생산할 수 있는 시설이 현재 있거나 없을 경우 제작할 수 있는 능력은 있는지 제작에 소요되는 기간, 소요예산 등을 파악하여 생산시설의 구입가능성 등을 판단해보는 것은 실시료산정의 요소가 된다.

viii. 실시의 전용성

그 실시대상발명에 대한 실시가 특허권처럼 독점적인가(전용성) 비독점적인가(비전용성)는 실시료산정의 요소가 된다. 즉 실시대상발명에 대하여 동일한 내용·범위 및 기간으로 다수의 제3자에게 실시허락을 한 경우와 1사람만이 전용적으로 실시할 수 있도록 하는 단독실시허락의 경우는 실시의 이익액에 큰 영향을 미치기 때문이다.

ix. 실시의 내용·범위 및 기간

그 실시대상의 발명에 대하여 물건의 발명인 경우 생산·사용·양도 또는 수입하거나 그 물건의 양도 또는 대여의 청약(양도 또는 대여를 위한 전시를 포함한다) 등에 대하여 모두 실시허락을 할 것인가, 그중 생산·판매에 대해서만 실시허락을 할 것인가 또 실시지역의 광협, 실시기간의 장단 등은 실시료산정에 요소가 된다.

x. 생산량 등의 설정여부

특허발명실시에 따른 생산능력(예 : 생산규모 년산/1,000개), 가동률(稼動率), 생산량, 판매량 등의 설정(제한)여부는 실시의 이익액에 큰 영향을 미치기 때문에 이는 실시료산정에 중요한 요소가 된다.

xi. 실시 중 개량발명의 귀속여부

특허발명의 실시 중 실시발명에 대한 생산성 향상운동, 실시과정에서 나타난 결합의 개선, 실시발명을 기초한 연구개발 등을 통하여 취득한 개량발명을 특허권자의 것으로 할 것인가 통상실시권자의 것으로 할 것인가는 실시료산정에 요소가 된다.

xii. 노하우 등 영업비밀의 보호여부

그 실시대상발명과 관련한 노하우 등 영업비밀의 보호의무를 통상실시권자에게 부가할 것인가의 여부는 실시료산정의 요소가 된다. 즉 영업비밀보호가 통상실시권설정의 허락요건으로 수반된 때 통상실시권자는 새롭게 비밀관리시스템을 구축하여야 하는데 여기에 비용·인력·시간 등이 소요되기 때문에 이러한 점을 실시료산정에 감안하여야 하기 때문이다.

xiii. 실시의 이액액 추산

위의 요소 등을 감안하여 실시이익액을 추산하여 실시료산정에 기초로 한다.

xiv. 보증조항의 유무

(i) 생산보증조항

실시계약서에는 그 실시대상이 되는 특허발명의 생산에 관한 보증조항을 두는 것이 필요하다. 즉 특허제품의 생산규모(생산능력 : Producing Capacity)·생산비율(수율)·품질·성능 등에 대하여 일정한 보증을 하는 것이다.

(ii) 특허보증조항

i) 보상부여보증

그 실시대상의 특허발명의 실시가 그 특허발명의 출원 전 출원된 타인의 특허발명·등록실용신안·등록디자인이나 이와 유사한 디자인을 이용하거나 출원 전 출원된 타인의 디자인권 또는 상표권과 저촉되어 침해가 되었을 경우 실시허락자인 특허권자 등은 보상한다는 취지의 소위 보상부여보증과 같은 것을 계약상 고려하는 것이 중요하다.

ii) 침해구제보증

특허권자 등인 실시허락자는 통상실시권자에 대해 발명의 실시를 완벽하게 한다는 의미에서 제3자가 특허권을 침해하거나 침해할 우려가 있을 때 실시허락자인 특허권자 등은 그 침해의 금지 또는 예방청구와 같은 침해구제조치를 취한다는 취지의 소위 침해구제보증과 같은 사항을 계약상 고려하는 것이 중요하다.

iii) 특허의 유효성 보증

실시계약체결 당시의 특허권은 완전무결하나 장래 특허발명의 흠결을 이유로 특허가 무효되거나 또는 특허권자의 의무라 할 수 있는 연차특허료(4년차분부터 존속기간만료일까지 매년 그 전년도에 납부하는 특허료)를 납부하지 않아 특허권이 소멸되어 특허의 유효성을 상실할 경우 지불한 실시료의 반환문제가 제기될 수 있으므로 반환가부에 관한 조항을 계약서상에 명시해두는 것도 중요한 고려사항이다.

② 실시료 산정의 방식

실시료를 산정하는 방식은 일반적으로 산업계에서 관행적으로 적용해오고 있는 실시요율을 기준으로 하는 방법(이하 "시세액 방식"이라 한다)과 당해발명의 실시에 의해 얻어진 이익액을 기준으로 하여 산정한 실시요율을 기준으로 하는 방법(이하 "이익액 방식"이라 한다) 2가지가 있다.

i. 시세액 방식

산업계에서 오랜 경험의 축적에 의해 정해진 일정폭의 관행적 실시요율을 기준으로 한다. 비교적 적용이 간단하여 많은 자들이 선호하고 있는 방식이기는 하지만 유념하여야 할 점도 없지 않다. 즉 그 폭이 업종에 따라서는 단순히 특허발명만을 실시허락한 경우, 비교적 기술적 창작성이 낮은 특허발명의 실시허락인 경우 또는 응용·개량기술의 특허발명의 실시허락인 경우 순매출액의 0.1%에서 복잡한 공정을 포함한 노하우 전부를 실시허락한 경우, 비교적 기술적 창작성이 최고도인 특허발명의 실시허락인 경우 또는 기초·핵심기술의 특허발명의 실시허락인 경우 65%까지 크게 차이가 있으므로5) 실시계약 체결시 어떤 율로 할 것인가

5) ① 관행적 실시요율(순매출액 기준)
생활용품 공업분야 0.1~3%, 전기공업분야 0.5~5%, 기계기구 공업분야 0.5~6%, 광업분야 0.4~4%, 섬유공업분야 0.2~4%, 조선공업분야 0.4~13%, 정밀기계 공업분야 0.5~14%, 자동차

가 문제가 된다. 이 경우 위 ⅰ) 내지 xiv)의 요소를 종합적으로 참작하여 결정한

공업분야 0.5~15%, 공작기계 공업분야 0.4~6.5%, 약품공업분야 1~8.5%, 금속공업분야 1~5% 정도이다.

그런데 이러한 전통산업이라 할지라도 그중 주력전통산업에 IT(Information Technology) 융합기술분야의 실시요율은 상당히 높은 편이다. 주력전통산업별 IT융합R&D Targeting 분야 실시요율을 보면 Web기반자동차, 부품의 통합모듈화, 지능안전시스템·배출가스제어기술 등 자동차산업분야 7~35%, Mechatronics·MEMS(Micro Electronic Mechanical System)·개방형 PC-NC(Numerical Control)·산업용 Robot·지능형 생산시스템(IMS)기술 등 기계산업분야 6~35.5%, 자율운항시스템·선박자동식별시스템·LNG운반선 등 특수선 개발기술 등 조선산업분야 6~30%, 산업용 고기능성 섬유·전도성 섬유·Smart섬유·지능형(Intelligent) 섬유 등 섬유산업분야 5~30% 정도로 업계에서 알려지고 있다. 특히 파급효과가 큰 핵심원천요소기술이면서 미래 성장동력산업으로의 기반기술의 경우 그 실시요율은 상상을 초월할 정도이다. 즉 ⅰ) 광인터넷·정보보호기술 등 인터넷관련 기반기술, 이동통신(CDMA·IMT-2000·4세대)·고성능 슈퍼컴퓨터·차세대 디스플레이 등 원천기술, 광통신·이동통신·System IC (System on Chip) 분야 등 IT핵심부품 등 정보기술(IT)분야, ⅱ) 태양광·연료전지 등 대체에너지 실용화 기술, CO_2 저감기술, 친환경 생산공정·제품설계 등 핵심청정생산기술 등 환경기술(ET : Environmental Technology)분야, iii) 기능유전체·Proteomics·간세포 이용기술·생물공정기술 등 바이오산업의 기초원천기술, DNA칩·바이오신약·생체조직 재생기술·질병예방치료기술 등 의약기술, 내재해성·고기능성 작목·동식물유전자이용 신물질개발 등 농업기술, 유전육종·형질전환 양식품종·토착해양생물 유용생물소재 등 해양기술 등 바이오(생명)기술(BT : Bio Technology)분야, iv) 나노측정·전산모사·원자분자레벨 물질조작 등 나노산업의 기초원천기술, 자기 RAM·단전자소자·포토닉스·생물소자·스핀소자 등 소자기술, IT관련 기능성 소재·고강도 구조용 소재 등 소재기술, 나노진단·치료·나노생체모방·보건기능성 소재 등 보건바이오기술, 오염제거기술·나노촉매·분리막(필터용)·태양전지 등 환경에너지 등 나노기술(Nano Technology)분야 등의 실시요율은 최저 10~60% 수준으로 업계에 알려지고는 있으나 실제 거래는 확인되고 있지 않다.

또 고부가가치를 창출하는 고속성장 산업분야의 문화기술(CT : Culture Technology), 예를 들어 게임·애니메이션·캐릭터·영화·음악·방송영상기술의 산업도 높은 실시료율이 적용되고 있고(3~20%) 향후 국민소득이 올라갈수록 여가를 선용하려는 경향이 많아져 그만큼 문화기술수요가 증가함으로써 실시요율도 5~35까지 높아질 것으로 해당업계는 전망하고 있다.

또 고정밀기계 공업분야인 우주항공기술(UAT : Universe aviation Technology), 예를 들면 인공위성통신기술, 우주선의 설계·복잡한 공정기술, 고성능 우주로케트의 제작 등 분야는 거의 수급이 제한적이기 때문에 실시요율은 아직 제시되거나 제안되지 않은 상태이다. 그러나 고도의 기술성으로 보아 그 실시료는 상상을 초월할 것으로 판단되는 바, R&D투자비·전문인력의 희소성·연구개발노력의 집적성 및 오랜 연구기간 등 개발요소의 규모로 미루어 짐작한다. 우주항공계 종사자들에 의하면 타분야기술 실시요율에 비하여 훨씬 높은 20~65정도를 예상할 정도이다.

② 미국의 관행적 실시요율을 보면 순매출액을 기준으로 최저 1/8~1/10%, 최고 6~8%이며 노하우 없는 무선통신관련특허의 경우는 2~3%가 통례이다. 특허만의 실시허락의 경우 전기·기계공업분야가 순판매가격의 4~5%, 화학공업분야가 순판매액의 4~8%이고 여기(특허만의 실시허락)에 간단한 노하우를 포함한 경우 10%이며 플랜트건설지도에서 복잡한 공정을 포함하는 노하우의 전부를 제공하는 경우 10~20%(평균 17~18%)가 주류를 이루고 있다(일본특허청 총무부 업무과 자료, 특허권(실용신안권)의 실시료 등 산정방법에 대해, 昭 41.9).

③ 일본의 국유특허권실시료산정방식

이는 위의 시세액 방식, 이익액 방식을 병용한 양 방식의 절충이라고 해도 그 설명은 시세액 방식을 중심으로 하고 있다.

다. 시세액 방식에는 위와 같은 순매출액을 기준으로 하여 산정하는 경우와 총매출액을 기준으로 하여 산정하는 경우가 있는데 전자를 기준으로 한 산정방식을 많이 사용하고 있는 실정이다.

ii. 이익액 방식

특허발명의 실시로 얻어진 순이익액은 특허권을 포함하는 위의 iii 또는 iv의 요소의 종합적 성과이므로 특허발명의 실시에 의하여 얻은 이익액은 이들을 기준으로 하여야한다는 설이다(이하 요소를 iii으로 하는 것을 "3분설"이라 하고, iv로 하는 것을 "4분설"이라고 한다).

(i) 3분설

이익은 자금력·영업력·특허권의 3가지 요소의 종합적 성과이기 때문에 특허권에 입각한 이익이 타요소에 비해서 어떤 비율을 갖는가를 개개의 기업실정 등에 따라 정해야 하는 것으로 한다[6]는 견해이다. 또

판례는 3분설을 택함에 있어 특허발명이 소자본으로 간단히 실시할 수 있다는 점을 고려하여 위의 자금력 2 : 영업력 4 : 특허권 4로 하고 이것에 장래 경영자가 출현할 것을 고려하여 수정(계수치 0.2)을 가하고 있다.[7]

국유특허권방식은 발명의 실시가치에 따라 상·중·하로 나누고 시세액 방식을 택할 경우는 판매액 등의 4·3·2%를, 이익액 방식을 택할 경우는 30·20·10%를 기준율로 하고 어느 경우에도 이것에 수정계수로서의 이용률(발명이 그 제품 등에서 차지하는 비율인바, 발명이 그 제품의 전부일 때는 100%, 방법 또는 방식의 응용이 제품 등의 일부분일 경우에도 그 제품전체가 창의적이며 장치 또는 물건으로서 특허가치가 인정된 때는 100%로 한다), 증감률(100%를 기준으로 한다. 그 다음의 경우에는 50% 이내로 높이거나 또는 50% 미만을 낮출 수 있다. i) 공익상 특히 필요한 때, ii) 실시가격이 특히 높거나 낮을 때, iii) 이미 실시되어 상당히 고도로 실용화된 것을 다시 다른 자에게 실시를 허락할 때, iv) 그 밖에 특수한 사정이 있을 때) 및 개척률(100%를 기준으로 한다. 그러나 다음의 경우는 50%이내를 줄일 수 있다. i) 공업화연구에 많은 비용을 요할 때, ii) 보급선전에 많은 비용을 요한 때)을 곱하여 실시요율로 한다[특허청장 통첩에 게재되는 "국유특허권실시계약서 "3. 실시료산정방법(직무발명과 보상금, 241면 참조)].

국유특허권 실시료산정방식은 민간기업상호간의 실시료산정에 참고하고 있고 또 손해배상청구소송판결에서도 특허법 제128조 제3항의 통상 받을 수 있는 실시료상당액의 산정에 이 방식을 적용하는 경우가 적지 않다(東京地判 昭 47.5.22 無体集 4권 1호 294면, 大阪地判 昭 58.5.27 無体集 15권 2호, 429면 등 다수).

그러나 국유특허권 실시료산정방식은 국유라는 특수성 때문에 다음과 같은 여러 가지 특징이 있으므로 이 방식을 기준으로 하여 실시료를 산정할 때에는 유념하여야 한다 i) 민간기업의 경우에 비하여 다소 낮을 수 있다는 점, ii) R&D 투자비회수를 고려하고 있지 않은 점, iii) 실시요율로 곱한 판매액 또는 이익액이 전년실적이라는 점, iv) 노하우 등 영업비밀정보료를 별도 책정하고 있지 않다는 점이다.

6) 萼優美, 改訂工業所有權法 解說 昭 57, 時量, 229면 참조.

7) 東京地判 昭 37.5.7 下民集 13권 5호 972면(가스壓接工業事件).

(ii) 4분설

이익은 자본·조직·노동(기업노력)·특허권의 대등적인 4가지 요소의 종합적 성과이기 때문에 특허권에 입각한 이익은 그 약 1/4로 하지만 개개의 발명의 상업적 실시가능성에 따라 10~40%의 폭을 갖게 해야 한다는 견해이다.[8)]

그러나 실시료 산정을 이익액 방식의 3분설 또는 4분설의 기준에 의해 산정한다 하더라도 일률적으로 1/3 또는 1/4로 하는 것이 아니고 위의 i) 내지 xi) 및 xiii)·ivx)의 요소들을 종합적으로 참작하여 적절히 수정하여 적용하여야 함은 당연하다.

③ 양방식의 장단점

기업이 실시료를 부담하면서까지 타인의 특허발명을 실시하려는 것은 그 발명의 기술적 가치보다는 그 발명을 실시함으로 얻을 수 있는 이익, 즉 경제적 가치를 추구하려는 것이다. 그러한 관점에서 시세액 방식과 이익액 방식의 장단점을 살펴보면 다음과 같다.

i. 시세액 방식의 장단점 및 보완

시세액을 기준으로 하는 시세액 방식은 실시료산정이 용이하고 특별한 경우를 제외하고는 동종업종간에 균형을 유지할 수 있다는 점 등으로 합리적이라고 할 수 있으나 동종의 업종이라 하더라도 그 특허발명의 기술력·시장력, 실시자의 자금력·영업력에 따라 경제적 이익이 다를 것인 바 이러한 이익이 도외시될 수 있다는 단점이다. 그러나 이러한 단점은 이익액방식에 의하여 이익이 도외시되었는지의 여부를 확인하여 반영하는 방안으로 보완, 운영하면 해결될 수 있을 것이다.

ii. 이익액 방식의 장단점 및 보완

위에서 설명한 바와 같이 본래 특허발명의 실시는 실시에 의해 얻을 수 있는 이익을 추구하려는 것이기 때문에 실시료 산정은 이익액을 기준으로 하는 이익액 방식이 합목적적이라고 할 수 있으나 실제 이익의 산정에는 어려운 점이 많다. 따라서 이러한 단점을 극복하기 위해서 시세액 방식에 의하여 실시료율의 고저여부를 점검하여 반영하는 방안으로 보완, 운영하면 해결될 수 있을 것이다.

iii. 양방식의 절충

위에서 검토한 바와 같이 시세액 방식이나 이익액 방식 다 같이 단점이 있다.

---

8) 五月女正三, 라이센싱·비지니스 昭 47 日本發明新聞社, 151면 참조.

따라서 양방식의 단점을 양방식의 장점 등으로 교환보완하여 적용할 수 있는 바, 이는 결과적으로 양방식의 절충형태의 실시료산정방식이 되는 셈이 되는 것이다.

2. 법정 통상실시권

(1) 의 의

아무리 특허권이 독점·배타적인 전용권이라 하더라도 공공의 이익을 위하여 필요한 경우에는 특허권자 또는 전용실시권자(이하 "특허권자 등"이라 한다)의 의사와는 관계없이 당연히 법률에 따라 그 특허발명을 실시할 수 있는 통상실시권의 효력이 발생한다(이하 "법정실시권이라 한다). 이러한 법정실시권에는 i) 선사용에 의한 통상실시권(법 103), ii) 무효심판청구등록 전의 실시에 의한 통상실시권(법 104), iii) 디자인권의 존속기간만료 후의 통상실시권(법 105), iv) 재심에 의하여 회복한 특허권에 대한 선사용자의 통상실시권(법 182), v) 재심에 의하여 통상실시권을 상실한 원권리자의 통상실시권(법 183) 등이 있다.

(2) 선사용자에 의한 통상실시권

1) 의 의

특허출원시에 그 특허출원된 발명의 내용을 알지 못하고 그 발명을 하거나 그 발명을 한 자로부터 지득하여 국내에서 그 발명의 실시사업을 하거나 그 사업의 준비를 하고 있는 자는 그 실시 또는 준비를 하고 있는 발명 및 사업의 목적의 범위 안에서 그 특허출원된 발명에 대한 특허권에 대하여 통상실시권을 가진다(법 103).

이는 특허권자의 발명과 같은 내용을 그 특허출원 전부터 신의로 실시하고 있는 자(이하 "선사용자"라 한다)에 대해 일정한 조건하에서 주어지는 실시권으로서 산업육성정책 등의 차원에서 채택된 제도이다.

2) 학설·판례

선사용권에 대한 이론적 배경에는 종래부터 선발명보호설, 교사설(敎師說), 공평성, 경제설 및 노하우 보호설 등이 있어 왔다.

① 선발명보호설

선출원주의제도를 운용함으로써 발생하는 불합리한 점들을 개선하기 위하여 선출원주의 그 자체가 갖고 있는 결함을 시정하고 선발명자와 선출원자의 보호의 균형을 도모하려는 것이라는 설이다.[9)]

② 교사설

발명자는 국민의 교사라는 이론에 근거한 것으로서 선사용자는 특허권자의 발명에서 배운 것이 없기 때문에 특허권에 하등 기속될 필요가 없다는 설이다.

③ 공평설

특허출원시에 이미 그 발명의 실시사업을 하거나 그 사업의 준비를 하고 있는 선의의 자가 그 후의 특허출원된 발명에 대한 특허권 때문에 실시를 계속할 수 없게 된다는 것은 출원 전 발명을 이미 점유하고 있는 것이 객관적으로 명백한 선의의 선사용자를 희생시키고 특허권자를 과보호하는 것이 되어 현저하게 공평관념에 반한다는 설이다.[10)]

④ 노하우 보호설

노하우와 같은 영업비밀에 대하여는 법적 보호가 필요한데 선사용권은 바로 그 하나의 표시라고 보아야 한다는 설이다.

⑤ 경제설

특허출원시에 그 특허출원된 발명의 실시사업을 하거나 그 사업의 준비를 하고 있던 것을 중단하게 하는 것은 그 선의의 발명의 실시사업자에게 가혹할 뿐만 아니라 국민경제상 또는 산업정책상 바람직하지 않다는 설이다.[11)]

그러나 선발명보호설은 발명의 선후가 출원의 전후와 반드시 일치하지 않는다는 문제점이 있다. 실제로 출원인이 선발명자인 경우도 있고 선사용자가 후발명자인 경우도 적지 않기 때문이다. 교사설은 선사용권자를 특허출원시 실제로 그 특허출원된 발명의 실시사업을 하거나 그 사업의 준비를 한 자만으로 국한한데 대한 이유를 설명할 수 없다는 문제점이 있다. 그리고 노하우 보호설은 선사용발명

9) 兼子一·染野義信, 判例工業所有權法(加除式) 昭 29, 第一法規出版社, 2583의 6면 참조.

10) 大阪地判 昭 41.6.29 下民集 17권 5·6호, 586면, 同昭 42.7.10 동 18권 7·8호 784면.

11) 大審判 昭 13.2.4 民集 17권 37면.

이 영업비밀인 경우 성립되는 이론이다. 따라서 그 발명의 실시 및 준비사업이 공연히 알려져 있지 않은 영업비밀이다라고 말할 수 있는가에 대한 문제점이 있다.

공평설 및 경제설 또한 그 나름대로 선사용권에 대한 이론적 근거를 제시하고는 있으나 양설을 통합한 공평·경제설이 타당하다고 해석된다.

3) 선사용권의 성립요건

선사용에 의한 통상실시권(이하 "선사용권"이라 한다)이 성립하기 위해서는 특허출원시 그 특허출원된 발명의 실시사업을 하거나 그 사업의 준비를 하고 있는 선의의 자가 있어야 함이 필요하다.

① 출원시

발명의 실시사업 또는 그 실시사업의 준비는 특허출원시이어야 함이 필요하다. 따라서 특허출원 전에 실시하였다는 것만으로는 선사용권의 대싱이 되지 않는다. 그렇지만 특허출원 후에 실시사업 또는 그 실시사업의 준비가 중단(일정기간 경과 후 재개한다)된 경우에는 선사용권의 대상이 될 수 있다고 해석된다. 이는 실시사업 폐업이 아닌 일시중단이기 때문에 실시사업 폐업(포기간주로 해석할 수 있다)에 따른 소멸과는 근본적으로 다르기 때문이다.

② 국내에서의 사업실시 또는 준비

i. 국내에서의 사업실시

이는 선의의 자가 출원시 그 특허출원된 발명의 내용을 알지 못하고 그 발명을 하거나 그 발명을 한 자로부터 지득하여 국내에서 그 발명의 실시사업을 하고 있는 것을 말한다 여기에서 "실시사업"이라 함은 물건의 발명인 경우에는 그 물건을 생산·사용·양도·대여 또는 수입하거나 그 물건의 양도 또는 대여의 청약(양도 또는 대여를 위한 전시를 포함한다. 이하 같다)을 하는 행위를 말하고, 방법의 발명인 경우에는 그 방법을 사용하는 행위를 말하며, 물건을 생산하는 방법의 발명인 경우에는 그 방법을 사용하는 행위 외에 그 방법에 의하여 생산한 물건을 사용·양도·대여 또는 수입하거나 그 물건의 양도 또는 대여의 청약을 하는 행위를 말한다.

ii. 국내에서 사업실시준비

이는 선의의 자가 출원시 그 특허출원된 발명의 내용을 알지 못하고 그 발명을 하거나 그 발명을 한 자로부터 지득하여 국내에서 그 발명의 실시사업의 준비를 하고 있는 것을 말한다. 여기에서 "실시사업 준비"라 함은 발명을 실시하기 위하여 A) 실시사업계획(자본금규모 및 자금조달방법·계획 포함은 당연하다)을 수립하고 그 발명이 속하는 업종으로 사업자등록 또는 법인등기를 한 후 공장부지를 매입한 경우, B) 공장을 건설하였을 경우, C) 생산설비의 구입 및 전문인력확보의 경우, D) 그 밖의 홍보용 광고팜플렛의 제작·배포·국내·국외 총판대리점 설치, 설계도면의 완성, 시작품의 제작 등과 같은 사업실시 준비사실을 객관적으로 입증할 수 있는 증거를 제시할 수 있는 경우 등을 말한다.

그런데 종종 a) 홍보용 광고팜플렛 등과 같은 선전물이 제작단계에 있거나, b) 설계도면의 작성단계, c) 플랜트의 발주, d) 총판대리점 모집광고 등과 같이 최종 완성단계에 이르지 못한 시작 또는 중간단계의 진행 중에 있는 것들이 논란이 되고 있다.

그러나 이러한 경우 원칙적으로는 사업준비라고 할 수 없으나 예외적으로 생산설비, 기술인력 등 사업요소에 종전의 것과 호환성이 있어 기존의 것을 그대로 사용할 수 있는 경우에는 사업의 준비로 해석함이 타당하다.

그렇지만 이 경우에도 사업준비의 시작 또는 중간진행단계에서 중단하고 향후 하지 않을 것인지는 알 수 없다.

왜냐하면 당초 발명의 실시사업의 사업성 검토의 잘못이나 시행착오임이 발견됨으로써 그 사업의 준비를 중지할 수 있으므로 이러한 경우에는 여기에서 말하는 사업의 준비가 아님을 유의하여야 한다.

설령 이러한 시작 또는 중간단계의 것이 완성되었다 하더라도 그 발명의 실시사업을 끝내 할 것인가는 최종의사결정자(개인의 경우 대표자, 법인인 경우 이사회 또는 주주총회)의 결정 또는 의결에 따라 좌우되기 때문에 이러한 점 등을 아울러 고려하는 신중성이 요구되는 사안임도 유념할 필요가 있다.

③ 선의자

특허출원된 발명의 내용을 알지 못하고 스스로 그 발명을 하거나 또는 특허출원된 발명의 내용을 알지 못하고 그 발명을 한 자로부터 지득하여 그 발명의 실시사업을 하거나 그 사업의 준비를 하고 있는 자를 말한다. 즉 특허출원에 관계되는 발명내용을 모르고 자기 또는 타인이 한 발명을 실시하거나 그 실시를 준비하는 것은 “선의”라고 하고 그 자를 “선의자”라고 하는데 반하여 특허출원에 관계되는 발명내용을 알고 자기 또는 타인이 한 발명을 실시하거나 그 실시를 준비하는 것은 “악의”라고 하고 그 자를 “악의자”라고 한다. 전자의 경우 그 특허출원된 발명에 대한 특허권에 대하여 통상실시권을 가지나 후자의 경우는 특허권침해가 구성된다. 여기에서 “발명을 한 자로부터 지득”이라 함은 발명을 한 자가 1인일 필요는 없으며 또 몇 명인지는 더욱 알 필요가 없다. 왜냐하면 그 발명이 이미 공지된 공유기술이어서 누구든지 자유롭게 실시할 수 있는 것일 때에는 굳이 발명자가 몇 사람인지 분명하지 않아도 "발명을 한 자로부터의 지득"이라고 해석하여야 하기 때문이다.

4) 선사용권의 범위

① 실시 또는 준비하고 있는 발명의 범위 내

선사용자의 통상실시권의 범위는 특허출원시 그 발명의 실시 또는 준비를 하고 있던 발명을 그대로 계속 실시할 수 있으면 충분하기 때문에 그 발명의 실시범위가 특허발명의 전범위의 일부인 경우에는 그 사용권은 그 일부범위에 그치고 전범위에 확대되지 않는다. 굳이 그럴 필요가 없기 때문이다. 그러나 그 발명의 실시범위가 특허발명의 전범위인 경우에는 선사용권은 그 전범위에 미친다.

② 발명의 실시사업목적의 범위 내

선사용자는 실시하고 있던 사업의 목적을 계속 이행할 수 있으면 충분하기 때문에 굳이 사업목적의 범위를 벗어날 필요는 없는 것이다. 그러나 사업목적의 범위 내인한 실시의 규모는 출원시와 동일할 필요는 없고 이를 사업목적의 범위까지 확장 실시해도 무방하다.

5) 선사용권의 문제점

① 실시형태의 변경

i. 실시형태설

특허출원시 발명사업의 실시형태(예 : 물건의 발명인 경우 그 물건의 시방서, 생산시설의 설계도면 등)를 변경하는 것은 선사용권의 범위 내의 행위인가에 대하여 종래의 실시형태설은 선사용자는 특허출원시의 실시형태를 그대로 유지하여야 하므로 굳이 이를 변경, 확대할 필요도 없고 또 선사용권제도의 취지에도 반한다는 이유로 실시형태의 변경에 대하여 부정적이었다.[12]

ii. 발명범위설

특허법 제103조의 "범위"란 선사용자가 한 발명의 범위 및 발명실시사업목적의

---

12) 大審判 昭 13.4.5 民集 17권 642면 ; 실시형식설에 따른 판결(써레사건) 참고.

범위를 선사용자가 한 형식의 범위가 아니므로 그 형식을 통해 출원시의 그 기술수준에 비추어 그 분야에서 통상의 지식을 가진 자가 당연히 알 수 있을 정도로 기술적 사상의 범위는 발명의 범위라고 해석하여야 한다. 따라서 형식의 변경은 선사용권의 범위 내의 행위로 인정하여야 한다는 것이 특허법 제103조의 문리적 해석이며 선사용권제도의 취지라는 이유로 실시형식의 변경에 대하여 긍정적이다.

iii. 결 어

실시형식의 변경을 선사용권의 범위 내의 행위로 인정할 것인가에 대한 위의 양설 중 발명범위설이 타당하고 또 오늘날의 학설, 판례의 경향이기도 하다.13)

② 선사용권자의 생산물건의 제3자 사용

선사용권자가 생산한 물건을 제3자가 업으로 사용, 판매, 대여, 판매·대여를 위한 전시 등 실시사업을 하거나 그 실시사업을 준비하고 있는 행위가 선사용권자의 사용(실시)범위에 속하는가의 문제이다. 이는 특허권자로부터 실시허락을 받은 통상실시권자의 생산제품을 제3자가 업으로 사용하거나 판매 등을 하는 경우와 마찬가지로 그 통상실시권자의 사용범위내의 실시로 보아야 하며, 따라서 적법한 것으로서 특허권의 침해행위가 구성되지 아니한다. 이는 마치 병행수입에서의 권리소진설의 이론적 논거와 같은 이치이다. 권리소진설에 관한 설명은 전술한 제9장 제3절 Ⅱ. 2. (2) 3) "소진설"을 참고하기 바란다.

③ 특허권의 설정등록 전의 선사용자의 지위

선사용권은 특허권에 대한 것이므로 특허권의 설정등록 후의 선사용자의 법적 지위는 명백하나 특허권의 설정등록 전의 선사용자의 지위에 대해서는 어떠한 명문의 규정도 두고 있지 않아 분명하지가 않다. 그러나 선사용권제도의 취지로 보아 선사용자는 장래 실시권자의 지위를 갖기 때문에 선사용권자와 동일한 지위를 갖는다고 해석하여야 하며, 그 지위는 특허권의 설정등록 후와 같이 이전할 수 있다.14)

---

13) 兼子一·染野義信 判例 工業所有權法(加除式) 昭 29, 제일법규출판사, 214면.
豊崎光衛 工業所有權法(新版·增補)(法律學會集) 昭 55, 有斐閣, 247면.
名古屋地判 昭 59.2.27 무체집 16권 1호, 91면, 最高判 昭 61.10.3 민집 40권 6호 1068면(③의 上告案).

14) 札幌高判 昭 42.12.26 下民集 18권 11·12호, 1187면.

6) 선사용권제도의 개선

선사용권제도는 스스로 발명을 하거나 공연히 알려진 공유의 기술을 타인의 특허출원당시 업으로 실시하고 있거나 그 실시를 준비하고 있는 자에게 사용권을 인정하여 선사용권자를 보호하려는 취지로 창설된 제도이면서 또 다른 한편으로는 선출원주의에서 오는 선발명자 비보호문제를 다소나마 해소할 수 있는 제도라고도 할 수 있다. 그러나 반드시 선사용자가 선발명자가 되는 것은 아니고 또 선사용자가 선출원자가 될 수 없는 것도 아니다. 따라서 이점은 여전히 선출원제도의 난제로 남는다.

위와 같은 취지로 창설된 선사용권제도이지만 선사용입증이 어려워 결국 선사용권을 주장할 수 없는 경우가 적지 않다. 그리하여 선사용권제도를 이용하기 보다는 방어적으로 특허출원을 하는 경향으로 흘렀고 이는 결국 출원증가를 초래하여 심사기간이 장기화되면서 특허기간이 평균 3년이 소요되는 부작용이 나타났다.

이러한 문제점들을 해결하기 위하여 방어출원억제책을 겸한 출원공개제도(법 64) 및 출원심사청구제도(법 59)를 입법적으로 창설하였는바, 이 양 제도는 선사용권제도의 난점이라고 할 수 있는 선사용입증의 어려움을 우회적으로 해결해준 것으로 매우 현실적이고 효과적인 제도라고 평가할 수 있다.

위에서 살펴본 바와 같이 선사용권제도의 취지를 입법적으로 유지하면서 선사용 입증의 곤란성 극복의 일환으로 그동안 신규성·진보성 등 발명성에 회의를 가지고 특허출원을 하지 않았거나 권리화 할 것까지는 없다고 생각하여 출원을 하지 않았던 발명이라 할지라도 선사용권의 대상이 될 가능성이 있는 것은 방어적 차원에서 일단 출원을 한다. 그리고 권리화에 필요한 출원심사청구를 하지 않아도 선사용권 이상의 효력이 있는 선출원(법 36)이나 확대된 선원의 지위(법 29 ③)를 갖게 된다.

(3) 효력제한기간 중 실시에 의한 통상실시권

특허출원 또는 특허권의 효력은 특허료 추가납부기간이 경과한 날부터 납부하거나 보전한 날까지의 기간(이하 여기에서 "효력제한기간"이라 한다) 중에 다른 사람이 특허발명을 실시한 행위에 대하여는 그 효력이 미치지 아니한다(법 81의 3①). 즉 효력제한기간 중 국내에서 선의로 특허출원된 발명 또는 특허권에 대하여 그 발명의 실시사업을 하거나 그 사업의 준비를 하고 있는 자는 그 실시 또는 준비를 하고 있는 발명 또는 사업의 목적의 범위 안에서 그 특허출원된 발명에 대한 특허권에 대하여 통상실시권을 가진다(법 81의 3 ⑤).

여기에서 "추가납부기간"이라 함은 특허권의 설정등록의 경우 최초 3년분의 특허료를 특허결정 또는 특허심결의 등본을 받은 날부터 3월 이내에 납부하여야 하고 제4년분부터의 특허료는 당해 특허권의 설정등록일을 기준으로 하여 매년 1년분씩 그 전년도에 납부(이하 본란에서 "특허료납부기간"이라 한다)하여야 하는바, 이 특허료납부기간이 경과된 후에도 그 기간이 경과된 날부터 6월 이내에 당해 특허료의 2배에 상당하는 금액을 추가납부할 수 있는데 이 6월의 기간을 말한다. 또 "보전기간"이라 함은 특허권의 설정특허료 또는 연차특허료의 납부기간 및 동 특허료의 추가납부기간이내에 당해 특허료의 일부를 납부하지 아니한 경우 특허청장의 그 특허료에 대한 보전명령을 받은 날부터 1월 이내에 그 특허료의 2배에 상당하는 금액을 보전할 수 있는 바, 그 1월의 기간을 말한다.

이와 같이 효력제한기간 중 그 발명의 실시사업 또는 그 사업준비를 하고 있는 자에게 그 실시 또는 준비를 하고 있는 발명 및 사업의 목적의 범위 안에서 그 특허출원된 발명에 대한 특허권에 대하여 통상실시권을 갖도록 하는 것은 특허출원 또는 특허권의 효력이 미치지 아니한 특허료추가납부기간이 경과한 날부터 납부하거나 보전한 날까지의 기간, 즉 특허권의 효력제한기간 중에 당해 발명에 대한 실시 또는 준비를 하고 있던 선의의 자가 특허료추가납부기간 또는 보전기간 경과 후의 특허출원에 관계되는 특허권 때문에 실시사업을 계속할 수 없게 된다는 것은 특허권의 효력제한기간 내에 발명을 이미 실시 또는 준비를 하고 있는 것이 객관적으로 명백한 선의의 사용자를 희생시키고 특허권자를 과보호하는 것이 되어 현저하게 공평관념에 반한다(공평설). 뿐만 아니라 특허권의 효력제한기간 중에 이미 실시하거나 그 준비를 하고 있던 사업실시를 못하도록 하는 것은 선의의 실시자에게 너무 가혹하고 또 경제적, 산업정책적 측면에서도 소망스럽지 못하다는 것이다(경제설).

(4) 무효심판청구등록 전의 실시에 의한 통상실시권

1) 의 의

특허 또는 실용신안등록에 대한 무효심판청구의 등록[15] 전에 자기의 특허발명 또는 등록실용신안이 무효사유에 해당되는 것을 알지 못하고 국내에서 그 발명

---

15) 특허의 무효심판이 청구된 경우 당해 특허권이 등재되어 있는 특허등록원부에 예고등록을 하는 것을 말한다(특허등록령 3). 이는 특허의 원인의 무효로써 선의의 제3자에 대항할 수 있는 경우에 한하여 하는 주의적 성격의 공시라고 할 수 있다.

또는 고안의 실시사업을 하거나 그 사업의 준비를 하고 있는 경우에는 그 실시 또는 준비를 하고 있는 발명 또는 고안 및 사업의 목적의 범위 안에서 그 특허권에 대하여 통상실시권을 가지거나 특허나 등록실용신안이 무효로 된 당시에 존재하는 특허권에 대한 전용실시권에 대하여 통상실시권을 가진다(법 104①).

이는 자기의 특허발명이나 등록실용신안에 대하여 무효사유가 있는 줄 모르고 그 발명 또는 고안에 대한 사업을 실시하거나 또는 그 사업의 준비 중에 무효심판이 청구되어 비록 무효가 되었다 하더라도 무효심판청구의 예고등록 전까지는 당해 특허 등에 어떠한 무효원인도 없는 적법한 것으로 알고 실시 또는 준비를 하고 있었기 때문에 이러한 경우의 선의자에게는 계속 사용권을 인정하여 보호하여야 한다는 취지의 입법조치로 해석된다.

2) 통상실시권을 가질 수 있는 자

무효심판청구등록 전의 실시에 의한 통상실시권을 가질 수 있는 자는 다음의 1에 해당하는 자이다(법 104① 각호).

① 동일발명에 대한 2이상의 특허 중 그 하나를 무효로 한 경우의 원특허권자

② 특허발명과 등록실용신안이 동일하여 그 실용신안등록을 무효로 한 경우의 원실용신안권자

③ 특허를 무효로 하고 동일한 발명에 관하여 정당한 권리자에게 특허를 한 경우의 원특허권자

④ 실용신안등록을 무효로 하고 그 고안과 동일한 발명에 관하여 정당한 권리자에게 특허를 한 경우의 원실용신안권자

⑤ 위 ① 내지 ④의 경우에 있어서 그 무효로 된 특허권 또는 실용신안권에 대하여 무효심판청구의 등록 당시에 이미 전용실시권이나 통상실시권 또는 그 전용실시권에 대한 통상실시권을 취득하고 그 등록을 받은 자, 다만 다음과 같은 법정 통상실시권자에 해당하는 경우에는 등록을 요하지 아니한다.

i. 효력제한기간 중 선의의 실시자에 대한 통상실시권(법 81의 3⑤)
ii. 선사용에 의한 통상실시권(법 103)
iii. 무효심판청구등록 전의 실시에 의한 통상실시권(법 104)
iv. 디자인권의 존속기간만료 후의 통상실시권(법 105)
v. 질권행사로 인한 특허권의 이전에 따른 통상실시권(법 122)
vi. 재심에 의하여 회복한 특허권에 대한 선사용자의 통상실시권(법 182)
vii. 재심에 의하여 통상실시권을 상실한 원권리자의 통상실시권(법 183)

3) 통상실시권의 성립요건

무효심판청구 전의 실시에 의한 통상실시권을 갖기 위해서는 다음의 요건을 충족하여야 한다(법 104①).

① 특허발명 또는 등록실용신안이 존재할 것

② 무효심판청구의 예고등록이 될 것

③ 위의 예고등록 전 그 특허발명 또는 등록실용신안이 무효사유에 해당되는 것을 알지 못하였을 것(선의)

여기에서 "알지 못하였을 것"이라 함은 상당한 주의를 하였음에도 불구하고 무효사유에 해당되는지를 알지 못하였음을 말한다.

④ 그 특허발명 또는 등록실용신안이 국내에서 실시하거나 준비를 하고 있을 것

4) 통상실시권의 범위

특허 또는 실용신안등록에 대한 무효심판청구의 예고등록 전에 자기의 특허발명 또는 등록실용신안이 무효사유에 해당되는 것을 알지 못하고 국내에서 그 발명 또는 고안의 실시사업을 하거나 그 사업의 준비를 하고 있는 경우에는 그 실시 또는 준비를 하고 있는 발명 또는 고안 및 사업의 목적의 범위 안에서 그 특허권에 대하여 통상실시권을 가지거나 특허나 실용신안등록이 무효로 된 당시에 존재하는 특허권에 대한 전용실시권에 대하여 통상실시권을 가진다(법 104①).

5) 통상실시권을 가진 자의 대가지급

위 2)의 ① 내지 ⑤의 통상실시권을 가진 자는 특허권자 또는 전용실시권자에게 상당한 대가를 지급하여야 한다(법 104②). 따라서 통상실시권을 가진 자는 특허권자 또는 전용실시권자에게 상당한 대가를 지불하지 않으면 안된다. 이는 이미 앞에서 설명한 바 있는 선사용권과 같이 공평을 기하려는 것이 아니고 오직 선의자의 기존의 사업을 보호하여야 한다는 취지에 따른 것이다.

본란에서의 사업의 실시, 사업실시의 준비, 선의 및 문제점, 개선방안 등에 관한 자세한 설명은 전술한 (2) 3) 내지 6)을 참고하기 바란다.

(5) 디자인권의 존속기간만료 후의 통상실시권

1) 원디자인권자의 통상실시권

특허출원일 전 또는 특허출원일과 같은 날에 출원되어 등록된 디자인권이 그

특허권과 저촉되는 경우 그 디자인권의 존속기간이 만료되는 때에는 그 원디자인권자는 원디자인권의 범위 안에서 당해 특허권 또는 디자인권의 존속기간이 만료되는 당시에 존재하는 전용실시권(이하 "특허권 등"이라 한다)에 대하여 통상실시권을 가진다(법 105①).

특허권과 디자인권은 특허권과 실용신안권과는 달리 권리내용에서 저촉이 된다 하더라도 출원의 전후에 관계없이 별개의 권리로 설정된다는 점에서 이와 같은 통상실시권을 인정하는 것이다.

이는 원디자인권자는 그 특허권 등의 존속에도 불구하고 자기의 디자인을 실시할 수 있게 하기 위해 인정되는 통상실시권이다.

이 경우 통상실시권자는 특허권자 또는 전용실시권자에게 상당한 대가를 지급할 필요가 없다.

여기에서의 "디자인권의 존속기간만료"에는 만료 전에 연차등록료의 불납이나 포기로 인하여 소멸한 디자인권에 대해서는 이와 같은 통상실시권은 인정되지 않는다. 왜냐하면 자기의 디자인을 실시할 의사가 없다고 한 자의 것까지 통상실시권을 인정하는 것은 무의미하기 때문이다.

2) 존속기간만료 당시의 실시권자의 통상실시권

디자인권의 존속기간이 만료되었을 때의 전용실시권자 또는 등록된 통상실시권자도 원디자인권자에 대해 인정되는 통상실시권자와 마찬가지로 원권리의 범위 안에서 통상실시권이 인정된다.

즉 특허출원일 전 또는 특허출원일과 같은 날에 출원되어 등록된 디자인권이 그 특허권과 저촉되는 경우 그 디자인권의 존속기간이 만료되는 때에는 그 만료되는 당시에 존재하는 디자인권에 대한 전용실시권 또는 그 디자인권이나 전용실시권에 관한 통상실시권을 가진 자는 원권리의 범위 안에서 당해 특허권 또는 디자인권의 존속기간이 만료되는 당시에 존재하는 전용실시권에 대하여 통상실시권을 가진다(법 105②). 그러나 이 경우에는 원디자인권자인 경우와는 달리 특허권자 또는 전용실시권자에게 상당한 대가를 지급하여야 한다(법 105②).

(6) 질권행사로 인한 특허권의 이전에 따른 통상실시권

특허권자가 특허권을 목적으로 하는 질권설정 이전부터 그 특허발명을 실시하고 있는 경우에는 그 특허권이 경매 등에 의하여 이전되더라도 그 특허발명에 대하여 통상실시권을 가진다. 이 경우 특허권자는 경매 등에 의하여 특허권을 이전

받은 자에게 상당한 대가를 지급하여야 한다(법 122).

(7) 재심에 의하여 회복한 특허권에 대한 선사용자의 통상실시권

확정된 심결에 의하여 무효 등이 된 특허권이 재심에 의하여 회복하였다 하더라도 그 회복한 특허권에 대한 선사용자에게는 통상실시권을 인정한다. 즉 다음의 1에 해당하는 경우에 당해 심결이 확정된 후 재심청구의 예고등록 전에 선의로 국내에서 그 발명의 실시사업을 하고 있는 자 또 그 사업의 준비를 하고 있는 자는 그 실시 또는 준비를 하고 있는 발명 및 사업의 목적의 범위 안에서 그 특허권에 관하여 통상실시권을 가진다(법 182).

1) 무효로 된 특허권 또는 존속기간의 연장등록의 특허권이 재심에 의하여 회복된 경우
2) 특허권의 권리범위에 속하지 아니한다는 심결이 확정된 후 재심에 의하여 이와 상반되는 심결이 확정된 경우
3) 거절한다는 취지의 심결이 있었던 특허출원 또는 특허권의 존속기간 연장등록출원이 재심에 의하여 특허권의 설정등록 또는 특허권의 존속기간 연장등록이 된 경우

이와 같이 재심에 의하여 회복한 특허권에 대한 선사용자의 통상실시권을 인정한 취지 등에 관한 자세한 설명은 전술한 "2. (2) 선사용자에 의한 통상실시권 2) 학설·판례, 3) 선사용권의 성립요건"을 참고하기 바란다.

(8) 재심에 의하여 통상실시권을 상실한 원권리자의 통상실시권

통상실시권을 허여한다는 확정심결이 재심에 의하여 허여하지 않는다는 심결이 확정된 경우 재심청구의 예고등록 전 그 발명의 사용자에게는 당해 특허권 또는 재심심결확정시 존재하는 전용실시권에 대한 통상실시권을 인정한다. 즉 특허권자·전용실시권자·통상실시권자는 당해 특허발명이 타인의 특허발명 등과의 관계에서 이용·저촉관계에 있는 경우 허락을 받고자 하는 경우 그 타인이 정당한 이유 없이 허락하지 아니하거나 그 타인의 허락을 받을 수 없는 때에는 자기의 특허발명의 실시에 필요한 범위 안에서의 통상실시권 허여심판을 청구할 수 있다. 이 경우 심판에 의하여 통상실시권을 허여한 자가 그 통상실시권의 허여를 받는 자의 특허발명의 실시를 필요로 하는 경우에 그 통상실시권을 허여받은 자가 실시를 허여하지 아니하거나 실시의 허락을 받을 수 없는 때에는 통상실시권의 허여를 받아 실시하고자 하는 특허발명의 범위 안에서의 통상실시권 허여심판의 청

구에 대하여 통상실시권을 허여한다는 심결이 확정된 후 재심에 의하여 이에 상반되는 심결의 확정이 있는 경우에는 재심청구예고등록 전에 선의로 국내에서 그 발명의 실시사업을 하고 있는 자 또는 그 사업의 준비를 하고 있는 자는 원통상실시권의 사업의 목적 및 발명의 범위 안에서 그 특허권 또는 재심의 심결의 확정이 있는 당시에 존재하는 전용실시권에 대하여 통상실시권을 가진다(법 183①).

이 경우 통상실시권을 가진 자는 특허권자 또는 전용실시권자에게 상당한 대가를 지급하여야 한다(법 183②).

이와 같이 재심에 의하여 통상실시를 상실한 원권리자의 통상실시권을 인정하는 취지 등에 관한 자세한 설명은 전술한 "2. (2) 선사용자에 의한 통상실시권 2) 학설·판례, iii 선사용권의 성립요건"을 참고하기 바란다.

3. 강제통상실시권

통상실시권에는 위의 허락통상실시권, 법정통상실시권 외에 재정·심판·결정 등의 행정처분에 의하여 설정되는 강제통상실시권이 있는 바 여기에는 재정통상실시권·심판에 의한 통상실시권·결정에 의한 공익통상실시권 등이 있다.

(1) 재정통상실시권

1) 서 설

① 의 의

재정통상실시권이라 함은 특허청장의 재정에 따라 특허권자가 설정하지 않을 수 없는 통상실시권을 말하며 일명 강제실시권이라고도 한다. 즉 특허발명을 실시하고자 하는 자가 그 특허발명의 특허권자 또는 전용실시권자와 합리적인 조건하에 통상실시권 허락에 관한 협의(이하 본란에서 "협의"라 한다)를 하였으나 협의가 이루어지지 아니한 경우 또는 협의를 할 수 없는 경우에 특허청장에게 통상실시권 설정에 관한 재정(이하 "재정"이라 한다)을 청구할 수 있다. 그리고 특허청장의 재정에 의하여 통상실시권이 설정되는 것을 말한다(법 107①).

② 취 지

특허권자는 업으로서 그 특허발명을 실시할 권리를 독점한다(법 94 본문). 그럼에도 불구하고 특허권자가 정당한 이유 없이 일정기간 아예 실시하지 아니하거나 부실하게 실시하여 적정수요를 충당하지 못하면서 또 공공의 이익을 위하여 그 특허발명의 실시가 특히 필요한데도 그 특허발명의 실시를 필요로 하는 자에게 통상실시권 허락에 관한 합리적인 조건하에서의 협의가 합의되지 아니하거나 협의를 할 수 없어 통상실시권 허락을 받을 수 없게 된 경우 그 특허발명은 특허권자는 물론 실시하고자 하는 자 누구에 의해서도 실시되지 아니하거나 부실실시(특허권자)로 인하여 그 특허발명은 사실상 휴먼특허발명으로 사장되어 버린다.

그렇게 될 경우 발명의 보호·이용(실시)을 통하여 기술의 발전을 촉진하여 산업발전에 기여하려는 특허법의 취지에 반하기 때문에 이를 극복하기 위하여 통상실시권설정의 재정제도를 확립하여 특허법에 설정한 것이다.

2) 통상실시권의 재정요건

① 재정청구의 요건

i. 실시하고자 하는 특허발명이 다음의 1에 해당할 것(법 107① 각호)

(i) 특허발명이 천재·지변 그 밖의 불가항력 또는 다음의 1과 같은 정당한 이유 없이 계속하여 3년 이상 국내에서 실시되고 있지 아니할 것(특허권의 수용·실시 등에 관한 규정 6① 각호)

i) 특허권자가 심신장애로 인한 활동불능으로 그 특허발명을 실시하지 못한 경우, 다만 의료기관의 장이 증명한 경우에 한한다.

ii) 특허발명의 실시에 있어서 정부기관이나 타인의 허가·인가·동의 또는 승낙을 필요로 할 경우에 그 허가·인가·동의 또는 승낙을 받지 못하므로 인하여 그 특허발명을 실시하지 못한 경우

iii) 특허발명의 실시가 법령에 의하여 금지 또는 제한되어 그 특허발명을 실시하지 못한 경우

iv) 특허발명의 실시에 필요한 원료 또는 시설이 국내에 없거나 수입이 금지되어 그 특허발명을 실시하지 못한 경우

v) 특허발명의 실시에 따른 물건의 수요가 없거나 그 수요가 적어 이를 영업적 규모로 실시할 수 없어 그 특허발명을 실시하지 못한 경우

(ii) 특허발명이 정당한 이유 없이 계속하여 3년 이상 국내에서 상당한 영업적 규모로 실시되지 아니하거나 적당한 정도와 조건으로 국내수요를 충족시키지 못할 것

(iii) 특허발명의 실시가 공공의 이익을 위하여 특히 필요할 것

(iv) 사법적 절차 또는 행정적 절차에 의하여 불공정거래행위로 판정된 사항을

시정하기 위하여 특허발명을 실시할 필요가 있을 것

(v) 자국민 다수의 보건을 위협하는 질병을 치료하기 위하여 의약품(의약품생산에 필요한 유효성분, 의약품사용에 필요한 진단키트를 포함한다)을 수입하고자 하는 국가(이하 본란에서 "수입국"이라 한다)에 그 의약품을 수출할 수 있도록 특허발명을 실시할 필요가 있을 것

여기에서의 "수입국"이라 함은 세계무역기구회원국 중 세계무역기구에 a) 수입국이 필요로 하는 의약품의 명칭과 수량, b) 국제연합총회의 결의에 따른 최빈 개발도상국이 아닌 경우 당해 의약품의 생산을 위한 제조능력이 없거나 부족하다는 수입국의 확인, c) 수입국에서 당해 의약품이 특허된 경우 강제적인 실시를 허락하였거나 허락할 의사가 있다는 그 국가의 확인을 통지한 국가 또는 세계무역기구회원국이 아닌 국가 중 대통령령이 정하는 국가로서 위의 a) 내지 c)의 사항을 우리나라 정부에 통지한 국가에 한한다(법 107⑦).

또 여기에서의 "의약품"이란 a) 특허된 의약품, b) 특허된 제조방법으로 생산된 의약품, c) 의약품생산에 필요한 특허된 유효성분, d) 의약품사용에 필요한 특허된 진단키트 중 어느 하나에 해당하는 것을 말한다(법 107⑧).

ii. 특허발명을 실시하고자 하는 자가 그 특허발명의 특허권자 또는 전용실시권자와 합리적인 조건하에 통상실시권 허락에 관한 협의를 하였으나 합의가 이루어지지 아니하거나 또는 협의를 할 수 없을 것

iii. 특허청장에게 통상실시권설정에 관한 재정을 청구할 것

② 요건의 적용기준

i. 공공의 이익을 위하여 비상업적으로 실시하고자 할 경우 및 위 (iv)의 경우 통상실시권 허락에 관한 협의를 하지 아니하고 재정을 청구할 수 있다.

ii. 위 i 및 ii의 경우의 재정은 그 특허발명이 특허출원일부터 4년을 경과하여야만 이를 적용한다.

iii. 반도체기술에 대하여는 위 iii 또는 iv의 경우에 한하여 재정을 청구할 수 있다(법 107⑥).

3) 재정청구의 절차 등

① 재정청구의 서류

통상실시권 설정의 재정을 청구하고자 하는 자는 다음의 사항을 기재한 소정의 재정청구서에 대가의 액의 산출근거를 기재한 서류와 청구의 이유를 입증하는 서

류를 첨부하여 특허청장에게 제출한다(법 107⑨, 특허권의 수용·실시 등에 관한 규정 3①②).

i. 특허번호

ii. 발명의 명칭

iii. 청구인의 성명·주소(법인의 경우 그 명칭·영업소·대표자 성명)

iv. 특허권자·전용실시권자·통상실시권자·질권자의 성명·주소나 영업소

v. 청구내용의 표시

vi. 청구의 취지 및 이유

vii. 대가의 액과 그 지급방법 및 시기

viii. 통상실시권의 범위

② 부본의 송달 및 청구의 공고

i. 부본의 송달 및 답변서의 제출

특허청장은 재정청구서를 받은 때에는 그 청구서의 부본을 그 청구에 관련된 특허권자·전용실시권자·통상실시권자·질권자 그 밖의 그 특허에 관하여 등록을 한 권리를 가지는 자에게 각각 그 청구서의 부본을 송달하고 기간을 정하여 답변서를 제출할 수 있는 기회를 주어야 한다(법 108).

특허청장은 재정청구에 대한 답변서를 받은 때에는 그 부본을 청구인에게 송달하여야 한다(법 107⑨, 동규정 4②).

ii. 청구 등의 공고

특허청장은 청구서를 받은 때 또는 직권으로 특허권을 취소하고자 할 때에는 그 뜻을 특허공보에 공고하여야 한다. 다만 국방상 비밀을 요하는 때에는 공고를 하지 아니할 수 있다(법 107⑨, 동규정 4③).

4) 재정절차

재정은 답변서제출지정기간이 경과한 후에 하여야 한다(동규정 5①). 이때 그 재정에 대한 대가의 액도 함께 결정하여야 한다(동규정 5②).

① 의견의 청취

특허청장은 재정을 함에 있어 필요하다고 인정하는 경우에는 산업재산권 분쟁조정위원회 및 관계부처의 장의 의견을 들을 수 있고 관계행정기관이나 관계인에게 협조를 요청할 수 있다(법 109).

② 통상실시권 설정의 필요성 검토

특허청장은 매 청구별로 통상실시권 설정의 필요성을 검토하여야 한다(법 107③).

③ 조건부과

특허청장은 위 2) 통상실시권의 재정요건 ① ⅰ의 (ⅰ) 내지 (ⅲ) 또는 (ⅴ)에 관한 재정을 함에 있어서는 재정을 받는 자에게 다음의 조건을 부과하여야 한다(법 107④).

ⅰ. 위 2)의 ① 재정청구의 요건 ⅰ의 (ⅰ) 내지 (ⅲ)에 관한 재정의 경우에는 통상실시권을 국내수요충족을 위한 공급을 주목적으로 실시할 것

ⅱ. 위 2)의 ① 재정청구의 요건 ⅰ의 (ⅴ)에 관한 재정의 경우에는 생산된 의약품 전량을 수입국에 수출할 것

④ 대가의 결정 등

ⅰ. 재정청구요소의 참작

특허청장은 재정을 함에 있어서 상당한 대가가 지급될 수 있도록 하여야 한다. 이 경우 위 2)의 ① 재정청구의 요건 ⅰ의 (ⅳ) 또는 (ⅴ)에 관한 재정을 함에 있어서는 다음의 사항을 대가결정에 참작할 수 있다(법 107⑤).

(ⅰ) 위 2)의 ① 재정청구의 요건 ⅰ의 (ⅳ)에 관한 재정의 경우에는 불공정거래행위를 시정하기 위한 조치

(ⅱ) 위 2)의 ① 재정청구의 요건 ⅰ의 (ⅴ)에 관한 재정의 경우에는 당해 특허발명을 실시함으로써 발생하는 수입국에서의 경제적 가치

ⅱ. 당사자 등의 의견참작

특허청장은 재정에 대한 대가의 액을 결정할 때에는 청구인·특허권자·전용실시권자·통상실시권자·질권자의 의견을 참작하여야 한다(법 107⑨, 동규정 5③).

ⅲ. 대가의 액의 결정

재정에 대한 대가의 액은 공무원직무발명의 처분·관리 및 보상 등에 관한 규정 시행규칙 제11조의 규정에 의한 국유특허권의 예정가격 산정기순을 순용하여 특허청장이 정한다(법 107⑨, 동 규정 5④). 이에 관한 자세한 설명은 후술하는 제4절 Ⅳ. "처분 및 보상금액의 결정 등의 1 내지 3"을 참고하기 바란다.

⑤ 재정의 결정 및 방식 등

ⅰ. 재정의 결정 등

특허청장은 정당한 사유가 있는 경우를 제외하고는 재정청구일부터 6월 이내에 재정에 관한 결정을 하여야 한다(법 110③). 특허청장은 재정청구가 위 2)의 ① 재정청구의 요건 ⅰ의 (ⅴ)에 관한 것으로서 소정의 재정청구의 서류가 모두 제출된 경우에는 정당한 사유가 있는 경우를 제외하고는 통상실시권 설정의 재정을 하여야 한다(법 110④).

ⅱ. 재정의 방식

재정은 다음의 사항을 명시한 서면으로 하고 그 이유를 명시하여야 한다(법 110①② 각호).

(ⅰ) 통상실시권의 범위 및 기간
(ⅱ) 대가와 그 지급방법 및 지급시기
(ⅲ) 위 2)의 ① 재정청구의 요건, ⅰ (ⅴ)에 관한 재정의 경우에는 그 특허발명의 특허권자·전용실시권자 또는 통상실시권자(재정에 의한 경우를 제외한다)가 공급하는 의약품과 외관상 구분할 수 있는 포장·표시 및 재정에서 정한 사항을 공시할 인터넷 주소
(ⅳ) 그밖에 재정을 받은 자가 그 특허발명을 실시함에 있어 법령 또는 조약에 규정된 내용을 이행하기 위하여 필요한 준수사항

5) 재정서 등본의 송달 및 효력

특허청장은 재정을 한 때에는 당사자 및 그 특허에 관하여 등록을 한 권리를 가지는 자에게 재정서 등본을 송달하여야 한다(법 111①). 당사자에게 재정서 등본이 송달된 때에는 재정서에 명시된 바에 따라 당사자사이에 협의가 성립된 것으로 간주한다(법 111②).

6) 재정서의 변경청구 등

재정을 받은 자는 재정서에 명시된 위의 ⅱ 재정의 방식 (ⅲ)에 관하여 변경이 필요한 경우 그 원인을 증명하는 서류를 첨부하여 특허청장에게 이를 청구할 수 있고(법 111의 2①) 특허청장은 그 청구가 이유 있다고 인정되는 경우 재정서에 명시된 사항을 변경할 수 있다. 이 경우 이해관계인의 의견을 들어야 한다(법 111의 2②). 그리고 그 변경된 재정서 등본을 당사자 및 그 특허에 관하여 등록을 한 권

리를 가진 자에게 송달하여야 한다. 송달된 재정서에 명시된 변경내용은 당사자 사이에 협의가 성립된 것으로 간주한다(법 111의 2③).

7) 대가의 공탁 등

① 대가의 공탁

특허발명에 관한 통상실시권 설정의 재정을 받은 통상실시권을 가진 자는 특허권자 또는 전용실시권자에 상당한 대가를 지급하여야 한다(법 104②). 이 경우 다음의 1에 해당하는 경우에는 대가를 지급하여야 할 자는 그 대가를 공탁하여야 한다(법 112).

i. 대가를 받은 자가 수령을 거부하거나 수령할 수 없는 경우

ii. 대가에 대하여 재정을 받은 자가 그 대가에 불복하여 소송이 제기된 경우

iii. 당해 특허권 또는 전용실시권을 목적으로 하는 질권이 설정되어 있는 경우, 다만 질권자의 동의를 얻은 때에는 예외로 한다.

② 재정의 실효

재정을 받은 자가 대가의 지급을 재정서상의 지급시기까지(대가를 정기 또는 분할하여 지급할 경우에는 최초의 지급분) 지급하지 아니하거나 공탁을 하지 아니한 때에는 그 재정은 효력을 상실한다(법 113).

③ 재정에 대한 불복이유의 제한

재정에 대하여 행정심판법에 의하여 행정심판을 제기하거나 행정소송법에 의하여 취소소송을 제기하는 경우에는 그 재정으로 정한 대가를 불복이유로 할 수 없다(법 115).

8) 재정의 취소 등

① 재정의 취소사유 및 절차

특허청장은 재정을 받은 자가 다음의 1에 해당하는 경우에는 이해관계인의 신청에 의하여 또는 직권으로 그 재정을 취소할 수 있다. 그러나 통상실시권을 재정한 사유가 없어지고 그 사유가 다시 발생하지 아니할 것이라고 인정되는 경우에는 재정을 받은 통상실시권자의 정당한 이익이 보호될 수 있는 경우에 한한다(법 114①).

i. 재정을 받은 목적에 적합하도록 그 특허발명을 실시하지 아니한 경우

ii. 통상실시권을 재정한 사유가 없어지고 그 사유가 다시 발생하지 아니할 것이라고 인정되는 경우

iii. 정당한 사유 없이 재정서에 명시된 위 4) ⑤ ii. (iii) 또는 (iv)의 사항을 위반하였을 경우

② 의견서의 제출

특허청장은 재정을 취소하고자 할 때에는 그에 관한 서면을 재정을 받은 자에게 송달하고 기간을 정하여 의견서를 제출할 수 있는 기회를 주어야 한다(법 114②).

③ 의견의 청취

특허청장은 재정을 취소함에 있어 필요하다고 인정하는 경우에는 산업재산권분쟁조정위원회 및 관계부처의 장의 의견을 들을 수 있고 관계행정기관이나 관계인에게 협조를 요청할 수 있다(법 114②).

④ 재정취소의 방식 등

재정의 취소는 그 재정취소의 이유 등을 명시한 서면으로 하여야 한다(법 114②). 재정을 취소한 때에는 재정취소에 관한 서면을 재정을 받은 당사자·특허권자·전용실시권자 및 그 특허에 관하여 등록을 한 권리를 가지는 자에게 송달하여야 한다(법 114②).

⑤ 재정취소의 효력

재정의 취소가 있는 때에는 그 통상실시권은 그때부터 소멸된다(법 114③).

(2) 심판에 의한 통상실시권

1) 서 설

① 의의 및 취지

특허권자·전용실시권자 또는 통상실시권자가 자기의 특허발명이 타인의 특허발명·등록신용신안·등록디자인(이하 "특허발명 등"이라 한다)과의 이용관계에 있어 실시의 허락을 받고자 하는 경우에 그 타인이 정당한 이유 없이 허락하지 아니하거나 그 타인의 허락을 받을 수 없는 때에는 자기의 특허발명의 실시에 필요한

범위 안에서 통상실시권 허여의 심판을 청구할 수 있는 바 법 138① 이 심판에 의하여 취득한 통상실시권을 심판실시권이라 한다. 이 경우의 통상실시권의 허여는 심판청구인의 특허발명이 그 특허발명의 출원일 전에 출원된 타인의 특허발명 또는 등록실용신안에 비하여 상당한 경제적 가치가 있는 중요한 기술적 진보를 가져올 수 있는 것에 한하여 인정되기 때문에 이는 발명의 이용을 도모함으로써 기술의 발전을 촉진하여 산업발전에 기여하려는 특허법의 목적구현의 수단으로 채택된 제도라고 할 수 있다.

따라서 이러한 제도가 확립되어 있지 않는다면 타인의 특허발명 등과의 이용관계에 있는 산업상 유용한 발명을 실시할 수 없게 되어 그만큼 기술진보를 통한 산업발전에 이바지할 수 없게 되는 것이다.

② 통상실시권 허여의 요건

통상실시권을 허여하기 위해서는 다음 요건을 모두 충족하여야 한다.

ⅰ. 특허권자·전용실시권자·통상실시권자의 특허발명이 타인의 특허발명 등과 이용관계에 있을 것. 여기에서의 이용관계에 대한 설명은 전술한 제9장 제4절 Ⅰ. 2. (2) "이용발명"을 참고하기 바란다.

ⅱ. 실시허락을 받고자 하는 의사표시가 있을 것

ⅲ. 실시허락요청을 받은 자가 정당한 이유 없이 허락하지 아니하거나 허락을 받을 수 없을 것

ⅳ. 실시허락을 받고자 하는 자의 특허발명이 그 타인의 특허발명 또는 등록실용신안에 비하여 상당한 경제적 가치가 있는 중요한 기술적 진보를 가져오는 것일 것

2) 심판청구의 당사자 적격

① 청구인 적격

ⅰ. 타인의 특허발명의 실시허락을 받고자 하는 자

타인의 특허발명 등을 이용하지 아니하고서는 자기의 특허발명을 실시할 수 없어 그 타인에게 실시허락을 받고자 하였으나 정당한 이유 없이 허락을 거절당하였거나 허락을 받을 수 없었던 자

ⅱ. 통상실시권 허여자

통상실시권 허여를 받은 자의 특허발명의 실시를 필요로 하여 실시허락을 구하

였으나 거절당하거나 받을 수 없었던 통상실시권 허여자

② 피청구인 적격

i. 실시허락거절 등을 한 특허권자 등

특허권자·전용실시권자 또는 통상실시권자가 당해 특허발명이 그 특허발명의 출원일 전에 출원된 타인의 특허발명·등록실용신안·등록디자인이나 이와 유사한 디자인을 이용하는 관계에 있어 실시허락을 구하였으나 거절하거나 실시허락을 받을 수 없게 한 그 타인

ii. 실시허락거절 등을 한 통상실시권을 허여받은 자

통상실시권 허여자가 그 통상실시권 허여를 받은 자의 특허발명의 실시를 필요로 하여 실시허락을 구하였으나 거절하거나 받을 수 없게 한 통상실시권을 허여받은 자

3) 심판청구의 절차 등

① 심판청구의 절차

i. 심판청구의 방식

통상실시권 허여의 심판을 청구하고자 하는 자는 다음의 사항을 기재한 심판청구서를 특허심판원장에게 제출하여야 한다(법 140①④).

(i) 당사자의 성명·주소(법인인 경우 그 명칭·영업소 소재지)
(ii) 대리인이 있는 경우 그 대리인의 성명·주소나 영업소 소재지(대리인이 특허법인인 경우 그 명칭·사무소 소재지 및 지정된 변리사의 성명)
(iii) 심판사건의 표시
(iv) 청구의 취지 및 그 이유
(v) 실시를 요하는 자기의 특허의 번호 및 명칭
(vi) 실시되어야 할 타인의 특허발명·등록실용신안이나 등록디자인의 번호·명칭 및 특허나 등록의 연월일
(vii) 특허발명·등록실용신안 또는 등록디자인의 통상실시권의 범위·기간 및 대가

ii. 심판청구서의 자진보정

일단 제출된 심판청구서에 대한 보정은 그 요지를 변경할 수 없다. 다만, iv)의 청구의 이유에 대하여는 예외이다(법 140②).

② 심판청구서의 보정명령 등

ⅰ. 심판청구서의 보정명령

심판청구서가 다음의 1에 해당하는 경우에는 심판장은 기간을 정하여 그 보정을 명하여야 한다(법 141①)

(ⅰ) 심판청구서가 위의 ⅰ 내지 ⅶ에 위반되는 경우

(ⅱ) 심판에 관한 절차가 다음의 1에 해당하는 경우

ⅰ) 법정대리인에 의하지 아니한 미성년자·한정치산자 또는 금치산자가 심판청구절차를 밟은 경우

ⅱ) 납부하여야 할 통상실시권 허여심판 청구료를 납부하지 아니한 경우

ⅲ) 특허법 또는 특허법에 의한 명령이 정하는 방식에 위반된 경우

ⅱ. 심판청구서의 각하 등

(ⅰ) 보정명령 불이행 심판청구서의 결정각하

심판청구서에 대한 보정명령을 받은 자가 지정된 기간이내에 보정을 하지 아니한 경우에는 결정으로 심판청구서를 각하하여야 한다(법 141②). 심판청구서의 각하결정은 그 이유를 붙인 서면으로 하여야 한다(법 141③).

(ⅱ) 보정불능한 심판청구의 심결각하

부적법한 심판청구로서 그 흠결을 보정할 수 없는 때에는 피청구인에게 답변서 제출의 기회를 주지 아니하고 심결로써 이를 각하할 수 있다. 예를 들면 당사자 성명이나 청구의 취지 등이 기재되어 있지 않은 심판청구서가 그것이다.

4) 심판청구의 취하

심판청구는 심결이 확정될 때까지 이를 취히할 수 있다. 다만 답변서의 제출이 있는 때에는 상대방의 동의를 얻어야 한다(법 161①). 취하가 있는 때에는 그 심판청구는 처음부터 없었던 것으로 본다.

5) 심판절차

심판장은 심판의 청구가 있는 때에는 청구서의 부본을 피청구인에게 송달하고 기간을 정하여 답변서를 제출할 수 있는 기회를 주어야 한다. 그리고 답변서를 수리한 때에는 그 부본을 청구인에게 송달하여야 하고 또 당사자를 심문할 수가 있다(법 147① 내지 ③).

심판사건처리를 위한 심판관·심판장의 지정, 심판의 합의체구성·결정의 정족수, 심판관의 제척·기피·회피, 심판절차의 중지, 심판의 진행, 참가, 증거조사·증거보전, 심리 및 심결 등에 관한 설명은 후술하는 제12장 제2절 "심판절차일반" 편을 참고하기 바란다.

6) 대가의 지급

통상실시권자는 특허권자·실용신안권자·디자인권자 또는 그 전용실시권자에 대하여 대가를 지급하여야 한다. 다만 자기가 책임질 수 없는 사유에 의하여 지급할 수 없는 때에는 그 대가를 공탁하여야 한다(법 138④). 만약 통상실시권자가 그 대가를 지급하지 아니하거나 공탁을 하지 아니하면 그 특허발명·등록실용신안 또는 등록디자인이나 이와 유사한 디자인을 실시할 수 없다(법 138⑤). 이때의 대가에 대하여는 전술한 제10장 제3절 Ⅳ. 1. (1) 3) ① "실시료산정의 요소" 및 ② "실시료산정의 방식"을 참고하기 바란다.

(3) 결정에 의한 공익통상실시권

공익실시권이라 함은 정부가 특허발명이 전시·사변 또는 이에 준하는 비상시에 있어서 국방상 필요한 때, 공공의 이익을 위하여 비상업적으로 실시할 필요가 있을 때 그 특허권을 수용하거나(국방상 필요한 경우 한한다) 그 특허발명을 정부 스스로가 실시하거나 정부외의 자로 하여금 실시할 수 있게 하는 것을 말하며(법 106①) 여기에서의 "실시"는 공공의 이익을 위하여 실시하는 통상실시권을 의미한다.

정부 또는 정부외의 자는 특허권을 수용하거나 특허발명을 실시하는 경우에는 특허권자·전용실시권자 또는 통상실시권자에 대하여 정당한 보상금을 지급하여야 한다(법 106③). 특허권이 수용되는 때에는 그 특허발명에 관한 특허권외의 권리는 소멸된다(법 106②).

특허발명의 실시처분의 신청절차, 처분 및 보상금의 결정 등에 관한 사항은 후술하는 제4절 Ⅱ 내지 Ⅳ "처분의 신청절차 등, 부본의 송달 및 처분 및 보상금액의 결정 등"을 참고하기 바란다.

Ⅴ. 통상실시권의 효력

통상실시권은 업으로서 특허발명을 실시할 수 있는 권리이지만 채권적인 권리로서의 성질상 그 효력은 물권적인 권리로서의 전용실시권과는 다르다. 그러나 특허권자와의 관계에서 전용실시권자와 같은 지위를 갖게 되는 사항도 적지 않다.

1. 소 권

통상실시권자에게 소권이 있는지에 대해서는 학설상 견해가 나뉘어져 있다. 즉 통상실시권은 채권적인 권리이므로 배타성이 없다. 따라서 제3자의 권리침해도 없으므로 통상실시권자에게는 소권이 없다는 견해의 부정설과 통상실시권이 비록 채권적인 권리라 하더라도 권리인 이상 제3자의 권리침해도 있을 수 있으므로 인한 불가침성으로 배타성이 있어 소권이 있다는 견해의 긍정설이 있다. 그러나 적어도 특허권자와의 관계로 전용실시권자와 같은 독점적 통상실시권자의 지위를 갖게 된 통상실시권에 대해서는 소권을 인정해주는 것이 타당하다고 해석되며 판례도 이를 지지하고 있다.[16] 그러나 이에 반대하는 판례도 있다.[17]

2. 질권의 설정

통상실시권자는 재정통상실시권·허여심판 통상실시권과 같은 강제통상실시권 외의 허락실시권·법정통상실시권 및 실시결정 통상실시권에 대해서는 질권을 설정할 수 있다. 다만 특허권자(전용실시권에 관한 통상실시권에 있어서는 특허권자 및 전용실시권자)의 동의를 얻은 경우에 한한다(법 102⑥).

3. 특허권 등의 포기 등에 관한 동의

특허권자이 특허권의 포기나 정정심판의 청구에는 특허권자의 동의를 얻은 전용실시권자의 허락에 의한 통상실시권자 또는 특허권자의 허락에 의한 통상실시권자의 동의를 필요로 한다(법 119①, 136②).

전용실시권자가 전용실시권을 포기하는 경우에도 전용실시권자의 허락에 의한 통상실시권자의 동의를 필요로 한다(법 119②).

---

16) 東京地判 昭 30.12.24 下民集 6권 12호, 2690면(긍정설 채택).
東京地判 昭 40.8.31 無体集 1권, 222면(긍정설 채택) 등 다수.

17) 大阪地判 昭 59.12.20 無体集 16권 3호, 803면(완전독점적 통상실시권에 부정설 채택).

4. 타인의 특허발명 등과 이용·저촉관계 등에 있는 경우 그 타인의 허락

통상실시권자는 그 통상실시권에 의한 특허발명의 실시에 타인의 특허발명·등록실용신안 또는 등록디자인이나 이와 유사한 디자인을 이용해야 하는 경우 또는 통상실시권이 설정되어 있는 특허권과 타인의 디자인권이나 상표권과 저촉되는 경우 그 타인의 허락을 얻어야 한다(법 98).

5. 통상실시권 설정계약 체결, 실시 후 특허권 등을 취득한 자에 대하여 발생

통상실시권을 등록한 때에는 그 등록 후에 특허권 또는 전용실시권을 취득한 자에 대하여도 그 효력이 발생한다. 그러나 다음의 경우의 통상실시권은 등록이 없더라도 그 통상실시권 설정계약 체결, 실시 후 특허권 또는 전용실시권을 취득한 자에 대하여도 그 효력이 발생한다(법 118①②).

1) 실시통상실시권

특허출원 또는 특허권의 효력은 특허료 추가납부기간[특허료 납부기간(설정등록일부터 3년분의 특허료를 특허결정 또는 특허심결의 등본을 받은 날부터 3월 이내) 경과후 6월 이내]이 경과한 날부터 납부하거나(추가납부기간 6월 만료일부터 3월 이내) 보전한 날까지의 기간[보정기간(보정명령을 받은 날부터 1월 이내) 만료일부터 3월 이내](이하 "효력제한기간"이라 한다) 중 국내에서 선의로 특허출원된 발명 또는 특허권에 대하여 그 발명의 실시사업을 하거나 그 사업의 준비를 하고 있는 자는 그 실시 및 준비를 하고 있는 발명 또는 사업의 목적의 범위 안에서 그 특허출원된 발명의 특허권에 대한 통상실시권(법 81의 3⑤)

2) 선사용에 의한 통상실시권(법 103)

3) 무효심판청구등록 전의 실시에 의한 통상실시권(법 104)

4) 디자인권이 존속기간만료 후의 통상실시권(법 105)

5) 질권행사로 인한 특허권의 이전에 따른 통상실시권(법 122)

6) 재심에 의하여 회복한 특허권에 대한 선사용자의 통상실시권(법 182)

7) 재심에 의하여 통상실시권을 상실한 원권리자의 통상실시권(법 183)

8) 발명진흥법 제10조 제1항의 규정에 의한 통상실시권(법 118②)

6. 등록한 통상실시권의 효력

통상실시권을 등록한 때에는 그 등록 후에 특허권 또는 전용실시권을 취득한 자에 대하여도 그 효력이 발생한다(법 118①). 다만, 위의 5의 1) 내지 8)에 해당하는 통상실시권은 등록이 없더라도 특허권 또는 전용실시권을 취득한 자에 대하여도 그 효력이 발생한다(법 118②). 또 통상실시권의 이전·변경·소멸 또는 처분의 제한, 통상실시권을 목적으로 하는 질권의 설정·이전·변경·소멸 또는 처분의 제한은 이를 등록하면 제3자에게 대항할 수 있다(법 118③).

Ⅵ. 통상실시권의 이전

1. 동의를 요하는 이전

통상실시권 중 허락통상실시권, 법정통상실시권(효력제한기간 중 사용자의 통상실시권·디자인권의 존속기간만료 후의 통상실시권·무효심판청구등록 전의 통상실시권·질권행사로 인한 특허권의 이전에 따른 통상실시권·재심에 의하여 회복한 특허권에 대한 선사용자의 통상실시권·재심에 의하여 통상실시권을 상실한 원권리자의 통상실시권), 강제통상실시권(실시결정실시권)은 특허권자(전용실시권자에 관한 통상실시권에 있어서는 특허권자 및 전용실시권자)의 동의를 얻어야만 이를 이전할 수 있다. 그러나 실시사업과 같이 이전하는 경우 또는 상속 그 밖의 일반승계의 경우에는 동의 없이 이를 이전할 수 있다(법 102⑤)

2. 실시사업과의 동반이전

재정통상실시권은 사업과 같이 이전하는 경우에 한하여 이전할 수 있다(법 102③). 이 경우 그 특허발명의 특허권자 또는 전용실시권자의 동의를 요하지 아니한다. 따라서 재정통상실시권만의 이전에 대하여 동의를 얻었다 하더라도 이를 이전할 수 없음은 물론이다.

3. 특허권 등과의 동반이전 등

통상실시권 허여의 심판에 의한 통상실시권은 그 통상실시권자의 당해 특허권·실용신안권 또는 디자인권과 함께 이전된다(법 102④).

Ⅶ. 통상실시권에의 질권 설정

위 Ⅵ. 1의 통상실시권은 특허권자(전용실시권에 관한 통상실시권에 있어서는 특허권자 및 전용실시권자)의 동의를 얻어 그 통상실시권을 목적으로 하는 질권을 설정할 수 있다(법 102⑥).

Ⅷ. 통상실시권의 공유

통상실시권이 공유인 경우에는 각 공유자는 다른 공유자의 동의를 얻지 아니하면 그 지분을 양도하거나 그 지분을 목적으로 하는 질권을 설정할 수 없다. 또 계약으로 특별히 약정한 경우를 제외하고는 다른 공유자의 동의를 얻지 아니하고 그 특허발명을 자신이 실시할 수 있다(법 102⑦).

Ⅸ. 통상실시권의 소멸

1. 허락통상실시권

허락통상실시권은 i) 통상실시권 설정기간의 만료, ii) 통상실시권 설정계약의 해제, iii) 통상실시권의 포기 이 경우 통상실시권에 질권이 설정되어 있는 때에는 질권자의 동의를 얻지 아니하면 포기할 수 없다(법 119③). iv) 혼동 이는 통상실시권자가 통상실시권이 설정되어 있는 특허권 또는 전용실시권을 취득함으로써 발생되는 실시의 중복으로 인한 혼동을 방지하기 위한 소멸의 경우를 말한다.

2. 법정통상실시권

법정통상실시권은 그 법정통상실시권의 실시사업의 폐지에 의하여 소멸된다.

3. 강제통상실시권

(1) 재정통상실시권

재정통상실시권의 경우 재정의 실효(失效)(법 113)·재정의 취소(법 114①③)에 의하여 소멸된다.

(2) 심판통상실시권

통상실시권자는 당해 특허발명이 그 특허발명의 출원일 전에 출원된 타인의 특허발명·등록실용신안 또는 등록디자인이나 이와 유사한 디자인을 이용하거나 특허권이 그 특허발명의 특허출원일 전에 출원된 타인의 디자인권 또는 상표권과 저촉되는 경우에는 그 특허권자·실용신안권자·디자인권자 또는 상표권자의 허락을 받아야 자기의 특허발명을 업으로 실시할 수 있는 바, 이 경우 통상실시권자가 자기의 특허발명을 실시하기 위하여 그 타인에게 실시허락을 받고자 하는 경우에 그 타인이 정당한 이유 없이 허락하지 아니하거나 그 타인의 허락을 받을 수 없는 때에는 자기의 특허발명의 실시에 필요한 범위 안에서 통상실시권 허여의 심판을 청구하여 그 심판에 의하여 통상실시권을 취득하기 때문에 그 타인의 특허권 등이 소멸된 때에는 통상실시권 허여의 심판에 의하여 설정된 통상실시권도 함께 소멸된다. 즉 통상실시권 허여의 심판에 의하여 설정된 통상실시권은 그 통상실시권자의 당해 특허권·실용신안권 또는 디자인권이 소멸된 때에는 함께 소멸된다(법 102④).

찾아보기

【ㄹ】

【ㅁ】

【ㅅ】

【ㅍ】

【ㅎ】

[저자 약력]

황 의 창

단국대학교 법과대학 법학과 졸업
연세대학교 대학원 졸업(행정학 석사)
상공부·특허청 사무관·서기관·부이사관
특허청 법무관, 심사관, 심판관
특허청 부정경쟁방지위원회 위원
특허청 영업비밀보호입법위원회 위원
특허청 영업비밀보호제도 연구·발전 위원회 위원장
특허청 산업재산권심의위원회 위원
특허청 의장제도정책심의위원회 위원
변리사 자격취득
인천국제공항공사 전문위원
국제지식재산연수원 강사(특허제도·부정경쟁방지법·영업비밀보호법)
연세대학교 법무대학원 외래강사(부정경쟁방지법·영업비밀보호법)
인하대학교 법과대학 겸임교수(특허법·상표법·디자인보호법)
단국대학교 행정법무대학원 겸임교수(특허법·상표법·디자인보호법)
국회 입법지원 위원
변리사 황의창특허법률사무소 대표변리사

■ **주요 저서**

영업비밀, 육법사
영업비밀가이드북, 육법사
지적소유권법, 도서출판 다솔
부정경쟁방지법, 세창출판사
지적재산권법, 법지사
신정증보2판 상표법(공저), 단국대학교출판부
5정판 부정경쟁방지 및 영업비밀보호법(공저), 세창출판사

황 광 연

서울고등학교 42회 졸업(1990)
연세대학교 화학과 졸업(1996)
미국 프랭클린 피어스 로스쿨 졸업(2004): JD/MIP
LG Semiconductor Co., Ltd. 지적재산경영센터 근무
서울대 반도체 공정교육 수료(1996)
변리사 시험 합격(1998)
특허 라이센스 고급과정 수료(2002)
미국 매사츠세츠주 변호사 자격 취득(2004)
미국 뉴욕주 변호사 자격 취득(2005)
특허청 발행 "국제특허분쟁지도" 편찬위원
한국전자산업진흥회 특허지원센터 전문위원
특허법인 천문 대표변리사

■ **주요 저서**

미국 특허법(공저), 세창출판사
신정증보2판 상표법(공저), 단국대학교출판부
5정판 부정경쟁방지 및 영업비밀보호법(공저), 세창출판사

특허법 정해 (상)

2009년 7월 1일 초판인쇄
2009년 7월 10일 초판발행

저　　자 황의창 · 황광연
발 행 인 고 준 영
발 행 처 **법 영 사**

135-835 서울시 강남구 내지동 611
전화 (501)8898(대) Fax (501)8895
등록 1987. 5. 11. 제3-125호(윤)
Homepage : www.bubyoungsa.co.kr
E-mail : bypuco@chol.com

※ 파본은 교환해 드립니다.　　정가 **35,000**원

ISBN 978-89-7032-261-2